Histoire de la Musique

IN EXTENSO

Histoire de la Musique

Sous la direction de

MARIE-CLAIRE BELTRANDO-PATIER

LAROUSSE

21, Rue du Montparnasse 75283 Paris cedex 06

Responsable de la collection
Michel Guillemot

Responsable de l'édition
Annie Edinger

Assistée de
Danielle Chassagne

Édition
Anne Niedlispacher, pour la présente édition

Indexation
Danielle Ribouillault

Calligraphie des exemples musicaux
Raymond Dessoubret

Correction
Service de correction Larousse-Bordas

Fabrication
Janine Mille

Distributeur exclusif au Canada : les Éditions Françaises Inc.

ISSN : 1264-4242
ISBN : 2-03-750021-1

Préface

À moins d'accepter le déclin comme une fatalité, aucune génération ne peut se soustraire au devoir de dresser le bilan de ses connaissances, d'en indiquer ce qui lui apparaît comme des lignes de force essentielles et de formuler les orientations qui en découlent. C'est ce que cet ouvrage accomplit avec bonheur.

Il est rassurant pour la vitalité de la musicologie française de constater qu'une équipe totalement renouvelée, réunie autour de Marie-Claire Beltrando-Patier, s'est attelée à la tâche d'écrire une histoire de la musique dans la perspective du large mouvement qui pousse la jeunesse vers la pratique de cet art. Elle s'est assigné pour but de brosser un tableau aussi fidèle que possible de la musique dont nous vivons quotidiennement, en tenant compte des acquisitions musicologiques les plus récentes. Comme tel, cet ouvrage ne se présente pas en rival des histoires encyclopédiques de la musique qui satisfont à bon compte notre conscience sinon notre curiosité en accumulant des connaissances aussi diverses que mal reliées entre elles. Son unité provient de l'évolution ininterrompue qui a saisi la musique en Europe depuis l'avènement du christianisme et qui l'a menée du chant grégorien aux recherches les plus avancées de certains musiciens actuels.

Cette limitation volontaire, qui correspond à une pratique exclusive, embrassant désormais tous les aspects qu'a revêtus notre musique au cours de son histoire, ne doit pas être considérée comme arbitraire, ou comme un refus de prendre en compte toute autre tradition, aussi largement implantée soit-elle. L'étude des musiques non écrites, de tradition orale, des cultures musicales extra-européennes et de ce que nous savons de la musique des civilisations de l'Antiquité mériterait d'être intégrée au sein de la présente collection, mais en un volume qui lui accorde une juste place. Le présent ouvrage en appelle un autre, de dimensions au moins équivalentes, consacré à ce que l'on nomme l'ethnomusicologie, et qui répondrait, lui aussi, à une curiosité essentielle de notre temps et à notre aspiration à l'universalité. Ainsi seraient respectées et sauvegardées les indispensables spécificités et les importances réciproques.

Telle qu'elle se présente, l'Histoire de la musique éditée par Marie-Claire Beltrando-Patier est le fruit d'un effort pédagogique remarquable qui lui donne sa pleine valeur. Non seulement dans l'exposé mais aussi dans les exemples musicaux et dans les divers compléments d'informations, il apparaît que les auteurs sont des enseignants de haut rang, qui s'appuient sur une expérience universitaire déjà longue, largement couronnée de succès. Que leur effort de synthèse porte très loin le message de leur savoir et de leur engagement personnel, pour le plus grand bien de la musique !

MARC HONEGGER
Professeur honoraire
des Universités

Introduction

Le lecteur pourra être surpris par certaines options de cette Histoire de la musique : par ce qu'il y trouvera et, plus encore, par ce qu'il n'y trouvera pas.

Ce livre, en effet, n'est ni une galerie de portraits, ni la somme du savoir musicologique à ce jour, ni l'exhumation systématique d'œuvres oubliées, ni même le recensement du répertoire connu. Il se propose au contraire de donner à réfléchir en posant les problèmes et, lorsque l'état de nos connaissances ne nous permet pas de les résoudre, en les avouant. Il se propose aussi – et surtout – d'inviter le lecteur à une compréhension active des œuvres, à une écoute authentique et riche de la musique.

La part faite à l'événement et aux biographies est volontairement réduite ici, car une telle sorte d'information ne débouche sur rien de substantiel. Le lecteur curieux peut bien consulter dix ouvrages sur la vie de Beethoven, il n'en connaîtra pas mieux la personnalité du musicien. Et n'est-il pas vain d'essayer de piéger les marques du génie dans la médiocrité du quotidien ? L'impression de banalité qui se dégage de toute étude non romancée d'une vie de compositeur est navrante : voilà une étape qu'il convient de brûler hardiment.

Afin d'initier le lecteur à l'étude des témoignages et afin d'éviter de l'égarer sur des terres lointaines ou dans les ténèbres d'une préhistoire mal connue, nous avons fixé les limites historiques de cet ouvrage à une période qui va du haut Moyen Âge à nos jours, et nous avons choisi de traiter des styles et des compositeurs d'Europe occidentale, dont les œuvres constituent notre environnement musical direct. La part consacrée au monde actuel a été particulièrement développée, afin de montrer la richesse, encore trop ignorée, de la vie musicale contemporaine.

Pour respecter la cohérence du propos, nous avons dû demeurer dans le répertoire de la musique écrite et renoncer à entrer dans celui de l'improvisation et du non-écrit, domaine très particulier nécessitant une approche et des méthodes différentes. Ce choix a eu des conséquences parfois douloureuses. Ainsi, l'univers du jazz n'apparaît pas ici, ni celui des musiques traditionnelles.
Quelques exemples musicaux, choisis pour leur pertinence – et non par coquetterie d'auteur –, fortifieront la compréhension des techniques et des formes. La lecture du texte peut être complétée par les Orientations bibliographiques proposées. Celles-ci présentent des ouvrages particulièrement intéressants et bien documentés, remarquables par leur valeur scientifique autant que par leurs qualités pédagogiques. Souvent, du reste, ces livres contiennent eux-mêmes une bibliographie plus vaste, permettant au lecteur de pousser encore ses recherches s'il le souhaite. Les Orientations bibliographiques s'accompagnent de l'indication de quelques sources musicales constituant un ensemble de partitions encore peu connues du grand public, mais toutes accessibles. Nous n'avons établi ce répertoire que pour la période ancienne, considérant que chacun pouvait à volonté disposer des grands monuments de la musique classique ou romantique.
Un Glossaire-index des termes techniques propres à la musicologie aidera le lecteur, dans un premier temps, à se familiariser avec un vocabulaire inévitablement technique dans certains cas. L'Index des noms d'auteurs lui permettra de retrouver ses musiciens favoris dans le découpage chronologique et thématique des chapitres.
Nous avons la chance de vivre à une époque ouverte sur tous les témoignages. Le goût des musiques anciennes, en particulier, gagne progressivement tous les publics : la création de très nombreux ensembles instrumentaux comme l'édition de disques hautement spécialisés le prouvent chaque jour. La musicologie, elle aussi, tente par des méthodes plus scientifiques d'étudier ces domaines selon des exigences nouvelles. Mais ce champ illimité peut paraître bien terne s'il est abordé selon une attitude purement archéologique. Une telle attitude aboutit en effet à un double malentendu puisqu'elle ne satisfait ni les puristes à la recherche d'une vérité historique ni les amateurs de musique frustrés dans leur sensibilité.

La musicologie contemporaine tente de résoudre le problème, lorsqu'elle concilie en un seul personnage l'historien et le musicien. Aux exigences de la recherche fondamentale elle ajoute les possibilités de la musicologie appliquée. Dès lors, il lui revient de développer la sensibilité autant que la connaissance, le goût de la musique autant que le savoir. En ce sens notre vœu sera comblé si nous incitons le lecteur à l'écoute active des œuvres.
À nous de favoriser les documents de création – textes, disques, exécutions. À nous d'inviter à la découverte des œuvres par la pratique, qui demeure l'aspect le plus gratifiant de l'histoire de la musique.

Marie-Claire BELTRANDO-PATIER

Collaborateurs

Marie-Claire Beltrando-Patier, professeur à l'université de Paris-IV-Sorbonne, où elle a dirigé l'U.F.R. de musique et musicologie, est spécialiste des rapports musique/texte, et en particulier de la mélodie française, de 1850 à nos jours.

Sylvie Berthod, docteur en musique et musicologie de l'université de Paris-IV-Sorbonne, agrégée de musique, premier prix du Conservatoire national supérieur de musique de Paris en flûte traversière baroque, consacre l'essentiel de ses recherches aux rapports entre l'œuvre musicale médiévale et sa restitution sur les chemins de l'authenticité.

Pierre Albert Castanet (né en 1956), compositeur, docteur en musicologie, spécialiste de la musique d'après 1968, est membre de l'équipe doctorale « Musique et musicologie du XXe siècle » de l'université de Paris-IV-Sorbonne / E.H.E.S.S. / C.N.R.S.-C.I.D.R.M. / I.R.C.A.M. Professeur des universités, il dirige le département de musicologie à l'université de Rouen, où il enseigne l'improvisation, l'histoire et l'analyse de la musique contemporaine. Administrateur de la Société française d'analyse musicale, il dispense des cours d'analyse musicale au Conservatoire national supérieur de musique de Paris. Par ailleurs, il est directeur de la collection « Silences » aux Éditions Michel de Maule (Paris).

Jean Duron, musicologue.

Georgie Durosoir, professeur à l'université de Paris-IV-Sorbonne, est spécialiste de la musique vocale française et italienne des XVIe et XVIIe siècles. Elle a publié *l'Air de cour en France (1571-1655)*, Liège, Mardaga, 1991 ; *le Madrigal italien de Luca Marenzio à Claudio Monteverdi*, Paris, Publimuses, 1992 ; *la Tragédie lyrique* (en projet). Elle est cofondatrice et responsable, à Paris-IV-Sorbonne, du groupe de recherche sur les rapports musique-texte, qui a déjà organisé plusieurs colloques.

Serge GUT (né en 1927), musicologue, théoricien et compositeur français d'origine suisse, professeur émérite à Paris-IV-Sorbonne, où il a dirigé longtemps l'U.F.R. de musique et musicologie, est spécialiste de la musique du XIXe et de la première moitié du XXe siècle. Auteur de nombreux articles et de plusieurs ouvrages, dont un *Franz Liszt* couronné par l'Académie des beaux-arts.

Jean-Yves Hameline, musicologue.

Gérard Le Vot, maître de conférences en musicologie médiévale et comparée à l'université Lumière-Lyon-II, est musicien, auteur de cinq disques et de nombreux travaux scientifiques sur la poésie chantée au

Moyen Âge. Il interprète, entre autres, le chant grégorien et les chansons de troubadours et de trouvères. Grand prix de l'Académie Charles Cros 1981. Prix Paul Zumthor 1987 (Canada).

Gottfried R. Marschall, linguiste et musicologue, maître de conférences à l'université de Paris-IV-Sorbonne étudie l'opéra des XIXe et XXe siècles et le rapport entre langage et musique. Travaux sur la linguistique allemande, la traductologie et la théorie des textes.

Dominique Patier, musicologue, violiste, enseigne depuis 1968 à l'université de Poitiers. Ses thèmes de recherche se situent dans deux directions principales : liturgie médiévale (offices rythmiques, paléographie) et musique instrumentale baroque et classique (école de Mannheim, thèse sur « La dynamique musicale au XVIIIe s. »).

Claude Pétillot, professeur d'éducation musicale et chef de chœur, docteur en musicologie, a soutenu une thèse à l'université de Paris-IV-Sorbonne en 1978 sur « La musique religieuse de l'école franco-flamande, les thèmes d'inspiration ».

Danièle Pistone, professeur à l'université de Paris-IV-Sorbonne, où elle a dirigé l'U.F.R. de musique et musicologie de 1990 à 1995, est rédactrice en chef de la *Revue internationale de musique française* et responsable de la collection « Musique et musicologie » (Paris, Champion). Elle s'est spécialisée dans l'étude de la vie musicale des XIXe et XXe siècles.

Danielle Ribouillault a reçu sa formation de musicologue à la Sorbonne. Titulaire d'une maîtrise et d'une thèse de doctorat sur la guitare, lauréate de la Fondation de France, elle crée en 1982 la revue *les Cahiers de la guitare et du luth*, dont elle est, depuis, la rédactrice en chef. Musicologue de terrain, elle y développe autant la recherche musicologique que la critique musicale, l'analyse que l'investigation active dans le domaine de la création contemporaine.

Daniel Tosi, compositeur, chef d'orchestre, directeur du conservatoire de Région de Perpignan, docteur ès lettres et agrégé de musicologie, est le fondateur et le directeur artistique du Festival « Aujourd'hui Musiques », de l'orchestre « La Camérata de France Languedoc-Roussillon » ainsi que de « L'Ensemble orchestral » et du « Théâtre lyrique Perpignan Languedoc-Roussillon ».

Édith Weber, professeur émérite d'histoire de la musique à l'époque baroque à l'université Paris -IV-Sorbonne, est spécialiste de l'humanisme, de la réforme et de l'hymnologie comparée.

Sommaire

Préface 5

Introduction 7

Collaborateurs 10

Sommaire 13

1 - LE MONDE MÉDIÉVAL 19

Introduction 21

Introduction à la musique médiévale ou la naissance de l'Occident 25

Le chant grégorien 37

Le domaine de la monodie liturgique 38

L'antiphonaire grégorien 47

« Ars Canendi » 62

Au-delà de l'antiphonaire : séquences et tropes 75

Heur et malheur du chant d'église 86

Troubadours et trouvères 89

La lyrique médiévale et les legs du passé 91

De l'amour et des diverses façons de chanter 105

Le mouvement de la chanson hier et aujourd'hui 123

La musique de l'époque gothique ; le siècle de Saint Louis 137

Les débuts de la polyphonie 141

L'école de Notre-Dame ou l'apogée du style gothique (1160-1250) 146

L'« Ars antiqua » ou la polyphonie au XIIIe siècle 153

La période de transition entre « Ars antiqua » et « Ars nova » 157

Pour une meilleure approche de la polyphonie médiévale 165

XIVe et XVe siècle 169

Le XIVe siècle, l'« Ars nova » 170

L'« Ars nova », science nouvelle 170

L' « Ars nova » en Italie 179

L' « Ars subtilior » ou la fin de l' « Ars nova » 183

Le XVe siècle 184

La polyphonie religieuse de Dufay à Josquin des Prés 184

Josquin des Prés et sa génération 202

La chanson polyphonique 213

Vers la lumière 218

2 - LA RENAISSANCE 219

Introduction 221

L'art vocal au XVIe siècle 227

La musique religieuse catholique en Flandres, en France et en Italie 232

La musique vocale profane 257

Les écoles secondaires 298

Vers le style baroque 310

La Réforme 313

La musique protestante à la recherche de son esthétique 315

Survol historique 319

Particularités de l'hymnologie réformée 336

Naissance de l'art instrumental 343

L'art instrumental avant l'imprimerie 344

Les acquis de l'humanisme 351

La musique instrumentale renaissante 353

Essence et modernité de l'art renaissant 374

3 - ART BAROQUE ET ART CLASSIQUE 377

Introduction 379

Naissance de l'art vocal baroque 385

L'Italie 390

La France 407

L'Angleterre 423

L'Allemagne 428

L'Italie et les nationalismes 433

La musique vocale de 1680 à 1800 437

L'opéra avant 1720 441

L'opéra de 1720 à 1766 471

L'opéra, de Gluck à la Révolution 488

Mozart et Haydn 496

La musique religieuse 508

Vers l'art moderne 531

Musique instrumentale baroque et classique 533

La période baroque 535

Les caractères du baroque musical 535

Quelques aspects de la vie musicale durant la période baroque 538
La naissance du style concertant 542
L'épanouissement de l'art instrumental baroque (1650-1750) 554
Trois grands maîtres du baroque : J.-S. Bach, Haendel et Telemann 590

1750-1775 : période de transition 607

Le déclin du baroque : style galant et rococo 609
La naissance d'une esthétique nouvelle : C. Ph. E. Bach 610
L'évolution des formes et de la technique musicale 612
Le développement de la symphonie 613
La crise du « Sturm und Drang » 618

Le classicisme musical 620

Les différents aspects du style classique 621
La musique instrumentale classique 626
À l'aube du romantisme 637

4 - LE ROMANTISME 639

Introduction 641

Le lied et la mélodie 649

Le lied 650

Le lied préromantique (1750-1814) 651
Les maîtres du lied romantique (1814-1880) 653
Le lied postromantique (1880-1914) 667

La mélodie 670

Les origines de la mélodie française 671
Gabriel Fauré 674
Henri Duparc et Ernest Chausson 680
La mélodie moderne 683
Avenir de la mélodie 688

L'opéra romantique 691

L'opéra italien :
du bel canto à la vérité dramatique 692

L'opéra français :
de la splendeur au raffinement 721

L'opéra allemand :
vers un équilibre entre le poème et la musique 747

Internationalismes et écoles nationales 781

Le jeu des influences 795

L'art instrumental au XIXe siècle 797

Conceptions et évolutions 798

Nations et maîtres 833

L'illusion romantique 875

La musique religieuse romantique 879

Histoire d'une décadence 879

De la réaction à la restauration 880

Les maîtres 885

Cadres et langages 887

5 - LE MONDE CONTEMPORAIN 897

Introduction 899

La musique moderne de 1900 à 1945 905

La difficulté d'une synthèse 905

Le postromantisme allemand 909

L'impressionnisme musical français
et son environnement 921

De l'expressionnisme musical allemand
au dodécaphonisme 935

L'allemagne de l'entre-deux-guerres 944

Trois grands indépendants 946

Entre germains et latins 956

Igor Stravinski, miroir de son époque 960
Le néo-classicisme et la musique française de l'entre-deux-guerres 966
L'école d'Arcueil, les indépendants 976
La musique méditerranéenne 977
La musique russe 985
Les écoles nationales 990
De la confrontation à la synthèse 995

Perspectives nouvelles de 1945 à 1985 997

Un monde sonore inédit 999
Systèmes d'écriture et de pensée musicales 1037
Choisir un langage dans la seconde moitié du XXe siècle 1066
Musique et avenir 1100

Un kaléidoscope fin de siècle 1105

Histoire sociale et géopolitique 1105
Opéra Mundi : la représentation du monde 1107
Musiques savantes/musiques populaires 1109
Des maîtres, des épigones, des filiations 1117
De quelques langages fin de siècle 1125
Des genres immuables 1145
Nouvelles complexités 1156
Le royaume de l'Art-science 1160
La nouvelle religiosité 1171
Le labyrinthe du troisième millénaire 1173

Index des noms d'auteurs 1177

Glossaire-index des termes techniques 1187

Signes et abréviations utilisés 1195

Orientations bibliographiques et sources musicales 1197

PREMIÈRE PARTIE

LE MONDE MÉDIÉVAL

Le chant grégorien
Jean-Yves Hameline

Troubadours et trouvères
Gérard Le Vot

La musique de l'époque gothique ; le siècle de Saint Louis
Marie-Claire Beltrando-Patier

XIVe et XVe siècle
Claude Pétillot

Marie-Claire Beltrando-Patier

INTRODUCTION

Connaissance du Moyen Âge : les sources musicales

La grande difficulté, dans la connaissance de la musique médiévale, réside dans le manque de sources écrites. La notation musicale n'intervient qu'au IXe s. en Europe occidentale, laissant de côté presque un millénaire d'art. Mais son apparition ne simplifie pas pour autant la tâche, car toute notation n'est directement accessible que pour un temps et un milieu géographique donnés. Fondée sur des jeux de conventions, elle réclame du lecteur une connivence reposant sur un idéal artistique partagé et tout un réseau d'habitudes d'exécution.

La notation médiévale est, de plus, nettement déficitaire en signes si on la compare aux notations ultérieures. L'interprétation des œuvres pose donc un problème, et beaucoup se découragent devant l'apparente faiblesse du support.

Par ailleurs, la notation du Moyen Âge ne concerne qu'une mince partie du répertoire musical. Tout ce qui est musique traditionnelle, de divertissement ou chant populaire échappe au notateur et se transmet oralement. Nous ne pouvons qu'en évaluer certaines survivances à travers l'art savant.

Enfin, parmi les œuvres qui eurent les honneurs de la notation, combien résistèrent aux méfaits du temps et des guerres ? Le livre était une denrée précieuse et convoitée : posséder un manuscrit constituait un signe de richesse exceptionnelle. La bibliothèque de Charles V comportait, à la mort de ce dernier (1380), 1 200 manuscrits. Ce nombre, qui peut nous sembler modeste, paraissait colossal à l'époque, et la « Librairie » du roi représentait un véritable centre d'étude et d'information pour l'élite intellectuelle du temps. Objets sans prix par leur rareté et leur magnificence, les riches manuscrits furent souvent volés ou détruits, détournés dans de nombreux cas de leur vocation culturelle.

À l'examen des sources musicales anciennes, on s'interrogera sur la représentativité des témoignages transmis. Peut-on juger d'un style ou d'une école d'après un seul manuscrit ? Quels étaient les critères implicitement exigés d'une œuvre pour qu'elle accédât à la copie ? Faute d'un assez grand nombre de compositions, là où les difficultés d'analyse du langage musical nécessiteraient la multiplication des exemples créant des convergences et des faisceaux de preuves, on est réduit à raisonner par induction.

Une autre source d'information : l'iconographie

Grâce aux travaux des historiens de l'art, nous connaissons à présent les impératifs ou les limites des différentes techniques employées dans les arts plastiques, la symbolique ou les codes expressifs, l'usage originel des documents et leur environnement. Toutefois, le musicologue se demandera souvent jusqu'à quel point il peut accorder foi à des images qui, bien que liées à des sujets musicaux, répondent à des préoccupations étrangères à son propre propos. On sait, par exemple, que l'artiste médiéval a tendance à représenter tout ce qu'il connaît dans un besoin irrépressible d'étaler son savoir. Le miniaturiste fera figurer dans le cadre de son folio de parchemin tous les instruments de musique en usage, tout comme le poète les énumérera pour l'agrément des sonorités et pour montrer l'aspect encyclopédique de ses connaissances. Ainsi procède l'auteur du *Roman de Brut* dans l'évocation d'une fête à la cour du roi Arthur :

« Il y avait à la cour beaucoup de jongleurs,
Chanteurs, instrumentistes ;
Vous eussiez pu y entendre des chansons,
Rotrouenges et musiques nouvelles,
Sons de vielles, lais de notes,
Lais de vielles, lais de rotes,
Lais de harpes, lais de flûtes,
De lyres, de tympanons, de chalumeaux,
De symphonies, de psaltérions,
De monocordes, de timbres, de chorons »...

Le problème posé par l'iconographie est donc difficile à résoudre, et l'on comprend que, très souvent, celle-ci demeure un luxe, un agrément du discours et non un élément de démonstration.

Les sources littéraires

Parmi les sources non musicales, les sources littéraires – religieuses, poétiques, politiques et juridiques – constituent un éventail très ouvert sur le double plan de l'information et de la fiabilité. Si les textes de fiction manifestent, comme l'iconographie, un certain écart par rapport à la réalité et doivent être considérés de façon critique, d'autres témoignages tels que les inventaires ou les règlements capitulaires, par exemple, peuvent être acceptés sans réserves. Malheureusement, il n'y est que fort peu question de musique, sinon pour signaler en quelque lieu la présence d'un instrument ou d'un manuscrit.

L'examen des sources non musicales est donc toujours subtil et parfois décevant. Sous peine de relever de la fantaisie, il réclame une méthode sûre et un filtrage rigoureux de l'information. Il ne peut, par ailleurs, qu'être complémentaire et venir à l'appui d'une argumentation purement musicologique.

Comprendre le Moyen Âge

Le recours à des sources si diverses peut surprendre, et le lecteur s'étonnera à juste titre de la part importante donnée à la pluridisciplinarité dans l'étude du monde médiéval. Ici, plus que dans tout autre chapitre, les auteurs ont eu soin d'établir les cadres historiques et l'environnement culturel des écoles et mouvements musicaux, puisant dans la patrologie, l'histoire, l'histoire des Arts et des Lettres. En effet, ce n'est guère qu'en présentant le Moyen Âge dans sa globalité que l'on arrivera à en percevoir et tentera d'en expliquer toutes les particularités.

En ce sens, la connaissance de cette période réclame patience et volonté. À ce prix, on accédera au plaisir d'une musique surprenante par son charme et sa variété.

Itaque sine musica nulla disciplina potest esse perfecta : nihil enim est sine illa…
Sententiae de musica
Isidoro de Sevilla *(v. 560-636)*

« C'est pourquoi, sans la musique, aucune discipline ne peut être parfaite : en effet, rien n'existe sans elle… »
Sentences sur la musique
Isidore de Séville

Sylvie Berthod

INTRODUCTION À LA MUSIQUE MÉDIÉVALE OU LA NAISSANCE DE L'OCCIDENT MUSICAL

À l'aube du troisième millénaire, une soif d'érudition s'affirme dans tous les domaines de la musique. Les chercheurs, les artistes, chanteurs et instrumentistes, tous s'accordent sur le chemin de l'authenticité. Restituer la musique dans l'esprit de sa conception première, tel est le projet de chacun. S'approcher le plus possible de la vérité musicale dans le goût et le style de différentes époques, de différents mouvements, de tel ou tel autre compositeur, c'est sur cette voie que s'acheminent nos contemporains, toujours soucieux d'atteindre la perfection ou d'y tendre. Mais, lorsque l'on songe à l'immensité de l'Occident médiéval, que l'on reste sensible à un univers sonore qui de prime abord nous paraît lointain, comment alors appréhender cette culture qui s'étend sur mille ans ?

Âge moyen ou plutôt intermédiaire, âge entre deux âges, le Moyen Âge s'inscrit entre l'Antiquité et les Temps modernes, s'affirmant dans la continuité de la culture antique et s'en démarquant par ailleurs pour forger son propre monde. Pourtant largement enraciné dans les traditions de l'Antiquité, le monde médiéval s'offre à nous, depuis la chute de l'Empire romain d'Occident en 476 jusqu'à la seconde moitié du XVe s., avec une force nouvelle, une fraîcheur créatrice sans pareilles. À l'image de ce monde

s'épanouit une culture tiraillée entre tradition et modernité, mais qui tente avec bonheur une harmonisation parfois périlleuse. La musique médiévale, elle aussi, est tissée de matériaux antiques dont l'aspect final demeure une œuvre nouvelle et originale. Concevoir du nouveau avec de l'ancien, c'est là que s'exprime le plus souvent le tour de force de la création musicale médiévale.
Le regain d'intérêt pour cette période témoigne du profond désir de comprendre l'évolution de la musique. C'est en effet à la charnière de l'Antiquité et du Moyen Âge que se situe la source où puise toute la musique d'Occident pour se développer. Les festivals de musique médiévale, les colloques ou les rencontres autour de collections archéologiques se multiplient actuellement dans l'Europe entière. Le musée d'Art et d'Histoire de Genève ne redonne-t-il pas vie à la musique et à la danse de l'Antiquité ? On sait que, par-delà les bas-reliefs ou autres vases à représentations musicales, une notation musicale, dérivée des signes du langage écrit, l'écriture cunéiforme, existait au Proche-Orient bien avant le VIe s. av. J.-C. et qu'une théorie modale était établie. Les traités gréco-romains eux aussi nous apportent un nombre considérable d'informations sur la notation musicale encore en vigueur autour du IIIe s. apr. J.-C. et, chose étonnante, ils nous révèlent que la notation de la musique instrumentale précéderait de loin celle de la musique vocale.

L'enseignement de la musique

Boèce (480-524), dernier auteur classique romain, philosophe, théologien, musicien et logicien, nous livre une synthèse des connaissances grecques et latines formant alors la norme de la pensée médiévale d'Occident. Dans son ouvrage datant de l'an 500, le *De institutione musica,* il expose le fonctionnement du système éducatif romain en sept arts libéraux. Le *quadrivium* intègre des disciplines plutôt scientifiques : arithmétique, géométrie, astronomie, musique, alors que le *trivium* fait place aux matières d'ordre littéraire : rhétorique, dialectique et grammaire. La musique est donc une science capable de refléter, à l'instar d'un miroir, la nature : la nature du monde, mais aussi la nature humaine. C'est la raison pour laquelle Boèce établit une tripartition de la musique. La *musica mundana,* où les sphères en déplacement dans le cosmos produiraient une mélodie, jouxte la *musica humana* et la *musica instrumentalis,* pour lesquelles science, morale et histoire s'inscrivent comme principes déterminants. En effet, grâce à la quantification des sons en tons et semi-tons, puis à leur qualification en intervalles, la musique naturelle, celle de l'harmonie entre l'âme et le corps, celle de la voix humaine, rejoint la musique artificielle créée par tout instrument étranger au corps humain. Ainsi la science de la musique envisage-t-elle, à travers la philosophie médiévale, à la fois un monde immédiatement sonore et un monde spéculatif en entière adéquation avec la sagesse créatrice de toute chose.

De l'exploitation des connaissances théoriques à des fins pratiques

La musique reflète donc la beauté et la perfection de Dieu et de ses créations, car toutes ses œuvres ont été engendrées suivant les nombres, les poids et les mesures. La musique médiévale, alors considérée comme un nombre rendu audible, reprend les théories de Pythagore. Celles-ci font apparaître les sons comme les résultantes de rapports précis de deux poids, impliquant ainsi la constitution d'un intervalle. Les simples relations entre poids font place à un monde sonore harmonieux, couronné par Dieu. Cette théorie pythagoricienne de la musique est reprise dans presque tous les traités médiévaux, dont le plus connu peut-être est le *Micrologus* de Guy d'Arezzo datant du xe s. On sait, en outre, que depuis ce traité la chironomie au Moyen Âge (lecture sur la main), à travers la « main guidonienne », joue un rôle majeur dans l'apprentissage du chant, car, grâce à elle, le chantre peut retrouver les hauteurs de sons situées, de manière abstraite bien sûr, selon l'anatomie bien concrète de la main, dans les pliures et les jointures des doigts. On constate alors combien se mêlent philosophie, théologie, mathématique, acoustique, psychologie, anthropologie, sociologie, sous le seul terme générique de musique. On comprend encore quels obstacles peuvent se dresser devant les chercheurs contemporains avides de retrouver cette musique. Cependant, avec l'étude de nombreux documents littéraires, historiques, scientifiques, archéologiques, iconographiques, un riche patrimoine, relatif à la musique, est en train de renaître, dans l'esprit même de la culture médiévale. Celle-ci entretient effectivement deux conceptions symboliques complémentaires, d'une part la connaissance, d'autre part la pratique.

Le rôle fondamental de l'Église dans la vie musicale

La corrélation entre théorie et pratique s'installe en premier lieu dans l'exécution vocale ou instrumentale considérée non comme un « art », notion qui n'existe pas au Moyen Âge, mais pour le caractère fonctionnel qu'impose la musique. Le chant, doué d'un pouvoir magique, mystérieux voire thérapeutique, s'intègre au Moyen Âge dans les pratiques liturgiques. La musique dans la vie publique comme dans la vie privée joue certes, pour chaque individu, un rôle notoire, mais ce dernier le sera plus encore au cœur de la vie monastique médiévale, où le chant sacré fait écho à la perfection de la création divine. D'ailleurs, la vie monastique, apparue seulement au IVe s., installe le christianisme comme religion d'État.

L'Église des premiers siècles rassemble des fidèles issus des communautés juives, alors profondément divisées. La diffusion du christianisme s'opère, parmi les juifs de Jérusalem, avec une doctrine encore mal différenciée du judaïsme. Saint Paul est le premier à évangéliser toutes les régions de l'Asie Mineure, et à donner ainsi à la religion du Christ son caractère universel. Or, de nombreuses persécutions envers les chrétiens vont se déchaîner, et ceux-ci sont contraints de célébrer leur culte dans des catacombes, souvent décorées de fresques symbolisant les Évangiles, témoignages de la vie et de l'enseignement de Jésus. En 313, ces persécutions, jusque-là systématiques de la part des empereurs romains, qui voyaient un danger pour la société dans la propagation du christianisme, prennent fin avec l'édit de Milan, véritable édit de tolérance. Les empereurs Constantin et Licinius accordent ainsi aux chrétiens et à tous les autres la libre faculté de célébrer leur culte. Somme toute, et dans le cadre même du vaste Empire romain, s'est épanoui, sur un fond de liturgie primitive hébraïque, le chant de l'Église catholique. Cependant, bien qu'ils forment un empire bicéphale à la mort de l'empereur chrétien Théodose, en 395, l'Empire romain d'Occident et l'Empire romain d'Orient manquent totalement d'unité politique, de sorte que l'Empire romain d'Occident finit par disparaître, après la prise de Rome en 476, pour laisser place à différents royaumes barbares, et l'Empire romain d'Orient, gardien de la civilisation antique, subsiste sous le nom d'Empire byzantin. Parallèlement à la conjoncture politique, le chant des premiers chrétiens alimentera deux courants de même source, fondés sur la monodie cantillée de la synagogue et sur la théorie des modes grecs : le chant byzantin pour l'Orient ; le *planus cantus,* ou plain-chant, pour l'Occident.

La suprématie progressive du chant grégorien

La domination par les royaumes barbares donne de l'autorité aux différents peuples envahisseurs de l'Empire romain d'Occident. Une sorte d'Europe médiévale prend forme avec les Ostrogoths en Italie, les Wisigoths en Espagne, les Francs, les Alamans, les Burgondes en Gaule. À chacun de ces territoires correspondent des répertoires particuliers de chants sacrés. Ces monodies, célébrant des rituels non romains, ont des variantes locales propres à chaque rituel. Rite des Gaules, rite mozarabe ou rite ambrosien, tous, plus ou moins rapidement, se feront détrôner par la seule institution romaine encore toute-puissante : l'Église. Celle-ci assure l'unité de ce nouvel Occident médiéval. La société franque, dirigée par son souverain, le roi mérovingien Clovis (481-511), épouse la religion catholique. Pour des raisons d'unité politique ou des raisons strictement personnelles, Clovis, baptisé par l'évêque saint Remi de Reims, tient, de fait, pour alliés l'Église et tous les chrétiens. Le clergé, très hiérarchisé, lance une vague d'évangélisation sur tout l'Occident, développant le chant comme prière, éduquant des chantres, formant des *scholae*. Il envoie des fonctionnaires sachant lire et écrire dans les cours des Goths, si bien qu'entre le VIe et le VIIe s. tous les barbares sont convertis au catholicisme. Peu à peu et dans toute l'Europe s'établissent des monastères à l'image de celui du Mont-Cassin, fondé en Italie en 529 par saint Benoît de Nursie (480-547). Ce dernier établit les principes de la vie religieuse au monastère, en édictant la règle bénédictine. Comme une sorte d'emploi du temps, différentes périodes de la journée des moines ou heures monastiques, petites et grandes heures durant lesquelles on chante, ponctuent la vie à l'abbaye. Néanmoins, outre ces réunions pour la prière, au sein même du monastère, certains moines bénédictins, cultivés, recopient dans les *scriptoria* les manuscrits, notés ou non, compilent les connaissances des siècles précédents, assurent la pérennité de la culture. Avec le pape Grégoire le Grand, de 590 à 604 (dates de son pontificat), ce développement du monachisme bénédictin est largement encouragé. Grégoire le Grand, homme d'Église et diplomate, réorganise toute la liturgie en donnant au chant psalmodique une place prépondérante.

La notation musicale du plain-chant

Devenue historique et légendaire, l'appellation même du chant de l'Église, « chant grégorien », rend hommage à cette action papale.

Le latin supplante la langue du Nouveau Testament, le grec. Dès le Ve s., le latin est adopté comme langue liturgique en Occident et s'avère être, par conséquent, la langue de la culture médiévale. Les textes des chants sont alors rédigés en latin et, lorsque la musique est notée sur le manuscrit, de petits signes figurent de manière linéaire au-dessus des syllabes : les « neumes ». Le *scriptorium* de l'abbaye de Saint-Gall, en Suisse, très actif entre le IXe et le XIIe s., conserve aujourd'hui encore de nombreux manuscrits contenant des chants liturgiques avec neumes. Témoin de la tradition grégorienne, la notation musicale s'exprime dans l'évolution des graphismes symbolisant l'intonation mélodique du texte. Dans les neumes sur lignes, autour du IXe s., on reconnaît l'écriture de minuscules carolines, sous forme d'accent ou de points. On retrouve dans les mouvements des signes la gestique du chef de chœur : si, par exemple, le neume dessine un accent de bas en haut, alors, de même que le mouvement de la main, la voix ira du grave vers l'aigu. Là encore la chironomie est frappante. Tous les enchaînements d'intervalles sont possibles grâce aux combinaisons de neumes, mais seule la mélodie subira des variantes selon l'union des sons et de la syllabe. En effet, ce système de notation conduit l'analyste de la musique à décrire une mélodie soit de type syllabique, une note pour une syllabe, soit de type neumatique, plusieurs notes pour une syllabe, soit de type mélismatique, lorsqu'une guirlande de notes habille une syllabe. Quoi qu'il en soit, la notation diastématique, c'est-à-dire la prise en compte des intervalles dans l'espace puis autour de lignes horizontales définissant chacune un son, dès le Xe s., fixe les mélodies avec certitude. Jusque-là, et on le comprend bien, seule la tradition orale était garante de la bonne restitution d'un chant. En d'autres termes, il fallait déjà avoir appris le chant pour le retrouver musicalement à l'aide des neumes sur lignes. L'écriture musicale se développe par conséquent avec la notation carrée, plus précise, où les graphismes musicaux géométriques, toujours appelés « neumes », sont tracés autour ou sur des portées à nombre de lignes variable. La théorie du rythme et de la mesure ne forgera la durée des sons qu'à la fin du XIIIe s. avec une notation mesurée dite « proportionnelle ». Avant cette époque, le chant liturgique est soumis à la règle de rythmique à l'antique, et seule la métrique latine indique le mouvement de la pièce.

Une paraliturgie dans le style grégorien

Les chants des offices religieux ou ceux de la messe sont extraits de la Bible, ou Vulgate, mais il n'est pas rare que d'autres chants viennent enrichir cette source sacrée. Des œuvres spirituelles de musiciens ou de poètes éclairés, telles que celles du moine sangallien Notker le Bègue (mort en 912), s'intègrent parfaitement à la liturgie. Ces compositions originales, souvent sous forme de prosulations – on adjoint des mots à une mélodie préexistante –, sont très en vogue au Moyen Âge. Constituant une paraliturgie, puisqu'ils sont inclus dans le rituel à côté de la liturgie ancienne, ces ajouts sous forme d'hymnes religieuses, de séquences, de tropes soulignent généralement un caractère mélodique plutôt populaire. C'est probablement de là qu'est née une lyrique profane.

Du monde sacré au monde profane

En France, les faiseurs de tropes du sud du pays, les troubadours, s'inscrivent dans la lignée de cette création poético-musicale nouvelle. De plus, les mélodies profanes répondent aux mêmes exigences de solfège hexacordal que le chant grégorien, dont elles s'inspirent. Face au latin d'Église, la langue latine parlée, modelée par des peuples d'horizons variés, laisse apparaître deux langues romanes, la langue d'oc dans le Sud, la langue d'oïl dans le Nord. On connaît très tôt la difficulté que rencontre l'Église à s'adresser à ses catéchumènes ou même à ses fidèles en langue latine. Ceux-ci, loin de comprendre le latin littéraire, se voient, dès le début du IXe s., traduire les prêches des prêtres dans leur langue, langue vernaculaire. Mais, si, comme on a pu le constater, la transmission se fait par l'écriture, toute œuvre médiévale en poésie latine ou romane est appelée à transiter par la voix. Le chant est l'outil de communication des informations, du savoir, et il se met au service des textes rassemblés par les clercs. Sans le chant, véhiculé par les jongleurs, la diffusion orale de la tradition est restreinte. Par conséquent, le Moyen Âge utilise la transmission de la culture par l'écriture, mais l'existence de manuscrits à une époque donnée n'exclut pas une existence antérieure à la notation, purement orale. Au milieu du IXe s., la compétence des clercs, en matière d'écriture et de lecture, est exploitée pour témoigner de la culture de cette jeune langue romane.

Les succès de la lyrique profane

Dès le milieu du XIe s., deux courants lyriques distincts se manifestent. En langue d'oïl, la chanson de geste naît presque en même temps que la poésie des troubadours, chantée en langue d'oc. La chanson de geste évoque en un poème épique les exploits militaires, les combats de la chrétienté. Ses cantilènes, présentées comme de grandes tirades, ou « laisses », rapportent essentiellement des événements historiques. Dans un tout autre univers, les troubadours, issus des cours méridionales, prônent l'amour. Mais cet amour de cour, ou amour courtois, s'exprime au travers de poèmes de structures plutôt complexes. La sophistication de la poésie, allant parfois jusqu'à l'hermétisme, couronne les nouvelles valeurs de l'amour, dans lequel le rôle de la femme est prépondérant. Souvent portée au-devant de la scène telle une idéalisation de la Sainte Vierge elle-même, la femme inspire les poètes-musiciens et se fait l'initiatrice de la « fin'amor », poésie lyrique des plus raffinées. Monodiques sont ces chansons d'amour, telles que le « canso », de même que celles qui ont des fins autobiographiques, telles que la « vida ». En outre, des échanges poétiques et musicaux s'accomplissent entre les différentes cours de l'aristocratie du sud de la France, et ce lyrisme courtois devient le modèle des trouvères, ainsi que l'on appelle les troubadours au nord de la France dès la seconde moitié du XIIe s. Cette expansion vers le nord n'est sans doute pas fortuite. Elle montre la vigueur d'un tel art, et semble correspondre au mariage d'Aliénor d'Aquitaine, petite-fille du premier troubadour, Guillaume IX, comte de Poitiers, duc d'Aquitaine, avec le roi de France, Louis VII le Jeune. Somme toute, la lyrique en langue d'oc influence la lyrique en langue d'oïl quant à son système poético-musical, même si les sujets connaissent bien des différences. Cependant, les artistes du Nord s'attachent encore à embellir ces poèmes en composant des polyphonies. De la première monodie des trouvères à la polyphonie de la fin du XIIIe s., les formes poético-musicales se sont installées. Les formes fixes que sont le rondeau, la ballade ou le virelai, pour ne citer que les plus simples, mettent en jeu un rapport étroit entre le mot et le son, entre la phrase poétique et la phrase musicale. Cette complexité s'accompagne d'un éclatement du texte, puisqu'on lui impose musicalement des formules diverses, mais ordonnées.

La pratique de la musique au Moyen Âge

L'élan de la musique profane, du point de vue de la technique de création, s'accompagne du jeu instrumental. Certes, l'iconographie musicale nous permet d'appréhender le monde musical profane sous son aspect sonore. On peut alors imaginer l'ensemble harmonieux de la voix et des instruments. L'embarras devant lequel on se trouve lors d'une restitution musicale concerne l'usage des instruments. En effet, les auteurs ne prenaient pas la peine de noter l'instrument intervenant partie par partie. Si nous fonctionnons avec notre culture moderne, nous nous trouvons devant une voie sans issue. Pour les Anciens, et Isidore de Séville (v. 560-636) nous le rappelle, la nature du son est triple. La composition musicale du Moyen Âge est donc divisée en un élément harmonique, un élément organique et enfin un élément rythmique. La « triple nature du son » de la ligne mélodique consiste en l'alliance de la voix, de l'instrument à vent et des instruments à percussion. C'est ce que les auteurs anciens nous livrent dans leur chapitre sur la *musica practica*. La classification des instruments au Moyen Âge, elle aussi, est triple. Selon la facture instrumentale, elle apparaît telle que de nos jours : instruments à cordes, *tensibilia* ; instruments à vent, *inflatibilia* ; instruments à percussions, *percussionalia*.

Accord et justesse des instruments

Mais les classifications en fonction des poids et des mesures, et en fonction de l'art musical, méritent quelques explications. Pour étalonner les hauteurs de son d'un instrument, on procède selon la règle déjà connue de Pythagore selon laquelle un son est un nombre rendu audible. Par la réciprocité, en pesant des quantités de matière – dans la fabrication des cloches en particulier –, en observant une logique proportionnelle entre ces dernières, on peut alors établir des rapports de sons qui eux aussi répondent à cette même logique proportionnelle. Ainsi peut-on étalonner de manière certaine la gamme des six notes, ou hexacorde, d'un carillon *(tintinnabulum)* par exemple. Parallèlement, la division proportionnelle d'un tuyau ou d'une corde, selon l'échelle fixée par Pythagore, donne une série de notes correspondant à l'hexacorde attendu. La justesse est donc au centre de cette classification des instruments de musique. Elle est fonction des poids et des mesures, et on la retrouve souvent dans les textes sous le terme de *cymbala et organa,* par référence à la structure organologique de ces deux instruments. On peut en déduire que les sonorités de divers instruments construits suivant cette règle, accordés entre eux, ne peuvent que conduire à un ensemble harmonieux et juste. La dernière classification en fonction de l'art musical dépasse de loin le relativement simple catalogue des instruments de musique. Elle exprime la structure instrumentale mise en place par les musiciens médiévaux pour jouer ensemble, de la musique sacrée ou de la musique profane. La composition en *flatu, pulsu* et *tactu* de l'*instrumentarium* pour restituer la musique dans l'esprit de la musique médiévale est incontournable. Cette terminologie est spécifique de la musique pratique.

Un *instrumentarium* spécifique pour une restitution du jeu musical

Les *flatu* sont les instruments qui nécessitent le souffle d'un instrumentiste. Ce souffle entretient le son, nourrit la mélodie. Les *pulsus* correspondent aux instruments capables de générer des attaques, soit par le système des cordes pincées ou frappées, soit par entrechocs percussifs. Ils rassemblent donc les deux familles des *tensibilia* et des *percussionalia*. De la conjonction du rythme et des notes de la mélodie naît le concept d'*harmonia*. La rythmique voit le jour par l'intervention des *pulsu*. Ainsi, pour exécuter de manière fidèle la monodie médiévale, plusieurs instruments, réglés sur la gamme pythagoricienne, doivent jouer la même ligne mélodique, support du chant. Ce n'est pourtant qu'au XIIIe s. que le théoricien Ameri, pour la première fois, explique la fonction des *tactu*. Ces instruments dont l'originalité est l'action de toucher font appel à une nouvelle technique instrumentale, en particulier celle des cordes frottées. Le son de ces instruments à cordes frottées est produit par l'action d'un archet ou d'une roue, qui vient toucher la corde. Les *tactus* interviennent dans l'exécution de la polyphonie, pour accompagner le plus souvent sous forme de notes tenues les mélodies. De telles pratiques de la polyphonie devaient être en usage de manière évidente pour l'exécution de monodies, la tradition orale faisant force de loi. La musique sacrée, malgré les nombreux interdits imposés par l'Église, peut être accompagnée d'instruments de musique. Si le chant grégorien reste toujours *a cappella*, recherchant l'élévation des âmes par la voix uniquement, la paraliturgie, quant à elle, permet l'intervention d'instruments.

La présence de sculptures dans les édifices romans, tels l'ange à l'olifant ou les vieillards musiciens de l'Apocalypse, témoigne encore des dimensions physique et métaphysique de l'instrument, sorte de médiateur avec le divin.

Ainsi, comprendre la musique médiévale ne consiste pas seulement à étudier minutieusement toutes les données actuelles, mais à retrouver, autant que faire se peut, la pensée qui animait les musiciens dans l'exécution des formes monodiques ou polyphoniques, et de restituer, de façon probable, l'art musical du Moyen Âge.

Quomodo vero
tantam cum animis nostris
musica
commutationem et societatem habeat,
etsi scimus,
quadam nos similitudine cum illa compactos,
edicere ad liquidum non valemus...
Musica enchiriadis,
caput XIX,
Gerbert, *I, p. 172.*

« Que la musique
ait avec nos pulsions
un tel commerce et une telle connivence,
nous serions bien en peine
d'en établir clairement les modalités,
nous qui, pourtant, n'ignorons pas
que c'est par quelque secrète similitude
qu'elle nous tient. »
Manuel de musique.
(École de Laon, v. 850.)

Jean-Yves Hameline

LE CHANT GRÉGORIEN

Le « chant grégorien » est à la fois un répertoire faisant partie des grandes catégories d'objets dont est composée l'encyclopédie musicale de l'homme occidental, et un fait historique considérable, qui a sans doute déterminé, à l'aube du Moyen Âge, les composantes essentielles des conduites d'écoute, des intérêts musicaux, des principes formels de construction, des choix et des inhibitions par lesquels s'est définie pour plus d'un millénaire la *disciplina musica* de l'extrémité ouest de l'Europe.

Au terme de mille ans de diffusion du christianisme, l'apparition, en Europe occidentale, de nombreux manuscrits notés en neumes (début du xe s.) atteste à cette époque la stabilisation, l'implantation géographique, la fixation par l'écrit d'un répertoire de chants liturgiques commun à toutes les communautés nationales et linguistiques issues de l'Empire carolingien (Milan et Rome exceptées).

La diffusion, la transcription, l'implantation de ce répertoire sont inconcevables sans l'intervention d'une autorité politique décidée à unifier sur une vaste échelle un type de pratique jusque-là laissé à l'initiative et au contrôle locaux. Elles témoignent également de l'état auquel est parvenu l'ordonnancement de la liturgie, de la forme que prend à cette époque l'organisation de l'appareil ecclésiastique, des représentations que celui-ci se donne de lui-même, des valeurs qu'il investit dans le culte, la prière, le chant.

Placé dans cette perspective, le « chant grégorien » apparaît mieux dans sa dimension conjoncturelle, même si, comme nous le verrons, il reste marqué par toute l'histoire antérieure du chant des Églises.

L'intelligence que nous cherchons à avoir de ce répertoire ne peut que gagner à abandonner à son propos le mirage d'un pèlerinage

romantique à quelque source ineffable du chant saisi dans un quasi-état de nature pure.
Sans doute convient-il d'y voir l'effort beaucoup plus localisé d'une poignée d'hommes d'Église (et d'hommes d'État) soucieux de se doter, à partir des Livres et des usages de la *Schola romaine*, d'une liturgie unifiée et d'un art digne de l'Église et de l'empire chrétien.

Le domaine de la monodie liturgique

Territoires et terroirs de la monodie liturgique

À l'époque précarolingienne, dans le haut Moyen Âge occidental, les liturgies sont très largement diversifiées et très inégalement répandues. Il se trouve qu'un certain nombre de répertoires de chants attachés à l'une ou l'autre de ces familles liturgiques ont laissé suffisamment de traces pour être pris en considération. Leur connaissance, même fragmentaire, permet de situer plus justement la nature et la portée du fait grégorien.
Les trois premiers de ces répertoires (milanais, hispanique, gallican) font corps avec des liturgies qui présentent de très nombreux traits communs au point de les faire considérer comme les variantes d'un rameau principal.

Le répertoire milanais

Également appelé chant ambrosien – du nom de saint Ambroise, illustre évêque de Milan († 397), dont l'action, au témoignage de ses contemporains, fut décisive dans l'évolution des formes du chant ecclésiastique. C'est l'un des plus anciens répertoires de l'Occident chrétien. Mais au long des siècles et d'une histoire liturgique à la fois très autonome et très ouverte, il a intégré beaucoup d'éléments d'origine extérieure, notamment orientale et, plus tardivement, « grégorienne », en leur faisant subir des aménagements qui leur confèrent un « air » milanais. Ce répertoire, célèbre pour son hymnodie, ses grandes pièces litaniques, ses longues vocalises construites en segments étagés relativement courts, mais nombreux et insistants, ne sera noté qu'au XIe s., donc à une date tardive qui ne rendra pas aisée la distinction entre couches anciennes et

La monodie liturgique

Le terme *monodie* désigne ici une action musicale chantée dont le complexe texte-mélodie présente un caractère autosuffisant.
Le domaine de la monodie *liturgique* est celui des chants dont les livres liturgiques attestent l'usage effectif dans la célébration de la messe (antiphonaire de la messe, ou graduel), de l'office des heures diurnes et nocturnes (antiphonaire de l'office) et d'un certain nombre d'actes rituels ou cultuels (bénédictions, funérailles, ordinations, litanies, processions, stations, etc.). Tous ces chants présentent une grande variété de formes et de fonctions.

couches récentes (ou retouchées) du répertoire. Comme le graduel et l'antiphonaire romain-grégorien, le répertoire ambrosien s'est maintenu à Milan dans l'usage liturgique et a fait, au début du XXe s., l'objet d'une restauration aboutissant à la publication de livres officiels modernes (1935, 1939).

Le répertoire hispanique

Les Églises d'Espagne (Séville, Tolède, Braga...) pratiquaient une liturgie très riche et très vénérable par son antiquité et proche, par sa prolixité, de la liturgie des Gaules. Les chants de la liturgie hispanique ont été notés sur des antiphonaires neumés, avant l'invention et la généralisation de la portée. Après la *Reconquista* de la péninsule, au cours du XIe s., les autorités politico-religieuses imposèrent à l'Espagne la liturgie romaine et avec elle le répertoire « grégorien ». C'est ce dernier qui sera retranscrit sur lignes, condamnant ainsi au mutisme les manuscrits du répertoire hispanique. Néanmoins un certain nombre de tons de récitatifs liturgiques du célébrant et de dialogues du célébrant et de l'assemblée se sont maintenus par tradition orale et ont été notés dans des missels au XVIe s.
Les indices liturgiques et les formes musico-littéraires attestent la grande antiquité du répertoire hispanique, sa perméabilité aux influences orientales, en particulier byzantines, une belle tradition d'hymnes et un style musical qu'on pourrait dire exubérant, notamment dans le traitement des vocalises de ses nombreux *alleluias*.

Le répertoire gallican

En 841, Walafrid Strabon affirme que les Églises des Gaules, avant le passage au rite romain, possédaient des chantres experts et un répertoire digne de considération ; certains éléments de ce répertoire s'étaient maintenus en usage et pouvaient, ajoute-t-il, être identifiés par l'oreille à certaines tournures de la mélodie et du texte.

Ce répertoire, dont il est difficile d'avoir une vision d'ensemble, était lié à une aire liturgique présentant à la fois de grands traits communs et une grande diversité sur le territoire, lui-même bien contrasté, des Gaules. Les textes liturgiques y sont caractérisés par une rhétorique abondante, riche en développements métaphoriques et en images. Les chants liturgiques identifiés comme gallicans impressionnent par leur ampleur et souvent par une scansion verbo-mélodique large et souple, intégrant fermement l'ornementation dans le fil du discours mélodique. Les hymnes y sont des pièces majeures, à l'inverse du répertoire romain, qui les ignore.

Le répertoire dit gallican s'est trouvé sans nul doute ébranlé par la profonde désorganisation de l'Église des Gaules sous les derniers Mérovingiens et a subi en première ligne le contrecoup de la romanisation carolingienne de la liturgie.

Il semble qu'on puisse soutenir aujourd'hui que, si le chant gallican (dont il serait vain d'imaginer un archétype comparable à l'antiphonaire romain) a disparu de l'usage comme répertoire liturgique, certaines pièces d'origine gallicane se sont maintenues dans des pratiques locales (en Provence, en Aquitaine...) ou ont été insérées dans l'antiphonaire grégorien (*Alleluia Te Martyrum,* offertoire *Elegerunt...*). En outre, certains rites passés du gallican au romain s'y sont maintenus avec leurs chants d'origine (liturgie de la Croix, répertoire des grandes antiennes processionnelles...). Il faut également admettre que la manière gallicane, dans la réalisation des chants liturgiques, n'a pas cessé du même coup avec les interventions des autorités en faveur des Livres romains. Certaines pièces dont on n'a que des témoignages tardifs (XIe s.) peuvent avoir été composées tardivement. Enfin, un certain nombre de formules modales-tonales dont la portée générative est évidente sont passées du domaine gallican dans le romain, contribuant par là à engendrer le nouveau répertoire (travaux de J. Claire).

Pour toutes ces raisons, certains auteurs n'hésitent pas à considérer le « chant grégorien » comme un compromis dans lequel la composante gallicane a pu être déterminante sinon prédominante.

Le répertoire bénéventain

Des manuscrits – d'un grand prix musicologique – font connaître un répertoire original dont l'aire géo-culturelle se situe dans la région de Bénévent et de Naples. Il est lié à une liturgie qui présente de nombreux traits archaïques (pas de distinction entre la Pentecôte et l'Ascension, par exemple). À la différence du milanais, ce répertoire cédera la place, dès le début du IXe s., à une version très pure du romain-grégorien, mais en laissant suffisamment de traces pour que l'on puisse constater son caractère primitif (modalité peu évoluée, longues récitations à broderies répétées).

Le répertoire romain

Aucun manuscrit de chant grégorien ne nous parvient de Rome avant le XIIIe s., époque où le pape Nicolas III († 1280) impose à toute la ville l'usage des livres franciscains. La version que présentent ces manuscrits est tardive et sans intérêt particulier. En revanche, des manuscrits des XIe et XIIe s. attestent la pratique à Rome d'un répertoire moins étendu que le « grégorien », assez voisin dans sa réalisation musicale, mais présentant des traits de moindre perfection qui ont fait conclure tantôt à son antériorité par rapport à celui-ci, tantôt à un certain état postérieur de dégradation. Diverses hypothèses ont été émises pour expliquer ce fait assez paradoxal. Le mouvement général qui affecte l'évolution des liturgies de la messe et de l'office, la circulation des livres liturgiques autres que l'antiphonaire et leur retour à Rome après leur transformation en milieu franco-germanique font plutôt conclure à l'antériorité de ce répertoire, au moins dans ses parties les plus primitives.

C'est par rapport à cet ensemble de répertoires liturgiques connus que nous situerons le chant « grégorien », sans nous laisser enfermer dans une définition trop restrictive et anachronique du mot.

Le chant romain passe les Alpes

Tout projet d'histoire du chant grégorien s'organise autour d'un fait décisif dont nous avons suggéré la portée culturelle : la « romanisation » de la liturgie dans le royaume franc et l'Empire carolingien. Un événement historique plus précis et ses suites immédiates, corroborés par des témoignages de valeur, permettent de distribuer en amont et en aval les informations que nous possédons sur l'état des répertoires de chant liturgique dans le haut Moyen Âge européen.

La réforme liturgique carolingienne : repères chronologiques

742	Chrodegang évêque de Metz Influence de saint Boniface, réformateur religieux de la Germanie Conciles francs	
751	Pépin le Bref, roi des Francs	
753-754	Mission de Chrodegang Voyage du pape Étienne II en Gaule	A Metz, instauration de la liturgie et de la cantilène romaines Règle des chanoines, aménagement du chœur, *schola cantorum*
760	Le pape Paul Ier envoie un *Antiphonaire* à Pépin le Bref	
765	À Rouen, séjour du chanteur romain Siméon	
768	Charlemagne, roi des Francs (prolonge la réforme ecclésiastique et liturgique de son père)	
772	Le duc Tassilon impose le chant romain en Bavière	
775	Consécration de Saint-Denis	
782	Alcuin à la cour de Charlemagne	
		Rayonnement de l'abbaye de Corbie (Adalard abbé)
785	Paul Warnefrid constate que Metz ne suit pas le chant de Rome	
789	*Admonitio generalis*	(décrets réformateurs de Charlemagne) Construction de l'abbaye de Centula-Saint-Riquier
796	Alcuin à Tours	
v. 799	Tonaire de Saint-Riquier (latinisation des noms grecs des modes)	
800	Charlemagne empereur Un *De musica* d'Alcuin ?	
805	Nouveaux édits réformateurs	
814	Mort de Charlemagne	

Le roi des Francs et l'évêque de Metz

En 752-753, Chrodegang, évêque de Metz, un des grands hommes du royaume, proche parent de Pépin le Bref, dont il seconde les projets d'unification politico-religieuse, se rend à Rome pour prendre en charge le voyage en Gaule du pape Étienne II. Le nouveau pontife voit sa situation territoriale de plus en plus menacée par l'expansion territoriale du royaume lombard. Le soutien du roi des Francs lui est indispensable. Aussi est-il prêt à accepter l'idée d'un voyage aux rives de l'Oise ou de la Seine. Accompagné d'une suite de fonctionnaires romains et conduit par Chrodegang, Étienne II arrive le 6 janvier 754 à Ponthion, résidence de Pépin le Bref, avant de se rendre à l'abbaye de Saint-Denis, où il séjournera plus d'un an et dont il bénira les fondations.

La date de ce voyage est le terme à partir duquel on peut constater, à Metz en tout premier lieu, dans l'environnement direct de Chrodegang, mais aussi dans un certain nombre de grands centres religieux du royaume (Rouen, Lyon, Lorsch, Corbie...), un très important remaniement des liturgies et des chants liturgiques. Tout doit se faire désormais *more romano* (« à la romaine »), c'est-à-dire selon l'esprit et, jusqu'à un point qui reste à établir, selon la lettre de l'organisation romaine.

Réforme et romanisation

Ce réaménagement des formes du culte et de la prière commune, dont on peut suivre des traces parallèles dans une identique « romanisation » de l'architecture et notamment des sanctuaires, n'est qu'une partie d'une très vaste opération tout uniment politique et religieuse de réforme ecclésiastique, engagée sur l'incitation de saint Boniface, lors des conciles francs de 743-744, à laquelle s'attachent Pépin le Bref et ses successeurs. Cette réforme s'appuiera, d'une part, sur un vigoureux essor de l'institution monastique (œuvre de Benoît d'Aniane, principal conseiller de Louis le Pieux), sur une restauration de l'épiscopat en dignité et en autorité, sur une nouvelle conception du clergé (règle de saint Chrodegang, v. 760) et, d'autre part, avec l'arrivée d'Alcuin, en 782, à la cour de Charlemagne, sur un étonnant essor littéraire, intellectuel, artistique et pédagogique.

Ce passage à la liturgie romaine était inconcevable sans l'appui et l'intervention de l'autorité politique. Il fut sans doute rendu nécessaire par la désorganisation extrême de la vie et de l'administration ecclésiastiques dans la Gaule des derniers Mérovingiens. Saint Boniface, en 742, fait de la situation une description alarmée. Effectivement, celle-ci est sombre : plus de synodes ; un grand nombre d'évêchés aux mains de laïques ; monastères en ruine. Les liturgies pratiquées en Gaule avaient connu de grandes heures en Provence, en Aquitaine, en Bourgogne, mais elles manquaient d'homogénéité, d'autorité et, peut-être, plus matériellement, d'archives utilisables pour une entreprise de cette envergure.

Rome

Rome, ou, à tout le moins, l'image qu'on s'en faisait, bénéficiait d'un grand prestige auprès d'hommes conscients de leurs devoirs, mais peut-être aussi de tout ce qui restait autour d'eux (en eux ?) de barbarie. La romanisation des usages (liturgie, chants, aménagement des espaces, étiquette cérémonielle…) était, tout autant qu'une obéissance catholique, l'emprunt des marques d'une qualification éminente, à la fois pontificale et impériale, sainte et digne, dont la figure de Grégoire le Grand, pasteur et administrateur, réformateur et liturgiste (et dont on fera même un musicien), deviendra le symbole et la garantie.

La mise en place de la liturgie romaine sur le territoire du royaume franc de Pépin le Bref, puis dans l'empire de Charlemagne et de ses successeurs, ne semble pas s'être faite sans de grandes difficultés.

D'une part, le front des réformes est très loin d'être uni : l'extrême division des livres liturgiques (autant de livres que de catégories d'agents), la difficulté constante à s'en procurer (il arrive que le pape lui-même en manque…) rend assez chaotique l'unification des ensembles.

Mais, surtout, le modèle romain lui-même est, en fait, peu stabilisé. Le pape, comme tout évêque, remanie son calendrier, introduit de nouveaux usages, organise l'ensemble de la liturgie pour le cours de l'année et dans cet ensemble intègre la mise en ordre et en état, par ses chantres, de l'*antiphonaire*.

Grégoire le Grand

Aussi voit-on les liturgistes carolingiens, souvent perplexes devant les usages tant soit peu flottants qu'ils découvrent à Rome même, se donner, en quelque sorte, une liturgie romaine plus « romaine » que la vraie, au prix d'un long travail de reproduction et de transformation

La restauration du chant grégorien au XIXe siècle

C'est à un mouvement de restauration en bien des points comparable à la réforme liturgique carolingienne que nous devons la connaissance moderne du répertoire grégorien.

1840 *Institutions liturgiques* de dom Guéranger

1846 *Instruction pastorale* de Mgr Parisis, sur le chant de l'Église

1851 Édition rémo-cambraisienne du *graduel,* d'après l'*Antiphonaire de Montpellier* mis au jour par F. Danjou (1847)

1859 *Méthode raisonnée de plain-chant* du chanoine Gontier (Le Mans)

1860 Congrès de Paris

1880 *Les Mélodies grégoriennes* de dom Pothier

1883 *Liber gradualis* de Solesmes.

1889 *La Paléographie musicale* des moines de Solesmes, collection de manuscrits en phototypie, fondée par dom A. Mocquereau

des livres romains (sacramentaires, antiphonaires, *ordines,* lectionnaires...), qu'ils « compilent » (c'est le grand mot de l'époque) et aménagent. Ainsi, la figure de Grégoire le Grand, dont on fait le *compilator antiphonarii* (ou même le *compositor,* mais le terme est presque équivalent), vient-elle se placer, paradoxalement, dans l'écart qui se creuse entre l'usage romain et son réaménagement carolingien, donnant son nom au répertoire composite et original qui en sortira.

Adopter, adapter

Il est difficile d'imaginer ce qu'ont pu représenter, pour les chantres francs, germains ou aquitains, l'adoption et la mise en œuvre d'un nouvel antiphonaire. Car, cette fois, il ne s'agissait pas seulement d'un texte, d'une disposition architecturale, d'un *ordo* liturgique, mais d'un répertoire de chants particulièrement étendu qu'il fallait adopter en bloc, sur décision autoritaire. Cas, sinon unique, du moins exceptionnel dans l'histoire des musiques connues, et dont les modalités en grande partie nous échappent.

En effet, à la différence de ces situations où l'approche ethno-historique met en évidence une transmission-tradition orale *per usum* fondée sur la continuité et une relative homogénéité culturelle, il

L'édition de chant grégorien au XXe siècle

Au début du XXe s., au terme de plus de soixante années de travaux érudits, d'initiatives éditoriales diocésaines ou monastiques, de polémique musicologique ou liturgique parfois vive, les autorités de l'Église romaine décidaient la publication de l'Édition vaticane de chant grégorien (*Graduale romanum,* 1908 ; *Antiphonale romanum,* 1912...).
Ces éditions utilisaient la belle notation carrée, sur quatre lignes, dont l'usage est presque général en Europe après le XIIIe s., et que dom J. Pothier avait rétablie dans les livres de Solesmes. Récemment, en 1974, les moines de Solesmes ont préparé et réalisé la nouvelle édition du *Graduale romanum,* correspondant au nouvel *Ordo cantus missae* publié par le pape Paul VI.

---

faut reconnaître dans la diffusion impérative du répertoire romain sur le territoire de l'Empire un élément de rupture et de discontinuité. S'il y a bien ici transmission au moyen de techniques à prédominance auditive, liées à un type d'action chantée comprenant encore une grande part de réalisations *in vivo,* on ne saurait ici, sans fausser les données, parler de tradition, quand c'est précisément de l'inverse qu'il s'agit.
Sans doute peut-on faire un relevé non négligeable, et souvent pittoresque, de ces multiples échanges musicaux de livres, de chantres-instructeurs et de chantres-stagiaires mentionnés par les chroniques. L'impression générale qui en découle est que Metz (où va se former par exemple Sigulph de Ferrière, élève d'Alcuin, et d'où sortira Amalaire) tend à supplanter Rome comme centre de référence et de formation. D'autre part, les légendes concernant les aventures des chantres romains en Gaule ou sur les Alpes que les moines de Saint-Gall développent à plaisir, avant qu'Adhémar de Chabannes, du fond de l'Aquitaine, n'y ajoute encore du sien, confrontées aux témoignages plus sérieux de Warnefrid, Einhard, Walafrid Strabon, Amalaire, attesteraient plutôt un état chronique de divergence entre Rome et les Églises de Gaule, ou à tout le moins un ensemble de difficultés rencontrées dans la communication, la mise en œuvre et en mémoire de la *cantilena romana.*
Ce sont précisément les aléas et les difficultés propres à cette transplantation et acclimatation qui amèneront par réaction les hommes

La réforme liturgique carolingienne : repères chronologiques *(suite)*

814	Avènement de Louis le Pieux
816	Concile d'Aix. Action réformatrice de Benoît d'Aniane († 821)
819	*De clericorum institutione* de Raban Maur (Fulda)
	Œuvre d'Amalaire
822	Pénitence publique de Louis le Pieux
823	*Liber officialis*
831-832	Amalaire à Rome : *Liber de ordine antiphonarii*
835	Premiers raids des Danois
841	Walafrid Strabon constate que la cantilène romaine est bien implantée *pene tota Francia.*
842	Serment de Strasbourg
843	Partage de l'Empire
	La tradition ouest et la tradition est du répertoire grégorien évolueront désormais séparément

de l'Empire à compiler et à stabiliser leur version propre, qu'ils ne tarderont pas, d'ailleurs, à confier à l'écriture. Toutefois, il importe de faire une assez nette distinction entre le domaine du graduel, ou antiphonaire de la messe, et celui de l'office diurne et nocturne. Ces deux domaines, s'ils ont en commun le calendrier général des fêtes et des temps liturgiques, n'évoluent pas de la même manière. L'organisation de l'office des heures (*cursus*) reste beaucoup plus souple, variable, soumise à des réaménagements fréquents, tant à Rome que sur le territoire de l'Empire. L'ordonnance générale de la messe est plus stabilisée.

L'antiphonaire grégorien

Le Livre

Ce qui parvient de Rome, désigné par le terme général d'antiphonaire, c'est d'abord un livre. Il faut accorder toute son importance à ce fait à la fois culturel et institutionnel. L'outil de savoir et

d'autorité que représente le Livre est devenu au fil des siècles l'instrument obligé d'une liturgie dont il consigne l'organisation calendaire et journalière, les textes variables et les prières essentielles, les lectures et les chants.
Recopiés, transportés loin de leur lieu d'origine, les livres romains autres que l'antiphonaire, dont nous avons dit la relative labilité, circulent depuis une centaine d'années dans les pays de l'Ouest européen, non sans introduire confusion et décalages.
La stabilisation souhaitée par les autorités politico-religieuses aboutira à « canoniser » l'état dans lequel ces pays recevront l'antiphonaire de Rome, et à en faire pratiquement un texte *ne varietur.*
Cette « canonisation » de l'antiphonaire fut matérialisée par la fidélité au texte reçu, recopié dans des livres soignés avec une grande exactitude au même titre que la Bible, le psautier, le sacramentaire. Les grandes bibliothèques modernes ont conservé, en dépit des destructions et des vicissitudes du temps, un certain nombre de témoins de ces premiers antiphonaires (par exemple celui du Mont-Blandin, à Gand, seul témoin complet de l'antiphonaire de la messe au VIIIe s.).
Cette canonicité de l'antiphonaire, qui est un fait en grande partie acquis à Rome même avant le départ des livres romains vers les centres religieux de Gaule et de Germanie, explique sans doute la grande réticence des nouveaux responsables du chant (*compilatores, compositores, ordinatores...*) à introduire, lors de fêtes nouvelles ou de la constitution des offices communs (Apôtres, Martyrs...), des textes nouveaux sur les formes musicales canoniques de l'antiphonaire.

Au royaume des adaptateurs

On a souvent tenté de justifier cet état de choses, à vrai dire troublant, par des raisons musicales : incapables de composer dans le vrai style « grégorien », les compilateurs de l'antiphonaire, passé un problématique « âge d'or », auraient préféré réemployer des chants déjà existants ou adapter à des textes nouveaux des mélodies plus anciennes.
Cet argument, certainement pas négligeable, voit sa portée diminuée devant le fait plus massif que les *cantores* carolingiens, tout à fait capables, semble-t-il, de traiter les antiennes évangéliques et festives de l'office, et supérieurement habiles dans le grand style responsorial et la composition des mélodies de l'ordinaire jusqu'à une période fort avancée dans le Moyen Âge, se comportent toujours vis-à-vis de l'antiphonaire de la messe comme des adapta-

teurs. Que les *cantores* aient retouché celui-ci, pièce par pièce, pour le soumettre aux canons du goût nouveau apparaît de plus en plus probable, mais il ne semble pas qu'ils aient eu conscience à aucun moment de produire un autre antiphonaire.

Un chant pour une liturgie

L'antiphonaire est un répertoire qui fait partie intégrante d'un dispositif liturgique. Comme ce fut le cas, sans doute, pour les parties chantées de la tragédie antique, comme ce sera le cas, plus tard, pour l'opéra et la cantate, les actions chantées sont soumises à un certain nombre de déterminations formelles, fonctionnelles, sémantiques qui en commandent le moment, le style, l'architecture générale, l'allure du développement, le degré d'ornementation, la longueur, le nombre et la dignité des intervenants, et enfin le contenu doctrinal ou affectif.

« More romano »

Il est frappant de remarquer que les importateurs des livres romains étaient aussi soucieux de s'approprier l'*esprit* de la liturgie romaine que sa lettre matérielle. Une expression court chez tous les auteurs de l'époque pour caractériser cette appropriation : *more romano* (« à la manière romaine »).

Dans cette manière romaine, dont l'architecture fut, avec l'antiphonaire, le premier terrain d'application, les Carolingiens introduiront un grand nombre d'éléments gallicans autochtones (*more nostro*, comme l'écrit Amalaire), mais le mouvement général demeure d'appel à une *romanitas*.

Or cette « romanité » de la liturgie n'est elle-même que l'aboutissement local de plusieurs siècles d'histoire du christianisme. À l'héritage des premiers temps, qu'elle partage avec les autres Églises, l'Église de Rome a vu s'ajouter un certain nombre de particularités qui ont peu à peu défini son caractère, son *ethos*.

Loin en amont : l'héritage synagogal

La liturgie des Églises chrétiennes est marquée originairement par son ascendance synagogale. Elle rassemble une communauté de fidèles pour écouter des lectures, chanter des psaumes, prier et rendre grâce. Chacune de ces catégories d'actions a reçu à l'usage sa forme propre liturgique et musicale (*forma lectionum, forma psalmorum, forma orationum*).

Cette filiation de la Synagogue à l'Église est parfaitement sensible dans la permanence de certaines formules psalmodiques et récitatives, de certains schématismes rédactionnels, et surtout de structures fondamentales dans le déroulement de la célébration.

L'héritage « basilical »

La vie antérieure de la liturgie et du chant ecclésiastiques est marquée par l'essor, au IVe s. surtout, et à Milan en particulier, sous l'action de saint Ambroise, de liturgies et de rassemblements religieux qui intègrent de plus en plus à la célébration les traits d'une vie publique en milieu urbain, dans un contexte général où la polémique religieuse est vive et la vie sociale instable et menacée. La musique et le chant sont chargés dans l'hymnaire d'une fonction militante, ou à tout le moins catéchétique et incitatrice de la vertu et de la conviction. Le culte des martyrs, la construction d'édifices nouveaux, et d'autres occasions encore, donnent lieu à des liturgies où la « manifestation sociale » prend le pas sur le rassemblement restreint : litanies, antiphones processionnels, répons, acclamations, doxologies marquent désormais le répertoire des églises d'un type nouveau d'actions chantées, plus amples, plus spectaculaires. Les liturgies stationnales, où le peuple des fidèles est invité à se rassembler dans une église différente, d'un dimanche à l'autre, ou pour quelque occasion, autour de l'évêque et de son clergé, amènent, au temps de saint Grégoire le Grand à Rome, un grand déploiement dans le registre « grave et modeste » de ce côté de la liturgie (description des grandes litanies de 590 par Grégoire de Tours). La vogue et les récits des pèlerinages aux Lieux saints et le modèle des liturgies de Jérusalem iront également dans ce sens.

L'héritage « pontifical »

Ces manifestations seront de plus en plus centrées sur le personnage du pontife, dont le rôle, dans la Rome de Grégoire, est devenu prédominant pour tout ce qui regarde la vie de la Cité. Le service du chant ecclésiastique est alors incorporé aux nombreuses fonctions dont l'accomplissement revient à l'appareil clérical qui entoure le pontife (développement de la *schola cantorum*). La qualité du chant devient l'une des marques de la dignité que la présence du pontife confère à la liturgie (« pontificale »), au même titre, mais d'une manière plus subtilement décisive, que le reste des autres cérémonies : processions, marques de respect, insignes et vêtements, luminaires, encensements...

Avec le dispositif architectural (qui place la *schola* devant le sanctuaire, à un point « intermédiaire » vraiment stratégique), les décorations murales, le placement hiérarchisé des différents ordres ecclésiastiques, le chant reçoit une mission de qualification qui ouvre la porte (et sans doute irréversiblement) à une esthétique de la distinction, voire de la splendeur. Cette esthétique caractérise sans doute depuis toujours les liturgies en rapport avec le développement d'appareils religieux de type hiérarchique, mais, ici, elle fait son entrée dans l'histoire de la musique chrétienne occidentale.

La composante monastique

La Cité romaine a connu aux VIe et VIIe s. le développement d'une institution originale, celle des monastères basilicaux. Établies auprès de lieux de culte prestigieux dont ils sont les desservants, de petites communautés de moines, dépendant directement du pape, sont chargées d'y maintenir la prière continue de jour et de nuit. Leur fonction n'est donc plus ascétique ou cénobitique mais publique, non plus au désert mais sur le territoire même de la Cité (en ville). Les nombreux pèlerins qui viennent à Rome (à l'exemple de ceux qui visitent Jérusalem) peuvent ainsi assister aux offices en se rendant d'un lieu dans un autre.

Cette institution semble avoir eu une influence déterminante sur l'organisation de l'office des Heures. Elle marqua certainement la forme du chant dans le sens d'un plus grand soin accordé à la mise en scène, à la solennisation de certains jours ou de certaines heures. Elle contribua surtout à ancrer durablement dans les mentalités l'image du moine-chanteur, voué à la louange et à la prière, et participant sous les yeux des pèlerins à quelque chose de la liturgie céleste. Il est possible qu'une symbolique très prégnante de l'*alta, acuta vox* (« montée du chant liturgique vers l'aigu ») ait trouvé là un renforcement de valeur.

« More nostro »

Les réformateurs carolingiens attachent une grande importance aux choses de la liturgie. L'évolution d'ensemble des liturgies chrétiennes n'échappe pas aux plus doctes d'entre eux (Walafrid Strabon, vers le milieu du IXe s., en brosse un tableau général qui reste solide dans ses grandes lignes). Ils sont aussi en contact avec d'autres parties du monde chrétien, Byzance et les *hellenici fratres* que l'on rencontre ici ou là, quand ils ne sont pas eux-mêmes originaires de Lombardie, d'Angleterre, d'Irlande ou d'Aquitaine.

Les liturgies des Gaules, de Milan, de la péninsule Ibérique présentaient d'assez notables différences avec celle de Rome quant à la conception de l'expression liturgique. Souvent plus prolixes, plus chargées de cérémonies allégoriques, ou même à caractère volontiers pathétique, elles développaient souvent plus que la romaine le côté dramatique et ambulatoire des célébrations liturgiques. Une très riche hymnodie y accompagnait des rituels processionnaux émouvants ou triomphaux (vénération de la Croix, procession des vêpres de Pâques...), et les grandes litanies y étaient à l'honneur. Ces liturgies étaient aussi plus que la romaine centrées sur l'assemblée, et les chants y fonctionnaient souvent comme de vrais « messages » adressés à tous les assistants, soit pour les émouvoir, soit pour les inviter à la prière ou à la louange.

Cet aspect « processionnel » des liturgies et des chants dans les églises et les monastères des Gaules trouva un nouvel essor dans les réformes monastiques et le caractère exemplaire des réalisations d'Angilbert à Centula-Saint-Riquier, ou d'Adalard à Corbie. Il n'est pas interdit de penser qu'il a laissé des traces dans une certaine scansion ample et souple qui, tout autant que le souci de la juste déclamation verbale, marque certaines antiennes de la messe (*Introït*), ou même certaines mélodies de l'ordinaire (*Kyrie*), dont la fonction de « porches musicaux » et la capacité de prise de possession d'un espace sont bien connues des grégorianisants.

C'est sur l'essor considérable de l'institution monastique au IXe s. (réforme bénédictine de Benoît d'Aniane, concile d'Aix, 816...) que s'appuieront la diffusion et la stabilisation des antiphonaires romains-grégoriens. Mais l'attirance pour le modèle monastique avait déjà dès la fin du VIIIe s., avec la règle de saint Chrodegang, agi notablement sur la conception même du rôle et de la vie du clergé. À l'exemple de ce qui se passe à Rome, des évêques instituent autour de leur cathédrale des ensembles quasi conventuels où des ecclésiastiques et des *scholares* sont groupés sous une même règle pour mener une vie commune et assurer l'office et le chant liturgique d'une manière aussi solennelle que dans les monastères basilicaux romains. À ces ensembles (dont Metz tiendra le premier rang) sont attachées des écoles de lecteurs et de chantres, qui constitueront entre elles de véritables réseaux de formation. Monastères et communautés régulières des centres cathédraux seront les lieux où retentira et se diffusera la cantilène ecclésiastique, dans un contexte religieux où l'aspect *liturgique* tend à prendre le pas sur l'aspect *ascétique*.

Pouvoirs de la scène sacrée

Les témoignages qui nous sont parvenus de l'époque carolingienne s'accordent pour souligner l'importance que les aménagements liturgiques et musicaux revêtaient aux yeux des contemporains. La liturgie tendait d'ailleurs à se confondre avec la totalité de l'institution ecclésiastique, dont elle constituait le milieu propre d'existence et de manifestation.

Nous l'avons vu, les liturgies de ce temps, et tout spécialement celle des Gaules, sont des liturgies de l'extériorité. Leur objet est de mettre en œuvre avec force et dilection les signes propres de la *scène* sacrée, de composer un espace rempli de personnages, de voix, de vocables, d'images, de figures, d'actions, d'odeurs et de lumières. L'espace psychologique qui entoure les actions chantées du répertoire « grégorien » n'est pas un espace raréfié ou sensoriellement restreint. À tel point que l'équilibre toujours difficile à trouver en régime chrétien entre le *defectus* et l'*excessus* (le « défaut » et l'« excès ») pour tout ce qui concerne les choses de l'art et de la musique put sembler aux yeux de quelques-uns menacé de se rompre. Et ces querelles du temps nous renseignent plus que les traités sur la manière dont pouvait être vécue la musique.

Magister Albinus

Le grand Alcuin (*magister Albinus*), qui, sur la fin de sa vie, avouait avoir dans sa jeunesse aimé Virgile plus que les psaumes, avait formé ses disciples à l'amour du psautier et des Saintes Écritures. Dans la pure tradition augustinienne, il voyait dans la *psalmodia* la clé de l'expression chrétienne, le moyen de dégager dans le cœur du croyant quelque chose de la force toujours en réserve dans ces textes, tristes ou joyeux, naïfs ou désabusés, hymniques ou suppliants. Ce serait là précisément le rôle du chant et de l'*ars musica.* Amalaire raconte, vers 830, avec émotion, comment dans son enfance il avait entendu le vieux maître chanter les antiennes du temps liturgique en cours, et qu'il avait acquis auprès de lui un tel sens profond du chant et de sa portée effective que cela avait été pour lui comme une libération.

Il faut prendre très au sérieux la solidarité des grands leaders sortis des cercles alcuiniens : Amalaire, Raban Maur, Sigulf et bien d'autres, persuadés des valeurs de cette nouvelle rhétorique chrétienne et soucieux de l'étendre jusque dans le domaine de la *cantilena ecclesiastica.* Le type de chant qui en sortira se caractérisera par ce que, d'un terme moderne, nous appelons « expressivité », mais qu'on nommerait plus justement, en rapport avec la conception rhétorique de l'époque, « impressivité ». Car le chant est destiné à retenir pour toucher, ébranler (*compungere*), en mettant en valeur les virtualités sémantiques, discursives, affectives, voire purement phoniques du texte, selon un éventail de solutions très variées en rapport avec la variété même des situations liturgiques.

C'est dans cette perspective qu'il faut comprendre les tentatives souvent déroutantes d'explications allégoriques. Pour Amalaire, l'exclamation « O » qui introduit certaines antiennes, et particulièrement un groupe d'antiennes que l'on chante dans les jours qui précèdent la fête de Noël (et dont la popularité ne se démentira pas), est en rapport avec le mouvement du regard et de la vision. « Par cet O, le chantre s'efforce de faire saisir que les mots de l'antienne se rapportent à quelque admirable vision. » (« *Per illud* O *voluit cantor intimare verba sequentia pertinere ad aliquam mirabilem visionem.* » *De ordine antiph.* C.XIII.)

Métaphores

Ce type de commentaire n'est pas simplement pieux. Il peut-être pour nous la clé d'une « mentalité », du corps des données qui organisent l'expérience (ici, le croisement du voir et de l'entendre). Tout l'univers dans lequel ces hommes habitent est traversé de métaphores. C'est un grand système échangiste dans lequel le chant prend en charge et déplace le texte, qui réciproquement prend en charge le chant, le regard devenant voix et la voix se confondant avec l'espace habité. Le *cantor* devient métaphore du narrateur, ou du prophète, et joue le rôle des personnages bibliques ou évangéliques – théâtralité incontestable, dont sortira presque sans discontinuité le théâtre proprement dit. Les antiennes évangéliques festives des vêpres et des laudes, les antiennes de communion et, dans le genre prolixe, les offertoires sont souvent marqués par ce souci de la *narratio*, expressive dans les deux premiers cas, dramatique dans le troisième.

« Ars musica »

Cette vision métaphorique de l'art du chant est plus fondamentale que la littérature allégorique à laquelle elle a donné naissance. Elle commande en effet une attitude positive vis-à-vis de la *musica*, qui accède ainsi de plein droit à la dignité et à la vie du sanctuaire. Elle ouvre la porte à l'*art* proprement dit.

Certains responsables ecclésiastiques vont s'en alarmer. Et la querelle, violente, qui oppose Amalaire et Agobard, évêque de Lyon, soutenu par le diacre Florus, est sans doute un indice démonstratif de la vivacité avec laquelle les choses étaient ressenties. Agobard n'a pas de peine à trouver dans la tradition des auteurs chrétiens de quoi justifier sa position rigoriste, à commencer par le décret de Grégoire le Grand, en 595, interdisant aux diacres le chant de l'*alleluia*, jugé incompatible avec leur dignité cléricale. Jérôme, Cyprien, Augustin, bien sûr (que l'on retrouve toujours dans les deux camps), sont appelés à témoigner que « le vrai sacrifice que nous offrons ne requiert pas l'application technique à l'art de la cantilène, mais l'observance des commandements et la pureté du cœur » (*De antiphonario*). Et Agobard de s'en prendre à l'insupportable vanité des « grégorianisants » de son époque et à cette sottise des clercs, jeunes gens ou adultes, qui passent tout leur temps « *in parendo et confirmando cantu* », au détriment des études et de la vie spirituelle.
Ce qu'Agobard récuse, c'est l'univers de la métaphore, son jeu de miroirs et de déplacements, le corps sonore ou visuel *risqué* qu'il donne aux personnes divines, aux mouvements de l'âme, à la parole biblique, et qui peut finir dans la dérision, l'idolâtrie, quand ce n'est pas dans l'erreur.
Les disciples d'Alcuin, tout au contraire, verront dans le *cantus*, et principalement dans le *corpus* des antiennes du Temps, un outil que, rétrospectivement, on peut dire « herméneutique », c'est-à-dire centré sur l'intelligence et l'interprétation du texte, par quoi ils allaient exiger du chant les propriétés de la meilleure *lectio*, ouvrant la porte à une conception toute nouvelle de l'imaginaire musical.

« Ordo psallendi »

Le graduel et l'antiphonaire sont en rapport avec une organisation liturgique précise prévoyant l'intégration d'actions musicales aux formes bien spécifiées dans le déroulement de la *missa solemnis* ou de l'office des Heures.
L'organisation de la messe romaine est connue par de nombreuses copies d'*Ordines* faites précisément dans la zone franco-germanique, et attestant par leur nombre l'importance du mouvement de réforme et sa diffusion. Elle tranche très vivement avec les formes précédemment en usage dans les diverses Églises des Gaules.

La stabilisation formelle des chants de l'antiphonaire romain est tout à fait acquise. Il en va très différemment des chants qui seront dits plus tard « chants de l'ordinaire » (*Kyrie, eleison, Gloria in excelsis, Sanctus, Agnus Dei*). Leur prise en compte est ici anachronique car ils ne relèvent pas de l'antiphonaire, mais du sacramentaire.

« Divina Psalmodia »

Pour les auteurs chrétiens anciens, les actions liturgiques de la messe et de l'office se répartissent en trois grandes classes de fonctions, dont doivent s'acquitter les différents intervenants selon leur ordre : *orationes,* les prières ; *lectiones,* les lectures ; *psalmodia,* les chants.

L'usage du psautier biblique comme chant intégré au déroulement des assemblées chrétiennes n'apparaît comme bien établi qu'au cours du IIIe et surtout du IVe s. Le terme *psalmoi* désignait auparavant des compositions hymniques, très nombreuses, d'inspiration biblique, et variées quant à leur architecture chorale.

Par ailleurs la trilogie des lectures (avec leurs commentaires), des psalmodies et des prières (bénédictions) est un élément proprement hérité de la Synagogue. À ce propos, on peut rappeler que la musicologie d'aujourd'hui s'accorde à donner tout son poids à la filiation syro-palestinienne (Antioche, Édesse) pour tout ce qui touche aux pratiques musicales des assemblées chrétiennes anciennes.

Mais plus que la recherche et la mise en évidence d'une filiation des formules mélodicotonales, à vrai dire surprenante, et posant de fascinantes questions plus précisément ethnohistoriques (travaux de Parisot, Idlesohn, Jeanin, Werner...), il importe de prendre en compte la filiation des fonctions rituelles fondamentales qui ont déterminé les formes musicales que nous connaissons, et plus encore peut-être une attitude générale, et décisive, concernant la fonction musicale elle-même, et particulièrement le rapport du chant et du texte.

Les formes élémentaires de la psalmodie

Il est peut-être un peu vain de vouloir rattacher les formes évoluées des chants de la messe romaine à quelque archétype, réel ou supposé, de la psalmodie primitive, tant les transformations qu'elles ont subies, en rapport avec des fonctions et des conceptions liturgiques nouvelles, les ont éloignées de ces conditions d'origine. Les appellations en usage dans les antiphonaires (*responsum, antiphona*...) et les définitions des livres d'ensei-

gnement, presque toutes démarquées de celles de saint Isidore de Séville, n'éclairent pas toujours le débat.
Néanmoins, le rappel de quelques dispositions fondamentales de la psalmodie permet de percevoir à quel point les formes musicales sont indissolublement liées à des types d'actions liturgiques dont elles organisent le jeu des acteurs, le rapport au texte, la distribution et l'orientation (la « directionnalité » du discours cadentiel) des éléments dans l'espace et dans le temps. D'ailleurs, que ce soit dans le domaine de l'hymnodie, plus représentée en Orient, ou dans celui de la psalmodie, plus fréquente en Occident, « l'évolution s'est faite à partir des usages établis aux IVe-Ve s., durant lesquels se façonnèrent les grandes structures de nos rites où l'on avait attribué aux psaumes la première place. Ainsi, la plupart des chants liturgiques, malgré leur grande diversité apparente, gardent-ils fortement l'empreinte de leurs origines psalmodiques » (J. Gelineau).

Psalmodie directe

La psalmodie dite « directe » était l'exécution modulée du psaume sur des formules usuelles, occasionnellement ornées, par un psalmiste seul, chantant *in directum* (« tout droit »). À l'époque romaine-grégorienne, où le développement des autres formes de la psalmodie participe d'un mouvement général de solennisation et de festivisation, la survivance de la psalmodie *in directum* dans le Trait des messes du temps de la Septuagésime ou du Carême se charge d'une connotation d'austérité en opposition avec le caractère festif ou joyeux qu'on tend à reconnaître à l'*Alleluia.*

Psalmodie responsoriale

La forme la plus marquante de la psalmodie archaïque est la disposition dite « responsoriale ». Elle est largement attestée dans le psautier biblique lui-même. Un psalmiste, à la fois lecteur et chef de chant, dialogue avec l'assemblée, qui, après chaque verset, ou chaque demi-verset, reprend une *responsa,* pouvant être soit un fragment extrait du début du psaume, soit une acclamation comme *Alleluia,* soit même une vocalisation approbative. L'ensemble du verset et de sa *responsa* forme un tout accroché par l'élément fonctionnel décisif que constitue la formule mélodique ouverte de la fin du verset qui « appelle » sa réponse. Ce principe de construction, d'une universalité confirmée, est aussi, au-delà du domaine de la psalmodie, celui de la forme litanique. La chute, ou cadence, apparaît à la fin de la *responsa,* dont le dessin, assez bref, est plus exclamatoire que discursif, mais qui peut, dans certains cas, se prolonger d'un neume de quelques notes.

La psalmodie antiphonique et l'antienne

L'introduction d'Orient en Occident de la psalmodie dite antiphonique (en particulier à Milan, au temps de saint Ambroise, selon le témoignage explicite de saint Augustin, témoin des faits) semble avoir été un événement.

En Orient, les témoignages transmis par les historiens d'Antioche (Socrate, Sozomène...) semblent attester l'existence d'un mode d'exécution dans lequel deux parties de l'assemblée alternent symétriquement le chant des versets du psaume, en y introduisant le retour régulier d'une petite monodie monostrophique, formant un tout, à la différence de la simple *responsa*, et susceptible de développement et de solennisation. Cet élément nouveau, qui engendrera l'abondante littérature des tropaires grecs, où l'hymnodie ecclésiastique reprendra sa prépondérance sur la psalmodie biblique, sera désigné par les Latins sous le terme grec latinisé d'*antiphona* (pèlerinage d'Éthérie à Jérusalem, fin du IVe s.).

L'antienne

Le discours mélodique

Les antiennes archaïques, comme J. Claire l'a montré, ne sont, le plus souvent, qu'un court développement verbo-mélodique calqué sur l'ensemble *verset + responsa* de la psalmodie responsoriale, ou développant quelque peu la *responsa*.

Ces modifications, apparemment peu importantes, de la psalmodie responsoriale en bouleversent pourtant très radicalement l'économie musicale. En effet, l'apparition de l'antienne et du style antiphonique déplace les points d'articulation majeurs du discours mélodique et sa « directionnalité ».

L'*incipit* de l'antienne reçoit une valeur signalétique importante en rapport avec la nécessité, pour la mémoire, d'une assez haute crédibilité de l'organisation mélodique qui va suivre.

Le rapport entre le tour mélodique de l'antienne et la corde récitative du psaume (teneur ou dominante psalmodique) tend à prendre une valeur de plus en plus marquée de complémentarité et, par là même, une portée structurale. En particulier, la montée des teneurs sera un des principes commandant le développement des structures mélodiques.

La fin du verset psalmodique, qui, à la différence de la fin de la *responsa*, n'est pas conclusive, reçoit un traitement mélodique en rapport avec la réintonation de l'antienne par un jeu de formules appelées *diffinitiones* ou *differentiae*. Ces formules joueront un rôle important dans la constitution du « sentiment » modal-tonal de par leur nature foncièrement conjonctive et contrapuntique (cadences intermédiaires).

La finale de l'antienne, qui correspond toujours à la fin de l'action musicale, prendra une place de plus en plus importante dans l'organisation du parcours mélodique (*modulatio*) et de l'échelle de référence, au point que le rapport finale-dominante pourra devenir ultérieurement un des éléments considérés comme essentiels dans le système modal-tonal des huit modes ecclésiastiques.

Le répertoire antiphonique

L'antienne connaîtra, selon la nature de l'action liturgique à laquelle elle s'intègre et son degré de solennité, un développement textuel (antiennes à quatre membres et plus des psalmodies festives et des cantiques évangéliques, *Benedictus* à laudes et *Magnificat* à vêpres ; antiennes processionnelles de la messe) solidaire d'un développement musical : scansion plus ample, déterminant l'ornementation neumatique ; déclamation expressive pouvant mettre en valeur tel ou tel élément du discours. De nombreuses antiennes de l'Office sont construites sur des types mélodiques préexistants, adaptés avec un art consommé de la disposition verbale.

De la mélodie type on passe assez insensiblement à la composition sur le type modal, moins prescriptif, quant à l'enchaînement de ses éléments, mais aisément identifiable par ses paliers de développement, ses formules caractéristiques d'intonation, de liaison et de cadences. L'expressivité de la déclamation (emphase) peut se manifester d'une manière très appuyée.

La généralisation de la pratique antiphonique, ses répercussions sur la structure du discours musical, sa mise en rapport avec le degré de solennisation, la charge d'expressivité musicale que supportera désormais l'antienne, sorte de petit madrigal monodique avant la lettre, son introduction dans des fonctions liturgiques non « récitantes » telles que les processionnaux de la messe en font certainement un phénomène majeur pour toute l'évolution du chant liturgique en Occident. Le corpus des antiennes fera, comme nous le verrons, le fond du répertoire de la *Schola*.

Les 3 modes archaïques ou tropi.

Modes et tons

Une archéologie modale du chant grégorien

C'est dans ce passage de la composition responsoriale à la composition antiphonique que J. Claire a étudié la structuration progressive de l'échelle modale-tonale et la constitution des types modaux du répertoire grégorien, proposant pour la première fois une vision d'ensemble de ce qu'on peut appeler une archéologie modale du chant grégorien.

J. Claire postule l'existence (archéologique) de trois modes archaïques de *do*, de *ré*, de *mi* (appellation de hauteurs purement relatives) caractérisés par l'unité de corde modale. Ces trois « modes », ou *tropi*, ne sont pas séparables de formules responsoriales simples qui en imposent aux oreilles la structure et les polarités. Chacun de ces trois *tropi* élémentaires possède en propre sa structure intervallique et polaire ; mais ils tendent aussi à faire système entre eux, d'une manière plus potentielle, cette fois, que formulaire (effet structurant, mais pas encore structuré).

Autour de chaque corde génératrice vient se former une constellation de degrés relativement stable qui permet une grande prévisibilité des itinéraires mélodiques-formulaires (voir ♪ ci-dessus).

Le champ modal va se différencier, à la fois dans le noyau et dans son extension, par l'apparition d'une deuxième corde modale qui, bouleversant l'économie interne des constellations archaïques, les déploie vers les zones graves et aiguës de l'échelle virtuelle. J. Claire dégage à ce propos deux « lois fondamentales » : d'une part, la corde mère devient dominante (distincte, ou semblable à ce que pourra être la teneur psalmodique) et la finale se porte au grave ; d'autre part, la corde mère reste finale et la dominante se porte à l'aigu.

Par le jeu de ces mouvements se constitue à un stade archéologique intermédiaire, sur une échelle générale déjà plus évoluée, la physionomie de modes originaux constructibles sur *la* et sur *sol*, futurs *protus* et *tetrardus* de l'*octoechos*. Ainsi en position de *sol* :

Ainsi, chaque corde mère aura son destin et sa postérité, si l'on peut dire, jusqu'au stade où, par l'exploitation étendue de toutes les liaisons possibles, qui sont comme autant de voies tracées par un travail antérieur, le champ modal sera devenu le premier outil d'une rhétorique musicale accomplie.

En deçà, l'évolution du champ modal-tonal peut être entendue comme une « musique sous la musique », avec ses lignes de cheminement direct, mais plus encore avec ses jeux croisés d'équivoques et d'emprunts, ses transpositions, ses contraintes faibles et fortes. L'instance de la « mémoire » y est ici totalement immanente, comme si le génotype modal gardait encore (par quelles connivences ?) la virtualité de déclencher le jeu tout mythique du mouvement, de la surprise, de l'errance, du perdre et du retrouver, en tout cas de la *suavis modulatio*.

Système et pratique de l'« octoechos »

La première manifestation de la systématisation modale se ramène à un souci théorico-pratique de classement des antiennes par rapport à un jeu de formules psalmodiques. La formule psalmodique recevra le nom de « ton ». Lorsqu'il s'agit de passer de la fin du verset à la réintonation de l'antienne, le code formulaire proposera des *differentiae*, formules de liaison permettant un raccord euphonique.

L'esprit de classification (ici conjugué avec une attirance pour la symbolique des nombres, si l'on en croit E. Werner) conduira les *cantores* à transplanter dans le domaine romain-grégorien la théorie byzantine des huit modes-tons, l'*octoechos*, où le rapport entre une finale modale et une teneur psalmodique apparaît comme le critère principal.

Partant du groupe des quatre finales, *ré, mi, fa, sol* (dont les transpositions poseront quelques problèmes), les mentions marginales des

Les huit modes ecclésiastiques

Finale		Teneur psalmodique	
RÉ	Protus authente	*LA*	Premier mode
	Protus plagal	*FA*	Deuxième mode
MI	Deuterus authente	*SI* puis *DO*	Troisième mode
	Deuterus plagal	*LA*	Quatrième mode
FA	Tritus authente	*DO*	Cinquième mode
	Tritus plagal	*LA*	Sixième mode
SOL	Tetrardus authente	*RÉ*	Septième mode
	Tetrardus plagal	*DO*	Huitième mode

antiphonaires et des graduels, les tables et surtout les tonaires proposeront un classement à quatre termes, employant des termes grecs latinisés, subdivisés en deux sous-ensembles : le type dit *authentus*, utilisant une teneur élevée et se développant dans l'aigu, et le type *plagalis* ou dérivé, utilisant une teneur plus grave, et se développant dans le médium et le grave par rapport à la finale. L'ensemble recevra par la suite une numérotation ordinale continue.

Ce principe de classement logiquement lié à des chants comportant une psalmodie (choix du ton de psaume) fut étendu (dès les premiers témoignages écrits) à tout l'antiphonaire par des mentions en marge des livres liturgiques. Les huit modes comportaient en effet des formules mnémotechniques préintonatoires (*echemata* et, plus tard, *formulae*) qui permettaient aux chantres et aux élèves des écoles cléricales d'assurer leur intonation et la perception intuitive du parcours mélodico-modal.

« *Ars canendi* »

« Vox congruens sanctae religionis »

Les liturgistes et les encyclopédistes de cette époque ne manquent jamais de consacrer quelques pages à ce qui touche au son et à la voix, reconduisant le plus souvent la problématique augustinienne de la voix, qui peut aussi bien divertir que convertir. Et l'énumération des traits qui définiront la voix convenable dans le domaine des choses religieuses (*vox congruens sanctae religionis*) préoccupe les « instituteurs » du clergé (et des chantres). Ainsi, pour Raban Maur, dans son *De institutione clericorum* (819), largement démarqué d'Isidore de Séville, la voix du psalmiste ne doit être ni rugueuse, ni rauque, ni dissonante, mais bien chantante (*canora*), agréable, nette (*liquida*) et élevée. Le psalmiste doit éviter tout ce qui pourrait rappeler les pratiques du théâtre et les gesticulations des bateleurs et des histrions, car il lui revient d'exprimer par son chant le meilleur de la simplicité chrétienne, et pourtant aussi de *toucher* les auditeurs, de vaincre leurs résistances (*animos compungere*).

Ces textes, eux-mêmes « compilés » ou « centonisés », c'est-à-dire composés de citations assemblées, glosées, retouchées, ce qui est à l'époque un principe général de production dans presque tous les domaines, ne doivent pas être lus de manière banale, en dépit du caractère apparemment peu neuf de leur contenu. Ils manifestent la tradition commune des écrivains ecclésiastiques en matière de chant, mais avec, selon les conjonctures, des points d'hésitation et d'insistance, qui, comme tels, deviennent significatifs.

« Distantia vocum »

Ainsi, la distance à prendre par rapport à tout ce qui pourrait rappeler les mœurs du théâtre (*more theatrico*), des farceurs et des bateleurs est une constante du discours ecclésiastique et des prescriptions synodales. Mais elle prend une signification différente selon les états de société dans lesquels elle s'inscrit. Pour Jean Chrysostome, à la fin du IVe s., à Antioche ou à Constantinople, il s'agit d'écarter de l'espace liturgique chrétien tout ce qui pourrait rappeler les violences rutilantes du cirque, de l'hippodrome, ou l'érotisme des banquets, c'est-à-dire d'opposer la *modestia* chrétienne aux fastes d'une société urbaine où la vie collective et « culturelle » est encore intense. Au contraire, pour Angilbert, organisant les processions de Saint-Riquier, pour Raban Maur, aux prises avec les pèlerins qui envahissent les abords du monastère de Fulda ou de Ratestorp lors des ostensions de reliques, et auxquels on fait chanter des *kyrie, eleison,* ou pour Charlemagne lui-même, qui fera demander que l'on fasse chanter le *kyrie* moins rustiquement, la distance caractéristique de la *vox christiana* (*alta, clara et suavis*) doit se prendre par rapport à la *rusticitas* d'une société encore presque totalement rurale. La voix rauque, âpre, basse est celle du paysan

La *cantilena romana*

Lorsque la liturgie romaine se diffuse dans l'Europe occidentale des VIIIe et IXe s., les chantres des grandes églises et des monastères sont invités à s'initier à l'art de la *cantilena romana.* Ce terme (*cantilena*), tout à fait usuel à l'époque, n'a rien de la saveur un peu fade que suggérerait sa transcription française. C'est une expression globale désignant à la fois un répertoire, un art du chant et un effet de la musique sur la sensibilité. *Dulcis, suavis* sont les adjectifs qui l'accompagnent le plus souvent. Même si ce type de formule tend à se figer un peu académiquement, il semble que ces mots gardent encore, à cette époque, une force incontestable. Intraduisibles directement en français du XXe s., ils semblent évoquer quelque chose comme une émotion pénétrante, mais sans violence, avec une connotation euphorique de délectable.

(*paganus*), dont le dialecte est peu formé, dont les mœurs sont entachées de bestialité farouche ou de superstitions païennes. J. Le Goff a montré que ces représentations du rustre (*rudes, rustici, subrustici !...*), avec sa voix rauque et son corps velu, se maintiendront très avant dans le Moyen Âge, dans l'opposition, cette fois, entre la bassesse du vilain et la grâce (le savoir-être) du prince ou du chevalier. À l'époque carolingienne, les chefs de guerre qui entourent le prince font eux-mêmes partie des *rudes* et des gosiers peu civils. Pépin et Charlemagne entreprendront une campagne de civilisation, au sens le plus transitif du mot, en respectant toutefois, plus que ne le fit Louis le Pieux, la séparation des lieux ordinaires de la vie commune et des parlers communs d'avec le lieu religieux, caractérisé par l'autorité et la sublimité des conduites vocales, la correction et l'éclat de la prononciation, la « perfection de la cantilène ». Les jeunes moines (issus, la plupart du temps, de familles notables) devront apprendre à prononcer correctement et à orthographier sans fautes, à accentuer avec élégance le latin de la Bible, de l'antiphonaire et des poètes, langue qualifiée et qualifiante, qui, désormais, détachée même de la prédication, se tiendra dans un domaine totalement séparé des parlers usuels, dont la transformation va s'accélérer.

Recommandations du concile d'Aix, 816

« La mélodie que les chantres font entendre est destinée à porter la conscience du peuple rassemblé vers la pensée (*memoria*) et l'amour des choses célestes, non seulement par le caractère sacré des paroles, mais par le pouvoir expressif des tons (*suavitas tonorum*).
« C'est pourquoi il importe que tout chantre, selon la tradition des Saints Pères, soit remarquable et distingué par sa voix et son art (*voce et arte*), de sorte qu'il touche le cœur de ses auditeurs par le chemin du plaisir sensible (*oblectamenta dulcedinis*).
« [...] On récitera donc les psaumes à l'église, ni trop vite, ni trop fort, ni avec des voix désordonnées et sans discipline, mais d'une manière égale (*plane*) et distincte, avec une grande disponibilité de cœur (*compunctione cordis*), de telle façon que l'esprit de ceux qui récitent soit doucement pénétré, et que les oreilles de ceux qui les entendent soient charmées par leur prononciation. »

La mise à l'écart des instruments...

Cette sublimisation de la *vox sola,* son pouvoir religieux et sa valeur de partition sociale s'affirment aussi par la mise à l'écart des instruments de musique (en particulier vents et percussion) dans la mesure où ils ne peuvent être que des voix inauthentiques. Sur ce point, la tradition ancienne est unanime. Ainsi, tous les commentaires du Psaume 150 (dont le texte se ramène à une nomenclature d'instruments réels ou fictifs invités à louer Dieu) s'accordent à affirmer que ce qui pouvait être instrumental chez les anciens Hébreux est devenu spirituel chez les chrétiens : les œuvres bonnes sont la seule vraie musique ; la bouche et le cœur, que le chant normalement doit conjoindre, sont les seuls instruments admissibles.
Dans un texte écrit quelques années après la mort de Charlemagne, Raban Maur décrit une procession lors d'une grande cérémonie de la dédicace d'une église. L'évêque, écrit-il, les prêtres portant le brancard où sont placées les reliques, le clergé et le peuple font trois fois le tour de l'édifice avant d'entrer dans le temple en chantant des acclamations et des litanies. Ne voilà-t-il pas une belle scène tout droit sortie de l'Ancien Testament ? Non,

justement, continue Raban Maur, car tout est bien changé : aux sacrifices mosaïques s'oppose celui de l'Agneau de Dieu ; aux buccins, psaltérions et cymbales, au bruit et au tumulte de la multitude des trompettes et des percussions et de tous les autres instruments s'oppose le *jubilus* produit par un cœur chaleureux (*ex devoto pectore*) qui résonne délectablement par les seules voix des hommes (*per voces hominum*). Car, conclut-il, « autant le sensible l'emporte sur l'insensible, autant la louange qui procède de la *vox humana*, par le mouvement d'un cœur sincère, l'emporte sur le souffle creux des instruments à vent et sur les percussions des cymbales » !

... et leur entrée

Cette valorisation suprême de la *vox humana*, qui seule accède à la dignité d'articuler le texte sacré, écarte donc de l'usage les instruments rustiques, militaires ou de divertissement. Toutefois, il semble que le statut de l'instrument de musique ait été amené à changer lors de l'extraordinaire développement de l'*ars musica* proprement dit, au cours de la seconde Renaissance carolingienne (le commentaire de Martianus Capella par Jean Scot, vers 860, a pu contribuer à modifier le paysage musical). Intégré à la déclamation poétique (on dit que Tuotilon, moine de Saint-Gall à la fin du siècle et *tropator* de la première heure, chantait en s'accompagnant de la rotta...), l'instrument participe à la légitimité de l'acte de chant à une époque où à une grande intransigeance réformiste succède, semble-t-il, une période de relative détente et d'élargissement des intérêts musicaux. (On dit du même Tuotilon qu'il jouait « avec habileté » de toutes sortes d'instruments...) Mais l'instrument pénétrera également par la voie « pédagogique » et même spéculative, qu'il s'agisse de la spéculation acoustico-philosophique ou de la « spéculation pratique » que constituait en fait la réalisation des *organa* suivant les règles. L'orgue, de tous les instruments de l'Antiquité le moins compatible avec les valeurs ecclésiastiques, n'est sans doute entré dans les écoles claustrales puis à l'église qu'après avoir fait la preuve qu'il pouvait être lui aussi sujet et objet de science musicale, comme ces jeux de cloches, *custodes tonorum*, que l'on voit sur les peintures des manuscrits (plus tardifs, il est vrai), dûment accompagnés du nom des notes.

L'art de la cantilène

L'apparition et le développement du répertoire des antiennes et de la psalmodie antiphonique illustrent bien le mouvement général de musicalisation croissante qui affecte les liturgies chrétiennes, en rapport, sans doute, avec le développement et la spécificité de l'appareil clérical-monastique dans le haut Moyen Âge.

C'est le même processus qui transforme les « techniques de réalisation vive », caractérisées par l'adaptation formulaire, et débouche en fin de parcours sur la production et la consignation par écrit d'objets musicaux (*opus operatum*) de plus en plus individualisés. Le passage, bien mis en évidence par Solange Corbin, de la figure du psalmiste à celle du *cantor* illustre la profondeur de la transformation.

Techniques du psalmiste

Le psalmiste, avant de devenir le *cantor*, ne connaît sans doute pas, dans la tradition chrétienne occidentale, à Milan, Séville, Carthage, Autun, Arles ou Trèves, d'autres techniques de chant que celles qui sont attestées sur tout le pourtour de la Méditerranée, et qui sont communes à la Synagogue, aux liturgies de langues syrienne ou grecque.

Les psalmistes n'apprennent pas d'abord des chants particuliers mais des techniques formulaires d'assemblage, qui peuvent aller du genre le plus simple (psalmodie syllabique, avec légers soulignements accentuels et clausules finales) jusqu'à une forme de récit très orné. L'ensemble du discours verbo-musical se développe généralement par paliers, oscillant autour d'une ou de plusieurs teneurs suivant un enchaînement de formules, d'ornementation, de répétitions plus ou moins adroitement combinées.

Ce répertoire n'ignore pas non plus les grandes vocalises jubilatoires, qui se maintiendront d'une manière privilégiée dans les alléluias.

On peut penser que ces actions chantées des psalmistes n'étaient pas codifiées complètement mais par nature relevaient d'une technique que nous avons appelée « réalisation vive », transmise largement *per usum*.

Ainsi, au début du IXe s., Amalaire peut se permettre de modifier le texte des versets accordés aux répons prolixes de l'office, en rapport avec l'usage gallican de ne reprendre le répons que dans sa partie terminale. On a pu en conclure que la question des « mélodies » ne se posait pas et que les versets de répons étaient encore librement adaptés par les chantres.

La « schola » des chantres

Les choses se modifièrent avec la généralisation du répertoire antiphonique et l'institution conjointe de la *schola cantorum*. Dans l'antienne, et surtout l'antienne processionnelle, comme également dans la strophe hymnique, le *concentus* (mélos et scansion plus proprement musicaux) l'emporte sur l'*accentus* (où la récitation du texte est première), affectant l'objet d'un contour mélodique plus ferme et plus « chantant ». D'autre part, l'exécution collective par un groupe (même restreint) de *cantores* ou d'enfants exige à l'évidence une préparation antérieure de l'énoncé musical verbo-mélodique par le *primicerius* de la *schola*, avant d'aborder la *recordatio*, ce que nous appelons la « répétition », c'est-à-dire la mise ou la remise en mémoire. Une chironomie (code d'indications gestuelles-manuelles) faisait certainement partie de l'arsenal de la *recordatio* (et, si l'on en juge par certaines représentations, de l'exécution au chœur). L'écriture neumatique s'en souviendra. Comme on l'a vu, la *compositio* de l'antienne se fait très souvent en utilisant des types mélodiques adaptés à la prosodie des divers textes, dont la teneur littéraire est presque toujours familière aux chantres de par leur fréquentation habituelle du psautier.

La centonisation

À cette adaptation de textes (préalablement calibrés, au prix quelquefois d'adjonction ou de suppression de mots pour lesquelles on n'hésite pas à remodeler le texte sacré) sur des mélodies types, les chantres de la *schola* vont joindre l'art de la centonisation.

Ce procédé est une technique d'assemblage d'éléments segmentaires puisés dans un répertoire limité par le type modal imposé : formules d'intonation, formules de développement, formules de cadences.

Dans son bel ouvrage classique sur *L'Esthétique grégorienne*, P. Ferretti proposait de distinguer entre mélodies types et mélodies-centons d'une part, et une troisième catégorie qu'il désignait par l'expression mélodies originales. Cette classification a rendu beaucoup de services dans la mesure où elle a permis de distinguer, dans le répertoire, des catégories de chants caractérisés par un taux

plus ou moins élevé de combinaison formulaire. Ainsi pouvait-on faire apparaître que les *Offertoires* sont peu centonisés par rapport aux *Graduels* du 5e mode, qui le sont de bout en bout.
Ne pourrait-on pas affirmer d'une manière tout aussi éclairante que toute la *compositio* grégorienne se fait sur fond de centonisation, en rapport avec les virtualités des types modaux, par réemploi, modification, ajustement des formules, des contours, des parcours usuels ? De ce point de vue, il n'y aurait pas de pièces libres ou originales mais une technique de centonisation, elle-même plus ou moins libre ou contrainte.

L'art de la « compositio »

L'habileté des compositeurs centonisateurs tient à la manière dont ils sont capables d'articuler entre elles trois instances que nous nommerons, en démarquant à notre tour quelques concepts anciens, la *modulatio*, la *pronunciatio*, la *translatio* métaphorique.

« Modulatio »

La *modulatio* peut être comprise comme la nécessité interne du flux mélodique, à la fois sa règle et sa force. Les théoriciens de la fin du IXe s., qui auront lu les gloses de Jean Scot sur Martianus Capella, multiplient les termes pour maîtriser intellectuellement cette notion intuitive : *ductio, ductus, transitus, transmutationes, connexio, junctio...*
La *modulatio* mélodique tente d'exploiter « heureusement » les rapports attractifs entre les degrés de l'échelle. Au niveau le plus englobant, elle se confond avec la dynamique modale étendue : grands paliers modaux, cordes récitatives, dominantes, avec leur contexte propre, leurs contre-appuis et environnement contrastant, et les formules de liaison ou de repos permettant de passer d'un palier à un autre.
Mais l'*ars bene modulandi* est aussi *ars bene movendi*. Il se manifeste dans une tendance à introduire dans le flux temporel, dans le régime des valeurs et des durées, des impulsions vocales, des articulations et compositions neumatiques (modes d'attaque, *ductus* de la voix, conjonctions et disjonctions), des proférations verbales, une *numerositas*, c'est-à-dire des éléments de régularité, d'autoajustement proportionnel.
Cet élément de redondance peut être fondé soit sur une *ratio* simplement comptable (code de valeurs simples et doubles), soit sur une scansion régularisée, plus ou moins étendue, portant sur une

clausule (les 5 éléments des cadences cursives) ou sur la totalité d'une strophe (certaines formes de l'hymnodie), soit sur un art de la distribution dans le temps des groupes et des segments de même ordre, conciliant avec adresse la discontinuité du souffle et la continuité de la ligne par la variété d'attaque, d'entretien, de répartition de l'impulsion chantée.

Cette tendance à rechercher une distribution heureuse (ou significative) des mouvements dans le temps (*ars bene movendi*) n'aboutit presque jamais en chant grégorien à un flux rythmique qu'on pourrait dire monosystémique. Tout rythme est ici contrepoint de rythmes. Le jeu des variables monodiques reste ouvert, croisant et décroisant sans cesse les divers ordres qui le composent, avec des prédominances momentanées de l'un ou de l'autre (verbal, vocal-neumatique, pur mélos, scansion nombrée...). J. de Valois a nommé « l'hétérogène » cet aspect de la composition des données de la monodie grégorienne, et A. Souris y voyait « un ordre mobile, contingent, singulier ».

« *Pronunciatio* »

L'instance de la *pronunciatio* semble facile à saisir tant l'insistance moderne sur le « rythme oratoire » du chant grégorien s'est imposée aux esprits, ne serait-ce que par la véhémence des polémiques qu'elle a pu susciter. Sans doute est-il nécessaire de replacer ces données dans une perspective historique.

Contrairement à ce qu'avait cru devoir affirmer Solange Corbin dans son article important mais hâtif sur « La Cantillation des rituels chrétiens », il semble que la lecture des textes de l'Ancien et du Nouveau Testament lors des assemblées liturgiques du temps d'Ambroise ou d'Augustin se faisait d'une manière plus proche de la déclamation des textes classiques enseignée dans les écoles municipales de rhétorique que de la cantillation des prières (G. Stefani). En rapport de voisinage avec la *lectio*, la *psalmodia* s'en distingue toujours soigneusement. Du temps d'Isidore, la distinction est maintenue. Les lecteurs seuls sont dits *pronunciatores*, et leur charge est celle d'une communication du texte à la fois fidèle et expressive. Raban Maur énumérera à son tour les différents caractères de l'intonation du lecteur (*genera pronunciationum*) en rapport avec la teneur affective des énoncés (*secundum proprios sententiarum affectus*).

Quelques grands écrits théoriques

V. 850	Aurélien de Réomé : *Musica disciplina*
V. 860	Jean Scot : *Gloses sur Martianus Capella*
V. 880	Hucbald de Saint-Amant : *De harmonica institutione*
V. 885	Lettre de Notker (Saint-Gall) à Landbertus (Metz) sur les « lettres significatives » (accompagnant les neumes)
V. 895	(Ogier de Laon ?) : *Musica enchiriadis*
V. 900	Remi d'Auxerre : traité *De musica*

Deux phénomènes vont modifier l'arrière-plan sur lequel se détachait l'opposition entre *legere* et *psallere.*

D'une part, pour reprendre une observation perspicace de E. Wellesz, les liturgies d'Orient et d'Occident connaissent entre le VIe et le IXe s. une prédominance croissante de la musique et de l'appareil musical (*schola,* chantres, répertoire) sur la simple instance de la parole.

D'autre part, le latin de la liturgie devient une langue de plus en plus étrangère aux populations qui se réunissent à l'église, la séparation étant consommée aux VIIIe et IXe s. C'est dans ce contexte évolué qu'apparaissent les cantillations des lectures ordinaires, calquées sans doute sur la cantillation des textes euchologiques du sacramentaire.

Or, une étude minutieuse des textes didactiques de l'époque carolingienne montre que si la doctrine isidorienne se maintient presque littéralement, elle est doublée par un autre discours qui semble réinvestir dans l'« acte de chant » lui-même les vertus propres de la *pronunciatio.* Évolution achevée, semble-t-il, avec les traités proches de la *Musica enchiriadis.*

Cette conception se manifeste d'abord de manière négative : le chant ne saurait échapper à la correction du bien dire, à la probité de la déclamation accentuelle, non pas absolument, puisqu'on le sait : *Musica non jacet sub regula donati* (« la musique n'est pas soumise aux règles des grammairiens »), mais tendanciellement, si l'on peut dire, comme par une sorte d'*habitus* acquis dans la déclamation récitante libre ou nombrée (*cursus*). Rien dans le chant ne doit évoquer le *sermo plebeius,* l'incorrection dialectale, les intonations rustiques, avec de mauvaises coupes et des enchaînements impropres.

Plus positivement, l'acte de chant sera conçu comme *actio* du texte, au sens que Cicéron ou Quintilien donnaient à ce concept de la rhétorique classique.

Cette *actio* est manifestée d'abord au niveau du mot :

Les virtualités proprement phoniques du mot (syllabes, matériau vocalique ou consonantique) sont exploitées jusqu'à constituer une sorte d'expansion sonore et spatiale de la substance initiale du monème, qui donne à comprendre que le chantre lui-même ait pu se situer allégoriquement comme *authentica tuba* et *verum tympanum.*

Au niveau plus proprement phrastique, l'*actio* (la *pronunciatio*) se réalise dans la saisie et la manifestation singulière des virtualités du courant énonciatif, par un jeu très ouvert, rarement monotone, presque toujours en rapport contrapuntique avec la structure modale, des mouvements accentuels (rapport accent-finale selon les belles études de J. Jeanneteau), des rections grammaticales, compte tenu des possibilités d'expansion ou de dilatation des syllabes ou du mot tout entier ou, à l'inverse, d'un repli toujours possible sur une syllabisation du débit, ou sur une récitation passagère le long de la corde, ornée comme dans la lecture.

L'instance de la *pronunciatio* peut alors se doubler, dans certains genres verbo-mélodiques, d'une stylistique de l'emphase : accentuations pathétiques, insistances, variations du débit, toutes valeurs que notera soigneusement l'écriture neumatique.

La « mélisation » du texte – pour employer la jolie expression de J. Perret – introduit ce dernier dans un espace intermédiaire (transitionnel ou potentiel, s'il fallait parler *more psychanalytico*...), dans lequel sont suspendues ou au moins brouillées les catégories de l'assertion ou du discours. L'instance verbale peut alors se déplacer dans une oscillation spécifique entre un en deçà préassertif et un au-delà qu'on pourrait dire, au contraire, hyperassertif, quand l'emphase s'empare du discours pour l'engager du côté de la fiction pathétique.

« *Translatio* »

C'est dans cet espace de la fiction (que délimite bien, dans l'antienne citée plus haut, le retour linguistiquement ambigu de l'*Alleluia* rituel) que la métaphore musicale (*translatio cum virtute*) va faire travailler des figures, explicites ou diffuses.

Déjà, la mise en scène d'une *narratio*, d'une *historia*, d'un dialogue pouvait introduire dans la linéarité musicale un élément de différenciation topique. Certaines grandes antiennes (gallicanes ?)

prévoyaient dans leurs rubriques, explicitement, ce jeu d'acteurs, utilisant à cet effet les contrastes entre registres vocaux, et l'opposition entre voix d'hommes et voix d'enfants (M. Huglo).

Les *compositores* de la *schola* n'ignoreront pas non plus le registre quasi madrigalesque des icônes sonores que la mélodie peut produire, sans forcément s'y appesantir, ni en faire un système, ni en déduire le registre affectif des sentiments.

Ainsi que l'exprime l'auteur de la *Musica enchiriadis,* fleuron de l'école de Laon, vers les dernières années du IXe s. : « On ne peut modifier les notes et les tons sans risquer de perdre la force impressive des sons ou de tomber dans des significations incongrues. L'*affectus* que le chant contient doit imiter l'*affectus* propre à ce qui est chanté : dans les choses tranquilles des dessins mélodiques tranquilles (*tranquillae neumae*), allègres dans les choses joyeuses, retenus dans les choses tristes ; les paroles ou les actions violentes doivent s'exprimer en dessins violents, prompts, exclamatoires, frappants, de toute façon proportionnés aux qualités propres d'un événement ou d'un sentiment. » Il n'y a rien là que de bien banal et déjà dit, si ce n'est la prise de conscience et la première formulation d'une rhétorique de l'action musicale, en tout point comparable à celle de l'*ars praedicandi* que développait Raban Maur au début du siècle.

L'écriture

L'apparition de l'écriture musicale et son évolution, de la forme purement neumatique des manuscrits dits *in campo aperto* vers l'alignement diastématique et le système de la portée, sont des phénomènes qui dépassent de très loin le niveau de l'invention technique. Comme nous l'avons remarqué plus haut, le passage des exigences propres à la *lectio* dans le domaine de la *cantilena* contenait virtuellement un mouvement vers l'écriture. Bien sûr, tout le monde connaissait l'affirmation d'Isidore de Séville : les sons périssent parce qu'ils sont impossibles à écrire (*soni pereunt quia scribi non possunt*). Mais la vraie réponse au maître espagnol, ce sera le disque ou la bande magnétique ! Les Carolingiens, quant à eux, élèves des calligraphes de Tours ou d'Aix, ne notent pas des sons, mais, *per notas* (« par des signes graphiques »), l'*actio pronunciato,* correcte et reproductible, d'un énoncé verbal-vocal, c'est-à-dire *le chant.*

Ce n'est donc pas un hasard si les premières manifestations de la notation apparaissent dans des lectionnaires. Un exemplaire du

Lectionnaire d'Alcuin, étudié par A. Wilmart, copié peut-être « du côté d'Aix et de la cour », comporte des points de « distinction » (ponctuation forte avant la majuscule, ponctuation faible pour marquer un léger arrêt, point d'interrogation-intonation montante) en rapport sans doute avec le débit du lecteur et du chantre. Cette ponctuation fut soumise à révisions, et, au cours d'une de ces révisions, une deuxième main ajouta quelques neumes très simples. Ainsi c'est à l'*ars grammatica* que les notateurs emprunteront les signes graphiques dont la combinaison donnera l'écriture dite neumatique.

Aussi bien, ce qui est pour nous « mélodie » est noté sans mesure précise des intervalles, comme un mouvement intonatoire, *per acutum et grave*, comme si la première chose à figurer (par la plus dangereuse de toutes les métaphores, celle de la projection graphique) ce n'était pas d'abord les intervalles, mais le mouvement de l'intervalle, et donc ce qui, dans le chant, est le chant même.

Le rapport entre « le *ductus* de la plume et le *ductus* de la voix » (E. Cardine) apparaît comme le premier objectif de cette écriture, nourrie de l'expérience chironomique (*ductus* de la main). Certaines figures de neumes ne semblent pas avoir d'autre raison que de suggérer un certain mode de « conduction » de la voix (E. Cardine) ; d'autres sont en rapport avec des attaques vocales spécifiques, des « tours de gosier », des micro-intonations, tout un art du chant dont une grande partie nous échappe, et qui était certainement le secret de la *vox plena succo virili* (« voix pleine d'une sève virile ») dont parlait Raban Maur.

Le principe de la coupure neumatique, mis en évidence par les travaux de E. Cardine, qui transforme la distribution du flux et de l'impulsion vocale dans les neumes composés, montrerait, s'il en était besoin, l'intérêt musical primordial que les notateurs (qui étaient les premiers chantres) attachaient à cette dimension de l'*ars canendi*.

Aujourd'hui, certains interprètes, pratiquant une véritable musicologie appliquée, essaient de reconstituer quelques traits de cet art du chant par l'observation de conduites vocales présentant quelque analogie avec celui-ci et maintenues dans des milieux dits « traditionnels ».

Cette observation fait apparaître la situation paradoxale de l'écriture musicale appliquée à un tel répertoire. Soucieux de contrôler et de fixer l'instance de la *pronunciatio*, les lettrés-musiciens bloquaient le fonctionnement normal de ce que C. Braïloïu appelle la « variation », c'est-à-dire le jeu des variantes interprétatives acceptables dans une communauté culturelle, et qui définit une tradition au sens propre du mot. Ce blocage rendait de fait précaire la transmission de ce qu'on pensait ainsi garantir. Mais l'Europe d'alors passait de la barbarie à la littérature, et la musique allait se déterminer pour un millénaire sous les lois de la raison graphique, avec toutes les conséquences que l'on connaît.

Au-delà de l'antiphonaire : séquences et tropes

Le chant d'église : une production continue

La période qui suit l'aménagement, en Gaule et dans l'Empire, de l'Antiphonaire romain-grégorien est caractérisée par une production liturgico-musicale intense. Il est important de saisir toute la culture de cette époque (à dominante monastique, il est vrai) comme une activité, comme une recherche de formes, de sonorités (il faut, en quelque sorte, apprivoiser le latin), de moules déclamatoires et poétiques. J. Chailley souligne avec raison que le mot « trope » désigne un travail, une fonction, plus qu'une forme établie. On peut dire sans exagération que c'est toute la culture de cette époque qui est de nature *tropique,* tout entière fondée sur la glose, le commentaire, la centonisation, la greffe littéraire, l'adaptation musicale. Le jeu intertextuel (mettre en rapport des instances textuelles les unes avec les autres) est constant. P. Zumthor a montré la place que tient l'intertextualité bilingue dans les techniques poétiques de l'époque romane. L'influence du moule rythmo-poétique de la séquence a sans doute été déterminante dans la constitution du lai profane, et certains tropes du *Benedicamus Domino,* plus tardifs, il est vrai, ne sonneront pas autrement que des chansons :

Ergo laudes Domino
Dicamus cum Stephano
Et nos omnes gratias
Dicamus in numeras.

Les tropes

« Les tropes sont des chants (texte et mélodie) qui constituent une introduction, une intercalation ou une addition insérée soit dans un chant liturgique de la messe romaine (texte liturgique de base), soit dans un chant de l'office » (*Corpus troporum* de Stockholm). Ainsi l'*Introït* de la messe de Noël :
Puer natus est nobis
Et filius datus est nobis...
a donné lieu à un trope où le texte liturgique de base (dont nous ne donnons ici que le début) a été augmenté d'une introduction et d'une glose intercalaire :
Ecce adest de quo prophetae cecinerunt dicentes :
Puer natus est nobis quem virgo Maria genuit
Et filius datus est nobis nomen ejus Emmanuel vocabitur...

L'espace liturgique va devenir le terrain d'une extraordinaire poussée hymnographique et musicale greffée sur les structures et les éléments des Offices importés d'outre-monts, et qui constituera une des formes de leur acculturation.

Une culture composite commune

La recherche des « influences » est ici, sans doute, un peu vaine, quand on a pris en compte le caractère composite de cette culture de l'Europe monastique des IXe et Xe siècles. Si l'on a pu invoquer à bon droit la prégnance constante des modèles hymnodiques gréco-byzantins, l'origine irlandaise de certains maîtres de l'abbaye de Saint-Gall, on doit aussi prendre en considération le fait que l'intérêt pour la création littéraire et musicale (domaine de l'hymnographie au sens large), si attesté dans les traditions non romaines, et dans la tradition gallicane en particulier, ne pouvait cesser brusquement avec l'imposition de l'antiphonaire romain-grégorien. En particulier, les liturgies gallicanes utilisaient dans le déroulement de la messe des formes litaniques, des acclamations où le texte des versets était souvent motivé, développé, donnant lieu à une véritable glose poétique qui *soulignait* soit l'action liturgique en cours, soit les attributs des êtres célestes auxquels on s'adresse, soit certains aspects théologiques du mystère célébré, fonction quasi

Un moine de conjoncture, Notker le Bègue

Dans la préface qu'il rédige en 884 pour un recueil de ses séquences, le très loquace Notker, moine de Saint-Gall (pourtant surnommé « le Bègue » – ce dont il s'amuse avec esprit), raconte qu'au temps de sa jeunesse il avait quelque peine à retenir les « melodiae longissimae » dont l'usage sangallien ornait la fin des Alléluias. C'est, dit-il, sur l'antiphonaire apporté par un moine de Jumièges, réfugié vers 866 à Saint-Gall, qu'il découvrit le principe ingénieux (mais, à son goût, mal exploité poétiquement) de placer un texte plus ou moins bien versifié sur le mouvement de ces mélodies ; procédé que, bien sûr, les maîtres de chant sangalliens (dont Notker fait l'apologie) ne pouvaient manquer de porter à un tout autre degré de perfection !

---

mystagogique que l'on retrouvera sans rupture dans les plus anciens *kyrie* tropés.

> *Unice Christe qui es via, lux, veritas et pax,*
> *Kyrie .... eleison.*
> *Primus et unus es Domine, rex aeternus, una cum Patre manens,*
> *Kyrie .... eleison.*
> *(Cité d'après D.A. Bjork.)*

Cette poussée irrésistible de la composition hymnographique intégrée dans l'office même ne pouvait qu'être stimulée par le renouveau des études littéraires, théologiques et scripturaires. Enfin, l'ampleur de la vie liturgique dans les grands monastères tend à accentuer la théâtralité, voire la dramatisation, des offices, en particulier lorsqu'il s'agira des grands épisodes historico-narratifs du calendrier liturgique (cycle de l'Avent et de Noël, cycle de la Passion et de Pâques, fêtes patronales à récits légendaires...).
C'est sans doute cette convergence des intérêts de la classe lettrée et musicienne des monastères et ce soubassement culturel commun qui expliquent l'apparition en un grand nombre d'endroits de pratiques nouvelles de formes très comparables ou, à tout le moins, leur diffusion et leur adoption très rapides. C'est peut-être le fait d'avoir porté très haut le sens de l'opportunisme conjoncturel, et

d'avoir su, dès cette époque, organiser habilement leur publicité, qui explique le « rayonnement » (au moins rétrospectif) de grands centres tels que Saint-Gall ou Saint-Martial de Limoges.
Rien ne serait donc plus faux que d'imaginer que quelque chose se termine avec la stabilisation, bien attestée en 843, au moment du partage de l'Empire, de l'antiphonaire grégorien. Bien au contraire, jamais la création musico-littéraire n'aura été aussi intense, aussi débordante, ouvrant de multiples issues dont quelques-unes seront déterminantes pour l'évolution musicale et littéraire ultérieure.

Un répertoire archétypique : l'antiphonaire de la messe

Il importe, toutefois, de distinguer dans la pratique musicale de cette époque deux types d'organisation répertoriale. La première concerne les livres issus d'un modèle qu'on peut dire archétypique (M. Huglo), qui fait autorité, et qu'on recopie comme tel. C'est le cas du *Graduel* ou *Antiphonaire de la messe*, dont la transmission, au terme de la phase d'adaptation que nous avons décrite, est ferme et assurée, comme le montre l'étonnante conformité de la tradition neumatique manuscrite.
Le cas de l'*Antiphonaire de l'office* est déjà moins évident. L'organisation (*cursus*) de l'office monastique se distingue par de nombreux points de l'organisation canoniale, et les coutumes locales y sont beaucoup plus prépondérantes. Ainsi, lors de la création de solennités nouvelles, les chants du propre de la messe seront le plus souvent empruntés au graduel, alors qu'on n'hésite pas à composer un office entièrement nouveau, avec son ensemble propre de répons et d'antiennes.
On verra même apparaître des offices versifiés, d'abord de manière sporadique, puis de manière de plus en plus systématique. Cette « poétisation » des textes musicaux non psalmiques de l'office, où s'illustrèrent, dès le IXe s., des hommes tels qu'Étienne de Liège ou Hucbald de Saint-Amand, se développera souvent dans le sens d'un légendaire ou d'un panégyrique consacré à l'histoire ou à la louange d'un saint patron, pour une fête d'intérêt très local. À la fin du XIIe s., on ajouta la rime, et l'office put prendre, en milieu franciscain italien, l'allure d'une psalmodie encadrée de petites strophes versifiées et rimées, qui évoquent le cantique ou même la chanson religieuse.

Les chants de l'ordinaire de la messe

Ces chants n'appartiennent pas à l'antiphonaire, qui consigne les parties chantées propres aux fêtes du calendrier liturgique. Ils relèvent du déroulement quotidien de l'*ordo missae.* D'ancienneté variable et de fonction liturgique très différente, ils ne se trouveront constitués en ensemble répertorial que tardivement ; et l'idée d'appeler « messe » les cinq pièces (*Kyrie eleison, Gloria in excelsis Deo, Credo, Sanctus, Agnus Dei*) qui feront les beaux jours des auteurs de la *Messe* de Tournai, ou de quelque *Messe* du pape Marcel, ou autre *Missa solemnis* venue ou à venir, aurait plongé les chantres romains ou messins dans la plus totale stupeur...

Un répertoire ouvert

Il ne peut être question de répertoire archétypique pour tout ce qui concerne les chants de l'ordinaire de la messe, les innombrables tropes, prosules, séquences, conduits, que l'on voit se multiplier au cours des Xe-XIe s. dans les manuscrits liturgiques, pas plus que pour les hymnes et répons que l'on continue de composer pour des occasions diverses. Leur création, leur adoption sont avant tout liées à des initiatives locales. Et si la diffusion – il faudrait dire le *succès*, mot impropre en ce qui regarde l'antiphonaire – de certaines productions a pu être européenne (c'est le cas de la séquence *Sancti Spiritus* pour la Pentecôte, de Notker : ou du trope *Quem quaeritis* pour le jour de Pâques, entre beaucoup d'autres), un grand nombre de ces pièces ne connaissent qu'une aire de diffusion régionale, ou même simplement locale.

Toutefois, certaines mises en ordre peuvent intervenir d'autorité, au sein d'une famille monastique ou d'une province épiscopale. Il en est ainsi, par exemple, de la *Regularis Concordia* (convention intermonastique) promue en Angleterre par les évêques Ethelwold et Dunstan, sous le patronage du roi Edgar, vers 970, texte qui contient une des premières descriptions circonstanciées du « drame liturgique » de Pâques.

Les chants de l'ordinaire de la messe

Les chants de l'ordinaire de la messe sont toujours cités en premier lieu dans l'énumération des créations musico-liturgiques que l'on dit volontiers « postgrégoriennes ». Leur importance est incontestable, et leur emploi plus fréquent dans les fonctions liturgiques a pu contribuer aussi à leur notoriété. Mais ce prestige a sans doute été accru par le destin ultérieur de ce répertoire, et par le fait qu'il a, au moins en partie, survécu, à l'époque moderne, à la disparition presque totale des tropes, séquences, proses, jeux liturgiques médiévaux. Il convient donc de le replacer dans la situation d'ensemble où il apparaît et où il se développe, et de tenir compte, plus qu'on ne l'a fait dans le passé, du fait que les chants de l'ordinaire, dès qu'ils sont pour nous repérables dans les livres carolingiens et postcarolingiens, se présentent munis de tropes textuels.

Au moment de l'adoption, dans l'Empire franc, du sacramentaire romain, il semble que la forme musicale des chants qui seront dits par la suite chants de l'ordinaire ait été encore déterminée par une étroite intégration à l'action liturgique.

Ainsi, le *Sanctus*, le plus vénérable d'entre eux, est un chant d'ensemble qui s'intègre textuellement et mélodiquement au récitatif de la préface, à l'invitation expresse du célébrant, dans un style voisin de celui des Dialogues qui ouvraient cette belle proclamation chantée.

L'*Agnus Dei*, introduit dans la messe romaine par le pape Sergius Ier, au début du VIIIe s., est un chant également assez simple, de structure litanique, destiné à accompagner le rite de la fraction du pain.

Le *Gloria in excelsis Deo*, hymne d'une très haute antiquité, mais dont le statut dans la messe romaine n'est pas encore bien arrêté, est traité sous la forme d'un large récitatif soutenu. Réservé longtemps à la messe de l'évêque, il ne deviendra que peu à peu, et non sans aléas, la grande pièce chorale des dimanches et des jours de fête que consacrera l'usage médiéval.

Quant à la formule grecque *Kyrie, eleison* (*Domine, miserere* – Seigneur, prends pitié), elle est employée depuis l'Antiquité chrétienne comme *responsa* de l'Assemblée, lors du chant des litanies, et en général au cours des prières de supplication et de pénitence. Mais c'est aussi une solennelle interpellation du Christ Seigneur (*kurios*), pas très éloignée peut-être, dans son esprit et sa forme, des acclamations qui pouvaient retentir lors de la manifestation publique des empereurs. C'est peut-être cet aspect ardent et solennel que développeront certains *Kyrie* de l'époque carolingienne, ainsi que pourrait en témoigner le *Kyrie, Jesu Redemptor* (XIV de l'édition vaticane), dont M. Huglo a établi qu'il repro-

Kyrie cum tropis

Les rubriques des livres de chant – comme la suivante, tirée d'un manuscrit de Saint-Gall – prévoient le mode d'exécution : *« Tres bene vociferati scholares canunt tropos et chorus subsequitur* V/ Kyrie, eleison. » (« Trois *scholares* pourvus d'une bonne voix chantent les tropes, et le chœur poursuit en chantant *Kyrie eleison.* »)
Faut-il en conclure à l'exécution alternée du verset tropé et du verset vocalisé ?

---

duisait la mélodie d'une acclamation au *basileus*, en usage lors des cérémonies impériales à Constantinople au milieu du Moyen Âge. Ces divers chants de l'ordinaire, auxquels on joindra plus tard la proclamation puis le chant du Symbole de Nicée, ou *Credo*, imposé dans l'Empire par le concile d'Aix en 798 et introduit dans la messe romaine, à la demande de l'empereur Henri, au XIe s., vont subir en milieu carolingien et tout au long du Moyen Âge une musicalisation générale, favorisée par une certaine rigidité de l'action liturgique proprement dite.
En dépit de l'hétérogénéité de leurs fonctions liturgiques, les chants de l'ordinaire se trouveront *de facto* traités de manière symétrique et assimilés à un type de répertoire particulier. Au cours des XIIIe et XIVe s., on assemblera ce répertoire en groupes composés des cinq pièces de l'ordinaire, formant ainsi une « messe », et distribués dans l'usage selon les degrés de solennité, les temps liturgiques ou la nature des fêtes.

Le « kyriale »

Le *kyriale* (c'est le nom que prendra ce répertoire) représente un des secteurs les plus attachants de la création monodique médiévale. La beauté et la simplicité de certaines mélodies, leur expressivité très forte en rapport avec le caractère du moment liturgique, dont elles ne rompent pas encore l'équilibre, la variété du choix, qui permet de colorer différemment la célébration de la messe, en font une des richesses absolues de la musique liturgique médiévale, que ne rendra pas caduque le développement ultérieur, et combien impressionnant, de la messe polyphonique.

Les tropes de l'ordinaire

Le développement carolingien et postcarolingien des chants de l'ordinaire est tout autant textuel que mélodique. L'activité hymnographique va se déployer à son aise dans la « farciture » et la glose des textes liturgiques de base. Elle multipliera, par exemple, les motivations littéraires de l'acclamation du *Kyrie,* qui sera traité, cette fois, comme une triple adresse trinitaire. Dès la première époque d'apparition de ces tropes, il semble que la pratique chorale ait pu faire alterner le fragment traité vocaliquement avec le fragment traité syllabiquement, sans qu'on puisse d'une manière certaine conclure à l'antériorité de l'un par rapport à l'autre.

Le monde des tropes

Ainsi, dès la fin du XIe s., un certain nombre de chants de la messe vont se trouver soumis à ce type d'intervention hymnographique dont le principe consiste à proposer une version textuelle traitée syllabiquement, alternative (ou substituable) à une version mélismatique ou vocalisée. C'est la technique dite des *prosules,* que l'on verra appliquer à diverses pièces de l'ordinaire et du propre de la messe, en particulier à certains mélismes (eux-mêmes additionnels) de l'Alléluia.

L'activité des *tropatores* va s'appliquer à presque tous les chants consignés dans les livres officiels. La classification de ces multiples réalisations est rendue difficile par le caractère « expérimental » des techniques employées et par le degré très variable de stabilisation auquel parviendront les différents types.

Il peut être utile, à partir des procédés fonctionnels mis en œuvre, de distinguer, à la suite de J. Chailley, plusieurs formes de tropes : les tropes *d'adaptation,* où une mélodie préexistante ornée ou mélismatique est chargée d'un nouveau texte, établi pour la circonstance et réalisé syllabiquement à raison d'une syllabe par note de la mélodie ; les tropes *d'interpolation,* lorsqu'une mélodie liturgique est truffée (farcie) de fragments verbo-mélodiques nouveaux, jouant le rôle d'une glose ou d'une expansion littéraire. Ces commentaires musicalisés peuvent être introductifs, comme c'est le cas pour les tropes de l'*Introït,* et permettent de passer à des tropes que l'on peut dire *d'encadrement,* lorsqu'un chant liturgique de la messe ou de l'office est précédé d'une sorte d'avant-propos ou prolongé par une conclusion, le plus souvent destinés à dégager certains aspects de la solennité célébrée.

« Quem quaeritis... » *La vocation théâtrale du trope*

Le *Quem quaeritis* est l'un des tropes médiévaux le plus justement célèbre. Ce trope d'entrée de la messe du jour de Pâques était, à l'origine, assez simple, proche du style des antiennes de l'office, mais présenté sous la forme d'un dialogue entre les Anges et les Saintes Femmes allant, au matin de la résurrection, visiter le Sépulcre du Christ.

Déplacée à la fin des Matines (office se terminant au petit jour), cette petite cellule dramatique ne tarda pas à s'amplifier, à se charger d'éléments proprement scéniques. L'ensemble évoluera vers un drame évangélique qui perdra ses attaches avec le déroulement de l'office et conquerra peu à peu son autonomie (*Office du Saint-Sépulcre* de Fleury, *Ludus paschalis* de Klosterneuburg, ou des *Carmina burana,* XIIIe s.). Un mouvement de la liturgie vers le théâtre, utilisant un cheminement comparable, peut être relevé en d'autres points du cycle liturgique (Jeu des prophètes, Cycle de Noël...).

« Vox principalis, vox organalis »

Si le destin de certains tropes semble s'achever du côté du théâtre, on ne peut ignorer l'importance de certaines formes de tropes dans l'expérimentation de pratiques polyphoniques intégrées au déroulement de la messe ou de l'office.

Nous avons vu qu'un grand nombre de versets d'Alléluia (forme particulièrement riche en développements mélismatiques) furent tropés suivant la technique de la prosule. Le mode d'exécution de ces prosules reste encore actuellement un sujet de discussion. Un grand nombre de manuscrits notent en effet les deux réalisations conjointement. Il est possible que l'on ait admis plusieurs manières de les exécuter, alternativement ou, comme le suggèrent certains auteurs, simultanément, voix contre voix, ou encore voix contre instruments. O. Marcusson propose de lire dans la structure mélodico-textuelle des prosules d'Alléluia les indices d'une exécution polyphonique : une des voix ne chante que le texte liturgique de base, en s'arrêtant opportunément sur une note pouvant servir de « tenue », pendant que l'autre voix continue la mélodie ornée originelle porteuse du nouveau texte tropé, les deux voix se retrouvant à l'unisson sur les points du texte originel qui leur reste en commun. Quoi qu'il en soit du bien-fondé de cette hypothèse, il est indiscutable qu'elle met sur la voie d'une juste représentation

---

Quem quaeritis

Ce trope, qui précédait immédiatement le chant de l'*Introït*, pouvait être exécuté d'une manière purement chorale, mais, dans certaines églises, il donna lieu à une modeste mise en scène :
Deux diacres ou deux prêtres dialoguent avec deux chantres du chœur :
– Que cherchez-vous dans ce tombeau, ô compagnes du Christ ?
– Jésus de Nazareth, le crucifié, ô habitants du ciel !
– Il n'est pas ici. Il est ressuscité comme il l'avait dit. Allez annoncer qu'il est ressuscité hors la mort.
– Alléluia, aujourd'hui le Seigneur est ressuscité...
Et la *schola* entonne l'*Introït : Resurrexi.*

---

de ce qu'ont dû être les pratiques polymélodiques de fait, avant leur codification dans les traités des théoriciens.
Elle renforce aussi la conviction que toute cette époque cherche à introduire dans la pratique monodique un élément de relief, un nouveau jeu dimensionnel, où le croisement quasi contrapuntique des textes ne se révèle pas d'une autre nature que l'articulation contrapuntique des voix. Celle-ci se développera soit sous la forme de la diaphonie parallèle, soit sous la forme de l'*organum*, qui met en rapport la *vox principalis* (chant liturgique) avec une *vox organalis*. Celle-ci s'appuie surtout sur le mouvement contraire, soit dans une déclamation rythmique simultanée aux deux voix, soit en introduisant un élément de contrepoint temporel par l'opposition du chant liturgique, traité en valeurs longues (*morositer*), à la *vox organalis*, traitée en dessins ornementaux utilisant des valeurs brèves, comme ce sera le cas encore dans la technique plus évoluée du motet.

Séquences et proses

Les séquences et les proses vont ouvrir un domaine à la création littéraire par la détermination progressive d'une nouvelle forme d'hymnodie strophique de plus en plus autonome dans son organisation poétique et musicale.

À l'origine, la séquence (qui emprunte son nom à un long mélisme ajouté au second Alléluia de la messe, mais qui reçoit en Aquitaine le nom de prose) s'apparente à une technique de prosulation, qui se verra infléchie vers un nouveau type d'adaptation textuelle par la présence de deux éléments originaux, l'assonance des fragments du texte sur A, correspondant à la voyelle du mélisme de l'Alléluia, et la répétition des fragments deux à deux. Cette « prose assonancée » sera traitée d'une manière de plus en plus régulière, portant au premier plan la déclamation syllabique du texte, son organisation alternative et strophique, la symétrie des clausules accentuelles, la recherche d'une langue particulièrement bien sonore.

Ainsi, à Saint-Martial de Limoges, au début du Xe s., on pouvait entendre, la nuit de Noël, à la messe, une séquence où les éléments alternent deux par deux :

1 *Nato canunt omnia* *Domino pie agmina*	2 *Sillabatim neumata* *Perstringendo organica*
3 *Haec dies sacrata* *In qua nova sunt gaudia* *Mundo plene dedita.*	4 *Hac nocte praecelsa* *Intonuit et gloria* *In voce angelica.*

En zone germanique, c'est l'abbaye de Saint-Gall qui donne le ton avec les productions de Notker, réunies en recueil dès 884 et munies d'une préface de l'auteur qui constitue un document du plus haut intérêt sur la genèse des séquences.

Le genre évoluera et survivra à la littérature des tropes, qui se verront peu à peu abandonnés, à l'exception de ceux de l'ordinaire. Il atteindra un sommet de musicalité et de haute poésie avec Adam de Saint Victor et les compositeurs de son entourage à Paris, au XIIe s. À ce stade, la rime riche a fait son apparition, les vers sont cadencés par la régularité du mouvement accentuel.

La langue est noble et joue souverainement de l'allitération, de l'accumulation, de la richesse vocalique, de toutes les ressources de la symétrie verbale.

La composition mélodique, dans les modes de *ré* et de *sol*, revient au procédé de centonisation. L'ambitus de la pièce est étendu, avec de larges intervalles et le souci d'une recharge constante de l'intérêt mélodique.

Heur et malheur du chant d'église

Il est difficile de faire un bilan de l'activité musico-littéraire représentée par la création et la diffusion du répertoire des tropes, séquences et autres productions similaires. Si l'on en juge par les témoignages que nous en avons dès le milieu du IXe s., elle est, dans ses débuts, contemporaine de la stabilisation et de la période de diffusion du graduel et de l'antiphonaire de l'office. Ceux-ci toutefois occuperont encore très largement la place, comme en témoigne l'abondance des manuscrits.

Cependant, on peut soutenir sans trop de risque que l'ensemble du domaine va subir peu à peu les effets d'une double déstabilisation. D'une part, la liturgie, qui dérive vers un surcroît de formalisation, n'aura plus la puissance d'intégrer des éléments de plus en plus centrifuges et autonomes ; dramaturgie et conduites de dévotion se développeront et accueilleront des énergies ne s'investissant plus dans l'action liturgique proprement dite.

D'autre part, les intérêts de la classe musicienne se portent, à travers les expériences multiples d'une poétique renouvelée, vers une musique chantée moins prosaïque, moins directement psalmodique ou récitative. On recherche des scansions plus marquées, des coupes plus symétriques, une structure poético-rythmique qui intègre de plus en plus le travail du texte sur lui-même.

On comprend, dès lors, que ce déplacement des intérêts et des habitus produits par l'afflux de ces sonorités et de ces conduites musicales nouvelles ait pu conduire à une lente dévalorisation de ce qui faisait la spécificité de la déclamation et de l'expressivité du chant grégorien.

On comprend aussi que, dès le début du XIe s., s'ouvre pour longtemps l'ère (indéfinie ?) des correcteurs de l'antiphonaire, rêvant de retourner *ad fontes sancti Gregorii.*

« Chantars no pot gaire valer.
si d'ins dal cor no
mou lo chans. ni chans no pot dal cor mover.
si no-i es fin'amors coraus... »
Bernard de Ventadour

« Chanter ne peut guère valoir
si du fond du cœur ne monte le chant
et le chant ne peut monter du cœur
si en lui il n'y a amour de cœur... »
Jacques Roubaud

Gérard Le Vot

TROUBADOURS ET TROUVÈRES

Les lyriques des troubadours et des trouvères sont parmi les poésies chantées les plus anciennes du monde occidental. Ces chansons, œuvres complexes, à la fois littéraires et musicales, aujourd'hui encore nous fascinent, parce qu'elles sont le précieux rappel de l'invention au XIIe s. de l'amour courtois. Cette fascination n'est pas sans s'accompagner en notre esprit de quelques poncifs romantiques, qu'il s'agisse de l'image stéréotypée du pauvre troubadour errant de châteaux en villages, sa besace à l'épaule, son luth à la main, prêt à chanter la romance pour gagner sa vie, qu'il s'agisse aussi de la fade et languissante évocation du perpétuel amoureux transi sous le balcon de sa Dame, en train de lui donner l'aubade. Bien qu'il y ait peu de chances pour que ces représentations devenues lieux communs aient vraiment existé, le manque d'informations sûres et incontestables sur la personnalité de ces poètes-musiciens, les légendes qui depuis lors les entourent, et que les écrivains ne se sont pas fait faute d'amplifier, n'ont pas peu contribué à l'édification de ces images d'Épinal et rendent difficile tout essai de présentation.

Lyrique occitane et lyrique française : deux traditions

Le chant des troubadours, répandu aux XIIe et XIIIe s. au sud de la France, depuis le Limousin et le Périgord jusqu'à la Catalogne et l'extrême limite de la Provence, montre dès ses premières manifestations – vers les années 1100 – une unité linguistique tout à fait exceptionnelle. Écrits en langue d'*oc*, les poèmes témoignent d'une langue commune de culture (une *koinè*), à mi-chemin entre latin et

« langue vulgaire », adoptée assez uniformément dans tous les pays de parlers occitans à la suite des premiers grands troubadours (Guillaume de Poitiers, Marcabru...).

Le chant des trouvères, dont les débuts sont postérieurs d'une soixantaine d'années à son correspondant occitan, possède une aire d'expansion qui couvre toute la France du Nord. D'expression française, la langue poétique traduit le morcellement dialectal du domaine d'*oïl* à l'époque : anglo-normand, picard, champenois, francien, bourguignon, etc., toute une kyrielle de dialectes dont la copie manuscrite nous a en partie conservé les traces écrites.

C'est dans le milieu des cours seigneuriales d'Occitanie que la chanson qu'on appellera « courtoise » naîtra et essaimera avec le plus de bonheur. Aristocratique et profane, par les préoccupations dont elle fait montre – elle développe en particulier une conception raffinée des rapports amoureux, exprimée pour l'essentiel dans un thème poétique privilégié : la *fin'amor* –, la chanson des troubadours nous apparaît assez nettement différenciée de son homologue française. Celle-ci, d'aspect plus simple, même si l'amour courtois y reste un pôle thématique marquant, met l'accent ailleurs, entre autres sur des motifs « popularisants ». La pensée, moins spéculative et plus concrète, traduit la contribution poétique de la bourgeoisie des villes du nord de la France.

L'unité des deux lyriques

Bien qu'elles aient été élaborées au sein de deux ensembles linguistiques et culturels distincts qui concourent à souligner les différences entre les deux lyriques, en dépit aussi d'un léger décalage chronologique en faveur des troubadours, qui furent les initiateurs des trouvères, il est exagéré d'isoler systématiquement les deux traditions l'une de l'autre. Les points de rapprochement sont nombreux.

En effet, leurs répertoires respectifs sont contigus et quasi contemporains : deux manuscrits, parmi les quatre principaux consignant la musique des chansons occitanes, sont des recueils français qui proposent également quantité de mélodies de trouvères.

De même, sous un certain nombre d'aspects, les deux chansons présentent des traits de fonctionnement identiques. Caractérisées par une organisation monophonique en grande partie semblable, elles reposent toutes deux sur l'utilisation de formules conventionnelles, de clichés, sous lesquels, paradoxalement, filtre l'effusion lyrique. Essentiellement au service d'une idée, celle de l'amour courtois, le chant, par l'expansion corporelle qu'il requiert, participe d'une certaine immédiateté. Par la primauté du jeu esthétique, le clin d'œil à l'auditeur et la convention sociale dont nous avons aujourd'hui en grande partie perdu le sens, il instaure, avec la complicité du mode, les sonorités du texte, la nature même de la voix, un espace privilégié entre le chanteur et son public, où l'émotion, la subjectivité des sensations de l'instant – le *tarab,* dirait le musicien arabe – deviennent primordiales. Guillaume de Nevers, dans le roman de *Flamenca,* prétendait qu'« amour blesse en deux endroits » : les yeux et les oreilles. C'est le second « endroit » qui est l'objet de toutes les attentions de nos poètes-musiciens et c'est la voix qui, par sa présence physique, son magnétisme, transmet de l'amour ce qui est indicible : la sincérité.

La lyrique médiévale et les legs du passé

Troubadours, trouvères et jongleurs dans la société médiévale

En tant qu'inventeurs de la chanson, troubadours et trouvères avaient rang d'intellectuels. Ils sont, à proprement parler, ceux qui « trouvent » (occ. *trobar,* vieux fr. *trover,* du latin *tropare,* « faire des tropes »), des créateurs qui possèdent une égale compétence dans les domaines poétique et musical. Le « trouveur », pour reprendre le mot de Jacques Chailley, qu'il soit d'*oc* ou d'*oïl,* invente à la fois le *son* (la mélodie) et les *motz* (le texte). En cela, il s'oppose au jongleur (occ. *joglar,* vieux fr. *jogler,* du latin *joculare,* « plaisanter », « badiner »), une sorte de chanteur-interprète, acrobate, saltimbanque, qui faisait commerce de son chant, vulgarisant danses et chansons, exécutant ce qu'un autre avait composé.
Les sources biographiques concernant les trouveurs se révèlent relativement maigres. Elles sont, pour l'essentiel, de trois ordres. D'abord les poèmes laissent percer, tant en ce qui concerne leurs auteurs que leurs destinataires, quelques rares indications, notamment dans les *tornadas* et les envois. Lorsque le poète joua, par son rang ou par son activité, un rôle historique, il n'est pas rare non plus qu'une chronique nous fournisse des informations précises et même circonstanciées sur la vie politique ou religieuse

Sirventés, de Peire d'Auvergne

Parmi les poèmes qui nous renseignent sur les troubadours, il faut faire une place à part au *sirventés* de Peire d'Auvergne. Il s'agit d'une galerie de douze portraits satiriques où l'auteur se moque de ses confrères et, pour finir, se caricature lui-même :

Cantarai d'aquestz trobadors
Que canton de maintas colors
E'l pièger cuida dir mout gen ;
Mas a cantar lor èr alhors
Qu'entrametre 'n vei cent pastors.
Qu'us non sap que's mont'o's dissén...

« Je chanterai de ces troubadours qui font chansons de toutes les couleurs, et dont le plus mauvais s'imagine faire de très beaux vers. Mais il leur faudra chanter ailleurs, car je vois cent bergers s'en occuper comme eux, dont pas un ne sait si sa voix monte ou descend... »

(Texte d'A. del Monte, traduction de P. Bec.)

du personnage. Enfin, avec les *vidas,* récits biographiques de la fin du XIIIe s., et les *razos,* premières et naïves tentatives de critique littéraire, nous disposons, pour une centaine de troubadours, de précieux documents, dont il n'existe pas l'équivalent au sujet des trouvères. Leur exploitation, toutefois, doit être prudente, car le récit se révèle souvent très libre, passablement romancé, plus proche du conte et de la légende que du document historique.

Cadres historiques

À la suite de l'éclosion de la lyrique courtoise dans les pays d'*oc,* qui surgit avec les chansons de Guillaume de Poitiers, à l'aube du XIIe s., trois grandes périodes de création poétique semblent s'être succédé pendant les quelque deux cents ans où le *trobar* connut son plus large rayonnement.
Le mérite d'avoir vu naître les premiers troubadours (Guillaume de Poitiers, Marcabru, Eble de Ventadour, Jaufré Rudel) revient aux provinces de l'Ouest : Poitou, Limousin, Aquitaine. Ce foyer initial s'étendra à la fin du XIIe s. et au début du XIIIe, lors de la deuxième époque de production, celle des Gaucelm Faidit, Bertrand de Born,

La *vida* de Guillem de Cabestaing

L'une des biographies de troubadours parmi les plus romancées et les plus poétiques, la *Légende du cœur mangé,* connaîtra maintes amplifications folkloriques et littéraires. Elle se retrouvera chez Boccace. Stendhal, dans *De l'amour,* donnera une traduction assez libre d'une des versions de cette *vida.*

« Guillem de Cabestaing aimait la dame d'amour, la célébrait dans ses chants et faisait d'elle le sujet de ses chansons. Et la dame, qui était jeune, noble, belle et charmante, lui voulait plus de bien qu'à toute autre créature au monde. Et cela fut dit à Raimon de Castel-Roussillon...

« Un jour, Raimon de Castel-Roussillon trouva Guillem passant sans grande compagnie et le tua. Puis il lui fit arracher le cœur de la poitrine et couper la tête, et les fit porter à sa demeure ; il fit rôtir le cœur, et préparer au poivre, et le fit donner à manger à sa femme. Et il lui dit que ce qu'elle venait de manger était le cœur de Guillem de Cabestaing ; et, pour qu'elle le crût, il fit apporter la tête devant elle. Lorsque la dame vit et entendit tout cela, elle perdit la vue et l'ouïe... »

(Texte et traduction de J. Boutière, A.-H. Schutz et I.-M. Cluzel.)

Guiraut de Borneil, Albertet de Sisteron..., selon deux lignes directrices : d'une part vers l'Auvergne, la Provence et jusqu'en Italie du Nord, où la cour de Montferrat jouira d'une grande renommée ; d'autre part, vers le Languedoc et la péninsule Ibérique, où, sous la pression exercée par les croisés de Simon de Montfort en lutte contre les albigeois, certains troubadours (comme Raimon de Miraval ou Aimeric de Péguilhan) se réfugieront auprès des cours de Catalogne et d'Aragon. La dernière période de floraison lyrique, enfin, qui occupe la seconde moitié du XIIIe s., aura une aire d'extension plus diffuse, les foyers poétiques où le *trobar* est encore en vogue étant de plus en plus dispersés et la civilisation occitane ayant été ruinée par la domination française. Peire Cardenal, Guillaume de Montanhagol, moralistes à l'occasion, seront parmi les ultimes défenseurs des valeurs courtoises. Guiraut Riquier, originaire de Narbonne, surnommé « le Dernier des troubadours » (il est attesté entre 1256 et 1289), ne saura pas renouveler suffisamment la chanson, de plus en plus figée dans un moule formel trop étroit, et qui bientôt passera de mode.

En France, la lyrique courtoise des trouvères connut, elle aussi, plusieurs vagues successives de production. La première se manifeste autour de 1160 – plus tardivement donc que celle des troubadours – et révèle le talent d'un Chrétien de Troyes, d'un Blondel de Nesle, d'un Gace Brulé. Le *trover* s'épanouit alors dans le nord et l'est de la France, particulièrement en Champagne. Il va ensuite, dans une deuxième phase, se diffuser dans toutes les provinces françaises, en Normandie (Roger d'Andelys), en Picardie (Richard de Fournival), en Anjou (Thibaud de Blason), ainsi qu'à Arras, en Artois. Rendue prospère par l'importation de laine anglaise et l'industrie drapière, la ville d'Arras entretenait une « académie » qui, sous l'égide des plus riches bourgeois, organisait des concours (ou *puys*) et attirait une pléiade de trouvères (Guillaume le Vinier, Audefroy le Bâtard, Pierre de Corbie, Adam de Givenchy...). La troisième période enfin, celle des derniers grands trouvères, Thibaud de Navarre, Jean Bretel, Adam de la Halle et Charles d'Anjou, voit, en même temps que l'extension du pouvoir des rois capétiens, s'accroître la diffusion du *trover,* un art poétique et musical qui commence à être concurrencé par des formes musicales nouvelles suscitées lors de l'essor de la polyphonie.

Aspect social

Troubadours et trouvères sont issus de classes sociales très diverses : noblesse, bourgeoisie, clergé... De puissants seigneurs ne dédaigneront pas de s'essayer à la chanson, tels Guillaume VII de Poitiers, neuvième duc d'Aquitaine, ou Jaufré Rudel, prince de Blaye, pour la lyrique d'*oc,* tels encore le châtelain de Coucy, Conon de Béthune ou Thibaud IV, comte de Champagne, devenu roi de Navarre, pour la lyrique d'*oïl.* Et c'est au sein des cours seigneuriales d'Occitanie (Poitiers, Clermont, Montpellier, Courthezon...) et de France (Flandre, Artois, Champagne), cours d'une culture brillante et raffinée, où se pratiqua souvent le bilinguisme, que la chanson recrutera ses plus fervents adeptes : une petite noblesse de pauvres chevaliers en mal de fief, commensaux des seigneurs de haut lignage, pour qui la chanson représentait un moyen de briller et de se voir reconnaître un statut social plus élevé.

Mais *trobar* et *trover* n'étaient pas seulement réservés à la noblesse. Des fils de commerçants ou d'artisans aisés (Peire Vidal à Toulouse, Jean Bretel à Arras), des musiciens de plus basse extraction aussi (Perdigon, Colin Muset) le pratiquèrent. Certains serviront Dieu et l'Église, tels Arnaud de Mareuil ou Folquet de Marseille, Gautier de Coincy ou Moniot d'Arras. D'autres s'attacheront à la personne d'un protecteur noble et se verront accorder biens matériels et honneurs en échange de leurs services. Ainsi Bernard de Ventadour, bien que fils de boulanger, aurait été protégé par le vicomte Eble II, seigneur de Ventadour en Limousin, avant de se rendre en Normandie et de bénéficier du mécénat de la reine Aliénor d'Aquitaine ; Chrétien de Troyes, clerc de son état, et Gautier d'Épinal, son confrère en poésie, auraient eu un même protecteur en la personne de Philippe d'Alsace, comte de Flandre ; quant à Adam de la Halle, originaire d'Arras, il terminera sa vie en Italie du Sud, au service du comte d'Anjou, roi de Naples et de Sicile.

La chanson n'est pas restée non plus l'apanage des hommes. Certaines femmes, surtout dans la civilisation occitane, ont joué un rôle prépondérant pour la diffusion de la *fin'amor,* soit qu'elles aient protégé leurs poètes favoris, comme Aliénor d'Aquitaine ou Marie de Ventadour, soit qu'elles aient été elles-mêmes *trobairitz,* comme la comtesse Béatrice de Die ou dame Azalaïs de Porcairagues. Pour le domaine français, en revanche, seuls deux noms nous sont restés : une certaine dame du Fayel et la « Roïne Blanche », qui pourrait bien être Blanche de Castille, mère de Saint Louis.

Parfois d'origine modeste, troubadours et trouvères ont pu commencer leur carrière comme jongleurs, interprétant les chansons d'autrui, accomplissant ainsi leur apprentissage musical et social, en attendant de pouvoir se hisser au rang de créateurs et accéder alors à une renommée plus large. Pour Marcabru, Perdigon, Albertet et Pistoleta, l'état de jongleur précéda celui de troubadour, pour Jean Bodel et Colin Muset, celui de trouvère. Ainsi, la distinction entre interprète et créateur se pose à la fois en termes artistiques et en termes sociaux.

Mais le jongleur, dont le rôle essentiel réside dans la diffusion et la vulgarisation du *trobar,* est enclin à adapter la chanson à ses habitudes et à son public, si bien qu'il apparaît souvent délicat, voire impossible, de discerner les apports respectifs du trouveur et de son interprète dans l'élaboration des mélodies. Le premier, enfermé à l'intérieur d'un système socio-poétique qu'il a lui-même forgé et dont il lui est difficile de s'échapper, voit avec envie et quelquefois aigreur le second ajuster immédiatement la chanson à des auditoires différenciés, et même la transformer sensiblement. L'outrance des propos tenus quelquefois par les poètes à l'égard des jongleurs, fustigeant ces derniers parce qu'ils dénaturent leurs œuvres, est, somme toute, compréhensible. Néanmoins, dans cette confrérie mal délimitée qu'est le *trobar,* régie par la mobilité sociale et par la concurrence, les sentiments hostiles des troubadours, leur animosité participent d'un certain malthusianisme, d'un besoin de se démarquer avec ostentation de ces rivaux souvent trop habiles. Guiraut Riquier, dans une supplique au roi de Castille Alphonse X, en 1274, trouvait scandaleux qu'un même nom – *troubadour* – désignât de simples baladins et les nobles inventeurs de la chanson. Au XIIIe s., en France du Nord, se répand une nouvelle catégorie de musiciens, intermédiaire entre celle des jongleurs et celle des trouveurs : les ménestrels (du bas latin *ministerialis*). Leur fonction, dans la maison seigneuriale à laquelle ils sont attachés, les apparente à celle d'un officier ou d'un serviteur : des *ministri*. Musiciens-poètes eux aussi, ils se distinguent cependant des trouvères en ce que leur production apparaît plus spécifiquement orientée vers la satisfaction des loisirs de leur protecteur : ils cultivent un registre poétique simple, en marge de l'amour courtois, et dispensent une musique instrumentale pour les fêtes. Ils sont les indispensables compagnons des heures de plaisir de la vie chevaleresque. À la suite de l'essor des corporations de métiers au XIIIe s. dans les villes commerçantes de Flandre et d'Artois, ces musiciens, dont la conscience de classe croîtra avec la vogue de la musique instrumentale, se regrouperont en associations de défense et de fraternité : les confréries. C'est ainsi que se créeront de véritables écoles de ménestrandie où, dès le XIIIe s., s'apprendra le métier de jongleur. C'est ainsi encore qu'en 1321, sous les auspices de Saint-Jacques-des-Ménestriers, la jonglerie sera officiellement organisée.

Cadre géographique

Qu'ils soient attachés à la personne d'un protecteur, qu'ils soient riches bourgeois ou grands seigneurs, troubadours et trouvères sont souvent des gens du voyage. En cela, leur condition participe de la mobilité propre à l'intellectuel et à l'homme médiéval : clercs et maîtres de l'Université, pèlerins et marchands, tous voyagent.

Hauts lieux de création et de diffusion de la civilisation courtoise, les cours sont elles-mêmes itinérantes, témoin celle de Champagne, qui, de Troyes à Reims, de Blois à Provins, se déplace au gré des besoins et de l'humeur des comtes. La concurrence entre ces foyers poétiques est vive, d'autant que la chanson, qui joue pour ainsi dire un rôle de « média », sert la renommée et proclame la générosité du seigneur de l'endroit. Conscients de leur talent, les poètes les plus réputés n'hésitent pas à quitter leur patron pour chercher ailleurs soutien et considération. On se dispute alors les meilleurs auteurs.

Certains de ces trouveurs, enfin, effectueront des pérégrinations beaucoup plus lointaines. Attirés par Jérusalem et la Terre sainte pour y défendre le Saint Sépulcre, peut-être aussi convoitant quelque richesse à gagner, ils se croiseront, partiront outre-mer combattre l'infidèle et gagner le paradis.

Parmi les troubadours, Peire Vidal et Gaucelm Faidit furent de grands voyageurs : ils allèrent jusqu'en Hongrie et en Palestine. Richard Cœur de Lion, roi d'Angleterre, l'un des plus brillants mécènes du temps et lui-même troubadour, participa aux côtés de Philippe Auguste et de Frédéric Barberousse à la troisième croisade. Parmi les trouvères, Conon de Béthune accompagna aux troisième et quatrième croisades le comte de Flandre en qualité d'ordonnance et mourut en Orient. Guillaume de Ferrières, vidame de Chartres, rejoignit les croisés à Venise ; on perd sa trace en Syrie. Jean de Brienne encore, le type même du petit chevalier qui a réussi, devint roi de Jérusalem avant de mourir à Constantinople.

Parfois la légende se mêle à l'histoire. On pense ici à Jaufré Rudel, dont le biographe nous conte la *vida* : tombé amoureux de la comtesse de Tripoli pour le seul bien qu'il en avait entendu dire, il se croisa pour cet amour de terre lointaine et vint mourir entre ses bras. On pense aussi à Richard Cœur de Lion, dont les aventures rocambolesques serviront d'argument en 1784 à un opéra-comique fameux de Sedaine et Grétry : à son retour de Palestine, Richard fut fait prisonnier en Autriche par le duc Léopold ; livré à Henri VI d'Allemagne, il fut libéré en échange d'une énorme rançon.

On a cherché à déterminer quels ont été les liens entre troubadours et trouvères, afin de préciser dans quelle mesure la chanson lyrique occitane avait servi de modèle aux poètes français. Les rapprochements ont pu se faire par les cours. De ce point de vue, celle d'Aliénor d'Aquitaine, celles aussi de ses deux filles, Marie de Champagne et Aélis de Blois, ont sûrement joué un rôle très important. De même, les fréquents voyages de troubadours dans la France d'*oïl* et les contacts directs qui se nouèrent au cours des croisades ont aidé à la transmission du *trobar*. Néanmoins, la plupart des relations étrangères que les poètes d'*oc* ont entretenues concernent les pays du pourtour méditerranéen, et les liens qu'ils ont pu avoir avec le Nord sont relativement rares et restent hypothétiques. Comme l'a écrit Paul Meyer, « nous opérons sur des données incomplètes. Il manque des anneaux à la chaîne », si bien que l'enquête historique reste tout à fait fragmentaire.

Des origines de la lyrique

Les origines de la lyrique médiévale posent à l'historien un irritant problème : sans transition aucune, nous sommes passés du néant à la chanson la plus accomplie, celle de Guillaume de Poitiers. On comprend dès lors que cette question des origines ait passionné les érudits.

Les hypothèses sont nombreuses. Toutes présentent une part de vérité. Mais il est difficile d'expliquer cette éclosion si rapide comme l'effet d'une seule cause. C'est plutôt d'un faisceau de rapprochements qu'il faudrait parler.

Pour les uns (Reto Bezzola, Jacques Chailley), il conviendrait d'envisager l'influence d'une tradition latine médiévale. Par le biais de compositions religieuses très anciennes (les hymnes du VIe s.), par celui de chansons profanes de clercs itinérants en rupture de ban avec la société (dont les chants de l'abbaye de Benediktbeuern en Bavière, au XIIe s., les *Carmina burana,* sont une des productions les plus frappantes), par le biais encore de modèles paraliturgiques (les *Versus* de Saint-Martial de Limoges, plus proches géographiquement des chants de troubadours que les traditions précédentes), cette poésie latine aurait provigné en Poitou-Limousin.

Pour d'autres, la clef du « mystère » résiderait dans l'imitation, par les troubadours, des poètes arabes, imitation favorisée par les échanges que les croisades ont indirectement provoqués tant en Terre sainte qu'en péninsule Ibérique. Ainsi, l'influence de la célébration de la femme dans la poésie andalouse du *zadjal,* proche de l'idéalisation courtoise (Raimon Menendez-Pidal), ou encore celle des poèmes mozarabes, les *jaryas,* dont certains passages sont écrits en dialecte roman (Pierre Le Gentil), lèveraient les brouillards qui enveloppent pour nous la naissance de la lyrique.

L'érudit Alfred Jeanroy proposait une autre explication. Il postulait que la chanson courtoise aurait subi l'influence d'une poésie populaire antérieure, autochtone, dont on ne retrouverait que quelques survivances dans le *trobar,* mais qui serait mieux attestée en France du Nord, chez les trouvères.

Enfin, dernière en date, l'hypothèse historico-sociologique d'Éric Köhler tente d'éclairer l'idéal courtois et son paradoxe si éminemment poétique – un amour dont la jouissance suprême naît de la non-possession de l'objet aimé – par « l'état de tension permanente entre la basse noblesse et la haute féodalité dans leur vie commune à la cour, et la nécessité historique de neutraliser, par un

Principaux chansonniers de troubadours

Ms.* G, Milan, Biblioteca ambrosiana, ms. R 71 *supra,* dit le *Chansonnier de Milan.*

Écrit au XIVe s. en Italie du Nord. 81 mélodies.

Ms. R, Paris, Bibliothèque nationale, ms. fr. 22543, dit le *Chansonnier d'Urfé.*

Écrit au XIVe s. en Languedoc. 160 mélodies.

Ms. W, Paris, Bibliothèque nationale, ms. fr. 844, dit le *Manuscrit du roi.*

Écrit à la fin du XIIIe s. en France du Nord. 46 mélodies.

Ms. X, Paris Bibliothèque nationale, ms. fr. 20050, dit le *Chansonnier de Saint-Germain-des-Prés.*

Écrit vers le milieu du XIIIe s. en Lorraine. 23 mélodies.

* Ms. = manuscrit.

idéal de classe commun, les divergences qui règnent sur le plan existentiel entre les intérêts de ces deux groupes ». L'amour courtois semblerait alors déterminé par la situation difficile faite aux chevaliers pauvres, et la dame évoquée dans la chanson, maîtresse et éducatrice à la fois, répondrait au besoin d'intégration sociale de ces petits nobles.

À vrai dire, toutes ces explications, tous ces rapprochements nous laissent sur notre faim, et, comme l'exprime Henri-Irénée Marrou, on a trop souvent abusé de la recherche des sources. « Il importe certes à l'historien de déterminer quels sont les matériaux à partir et au moyen desquels a travaillé l'artiste (ou le penseur, ou, s'il s'agit d'un phénomène collectif, la mentalité commune), mais il lui importe beaucoup plus encore de savoir quel usage il en a été fait. »

Les chansonniers

Les œuvres des trouveurs sont conservées dans des recueils manuscrits, ou chansonniers, dont les plus anciens datent du milieu du XIIIe s. et dont les autres s'échelonnent jusqu'au XVe s. ; il s'agit, pour la plupart, de très gros volumes, tous postérieurs au répertoire qu'ils consignent. Parfois luxueusement enluminés, ayant appartenu au Moyen Âge à de riches bibliophiles qui les avaient commandités, ils se présentent sous la forme de « sommes », d'anthologies de chansons notées précieusement et qui devaient représenter pour les classes aristocratiques ce que la courtoisie avait accompli de plus achevé : une tradition dont elle pressentait avec nostalgie la disparition proche.

Les sources musicales

L'enquête sur la situation des deux répertoires révèle au premier chef une forte disparité numérique entre les sources musicales des troubadours et celles des trouvères.

Pour la lyrique occitane, le corpus mélodique est relativement pauvre. À côté des quelque 2 500 poèmes (2 542 relevés par István Frank, dans son *Répertoire métrique de la poésie des troubadours*) répartis, avec l'ensemble de leurs variantes textuelles, sur 35 manuscrits importants, la plupart de facture étrangère (italienne, française, catalane...), nous possédons la musique d'à peine 270 chansons, et, avec toutes les leçons mélodiques, ce sont seulement 353 mélodies (suivant l'édition d'Ismaël Fernandez de la Cuesta) qui restent livrées à notre curiosité. Les quatre principaux chansonniers musicaux, les manuscrits G, R, W et X, copiés bien après la période où fleurit le *trobar,* indiquent entre le moment supposé de la création et celui de la consignation écrite un écart parfois considérable, qui peut varier, suivant les manuscrits, d'une vingtaine d'années à plus de deux siècles.

Le répertoire mélodique français apparaît, lui, beaucoup plus abondant. Bien qu'un recensement exhaustif des mélodies de trouvères n'ait, à notre connaissance, toujours pas été entrepris, nous pouvons proposer un ordre de grandeur. Pour les 2 130 poèmes recensés dans la *Bibliographie des chansonniers français* de Gaston Raynaud, revue et corrigée par Hans Spanke, plus de 4 000 mélodies, variantes comprises, nous sont parvenues. Ces deux chiffres étonneront, qui par leur rapport soulignent l'accroissement, chez les poètes d'*oïl,* des divergences mélodiques existant, pour une même chanson, d'un manuscrit à l'autre. La masse des textes poétiques de trouvères se répartit sur un nombre de recueils plus restreint que pour les poèmes occitans : une vingtaine seulement, dont 13 sont conservés à la Bibliothèque nationale à Paris, pratiquement tous d'origine française. Cependant, à la différence des chansonniers troubadouresques, la plupart de ces recueils, en général assez volumineux, consignent également les mélodies des chansons. Les sources musicales des trouvères sont donc plus nombreuses que celles des troubadours. Plus précoces aussi – parce que fortement concentrées sur la fin du XIIIe s. et le début du XIVe s. –, elles attestent, entre dates de production lyrique et dates de fixation par l'écrit, un décalage d'autant plus réduit que la tradition française est plus tardive.

Cette disparité notable entre l'étendue respective des deux répertoires, l'historien de la littérature Pierre Bec en a cherché les raisons : « une meilleure organisation des *scriptoria* du Nord », « une tradition vraisemblablement plus oralisante de la lyrique méridionale », ainsi que la destruction présumée d'un grand nombre de manuscrits occitans, entraînée par la croisade contre les albigeois, expliqueraient le petit nombre de manuscrits conservés en langue d'*oc*, et en particulier de manuscrits musicaux. Au surplus, au début du XIVe s., si la petite noblesse rurale et la bourgeoisie du Sud restent encore attachées à la langue d'*oc*, la francisation de la haute noblesse est déjà bien entamée. Sous la domination française et l'influence de la brillante cour des papes d'Avignon, les classes les plus cultivées de l'Occitanie renoncent en partie à leur patrimoine linguistique pour adopter une culture plus internationale.

L'ensemble de ces déterminations, leur conjonction aussi éclairent dans une large mesure l'état des deux corpus : au moment où une tradition musicale jusqu'alors en grande partie orale est consignée par l'écrit, la consignation, effectuée sous l'égide d'un pouvoir culturel français, donc étranger à la culture occitane, opère une sélection dans le répertoire. Tandis que seront notées une quantité impressionnante de mélodies de trouvères, celles des troubadours sont soit déjà oubliées, soit négligées. C'est sans doute pourquoi les chansonniers troubadouresques nous rapportent autant de chansons dont les portées musicales sont restées vides de notes. Témoin le ms. R, qui, pour les 1 165 poèmes qu'il nous lègue, contient seulement 160 mélodies complètes et 696 pièces, où les portées prévues pour la musique sont malheureusement dépourvues de notations.

Il n'en demeure pas moins qu'à côté de leur disparité numérique les deux répertoires présentent, à la faveur d'un examen plus approfondi des sources musicales, de grandes analogies.

Principaux chansonniers de trouvères

Ms. A, Arras, Bibliothèque municipale, ms. 657, dit le *Chansonnier d'Arras.*
Terminé en 1278 par Jehan le Petit d'Amiens, provient de l'abbaye de Saint-Vaast. 74 mélodies.

Ms. K, Paris, Bibliothèque de l'Arsenal, ms. 5198, dit le *Chansonnier de l'Arsenal.*
Écrit à la fin du XIIIe s. 431 mélodies.

Ms. L, Paris, Bibliothèque nationale, ms. fr. 765.
Écrit au début du XIVe s. 52 mélodies.

Ms. M et Mt, Paris, Bibliothèque nationale, ms. fr. 844, dit le *Manuscrit du roi.*
Écrit à la fin du XIIIe s. 417 mélodies.

Ms. N, Paris, Bibliothèque nationale, ms. fr. 845.
Écrit à la fin du XIIIe s. 414 mélodies.

Ms. O, Paris, Bibliothèque nationale, ms. fr. 846, dit le *Chansonnier Cangé.*
Écrit à la fin du XIIIe s. en Bourgogne. 338 mélodies.

Ms. P, Paris, Bibliothèque nationale, ms. fr. 847.
Écrit à la fin du XIIIe s. Environ 300 mélodies.

Ms. R, Paris, Bibliothèque nationale, ms. fr. 1591.
Écrit au XIVe s. 235 mélodies.

Ms. T, Paris, Bibliothèque nationale, ms. fr. 12615, dit le *Chansonnier de Noailles.*
Écrit à la fin du XIIIe s. Environ 360 mélodies.

Ms. U, Paris, Bibliothèque nationale, ms. fr. 20050, dit le *Chansonnier de Saint-Germain-des-Prés.*
Écrit vers le milieu du XIIIe s. en Lorraine. 93 mélodies.

Ms. V, Paris, Bibliothèque nationale, ms. fr. 24406.
Écrit au début du XIVe s. 310 mélodies.

Ms. W, Paris, Bibliothèque nationale, ms. fr. 25566, dit le *Chansonnier La Vallière.*

Ecrit à la fin du XIIIe s. en Artois. Environ 50 mélodies.
Contient l'œuvre monodique et polyphonique d'Adam de la Halle.

Ms. X, Paris, Bibliothèque nationale, ms. nouv. acq. fr. 1050.
Écrit à la fin du XIIIe s. 470 mélodies.

Ms. Z, Sienne, Biblioteca communale, ms. H.X. 36.
Écrit à la fin du XIIIe s. ou au début du XIVe. 100 mélodies.

Ms. *a*, Rome, cité du Vatican, Biblioteca apostolica, ms. Reg. 1490.
Écrit au début du XIVe s. en Artois. Environ 300 mélodies.

La langue

Sur le plan de la langue, les textes poétiques occitans et français sont les uns et les autres hétérogènes.
Pour les troubadours, les chansonniers sont, dans leur majorité, d'origine étrangère. Un seul des quatre principaux manuscrits musicaux (R) est occitan, un autre (G) est italien, les deux derniers (W et X) sont français. Dans trois recueils sur quatre, la langue occitane est corrompue, adaptée au dialecte du copiste, ce qui ne va pas sans créer quelque problème à l'éditeur quant au choix du texte. Faut-il garder la langue du recueil musical telle qu'elle est, et respecter l'adaptation de la mélodie au texte ? Faut-il, au contraire, tenter un compromis, en adaptant un texte linguistiquement plus correct, et proposer alors une « chanson-chimère » n'ayant vraisemblablement jamais existé sous cette forme au Moyen Âge ?
Dans le cas des trouvères, le problème se pose en des termes légèrement différents. Il s'agit en général de chansonniers d'origine française, où la transformation linguistique ne dépasse pas celle qu'entraînent les particularités dialectales de la langue d'*oïl*. Il n'empêche que, là aussi, l'éditeur devra choisir une version, éliminer les nombreux vers « faux » qui, comme chez les troubadours, se présentent dans les manuscrits musicaux.

La disposition graphique

La disposition graphique des chansonniers tant français qu'occitans est dans l'ensemble identique – à plus forte raison, bien sûr, lorsque le même manuscrit accueille à la fois des chansons de troubadours et des chansons de trouvères, comme c'est le cas à deux reprises pour les sources musicales (mss. fr. 844 et 20050 de la Bibliothèque nationale). Le texte des poèmes est écrit le plus souvent en lignes ininterrompues, comme s'il s'agissait de prose. Il commande la présentation générale, le copiste matérialisant, au moyen de signes ou de procédés graphiques (majuscules, ponctuation, motifs décoratifs, etc.), les principales unités métriques de la chanson : la strophe, le vers et la syllabe.

La mélodie, quand elle existe, est notée au-dessus du texte de la première strophe, sur une portée tracée à l'encre rouge de quatre, cinq, six ou sept lignes suivant l'exigence du contour mélodique et la place disponible. À chaque syllabe correspond une note ou un groupe de notes. Dans le plus grand nombre de manuscrits, c'est la notation carrée française qui prévaut, dont le caractère diastématique exprime immédiatement la position de chaque note dans l'échelle. Ce trait distinctif était déjà acquis par quelques manuscrits de trouveurs plus anciens, tel le *Chansonnier de Saint-Germain,* aux neumes lorrains en forme d'hirondelle, tel aussi le *Chansonnier de Milan,* dont la notation était considérée par Ugo Sesini comme un avatar de l'écriture aquitaine, héritée du répertoire religieux grégorien en usage au XIe s. à Saint-Martial de Limoges ou à Moissac.

Les notateurs utilisent principalement trois clés : *ut, fa* et *sol,* sans que les lignes auxquelles ils les affectent soient en relation avec une quelconque hauteur absolue. Généralement placées en début de portée, ces clés figurent parfois à l'intérieur, lorsque l'*ambitus* de la mélodie impose au cours de la chanson un changement de ligne.

Les deux positions du *si(♮)* dans l'échelle modale sont signalées au moyen d'un B *rotundum* ( ) et d'un B *quadratum* ♮, mais leur consignation n'est pas obligatoire, le copiste n'éprouvant pas le besoin d'enregistrer de manière systématique une habitude connue, éprouvée et admise de longue date.

La lecture des sources

La lecture de cette écriture musicale n'est pas sans susciter des hésitations pour le paléographe. En effet, si cette notation nous livre avec clarté la forme mélodique des chansons, elle pose, sur trois points, des interrogations.

Première de nos incertitudes à souligner : celle de la composition exacte inventée par le trouveur, étant donné les divergences mélodiques existant d'un manuscrit à l'autre, pour une même pièce. Le cas du répertoire français est à ce sujet assez frappant, puisqu'on observe souvent jusqu'à plus d'une dizaine de mélodies différentes par chanson.

Autre source d'embarras : l'absence de toute indication d'accompagnement instrumental. Pourtant ce silence est en partie contredit par les témoignages iconographiques et littéraires, qui, s'ils décrivent parfois nos poètes-musiciens ou leurs jongleurs chantant ou déclamant sans soutien instrumental, les montrent aussi jouant, qui d'une vièle, qui d'un luth, qui d'une petite harpe. À considérer les miniatures insérées dans les manuscrits, à considérer encore les quelques citations de textes poétiques qui mentionnent le chant accompagné à l'instrument, celles enfin, plus explicites, des récits biographiques des *vidas,* nul doute que la chanson pouvait admettre un support instrumental. Néanmoins quelle confiance faut-il accorder à ces évocations conventionnelles, à ces clichés souvent tardifs, élaborés pour les besoins de leur propre cause ?

Le dernier obstacle, et non des moindres, auquel se heurte le paléographe, a trait au caractère indéterminé, contradictoire même, des indications rythmiques dispensées par les notations musicales, indications qui affectent de manière variable les chansonniers des deux traditions. En effet, les principaux manuscrits troubadouresques, si l'on écarte quelques adjonctions tardives, sont exempts de signes de mesure, alors que, parmi les recueils de trouvères, si la plupart sont aussi non mesurés, au moins deux d'entre eux (O et T) présentent de façon évidente les traits spécifiques de la notation polyphonique préfranconienne. Il paraît donc nécessaire d'examiner avec précaution ces différentes écritures (mesurées ou non), leur chronologie et leur incidence sur le phénomène sonore tel qu'on peut aujourd'hui le reconstituer.

De l'amour et des diverses façons de chanter

Le message poétique

Si l'on devait dresser un bilan de la civilisation des XIIe et XIIIe s. en Occident, nul doute que l'amour courtois y tiendrait une place prépondérante. Sous l'influence d'un brusque changement des mœurs, de goûts nouveaux, peut-être rapportés d'Orient, la large propension à la munificence, aux prodigalités de la haute noblesse favorise chez les gens de cour une nouvelle façon de vivre : la *courtoisie,* un art du comportement où les belles manières sont codifiées en règles de politesse, de conduite mondaine. Ce souci de policer les mœurs, de développer les convenances dans la vie des cours, implique – raffinement extrême – un art d'aimer : l'amour courtois, obéissant à des prescriptions multiples, un art d'écrire et de chanter aussi, qui donnera naissance à une « convenance » poétique et musicale des plus élaborées.

L'idéal courtois : la « fin'amor »

La première grande invention des poètes d'*oc,* c'est que l'amour, sans être une simple visée platonique, se nourrit de la non-satisfaction du désir.

Plutôt qu'une amitié mystique où la pureté, la chasteté seraient le pain quotidien des amants, c'est d'une ascèse érotique qu'il faut parler ici, le plaisir de la chair étant magnifié, ennobli même par la privation de l'acte. Dans son *Breviari d'amor,* une œuvre monumentale de 35 000 vers écrite en 1288, Matfre Ermengau est tout à fait formel sur ce point :

Que'l gaug d'est amor se delis
Quand lo dezirier se complis.

« Le plaisir de cet amour se dissipe
Quand le désir se trouve accompli. »

Le thème le plus fameux de la lyrique des troubadours, celui de la *fin'amor,* n'a pas d'autre but que d'exalter cette conception raffinée et paradoxale des rapports amoureux. Développée surtout dans la *canso* (la chanson d'amour), cette conception se manifeste principalement dans la glorification par l'amant de sa passion, la chanson étant le lieu privilégié où peut s'exprimer l'amour ressenti par le poète comme une souffrance bienheureuse :

Tan l'am per fin'amor
Que mantas vetz en plor
Però que melhor sabor
M'en an li sospire...

« Je l'aime d'un amour si parfait
Que j'en pleure bien des fois,
Car plus douce saveur
Ont pour moi les soupirs... »,

nous rappelle Bernard de Ventadour. Idéalisée, la dame est d'autant plus désirée par le poète que ce dernier rencontre de nombreux obstacles sur le chemin de l'assouvissement de ses pulsions : obstacle moral d'abord (il s'agit le plus souvent d'un amour adultère, la dame étant presque toujours mariée) ; obstacle sociologique ensuite (la dame est souvent de meilleure noblesse que l'amant) ; obstacle géographique encore (la dame est éloignée). C'est donc un amour qui s'alimente et prend force des barrières qui lui sont opposées, le dernier obstacle que l'amant ait à franchir étant la jalousie des rivaux : les *lausengiers,* ou bien celle du mari : le *gilós.*

Une autre nouveauté introduite par les troubadours, c'est que la femme, en cette affaire, n'est plus contrainte uniquement à obéir, ni soumise invariablement à la concupiscence masculine ; elle est, au contraire, invitée à exprimer ses volontés, à ordonner. Objet d'un véritable culte, se soustrayant au moins momentanément au désir de l'amant, la dame, déesse bien charnelle, par les épreuves d'amour qu'elle impose à l'homme, l'invite à un long et difficile apprentissage. « Ma dame, chante Guillaume de Poitiers, m'essaie et m'éprouve » (*m'assai e'm prueva*). L'épreuve suprême aurait résidé alors dans l'essai probatoire : l'*assag* du roman de *Flamenca* (milieu du XIIIe s.), pendant lequel l'amant convié à passer une nuit dans la chambre de la dame se serait auparavant engagé sous la foi du serment à ne rien faire d'autre que de la tenir en ses bras *(tener),* l'embrasser *(baisar)* et la caresser *(manejar),* l'acte de chair lui demeurant interdit.

Foyer de tensions psychiques très vives, cette inaccessibilité de la femme entraînerait des désordres sérieux pour l'amant, comme pour ses concurrents en amour, si leurs pulsions n'étaient pas modérées, épurées par une éthique sévère dont les textes poétiques nous donnent un aperçu : pour mériter le *joi d'amor,* cette joie imprécise et si mystérieuse, moment ineffable quasi mystique qui anticipe la *mercé* accordée par la dame, une grâce dont les poètes ont toujours voilé discrètement le sens, le troubadour éprouve l'ardent besoin de s'ennoblir, de s'élever. Il est conduit à prôner certaines valeurs morales : *pretz* (« mérite »), *mesura* (« modération des désirs », « sagesse », « humilité »), *largueza* (« générosité »,

« prodigalité »), *joven* enfin (« jeunesse de cœur », « spontanéité »). Source de progrès intérieur, l'amour est aussi conçu comme un facteur d'ordre entre les individus. Calquée sur le modèle des rapports féodaux, la relation de l'amant et de sa dame – le service d'amour – se fonde en grande partie sur la réciprocité des devoirs. Néanmoins, à la fin du XIIIe s., tout indiquait la dislocation future du paradoxe poétique sur lequel se reposait la *fin'amor*. Désormais, la passion amoureuse n'est plus comprise que comme luxure, et l'amant, insensiblement, est attiré vers un idéal platonique. Combattu par l'Inquisition, l'amour courtois, pour être défendu par les derniers troubadours, se transforme en vertu morale, principe du bien et de toute perfection. Dans le nouveau climat du siècle de Saint Louis, la liaison adultère de l'érotique courtoise est formellement interdite, l'objet du désir désincarné. Au XIVe s., on enjoint aux poètes de ne chanter que la Reine du Ciel. Ainsi, la lente substitution du lyrisme religieux au lyrisme profane, déjà amorcée par l'œuvre du troubadour Guiraut Riquier, est maintenant achevée : les valeurs courtoises sont transposées en valeurs mystiques, la sublimation du désir se tournant vers une Dame idéale d'une nature toute divine, la Vierge Marie. Comme l'écrit René Nelli : « ... L'érotique occitane, fondée sur l'exaltation temporaire ou relative de la continence, perdait toute signification. »

Bien que les chansons d'amour forment une très large part du répertoire des trouvères, et que la *fin'amor* et la courtoisie y soient chantées dans des termes parfois approchant de ceux de la poésie d'*oc*, la lyrique française nous apparaît plus variée. Abandonnant l'imitation directe des troubadours, moins préoccupés de tisser leur message autour de la thématique courtoise, les poètes du Nord sont plus enclins à un naturalisme de caractère bourgeois ; ils auront tendance à enraciner l'amour dans une vie plus concrète, un réalisme familier émanant d'une sensibilité nouvelle, marquée du sceau des classes non aristocratiques. Comme dans les chansons de toile, dont l'une des héroïnes, Belle Yolande, s'offre avec simplicité à son ami, l'amour des trouvères, lorsqu'il suit ses voies propres, est vécu sans affectation, sans finesse rhétorique excessive :

Bels douz amis, ne vos sai losengier,
mais de fin cuer vos aim et senz trechier.
Quant vos plaira, si me porrez baisier :
entre vos braz me voil aler couchier...

« Mon bien-aimé, je ne sais vous mentir,
je vous aime parfaitement et sans tromperie.
Quant il vous plaira, vous pourrez m'embrasser ;
entre vos bras, je veux aller me coucher... »

(Traduction de M. Zink.)

Des artisans, ciseleurs de mots

Mais le mérite des troubadours et des trouvères ne s'arrête pas à proposer une nouvelle éthique amoureuse. L'élaboration de la chanson, particulièrement la *canso,* étonne et séduit encore les poètes de notre temps, tels Ezra Pound, Raymond Queneau ou Jacques Roubaud.

Certes, les troubadours s'exprimeront dans un style simple et clair, le *trobar leu* (léger), une veine poétique où les auteurs de la première génération excellèrent (Bernard Marti, Bernard de Ventadour), et que Guiraut de Borneil, le « maître des troubadours », tentera de remettre à la mode au début du XIIIe s. Néanmoins, c'est dans le *trobar clus,* le style clos, obscur, hermétique, et sa variante stylistique, le *trobar ric* (riche, orné), qu'ils pousseront, par l'emploi des ressources du vers et de la rime, l'expression formelle jusqu'à ses plus extrêmes conséquences (le philologue István Frank a pu cataloguer jusqu'à plus de 1 000 schémas de rimes et 1 400 variétés de strophes). Ce formalisme rhétorique d'une extrême complexité, qui volontairement obscurcissait à l'excès les propos, n'a pas manqué de faire naître des doutes sur la sincérité des sentiments exposés dans les poèmes : témoin ce tour de force que représente la fameuse *Sextine* d'Arnaud Daniel. Cette chanson, qui avait déjà frappé Dante, se compose de six strophes de six vers, chacun terminé par un mot-rime de sonorité différente et réapparaissant de strophe en strophe suivant une permutation complexe et rigoureuse. *Entrebescar los motz,* enchevêtrer les mots, voilà le jeu auquel les Raimbaud d'Orange, les Arnaud Daniel, les Peire d'Auvergne, des ciseleurs du verbe s'il en fut, se livraient.

Dans ce concert de virtuosité stylistique, les trouvères ne manquent pas d'apporter leur contribution aux règles subtiles de la chanson d'amour qu'ils ont héritées des maîtres méridionaux. Toutefois, pour eux, l'essentiel n'est pas là. Les poètes du Nord sont plus volontiers éclectiques : à côté d'une poésie narrative, de chansons à histoire, de chansons à danser, c'est aussi dans le roman (Chrétien de Troyes), le théâtre et la polyphonie (Adam de la Halle) que leur invention se cristallisera.

De la classification des chansons au processus d'élaboration de la lyrique

Registres et genres poétiques

L'œuvre lyrique des trouveurs s'organise en grande partie autour de deux pôles, deux registres assez nettement différenciés par leurs moyens expressifs, leur sensibilité.

Le premier registre, d'essence aristocratique, celui du *grand chant courtois*, regroupe autour de la *canso*, chanson d'amour, une variété de genres fortement homogènes, essentiellement lyriques, très prisés de la tradition troubadouresque pour leur élaboration savante et raffinée. Le second registre, où se mêlent des éléments folkloriques et jongleresques à la fois, est plutôt caractéristique du mode d'expression des trouvères.

La « canso » et le registre du grand chant courtois. Malgré l'incertitude qui règne sur la définition des genres au Moyen Âge – la réflexion des théoriciens médiévaux eux-mêmes restant sur ce point assez imprécise –, la *canso*, souvent appelée *vers* jusqu'au début du XIIIe s., apparaît comme le genre lyrique par excellence, le seul à être bien identifié à l'époque. Dante Alighieri la présentera comme un modèle, le plus « illustre », le maître des genres. Définie par sa teneur thématique – la *fin'amor* presque exclusivement – et par sa forme fixe, dont il nous faudra définir plus précisément la nature tant métrique que musicale, la *canso* (voir p. 63) sert de cadre rigide à l'intérieur duquel s'élabore le registre savant courtois.

Parmi les genres « satellites » de la chanson d'amour, le *sirventés* (en vieux français, le « sirventois ») se distingue de celle-ci surtout par son contenu. Sorte de chant politique, d'exhortation guerrière où dominent l'invective et la violence des propos, il marquerait par son origine étymologique (*sirven,* « serviteur ») le lien de dépendance du poète à l'égard de son protecteur. Proche du *sirventés* par son objet, le *planh*, une plainte, une déploration sur la mort d'un grand personnage – souvent un mécène très puissant –, s'apparente plutôt à la *canso* par sa forme. Il devait, suivant les *Leys d'amors*, se chanter sur une mélodie grave et plaintive *« planhen e lonc. e pauzat »*. Enfin, *tenson* et *partimen,* nommés chez les trouvères *débat* et *jeu parti,* se présentent comme des genres dialogués où plusieurs poètes, sur des sujets divers (religion, politique, casuistique amoureuse, etc.), soutiennent des opinions opposées.

Le registre popularisant et ses genres. Le second registre, popularisant, d'expression plus simple, trahit dans la *reverdie,* la *pastourelle,* les

Canso, de Bernard de Ventadour

Cette chanson d'amour se rapporte au registre du *grand chant courtois*. Le début hivernal est une variante contrastée du classique début printanier. La nature, quoique inhospitalière, sert de toile de fond à la joie (le *joi*), car l'amour parfait (la *fin'amor*) protège le poète.

Tant ai mon còr plen de jòia
Tot me desnatura ;
Flors blanca, vermelh' e blòia
M'sembla la freidura,
Qu'ab lo vent et ab la plòia
Me creis l'aventura,
Per que mos chans mont' e pòia
E mos prètz melhura.
Tant ai al còr d'amor
De jòi e de doussor,
Que l'iverns me sembla flor
Et la nèus verdura...

« J'ai le cœur si plein de joie que tout me paraît changer de nature : le gel me semble fleur blanche, vermeille et claire. Avec le vent et la pluie croît mon bonheur ; c'est pourquoi mon chant s'élance et s'élève, et mon mérite grandit. Car j'ai au cœur tant d'amour, de joie et de douceur, que l'hiver me semble fleur et la neige verdure... »

(Texte de K. Bartsch, traduction de P. Bec.)

chansons de femme, etc., une prédilection pour le refrain et l'onomatopée, un goût prononcé pour la dramatisation, les personnages intervenant et agissant comme au théâtre. À l'opposé des genres précédents, les pièces ici n'ont plus pour cadre unique et passe-partout la *canso*. Formellement plus variées, elles sont le plus souvent anonymes, elles suggèrent un possible emprunt de la lyrique au folklore.
Dans la *reverdie*, la rencontre amoureuse, marquée par la gaieté, se déroule dans une atmosphère florale et printanière où joie et allégresse sont de circonstance.

La *pastourelle* met en scène un chevalier et une bergère qui se fait longuement prier. Le dialogue y est d'ordinaire vif, alerte et piquant, mais, tandis que dans les pièces méridionales le galant est presque invariablement éconduit, dans les pastourelles françaises son insistance se voit parfois récompensée.

Dans les *chansons de femme,* l'amour spontané règne en maître. Le chant y est narratif, la femme exposant sa douleur de façon directe et émouvante. Cette douleur peut être provoquée parce que la jeune fille se voit délaissée par son ami (*chanson d'ami*), parce qu'on la veut marier a un vilain barbon, laid, jaloux et méchant *(chanson de mal-mariée),* parce que, toute à son ouvrage, sans doute un travail de toile, elle se languit pour son seigneur parti au loin guerroyer (*chanson de toile*), ou encore parce que, après une nuit passée dans la chambre avec son amoureux, le chant des oiseaux ou le cri du guetteur annonce aux deux amants, avec la naissance de l'aube, la séparation proche *(chanson d'aube).* Suivant les façons dont cette douleur est occasionnée et ressentie par l'héroïne, la chanson de femme présente donc un certain nombre d'avatars thématiques et formels.

D'autres genres se rapportent à ce registre popularisant, mais ils se définissent moins par leur contenu littéraire que par les principes formels sur lesquels ils sont bâtis. Il en va ainsi pour certaines chansons à refrain (la *rotrouenge*) et surtout pour les chansons à danser telles que l'*estampie,* le *rondet de carole,* la *balette,* le *virelai,* fort à la mode, au moins pour les trois dernières, en France au XIIIe s.

Dans tous les cas, qu'il s'agisse de chansons dialoguées ou narratives, de chansons à faire danser aussi, ces compositions portent la marque d'un fonds traditionnel, souvent très archaïque. Néanmoins, çà et là, se dégagent des connotations courtoises dans lesquelles se laissent reconnaître de nombreux motifs propres à la *fin'amor.* La présence de telles contaminations registrales, qui rompent l'unité thématique et formelle, se manifeste particulièrement (mais pas uniquement) dans la *pastourelle* et dans l'*aube,* peut-être parce que ces deux genres, dont nous avons conservé un grand nombre de pièces occitanes, ont été fortement influencées par le *grand chant courtois.*

Oppositions et contaminations registrales

Pour l'ensemble de la lyrique des trouveurs, on observe donc, avec Pierre Bec, une grande division entre un registre aristocratisant et un registre popularisant, mais les interférences entre ces deux polarités sont légion, à tel point que leur frontière est souvent difficile

Pastourelle (anonyme)

Cette pastourelle française illustre le registre popularisant et la convention du genre. La jeune fille, dans le refrain, chante qu'elle « fera » un nouvel ami. Plein de présence d'esprit, le chevalier s'offre à l'aider...

Heu main matin jueir alai
Leis un bouchet ke je bien sai ;
Une pastourelle trovai
Seant deleiz sai proie.
Kant je la vi, je m'arrestai
Et je l'o˘ chanteir ensi :
Les mamelettes me poignent ;
Je ferai novel amin...

(Texte de S. N. Rosenberg et H. Tischler.)

à tracer. Plus même, une série d'autres registres, des « claviers » expressifs de tonalité plus large ou plus fine selon les cas, interfèrent (Paul Zumthor). Du lyrique au narratif, du religieux au jongleresque, du parodique au non-sens, du musical au *sine musica,* il existe toute une foule de contrastes et de mélanges registraux qui rendent le plus souvent une définition des genres impossible à établir. La *chanson de croisade,* par exemple, qui s'intègre au registre pieux, participe aussi sous certains aspects de la thématique de la *fin'amor* et utilise le cadre formel de la chanson courtoise.

La contrafacture, d'origine toute musicale, est certainement la technique qui illustre le mieux l'emploi contrasté des registres. Par la rupture de l'accord initial entre la musique et le poème, une mélodie ancienne s'adaptant sur un texte nouveau, elle se rapproche souvent de la parodie. Le meilleur témoignage en est l'une des contrafactures (*Or i parra*) de la séquence religieuse de la Nativité, *Laetabundus,* prose dont la mélodie se trouvera affublée d'un texte de chanson à boire, entrecoupé çà et là des exclamations latines originales renforçant encore la valeur expressive de la juxtaposition.

Le *motet* en langue vulgaire (surtout en français) semble aussi né de ce jeu d'oppositions interregistrales. La pièce d'Adam de la Halle *De ma dame vient* superpose au ténor liturgique *Omnes* une voix double de type narratif, qui met en scène une femme *seulete* dans l'attente de son mari, et un triple très orné dans la plus pure tradition du lyrisme du *grand chant courtois*. Ici, le procédé d'oppositions registrales crée une forme polytextuelle et polyphonique très éloignée de la *canso*.

De façon plus générale, les nombreuses pièces musicales françaises interpolées dans les grands romans du cycle arthurien (les *lais*) participent de ce même phénomène de contamination : véritables commentaires lyriques, ils permettent aux personnages d'exprimer leurs sentiments provoqués par les événements du récit. La farciture musicale (introduction dans un texte de passages chantés) s'intègre aussi de manière fonctionnelle au théâtre : dans le *Jeu de la feuillée* d'Adam de la Halle (v. 1274), où l'auteur, à travers la peinture satirique du monde d'Arras à la Saint-Jean d'été, nous dessine le portrait de sa fiancée Maroie ; dans le *Jeu de Robin et Marion* surtout (v. 1283), « extension à la scène du double principe de la pastourelle et de la bergerie » (Jean Maillard), les chansons se mêlent librement à l'intrigue. Les interférences registrales prennent ici un tour plus large et nous font sentir que notre attitude normative s'applique mal à la chanson médiévale et à ses diverses métamorphoses.

Le registre musical : les procédés mélodiques

Cette attitude normative, le musicologue Friedrich Gennrich l'adopte dans sa classification des formes monodiques médiévales, classification assez élargie par rapport au répertoire des trouveurs proprement dits, puisqu'elle englobe certaines tournures mélodiques pouvant se rapporter aux musiques paraliturgiques de l'époque (tropes, proses, *versus*, etc.). Il présente une recension des types mélodiques très précise, si précise même qu'on a l'impression que son classement inclurait, à la limite, autant de sous-types que de chansons ; ces recherches s'épuisent dans la description formelle. En fin de compte, la méthode de Gennrich achoppe surtout pour deux raisons : d'une part, à cause de la trop grande précision apportée au classement mélodique ; d'autre part, en raison du mélange des critères d'analyse mélodique, l'unité de classement étant variable, parfois le vers, deux vers ou plus, parfois même des incises plus petites.

La difficulté pour l'historien aujourd'hui, qu'il soit historien de la littérature ou de la musique, c'est de concevoir que l'espace à deux dimensions, musicale et poétique, dans lequel la lyrique médiévale se crée et évolue, engendre de l'intérieur sa forme, et qu'un classement typologique de la chanson n'en décrira tout juste que quelques virtualités formelles.

Ainsi les quatre grands types mélodiques qui président au classement de Friedrich Gennrich – les types litanique, séquence, rondel et hymnique – doivent-ils être compris moins comme des formes constituées et abouties que comme des techniques de composition qui sont le lieu même de la création, de l'invention des trouveurs. C'est au moyen de ces processus d'élaboration que les musiciens produiront leurs formes mélodiques, jusqu'à ce qu'ils épuisent les possibilités du système.

Ces procédés sont inégalement employés dans les répertoires occitan et français. Le principe de l'hymne s'applique essentiellement à la *canso* troubadouresque, et, même s'il vaut pour les chansons d'amour du Nord, c'est chez les poètes d'*oc* qu'il aura l'homogénéité la plus remarquable. Les trouvères, en revanche, diversifieront considérablement leur musique : sans compter le *motet*, forme où le cadre, le « moule » original de la *canso* est le plus éclaté, voire totalement dénaturé, ils utiliseront concurremment les quatre types mélodiques proposés par Friedrich Gennrich.

Le type litanique, issu des techniques de déclamation en vigueur dans les chansons de geste, se définit, pour l'essentiel, par la répétition d'une même phrase mélodique sur des vers assonancés ou monorimes. Les chansons de toile nous en ont laissé des exemples parmi les plus caractéristiques.

Le type séquence, qui prend son origine dans la forme de la prose liturgique, est bâti sur le procédé du couplage mélodique, chaque unité étant répétée une fois seulement. À côté des *lais* simples, bâtis sur la « responsion plate » A A B B C C D D..., certains trouveurs ont appliqué un entrelacement des groupes mélodiques si varié qu'il devient très difficile de les analyser dans le détail. Parfois d'une extrême complexité, ces formes atteindront une ampleur considérable. Friedrich Gennrich proposera pour les plus longues l'appellation *potenziert Lai* ou « *lai* exponentiel », qui désigne un type de *lai* où les unités élémentaires peuvent être affectées d'un exposant marquant le nombre de répétitions d'unités mélodiques et même de répétitions de groupes de plusieurs unités, par exemple : $[A^6\ B^3\ C^4]^2$.

Ce type de procédé donnera naissance à d'autres formes monodiques médiévales, tel le *lai descort* ou discordant, surtout défini par sa forme complexe, constituée de strophes et de vers d'inégale longueur, au point que la mélodie du *lai* devait être copiée pour toutes les strophes du poème ; telle encore l'*estampie,* primitivement une danse chantée où l'on frappait des pieds en cadence (*estampir* signifie « trépigner », « piétiner »), mais qui très vite deviendra une danse instrumentale, jouée le plus souvent à la vièle ou au luth, tout en se développant à partir du même procédé de la répétition mélodique.

Le type rondel, que Jean de Grouchy appelait *cantilena rotunda* (« ronde chantée »), dérive de chants responsoriaux et de l'utilisation de l'antienne en tant que refrain. Il était destiné à scander le mouvement de la carole, une danse en chaîne ouverte ou fermée communément pratiquée au Moyen Âge. À cette époque, on dansait aux chansons : s'il était admis de soutenir ces rondes d'une percussion (tambour de basque), si quelques ménétriers venaient à l'occasion accompagner de leurs vièles les ébats saltatoires, les danseurs pourvoyaient le plus souvent eux-mêmes à leur musique, qui mettait en concurrence un soliste : le « chante-avant », et un chœur. À ce type rondel se rattachent trois genres à forme fixe, le *rondeau,* la *ballade* et le *virelai,* qui connaîtront une grande vogue au XIIIe s., et dont plus tard Guillaume de Machault léguera les plus brillants exemples.

Le *rondeau* ou *rondet de carole,* d'origine cléricale, comme en témoignent les rondets latins de l'école de Notre-Dame, séduira les trouvères par son allant et sa verve populaire : la chanson de la *Belle Aeliz,* si souvent recopiée à l'époque, montre à quel point le genre était célèbre et apprécié en France du Nord. La forme du *rondeau* est relativement complexe. Elle résulte de l'intrication de trois éléments : la structure textuelle ; le schéma mélodique, composé uniquement de deux unités ; l'alternance entre le chante-avant et le chœur des danseurs (voir ♪ ci-contre). À partir du XIIIe s., le genre évoluera vers le rondeau polyphonique (Adam de la Halle, Guillaume de Machault) et perdra sa fonction chorégraphique originelle (voir « XIVe et XVe siècle »).

La *balada,* ou *dansa,* destinée à accompagner les rondes, peut-être au cours des fêtes de mai, bien que d'origine occitane, existe dans le nord de la France, sous le nom de *ballette.* La forme de la *dansa* de la reine d'Avril, *À l'entrada del temps clar,* l'une des plus connues, est celle d'une chanson où la strophe de cinq vers, dont les trois premiers sont ponctués par les interjections *eya,* est suivie par un refrain qui devait probablement être destiné au chœur des danseurs.

Guillaume d'Amiens, Rondeau.
Ms. a, Rome, Bibliothèque vaticane,
Reg. 1490, fol. 136 v°

Ce genre de pièce, assez archaïsante, ne doit cependant pas être confondue avec la *ballade* française, plus tardive, construite sur quatre unités mélodiques, et qui est le plus souvent de facture polyphonique.

Le terme *virelai* semble avoir pour origine les différentes formules allitératives *vireli, virela, virelai.* Bâties à partir du verbe *virer* (« tourner »), elles évoquent peut-être l'usage des onomatopées qui servent à scander le refrain de la danse. La structure musicale du *virelai* est intermédiaire entre celles du *rondeau* et de la *balada.* Le refrain, formé de deux unités mélodiques, y est utilisé en tant que tel ; toutefois, à la façon du *rondeau,* il participe aussi à la construction du couplet, qui s'ouvre sur une troisième unité mélodique. Quant au schéma textuel du virelai, de type zadjalesque, il se distingue assez mal de celui de la *balada.*

Le type hymnique, enfin, s'applique, comme dans la forme religieuse, à un cadre métrique et strophique déterminé. Les compositions reposent sur le principe de la non-répétition des segments

Rigaud de Barbezieux, Canso.
Ms. X, Paris, Bibliothèque nationale,
fr. 20050, fol. 85 r°.

mélodiques (A B C D E F...) [voir ♪ ci-dessus], principe qui n'exclut cependant ni des aménagements ni certaines influences des trois autres types. Ainsi un ou deux éléments mélodiques pouvaient-il être répétés, et cet assouplissement conduisait, dans les cas extrêmes, à la disparition du schème initial. Le procédé de l'hymne vaut essentiellement pour la chanson d'amour, et, parce que cette dernière représente le genre lyrique par excellence, sur lequel les troubadours et, à un degré moindre, les trouvères ont fait leur fortune, elle mérite qu'un sort à part lui soit ménagé et que sa nature soit maintenant définie de manière plus précise.

L'art de la « canso »

L'amour courtois, pour être célébré, doit entrer en une construction formelle, la *canso,* en dehors de laquelle il n'est pas chantable. Cette construction formelle, fruit de l'union de la musique et de la poésie, il convient d'en étudier les deux composantes ensemble. Verbe et mélodie se compénètrent, se combinent, se lient réciproquement, et leur rapport est si étroit, si minutieux que le jeu qui les sollicite simultanément ne se laisse pas aisément deviner.
À côté des *Leys d'amors* rédigés par Guillaume Molinier en 1352 à Toulouse, et dont la doctrine, qui recèle quantité d'allusions sur la musique, reste une rhétorique très scolaire, la source médiévale la plus précise sur l'art et la manière d'agencer les structures mélodiques et poétiques de la *canso* est le traité que Dante écrivit en latin vers 1304 : *De vulgari eloquentia,* « De l'éloquence en langue vulgaire », et qui demeura inachevé. Venant après la grande époque de la lyrique, l'auteur pense le passé poétique avec un mode de raisonnement scolastique. Dans l'esprit des temps nouveaux du *Trecento,* il voudrait promouvoir le *volgare illustre,* « la poésie en langue vulgaire », pour la langue italienne et décrit la forme exemplaire que représente la chanson d'amour des trouveurs comme une totalité, un modèle universel où chaque élément est mesurable.

La fixité du cadre strophique

Si la chanson se définit comme un enchaînement de strophes, c'est assurément la strophe (*stantia*) qui est le lieu central où l'œuvre se forge. Ce « laboratoire », Dante l'appelle la « demeure » (*mansio*), le giron où tout l'art est conçu et s'organise. Il est constitué des unités que sont la syllabe et le vers (*numerus carminum et syllabarum*), unités souvent matérialisées graphiquement dans les manuscrits. Ce cadre strophique joue le rôle d'une ossature prédéterminée à l'invention tant de la mélodie que du texte poétique, un rôle en quelque sorte équivalant à celui d'une mise au carreau pour le peintre. Ainsi la trame que Bernard de Ventadour a retenue pour la chanson *La doussa votz ai auzida* (voir ♪ p. 120) peut-elle être représentée par une grille à sept positions métriques (syllabes) en abscisse et à huit unités (vers) en ordonnée.

Bernard de Ventadour, Canso.
Ms. X, Paris, Bibliothèque nationale,
fr. 20050, fol. 89 r°.

La tradition lyrique des trouveurs comporte principalement deux sortes de trames strophiques : l'une isométrique, dont tous les vers sont de même longueur ; l'autre hétérométrique, dont les vers ont des longueurs variables.

Parmi les premières, la strophe décasyllabique de huit vers domine incontestablement, le décasyllabe étant par excellence le grand vers courtois. La strophe de sept ou huit vers octosyllabiques, dont Bernard de Ventadour était l'un des grands maîtres, et surtout celle qui se construisait sur l'heptasyllabe sont aussi très fréquentes.

La strophe hétérométrique n'a peut-être pas joui de la même faveur que les types précédents. Néanmoins, les combinaisons de vers auxquelles elle peut donner lieu sont très abondantes et se multiplieront avec le temps (voir ♪ p. 118).

L'agencement mélodique

Le cadre strophique de la chanson n'est pas conçu isolément, la musique doit s'y adapter. Pour ce faire, le trouveur choisit, à partir de l'unité-vers, entre quatre schèmes mélodiques fondamentaux – tous quatre étudiés par Dante.

Le premier : *oda continua sine iteratione,* se présente sous la forme d'une « mélodie continue, sans reprise aucune » et sans pause *(diesis) :* A B C D E F G... (voir ♪ p. 118). Il suit exactement le procédé hymnique.

Le deuxième, son contraire, nommé par Dante *pedes cum versibus :* A B A B/C D C D, comporte une pause qui sépare la strophe en deux moitiés : les *pedes* (« pieds ») et les *versus* (« versets »). Chacun des segments strophiques ainsi déterminés admet la répétition mélodique.

Les deux autres schèmes ne sont, à vrai dire, que des variantes des précédents. Dans la formule en *pedes cum cauda* (« pieds avec queue ») : A B A B/C D E F..., la répétition affecte la première partie de la strophe, alors que la seconde reprend le principe de l'hymne. Quant à la dernière formule, *frons cum versibus* (« front avec versets ») : A B C D/ E F E F, qui se rencontre très rarement, elle se caractérise par la divisibilité du second segment strophique, le premier restant indivisible.

Si l'on rapproche la théorie de Dante sur l'agencement mélodique (la *divisio cantus*) avec les schèmes en usage dans la lyrique, nous constatons que près de la moitié des mélodies troubadouresques sont des compositions en « ode continue », et que la formule des *pedes* associés soit aux *versus,* soit à la *cauda,* représente l'agencement mélodique le plus utilisé dans la chanson courtoise du Nord. Mais les quatre formules fondamentales, dont les variantes sont nombreuses, ne recouvrent pas toute la matière musicale qui nous est restée. Aussi, moins que des formes fixes, figées, auxquelles le poète-musicien aurait été contraint de se conformer, ces schèmes mélodiques nous apparaissent-ils plutôt comme des principes de construction à partir desquels le trouveur avait toute latitude pour varier les combinaisons formelles.

La juste proportion des parties : la « convenance »

L'un des intérêts pour nous du *De vulgari eloquentia* réside dans la description qui y est faite de la *canso.* Dante avait eu l'intuition que la musique s'accorde avec les autres éléments de la chanson en une « convenance » poétique et musicale fondée sur le rapport arith-

« Convenance » de la mélodie et des rimes dans la chanson *La doussa votz ai auzida*

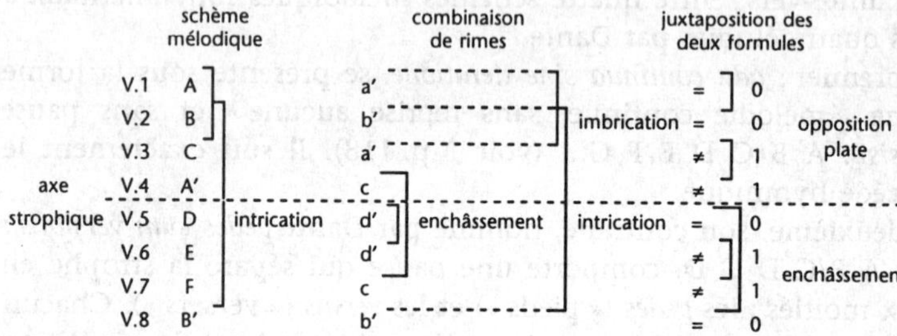

métrico-proportionnel des deux parties entre lesquelles la strophe est divisée *(habitudo partium)*. Pour le poète italien, cette « convenance », « la tâche la plus grande dévolue à l'art », s'organise autour de trois composantes : la division mélodique *(divisio cantus)*, l'entrelacement des vers *(contextus carminum)* et les combinaisons de rimes *(relatio rithimorum)*.

La juste proportion des parties ne se présente pas comme un jeu platement métrique. La juxtaposition, notamment dans l'*oda continua,* des schèmes mélodiques et des formules de rimes donne très souvent lieu à des relations complexes. Ainsi, dans la chanson *La doussa votz ai auzida* (voir ♪ p. 120 et ci-dessus), la coupure idéale de la strophe est mise en relief de façon très ténue. D'une part, les deux segments mélodiques A et B des vers 1 et 2 sont en partie récurrents aux vers 4 et 8. Ils signalent la pause et la fin de la strophe. L'*oda continua* ici est partielle. D'autre part, les rimes textuelles se répartissent de manière dissymétrique de chaque côté de l'axe strophique entre les vers 4 et 5, ce qui entraîne des combinaisons de rimes assez compliquées : intrication, imbrication, enchâssement. Enfin, lorsque l'on considère les deux schèmes dans le rapport d'identité et d'opposition des lettres qui les symbolisent, on s'aperçoit qu'une figure régulière resurgit, la résultante des deux structures fondamentales, qui indique pour les vers précédant la pause une figure d'opposition plate, pour les vers la suivant une figure d'enchâssement. Dans cette chanson de Bernard de Ventadour, c'est donc à un niveau d'une assez grande finesse que se retrouvent la bipartition de la strophe et la divisibilité de ses deux moitiés. De même que le cadre strophique ressemblait à la mise au carreau du peintre, de même ici transparaît en filigrane la « convenance » qui sert de trame seconde au musicien-poète, et que Dante nommait *habitudo partium.*

D'une façon plus large, comme le dit Roger Dragonetti, « le Nombre structurant en quoi réside l'essence formelle du Vulgaire illustre », ce rapport proportionné des parties dans la chanson en langue vernaculaire, n'affecte pas uniquement les trois éléments de la *canso* cités par Dante. Quantité d'autres paramètres, à des degrés divers, sont sollicités (syntaxe, vocabulaire, figures rhétoriques, ornementation mélodique, structures modales, etc.), et s'accordent entre eux sans laisser découvrir immédiatement le modèle idéal qui charpente leur construction. Ce jeu de « convenance » est œuvre formelle. Invention soumise à des règles définies, la forme ici est bâtie sur une idée ordonnatrice en partie cachée à nos yeux, et dont nous avons peine à penser qu'elle a requis l'attention du trouveur médiéval aussi loin dans le souci et la précision du détail. Pourtant, comme l'écrit Robert Guiette, « jamais poésie ne fut plus rigoureuse, plus totalement et plus consciemment calcul, mathématique et harmonie ». Jamais chanson ne fut aussi contraignante par la fixité et l'hiératisme de son modèle, aussi souple et ployable par la variation et la mobilité de ses métamorphoses.

Le mouvement de la chanson hier et aujourd'hui

La vie du chant

La chanson n'est pas une œuvre écrite une fois pour toutes. Afin de comprendre quelque chose de sa diversité, de sa vie, de son mouvement, nous devons nous interroger sur les lois qui règlent ses transformations.

Les variantes mélodiques : la « mouvance »

Ces transformations sont en premier lieu perceptibles dans l'existence de variantes textuelles et musicales pour une même chanson, et, de même que les différents états du poème médiéval ont sollicité l'attention des historiens de la littérature, de même l'extrême mobilité des mélodies, leur « mouvance », suscite aujourd'hui l'intérêt de la recherche musicologique. Les dernières éditions musicales en date : celle des troubadours, d'Ismaël Fernandez de la Cuesta (1979-1980), celle des trouvères, d'Hendrik Van der Werf (1977-1979), rapportent toutes les versions mélodiques pour une même chanson.

Les variantes semblent dues à divers facteurs : il peut s'agir soit de fautes manifestes du copiste, soit de gloses ou commentaires, soit de recompositions écrites, soit encore de modifications intervenues lors de l'exécution de la chanson par le jongleur. Dans ce dernier cas, les improvisations orales sont à proprement parler au cœur du problème de la création de la chanson.

Il convient en effet de distinguer principalement trois stades : le premier, le stade de la composition, est dévolu au troubadour ; le deuxième, celui de la divulgation, appartient au jongleur ; le troisième, celui de la consignation, a pour agent essentiel le copiste. Seul ce dernier stade nous est connu par les manuscrits avec une relative certitude. Cependant, les états précédents, moins accessibles pour le musicologue, se laissent parfois percevoir à la lecture des documents. Ainsi le ms. 2542 de la Bibliothèque nationale de Vienne, qui contient des pièces lyriques interpolées dans le *Roman de Tristan et Yseut,* témoigne de l'instinct de variation du chanteur médiéval : le lai *D'amour viennent li dous pensers,* transcrit de manière synoptique avec les variantes mélodiques de chaque strophe, fait apparaître l'ornementation à partir de la strophe VI, aux vers 3 et 4. Ici l'interprète-jongleur semble avoir imprimé sa marque dans l'écrit, marque que, malheureusement, on ne peut guère suivre pour l'ensemble de la tradition des trouveurs, parce que dans les manuscrits seule la première strophe des chansons est notée.

Sur les deux autres stades d'évolution (composition et consignation), le répertoire nous livre aussi des renseignements à propos des divergences mélodiques, mais de manuscrit à manuscrit cette fois.

Un premier cas de figure se rencontre, celui, par exemple, de la fameuse chanson de *L'Amour de loin,* dont les trois leçons mélodiques offrent de fortes relations d'identité. Les transformations, qui jouent sur une ornementation locale en fin de vers, affectent plutôt la seconde partie de la strophe, mais ni le cadre mélodique ni le cadre strophique ne sont bouleversés. Nous sommes donc fondés à nous croire en présence de versions proches de la musique originale composée par Jaufré Rudel.

Dans un second cas de figure, l'écart entre les diverses variantes est considérable, tant les mélodies sont dissemblables. Les divergences atteignent la chanson dans sa structure profonde et dénoncent surtout les habitudes, les caractéristiques, les gloses d'une tradition écrite. Par exemple, à propos des troubadours, le *Chansonnier de Saint-Germain* privilégie les pièces organisées mélodiquement en *oda continua,* alors que le *Chansonnier d'Urfé* préfère celles en *pedes cum versibus.* Alors, la variation affecte la composition même de l'œuvre, sans que l'on puisse déterminer précisément la part du troubadour, celle du copiste et celle du jongleur. Tradition écrite et tradition orale se conjuguent étroitement en une œuvre mouvante où l'apport respectif de chacune est masqué.

Le règne de la formule

Il est encore une trace évidente de la transmission orale sensible dans l'univers fait de répétition et d'attente que crée l'emploi de la formule. En effet, pour le trouveur, composer une chanson, c'est adopter quelques thèmes traditionnels empruntés aux lieux communs mélodiques et poétiques, c'est réorganiser ces clichés sans s'écarter de la « convenance » et de ses lois, afin de faire ressentir dans le chant, dépouillé de toute expression d'individualisme, de toute charge passionnelle, la forme.

Cette attitude, le trouveur la pousse jusqu'à ses plus extrêmes conséquences. La réutilisation de formules, de tournures mélodiques préexistantes peut devenir la base même de la composition, soit que, comme dans le procédé de la contrafacture, une seule mélodie serve à plusieurs poèmes, ce qui est fréquent chez les trouvères mais s'observe rarement chez les troubadours (bien que Guillaume Molinier nous signale, dans les *Leys d'amors,* que cette pratique vaut pour le *sirventés*), soit que, comme dans le procédé du remploi, une même mélodie puisse s'adapter sur des vers de longueur différente, par étirement sur des vers longs, par contraction sur des vers courts, et prendre une physionomie tout autre.

Les formulaires mélodiques puisent à une source essentielle : la cantilène grégorienne, dont la matière sonore est la toile de fond sur laquelle les trouveurs vont broder. Des mélodies à l'étendue étroite, aux mouvements le plus souvent conjoints, des ornements fréquemment interchangeables construits sur des chaînes de tierces et qui cachent les passages syllabiques ou les intervalles trop importants, une série d'échelles mélodiques, enfin, qui recouvrent en partie la représentation classique de l'*octoechos* (les huit « modes ») médiéval, voilà quelques caractères du chant d'église qui resteront à la base des compositions profanes.

Pourtant nos trouveurs ne se soumettront pas pieds et poings liés à l'héritage musical religieux. Ils adapteront celui-ci aux structures poétiques courtoises qui imposent un cadre neuf, ils effectueront des choix plus ou moins conscients : choix des échelles, par exemple, en privilégiant celles de *ré* et de *sol* ; choix dans la manière d'orner la mélodie, le poids ornemental venant plutôt en fins de vers (il s'agit d'un trait stylistique propre à la monodie lyrique), choix aussi des modulations qui viennent nuancer la bipartition strophique ou au contraire peser sur elle, choix encore des transpositions mélodiques et affectant le plus souvent des parties de vers de façon assez hétérogène.

S'évadant du modèle liturgique, les compositions profanes, notamment les *oda continua,* développent leurs arabesques avec une grande liberté. Les troubadours et, à un degré moindre, les trouvères font preuve d'une habileté consommée pour moduler. Fondé sur certaines échelles tonales *(step wise structure),* du ton simple jusqu'au noyau mélodique de quatre et même cinq notes (Curt Sachs), les pièces sont souvent polymodales, et le mode principal ou « mode d'accueil » de la chanson ne se laisse pas toujours reconnaître. On lui adjoint d'autres tournures modales. On use volontairement du triton. La ligne mélodique directe, qui précède l'ornementation souvent descendante de la rime, énonce la gamme d'un seul tenant. Son cheminement aboutit sur *fa,* sur *ré,* mais aussi sur *ut,* ce qui poussera Armand Machabey à chercher « la genèse de la tonalité classique » chez nos musiciens en postulant un fond jongleresque qui serait à l'origine, entre autres, du ton d'*ut.* Les intervalles mêmes sont très larges comparés à ceux du grégorien – septième, octave et neuvième ne sont pas rares –, qui élargissent l'*ambitus* des mélodies jusqu'à la douzième, voire au-delà. Tous ces effets sonores auxquels les trouveurs vont peu à peu habituer leur public devaient, au départ, impressionner par leur nouveauté. Solange Corbin y a vu « l'apparition du lyrisme dans la monodie médiévale ». Néanmoins, ces formules nouvelles se fixèrent très vite en lieux communs dont la présence assurait le succès de la chanson : en somme, un parcours mélodique obligé pour tout auteur se respectant. La réussite était à ce prix.

Ainsi, pour composer, pour créer de l'inédit, il fallait choisir son matériau dans un répertoire de clichés connu de tous, qu'il s'agisse des anciens formulaires religieux ou bien encore des effets mélodiques nouvellement acquis. Ces clichés, dépouillés de tout indice individuel (au point que les critiques s'étonneront de leur répétitivité et de leur monotonie), le trouveur les combine, afin de varier dans le chant le jeu des figures. L'univers de la chanson, d'une stabilité extraordinaire, nous apparaît donc en même temps sous des vêtements d'une extrême variété. Ce double phénomène de fixité d'une part, de variation de l'autre, doit être compris de l'intérieur, comme le résultat d'une activité : le chant.

Le chant en tant que geste formel

La lyrique courtoise peut se décrire, comme nous venons de le faire, à travers les thèmes et les registres poétiques, les procédés types de mélodies, la trame strophique avec sa loi de « convenance », les formulaires..., c'est-à-dire les matériaux au moyen desquels le trouveur construit la chanson. Mais si, cessant de séparer ce qui est uni, nous voulons voir comment, dans l'œuvre couchée sur le parchemin, apparemment immobile et désincarnée, ces différents phénomènes ont dû agir et se développer, il faut nous placer à leur point de rencontre, au lieu géométrique où leur activité s'associe en un modèle combinatoire d'une grande complexité. Nous envisagerons alors la chanson courtoise comme un acte physiologique, l'acte de chanter, un acte vocal où la voix qui livre son timbre, sa présence, incarne une personnalité, une subjectivité.

Le chant est moment, celui où une voix éveille la forme au moyen des différents matériaux constitutifs de l'œuvre, une forme toujours renouvelée de l'intérieur et créant son propre espace. Action formelle, la chanson s'élabore au moyen d'un processus de variation fondé sur la permanence d'éléments prédéterminés à la composition : des formules, des schèmes, des figures rhétoriques, tout un savoir-faire acquis par l'interaction de la pratique musicale du trouveur et du milieu socio-culturel dans lequel il baigne. Indissolublement liée à la coutume de l'improvisation musicale (étrangère à la mentalité occidentale d'aujourd'hui, façonnée par des siècles de musique écrite), la chanson est exercice, mode ou manière de chanter. Solide et équilibrée, bien liée en toutes ses parties, elle est le résultat de croisements et d'échanges, une expression unique dégagée de tout contenu expressif autre que sa propre maîtrise et dont il ne saurait y avoir de copie absolue. La forme écrite n'est ici que l'empreinte de l'effet produit et répandu grâce au déploiement de la voix par lequel l'œuvre se donne à entendre. Dans ces conditions, il est impossible de faire entièrement confiance au portrait instantané, au paysage figé en un instant précis de sa durée que les documents écrits nous présentent de la chanson. Ici, l'écriture bouleverse l'équilibre acquis, elle perturbe ; l'essentiel, le mouvement, la fluidité, la générosité de la vie, manque. Au lecteur, à l'auditeur d'en sentir le frémissement !

Une pomme de discorde musicologique : le rythme

Ce dynamisme, ce mouvement, le rythme en est certainement l'agent le plus efficace. Abondamment commenté, il a toujours été une pomme de discorde entre musicologues en raison de l'indétermination de l'écriture musicale des chansonniers quant à l'expression des valeurs de durée. À vrai dire, la manière de résoudre la question rythmique dans la chanson des troubadours et des trouvères, tout à fait déterminante sur le plan esthétique, dépend étroitement de notre regard sur l'écrit médiéval. À ce titre, elle apparaît sujette à de multiples conjectures interprétatives.

L'interprétation « modale »

Pour combler cette indétermination, l'un des fondateurs de la musicologie médiévale, Pierre Aubry, s'est appuyé, dans les années 1900, sur deux chansonniers de trouvères en partie mesurés (O et T), afin d'étendre à l'ensemble de la lyrique les « modes rythmiques » *(modi)* qui avaient été utilisés par les copistes au XIIIe s. pour noter les motets polyphoniques, et dont la théorie sera amplement développée par les traités de l'*ars cantus mensurabilis* (« l'art du chant mesuré »). Les transcriptions mesurées ainsi obtenues s'appuient sur six formules ternaires fondamentales composées de longues et de brèves, et appliquées de manière assez arbitraire d'un bout à l'autre des chansons, en observant leur régularité.

Sensiblement à la même heure, en 1908, Jean Beck, un autre pionnier, revendiquera avec virulence la paternité de la théorie. Il insistera sur l'importance à donner aux accents du poème dans l'application des *modi* et n'admettra pour licites que les trois premières cellules modales, conception qu'il modifiera en 1927 en préconisant les 5e et 6e modes.

Après les premières solutions mensuralistes du XIXe s., notamment celle du musicologue allemand Hugo Riemann (dont la mesure binaire était calquée sur le mètre ïambique de l'octosyllabe, la *Vierhebigkeit),* l'interprétation « modale » apportait une solution séduisante pour pallier l'absence de mesure dans la plupart des

---

Les 6 modes rythmiques

Modes principaux

1er mode : ˥ • — alternance longue brève
3/4, ♩𝅗𝅥 par réduction 6/8 ♩♩

2e mode : • ˥ — alternance brève longue
3/4, ♩𝅗𝅥 par réduction 6/8 ♩♩

3e mode : ˥ • • — cellule bâtie sur trois éléments :
- une longue parfaite ;
- une brève d'une unité ;
- une brève dite *altera* (altérée), qui vaut deux unités.

3/4, 𝅗𝅥. | ♩𝅗𝅥 par réduction 6/8 ♩.♩♩

Modes secondaires

4e mode : • • ˥ — renversement de la cellule du 3e mode
3/4 ♩𝅗𝅥 | 𝅗𝅥. par réduction 6/8 ♪♩♩.

5e mode : ˥ ˥ ˥ — cellule de trois longues parfaites
3/4 𝅗𝅥. | 𝅗𝅥. | 𝅗𝅥.

6e mode : • • • — cellule de trois brèves
3/4 ♩♩♩

---

chansonniers. Cependant, que l'on adoptât cette théorie dans son acception la plus stricte, qu'on la tempérât sensiblement (Jean Maillard), qu'on l'accordât à la structure musicale de la mélodie (Friedrich Gennrich) ou à la structure métrique de la strophe (Hans Spanke), que l'on défendît encore l'alternance du binaire et du ternaire dans les modes mixtes (Higinio Anglés), il était difficile, même au transcripteur le plus intègre et le plus compétent, de ne pas faire jouer son intuition. Dans l'application, les points de vue différeront considérablement, qui entraîneront des éditions musicales d'une variabilité étonnante, et que les musiciens d'aujourd'hui, moins habitués à s'affranchir d'un texte écrit qu'à le respecter scrupuleusement, prendront au pied de la lettre.
La « théorie modale », assez unanimement adoptée à l'époque de Pierre Aubry et de Jean Beck, nous semble, par sa généralisation

abusive d'une part, et l'arbitraire de son application d'autre part, assez peu légitime. La scansion artificielle ainsi imprimée au poème, alors que ni l'occitan ni le français par nature n'attachent de valeur à l'alternance des longues et des brèves, peut aboutir à une désastreuse rigidité. Elle fait de la mesure musicale créée de toutes pièces le seul critère rythmique, alors que, dans sa durée concrète, le rythme, le mouvement du vers mettent en jeu un très grand nombre de « paramètres métriques » qui ne s'identifient jamais totalement avec elle (Pierre Lusson). C'était confondre mesure et rythme, envisager ce dernier suivant une perspective trop étroite et, sans s'en douter, se heurter constamment au concret de la pratique musicale.

Le rythme, un terrain d'expériences pour la musicologie appliquée

Ugo Sesini fut l'un des premiers à percevoir la contradiction. Dans son édition du *Chansonnier de Milan,* parue de 1939 à 1942, il dénonce l'annexion de la monodie courtoise au système mensuraliste de l'*ars antiqua*. Ses transcriptions musicales, relativement neutres sur le plan rythmique grâce à la mesure isochrone du 6e mode, apportent une nouveauté considérable : le respect du cadre strophique.

Pourtant, le problème épistémologique ne fut vraiment admis de tous qu'en 1961, au moment du VIIIe congrès de la Société internationale de musicologie à New York, où, selon le vœu des participants, on décida de séparer les deux niveaux jusqu'alors réunis : la traduction exacte du document original, d'une part ; l'interprétation du transcripteur, de l'autre.

Ainsi entrait-on de plain-pied dans la distinction essentielle entre sciences d'observation et sciences expérimentales, qui ouvrait la porte à une discipline annexe de la musicologie fondamentale : la musicologie appliquée. Celle-ci se propose, par l'expérience – nous pourrions dire « en laboratoire » –, au moyen de la connaissance historique et du savoir-faire musical conjugués, de définir et de modifier les paramètres régissant les phénomènes sonores anciens – ici la chanson médiévale –, et cela à partir d'une axiomatique, d'un réseau d'hypothèses. Dès lors, il n'est pas question de faire plus qu'échafauder des modèles sonores dont on espère qu'ils pourront rendre compte des observations fragmentaires dont nous disposons, la principale qualité du modèle étant de se conformer aux documents de l'histoire. Il restera alors à jauger systématiquement la valeur de cette axiomatique.

Cette discipline nouvelle est redevable d'une attitude musicale moderne, celle du goût pour la musique ancienne, dont l'essor rapide depuis les années 1970 nous a habitués à des interprétations de la chanson médiévale de plus en plus précises et exigeantes, où la pratique et la technique musicales, comme le suggérait Solange Corbin, tiennent une place prépondérante. Il faut mentionner ici l'œuvre considérable accomplie par Thomas Binkley, un précurseur en ce domaine.

La musicologie appliquée s'est encore enrichie des progrès qui ont été faits dans l'étude des musiques traditionnelles. Ils nous permettent de disposer d'outils mieux adaptés et plus perfectionnés pour comprendre l'écrit médiéval et proposer des modèles rythmiques de la chanson. Le copiste, en un certain sens, se trouvait dans une situation identique à celle de l'ethnomusicologue d'aujourd'hui aux prises avec la notation de la chanson folklorique : sa transcription, inévitablement, manifeste un certain écart vis-à-vis des documents sonores. Cet écart existait aussi au Moyen Âge : à propos de la mesure, le *Chansonnier Cangé* est exemplaire. On y distingue deux sortes de pièces, celles où la disposition des longues et des brèves est significative d'une notation modale et celles où la disposition des figures, comme dans le reste de la tradition manuscrite, n'a pas de réelle signification. Toujours dans ce même manuscrit, on observe une seconde contradiction : parmi les chansons mesurées, au demeurant peu nombreuses, cinq s'y trouvent notées deux fois, mais avec des « modes rythmiques » différents, incompatibles.

Si l'on admet que l'écrit n'était utilisé que pour donner quelques points de repère, comme c'est le cas des cahiers de chansons ou d'airs de violoneux dans certaines traditions folkloriques (Poitou), et que ces chants, dont une grande partie, au moins les plus ornés, demandaient un rythme *rubato,* difficile à noter au moyen de l'écriture mesurée du XIIIe s., les contradictions se résolvent, et les « inconséquences » du copiste du *Chansonnier Cangé* n'en sont peut-être plus. Comme les timbres de la chanson folklorique, la mélodie médiévale est susceptible de variations rythmiques suivant le contexte dans lequel elle était exécutée. Nous avons l'impression que le compilateur, polyphoniste sans doute, homme d'écriture en tout cas, était gêné par ce répertoire ancien si mouvant et percevait mal la façon d'en noter le rythme.

Il n'y a donc pas lieu de s'étonner si la plupart des manuscrits de trouveurs, en dehors de quelques adjonctions tardives et des deux chansonniers déjà cités, sont exempts de signes de mesure et d'indications d'accompagnement. L'écart entre le phénomène sonore et sa transcription devait être considérable : l'homme médiéval utilisait l'écrit comme aide-mémoire et négligeait de noter ce qu'il savait variable ou ce qui lui apparaissait aller de soi, la tradition, la coutume.

Sans entrer ici dans le détail d'une enquête exhaustive, nous pouvons proposer quelques orientations pour l'expérience musicale. Une fois effectuées les recherches relatives aux indices rythmiques transmis par les documents (signes de mesure, majuscules, disposition du texte, ponctuation, barres verticales sur les portées, etc.), la marge d'expérimentation et de sollicitation des textes se situera entre deux options contrastées, avec toute une gamme de solutions intermédiaires plus nuancées suivant la physionomie mélodique, le genre du poème, l'auteur, la période où le chant a dû être composé...

La première option qui s'offre au musicien est l'exécution mesurée des mélodies, soit qu'elle respecte les notations modales existantes, soit qu'elle étende les modes ternaires aux mélodies consignées sans mesure. Cette première option nous semble efficace pour certaines danses, certaines mélodies faciles et courtes. L'expérience peut être précisée à partir de l'hypothèse relative à la modification de la notion de mesure au Moyen Âge : les Chansonniers O et T seraient les témoins maladroits de l'introduction de la « mesure-quantité » dans la notation musicale.

Une seconde grande option rythmique doit être envisagée : l'exécution musicale dite « libre » des mélodies de trouveurs, encore que l'adjectif « libre » nous semble mal approprié et que l'expression « rythme déclamatoire » utilisée par Hendrik Van der Werf serait mieux venue. Il s'agit, en premier lieu, de suivre le cadre métrique qui soutient la scansion (compte syllabique, formule de rimes, organisation mélodique) ; en second lieu, d'analyser le texte poétique en tant que matériel rythmique et sémantique, afin de mettre en évidence les principaux groupements syntagmatiques ; enfin, d'examiner la physionomie de la mélodie (les intonations, les formules ornementales, les échelles modales). L'énoncé de ces quelques facteurs, qui ne sont d'ailleurs pas limitatifs, et dont il est possible de privilégier certains, montre les bornes de cette liberté : un véritable carcan, qui n'est encore qu'une trace des cadres mentaux et des réflexes concrets qui étaient ceux du trouveur. Enfin, pour traduire dans l'écrit ces intentions rythmiques, nous suggérerions volontiers l'emploi, l'invention même d'une multitude de notations, que celles-ci s'aident ou non du matériau paléographique médiéval.

Néanmoins, d'autres facteurs sont susceptibles d'influer sur les reconstructions du rythme : le choix de la mélodie, l'instrumentation, le contexte dans lequel se déroule aujourd'hui l'exécution musicale (concert, disque, radio, télévision), etc. C'est la manipulation consciente de tels leviers qui permet de formuler des hypothèses, de proposer des modèles sonores que la musicologie appliquée a charge aussi de remettre en cause.

La postérité de la lyrique courtoise

L'influence exercée par la lyrique courtoise se fera sentir sur tout l'Occident européen médiéval, et la chanson des troubadours, relayée par celle des trouvères, nous apparaît encore aujourd'hui, selon le mot de Gaston Paris, comme « l'arbre dont les greffes ont fécondé toutes ces plantes jusque-là sauvages ou à peine nées ».

Dans la péninsule Ibérique, le *trobar,* dont la mode se répandra avec quelque retard, servira d'exemple à Alphonse X le Sage, roi de Castille et de León de 1254 à 1284. Très cultivé, féru d'astronomie, le souverain se plaisait à avoir près de lui des troubadours. Grammairien et poète, il composa les célèbres *Cantigas de Santa Maria.* Consacrés à la Vierge et à ses miracles, ces chants de pèlerins en dialecte galicien sont d'une inspiration plus populaire que les chansons de troubadours. Les mélodies d'environ 420 pièces sont conservées par trois manuscrits, dont l'un, à l'Escurial, comporte en outre une vaste collection de miniatures qui figurent des musiciens jouant d'un instrument souvent d'origine arabe : rebec, luth, psaltérion, guitare mauresque, cornemuse, etc.

En Italie, les troubadours ont aussi été généreusement accueillis. Ils ne tarderont pas à faire des émules. Alberto Malaspina, Lanfranc Cigala et surtout Sordel, dont malheureusement les mélodies ne nous sont pas parvenues, chanteront en langue d'*oc.* Le rayonnement de la chanson sera tel que Dante élèvera (avec le *De vulgari eloquentia*) un véritable monument théorique à la gloire de celle-ci, et s'en inspirera dans le *dolce stil nuovo* (« doux style nouveau ») pour célébrer en Béatrice la beauté désincarnée de la Dame. Mais le *Trecento* italien sera surtout le théâtre précoce du divorce entre poésie et musique. Les *Sonnets* de Dante et de Pétrarque d'un côté, les *ballata, caccia* et chansons polyphoniques de Jacopo da Bologna et de Landini de l'autre, témoigneront de la naissance d'un monde sonore nouveau. Désormais, forte de son passé glorieux, la chanson courtoise aura vécu.

C'est peut-être dans les pays germaniques que les troubadours et les trouvères eurent leurs plus fervents imitateurs et que leur influence jusqu'au XVe s. avec les confréries de *Meistersinger* (« maîtres chanteurs ») se révéla longtemps vivace. Les études d'István Frank et de W. Müller-Blattau ont montré combien les *Minnesänger* (« chantres de l'amour ») de la vallée rhénane vers 1170, de la Thuringe et de l'Autriche au XIIIe s., connaissaient, et avec quelle précision, la chanson des trouveurs. Un exemple parmi d'autres : Walther von der Vogelweide (Gautier de la Pasture aux oiseaux), sans doute le plus grand de ces poètes, qui vécut entre 1170 et 1230, empruntera à Jaufré Rudel le cadre strophique et la mélodie de la célèbre chanson de *L'Amour de loin* pour composer son non moins célèbre *Palestina Lied,* un chant de croisade. À l'école du vieux Reinmar de Vienne, le maître de Walther, le message de Guillaume de Poitiers avait bien été compris : *singen und sagen* (« chanter et dire »), telle était la maxime.

« ... ce terme même de Moyen Âge,
dans la suffisance hautaine
de sa signification première,
est un non-sens d'orgueilleuse ignorance... »
J. Chailley,
Histoire musicale du Moyen Âge.

Marie-Claire Beltrando-Patier

LA MUSIQUE DE L'ÉPOQUE GOTHIQUE. LE SIÈCLE DE SAINT LOUIS

Le XIIe et le XIIIe s. constituent la période la mieux connue du Moyen Âge. Illustrés par les cathédrales, jalonnés par les hautes figures de Philippe Auguste et de Saint Louis, ils représentent, pour la conscience occidentale, un terrain déjà solide, sur lequel s'enracine la pensée contemporaine. Mais soyons prudents : cette conception est en partie fausse, au sens où XIIe et XIIIe s. ne forment pas un bloc monolithique et cohérent, que l'on puisse embrasser d'un seul regard. Sur ces deux siècles, l'un au moins – le XIIe – possède encore des caractères qui échappent à nos catégories et que l'on ne peut aborder sans préparation. Entre Léonin et Adam de la Halle, il y a le temps qui sépare J.-S. Bach de R. Schumann. Gardons-nous donc de les apparenter abusivement.
Persuadons-nous aussi que, par rapport à l'histoire de l'humanité, l'époque gothique, fluctuante et mouvementée comme l'a été chacune des étapes de notre civilisation, est bien proche de nous. Cette période « classique » du Moyen Âge n'est jamais figée en sa perfection : elle se forme et s'altère dans un continuel mouvement.

Époque gothique ? siècle de Saint Louis ? Pourquoi ces étiquettes ?

Pour R. Huyghe, le gothique est moins un jalon stylistique qu'une nouvelle attitude rejetant l'influence antique telle qu'elle apparaît dans l'art roman, pour plonger vers des sources plus spécifiques, donnant libre cours au dynamisme et à l'arabesque ornementale des peuples septentrionaux.

L'analogie entre le rayonnement de l'architecture gothique et le mélisme ou vocalise d'*organum* est manifeste : au tournoiement des couleurs sonores répond le scintillement des verrières, à l'élan ascensionnel des piliers et colonnes la force dionysiaque du rythme pérotinien.

Mais cette analogie avec les arts plastiques ne doit pas être systématisée, car la musique médiévale est, par nature, moins réceptive aux influences que toute autre forme d'art. Rebelle à la tyrannie de l'intellect, elle reflète avant tout la nature profonde de celui qui s'exprime à travers elle. De plus, si, en architecture, l'imitation des

Art gothique et œuvres musicales contemporaines

Cathédrales gothiques (date de mise en chantier)	Œuvres musicales (à l'exception des anonymes)
Sens (1140) Saint-Denis (1144)	
Laon (1155) Noyon (1155)	
Paris (1163) Soissons (1180) Chartres (1194)	Léonin, *Magnus liber organi* (v. 1180) Pérotin, *Viderunt* et *Sederunt* (1198-99)
Reims (1210) Amiens (1220) Beauvais (1227) Sainte-Chapelle (1242)	
Strasbourg (façade, 1276)	Adam de la Halle, *Jeu de Robin et de Marion* (v. 1283) *Roman de Fauvel* (1314-16)

Anciens était favorisée – dans le sud de la France tout au moins – par la présence de vestiges archéologiques nombreux, le Moyen Âge n'a guère connu la musique gréco-romaine qu'à travers ses théoriciens. Autant dire qu'il s'en faisait une idée très imparfaite, car rien n'est plus difficile que de décrire une impression sonore par des mots, chose que, d'ailleurs, les théoriciens n'ambitionnaient même pas puisqu'ils se cantonnaient dans des vues spéculatives et pseudo-scientifiques.
La théorie musicale antique s'est trouvée détournée de son objet, au profit d'une expression qu'elle n'avait sans doute jamais imaginée, expression dans laquelle se mêlaient les éléments propres à chacune des ethnies concernées et l'influence de l'Orient venue des croisades et des Arabes d'Espagne.
C'est au XIIIe s. que ces courants, souvent contradictoires, se fondront dans un système musical unique et fortement structuré, comparable, en musique, à ce que les historiens de l'art nomment le « gothique international ».
À la stabilité retrouvée du royaume sous Saint Louis (1226-1270) correspond un style nouveau, dominé au départ par l'Église et dont les premières manifestations pourraient passer pour une régression par rapport à la richesse des grandes œuvres d'un Pérotin. Il serait cependant absurde de le prétendre, car ce serait juger l'art sur ses progrès techniques.
Le principal changement d'esthétique entre le XIIe et le XIIIe s. réside en fait dans le passage du rythme libre – *planus* – au rythme mesuré – *mensuratus* – sur lequel se fonde encore, plus ou moins, notre musique actuelle. Il s'accompagne, au départ, d'une sorte de sursaut ou de resserrement de tous les paramètres musicaux, que nous ressentons aujourd'hui comme une perte de matière musicale (œuvres courtes, prolifération des mots au détriment du chant vocalisé) et une absence de variété (rythme simplifié, harmonie plus stéréotypée). Nous aurons l'occasion d'observer la même raideur dans l'attitude de l'Église en lutte contre les hérésies et dans l'effort de rationalisation de la pensée selon les philosophes. L'épanouissement du chant mesuré, autour de 1250, n'en sera que plus touchant à nos yeux parce que plus attendu, et sa nouvelle orientation vers le domaine profane nous le rendra familier et proche.

Les grands courants musicaux de l'ère gothique

La détermination des grands courants musicaux du XIIe et du XIIIe s. se fait d'après les œuvres polyphoniques. On ne peut cependant en

Les écoles musicales de l'ère gothique

Dates	Écoles	Dates	Règne
1100	École aquitaine ou style de Saint-Martial (1100-1160)		
1150			
1160	École parisienne ou école de Notre-Dame (1150-1250)		
1200		1226	règne de Saint Louis
1250	*Ars antiqua* 1250-1320	1270	
1280	Période de transition *Ars antiqua/Ars nova* 1280-1320		
1300			
1320			

conclure que cette musique soit le genre dominant : certains d'entre nous seront passionnés par le développement du trouver (art des trouvères et des troubadours) ; d'autres rechercheront les plus anciens témoignages de l'art instrumental et l'essor de la danse ; la chanson populaire enfin, si difficile à imaginer faute de témoignages, devrait légitimement être considérée comme l'expression la plus absolue d'un groupe social à un moment donné. Quoi qu'il en soit, le style polyphonique, à tort ou à raison, a un effet de masque sur les autres activités musicales du temps. C'est lui que nous étudierons ici, les autres aspects du répertoire étant analysés plus haut (voir *Troubadours et trouvères*).

On distingue généralement une première série d'œuvres regroupées sous l'étiquette de « style de Saint-Martial » ou « école aquitaine » (1100-1160). L'« école de Notre-Dame », dite « école parisienne » (1160-1250), se développe ensuite avec, dans son prolongement, l'*Ars antiqua*, que l'on peut arrêter, après une période de transition, vers 1320. L'*Ars antiqua* est ainsi nommée par opposition au nouveau style du XIVe siècle ou *Ars nova*, dont le traité de Philippe de Vitry *Ars nova notandi* constitue le manifeste. Il arrive cependant que l'on désigne par *Ars antiqua* la totalité des compositions polyphoniques précédant l'*Ars nova*, mais il est préférable d'utiliser une classification plus fine, faisant mieux ressortir la diversité de l'époque gothique.

Les débuts de la polyphonie

Querelles de musicologues

Les musicologues restent très partagés sur le problème des origines de la polyphonie. On a longtemps pensé que le chant à plusieurs voix avait été inventé par un moine aux goûts musicaux particuliers. C'est, en tout cas, ce que professait M. Lavignac lorsqu'il écrivait, en 1895 : « Ce n'est qu'aux approches du IXe siècle que fut faite la première tentative harmonique de superposer deux sons, mais, hélas ! en rapport de quarte ou de quinte. Ce système barbare et primitif, décrit et mis en pratique notamment par le moine Hucbald de Saint-Amand, dont il paraît faire les délices, avait pour nom diaphonie ou *organum* : à présent, on dirait cacophonie. Nous n'y pouvons voir qu'une erreur qui a retardé de quelque chose comme cinq siècles l'évolution musicale. »
La tendance actuelle serait plutôt de considérer, sur la base de recherches ethnomusicologiques, que la première polyphonie de l'Europe chrétienne est l'aboutissement d'une évolution remontant aux sociétés primitives (décrite dans les travaux de M. Schneider) et que, en conséquence, la musique n'a jamais cessé d'être polyphonique ou de pouvoir l'être, le chant à plusieurs voix n'étant pas une nécessité. On mesure, à ces deux positions extrêmes, le mouvement des idées dans le domaine de la musicologie, et, même si la vérité historique se situe ailleurs, il est intéressant de les évoquer à titre de témoignage.

Les faits

Que prouve l'examen des faits ? Historiquement, la première attestation du chant polyphonique se trouve dans un traité de théorie musicale du IXe s. intitulé *Musica enchiriadis*, attribué à Hucbald de Saint-Amand, ainsi que dans un ouvrage de philosophie, *De divisione naturae*, de Jean Scot Érigène (vers 876). On rencontre

---

Organum : composition polyphonique en mouvement parallèle, utilisant, à la voix principale, un fragment de plain-chant.

---

certaines allusions à des pratiques polyphoniques dans des documents plus anciens, mais Lincoln B. Spiess a prouvé qu'il ne fallait guère s'y fier, dans la mesure où ces documents étaient soit apocryphes, soit mal traduits du latin. Il est donc impossible de démontrer raisonnablement l'existence d'une polyphonie avant le IXe s. Mais qu'est-ce qu'un théoricien de la musique, au Moyen Âge, sinon un homme qui a de nombreuses années de retard puisqu'il se borne à codifier des idées qui ont fait leurs preuves, pour en tirer, après coup, sa théorie ? On peut penser en fait, avec quelque certitude, que la pratique polyphonique était déjà bien établie lorsque Hucbald en parla pour la première fois.

Des premiers témoignages à l'école aquitaine

Le pseudo-Hucbald (nous l'appellerons Hucbald pour simplifier, mais l'auteur de *Musica enchiriadis* pourrait bien être Otger ou Ogier de Laon) définit, au IXe s., le chant polyphonique ou *organum* comme la réunion harmonieuse de voix différentes : la voix principale – *vox principalis* – chante un fragment de plain-chant, accompagnée de la voix organale ou ornementale – *vox organalis* – à intervalle de quinte ou de quarte. On peut, pour des effets grandioses, doubler chacune de ces voix à l'octave. C'est donc, non pas une composition véritable, au sens moderne du terme, mais une façon de chanter un extrait du répertoire sacré, en vue de le rendre plus attrayant ou solennel.

Toutefois les difficultés commencent lorsque, au lieu de suivre simplement la voix principale à la quinte, on veut s'exercer à l'intervalle de quarte. Là, en effet, il se trouve des risques de sonorités dures et fautives comme la fameuse quarte augmentée (le triton *fa-si*), dite *diabolus in musica* (« le diable en musique »). Hucbald prévoit donc que l'on pourra, en ce cas, suivre la voix principale non pas en parallélisme strict mais avec une certaine fantaisie : c'est un premier et très modeste pas vers la composition originale. Les *organa* à la quinte ou à la quarte se terminent sur l'unisson ou sur l'octave, afin de donner une impression de consonance et de repos.

Jean Scot Érigène, philosophe et philologue contemporain d'Hucbald, pose, vers 876, le problème sur un tout autre plan et compare l'*organum* dans ses parties et son ensemble à l'harmonie du monde (dans le *De divisione naturae*). Gui d'Arezzo (*Micrologus de musica*, entre 1000 et 1050) traite des aptitudes à la mise en polyphonie des fragments de plain-chant et des intervalles utilisables. Enfin, Jean Cotton d'Affligem abandonne l'*organum* strict décrit par ses prédécesseurs et expose, vers 1100, dans le *De musica cum tonario,* deux procédés destinés à régénérer le style : d'une part, la multiplication (par 2 ou 3) des notes de la voix ornementale pour une seule note de la voix principale ; d'autre part, la pratique du mouvement contraire, par lequel les deux voix se livrent à un jeu d'éventail ouvert et refermé : C'est cet *organum* « libre » que pratiquera l'école de Saint-Martial ou école aquitaine.

Ces fragments musicaux ne nous apparaissent pas à l'évidence comme des exemples de style polyphonique : on y est beaucoup plus sensible à l'aspect mélodique qu'à l'aspect harmonique.

Mais, paradoxalement, c'est sur les problèmes harmoniques que s'interrogent les théoriciens et musicologues, anciens comme modernes. Les anciens dissertent des intervalles d'octave, quinte et quarte dans un esprit néo-pythagoricien qui mêle les considérations philosophiques et les mathématiques. Ils ne nous disent cependant jamais pourquoi ils préfèrent ces intervalles à ceux, beaucoup plus doux, selon notre oreille, de tierce et de sixte. Il s'agit simplement d'une justification *a posteriori.* Cette complaisance à citer le grand Ancien va jusqu'à l'élaboration d'une légende, mi-scientifique, mi-magique, selon laquelle Pythagore aurait mesuré les intervalles principaux d'octave, quinte et quarte en frappant une enclume avec des marteaux de poids différents. Bientôt, des moines puristes remplaceront le nom de Pythagore par celui de Tubal, forgeron de la Bible, promu inventeur de la musique pour les besoins de la chrétienté. Voilà pourquoi la Musique est souvent représentée, au Moyen Âge, par une femme jouant du luth et ayant à ses pieds un affreux gnome armé de marteaux, qui n'est autre que Tubal, le génial forgeron.

Les musicologues actuels s'intéressent – surtout en France – à cette sélection des intervalles en polyphonie et en ont proposé plusieurs explications. Certaines ont été abandonnées, comme la théorie de la résonance ou celle de la fusion, dont les fondements scientifiques étaient mal assurés. Les pédagogues et les ethnomusicologues interviennent également, suggérant que ce choix d'intervalles particuliers (octave, quinte et quarte) peut répondre non à une exigence intellectuelle mais à une attitude réflexe, fréquemment observée, et que l'on décrit ainsi : un groupe entonne un chant à l'unisson mais des voix s'égarent une octave plus haut, ayant mal apprécié le son de départ. Pour revenir à l'unisson du groupe, ces voix effectuent souvent la moitié du chemin et se fixent sur la quinte du son fondamental, croyant, par suite d'une illusion auditive, être à la hauteur désirée. Il en résulte une polyphonie parallèle fortuite, à intervalle de quinte. Quoi qu'il en soit, la justification des intervalles utilisés en polyphonie est un problème annexe qui ne doit pas nous faire perdre de vue la beauté des œuvres et le patient effort des hommes à la conquête de leur art.

On est surpris également du caractère exclusivement liturgique des pratiques polyphoniques de cette époque : dans les témoignages, il n'est jamais fait mention de chansons à plusieurs voix. Pourquoi « organiser » (mettre en *organum*, c'est-à-dire en polyphonie) un *alléluia* plutôt qu'une chanson d'amour ? Il faut bien se représenter que le chant polyphonique est, au départ, un mode d'exécution collectif des pièces de la messe et non une composition originale.

Les traités que nous avons cités nous fournissent quelques maigres aperçus de ce qu'il était possible de faire avec cette technique, mais ils ne nous présentent jamais une œuvre complète, pour la bonne raison qu'il n'en saurait exister : un *alleluia* polyphonique n'est rien d'autre qu'un *alleluia* du répertoire courant (à une seule voix) chanté avec éclat et fantaisie par un chœur, un jour donné. Un autre ensemble vocal, en un autre lieu, fera, du même texte de base, une mise en polyphonie différente, toujours par improvisation. Les traités ne nous transmettent donc qu'une méthode, illustrée de quelques exemples. D'ailleurs, les premiers manuscrits d'œuvres polyphoniques de compositeurs datent seulement du XIe s. Par manque de précision dans la notation musicale, certains d'entre eux sont, hélas ! impossibles à transcrire. On ne peut qu'admirer, rétrospectivement, l'ingéniosité d'Hucbald, qui nous fit comprendre, dès le IXe s., avec des moyens si rudimentaires, ce qu'était un *organum*, à la quinte ou à la quarte.

École de Saint-Martial ou école aquitaine

Au XIe s., l'*organum* est attesté, par des textes littéraires ou des manuscrits, à Fleury, à Chartres ou à Winchester (Angleterre), mais le plus grand centre musical sera Saint-Martial de Limoges, dont le rayonnement s'étend, à la fin du siècle et dans la première moitié du XIIe s., sur toute la région aquitaine. Renommée également pour ses troubadours et sa poésie lyrique latine (séquences et *Versus*), l'école de Saint-Martial nous lègue un grand nombre de manuscrits, dont quatre au moins comportent des œuvres polyphoniques. Mais ce répertoire ne nous est pas en totalité accessible, car sa notation trop rudimentaire (tout spécialement pour le rythme et la hauteur des sons) le rend en partie inutilisable.

Ces manuscrits contiennent *organa* et conduits (chants polyphoniques paraliturgiques) destinés aux grandes fêtes de l'année : Noël, Pâques, etc. C'est à l'école de Saint-Martial que l'on attribue le premier *organum* non improvisé, intitulé *In omnibus requiem quaesivi.* L'*organum* saint-martialien, désormais œuvre de compositeur, présente de grandes améliorations par rapport aux médiocres exemples des théoriciens : la voix principale, en valeurs allongées, soutient des guirlandes ornementales contenant jusqu'à vingt notes. En ce sens, on peut déjà lui accorder le nom de « teneur » (d'où viendra le mot *tenor*), car elle « tient » le contre-chant (*quia discantum tenet*). Des passages en déchant, d'une écriture plus syllabique, utilisant le mouvement contraire, alternent avec les passages vocalisés, et, de temps en temps, une phrase de plain-chant est exécutée sans polyphonie, afin de ne pas trop prolonger la durée de la pièce. Celle-ci doit en effet demeurer complète et inchangée, même si sa mise en polyphonie semble la tronçonner quelque peu.

La nouvelle liberté de la voix organale nous amène à réfléchir sur le rôle du chant liturgique servant de base à la composition : ce chant, bien que toujours présent, est désormais au second plan et caché sous la luxuriance quasi orientale de la voix supérieure.

On constate encore ici la dépendance des musiciens vis-à-vis de l'Église : signe de soumission, le support textuel ne peut être objectivement contesté, mais tout est mis en œuvre pour atteindre l'indépendance par des voies détournées. En ce sens, on peut dire qu'il y a véritablement acte de composition et réflexion esthétique.

Qui sont les musiciens, compositeurs et interprètes de l'école aquitaine ? Les manuscrits ne nous renseignent guère, car, s'ils comportent rarement des noms de personnes, ceux-ci peuvent avoir été rajoutés par la suite et ne doivent pas être automatiquement admis comme des signatures. Seul un faisceau d'indications convergentes ou une allusion vraiment sérieuse peuvent nous permettre de les prendre en considération. Les auteurs sont probablement des moines ou des chanteurs, formés à l'école des chantres (*schola cantorum*). Dès le début du XIIe s., la difficulté d'exécution et la hardiesse des compositions suggèrent l'idée d'un véritable professionnalisme, mais, paradoxalement, grâce à la rigueur morale de l'éducation religieuse, il n'existe encore aucun culte de la personnalité. Selon la jolie formule de Solange Corbin, « la modestie de ce bon ouvrier lui masque l'importance de son chef-d'œuvre ».

L'influence de Saint-Martial s'étend sur l'Angleterre et le nord de l'Espagne ; on trouve, par exemple, dans le *Codex calixtinus*, manuscrit de Saint-Jacques-de-Compostelle datant de 1140, 20 *organa* de style saint-martialien, dont le premier exemple connu d'*organum* à trois voix.

À côté de l'*organum* se développe le conduit (*conductus*, « chant de conduite »), destiné à accompagner les déplacements du prêtre. Le conduit est une forme musicale paraliturgique, composée sans référence au plain-chant, c'est-à-dire sur une voix principale inventée et non empruntée au répertoire grégorien. Les voix y sont beaucoup plus dépendantes les unes des autres que dans l'*organum*, puisqu'elles ont soin d'articuler les mêmes syllabes en même temps et adoptent le principe du mouvement contraire ou déchant. L'intelligibilité du conduit est essentielle, car son texte, de facture parfois récente (trope, texte moralisateur), n'est pas toujours connu de tous, et l'on ne peut, à la différence d'une teneur grégorienne traditionnelle, le suivre en pensée, même si les syllabes en sont très allongées. Des passages vocalisés se glissent parfois entre deux phases de conduit ; on les appelle « passages d'*organum* », par allusion à l'écriture de cette forme.

L'école parisienne, dite école de Notre-Dame, développera l'*organum* et le conduit, faisant place à un troisième genre encore peu exploité : le motet.

L'école de Notre-Dame ou l'apogée du style gothique (1160-1250)

Musicalement, l'école de Notre-Dame prend la suite de celle de Saint-Martial, sans qu'il soit historiquement possible d'en établir la filiation. On constate simplement le déplacement du centre attractif de la Loire vers le Nord, à l'époque où commencent les campagnes de construction des grandes cathédrales. Le rôle pilote de Paris ne fait aucun doute, fondé sur l'importance de la ville, embellie et agrandie par Philippe Auguste (roi de 1180 à 1223), le prestige de l'Université, qui reçut du roi ses statuts en 1215, et la mise en chantier de la

École de Notre-Dame : courants de pensée et œuvres musicales

	Traits de civilisation	*Œuvres musicales*	*Formes musicales*
1150	« Dieu est lumière »*		Apogée de l'*organum*
		Léonin, *Magnus Liber* (v. 1180)	
1200		Pérotin, *Viderunt* et *Sederunt* (v. 1198/99)	
	« L'Âge de raison »*	Œuvres anonymes	Motet et conduit
1250			

* selon l'historien G. Duby

cathédrale en 1163. Le courant musical, propre à l'Île-de-France au départ, essaimera dans toute l'Europe et connaîtra une notoriété extraordinaire, qu'attestent les nombreuses copies d'œuvres retrouvées longtemps après dans les manuscrits les plus divers.

Le cadre historique

L'école de Notre-Dame comprend deux périodes, distinctes par les styles et les formes musicales, que l'on pourrait schématiquement appeler époque de l'*organum* (XIIe s.) et époque du motet (XIIIe s.). Cette division est un fait de civilisation souligné par les historiens bien avant les musicologues.

G. Duby place la seconde moitié du XIIe s. sous le double signe de Dieu et de la lumière. Lorsqu'il écrit : « la poétique de la lumière que porte en elle la réflexion théologique de Suger et l'esthétique qu'elle suscite ne se résument pas cependant dans la seule architecture », nous pensons à Pérotin et à ses grandioses *organa* à 4 voix destinés aux fêtes de Noël et de Saint-Étienne et qui semblent affirmer, eux aussi, par leurs vocalises jubilantes : « Dieu est lumière. »

Chronologie de l'école de Notre-Dame

	Auteurs	Œuvres datées
1100	Maître Albert	
	↓ Léonin ?	1140 *Codex calixtinus*
1150		
	1180 ? Pérotin ?	Pérotin 1198/99
1200		*Viderunt* et *Sederunt*

Pendant que l'Île-de-France se mobilisait autour des cathédrales et des écoles épiscopales, ailleurs les courants hérétiques se développaient : autour de Lyon (hérésie vaudoise, condamnée en 1180) et dans le comté de Toulouse (hérésie cathare). Or, toujours selon G. Duby, ce fut l'art gothique qui devint « l'instrument le plus efficace, peut-être, de la répression catholique ». Cette défense contre les pièges de l'hérésie conduisit le début du XIIIe s. à un raidissement qui s'observe dans le formalisme de la pensée. La musique partagea cet esprit de réaction, abandonnant toute fantaisie pour se concentrer sur la promotion du style mesuré, des modes rythmiques et des petites formes musicales telles que le motet.

Les auteurs

Les musiciens de l'école de Notre-Dame appartiennent au cercle de l'école épiscopale et non, comme précédemment, à celui du monastère. L'enseignement de la musique, classé avec les disciplines scientifiques dans un programme d'étude appelé *quadrivium* (arithmétique, géométrie, astronomie, musique), s'y réfère souvent aux Anciens, à travers les interprétations qu'en donnèrent les théoriciens chrétiens. De leur côté, les lettres, appartenant au *trivium* (grammaire, rhétorique, dialectique), renouent avec les textes classiques latins. C'est dans cette atmosphère de renaissance avant la grande Renaissance (XVIe s.) que s'élaborent des théories musicales très influencées de l'Antiquité, comme la théorie modale du rythme.
Les compositeurs sont, le plus souvent, chantres, sous-chantres, préchantres et maîtres, dignités ou fonctions témoignant de leur rattachement à la cathédrale. Nous les connaissons grâce à des

noms figurant sur les manuscrits, ou à quelques allusions plus tardives des traités théoriques. En conséquence, il est parfois bien hasardeux de les situer ! On peut cependant citer sans trop d'hésitations trois auteurs : maître Albert, Léonin et Pérotin.

Maître Albert

Maître Albert (*Magister Albertus*), chantre de la cathédrale, serait l'auteur d'un conduit à 3 voix figurant dans le *Codex calixtinus* (vers 1140), manuscrit de Saint-Jacques de Compostelle.

Léonin

Léonin (*Magister Leo*) est reconnu uniquement par l'auteur d'un traité datant de 1275 environ, que nous désignons comme l'*Anonyme IV* dans la classification du musicologue E. de Coussemaker (1864). Le théoricien, probablement un étudiant anglais, parle de Léonin comme d'un faiseur d'*organa* et de l'auteur d'un grand livre de polyphonie sur l'antiphonaire et le graduel (*Magnus liber organi de gradali et antiphonario pro servitio divino multiplicando*). On le situe avant Pérotin, puisque celui-ci est censé avoir abrégé le *Magnus liber,* ce qui porterait la date de composition de ce livre vers 1180 et correspondrait bien à cette décennie d'expansion inaugurée par l'ouverture au culte de la nouvelle cathédrale, en 1182.

Pérotin

Pérotin (*Magister Perotinus*) est cité par le même traité (*Anonyme IV*) comme *optimus discantor,* c'est-à-dire « le meilleur déchanteur » ou, plus simplement, le plus riche inventeur de contre-chants mélodiques. L'auteur lui attribue deux quadruples ou *organa* à 4 voix – *Viderunt* et *Sederunt,* datant de 1198 et 1199 –, des triples ou *organa* à 3 voix – *Alleluia Posui adjutorium, Alleluia Nativitas* – et des conduits. Par ailleurs, Pérotin aurait abrégé le *Magnus liber* de Léonin : il faut comprendre qu'il a transcrit le livre dans une notation plus contemporaine et lui a ajouté des conclusions ou clausules.
Les œuvres de la première moitié du XIIIe s. sont, nous l'avons vu, anonymes.

Les formes traitées : l'« organum », le conduit

À 2 voix au départ, l'*organum* parisien (de l'école de Notre-Dame) solennise le plus souvent le graduel ou l'*alleluia* de la messe. Seule la partie supérieure (voix organale) est composée, la voix grave (teneur) citant textuellement le plain-chant.

Sources musicales de l'école de Notre-Dame

Manuscrits de Wolfenbüttel (W^1 et W^2)
Manuscrit de Florence
Manuscrit de Madrid

Ce n'est pas une forme homogène : aux passages polyphoniques mélismatiques (à vocalises) succèdent des phrases de plain-chant monodique ou des passages en style de conduit. On peut se demander si cette alternance est uniquement fonctionnelle (permettant de gagner du temps et de suivre le déroulement de la messe ou de se reposer, car vocaliser est long et fatigant) ou si certains mouvements du plain-chant suggèrent au compositeur ces types respectifs de mise en polyphonie.

Dans le style orné ou mélismatique, la teneur est en valeurs longues, excédant parfois une respiration du chanteur. Il convient donc d'établir des reprises de souffle à l'intérieur du groupe vocal, ou de confier tout simplement l'exécution de cette voix à un instrument à son tenu : l'orgue, par exemple. La teneur supporte une voix ornementale (ou voix organale, ou « double », en latin *duplum*) très souple et capricieuse. Malgré l'imprécision de la notation, on a pu en transcrire le rythme de façon satisfaisante. Ce qui frappe le plus, c'est la grande liberté de l'invention mélodique, tout particulièrement dans le *Viderunt*. Les problèmes d'écriture commenceront avec Pérotin et ses contrepoints à 3 et 4 voix, véritables prouesses puisque, la première voix étant composée (la *vox prius facta*, faite en premier, selon les théoriciens), le musicien crée la deuxième en tenant compte des intervalles formés avec la première, puis la troisième (voire la quatrième), pour lesquelles il est de plus en plus bridé par le contrôle harmonique (accords occasionnés par la superposition des voix) de l'ensemble de 3 ou 4 voix. Chaque voix ajoutée accroît donc la contingence, jusqu'à un degré de liberté quasiment nul.

Les *organa* de Pérotin constituent une amplification magistrale de ceux de Léonin, surtout si l'on considère les deux « quadruples » (*organa* à 4 voix) *Viderunt* et *Sederunt*. Les mots sont impuissants à décrire la force dionysiaque du rythme, la frénésie des voix et leurs entrelacs, dans lesquels l'esprit se perd. La variété rythmique est beaucoup plus grande que chez Léonin et contribue à individualiser

des cellules mélodiques, développées et renouvelées, dont la succession assure le dynamisme de l'œuvre.
À côté des *organa,* Pérotin a écrit des clausules, sortes de résumés-conclusions, groupées par séries sur les manuscrits et destinées à terminer une pièce musicale polyphonique de plus grande envergure. La clausule utilise le style du conduit (rythmée pareillement dans toutes les voix), la teneur elle-même parvenant à s'animer selon les modes rythmiques des voix supérieures. De cette clausule naîtra le motet, forme privilégiée du XIIIe s.
L'*Anonyme IV* attribue encore à Pérotin la composition de conduits à 2 et 3 voix. Il s'agit de créations originales, sans emprunt au chant liturgique. Paradoxalement, nous sommes plus sensibles aux grands *organa* à 4 voix, fruits d'une évolution déjà longue, alors que le conduit, avec ses possibilités rythmiques nouvelles, représente la musique de l'avenir.

Conduit : composition originale paraliturgique, à une ou plusieurs voix, sur vers latins.

Les formes traitées : le motet

Le motet se développe au début du XIIIe s., à partir de la clausule d'*organum.* Bien sûr, l'*organum* continue sa route, mais ce n'est plus une forme d'actualité, et le terrain de recherche se déplace, concernant maintenant le motet et le conduit.
Là encore, comme d'ailleurs dans les étapes de la constitution du plain-chant, on peut mesurer l'importance du fait linguistique dans l'élaboration de la nouvelle forme. Comme le dit N. Ruwet, « beaucoup de formes musicales n'arrivent à constituer des touts organiques, esthétiquement parlant, que si l'on fait entrer le texte en ligne de compte ». C'est le cas du motet, qui n'est autre qu'une clausule additionnée de paroles, soit, selon le vocabulaire de l'époque, « tropée ». Davison et Apel ont présenté, dans leur *Anthologie,* un exemple de cette filiation clausule/motet, donnant, au départ, une clausule sur le fragment liturgique *Domino,* puis un motet rudimentaire à 2 voix dont la voix supérieure porte un texte latin (*Domino fidelium omnium...*), enfin un motet à 3 voix, toujours sur la même teneur (voir ♪ p. 152).

Motet (du latin *motetus*, « petit mot ») : mise en polyphonie du plain-chant, comprenant des paroles nouvelles aux voix supérieures.

L'intervention décisive du langage, comprise comme une marque de domination de l'intellect, est représentative de cet apogée de la raison que les historiens ont décrit. « L'Âge de raison », pour reprendre l'expression de G. Duby, ne saurait admettre les vocalises libératrices et exaltantes de l'art pérotinien : cette époque de réflexion possède un mode d'expression à sa mesure, ciselé et solidement limité par la parole divine.

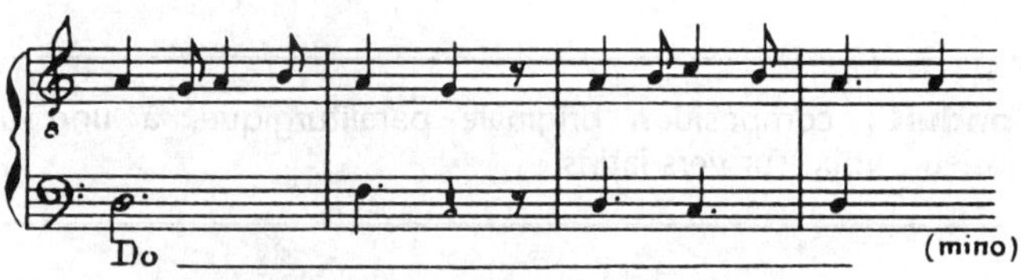

École de Notre-Dame, clausule Domino, *vers 1200.*

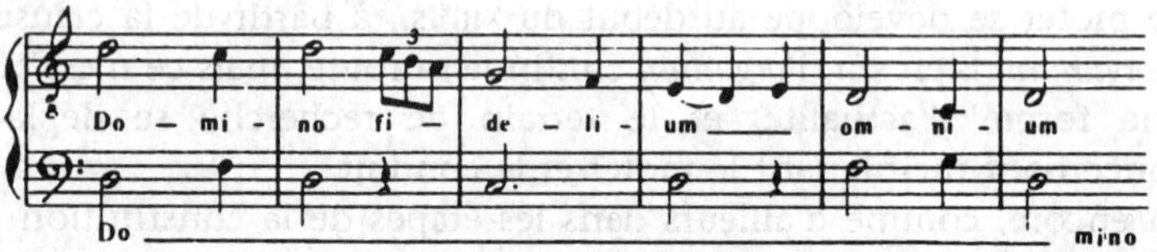

École de Notre-Dame, motet Domino/Domino fidelium, *vers 1225.*

École de Notre-Dame, motet Dominator/Ecce/Domino, *vers 1225.*

Principales sources musicales de l'« Ars antiqua »

Manuscrit de Bamberg
Manuscrit de Montpellier
Manuscrit de Turin

Dans le courant du XIIIe s., le motet va se développer dans trois directions : linguistique (transformation des textes) ; rythmique (vie et mort des modes) ; esthétique (passage de l'église au concert, avec prédominance de l'aspect profane des textes).

L'« Ars antiqua » ou la polyphonie au XIIIe siècle

Les sources musicales : manuscrits et auteurs

Les auteurs de l'*Ars antiqua* ne nous sont pas connus : leurs œuvres sont transcrites anonymement dans des manuscrits que l'on peut considérer comme des anthologies de la musique du temps. Parfois, une même composition est consignée dans deux manuscrits différents, et l'on remarque que, par le caprice de la main du copiste ou par les hasards de la transmission, elle s'est plus ou moins déformée.

Seules les grandes abbayes pouvaient se permettre de posséder les précieux manuscrits, et certains voyagèrent fort loin de leur lieu de fabrication. On suppose ainsi que le manuscrit de Bamberg est français et originaire de la région de Laon, qui eut des relations culturelles avec Bamberg (Allemagne).

Être compositeur de musique religieuse, à l'époque de Saint Louis, ne semble pas être une condition très enviable. Aucune mention de nom n'est jamais faite, et l'on ne peut que saluer encore, rétrospectivement, le grand Pérotin, qui, au XIIe s., força la renommée en incarnant une science de l'écriture vraiment exceptionnelle. Le premier polyphoniste du XIIIe s. que nous connaîtrons sera Adam de la Halle (fin du siècle), beaucoup plus célèbre, il est vrai, pour ses pièces de théâtre et ses chansons que pour ses motets. Il semble donc que faire un motet ou un conduit soit compris comme un exercice de bon ouvrier, qu'aucune publicité ne mérite d'exalter.

Les œuvres : le motet et le conduit au XIIIe siècle

L'auteur d'un motet commence par choisir le texte liturgique qu'il désire mettre en polyphonie. En effet, le motet est encore lié au répertoire de l'Église et ne deviendra une composition libre que plus tardivement. Une fois le texte choisi – paroles et musique –, on le disposera à la voix inférieure de la polyphonie, appelée *teneur,* puis on composera une ou deux voix supérieures destinées à l'embellir.

Problème des textes

Dans un premier temps, les musiciens s'attacheront à pourvoir la ou les voix supérieures de vers latins en rapport avec le texte liturgique de la teneur. On ne sait d'ailleurs pas d'où venaient ces vers ni qui les écrivait : il faudra attendre très longtemps avant que l'on reconnaisse comme coauteur le parolier, dans les genres musicaux avec textes, et l'on constate encore au XIXe s. une méfiance bien naturelle chez certains poètes comme V. Hugo ou Leconte de Lisle devant les entreprises des mélodistes.

Mais bientôt les paroles des deux voix supérieures se différencient, et il devient possible de superposer un poème en langue vulgaire et une versification latine : on obtiendra alors un motet bilingue comptant 3 textes différents (la teneur liturgique et les deux voix supérieures), chantés en même temps.

Quel pouvait être le résultat sonore d'une pareille aventure ? Probablement pas aussi catastrophique que nous pourrions le penser *a priori.* En effet, combien de fois, dans l'opéra, avons-nous goûté ces trios ou quatuors vocaux dans lesquels chaque personnage poursuit son monologue intérieur sans que nous perdions un seul mot de ce qui se dit ? Certes, dans ce cas, l'auteur sait jouer des oppositions de tessiture et de langage : s'il s'agit d'un trio avec Leporello, Don Juan et Donna Anna, Mozart accentuera le débit bouffe du valet pour l'isoler acoustiquement du chant lyrique – lui-même coupé en deux par les tessitures respectivement grave et aiguë du couple – des deux autres personnages. Or, dans le motet, tout se chante dans un cadre restreint : les 3 voix sont dans le même registre et effectuent de nombreux croisements. L'*ambitus* général de la pièce se situe entre une quinte et une octave pour les 3 voix. La perception des différentes voix sera assurée par la nature des textes et leur traitement rythmique. On constate d'ailleurs qu'il y a, entre ces deux moyens, une relation que l'on peut exprimer de la sorte : deux textes très voisins (même langue, même inspiration) peuvent supporter une rythmique commune ou très proche sans perte d'intelligibilité, alors que deux textes opposés nécessiteront une mise en rythme totalement différente.

Ainsi, dans le motet *Tu decus / O Maria / Nostrum* (manuscrit de Bamberg), les deux voix supérieures sont latines et honorent également Marie dans un langage commun. Dans le motet *Veritatem / À la cheminée / Chançonnette* (manuscrit de Bamberg), au contraire, les deux voix supérieures en langue vulgaire traitent l'une d'un amour secret, l'autre des joies de la maison en la saison d'hiver. Elles sont bien individualisées par leur traitement rythmique, du moins dans la première partie du motet.

L'exécution peut également apporter une aide considérable dans la compréhension de cette polyphonie. En examinant l'iconographie, on a tout lieu de penser que des instruments pouvaient être mêlés au chant, voire remplacer une voix, laissant l'autre à découvert. D'ailleurs, la faible dimension des œuvres (le plus souvent l'équivalent d'une page de musique en édition moderne) permet d'envisager de les chanter plusieurs fois de suite, selon des instrumentations différentes, de façon à en faire ressortir tous les aspects.

À la fin du XIIIe s., le motet sera en langue vulgaire et, malgré sa teneur liturgique, d'inspiration galante. On y célèbre la femme aimée, le retour de la belle saison ou la souffrance d'amour. La dernière modification littéraire du motet verra le remplacement de la teneur par une teneur profane (chanson ou refrain connu) ou une teneur inventée par le musicien : par exemple, dans le manuscrit de Bamberg, la teneur « Belle Ysabelot » ou, dans le manuscrit de Montpellier, cette curieuse teneur sur des cris de Paris : *« Frese nouvele ! Muere france, muere mure france ! »* (« Fraise nouvelle ! Mûre sauvage ! »)

Problème des rythmes

Les polyphonistes de l'*Ars antiqua* utilisent un système de six schémas modaux inspirés des théories métriques antiques (voir p. 156).

Cette rythmique systématique peut sembler mal adaptée à la langue française. Toutefois, par le biais de monnayages (remplacement

		Transcription en notation moderne
mode 1 longue/brève	— ∪	
» 2 brève/longue	∪ —	
» 3 longue/brève brève	— ∪ ∪	
» 4 brève brève/longue	∪ ∪ —	
» 5 longues	— — —	
» 6 brèves	∪ ∪ ∪	

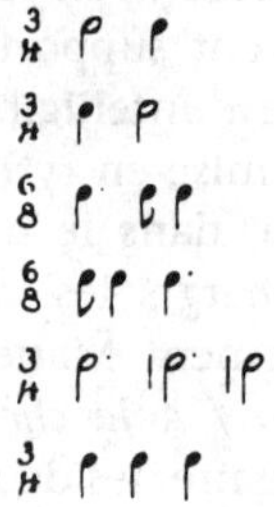

d'une valeur longue par l'équivalent en valeurs brèves) ou l'allongement des valeurs, on dispose d'une certaine marge pour intégrer les syllabes du texte dans le schéma modal, mais la prosodie obtenue ne nous paraît guère naturelle. Pour un vers agréablement porté il y a beaucoup de rencontres difficiles.

En principe, les musiciens ne changent pas de mode rythmique dans le courant du motet, mais ils recherchent les effets produits par des superpositions de modes aux différentes voix. Ce trait sera surtout remarquable à la fin du siècle avec Pierre de la Croix, chez qui la voix supérieure prendra un aspect très déclamé, en petites valeurs par rapport à la stabilité des autres voix.

Esthétique du motet

La destination des motets ars-antiquistes reste pour nous mystérieuse. Nous comprenons leur rattachement à l'Église, matérialisé par la teneur liturgique, les textes latins et l'usage des échelles modales ecclésiastiques transmises par le plain-chant. Même la rythmique est sous dépendance théologique puisqu'elle affirme le principe trinitaire dans chacun des schémas rythmiques ou modes, toujours divisibles par 3. Toutefois le motet semble bien sortir de l'influence de l'Église lorsqu'il aborde les sujets amoureux et les teneurs profanes. La réalité n'est peut-être pas aussi tranchée, et, bien plus près de nous, on peut aussi se demander si le style religieux de Mozart ou celui de Verdi est totalement liturgique. Tout cela semble être une question de circonstances et d'appréciation.

Signalons tout de même que, vers 1324, le pape Jean XXII s'est ému du relâchement de la musique d'église et a critiqué violemment, dans un décret, l'usage du chant profane dans les compositions liturgiques.
Mais ce qui frappe le plus, lorsque l'on exécute ou écoute cette polyphonie du XIIIe s., c'est son côté naturel, simple, exempt de toute recherche apparente et de toute gratuité : il nous plaît que Marie, *Virgo Virginum,* et la belle Marion voisinent dans le même motet, ou que, sur la teneur liturgique *Domino,* le musicien affirme : « Je languis des maux d'amour... » Cet équilibre entre technique et spontanéité sera bientôt brisé par une recherche excessive qui fera dire au théoricien J. de Grouchy : [Le motet] « n'est pas fait pour être offert au vulgaire (...), il s'adresse aux lettrés. »

Le conduit

Au XIIIe s., le conduit n'a pas donné matière à un répertoire noté aussi abondant que le motet. Les exigences de ces deux genres sont d'ailleurs contradictoires : le motet préfère une polyphonie étagée, dans laquelle l'élément contrapunctique est prépondérant, alors que le conduit admet une écriture verticale, mono-textuelle, dans laquelle les trois voix prononcent les mêmes paroles en même temps. Mais, paradoxalement, cette forme, moins favorisée par les grands manuscrits, représente l'avenir, et elle sera, pour le motet et la chanson, une source d'inspiration féconde. Deux principes s'en dégageront, qui seront exploités à la période de transition entre le XIIIe et le XIVe s. : d'une part, l'idée d'une composition entièrement libre, puisque le conduit n'utilise aucun support liturgique ; d'autre part, l'idée d'une écriture harmonique ou verticale, qui permettra de faire de gros progrès dans le sens de l'intelligibilité des paroles.

La période de transition entre « Ars antiqua » et « Ars nova »

Vers les années 1320 se développe un nouveau courant musical que les musicologues nommeront *Ars nova,* d'après le titre abrégé de quelques traités exposant les conquêtes de la nouvelle musique (Philippe de Vitry, *Ars nova...,* 1320 ; Johannes de Muris, *Ars novae musicae...,* 1319). Ce mouvement, fortement caractérisé par sa

---

Les sources musicales de la période de transition XIIIe/XIVe siècle

Derniers fascicules du *Manuscrit de Montpellier ; Roman de Fauvel* (1314-1316) ; *Messe de Tournai.*

---

complexité rythmique et sa virtuosité d'écriture, démodait définitivement le motet treiziémiste au point que, rétrospectivement, on a pris l'habitude d'appeler *Ars antiqua* la période qui couvre la fin de l'école de Notre-Dame et le règne de Saint Louis. Précisons que ces étiquettes sont tardives : jamais aucun créateur ne s'aviserait de se ranger de gaieté de cœur sous une bannière ars-antiquiste, évidemment persuadé d'être à la pointe du progrès en son temps !
Traditionnellement, la musicologie nous invite sans explication à passer de l'*Ars antiqua* à l'*Ars nova.* Or les choses se firent lentement, et il est possible de délimiter une période de transition très riche d'enseignement. S'étendant de 1270 à 1320, cette période voit apparaître et prendre corps chaque futur élément du mouvement ars-noviste et permet de mieux comprendre le revirement esthétique du XIVe s.
En l'espace de cinquante ans (1270-1320), la musique va subir d'importantes transformations. G. Duby décrit l'homme du XIVe s. comme un être nouveau, « conscient d'ouvrir des voies et de les frayer ». De cet éveil au modernisme il donne pour exemple, en littérature, la seconde partie du *Roman de la Rose* ou *La Divine Comédie.* L'ouverture au monde de la culture savante et la prise de conscience esthétique font que l'œuvre d'art se sépare alors du sacré et « se met au service de l'homme ». La musique rend parfaitement compte de cette évolution : rarement les préoccupations humaines y ont été plus présentes, et beaucoup d'œuvres en sont le témoignage. La technique musicale perd ses symbolismes théologiques : au ternaire du Mystère divin succède le binaire représentatif de l'homme (référence à la symétrie du corps humain) ; à la forme imposée par le lien liturgique, les constructions sur modules rythmiques de la plus grande audace ; aux modes issus de la théorie grégorienne et caractérisés par un *ethos* précis, une modalité élargie où abondent les altérations.

Adam de la Halle (v. 1245, † 1288)

Trouvère d'Arras et polyphoniste, il fut auteur de jeux (*Jeu de Robin et de Marion ; Jeu de la feuillée*), de chansons, motets et rondeaux.

Connaissance des hommes et des styles

Pour la première fois, le musicien polyphoniste se fait connaître et met en avant son originalité. Impossible désormais de confondre un motet d'Adam de la Halle avec un motet de Pierre de la Croix : il y a là deux hommes et deux styles.

Adam de la Halle

Adam de la Halle, dit « le Bossu » (« on m'appelle Bochu, mais je ne le sui mie », écrit-il), naît et vit à Arras, où il épouse Marie. Après un bref exil à Douai, il fera un séjour studieux à Paris, encore haut lieu de la musique savante polyphonique. Fut-il étudiant régulier à la Sorbonne, comme on le prétend parfois ? De retour en Artois, il suit le comte Robert II en Italie, où il mourut peut-être, bien que ce point ne soit pas très clair. Cette vie, banale pour un musicien médiéval, est ponctuée par les remarques et réflexions de l'homme, aussi grand poète que bon compositeur : évocation du milieu arrageois avec le *Jeu de la feuillée,* des circonstances de son exil avec un *Congé,* des divertissements de cour avec le *Jeu de Robin et de Marion,* ou des faits et gestes des grands avec la *Chanson du roi de Sicile.* Son œuvre la plus connue, le *Jeu de Robin et de Marion,* est souvent mal comprise : il s'agit en fait d'une pièce de théâtre parlée, en deux parties, entrecoupée d'une quinzaine de chansons empruntées au répertoire du temps. Le compositeur de musique n'est donc pas concerné par ce jeu, par ailleurs très intéressant dans la peinture des caractères : le Chevalier, prudent mais velléitaire ; Robin, vantard mais bonhomme ; Péronnelle, la coquette ; Marion, la moqueuse... Les polyphonies d'Adam sont remarquables par leur charme mélodique, leur allant, tout à fait en accord avec la sensibilité du texte tour à tour amoureux, touchant ou satirique.

Pierre de la Croix

Beaucoup plus sérieux et solennel est Pierre de la Croix (*Petrus de Cruce*), théoricien et compositeur célèbre en son temps (fin du XIIIe s.). Il est cité, par plusieurs confrères moins doués, comme *Optimus notator* – le meilleur noteur de musique ou, plus simplement, le plus grand rythmicien –, et sa gloire est d'avoir levé l'ambiguïté de la lecture des groupes de semi-brèves par le point de division. On a identifié de lui deux motets figurant dans les manuscrits de Montpellier et de Turin, très remarquables par le côté « soliste » de la voix supérieure. Celle-ci, d'une rythmique capricieuse (les fameuses semi-brèves) et d'un débit très rapide, ne ressemble à rien de connu à l'époque, et, en ce sens, il se pourrait qu'une ou deux pièces anonymes d'un style approchant puissent lui être attribuées. Au charme et au naturel d'Adam, Pierre de la Croix oppose donc la puissance et la science.

Philippe de Vitry

Philippe de Vitry (1291, † 1361) n'appartient à cette période que pour quelques années. Homme en vue, bénéficiant de charges importantes à la cour, c'était par ailleurs un fin lettré, ami de Pétrarque et brillant poète. À ses dons de musicien et poète il ajoutait le goût de la spéculation intellectuelle et fit œuvre de philosophe et de théoricien. Avant 1320, il écrivit la musique de motets qui figurent dans le manuscrit de *Fauvel* et un traité : *Ars nova*. Son écriture musicale est puissante, en accord avec des textes forts, parfois polémiques.

Le « Roman de Fauvel »

Nous avançons également dans la connaissance des hommes avec certaines œuvres comme le *Roman de Fauvel* (1314-1316), vaste poème allégorique sur les mœurs du temps. Les auteurs du texte littéraire – Gervais du Bus et Chaillou du Pestain – décrivent la vie d'un âne nommé Fauvel, dont le nom est un acrostiche des principaux vices observés en ce monde :

*F*latterie
*A*varice
*V*ilenie
*V*ariété [inconstance]
*E*nvie
*L*âcheté

À côté d'une satire de la vie bourgeoise, *Fauvel* représente également un cri d'alarme politique contre la sottise des gouvernements et exalte les vraies valeurs :

« Hélas ! France, com ta beauté
Vet au jour d'ui en grant ruine
Par la mesnie fauveline
Qui tout en mal met ses deliz.
Hurtee ont si la fleur de lis,
Fauvel et vainne gloire ensemble
Qu'elle chancele, ce me semble. »

(Hélas ! France, comme ta beauté court à la ruine, par la maison de Fauvel, qui jouit de tout mal ! Fauvel et vaine gloire ont tant heurté le lys royal qu'il en chancelle, il me semble.)

La musique intervient sous forme d'interpolations bien liées au texte, principalement des motets polyphoniques (de Philippe de Vitry, en particulier) et des monodies. Le volume des pièces musicales est beaucoup plus abondant que dans le *Jeu de Robin et de Marion* (il y en a plus d'une centaine), et l'on peut considérer ces additions comme une véritable anthologie des genres musicaux en usage.

Éloignement du sacré

La coupure entre l'art et la théologie ne se limite pas à l'introduction de la subjectivité dont nous venons de décrire les premiers pas ; elle concerne, au contraire, de nombreuses innovations techniques incompatibles avec la modestie et la sérénité du musicien d'église, et qui ne furent certes pas toujours du goût des autorités religieuses.

Vers 1324/1325, le pape Jean XXII fit en ces termes, dans la décrétale *Docta sanctorum patrum,* le procès des nouvelles tendances :

« Certains disciples de la nouvelle école, tandis qu'ils mettent toute leur attention à mesurer les temps, s'appliquent à faire les notes de façon nouvelle, préfèrent composer leurs propres chants plutôt que chanter les anciens, divisent les pièces ecclésiastiques en semibrèves et minimes ; ils hachent le chant avec les notes de courte durée, tronçonnent les mélodies par des hoquets, polluent les mélodies avec des déchants et vont jusqu'à les bourrer de voix supérieures en langue vulgaire. Ils méconnaissent ainsi les principes de l'antiphonaire et du graduel, ignorent les tons, qu'ils ne distinguent plus, les confondent même ; sous cette avalanche de notes, les pudiques ascensions et les discrètes retombées du plain-chant, par lesquelles se distinguent les tons eux-mêmes, deviennent méconnaissables. Ils courent sans se reposer, enivrent les oreilles au lieu de les apaiser, miment par des gestes ce qu'ils font entendre. Ainsi la dévotion qu'il aurait fallu rechercher est ridiculisée, et la lascivité qu'on aurait dû fuir est étalée au grand jour. »

À la lumière de ce texte, nous constatons que l'Église réprouve principalement la subtilité rythmique, l'ajout de mélodies profanes et la recherche de la jouissance musicale. La critique la plus intéressante reste celle du rythme, qu'il convient d'expliquer brièvement.

Tous les problèmes rythmiques tournent autour de l'abandon de la modalité et de l'expérimentation, souvent excessive, d'une nouvelle liberté. Cet abandon consomme la rupture d'un lien théologique qui fut très puissant puisqu'il rattachait inexorablement tous les éléments du système rythmique au chiffre 3, symbole du divin. Plusieurs étapes jalonnent cet itinéraire vers la liberté. Cela commence par la multiplication des petites valeurs et va jusqu'à l'adoption d'une rythmique équilibrée et variée, attentive à une vue d'ensemble de l'œuvre et à la mise en valeur du texte. Parallèlement on expérimente la mesure binaire (*Roman de Fauvel*), qui exige un nouveau système de notation. Enhardi par toutes ces possibilités, le musicien recherche particulièrement l'animation de la ligne musicale par des artifices que nous considérons à tort comme stéréotypés : en leur temps, ils durent faire merveille, et ils furent employés par les plus grands. Parmi ces artifices figurent tout particulièrement les groupes accidentels de petites valeurs, ou le fameux hoquet, sorte de tronçonnement (*truncatio* en latin) de la mélodie entre deux voix différentes, l'une se taisant lorsque l'autre chante :

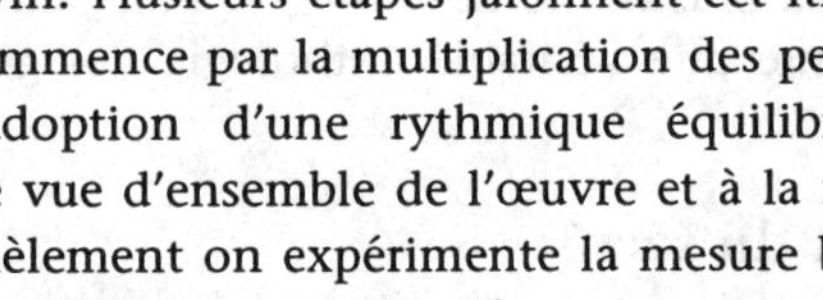

P. de la Croix, motet Je cuidoie/
Se j'ai/Solem. *(Exemple de hoquet.)*

Mais Jean XXII ignore, dans sa critique, un procédé rythmique tout à fait nouveau : l'isorythmie. Il s'agit d'un principe de construction par le rythme, affectant la voix de teneur, qui évoque, par sa prédétermination, les séries de la musique contemporaine (voir « Perspectives nouvelles de 1945 à nos jours »). Pratiquement, le compositeur choisit une série de durées (en latin *talea*), qu'il répète un certain nombre de fois, indépendamment de la mélodie. En fin de morceau, il peut lui arriver de présenter la *talea* en diminution ou en variation (suppression de tous les silences, par exemple), produisant un effet conclusif très dynamique. L'expérience prouve que nous n'entendons plus la *talea* alors que nous sommes parfaitement sensibles à des types de construction par zones tonales – la sonate, par exemple. Les genres de musique médiévale que nous avons étudiés jusqu'à présent correspondent au contraire à une écoute mélodique prépondérante, à tendance sélective, et à une conscience rythmique plus développée que la nôtre.

On pourrait ajouter un dernier commentaire à ces quelques précisions sur la décrétale *Docta sanctorum patrum* : en effet, Jean XXII accuse les musiciens d'ignorer « les tons, qu'ils ne distinguent plus » et de les confondre. Que veut-il dire exactement ? Par « tons » Jean XXII désigne les modes ecclésiastiques sur lesquels est fondée la théorie du plain-chant. Or, chacun de ces modes a une structure et un *ethos* particuliers s'accordant au caractère des œuvres. Du XIe au XVIe s., la modalité s'affaiblit, et l'on peut se considérer dans une période de transition vers la tonalité classique. Les polyphonistes s'inscrivent toujours dans le courant modal, mais ils ont une conception très élargie de la modalité : des modes d'origine grégorienne disparaissent, d'autres sont au contraire favorisés. Certains impératifs amènent la transformation des échelles modales : c'est ainsi que, pour des raisons de consonance ou d'attraction, on altère (on dièse ou on bémolise) un accord ou une cadence. Ces accidents, dits de *musica ficta* (« musique feinte »), ne sont pas notés et doivent être restitués par l'interprète selon le goût de l'époque.

L'influence de la chanson populaire ou de la musique profane en général contribue également à l'évolution de la modalité. Lorsqu'un motet superpose une teneur liturgique, une deuxième voix en style d'église et une troisième voix empruntée au répertoire de la chanson, il ne peut en résulter qu'une impression générale indécise et la dégénérescence des structures modales d'origine. N'oublions pas que la chanson et la danse ont évolué en marge de la musique savante religieuse et abordé, bien avant elle, les mesures binaires (toutes les danses à deux temps inspirées de la marche) et les modes les plus proches de nos tonalités, majeure et mineure. On voit encore, dans ce problème de la modalité, combien la musique religieuse est liée aux traditions de l'Église et combien elle a dû peiner pour s'en dégager.

Les années 1270-1320 sont donc celles de la conquête d'une liberté longtemps désirée. Cette conquête demeure irréversible car désormais, à aucun moment, la musique ne rentrera dans le sein de l'Église au sens où elle l'a été pendant plus d'un millénaire.

Les œuvres musicales, motets et rondeaux

Le motet reste la forme préférée de cette époque de transition. Il se présente selon deux esthétiques opposées : soit sous forme d'une polyphonie à 3 voix dans laquelle chaque partie est très individualisée rythmiquement et sur le plan du texte, soit dans un style harmonique (écriture verticale) et proche du conduit.

À la première définition se rattachent les œuvres de P. de la Croix, quelques motets du *Roman de Fauvel* et une partie de la *Messe de Tournai* (*Kyrie, Sanctus, Agnus, Ite missa est*). Le second style est représenté par d'autres pièces du *Roman de Fauvel,* que nous avons qualifié d'anthologie des usages de son temps, le *Gloria* et le *Credo* de la *Messe de Tournai* et les polyphonies profanes d'Adam de la Halle. Ce dernier style est, malgré son apparente simplicité, le plus moderne. Adam de la Halle le choisira pour mettre à trois voix ses rondeaux, effectuant la première tentative d'union de la chanson et de l'art savant des polyphonistes, si l'on excepte les formes à échange de voix comme le *rondellus* ou le canon, attestées en France et en Angleterre au XIIIe s.

Ce répertoire profane est souvent plus expressif et proche de la vie que ne le sont les motets et conduits qui lui sont contemporains. Adam de la Halle s'y amuse à des jeux de mots :

> « Or est Baiars en la pas*ture*,
> « H*ure* ! »

L'auteur du canon *Sumer is icumen in* imite, avec l'intervalle de tierce descendante, le chant du coucou. Dans le même esprit de renouvellement des styles, Adam de la Halle aime à mêler aux motets des citations extraites, texte et musique, du répertoire de la chanson, selon le procédé d'« ente » ou de greffe : c'est ce qu'on appelle le « motet enté », forme épisodique dans l'histoire de la polyphonie et caractéristique de l'esprit ouvert d'Adam de la Halle.

Pour une meilleure approche de la polyphonie médiévale

Loin de signifier pour nous la barbarie, l'âge gothique montre au contraire la lente émergence de l'homme moderne. Sorti du sein de l'Église, il naît à la vie séculière et à la conscience : c'est ce qu'expriment successivement les étapes de son développement musical, par lequel il se dépouille des contraintes imposées pour retrouver des conduites instinctives menant à l'expression, à la jouissance musicale et à la réflexion esthétique.

Noyées dans le temps, mal scandées par des événements difficiles à situer, ces étapes ne sont pas aisées à définir. Le lecteur ne manquera pas d'être frappé par la minceur des témoignages musicaux et par notre souci constant de nous référer à l'histoire et aux arts. C'est que nous devons considérer le *corpus* des premiers polyphonistes, dans son état actuel, comme un échantillon de ce qui se faisait à l'époque, sans avoir la certitude de sa représentativité.

Les pièces musicales qui firent l'objet d'une copie sur manuscrit étaient sans nul doute les meilleures en leur temps, mais selon quels critères ? Nous savons combien le jugement immédiat est vain en matière d'art : dans les mêmes conditions, ni *Pelléas et Mélisande* de Debussy ni le *Sacre du printemps* de Stravinski, partitions déclarées scandaleuses sur l'instant, n'auraient eu la moindre chance de passer à la postérité.

De plus, l'honneur de la notation n'est pas encore une garantie définitive de conservation. Une fois l'œuvre sortie de l'atelier du copiste, commence une longue aventure au cours de laquelle les manuscrits passent de main en main, au hasard des voyages et des guerres. Ils seront détériorés, perdus, récupérés pour divers usages ou, plus simplement, oubliés en quelque lieu.

L'aventure ne s'arrête pas là : après le jugement de valeur des contemporains, après la décimation due aux aléas de l'existence, vient enfin le jugement de la postérité, qui, selon des critères personnels, abandonnera ou conservera le précieux matériel. La

représentativité du *corpus* des polyphonistes est donc bien incertaine, et il convient de mener nos recherches avec précaution.
Passer à l'étude des œuvres musicales équivaut à rencontrer de nouvelles difficultés. Contrairement à ce que l'on pourrait croire, la lecture de la notation mesurée avant 1320 ne pose pas de gros problèmes. Des règles simples sont exposées par des théoriciens – en particulier Francon de Cologne, dans son *Ars cantus mensurabilis* (vers 1260) – concernant la signification rythmique des quatre figures de notes en usage :

maxime ou double-longue 

longue 

brève ■

semi-brève ◆

Les choses deviennent un peu plus délicates avec la multiplication des semi-brèves à partir de Pierre de la Croix, mais cette légère ambiguïté n'est rien en comparaison de la complexité de l'écriture ars-noviste. Les vrais ennuis peuvent venir de la mise en partition des motets puisque, comme on peut le constater en feuilletant les manuscrits, chaque voix est notée séparément, sans référence aux autres ni repères. On examinera donc scrupuleusement les signes rythmiques, on surveillera la distribution du texte, dont chaque syllabe tombe selon la pulsation dans la cellule modale, et on observera verticalement les points de consonance entre les trois voix, à titre de vérification.
Mais, à ce stade du travail, on n'aura obtenu qu'un schéma qui demande à être interprété, selon des conventions qui le plus souvent nous échappent : *tempi,* nuances, instrumentation, usage d'ornements, altérations sont autant d'incertitudes qu'il faudra lever. Ce qui est sûr, c'est qu'on ne peut aborder ce répertoire avec les techniques vocales et instrumentales actuellement enseignées. Plus encore, il semble même qu'on ne puisse l'apprécier réellement sans références culturelles. Interprètes et auditeurs devraient donc théoriquement se documenter scrupuleusement en organologie – voire en technologie, musicologie, paléographie, art du chant, littérature, histoire, philosophie, théologie... On se trouve dans la situation du néophyte qui voudrait apprendre le chinois pour jouir pleinement de quelques poèmes.

Plan d'un folio de manuscrit du XIIIe siècle

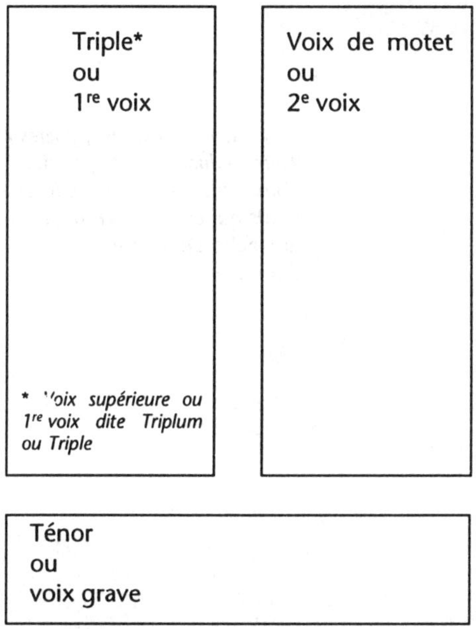

Une approche plus directe – mais utopique – consisterait dans un changement de notre mentalité et de notre mode de vie, passant par le refus d'une société protectrice et le retour aux valeurs instinctives et à la nature. De cette attitude naîtrait une nouvelle conception du temps, qui, d'économique ou de technologique, deviendrait cosmologique et théologique. Toute la musique médiévale correspond à cette conception du temps. Loin de nous y conformer, nous projetons en elle nos propres esthétismes.
Ces réflexions expliquent la désaffection de la plupart des interprètes et du grand public pour la musique médiévale – comme d'ailleurs pour bon nombre de musiques dites primitives ou rituelles – malgré les efforts de la musicologie actuelle. L'homme moderne s'est fermé à la compréhension d'une époque où plongent cependant ses racines. Le dernier à avoir quelque intelligence de l'art du Moyen Âge est l'homme de la Renaissance ; celui du XVIIe s. est déjà tourné vers l'avenir.

... « Clercs, musiciens, poetes en français,
Tous sophistes, toute poetrie,
Tous ceuls qui ont melodieuse voix,
Ceuls qui chantent en orgue aucune fois... »
Eustache Deschamps,
Balade

Claude Pétillot

XIVe ET XVe SIÈCLE

Des bouleversements continus affectent les XIVe et XVe s. (grande peste de 1348-1350, guerres, conflits matériels et spirituels). Et pourtant, l'Europe, loin de subir un fléchissement de la création, connaît une fécondité remarquable qui se traduit par une activité intellectuelle et artistique intense. Et, parce qu'il est stimulé par la prospérité matérielle et qu'il s'ouvre désormais au monde extérieur, l'art ne demeure plus exclusivement religieux. On constate, au XIVe s., une désacralisation de l'art, puis, au XVe s. une conjonction des valeurs profanes et des valeurs spirituelles.

Musiciens, peintres, architectes, orfèvres enchantent de leur virtuosité les détenteurs du pouvoir – et eux seuls –, loin des souffrances du peuple.

Qu'elle résonne sous les voûtes des sanctuaires ou dans les chambres des palais, la musique est un art clos : art de recherche raffinée, de perfection harmonieuse et de poursuite du rêve.

Autour de Machault, Dufay, Ockeghem, Josquin des Prés, des musiciens, français et franco-flamands, principalement orientent tous leurs efforts vers la recherche de l'homogénéité des voix et de l'expressivité en musique.

Avec ces compositeurs, l'art prend le pas sur la technique. À la notion d'horizontalisme contrapuntique s'ajoute, peu à peu, la notion de verticalisme harmonique, dont Josquin réalisera l'heureux équilibre au sein de ses polyphonies lumineuses, véritables cathédrales et palais de bonheur.

Au début du XIVe s., des rapports nouveaux s'établissent entre les hommes. On assiste à une montée de la bourgeoisie et, parallèlement, à un affaiblissement de la féodalité. Le nouveau corps social manifeste des idées réalistes qui contrastent avec l'idéal chevaleresque du siècle précédent. Dans le tumulte des luttes politiques et le désordre des valeurs religieuses (affaire des Templiers, exil des papes à Avignon), la bourgeoisie prend conscience de sa place au sein de la société et du rôle novateur qu'elle peut jouer dans la culture par le biais du mécénat. En matière politique, elle affirme ses prétentions et, dans le domaine des arts, elle s'empare d'idées nouvelles où la technique prend le pas sur la piété et l'idéalisme. À hommes nouveaux, science nouvelle : *Ars nova.*

LE XIVe SIÈCLE L'« ARS NOVA »

L'« Ars nova », science nouvelle

Le traité *Ars nova,* écrit après 1320 par Philippe de Vitry (1291, † 1361), incarne bien une nouvelle manière d'enseigner la notation et l'importance nouvelle accordée à l'écriture ; il donnera, par extension, son nom à toute la musique qui va du *Roman de Fauvel* (1316) à la mort de G. de Machault (1377).

Est-ce à dire que cette musique est effectivement nouvelle et qu'elle diffère de celle de l'*Ars antiqua ?* En fait, ce processus de transformation était déjà visible dès 1280 chez Adam de la Halle ou chez Pierre de La Croix, et un état d'esprit nouveau se manifeste chez ces derniers : celui du créateur et de l'inaliénation de ses œuvres. Désormais, les œuvres ne seront plus anonymes, elles seront, le plus souvent, signées par leur auteurs.

L'*Ars nova* marque la volonté d'établir une nécessaire modernisation de la notation. À musique nouvelle, notation nouvelle. Les contemporains de Vitry sont conscients de ce sentiment de modernité : aux alentours des années 1320 paraissent la *Musica speculativa* de Jean des Murs, l'*Ars nova* de Vitry (auparavant, en 1316, le recueil d'interpolations du *Roman de Fauvel* avait révélé les nouvelles préoccupations rythmiques), et la décrétale du pape Jean XXII de 1324-1325 condamne la nouvelle école et notamment son abus des notes brèves. Il est vrai que le pape n'est pas le seul à s'élever contre le caractère progressiste de l'*Ars nova*. Jacques de Liège montre un réel conservatisme dans son *Speculum musicae,* même s'il reconnaît la présence d'une nouvelle musique. Les préoccupations rythmiques s'affirment, en effet, comme un des problèmes essentiels de l'*Ars nova* : le traité anonyme de *Seconde Rhétorique* affirme que Vitry « trouva la manière des notes, les quatre prolations, les notes rouges et la nouveleté des proportions », c'est-à-dire la diminution des valeurs. Comme le théoricien Francon de Cologne l'avait fait, en 1260, pour la semi-brève, Vitry accorde, désormais, toute sa valeur de note indépendante à la minime, nouvellement apparue, reconnaît au rythme binaire une importance égale au rythme ternaire et applique à toutes les valeurs de notes une possible division binaire, rompant avec l'absolutisme ternaire du siècle précédent.

Ainsi, les modes rythmiques chers aux XIIe et XIIIe s. disparaissant au profit du rythme libre, noté avec des signes de mesure, la notation va se délivrer de la relative incertitude de naguère et s'orienter vers la spéculation mathématique. Car la notation ne se veut pas plus claire, mais plus précise. Plus réaliste aussi, suivant en cela la doctrine d'Ockham qui proclame l'observation directe et critique des choses par opposition aux concepts abstraits. Très vite, dans le courant du siècle et surtout en fin de siècle, ce système de notation à la fois plus souple et plus net va entraîner la polyphonie dans le vertige d'une libération novatrice. Ce sentiment de modernité, d'être des hommes nouveaux sur des chemins nouveaux, pousse les compositeurs aux audaces rythmiques les plus complexes et bientôt les plus folles : on a désormais la possibilité, en passant de la notation noire à la notation rouge, de glisser *temporairement* de la mensuration ternaire à la mensuration binaire ou d'introduire la division ternaire en triolet à l'intérieur d'une mensuration déjà binaire. Il est également permis d'utiliser le point d'addition ou d'augmentation (semblable au point de notre notation moderne), qui rend parfaite une valeur imparfaite, ou le point de division, qui sépare ou regroupe les « perfections » (anticipation de notre moderne barre de mesure).

Les musiciens

Qui exécutait ces musiques ? Toujours des voix d'hommes, basses et ténors (certains des premiers chantent désormais en *fausset* les parties

supérieures), ou encore des garçons, qui font leur entrée dans les maîtrises (en 1305, leur présence est attestée à la chapelle royale).
Dans le premier tiers du siècle apparaît une nouvelle voix, ou partie polyphonique, le *contratenor,* qui sert de complément à la voix de *ténor.* De même étendue, mais plus animé qu'elle, opérant de fréquents croisements avec elle, presque toujours instrumental et sujet à des sauts peu mélodiques, le contratenor se situe, dans la polyphonie religieuse ou profane à trois voix, davantage entre le *cantus* et le ténor. Dans la polyphonie à quatre voix du motet, il établit un lien plus étroit avec le ténor, s'opposant aux deux voix supérieures, plus animées. Une sorte de « ténor substitué » peut combiner les notes graves du *contratenor* et du *ténor* pour une exécution réduite à trois voix : c'est le *solus ténor,* que l'on trouve dans le *Codex d'Ivrée* (v. 1356) et encore chez G. Dufay dans les années 1430 (motet *Ecclesiae militantis*).

Le style

Le compositeur continue généralement à se servir d'une teneur comme base de composition, mais une évolution se dessine : cette teneur n'est plus obligatoirement préexistante, elle peut être librement inventée, comme dans le conduit ; elle peut, également, ne comprendre qu'une section mélodique variée. Elle ne comporte pas de paroles, sinon l'*incipit* en tête de la pièce, et elle est sans doute instrumentale.
L'écriture des voix reste horizontale. On peut se contenter de la première ligne mélodique (la pièce sera monodique), ou rajouter une partie de « double » ou un « triple », voire un « quadruple ». Cependant, autre nouveauté, les entrées des voix peuvent se faire successivement, surtout dans les motets.
Notées, les altérations le sont parfois, mais rarement. Cependant, une indication précieuse de l'emploi des altérations nous est fournie par les premières tablatures d'orgue (*Robertsbridge Codex,* v. 1320). En effet, la notation de la musique instrumentale indique avec exactitude l'emplacement des doigts sur un clavier ou sur un manche d'instrument à cordes, donc précise les altérations.
En raison de son rôle de remplissage, le contratenor, on l'a vu, est sujet à des intervalles peu chantants. Pour des raisons davantage imposées par les règles de consonance, les lignes mélodiques peuvent, également, être astreintes à des mouvements heurtés et emprunter, pour aboutir aux points de consonance (unisson,

---

Les techniques du motet

Depuis le XIIIe s., le motet superpose deux ou trois textes différents (bilingues ou non, religieux ou non) ; il utilise donc la *pluritextualité.* Dès la fin de l'*Ars antiqua,* le motet est *isopériodique* lorsque le ténor (seul, ou avec le *contratenor* à 4 v.) est soumis au procédé de la *color* (répétition d'un fragment mélodique) et de la *talea* (répétition d'un modèle rythmique). Lorsque la construction de ces répétitions régulières affecte toutes les voix, la pièce est dite *isorythmique.*

---

quinte, octave), des intervalles de toute nature. Le chromatisme n'en est pas absent, et les fausses relations abondent.
Toujours en vertu des fortes tensions provoquées par le dynamisme pythagoricien, une attraction simultanée vers la quinte et l'octave provoque désormais un mouvement parallèle de double sensible dans les cadences, généralisé dans les années 1330, la finale du *superius* ne se résolvant très souvent qu'après une échappée de la tierce inférieure.

Les formes, les genres

En ce siècle de l'*Ars nova,* le musicien ne dispose plus uniquement du langage de l'incarnation, celui de la liturgie, mais aussi du langage de l'imaginaire, celui de l'art. Trois formes stylistiques s'offrent à lui : tout d'abord le style de *conduit,* symbole du verticalisme, de la simultanéité syllabique, de l'ordonnancement ; puis le style de *motet,* image du contrepoint libre, de la science ornementale, du plaisir du verbe ; enfin le style *cantilène* (du latin *cantilena,* « chant »), reflet de l'art mélodique, de la culture courtoise, du rêve. Ces trois styles sont au service de trois genres appelés à recouvrir une importance croissante au cours des deux siècles suivants : le *motet,* la *chanson* et la *messe.*

Le motet

Le motet atteint au XIVe s. une organisation rationnelle et abstraite qui paraît peu en rapport avec les circonstances solennelles pour lesquelles il est composé (cérémonies d'intronisation et de louanges au sein de cours princières, épiscopales ou pontificales).

Philippe de Vitry (1291, † 1361)

Diplomate et humaniste (amitié avec Pétrarque), évêque de Meaux, il est l'auteur du traité *Ars nova* (v. 1320), de 14 ou 15 motets et de plusieurs poèmes.

Écrit souvent à trois voix, assez volontiers à quatre dans la seconde moitié du siècle, il superpose à un ténor isorythmique généralement instrumental deux voix supérieures – le *motetus* et le *triplum* –, caractérisées par la pluritextualité et la variété de leurs rythmes. La quatrième voix, le *contratenor,* lui aussi instrumental, zigzague autour du ténor et progresse avec lui en valeurs longues suivant la structure *colortalea.* Cette structure rythmique du motet déterminée par les *taleae* peut s'appliquer également aux voix supérieures et correspondre à la forme strophique du texte de ces dernières.

Ainsi, à partir d'un plan mélodique et rythmique, naît, peu à peu, toute une organisation portée par la forme et sous-tendue par l'harmonie et le rythme. En conséquence, si le motet est l'objet, de la part de l'Église, d'une surveillance soupçonneuse, c'est que les hommes qui l'écrivent rompent, par la liberté et l'autonomie qu'ils révèlent, l'ordre social et l'ordonnance d'un monde contrôlé par elle. C'est par les valeurs profanes l'envahissement des valeurs sacrées. La culture des clercs s'est laïcisée. Il n'est que de citer les divisions multiples des notes, l'indépendance des parties supérieures et leur parenté avec les formes profanes du virelai et de la ballade, la présence des hoquets, l'emploi de textes profanes (soit latin, soit français, soit les deux ensemble). C'est dans les motets de Ph. de Vitry et, plus encore, dans ceux de G. de Machault qu'il faut rechercher le modèle du genre.

Philippe de Vitry. Tous ses motets sauf un, *Gari selon nature,* sont en latin. Les deux voix supérieures y entrelacent leurs mélismes au-dessus d'un ténor isorythmique. Les motets 7, 11 et 14, dans l'édition de Léo Schrade, s'adjoignent un contratenor instrumental. L'isorythmie peut être étendue partiellement à 2 ou plusieurs parties ou, plus brièvement, à toutes. Le rythme trochaïque (longue/brève) demeure toujours important.

Guillaume de Machault (Machaut ?) [1300, † Reims 1377]

Dès 1323, il est secrétaire de Jean de Luxembourg, roi de Bohême, qu'il suit à travers toute l'Europe. En 1340, il se fixe à Reims, où, bénéficiant d'un canonicat, il écrit la plupart de ses poèmes et de ses musiques jusqu'à sa mort. 23 *motets,* 1 *messe* à 4 voix, 42 *ballades,* 21 *rondeaux,* 23 *virelais,* 19 *lais,* 1 *complainte,* 1 *chanson royale,* 1 *double hoquet* à 3 voix.

Chez Vitry, les motets prennent le parti d'adapter au texte une ligne mélodique stylisée et non de traduire son contenu affectif ou expressif. Aussi cette démarche qui favorise la construction rythmique plus que la prosodie, cette prédominance de la science au détriment du lyrisme sacrifient-elles au style intellectuel et scolastique.

G. de Machault. Bien que l'articulation mélodique de la musique profane de Machault réponde plus à l'articulation syntaxique du texte, la prééminence de la mélodie – pourtant, elle aussi, stylisée – établit un équilibre plus heureux entre la rigueur et l'expression. Sans doute plus proche du texte par son tour mélismatique, la mélodie est caractérisée surtout par sa structure métrique qui suit étroitement l'isorythmie. D'ailleurs, la fréquence des hoquets en fin d'œuvre montre bien la volonté d'accorder à la structure le plus grand soin.

Sur 23 motets, 19 sont à 3 voix ; certains illustrent la tendance à introduire un *contratenor* au sein de la polyphonie. Une tendance au profane se confirme : 15 pièces portent deux textes français différents, 2 pièces des textes latin et français superposés.

L'isorythmie se situe bien au cœur du motet du XIVᵉ s. : 20 motets de Machault sont composés selon la structure rythmique et mélodique, sans toutefois en être totalement dépendants. Seuls les n° 4 et n° 13 sont intégralement construits isorythmiquement. Ils prouvent donc que Machault n'abuse d'aucun système. Les 3 seuls motets non isorythmiques sont cependant structurés selon le procédé de la *color* seule : répétition de plusieurs fragments mélodiques suivant un principe périodique serré. Ces motets exposent une mélodie de chanson au ténor : n° 11, *Fins cuers doulz* ; n° 16, *Pour quoy me bat mes maris ?* ; n° 20, *Je ne suis mie certeins.*

Plus élaboré encore, le procédé d'isopériodicité du ténor avec diminution des valeurs est pratiqué dans dix pièces. Tous ces procédés employés par Machault révèlent l'importance acquise par la partie vocale supérieure, sous l'influence, sans doute, de la cantilène, au détriment du ténor.

Autre innovation, celle des entrées successives des voix. Les motets n° 9, *Fons totius superbie,* et n° 19, *Martyrum gemma,* sont introduits par une monodie du *triplum ;* les motets n° 21, *Christe qui lux est,* n° 22, *Tu qui gregem,* et n° 23, *Felix virgo,* par un duo. Le n° 21, très développé, comporte même un *introïtus* sans paroles (donc instrumental ou vocalisé).

Très représentative de la vie rythmique et mélodique qui anime les voix supérieures, l'imitation affirme ici, comme dans les motets de Vitry, une volonté de plus en plus manifeste de cohésion et d'homogénéité. Participant également à cette élaboration de la structure, le hoquet se dessine, soit occasionnellement, à la fin des pièces surtout (motet *Felix Virgo*), soit systématiquement du début à la fin, devenant un genre indépendant. C'est le cas du célèbre *Hoquet David,* dans lequel les deux voix supérieures sont indubitablement instrumentales, égrenant un hoquet continuel sur un ténor isorythmique.

La chanson

La chanson polyphonique profane du XIVe s., ou *cantilène,* s'élabore à partir des formes à refrain *(rondeau, virelai, ballade)* et des structures du conduit et du motet. Elle est le plus souvent écrite à 3 voix : une voix supérieure animée, écrite en premier, portant le texte et déterminée par la forme fixe de ce dernier ; 2 voix inférieures instrumentales, le ténor – indissociable du *superius,* auquel il sert de soutien mélodique –, écrit en second lieu, et le contratenor, complément harmonique peu mélodique.

Dans ce domaine encore, Machault se montre novateur, sans toutefois blâmer le passé, selon ses propres paroles :

« Musique qui les chants forge
En la vieille et nouvelle forge. »
(Veoir dict)

Il est poète et musicien, polyphoniste, mais encore monodiste. Il amplifie les anciennes formes fixes et les pare de procédés d'écriture parfois très complexes, mais heureusement ornés d'une richesse mélodique proche de la chanson populaire et d'un lyrisme dont sont loin d'avoir fait preuve ses contemporains.

La ballade comprend généralement, au XIVe s., 3 strophes (rarement 4), composées de 7 ou 8 vers. La structure musicale de chaque strophe est assez souvent AAB refrain. C'est elle qu'a utilisée Machault dans ses 42 ballades (22 à 3 voix, 16 à 2 voix, 4 à 4 voix, 1 à 1 voix). Un type nouveau, celui de la double ballade (croisement de la ballade avec le motet : le texte de chaque voix étant différent, mais le refrain identique), apparaît chez Machault : ballade *Quant Theseus – Ne quier veoir* et même la triple ballade *Sanz cuer m'en vois – Amis, dolens – Dame, par vous, De triste cuer – Quant vrais amans – Certes je di.* Chez lui et ses successeurs jusqu'à Binchois, l'inspiration est de caractère courtois (amour dolent, mélancolique, languissant). Elle suit en cela les rites et les cérémonies chevaleresques du siècle. Mais, là encore, Machault sait insuffler à son texte un lyrisme qui, bien souvent, relègue au second plan la technique savante, pour lui préférer une chaleur et une spontanéité humaines. Machault s'y montre un lointain précurseur de l'art du XVe s.

La chace. Moins importante que la *caccia* italienne tant du point de vue historique que du point de vue formel, la *chace* « chasse » présente un intérêt structurel non négligeable. Apparentée sans doute au « rondellus » du XIIIe s., elle se présente sous la forme d'un canon partiel ou intégral à 2 ou 3 parties entièrement vocales, à l'opposé de la *caccia* (2 voix supérieures en canon vocal à l'unisson, au-dessus d'un ténor instrumental). La chace, à l'inverse de la ballade, est animée et prolixe. Si le symbole relève également de l'amour courtois, ici point de langueur, mais la poursuite colorée du « gibier » par le « chasseur », l'évocation pittoresque des oiseaux. C'est que les manières courtoises se plaisent aux métaphores de la chasse et aux intrigues amoureuses. Citons *Se je chant mais que ne suel* (manuscrit d'Ivrée), la triple ballade de Machault *Sans cuer m'en vois* ainsi que, du même, le *Lay de confort* et le *Lay de la fonteinne.*

Le rondeau. De 8 vers en général, le rondeau poursuit la forme illustrée par Adam de la Halle et Jehan de Lescurel. Le plan est toujours ABaAabAB (refrain en lettres majuscules) : la mélodie initiale (phrase A) est la même pour les vers 1, 3, 4, 5, 7 ; la mélodie suivante (B) pour les vers 2, 6, 8. Le type même de ce plan est le rondeau à 3 voix *(Puis qu'on oubli)* mais aussi quelquefois à 4 *(Rose, lys, printemps, verdure).* Très souvent, la musique des vers 2, 6, 8 présente un caractère mélismatique. Le lyrisme trouve matière à s'y épancher, ainsi que l'habileté du musicien (rondeau – « rébus » *Ma fin est mon commencement,* présentant un strict « canon en miroir » aux trois parties).

Le virelai. Si le rondeau conserve sa forme fixe, il n'en va pas toujours de même du virelai. C'est pourquoi Machault préfère indiquer dans le manuscrit : *Ci commencent les chansons baladees c'on claimme virelais.* La structure type paraît être *AB* cc ab *AB* (le refrain encadre chacune des 3 strophes). C'est le cas de *Se je souspir parfondement.* Sur ses 33 virelais, 7 sont à 2 voix et 1 à 3. Les virelais polyphoniques, à l'opposé des 17 lais et 25 virelais monodiques, se montrent plus novateurs : utilisation du binaire, dessin plus affirmé de la tonalité, emploi de motifs rythmiques et mélodiques unifiant les pièces, systématisation de la syncope.

Tous éléments progressistes qui traduisent l'attachement de Machault à l'écriture polyphonique. Ils expliquent la diversité de conception des ballades, chansons et motets et la variété des combinaisons vocales et instrumentales auxquelles ces genres font appel. Les divers manuscrits et les dires de Machault lui-même dans son poème le *Veoir dict* en ce qui concerne les alternances, ajouts, retranchements de parties, exécutions de telle ballade comme dans le rondeau-« rébus » *sus les orgues, sus cornemuses ou aultres instruments* ne laissent subsister absolument aucun doute à ce sujet.

La messe

Avec la *Messe Nostre Dame* de G. de Machault, pour la première fois dans l'histoire de la musique religieuse, les cinq pièces de l'*ordinarium missae* traité polyphoniquement sont désignées du terme de *messe.* Pour la première fois sans doute aussi, elles sont l'œuvre d'un même homme. Certes, la *Messe de Tournai* est probablement antérieure (v. 1330), mais, anonyme, elle semble, comme les autres messes polyphoniques de cette époque *(messes de Barcelone, Toulouse, Besançon),* n'être que la réunion de pièces hétérogènes à 3 voix.

Déjà, Machault entrevoit les rapports étroits qui peuvent unir texte et musique. Une recherche expressive de type figuraliste souligne les passages importants (homophonie recueillie de *Et in terra pax, Jesu Christe, Ex Maria Virgine*). D'autre part, la messe traduit une volonté d'organiser les différentes pièces, en les variant tout en les accordant entre elles.

Écrite au milieu du siècle (entre 1349 et 1363), la *Messe Nostre Dame* se distingue des autres messes contemporaines par son effectif à 4 voix et par le traitement isorythmique de la mélodie grégorienne dans les *Kyrie, Sanctus, Agnus* et *Ite missa est.* Seuls les *Gloria* et *Credo*

de la *Messe de Tournai* (la *Messe de Toulouse* les omet, celle de Barcelone trope les siens) peuvent se rapprocher de la *Messe Nostre Dame :* on y rencontre, de part et d'autre, le même syllabisme vertical apparenté au style du conduit, les mêmes brefs conduits dépourvus de textes aux ténor et contratenor, le même long *Amen* vocalisé, celui du *Credo* de Machault se chargeant d'une grande complexité isorythmique à toutes les parties. La *Messe Nostre Dame* se distingue néanmoins par des techniques artistiques comme l'emploi fréquent de la syncope, de l'imitation, du mouvement contraire, de l'ornementation et par l'alternance du ternaire et du binaire, à l'avantage de ce dernier. On en jugera dans l'*Agnus Dei* (voir ♪ p. suivante). L'isorythmie y apparaît à la phrase *Qui tollis* aux ténor et contratenor et se découpe en 2 *taleae* de 7 mesures.
Anticipation géniale d'un genre nouveau (le cycle polyphonique complet à 4 voix ne sera admis que vers 1430, avec G. Dufay), monument religieux isolé au sein des musiques laïques, architecture gothique équilibrée en dépit de ses structures variées, la *Messe Nostre Dame* établit un pont entre l'art ancien et l'art nouveau et nous laisse percevoir au-delà des apparences du monde sensible celles du mysticisme et d'un ésotérisme occulté (témoin les passages *Et in terra pax* du *Gloria* et *Ex Maria Virgine* du *Credo,* qui nous révèlent le profond sentiment religieux de Machault).

L'« Ars nova » en Italie

Bien avant l'apparition de l'*Ars nova* coexistaient en Italie, au XIIIe s., la monodie lyrique et une tradition polyphonique religieuse attestée par les règlements de la cathédrale de Sienne et les archives de la cathédrale de Padoue. Cette tradition était cependant contrariée par la diversité des États italiens indépendants et les troubles de la cour papale. Seul un centre ecclésiastique et intellectuel comparable à celui de Notre-Dame de Paris aurait pu développer cette tradition culturelle.
Plus proche des théories de la fin du XIIIe s. que de l'*Ars nova* de Vitry, le traité *Pomerium artis musicae mensuratae* (entre 1321 et 1326) de Marchettus de Padoue codifie les règles de notation. Ce système adapté aux particularités déclamatoires et stylistiques italiennes restera valable durant toute la première moitié du

siècle. On y perfectionne le rôle des points de division chers à Petrus de Cruce, qui entourent les *divisiones* de la brève en 8 groupes possibles de semi-minimes.

C'est au nord de l'Italie que se concentre d'abord toute l'attention musicale (Milan, Padoue, Vérone, Bologne, Pérouse). Le répertoire de cette époque, conservé dans les manuscrits *Codex vaticano* (*Rossi 215*) et *Ms. italien* 568 (Bibl. nationale de Paris), témoigne d'une pratique polyphonique active. Stimulés sans doute par la prédilection du roi de Naples, Robert d'Anjou (1309-1342), pour la polyphonie, les princes Della Scala à Padoue et Vérone d'abord, Scaligari, plus tard, à Vérone encore, et Visconti à Milan encouragent un art qui renouvelle le répertoire des *laudi* du siècle précédent. Les joutes musicales organisées au sein de ces cours sont alors l'occasion d'y présenter des madrigaux (polyphonies vocales profanes du *Trecento*). Et ce n'est pas par hasard qu'Antonio da Tempo rédige à Padoue, en 1332, son *Summa artis rytmici vulgaris dictaminis*, qui nous renseigne sur la façon d'exécuter les madrigaux polyphoniques.

La polyphonie italienne est, en effet, dans son écrasante majorité, profane. Adressée à des *dilettanti* et destinée à les distraire et les charmer, elle avantage la ligne mélodique, s'attache à sa souplesse, à l'élégance de ses vocalises parfois compliquées et, contrairement aux œuvres françaises, se libère des complexités rythmiques et contrapuntiques. Art profane et de mondanité, la composition du *Trecento* accorde toute son importance au texte poétique, donc à la voix supérieure.

Au ton sérieux et idyllique du *madrigal* s'opposent généralement l'enjouement et le caractère de la *caccia*. Mais ces deux formes, comme plus tard la *ballata,* sont étroitement liées au texte poétique, suivant en cela les anciennes formes de la *canzone* et de la *ballata* chères au *dolce stil nuovo* de Dante.

Le madrigal

Avec Giovanni da Cascia (dit Johannes de Florentia, première moitié du XIVe s.), le madrigal atteint un niveau artistique et une forme quasi définitifs. 2 ou 3 *terzetti* (« tercets ») de 3 vers de 11 syllabes y précèdent un *ritornello* de 2 vers. Les 16 madrigaux de G. da Cascia dominent aisément la production anonyme du ms. Rossi 215. Si, toutefois, leur style se rapproche des œuvres contemporaines par les épisodes tour à tour mélismatiques et déclamatoires aux 2 voix et par leurs harmonies consonantes, une tendance se dessine à reprendre des motifs mélodiques et rythmiques et même à les glisser au ténor (*In sulla ripa*), voire à traiter la ritournelle en canon (*Per ridd'andando*). Ce procédé est repris et amplifié par Piero, qui étend le « traitement » canonique à la strophe (*Ogni diletto, Cavalcando*). Chez ce dernier, le contrepoint (séquences, canons) interpénètre aussi bien la forme de la *caccia* elle-même que le madrigal en canon. La raison de cette présence provient avant tout de la recherche d'effets musicaux imitatifs et picturaux liés étroitement à l'inspiration pastorale ou « naturaliste » du texte.

Un troisième auteur plus tardif, Jacopo da Bologna, conserve au madrigal sa forme primitive et l'enrichit d'un langage contrapuntique plus souple, où abondent les harmonies parallèles. Le texte, dorénavant, est chanté aux 2 ou 3 voix. L'étude de ses 29 madrigaux révèle ce qu'il doit à ses prédécesseurs dans sa manière d'animer parallèlement les voix supérieures sur un ténor plus posé (*In verde prato*), mais aussi l'affranchissement de ce procédé par l'indépendance des 3 voix (*Aquila altera*, avec un texte différent aux 3 voix) et leur importance égale (*Sotto l'imperio*).

La « caccia »

Prédilection pour la *caccia*, disions-nous à propos de Piero. Son goût pour la technique canonique lui fait utiliser la *caccia* comme procédé d'écriture dans les madrigaux mais aussi comme forme : *Con bracchi assai, Con dolce brama* et *Segugi a corda*, ainsi que *Orqua, compagni, qua* (Ms. Rossi 215), illustrent le genre qu'il a contribué à inventer : les 2 parties vocales supérieures s'y poursuivent, entrecoupées d'onomatopées et de cris au-dessus d'un ténor instrumental.

Poursuite cynégétique, quête amoureuse, scènes de pêche, de marché font de la *caccia* une peinture impressionniste. Mais la *caccia* est aussi une tentative de polyphonie multipliée, en mouvement perpétuel, et sera également cultivée par la génération suivante. Mais l'intérêt musical s'est alors déplacé du nord au centre de l'Italie par suite de la disparition des Visconti et des Della Scala.

L'« Ars nova » florentine

Florence brille, au *Trecento*, d'un éclat artistique incomparable : peintres, sculpteurs, architectes, poètes, musiciens y travaillent dans

---

Francesco Landini (v. 1325, † 1397)

Organiste, compositeur et poète aveugle de Florence. Il écrivit 140 *ballate* à 2 ou 3 voix, 1 *caccia* et 12 *madrigaux.*

---

un enthousiasme fébrile laissant présager la merveilleuse éclosion du *Quattrocento.* Des écrits prouvent l'intérêt des Florentins pour la liturgie polyphonique, attestée par quelques rares pièces connues de Bartholus et Gherardello de Florentia, Masini, Tenorista. Les mêmes écrits témoignent également de l'engouement des Florentins pour la polyphonie profane. Boccace, Pétrarque, Sacchetti figurent le plus souvent comme auteurs des poésies mises en musique.

Le témoignage le plus éloquent de cette époque est le somptueux manuscrit Squarcialupi : ses 350 œuvres nous renseignent sur les 14 principaux musiciens florentins et leur répertoire. On y remarque la prédominance de la *ballata,* genre nouveau qui détrône le madrigal.

La *ballata,* construite, comme le virelai, en deux sections musicales A et B dont la première est redite à la fin : *A* B (non conclusif ou « ouvert ») B (conclusif ou « clos ») A *A.* En dépit du talent de Niccolo da Perugia (20 *ballate*) et d'Andreas de Florentia (30 *ballate*), Landini est le représentant le plus fameux du genre, qu'il cultiva de 1365 à 1397.

De l'œuvre abondante de Landini, on peut dégager deux tendances. L'influence française se dessine dans les pièces où le texte est placé à la voix supérieure, avec cadences « ouverte » et « close », accompagnement instrumental, rythmes français (notation mixte).

Au contraire, la clarté tonale et formelle, la fluidité mélodique, la souplesse rythmique, la méconnaissance de l'isorythmie et du *cantus firmus* (le ténor est librement composé), la recherche de la beauté mélodique et du plaisir sensuel de la voix sont typiquement italiennes. Conscient, pourtant, du danger de ne garder que la simplicité et le charme de la clarté, Landini réagira en donnant à son art, essentiellement instinctif, une plus grande complexité. Aussi les œuvres de sa maturité sont-elles plus rationnelles et plus structurées et se tournent-elles vers l'art de Machault.

Mais il est trop tard. À la mort de Landini, le mouvement s'épuise. Seule, la bourgeoisie reste fidèle à l'art italien et encourage des formes plus populaires (*strambotti*). Le retour de la papauté à Rome

Johannes Ciconia (v. 1335, † Padoue 1411)

Son œuvre : 10 *fragments de messe*, 13 *motets*, 4 *madrigaux*, 11 *ballate*, 2 *canons*.

en 1377, l'intrusion du style musical d'Avignon, la crise des seigneuries italiennes contribuent à cet épuisement.
Désormais, les cours des prélats et seigneurs italiens s'ouvrent à la mode française, témoin leurs protégés Matteo da Perugia et Philippo da Caserta, qui adoptent totalement l'*Ars subtilior* de la fin du XIVe s. français.
Au Nord, Bartolino da Padova (27 *ballate*, 11 madrigaux) entretient la tradition qui se manifeste par une tendance à revenir, en fin de siècle, aux anciennes formes. C'est le cas de Tenorista, Zacharias, Antonello da Caserta et surtout Ciconia (de Liège), arrivé en Italie dès 1357. Celui-ci réalise la synthèse originale de la complexité française avec la grâce et la souplesse italiennes. L'influence du *cantus firmus*, du motif de tête, des constructions isorythmiques ou isomélodiques, sera grande sur des successeurs flamands comme Hugo et Arnold de Lantins ou Jehan de Limbourg. Ceux-ci joueront un rôle non négligeable dans l'élaboration de la messe unitaire. Paradoxalement, c'est donc à un étranger, Ciconia, que la tradition italienne doit de ne pas disparaître et d'apporter, même, en échange, un élément vital à l'esthétique nouvelle du style international franco-flamand, celui de la courbe mélodique expressive.

L'« Ars subtilior » ou la fin de l'« Ars nova »

Les manuscrits de Chantilly, Oxford, Modène et Apt, témoins de cette esthétique, nous révèlent une exaspération de l'enrichissement et une course éperdue à la brève. Dans cette période troublée, qui correspond au Grand Schisme (1378-1417), on ne peut, en effet, pour être égal ou supérieur à Machault, que surenchérir sur son art en se perdant dans un « subtil » délire intellectuel qui n'a d'artistique que les moyens employés. Trebor, Solage et, surtout, Senlèches

utilisent dans leurs ballades un langage d'une complexité extrême quant aux rythmes et à la notation. Le virelai et le rondeau, cependant, hésitent entre le goût des fantaisies graphiques de Cordier (rondeau écrit en forme de roue, *Tout par compas*), le maniérisme de Cesaris et Vaillant ou la simplicité de Loqueville.
Le motet utilise la structure isorythmique avec toutes les subtilités de « fin de siècle » (syncopes, usage du *color*) et traduit les courants stylistiques avignonnais et italiens dans lesquels dérivent un Carmen ou un Tapissier. Il faut noter, toutefois, un retour à l'emploi du latin selon les modèles des pièces de Vitry. La messe exprime les préoccupations de composition de l'ordinaire complet et d'unification du cycle au moyen d'un même *cantus firmus* liturgique (on hésite encore à abandonner le style cantilène). Dans cette perspective, plus que les *Credo* et *Gloria* des ms. d'Apt et d'Oxford, les *Gloria-Credo* de Ciconia et la messe complète *Verbum incarnatum* d'Arnold de Lantins préfigurent, dans leur traitement du *cantus firmus* et du « motif de tête », l'heureuse solution adoptée par Power et Dunstable dès le début du XVe s.
Ainsi, en début de siècle, les musiciens ont épuisé une langue et une esthétique artificielles. Pour n'avoir pas su réaliser l'union de la technique et de l'inspiration que leur avait prodiguée G. de Machault, ils se sont empêtrés dans un maniérisme gratuit. Si extravagante fût-elle, cette période aura du moins préparé le terrain pour la venue de Dufay, « lune de toute musique, lumière des chanteurs » (Compère).

LE XVe SIÈCLE

La polyphonie religieuse de Dufay à Josquin des Prés

Il est peu de siècles qui aient suscité autant de vocations et d'estimables talents que le XVe s., qui aient réuni davantage de musiciens sur une terre si peu étendue, qui aient porté aussi loin à travers des générations et des lieux si distants l'art polyphonique. Si Dufay n'est encore considéré que comme le trait d'union entre l'*Ars nova* et le style franco-flamand, Ockeghem et surtout Josquin assurent à ce dernier un merveilleux équilibre entre la science et la sensibilité. Cet art, empreint tout à la fois de rigueur nordique et de grâce méridionale, influencera, au-delà du siècle suivant avec Roland de Lassus, les œuvres de Le Jeune, Palestrina, Victoria, Tallis, Monteverdi, Sweelinck et l'école d'orgue germanique du XVIIe s., pour aboutir à Bach.

Ce qui contribue encore à faire du XVe s. un des grands siècles de l'histoire musicale est aussi l'aspect universel, international que prend la musique. Les échanges de pensée, favorisés par d'incessants voyages, les nouvelles sonorités des consonances anglaise, française, italienne sont autant d'enrichissements de l'écriture. La musique revêt d'ailleurs une sensibilité déjà moderne par son lyrisme et son émotion, absents des architectures savantes du siècle précédent. Ce caractère de relative modernité tient aussi au fait que les documents attestant la présence des musiciens, voire l'« empreinte personnelle » décelable dans certaines partitions (Dufay introduit son nom dans le motet *Ave Regina caelorum* : *Miserere tui labentis Dufay* ; *Miserere supplicanti Dufay*), nous sont davantage connus. Ainsi, ce n'est pas seulement l'alchimie des sons que nous percevons dans un motet du XVe s., mais déjà l'âme du compositeur.

La musique religieuse règne avant tout sur les productions artistiques, fécondant de ses idées et formes l'art profane. Cet aspect de sérieux, de gravité contrastant avec la frivolité de la cour bourguignonne à la même époque n'est d'ailleurs pas un des moindres aspects de cette période. (On aurait tort de négliger cependant l'extraordinaire richesse de l'art de cour bourguignon et le raffinement expressif contrapuntique de N. Grenon, G. Binchois, H. Van Ghizeghem, très proche de la chanson cultivée par Dufay.)

L'influence anglaise

On ne saurait trop insister enfin sur le climat de symbiose mélodique et harmonique propre à la polyphonie franco-flamande, réalisée de la manière la plus heureuse grâce à la contribution de l'*Ars nova* italienne, et aussi à l'euphonie anglaise, résultant de l'enchaînement harmonieux d'accords pleins et consonants. Aussi, n'est-il pas étonnant de découvrir un Dufay venu très jeune en

John Dunstable († 1453)

Compositeur, mathématicien et astronome anglais ; il écrivit 12 fragments de messe, 2 messes d'attribution incertaine, 12 motets isorythmiques, 19 autres pièces religieuses.

Italie (il a sans doute 19 ans) pour y parfaire sa connaissance de l'art de « bien écrire et de bien chanter » et y puiser un moyen d'équilibrer harmonieusement la grâce naturelle du milieu méditerranéen et la froide rigueur des écoles du Nord.

En quoi se manifeste l'influence anglaise ? Pour saisir ce qui caractérise la musique outre-Manche, il nous faut remonter à la seconde moitié du XIVe s., époque où la polyphonie a tendance à s'affranchir de l'influence continentale. Jusque-là, la musique anglaise, tributaire de l'école de Notre-Dame, de Guillaume de Machault, de la *caccia* italienne, avait parfaitement assimilé leurs lignes-forces non sans repousser certains traits, telle la distinction des styles (*conduit*) et des formes (*motet*), pour leur préférer une fusion (*conduit-motet*). Une des caractéristiques était l'emploi très fréquent de tierces : déjà au XIIe s., on pratiquait le *cantus gemellus* (peut-être d'origine nordique) ou *gymel* (« chant jumeau »), où la mélodie était doublée à la tierce ou à la sixte inférieure.

Ainsi, au moment où le continent s'empêtre dans les abus de la technique et les systèmes de l'*Ars nova*, l'Angleterre, isolée par la guerre de Cent Ans, évolue dans l'euphonie des mouvements parallèles en accords pleins et des échanges de parties imitatives.

Aussi, lorsque, après leur victoire d'Azincourt (1415), les Anglais prirent possession de leurs provinces françaises, il en résulta une succession d'échanges culturels entre les îles et le continent.

John Dunstable

C'est sans doute à la suite du duc de Bedford, frère de Henri V, au service duquel il était attaché, que John Dunstable entra en contact avec les musiciens français et peut-être italiens.

Dunstable et Guillaume Dufay se connurent-ils ? C'est ce que semble affirmer le poète Martin Le Franc dans *Le Champion des dames* : G. Dufay et G. Binchois, y écrit-il, ont :

« ... pris nouvelle pratique
De faire frisque [1] concordance...
Et ont pris de la contenance
Anglaise et ensuite Dunstable
Pour quoi merveilleuse plaisance
Rend leur chant joyeux et notable. »

[1] Allant, vif.

Tinctoris, théoricien et compositeur flamand, loue aussi Dunstable d'avoir apporté à la musique une véritable transformation. À l'audition des quelque 45 pièces qui nous restent du compositeur, nous découvririons aujourd'hui un art merveilleusement mélodique, à la fois ample et décoratif, apparenté à l'improvisation, un sens harmonique très caractéristique de la manière anglaise, fait de chaînes de consonances et évitant soigneusement les rugueuses dissonances et les frictions de syncopes non préparées. Cette atmosphère d'« euphonie perpétuelle » tranche avec netteté sur les sonorités dures et âpres des quintes et quartes continentales.
Ces compositions nous révèlent un auteur maître des techniques de l'isorythmie, mais avide de les dépasser. C'est le cas du motet *Quam pulchra es* ou encore des formes très complexes à double structure

---

Les contemporains et successeurs de Dunstable

Ils forment, par leur nombre, par la qualité et la quantité de leur production, une véritable école anglaise, sans doute la première de l'histoire. À côté de Dunstable, dont les œuvres (fragments de messe, motets, pièces profanes) se caractérisent par la complexité et la variété de leurs formes, Leonel Power exploite davantage le traitement de l'imitation dans ses fragments de messe (23) et antiennes.
Citons encore Plummer, Benet, Pyamour, puis Blome, Byttering, Forest, Markham, Pycard, Soursby, Robert Morton et Walter Frye.
À la fin du siècle, les compositeurs anglais s'orienteront davantage vers l'antienne mariale, le Magnificat et la Messe. C'est le cas notamment de Brown, Cornyshe, Lambe et surtout Fayrfax († 1521).

Messe cyclique ou messe unitaire

Messe dont toutes les pièces utilisent un même *cantus firmus* religieux ou profane, placé au ténor et, plus tard, aux autres voix.
Dans la *messe paraphrase,* le *cantus firmus* est développé par *sections successives* dans toutes les voix. La *messe parodie* utilise, en partie ou non, un modèle polyphonique préexistant.

(une mélodie libre au *superius* et un ténor isorythmique immuable) appliquées aux 2 paires *Gloria-Credo* et *Credo-Sanctus.*
Leonel Power († 1445) écrivit peut-être la première « messe cyclique », *Alma Redemptoris mater,* dans laquelle un même ténor déroule sa structure isorythmique deux fois dans chaque mouvement. Une deuxième messe entièrement cyclique, la *Missa Rex saeculorum* – attribuée à Dunstable suivant le ms. d'Aoste et à Power selon le Ms. de Trente –, présente un procédé de composition différent. Dans les deux couples *Gloria et Credo* et *Sanctus et Agnus,* le *cantus firmus* ne se présente plus isorythmiquement, mais d'une manière beaucoup plus flexible et plus variée, précédé, dans le premier cas, d'un duo. Cette volonté de se libérer d'une stratification féodale et de donner à la musique un caractère d'invention, de liberté et d'unité formelle est la première manifestation de la Renaissance.
Cependant, dans sa volonté de donner à sa musique ce bain d'*angelic sweetness* (« douceur angélique ») et d'accorder au *superius* une prépondérance sur les autres voix, Dunstable n'avait pas encore réalisé l'harmonieuse combinaison des voix. Ce fut l'œuvre de Dufay.

Bourgogne et Flandre

Jusqu'en 1453 (fin de la guerre de Cent Ans), la musique s'exerce principalement dans les territoires bourguignons, soit à la cour fastueuse des ducs, soit dans les maîtrises flamandes. On ne s'étonnera donc pas de voir régner à Dijon avec Binchois une musique essentiellement de cour et à Cambrai avec Dufay une musique essentiellement religieuse. Quant à la cour de France, ce

n'est qu'après la paix retrouvée qu'elle attirera à nouveau des artistes comme Ockeghem.
Les musicologues ont longtemps débattu pour tenter d'interpréter les causes de ce regain d'intérêt pour la musique religieuse. Il faut, en fait, replacer le mouvement de la *Devotia moderna* et le succès de l'*Imitation de Jésus-Christ* de Thomas a Kempis (1380-1471) au sein de ce vaste courant mystique et pastoral de réaction contre le bouleversement du Grand Schisme, la corruption de prélats et de frères mendiants, la disparition de nombreuses églises et la prise de Constantinople par les Turcs en 1453. Un siècle de guerres, une lassitude et un changement d'attitude à l'égard de la morale chrétienne dans l'esprit des communautés religieuses et laïques, le désir de vivre plus spirituellement et de se préparer – individuellement et non plus collectivement – à « bien mourir », en un mot la recherche de pureté et de réformes, expliquent ce renouveau du sentiment religieux. Rien d'étonnant, donc, que la musique religieuse devienne l'une des manifestations primordiales de cette vie spirituelle.

L'œuvre de Guillaume Dufay

Comme toute la production musicale du XVe s., l'œuvre de Dufay s'articule autour des trois grands genres : la *messe*, le *motet*, la *chanson*. Mais c'est dans la messe que le musicien a mis le meilleur de lui-même, du moins sa plus grande originalité. La portée de sa technique dans le domaine des procédés cycliques, dans celui de la polyphonie et l'équilibre entre la technique et la sensibilité sont remarquables.

Les messes

Dufay composa 8 (peut-être 9) messes et 37 fragments de messes. Ceux-ci révèlent leur utilisation tardive et courante dans l'ordinaire de la messe : certains sont réunis par paires (*Gloria-Credo* ou *Sanctus-Agnus*) ou par 3 (*Kyrie-Gloria-Credo* ou *Kyrie-Sanctus-Agnus*) ; ils ne sont pas tous écrits à 3 voix, mais quelquefois à 4, et certains ont leur *cantus firmus* au *superius*. Ces divers aspects et d'autres procédés plus tardifs de composition permettent de situer certaines pièces, encore isolées, dans le deuxième tiers du siècle. Une d'entre elles, le *Gloria ad modum tubae*, construit sur un double canon, celui des 2 voix supérieures et l'*ostinato* des 2 instruments inférieurs, rappelle la *caccia* italienne du *Trecento* et préfigure les grandes formes baroques, *ground, passacaille, chaconne*.

Guillaume Dufay
(v. 1400, † Cambrai 27-11-1474)

Il entre, à partir de 1409, dans la maîtrise de Cambrai (jusqu'en 1418 ?) ; on le retrouve au service des Malatesta en Italie, de la chapelle pontificale à Rome et Florence de 1428 à 1437. Entre-temps et avant son retour à Cambrai en 1445, il fréquente la cour de Savoie. Ses déplacements sont toujours nombreux. Entouré d'honneurs, jouissant d'un bon revenu, il passe à Cambrai les trente dernières années de sa vie.

La *Missa sine nomine* fut composée, probablement en Italie, vers 1420. Écrite à 3 voix, elle présente encore un rapport avec les messes de l'école d'Avignon au XIVe s. : le *superius* suit une déclamation rapide, tandis que les 2 voix inférieures, sans texte, déroulent calmement leur mouvement. On y trouve des cadences à double sensible, des hoquets, des mesures de transition aux parties inférieures (le *contratenor* est écrit au-dessus du *ténor*) à la fin des versets et des mélismes archaïques. Mais l'originalité de cette messe repose sur la volonté de relier le *Kyrie*, le *Qui sedes* du *Gloria*, le *Sanctus* et l'*Agnus* par le « motif de tête », que préserveront encore les messes cycliques. Originalité encore que l'introduction du *faux-bourdon* dans la communion de la *Missa sancti Jacobi*. Contrairement aux Anglais dans leurs *faburdon* et déchant anglais, Dufay favorise ainsi le *cantus firmus* au *superius*.
Moins qu'une transition entre deux styles, la *Messe sancti Jacobi* et sa voisine (*Sancti Anthonii Viennensis*) témoignent, par leur effectif vocal réduit et par leurs hésitations devant la place du *cantus firmus* – au *ténor* ou au *superius* –, de l'achèvement d'une technique archaïque et de la prescience d'une autre, humanisée et équilibrée. Cela est si vrai que la volonté d'accorder à toutes les voix une égale importance et un caractère plus mélodique, déjà manifeste dans le *Gloria* et le *Credo* de la *Messe sancti Anthonii*, s'affirme nettement dans les messes *Caput* et *La Mort de saint Gothard* : les passages alternés à 2 ou 3 et 4 voix s'efforcent de varier et l'équilibre sonore et l'interprétation du texte ; le motif de tête est désormais exploité avec une sorte de « mémoire du futur », les 4 à 7 mesures initiales du *Kyrie* étant reprises dans les autres pièces ; la teneur, soit fait appel à des préoccupations mathématiques proches de l'esprit de la

Les styles anglais au début du xve s.

Les chanteurs anglais pratiquèrent l'usage improvisé du *faburdon* (la basse à la tierce inférieure du *cantus firmus* et le *superius* à la quarte supérieure) et celui du *déchant* (le *cantus firmus* se trouve alors à la basse et non plus à la partie intermédiaire).

variation (*Caput*), soit agit dans toutes les parties par imprégnation contrapuntique (*Saint Gothard*).

Dorénavant, même si persiste encore la confrontation des deux blocs *cantus-contratenor* et *ténor-bassus*, un certain parallélisme entre ces blocs, l'imitation davantage prodiguée, l'harmonie déjà tonale et affirmée par les mouvements cadentiels de quarte et de quinte de la basse font basculer l'œuvre de Dufay vers une modernité.

Modernisme encore dans la messe *Se la face ay pale* que la poursuite de l'unification au moyen du motif de tête et surtout du *cantus firmus*, sans que le calcul des proportions architecturales de leur présentation nuise à la clarté, à la symétrie et à la recherche de la beauté mélodique. Moderne, aussi, la sacralisation d'une mélodie profane dans la messe (sa propre ballade *Se la face ay pale* et la chanson populaire *L'Homme armé*). Modernisme enfin dans la préfiguration des techniques de messe « paraphrase » (le *cantus firmus* se fait entendre également au *contratenor* dans le *Credo* de la messe *Se la face*) et de messe « parodie » en fin des *Gloria* et *Credo* de la même œuvre où Dufay emprunte à sa ballade plusieurs motifs arpégés en « fanfare ».

Déjà dans cette messe et plus encore dans les trois dernières, l'art mélodique irradie toute la musique : depuis le *cantus firmus* qui gagne toutes les parties en jeux rythmiques et contrapuntiques complexes, le motif de tête dont l'amplification sur plusieurs mesures et la tendance à se développer aux 4 voix assurent presque plus d'unité entre tous les éléments de la messe, jusqu'à l'organisation rationnelle et subtile de l'imitation à toutes les parties mélodiques (*L'Homme armé*). La présence de textes désormais à toutes les voix affirme, peu à peu, ce caractère *a cappella* des musiques religieuses du xvie s. (*Missa Ecce ancilla Domini).* Mais chez Dufay, la mélodie et le sentiment de la monodie grégorienne priment sur les

G. Dufay, messe Ave Regina, *(« Agnus Dei II »).*

conceptions architecturales et verticales, bien qu'apparaisse la future notion de tonalité traduite par la fréquence des cadences et l'importance accordée aux sensible et dominante. D'où cette tension et cette confrontation entre le linéaire et le vertical.

La *Messe Ave Regina caelorum* nous touche infiniment par sa grâce mélodique, la maîtrise de son traitement polyphonique et par l'effort qui anime le maître vieillissant jusqu'à la fin de sa vie pour donner une unité artistique, voire « humaniste », à son œuvre. Le second *Miserere* de l'*Agnus Dei* II illustre le mieux son émotion : l'imploration, longue descente conjointe et harmonique, aboutit à la méditation et à la foi.

Ces quelques mesures préfigurent déjà la *musica reservata* du XVIe s. Le lien se fait en effet plus étroit entre le texte et la musique : le sentiment de compassion est traduit ici par des tonalités mineures, de petits intervalles, des tessitures resserrées.

Les motets

Les messes de Dufay, véritables monuments artistiques, n'ont pas empêché le musicien de composer d'autres pièces qui, sans occuper autant d'importance, n'en représentent pas moins, par leur nombre et leur qualité, un élément appréciable de la liturgie. Les œuvres chantées à la fin de la messe (*Sequences* et *Benedicamus Domino*) ou aux offices de l'après-midi et du soir (*Hymnes, Magnificat* et *Antiennes*) sont presque toutes écrites à 3 voix. Le traitement du faux-bourdon n'y est pas négligeable. Comme dans la chanson

Les motets de Dufay

6 *motets cantilènes* de 3 ou 4 v. (1420-1440), 14 *isorythmiques* de 3 à 5 v. (1420-1446), 8 *Séquences* (1428-1435 ?), 2 *Benedicamus* (1428-1433), 23 *Hymnes* (v. 1430), 4 *Magnificat* (v. 1428-1460 ?), 15 *Antiennes* (v. 1450-1464 ?).

profane, dont la plupart adoptent la disposition d'une voix supérieure soutenue par un *contratenor* et un *ténor* instrumentaux, c'est au *superius* que sont confiés, d'ordinaire, la mélodie du *cantus firmus* et le texte. L'antienne mariale *Ave Regina caelorum* III, à 4 voix, si elle demeure une des exceptions, traduit pourtant, à partir des années 1440, cette imprégnation de la polyphonie par le *cantus firmus*, ébauche du « travail thématique » réalisé pleinement dans la messe du même nom. À cet égard, la signature du nom de Dufay au cœur de cette pièce et l'insertion de ces quelque 10 mesures dans l'*Agnus Dei* de la messe (voir ♪ ci-dessus) témoignent de l'identification profonde du musicien au concept de « mémoire » au sein de laquelle se déploient la préfiguration et la variation qui seront chères notamment à un Dutilleux. Cette importance accordée à l'égalité des voix est d'ailleurs traduite par la distribution du texte, couramment aux trois parties dans les 4 *Magnificat* et constamment dans 6 des 15 antiennes.

Lire ces pièces et, mieux, les chanter nous permet de comprendre leur popularité à l'époque de Dufay et leur reproduction dans de nombreux manuscrits. La spontanéité des séquences proches de la chanson profane, la foi et la piété qui baignent l'homorythmie recueillie des hymnes, le charme des *Magnificat*, le lyrisme émouvant des 6 antiennes mariales nous révèlent un autre visage de Dufay, autre que celui du « chercheur » entrevu dans les messes, le visage lumineux et attachant du musicien croyant.

Distincts de ces pièces liturgiques, les autres motets se caractérisent par leurs proportions plus vastes, généralement, et leur architecture plus complexe, et, pour les motets isorythmiques, par le mélange des textes et le nombre de voix plus élevé. Œuvres de circonstance, les 14 motets isorythmiques nous éclairent sur l'accord entre les idées profanes ou religieuses et les mentalités médiévales. *Vasilissa ergo gaude,* écrit pour la fête d'adieu de Cleofe Malatesta (1420),

---

Gilles Binchois
(Mons, v. 1400, Soignies, † v. 1460)

Soldat, puis prêtre, il est au service du duc de Suffolk. De 1430 à sa mort, il est musicien et chapelain de Philippe le Bon, duc de Bourgogne.
Il écrivit 55 chansons françaises ; 25 fragments de messe : 6 *Kyrie,* 7 *Gloria,* 4 *Credo,* 3 *Sanctus,* 5 *Agnus* ; 4 *Magnificat* ; 22 *motets.*

Ecclesiae militantis, pour l'intronisation du pape Eugène IV (11 mars 1431), *Nuper rosarum flores,* pour l'inauguration du dôme de Florence de Brunelleschi (25 mars 1436), ou *Moribus et genere Christo* (1446), en l'honneur de saint Jean, corroborent la fonction sociale de la musique au sein d'une société en mutation.
Gardons-nous de trouver dans les 6 motets-cantilènes un aboutissement de la forme. Certes, ils ont un texte unique, au profit du latin ; ils refusent à la teneur son hégémonie et avantagent la ligne mélodique au *superius.* Mais c'est moins dans *Flos florum* que dans l'antienne *Ave Regina,* à 4 voix, de 1464 qu'il faut deviner ce que sera le futur motet josquinien. Déjà, par sa foi et sa sensibilité, Dufay balance, au seuil du temporel et du spirituel, à la croisée de l'horizontal et du vertical, le poids de sa polyphonie.

Gilles Binchois

En regard de celle de Dufay, la production religieuse de G. Binchois est, qualitativement et quantitativement, bien moins attachante ; en regard de sa propre œuvre profane également. Jusqu'à preuve du contraire, Binchois n'a subi aucune influence de son illustre contemporain. Il serait injuste, pourtant, de ne voir en lui que le « père de joyeuseté » et le musicien léger et délicat de poèmes amoureux. Sa musique religieuse recèle souvent un caractère sombre et grave qui, pour ne pas atteindre à la spiritualité de Dufay, ne manque pas de recherches harmoniques et figuratives.
Les parties de messes ne sont pas unifiées par la technique contemporaine du *cantus firmus,* mais soumises plutôt à la paraphrase. Empruntée au répertoire grégorien de l'ordinaire, la mélodie colorée de variations apparaît ici au *ténor,* mais plus volontiers au *superius,*

où elle se prête davantage aux procédés stylistiques profanes (emploi quasi systématique de 3 voix et, assez souvent, absence de texte à l'une des voix inférieures, ou aux deux).
L'édification des *Magnificat* et des motets est plus que déroutante. Binchois y manifeste une tendance à simplifier son langage, une « mono-tonie » rudimentaire et archaïque à base de faux-bourdon (motets *Inter natos mulieres* et *Gloria, laus et honor*).
Binchois et autres Grenon, Fontaine, Foliot, Joye, Hayne, Morton ont, de par leurs fonctions ecclésiastiques, l'obligation de chanter et de composer des œuvres religieuses. Mais c'est plus par leur réussite dans le domaine de la chanson qu'ils se sont distingués.

Johannes Ockeghem

« Mort, tu as navré de ton dart
Le père de joyeuseté
En desployant ton estandart
Sur Binchois, patron de bonté. »

Ainsi dit le poète anonyme mis en musique par J. Ockeghem dans la *Déploration sur la mort de Binchois*. Or, si ce dernier ne fut reconnu que comme « père de joyeuseté », le premier, en revanche, fut considéré comme le « vray trésoir de musicque et chief d'œuvre », et les musiciens de la génération suivante seront ses fils spirituels. À son tour, Josquin des Prés « déplorera » la mort d'Ockeghem, sur des vers de Jean Molinet :

« Accoutrez vous d'abitz de deuil :
Josquin, Brumel, Pierchon, Compère.
Et plorez grosses larmes d'œil :
Perdu avez vostre bon père. »

J. Ockeghem recevra bien d'autres témoignages d'admiration de son vivant, de la part de Busnois, de Compère, de Tinctoris et, à sa mort, du poète Guillaume Crétin et de l'humaniste de Rotterdam, Érasme. Hommage à sa science, à sa maîtrise technique, certes, mais aussi à la beauté, à l'immatérialité de sa musique, dans laquelle transparaît toute sa spiritualité. La polyphonie d'Ockeghem, tournée vers la lumière du matin, s'éclaire des feux de la cosmogonie et de la gloire de Dieu. Microcosme humain, celui de la création, donc de Dieu : l'art d'Ockeghem est le signe de la connais-

Johannes Ockeghem (v. 1425, † 1497)

Né en Flandre orientale v. 1425, mort à Tours, il est mentionné comme chantre de la maîtrise de Notre-Dame d'Anvers en 1433-1444 et comme chantre du duc de Bourbon à Moulins en 1446-1448. Puis, jusqu'à sa mort, il est premier chapelain et compositeur, puis maître de chapelle des rois de France Charles VII, Louis XI, Charles VIII.
On connaît de lui 13 messes à 3, 4, 5 voix ; 1 *Requiem* ; 1 *Credo* ; une dizaine de motets ; 21 *chansons.*

sance, mais aussi le signe du divin. Il est moins l'homme de l'étonnante virtuosité du canon à 36 voix que l'artiste mystique. Son langage traduit une grandeur et une émotion que font vivre une vie intérieure profonde et le souci d'accorder à la musique religieuse la première place. Le tissu polyphonique est ciselé de fines courbes et contre-courbes qui lui donnent un caractère « errant » et capricieux. En fait, jamais d'intellectualisme outrancier chez Ockeghem, mais un continuel épanchement lyrique.
Autre particularité : le caractère de simultanéité des voix. Celles-ci utilisent toutes les mêmes valeurs de notes, et sont désormais solidaires les unes des autres, bien qu'astreintes à l'horizontalité. Nulle partie ne peut être ôtée sans détruire l'équilibre de l'édifice.

Les messes

Les messes d'Ockeghem occupent une place de tout premier plan. On y découvre un ensemble dont la dynamique interne conduit toujours l'esprit au point nodal de l'eucharistie renouvelée, à l'image du point crucial qu'est le chœur dans le plan de l'église.
La messe des *Prolations* nous étonne aujourd'hui par sa maîtrise et son habileté, remarquables sans doute, mais aussi par la grâce qu'Ockeghem sait insuffler à – et malgré – son arithmétique. Rappelons que la prolation est un signe qui indique la manière de mesurer les valeurs de notes. Tour de force, jeu cosmogonique et labyrinthique des canons à la seconde (Christe), à la tierce (Kyrie II), à la quarte (Gloria), à la quinte (Credo), à la sixte (Sanctus), à la septième (Pleni sunt), à l'octave (Hosanna), tout est ascension mais aussi inspiration, musicales et spirituelles. On serait tenté d'y reconnaître la symbolique des nombres, chère à la

tradition judéo-chrétienne et aux pythagoriciens ; avec la prédominance du *quatre* (canons des *Gloria, Benedictus, Agnus I*), symbole du carré, de la croix, du monde, et du *cinq* (canons des *Credo, Agnus II* et *III*), symbole d'union, du centre, du monde sensible, de l'homme.

Autre prouesse que nous révèlent les mystères de la messe *Cuius vis toni*, « Dans n'importe quel ton » : les clefs sont remplacées par des points d'interrogation et leurs combinaisons laissées au choix des interprètes. On voit la possibilité qui est offerte d'entrer dans le domaine de l'aléatoire, préoccupation, s'il en est, du XXe s. !

Ockeghem organise peu à peu la messe polyphonique en lui donnant un style mélodique permanent qui assurera, plus que le procédé du motif de tête ou celui de la teneur, son expression propre à la polyphonie à la fin du XVe s. Les messes à teneur ou thème emprunté et sans teneur se suivent d'ailleurs sans régularité, et Ockeghem n'est l'esclave d'aucun système. Il emprunte son thème à la liturgie *(Missa Ecce ancilla* et *Missa Caput)*, au fonds profane contemporain *(Au travail suis, De plus en plus,* chanson de Binchois, *L'Homme armé)* ou à sa propre musique *(Ma Maistresse* et *Fors seulement)*.

L'exploitation du *cantus firmus* peut revêtir diverses formes, depuis celle de la parodie *(Fors seulement)*, la citation textuelle au ténor présentée plusieurs fois selon la longueur des pièces *(L'Homme armé* ou *Caput*), ou selon une répartition irrégulière et asymétrique (*De plus en plus*) jusqu'à l'usage très morcelé qu'en fait *Au travail suis* (le ténor de la chanson ne se trouve entièrement que dans le *Kyrie*). En outre, Ockeghem entrevoit dans la messe *L'Homme armé* le parti rationnel que tireront les musiciens de la génération suivante en diffusant le *cantus firmus* aux voix graves mais aussi aux voix supérieures et surtout au *superius* qui aura le chant.

Nous avons vu qu'Ockeghem ne fait pas non plus un usage systématique de l'imitation, bien qu'elle soit présente dans toutes les messes. La variété de son traitement appelle quelques remarques. À part l'imitation canonique qui est le germe et le principe de la *Missa prolationum,* le style imitatif syntaxique ne structure pas la polyphonie d'Ockeghem comme l'affirmait Hugo Riemann dans son expression : la *Durchimitation* (« imitation continue »). S'il est vrai que les 2 messes de jeunesse à 3 voix *Quinti Toni* et *Sine nomine* adoptent fréquemment l'imitation, les messes postérieures s'en désintéresseront pour la plupart et se garderont, lorsqu'elles utiliseront des formules canoniques, de les systématiser.

Canon et imitation

Canon : reproduction rigoureuse, par 2 voix ou plus, à un intervalle et à un moment donnés, d'une mélodie, suivant un canon (règle).
L'*imitation* est *canonique* lorsqu'elle se poursuit dans toute la polyphonie pendant un long moment ; *syntaxique* ou *continue* lorsqu'elle est reproduite systématiquement dans toutes les parties.
Durchimitation : imitation continue. Toutes les parties s'emparent systématiquement d'un même motif.

Le traitement de la dissonance, en outre, n'est pas l'un des moindres aspects du langage d'Ockeghem. Il est, comme chez Dufay, la mémoire du passé, mais il est utilisé aussi en dehors des règles habituelles et mis « au service d'un sens artistique si aigu qu'il en renouvelle un style » (Nanie Bridgman). Les cadences hésitent encore à s'adjoindre la tierce dans l'accord final. Les mouvements cadentiels se font à la basse conjointement ou du Ve degré au Ier. Souvent Ockeghem dédouble les voix pour ajouter à la plénitude sonore, comme dans le *Gloria* de la messe *Au travail suis*.
C'est par son humanisme et sa sensibilité qu'Ockeghem sait équilibrer ce que sa science aurait d'un peu froid. Au sein des passages chargés des angoisses, des supplications et de l'espérance du croyant se dessine l'émotion profonde du musicien. Nous y voyons déjà, dans les procédés de répétition incantatoire, apparaître les formules insistantes de Josquin, annonciatrices elles-mêmes de l'art de la rhétorique.
Expressivité toute neuve et très personnelle que l'utilisation, à des fins symboliques, de longs silences qui interrompent, à la façon des sanglots, la déclamation du ténor : *Fuerunt mihi lacrimae,* dans le trait du *Requiem.* Puisque celle de Dufay nous manque, cette messe est la première pour les défunts que nous possédions. Son émotion et ses qualités expressives en font une des œuvres les plus émouvantes d'Ockeghem.

Les motets d'Ockeghem

Ockeghem ne nous a laissé qu'un nombre peu important de motets. Parmi eux, les prières à la Vierge participent de la plus heureuse manière à la dévotion mariale qui se manifeste d'ailleurs autant dans la littérature et les arts plastiques, principalement en peinture ; ex. : *Madone du chanoine Van der Paele* de Jan Van Eyck (1385, † 1441). Que ce soit dans les 2 *Salve Regina*, dans *Intemerata, Ave Maria*, dans le très beau *Gaude Maria*, déjà très nouveau par les alternances de voix supérieures et de voix inférieures et son caractère tonal, ou dans l'*Alma Redemptoris mater*, le *cantus firmus* est traité selon la technique de la paraphrase, mais avec un tour plus expressif que celui de Dufay.

Anthoine Busnois († 1492 ?)

De la génération d'Ockeghem, A. de Busnes avait pris, à la mort de Binchois, la succession de chef d'école à la cour de Bourgogne. Aussi est-ce dans le domaine profane qu'il a particulièrement brillé. Pourtant, à côté de son hymne à 2 voix et de ses 2 *Magnificat* à 3 voix, ses 9 motets dénotent une personnalité et une recherche de particularisme qui, pour ne pas atteindre à l'émotion et à l'expressivité de ceux d'Ockeghem, n'en contiennent pas moins d'ingéniosité. Deux sont librement composés, cinq autres utilisent un *cantus firmus* grégorien, les deux derniers, les plus originaux, *In hydraulis* et *Anthoniusque limina*, ont des ténors libres ou inventés. D'une certaine manière, ces œuvres « proportionnées » annoncent les spéculations mathématiques d'un Obrecht et, à un moindre degré, celles d'un Josquin.

Il serait injuste de ne pas citer les contemporains. Pour n'être pas des musiciens de génie, ils n'en sont pas moins talentueux. D'ailleurs, les théoriciens et leurs confrères ne s'y sont pas trompés : ils ont vanté à maintes reprises les mérites de Faugues, Caron, Régis, Barbireau qui font tous preuve d'une grande maîtrise contrapuntique.

Jacob Obrecht

Lui aussi est loué par les théoriciens de son époque, pour ses qualités de virtuose fécond et inspiré. L'humaniste Glaréan (1488, † 1563) vante sa faculté d'écrire une messe en une nuit. L'éditeur Petrucci choisit des chansons de lui pour ses premières éditions de 1501-1504 et 5 messes en 1503. Appartenant à la génération des musiciens qui excédèrent le siècle, Obrecht (†1505) se tient résolument, comme son compatriote Pierre de La Rue, au sein de l'école de contrepoint néerlandaise à l'inverse de leurs contemporains « italianisants ». À la charnière de deux époques, Obrecht est toutefois, par son style, plus proche de Dufay âgé et d'Ockeghem. L'imitation syntaxique est encore rare chez lui ; absent aussi le lien entre la déclamation du texte et la musique. Mais on rencontre volontiers des superpositions de plusieurs textes dissemblables et une prédilection pour la technique du *cantus firmus*. Choisi plutôt dans le répertoire de la chanson flamande ou allemande, le *cantus firmus* se dessine en valeurs très larges. Obrecht n'hésite pas, d'ailleurs, à « stratifier » plusieurs *cantus firmi (Missa Diversorum tenorum)* et à réutiliser plusieurs parties d'un modèle polyphonique préexistant *(Fortuna desperata),* optant nettement pour la messe parodie.

Aussi, avec cette option qui marque la variété de sa technique, il se situerait davantage dans le courant nouveau : sa tonalité est clairement affirmée ainsi que les cadences ; son architecture est savamment équilibrée, son style mélodique bien dessiné et souple ; il utilise des formules répétitives ou séquences qui n'ont pas encore la grâce et l'aisance de celles de Josquin, mais dont n'est pas absente la coloration de la piété. La technique du *cantus firmus* revêt, dans les messes, des formes variées : placé au *ténor* ou au *superius,* il se présente en entier, une ou plusieurs fois *(Missa Caput),* ou en plusieurs sections qui sont exposées successivement les unes après les autres dans les différentes parties de la messe, selon la technique de la paraphrase (messes *Malheur me bat, Maria Zart*) ; il peut même lui être superposé 6 antiennes mariales, progressivement dispensées à partir du *Credo* (*Missa Sub tuum praesidium* de 3 à 7 voix).

Le musicologue Marcus Van Crevel s'est attaché à démontrer, dans ses éditions des messes *Sub tuum praesidium* et *Maria Zart,* qu'une symbolique des nombres structure les deux œuvres dans un rigoureux plan architectural. C'est une structure secrète, minutieuse, qui préside à cette construction mathématique et géométrique. L'équilibre des proportions, la durée des développements, les rapports numériques des noms religieux entre eux (la première des trois sections de chaque partie comprend 66 battues ou *tacti* ; or dans la symbolique, 6 ou 66 représente l'homme, créé le 6e jour de la création) et l'emplacement de ces noms au centre exact – au zénith – de ces rapports sont calculés dans les moindres détails. Le monument que représente la messe déploie ainsi une vertigineuse géométrie dans l'espace, dont le carré, le triangle, le cercle sont reliés par le jeu des calculs cosmogoniques, expression de la rencontre de l'énergie créatrice de l'homme et du monde cosmique. Cette science complexe dénote pourtant une très grande sincérité,

---

Jacob Obrecht (Berg-op-Zoom [?] 1450, † Ferrare 1505)

Il est maître de chant à Utrecht en 1476, à Berg de 1478 à 1484, maître de chapelle à Cambrai, puis à Bruges et à Anvers. Il se déplace très souvent entre Bruges, Anvers et Ferrare, où il meurt de la peste.
Son œuvre comprend 26 messes, à 4 voix surtout ; 31 motets de 3 à 6 voix ; environ 25 chansons profanes ;
5 pièces sans paroles à 3 voix ; 1 *Fuga* à 4 voix.

---

un sens de la grandeur, une clarté issus d'une apparente facilité. La *Missa Sub tuum praesidium* est une immense cathédrale sonore édifiée patiemment, dont Obrecht est l'architecte, le sculpteur et le maître verrier.
Si la messe *Sub tuum praesidium* est imposante et massive (ce qui est dû, en partie, à la tessiture resserrée des 4 voix graves), la messe *Maria Zart*, elle, est toute de grâce flexible, rayonnante et montre à quel point le musicien est avant tout un maître mélodiste, mais aussi harmoniste et contrapuntiste. La clarté de ses constructions et leur douceur annoncent la Renaissance.
Il faudrait sans doute établir un lien entre la tenace investigation d'Obrecht dans le monde intellectuel à la fin de sa vie et ses déplacements continuels au sein des cercles humanistes italiens. À défaut de mieux connaître sa musique, nous en saurions alors davantage sur l'homme. Il ne fait pas de doute que la symbolique des nombres doit s'inscrire au sein des tendances spirituelles et intellectuelles du XVe s. Le géocentrisme néo-platonicien de Marsile Ficin a pu influencer Obrecht. Peut-être aussi les études kabbalistiques de Pic de La Mirandole, mais sans doute plus encore Nicolas de Cues, dont la conception de l'infini, jointe aux symboles mathématiques, renouvelait les fondements de la science.
Sans atteindre l'ampleur des messes, les motets d'Obrecht n'en sont pas moins intéressants par leur manière d'aborder les nombreuses techniques de composition. Si le procédé du *cantus firmus* est encore maintenu, soit en valeurs très longues (motet *Laudamus nunc Dominum*), soit en superposition d'autres textes différents (motet de Noël *Factor orbis*), une tendance nouvelle se fait jour dans

le beau motet *Si oblitus fuero* (psaumes 137 et 150), où le contrepoint alterne avec de larges passages homophoniques, ou encore dans le radieux *Salve Regina,* à 6 voix, qui aborde le procédé plus neuf de la paraphrase par sections dont Josquin usera largement avec bonheur.

Josquin des Prés et sa génération

Josquin des Prés

De fait, à l'orée de cet âge d'or, aucun bouleversement ne s'opère ; la transformation stylistique se fait sans heurts. Aussi, quand Josquin commence à produire, ses premières œuvres ne se distinguent pas particulièrement de celles d'Ockeghem, sinon par une recherche de clarté et de simplicité jointe à une volonté de symétrie. C'est que Josquin, comme nombre de Franco-Flamands, a découvert l'Italie et l'art de faire *bien chanter* la musique, l'équilibre entre l'harmonie des proportions et la science contrapuntique, mais aussi l'humanisme et la volonté de s'attacher à l'aspect émotionnel du texte. Car la musique n'est plus intégrée avec l'arithmétique, l'astronomie et la géométrie au *quadrivium* du cursus universitaire.
Elle glisse au sein du *trivium* avec la grammaire, la rhétorique et la dialectique. On admet dorénavant son pouvoir d'expression, son influence morale et religieuse avant tout, et non plus seulement son aspect technique et mathématique. On favorise davantage la sensibilité, sans renier pour autant la science.
Ainsi, ce sont autant par leurs qualités d'excellents chanteurs que de maîtres polyphonistes que Dufay, Josquin, Isaac, Weerbecke, Agricola, Compère, Obrecht, Brumel chantent les moments importants de l'histoire de l'Italie. Messes, motets, chansons célèbrent les événements politiques, sociaux ou religieux des princes, cités et prélats, et la musique se propage dans toute la péninsule au moyen de riches manuscrits mais, surtout à partir de 1501, grâce au développement de l'édition musicale. Jusqu'en 1520, on compte 33 recueils de musique religieuse presque totalement réservés aux musiciens du Nord. C'est dire la supériorité de l'art contrapuntique franco-flamand sur la musique des *laudes* italiennes et la richesse de la production.

En 1502, 1505 et 1514, trois recueils de Josquin sortent des presses de Petrucci à Venise. Ils seront réédités à plusieurs reprises, signe de la réputation dont jouit indubitablement le musicien.

Les messes

Elles sont d'une grande variété et utilisent les techniques compositionnelles traditionnelles mais enrichies par divers procédés particuliers tels que l'*ostinato*, la séquence ou la répétition.
Même si elles s'adjoignent dans certaines parties une cinquième voix *(De beata Virgine)* ou une sixième voix *(Hercules dux Ferrariae)*, ces messes conservent en majorité une écriture à 4 voix, toutes pourvues continuellement de paroles. On se dirige vers la pratique *a cappella* du XVIe s. Esquissée déjà dans les œuvres de jeunesse, l'égalité absolue des voix s'est réalisée au profit d'une homogénéité incomparable.
La mélodie acquiert plus de liberté et de simplicité. Dépouillée de ses entraves rythmiques et de ses accès de brusque nervosité, elle se fait plus calme. Son dessein moins contourné se prête davantage aux multiples combinaisons canoniques et contrapuntiques dont le dessein essentiel est de préserver, malgré la complexité des entrelacs, l'écriture toujours parfaitement aérée. La technique du *cantus firmus* régit la plupart des pièces, mais elle met en œuvre tant de procédés particuliers qu'elle ouvre un éventail de possibilités plus variées et plus subtiles les unes que les autres.
L'aspect le plus visible de ce renouvellement, remarqué déjà chez Dufay, est la « parodie », qui modifie la perception sonore et la conception globale de la polyphonie : l'évolution du langage contrapuntique et harmonique « parodié » permet une imprégnation nouvelle du champ d'investigation mélodique, tonal, harmonique et de l'équilibre des voix. Elle ouvre une nouvelle technique libérée du *cantus firmus* hiératique.
Cette libération, cette recherche de l'imaginaire paraît bien, au fond, le symbole de la libération de l'artiste face à la célébration liturgique, celui de la libération de l'esprit humain, de l'homme face à la féodalité, du fils face à son père.
En conséquence se côtoient les messes/paraphrases, œuvres à teneur essentiellement liturgique *(Gaudeamus, Ave Maris stella, De beata Virgine, Da pacem, Pange lingua)*, les messes parodies (*Fortunata desperata, Malheur me bat, D'ung aultre amer* – toutes trois, chansons d'Ockeghem –, *Mater Patris,* parodie libre d'un motet de Brumel) et les messes libres usant largement du canon (*Ad fugam,* entièrement

Josquin des Prés (v. 1440, † 1521 ou 1524 ?)

Josquin des Prés est né v. 1440 en Picardie et est mort à Condé-sur-l'Escaut en 1521 (ou 1524 ?).
En 1459, il est chantre à la chapelle du Dôme de Milan ; en 1474, il sert le prince Galeazzo Maria Sforza ; en 1476, le cardinal Ascanio Sforza ; puis la chapelle papale jusqu'en 1499 ; enfin le duc Hercule Ier à Ferrare. En 1505, au terme de continuels déplacements, il rentre définitivement en France, où il a quelques contacts avec Louis XII. Il passe ses dernières années à Condé-sur-l'Escaut.
Il écrivit 20 messes, 7 fragments de messe, 98 motets, 62 chansons.

en canon ; *Sine nomine,* où seul le *Credo* en est exempté) – on se souvient de l'utilisation qu'en avait faite Ockeghem dans sa *Missa prolationum.* Elles pratiquent aussi le procédé nouveau de l'*ostinato* (*Faisant regretz, Hercules dux Ferrariae*). Le *superius* de cette dernière messe présente en *ostinato* un thème fait des voyelles du titre dédicace « e, u, e, u, e, a, i, e » : *(ré, ut, ré, ut, ré, fa, mi, ré)* et *La sol fa ré mi* – solmisation de la réponse négligente du cardinal d'Ascanio, *Lascia fare a mi,* soit en français « laissez-moi faire », à toute demande pressante.
Dans l'ensemble des messes, aucune qui ne comporte, en effet, d'imitation, soit esquissée librement, soit poussée vers sa technique la plus rigoureuse, aucune qui n'emploie de formules contrapuntiques sous la forme de canons ébauchés *(L'Homme armé sexti toni),* de canons systématiques au long de l'œuvre, à la seconde, à la quarte, à la quinte, à l'octave *(Sine nomine),* par mouvement rétrograde (*Benedictus* de *L'Homme armé super voces musicales*), par augmentation (*Agnus* II de la même messe).
La science du contrepoint n'est plus ici l'ivresse du virtuose résolvant les problèmes les plus épineux. Expression naturelle, elle est devenue aisance souveraine. On comprend que se dessine à travers toute l'œuvre, messes et motets, cette quête de l'équilibre entre *scientia* et *sensibilitas.* Pour réaliser cette fusion, Josquin dispose, en dehors de l'imitation et de ses dérivés, d'éléments de langage extrêmement importants, *séquences, ostinati* et *redictae.*

Ostinato : reprise « obstinée » d'une formule mélodique ou rythmique (*la, sol, fa, ré, mi* dans la messe du même nom).
Redicta : *ostinato* raccourci (*Kyrie II* de la messe *Pange lingua*).
Répétition : reprise identique d'un motif ou d'un fragment mélodique (*rondeau*).
Séquence : reproduction d'un motif caractéristique sur différents degrés de l'échelle musicale (*Kyrie* de *Pange lingua*).

Toujours issus de la substance même de la teneur (du thème), ils participent de l'humanisation de Josquin et sont étroitement liés au sens et aux figures du texte, témoin cette douceur de la séquence (mes. 61-64) et ce redoublement d'énergie de la *redicta* (mes. 65-67) dans le *Kyrie* II de la messe *Pange lingua* (voir ♪ p. suivante).
C'est dans ce chef-d'œuvre qu'il faut percevoir la notion de thème que Josquin a entrevue. La teneur irradie sa substance mélodique à travers tout le tissu polyphonique. Les 4 voix, sans préséance aucune, varient le thème constamment avec une liberté et une subtilité souveraines. Là, plus qu'en aucune autre messe, Josquin a réalisé cette union transparente et parfaite du texte de l'hymne, de la sérénité de la musique et de la ferveur de l'eucharistie.
L'œuvre religieuse de Josquin fait donc apparaître une progression stylistique, une évolution et non une transformation. Et, quoique se fasse sentir déjà dans ses œuvres de jeunesse ce souci d'humaniser la musique, c'est dans les pièces de sa maturité comme les messes *De beata Virgine, Da pacem* et *Pange lingua* qu'il faut déceler les arcanes d'un monde nouveau.
On ne peut pénétrer profondément cet univers qu'en ayant saisi tous les stades de la syntaxe josquinienne et après avoir vécu toutes les épreuves initiatiques. Le degré ultime de cette connaissance est la révélation de la fusion réalisée de l'art et de l'âme.

Les motets de Josquin

C'est dans le motet que Josquin peut révéler le plein épanouissement de son génie et se libérer de l'asservissement du texte immuable imposé par la messe. Mais la prose cadencée ou les vers rythmés ne sont pas davantage une nouvelle contrainte. Le mot agit comme la source de la déclamation musicale, l'étincelle de l'énergie créatrice ; sa charge affective provoque cette invention

Josquin des Prés, messe Pange lingua *(fin du « Kyrie II »).*

polyphonique et expressive, servie soit par une structure solide à base du *cantus firmus* développé en sections successives, soit par l'articulation du texte traduite par une chaîne incessante de motifs variés qui nourrissent une polyphonie aérée, équilibrée et fervente. Aussi, les fréquentes exécutions instrumentales de ces motets non seulement ne diminuent en rien leur intérêt, mais préparent inéluctablement le style rigoureux des *ricercari,* fugues et sonates des siècles à venir.

Plus qu'aucun autre musicien du XVe s., Josquin a su réaliser l'équilibre entre le verbe et le son et, portant la musique à son autonomie, l'a élevée au rang de la musique pure, à l'authenticité d'une œuvre d'art.

Comme chez Dufay, mais avec plus de variété, les motets de Josquin sont destinés généralement au Propre de la messe pour différentes fêtes, pour Pâques, la Pentecôte ; ils comprennent des psaumes, antiennes, hymnes, prières. Les motets destinés à la Vierge sont les plus nombreux et de conception très libre. Le très bel *Ave Maria... Virgo serena* est un bel exemple de style contrapuntique et de style vertical. Le musicologue Antonowycz voit dans *Illibata Dei Virgo* une manière d'autoportrait dans lequel Josquin cite plusieurs de ses tournures mélodiques, des phrases de certaines de ses œuvres ainsi que ses différentes techniques de composition. *Benedicta es caelorum Regina* est plus audacieux : chaque verset est

l'objet de quasi-variations du *cantus firmus* à toutes les voix, dont la répartition varie elle aussi.
On peut discerner l'influence de la musique italienne dans *Tu solus, qui facis mirabilis* : simplicité, clarté, disposition symétrique des périodes, aspect homophonique, harmonies tonales, calme du discours associé étroitement au texte. Les psaumes offrent aussi l'occasion de mettre en valeur les mots et leur sens figuratif. Dans le psaume 92, *Dominus regnavit,* les sauts d'octave canoniques semblent des flots battant sans cesse les rives des fleuves ; dans le psaume 37, *Domine, ne in furore,* les 4 voix d'hommes enroulent de manière très symbolique leurs prières. Ici, comme dans le motet de la Passion *Huc me syderero,* la mise en valeur de mots expressifs, la transparence du contrepoint situent l'œuvre de Josquin sur l'un des sommets de ce chemin ascensionnel qui va de Dufay à Roland de Lassus.

Les contemporains de Josquin

Alexandre Agricola (1446, † 1506)

8 messes à 4 voix, 1 à 3 voix ; 2 *Credo,* 25 motets, dont 12 à 3 voix, et 86 chansons offrent les multiples facettes d'une individualité curieuse de renouveler certaines techniques. La plus intéressante de celles-ci est la liberté avec laquelle est traité le *cantus firmus* dans les messes profanes (dont *Le Serviteur, In myne zyn*), depuis l'exposition en valeurs longues jusqu'à la paraphrase (*Gloria* de *Je ne demande*).
Malgré les quelque vingt années passées en Italie, le style d'Agricola se ressent fort peu de l'influence de ce pays. Peu ou pas d'homophonie. En revanche, une prédilection pour une recherche remarquable de rythmes sans que la clarté du discours s'en ressente ; une carrure de phrase extrêmement nette, le goût de l'arabesque décorative, typique de l'école nordique. Enfin, un accroissement de la tension sonore et un travail d'imitation fait avec souplesse (motet *O quam glorifica* et *Si dedero*).

Heinrich Isaac

Autre musicien originaire de *Flandria* comme il l'affirme lui-même, Heinrich Isaac (v. 1450, † 1517) est un musicien remarquable. Tous les genres de musique qu'il a pratiqués et la synthèse des différents styles flamand, germanique et italien donnent à son art un caractère d'internationalisme. Celui-ci fut nourri par les voyages incessants du compositeur à la fin de sa vie entre l'Allemagne du Sud, l'Autriche et l'Italie.

Il ne faut pas négliger l'influence qu'Isaac exercera sur le *lied* germanique et sur le choral. Mais c'est dans la messe et surtout dans le répertoire du Propre de la messe qu'il a fourni le même effort gigantesque que William Byrd (1543, † 1623) plus tard en Angleterre. Commandé par le chapitre de la cathédrale de Constance, terminé par son élève Ludwig Senfl (1490 ?, † 1543), le *Choralis Constantinus* révèle une maîtrise remarquable du contrepoint et du style franco-flamand du début du XVIe s.
L'édition monumentale entreprise par Edward R. Lerner devrait nous permettre de porter un jugement sur ce musicien attachant. Outre les messes du *Choralis Constantinus,* auxquelles s'ajoutent une vingtaine d'autres et des fragments manuscrits, l'édition de 10 messes, 40 motets et pièces pour le propre, 13 chansons allemandes, 8 pièces instrumentales, imprimés au XVIe s., traduisent bien le talent et la rapidité du compositeur.
La *Missa Carminum,* à l'exemple de celle d'Obrecht, utilise plusieurs chants allemands. Son intérêt repose sur quelques traits révélateurs d'une période de transition entre le style contrapuntique et le style harmonique. Préfigurant le *lied* et paradoxalement liés par l'articulation syntaxique au choral protestant, de petits motifs d'allure populaire séparés par des silences et leur développement par imitations ou répétitions donnent à ce procédé un tour germanique éloigné – ô combien ! – du style d'Ockeghem des années 1480.
Comme Josquin, Isaac pratique volontiers la séquence et la *redicta.* En revanche, il attache peu d'importance au rapport texte-musique. En cela, il est en retard sur son illustre contemporain, décalage confirmé par l'absence de tierce dans l'accord final des pièces.
L'Allemagne, patrie d'adoption d'Isaac, ne connaîtra pas avant la seconde moitié du XVIe s. de musique originale. Soumise, à l'intérieur de ses brillantes chapelles, à l'influence de la polyphonie franco-flamande, elle ne pratique en rien un art nouveau. Ses goûts se manifestent pour l'art bourgeois du *Tenorlied* et l'ancienne technique du *cantus firmus.* Du premier, genre essentiellement allemand, naîtra, en partie, le choral. Des compositeurs bien orthodoxes se détachent Adam von Fulda (v. 1445, † 1505) et surtout Heinrich Finck (v. 1445, † 1527).

Gaspar Van Weerbecke

On trouve, dans le premier recueil de motets qu'imprime Petrucci en 1502, 10 motets de Van Weerbecke (v. 1445, † 1518), c'est-à-dire autant que ceux de ses contemporains réunis, Josquin et Compère.

Pierre de La Rue (Pierchon)

Né à Tournai (?) v. 1460, mort à Courtrai en 1518, il est l'auteur de 31 messes, d'une trentaine de motets, de 8 *Magnificat* et d'environ 40 chansons françaises.

Les éditions régulières de motets et de messes de Gaspar Van Weerbecke dans les années suivantes, le fait que celui-ci passa en Italie expriment indubitablement l'influence de ce pays sur la musique du compositeur. Essentiellement religieuse, celle-ci offre dans ses messes beaucoup moins de signes de modernisme que dans ses motets.
Pourtant, en dehors des préoccupations courantes de traiter la parodie (*Se mieulx ne vient*) et de puiser dans le répertoire profane, Van Weerbecke révèle un souci peu commun d'étendre l'*ambitus* des voix et d'introduire régulièrement la tierce dans l'accord final (*Ave Regina caelorum*). Les 30 motets et les 2 (ou 3 ?) cycles de motets *Loco missae* sont, pour une bonne part, écrits sur un texte marial. Ils offrent les traits caractéristiques de sa musique : une parfaite homogénéité des voix, un attachement au sens expressif du texte, une grande économie de moyens (*Tenebrae factae sunt*). La polyphonie est simple et claire. On peut y relever aussi le souci fréquent de recherche de sonorités dans le médium des voix et de répartition variée des voix (*Christi mater, Virgo Maria*).

Loyset Compère (v. 1450, † 16 août 1518)

Formé dans les Flandres, lui aussi, Compère fit partie de la chapelle de Galeazzo Sforza, à Milan, en compagnie de Weerbecke, Agricola, Martini et Josquin des Prés. On ressent cette influence italienne dans la plupart de ses motets : la structure y est claire et suit de près l'articulation du texte ; les voix sont groupées souvent en courts *bicinia* et font alors l'objet d'un travail contrapuntique aéré ; mais elles manifestent, la plupart du temps, une prédisposition à l'homophonie que leur inspire le sens du texte sacré (*Officium de Cruce*, édité par Petrucci en 1503).
En dehors de 24 motets, groupés, comme ceux de son ami Weerbecke, en 3 séries de 8 pièces destinées au propre, de fragments de messes, d'une messe *L'Homme armé,* dans la tradition de la polyphonie flamande, et d'une messe *Alles regretz* en partie parodique,

---

Antoine Brumel (v. 1460, † v. 1520)

Il vécut à Chartres, Genève, Laon, Paris, Lyon, Ferrare.
Il est l'auteur d'une dizaine de messes, d'une trentaine de motets à 3, 4 et 5 voix et de quelques chansons françaises.

---

n'ayons garde d'omettre la célèbre « Prière des chanteurs » *Omnium bonorum plena,* symbolisme entourant, à la manière des peintres Bouts, Van Eyck, Van der Weyden ou Memling, une demande d'intercession pour les chanteurs et amis, filiation dont se réclame notre musicien, hommage qu'il rend à une période exceptionnelle autour des années 1470.

Pierre de La Rue

Malgré ses séjours italiens, La Rue fait figure d'« artiste autochtone » : son style reste celui des grands contrapuntistes franco-flamands. On peut se faire une idée de sa célébrité par le grand nombre de manuscrits et de somptueux livres de chœurs qui conservent son œuvre, et que l'on doit à l'estime que Marguerite d'Autriche portait au compositeur. L'atmosphère austère de la cour de Marguerite transparaît, d'ailleurs, dans les motets, empreints d'une profonde gravité.

On peut distinguer dans l'œuvre de La Rue une tendance parallèle à celle de Josquin, le souci d'éliminer les contours anguleux et brusques des lignes mélodiques, les rythmes heurtés et les interruptions du discours musical (messes *Ave Sanctissima* et *De Feria*), qui caractérisent les messes à *cantus firmus.* Les voix semblent davantage préoccupées de la valeur du texte et donnent à la polyphonie un tour plus aéré, plus simple ; le langage s'y fait plus clair, plus expressif. Si le goût profond de La Rue le porte inlassablement vers le contrepoint et l'éloigne souvent de l'homophonie, à l'inverse de son illustre contemporain, la gravité, la beauté de ses structures harmoniques, la recherche d'une sonorité vocale montrent la personnalité d'un musicien sur laquelle l'édition moderne devrait se pencher.

Antoine Brumel

Comme Isaac, Josquin, La Rue et Mouton, Brumel est reconnu et apprécié de son vivant. La même évolution stylistique se dessine dans ses messes. Dans les premières apparaît l'habileté du contrapuntiste (messes *Et ecce terrae motus,* à 12 voix, et *A l'ombre d'ung buyssonnet,* entièrement écrite en double canon). La *Missa De beata Virgine,* elle, semble être l'aboutissement de recherches techniques. L'imitation y est adroitement menée, avec tranquillité ; les séquences, le travail de développement mélodique atteignent cette liberté et cette facilité dont Josquin nous avait donné la démonstration. Les tendances homophone et tonale de l'harmonie prennent souvent le pas sur le contrepoint, dont la souplesse et le caractère conjoint ont quelque chose de la grâce italienne. L'équilibre des 4 voix, bien que réalisé avec moins de réussite que chez Josquin, s'y accomplit avec grâce.

De même, le parti pris de simplicité (motet *Sicut lilium*), la maîtrise remarquable du contrepoint, l'alternance entre polyphonie et harmonie, l'émotion et la jubilation, la mise en valeur du texte (motet *Laudate Dominum*) révèlent cet équilibre mature entre l'art et le sentiment auquel sont parvenus tous ces musiciens franco-flamands.

Jean Mouton

Les éloges et l'estime qui lui furent portés de son vivant par Glarean dans son *Dodecachordon* et, après sa mort, par d'autres théoriciens, ainsi que les éditions de ses œuvres jusqu'en 1572, attestent des qualités et de la réputation de J. Mouton. Des luthistes et des organistes (A. de Rippe, Cabezon) firent des transcriptions de certaines de ses œuvres. Adrian Willaert fut son élève.

Mouton est, en effet, un brillant contrapuntiste que ne rebutent pas les problèmes les plus épineux : la messe *L'Homme armé* (est-elle de lui ?) contient des canons à 2, 3, 4 et 7 voix, le motet *Nesciens mater Virgo virum,* à 8 voix, est entièrement écrit en un quadruple canon à la quinte ; dans le motet funèbre *Peccantem me quotidie,* les 5 voix entrent en imitations semblables et contraires. D'une manière générale, l'imitation régit le travail polyphonique et le souci de la déclamation du texte le cède aux problèmes d'écriture. Une impression d'heureuse harmonie se détache de ces œuvres précises, élégantes et calmes, à l'exemple des joyeux motets de Noël *Noe, noe, noe psallite noe et Quaeramus cum pastoribus.*

En revanche, dans les motets conçus à partir des psaumes, Mouton ne fait plus appel systématiquement à l'imitation. Le lien entre le texte et la musique se fait beaucoup plus étroit. C'est encore le cas des motets à 4 voix écrits pour la mort d'Anne de Bretagne, en 1514

Jean Mouton (v. 1460, † 1522)

Il séjourna à Amiens, Grenoble et fut au service d'Anne de Bretagne, de Louis XII et de François Ier. Il finit ses jours à Saint-Quentin.
Son œuvre comprend 25 messes à 4 et 5 voix, 120 motets et une vingtaine de chansons.

(*Quis dabit oculis nostris*), ou pour la victoire de Marignan, en 1515 (*Exalta regina Galliae*).
Enfin, quelques messes révèlent une démarche que l'on peut qualifier de post-josquinienne à l'aurore du XVIe s. : Mouton parodie volontiers, à l'exemple de Josquin et comme, plus tard, Gombert, Lassus, Palestrina, Monteverdi (*Quem dicunt homines* sur un motet de Thérache), traite le *cantus firmus* à toutes les parties en de constantes variations (*Benedictus Domine Deus*), et amplifie le flot mélodique en évinçant les formules traditionnelles de repos (*Sans cadence*) et en développant la strette (*Alma Redemptoris mater*), préfiguration des grandes polyphonies néerlandaises.

Les petits maîtres de l'école franco-flamande
Après tant de riches personnalités

« ... en livrée jolie
Gouttes d'argent d'orfèvrerie »
(Charles d'Orléans),

les individualités mineures, même « vestu(es) de broderye », n'apportent, il faut bien, l'avouer, rien qui n'ait déjà été dit ou chanté ; du moins confirment-elles par leur talent le rayonnement de cette étonnante école franco-flamande.
Les œuvres de Févin que nous possédons respirent le charme, l'aisance et la clarté. Nous n'en retiendrons que l'étroite parenté qui les lie à la musique de Josquin. La messe *Mente tota,* inspirée étroitement du motet homonyme de Josquin, offre un exemple parfait de leur style : fréquence de duos, homophones ou non, abondance d'imitations, répétition de blocs linéaires, séquences et *redictae* finales.

Antoine de Févin
(Arras, v. 1470, Blois, † v. 1512)

Il écrivit une dizaine de messes dont *Ave Maria, Sancta Trinitas* sur un de ses motets ; des *Magnificat,* un *Requiem* ; une vingtaine de motets ; des *Lamentations* ; une quinzaine de chansons françaises.

L'œuvre de Févin confirme l'importance du verticalisme et du syllabisme dans l'école franco-flamande, importance attestée par la musique d'Antoine Divitis, extrêmement claire et dépouillée, étroitement liée au texte (messes *Si dedero* et *Gaude Barbara* – qui se signalent, en outre, par de continuels renouvellement d'écriture).
Cependant, si la pérennité de l'école franco-flamande est corroborée par la présence des Orto, Verbonnet, Pipelare, Gascongne, Baul-deweyn, une divergence se manifeste, déjà perçue dans les œuvres des contemporains de Josquin : à la systématisation de l'imitation et de la polyphonie contrapuntique des Willaert, Gombert, Clemens non Papa, Créquillon s'opposeront le syllabisme, la prédilection pour le verticalisme et les pièces courtes de Janequin, Sermisy, Certon. Mais il s'agira, alors, d'une séparation radicale, dichotomie entre musique religieuse et musique profane, les deux styles caractérisant désormais chacun un type de répertoire.

La chanson polyphonique

Au XVe s., la chanson est, d'abord et avant tout, le reflet du style courtois et de la vie de cour fastueuse. Les mœurs et le langage précieux, l'art de la rhétorique nourrissent la musique profane de leurs traits proches du gothique flamboyant. Curieusement, on ne trouve dans celle-ci nulle trace du roman de chevalerie, aucun reflet de l'héroïsme, de la *virtu* chers au XVe s.
Art intimiste, cette musique raffinée et savante n'est réservée qu'à un cercle étroit d'initiés. Il ne faut donc pas attendre de la chanson qu'elle manifeste des sentiments épiques et qu'elle atteigne de vastes proportions. Aussi la ballade est-elle moins cultivée par les

musiciens que le rondeau, ce qui est aussi le cas chez les poètes du temps : Charles d'Orléans, Alain Chartier, Christine de Pisan. *Merencolie* et *pitie* baignent plus ces pièces que *joye* et *liesse*. On peut trouver une correspondance de cet état d'âme avec le *nonchaloir,* tendresse résignée de Charles d'Orléans, ou l'amour désespéré de la vie et la conscience aiguë de l'échec devant la mort.

« La vraie histoire de douleur
De larmes toute enluminée ! ! »
Ch. d'Orléans *(Rondeau).*

Il convient, d'abord, d'établir une nette séparation entre la chanson populaire et la chanson polyphonique. La première circule « hors des huis », dans la rue. Gouailleuse, satirique, voire politique et historique, elle présente un intérêt certain aux yeux de nombreux compositeurs, au point que quelques-uns d'entre eux, non seulement utilisent ses timbres, mais ne répugnent pas à l'harmoniser à 3 ou 4 parties.

Sa vogue est telle qu'elle se reproduit dans des manuscrits dont le plus célèbre est le Ms. de Bayeux. Le souvenir de la guerre de Cent Ans s'y dessine parfois, comme dans la chanson *Reveilles vous Picars et Bourguignons.* Cette chanson populaire, toujours monodique, a un caractère simple, direct (les couplets, marqués d'abondantes cadences, y sont souvent séparés de refrains). La chanson polyphonique, elle, commente rarement des événements historiques ; et, si elle ne dédaigne pas se retremper dans la « frisque populaire » (fraîcheur populaire), elle cultive surtout l'inspiration courtoise et mêle sentiments religieux et profanes. Loin d'être chantée *ès carrefours,* elle résonne surtout dans les nobles demeures. Voyageant hors de France, de Bourgogne ou de Flandre, elle emprunte, au hasard des routes et voies d'eau, de nouveaux lieux de fréquentation. L'Italie, l'Allemagne, l'Angleterre, la Hongrie célèbrent la chanson soit sous sa forme originale, soit dans des transcriptions instrumentales (luth, épinette, orgue), soit encore dans des versions abrégées ou adaptées à la langue de ces pays.

Fait nouveau, l'iconographie européenne représente toujours ou presque des dames participant au même rang que les seigneurs à une exécution polyphonique. Celle-ci, en effet, est réalisée par des amateurs éclairés au sein desquels la femme joue activement le rôle qui lui est refusé par l'Église. Soprano, elle y chante le *superius* écrit, dès les années 1430, en clé d'*ut* 1re ligne. Ainsi, la voix aiguë n'est

---

Les chansons de Dufay

8 chansons italiennes, 2 chansons latines, 10 ballades,
5 virelais, 58 rondeaux.

---

plus, exclusivement, exécutée par un haute-contre ou un ténor. On s'oriente de plus en plus vers le quatuor profane de la Renaissance : soprano, alto, ténor et basse.

À l'inverse de la musique religieuse, où la partie prédominante est le ténor, la chanson polyphonique concentre toute son attention sur le *superius.* Cette voix supérieure fait tout d'abord l'objet d'un grand soin dans l'écriture des parties ; dans un second temps, s'ajoutent un *ténor,* d'invention le plus souvent libre, puis un *contratenor,* tous deux instrumentaux. Cette importance accordée à la voix aiguë n'est pas l'un des traits les moins originaux de ce style. Celui-ci influencera, on l'a vu, le motet-cantilène et la messe de la seconde moitié du siècle.

Les formes poétiques auxquelles est soumise étroitement la voix supérieure prolongent les formes fixes du siècle précédent : *ballade, virelai, rondeau.* Toutefois, les deux premières sont appelées à disparaître, la seconde au profit de la bergerette dans les années 1450. Le rondeau accapare la majorité des pièces. Du XIVe s. il garde sa structure musicale AB aA ab AB mais l'agrandit d'éléments dédoublés. Il trouve pourtant en lui-même ses limites : il n'y a, au fond, que 4 ou 5 motifs musicaux adaptés aux vers. Il n'existe aucun souci d'établir une correspondance entre la musique et l'idée littéraire. La déclamation syllabique est à tel point conditionnée par le cadre poétique qu'il lui est interdit de développer la ligne musicale, toute répétition de mot ou vers lui étant refusée.

La chanson chez Guillaume Dufay

Les deux tiers des chansons de Dufay semblent avoir été écrites avant 1435. Si l'écriture reste souvent à trois voix, une grande variété de détails pare chaque pièce. Le chant est soit au *superius (Pourrai-je avoir vostre mercy),* soit à deux parties *(Bon jour, bon moys),* soit à trois *(Ce moys de may),* le *contratenor* instrumental s'intégrant davantage à l'équilibre de l'ensemble. L'imitation n'est bien souvent qu'un jeu décoratif, mais, sans être encore syntaxique, elle acquiert une importance croissante et gagne volontiers toute la polyphonie comme dans la chanson *Ce jour de l'an.*

Bien qu'héritier de la monodie et de la modalité grégoriennes, Dufay s'oriente peu à peu vers la tonalité et le sentiment harmonique (*Adieu m'amour, Donnes l'assault, Les douleurs dont me sens tel somme*). Qu'elles soient plaintes amoureuses (*Navré je suis d'un dart penetratif, Je languis en piteux martire*), chants d'étrennes ou de mai (*Resvelons nous, resvelons amoureux*), toutes ces pièces dégagent un charme naïf et raffiné à la fois, que la flexibilité du rythme et de la mélodie, l'équilibre et la fraîcheur de l'inspiration baignent d'une poésie et d'une sincérité jamais encore entendues. De la « frisque populaire » de *La belle se sied* à la *Lamentation sur la perte de Constantinople* mêlant le sacré et le profane, chaque pièce est enluminée avec art et amour, à l'image des riches miniatures de Jean Fouquet.

La chanson chez Gilles Binchois

Art d'intimité, de souplesse mélodique, de fraîcheur, la musique profane de Binchois, sans atteindre la variété d'écriture et d'inspiration de Dufay, se distingue par son langage harmonique à base de tierces et de sixtes et de cadences fonctionnelles. Ses 55 chansons « bourguignonnes » (le *superius* y supporte le texte au-dessus d'un *ténor* et d'un *contratenor* instrumentaux) se singularisent pourtant par leur justesse d'inspiration *(De plus en plus se renouvelle),* leur émotion sincère (*Dueil angoisseux,* ballade de Christine de Pisan) ou leur distinction mélancolique (*Triste plaisir,* rondeau d'Alain Chartier).

La génération du début du siècle avait, en général, adopté l'écriture du XVe s. et éliminé les excès de l'*ars subtilior.* Telles chansons de Grossin *(Va t'ent souspier),* Grenon *(La plus jolie),* Fontaine *(Pour vous tenir),* comme, plus tard, les rondeaux de Jacques Vide ou ceux de Morton, témoignent de la simplification et du charme exquis de ces musiques.

Johannes Ockeghem

Mais c'est à Ockeghem qu'il revient d'accorder la priorité à l'expression mélodique : émotion contenue *(Fors seulement, Mort tu as navré),* profonde *(Presque transi, Ma bouche rit)* ou mélancolique *(La Despourvue, Quand de vous seul).* L'art d'Ockeghem, quoique de facture traditionnelle, atteint, par son langage habile et varié, son ampleur mélodique et la sincérité de ses sentiments, une sensibilité toute moderne.

Anthoine Busnois

Malgré ses 77 chansons, Busnois n'a pu qu'égaler sans les dépasser les 21 chansons d'Ockeghem. Certes, son écriture contrapuntique habile et souple, l'égalité des voix *(Bel Accueil)* présageant le traitement vocal du XVIe s., l'aisance, la maîtrise, le charme des bergerettes *(Je ne puis vivre)* le hissent au niveau des plus grands. Mais, même s'il nous émeut *(Ha que vile),* cet art de cour reflète un maniérisme raffiné dont ne se délivrent pas, non plus, les célèbres chansons *Alez regretz, De tous biens playne,* de Hayne Van Ghizeghem, *Hélas que pourra devenir,* de Caron, et *Mort, j'appelle de ta rigueur* de Delahaye.
L'examen des chansons d'Ockeghem ou des premières publications de Petrucci : *Odhecaton A, Canti B, Canti C* (1501-1504) marque la simplification des mesures et la supériorité écrasante du 2 temps sur le 3. Il est clair que, de Dufay à Josquin, se dessine une volonté de se débarrasser des excès de combinaisons et superpositions de toute sorte pour aboutir, en allégeant les techniques d'écriture et de notation, à la primauté de l'expression. Le texte est souvent transcrit sous les notes. Aussi, les instruments qui, chez Ockeghem, réalisaient cette fusion de la couleur vocale et du timbre homogène d'une même famille (luths, violes, cromornes, flûtes à bec, cornets et saqueboutes) peuvent désormais doubler les voix, les remplacer ou s'effacer au profit d'une exécution *a cappella.*

La génération de Josquin

La génération de Josquin s'écarte, elle, de la forme fixe poétique et généralise l'écriture syllabique à 4 voix (quelquefois 5 ou 6). Mouton utilise les ressources du contrepoint *(Qui ne regrettoit le gentil Févin)* ou l'inspiration populaire *(La, la, la, l'oysillon du bois),* préparant par sa simplicité la venue de la « chanson parisienne » des années 1530, qui favorisera nettement l'écriture verticale. Se situent aussi dans cette période de transition Brumel *(Tous les regretz, Ce mois de may),* Compère *(Male Bouche, Royne du ciel* et *Une plaisante fillette),* Agricola, Isaac, Févin, Ninot le Petit, tous talents louables et estimables. Mais celui qui résume toutes ces évolutions

et les magnifie est, incontestablement, Josquin des Prés. Toutefois, la diversité et la portée de son œuvre profane le situent plutôt au XVIe s. qu'au XVe s.
Pourtant, malgré un rapprochement entre l'art savant et l'art populaire, et même si elle allie plus volontiers la tristesse à la joie, la pudeur à l'érotisme, la chanson maintient, au XVe s., son allure savante et sa sévérité de ton, comme dans les 40 pièces de La Rue, empreintes de distinction et de morosité *(Pourquoy non, Toutz les regretz, Autant en emporte le vent).*
C'est moins encore dans le style et l'esprit que dans la forme que se prépare l'avènement de la chanson parisienne. Les formes fixes à refrain sont, en effet, peu à peu délaissées au profit de textes poétiques courts, de quatre ou cinq vers.

Vers la lumière

Art religieux et art profane, la musique de l'automne du Moyen Âge est un long chemin parcouru de chercheurs opiniâtres édifiant avec une sage rigueur un art de méditation et de réjouissance à la fois. Et si les musiciens de l'*Ars nova* transposent dans leurs musiques la joie du monde, ils découvrent, à la manière des peintres des *Danses des morts,* leurs propres angoisses dans la ronde des œuvres qu'ils destinent à l'assemblée des fidèles. Machault, Dufay, Ockeghem et Josquin ne sont plus les humbles officiants de la liturgie mais des artistes qui se sont humanisés et qui ont laissé parler leur émotion et leur sensibilité, lente et éclatante métamorphose de la science gothique en simplicité du verbe et illumination de l'âme.

DEUXIÈME PARTIE

LA RENAISSANCE

L'art vocal au XVIe siècle
Georgie Durosoir

La Réforme
Édith Weber

Naissance de l'art instrumental
Danielle Ribouillault

Marie-Claire Beltrando-Patier

INTRODUCTION

Le mot « renaissance » possède une double signification. Dans son sens premier, il désigne un nouveau départ, une nouvelle naissance, une régénération. À partir du XVIIIe s. (*Dictionnaire de l'Académie,* 1718) s'élabore une seconde acception du terme, établissant de façon de plus en plus marquée la relation entre ce renouveau et la tradition gréco-latine. La renaissance devient le ressourcement aux théories antiques, le culte, voire l'imitation des Anciens. En ce sens, on croit pouvoir identifier plusieurs renaissances dans l'histoire des arts occidentaux : la période carolingienne serait la première, suivie de la renaissance du XIIe s., puis, en troisième lieu, de celle que l'on observe dans les lettres sous le règne de Charles V. Mais le XVIe s. en demeure l'image privilégiée : il présente en effet une telle convergence d'éléments antiquisants que l'on peut sans hésitation lui accorder l'étiquette de « Renaissance ».

Une nouvelle naissance ?

Il est bien difficile de prouver la nouveauté des années 1500, époque à laquelle la polyphonie vocale s'épanouit sous l'influence de Josquin des Prés. L'art de celui-ci se présente comme une synthèse des styles qui l'ont précédé ; totalisateur de son époque, il unit au contrepoint franco-flamand la vocalité italienne et le sens de la mise en valeur des textes.

Un nouveau départ commence plutôt avec le début du XVe s. En effet, aux subtilités de l'*Ars nova,* aboutissement d'un siècle d'instabilité et de crise, succède un style clair et expressif, issu tant d'une prise de conscience des musiciens que de l'influence d'une école jusque-là très discrète : l'école anglaise. Les contemporains eux-mêmes furent frappés du changement musical qui s'opérait sous leurs yeux, et Johannes Tinctoris, auteur du *De arte contrapuncti* (« De l'art du contrepoint », 1477), déclare la musique « audible » depuis seulement quelque quarante ans et y voit une influence céleste. En effet, vers 1420-1430 débute un âge d'or de la polyphonie qui durera deux siècles et ne s'achèvera qu'avec l'affirmation du baroque. En ce sens, XVe et XVIe s. sont liés en un mouvement de renaissance qui, après l'impasse arsnoviste, connut un développement très homogène et heureux. Toutefois, il semble bien que cette situation favorable soit propre à la France : l'école italienne, en particulier, ne fut guère florissante au début du XVe s. C'est pourquoi, pour rallier toutes les écoles européennes, on fait parfois débuter le « renouveau » aux années 1460-1470. Celles-ci signifieraient une sorte de liquidation de l'esprit médiéval, passant par l'abandon progressif des formes sur *cantus firmus* et la découverte de nouvelles relations du texte et de la musique.

L'imitation des Anciens

Déjà dans les arts plastiques, on pressentait à Florence, à partir de 1400, une « Renaissance » appuyée sur l'imitation de l'Antiquité. La chapelle des Pazzi, par Brunelleschi, comme les statues de Donatello ou les peintures de Masaccio montraient une recherche de naturalisme, une réflexion sur la perspective, ainsi qu'un retour aux éléments de l'architecture antique. La musique se trouvera en retard sur ce mouvement puisque ses caractères proprement antiquisants ne se développeront que dans le courant du XVIe s. Rendues actuelles par la diffusion des idées humanistes, les grandes théories gréco-latines relatives à la primauté du texte littéraire ou à l'expression des passions se laissent lentement assimiler par les musiciens ; puis, à partir de 1550, les choses se précipitent, et, passant de l'esprit à la lettre, les compositeurs inventent – au sens où l'on « invente » un trésor –, le chromatisme des Anciens, la mesure à l'antique et le récitatif, supposé mode d'expression verbo-musical favori du théâtre grec.

Antiquomaniaque ou aboutissement d'un mouvement novateur, le XVIe s. est tout cela à la fois. Si le XVe s. peut être considéré, en particulier par les musicologues anglo-saxons, comme une *early renaissance* (« première renaissance »), au sens étymologique de « nouveau départ », le XVIe s. appartient pour sa part à la Renaissance, principalement dans le second sens du terme.

Les instruments, conditions et supports de la Renaissance

L'imprimerie musicale, qui se développa à Venise dans les dernières années du XVe s., a joué un rôle fondamental dans la promotion du nouveau style. Le premier recueil imprimé, l'*Odhecaton,* sort des presses de Petrucci en 1501. Viennent ensuite les recueils allemands (Mayence, 1512). Les imprimeurs français attendront 1528-1530 pour publier leurs anthologies : ce seront d'abord Attaingnant, puis Le Roy et Ballard (Paris), puis J. Moderne (Lyon). Enfin, le mouvement s'étendra aux Pays-Bas et à l'ensemble de l'Allemagne. Outre la diffusion et une meilleure connaissance des œuvres, l'imprimerie favorisera la simplification de la notation musicale et une certaine normalisation des formes : styles et genres s'homogénéisent autour de mots d'ordre esthétiques propres aux imprimeurs, et l'ensemble de la production gagne en raffinement ce qui pourrait être perdu en spontanéité.
Parallèlement, des académies se créent, réunissant un public épris d'art. Ce mouvement, italien à l'origine, gagne la France ; le plus célèbre cénacle renaissant y sera l'Académie de poésie et de musique, fondée vers 1570 par le poète Jean Antoine de Baïf et le musicien Thibault de Courville. Ce cercle, très fermé, est voué à une idée essentielle : la restauration de la mesure selon la musique anciennement usitée par les Grecs et les Romains. Le principe des académies contribue à susciter un public cultivé, apte à discuter et accueillir les théories nouvelles. Une grande liberté se développa alors, justifiant dès 1550 la multiplicité des tendances, l'esprit d'invention et, surtout, l'introduction d'une subjectivité qui eût été précédemment fort mal reçue. Les académies seront relayées en France par les salons, dont le rôle moteur soutiendra la musique jusqu'au XIXe s.
Mais les académies ne se comprennent pas sans l'existence de « meneurs de jeu » ou mécènes. Le XVIe s. connaîtra une extraordinaire profusion de ces esprits éclairés et dévoués à la cause de l'art. Leur attitude trahit cependant une préoccupation politique, car rien n'est plus favorable au prestige ni n'assure mieux une stabilité par ailleurs précaire qu'un programme culturel savamment mené. Pour cette raison, les princes adopteront sans réserve l'opéra, genre le plus apte à servir leur gloire. On voit donc qu'au moment où, grâce à l'évolution du public par l'intermédiaire des académies, la création peut se libérer des contraintes matérielles et atteindre

l'idéal de l'art pour l'art, elle est paradoxalement impliquée dans des jeux tactiques, et porteuse, malgré elle, de propagande. L'Église n'est pas étrangère à ces enjeux, et la Contre-Réforme imposera aux musiciens des contraintes esthétiques très grandes.

Le rôle de l'humanisme

L'humanisme, lié à la découverte des Anciens, va fortement remodeler les esprits durant le XVIe s. : goût de l'expérimentation, confiance en soi, décloisonnement des disciplines, tels seront les grands apports de la pensée antique. Le principal initiateur en la matière demeure Platon, dont les théories, déjà adaptées au XVe s. par Marsile Ficin (traduction des *Dialogues* de Platon, 1477), animeront la réflexion musicale de la Renaissance. Les innovations se feront dans deux directions : d'une part, vers l'expression des passions ; d'autre part, vers la mise en valeur des textes.

Musicalement, l'influence humaniste s'étendra sur tout le XVIe s., affectant aussi bien le domaine de la musique scolaire (*Odes* d'Horace mises en musique par P. Tritonius, 1507) que celui des créations les plus subjectives et passionnées (*madrigaux* de Gesualdo ou de Monteverdi). Chaque fois que cela sera possible, les auteurs affirmeront le lien qui les unit aux Anciens (*cf.* les citations de Platon par G. Caccini dans la préface des *Nuove Musiche*, 1601).

À ces ressourcements prônés par les humanistes correspond une musique désormais attentive au mot et à la pensée : en ce sens, elle sera plus volontiers d'expression monodique ou, tout au moins, d'une harmonie verticale, ne diluant pas le texte entre les voix. Elle répond donc bien à cette définition attribuée par le compositeur G. Caccini « aux philosophes » de l'Antiquité : « La musique n'est autre chose que la parole et le rythme, et le son en dernier lieu, et non pas dans l'ordre contraire, si l'on veut qu'elle puisse pénétrer dans l'intelligence d'autrui et y produire ces effets étonnants qu'admirent les auteurs et qu'on ne peut produire par le contrepoint dans les musiques modernes. »

Réforme et Contre-Réforme

La Réforme suscite un renouveau musical qui affecte tous les répertoires. On ne saurait oublier qu'en Allemagne ce mouvement religieux est contemporain du développement de la musique et de l'essor d'une littérature nationale. L'impact de la Réforme, en effet, ne se limite pas à quelques milieux intellectuels avancés. Vers les années 1520-1530, chacun se sent concerné par une crise de l'Église toujours plus manifeste : insuffisance du clergé, erreurs de la papauté, scandales de la pratique religieuse, tout porte le croyant à s'interroger. On voit fleurir des cénacles, tel ce cercle de Meaux, réunissant prêcheurs et humanistes, qui gagna à sa cause Marguerite de Navarre, sœur du roi François Ier. En dehors même de toute exigence morale, la Réforme répondait à un désir de renouvellement des mœurs et de la vie sociale. Son impact devait donc dépasser le simple point de vue théologique et trouver une résonance artistique, morale et politique.

À cette action s'opposèrent les efforts de l'Église pour reconstruire le catholicisme sous l'égide du pape : c'est la Contre-Réforme, à laquelle participent Ignace de Loyola, fondateur de l'ordre des jésuites, et Philippe Neri. Parallèlement, le concile de Trente fixe les critères d'un nouveau style musical excluant les emprunts à l'art profane, le modernisme trop sophistiqué, et prônant un retour à un langage clair, dans lequel l'intelligibilité des paroles doit être, avant toute chose préservée.

Si ces impératifs musicaux constituaient une entrave à la créativité – pris à la lettre, ils pouvaient engendrer statisme et académisme –, ils allaient cependant dans le sens de l'histoire en favorisant un langage harmonique homophone, seul garant de la compréhension des paroles.

Vers la culture

Si l'art de la Renaissance correspond à une prise de conscience de l'homme, on peut remarquer qu'Église et pouvoir le maintiennent encore, dans de nombreux cas, en dépendance. Toutefois, ces deux piliers de la société doivent enfin compter avec une troisième force : celle de la culture. L'érudit, qu'il soit accepté ou rejeté par le système, ne trouve sa justification qu'en lui-même et entrevoit une liberté à laquelle précédemment nul ne prétendait. On assiste alors au triomphe d'une véritable aristocratie de l'esprit, qui oriente les goûts et l'art de toute l'Europe.

« La nature, de tout mère,
Prévoyant que nostre vie
Sans plaisir serait austère,
D'inventer elle eut envie
la Musique, et l'inventant
Alla ses fils contentant
Par le son, qui loin nous jette
L'ennui de l'âme sujette. »
Ronsard.

Georgie Durosoir

L'ART VOCAL AU XVIe SIÈCLE

Dans l'histoire de l'art musical, le XVIe s. représente une époque privilégiée : facteurs politiques et intellectuels, économiques et sociaux, s'unissent pour engendrer un renouveau presque total de la pensée et des techniques. La découverte puis l'essor de l'imprimerie musicale, la magnificence des fêtes princières, l'action du mécénat, l'importance des voyages et des échanges à l'échelle européenne, l'influence de la pensée antique sont autant d'éléments qui favorisent la création artistique, sa diffusion, son rajeunissement et son orientation nouvelle.

Naissance de l'imprimerie musicale

La mise au point du procédé d'imprimerie musicale apparaît comme un événement majeur, dès la première année du siècle. Ottaviano Petrucci publie en effet à Venise, en 1501, la première collection de musique polyphonique imprimée, destinée aux voix comme aux instruments : *Harmonices musices Odhecaton.* Ce recueil, d'une importance capitale, tant par le symbole qui s'attache nécessairement au premier ouvrage de musique imprimée que par son contenu, comprend 96 compositions de la fin du XVe s.

Pendant dix ans, Petrucci garde l'exclusivité de l'édition musicale ; accueillant toutes les formes de la création (profane et religieuse, vocale et instrumentale), il conçoit de vastes collections de chansons polyphoniques, *frottole,* messes et tablatures de luth. Reflet d'une époque, mais aussi d'un goût nouveau, cette production traduit nettement la renommée brillante des musiciens franco-flamands en Italie, en même temps que l'éveil précoce des musiciens italiens à la musique instrumentale.

Après 1510, d'autres imprimeries musicales s'ouvrent en Europe : à Rome, Antico et Giunta ; à Mayence, Schöffer ; à Augsbourg, Öglin. La diffusion de la musique, qui avait toujours été très active grâce à la tradition manuscrite, est décuplée par la multiplication des collections imprimées. Le rôle de l'édition vient seconder celui des échanges, entre pays, de chanteurs et de maîtres de chapelle. L'Italie, rêve de tant d'artistes, foyer spirituel de tant de musiciens du Nord, vient apporter à l'Europe, avec les pages éditées par Petrucci, Antico ou Gardane, une conception nouvelle de l'art et de l'expressivité.

En France l'imprimerie musicale fait son apparition en 1528 avec Pierre Attaingnant, qui en sera longtemps le seul représentant. Comme Petrucci, il s'intéresse à tous les genres et publie de précieuses anthologies de musique vocale et instrumentale. Ses livres, au nombre de 150 environ, offrent une sélection inestimable de chansons, motets, danses instrumentales, œuvres de musiciens en majeure partie français (parisiens et provinciaux).

Lorsqu'Attaingnant meurt, en 1552, Nicolas Du Chemin a déjà solidement assis sa propre réputation. Sa maison d'édition devient un véritable centre artistique : de même que P. Attaingnant avait fait connaître à l'Europe le génie de Clément Janequin et de Claudin de Sermisy, Du Chemin « découvre » Claude Goudimel et Guillaume Costeley. La chanson occupe, avec ses 693 titres, une place prépondérante dans son catalogue. Puis c'est le tour d'Adrian Le Roy, luthiste et compositeur, qui, s'associant à Robert Ballard en 1551, fonde une maison d'édition dont l'action, poursuivie par les fils de Ballard pendant plusieurs générations, marquera le XVIIe et le XVIIIe s.

Si Paris centralise l'essentiel de la production et de la reproduction artistique, la province, cependant, connaît d'importants foyers de création, parmi lesquels Lyon se détache nettement. Relais brillant de l'influence italienne, la ville a aussi ses éditeurs de musique et Jacques Moderne apporte, par ses préoccupations cosmopolites, une dimension nouvelle à la profession.

À partir de 1535 environ, l'imprimerie musicale se généralise dans toute l'Europe. À Anvers, Tylman Susato, à Nuremberg, Petreius et Grapheus, à Francfort, Egelnoff, rivalisent d'activité et d'ingéniosité pour diffuser les créations de leurs compatriotes. Ce sont bien des hommes de la Renaissance, curieux jusqu'à l'avidité, entreprenants jusqu'à l'audace, confiants dans leurs capacités et enthousiastes à l'égard de leur siècle.

Le contexte social et politique

Si la musique joue, au temps de la Renaissance, un rôle très différent de celui qui est le sien aujourd'hui, c'est qu'elle est intimement liée à l'exercice du pouvoir et à la vie des cours. Comprendre les grandes orientations de la production musicale du XVIe siècle, c'est connaître les structures politiques et sociales dans lesquelles s'exerce son action ; c'est prendre conscience du statut social du musicien ; c'est percevoir les rapports qui unissent l'artiste avec son employeur, prince, Église, ou État ; c'est donner sa juste place au mécénat et reconnaître que, s'il utilise et soutient l'art, il ne l'engendre pas.

Comme au siècle précédent, les jeunes musiciens de la Renaissance reçoivent l'essentiel de leur formation dans les maîtrises. Écoles de musique le l'Ancien Régime, les maîtrises, attachées au service des églises importantes, recrutaient par concours de jeunes choristes dont elles faisaient des musiciens accomplis.

Les maîtrises sont nombreuses, en Europe, et assurent à leurs chantres un minimum d'instruction générale, en même temps qu'elles leur dispensent un solide enseignement artistique. Outre l'étude de la voix et de son répertoire, le jeune musicien est fréquemment initié à une technique instrumentale et, si son talent se confirme, il apprend de ses maîtres les premiers rudiments de composition. Selon les offres et les chances qui se présenteront à lui, il mènera une vie de chantre ou d'organiste, il sera musicien d'église ou de cour.

La plus grande diversité de situations règne dans la condition de l'artiste de cette époque. Le musicien d'église est avant tout un organiste ; mais il est appelé à composer la majeure partie de son répertoire. Les églises pourvues d'une maîtrise sont d'importants employeurs, surtout si elles entretiennent également un groupe d'instrumentistes. À leur tête le maître de chapelle cumule souvent les fonctions d'organiste, compositeur, chef de chœur. Il assure le recrutement des chanteurs, leur formation, et la gestion du répertoire. C'est une lourde tâche, qui laisse au musicien peu de répit, mais qui lui permet généralement d'assurer sa notoriété locale. Mais il faut bien admettre que les salaires des musiciens d'église (parmi les plus bas de la société laborieuse en Italie) sont rarement dignes de la compétence et de l'activité des intéressés.

En comparaison, le musicien de cour apparaît privilégié ; son salaire est généralement plus élevé et sa fonction plus variée que celle du musicien d'église. En effet, à la direction de la chapelle, royale ou

princière, s'ajoute la participation aux divertissements de la cour, pour lesquels la production doit suivre le rythme de la commande. Le rôle de ces princes qui entretiennent des musiciens à leur cour varie beaucoup selon les pays. En France, comme en Angleterre ou en Espagne, la centralisation du pouvoir appauvrit la concurrence artistique en limitant l'art aristocratique à celui de la cour du roi. La situation est très différente en Italie et dans les pays germaniques ; ces pays, divisés en nombreux petits États rivaux, représentent un énorme potentiel de développement artistique. En effet, ce n'est pas seulement du point de vue militaire que les princes essaient d'asseoir leur supériorité, c'est aussi du point de vue culturel ; le rayonnement et l'éclat de leur cour leur valent, tout autant que la qualité de leur armée, l'estime et l'envie de leurs voisins. C'est ainsi que les princes deviennent des mécènes : pas nécessairement par vocation, mais par ambition et par orgueil.
Certaines familles, certaines personnalités, cependant, ont laissé dans l'histoire la marque d'un goût sûr, d'un authentique amour de l'art, d'un réel respect des artistes qui ont fait leur grandeur. Chez les Médicis à Florence, les Este à Ferrare, les Sforza à Milan, chez les ducs de Bavière ou de Saxe, certains furent mécènes tant par l'esprit et le cœur que par les actes. D'autres, souvent dans les mêmes familles, se signalèrent, au contraire, par leur mesquinerie, leur soif de grandeur alliée à une totale méconnaissance du génie de ceux qui les servaient, et leur réticence à honorer, par des salaires décents et régulièrement versés, le contrat humain qui les liait à leurs artistes. Les témoignages émouvants de musiciens réclamant un salaire en retard de plusieurs mois ne manquent pas, et nous rappellent que le prince, même s'il est authentiquement amoureux de l'art, ne voit dans l'artiste qu'un faire-valoir de sa propre magnificence.
Ce décalage entre la position sociale de l'artiste et sa place dans l'histoire de la création nous paraît aujourd'hui surprenant et choquant. Pourtant, les artistes du XVIe s., qui luttent quotidiennement pour conserver leur emploi et pour voir reconnaître leurs services, ne songent pas à remettre en question leur statut de serviteurs. C'est seulement à la fin du XVIIIe s. que se modifieront les rapports hiérarchiques qui unissent l'artiste et son employeur. Jusqu'alors, on voit toujours le musicien répondre avec dévouement aux multiples exigences de la commande. L'office religieux quotidien, comme la solennelle cérémonie qui accompagne l'entrée du roi dans sa ville, sera pour lui la source féconde d'une création sans cesse renouvelée.

Musique profane et musique religieuse

Parmi les aspects profanes de la commande, les fêtes occupent, à la Renaissance, une place primordiale. Tous les États célèbrent par des fêtes somptueuses les événements de la vie des grands : mariages, entrée du roi dans sa ville, anniversaire ou naissance d'un enfant royal sont autant de prétextes à l'organisation de spectacles fastueux. Les fêtes de la Renaissance sont le lieu où le peuple peut juger de la magnificence de son prince, le temps où l'art aristocratique quitte l'enceinte du palais pour descendre dans la rue, s'offrir à tous.

Mascarades et défilés de chars, si répandus en Italie, pénètrent peu à peu en France, avec tout leur apparat visuel, littéraire et musical. Présente partout sous la forme du chant, de la danse ou de la symphonie instrumentale, la musique symbolise tour à tour l'harmonie terrestre, reflet de l'harmonie céleste, ou la grandeur royale, reflet de la grandeur divine. Son éclat s'unit à celui des décors et des déguisements pour affirmer le rayonnement de la personne princière, souvent idéalisée par le mythe antique de Mars, d'Hercule ou de Jupiter. Chaque année apporte son tribut de fêtes à la création musicale, et l'hédonisme de l'époque, qui se révèle en ces occasions au grand jour, inspire au musicien cette confiance et cet enthousiasme caractéristiques de la Renaissance.

C'est dans ce cadre, riche malgré ses contraintes et stimulant malgré ses servitudes, que le musicien du XVIe s. participe, avec les autres artistes, au renouveau intellectuel de son temps. La musique d'église, forte des traditions du passé, se montre souvent conservatrice, malgré l'influence de la Réforme, d'une part, et de l'esprit humaniste, d'autre part.

Sans réussir à altérer profondément le contenu de la musique sacrée, la Réforme va favoriser la création de nouveaux genres comme le psaume, monodique ou polyphonique, ou la chanson spirituelle. Dans les pays où la religion réformée triomphe de la tradition catholique, naît un nouveau répertoire sacré qui ne cessera de s'enrichir et de s'épanouir jusqu'au XVIIIe s. Ailleurs, la musique d'église demeure fidèle aux formes anciennes de la messe et du motet polyphonique.

Cependant, la musique d'église s'ouvre peu à peu aux influences extérieures et elle reçoit de la musique profane, dont l'essor est sans précédent, un souffle jeune qui se traduit par la rénovation des techniques d'écriture et la création d'un art expressif moins strictement intellectuel. C'est dans l'aspect profane de leurs œuvres, chanson polyphonique en France et madrigal en Italie (voir p. 284), que les musiciens vont manifester leur sympathie à l'égard du mouvement humaniste et rejoindre l'idéal des poètes. On va voir, au fur et à mesure des années, l'écriture polyphonique se modifier en fonction des exigences nées de cette collaboration. Les musiciens sont invités à explorer différemment les richesses du texte littéraire jusqu'alors méconnu, et leurs découvertes aboutissent, à la fin du siècle, à l'élaboration d'un procédé polyphonique que rien, dans les savants contrepoints de l'ère josquinienne, ne laissait présager.

Le XVIe s. musical se révèle donc sous trois faces distinctes. Par Josquin et ses contemporains, il est, dans son premier quart, l'aboutissement somptueux des trouvailles contrapuntiques des siècles précédents, parées de toute l'élégance de courbes vocales à la mode italienne. Par l'immensité de sa production, profane et religieuse, vocale et instrumentale, par l'enthousiasme qui anime les esprits, par l'idéal humaniste qui unit les créateurs, le XVIe s. est une entité unique, l'ère d'une vraie Renaissance. Enfin par l'élaboration de l'écriture harmonique, poursuivie sans interruption depuis le milieu du siècle, et dont l'éclosion se fera, en Italie, dans les vingt dernières années, il est un pas de géant accompli vers l'avenir. Si le XVIIe s. abandonne presque totalement sa polyphonie *a cappella* au profit de la mélodie accompagnée, il est redevable au XVIe s. de la richesse de la polyphonie instrumentale, basée sur les éléments transformés du contrepoint vocal.

La musique religieuse catholique en Flandres, en France et en Italie

La Réforme et l'humanisme, phénomènes saillants de la pensée du XVIe s., auraient pu ébranler profondément la tradition catholique et la laisser affaiblie. Il n'en fut rien. Pensée humaniste et pensée religieuse coexistèrent harmonieusement, sans se porter mutuellement atteinte et, de fait, le bouleversement de la Réforme contribua, par la vigueur des réactions qu'il suscita à travers l'Europe, à raffermir la position politique, l'éthique et le rayonnement culturel de l'Église catholique. S'opposant au dépouillement de l'Église réformée, elle affirma sa force dans un art triomphant et spectaculaire, dont le baroque devait, au début du XVIIe s., tirer le parti le plus éclatant.

Les pays où la tradition catholique a triomphé de la Réforme sont essentiellement l'Espagne et l'Italie, où les idées nouvelles pénétrèrent peu et ne touchèrent que quelques groupes aristocratiques isolés : à Ferrare, par exemple, où la duchesse Renée de France accueille beaucoup de réformés en difficulté (parmi lesquels Clément Marot) pour les idées desquels elle ne cache pas sa sympathie. L'Inquisition riposta avec une vigueur implacable et mit fin à toute tentative d'implantation. En France, le courant réformé connut un certain rayonnement et l'on vit des musiciens comme Claude Goudimel ou Claude Le Jeune, abandonnant la foi catholique, délaisser le motet pour le psaume.

La production de musique sacrée s'accroît dans la première moitié du XVIe s., tant en quantité qu'en richesse technique.

La messe et le motet *a cappella* demeurent les formes privilégiées. Malgré de nettes tendances conservatrices, ces formes s'ouvrent peu à peu aux modes d'expression mis en œuvre dans la musique profane. Si le motet n'est plus, comme dans les siècles passés, le lieu de la recherche technique et du renouvellement de l'écriture, la messe marque une évolution importante.

Les genres de la « messe paraphrase » et de la « messe parodie » tendent à remplacer les messes sur *cantus firmus* encore utilisées par Josquin des Prés.

Plus soucieux désormais d'élégance et de richesse décorative que de spéculation intellectuelle, les musiciens parent leurs œuvres religieuses d'un luxe nouveau, contre lequel le concile de Trente se fera un devoir de réagir. Tandis que certains accusent les courbes vocales ornées et leurs enchevêtrements complexes de « lâcher la bride à la dissolution » ou de nous « efféminer en délices désordonnées » (Calvin, préface au *Psautier* de Marot), les travaux du concile de Trente, dans leurs quelques remarques consacrées à la musique, visent surtout à tempérer ce goût de l'éclat ; mais ils ne pourront en aucun cas vaincre l'élan puissant qui avait porté la musique sacrée au degré de qualité qu'elle connaissait alors.

Flandres, France et Italie sont les trois grands foyers du développement sans cesse accru de la musique sacrée. Les échanges se multiplient entre ces pays, l'Italie accueillant toujours plus de musiciens venus du Nord, tandis que la France trouve enfin sa spécifité nationale.

Messe paraphrase et messe parodie

La *messe paraphrase* est construite sur un thème liturgique traité très librement. Ce thème, largement distribué à toutes les voix, subit de fréquentes modifications mélodiques et rythmiques, selon le contexte littéraire ou polyphonique. Il est le fil conducteur de l'œuvre.
La *messe parodie* a pour base une œuvre monodique ou polyphonique, chanson ou motet, que le compositeur emprunte à son propre répertoire ou à celui de ses contemporains ou prédécesseurs ; l'œuvre parodiée prête ainsi sa trame à chacune des sections de la messe, où elle sera refondue et recréée, pour les besoins d'une nouvelle polyphonie.

Plus qu'une ère de renouvellement technique, le XVIe s. est, dans le domaine de la musique religieuse, l'époque d'un vaste épanouissement de la création musicale, et du fondement des grandes écoles nationales.

La musique vocale religieuse en Flandres

Après Josquin des Prés, quatre grands musiciens flamands

Longtemps après sa mort, jusque vers 1550, la personnalité de Josquin (voir « XIVe et XVe siècle » p. 169) domine le monde musical européen. Malgré sa culture française, il est le maître d'un art véritablement international. Cependant, comme ses contemporains, il consacre la majeure partie de son œuvre à la musique religieuse, sans apporter de techniques nouvelles. Portées à leur suprême degré de perfection et parées d'une élégance nouvelle, les anciennes techniques du *cantus firmus* et du canon avaient connu à l'époque de Josquin leur chant du cygne, couronnant brillamment plusieurs siècles d'évolution de la polyphonie vocale.
Vers 1535, une nouvelle génération de musiciens atteint la maturité. Dès lors, on ne peut plus parler d'école franco-flamande : un style français se développe, qui se distingue du contrepoint flamand dont la carrière se poursuivra dans les Flandres et en Italie.

Le concile de Trente

Convoqué par le pape Paul III le 22 mai 1542, il se réunit en 25 sessions, souvent très espacées (10 ans séparent la 16e et la 17e), jusqu'en 1563. Sous l'égide de plusieurs papes successifs (Paul III, Jules III, Pie IV), ses membres se préoccupèrent essentiellement de problèmes dogmatiques. Le sacrifice de la messe fit l'objet de séances particulières dont les musiciens catholiques eurent à tenir compte ultérieurement.

Créateurs du contrepoint vocal, les Flamands donnent à celui-ci, après Josquin, des orientations nouvelles. L'abandon des constructions complexes, liées à l'emploi du *cantus firmus* ou des canons au traitement varié, conduit à l'adoption d'un style moins savant, moins impénétrable, mais aussi moins varié. La polyphonie se stabilise à 4 voix d'égale importance. Les duos, qu'affectionnait Josquin et dans lesquels le contrepoint, fleuri de vocalises, contrastait par sa grâce avec les effets de masse qui l'encadraient, disparaissent au profit d'une expression immuable où les quatre voix évoluent parallèlement, sans qu'aucune hiérarchie ne vienne privilégier l'une ou l'autre.
Le principe de cette évolution des voix est l'imitation, où les parties entrent, l'une après l'autre, sur un *incipit* (« début de phrase ») identique ; à chaque phrase du texte littéraire est attribuée une mélodie différente, reprise en imitation aux quatre voix.
Charles Van den Borren a donné à ce type d'écriture le nom d'« imitation syntaxique », le texte organisant, par sa syntaxe, l'imagination mélodique. Le décalage des entrées se répercute sur les fins de phrase et la dernière voix entrée termine son énoncé alors que la première a déjà amorcé la phrase suivante. Il s'ensuit un tissu polyphonique ininterrompu, sorte de continu sonore arythmique, jalonné seulement par les interventions des mélodies nouvelles. Aucune cadence ne vient rompre le discours, entièrement conçu pour le déploiement vaste et constant des quatre voix. Ce style, qui ne manque pas de grandeur et d'une certaine austérité, se caractérise par sa fonction essentiellement vocale, qui s'accomplit au détriment de la fonction littéraire, totalement négligée (voir ♪ ci-dessous).

N. Gombert, Magnificat primi toni.
Exemple d'imitation syntaxique.

Plusieurs noms de compositeurs flamands sont liés à cette conception du contrepoint qui glorifie la perfection formelle, l'équilibre et la mesure, et repousse toute fantaisie ou toute tentative d'expression individuelle des mélodies. Ce style est, au-delà des provinces du Nord, l'art d'une époque, l'expression d'une conception européenne de l'architecture vocale, notamment dans l'art sacré.

Malgré l'aspect impersonnel et abstrait de l'imitation syntaxique – les intentions littéraires ou expressives du texte laissant le compositeur indifférent –, chacun des Flamands de la génération post-josquinienne manifeste son originalité propre.

Nicolas Gombert, Thomas Créquillon et Clemens Non Papa, dont l'œuvre religieuse est considérable, sont entre 1530 et 1560, les trois plus grands maîtres de cette école flamande du contrepoint.

Nicolas Gombert

Musicien prolifique de la chapelle de Charles Quint, il apporte à la polyphonie la contribution d'une technique pure et irréprochable. L'imitation continue, savante et raffinée, avec participation presque constante de toutes les voix, caractérise son style. Ses nombreux

Nicolas Gombert (v. 1500, † 1556)

Musicien de Charles Quint, il put suivre l'empereur dans ses voyages et connut ainsi plusieurs pays d'Europe : Autriche et Allemagne, Espagne et Italie. On sait qu'il fut chantre de la chapelle impériale, puis, en 1529, maître des enfants de chœur. C'est vraisemblablement à Tournai qu'il finit ses jours ; il y avait été nommé chanoine en 1534. Son œuvre religieuse, plus importante que son œuvre profane, comporte 160 motets, à 4, 5 et 6 voix, 10 messes de 4 à 6 voix et 8 *Magnificat.* Ses quelque 40 chansons furent imprimées, de son vivant et après sa mort, dans des recueils collectifs, à Paris et Anvers.

motets, *Magnificat* et messes mettent sa production religieuse très au-dessus de sa production profane (une quarantaine de chansons seulement). L'expression religieuse convient parfaitement à son style fait de rigueur et de concision. Motets et messes obéissent aux mêmes critères esthétiques, les uns servant parfois de modèle aux autres : Gombert reprend, dans sa « messe parodie » *Media Vita,* un de ses motets antérieurs. *Sur tous regrets* est basée sur une chanson de Richafort, et *Philomena* sur un motet du même compositeur. La messe *Fors seulement* a pour origine la chanson d'Ockeghem, remaniée par Pipelare. Chez Gombert, dont l'écriture est fondée sur des phrases régulièrement ordonnées aux différentes voix, les mélodies sont simples et généralement conjointes, les rythmes réguliers, l'*ambitus* relativement étroit et sans grandes variations. Toujours brèves, les vocalises gagnent un peu d'ampleur en fin de phrases, bien qu'elles ne soient jamais motivées par une illustration expressive du texte. Une sobriété rarement démentie laisse peu de place aux effets éclatants des *Osanna* ou des *Alleluia.*
Bien que le souci d'exprimer musicalement le texte ne soit qu'accessoire chez Gombert, le musicien sait parfaitement infléchir la rigueur de son contrepoint vers la recherche d'expression : dans le motet *Miserere, Pie Jesu,* par exemple, les trois voix supérieures vocalisent longuement certains mots, et l'ensemble de la pièce s'en trouve comme adouci, éclairé d'une tendresse qui fait oublier que l'imitation n'est qu'un exercice d'écriture. Ailleurs, la confiance et l'espoir sont symbolisés par un registre d'ensemble très aigu : c'est le

cas du motet *Dicite in magni* où les mots *dum spes, laeta dies* et *gaudia nostra* éclatent au *superius*, dans l'aigu de la mélodie, sur un rythme pointé. Les motets à la Vierge, en revanche, sont tout en demi-teintes, prières pudiques au registre grave et étroit, aux ornements conjoints, longuement développés comme un regard admiratif.
Fidèle à une seule technique d'écriture, préoccupé de vocalité et de plénitude sonore bien plus que d'expression du texte, Gombert sait cependant laisser sa sensibilité guider son imagination créatrice. D'une rigueur presque scientifique et d'une facture parfaite, l'écriture de Gombert est entièrement consacrée au plein développement des voix et à l'équilibre de l'architecture sonore.

Thomas Créquillon

Contemporain de Gombert et, comme lui, musicien de Charles Quint, Thomas Créquillon a laissé une œuvre importante et encore mal connue (ses 192 chansons, notamment, n'ont fait l'objet que de transcriptions très partielles). Ses 16 messes et 116 motets font de lui l'un des compositeurs les plus originaux de son temps. Comme Gombert, il pratique exclusivement le style imitatif que l'on pourrait appeler « flamand ». Une forte personnalité musicale s'y révèle : la clarté et la concision, plus évidentes encore que chez Gombert, donnent à ses messes un aspect dépouillé. Dans les sections à 4 voix, l'absence presque totale de vocalises favorise la précision rythmique. L'imitation se joue sur des séquences brèves et des mélodies conjointes, harmonisées note contre note (style homophone ou harmonique). Les mélismes, jamais développés, laissent apparaître le principe dominant d'une note par syllabe. L'indifférence au texte est manifeste, et rares sont les phrases musicales qui cherchent à en rehausser l'expressivité.
Cependant, des duos et trios, souples et ornés à la manière de Josquin, viennent fréquemment rompre l'uniformité de la polyphonie à 4 voix. C'est le cas du *Benedictus* de la messe *Las il fauldra*, et des *Crucifixus* dans les messes *Je prens en gré* et *Nisi Dominus*. Ailleurs, l'écriture se renouvelle par la présence de sections homophones parfois longues, qui apportent au texte la plénitude chorale de leurs consonances. Dans ce domaine de la variété du style, la messe *Doulce Mémoire*, parodie de la chanson de Pierre Sandrin, reflète avec bonheur la personnalité de Créquillon : encadrant des fragments en duos et trios, les vastes passages homophones du *Credo* et du *Gloria* demeurent fidèles au modèle profane, qui favorisait l'heureux équilibre entre les deux styles. La délicatesse des

Thomas Créquillon

On ignore où et quand il est né ; il mourut sans doute à Béthune, en 1557. Franco-flamand par sa naissance, il fait partie de cette grande école des successeurs de Josquin des Prés, musiciens de la chapelle de Charles Quint. On retrouve sa trace dans plusieurs villes du Nord, notamment Louvain et Namur. Contrairement à la tradition de ses compatriotes, sa musique profane est presque aussi importante que sa musique religieuse ; cependant, ses nombreuses chansons n'ont pas encore fait l'objet d'une édition moderne. Il écrivit 116 motets et 16 messes, auxquels s'ajoutent des lamentations et des psaumes.

---

duos et des trios s'oppose à la masse des sections harmoniques, souvent reflet de l'attitude de prière *(Suscipe deprecationem meam).*
Dans les motets, Créquillon se révèle moins sobre que dans les messes ; l'écriture gagne en élégance et en ampleur mélodique ce qu'elle perd en précision rythmique. Le compositeur donne, semble-t-il, au motet un sens plus décoratif qu'à la messe. En élargissant les vocalises à toutes les parties, il manifeste son goût, bien typique de l'époque, pour la courbe vocale alliée à la richesse contrapuntique.
La production considérable de Créquillon est toujours d'une égale qualité ; qu'il opte pour le style le plus sobre et le plus concis – jamais austère cependant – ou pour une écriture plus ornée et plus dense, il illustre bien cette école flamande pour qui compta avant tout la richesse du contrepoint et la beauté vocale.

Clemens Non Papa

Un troisième musicien, Clemens Non Papa, figure parmi les grands noms de l'école franco-flamande. Son œuvre, tant profane que religieuse, est immense et très variée. Il est impossible de définir son style, tant il va de la plus extrême sobriété à la plus grande fantaisie. Bien que définie par la syntaxe littéraire, l'imitation est, chez lui, bien moins systématique que chez Gombert. La disposition asymétrique des entrées vocales, les fréquentes perturbations de leur *incipit* ainsi qu'une réelle originalité rythmique dénotent une pensée complexe et très personnelle. La mélodie elle-même

Jacques Clement, dit… Clemens Non Papa (v. 1510, † v. 1555)

Sa carrière de musicien d'église conduisit Clemens successivement à Bruges, Ypres, Beaumont, Bois-le-Duc, Dixmude où il mourut. Son rayonnement devait être grand, car il figure dans de très nombreuses collections de musique du milieu du XVIe s. Au regard de sa brève existence, son œuvre est considérable : 14 messes à 4 voix ; 210 motets de 3 à 8 voix ; 15 *Magnificat ; Souterliedekens* à 3 voix et autres pièces diverses de musique sacrée ; 8 chansons néerlandaises et 85 chansons françaises de 3 à 8 voix.

s'éloigne des conventions de l'époque qui la voulaient conjointe ; Clemens lui inflige parfois des tournures inattendues ou des sauts sur de larges intervalles. De nombreux passages vocalisés à toutes les voix viennent contester la suprématie de ce que Tinctoris appelait *contrapuntus simplex* (forme la plus simple de contrepoint, écriture note contre note).

Dans les motets, Clemens recherche, plutôt que la souplesse de la courbe vocale, son originalité et sa force expressive. Il est même parfois l'auteur d'étonnants effets, telle cette conclusion du motet *Pater venit hora*, à 5 voix, où, après une brève et calme section homophone, toutes les voix jaillissent ensemble vers l'aigu, sur les mots *Jesu Christum.* Ailleurs, c'est par l'audace rythmique que le compositeur étonne, comme dans le *secutus est* du motet *Ante portam Jerusalem.*

La recherche de variété rythmique donne aux psaumes néerlandais, pièces courtes et simples, un aspect très attrayant ; les séquences en écriture homophone (où les consonances se succèdent sans aucun développement ornemental), si rarement exploitées par les musiciens du Nord, sont ici pratiquées de façon courante, évoquant une *frottola* (voir p. 284) nordique.

Beaucoup d'autres musiciens flamands gravitent autour de ces trois grands. Beaucoup d'autres encore choisissent de quitter la terre natale pour s'établir en Italie. Ce choix fait d'eux des créateurs radicalement différents de leurs compatriotes restés au pays. Tout en diffusant la grande tradition contrapuntique franco-flamande, ils s'ouvrent largement aux sensibilités nouvelles et contribuent à l'éclosion de brillantes écoles dont la plus célèbre est celle de Saint-Marc de Venise, groupée autour d'Adrien Willaert. Ils sont donc parfaitement intégrés à la vie artistique italienne qui leur doit beaucoup (voir p. 251).

Roland de Lassus

Contemporain de Palestrina (tous deux sont morts en 1594), il réalise, comme lui, le somptueux aboutissement d'un des siècles les plus riches de l'histoire de l'art. Alors que Gombert et Créquillon avaient consacré leur talent à l'épanouissement d'un art fondé sur une technique unique, et dans le seul but d'assurer, sous les voûtes de la chapelle princière, le déploiement sonore des voix, Lassus, à la fin du siècle, se montre ouvert à toutes les techniques connues, soucieux de renouveler et d'enrichir constamment ses modes d'écriture.

Si l'imitation syntaxique, généralisée à toute l'Europe, reflétait un contrepoint rigoureusement équilibré et riche de capacités sonores, elle n'est pas, au milieu du XVIe s., le seul mode d'expression polyphonique. La musique profane, notamment, avait conquis de nouveaux terrains et créé une variété d'expression musicale capable de rehausser les intentions les plus subtiles d'un texte. La France et l'Italie, pays bien connus de Lassus, avaient vu leurs musiciens développer une conception nouvelle des rapports de la musique et du texte. C'est en cela que réside leur apport original à la pensée humaniste, qui n'est plus alors l'apanage des poètes. Artiste international et audacieux, Lassus, toujours attentif aux trouvailles de ses contemporains, introduit dans sa musique religieuse nombre de procédés inaugurés par la musique profane.

Le contrepoint homophone, par exemple, déjà pratiqué par Obrecht et Ockeghem, n'avait jamais occupé qu'une place secondaire dans la création musicale. Son emploi de plus en plus systématique au XVIe s. reflète une évolution décisive des musiciens ; il leur permet en même temps de diversifier l'expression musicale et de renforcer les intentions du texte désormais intelligible. Parallèlement, l'écriture polyphonique ne cesse de s'enrichir. C'est ainsi que les madrigalistes ont coutume d'orner de mélodies évocatrices certains mots forts du texte. La fuite est symbolisée par une section en imitations serrées, sur des rythmes rapides ; le murmure de l'eau est figuré par la répétition de 2 ou 3 notes en rythme régulier, et le ciel évoqué par le mouvement ascendant de la mélodie supérieure

Roland de Lassus (Mons, en Hainaut, vers 1532, † Munich, 1594)

Avant d'être appelé à Munich, comme chanteur puis maître de chapelle du duc Albert V de Bavière, Lassus connut une vie itinérante, à travers la France et l'Italie, au service de son premier maître, Fernand de Gonzague, vice-roi de Sicile. Il connut très tôt les plus grands honneurs, puisqu'il fut, à vingt ans, maître de chapelle à Saint-Jean-de-Latran. Pendant ses années munichoises, il effectua de nombreux voyages, en France et en Italie notamment. À côté de ses messes, *Magnificat*, psaumes et autres pièces religieuses, ses quelque 700 motets constituent la pièce maîtresse de son œuvre sacrée.

ou même de l'ensemble des voix. Ce sont ces procédés, auparavant complètement ignorés par les compositeurs néerlandais, que Lassus utilise largement dans sa musique religieuse : le contrepoint s'y orne de larges vocalises ; les « madrigalismes » pénètrent de leur aspect décoratif le motet, qui perd toute austérité ; le contrepoint homophone se mêle intimement à l'écriture polyphonique, dont il renouvelle l'intérêt.

L'œuvre de Lassus, tant profane que religieuse, est immense. Si l'on est souvent tenté de comparer ce musicien à Palestrina, c'est en raison de la place capitale que les deux compositeurs occupèrent dans la seconde moitié du XVIe s., qui les vit disparaître en même temps. Beaucoup plus éclectique, cependant, que Palestrina, Roland de Lassus se passionne pour les formes modernes de la musique profane, notamment le madrigal. Dans le domaine religieux, ses quelque 700 motets, de 2 à 8 voix, révèlent l'aspect le plus personnel de son style. Une cinquantaine de messes obéissent en majorité à la technique de la « messe parodie » (de 4 à 8 voix). Les modèles choisis, chansons françaises, motets latins ou textes profanes en langue italienne, n'exercent aucune tyrannie sur l'écriture. Le contrapuntiste de la grande tradition flamande trouve ici l'occasion d'user de toute sa science. Son intérêt pour le texte et son goût pour l'expression, moins évidents ici que dans les motets, apparaissent cependant dans l'usage prédominant de l'homophonie, favorisant la déclamation, ou dans l'utilisation décorative de l'écriture imitative (*Messes* de Venise, 1570). Dans les *Messes* de Paris (1577), Lassus fait preuve d'un art beaucoup plus sensible qu'intellectuel ; même si les voix s'entrelacent dans l'imitation, l'élocution mélodique et la syntaxe restent claires.

Les *Magnificat* (une centaine environ), à 4, 5 et 6 voix, offrent une écriture plus simple, plus syllabique, souvent homophone. Dans les *Psaumes de la pénitence*, dédiés au duc Albert de Bavière, la musique reflète les intentions expressives du texte tandis qu'elle atteint au pathos dans les *Sacrae Lectiones*, où les procédés du madrigal permettent une réelle figuration musicale des images littéraires.

Des quatre *Passions* les plus développées, celles de Matthieu (1575) et de Jean (1580) constituent de véritables petits drames musicaux. Admirablement exploitées en fonction des proportions ou de la richesse de leur texte, elles opposent, en de nombreuses sections, les aspects les plus variés du talent de Lassus. Une vie intense les anime, qui atteint parfois à l'émotion vive, lorsque toutes les voix jaillissent sur *crucifige eum*, évoquant l'implacable condamnation du Christ. Le sens de l'opposition solo/groupe apparaît déjà dans ces sections où un individu est incarné par un effectif réduit (duo ou trio) alors que la foule sollicite le groupe choral complet. Fondées sur la force expressive du contraste, elle-même née d'une exploitation magistrale de toutes les ressources du contrepoint vocal, les *Passions* de Lassus (même celles, de proportions réduites, de Marc et de Luc) manifestent un sens dramatique élevé, usant de procédés souvent réservés par les autres musiciens à la musique profane.

C'est incontestablement dans ses motets que Lassus affirme le plus fortement sa personnalité et sa profonde sensibilité au texte. C'est, pourrait-on dire, en humaniste qu'il aborde l'écriture de ce genre. Face à l'éternelle rivalité musique/poésie, il prouve que la musique peut tirer du texte l'essentiel de sa substance expressive sans pour autant lui être assujettie. Attentif aux moindres nuances du texte, le musicien les sert par les mille subtilités de sa technique et donne aux mots comme aux images le mouvement et l'âme qui les font exister. Cet amour du contraste, déjà perceptible dans les *Passions* et dans certaines messes, éclate ici sans retenue. La complexité du contrepoint laisse la place aux ressources de l'écriture madrigalesque, qui suit le texte dans ses moindres intentions descriptives ou émotives. Les effets musicaux résident autant dans l'harmonie (chromatisme des *Prophetiae Sibyllarum*) et dans le rythme (brusques silences, rythmes contrastés) que dans la mélodie aux lignes fantasques et inaccoutumées.

Pierre Attaingnant (?, † 1552)

Mort à Paris en 1552, ce libraire imprimeur s'était installé rue de La Harpe en 1514. Dès 1528, il élargit à la musique sa production habituelle ; il fut ainsi le premier imprimeur de musique française. En vingt-cinq ans, il publia environ 150 livres de musique, profane et religieuse. Véritable mécène, il fit connaître les chansons de Sermisy, Certon, Janequin et de nombreux musiciens de province. Avec les multiples collections de « chansons musicales », ses treize livres de motets constituent un document capital pour l'étude de la musique en France dans la première moitié du XVIe s.

Le nombre des motets de Lassus est considérable. Il témoigne du goût que le compositeur eut, durant toute sa vie, pour un genre où il sut déployer toutes ses ressources imaginatives. C'est à travers ses motets que Lassus se définit le mieux, comme un musicien qui, enrichi des multiples expériences de son temps, notamment dans le domaine profane, sut dépasser les limites traditionnelles du lyrisme religieux et animer celui-ci d'un souffle nouveau.

La musique vocale religieuse en France

La formation de l'école française

Parallèlement à l'affirmation du style flamand, un style français se développe sur des bases différentes. La musique de tradition catholique reste en France très vivace, bien que, sous l'influence de l'humanisme, les compositeurs se tournent vers la création profane. Paris constitue évidemment le foyer principal de l'activité musicale, avec ses multiples chapelles, ses imprimeries et la présence royale. Mais la vie artistique est florissante dans de nombreux centres provinciaux – Auch, Toul, Laval et bien d'autres villes – grâce au mécénat et à la personnalité de certains musiciens d'église. Lyon, lieu de rencontre entre Italiens et Néerlandais, connaît à cet égard une position privilégiée.

Les collections d'Attaingnant. Premier imprimeur français de musique, Pierre Attaingnant apporte à l'édition musicale la contribution de sa curiosité personnelle, de son esprit d'entreprise, et de son goût de la nouveauté. L'année 1534 voit paraître sa grande

collection de motets ; les années 1532, 1534, 1540 et 1546 apportent une importante quantité de messes d'auteurs variés.
Achevée en mai 1534, la collection des motets groupe, en treize livres, 397 motets de 58 auteurs et une vingtaine de pièces anonymes. Le choix des compositeurs traduit clairement la vocation de modernisme de la collection. Les contemporains de Josquin appartiennent déjà au passé ; Josquin lui-même n'est représenté que par deux pièces (*4e* et *12e Livre*). Mouton et Gascongne, morts depuis quelques années, figurent un peu plus largement dans les différents livres. Mais c'est à la jeune génération qu'Attaingnant donne la préférence. Sermisy, Gombert, Verdelot et Willaert sont illustrés par un nombre élevé de compositions (15 à 25). À côté d'eux, beaucoup d'artistes donnent à cette collection l'aspect anthologique si cher à l'éditeur parisien : Richafort, Lhéritier, Bouteiller, Dulot, Conseil, Le Heurteur... incarnent les tendances nouvelles de la polyphonie. Musiciens français, parisiens ou provinciaux, côtoient ces Flamands venus faire carrière en Italie. Par l'éclectisme de ces choix, cette magnifique collection est très représentative de la musique religieuse contemporaine. Elle permet d'en mettre en évidence les caractères dominants. La stabilisation de l'effectif vocal à 4 voix se confirme, malgré un recours encore fréquent à des formations allégées (sections à 3 et 2 voix), ou plus lourdes (motets à 8 voix de Mouton, motet à 12 voix de Gombert).
L'imitation continue, devenue procédé unique d'écriture, permet cependant l'expression de personnalités diverses.
Le dépouillement et la concision d'écriture de Gombert s'opposent à la luxuriance des effets décoratifs chez Richafort.
Peu pénétrée d'individualisme, l'écriture imitative se révèle impropre à l'illustration expressive du texte ; ce souci, qui ne se manifeste que rarement chez les compositeurs français, apparaît quelquefois cependant dans la collection.
En 1532, l'anthologie *Viginti missarum* regroupe des messes d'auteurs divers. Elle précède d'autres recueils de dimensions moins vastes ; tous proposent la même diversité de compositeurs. Dans le cadre de la « messe parodie », genre presque exclusif de ces recueils, l'utilisation du modèle choisi reste très libre. Tantôt le contrepoint de la pièce parodiée est repris presque intégralement en de larges sections ; tantôt il ne fournit que quelques suggestions mélodiques ou harmoniques, se limitant au rôle d'une trame. Si le motet constitue une source importante pour la plupart des auteurs de

« messes parodies », la chanson, même légère, est un modèle particulièrement cher aux musiciens français.
On voit s'affirmer peu à peu les caractères qui différencient le style français du contrepoint flamand : l'écriture imitative, à 4 voix, se limite à de brèves phrases, dépourvues d'ornements et d'une facture assez sommaire, comparée à celle de Gombert, Créquillon ou Clemens. L'organisation des voix, en revanche, est plus libre que chez eux : l'effectif varie fréquemment dans les messes, s'allégeant à 2 ou 3 voix, se renforçant d'une cinquième voix, selon le caractère du texte traité. On peut voir là l'un des premiers essais d'illustration expressive d'un texte religieux. Bien qu'assez conservatrice, la musique sacrée ne reste pas indifférente aux nouveautés de l'art musical, et Pierre Attaingnant a su constituer sa collection en fonction d'un juste équilibre, non seulement entre les âges et les régions de provenance de ses auteurs, mais encore entre leurs tendances conservatrices et leurs aspirations au renouvellement.
Claudin de Sermisy. L'œuvre de ce compositeur, qui fut, pour l'essentiel – 13 messes, 70 motets et 150 chansons – édité chez Pierre Attaingnant, occupe, dans les collections de messes, une place de choix.
L'écriture souple et élégante reste essentiellement polyphonique. Les emprunts au style homophone sont rares, mais toujours propres à illustrer un moment expressif du texte : l'éclat du *Gloria,* le recueillement du *Sanctus.* Ces brèves interventions de l'écriture verticale, opposée au contrepoint linéaire, apportent au style de Sermisy une vie intense, encore rehaussée par les modifications de l'effectif vocal. Dans les fréquentes sections à 2 et 3 parties, par lesquelles le compositeur rompt l'uniformité de la polyphonie, Sermisy développe des mélodies ornées où dialoguent des voix dans un vaste *ambitus (Missa Philomena ; Missa novem lectionum).* Souvent, le dernier *Agnus* apporte à la messe une conclusion brillante, avec l'addition au contrepoint d'une cinquième voix. Assez conservateur dans ses premières messes, où il reste fidèle au style de Josquin, Claudin de Sermisy adopte peu à peu de nouveaux critères stylistiques : ceux de ses propres chansons. Le syllabisme déclamatoire tend à remplacer l'imitation mélismatique, car l'illustration du texte devient une des préoccupations du musicien. Ce style, nouveau dans la « messe parodie », servira de modèle aux jeunes contemporains de Sermisy.
Aux côtés de ce compositeur, mais moins largement représentés, Manchicourt, Gascongne, Richafort, Le Heurteur, Sohier, Certon et bien d'autres confirment l'éclectisme des choix de l'éditeur : musi-

---

Claudin de Sermisy (v. 1495, † 1562)

« Découvert » et promu dès 1528 par Pierre Attaingnant, Sermisy fut un des compositeurs les plus féconds et les plus réputés de sa génération. Tout à tour enfant de chœur à la Sainte Chapelle du Palais, chantre, puis sous-maître à la chapelle royale, et chanoine de la Sainte Chapelle (1533), il fréquenta essentiellement la cour de France. On sait cependant qu'il effectua un voyage en Italie, comme bon nombre de ses contemporains. Si sa musique religieuse (13 messes à 4 voix, 70 motets de 3 à 6 voix, et une *Passion*) fut éditée surtout en France par P. Attaingnant puis par N. Du Chemin, ses chansons (plus de 150) figurèrent dans des recueils collectifs à travers toute l'Europe.

---

ciens de générations variées (Sohier et Certon sont beaucoup plus jeunes que Gascongne et Manchicourt), ou d'origines différentes (Richafort est né dans les Flandres tandis que Le Heurteur est de Tours) ; sources diverses (les messes de 1532 n'ont que des modèles religieux, 4 sur les 8 messes de 1534 ont des modèles profanes) ; styles opposés (fidélité au style de Josquin ou messes-chansons, pénétrées des critères de la musique profane).

La personnalité de Sermisy à Paris, la profusion des œuvres religieuses produites en France à une époque où l'humanisme sollicite la création d'œuvres profanes, la richesse de l'activité en province sont autant d'éléments qui contribuent à l'affirmation de cette première génération de musiciens français.

L'épanouissement de l'école française

La seconde moitié du siècle est celle de la plénitude de l'école française, particulièrement à Paris. Les problèmes soulevés par l'humanisme et la Réforme ont mûri et commencent à porter leurs fruits. Ni la musique profane ni la musique religieuse n'échapperont à leurs influences conjuguées. De nouveaux imprimeurs de musique s'efforcent, dans leurs collections, de faire connaître les musiciens de la jeune génération, qui voisinent avec ceux que l'Europe entière a déjà glorifiés. Entre 1549 et 1576 environ, Nicolas Du Chemin, éditeur d'une centaine de recueils de musique, donne une large place à la musique religieuse. À côté de Sermisy, Janequin, Certon,

Claude Goudimel (v. 1520, † 1572)

Né à Besançon, il reçut certainement dans cette région sa formation musicale ; mais l'essentiel de sa carrière s'accomplit à Paris, où il fut, notamment, correcteur, puis associé de l'éditeur de musique Nicolas Du Chemin (1551-1555). Esprit ouvert et cultivé, il fréquenta les cercles humanistes et participa, en 1552, pour deux textes, au *Supplément musical* des *Amours* de Pierre de Ronsard. On sait que 4 compositeurs seulement ont fourni la musique de ce supplément, qui est la première manifestation, en France, de la pénétration chez les musiciens de la volonté humaniste (voir p. 269). Goudimel s'adressa, dans ses compositions religieuses, aussi bien à la religion catholique qu'au culte réformé, pour lequel il semble avoir opté. Le psaume constitua, dans la seconde moitié de sa vie, son principal centre d'intérêt (8 livres de psaumes en forme de motets ; *83 Psaumes de David,* 1562 ; les *CL Psaumes de David,* 1568, etc.).

Gombert et Manchicourt, déjà connus, on découvre les noms de Cadéac, Cléreau et Goudimel. À la messe et au motet s'ajoute désormais le psaume, que pratique notamment Goudimel.

Claude Goudimel. C'est chez Nicolas Du Chemin, de 1551 à 1555, que Claude Goudimel accomplit les débuts de sa carrière musicale. D'abord correcteur, puis associé, il bénéficia d'une large place dans le catalogue de Du Chemin et sa célébrité grandit rapidement. Son œuvre est vaste, marquée dans le domaine religieux par son évolution vers la foi protestante. Les quatre messes de Goudimel paraissent cependant en 1558, chez Le Roy et Ballard ; bien qu'écrites à 4 voix, l'organisation très libre des parties permet le développement de sections en duos et en trios. Les ornements, bien disposés dans l'imitation continue, ajoutent leur grâce à la linéarité très souple des parties. Les passages homophones, bien que rares, sont toujours signifiants, apportant au texte l'éclat *(Gloria),* ou le recueillement *(Et incarnatus est).* Dans cet art sobre et grave, les duos et trios jettent une note décorative.

Ces messes constituent, malgré leur nombre réduit, un des points les plus achevés de l'œuvre de Goudimel, car elles révèlent ce goût

du texte, ce respect du mot, qui, allié à la maîtrise de l'écriture, donnent au style du compositeur sa forte personnalité.
Les nombreux psaumes de Goudimel firent l'objet de plusieurs collections, chez Du Chemin et chez Le Roy et Ballard. La mélodie traditionnelle y est harmonisée à 4 voix, dans une écriture rigoureusement syllabique. Le style concis et dépouillé, orné seulement en fin de phrases, remarquable par sa souplesse rythmique et la qualité de sa prosodie, constitue une nette remise en question de l'imitation continue. Qu'il s'agisse des motets latins polyphones au vaste *ambitus*, aux voix largement vocalisées, ou des psaumes en forme de motets, toute l'œuvre de Goudimel dénote une nette indépendance d'esprit et un goût de la recherche expressive que peu de compositeurs manifestaient alors dans la musique sacrée.
Pierre Certon. Mort en 1572, la même année que Goudimel, à Paris, où il avait accompli toute sa carrière, Pierre Certon compose 8 messes et une cinquantaine de motets. Avec lui se confirment les principales tendances de l'école religieuse française : dépouillement et clarté d'une écriture imitative où l'ornement a peu de place ; variabilité de l'effectif vocal qui permet l'alternance des duos, trios et quatuors ; refus de tout effet spectaculaire ; esprit de gravité et mise en œuvre de techniques d'écriture variées, qui vont du contrepoint josquinien à la toute nouvelle homophonie.
Claude Le Jeune appartient encore à cette dernière génération de musiciens français de la Renaissance. S'il est célèbre surtout par sa musique profane et son rôle dans l'Académie de musique et poésie de Jean Antoine de Baïf, il a apporté à la musique sacrée la contribution d'un genre tout nouveau : le psaume en vers mesurés. De confession protestante, il sut faire bénéficier sa musique religieuse des trouvailles inaugurées dans la musique mesurée à l'antique (voir p. 275). Si les psaumes du *Dodécacorde* (1598) sont fidèles à l'écriture polyphonique traditionnelle, les *Psaumes en vers mesurés* calquent, comme les chansonnettes du *Printemps*, leurs rythmes musicaux sur la métrique des vers. Ils représentent certainement la première manifestation d'homophonie intégrale dans une musique d'inspiration religieuse. Dans les psaumes du *Dodécacorde*, à 3, 4, 5, 6 et 7 voix, l'attention que le compositeur porte au texte est évidente : l'aspect disjoint et fantasque de la mélodie, les fréquents effets de rythmes aux différentes voix répondent toujours à des sollicitations du texte. L'alternance systématique des contrepoints homophone et polyphone, qui s'exaltent mutuellement par contraste, confère à ces pièces une vie ardente.

Claude Le Jeune (1530, † 1600)

On ignore tout de la jeunesse et de la formation de ce compositeur né à Valenciennes. C'est à Paris qu'il accomplit l'essentiel de sa carrière et son nom est étroitement lié à celui de l'Académie de musique et poésie, de Jean Antoine de Baïf, dont il est un des plus brillants représentants. Fréquentant les milieux humanistes comme les milieux protestants, il connut de nombreuses vicissitudes professionnelles avant de devenir, en 1596, compositeur ordinaire de la chambre du roi Henri IV. La foi protestante, qu'il embrassa de bonne heure, lui inspira de nombreux psaumes, et ses *Octonaires de la vanité et inconstance du monde,* à 3 et 4 voix, figurent parmi les plus belles « chansons spirituelles » de l'époque.

Tout à l'opposé, les *Psaumes mesurés à l'antique* sont de conception entièrement harmonique. Si la structure des phrases est nette, jalonnée de silences à la fin de chaque vers, les multiples ressources du monnayage (division en valeurs brèves) des valeurs longues permettent à l'auteur un perpétuel renouvellement de l'expression rythmique. Malgré la maturité de l'écriture harmonique, les voix s'animent avec la plus grande indépendance ; malgré la forte assise rythmique imposée par le mètre, le discours garde une étonnante fluidité. Loin de toute illustration expressive, les *Psaumes en vers mesurés* proclament la beauté intrinsèque de l'écriture harmonique, véhicule sonore du mot, mais nullement asservie à ses exigences.

La musique vocale religieuse en Italie

À la fin du XVe s., l'Italie, pas plus que la France ou l'Allemagne, ne peut se prévaloir d'un style ou d'une école propres. Terre d'accueil pour les artistes de toute l'Europe, pays convoité par les princes puissants, elle a vu affluer les musiciens français, flamands ou espagnols, poussés par leur soif de connaissance, leur goût de l'aventure ou tout simplement les campagnes de leurs suzerains. Plus riches et plus actives que les États du sud, les cours du nord du pays reconnaissent dans ces musiciens, venus pour la plupart des Flandres, leurs meilleurs maîtres de chapelle. Si Josquin des Prés resta peu de temps en Italie, d'autres y accomplirent presque intégralement leur

Adrien Willaert (v. 1490, † 1560)

Originaire des Flandres, il se rendit en Italie, où il obtint des postes de musicien d'église à Ferrare et à Milan, avant de devenir le maître de chapelle de la prestigieuse basilique Saint-Marc, à Venise. C'est là qu'il apprit à marier la technique du contrepoint franco-flamand et la tradition vocale vénitienne (*Salmi Spezzati*, à 8 voix, 1550). Remarquable pédagogue, il eut de nombreux et illustres disciples parmi lesquels le théoricien Zarlino et le compositeur flamand Cyprien de Rore. Ses chansons françaises (plus de 65) portent la marque de ses études parisiennes, et ses quelque 60 madrigaux, d'une écriture savante et raffinée, le classent parmi les fondateurs du genre.

carrière. Ce fut le cas de Jacques Arcadelt à Rome, Philippe Verdelot à Florence, Cyprien de Rore et Adrien Willaert à Venise.

Rome et Venise se distinguent, durant tout le XVIe s., par la magnificence de leurs chapelles. Les différents papes, sans être tous aussi musiciens que Léon X, favorisent la création artistique, et la musique est florissante à Rome (à Saint-Pierre et à Saint-Jean-de-Latran). Dans les chœurs, presque tous les chantres sont français ou néerlandais ; cependant le génie italien se manifeste déjà en la personne d'un chantre de la chapelle pontificale, Costanzo Festa (v. 1480, † 1545). Celui-ci est surtout connu par ses madrigaux, mais son œuvre religieuse est importante (*Magnificat*, motets, messes, hymnes). Son écriture contrapuntique, plus vocale qu'intellectuelle, montre un goût certain de l'éclat. Le registre est vaste et les larges intervalles mélodiques fréquents. Les rythmes riches, étrangers à la prosodie, s'agrémentent de vocalises recherchées. Bien loin de l'austère sobriété de Gombert ou de Créquillon, l'aspect spectaculaire de la musique vocale de Festa préfigure une des tendances qui feront l'originalité du génie italien de la seconde moitié du siècle.

Mais Rome n'a pas l'exclusivité de la création musicale en Italie. Les villes du Nord rivalisent de luxe et d'intérêt pour les arts, mais aucune, même Florence où s'illustre le Français Philippe Verdelot, ne peut contester la suprématie de Venise. Le centre artistique de la Sérénissime République est la basilique Saint-Marc, qui abrite une véritable « famille » flamande de chanteurs et d'instrumentistes. Pépinière d'artistes, la basilique ne recruta cependant pas dans ses propres rangs les maîtres de chapelle qui devaient faire de Venise la deuxième capitale italienne de l'art sacré après Rome. Jusqu'en 1527, le Flamand Pierre de Fossis occupe ce poste, repris ensuite par Willaert.

Adrien Willaert

A. Willaert avait connu précédemment les cours de Ferrare et de Milan. Son accession à la direction de la chapelle de Saint-Marc constitue un événement dominant de l'histoire de la musique. Pendant trente-cinq ans, Willaert double son activité créatrice d'un important rôle pédagogique, enseignant pour la première fois la technique franco-flamande aux Italiens. Dans le domaine religieux, il écrivit 9 messes et plus de 350 motets. C'est dans ceux-ci que sa technique se révèle la plus variée, non que Willaert soit un novateur, mais, maîtrisant toutes les techniques connues, il les utilise avec indépendance. Il montre ainsi tout à la fois un attachement aux traditions néerlandaises (*cantus firmus*, constructions canoniques), une ouverture à la sensibilité « italienne » (sens du mot, de l'expression), et un intérêt pour tous les modes d'écriture polyphoniques connus.

Le procédé des *cori spezzati* (double chœur traité en réponses, phrase par phrase), déjà traditionnel à Venise, connaît ainsi avec Willaert un magnifique renouveau et une célébrité internationale. Les *Salmi spezzati* (psaumes à 8 voix disposés en deux chœurs, 1550) révèlent les tendances les plus modernes de l'écriture du maître : sens de la prosodie, syllabisme déclamatoire des parties, effets grandioses d'opposition entre les deux chœurs contribuent à la mise en valeur du texte. Les motets de *Musica Nova* (1559) sont très dépouillés mais riches en recherches techniques dans la plus pure tradition de Josquin des Prés : canons à 6 et 7 voix sur *cantus firmus*. Le syllabisme presque absolu du contrepoint, la concision de l'ensemble rappellent que, si Willaert sut par ses madrigaux plaire à l'aristocratie brillante de Venise, il conserva toujours au motet l'ambiance de gravité qui sied à une pièce du service divin.

Entre Josquin des Prés et Monteverdi, Adrien Willaert marque un sommet de l'art vocal sacré. Compositeur très doué et fécond, il groupa autour de lui sa propre école. Ses élèves contribuèrent à répandre sa musique non seulement de son vivant, mais longtemps après sa mort. Son rayonnement fut encore intense dans la jeune génération de musiciens italiens, qui surent mettre sa technique d'écriture au service de leur sensibilité passionnée, devenant désormais capables d'exprimer l'originalité du génie italien. Son disciple Zarlino, dans son enthousiasme, le définit comme le fondateur de l'école vénitienne. C'est oublier un peu vite qu'une tradition musicale existait à Venise bien avant Adrien Willaert, et que celui-ci demeure, par les aspects de sa personnalité, proprement néerlandais. L'école vénitienne se définira par l'éclat et le luxe décoratif. Il en va de même pour la peinture vénitienne : la luminosité des tableaux du Titien, la luxuriance des décors chez Tintoret, les vastes mises en scène picturales de Véronèse évoquent, plus que l'art de Willaert, la somptuosité que les Gabrieli sauront donner à la musique écrite pour la basilique Saint-Marc. Il est incontestable, cependant, que les musiciens de la génération suivante, qu'ils soient italiens ou néerlandais, doivent beaucoup à l'action de Willaert.

Cyprien de Rore (1516, † 1565)

Disciple, puis successeur de Willaert à Saint-Marc, Cyprien de Rore fait encore partie de cette « grande famille flamande » qui donna à l'histoire de la musique italienne le meilleur de son génie. Moins importante que son œuvre profane, qui fit sa célébrité, son œuvre religieuse comporte 5 messes et environ 65 motets, auxquels s'ajoutent une Passion, des psaumes et plusieurs *Magnificat.* La recherche d'expression, fonction du sens du texte, si souvent réservée par ses contemporains à la musique profane, anime chez lui messes et motets ; symbole subtil, elle n'altère jamais la sobriété et la gravité du style.

Désormais, les musiciens italiens vont se succéder aux postes les plus prestigieux de Saint-Marc de Venise : les premier et deuxième organistes, les maîtres de chapelle seront Andrea Gabrieli, Claudio Merulo, Girolamo Parabosco, Annibale Padovano, Giovanni Gabrieli et Claudio Monteverdi.

Les Gabrieli

Andrea Gabrieli (v. 1515, † 1586) fut peut-être élève de Willaert à Saint-Marc, avant de quitter Venise pour un poste d'organiste à Vérone. Bien que Saint-Marc ne lui ait jamais offert le titre supérieur de maître de chapelle qu'auraient pu justifier sa renommée et son talent, son œuvre religieuse reste attachée au prestige de la basilique.

Quatre messes et de nombreux motets (*Sacrae cantiones* à 5 voix, 1565 ; *Ecclesiasticarum cantionum* à 4 voix, 1583) révèlent une musique fortement marquée par le goût vénitien. Se libérant peu à peu de l'emprise franco-flamande, A. Gabrieli délaisse l'imitation pour l'homophonie, qu'il pare d'un éclat particulier en adjoignant le chœur instrumental au chœur vocal. Ces chœurs avec instruments seront désormais la marque de l'école vénitienne. Giovanni Gabrieli, neveu d'Andrea (1557, † 1612), surpasse son oncle dans ce domaine. Auteur surtout de musique religieuse, il reprend, pour le développer plus encore que ne l'avait fait son oncle, le mélange des voix et des instruments.
La vie publique de Venise offre au musicien de multiples occasions de se manifester. Les Gabrieli, musiciens de la basilique Saint-Marc, sont fréquemment sollicités pour les nombreuses fêtes annuelles qui ont, pour la plupart, à la fois un caractère public et un caractère sacré. L'aspect public requiert l'éclat, l'aspect sacré réclame la solennité.
La popularité de G. Gabrieli doit sans doute beaucoup à une union de la simplicité et de l'éclat, qui répond au goût de l'époque et dont les *Sacrae Symphoniae tam vocibus quam intrumentis*, « *Symphonies sacrées tant pour les voix que pour les instruments* », de 6 à 16 voix, éditées en 1615, sont une saisissante illustration.
L'écriture polyphonique de Giovanni Gabrieli laisse peu de place aux développements mélodiques. Sa technique, comme celle d'Andrea, est basée sur le goût du contraste, où les effectifs, les dialogues de groupes et de timbres, accaparent l'attention. Un des premiers musiciens à manifester de l'intérêt pour les timbres instrumentaux, Giovanni Gabrieli indique souvent leur nomenclature : on peut voir ainsi qu'il affectionne les oppositions entre cordes et vents, voix solistes accompagnées d'instruments et chœur *a cappella*. Complexe dans le domaine du rythme et de l'agencement des voix, la polyphonie de Gabrieli recourt en général à la plus grande simplicité harmonique.
Les deux Gabrieli marquent un point culminant de l'école vénitienne et leur sens du grandiose, de la masse chorale et de la couleur orchestrale, convient parfaitement au caractère fastueux de la vie vénitienne.

Palestrina

Sans doute la brillante école de Saint-Marc de Venise aurait-elle, aux yeux de l'histoire, relégué la vie musicale romaine au second plan si

Giovanni Pierluigi dit da Palestrina (v. 1525, † 1594)

Il reçut l'essentiel de sa formation musicale à la maîtrise de Sainte-Marie Majeure, à Rome. Organiste à la cathédrale de sa ville natale (1544-1551), il revint ensuite à Rome pour y être maître des enfants de la basilique Saint-Pierre, puis chanteur à la chapelle particulière du pape. De 1555 à 1560, il fut maître de chapelle à Saint-Jean-de-Latran ; il revint à Saint-Pierre en 1671, et y resta jusqu'à sa mort. Son œuvre immense est presque intégralement religieuse : environ une centaine de messes, de 4 à 8 voix ; près d'un millier de motets et quantité d'autres pièces religieuses : 66 offertoires à 5 voix, 52 hymnes à 4 voix, lamentations, psaumes et cantiques.

la personnalité de Palestrina n'avait attaché son nom, l'un des plus prestigieux de l'histoire de la musique, à celui de la Ville sainte.
Giovanni Pierluigi, dit da Palestrina (vers 1525, † 1594), accomplit à Saint-Pierre de Rome, où il demeura 23 ans, l'essentiel de sa carrière ; c'est là qu'il acquit sa célébrité européenne. Son œuvre, une des plus importantes du siècle, est presque exclusivement religieuse.
Son art résume tout le siècle qui le précède, englobant la totalité des techniques de l'écriture polyphonique. Les messes sont les plus significatives de l'intellectualisme du compositeur ; c'est là aussi que la science du contrepoint qui caractérise son art apparaît le plus nettement. C'est donc une attitude conservatrice qui régit, en cette fin du siècle, l'esprit des messes de Palestrina. Dans près de la moitié, il requiert la technique du *cantus firmus*, partiellement délaissée par ses contemporains au profit de celle de la messe parodie. Cette dernière, cependant, se rencontre fréquemment, construite sur des motets ou des madrigaux, selon la pratique la plus courante de l'époque. L'art de Palestrina n'a donc pas puisé sa grandeur dans la nouveauté des procédés ; mais dans la remarquable intelligence de leur utilisation. On sait que le concile de Trente déplorait la complexité de l'écriture musicale, qui nuisait à l'intelligibilité du texte ; on conçoit qu'un musicien préoccupé essentiellement d'écriture subtile et d'effets vocaux soit peu soucieux de la lettre. Ce n'est pas la *Missa ad fugam in perpetuo*

a)

Palestrina, motet Timor et hebetudo mentis.

b)

Palestrina, motet Tribulationem.

canone (1555) qui permettait à Palestrina d'exprimer les nuances de la pensée liturgique ; ce souci n'avait jamais été le sien. Mais son attitude de musicien d'église devait se modifier sous l'influence des décisions concernant la messe, prises par le concile de Trente qui avait consacré quelques séances au problème de la musique sacrée. Musicien de Saint-Pierre de Rome, respecté des plus grands princes de l'Église, Palestrina se devait d'illustrer par son art les nouvelles exigences du catholicisme. Sans rien abandonner de son goût pour l'écriture savante et pour les jeux complexes du contrepoint, il s'appliquera dans les dernières décennies de sa vie à concevoir la musique des différentes sections de la messe en fonction de l'esprit de leur texte. C'est ainsi que le *Kyrie* garde la traditionnelle imitation aux belles courbes vocales entrelacées. En revanche, les vocalises sont désormais bannies du *Credo*, qui prend un aspect austère, dû à son syllabisme déclamatoire. L'homophonie vient apporter sa joie exultante au *Gloria*, tandis que le *Benedictus* déploie sa grâce idyllique aux seules voix aiguës.

On admire que Palestrina puisse être à la fois le chrétien fervent, soucieux de respecter l'esprit de l'Église, et le musicien savant qui n'abandonne jamais les recherches subtiles d'écriture – exemple rare et prodigieux d'un homme qui remet en question son passé artistique, pour mieux servir sa foi. Ses messes, toujours mieux adaptées au service divin, restent des créations hautement artistiques, riches de personnalité et de sensibilité, qualités vers lesquelles tend tout musicien de la Renaissance. Dans les motets, écrits en nombre considérable, Palestrina serre encore de plus près le texte et ses intentions descriptives. Les exemples d'illustration musicale des mots sont multiples, telle la ténébreuse homophonie de *Timor et hebetudo mentis* (voir ♪ *a)* ci-contre) conduisant à la suppliante mélodie de *Domine miserere* (motet *Tribulationem*, à 5 voix, voir ♪ *b)* ci-contre). De la limpidité et de la grâce du motet *Alma redemptoris mater*, qui ressemble à une prière naïve, à la puissante louange du motet *Tu es Petrus*, l'art de Palestrina dispose de milliers de ressources pour donner vie, force et couleur aux textes souvent imagés des motets. L'homme apporte au chrétien sa sensibilité et son expérience pour conférer à cette musique des dimensions supérieures.

Admiré dans toute l'Europe, modèle des compositeurs d'église en cette fin du XVIe siècle, Palestrina est à la fois l'héritier et le somptueux aboutissement d'une riche tradition polyphonique vocale.

La musique vocale profane

Tributaire de la bonne volonté et du goût des princes, la musique profane reflète mieux que l'art sacré les aléas de la vie politique des États ou des cours. En effet la production de musique religieuse répond à une demande permanente et partout présente de l'Église, et celle-ci constitue pour les musiciens le plus important et le plus sûr des employeurs. L'art profane au contraire connaît plusieurs foyers d'un développement particulièrement brillant, mais ne bénéficie pas de la sérénité et de la sécurité qui caractérisent la production de musique sacrée.

C'est donc le reflet d'une activité riche et vivace, certes, mais essentiellement ponctuelle, qu'il faut voir dans la chanson polyphonique au début du XVIe siècle. L'esprit qu'elle véhicule est celui du lieu où elle est née, celui du prince qui la commande. Ainsi, la chanson est bien différente à la cour de Malines, chez Marguerite d'Autriche, de ce qu'elle est chez le roi de France, à la même époque. Une technique unique cependant la sert : le contrepoint néerlandais. Celui-ci a déjà fait dans l'art sacré la preuve de sa vocalité et de sa spiritualité ; il constitue, alors, le seul mode d'expression polyphonique. Mais les sources d'inspiration littéraire commencent à se différencier et il en résultera rapidement une diversification des conceptions musicales à travers l'Europe.

Face à l'importance de leur production religieuse, la musique profane des grands maîtres du début du siècle peut paraître négligeable. Mais il ne faut pas ignorer que beaucoup de petits maîtres s'illustrent, dans toutes les villes d'Europe, au service des princes et que la chanson flamande ou française et la *frottola* italienne sont le fait d'un nombre élevé de musiciens dont beaucoup ne nous sont, aujourd'hui, connus que par quelques pièces du genre.

La chanson française

La personnalité de Marguerite d'Autriche, fille de Marie de Bourgogne et de Maximilien de Habsbourg, influence profondément la pensée des artistes dont elle s'entoure. C'est à partir de 1504 que s'exercent réellement son pouvoir politique et son rayonnement culturel. Installée à Malines, elle s'entoure de poètes et de musiciens avec lesquels elle tente de retrouver l'environnement artistique qui était celui de la cour de Bourgogne. Les épreuves que la vie lui a infligées ont fait naître en elle un penchant pour les poésies tristes et sombres, comme elle en écrit elle-même. Personnalité raffinée, elle communie parfaitement avec les artistes qu'elle protège, comme le poète Jean Lemaire de Belges ou le musicien Pierre de La Rue. Elle entretient de nombreux musiciens, chanteurs et instrumentistes dans sa chapelle, dont l'activité quotidienne est intense. Les noms de Gaspar Van Werbecque et Alexandre Agricola figurent souvent dans les *Albums de chansons* de Marguerite ; ceux-ci constituent un document important pour la connaissance de la chanson polyphonique : les pièces à 3 voix y sont nombreuses, rondeaux et bergerettes d'Agricola, de Van Ghiseghem, La Rue, ou Compère. L'écriture mélismatique y domine, particulièrement chez

---

Marguerite d'Autriche

Fille de Marie de Bourgogne et de Maximilien de Habsbourg, Marguerite d'Autriche n'a jamais cessé de pratiquer sa langue maternelle, le français. En 1501, alors que son jeune époux, Juan, fils de Ferdinand et Isabelle d'Espagne, vient de mourir, elle s'unit à Philibert II, duc de Savoie ; celui-ci mourra peu après, en 1504, et c'est alors qu'elle installe à Malines la cour qu'elle veut reconstituer pour son neveu Charles, infant d'Espagne.

Agricola. Pierre de La Rue pratique une imitation dense, où les voix s'enchevêtrent et où se mêlent les rythmes, dans un souci d'expressivité assez rare chez ses contemporains. La tristesse, état d'âme dominant, pénètre nombre de ces textes, et on peut dire qu'elle crée l'élément d'unité des recueils.

La cour de France

La cour de France connaît une atmosphère plus gaie et moins guindée, où vont éclore des aspects nouveaux de la chanson. La recherche contrapuntique et l'élaboration savante, si elles continuent d'intéresser les musiciens, ne constituent plus leur unique ambition. Ils sont attirés par un répertoire littéraire beaucoup plus simple que celui des auteurs du siècle précédent. De cette nouvelle inspiration naît bientôt la distinction entre « chanson musicale » et « chanson rurale ». Ce n'est pas par l'écriture musicale que les deux genres se distinguent : la polyphonie à 3 voix domine dans l'un et l'autre, et l'imitation, avec participation égale des voix, en forme le matériau de base. C'est dans l'esprit que réside la différence ; les chansons musicales ne traitent que de l'amour, dans un style sophistiqué et élégiaque. Les chansons rurales abordent maints autres thèmes et l'amour y est souvent dépeint sous ses traits les plus réalistes. Cet esprit léger et gaillard, que l'imitation est impuissante à suggérer, ne tardera pas à engendrer une modification des modes d'écriture.

Josquin des Prés

Bien qu'il n'ait jamais, semble-t-il, eu de fonction à la cour de France, Josquin des Prés (voir « XIVe et XVe siècle » p. 169) participe, avec ses 62 chansons, à l'éclosion de la jeune école française. Si la maîtrise du contrepoint, qui caractérise l'ensemble de son œuvre, est aussi présente dans sa musique profane, celle-ci porte la marque de l'ouverture d'esprit du compositeur. Sa vie itinérante, enrichie de multiples expériences musicales glanées à Milan, Rome et Ferrare, comme en Espagne et en France, lui a révélé d'autres ressources que celles du contrepoint franco-flamand. Son écriture imitative, très proche de celle de ses motets dont elle a la richesse, sait s'effacer devant des effets plus personnels, souvent motivés par la lecture du texte. L'intérêt rythmique de certaines chansons, qui bannissent tout développement mélodique, l'éclat de celles qui opposent les 6 voix en deux groupes qui dialoguent, révèlent en Josquin, musicien profane, un homme que les expériences les plus nouvelles ne laissent pas indifférent. Nombre de ses chansons ont connu le succès, grâce aux éditions italiennes de Petrucci ; elles servirent de modèle à des œuvres instrumentales pour le luth (Francesco Spinaccino) ou pour l'orgue (M.A. et Girolamo Cavazzoni). Les deux livres *Canti B* et *Canti C*, qui font suite au premier recueil de l'histoire de l'édition musicale, *Odhecaton*, révèlent à la fois les musiciens les plus en vue et les styles les plus prisés au début du siècle : Josquin, de La Rue, Brumel, Obrecht et Compère. Chansons à 3 voix et à 4 voix y sont également représentées, mêlant les aspects les plus classiques de l'écriture mélismatique (*Chanter ne puis* de Compère) aux effets les plus modernes de l'homophonie (*Noé, Noé* de Brumel). Certaines pièces relèvent encore d'une rhétorique musicale très recherchée (*Baises-moy*, de Josquin), tandis que d'autres comme la chanson *Fors seulement* de Pierre de La Rue marient heureusement l'écriture mélismatique et l'homophonie.

La chanson française après Josquin des Prés

Paris est sans conteste, durant tout le XVIe siècle, le centre le plus brillant de la chanson. (Il s'agit bien entendu de la chanson polyphonique savante, et non de la chanson populaire monodique.) D'autres foyers, dans les Flandres ou dans les provinces du Sud, enrichissent le répertoire. De culture internationale, Arcadelt, Willaert, Monte, Lassus, musiciens flamands implantés en Italie ou ailleurs, écrivent eux aussi des chansons françaises. Ce genre va donc présenter des caractères divers, fonction des influences locales, des pressions de la tradition ou au contraire de la personnalité des compositeurs. La chanson, qui n'est pour certains qu'un divertissement face aux multiples tâches de leur fonction de musicien d'église, peut être pour d'autres l'essentiel de leur création ; elle peut encore, comme chez Roland de Lassus, homme d'une culture vaste et ouverte, traduire la volonté de participer à toutes les expériences de son temps.

Aux Pays-Bas, Charles Quint est prince depuis 1515. Les fêtes se succèdent, joyeuses entrées, tournois et chasses, pour la plus grande joie des gentilshommes bourguignons, espagnols et flamands rassemblés à la cour. La chapelle est brillante et la tradition artistique de la défunte cour de Bourgogne assurée de survie. L'action de Marguerite d'Autriche se poursuit, l'empereur lui ayant confié, dès 1522, la régence des États.

Nicolas Gombert. C'est dans ces années que l'on trouve Gombert parmi les musiciens de la chapelle impériale ; s'il est plus destiné, de par sa fonction, à la composition de musique sacrée, il n'en néglige par pour autant la chanson. Bien que d'importance secondaire dans son œuvre, celle-ci révèle souvent, par une liberté d'expression et de style que la musique sacrée ne permettait pas, un aspect attachant de la personnalité du compositeur. L'œuvre profane de Gombert se limite à 74 chansons françaises, un madrigal et un *villancico* espagnol. De son vivant, ces pièces furent éditées dans des recueils collectifs, entre 1528 et 1560, à Anvers, Nuremberg, Louvain, Augsbourg, Paris, Lyon et Venise. Dès 1529 un texte de lui figure dans les *Trente-huit Chansons musicales à quatre parties* de Pierre Attaingnant. Celui-ci l'édite régulièrement dans ses collections, jusqu'en 1550. C'est dire que sa renommée a largement franchi les frontières et que ses chansons trouvent souvent leur place aux côtés de celles de Claudin de Sermisy, Pierre Certon ou Clément Janequin, musiciens parisiens.

Les goûts littéraires de Gombert le portent généralement vers les textes sérieux ou graves, parfois même empreints d'une certaine tristesse. Dans ses chansons comme dans ses motets, l'amour de la courbe mélodique l'emporte sur le souci d'illustration expressive du texte *(Amy souffre).* Quelques textes plus légers *(Changeons propos, c'est trop parler d'amour)* donnent lieu à des effets vocaux ou rythmiques savoureux. Certaines pièces descriptives *(le Chant des Oiseaux* à trois voix, *la Chasse du lièvre)* s'apparentent par leur inspiration et leur traitement à celles de Janequin. Si Gombert n'atteint pas ici la vivacité de ton et la variété de couleurs du musicien français, il captive cependant par le traitement très pittoresque du texte et de ses onomatopées.

Thomas Créquillon entre plus tardivement – sans doute vers 1540 – à la chapelle impériale. Son œuvre profane, assez développée, est encore aujourd'hui d'un accès difficile ; hormis le *Tiers Livre des chansons à quatre voix,* édité par Susato à Anvers, en 1544, et qui comporte 36 chansons, les autres pièces sont en effet disséminées dans divers recueils collectifs, parus entre 1543 et 1578. On le trouve tour à tour publié chez Phalese, Susato, Moderne, Attaingnant, Du Chemin, parfois longtemps après sa mort (1613, 1633, 1636).
Certaines éditions des chansons de Créquillon connurent, auprès des instrumentistes, une fortune exceptionnelle. C'est le cas de *Un gai bergier,* transcrit pour le luth, l'orgue ou la vihuela à travers toute l'Europe : on la rencontre chez Phalese, dans plusieurs tablatures de luth entre 1545 et 1553 ; elle prend place avec quatre autres textes de Créquillon dans la tablature pour harpe et vihuela de Luis de Henestrosa, en 1557. Il semble que l'œuvre de Créquillon se soit plus largement diffusée dans le monde instrumental après la mort du compositeur : les tablatures allemandes de luth de Matthaus Waissel (1573) et Melchior Newsidler (1574), la tablature d'orgue de Bernhard Schmid (1577), les tablatures pour vihuela d'Esteban Daza (1576) et Cabezon (1578) comprennent plusieurs chansons de lui, parmi lesquelles *Un gai bergier,* qui réapparaît régulièrement. Si les éditeurs italiens n'ont pas imprimé de version vocale de ses chansons, la jeune *Canzone* instrumentale, en revanche, s'inspire fréquemment de ses textes : trois chansons figurent dans les *Canzoni per ogni sorte di strumenti,* « Chansons pour tous les instruments », de Giacomo Vincenti, en 1588 ; *Un gai bergier* est l'une des *Canzoni per ogni sorte di strumenti* de Giovanni Bassano en 1591.
Clemens Non Papa. En marge de la cour impériale, Clemens Non Papa est le plus fécond des musiciens de sa génération. Il donne à l'écriture de ses chansons une diversité et une habileté surprenantes. Sa sensibilité au texte littéraire est saisissante. L'esprit des poésies est toujours parfaitement rendu, soit par l'alternance des différents modes d'écriture, soit par les multiples jeux rythmiques sur les mots brefs *(Jaquin, Jaquet),* ou les répétitions plaisantes de consonances fortes *(Friquez-moi, tant, tant, tant).* Exempt de toute austérité, libre de toute contrainte, l'art de Clemens se définit, dans ses chansons, par une sorte de libération : celles-ci sont pour lui une sorte de jeu où son intelligence et sa sensibilité rivalisent pour le plus grand bénéfice de l'imagination. Le *Blason du laid tétin,* par exemple, témoigne d'une invention très variée, toujours attentive

aux sollicitations du texte littéraire ; toutes les formes et jeux du contrepoint syllabique s'y mêlent avec vivacité et habileté. Maintes fois pris comme modèle par les instrumentistes de toute l'Europe *(Je prends en gré ; Oncques amours ; Frais et gaillard)*, régulièrement édité par Attaingnant, Phalese, Susato et Du Chemin entre 1529 et 1571, Clemens trouve pour la chanson des audaces de style et une finesse d'expression qui le placent parmi les meilleurs représentants de la chanson française.

Roland de Lassus. De 1555 à 1585, son nom apparaît fréquemment dans les grandes collections de chansons éditées par Le Roy et Ballard. Il semble même qu'il représente un bon argument de vente, car lui seul figure dans le titre de nombreux recueils d'auteurs divers. À l'image du *12e Livre de chansons nouvellement composées par Orlande de Lassus et autres autheurs* en 1576, d'autres collections, du *13e* au *20e Livre,* reproduisent le même titre. Les poésies qu'il choisit sont tantôt légères tantôt graves. Vers la fin de sa vie, son humeur s'assombrit cependant et son inspiration ne s'accommode plus de la fantaisie ou du lyrisme de la chanson.

Les chansons de Lassus n'apportent pas d'innovations marquantes dans le domaine de l'écriture ; elles révèlent plutôt l'ouverture du musicien à tout ce qui se pratique autour de lui en Europe. Sensibles tantôt à l'influence du madrigal italien, tantôt (quoique rarement) à celle de la musique mesurée, ses chansons émanent d'un homme libre de toute doctrine, qui sait faire son jeu tant du contrepoint imitatif *(Cupido me brûle)* que de l'écriture homophone. Syllabique et peu encombrée d'ornements, son écriture est aérée ; les voix, souvent unies par paires, créent un tissu peu compact et souple. Les pièces entièrement homophones ont un aspect rustique *(Un jour je vis un foulon)*, alors que d'autres, harmoniquement riches et complexes, apportent au genre une dimension nouvelle.

Tandis que les musiciens flamands consacrent à la chanson une part modeste de leur activité, les musiciens français, poussés par les goûts de la cour et l'influence humaniste, accordent à ce genre un intérêt sans cesse grandissant. Remplaçant la musique sacrée dans le domaine de l'esprit de recherche, la chanson allait être, pour les musiciens, le terrain d'une réflexion approfondie, d'une remise en question de leurs techniques et d'un regard différent porté sur l'union de la musique et de la poésie. Même si l'influence humaniste ne se manifeste pleinement qu'après 1550, l'ouverture des musiciens à l'art profane est un des phénomènes les plus marquants du XVIe siècle français.

La chanson parisienne

Le premier recueil de musique imprimé paru en France sort, en 1528, des presses de Pierre Attaingnant à Paris ; il s'intitule *Chansons nouvelles mises en musique à quatre parties*. Symbole de l'intérêt que les musiciens français portent à la musique profane et de la place que celle-ci occupe dans la société, ce recueil et les suivants précèdent de plusieurs années les grandes collections de motets et de messes. Huit volumes de chansons (sept de chansons à 4 parties et un de chansons à 3 parties) paraissent ainsi en 1528 et 1529. Ils consacrent la naissance de la chanson parisienne, qui se distingue désormais nettement de la chanson des provinces du Nord. C'est d'ailleurs l'époque où d'autres pays d'Europe découvrent leur spécificité nationale ; on l'a vu pour l'Italie dans le domaine religieux ; la *frottola* et le madrigal s'y développent en même temps. L'Espagne crée une musique de cour totalement originale, tandis que l'Allemagne puise dans ses sources populaires la substance de son lied savant.

C'est à la chanson que la musique française du XVIe s. doit l'essentiel de sa richesse et de son originalité. Autant elle n'est, pour les Flamands de cette époque, qu'une activité accessoire, un amusement dans lequel ils révèlent parfois un aspect insoupçonné de leur personnalité, autant elle constitue, tant par le nombre que par la qualité de la recherche stylistique, la pièce maîtresse dans la création de la plupart des musiciens parisiens.

Aux alentours de 1530, la chanson s'anime d'un esprit nouveau, fait de truculente joie de vivre autant que de délicate sensibilité. La cour de François Ier ne veut pas d'austérité, et tout honnête homme que l'on y rencontre abrite un humaniste épris de nouveauté et amoureux de la vie. Poètes et musiciens régalent la société aristocratique de textes qui chantent l'amour ; les évocations les plus délicates y côtoient des images d'un réalisme cru ; l'humour pénètre jusque dans la plus profonde tristesse. Thomas Sebillet, dans son *Art poétique français* (1548), tente de définir la chanson en tant que forme poétique ; il insiste sur l'imprécision qui la caractérise, tant au niveau de la forme que de l'inspiration, et s'amuse de voir comment « les musiciens et les chantres font de tout ce qu'ils trouvent, voient et oient, musiques et chansons, et [ajoute-t-il], me doute qu'entre cy et peu de jours ils feront du Petit Pont et de la Porte Baudets des chansons nouvelles ».

Clément Marot illustre bien la variété des tendances poétiques de l'époque : si savante dans les épîtres, les élégies, les chants royaux ou les discours, sa poésie devient plus simple dans les chansons, directe et concise dans les épigrammes. C'est Marot qui donnera à cette poésie d'essence populaire, nommée chanson, ses premières lettres de noblesse. Mais les musiciens, quant à eux, se soucient peu de puiser exclusivement dans le répertoire de la cour. Autant que l'art savant, ils affectionnent la source populaire, tant il est vrai que « la poésie populaire et purement traditionnelle a des naïvetés et grâces où elle se compare à la principale beauté de la poésie parfaite selon l'art » (Montaigne, *Des vaines subtilités,* ch. LIV).

Les tendances musicales, comme les goûts poétiques, s'infléchissent dans une direction nouvelle. On ne verra plus jamais, comme encore chez les contemporains de Josquin, des chansons sur *cantus firmus* au ténor, des constructions canoniques, des architectures savantes où deux voix dialoguent sur de vastes mélismes, tandis que deux autres traitent la mélodie principale en imitation syllabique. C'est sous une autre forme que les musiciens vont assouvir leur intellectualisme, et en aucun cas ils ne lui laisseront prendre le pas sur la recherche de l'expression et de l'élégance. Pour les musiciens comme pour les poètes, l'ère des grands rhétoriqueurs s'éteint avec la génération de Clément Marot, Sermisy et Janequin. Encore étrangère aux effets de la pensée humaniste, qui n'interviendront qu'après 1552, cette génération crée un mode d'expression qui, sans être réellement neuf, élimine tout ce que la forme peut avoir de superflu, d'étranger à l'esprit qui l'anime. Le culte de la grâce et de l'élégance remplace celui de la recherche savante. En s'allégeant des subtilités du contrepoint, la chanson se fait plus apte à l'expression des sentiments et à l'illustration du texte que réalisera pleinement la génération suivante.

Claudin de Sermisy, Pierre Certon et Clément Janequin sont les trois principaux représentants de la chanson parisienne dans sa première phase. Personnalités fort différentes, ils se montrent également attentifs à l'évolution de la poésie de leur temps. Marot est le poète auquel ils font les plus larges emprunts ; chez lui, ils trouvent le lyrisme élégiaque aussi bien que la verve sarcastique ; la recherche d'images, d'expressions et de tournures raffinées autant que la phrase dynamique et rythmée.

Claudin de Sermisy, qu'intéressent peu les textes grivois et la veine populaire, met en musique 22 des chansons poétiques de Marot. Ses préférences vont aux textes lyriques, où l'amour est évoqué avec délicatesse ; *Vous perdez temps* chante avec emphase les mérites de l'aimée ; la médisance des jaloux s'exprime sur l'agitation d'une écriture imitative aux rythmes serrés tandis que les mots « la fleur de sa jeunesse » s'épanouissent clairement sur les sonorités pleines de l'écriture homophonique. Plus rares sont les pièces légères et primesautières, moins favorables au déploiement du lyrisme personnel du compositeur. La poésie *En entrant dans un jardin* prête à la chanson ses rythmes allègres et délicats et reçoit une mélodie simple et conjointe, parfaitement adaptée au caractère du texte. Sans abandonner tout à fait l'écriture à 3 voix, Sermisy marque une nette préférence pour la polyphonie à 4 voix qui tend à se généraliser chez ses contemporains. On est frappé, d'emblée, par la clarté du style, son apparente simplicité, la forte emprise qu'y exerce le rythme. On découvre une polyphonie souple et mouvante, jamais prisonnière d'un principe.

L'art de Sermisy, tout d'élégance et de délicatesse, a le mérite de s'ouvrir très largement à l'écriture harmonique, si peu exploitée par les générations antérieures. L'harmonieuse alternance de ces passages, bien calqués sur le rythme du texte, dont l'énoncé est parfaitement clair, et de ceux dont l'écriture syllabique se déroule habilement et sans emphase fait des chansons de Sermisy des pièces animées, vivant de toute la sensibilité des mots, mais aussi pleines d'un réel intérêt dans le domaine du contrepoint que le compositeur ne sacrifie jamais. Très typiques, par leur vivacité et leur raffinement, du goût français aristocratique, les quelque 150 chansons de Sermisy font du compositeur l'un des meilleurs maîtres de la chanson parisienne.

Pierre Certon. C'est à ses chansons (environ 300) que Pierre Certon doit son importance historique. Édité, de son vivant, dans toute l'Europe, il s'intéressa vivement à la poésie de ses contemporains. De Marot à Ronsard, il vécut l'évolution de cet art, sachant adapter sa musique à tous les thèmes.

L'inspiration amoureuse y est largement privilégiée, choisie dans des textes anonymes ou chez Marot, Maurice Scève, Mellin de Saint-Gelais. Le plus souvent languissant et douloureux *(Las est-il créature, le Souvenir de mes belles amours),* ce motif peut aussi s'éclairer d'un esprit narquois ou franchement gaillard *(Entre vous gentilshommes, Un jour un galland).* Il serait vain de chercher dans l'écriture musicale une illustration exacte de ces caractères divers : le texte poétique, s'il motive, à un moment donné, l'intérêt du compositeur et son choix, perd sa réalité particulière lors de la création musicale. Cela n'est pas propre à Certon. Les musiciens de l'époque n'ont pas encore pressenti le pouvoir suggestif de la musique ; ils concentrent leurs efforts sur l'acte musical pur, dans lequel le rapport avec le texte n'intervient qu'à titre exceptionnel. Plus simple que celle de Sermisy, l'écriture de Certon est à dominante harmonique ; si les mélismes et les ornements n'en sont pas absents *(Amour lascif, l'Œil et le cœur)*, ils ne conquièrent leur place que dans le cadre harmonique tissé par l'ensemble des voix. L'écriture imitative sert souvent de prétexte à d'intéressants jeux rythmiques (*Un jour que madame dormoit, le Jeu d'aymer)*, qui traduisent la sensibilité aux mots forts du texte. Les chansons strophiques, aux vers brefs et dynamiques, entièrement conçues dans le style vertical, qui caractérisent le *Premier Livre de chansons nouvellement composées en musique à quatre parties* (Le Roy et Ballard, 1552), s'apparentent au vaudeville, tel que le définit le père Mersenne : « Or la chanson que l'on appelle vaudeville est la plus simple de tous les airs et s'applique à toutes sortes de poésies que l'on chante note contre note sans mesure réglée [...] Cette grande facilité fait appeler les chansons vaudevilles, parce que les moindres artisans sont capables de les chanter, d'autant que l'auteur n'y observe pas ordinairement les curieuses recherches du contrepoint figuré, des fugues et des syncopes et se contente d'y donner un mouvement et un air agréable à l'oreille » *(Harmonie universelle, 2e Livre des chants)*.

Ce terme de « vaudeville », qui n'apparaît que très épisodiquement dans les recueils de musique vocale, n'a pas de définition précise. Il semble qu'il ait toujours désigné un genre simple, syllabique, de forme strophique, d'aspect populaire, harmonisé verticalement. C'est ainsi que Certon conçoit les pièces du recueil de 1552. Le fait est nouveau à l'époque, l'écriture verticale étant, par tradition, réservée aux danses. La publication d'un recueil complet de polyphonie vocale écrite dans ce style dénote une importante évolution des goûts et de l'oreille ; le *superius*, dans cette conception, connaît une importance accrue, car c'est lui qui engendre l'édifice harmonique. Le texte se trouve énoncé avec une parfaite intelligibilité, car les joutes imitatives ne viennent plus en perturber la clarté. Succession de consonances, cette musique favorise le développement du sentiment harmonique qui prédominera à la fin du siècle. Si l'on note que le *Premier Livre de chansons* de Certon paraît la même année que la première édition des *Amours* de Ronsard (qui comporte un supplément musical), on comprendra que l'un et l'autre révèlent une attitude tout à fait novatrice dans le domaine des rapports de la musique avec la poésie. Avec ses chansons stro-

---

Clément Janequin (v. 1485, † 1558)

Il s'installa à Paris en 1549, à plus de soixante ans. En 25 années environ, passées dans la région bordelaise, il eut plusieurs charges ecclésiastiques à Saint-Emilion, Saint-Michel-de-Rieufret, etc. De cette époque datent ses premières chansons, publiées à Paris par Attaingnant et qui le rendirent célèbre. Puis il résida en Anjou, où il resta une vingtaine d'années. Chapelain de la cathédrale d'Angers, puis maître de la Psalette, il composa un nombre considérable de chansons, parmi lesquelles les grandes pièces descriptives de *la Guerre, le Chant des oiseaux*, etc., sont les plus originales. Il composa quelques messes et motets malheureusement perdus (*Sacrae Cantiones seu motectae,* 1533). Ses quelque 250 chansons de 3 à 5 voix dénotent une imagination, un humour, un goût pour la vie et parfois même un esprit caustique saisissants.

---

phiques où tous les couplets se chantent sur la même musique, à la manière d'une chanson populaire, Certon apporte à la musique cet esprit nouveau que Ronsard prône, la même année, dans le *Supplément musical* des *Amours*. On ne s'étonnera pas de voir Certon participer pour deux textes à cet appendice.

Clément Janequin, à l'opposé de Sermisy, témoigne d'un goût évident pour les textes légers et grivois. Leur rythmique franche, établie sur des vers brefs, l'attire par les effets pittoresques qu'elle promet ; leur langage imagé sera pour lui prétexte à des jeux serrés sur les mots (*Suivez toujours l'amoureuse entreprise, On dit que vous la voulez*), à des répétitions de syllabes (*Un jour Colin, Fy, fy, cela est trop maigre*). Sur ces textes hautement imagés, au réalisme cru et au ton gaillard, l'imagination mélodique et rythmique de Janequin se débride. Les sollicitations du poème trouvent toujours un écho multiplié dans les mille enchevêtrements de son écriture.

À côté de cette profusion de textes farfelus et impertinents, le lyrisme amoureux trouve aussi une place. Les bases de l'écriture sont les mêmes, mais l'esprit est rendu par le choix de valeurs plus longues, de séquences beaucoup plus calmes ; la vocalise retrouve sa place pour illustrer le sentiment triste ou tendre *(De vostre amour, Toi, Cupido qui as toute puissance).* L'aspect mélodique prime sur la fantaisie rythmique qui faisait l'originalité des pièces

gaies. Les changements de mesure, fréquents dans toutes les chansons, apportent une dimension expressive inattendue : le délicat *Tétin refait plus blanc,* de Clément Marot, par exemple, trouve dans la chanson de Janequin une admirable amplification de toutes ses images, une sublimation de ses sonorités, une émotion décuplée.
Quelques pièces, totalement dépourvues d'imitation, viennent enrichir le répertoire de la chanson homophone en pleine évolution. La légèreté de certaines les apparente, comme chez Certon, au vaudeville *(Petite Damoiselle, la Plus Belle de la ville, Ma fille, ma mère)* tandis que d'autres semblent avoir été ainsi conçues pour donner au texte une intensité expressive que n'aurait pas permise le contrepoint imitatif *(Il s'en va tard, Hélas, mon Dieu).*
Dans les grandes chansons descriptives *(la Guerre, le Chant des oiseaux, la Chasse),* écrites pour la plupart dans la période bordelaise, où la musique épouse les moindres caprices des mots et des onomatopées, Janequin fait preuve d'une imagination et d'une fantaisie éblouissantes ; l'originalité de sa personnalité musicale lui confère une place à part dans la chanson de son temps, qu'il a largement enrichie.
Autour de ces trois grands, d'autres musiciens gravitent, comme, à Paris, Passereau et Sandrin, et en province Layolle, Phinot, E. Genet. On les rencontre dans les recueils d'auteurs divers d'Attaingnant ou dans le *Parangon des chansons* du Lyonnais Jacques Moderne. Cette première génération de musiciens du XVIe s. a produit un répertoire considérable, à l'image des goûts et de la sensibilité de ses contemporains.

La chanson et l'apport humaniste

La seconde moitié du siècle, en France, va être profondément marquée par l'influence des poètes humanistes. Du Bellay, Ronsard, Jean Antoine de Baïf, Jodelle, tous écoutent et jugent la musique de leur temps, car tous se préoccupent des rapports que leur art entretient avec elle. Tous s'accordent à voir en elle la « sœur puisnée de la poésie », dont la vocation est de faire valoir les beautés de l'aînée.
L'influence de Ronsard. Pour Pierre de Ronsard, la musique est incontestablement l'art le plus cher après la poésie. Chanteur et joueur de luth, il trouve dans la pratique conjuguée de la voix et de l'instrument des joies indicibles ; joies de l'esprit autant que de la sensibilité puisque, ce faisant, il retrouve le lyrisme d'Orphée qu'il souhaite proposer comme modèle à tous les musiciens. S'il faut

---

Pierre de Ronsard (1524, † 1585)

Chef de file de la Pléiade, il joua un rôle déterminant dans l'évolution du langage et de la forme poétiques ; plusieurs de ses ouvrages participent, de manière diverse, à l'évolution des conceptions musicales de son temps : *les Amours,* de 1552, représentent le premier recueil de poésies à accueillir des textes musicaux ; *l'Abrégé de l'art poétique français,* de 1565, accorde une large place aux théories du poète sur l'accord entre poésie et musique ; la préface des *Mellanges,* de 1572, fait siennes les idées de Platon sur la musique, celle-ci doit servir le texte. Jacques Mauduit écrivit, à la mémoire du poète, en 1585, une messe de *Requiem* malheureusement perdue.

---

attendre 1565, avec la parution de l'*Abrégé de l'art poétique français* pour connaître le détail des opinions de Ronsard sur les rapports de la musique et de la poésie, on sait déjà, grâce à l'*Épître au lecteur* (en tête de la première édition des *Odes,* en 1550), que « la lyre seule doit et peut animer les vers et leur donner le juste poids de leur gravité ».

La date de 1552 revêt une grande importance dans l'histoire de ces rapports. Le premier livre des *Sonnets des amours* paraît cette année-là, avec, en fin d'édition, un *Supplément musical.* Quatre auteurs ont écrit les dix textes qui le composent : Janequin, Certon, Muret et Goudimel. Tous les sonnets des *Amours* ont été conçus par Ronsard pour être mis en musique : la coupe des vers, l'alternance des rimes, les rythmes ont été choisis pour faciliter le travail du musicien. Les poésies sont classées en quatre groupes ; chaque groupe obéissant à un seul schéma métrique, les textes sont « superposables dans tous leurs éléments rythmiques », selon l'expression du poète, qui énumère les 92 sonnets de même type qui seront chantés sur *Qui vouldra voir,* de Janequin, les 59 dont la musique sera *Nature ornant,* du même compositeur... Détail remarquable : huit sonnets des *Amours,* qui ne correspondent pas à l'un de ces quatre types, n'ont pas été mis en musique ! Cela pourrait suggérer que les compositeurs adhèrent totalement à l'idée du poète, pour négliger ainsi ces textes, marginaux par leur structure métrique, mais tout aussi beaux que d'autres par leur inspiration et leur versification.

En invitant le musicien à calquer sa phrase sur la phrase littéraire, le poète énonce une conception radicalement nouvelle des rapports poésie/musique. De prétexte – ce qu'il était jusqu'alors – le texte devient maître d'œuvre ; il est le message, la musique en est le véhicule. D'ailleurs, un seul air, pour tant de sonnets, signifie clairement que cet air n'est expressif pour aucun, qu'il tire sa vie du rythme qui lui est imposé par le vers. C'est bien une servante que le poète voit dans la musique, servante indispensable, puisque Ronsard nous dit que « la poésie, sans la grâce d'une plaisante voix n'est nullement agréable ». Les auteurs du *Supplément musical*, loin de se formaliser de cette conception hiérarchique, se laissent séduire par la proposition du poète et conçoivent une musique qui est le moule dans lequel se glissent tour à tour les 92 ou les 59 sonnets de telle ou telle catégorie. Leur indifférence coutumière au texte explique leur attitude ; n'ayant jamais cherché à exprimer le mot pour lui-même, ou l'image (mis à part les chansons descriptives de Janequin), ils acceptent aisément l'idée d'une musique commune à plusieurs textes, pourvu que la métrique de ces textes soit identique. Ces auteurs ne se doutaient pas qu'à l'école de Ronsard, ils allaient justement découvrir cette poésie qu'ils pratiquaient depuis si longtemps en l'ignorant, eux qui ornaient d'un même contrepoint le lyrisme le plus délicat et l'érotisme le moins voilé. Les poésies n'avaient été, jusqu'alors, que le véhicule vocal de leurs jeux imitatifs, de leurs courbes mélismatiques ou de leurs recherches rythmiques. Voici qu'on leur proposait le contraire : lire, entendre, prononcer cette poésie, et la faire chanter, lui donner les ailes des sons. C'est alors que les mots vont imposer tout leur sens, leur force évocatrice ou expressive ; les sanglots du poète éconduit, qui portaient jusqu'alors le même contrepoint que les ébats amoureux de Martin et Alix, retiennent maintenant l'attention du musicien. Alors qu'on lui demande de modeler son rythme sur celui des vers, il se met à écouter les mots et cherche à les traduire. Toute l'évolution future de la chanson polyphonique tient dans cette découverte tardive et inattendue.

Ce que Ronsard souhaitait par-dessus tout, c'était d'apprendre aux musiciens une autre musique, celle qui chantait dans sa mémoire d'humaniste : le chant d'Orphée et de sa lyre. Mais c'est longtemps après la mort du poète que les musiciens délaisseront le contrepoint vocal pour confier au luth l'accompagnement d'une voix seule. Cherchant à leur apprendre une autre musique, Ronsard leur a enseigné la poésie. Eux qui l'ont assujettie pendant des siècles aux volontés du contrepoint choisissent désormais de la servir, de mettre à ses pieds toutes leurs ressources techniques. La douleur du poète trouve un écho dans le cœur et sous la plume du compositeur, tandis que la mélodie sait partager les joies rustiques de Jehan et de Catin. De tyran, le contrepoint devient serviteur attentif, et la chanson invente d'autres langages, rendus indispensables à la traduction d'une sensibilité nouvelle.

Toute la deuxième génération des musiciens, celle de Goudimel, Costeley, A. de Bertrand, Cl. Le Jeune, P. Cléreau, bénéficiera ainsi de l'influence, directe ou indirecte, de Ronsard, « miroir du goût littéraire de son temps », et de la Pléiade.

Claude Goudimel. Après la participation pour deux textes au *Supplément musical* des *Amours*, Goudimel fait encore au poète de nombreux emprunts ; pour ses 60 chansons, cependant, nombre de textes sont de source anonyme. Ses choix le portent vers les poésies les plus subtiles, celles dont les mots et leurs sonorités constituent déjà une riche musique. Sa conception complexe du contrepoint, si elle ne répond sans doute pas aux vœux de Ronsard, s'accorde parfaitement aux subtilités littéraires de ses poésies. Rien, ou presque rien, ne subsiste chez Goudimel de la légèreté et du souriant dynamisme de la chanson parisienne. Fidèle à l'écriture imitative, il se plaît parfois à en développer les phrases dans de longs mélismes *(Si l'amitié n'est que conjonction, Quand j'aperçois ton beau chef jaunissant).* L'écriture harmonique, cependant, trouve aussi chez lui une place de choix, et l'interpénétration profonde des deux styles offre à Goudimel de grandes ressources d'expression. Le musicien se montre en effet sensible à l'atmosphère générale des pièces plus qu'aux mots ou aux images eux-mêmes, et c'est ce climat qu'il s'applique à rendre. Aucune convention d'écriture, aucune recherche d'effet spectaculaire ne vient troubler la très personnelle sérénité des chansons de Goudimel.

Anthoine de Bertrand (v. 1530, † 1581) consacre lui aussi la majeure partie de son œuvre profane à Ronsard. Le *1er* et le *2e Livre des Amours de Pierre de Ronsard* paraissent chez Le Roy et Ballard, en 1578. Soixante sonnets au total y sont « mis en musique au long », dans un style d'une grande richesse, où l'écriture homophone prend nettement le pas sur le contrepoint imitatif. Faut-il voir dans ce choix l'influence des idées du poète ? Il est vrai que l'évolution des techniques et des goûts tendait, depuis la génération précédente, à donner à l'écriture harmonique une importance sans cesse accrue. Mais Anthoine de Bertrand témoigne, plus qu'un autre, de cette maturité harmonique, et les exemples ne sont pas rares de chansons régies par un véritable « plan tonal ». Dans *Amour me tue si doucement*, par exemple, l'alternance des cadences est la réplique parfaite de l'alternance des rimes. Plus respectueux de la forme que la plupart de ses contemporains ou prédécesseurs, il est un des rares musiciens de Ronsard à traiter les sonnets dans leur intégralité. La logique du poème reste apparente dans la chanson, une cadence marquant la fin des différents quatrains et tercets.

Mais la plus grande originalité d'Anthoine de Bertrand réside dans sa sensibilité aux mots : à l'inverse de Goudimel, il vise à mettre en valeur le mot lui-même, celui qui, ayant touché le lecteur, doit capter maintenant l'oreille de l'auditeur ou du chanteur. L'œuvre regorge de ces intentions expressives, surtout dans les mélodies. Certaines s'apparentent aux madrigalismes, formules qui tentaient de figurer, par le mouvement demandé aux voix, l'image proposée par le texte. Parfois même, le musicien cède au symbolisme visuel de cette « musique pour les yeux » que les Italiens affectionnaient particulièrement : Dans *Je suis un demi-dieu*, le dernier vers du huitain : *Et une obscure nuit dessus mes yeux demeure*, entièrement écrit en notes noircies, contraste par son alternance de longues et de brèves avec le reste de la pièce, d'un contrepoint savant et animé où passent toutes les nuances de la passion amoureuse.

Après Goudimel et Anthoine de Bertrand, plus de 30 musiciens empruntèrent des poésies, sonnets et odes surtout, à Ronsard, et la présence de Ronsard dans les recueils de chansons polyphoniques jusqu'à la fin du siècle atteste l'exceptionnel rayonnement du poète. Son seul nom peut, pour longtemps encore, garantir le succès d'une édition musicale. Pierre Cléreau l'a certainement compris qui, en 1556, publie le *Premier Livre des Odes de Ronsard*, dans lequel six seulement sont de ce poète !

Guillaume Costeley (v. 1531, † 1606), musicien aux goûts éclectiques, figure lui aussi parmi les admirateurs de Ronsard. La compagnie des humanistes lui est familière, et ses 93 chansons révèlent une extrême sensibilité et une curiosité artistique qui le pousse à chercher dans tous les genres connus les sources d'une expression constamment renouvelée. Son recueil, *Musique de Guillaume Costeley*, paraît en 1570 chez Le Roy et Ballard. À cette date, le triomphe de l'écriture harmonique est consommé. Très largement utilisée par Costeley, celle-ci s'assouplit rythmiquement et marque avec toujours plus de précision l'accent prosodique. Cependant, le musicien n'oublie pas que l'écriture imitative lui

Jean Antoine de Baïf (1532, † 1589)

Fils d'une Vénitienne et d'un gentilhomme français, ce poète fut longtemps un collaborateur de la Pléiade. En fondant, en 1571, l'Académie de musique et poésie, il allait ouvrir à la musique polyphonique des voies résolument nouvelles ; bien que son œuvre poétique soit quelque peu déconsidérée par rapport à celle de ses contemporains du Bellay ou Ronsard, elle constitua pour les musiciens de son groupe non seulement une source précieuse d'inspiration, mais encore un exemple de pensée originale et séduisante, où ils puisèrent afin de renouveler la polyphonie.

---

fournit à tout moment l'animation de ses réponses, l'habileté de ses jeux rythmiques, la douceur de ses courbes entrelacées.

Comme tous les artistes de sa génération, Costeley, qui écoute parler le poète, voit désormais dans la musique un langage expressif, porteur d'une signification nouvelle : celle qu'il a puisée dans les mots. Le terrain est prêt pour la dernière grande aventure du siècle qui, en inaugurant la collaboration étroite, à tous les niveaux de la création, entre poètes et musiciens, portera les ambitions de Ronsard beaucoup plus loin qu'il ne l'avait lui-même imaginé. L'émouvante histoire de l'Académie de musique et poésie apportera au XVIe siècle, en même temps qu'un nouvel idéal de poésie chantée, la conclusion logique de la réflexion menée par les artistes depuis la fondation de la Pléiade.

L'Académie de musique et poésie

Jean Antoine de Baïf poète de la Pléiade, humaniste pénétré de l'influence italienne, exprima plus tard que Ronsard ses conceptions sur les rapports de la musique et de la poésie. C'est seulement à partir de 1567 qu'il réunit quelques amis, humanistes, poètes comme lui, et quelques musiciens, dont le luthiste et chanteur Joachim Thibault de Courville. Il faut attendre les premières semaines de l'année 1571 pour que Charles IX accorde vie officielle au cénacle, en acceptant ses statuts ambitieux. Ambitieux, ils l'étaient, puisqu'ils énonçaient une conception de l'art qui, modifiant profondément les traditions, se fixait une mission culturelle, éducative, politique même. Les travaux de l'Académie, qui visaient

---

Ferveur et académisme

C'est le dimanche matin que les membres de l'Académie de musique et poésie se réunissent, dans l'hôtel particulier de Jean Antoine de Baïf. Une même ferveur, une égale ambition habitent ces artistes et poètes qui travaillent trois ans durant dans le plus grand secret, sans aucun échange avec le public. L'étroite collaboration de ces esprits d'élite en quête d'un art toujours plus élevé, la richesse affective de leurs rapports et leur flamme spirituelle donnent de l'académisme de la Renaissance une image bien noble et exaltante.

à l'invention de l'œuvre d'art totale, où tous les arts fusionneraient en une création unique, aboutirent, plus modestement, à une nouvelle élaboration du rapport musique/poésie. Ronsard écrivait pour être mis en musique et recherchait pour cela des schémas rythmiques indéfiniment reproductibles. Baïf part à la recherche du dénominateur commun de la musique et de la poésie ; il le trouve dans le rythme. Le rythme musical et le mètre poétique doivent constituer un seul et même langage. Les poésies latines et grecques, fondées sur le découpage métrique de la langue, servent de modèle : la langue française est donc, elle aussi, soumise à un découpage métrique. La poésie mesurée à l'antique naîtra de cette première phase de recherche. Mais elle n'aura de sens, elle ne sera vraiment retour à l'esthétique des anciens que si elle engendre une musique qui soit l'équivalent moderne du « chant orphique », éternelle nostalgie des humanistes. Le poète associe donc le musicien à l'élaboration de sa métrique : la longue et la brève deviennent la noire et la blanche, et toute syllabe, tout phonème, appartient à l'une ou à l'autre de ces 2 valeurs. Le musicien apprend vite à s'échapper de la pauvreté rythmique qui guette ce système, en développant les monnayages de valeurs longues (division des notes longues en plusieurs valeurs brèves). Rien ne l'empêche par exemple de déployer telle blanche en une vocalise de plusieurs notes qui évoquera avec plus d'emphase qu'un son unique la majesté de la « rôze, reyne des fleurs » (voir ♪ p. suivante).

Les musiciens. Autour de Baïf, plusieurs musiciens participent aux travaux de l'Académie de musique et poésie. De Joachim Thibault de Courville (v. 1535, † 1581), trois œuvres seulement nous sont

Cl. Le Jeune, O Rôze, reyne des fleurs *(chansonnette mesurée).*

parvenues ; cependant, son rôle fut de premier plan dans le cénacle. Le chanteur Eustache Du Caurroy fut un membre épisodique de l'Académie ; on a de lui quelques chansons mesurées, mais en dépit de sa forte personnalité, il n'a pas marqué le genre d'une empreinte originale.

Claude Le Jeune est à la fois le musicien qui doit le plus à la collaboration avec Baïf et celui qui a donné le sens le plus noble et le résultat le plus hautement artistique à cette collaboration. *Le Printemps,* important recueil de « chansonnettes » mesurées à l'antique sur des poésies de Baïf, constitue la pièce maîtresse de son œuvre profane. Conçues pour être mises en musique, les « chansonnettes » sont de forme strophique. Le vers baïfien, non rimé, se mesure en longues et brèves selon la conception de la métrique de la langue française. Chaque strophe est généralement munie d'un élément de refrain constitué par la redite de deux vers ou davantage. Les thèmes principaux en sont la nature, fleurs et oiseaux, et le plaisir amoureux, évoqué le plus souvent sous de délicates couleurs. La musique, dont les rythmes épousent complètement (selon le principe de la musique mesurée) les rythmes parlés, est sensible et subtile. De cette cohésion totale entre la parole et le chant, il naît une prosodie irréprochable ; les mots se trouvent portés par la mélodie avec une aisance inconnue jusqu'alors. Le musicien exploite habilement la structure strophique avec refrain : elle devient un élément de variété dans l'écriture et l'effectif vocal. Le mètre poétique, générateur du rythme musical et moelle épinière de l'œuvre, exerce une autorité jamais tyrannique. Les divisions de valeurs longues se multiplient à toutes les parties, faisant de chacune d'elles une mélodie ouvragée et souple. À ce talent mélodique, Le Jeune joint un sens admirable de l'harmonie. Encore fortement modale, son écriture subit cependant déjà l'attraction de la tonalité : mais elle garde le charme ambigu qui caractérise l'homophonie de cette fin du siècle. Les formules cadentielles, variées à l'infini, apportent à l'expression leur richesse intrinsèque tout en rehaussant le texte de leur pouvoir suggestif. De la gracieuse impertinence de *Brunelette, joliette, m'amourette, mon tout,* à la noble majesté de *O rôze, reyne des fleurs* (voir ♪ ci-contre), de l'insouciante gaieté de *La Bel Aronde* à la sombre amertume de *Ce n'est que fiel, ce n'est qu'amer,* la musique de Claude Le Jeune nourrit la poésie de sa sève puissante et saine. Les chansonnettes du *Printemps* sont autant de chefs-d'œuvre humanistes, résultat émouvant d'une intime et enthousiaste collaboration entre le musicien et le poète.

Jacques Mauduit – si l'on en croit Marin Mersenne – fut honoré, de son vivant, du surnom de « père de la musique ». Le théoricien ajoute : « Tant de poètes qui florissaient alors semblaient ne produire leurs gentillesses que pour les faire vivre dans les airs de Mauduit. » Dernier compositeur du groupe, Jacques Mauduit (1557, † 1627) donna, à la mort de Baïf, un caractère plus musical que littéraire à l'Académie.

En 1586, il met en musique les chansonnettes mesurées de Baïf. Sa sélection de 23 pièces semble motivée par la simplicité des textes, la brièveté des strophes, l'inspiration grave. L'image pittoresque, l'humour, l'évocation des beautés de la nature, qui peuplaient les textes choisis par Le Jeune, sont absents ici. Le goût d'une poésie sobre trouve son reflet dans le style du compositeur : l'écriture se fixe à 4 voix, ne jouant presque jamais sur les changements d'effectif dans les *rechants* et les *refrains*, et les mélodies, très délicates, ignorent les mélismes. Avec Mauduit s'achève l'histoire de l'Académie de musique et poésie, mais non son action. L'air de cour devait, en effet, plus largement que tout autre genre vocal, bénéficier des progrès accomplis par les musiciens de Baïf dans le domaine de la prosodie et de l'harmonie. L'histoire de l'air de cour s'inscrit en ligne directe dans celle des dernières décennies du siècle.

Les premiers développements de l'air de cour

Lorsqu'on observe l'évolution de la chanson polyphonique, de Josquin des Prés à Claude Le Jeune, on est frappé par l'importance sans cesse grandissante acquise par l'expression syllabique qui tend

---

Jacques Mauduit (1557, † 1627)

Musicien parisien, ami de Ronsard et de Baïf, il collabora aux travaux de l'Académie de musique et poésie. À la mort de Baïf, il accueillit chez lui le cénacle dont il orienta essentiellement les travaux vers la recherche musicale. Il fut également le collaborateur de M. Mersenne pour certains ouvrages théoriques. Beaucoup de ses œuvres sont perdues (surtout dans le domaine religieux) ; il écrivit, en 1585, un *Requiem* pour la mort de Ronsard et mit en musique, en 1586, certaines des chansonnettes mesurées de J. A. de Baïf.

à remplacer mélismes et vocalises, et de l'écriture harmonique qui supplante nettement le contrepoint imitatif, totalement éliminé des chansons mesurées à l'antique. Le texte poétique, porteur d'une infinité d'éléments suggestifs, descriptifs, narratifs ou lyriques, vit maintenant de toutes les ressources de la mélodie, du rythme et de l'harmonie. Ces deux derniers s'exaltent mutuellement, l'harmonie apportant au rythme sa richesse sonore, le rythme permettant une élocution harmonique très précise. Même si le vocable unique de *chanson* désigne également les œuvres du début et de la fin du siècle, l'évolution de l'écriture, de l'esprit et du rapport musique/texte est telle qu'un autre « art » est né, insensiblement et sans bouleversement violent. C'est ainsi que les premiers airs polyphoniques se distinguent moins des dernières chansons du siècle que celles-ci ne s'éloignent des créations d'avant 1520.

C'est dans les trente dernières années du siècle que l'on voit apparaître le terme d'air, souvent mêlé dans les titres de recueils à celui de chanson : le *Vingt-Quatrième Livre d'airs et de chansons de plusieurs excellents auteurs* (Le Roy et Ballard, 1583) contient 5 chansons de Lassus, 10 airs de Le Jeune, 2 de Salmon et 2 de Planson. Les premiers auteurs d'airs gardent plusieurs des caractères de la chanson de l'époque. S'ils prennent au vaudeville la forme strophique sur des vers brefs et la prédominance très nette du contrepoint homophone, ils adoptent, comme les auteurs de chansons (qu'ils sont le plus souvent parallèlement), des textes poétiques d'un raffinement plus grand et d'une écriture plus savante que ceux du vaudeville. Le nom de Ronsard, même si son rôle est encore important, n'a plus, dans les recueils de musique, l'exclusivité qui fut la sienne entre 1560 et 1570. D'autres poètes prennent place, même anonymement, près de lui (*Premier Livre d'airs à quatre parties de F.M. Caietain, sur les poésies de P. de Ronsard et d'autres excellents poètes*, 1576). Philippe Desportes, auquel les compositeurs d'airs feront une fortune exceptionnelle, s'impose rapidement et supplante bientôt l'illustre humaniste (*Chansons de P. de Ronsard, Ph. Desportes et autres, par N. de La Grotte*, Le Roy et Ballard, 1569). Les chansons de ce recueil répondent exactement aux critères stylistiques de l'air : forme strophique, écriture harmonique, syllabisme, absence d'ornements.

Il est fréquent de rencontrer des recueils groupant autour des airs d'autres pièces dont l'origine populaire ne fait pas de doute : *Deuxième Livre d'airs, chansons, villanelles napolitaines et espagnoles à 4 parties, de F.M. Caietain* (1578) ; *Airs et villanelles à 4 et 5 parties de Pierre Bonnet* (1600). Cela rappelle que l'air, inspiré de l'écriture du vaudeville, porte encore, dans ses mélodies de *superius*, conjointes et syllabiques, la marque d'une origine populaire dont il ne se libérera que plus tard. Les *Airs de cour à 4, 5, 6, et 8 parties de Denis Caignet* (Le Roy et Ballard, 1597) sont, comme les chansons de Certon, en 1552, des vaudevilles à l'écriture claire et simple.

Des tendances plus savantes, celles qui triompheront plus tard, se révèlent chez certains compositeurs, notamment Claude Le Jeune. C'est longtemps après la mort de celui-ci, survenue en 1600, que sa sœur Cécile Le Jeune entreprend d'éditer l'ensemble de son œuvre, laissée à l'état de manuscrits, à cause sans doute des statuts mêmes de l'Académie : ceux-ci demandaient que les travaux fussent soustraits au public jusqu'à leur achèvement. C'est donc en 1608 seulement que Cécile Le Jeune édite les 146 airs composés par son frère, de longues années auparavant. Très proches de l'écriture des chansonnettes mesurées du *Printemps*, ils figurent parmi les pièces les plus raffinées parues dans les trente premières années de l'histoire de l'air de cour.

Si l'influence de la musique mesurée est sensible dans l'ensemble des airs polyphoniques depuis 1576, les airs de Le Jeune constituent une nouvelle exploitation de toutes ses possibilités prosodiques, harmoniques et rythmiques. On y rencontre de fréquentes adaptations de pièces antérieurement traitées sous forme de chansons mesurées. Ici, la différence essentielle réside dans une moins grande variété de l'effectif vocal. En revanche, l'écriture harmonique y apparaît encore plus mûre, plus tendue vers une assimilation complète de la tonalité. *L'Épithalame à deux chœurs : Cherchant de combler*, étonnante pièce en dialogue choral à 8 voix précédée d'un *Prologue* et entrecoupée de rechants à 6 ou 8 voix, aux proportions impressionnantes, réalise peut-être, avec ses multiples dispositions vocales et rythmiques, les ambitions de l'Académie dans le domaine dramatique.

Il reste que l'air, souvent déjà appelé « air de cour », est l'héritier direct de tout ce que la deuxième moitié du XVIe siècle avait inventé dans le domaine polyphonique. Au charme simple du vaudeville, les compositeurs ont su ajouter l'élégance de textes puisés dans le nouveau répertoire des poètes (Desportes, Amadis Jamin, Baïf) ; l'école de Baïf, avec laquelle tous ont eu des relations ou des affinités plus ou moins grandes, les a influencés dans le domaine du traitement rythmique de la phrase et du rapport toujours plus étroit de la musique avec le mot.

Supplantant définitivement la chanson (tout comme Desportes avait pris la place de Ronsard), l'air de cour va poursuivre sa carrière. Il deviendra l'ornement vocal des ballets royaux du XVIIe siècle. Il connaîtra un changement profond, lorsque, ses voix graves étant réduites pour le luth, le *superius* restera la seule partie chantée : c'est à l'air de cour que la musique française doit sa lente évolution vers la mélodie accompagnée. Mais cela est déjà l'histoire du siècle suivant.

La musique profane en Italie

La vie musicale italienne, active dans les églises et les chapelles, trouve dans la vie des cours et des académies d'autres buts de recherche, le lieu d'une autre émulation. Les multiples États dont est constituée la péninsule possèdent pour la plupart une vie officielle brillante, qui sollicite fréquemment la participation des artistes, parmi lesquels poètes et musiciens sont très prisés. Le XVIe siècle voit aussi la création, à travers tout le pays, d'un nombre important d'académies, sortes de salons littéraires où l'on échange des réflexions sur les finalités de l'art, les moyens de l'enrichir, et où s'élaborent les théories du retour à l'Antiquité, souci primordial des humanistes. De ce bouillonnement des esprits naît le madrigal, expression nouvelle du génie italien qui conduit la musique profane vers des destinées que rien, au début du siècle, ne laissait prévoir : celles de la mélodie accompagnée et de la *favola in musica* (« histoire en musique »).

L'éclosion du madrigal, entre 1520 et 1530, a été longuement préparée, sur le plan musical, par la présence d'un art polyphonique profane, fortement implanté dans la tradition locale, la *frottola*, et, sur le plan littéraire, par une révolution profonde de l'idéal des poètes et des musiciens.

La « frottola »

Genre vocal d'une importance capitale dans la musique italienne du XVIe siècle, la *frottola* était déjà pratiquée depuis la fin du XVe siècle dans ces cours d'Italie du Nord où l'on cultivait la poésie en langue vulgaire et l'art vocal. La multiplicité des thèmes littéraires qu'abordait ce genre, populaire à l'origine, la simplicité de ses structures mélodiques et sa forme strophique avaient séduit très tôt les musiciens, qui s'étaient attachés à lui donner la forme polyphonique qui devait faire son originalité. La *frottola* traduit une conception originale de l'union musique/poésie. Abdiquant toute prétention savante ou intellectuelle, la poésie s'applique à conserver une structure simple, un rythme vif, et une séquence régulière, qui favorisent le travail du musicien. Il arrive que poète et musicien soient une seule personne, mais, même si ce n'est pas le cas, le premier sait se mettre au service du second et on peut dire avec Alfred Einstein que beaucoup de textes de *frottole* ne sont écrits que pour être mis en musique. C'est dire que le genre, du point de vue poétique, n'évolue pas en fonction de critères littéraires, mais se veut un simple support de la création musicale. De ce point de vue, la *frottola* (dite souvent aussi *barzelleta* ou *strambotto*) garde à l'époque de son épanouissement la plupart des caractères de ses origines populaires, et elle apparaît, dans les deux premières décennies du XVIe siècle, comme une contribution entièrement originale de la sensibilité italienne à la polyphonie profane.

C'est bien d'une production considérable de *frottole* que témoignent, entre 1504 et 1511, les onze livres de musique que l'éditeur Petrucci consacre à ce genre. En même temps qu'il publie sa grande anthologie de la chanson bourguignonne et franco-flamande *(Odhecaton, Canti B, Canti C)*, l'éditeur vénitien illustre les deux aspects que devait prendre la *frottola* dans la pratique musicale : la *frottola* à 4 voix est représentée par 3 livres, en 1504 et 1505 ; les autres recueils proposent des *frottole* pour voix et luth.

Parmi les nombreux auteurs, les noms de Bartolomeo Tromboncino et de Marco Cara se détachent par l'importance et la qualité de leur production. C'est à Mantoue, grâce à la personnalité raffinée de la

Mécénat et personnalités féminines

Isabelle d'Este à Mantoue, Renée de France à Ferrare, Marguerite d'Autriche à Malines, autant de femmes de la grande aristocratie qui ont tenté de créer, dans le monde arbitraire d'une alliance voulue par la seule raison d'État, une atmosphère propre à abriter leur sensibilité et à donner à leur existence une dimension que leur simple statut d'épouses ne pouvait apporter. Élevées dans le culte et la pratique des arts, ces femmes ont su, en maintes occasions, protéger et imposer les artistes de leur choix ; sans leur présence et leur volonté, peut-être beaucoup de chefs-d'œuvre poétiques et musicaux n'auraient-ils pas éclos ?

duchesse Isabelle d'Este, qu'ils élaborent la majeure partie de leurs œuvres.

Dans le fonds poétique propre à la *frottola*, les musiciens puisent en conservant la variété des sources d'inspiration. L'amour y occupe une place essentielle, mais il peut être traité sur le ton mélancolique ou humoristique, grave ou léger. La parodie, la poésie morale, la mythologie ou les sujets macabres, tous les thèmes conviennent à l'art du frottoliste. La forme strophique, la régularité des vers, la liberté de la rime donnent naissance à une écriture musicale absolument à l'opposé du savant contrepoint introduit en Italie par les musiciens franco-flamands. Le traitement le plus couramment adopté est celui de la polyphonie à 4 voix : le syllabisme y est de règle, même s'il n'est pas absolu ; quelques mélismes enrichissent et assouplissent la courbe mélodique, tout en lui conservant son allure spontanée. Un regard neuf est porté sur le rapport musique/texte ; les compositions respectent le texte, sous le double rapport de son dynamisme et de son expression. La *frottola* offre une élocution claire (contrairement aux pièces en contrepoint imitatif) et, de ce fait, permet d'en exalter les valeurs proprement littéraires. Les musiciens apprennent ainsi à modeler leur courbe mélodique en fonction du sentiment exprimé, tandis que leurs rythmes se calquent sur celui du poème.

La *frottola* à 4 voix apparaît donc comme un genre original, propre à l'Italie du Nord, en ce premier quart du XVIe siècle. À la musique

Francesco Pétrarque (1304, † 1373)

Né à Arezzo, il passa dans le sud de la France la première partie de sa vie (Montpellier, Avignon). C'est là qu'il rencontra Laure, qui devait inspirer ses poèmes amoureux. Revenu définitivement en Italie en 1353, il continue d'y exercer sa vocation poétique. Son œuvre dut attendre le XVIe s. pour être totalement reconnue par les musiciens ; 317 sonnets, 29 chansons, des madrigaux, ballades et sextines servirent de modèle à tous les « pétrarquistes » de la Renaissance.

savante, elle a emprunté l'écriture polyphonique qu'elle a dépouillée de tout intellectualisme : les longues volutes du contrepoint imitatif sont remplacées ici par des mélodies concises, établies sur des rythmes précis, directement issus de la lecture du texte poétique. Cette écriture, à dominante harmonique, privilégie l'aspect rythmique, en même temps qu'elle confère à la voix supérieure une suprématie mélodique que l'Italie est la seule à pratiquer à cette date. De cette attitude préférentielle à l'égard de la voix supérieure naît une conception nouvelle de la basse qui dénote un sentiment harmonique déjà très prononcé.

Ce sentiment harmonique est plus évident dans les transcriptions pour voix et luth ; l'indépendance mélodique de la voix supérieure, déjà nettement perceptible dans la polyphonie vocale, se trouve alors confirmée. Francesco Bossinensis, auteur de la plupart des tablatures de luth, se contente de transcrire à l'instrument le ténor et la basse ; il supprime l'alto et garde au *superius* l'aspect vocal. Ses livres, tout en témoignant d'une pratique courante de la *frottola* pour voix et luth, anticipent de plusieurs années sur les premières velléités européennes de chant accompagné.

Expression unique de la polyphonie profane en Italie, la *frottola* influence un autre aspect de l'art instrumental : en 1517, la première tablature d'orgue imprimée en Italie est un livre de *frottole*, les *Frottole intabulate da sonar organi*, d'Andrea Antico. Ici, la voix supérieure est intégrée à l'écriture instrumentale, où elle subit un traitement privilégié : Antico, qui garde l'ossature mélodique et harmonique des pièces vocales, brode la mélodie supérieure, la transformant en une véritable ligne instrumentale.

C'est en se parant des ressources de la polyphonie que la *frottola*, poésie populaire chantée à l'origine sur le mode de l'improvisation monodique, a acquis ses lettres de noblesse. Elle a donné naissance, à son tour, à deux autres interprétations : purement instrumentale dans le cas d'Antico – qui l'utilise pour élaborer une écriture propre à l'orgue – vocale et instrumentale dans le cas de Bossinensis ; c'est que, par ses caractères rythmiques et harmoniques, la *frottola* contenait en germe cette interprétation mixte, riche de possibilités qui seront pleinement exploitées à la fin du siècle, alors qu'elle-même aura, depuis longtemps, laissé la place au madrigal.

De la « frottola » au madrigal

La musique italienne a, envers ses poètes, une dette à peine moins grande que la chanson française envers les siens. C'est sous l'influence d'hommes de lettres comme le cardinal Pietro Bembo que les goûts littéraires des musiciens évoluent, entraînant une modification en profondeur de leur idéal musical. Les collections de *frottole* de Petrucci, réparties sur plusieurs années, laissent apparaître une tendance commune à leurs auteurs : l'emprunt à des formes toujours plus élevées de la poésie, comme le sonnet, la *canzone* ou le madrigal – toutes formes littéraires antérieures au madrigal en musique. Ce qui n'était, dans les *frottole* des premiers recueils, que choix de textes, devient peu à peu choix poétique : le critère littéraire pénètre les préoccupations des musiciens. Dès le *11e Livre* de *frottole*, publié par Petrucci en 1514, les poésies de Pétrarque et de ses imitateurs sont les plus nombreuses.

C'est à Pietro Bembo que le poète du Trecento, pourtant peu prisé par les musiciens de son siècle et tombé dans l'oubli depuis longtemps, doit le surprenant regain de son succès. Auteur de 317 sonnets, de quelques chansons, madrigaux et ballades, il donne à sa poésie une délicatesse de sonorités, une richesse d'images et d'émotions qui trouvent un écho dans la sensibilité des hommes de la renaissance. Sous l'égide de Bembo, les poètes imitent Pétrarque, qui devient le modèle presque exclusif de leur création. Pietro Bembo lui-même, Luigi Cassola, F. della Casa, Vittoria Colonna, écrivent des textes destinés à être mis en musique et dont le raffinement a vite raison de la rusticité poétique des *frottole*.

Ce nouvel idéal poétique, s'il ne constitue pas un événement dans la littérature italienne, représente, pour la musique profane, une source infinie de progrès et de renouvellement. Ce ne sont pas nécessairement les madrigaux poétiques qui sont mis en musique ;

les sonnets, souvent complètement remaniés dans leur structure trop complexe, représentent un vaste fonds dans lequel les musiciens puiseront jusqu'à la fin du siècle. À la noblesse de l'inspiration poétique, inconnue des frottolistes, le musicien va tenter d'appliquer une polyphonie plus subtile, plus riche de possibilités sonores : le motet, que tous les musiciens pratiquent dans leur vie quotidienne, leur fournit cette substance musicale riche que les frottolistes avaient dédaignée. C'est ainsi que le contrepoint de l'art sacré pénètre l'œuvre profane, à laquelle il prête ses courbes mélodiques souples et indépendantes à chaque voix, son tissu polyphonique aux sonorités denses. La poésie madrigalesque, savante, réclamait une polyphonie savante ; celle-ci ne cessera, durant tout le XVIe siècle, de s'enrichir d'éléments nouveaux, dans le domaine de la technique comme dans celui de l'expression.

La création de ce nouveau genre, désormais appelé madrigal, est le fait d'une génération de musiciens, parmi lesquels trois noms, d'origines très diverses, se détachent : le Français Philippe Verdelot, le Romain Costanzo Festa, et le Flamand Jacques Arcadelt.

Les premiers madrigalistes

Philippe Verdelot († vers 1552), que Willaert considérait comme le « père du madrigal », figure pour la première fois, en 1530, avec huit madrigaux, dans le recueil intitulé *Madrigali di diversi excellentissimi musici. Libro Primo della Serena*. L'homophonie, qui était la règle d'écriture des frottolistes, s'infléchit nettement vers un langage plus varié ; de ce fait, le *superius* se voit contester sa suprématie par les autres voix, qui prennent une part plus active au discours. Si les ornements et mélismes sont rares, l'écriture s'anime en permanence d'effets expressifs (groupes de voix en dialogue, passages déclamatoires), qui dévoilent une sensibilité toute nouvelle au texte littéraire. Verdelot écrivit une centaine de madrigaux environ, à 4, 5 et 6 voix, et semble être l'initiateur du madrigal à 5 voix.

Costanzo Festa (v. 1480, † 1545), premier musicien italien de la chapelle papale, a pour autre titre de gloire de figurer parmi les fondateurs du madrigal. Sa prédilection va à l'écriture à 3 voix, où il manifeste un goût très vif pour les courbes mélodiques, dépourvues cependant d'intention expressive. Sa musique, à l'*ambitus* vaste, aux voix animées et aux cadences ciselées, revêt un caractère résolument décoratif. Dans l'histoire du madrigal, on verra souvent, notamment chez les Italiens, ce côté décoratif le disputer à la recherche expressive ; celle-ci, cependant, reste encore embryonnaire dans l'art des premiers madrigalistes, plutôt préoccupés de la qualité de l'écriture.

Jacques Arcadelt († 1568), sans doute plus jeune que Verdelot et Festa, débuta à Florence avant d'accomplir sa carrière romaine. C'est à Paris, où il fut certainement musicien de la chapelle royale, qu'il mourut en 1568. Sa production madrigalesque, importante, privilégie nettement le madrigal à 4 voix (5 livres en 1539, 1541 et 1544). S'il est proche de ses contemporains par la technique d'écriture, il apporte au madrigal, peut-être plus qu'eux, la diversité de l'expression : tour à tour sombres ou agités, ses madrigaux mêlent avec bonheur l'écriture homophone et polyphone ; souvent sobre, son style n'est pas exempt, par moments, d'un certain sens du décor.

Cette tendance, inaugurée par Arcadelt, connaîtra, jusqu'à la fin du siècle, une extraordinaire fortune.

Avec ces trois premiers grands maîtres, le madrigal s'affirme comme le reflet d'un esprit nouveau, où trouvent place des sentiments divers, dédaignés par les frottolistes et que le futur madrigal saura exprimer avec plus d'intensité. La polyphonie qui l'illustre, encore simple par les procédés d'écriture, ne cessera de montrer de nouvelles audaces. Autour de Verdelot, Festa et Arcadelt, gravitent d'autres compositeurs. Chacun d'eux apporte au genre nouveau le trait de sa personnalité ; Francesco Corteccia combine ingénieusement art savant et style populaire ; Paolo Animuccia, par ses vocalises riches et ornées, par l'agitation qui imprègne ses madrigaux, laisse pressentir l'ère suivante, tandis que Jacopo Fogliano, indifférent au lyrisme du texte, se préoccupe essentiellement d'écriture musicale.

L'âge d'or du madrigal

La deuxième génération des madrigalistes, héritière du style des années 1530 à 1545, va parfaire celui-ci, dans le sens d'une recherche expressive toujours plus fouillée.

Adrien Willaert incarne cet esprit de curiosité et de recherche qui caractérise sa génération. Attiré aussi bien par le caractère léger et désinvolte des *villanelle, mascherate, giustiniane* que par l'inspiration plus grave du madrigal, qu'il conçoit dans le style du motet, il apporte à la polyphonie profane la souple rigueur de son écriture à 4 voix. Presque toujours inspiré par Pétrarque, il introduit dans le genre une tendance plus intellectuelle, un aspect élaboré et un raffinement en accord avec la société à laquelle il s'adresse. Le recueil *Musica nova,* constitué pour moitié de motets et moitié de madrigaux, reflète bien, en 1559, la modération et la gravité qui président, chez Willaert, à la création musicale, qu'elle soit profane ou sacrée. Willaert, en confirmant les choix littéraires et musicaux des premiers madrigalistes, apporte au genre le bel équilibre du contrepoint savant ; ses préoccupations, toutes d'écriture et de perfection formelle, laissent peu de place à l'illustration expressive des textes. Parmi ses disciples et successeurs, certains sauront unir la technique du maître à une sensibilité nouvelle.

Cyprien de Rore, disciple de Willaert et son successeur, en 1582, au poste de maître de chapelle à Saint-Marc de Venise, abandonne le classicisme de quatre voix pour la polyphonie à 5 voix. Ses cinq *Livres de madrigaux* (1542, 1544, 1548, 1557 et 1566) révèlent une sensibilité tourmentée, un penchant pour les émotions sombres et un vif intérêt pour le symbolisme musical. Totalement indifférent à la forme littéraire (dont il altère volontiers la structure pour les besoins de la musique), il choisit ses textes pour les mots qu'ils contiennent, les images qu'ils suggèrent, les états d'âme qu'ils décrivent. Il favorise l'évolution indépendante des voix, chacune illustrant à son tour les mots ou les images, par le jeu d'un langage varié, tantôt syllabique, tantôt mélismatique.

De cette conception, attentive à la moindre nuance de l'expression, naît un considérable allongement de la forme, face à laquelle les œuvres de Verdelot ou d'Arcadelt semblent brèves et schématiques. Le texte littéraire n'est plus seulement mis en musique : il est largement commenté par les images sonores, par les rythmes dont la vivacité ou la lenteur suggère des sentiments divers, par les harmonies, devenues terrain de recherche au service de l'expression. La prédominance grandissante du langage harmonique se fait aux dépens de la polyphonie, et le fossé se creuse entre ces deux moyens d'expression.

Avec Cyprien de Rore, on voit nettement comment – sur le fonds commun élaboré par les premiers madrigalistes et pour la génération suivante, par Willaert – la marque d'une forte personnalité peut imprimer au genre des orientations neuves. Ses compositions seront longtemps, pour les auteurs de madrigaux, des modèles à imiter ou à perfectionner. Cyprien de Rore est le premier madrigaliste pour qui l'expression musicale est une fin en soi, pour qui le texte mérite que l'on s'arrête à ses nuances de pensée, à ses aspects narratifs ou imagés. On ne s'étonnera pas de voir, près de trente ans

plus tard, Monteverdi se réclamer de ce maître depuis longtemps disparu.
Musiciens de la chapelle Saint-Marc, Adrien Willaert et Cyprien de Rore ne manquent pas de disciples : Girolamo Parabosco, premier organiste entre 1551 et 1557, publie un certain nombre de madrigaux dont le style porte la marque de son maître Willaert ; Baldassare Donato préfère au lyrisme grave des deux grands maîtres la grâce légère des *canzone villanesche alla napolitana* qui le rendirent célèbre en Europe. On voit ainsi le madrigal acquérir peu à peu une maturité qui lui permet d'exprimer les personnalités, les sensibilités littéraires, les aspirations musicales les plus diverses.
Roland de Lassus. Malgré l'évidente manifestation de talents italiens dans l'histoire du madrigal, un grand musicien flamand marque ce genre de sa forte empreinte : Roland de Lassus sera l'un des derniers hommes du Nord à écrire des madrigaux. Ceux-ci représentent une large part de sa musique profane et montrent l'évolution de ses goûts et de son caractère ; du style léger de la *villanella,* qui est celui de ses premiers livres, il s'achemine vers des pensées et des harmonies plus sombres avec ses dernières œuvres. La poésie de Pétrarque inspire Lassus durant toute sa vie, et il en explore tous les potentiels d'images et d'expression. Comme Rore, il fonde ses choix sur des critères plus musicaux que littéraires, et voit d'abord dans un texte un support pour sa propre création. Il aime à en réaliser les suggestions avec force et concision. Son art se plie à toutes les exigences et prend les visages les plus divers : de l'invocation à la déclamation, de la vocalisation luxuriante au langage plus symbolique de la *musica reservata* (musique qui, faisant appel à des procédés exceptionnels, s'adresse, en raison de sa difficulté, à un cercle restreint d'initiés), le texte trouve toujours une illustration haute en couleur et percutante. Une vie intense règne dans ses madrigaux, née de l'extrême vivacité rythmique, de la division des voix, de l'interpénétration de tous les modes d'écriture. Le rythme reste fluide, malgré sa rigueur ; la mélodie toujours fortement suggestive épouse le rythme des mots et leurs images.
Alfred Einstein voit dans Lassus madrigaliste le musicien qui ignore les frontières, sait adopter les tendances de toutes provenances, et tire de ce vaste regard sur le monde contemporain sa supériorité artistique.
Philippe de Monte et Jacques de Wert, compatriotes de Lassus, prolongent, chacun à sa manière, le rayonnement de Cyprien de Rore. Si le premier aime les larges développements à vocation mélo-

dique, les longs commentaires musicaux du texte traités sans passion, Jacques de Wert préfère au culte de la forme et de l'écriture, un certain expressionnisme musical. C'est sans doute à Rore, son maître à partir de 1553, qu'il doit son goût pour le pathos et sa capacité de le restituer en musique. Ce dernier trait, qu'il cultive jusqu'à sa mort, fait de lui un précurseur des grands expressionnistes de la fin du siècle.

Mais c'est aux Italiens et à eux seulement qu'appartient désormais le destin du madrigal. Leur art, qui doit tant aux maîtres flamands, va prendre des orientations nouvelles, voulues par eux seuls et reflet des tendances profondes de leur propre sensibilité.

Andrea Gabrieli, longtemps organiste à Saint-Marc de Venise dont il abandonne à son neveu Giovanni le poste tant convoité de maître de chapelle, apporte au madrigal ce qui pourrait être considéré comme un trait d'organiste. Le luxe mélodique, l'éclat, le faste présents dans sa musique d'orgue se retrouvent dans les vastes madrigaux décoratifs, écrits pour diverses circonstances de la vie publique vénitienne, à laquelle le compositeur participe activement. Mais la sensibilité de Gabrieli s'exprime différemment dans les pièces plus légères, au caractère intime et plaisant, comme les *giustiniane,* les *villanesche,* que le compositeur affectionne. On peut voir en Andrea Gabrieli un de ces compositeurs, comme la fin du siècle les multipliera, auxquels tout est possible : la consolidation de leurs techniques, l'enrichissement de leurs goûts littéraires, l'ouverture de leur sensibilité les mettent en possession d'un art riche et diversifié auprès duquel celui des premiers madrigalistes fait figure de balbutiement.

La technique polyphonique n'est pas la seule, en ce milieu du siècle, à s'enrichir. Le madrigal se perfectionne aussi du point de vue littéraire. On avait vu, à partir de 1540, les musiciens polarisés par les pièces à caractère sentimental. Parmi elles, celles qui mettent en jeu des passions contraires, celles qui transportent leur héros de l'extase à l'angoisse, de la certitude de l'amour partagé au doute poignant de la trahison, connaissent une faveur particulière. Les lamentations et les sanglots que l'amour arrache ne trouvent leur issue que dans la mort ardemment souhaitée. Ces outrances de l'expression littéraire poussent les musiciens vers de nouvelles audaces d'écriture.

Carlo Gesualdo, prince de Venosa, assassin, pour l'honneur, de son épouse infidèle, être passionné et ombrageux dont le cœur est le terrain de passions aussi violentes que contradictoires, constitue un

---

Carlo Gesualdo (v. 1560, † 1613)

Personnage fantasque, passionné et parfois morbide, ce gentilhomme napolitain a marqué l'histoire du madrigal de sa hardiesse harmonique et de son originalité expressive. Prince de Venosa, il avait passé son enfance dans un milieu d'artistes et d'érudits ; joueur d'archiluth, il était aussi apprécié de ses contemporains comme instrumentiste que comme compositeur. Il écrivit 6 livres de madrigaux à 5 voix et un livre de madrigaux à 6 voix, dont certains témoignent d'une surprenante richesse harmonique.

---

témoignage surprenant de cette audace et de cette virtuosité avec lesquelles le musicien du dernier quart du siècle, en possession de toutes les techniques créées par ses prédécesseurs, peut jouer des harmonies, des contrepoints, des oppositions de voix, des chromatismes démesurés. Ses six *Livres de madrigaux à 5 voix* furent édités respectivement en 1594 (I et II), 1595, (III), 1596 (IV), 1611 (V et VI). Le premier *Livre de madrigaux à 6 voix* parut en 1626, mais une seule partie en subsiste. Les choix poétiques de Gesualdo reflètent son éloignement des pétrarquistes dont la forme rigide et l'expression maniériste conviennent peu à son tempérament. Il trouve, en revanche, chez son ami le poète Torquato Tasso, autre artiste à la sensibilité excessive, le ton de grandeur épique et de passion qu'il affectionne. Les textes plus sereins de Guarini, poète pastoral, lui fournissent les images et les évocations précieuses que son éducation aristocratique lui a appris à aimer.

C'est à partir du *4e Livre* que l'originalité de Gesualdo apparaît avec évidence. Si les trois premiers livres se démarquent peu des usages musicaux de ses contemporains, les recueils postérieurs déploient des ressources toujours plus complexes de l'écriture, à des fins expressives. Du point de vue rythmique, par exemple, l'utilisation de valeurs de plus en plus brèves élargit les possibilités de resserrement ou d'extension de la phrase ; les brefs silences se multiplient et contribuent à l'animation du texte musical. Les pleurs, l'angoisse, les appels à la mort libératrice qui peuplent les madrigaux de Gesualdo s'appuient sur une écriture polyphonique tourmentée où contrastent les passages homophones et les poly-

---

Luca Marenzio (v. 1553, † 1599)

Originaire de Brescia, il travailla auprès de princes de l'Église, notamment à Rome et Ferrare. Son œuvre profane, plus importante que son œuvre religieuse, est surtout constituée de madrigaux à 5 et 6 voix, villanelles et intermèdes. En 1589, il prit part à la composition des intermèdes de *La Pellegrina* (intermèdes musicaux donnés au cours des fêtes du mariage de Ferdinand de Médicis et Christine de Lorraine). Après un bref séjour à la cour de Pologne, il revint en Italie et mourut à Rome.

---

phonies aux rythmes complexes, avec alternance de déclamation chorale et de vocalises. L'*ambitus* général tend à gagner les zones extrêmes, particulièrement au *superius*. L'interprétation musicale des mots forts, notamment dans l'évocation des sentiments et attitudes de l'âme *(sospiri, ardore, brama, gioia)*, souvent exagérée, confère à ses textes un *pathos* violent né des lignes mélodiques fantasques, des secousses permanentes du rythme, des juxtapositions brutales de styles. Le chromatisme, systématiquement exploité dans les deux derniers livres, ajoute une dimension nouvelle à ces drames polyphoniques.

Diversement jugé par ses contemporains et par la postérité, Gesualdo démontre de manière géniale que l'écriture madrigalesque peut, en s'enrichissant de toutes les possibilités du contrepoint, atteindre à un degré d'expression encore inconnu. Que l'on voie dans sa musique la manifestation d'une âme authentiquement passionnée ou bien un tissu d'artifices agencés par une oreille supérieurement douée, on doit admettre que le prince de Venosa a su tirer du contrepoint toutes ses richesses encore latentes, et, donnant à chacune une dimension paroxystique, élaborer un langage entièrement personnel, reflet émouvant d'une sensibilité exacerbée.

Lucas Marenzio. À l'opposé de cette passion se situe l'art serein et raffiné de Lucas Marenzio. Né près de Brescia vers 1553, il connaît la vie changeante des musiciens de cour, que la conjoncture économique ou politique conduit à chercher souvent un nouvel employeur. On le voit successivement à Rome, Ferrare, Mantoue et Florence, où il fréquente les milieux aristocratiques et où se forge sa culture littéraire. La cour du roi Sigismond de Pologne l'accueille quelques années, puis il retourne à Venise et à Rome, où il meurt en 1599. Si sa musique religieuse occupe une place modeste, ses neuf livres de madrigaux à 4, 5, et 6 voix, édités de 1580 à 1595, connaissent de nombreuses réimpressions ; les huit éditions, notamment, du *2ᵉ Livre* de madrigaux à 5 voix, attestent la popularité de son auteur.

Ennemi des outrances, libre de ses choix poétiques et maître de sa technique, Marenzio se montre sensible au style pastoral alors en pleine vogue dans la poésie italienne ; Guarini, Strozzi et Sanazzaro, que Marenzio préfère à Pétrarque, apportent au compositeur des textes sans complexité formelle, au lyrisme délicat et imagé, à l'atmosphère calme et bucolique. Peu soucieux du retour à l'antique prôné par les humanistes, Marenzio se laisse guider par sa sensibilité et ses goûts personnels. Dante, depuis longtemps oublié, peu prisé des musiciens du XVIᵉ s., lui fournit quelques beaux textes pour son dernier livre de madrigaux à 5 voix, tandis que le ton épique du Tasse ne le laisse pas indifférent.

C'est d'une manière très différente de celle de Gesualdo que Marenzio met en œuvre les trouvailles contrapuntiques que son siècle lui offre. Préférant à la peinture des mots l'ornement mélodique, il intègre à ses pièces des aspects de virtuosité qui évoquent la manière de Gabrieli. Soucieux d'expression, il sait combiner l'élégance de l'imitation libre et la puissance de la masse chorale. Contrapuntiste averti, il donne vie aux dialogues artificiels des bergers et bergères, si prisés dans la pastorale, en groupant les voix par paires, en brèves phrases aux rythmes légers. Dans les livres de sa maturité, qui précèdent ses derniers voyages, son talent est tout d'hédonisme et de raffinement.

Un changement important intervient dans les recueils parus peu avant la mort du compositeur. Est-ce son passage à Florence, où il n'a pas manqué de rencontrer les membres de la Camerata Bardi (voir p. 295), qui l'a orienté vers d'autres modes d'expression ? Le sens dramatique pénètre peu à peu ses derniers madrigaux : son style, devenu plus harmonique, se prête à une investigation plus poussée dans le domaine du chromatisme, en même temps qu'à la mise au point d'une déclamation chorale parfaitement respectueuse de la prosodie.

Ainsi, les derniers madrigaux prennent l'aspect de petits drames musicaux. Le cheminement personnel de Marenzio, qui l'a conduit d'abord à produire l'art que réclamait son contexte social, lui permet, à la fin de sa vie, de trouver un mode d'expression très personnel, déjà annonciateur d'une sensibilité nouvelle.

Les dernières années du XVIe s. devaient apporter à la musique italienne une pensée entièrement neuve, génératrice de modes d'expression en rupture avec le passé ; mais tous les musiciens ne vivent pas cette aventure avec le même enthousiasme. Si certains, reniant le contrepoint, tentent, à travers la mélodie accompagnée, de retrouver le drame antique, d'autres, attachés à l'héritage de leurs proches prédécesseurs, voient dans la comédie madrigalesque la riposte au théâtre musical naissant.

Claudio Monteverdi, tour à tour madrigaliste et homme de théâtre, refuse de se laisser emprisonner dans l'une ou l'autre de ces théories passionnées. Son œuvre madrigalesque est le reflet de son indépendance d'esprit : partie du classique madrigal à 5 voix, où le compositeur investit à sa manière tout le potentiel expressif légué par ses prédécesseurs, elle subit, à partir du *5e Livre* (1605), un tournant décisif. L'intégration de la basse continue à l'écriture madrigalesque, la multiplication des *soli* et dialogues, la présence de plus en plus fréquente du style récitatif font des madrigaux de Monteverdi des créations qui n'ont plus rien à voir avec l'art du XVIe s.

Ils appartiennent au baroque, à l'expression théâtrale, au style concertant qui feront la base de l'art musical du XVIIe s.

C'est donc seulement dans ses quatre premiers livres que Monteverdi se rattache à la tradition du madrigal. Sa polyphonie, souvent ornée, accorde alors à chaque voix une grande indépendance. Groupées de façons très variées, les voix évoluent souplement, sans égarements mélodiques. Rythmes et ornements rendent avec discrétion le pathos présent dans les textes de Guarini ou de Strozzi. Le Tasse, sans doute rencontré en 1587, fournit au *2e Livre* de la même année 11 textes sur 21. Chez lui, le musicien cherche non seulement le ton héroïque qu'il développera, plus tard, dans les madrigaux du *8e Livre,* mais encore une expression noble et pathétique, qui lui inspirera une grande diversité rythmique et de fréquentes oppositions d'écriture. Les mots se voient parés des madrigalismes à la mode (volutes pressées sur *canto, arde*), révélant ce que le jeune Monteverdi sacrifie aux conventions du temps.

Tout imprégné de la gravité et de la mesure qu'il admirait chez Cyprien de Rore, Monteverdi opte pour une recherche sans emphase, qui va bientôt *(3e* et *4e Livre)* s'orienter vers une sobriété accrue. À partir de 1582 *(3e Livre),* on peut noter une nette évolution de la déclamation, tantôt chorale, tantôt individuelle. Cette tendance va

se confirmer dans le *4e Livre* (1592), où apparaissent les premières séquences homophones sur rythme libre : des mots entiers et même des bribes de phrases ne sont suggérés que par une seule note à chaque voix, le rythme étant laissé à l'appréciation des interprètes. Les longs développements ornés qui paraient encore le *3e Livre* tendent à disparaître au profit de plus d'écriture harmonique.
De nombreuses années séparent le *4e Livre* du *5e*, qui devait, par ses innovations harmoniques, susciter l'indignation d'Artusi, musicien et théoricien, partisan exclusif de la polyphonie vocale. Si Monteverdi a pu entendre, en 1600 à Mantoue, comme cela est probable, l'*Euridice* de Peri, *favola in musica* élaborée dans le cénacle florentin du comte Bardi, il a déjà, à cette date, accompli seul le cheminement qui lui permet de pressentir les immenses possibilités de cet art nouveau. Le madrigal passe alors au deuxième plan de ses préoccupations et il travaille à l'*Orfeo*, qui sera joué devant le duc de Gonzague, en 1607.

Le « dramma per musica », la comédie madrigalesque

Commencée en 1597 avec la *Dafne* de Peri et Rinuccini, l'histoire du *dramma per musica* se poursuit. Dès ses débuts, ce genre a détourné de nombreux musiciens du madrigal en leur ouvrant des horizons inconnus. D'autres, au contraire, ne veulent pas abandonner la polyphonie, qui a encore, parmi ses adeptes fervents, des esprits novateurs et imaginatifs. Orazio Vecchi, plein de méfiance à l'égard des spéculations grécophiles de la *camerata* Bardi, entreprend de donner au madrigal des dimensions dramatiques. Comme il le dit dans le prologue de *L'Amfiparnaso* (1597), le quatuor *a cappella* se chargera de faire vivre, dialoguer et agir les personnages bouffons ou tendres de ses comédies madrigalesques. « Sachez [dit l'auteur] que le spectacle dont je parle s'apprécie avec l'esprit, du moment qu'on le suit avec les oreilles et non avec les yeux. »
Constituées d'un prologue et de plusieurs actes découpés en scènes, les comédies madrigalesques de Torelli, Vecchi et Banchieri, répliquent par l'humour et la bouffonnerie aux graves attitudes des membres du cénacle florentin. Leur contrepoint cache, sous le caractère léger et désinvolte des dialogues, une certaine complexité ; l'intérêt rythmique apparaît autant dans les vastes séquences homophones que dans la polyphonie ; le texte, s'il n'est pas toujours intelligible du fait de l'écriture contrapuntique, se voit puissamment illustré par une musique d'un haut pittoresque où toutes les ressources du contrepoint s'animent d'effets descriptifs, de dialogues

Dramma per musica, madrigal dramatique, comédie madrigalesque

Le *dramma per musica* ou *favola in musica* est la première expression du futur opéra. Il est basé sur la déclamation chantée, accompagnée par la basse continue. Le *madrigal dramatique* trouve chez Monteverdi *(Combat de Tancrède et Clorinde)* sa réalisation la plus parfaite. Comme la *comédie madrigalesque,* il est l'expression musicale d'un théâtre inanimé. Orazio Vecchi et Adriano Banchieri donnent à la comédie madrigalesque des sujets bouffons en totale opposition avec le lyrisme grave des madrigaux et des premiers opéras.

burlesques, de cris d'animaux et d'expressions dialectales. C'est la démonstration ultime que la polyphonie peut accompagner n'importe quel texte. C'est l'antipathos et le refus de l'intellectualisme. La comédie madrigalesque soutiendra, jusque vers 1610, le siège de la mélodie accompagnée et de la *favola in musica.* Malgré son anticonformisme littéraire, elle constitue un moment important, riche de qualités, dans l'étape finale de l'histoire du madrigal.

Cependant, les tendances du siècle sont de moins en moins favorables à la polyphonie vocale. La mélodie accompagnée ne cesse de gagner la faveur des musiciens et des poètes, car elle va dans le sens de la recherche humaniste : elle permet, en effet, d'entrevoir une restitution moderne du lyrisme d'Orphée.

La « camerata fiorentina » et la naissance de l'opéra

C'est vers 1576 que se manifeste à Florence un mouvement cohérent d'humanistes, philosophes, poètes et musiciens liés à l'aristocratie et groupés en *camerate :* ces sortes de salons littéraires étaient très en vogue en Italie, durant tout le XVIe s., et de nombreux compositeurs avaient associé leurs écrits, musicaux ou théoriques, aux réflexions de telle ou telle académie de leur ville.

C'est le comte Giovanni Bardi qui accueille chez lui les membres de la *camerata fiorentina,* qui, par ses travaux et ses représentations, permettra la création, en 1600, du premier opéra connu. Ses membres, philosophes et théoriciens comme Vincenzo Galilei ou Girolamo Mei, poètes comme Piero Strozzi, Ottavio Rinuccini ou Giovanni Bardi lui-même, sont tous capables d'écrire de la musique,

Récitation chantée ou chant déclamatoire ?

L'insistance avec laquelle Peri et Caccini ont parlé du *recitar cantando* ne nous éclaire cependant pas sur sa réalité vocale : le terme *recitare* appartenait depuis longtemps au langage théâtral et désignait depuis longtemps la déclamation ; rien ne permet d'affirmer que l'adjectif *cantando* exprime l'acte réel du chant. La musique même de Peri peut n'être qu'une « suggestion d'intonation », tant sont limités ses effets proprement mélodiques et tant est obsessionnelle la recherche du musicien dans le domaine de la déclamation pure.

au même titre que les chanteurs Jacopo Peri et Giulio Caccini, compositeurs attitrés du cénacle. Leur idéal commun est de redonner à la musique la faculté d'émouvoir l'âme et de susciter ou calmer les passions, faculté qu'ils dénient à la polyphonie vocale. Celle-ci leur paraît en effet inapte à l'expression des passions parce que trop insoucieuse du texte littéraire, trop préoccupée de recherches savantes dans le domaine contrapuntique, trop envahissante par rapport à un texte poétique la plupart du temps inintelligible.
On sait qu'Orphée, mythe sans cesse poursuivi par les humanistes, chantait en s'accompagnant de sa seule lyre, et que son chant avait su émouvoir jusqu'aux dieux des Enfers. Tout en sacrifiant, à l'occasion, à la tradition polyphonique (ils ont presque tous participé à la création et à la représentation des intermèdes de la *Pellegrina*, donnés en 1589 à l'occasion du mariage de Ferdinand de Médicis et de Christine de Lorraine), les artistes de la *camerata* se consacraient à l'élaboration d'un art nouveau, où la musique devenue servante de la poésie saurait en rehausser les moindres nuances expressives et retrouver la pureté de ligne qui était la sienne chez les Grecs. On voit nettement la parenté de pensée qui existe entre poètes français et italiens. Les uns comme les autres veulent pousser les musiciens vers un art où ils auront eux-mêmes une place plus privilégiée. C'est en travaillant ensemble que ces poètes et musiciens retrouveront la grande tradition lyrique oubliée depuis l'Antiquité. (Chez Ronsard, encore solitaire dans ses ambitions, comme dans le cénacle réuni autour de Baïf, dont l'esprit n'est pas sans rappeler celui de la *camerata fiorentina*, l'idéal est le même, la confiance et l'enthou-

siasme tout aussi fervents. Chansonnette mesurée à l'antique ou *favola in musica*, la musique a gagné au contact des humanistes une ouverture et un enrichissement dont les effets seront durables et les réalisations dignes d'admiration.)

Parmi les moyens d'expression musicaux au service de la poésie, la récitation chantée se situait au premier plan des préoccupations des artistes florentins et leur anathème ne visait pas seulement la polyphonie vocale, mais encore l'abus d'ornements dont les mélodies à la mode étaient alors encombrées.

Peu de créations musicales sortirent du cénacle durant les premières années ; Vincenzo Galilei avait bien écrit quelques madrigaux pour voix et luth, mais, avec les pièces monodiques de Peri ou de Cavalieri, dans la *Pellegrina* ou d'autres intermèdes de l'époque, ils constituaient un témoignage bien maigre au regard de l'enthousiasme qui animait les membres de la *camerata* du comte Bardi. Celui-ci, qui avait participé à la vie publique pendant plusieurs années, connut en 1592 la disgrâce et l'exil. Emilio del Cavalieri devint alors le maître à penser de la *camerata* qui se réunit désormais chez le comte Corsi.

Les premières œuvres ne vont pas tarder à naître de ce long mûrissement de la pensée. On suppose écrite en 1597 la *Daphne* de Peri, sur un poème de Rinuccini (qui devait servir plus tard de livret à Gagliano, en 1608, puis à Schütz en 1627). La partition de la première *favola in musica* est malheureusement perdue. Le *recitar cantando* (mode de récitation chantée qui devait se dissocier plus tard en deux genres distincts : récitatif et air) était apte désormais à exprimer les sentiments individuels des protagonistes. La basse continue le soutenait, tout en laissant à l'expression mélodique l'entière responsabilité de l'illustration musicale du texte. C'est certainement à l'instigation du succès de *Dafne* que Cavalieri entreprit sa *Rappresentatione di anima e di corpo*, jouée à Rome en 1600. Bien que non conçu pour Florence, et malgré un sujet sacré, ce drame musical illustre parfaitement l'esthétique de la *camerata*. L'équilibre entre le *recitar cantando* et la mélodie proprement chantée, entre l'expression individuelle et le groupe, en font une création très achevée.

Le 6 octobre de cette même année 1600, l'*Euridice* de Peri, sur un livret de Rinuccini, fut jouée à Florence, pendant les fêtes offertes à Marie de Médicis, récemment mariée à Henri IV. Ce premier témoignage que nous ayons d'une œuvre intégralement conçue par la *camerata fiorentina* reflète les tendances les plus chères à ses membres : le *recitar cantando* de Peri se plie avec souplesse à toutes

les nuances d'un texte extrêmement modéré dans ses passions ; l'expression individuelle y est reine, et peu de place est laissée aux chœurs. Il s'agit d'une œuvre essentiellement aristocratique par l'inspiration comme par la réalisation. Personnages en demi-teintes, souffrances édulcorées, décors idylliques d'une Arcadie imaginaire, *recitar cantando* psalmodiant sans fièvre rythmique et sans tourments mélodiques, telle se présente la première *favola in musica.*
La même année, et sur le même livret, Caccini travaille lui aussi à la mise en musique de son *Euridice.* Chanteur virtuose, il donne à son œuvre plus d'éclat par la vivacité rythmique et l'*ambitus* mélodique vaste. Comme Peri, il repousse la polyphonie vocale et concentre son effort sur la mise au point de la récitation chantée. Le *stile rappresentativo,* ensemble des éléments destinés à la représentation du drame en musique, est dès lors au point. Les *Nuove musiche* de Caccini, éditées en 1601, apportent alors aux travaux de la *camerata* une réalisation dans un tout autre domaine, celui du traitement de la voix soliste. Ce recueil de *madrigali a voce sola* (madrigaux à une voix) avec basse continue, outre qu'il confirme le triomphe de la monodie sur la polyphonie, même hors du contexte théâtral, s'enrichit d'une préface qui est un véritable manifeste pour une interprétation sensible et intelligente de la musique vocale.
Ainsi, dès les deux premières années du XVIIe s., la *camerata fiorentina* a doté l'art musical d'une expression riche d'avenir. Cherchant le lyrisme des anciens, les poètes et les musiciens ont donné le coup d'envoi à la mélodie accompagnée et sonné le glas de la polyphonie vocale. Cherchant à créer le drame en musique, ils ont inventé ce qui allait devenir l'opéra, genre dont l'histoire se poursuit encore. Aristocratique à l'origine, le drame en musique allait, vers 1620, s'ouvrir, à Rome, à un public plus vaste, pour devenir, à Venise, plus populaire. À Mantoue, cependant, Monteverdi et Gagliano, en 1607 et 1608, enrichiront de chefs-d'œuvre l'histoire de l'opéra aristocratique tel que l'avaient créé les Florentins.

Les écoles secondaires

Au regard de la floraison d'artistes, de formes et d'œuvres, issus des Flandres, de France ou d'Italie, les écoles espagnole, anglaise ou allemande apparaissent comme secondaires. Cependant, on aurait tort

de s'en tenir au seul rayonnement des plus grands. L'Espagne, l'Angleterre et l'Allemagne manifestent, durant tout le siècle et à des degrés divers, une activité musicale qui, pour certains, débouche sur un brillant avenir et, pour d'autres, témoigne d'une forte originalité de leur génie propre. Notons tout de suite que ces pays, qui font, au début du siècle, une part limitée au contrepoint néerlandais, favorisent en revanche – et peut-être même pour cette raison – le développement rapide et souvent audacieux de la musique pour instruments solistes. Le luth en Angleterre et en Allemagne, la *vihuela* en Espagne, l'orgue et le clavecin s'enrichissent d'un nouvelle littérature, tantôt liée à la pratique du chant, tantôt strictement indépendante et axée vers la recherche d'un répertoire spécifique.
Notons aussi que ces pays ont vécu la pénétration de musiciens étrangers – qui est le fait de tous les pays européens – différemment de l'Italie, par exemple, ou de la France. Leur tradition autochtone s'accommodait difficilement, au départ, des apports extérieurs. Après une période de résistance, l'assimilation s'est faite, ouvrant ces pays à l'aspect international de la musique de l'époque. Mais cette résistance avait permis l'affirmation d'un art dont l'originalité devait subsister longtemps après l'intégration aux modes de pensée et d'écriture européennes.

La musique vocale en Angleterre

Le XVIe s. est, pour la musique anglaise, une ère agitée, marquée de périodes creuses où l'imagination créatrice semble freinée, sinon tarie, et d'époques riches en œuvres de toutes sortes qui parviennent à définir une spécificité du génie anglais.
Deux grandes personnalités royales, outre les péripéties des règnes d'Édouard VI et de Marie Tudor, dominent ce siècle : celle d'Henry VIII pour la première moitié et celle de sa fille Élisabeth Ire pour la seconde. Les retentissements de la Réforme, très tôt venus du continent, vont, par ailleurs, bouleverser les mœurs religieuses du pays et les traditions musicales des compositeurs d'église. La confiscation des monastères, ratifiée en 1539, constitue un épisode lourd de conséquences puisque les musiciens qui y étaient attachés essaiment à travers le pays, en quête de nouveaux emplois. Les persécutions, qui visent tour à tour les premiers protestants, puis les catholiques sous Édouard VI, puis de nouveau les protestants sous Marie Tudor, changent le cours de bien des vies quand elles ne brisent pas les carrières. Mais on aurait tort de croire que l'Angleterre

souffre de la Réforme et de ses excès plus que l'Italie des campagnes espagnoles ou françaises. L'appétit de musique y est grand, et multiples les talents qui sont aptes à le satisfaire et à le sublimer.
Au début du siècle, la musique anglaise s'appuie sur une riche tradition que Dunstable incarnait au XVe siècle. Souvent rebelle à la pénétration de l'art continental, cette musique s'enorgueillissait alors d'une écriture polyphonique qui, contrairement au reste de l'Europe, devait peu à l'héritage néerlandais.

Le règne de Henry VIII

La personnalité de Henry VIII, monarque musicien, amateur et protecteur de tous les arts, explique, outre cette solide tradition, la place prépondérante qu'occupe la musique dans la vie sociale, publique et privée de l'époque. Comme lui, les principaux gentilshommes du royaume entretiennent des chapelles où chantres et instrumentistes sont nombreux. C'est souvent là que se développe le ferment de ce qui apparaîtra aux yeux des historiens comme le style anglais caractéristique. Dans le domaine profane, l'éclat des fêtes n'a rien à envier à celui des mascarades et défilés italiens et toute circonstance est prétexte à un important déploiement de musique vocale et instrumentale. La pénétration des musiciens étrangers semble alors assez restreinte ; on note surtout une abondance d'instrumentistes, particulièrement dans la confrérie des ménestrels, mais peu de compositeurs ou maîtres de chapelle ont attaché leur nom à l'Angleterre de l'époque. Henry VIII, qui pratique plusieurs instruments et cultive sa voix, ne se déplace jamais sans sa chapelle. Parmi les circonstances célèbres où il tint à s'entourer de musiciens, le Camp du Drap d'or, en 1520, étonne par la débauche de musique qui l'accompagna. Comme dans le reste de l'Europe, tous les événements qui touchent à la vie de la famille royale ou de l'État sont marqués par des fêtes d'une grande solennité et d'un éclat incomparable.
Moins évidente, mais tout aussi active, est la pratique privée de la musique, extrêmement répandue dans la société aristocratique, et qui aboutira au développement des airs de cour et de la technique instrumentale, au luth comme au clavecin. À la cour et dans les chapelles, ces musiciens qui créent activement ont nom Robert Fairfax (1464, † 1521), John Taverner (1490, † 1545), Thomas Tallis (1505, † 1585), Christofer Tye (v. 1500, † 1578). Ils auront souvent à souffrir, dans leurs convictions comme dans leurs carrières, des démêlés du roi avec le pape. Viendra le jour où ils devront quitter

La basse obstinée

Les *grounds* de Byrd se rattachent à une tradition instrumentale courante à l'époque et que le XVIIe s. verra s'accentuer et s'enrichir : celle de la basse obstinée. Appelée *ostinato* en Italie, ou *ground* en Angleterre, également pratiquée en Espagne, la basse obstinée puise ses sources les plus lointaines dans les musiques vocales du Moyen Âge (v. teneur isorythmique). Du nord au sud de l'Europe, les musiciens ont aimé voir dans cette basse contraignante, fondée sur la répétition continuelle d'une seule cellule, le faire-valoir de leur imagination, libérée dans les riches variations des parties supérieures.

la chapelle de leur couvent dissous pour devenir musiciens de cour, ou bien écrire pour cette nouvelle Église qui refuse le latin et n'a plus besoin de leurs motets ou de leurs messes. Si l'expérience a eu ses aspects pénibles, le répertoire sacré s'est enrichi de ces *anthems* (équivalent anglais du motet) et psaumes dans lesquels le musicien découvre un autre lyrisme, et le pouvoir expressif de la langue anglaise.

La carrière de Thomas Tallis illustre bien cette transformation du statut du musicien face aux événements historiques. Musicien de monastère, il doit, après 1540, accepter un poste à la chapelle royale d'Édouard VI. Le culte réformé, largement favorisé par les deux régents successifs du jeune roi, ne connaîtra qu'une brève parenthèse sous le règne de Marie Tudor, et Tallis composera alors l'un des premiers répertoires de la nouvelle liturgie.

Son contemporain Christofer Tye, devenu un fervent protestant, connaît une aventure à peu près semblable, avec la dissolution, en 1537, de la chapelle du King's College à Canterbury. Comme Tallis, il entre alors à la chapelle royale où il écrit beaucoup pour le service réformé. Mais, comme le remarque H.E. Wooldrige *(Oxford History of Music)*, la Réforme a interrompu l'évolution naturelle de la polyphonie sacrée anglaise qui ne participera pas à l'âge d'or de la fin du siècle.

Le règne d'Élisabeth Ire

L'art profane, déjà prospère sous le règne de Henry VIII, devait connaître un développement admirable au temps d'Élisabeth Ire.

Plusieurs tendances se conjuguent pour favoriser l'insertion de l'Angleterre dans le concert européen. On peut voir le contrepoint néerlandais, devenu mode de pensée international, pénétrer plus amplement l'écriture des musiciens, notamment dans leurs œuvres d'église. Parallèlement, la littérature italienne connaît un succès grandissant, avec de nombreuses éditions consacrées à des traductions. L'heureuse initiative de l'éditeur Yonge, qui, en 1588, publie *Musica transalpina*, recueil de madrigaux italiens, est contemporaine de créations autochtones d'une importance capitale, comme les *Psalms, Motets and Songs* de William Byrd.

Claveciniste virtuose, polyphoniste curieux de toutes les expériences, William Byrd (1542, † 1623) fut sans doute élève de Tallis. Malgré ses convictions catholiques, il bénéficia de l'appui de l'aristocratie et du pouvoir royal qui le mit à l'abri des persécutions. Son enthousiasme créatif n'exclut aucun genre puisqu'on le connaît auteur d'*anthems* et de psaumes aussi bien que d'airs de cour ou de musique pour clavier. Dans ce dernier domaine, il pousse très loin la virtuosité et, bien avant Frescobaldi, crée un art de la variation puissamment élaboré.

La génération suivante, celle de Thomas Morley, John Dowland, John Bull, Michael Cavendish, s'inscrit dans la lignée de Byrd, dont Morley est le meilleur élève. Particulièrement féconds dans le domaine de la musique profane, ces musiciens sont souvent des virtuoses du luth. Ils développent admirablement la technique de cet instrument et enrichissent sa littérature musicale.

La voix trouve dans le luth un accompagnement de choix et les airs de Dowland, Cavendish ou Morley sont des chefs-d'œuvre de raffinement et de délicatesse. Loin des spéculations qui caractérisent le *ricercar*, les fantaisies ou *fancies* anglaises pour le clavier laissent libre cours à une imagination qui mêle, avec le plus grand charme, contrepoint imitatif, style harmonique et toutes les formes d'expression que le clavier peut véhiculer. Les *grounds* (équivalent anglais de l'*ostinato* italien) sur lesquels Byrd construit ses variations témoignent d'une grande maturité harmonique, et le fonds populaire, toujours présent dans l'inspiration des musiciens savants, est plus largement exploité ici que partout ailleurs en Europe.

Par la qualité et l'originalité de leur talent, les musiciens de l'époque élisabéthaine démentent fortement l'accusation « d'insignifiance » portée par le musicologue Henri Collet contre l'école anglaise du XVIe siècle.

La musique vocale en Espagne

L'Espagne n'a jamais eu à souffrir des bouleversements humains et religieux que la Réforme apporta dans la plupart des autres pays d'Europe. Longtemps après leur disparition, l'influence des Rois Catholiques reste encore puissante et le succès de leur politique religieuse se reflète durant tout le siècle dans la production musicale. Celle-ci fait en effet une large part à la musique sacrée qui correspond parfaitement non seulement aux structures sociales et universitaires du pays, mais encore au mysticisme et à la ferveur chrétienne qui caractérisent les artistes de l'époque. Le théoricien Cerone affirme que les princes et seigneurs de ce temps se méfiaient de la musique profane et qu'ils favorisaient largement en revanche la musique sacrée, par la constitution de brillantes chapelles et par de larges subventions.

C'est sous le règne de Ferdinand et d'Isabelle que s'étaient manifestées les premières velléités des musiciens espagnols pour s'affranchir des influences française et italienne prédominantes depuis le XIVe siècle. Le *Cancionero de Palacio* constitue un magnifique témoignage de l'art espagnol tel qu'il s'est développé à la fin du XVe siècle. Il contient toutes sortes de pièces d'inspiration diverse (*romances, villancicos,* amoureux et religieux) que la musique autochtone du XVIe siècle viendra enrichir.

Que devait représenter, pour la musique espagnole, l'accession au trône de la famille des Habsbourg ? On sait que Charles Quint entretint la chapelle « la plus brillante de la chrétienté », surtout formée de musiciens néerlandais ; il s'en séparera en 1556 lors de son abdication, et c'est uniquement de musiciens espagnols qu'il s'entourera au couvent de Yuste, où il se retirera. Son fils Philippe II s'intéressera davantage à la musique espagnole et saura protéger les artistes. En somme, et malgré la présence sur le trône d'Espagne d'une famille germanique, les conditions semblent réunies pour le développement harmonieux du génie national. Celui-ci ne va pas tarder à manifester, ou mieux, à confirmer ses tendances propres. Quel que soit le domaine de la création, musique sacrée ou profane, musique de théâtre, polyphonie ou chant au luth, l'expression de l'âme est le caractère dominant du génie espagnol.

Le contrepoint néerlandais, bien maîtrisé par les musiciens natifs d'Espagne, n'a jamais connu dans ce pays l'implantation solide et l'autorité incontestée qui étaient les siennes dans la plupart des autres pays : construction intellectuelle, il était peut-être antinomique des tendances fondamentales de ces artistes. Tous ont conféré à leur musique un sens du drame et de l'expression qui n'a pas son équivalent dans le reste de l'Europe. Les moyens techniques restent simples et n'imposent jamais au créateur les limites de leurs exigences. Les œuvres qui naissent alors ne trouvent pas nécessairement leur place dans le vaste concert européen, mais elles ont le mérite de s'en distinguer par un apport totalement original. Il faut en effet considérer deux domaines : celui où l'Espagne, soumise à le tradition, modèle celle-ci au gré de sa sensibilité – c'est généralement le cas de la musique religieuse ; l'autre domaine, essentiellement profane, est celui où l'Espagne apporte à la musique européenne un répertoire entièrement original, tant par ses sources (souvent populaires) que par sa conception artistique. Le chant pour voix soliste connaît en effet dans ce pays un développement très vaste par rapport à ce que l'on sait de sa pratique ailleurs en Europe. De même, la musique instrumentale, notamment les pièces pour la *vihuela*, voit naître l'art de la variation à une époque où aucun autre pays ne s'en préoccupe.

La musique vocale religieuse en Espagne

Dans le domaine sacré, les musiciens espagnols se montrent donc plutôt conservateurs. Leur choix d'une écriture sans intellectualisme reflète une tendance nationale déjà ancienne. La mise en œuvre de moyens d'expression dramatique répond à une nécessité de l'âme espagnole ; c'est ce que Morales définissait par sa formule « donner à l'âme de la noblesse et de l'austérité ».

Cristobal de Morales (v. 1500, † 1553) est le maître incontesté de l'école andalouse, l'une des plus fécondes du siècle. Auteur presque exclusif de musique religieuse, il laissa une production numériquement bien inférieure à celle de ses contemporains français ou italiens : 21 messes de 4 à 6 voix, 16 *Magnificat* et 91 motets constituent l'essentiel de son œuvre. Contrairement à la plupart de ses compatriotes, il attache de l'importance à la diffusion de sa musique dont on trouve trace dans des collections italiennes, néerlandaises, françaises et allemandes. L'Espagne n'a pas, alors, d'imprimeur qui se consacre entièrement à la musique et l'édition musicale y est tragiquement pauvre.

Bien qu'il ait une connaissance parfaite du contrepoint néerlandais, Morales en néglige volontiers les artifices pour laisser parler un art plus proche de l'âme fervente qui l'habite. Austère ou éclatant, son style refuse toutes les conventions de l'époque pour n'illustrer que

---

Tomás Luis de Victoria (v. 1548, † 1611)

Il fit ses études à Rome où il resta plusieurs années et où il fut élève de Palestrina ; il y occupa plusieurs postes d'organiste ou de maître de chapelle. C'est en 1587 qu'il rentra définitivement à Madrid, pour suivre l'impératrice Marie dont il était chapelain et qui se retirait au couvent des Déchaussées royales. C'est là qu'il mourut, huit ans après l'impératrice, presque oublié de ses contemporains. Son œuvre, motets, messes, psaumes, *Magnificat,* est uniquement religieuse ; elle fut éditée à Rome et Madrid.

---

le texte sacré et toutes ses nuances dramatiques. Le disciple de Morales, *Francisco Guerrero* (v. 1527, † 1599), ne fit pas, comme lui, un séjour artistique à Rome. Sa carrière demeura entièrement andalouse et consacrée à la musique religieuse. Moins austère que son maître, mais aussi fervent, il incarne avec lui l'apogée de l'école andalouse.

Tomás Luis de Victoria. L'école castillane, deuxième grand centre de l'art espagnol, a donné au pays l'un des plus grands musiciens du siècle : Tomás Luis de Victoria. Plus qu'aucun autre pénétré de mysticisme et de ferveur chrétienne, dépourvu de tout sens de la gloire, il fut presque ignoré de ses contemporains espagnols. Il faut dire que sa longue carrière romaine l'avait momentanément isolé de son pays. Lorsqu'il y revint, en 1603, ce fut pour mener une vie obscure au couvent des Déchaussées royales de Madrid où il mourut. Ayant eu le privilège d'être le premier professeur de chant au collège germanique de Rome, il influença toute une génération de musiciens allemands.

Exclusivement religieuse, l'œuvre de Victoria comporte des messes, motets, psaumes et *Magnificat* édités surtout à Rome entre 1570 et 1585. On sait que sa carrière romaine le mit en contact avec ce que la ville abritait de musiciens les plus prestigieux. Élève de Palestrina, il lui fut souvent comparé. Il est remarquable de voir ce musicien, pourtant l'égal des plus grands de son siècle par son génie et sa technique, délaisser, au profit de l'expression typique de sa sensibilité nationale, la richesse contrapuntique qui préoccupe tant ses contemporains italiens et flamands.

Quelqu'enrichissante qu'ait été pour lui son expérience romaine, Victoria ne trahit en rien les choix fondamentaux de ses compatriotes et demeure un compositeur dont l'expressivité est l'art suprême.

La musique vocale profane

Si l'art sacré n'est pas, pour les musiciens espagnols, le lieu d'une création originale, sinon par l'esprit dans lequel il est vécu et traité, la musique profane espagnole mérite une place d'honneur dans le siècle. Le *Cancionero de Palacio* donnait les modèles du chant espagnol tel qu'il allait être pratiqué durant de longues années. Les livres de *vihuela* édités dans le courant du siècle reprennent et développent le répertoire des *villancicos, romances,* et *estrambotes.* Nombre de musiciens, virtuoses du luth ou de la *vihuela,* figurent dans ces recueils et, parmi les plus grands, Luis de Narvaez (v. 1500, † 1550), qui fut le maître de Philippe II, Luis Milán (1500, † 1561), musicien de Ferdinand d'Aragon à Valence, Alonso de Mudarra (mort en 1580), chanoine à Séville, Diego Pisador (v. 1509, † 1557) à Salamanque, Miguel de Fuenllana (1579), vihueliste aveugle d'Isabelle de Valois, épouse de Philippe II.

Les livres de *vihuela* groupent des pièces de toutes provenances : transcriptions de motets et de messes de musiciens étrangers (flamands, français et italiens), arrangements instrumentaux de toutes sortes de pièces vocales polyphoniques et surtout pièces pour chant *solo* accompagné. C'est dans ce dernier domaine que réside l'aspect le plus original de ces livres. Si le chant pour voix et luth (ici la *vihuela*) est, semble-t-il, couramment pratiqué dans toute l'Europe, rares sont les recueils de musique consacrés à cette pratique, avant l'extrême fin du siècle. Hormis la *Très Brève et Familière Introduction* de P. Attaingnant, en 1529, et l'*Hortus musarum* de P. Phalese, en 1552, la France et les Flandres ne connaissent pas de recueil de musique pour voix et luth avant l'avènement de l'air de cour. En Italie, seules les collections de *frottole* de Petrucci témoignent de la réalité de cette coutume. C'est donc un courant typiquement espagnol qui se révèle ici, porté à un haut degré de qualité artistique.

Les *romances,* d'inspiration sombre et solennelle, figurent parmi les plus anciennes formes de la musique autochtone. Leur *ambitus* vocal très étroit, leurs rythmes simples n'en font pas des œuvres de la grande tradition vocale. En revanche, c'est dans le domaine de l'accompagnement instrumental que se réalise l'invention du

musicien, et peut-être est-il vrai que l'art de la variation est né, en Espagne, « de la nécessité de relever la monotonie de l'accompagnement au luth dans la récitation des *romances* ». (H. Anglés).
Les *romances* de Luis Milán, où l'inspiration populaire se mêle à la libre invention instrumentale, sont parmi les plus représentatives du genre. Les *villancicos*, « art de la cour et de la ville », unissent eux aussi une mélodie simple à un accompagnement complexe où la virtuosité instrumentale s'éveille. L'art des *diferencias*, variations ornementales sous les différents couplets du chant, où Narvaez excelle, se développe dans ce cadre, avant de s'en émanciper pour devenir un genre strictement instrumental. Dans le domaine du clavier, l'organiste Antonio de Cabezón (1510, † 1566), musicien d'Isabelle de Portugal, puis de Philippe II, pratique aussi bien la transcription de pièces polyphoniques que la libre création. Ses variations instrumentales et ses *tientos* (*ricercar* espagnol) dénotent ce même goût de l'expressivité qui est le trait caractéristique de la musique espagnole.
L'école espagnole du XVIe siècle ne se limita pas aux quelques noms à peine évoqués ici. Fertile en compositeurs que leur ferveur chrétienne conduisait souvent à rester à l'abri de la gloire, riche d'une expression entièrement originale dans le domaine profane, notamment, elle enrichit l'art musical d'un répertoire attachant où, à l'encontre des tendances habituelles de la musique européenne, l'expression de l'âme prime sur celle de l'esprit.

La musique vocale en Allemagne

Moins forte de caractéristiques nationales, plus en proie aux influences étrangères et cependant figée dans une attitude conservatrice, telle se présente la musique allemande au début du XVIe siècle. La grande aventure de la Réforme va donner à l'art sacré allemand des orientations résolument nouvelles, d'où naîtra une tradition originale ; et l'on peut dire que la musique religieuse, dans l'Allemagne de l'époque, est celle de l'Église réformée. Avant cela, plusieurs grands maîtres ont donné à ce pays un répertoire sacré, notamment dans le cadre de la cour de Maximilien Ier.
Heinrich Isaac, à côté de H. Finck et de l'organiste Hopfaimer, domine le premier quart du siècle. Non qu'il soit à proprement parler un musicien allemand, puisqu'on le suppose natif des Flandres, mais le développement ultérieur de l'école allemande lui doit tant qu'il est impossible de ne pas lui attribuer, en tant que

---

Heinrich Isaac (v. 1450, † 1517)

Originaire des Flandres, il commença sa carrière à Florence ; sa vie itinérante le mena ensuite à Innsbruck, mais il semble être rapidement revenu à Florence. En 1497, il devient compositeur de l'empereur Maximilien Ier, mais il fit encore plusieurs séjours en Italie. Ses messes furent éditées chez Petrucci en 1506. Son principal ouvrage, *Choralis Constantinus,* pièces pour l'office commandées par le chapitre de la cathédrale de Constance, fut écrit entre 1550 et 1555. Ses 16 chansons allemandes marquent une étape importante dans la musique profane de ce pays.

---

musicien, la nationalité allemande. Sa vie itinérante a nourri son art d'expériences multiples dans lesquelles il puise sa production profane. Sa musique religieuse, numériquement réduite, comporte, à côté d'œuvres tout à fait traditionnelles, des messes d'une conception originale : celles où alternent les voix à l'unisson et la polyphonie. Si les chansons profanes fournissent la base de ses plus anciennes messes, les thèmes liturgiques leur sont préférés dans le triptyque *Choralis Constantinus,* écrit entre 1550 et 1555 pour la cathédrale de Constance.

Dans le domaine profane, Isaac développe par prédilection un genre déjà ancien dans la tradition allemande : le *tenorlied.* Ce mode d'expression, typiquement local, connaîtra son apogée aux alentours de 1550, pour décliner très vite après 1560. Isaac s'intéresse à ce genre comme il l'a fait pour la chanson française ou pour la chanson sur textes italiens. Le *tenorlied* est une composition vocale simple, à 3 voix généralement, où la mélodie principale, de source populaire, se tient au ténor, partie centrale. L'harmonisation note contre note est de règle, ainsi que l'extrême simplicité rythmique. Isaac élargit cette conception à 4 ou 5 voix, et, se préoccupant peu de laisser au ténor l'exclusivité de la mélodie principale, fait dialoguer celle-ci entre *superius* et ténor, ou bien la diffuse à toutes les voix. L'écriture homophone conserve sa prédominance, apparentant ces pièces à la *frottola* italienne contemporaine.

La présence d'Isaac à la cour de Maximilien coïncide avec un regain évident de créativité chez les musiciens natifs d'Allemagne. Sans en attribuer nécessairement le mérite entier au maître de la cour d'Innsbruck, il faut admettre que le rayonnement personnel de celui-ci, sa compétence reconnue par tous et l'intérêt qu'il porte à l'expression allemande en musique contribuèrent largement à développer chez les musiciens de ce pays la confiance en leur musique nationale.

Ludwig Senfl, le meilleur disciple d'Isaac, à qui l'on doit une importante musique religieuse pour le culte romain, tente, lui aussi, de sortir du conservatisme germanique en adoptant parfois la technique de la messe parodie ou celle de la messe à double inspiration, religieuse et profane *(Missa dominicalis « l'Homme armé »).* Le *tenorlied* trouve en lui un musicien prolifique, avec 150 pièces environ, écrites entre 1534 et 1544. Ces années marquent l'âge d'or du genre ; après quoi la pénétration croissante des influences extérieures, italienne notamment, va détourner les musiciens allemands de l'harmonisation de mélodies existantes. Les progrès de l'école allemande doivent beaucoup, jusqu'à la fin du siècle encore, à la présence des musiciens flamands.

Roland de Lassus, que nous avons vu participer tant à la floraison de la chanson française qu'à celle du madrigal italien, ouvre un nouveau chapitre de l'histoire de la musique allemande. Musicien d'Albert V, puis de Guillaume V à Munich, il s'intéresse à l'art profane allemand qu'il enrichit, comme l'a fait Isaac un demi-siècle plus tôt, de sa culture internationale. Entre 1567 et 1590, il compose 93 chansons allemandes de 3 à 6 voix. Toutes les techniques l'intéressent, même l'ancien mode d'écriture sur *cantus firmus* qu'il pratique encore dans nombre de chansons sur textes religieux. En 1576, ses *tenorlieder* s'établissent non plus sur une mélodie traditionnelle, mais sur un thème de libre invention. Fidèle à l'écriture polyphonique, il n'use de l'homophonie qu'à des fins de contrastes expressifs. Puisant tour à tour dans l'esthétique de la chanson française ou du madrigal (notamment dans l'écriture imitative à 4 et 5 voix), ou empruntant à la villanelle son écriture syllabique, il élargit considérablement le langage musical d'expression allemande, donnant à l'action antérieure d'Isaac ou de Senfl sa pleine signification.

Parmi les contemporains, élèves et successeurs de Roland de Lassus, Jacob Regnart, flamand comme lui, cultive aussi des genres assez variés : *Canzone italiane,* en 1574 ; *Teusche Lieder* en 1580. Son immense popularité apparaît dans les nombreuses éditions où on le voit figurer ; 8 sont consacrées à sa seule œuvre. Son style, largement inspiré de l'écriture madrigalesque, confirme l'évolution de la chanson allemande dans le sens d'une assimilation de l'esthétique vocale italienne.

Leonhard Lechner et Johannes Eccard. En 1575 paraît la première collection de musique allemande : *Newe ausserlesene teutsche Gesäng* édité par Jacob Meiland. Parmi les auteurs les plus représentés désormais dans l'édition allemande, on note deux élèves de Lassus : L. Lechner et J. Eccard. Tous les types d'expression polyphonique semblent alors parfaitement assimilés et les compositeurs manient avec une égale habileté les rythmes souples des pièces à 4 voix, dans le style de la danse ou de la *canzonetta,* ou les polyphonies plus savantes, dans les pièces à 5 voix de style motet ou madrigal. Les pièces à 3 voix ont totalement rompu leurs attaches avec l'ancien *tenorlied* et s'apparentent plus volontiers à la villanelle italienne. À ce titre, L. Lechner, auteur de 150 chansons environ, est très représentatif de la diversité des tendances nouvelles.

Hans-Leo Hassler (1564, † 1612). Disciple d'Andrea Gabrieli à Venise, en 1584, édité à Nuremberg comme à Venise, à Augsbourg comme à Vienne, ce musicien inaugure la « période italienne » de la chanson allemande, que Schütz incarnera dans les décennies suivantes. La renommée de Hassler fut grande, comme son influence sur ses contemporains. Il contribua certainement à l'évolution de son pays vers le chant *solo* accompagné en pratiquant l'écriture homophone, notamment dans ses chansons à danser et, d'une manière générale, en donnant dans son œuvre plus de place au style harmonique qu'à la polyphonie. Avec ses contemporains Valentin Haussmann et Melchior Franck, Hassler témoigne de l'autorité et de la confiance acquises par les musiciens allemands dans la seconde moitié du siècle.

Vers le style baroque

Secondaires, l'Angleterre, l'Espagne et l'Allemagne le sont, certes, dans l'immensité de la production musicale de la Renaissance. L'essentiel de celle-ci revient aux trois pays dont l'art est en plein épanouissement : l'Italie, la France et les Pays-Bas. Ces derniers démontrent, pendant tout le XVIe siècle, leur attachement indéfectible à la grande tradition de la polyphonie vocale, notamment dans l'art sacré. Pendant ce temps, la France et l'Italie, pénétrées de pensée humaniste, tendent de toutes leurs forces créatrices vers de nouveaux modes d'expression, plus propres à refléter l'esprit de leur temps : chanson et madrigal, après avoir atteint leur apogée, deviennent le terrain de recherches plus audacieuses. Musique mesurée à l'antique et air de cour en France, comédie madrigalesque et *favola in musica* en Italie incarnent, de manière parfois contradictoire, la ferveur créatrice des artistes de ces pays. Les dernières années du siècle, qui voient enfin l'éclosion, dans l'art musical, des effets de la pensée humaniste, ouvrent grand les portes de l'avenir : musique instrumentale, mélodie accompagnée, opéra et oratorio dominent le siècle baroque, forts encore de cet enthousiasme qui anime les artistes à la fin de la Renaissance.

« ô bienheureux qui voir pourra
Fleurir le temps ou l'on oira
Le laboureur à sa charrue,
Le charretier parmi la rue,
Et l'artisan en sa boutique,
Avec un psaume ou un cantique
De son labeur se soulager... »
Clément Marot *(1534)*

Édith Weber

LA RÉFORME

Dès la fin du XVe s. et au début du XVIe s., Renaissance, humanisme, pré-Réforme et Réforme sont étroitement associés. La remise en question des rites, des pratiques liturgiques, des dogmes et de la musique sacrée entraîne une crise qui affecte toute la chrétienté et aboutit d'un côté à la Réforme (protestante), de l'autre côté à la Contre-Réforme catholique. À la Renaissance, l'engouement pour l'Antiquité gréco-latine est partagé par les érudits, les poètes, les philosophes. Les humanistes reprennent à leur compte le respect de

---

Réforme, Réformes, Contre-Réforme

La Réforme (protestante), vaste mouvement de remise en question, lié étroitement à la Renaissance et à l'humanisme, ayant donné naissance à l'Église protestante.

Les Réformes. Selon les options des principaux réformateurs, on peut distinguer :

la Réforme de Martin Luther (1483, † 1546), en Allemagne ;

la Réforme de Martin Bucer (1491, † 1551), en Alsace ;

la Réforme de Jean Calvin (1509, † 1564), en France, en Suisse, à Strasbourg ;

la Réforme de Ulrich Zwingli (1484, † 1531), en Suisse ;

la Réforme de Thomas Cranmer (1489, † 1556), en Angleterre.

La Contre-Réforme (catholique), « Réforme » catholique qui suit la Réforme protestante. Autour du cardinal Charles Borromée (1538, † 1584), elle aboutit au concile de Trente (1545-1563) et à la réforme « tridentine » de l'Église catholique.

Convergences

ALLEMAGNE
Joachim a Burck (1546, † 1610)
« Je me suis appliqué à placer les paroles sous les notes de telle manière que presque chaque syllabe ait sa note et que les 4 voix chantent en même temps les paroles, afin que l'auditeur puisse percevoir les paroles distinctement. »

ANGLETERRE
Archevêque Cranmer (1489, † 1556)
« À mon avis, le chant qui doit être placé ne doit pas être surchargé de notes, mais, autant que possible, être exécuté distinctement et avec dévotion. » (7.X.1544.)

FRANCE
Le musicien Claude Goudimel (v. 1520, † 1572) réclame une « harmonie consonante au verbe ».
Marin Mersenne (1588, † 1648), le savant, ami de Descartes, demande
« ... ut litera quae musicae anima esse debet distinctius audiatur ».

ITALIE
Les pères du concile de Trente (1545-1563)
« Toute la musique exécutée dans l'Église ne devrait pas être composée pour le vain plaisir de l'ouïe, mais de manière que les paroles puissent être perçues de tous, en sorte que les fidèles soient amenés au désir de l'harmonie céleste... » (*Canon* 8, 10.IX.1562.)

---

la prosodie et l'intérêt pour la métrique, qui seront scrupuleusement exploités dans des adaptations musicales de textes latins classiques ou néoclassiques. C'est le cas des *Odes* d'Horace, qui sont harmonisées à 4 voix, à l'usage scolaire et à des fins pédagogiques. Le choral, apanage de la musique luthérienne, accaparera cette forme issue de l'humanisme et le style « note contre note », dont elle représente le prototype dans la seconde moitié du XVIe s.
La participation vocale active des fidèles au culte constitue l'un des moteurs principaux de la Réforme. L'imprimerie avait largement favorisé le lancement des idées nouvelles par de nombreux

pamphlets, traités, textes divers ; l'imprimerie musicale à caractères mobiles (depuis la fin du XVe s.) contribue, à partir de 1524 pour l'Allemagne, de 1539 pour l'Alsace, à la diffusion des recueils de chorals allemands et des psautiers huguenots. L'enseignement de la musique, vivement encouragé dans les écoles latines et allemandes à l'initiative de Martin Luther et de Philipp Melanchthon, et dans les collèges et académies calvinistes, servira la cause de la nouvelle religion, lors de l'implantation du répertoire issu de la Réforme.

La condition *sine qua non* de toute musique liturgique réside dans la perception et la compréhension du texte, qui sont conditionnées par la fusion de la prosodie verbale et musicale, par l'accentuation juste, par la déclamation précise. En ce sens, les poètes et musiciens de la Réforme rejoignent ceux de la Pléiade, de la Renaissance et de l'humanisme, soucieux de préserver l'étroite union de la poésie et de la musique et de favoriser l'intelligibilité des paroles ; de plus, ils annoncent les préoccupations des pères du concile de Trente (1545-1563).

Malgré le décalage chronologique – de la Renaissance (fin du XVe s.) à la Contre-Réforme (seconde moitié du XVIe s.), en passant par la Réforme en Allemagne, en France, en Suisse et en Angleterre –, ces différents mouvements d'idées fournissent la preuve d'une extraordinaire convergence en Europe, aussi bien entre les pays concernés qu'entre les poètes, les musiciens, les humanistes et les réformateurs à la recherche d'une esthétique fonctionnelle spécifiquement « protestante » et destinée au peuple.

La musique protestante à la recherche de son esthétique

En Allemagne, en France et en Suisse, en Angleterre, les réformateurs, à côté des questions d'ordre dogmatique et théologique, se sont attachés, en collaboration avec les poètes et les musiciens, à résoudre trois grands problèmes avant de pouvoir doter la nouvelle Église de son répertoire musical, adapté au chant de l'assemblée, qui était habituée à écouter le chant grégorien exécuté par une Schola et ne comprenait pas nécessairement les textes latins. Les élèves des écoles humanistes et protestantes assureront la relève des chantres professionnels, et un cantor *(Vorsänger)* entraînera les fidèles.

La musique protestante à la recherche de sa langue

Le premier problème concerne la langue. À Strasbourg, dès le début de la Réforme, Martin Bucer, le réformateur local, donne le ton en ces termes : « Nous n'admettons aucune prière ni aucun chant qui ne soit tiré des Écritures, et, puisque prières et chants doivent contribuer à rendre les gens meilleurs, nous ne tolérons que la langue allemande, afin que le laïc puisse en toute connaissance de cause dire "Amen" ». (*Grund und Ursach der Neuerung,* « Raisons et causes des innovations », 1524.)

En Suisse alémanique, Ulrich Zwingli se prononce aussi pour l'usage de la langue vernaculaire pour la liturgie et pour les cérémonies. (*Action oder Bruch des Nachtmals,* « Action ou fraction de la Cène ».) Quant à Martin Luther, le réformateur de Wittenberg, il ne souhaite pas, à cause de la jeunesse, abandonner complètement le latin, car cette langue occupe une place importante dans le cursus des études humanistes. Il élabore aussi bien la *Formula Missae et Communionis* (1523) que la *Deutsche Messe und Ordnung des Gottesdienstes,* « Messe allemande et ordonnance du culte » (1526), et conservera dans la liturgie la terminologie latine.

Jean Calvin, pour le culte en langue française, rejoint les idées de Martin Bucer ; il veut que « les oraisons se fassent en langue commune et connue du peuple », et il ajoute : « car une linote, un rossignol, un papegay chanteront bien, mais ce sera sans entendre. Or, le propre de l'homme est de chanter en sachant ce qu'il dit » (1542).

En Angleterre, le psaume est chanté à la fin du service anglican en langue anglaise, selon les instructions suivantes :

« Then those who are specially appointed may begin with all dignity a psalm in the *common tongue* in which the whole congregation soon joins with equal dignity ; and it must be sung with such a moderation, then by the whole congregation together, that *all who know the language at all can easely understand everything that is to be sung* » (1555). « Ensuite, tous ceux qui sont spécialement désignés commencent, avec dignité, un psaume dans la *langue commune* ; toute l'assemblée s'y associe avec la même dignité, de sorte que *tous ceux qui connaissent la langue puissent absolument comprendre facilement tout ce qui doit être chanté.* »

Le principe d'un retour à l'usage de la langue vulgaire étant admis, les réformateurs demandent aux poètes de leur fournir des textes faciles à retenir par cœur, avec un vocabulaire simple, à la portée de tous ; la structure strophique, avec éventuellement des répétitions et un refrain (en Allemagne), est retenue. Après quelques essais de versification maladroite comme, notamment, quelques *Psaumes* arrangés et paraphrasés par Jean Calvin, dans le recueil qu'il a fait paraître en 1539, lors de son passage en Alsace, à l'attention des réfugiés de langue française qui séjournaient à Strasbourg, le psautier français s'est constitué progressivement grâce à Clément Marot et à Théodore de Bèze. En Allemagne, on chantait déjà au Moyen Âge des cantiques bilingues (allemand et latin). Les poètes, dans l'entourage de Martin Luther, et surtout ceux des générations suivantes, ont forgé de nombreux textes de chorals ou adapté en allemand des répons liturgiques latins antérieurs. En Angleterre, après la traduction anglaise de la *Bible* par Coverdale, en 1535, et la publication de plusieurs *Books of Common Prayer* (1550, avec musique), des *Lessons* paraissent dès 1543 ; elles sont lues pour les vêpres et les matines ; des versions anglaises sont élaborées pour les différentes parties de l'office, ainsi que divers psautiers (entre 1560 et 1567 surtout). L'*English Litany with faburden,* « la Litanie anglaise avec faux-bourdon » (c'est-à-dire en style note contre note par accords parallèles), date de 1544.

La musique protestante à la recherche de son public

Le deuxième problème concerne l'aspect psychologique et sociologique. Lors de l'implantation de la Réforme, il ne faut pas dérouter les fidèles, habitués au chant grégorien et à la langue latine, à la monodie et à la modalité, au chant mélismatique (exécuté par des chantres chevronnés). Or, les réformateurs préconisent la participation de tous ; les usages sont bouleversés, les mentalités changent. La solution – dans l'immédiat – consistera à emprunter des textes connus, à les adapter dans la langue de tous les jours et à reprendre des mélodies existantes, tout en commençant à composer de nouveaux textes et mélodies.

La priorité est cependant accordée au verbe et non à la musique. Pour Luther, celle-ci est un don de Dieu, « la servante de la théologie », mais le pouvoir d'édification est d'abord aux paroles *(cf.,* entre autres, ses *Tischreden* ou *Propos de table.)* Pour Calvin, la primauté revient au texte ; quant à la musique, elle intervient

---

Extraits des *Propos de table (Tischreden)* de Martin Luther

Musique et pédagogie

« J'ai toujours beaucoup aimé la musique. Celui qui connaît cet art est bon à tous les autres. Il est nécessaire de tenir la musique en honneur dans les écoles. Il faut qu'un maître d'école sache chanter, sinon je ne fais pas cas de lui. Il ne faut point non plus ordonner pasteurs des jeunes gens qui ne se soient, à l'école, essayés à la musique et n'y soient exercés. »

Les effets de la musique

« C'est un des meilleurs, un des plus magnifiques dons de Dieu que la musique. Satan la déteste fort, car elle nous aide à chasser bien des tentations et des mauvaises pensées. Le diable ne peut supporter de l'entendre. C'est un des arts supérieurs. La musique rend le texte vivant. Elle chasse l'esprit de tristesse… »

« Pour un homme attristé, la musique est le meilleur remède. Elle vous met la joie au cœur, lui rend la force et la fraîcheur. »

Définition de la musique

« La musique est un splendide don de Dieu, tout proche de la théologie. Je ne voudrais pas renoncer, même pour un grand prix, au peu de musique que je sais. Il faut constamment entraîner la jeunesse à cet art, car il fait des gens habiles. »

---

comme ornement et assume un rôle secondaire : « Et certes si le chant est accommodé à telle gravité qu'il convient d'avoir devant Dieu et devant ses anges, c'est un ornement pour donner plus de grâce et de dignité aux louanges de Dieu, et c'est un bon moyen pour inciter les cœurs et les enflamber à plus grande ardeur de prier, mais il se faut toujours donner garde que les oreilles ne soient plus attentives à l'harmonie du chant [c'est-à-dire au "beau" chant] que les esprits au sens spirituel des paroles. » (*Institution de la religion chrétienne*, 1536.)

Calvin accepte la participation musicale au culte, mais il établit une hiérarchie : « à savoir premièrement la lettre ou sujet et matière, secondement le chant ou mélodie ».

La musique protestante à la recherche de ses mélodies

Le troisième problème est d'ordre musical et mélodique. Il s'agit de rechercher des mélodies et une esthétique fonctionnelles qui soient en accord avec les impératifs de la Réforme, mais qui ne risquent pas de dépayser les fidèles : c'est ce qui justifie l'interférence de la musique profane et de la musique religieuse, et les emprunts aux hymnes du plain-chant médiéval, à des chansons connues et à des danses à succès que tout le monde aimait et fredonnait. Le chant doit être avant tout populaire, intensément vécu par les fidèles ; il doit être intelligible et convenir à une assemblée entraînée éventuellement par un chantre, à défaut d'orgue. Après Martin Luther et Martin Bucer, plusieurs générations de musiciens en Allemagne, en Alsace, en France et en Suisse, en Angleterre adapteront des mélodies, les harmoniseront et en créeront de nouvelles. Selon Martin Luther, c'est la musique « qui donne vie aux paroles ».

Cette triple problématique : littéraire, psychologique et musicale (mélodique), sera résolue après de nombreuses recherches. Si les odes humanistes et la musique française (psaumes, chansons) mesurées à l'antique sont restées des tentatives sans lendemain, il n'en est pas de même des chorals luthériens (qui ont fusionné, à partir de 1586, avec l'ode, tombée en désuétude), des psaumes huguenots et des antiennes *(anthems)* anglicanes, dont la pérennité est indiscutable. Ces mélodies ont franchi les siècles et se chantent encore de nos jours. Certaines ont même été reprises à l'usage catholique (avec ou sans parenté sémantique avec le modèle du XVIe s.) depuis le concile de Vatican II et elles figurent aussi dans les recueils suisse (1976) et français (1979).

Survol historique

Les Allemagnes

Annoncée par les signes avant-coureurs de la pré-Réforme en Europe, la Réforme éclate en Allemagne sous l'impulsion de Martin Luther (1483, † 1546). Celui-ci, né à Eisleben (Thuringe), fait d'abord une carrière monastique, universitaire et ecclésiastique chez les Augustins d'Erfurt. À cette époque, dans les Allemagnes, la

Version profane : chanson d'amour

Texte de Clément Marot
Mélodie de Claudin de Sermisy.

Tant que vivray en âge florissant
Je servirai *d'amour le roi* puissant
En faits, en dits, en chansons et accords
Par plusieurs jours m'a tenu languissant
Mais *après dueil* m'a fait réjouissant
Car j'ai l'amour de la belle au gent corps
Son alliance, c'est ma fiance
Son cœur est mien, *le mien est* sien
Fi de tristesse, vive liesse,
Puisqu'en *amour* a tant de bien.

Version spiritualisée : chanson spirituelle

Texte d'Eustorg de Beaulieu
Mélodie de Claudin de Sermisy

Tant que vivray en âge florissant
Je servirai *le Seigneur tout*-puissant
En faits, en dits, en chansons et accords
Le vieil serpent m'a tenu languissant
Mais *Jésus-Christ* m'a fait réjouissant
En exposant pour moi son sang et corps
Son alliance, c'est ma fiance
Il est tout mien, *je suis tout* sien
Fi de tristesse, vive liesse
Puisqu'en *mon Dieu* a tant de bien.

sensibilité religieuse est très vive ; les temps sont difficiles. L'imprimerie facilite la diffusion de la *Bible*, qui est traduite en de nombreuses langues. Les divergences théologiques naissent. Le réformateur, docteur en théologie, dénonce notamment le problème des « indulgences » à partir de 1516 ; il affiche à Wittenberg ses fameuses quatre-vingt-quinze thèses – vraisemblablement, le 31 octobre 1517 – et les envoie à l'archevêque de Mayence. Elles circulent dans tout le pays, suscitent enthousiasme et controverses de la part des théologiens et des autorités. Luther exerce un grand ascendant sur les masses populaires, par son langage simple et biblique, mais il sait aussi s'adresser à l'élite. En 1520, il rompt avec Rome. En 1521, il comparaît devant la diète de Worms et devant Charles Quint ; ayant refusé de désavouer ses idées, il est mis au ban de l'Empire. Frédéric le Sage le fait enlever et le cache au château de la Wartburg, où il se consacre à ses écrits et traduit le Nouveau Testament en allemand. À partir de 1522, il commence à organiser la nouvelle Église, à élaborer une nouvelle ordonnance pour la *Messe* évangélique *(Missa)* en mettant l'accent sur la simplification par rapport à la messe romaine, qu'il souhaitait « purifier ». La musique sera appelée à jouer un rôle considérable dans le déroulement de l'office, qui requiert la participation active des fidèles par le chant collectif. La situation à l'intérieur de l'Empire reste tendue. Dès 1524, des ligues de paysans se forment. D'abord pacifistes, elles se contentent de revendiquer certaines libertés de la part des seigneurs, notamment des privilèges religieux. Peu à peu, le ton monte, et Martin Luther sera amené à rédiger une *Exhortation à la paix, à propos des Douze Articles des paysans souabes.* Après 1525, la Réforme, qui avait été au départ un mouvement religieux, devient l'affaire des princes et des villes. Pendant ce temps, le théologien et pédagogue Philipp Melanchthon met au point avec Luther le texte de la *Confession d'Augsbourg (Confessio augustana),* qui est publié en 1530.

C'est dans ce climat d'insécurité et d'agitation que la future hymnologie protestante cherchera sa voie, ses moyens, ses objectifs et son idiome. Elle doit être, avant tout, une musique fonctionnelle qui s'insère logiquement dans le déroulement de l'office. Elle pourra bénéficier des acquis de la musique monodique du Moyen Âge et des *Meistersänger,* du *Tenorlied,* forme propre à l'Allemagne du XVe s. La structure répétitive de l'hymne médiévale sera reprise ; la notion de *cantus firmus* sera exploitée. Certains cantiques populaires bilingues (latins et allemands) seront conservés, mais la priorité sera laissée à l'emploi de la langue vernaculaire comprise de tous.

La messe évangélique, selon Martin Luther, comprend l'ordinaire (textes fixes) : *Kyrie, Gloria, Credo, Sanctus,* avec *Hosanna* et *Benedictus, Agnus Dei* (conforme aux usages catholiques) ; le propre *(proprium)* selon le déroulement de l'année ecclésiastique : *Introït, Graduel* avec *Alleluia* et *trait, Offertoire, Communion.* Luther intercale des chorals allemands après le *Graduel,* le *Sanctus* et l'*Agnus Dei* ; ils sont chantés par l'assemblée. Dans sa *Formula Missae et communionis,* à l'usage de l'église de Wittenberg, il propose l'ordre

suivant : préface en latin (pour ne pas troubler les fidèles habitués aux usages catholiques), paroles de l'Institution (« *Im Orationston* »), *Sanctus* avec *Benedictus* en latin chanté par le chœur lors de l'élévation du pain et du calice, Notre Père en latin, Salutation, *Agnus Dei,* chant de communion, collecte, bénédiction en latin.
Dans sa *Deutsche Messe* (« Messe allemande ») *und Ordnung des Gottesdienstes zu Wittenberg fürgenommen,* qui date de 1526, il prévoit le déroulement suivant : paraphrase allemande du Notre Père, exhortation (au lieu de la préface de la messe latine), institution et distribution de la sainte Cène, paroles d'institution (pain) avec élévation en allemand en *Lektionston* (le pasteur étant tourné vers l'assistance), distribution du pain, bref verset. Pendant la communion : chant de chorals en allemand, dont le *Sanctus,* paroles d'institution pour le vin, avec élévation, distribution et chant de chorals, collecte, bénédiction. Les intonations des psaumes sont indiquées, par exemple, *im primo tono*... Les formules mélodiques sont précisées : *initium, comma, colon periodus, finale* (dans ce cas, la terminologie latine est maintenue). La structure ultérieure se trouve dans la *Psalmodia* de Lucas Lossius (Wittenberg, 1579). Elle comprend : *Introït, Kyrie* avec *Et in terra* ou avec le choral *Allein Gott in der Höh sei Ehr* (« À Dieu seul soit la gloire »), *Alleluia* et séquence (ou prose) du jour de fête (mais un psaume ou choral allemand peut être chanté à leur place), *Credo* (exprimé à la première personne du pluriel : *Wir glauben* [« Nous croyons »]), *Sanctus, Jhesus unser Heiland* (« Jésus, notre Sauveur »), *Agnus Dei, Erhalt uns Herr bei Deinem Wort* (« Garde-nous, Seigneur, près de Ta parole »), qui forment l'*Ordo Cantionum in Missa seu sacra.*
L'usage de la langue allemande est introduit dès 1525 à Strasbourg et se généralise en Alsace ; lors de son séjour dans cette ville du refuge, Calvin préconise la langue française pour ses paroissiens. Le *Teutsch Kirchenampt* (« Ordonnance du culte en allemand ») de 1525 précise l'ordonnance du culte dans l'optique des réformateurs locaux, notamment Martin Bucer. On y trouve des chants de louange en allemand, des psaumes paraphrasés dans la langue du peuple, des mélodies de musiciens strasbourgeois, dont Matthias Greiter, Wolfgang Dachstein... Dans la seconde partie de ce recueil, intitulée *Ordnung der Vesper* (« Ordre des vêpres »), le *Psaume 113* (selon l'usage hébreu et protestant) devient *O ir knecht loben den Herren/Sein Namen sollen wir eren/Er ist lobsam gar wyt und breit/von jetzt und bis in Ewigkeit* (« Vous, Ses serviteurs, louez le Seigneur/ Nous devons louer Son nom/Il est très digne de louange/ Dès main-

De l'usage de la langue allemande

« "Que tout ce qui respire loue le Seigneur", dit le Psaume 150 v. 6. Il s'ensuit qu'il faut prêcher et louer Dieu dans toutes les langues. Alors pourquoi l'Empereur a-t-il interdit de faire la prière et de chanter les cantiques en allemand ? » Martin Luther, *Propos II.*

tenant et pour l'éternité »), d'après le modèle latin du *Psaume 112* (selon la *Vulgate*) : *Laudate pueri Dominum.* Ce volume officiel a été diffusé en Allemagne et, peut-être, en Suisse.

Musicalement, la tradition est monodique, les musiciens locaux peuvent être considérés comme les auteurs des mélodies – que d'autres, par la suite, harmoniseront. Les nouvelles formes de l'hymnologie depuis la Réforme sont : le choral à une voix, destiné au chant des fidèles ; le choral polyphonique, chanté par la maîtrise ; les messes évangéliques en allemand (et en latin, en Allemagne) ; un choix important de répons, psaumes, antiennes...

La première génération de musiciens, dans l'entourage de Luther, à partir du premier recueil allemand (qui date de 1524), doit rapidement fournir des adaptations musicales (à une ou plusieurs voix) de textes allemands destinés au culte : répons, chorals et psaumes. Le réformateur de Wittenberg, n'étant pas un musicien professionnel, se contente d'arranger des mélodies et des textes et de traduire des psaumes. Il s'entoure de conseillers musicaux tels que Johann Walter (1496, † 1570) ou Conrad Rupsch (ou Rupp, ou Rupff). Ce dernier souhaite conserver les mélodies de caractère populaire, profane, simple et accessible à tous et diffuser rapidement le nouveau répertoire. Le choral doit devenir une chose vivante, être présent partout. Comme l'estime Catherine Zell, la femme du réformateur strasbourgeois Matthias Zell : « Tous ont besoin de chanter pour louer Dieu : l'apprenti à son travail, la servante en lavant la vaisselle, le paysan dans son champ, le vigneron à sa vigne, la mère près du berceau de l'enfant qui pleure... »

Ces premiers musiciens protestants, véritables pionniers du genre, sont surtout des adaptateurs, des arrangeurs de mélodies et de textes – à titre quelque peu expérimental –, au service d'une Église encore à la recherche de ses moyens d'expression et de son esthé-

Chronologie sommaire des recueils luthériens allemands (de 1524 à 1545)

1524 Wittenberg	*Achtliederbuch,* recueil de Johann Walter (4 mélodies, 8 poèmes), chant à l'unisson. *Enchiridion oder Handbüchlein* (petit manuel), en deux fascicules, 15 mélodies, 25 textes. *Wittenbergisch deutsch geistliches Gesangbüchlein* (petit recueil allemand), 38 chorals polyphoniques allemands, 5 *cantiones* en latin, 3 à 6 voix.
1525 Strasbourg	*Teutsch Kirchenampt mit Lobgesengen und göttlichen Psalmen wie es die Gemein zu Strassburg singt...,* « Ordonnance du culte allemand, avec chants de louanges et psaumes selon les usages de la paroisse de Strasbourg ».
1539 Strasbourg	*Aulcuns Pseaulmes et cantiques mys en chant...* Psautier en vers français, se chantant sur des mélodies allemandes (*cf.* recueil ci-dessus), de Calvin.
1540 Augsbourg	*News Gesanng/ mit Dreyen Stimmen den Kirchen und Schulen zunutz/ newlich in Preussen durch Johannem Kugelmann gesetzt...,* « Nouveau Recueil de chorals à trois voix, à l'usage des églises et des écoles, constitué récemment en Prusse par Johann Kugelmann ». La partie de ténor est intitulée : *Tenor concentus novi trium vocum Ecclesiarum usi in Prussia precipue accomodati.* Iohanne Kugelmanno author.
1541 Strasbourg	*Gesangbuch darinnen begriffen sind die allerfürnemisten Psalmen, geistliche Lieder und Chorgesang...,* « Recueil de chorals contenant des psaumes, chansons spirituelles et chorals – les plus distingués ». Recueil officiel rédigé par M. Bucer. *Psalter und geistliche Lieder die man zu Strassburg und in anderen Kirchen zu singen pflägt,* « Psautier et chorals habituellement chantés à Strasbourg et dans d'autres églises ».

1544 Wittenberg	*Newe deutsche geistliche Lieder für die gemeinen Schulen,* « Nouveaux Chorals pour les écoles communales ».
1545 Wittenberg	*Geistliche Lieder mit einer neuen Vorrede D.M. Luthers,* « Chorals avec une nouvelle préface de D.M. Luther ».

tique fonctionnelle. Ce premier répertoire, qui va de Johann Walter à Ludwig Senfl, est encore tributaire, pour la musique polyphonique, de l'écriture contrapuntique du motet franco-flamand et du *Tenorlied,* avec *cantus firmus* placé au ténor ; pour la facture mélodique, il conserve le style de la musique antérieure au XVIe s. et du chant grégorien plus orné. Peu à peu, cependant, la musique protestante se simplifie et, avec les musiciens suivants, elle trouve sa formulation définitive.

La deuxième génération de compositeurs, entre 1550 et 1600, permet au choral luthérien de se détacher des formes catholiques. Des mélodies nouvelles sont créées. Sous l'influence de la musique humaniste, et notamment de l'*ode* et des pièces scolaires, le style note contre note se généralise et prend la relève du contrepoint fleuri. Le traitement syllabique du texte convient au chant d'assemblée. Quant à la mélodie, qui, dans les adaptations polyphoniques, était confiée au ténor, où elle est moins perceptible, elle gagne sa place définitive à la partie supérieure et contribue largement à l'intelligibilité du texte. Ce sera l'œuvre de Lucas Osiander, avec son recueil de 50 chorals publiés en 1586 (soit un an après les *Paraphrases de psaumes mesurées à l'antique* de Buchanan, mises en musique par Statius Olthof, avec la mélodie systématiquement au soprano).

Ce volume de L. Osiander, capital pour l'hymnologie, est intitulé : *Fünfftzig geistliche Lieder und Psalmen mit 4 Stimmen auff contrapunktsweise also gesetzt dass eine gantze christliche Gemein* [...] *durchaus mitsingen kann* ; il est « mis en musique (à 4 voix) de telle manière que toute une assemblée [...] puisse absolument participer au chant ». Le style du choral est définitivement, et pour plusieurs siècles, formulé et codifié : traitement syllabique, vertical, homorythmique, harmonisation note contre note, mélodie au soprano nettement et distinctement perceptible, texte en langue vernaculaire connue et comprise par tous.

Les principaux musiciens allemands de la Réforme

Première génération (1524-1550)
Johann Walter (1496, † 1570)
Conrad Rupsch ou Rupp ou Rupff (?)
Balthasar Resinarius (v. 1485, † 1544)
Arnold von Bruck (1480, † 1554)
Ludwig Senfl (v. 1490, † 1543)
À Strasbourg :
Matthias Greiter (v. 1490, † 1550)
Wolfgang Dachstein (?, † 1553)
Wolfgang Meuslin (entre 1497 et 1563)

Deuxième génération (1550-1600)
Johann Eccard (1553, † 1611)
Bartholomaeus Gesius (v. 1560, † 1613)
Melchior Vulpius (v. 1570, † 1615)
Michael Praetorius (v. 1571, † 1621)
Lucas Osiander (1534, † 1604)
Hans Leo von Hassler (1564, † 1612)
Erhard Bodenschatz (1576, † 1636)
Joachim a Burck (1545, † 1610)
Sethus Calvisius (1556, † 1615)

Troisième génération (après 1600)
Matthaüs Appelles von Loewenstern (1594, † 1648)
Johann Cruger (1598, † 1662)
Johann Georg Ebeling (1637, † 1676)
Heinrich Schütz (1585, † 1672)
Johann Hermann Schein (1586, † 1630)
Samuel Scheidt (1587, † 1654)

La troisième génération portera le choral à un apogée, qui se prolongera jusqu'à Jean-Sébastien Bach. Le cantor de Leipzig aura à sa disposition plus de 5 000 chorals, alors que le premier recueil de 1524 (*Achtliederbuch,* « Recueil de 8 chorals ») comprenait quatre mélodies pour huit textes. Le nouveau style s'installe vers 1600 ; il met l'accent sur la monodie accompagnée, l'homorythmie, l'homophonie, le chant individuel, la basse continue et chiffrée ; la

Les principaux musiciens français et suisses de la Réforme

Pionniers et créateurs de mélodies
Loys Bourgeois (XVIe s.)
Guillaume Franc (?, † fin 1570)
Pierre Dubuisson (v. 1565)
Pierre Davantès (1526, † 1561)

Compositeurs et harmonisateurs
Claude Goudimel (v. 1520, † 1572)
Claude Le Jeune (v. 1530, † 1600)
Paschal de L'Estocart (1539, † apr. 1584)
Philibert Jambe de Fer (?, † 1566)
Didier Lupi Second (XVIe s.)
Jean Servin (v. 1530, † apr. 1596)
Richard Crassot (XVIe s.)
Thomas Champion, dit Mithou (?, † v. 1580)
Hughes Sureau du Rosier (v. 1510, † 1575)
Clément Janequin (v. 1485, † 1558)
Signac (début du XVIIe s.)
Jean Caulery (XVIe s.)
Pierre Certon (?, † 1572)
Guillaume Morlaye (v. 1515, † v. 1560)

tonalité s'affirme davantage, les modes d'église de la musique catholique s'affaiblissent. Des formes nouvelles faisant appel au choral apparaissent.
Ce sont, par exemple, les « airs spirituels », les « petits concerts spirituels » dans le sillage des « trois S » de la musique allemande : Heinrich Schütz (1585, † 1672), Johann Hermann Schein (1586, † 1630) et Samuel Scheidt (1587, † 1654). Des collections entières de chorals sont constituées, entre autres par Johann Cruger (1598, † 1662). Des poètes de valeur contribuent aussi, à cette époque, au renom de l'hymnologie luthérienne.
Le premier répertoire reste donc tributaire du *Tenorlied,* hérité du XVe s., et de l'esthétique élaborée par l'école franco-flamande au XVe s., style compliqué où la ligne mélodique à toutes les parties est

privilégiée et sert de prétexte à des imitations. Le second répertoire s'émancipe, se simplifie par rapport à l'héritage catholique, et la mélodie passe progressivement – sous l'influence de la musique humaniste – à la partie supérieure. La troisième génération réalise l'équilibre entre l'écriture horizontale du passé et celle, verticale (par accords), de l'avenir. Ces musiciens préparent la voie à Jean-Sébastien Bach (1685, † 1750), qui portera le choral à son apogée.

La France et la Suisse

Les idées de Martin Luther sont connues en France vers 1519, par les diverses thèses et les premiers ouvrages du théologien. Un projet de réforme de l'Église de France est tenté à Meaux : Jean Calvin, né à Noyon en 1509, mort à Genève en 1564, prendra la tête du mouvement. Il voyagera beaucoup, en raison de l'évolution de la situation, en France, en Suisse et en Alsace. En 1533, il suggère au recteur Cop de prononcer, à Paris, un discours favorable aux principes de Luther, à l'occasion de la rentrée universitaire. Il en résulte un scandale, qui oblige Calvin à s'enfuir. L'année suivante, les persécutions commencent, et, en janvier 1535, Calvin se rend à Bâle. Il y fera imprimer la première édition latine de son *Institution de la religion chrétienne* (1536 ; édition française : 1541-1560).

Dans ce volume, d'une importance capitale, Calvin prend aussi position vis-à-vis de la musique et de la langue vernaculaire. Il s'oppose à tout langage étranger à la communauté locale « dont il appert que les oraisons publiques ne se doyvent faire n'en langage grec entre les Latins, ne en latin entre François et Anglois (comme la coustume a esté par tout cy devant), mais en langage commun du pays qui se puisse entendre de toute l'assemblée, puisqu'elles doyvent estre faictes à l'édification de toute l'Église, à laquelle ne revient aucun fruit d'un bruit non entendu... ». Le réformateur souhaite qu'il y ait une « grande différence entre la musique que l'on faict pour resiouyr [réjouir] les hommes à table et en leurs maisons et entre les psalmes qui se chantent en l'église en la présence de Dieu et de ses anges ». (Fin de l'« Épître au lecteur », dans *la Forme des prières et chants ecclésiastiques,* 1542.)

En avril 1536, Calvin se rend à Paris, puis à Lyon, enfin à Genève, où il retrouve le réformateur local, Guillaume Farel (1489, † 1565). Ensemble ils commencent à organiser la nouvelle Église, mais, en avril 1538, Calvin, exilé par le Conseil de Genève, se rend à Strasbourg, où il est invité par Martin Bucer et Wolfgang Capiton. Il s'occupe des réfugiés français (400 environ) et enseigne la théologie. Dans cette ville, la musique est cultivée avec ferveur ; la messe est célébrée en langue allemande ; les fidèles chantent des chorals ; le chant liturgique occupe au culte une place essentielle. Calvin profite de son passage dans la capitale alsacienne pour parfaire son éducation liturgique et musicale. Il apprécie la plénitude des prières, la confession des péchés rédigée par Martin Bucer, et surtout les chants, dont il s'inspire en 1539 pour doter sa paroisse française d'un recueil, *Aulcuns pseaulmes et cantiques mys en chant.*

En 1541, Calvin retourne à Genève, où il collabore, avec les poètes Clément Marot (1496, † 1544) et Théodore de Bèze (1519, † 1605), à la création de paraphrases françaises versifiées et strophiques des *Psaumes de David.* Il rencontre des musiciens, leur fait part des expériences strasbourgeoises. Il rédige un petit catéchisme : *la Forme des prières et chants ecclésiastiques,* pour aider les fidèles dans leur participation au culte. En France, la Réforme se poursuit et bientôt gagne une large audience. Le premier synode des Églises réformées de France se tient à Paris, du 26 au 28 mai 1559. Les guerres de Religion (huit entre 1562 et 1598), le massacre de la Saint-Barthélemy, le 24 août 1572, l'édit de Nantes rendu par Henri IV en 1598, mais révoqué le 18 octobre 1685 (l'année de la naissance de J.-S. Bach, et cent ans après la naissance de H. Schütz), entraveront l'essor de l'hymnologie en France.

Le *Psautier huguenot,* qui rassemble *150 Psaumes,* les *Dix Commandements,* le *Cantique de Siméon,* quelques *Prières* (oraison dominicale, prières avant et après les repas) et quelques *Cantiques* représentant moins de 150 mélodies (le *Psautier* n'en comprend que 125 pour les 150 psaumes), constitue la totalité de l'hymnologie réformée de langue française et le recueil officiel complet de référence (Genève, 1562). Par la suite, quelques adaptations musicales de versets bibliques, quelques chansons spirituelles paraliturgiques s'y ajouteront, mais ce répertoire ne peut, en aucune manière, se mesurer, pour ce qui est de la quantité, à la musique protestante allemande. Le répertoire français s'est constitué à Genève, Strasbourg et Lausanne. Trois traditions sont en présence : celle de Genève l'emportera sur les autres. Le premier petit recueil expérimental de Calvin (Strasbourg, 1539) contient les textes paraphrasés, strophiques et rimés de 18 psaumes, plus le *Cantique de Siméon* et les *Dix Commandements,* qui se chantent sur des mélodies prévues pour des textes allemands et composées par Matthias Greiter, Wolfgang

Dachstein, Heinrich Vogtherr. Le recueil suivant, de 1542, ne contient qu'un petit nombre de textes. Depuis 1533, Clément Marot paraphrase des psaumes en français ; ceux-ci seront d'abord chantés sur des mélodies empruntées. Le poète se rend à Genève vers la fin de l'année 1542 et continue ses paraphrases, qui atteignent la cinquantaine en 1543. Il meurt à Turin en 1544. Le travail est confié à Théodore de Bèze, qui séjourne à Lausanne, puis à Genève ; il termine progressivement cette tâche : quatre-vingt-trois paraphrases *(Octante-Trois Psaumes)* sont achevées en 1551 ; elles seront cent cinquante (plus le *Cantique de Siméon*) en 1559.

Les musiciens, notamment Loys Bourgeois, se préoccupent des mélodies originales et de leurs harmonisations – généralement à 4 voix –, soit dans le style ancien, c'est-à-dire en contrepoint fleuri, soit dans le style nouveau, c'est-à-dire note contre note. Bourgeois publie à Lyon, en 1547, *Cinquante Psaumes* en contrepoint « égal consonant au verbe ». Les *Octante-Trois Psaumes* paraissent à Genève, en 1551. Des recherches récentes font état d'un volume, découvert en 1968, qui permet de se rendre compte du travail auquel le compositeur s'est livré : il a corrigé des fautes d'impression d'éditions antérieures, modifié la ligne mélodique lorsque les fidèles n'arrivaient pas à chanter ce qui était écrit ; il a créé des mélodies pour les derniers psaumes paraphrasés par Théodore de Bèze ; il signale qu'il lui « est arrivé de remanier des mélodies d'origine catholique dont nous avions autrefois abusé ». En 1562, le *Psautier* complet comprend une quarantaine de mélodies nouvelles. Il sera édité, pendant la seule année 1562, à plus de 30 000 exemplaires (ce qui représente une entreprise d'édition considérable pour l'époque), sous le titre :

« Les (cent cinquante) Pseaumes (de David) mis en rimes... françoyses, par Clément Marot et Théodore de Bèze/Pseaume IX/ Chantez au Seigneur qui habite en Sion &/annoncez ses faicts entre les peuples/(marque) De l'imprimerie de François Jaquy./Pour Antoine Vincent./M.D.LXII/Avec priuilège du Roy pour dix ans/. »

D'autres éditions paraissent également, en 1562, à Lyon, chez Jean de Tournes ; pour Antoine Vincent ; à Paris, chez Richard Breton, en la rue Saint-Jacques ; à Caen, chez Simon Mangeat, P. Le Chandellier et P. Gondouin ; à Saint-Lô, chez Robert Le Crosnier.

Entre-temps, un autre *Psautier* était constitué à Lausanne dans l'entourage de Pierre Viret (1511, † 1571), disciple de Guillaume Farel. Outre Loys Bourgeois, d'autres chantres ont pu écrire des mélodies : par exemple, Pierre Dagues (« maître Pierre le Chantre »),

François Gindron (à la cathédrale de Lausanne), Guillaume Franc, Pierre Dubuisson. Après ces créateurs et adaptateurs de mélodies, les vrais réalisateurs et harmonisateurs seront, entre autres : Claude Goudimel (v. 1520, † 1572), Claude Le Jeune (v. 1530, † 1600), Paschal de L'Estocart (1539, † ap. 1584), Philibert Jambe de Fer († 1566), Didier Lupi Second, Jean Servin..., en France et en Suisse. Leurs mélodies gagneront l'étranger, car le *Psautier* a été traduit en de nombreuses langues. Ambrosius Lobwasser a entrepris des paraphrases allemandes pour les harmonisations de Claude Goudimel ; en Suisse alémanique, Samuel Mareschal et J.-U. Sultzberger se sont intéressés aux psaumes ; en Hollande, Van Noordt et Jan-Pieterszoon Sweelinck (1562, † 1621) ont composé des pièces d'orgue sur les psaumes huguenots ; les Hongrois ont aussi repris des mélodies, dans le recueil de Molnar de 1607. Au cours des siècles, les mélodies se sont maintenues : les textes ont été remaniés – par exemple, par Valentin Conrart et La Bastide –, les expressions archaïques ont été corrigées. Et, de nos jours, les fidèles chantent encore ces mêmes psaumes.

L'Angleterre

En Angleterre, les idées de Martin Luther sont connues vers 1521. Déjà, en 1512, John Collet, doyen de Saint Paul, avait dénoncé des abus tels que le cumul des bénéfices, la non-résidence, l'ignorance des prêtres et avait réclamé une réforme du clergé. Celle-ci commence vers 1520 et ouvre une époque de violences et de persécutions. En 1534, le roi Henri VIII devient chef unique de l'Église d'Angleterre, par l'Acte de suprématie ; il a rompu avec Rome. Il recommande l'emploi de la langue vernaculaire. En 1535 paraît la traduction anglaise de la Bible par Coverdale, et, vers 1538, le roi ordonne qu'un exemplaire de cette Bible soit déposé dans chaque église : *« that one book of the whole Bible of the largest volume in english be set up in every church so that the parishioners may commodiously resort to the same and read it »* (« qu'un exemplaire intégral de la Bible en anglais, du plus grand format possible, soit placé dans chaque église, de sorte que les paroissiens puissent facilement y avoir recours et le lire »). Les monastères seront supprimés en 1539. La première litanie anglaise, *The English Litany*, avec faux-bourdon, paraît en 1544. Après la mort de Henri VIII en 1547, Édouard VI accède au pouvoir, la Réforme est diffusée plus librement. Dès 1548, le *Book of Common Prayer* est préparé, et John

Chronologie sommaire des recueils de psaumes français (1539-1562)

1539 Strasbourg	*Aulcuns pseaulmes et cantiques mys en chant (*Calvin*)*, versification française, monodique.
1542 Strasbourg	*La Forme des prières et chants ecclésiastiques,* psaumes à une voix, influence strasbourgeoise. *La Manière de faire prières..., ensemble de psaumes et cantiques,* à une voix.
1545 Strasbourg	*La Forme des prières et chants ecclésiastiques,* à une voix.
1546 Paris	*Premier Livre contenant 31 pseaulmes ; Livre second contenant 17 pseaulmes* (mis en musique à 4 parties). [A. de Mornable.]
1547 Lyon	*Cinquante Pseaulmes de David à 4 parties, « à voix de contrepoint égal consonante au verbe »*. (Loys Bourgeois.)
	Premier Livre des Pseaulmes en diversité de musique.
1548 Strasbourg	*Pseaulmes de David avec plusieurs autres compositions mises de nouveau en chant.*
1549 Genève	*Octante-Trois Pseaulmes* (49 de Marot, 34 de Th. de Bèze).
1553 Strasbourg	*Pseaulmes de David par C. Marot, avec plusieurs cantiques.*
1554 Lyon	*Pseaulmes LXXXIII de David, à 4 parties.* (Loys Bourgeois.)
1555 Lyon	*Les 150 Pseaulmes traduits par Cl. Marot, J. Poictevin, M. Scève.*
1556 Genève	*Pseaulmes de David.*
1556 Paris	*Cinquante Pseaulmes de David.*
1559 Lyon	*Psalmodie de 41 pseaulmes enharmonisés par Philibert Jambe de Fer.*
1562 Genève	*Pseaulmes de David (150)* : recueil officiel, de référence.
	Après 1562 : psaumes harmonisés par Claude Goudimel, Claude Le Jeune...

Marbeck le met en musique. Il sera édité en 1550 par Richard Grafton, imprimeur du roi. Entre-temps, le réformateur strasbourgeois Martin Bucer est arrivé en Angleterre (1549). La même année paraît l'Acte d'uniformité, Édouard VI renforce le caractère protestant de la religion anglicane ; il exige une liturgie plus sévère, réagit contre la polyphonie, fait détruire les recueils latins et impose le *Book of Common Prayer* (*noted* – c'est-à-dire « avec musique ») à toutes les églises. Un second *Prayer Book* *(« Edwardian »)* paraît en 1552.

Édouard VI meurt en 1553. Marie Tudor accède au trône. Elle abolit le rite anglican, réintroduit le rite latin et la liturgie catholique. Élisabeth Ire lui succède en 1558 et règne jusqu'en 1603. Elle rétablit en 1559 le second *Prayer Book* de 1552 et le rite anglican. En 1563, elle édicte 39 articles pour consolider l'anglicanisme. Elle met l'accent sur le chant collectif et fait chanter, au début ou à la fin des *Common Prayers,* matin et soir, une hymne en musique : *Hymn or suchlike song.* Elle impose une liturgie de compromis entre extrémistes catholiques et protestants. Elle a d'ailleurs engagé à son service le musicien catholique William Byrd (voir « L'art vocal au XVIe s. », p. 302).

Le service anglican comprend les matines, la communion, la messe, les vêpres. Les *Te Deum, Benedictus, Jubilate* sont mis en musique pour les matines ; le service de communion suit l'articulation traditionnelle de la messe : *Kyrie, Gloria, Credo, Sanctus (Benedictus, Agnus Dei* sont parfois omis*)*, et se termine sur le *Gloria in excelsis ;* pour les vêpres, le *Magnificat,* le *Nunc dimittis* (Cantique de Siméon), parfois remplacés par les psaumes *Cantate Domino, Deus miseratur.* Le *Great Service* ou *Full Service* (« grand service » ou « service complet ») regroupe l'ensemble des trois offices de la journée, qui sont entièrement mis en musique.

Le *Book of Common Prayer* publié avec une musique de Marbeck, en 1550, tombe en désuétude lors de l'édition du second *« Edwardian » Prayer Book.* Si, au départ, il devait être une simple adaptation du chant grégorien, Marbeck ajoutera à ses adaptations musicales un certain rythme correspondant aux inflexions et aux accents de la langue anglaise. Ce livre contient les bases de la nouvelle liturgie.

Le rite de 1549 (Acte d'uniformité) prévoit l'utilisation de la langue anglaise accessible à tous – en ce sens, les anglicans rejoignent les préoccupations de M. Bucer en Alsace, de Calvin en France et en Suisse – et la simplification de l'office, afin que les laïcs puissent comprendre et participer. La lecture de la Bible et des psaumes anglais est encouragée, et le rite anglican doit être étendu à tout le pays ; tout ce qui est accessoire sera supprimé des cérémonies. L'édition définitive du rite de 1552, révisé en 1559, date de 1662 ; elle marque l'aboutissement des divers remaniements commencés par l'archevêque Thomas Cranmer ; elle sera en usage jusqu'en 1928.

La musique du *Book of Common Prayer* frappe par sa simplicité dans la prosodie et dans la mélodie. Le style est syllabique, proche du plain-chant pour les intonations souvent *recto tono :* les fidèles ne sont pas dépaysés, dans la mesure où ils retrouvent la ligne mélodique grégorienne. Les pièces qu'il contient feront l'objet de traitement en faux-bourdon, d'harmonisations pour orgue. Cette nouvelle liturgie, préparée par Cranmer et Cromwell, sera suivie par des recueils de psaumes de John Day (1560), de Sternhold et Hopkins (1562/1563, *The Whole Book of Psalms,* « Le Livre complet des psaumes », *The Whole Psalms in four parts,* « Les Psaumes complets à quatre parties », avec trente pièces nouvelles de Tye et Shephard), de John Knox (*Scottish Psalter,* « Psautier écossais », avec quelques psaumes de Genève, en 1564) ; le *Saint Andrew's Psalter* de 1566 contient des motets latins, des pièces instrumentales, des psaumes et cantiques harmonisés, avec une musique fonctionnelle et utilitaire.

Les musiciens de la Réforme anglicane ont souvent composé pour les deux confessions. Thomas Tallis (v. 1505, † 1585) a été organiste et compositeur de la Chapelle royale sous Édouard VI (anglican), Marie Tudor (catholique), Élisabeth Ire (anglicane). William Byrd (1542 ou 1543, † 1623) aurait été l'élève de Thomas Tallis. Avec ce dernier, il est organiste de la Chapelle royale. En 1575, la reine Élisabeth accorde aux deux musiciens le monopole de l'impression et de l'édition musicales en Angleterre. Byrd a composé des *anthems,* des *special Psalms,* des psaumes métriques, une *Litany* et des *services.* Parmi les autres *gentlemen* de la Chapelle royale figurent Robert Parson († 1570), auteur de quatre *services* de 4 à 7 voix en anglais, Mundry (v. 1529, † 1591 ?), auquel on doit des *anthems* et une messe, John Sheppard (v. 1515, † 1560), qui a mis en musique vingt-cinq *services* complets à 4 voix et des pièces isolées.

La musique religieuse « élisabéthaine », comme les compositions allemandes luthériennes et françaises réformées, se veut fonctionnelle, comme toute musique liturgique ; elle est essentiellement destinée au service anglican et au peuple des fidèles.

Ce répertoire liturgique était exécuté, dans les petites églises, en plain-chant non orné ; si elles disposaient de quelques musiciens, en faux-bourdon *(faburden)*. Le faux-bourdon est une méthode d'harmonisation simple : le chant donné est suivi à la sixte inférieure au ténor ; par la suite, des voix seront ajoutées pour compléter l'harmonisation en style note contre note. Ce plain-chant polyphonique, mis en musique à 3 puis à 4 voix, était exécuté pour les vêpres et les fêtes. Le chant en alternance était pratiqué par les clercs et les chœurs. À la fin du règne de Henri VIII, sous l'influence des idées de Martin Luther, les paraphrases anglaises (du *Processional* de 1544) en *plainsong* pouvaient être chantées par les fidèles. Cranmer précise ses intentions à ce sujet en ces termes : *« I made them only for a proof to see how English would do in song. »*

Les grandes cathédrales possèdent un chœur, à Bristol, Canterbury, Oxford, Westminster Abbey..., composé de prêtres *(priests)*, de laïcs *(lay musicians)* et d'enfants de chœurs *(choristers)*. Des chœurs officiels sont attestés dans les écoles (Eton) et les universités (King's College, à Cambridge, Oxford). Il existe enfin des fondations royales : la Chapel Royal (« Chapelle royale »), comprenant environ trente-deux prêtres et douze enfants de chœur, a été fondée en 1547, l'année même de la suppression des *chantries* (enfants de chœur) ; St. George's Chapel, à Windsor, The Royal Chapel of Scotland (depuis 1501) assurent la musique officielle et jouent un rôle considérable dans l'évolution de la musique religieuse en Angleterre. La Chapelle royale a expérimenté, en 1548, le prototype du nouveau *service* anglais. Elle a chanté à Westminster, sous le règne d'Édouard VI, les versions anglaises du *Gloria, Credo, Sanctus, Benedictus qui venit* et de l'*Agnus Dei* (le *Kyrie* fait souvent défaut). La participation de l'assemblée est attestée, par exemple, dans le *Sunday morning service* (service du dimanche matin), en accord avec le *Book of Common Prayer* de 1552 : *« the whole congregation soon joining the singing with the utmost propriety and dignity (tota ecclesia cum modestia et gravitate) »* (« toute l'assemblée participe au chant avec beaucoup de bienséance et de dignité »).

Si l'anglicanisme s'est bien établi en Angleterre, les pratiques catholiques n'ont pas été totalement supprimées dans les chapelles privées de nobles et dans quelques églises. Comme sur le continent, la musique anglicane issue de la Réforme se veut populaire : *« church music for the people »* (« musique d'église pour le peuple ») ; elle connaîtra des résonances durables.

Sunday morning service
(Service du dimanche matin sous Édouard VI)

1 Confession of sins (confession des péchés)
2 Absolution by the minister (absolution par le prêtre)
3 Lord's Prayer* (Notre Père*)
4 Psalm* (psaume*)
5 Lesson (« leçon »)
6 Sermon (not more than an hour) [sermon – pas plus d'une heure]
7 Prayer (prière)
8 Ten commandments (with responses) [Dix Commandements (avec répons)]
9 Prayers (prières)
10 Creed (said by all present) [Credo (dit par tous les présents)]
11 Prayers (prières)
12 Lord's Supper (if any wish to take it) [Sainte Cène (si certains veulent y participer)]
13 Psalm* (psaume*)
14 Dismissal (renvoi)

* désigne les pièces chantées.

Particularités de l'hymnologie réformée

Les sources du répertoire

Les sources des mélodies du psautier et des chorals proviennent d'abord de l'emprunt au répertoire catholique existant. C'est le cas en Allemagne, en France et en Angleterre. Des mélodies existantes ont simplement été adaptées et dotées d'un texte en langue vernaculaire.
Les modifications, légères, portent sur le nombre de notes et de syllabes par rapport au modèle. Ainsi le choral *Christum wir sollen loben schon,* « Nous devons bien louer le Christ », reprend le timbre *« A solis ortus cardine »*. Le *Psaume LXXX, O pasteur d'Israël, escoute,* tire sa mélodie de la séquence *Victimae Paschali laudes,* attribuée à

Emprunt au répertoire catholique.

Wipo (milieu du XIe s.), également utilisée pour le choral *Christ lag in Todesbanden,* « Christ gisait dans les liens de la mort » (voir ♪ ci-dessus).
Les chansons antérieures aux psaumes ont été simplifiées. C'est le cas du début de la chanson *Quand vous voudrez faire une amye,* publiée par Attaingnant en 1529 (donc avant le psaume), qui a été empruntée pour le *Psaume CXXXVIII : Il faut que tous mes esperitz,* repris en 1547.

Une esthétique fonctionnelle

Enfin, à Strasbourg, où la tradition est monodique dès la première génération, en Allemagne à partir de la seconde génération de musiciens, des mélodies ont été créées à l'usage du culte issu de la Réforme ; une esthétique fonctionnelle s'est progressivement dégagée ; elle a facilité la formulation définitive de la nouvelle hymnologie. Ces timbres, devenus traditionnels, seront ensuite harmonisés dans les divers styles en usage au XVIe s. Ils serviront de principe structurel pour les musiciens et organistes à travers les siècles, tels, au XXe s., en France, Georges Migot, Alexandre Cellier, Marie-Louise Girod-Parrot ; en Suisse, Pierre Segond, Henri Gagnebin, Roger Vuataz, Willi Burckhard ; en Allemagne, Siegfried Reda, Günther Bialas, entre autres.
Les formes principales de la musique protestante sont le *psaume huguenot,* pour les réformés d'expression française, et le *choral,* pour les luthériens allemands, ce qui n'empêche pas ces pièces d'être traduites ou adaptées en une autre langue, ni de servir de départ à

Formes et genres principaux de la musique issue de la Réforme

ALLEMAGNE

Choral	Mélodie luthérienne liturgique servant de principe structurel et de thème à des œuvres vocales et instrumentales *(orgue)* ; mélodie chantée au culte, en langue vernaculaire (*Kirchenlied,* ne pas confondre en allemand avec *Choral,* qui signifie « chant grégorien »). Chant de caractère large, majestueux ou enlevé et entraînant. Exécuté à l'unisson ou harmonisé note contre note, ou en contrepoint fleuri.
Réponse	Bref verset, généralement chanté après une lecture.

FRANCE et SUISSE

Psaume	Paraphrase en langue vulgaire des *Psaumes de David. Psautier huguenot :* ensemble des *150 Psaumes* (plus les *Dix Commandements,* le *Cantique de Siméon,* quelques *prières,* le *Symbole des Apôtres*). Destiné au chant de l'assemblée (mélodie et rythme simples, ambitus restreint, structure strophique), rimé ; la mélodie peut être présentée en valeurs longues au ténor.

ANGLETERRE

Anthem/Antienne	(Du latin *antiphona*). Adaptation anglaise de textes bibliques chantés au culte anglican. *Full anthem* : pour chœur, soit chœur *a cappella,* soit chœur accompagné à l'orgue. *Verse anthem* entrecoupe la musique de chœur, accompagné à l'orgue de passages pour la voix seule soutenue par des violes. Dans le *Book of Common Prayer* (version de 1662), les matines et vêpres font appel, à la fin, à une *anthem.* Paraliturgique.

Litany	Prière, intercession présentée par le pasteur, avec réponse de l'assemblée. Répétition d'une brève formule. Ex. : *The English Litany with faburden* (1544).
Service	Concerne les *matins* (matines), la *Holy Communion,* la *messe et les vêpres,* avec les cantiques *Te Deum, Benedictus ;* la communion comprend le *Kyrie* (trinitaire), *Gloria, Credo, Sanctus* (*Benedictus, Agnus Dei* parfois omis) et se termine sur le *Gloria in excelsis Deo. Great service* ou *full service :* désigne les trois offices de la journée.
	Les psaumes mis en musique sont communs à ces trois répertoires luthérien, réformé (ou calviniste) et anglican (*Church of England*).

des improvisations à l'orgue ou de principe compositionnel pour les musiciens de tous les temps. Parmi les formes secondaires figurent les cantiques, les chansons spirituelles, les répons liturgiques, les *contrafacta,* les chants de Noël... En Angleterre, les *anthems, services, repons, psalms, litanies* constituent l'essentiel de la musique anglicane, à partir de la Réforme.

La structure répétitive de l'hymne médiévale se retrouve dans certains psaumes et chorals dans les coupes suivantes, chaque lettre représentant un vers et une phrase musicale identique (mêmes lettres) ou différente : A B/ A'B'//C D E F... ou A B C/A'B'C'//D E F. Le principe de la mélodie entièrement composée (*durchkomponiert* ou sans forme musicale *a priori*) est aussi exploité. Le rythme frappe par sa simplicité, qui convient au chant collectif. Le traitement syllabique favorise la compréhension du texte. L'harmonisation, conforme à l'écriture musicale du XVIe s., repose essentiellement sur des accords parfaits, avec renversements et quelques retards. Les mélismes, broderies, ornements ne sont pas utilisés ; seules quelques rares notes de passage à but expressif sont indiquées à proximité des cadences. Des silences fonctionnels facilitent le chant d'assemblée.

En Angleterre et en Allemagne, pour les répons et formes apparentées, on retrouve l'ancienne corde de récitation (pour les lectures chantées). Toutefois, ce chant en langue vernaculaire tient compte des inflexions de la langue et des accents, l'ambitus des mélodies est assez restreint ; et les chants en *recto tono* ne s'éloignent pas beaucoup de la note principale.

L'hymnologie issue de la Réforme s'est inspirée des modes d'harmonisation du XVe s. et du début du XVIe s., avant de trouver son esthétique propre. Les premiers psaumes et chorals sont harmonisés dans le style antérieur de l'école franco-flamande en contrepoint fleuri, avec des imitations, le texte étant divisé en sections et le *cantus firmus* étant confié à la partie de ténor.

Les autres voix, dans cette polyphonie à quatre voix, font appel aux entrées successives, par exemple dans les éditions de Claude Goudimel de 1568 et 1580, ou dans les harmonisations de Kaspar Othmayr (1515, † 1553). Peu à peu, la mélodie confinée au ténor gagnera le *superius,* où elle est nettement perceptible, le chant deviendra plus fonctionnel et adapté aux possibilités vocales d'une assemblée.

Par la suite, le processus de simplification envahira la musique protestante sous l'influence de l'humanisme, en particulier par l'exemple de l'ode. Celle-ci, mise en musique à 4 voix « note contre note », dès 1507 en Allemagne par Petrus Tritonius, gagnera le répertoire de chorals et psaumes, réalisant là encore une certaine convergence entre les idées des réformateurs et des musiciens. Ce contrepoint simple, horizontal, homorythmique, représente le style spécifiquement protestant destiné au culte et qui requiert la participation de tous les fidèles.

Par-delà les divergences doctrinales qui se font jour au XVIe s., l'identité musicale de la Réforme est indéniable. Psaumes et chorals en langue connue de tous font preuve d'une convergence entre les divers pays marqués par « les Réformes », ainsi que d'une extraordinaire vitalité depuis le XVIe s. Grâce à l'emploi de la langue vulgaire, ils sont accessibles à tous, accompagnent les sacrements (baptême, confirmation, sainte Cène, mariage) et jalonnent l'année liturgique (Noël, Pâques, Pentecôte, Réformation, Avent). Ils assurent l'atmosphère indispensable, faite de ferveur, de calme ou d'élan, d'austérité ou de lyrisme et d'intériorité. Les protestants, depuis l'enfance jusqu'à l'âge adulte et au soir de l'existence, sont marqués par le pouvoir psychologique et spirituel de ce répertoire hymnologique, dont la pérennité s'affirme indéniablement depuis la Réforme.

« Tabourins, rebetz, violles, leutz,
espinettes organisées, phiffres,
saqueboutes, haultboys,
psaltérions et autres instruments
commancèrent a démener grant joye... »
(Fête donnée en l'honneur de François Ier.)

Danielle Ribouillault

NAISSANCE DE L'ART INSTRUMENTAL

Alors que la musique médiévale ne compte que de très rares pièces instrumentales, à partir de 1507, des recueils importants spécifiquement destinés aux instruments voient le jour en Italie, puis dans les autres pays. Cette production continuera pendant tout le XVIe s. en Allemagne, en France, en Espagne et en Angleterre. Elle concerne le luth, les claviers, la vihuela, la viole, la flûte, la guitare, le cistre et les ensembles...
Le répertoire récemment redécouvert par les musicologues a suscité au XXe s. un engouement extraordinaire. Partout des groupes de musique ancienne se sont créés. Les amateurs comme les professionnels se passionnent pour elle. On procède à la reconstitution d'instruments d'époque ; on s'initie aux tablatures. Partitions, transcriptions, disques et concerts nous ont familiarisés avec cet art renaissant, désormais connu et pratiqué partout dans le monde occidental.
Il est difficile d'imaginer, après l'expression vocale qui caractérise tout le Moyen Âge, l'arrivée étonnante de l'art instrumental à la Renaissance. Nous allons voir, d'ailleurs, que cette idée d'un passage subit est inexacte.
L'une des causes essentielles de cette apparition fut l'invention de l'imprimerie, qui donna un essor considérable à la diffusion de la musique. Qu'en était-il de l'art instrumental auparavant ? Quelques très rares manuscrits témoignent qu'il existait. Mais beaucoup d'enluminures, de tableaux et de poèmes restituent mieux sa présence, bien implantée, semble-t-il, dans la vie médiévale. Que faut-il donc penser ? Était-il au service unique du vocal, son importance étant assez mineure ? N'appartenait-il pas à un autre ordre de tradition, plus proche des systèmes de transmission orale rencontrés

dans certaines civilisations actuelles, échappant alors aux modèles vocaux ? (et à notre connaissance, faute de notation). Pourquoi ce silence pendant tout le Moyen Âge ? car enfin, l'écriture manuscrite était largement employée pour le vocal. Et que nous apportent les quelques manuscrits conservés des XIVe et XVe s. sur cet art mal connu ? Pourquoi le statut de la musique instrumentale semble-t-il se transformer à la Renaissance ? En quoi les modifications socio-économiques et l'humanisme expliquent-ils ce nouvel équilibre ?
La floraison, au XVIe s., des documents iconographiques et littéraires et des premiers instruments que nous conservons illustre ces transformations. De même, l'examen des pièces musicales imprimées dans de nombreux pays révèle les traits spécifiques des formes et de l'écriture instrumentale de ce temps et montre que ceux-ci contribuent à déstabiliser peu à peu le contrepoint au profit d'une esthétique nouvelle...

L'art instrumental avant l'imprimerie

La pratique instrumentale

Il existe une distorsion manifeste entre les témoignages sur la pratique instrumentale médiévale et les maigres partitions manuscrites conservées.
En effet, des pièces iconographiques très nombreuses – peintures murales, miniatures, tapisseries, sculptures – montrent la vie de tous les jours à laquelle les instruments semblent toujours associés, que ce soit dans de somptueuses fêtes ou dans l'intimité des maisons.
Dès l'époque des croisades, on distingue les instruments qui jouent au-dehors, dans les tournois et combats (ce sont les « hauts instruments »), de ceux qui jouent doucement à l'intérieur (ce sont les « bas instruments »). Cette séparation fonctionnelle se maintiendra dans les coutumes européennes au XVIe s. sous la forme d'ensembles de plein air et d'ensembles de chambre.
Une étude attentive des sources picturales permet de remarquer, dès la première moitié du XIVe s., l'emploi des bourdons pour soutenir la mélodie, et des percussions pour fournir un accent rythmique à la danse ou autre musique. Nous y voyons que certains instruments

La Prise d'Alexandrie, Guillaume de Machault (XIVe s.)

« La avoit de tous instruments
Et s'aucuns me disoit "tu mens"
Je vous diray les propres noms
qu'ils avoient et les seurnoms,
[...]
Et de tous les instruments le roy
Diray premier, si com je croy :
Orgues, vielles, micanon
Rubèbes et psaltérions,
Leüs moraches et guiterne
Dont on joue par ces tavernes
Cymbales, cytoles, naquaires
Et de flaïos plus de dix paires
C'est-à-dire de vingt manières
Tout des fortes com des légières,
Cor sarrasinois et doussaines
Tabour, flaüstes traverseinnes,
Demi-doussaines et flaüstes
Dont droit joues quant tu flaüstes... »

convenaient mieux à certains usages. Pour la danse, bien que tous puissent être employés, on préférait la flûte et le tambour (ou la vièle à archet), le psaltérion, la guiterne ou encore la citole ; pour les processions : les trompettes, les cors et la bombarde, reine des « hauts instruments » ; pour la musique d'église : l'orgue et les cloches (bien que, là aussi, d'autres instruments aient pu se rajouter, ceux qui sont représentés, par exemple dans les chœurs célestes des psautiers ou les sculptures des anges musiciens au portail des cathédrales, c'est-à-dire les luths, guiternes, psaltérions, vièles, harpes, bombardes...).
Il faut noter que, dans ces représentations, certaines associations ne correspondent sans doute pas à une utilisation réelle, l'intention de l'artiste étant souvent de donner à chaque personnage un rôle symbolique caractérisé par son instrument.
Des documents littéraires sont là aussi pour rendre compte de la pratique instrumentale. En 1155, le trouvère Wace décrit les lais

joués aux violes, harpes, rotes, cornemuses, cloches et bombardes. Dans les chansons de geste, de nombreuses mentions d'instruments peuvent être relevées. Yvonne Rokseth fait remarquer que « vieler », « harper » et « faire lai » sont synonymes dans certains romans (*New Oxford History of Music,* « The instrumental music of the Middle Ages », 1960). Pendant tout le XIIIe s., les archives nous indiquent qu'un orgue fait partie du nécessaire normal de toute église un peu importante et que les instruments sont couramment employés pour les offices.

Johannes de Grocheo, en 1274, recommande : *colat [cantor] instrumenta sonora* (« laisse le chanteur utiliser des instruments sonores »). Il dit aussi, avec un théoricien anonyme, que des préludes et postludes se jouaient entre les versets. Il les appelle *modus.* Enfin, il définit trois formes instrumentales : l'estampie, la *ductia* et la *rota.*

Boccace, dans son *Décameron,* peint l'élite italienne de son temps écoutant les danses jouées au luth et à la viole. Plusieurs sources citent Landini comme un musicien expert, en particulier au luth et à l'orgue. De même, Guillaume de Machault écrivant à Peronne d'Armentières pour lui envoyer une ballade, suggère qu'elle peut être jouée à l'orgue ou aux cornemuses.

Apparemment, toutes les fonctions, profanes ou religieuses, sont donc confiées aux instruments. Pourtant, souvent les autorités de l'Église condamnent l'emploi de ceux-ci dans les lieux saints. Là, ils doublent les voix, les ornent sans doute, mais sont aussi présents, parfois, pour accompagner des caroles latines, ces danses cléricales souvent fustigées par les supérieurs ecclésiastiques, qui reviennent pourtant toujours au fil des ans et qui correspondent à certaines fêtes religieuses chrétiennes mais aussi aux fêtes païennes plus anciennes des solstices.

Comment ne pas voir dans cette réticence, cette quasi-réprobation de l'Église, la peur d'un domaine inconnu, d'une *terra incognita,* fonds traditionnel étranger à cette élite d'alors et qui en partie échappe à son contrôle, sans doute parce qu'il n'est pas du monde du vocal qui, lui, est relié au rationnel et à la parole.

Ainsi, s'il est faux d'associer systématiquement l'instrumental au profane et (ou) au populaire, il convient malgré tout de remarquer qu'ils entretiennent au Moyen Âge des relations évidentes et complexes.

Grâce à la redécouverte de la civilisation païenne antique, l'homme de la Renaissance saura justifier ces tendances et les autoriser. Jusqu'alors, la musique instrumentale est jugée attirante parce qu'elle est pratique (elle soutient les voix) et décorative... et en même temps « subversive », ce qui peut expliquer pour une part qu'elle ait été tenue à l'écart de la notation.

Le statut des musiciens corrobore cette remarque : au Moyen Âge, il n'est pas très enviable socialement puisque c'est celui des jongleurs et ménestrels, souvent considérés comme une classe marginale de vagabonds et de fripons. Échappent à cette condition ceux qui « inventent » : les troubadours et trouvères, mais ils sont l'exception et sont honorés surtout pour leurs vers. Quand, au XIVe s., des corporations de musiciens se forment, des réalités commencent à être différentes : sortant d'un état individuel précaire, le jongleur est intégré avec ses semblables à la vie de la cité. Il est chargé de quelques offices : il ponctue les heures (cloches), anime les fêtes de la ville et les cérémonies (c'est le cas des *Stadtpfeiffer* allemands ou des *waits* anglais)... Il doit souvent « toucher » de plusieurs instruments, en général bas et hauts, pour être à même de jouer, selon les circonstances, dans la rue ou dans les maisons. Et, si le ménestrel individuel continue d'exister, il entre désormais en conflit avec ceux qui sont établis et reconnus par les cités.

Parallèlement aux associations de musiciens, des corporations de luthiers se créent à l'aube du XVe s. humaniste. Elles fourniront aux riches amateurs de la bourgeoisie commerçante de somptueux instruments. C'est grâce à ces mécènes que des groupes instrumentaux pourront être entretenus et que la pratique instrumentale s'élargira... Sources littéraires et sources iconographiques relatent l'évolution des mœurs musicales du Moyen Âge. Elles permettent aussi de connaître, bien qu'avec une grande marge d'inconnues, la facture des tambours, vièles, guiternes, citoles, harpes, etc. Ces instruments, hérités pour la plupart du monde arabe, sont illustrés en partie dans les *Cantigas* d'Alphonse le Sage de Castille (XIIIe s.).

Mais, au XVe s., apparaît un document exceptionnel et beaucoup plus précis : le *Traité* d'Arnault de Zwolle (v. 1440) qui représente les premiers plans de « clavecin », clavicorde, *dulce melos* (principe du piano trois siècles avant Cristofori), orgue et luth. Johannes Tinctoris, à la fin du XVe s., donnera aussi des descriptions intéressantes (*De Inventione,* 1483-1487).

À cette époque, il faut constater que les instruments se sont adaptés et modifiés à tel point qu'ils peuvent être considérés comme « européens » et entièrement distincts de leurs origines arabes. Cette assimilation est nouvelle et peut-être d'une influence bénéfique sur leur statut.

Clavier et luth dessinés par A. de Zwolle sont les plus pratiqués aux XVe et XVIe s. et c'est pour eux spécifiquement que seront écrites les premières tablatures.

Le témoignage des sources musicales

Les manuscrits de musique vocale

De nombreux documents ont montré que les instruments étaient associés aux voix et qu'ils doublaient celles-ci. Parfois aussi, dans les motets, se rencontrent des *tenors* qui paraissent peu conformes à l'exécution vocale. Ils sont souvent dépourvus de textes et écrits en valeurs très longues pour le souffle humain.
Bien des cantilènes, au XIVe s., voient leur contratenor construit sur une gamme souvent plus étendue que la voix humaine avec des intervalles non mélodiques difficiles.
Plusieurs *tenors* de motets du *Manuscrit de Montpellier* (début du XIVe s.) sont certainement d'origine instrumentale, comme l'indique leur titre : *Chose Tassin* (section d'estampies de Tassin, ménestrel à la cour de Philippe le Bel). Le hoquet a des affinités si évidentes avec le genre instrumental que Jean de Garlande compare son style à celui d'un instrument à vent. De même, dans le titre *In seculum viellatoris,* se trouve une référence directe à la vièle.
La musique notée était-elle ornée par les instruments ? Cela est probable car il est maintenant évident que la plus grande part du répertoire instrumental, à ce jour perdue, consistait dans l'improvisation sur des tenors, des timbres de chansons ou de danses. Pourquoi imaginer la simple exécution servile de parties vocales ? C'est faire bien peu confiance à l'homme, toujours prêt à créer, embellir, développer. D'ailleurs, les premières tablatures montreront, au XIVe s., un style ornemental très élaboré qui ne peut être jailli *ex nihilo* mais paraît plutôt l'aboutissement d'une longue tradition.

Les premières tablatures instrumentales

L'écriture. Hormis dans quelques danses monodiques non écrites en tablature (XIIe, XIIIe et XIVe s.), le type de notation choisi révèle une singulière démarcation par rapport à la musique, couramment écrite à cette époque en notation mesurée : sont indiqués d'une part le *superius* (en notation mesurée), considérablement orné par rapport au modèle vocal, d'autre part la ou les autres voix – en tablature –, très simplifiée(s), le *tenor* étant restitué tel quel.

Principaux manuscrits de musique instrumentale médiévale pour clavier

Robertsbridge Codex : début du XIVe s.
Codex Reina : fin du XIVe s.
Codex Faenza : vers 1400
Manuscrit d'Ileborg : 1448
Fundamentum organisandi (Konrad Paumann) : 1452
Buxheimer Orgelbuch : entre 1460 et 1470

Le plus ancien manuscrit de ce type est le *Robertsbridge Codex,* du début du XIVe s. Comme les codex suivants *(Codex Faenza* et *Reina),* il se compose de transcriptions très libres (voir ♪ ci-dessous). Trois de ses motets appartiennent au *Roman de Fauvel.* Il convient d'observer ainsi le recul pris par rapport aux modèles : le clavier restitue une sorte d'arrangement très peu littéral où les parties intermédiaires sont omises ou suggérées seulement. Il n'en reste que le tenor, sorte de base sur laquelle la ligne fleurie et exubérante de la voix supérieure se repose et évolue.

Codex Faenza *(fin* XIVe, *déb.* XVe *s.),*
Soto l'imperio del posente prince *de J. da Bologna.*
Superius très développé par rapport au modèle vocal.
Disparition du *contratenor.*
Tenor littéral.

Vers 1452, Konrad Paumann, l'organiste aveugle de Nuremberg, donne son *Fundamentum Organisandi,* ouvrage essentiellement didactique qui indique comment former les cadences, comment écrire une ligne ornée sur un *cantus firmus* – en bref, comment « composer ».

Savoir orner un thème conduit à savoir improviser sur un thème. Renouveler cette improvisation par des ornements différents conduit tout naturellement à varier. C'est pourquoi il n'est pas très surprenant de rencontrer déjà, dans le *Buxheimer Orgelbuch* (entre 1460 et 1470), des rudiments du principe de variation. Ce livre révèle une écriture dense à trois et parfois quatre parties où l'usage du *pedaliter* (« pédalier ») est important. Ici aussi, les voix intermédiaires n'ont pas un caractère contrapuntique marqué, elles renforcent plutôt le *tenor* aux mêmes points rythmiques.

Les rapports – étroits – entre vocal et instrumental sont très complexes. L'instrumental est au service du vocal : dans la hiérarchie des genres, il est une image grossière de la musique des sphères (cela est très clairement exprimé, vers 1320, au début du traité *Ars nova* de Philippe de Vitry). Mais cette infériorité « sociale » ne le prive pas d'avoir des traits spécifiques. Nous verrons que les musiciens n'auront de cesse de relever le statut de leurs instruments en tâchant d'imiter ou d'égaler le « modèle » reconnu par leurs contemporains : l'art vocal. Mais, ce faisant, ils n'y parviendront pas pleinement du fait de la particularité de leur art. Plusieurs considéreront inconsciemment comme une faiblesse cette différence qui deviendra pourtant beaucoup plus tard, à la fin du XVIe s., une supériorité. Mais n'anticipons pas...

En ce qui concerne les premières tablatures, force est de constater que l'art instrumental y est déjà nettement différent de l'art vocal. Il a beaucoup été dit que le premier a pris naissance dans le second et s'en est émancipé peu à peu. Il conviendrait peut-être mieux de dire que le vocal était alors le seul point de référence et qu'il représentait tout simplement *la* musique de ce temps. Cependant, les réelles différences existant entre les deux genres tendent à prouver qu'existait pour l'art instrumental une autre référence, bien moins évidente, que le vocal. Tenait-elle à la texture même du clavier qui ne pouvait reproduire la polyphonie vocale à trois ou quatre parties ? La réponse est non car il le peut, tout organiste le dira. Alors, pourquoi privilégier en général le « dessus » et ne garder que le support du *tenor* ? L'étude des formes peut-elle apporter une réponse ?

La tablature

La musique vocale est écrite en notation mesurée, ancêtre de notre notation moderne. La musique instrumentale, à ses débuts, est écrite en tablature. Il s'agit d'une conception moins abstraite de l'écriture musicale.
En effet, le lecteur se trouve en face d'une représentation schématisée du manche fretté ou du clavier de son instrument. Il « voit » ce qu'il doit faire puisque chaque case ou touche est indiquée.

Les genres se divisent en trois catégories : d'abord les transcriptions de motets et de chansons profanes ; puis des pièces plus libres : les messes d'orgue (dans le *Codex Faenza,* par exemple) et les *preambula* (dans le *Buxheimer Orgelbuch* ou la *Tablature d'Ileborg*) construits sur des notes de *tenor* ; enfin, les danses (une basse danse dans le manuscrit de Faenza, trois estampies dans le *Robertsbridge Codex...*). Cette dernière forme se rencontre déjà dès les XIIe-XIIIe s. (manuscrit de la *Bodleian Library* d'Oxford), et au XIVe (*Chansonnier du Roi* du British Museum) en une structure répétitive au rythme bien marqué. Apparemment, aucune différence importante de style ne semble affecter ces trois genres : ils ont tous trois à peu près les caractéristiques « instrumentales » que nous avons définies (voir ♪ p. 349). Si leur unité ne tient pas à l'instrument, à quoi tient-elle ? À une musique autre peut-être, à une tradition orale dont il ne nous reste que les images silencieuses des tableaux et les mots monocordes des livres... Il est impossible de la faire revivre. Tout au plus peut-on imaginer son archétype à partir de l'observation des particularismes de cet art instrumental non pas naissant mais nouvellement noté.

Les acquis de l'humanisme

Au XVe s., le statut du musicien s'est fixé en s'améliorant. Les instruments se sont bien intégrés à la civilisation européenne et leur facture s'est beaucoup développée. Une bourgeoisie riche entretient maintenant musiciens et luthiers. Toute musique vocale paraît pouvoir être doublée ou même jouée uniquement par les instruments. Ceux-ci ont acquis un type de notation qui leur est strictement particulier : la tablature, et ils pratiquent un style différent du vocal. Ils puisent dans celui-ci mais en le déformant en fonction de traditions dont les manuscrits d'orgue de cet âge prérenaissant sont les premiers dépositaires. À toutes ces conditions va s'ajouter l'admirable activité des premiers imprimeurs, qui permettra la diffusion de cette musique.

Un autre élément, moins directement évident, présidera à cette « renaissance » de l'art instrumental : le rapport nouveau au texte. C'est dans le répertoire vocal qu'il peut être observé, à partir de 1320 environ, avec Philippe de Vitry, promoteur de l'*Ars nova,* qui n'hésite pas à écrire des motets religieux comportant des textes profanes, soit latins, soit français, soit les deux ensemble, ce qui lui vaut de la part de l'Église une surveillance soupçonneuse.

Le contenu, la charge sacrée du Verbe religieux sont partiellement oubliés. Seule la musique, art pur, semble importer, le *tenor* n'étant plus qu'un prétexte, une base à la composition. C'est alors plutôt le hoquet bien composé, le détail de telle ligne combinée à telle autre, qui importe aux yeux des compositeurs. De même, le sculpteur du style rayonnant puis flamboyant se consacre à la minutie du détail, au luxe du tangible, au risque d'en oublier les grandes aspirations mystiques des ogives dressées vers le ciel.

Il est tentant d'établir un parallèle avec l'art instrumental qui, lui aussi, ne se sert des mots que comme d'un point de départ *(incipit* d'un *tenor)* et en est par essence exempt… ce qui le rend, lui aussi, suspect.

Le Verbe, support noble et divin, symbole du pouvoir, est mis à mal dans le *Roman de Fauvel,* manifeste de cette bourgeoisie montante issue du peuple qui, au merveilleux mystique, préfère le détail pratique, la vérité quotidienne, le rire et l'ambiance festive. Et si la musique du siècle suivant (avec Dufay, Josquin) sous l'influence italienne, revient au sens des mots, c'est pour en exprimer le contenu humain : elle sera beaucoup plus liée aux sentiments, introduisant un élément émotionnel nouveau. La définition, souvent avancée, de l'art instrumental comme un art de musique pure n'est pas toujours exacte, car une œuvre vocale de l'*Ars nova* peut être plus « pure » qu'une pièce instrumentale transcrite d'un texte vocal expressif de Dufay.

Toutes les composantes de l'humanisme semblent donc mises en place : « l'homme » paraît reprendre ses droits avec ses sentiments et ses sens, et il commence à s'émanciper de la tutelle religieuse. Il revient au centre des choses et du monde : maintenant l'artiste signe ses œuvres ; les donateurs se font représenter aux côtés des saints ; la richesse et la somptuosité des tissus retiennent l'attention des peintres tout autant que les pieux sujets ; le goût des plaisirs et de la vie terrestre, resté toujours vivant au fil des siècles, s'exprime dans l'œuvre d'un Rabelais ou d'un Ronsard.

Tout un tissu de forces vives, étouffées plus ou moins dans les périodes passées, renaît soudain à la faveur de cette invention géniale qu'est l'imprimerie. Celle-ci est aux mains de commerçants pétris d'une culture plus proche du populaire que du savant et qui veulent réaliser des profits auprès de leurs semblables. Si la musique instrumentale est imprimée alors, c'est que cette classe est devenue si puissante qu'elle détient de plus en plus le pouvoir et donc le savoir.

L'art instrumental triomphe dans cette nouvelle esthétique émancipée. L'individu s'y affirme comme pouvant posséder à lui seul tout le savoir du monde et de son temps. Seul ce qui importait à la collectivité et à son idéal mystique était digne d'être noté auparavant ; désormais l'instrumentiste soliste peut tenir en ses mains toute la musique de son époque : pièces vocales, religieuses ou profanes, danses, chansons. Voilà certainement pourquoi le luth et le clavier, par leurs riches possibilités, sont les instruments d'élection de l'humanisme. Toute la musique du XVIe s. est, en effet, réduite et transcrite pour eux.

La musique instrumentale renaissante

Les témoignages littéraires, iconographiques et organologiques

« O Luth, plus estimé présent
Que chose que j'aye à présent ;
Luth, de l'honneste lieu venu
Où mon cœur est pris et tenu ;
Luth, qui respons à mes pensées
Si tost qu'elles sont commencées ;
Luth, que j'ai faict assez de nuits
Juge et tesmoin de mes ennuis... »
écrit le poète Mellin de Sainct-Gelays.

Du clavier, Sébastien Virdung (*Musica getutscht,* 1511) dit qu'il permet de « jouir de la douceur des consonances »...

Si les témoignages littéraires sont très nombreux concernant ces deux instruments et surtout le premier, véritable symbole de la musique à cette époque (que l'on songe aux poèmes de Ronsard ou de Louise Labé), ils révèlent aussi un usage plus large de toutes sortes d'instruments dont les sources musicales imprimées ne rendent encore que très partiellement compte. Dans une fête, par exemple, donnée pour François Ier : « phiffres, tabourins, haultboys, saqueboutes et autres instruments en grand nombre estoient au bout de la salle, tapissée de riches tapisseries ».

De leur côté, les archives témoignent d'une importante activité européenne de la lutherie : des centres de fabrication se créent à Nuremberg pour les cuivres, à Crémone pour les violons, à Anvers pour les cordophones à clavier, à Venise pour les luths, etc. Elles nous montrent aussi que toutes les classes de la société étaient concernées. François Lesure a relevé, par exemple, l'emploi de la guitare chez un déchargeur de vin, des marchands, des menuisiers, des ménétriers... (« La guitare en France au XVIe s. », *Musica disciplina,* 1950).

Les innombrables tableaux, gravures, sculptures de tous les pays attestent également une intense vie musicale avec ces nombreux modèles « touchant » du luth, anges jouant du violon ou de la viole ou petits groupes d'instrumentistes jouant du clavicorde, du luth, de la basse de viole et de la flûte... La musique est de toutes les cérémonies publiques, de tous les cortèges et de tous les bals : elle accompagne les célèbres fêtes de la Renaissance, maintes fois représentées. Dans la série de gravures de H. Burgkmair le Vieux, *le Triomphe de Maximilien le Grand* illustre à merveille tous les instruments pratiqués vers 1510-1520 : il montre aussi les changements opérés depuis moins d'un siècle grâce à l'esprit inventif exceptionnel de cet âge. Dans *le Premier Char de musiciens* se remarquent la flûte à trois trous (jouée d'une main), le tambour (joué de l'autre), les flûtes traversières et les tambours de côté (notons que la flûte traversière sera appelée « flûte suisse » durant deux siècles puis, sous Frédéric le Grand, elle prendra le nom de « flûte allemande »). Le second char porte un ensemble de deux violes et trois luths. Les violes sont ici des instruments nouveaux, toutes deux ténors, les luths étant aigus, ténor (luth normal) et basse. Défile ensuite un groupe mélangé de « vents » constitué de deux cromornes, deux chalemies ténors (douçaines décrites par Tinctoris ?) et d'une saqueboute ténor (désigne un trombone). Vient ensuite l'organiste de la cour, Paul Hofhaimer, à l'orgue positif ; derrière lui, une régale (clavier). Après lui, nous voyons un groupe de hauts instruments et de danse : flûte à trois trous et tambours, deux *Rauschpfeifen* (famille allemande de chalemies à capsule) et un violon, instrument nouvellement inventé, avec deux luths, soprano et basse, une basse viole et une harpe. Le char suivant porte le maître de chapelle de la cour, Jorg Slakany, entouré d'un chœur avec cornet et saqueboute. Arrivent les bouffons avec leurs flûtes à trois trous plus un tambour, et les guimbardes. Le dernier groupe est formé de cinq joueurs de *Rauschpfeifen,* dix de chalemies et dix de saqueboutes. Précédant glorieusement l'empereur lui-même, viennent cinq timbales et vingt-cinq trompettes.

Cet admirable document, dessiné par Hans Burgkmair et Albrecht Dürer, nous renseigne aussi sur la fonction des instruments : violes et luths conviennent aux groupes de musique « de chambre », ceux-ci montrant l'ébauche de familles d'instruments – fait nouveau et fondamental dans la Renaissance –, qui va accroître l'étendue sonore de la musique (par rapport aux voix). Flûtes à trois trous et tambours, déjà en usage au Moyen Âge, conviennent à la musique officielle d'extérieur, comme les chalemies, saqueboutes, trompettes. Celles-ci, au timbre éclatant, emportent, avec les timbales, l'estime du prince.

À la danse et au jeu des bouffons sont associés encore les populaires flûtes à trois trous et tambour, dont les multiples emplois suggèrent que la dichotomie moderne entre « savant » et « populaire » n'existe pas à cette époque. Nous en avons pour preuve également le regroupement, pour la musique de danse, des hauts instruments avec le violon, les luths, la basse viole et la harpe. Avec toutes les précautions nécessaires, nous dirons que des illustrations telles que *le Triomphe de Maximilien* prouvent que le luth a fait danser, sûrement pas dans le cas de toutes les « danses » dont son répertoire écrit est constitué, mais dans une partie non négligeable. On prétend souvent qu'il ne pouvait se faire entendre au milieu du tumulte des danseurs, mais de nombreux documents ethnomusicologiques récents attestent en fait qu'avec l'appui d'une percussion cela est parfaitement réalisable (nous la trouvons ici sous la forme d'un tambour). Était réalisable aussi l'exécution en doublures : le char de Maximilien et d'autres documents montrent en effet plusieurs luths associés. On voit aussi des ensembles de dix luths ou dix guitares dans le *Ballet des fées des forests de Saint-Germain* (série

d'aquarelles de Daniel Rabel représentant le ballet de cour dansé par le roi Louis XIII au Louvre). Cette pratique se trouvera encore en plein XIXe s. et jusqu'au XXe s. à la guitare.
Par ailleurs, on peut supposer que ces instruments monodiques que nous voyons représentés autour du luth doublaient dans certains cas le timbre de la danse écrite pour cet instrument, de même qu'ils doublaient et ornaient les partitions vocales où leur présence n'est pas non plus spécifiée.
Ces gravures, non seulement témoignent des pratiques instrumentales et des nouvelles acquisitions (violons, violes), mais permettent également d'observer des détails de facture.
Il existe cependant d'autres documents encore plus précis à cet égard : ce sont les traités, d'une part, et les premiers instruments conservés, d'autre part.
Le *Musica Getutsch* de Sébastien Virdung (1511), qui contient des gravures d'Urs Graf, et le *Musica Instrumentalis Deudsch* (1528) de Martin Agricola, qui reprend en partie ces illustrations, nous livrent ainsi l'unique représentation du *Gemshorn* (sorte de trompe encore en usage en Suisse), celle du cor muni de trous, du cromorne, de diverses trompettes, du xylophone, bien implanté semble-t-il, et de nombreux instruments populaires comme la cloche de vache, le grelot, le pot avec cuillère, la trompe hélicoïdale, la guimbarde, les claquettes à grelot, la vielle à roue (*rota* au Moyen Âge), instrument réservé traditionnellement aux aveugles, la roue étant plus aisée à utiliser qu'un archet libre, et les touches plus précises qu'un simple manche non fretté. Virdung cite plusieurs claviers, parmi lesquels le clavicytherium. Il représente aussi la harpe, le psaltérion, le tympanon, la grosse basse, les grandes vièles ou violes et les petites vièles ou rebecs, la trompe marine... Des documents de toute sorte attestent, en outre, l'existence de différentes tailles pour chaque type d'instrument. Virdung en donne par exemple quatre pour les cromornes, trois pour les flûtes à bec.
Nous conservons des instruments de cette époque groupés par familles, dans divers musées : flûtes à bec, cromornes, chalemies, *Rauschpfeifen*, curtals, saqueboutes, violes, violons, luths... Praetorius, dans son *Syntagma Musicum* (1615), citera une série de vingt et une flûtes à bec !
Ce phénomène de groupement en familles est capital dans l'histoire de la musique, non seulement parce qu'il permet d'étendre la tessiture générale mais aussi parce qu'il peut être considéré, dans sa démarche sélective, comme une première cons-

cience de la notion de timbre et comme une transition entre le quatuor vocal et l'élaboration de l'« orchestre ». Ainsi, vers la fin du siècle, l'exploitation spécifique des couleurs instrumentales naîtra chez Giovani Gabrieli et, plus tard, chez Monteverdi, dans l'*Orfeo* (1607), où chaque timbre sera indiqué et aura sa fonction.
C'est du XVIe s. que datent les premiers spécimens que nous conservons de violons (ceux d'Andrea Amati et Gaspard Duiffoprugcar), de luths et, avec l'adjonction de « chœurs » ou cordes graves, de théorbes et chitarronni (de Wendelin Tieffenbrucker et de Matteo Sellas), de violes (d'Antonio Siciliano), de clavecins, clavicordes, virginals (d'Antonio Baffo, Jœs Karest, Hans Ruckers)... Ces instruments sont extrêmement précieux pour la reconstitution vivante de cette musique « renaissante » dont nous possédons tant d'œuvres qui attendent d'être rejouées.

Les instruments notés, la technique et l'improvisation, les tablatures

Un décalage important existe entre les témoignages extra-musicaux et les recueils de musique conservés, qui sont loin d'être nommément consacrés aux divers instruments que nous venons de voir.
Les livres imprimés abordent essentiellement deux instruments : le luth, surtout, et la famille des claviers, répandus déjà au XVe s., auxquels il faut adjoindre pour quelques parutions occasionnelles, flûte, viole, cistre, harpe et plus souvent vihuela et guitare. Ce sont donc principalement des instruments polyphoniques qui suscitent les éditions, au même titre – mais dans une proportion bien plus faible – que la musique vocale à plusieurs voix (le rôle des instruments monodiques étant toujours de jouer les voix de la polyphonie).
Dans les quarante premières années du XVIe s., un nombre important de courtes *Instructions* voient le jour, en particulier pour le luth. Elles précèdent souvent des anthologies musicales et apportent quelques renseignements sur le jeu instrumental. On trouve ainsi chez Attaingnant une « Très brève et familière introduction pour entendre et apprendre par soy-mesmes à jouer toutes chansons réduictes en la tablature de lutz ». On citera aussi, pour mémoire : Capirola, Milan, Neusidler, Gerle, Phalèse, Da Milano et, surtout, Adrian Le Roy (dont nous ne conservons qu'une version anglaise, datant de 1574).
En général, chacun ne fait que quelques remarques, surtout d'ornementation, parfois de doigtés, insistant sur l'accord à six chœurs du

Les tablatures de luth, guitare et vihuela

Exemple : *incipit* de *ricercar primo* de la tablature de luth italienne de Giacomo Gorzanis – texte original (les lignes indiquent les cordes ; les chiffres, les cases) :

Transcription en notation moderne :

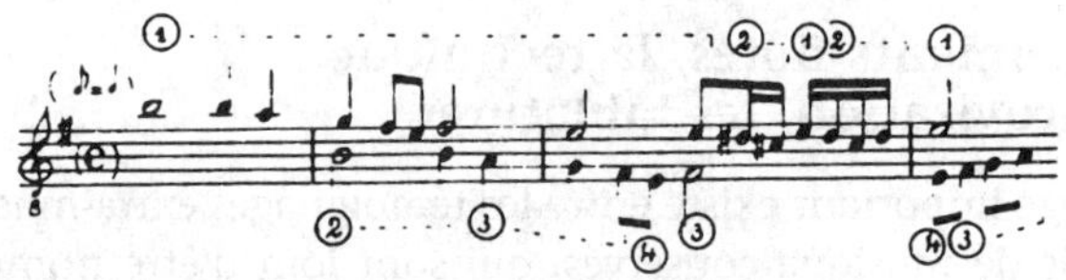

Même exemple transcrit en tablature française (seule différence : les lettres remplacent les chiffres) :

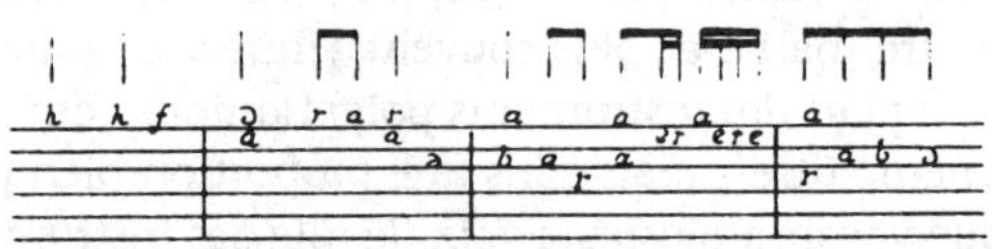

Même exemple transcrit en tablature allemande (chaque case, ici, a une lettre particulière) :

Remarque : la tablature de vihuela espagnole est très semblable à la tablature italienne de luth (même chose pour la guitare à quatre chœurs).
La tablature pour guitare française est très semblable à la tablature française de luth (mais seulement quatre chœurs).

Les tablatures pour clavier

Exemple de tablature de clavier du *Buxheimer Orgelbuch* (même principe que la tablature allemande pour luth mais ici le *superius* est noté en notation mesurée) :

De nombreuses petites variantes existent d'un pays à l'autre et d'un auteur à l'autre.

---

luth (au début du siècle) et sur le jeu lié, élément important révélant un souci de respecter la marche polyphonique des voix. Quelques grandes lignes du développement de la technique de luth à la Renaissance peuvent néanmoins être dégagées : pendant le premier tiers du siècle, la main droite utilise le pouce-index alternés ; vers le deuxième tiers, et pour une part en raison des exigences de la polyphonie, les trois doigts de la main droite prennent une égale importance. Dans la seconde moitié du siècle, le registre grave du luth s'étend avec l'adjonction de nouveaux chœurs confirmant la seconde position.

Après 1550 environ, les *Instructions* se font plus rares. Cependant, les seules *Méthodes* dignes de ce nom sont celles que Silvestro Ganassi a consacrées à la flûte (*Fontegara,* 1535) et, surtout, à la viole (*Regola Rubertina,* 1542), car il y aborde avec précision la tenue des instruments, l'accord des cordes, les coups d'archet, de langue pour la flûte, les doigtés, les attaques, la lecture des notes et de la tablature, les gammes, cadences et improvisations de *ricercari.*

Il faut leur adjoindre le *Tratado de glosas* de Diego Ortiz (1553). En deux livres, l'élève y apprend comment orner les lignes polyphoniques avec cadences, comment improviser à la viole avec accompagnement de clavier et jouer des parties construites sur un *ostinato* (basse répétée invariablement), ce qui montre bien que la pratique improvisée était peut-être encore l'essentiel de l'activité des instrumentistes. Il ne nous reste à présent que ces traités pour l'imaginer...

Enfin, en ce qui concerne l'orgue et les claviers, ne doivent pas être omis l'important manuscrit *Fundamentum* de Hans Buchner (copie tardive, 1551) qui décrit jeu, doigté, notation, technique de transcription ainsi que, plus tard, en Italie, *Il Transilvano* de Girolamo Diruta (1593), truffé de détails précis sur la technique, la position du corps, des mains, des doigts, pour un instrument qui possède souvent alors une dizaine de registres à chaque manuel, quatre ou cinq à la pédale et déjà des jeux d'anches...

Le système de notation retenu en général, pour tous les recueils, est toujours la tablature particulière à chaque instrument et à chaque pays. La question qui se pose est celle-ci, pourquoi la notation courante n'a-t-elle pas été choisie ? Peut-être pour protéger les secrets des ménestrandies du XVe s., sociétés jalouses de leur art et qui seraient à l'origine de cette particularité. Mais un tel esprit, qui relève plus de la pensée médiévale que de la Renaissance, est en partie remis en cause par la publication de ces précieuses tablatures. Ne lit-on pas, en effet, dans la préface de l'*Instruction* de 1574, de Jacques Gohory, que « l'auteur [A. Le Roy] ne craint pas d'encourir la réprobation des maîtres de cet Art [le luth] en ayant révélé les mystères d'une science qu'ils gardaient jalousement jusqu'à présent... En cela, il n'hésite pas à divulguer des choses pour ainsi dire sacrées... »

Quoi qu'il en soit, ce mode de notation présente un énorme avantage : il nous indique précisément les altérations utilisées à cette époque – ce que ne fait pas toujours la notation mesurée – et nous fait voir ainsi où se trouve le compositeur dans le chemin qui mène de la modalité à la tonalité naissante (voir ♪ p. 358, en haut). Ne serait-ce qu'en ce sens, mal connaître l'art instrumental revient à ignorer quelle fut l'évolution exacte du langage musical entre polyphonie médiévale et écriture « moderne ».

Les écoles et les compositeurs

Le luth

Le luth est représenté dans toute l'Europe : Italie, France, Allemagne, Flandres, Espagne... et Angleterre à l'extrême fin du siècle, de même Hongrie et Pologne, dominées par la personnalité de Valentin Bakfark.

L'Italie. Ce pays semble être, pour l'art instrumental, un creuset inépuisable d'inspiration, et ce dès l'aube du XVIe s. En effet, à partir de 1507 apparaissent plusieurs recueils vénitiens de Francesco Spinaccino, J. Ambrosio, Dalza (1508) et Franciscus Bossinensis (1509) auxquels s'ajoute un peu plus tard le manuscrit de Vincenzo Capirola (1517).

On retrouve au luth les principaux types de musique instrumentale déjà observés au XVe s. : transcriptions, pièces libres et danses. Les premières, tirées d'œuvres religieuses et profanes, sont les plus nombreuses. Ce n'est que lorsqu'elles seront parfaitement comprises et dominées par l'étudiant que les suivantes pourront être abordées, constituées surtout de *ricercari* (précédés de leur *tastar de corde* ou prélude), genre à l'honneur chez les Italiens au XVIe et au XVIIe s. et où s'affirme déjà un style purement instrumental. Enfin, dès 1508, les danses chez Dalza se présentent en suite de trois : *pavane, saltarello, piva,* dans un même ton, avec une ébauche de parenté mélodique et une nette carrure rythmique. L'esprit de la suite est déjà présent ainsi qu'un nouveau sens du rythme lié à la danse.

Bien que la voix accompagnée d'un instrument soit une pratique immémoriale, pour la première fois apparaît sous forme écrite, dans ces recueils, la *frottola,* forme fruste de la *canzon* qui débouchera sur le madrigal (poème chanté accompagné au luth) où une seule voix est soutenue par l'instrument, toutes les autres étant réduites : c'est une ébauche de l'accompagnement. De manière peut-être un peu simple nous avons là tous les éléments qui caractériseront la musique instrumentale renaissante pendant le XVIe s. Ceux-ci ne feront que se développer, s'amplifier, se spécialiser.

Après ces premiers recueils, on ne note pas de nouvelles parutions de sources italiennes jusqu'en 1536, mais la pratique n'en continue pas moins certainement, pour resurgir avec de nouvelles tablatures d'une veine semblable, mais plus achevées : celle d'Adrian Willaert, grand maître de chapelle de St-Marc de Venise qui transcrit pour voix et luth le premier livre de madrigaux de Philippe Verdelot (1540), celle de G. Antonio Casteliono (1536) et surtout celle de Francesco Da Milano, « il Divino » (1536), un des plus grands luthistes de son temps, dont la plupart des œuvres serviront de modèles et seront reprises très souvent pendant le XVIe s. par les transcripteurs de tous les pays d'Europe.

On sent dans ces compositions l'influence nouvelle des chansons françaises – au rythme bien net inspiré du style populaire –, qui ne cessera plus désormais dans la musique italienne. Chez

Répertoire du luth

Derniers livres italiens ou « intabolatura(s) de lauto » (ou « di liuto »)

Bernardino Balletti : 1554
Giacomo Gorzanis : 1561, 1563, 1564, 1566, 1570
Vincenzo Galilei : 1563, Il Fronimo, 1568.
Giovanni Antonio Terzi : 1593, 1599
Simone Molinaro : 1599

P. Paolo Borrono, dont quelques pièces figurent dans la tablature de Casteliono, se rencontre le terme *tochata.* Celle-ci termine la suite de danses, élargie depuis Dalza en *pavane, saltarello,* à parenté thématique, suivis de deux *saltarelli* indépendants et d'une *tochata* (sorte de coda improvisée), le tout dans le même ton. Ces morceaux sont construits sur des basses obstinées extrêmement prisées pendant tout le XVIe s. et sans doute avant.

Les années 1546 à 1549 voient une nouvelle floraison d'ouvrages dont la popularité est attestée par des rééditions successives jusqu'à la fin du siècle. Ce sont ceux de Julio Abondante, Melchior de Barberiis, Dominico Bianchini, de nouveau Da Milano et Borrono, G. Maria Da Crema, Marcantonio del Pifaro, Antonio Rotta, Francesco Vindella, Fiorentino Perino... L'inspiration est la même, les formes aussi, mais le madrigal est maintenant entièrement réduit au luth, ce qui confère à ce dernier un style nouveau. Cette période marque l'apogée du répertoire italien.

Les volumes qui paraissent dans la seconde moitié du XVIe s. se présentent souvent sous forme d'anthologies embrassant tout le répertoire du temps (Vincenzo Galilei). Les derniers ouvrages (G. Antonio Terzi et Simone Molinaro) se rapprochent très nettement déjà de l'esthétique suivante par leurs contrastes, leurs changements de dynamique, leurs passages chromatiques et leur technique, parfois très virtuose.

La France. Les premiers ouvrages pour le luth, imprimés par Pierre Attaingnant, voient le jour en France bien après l'Italie, en 1529-1530. Celui de 1529 est destiné aux amateurs « désireux d'apprendre l'art et usance du lutz ». Il est constitué de ces fameuses chansons françaises à la dynamique précise. La plupart de celles-ci sont contemporaines, écrites sur des vers de Clément Marot et une musique de Claudin de Sermisy et réduites en tablature de deux manières, soit à deux parties et une voix, soit à trois parties sans la voix. Dans ce dernier cas, le *superius* est orné, alors que, dans le premier, c'est le chanteur qui improvisait sur la ligne simple ; ces deux types de réduction permettent d'imaginer un peu ce qu'était l'ornementation improvisée courante.

L'autre recueil (1530), premier livre du genre, est exclusivement consacré aux danses : basses-danses tardives, premiers branles, sauterelles *(saltarelli)*, recoupes, tourdions ; certaines sont réunies en paires : pavane/sauterelle, pavane/gaillarde. Le style est directement hérité des traditions orales des luthistes ménétriers où la ligne de dessus, très ornée, domine ; une seule note, souvent, souligne les accents à la basse. La spontanéité du rythme prime sur les combinaisons contrapuntiques. Ce recueil est également le premier à présenter (dès 1530, donc avant l'Italie) des gaillardes et des compositions sur basse contrainte. Dans ces livres, diverses étapes peuvent être repérées, d'un jeu quasi monodique soutenu par les chœurs graves à vide – ancienne technique du plectre ? – à un style plus plein qui manifeste davantage une ambition de se rapprocher du modèle idéal du contrepoint vocal.

Cette ambition se réalise pleinement avec les volumes parisiens suivants (1550-1570) qui offrent une grande unité. La génération des compositeurs de cette époque, Adrian Le Roy, Robert Ballard, Michel Fezandat, Nicolas Du Chemin, Guillaume Morlaye, Julien Belin, est largement marquée par l'influence italienne en la personne d'Albert de Rippe. On trouve, à côté des chansons, des madrigaux et des pièces religieuses, parfois à cinq ou six voix, des fantaisies très développées, mais aussi des danses, toujours bien représentées, en particulier les formes à variations : « branle simple », « le branle précédent plus diminué » (avec plus d'ornements) et les couples pavane/gaillarde. On assiste en même temps à l'apparition des nouvelles allemandes et voltes, à la disparition des basses-danses, ainsi qu'au développement des basses contraintes.

En général, il y a, à cette époque, dans la musique pour luth en France un accroissement de la densité polyphonique et des diminutions avec passages nettement virtuoses, l'emploi d'accords complexes enchaînés les uns aux autres et un net développement du genre de la variation. Dans les pièces libres (fantaisies de De

Rippe en particulier), l'emprunt très net au langage et aux structures de la musique vocale traduit une volonté de s'écarter du style plus instrumental de la première période. Comme le dit J. M. Vaccaro (*la Musique de luth en France au XVIe s.*, 1981), le ménétrier de 1530 devient virtuose-compositeur, la spéculation prenant le pas sur l'improvisation pour atteindre au niveau de la composition individuelle et quitter le domaine de la tradition collective. Cette époque, qui marque aussi un tournant dans l'histoire de la pensée française, favorise une conception homophone de la musique. La Pléiade demande « d'accorder le luth aux odes » et Ronsard déclare que « la lyre seule doit et peut amener les vers à donner le juste poids de leur gravité ». En d'autres termes, il faudra désormais que le texte soit compris de tous et non soumis ou caché par les sons. Cette esthétique nouvelle se réalisera dans les genres nouveaux que sont les *Voix de ville* et les *Psaumes* d'Adrian Le Roy, parus en 1552, et dans le premier livre d'*Airs de cour miz sur le lutz* écrit par celui-ci en 1571 : l'écriture est plus homophonique, elle suit les mots, s'écartant à nouveau du contrepoint vocal.

Après 1580, bien que les documents conservés soient rares, on peut avancer que les mises en tablature de polyphonies vocales cèdent le pas à l'air de cour et que l'intérêt pour la fantaisie au luth décroît au profit de la *canzone* pour clavier ou ensemble instrumental – ce qui annonce la monodie accompagnée et les débuts de la sonate.

L'Allemagne. L'Italie et la France ont eu une très forte influence l'une sur l'autre, nous l'avons vu précédemment, mais aussi sur le reste de l'Europe, en particulier sur des pays comme l'Allemagne.

Vers 1520, Hans Judenkünig publie des recueils pratiques, faits de chansons allemandes, de danses (*Hoff Dantz, Nach Dantz*) groupées là aussi par paires (la seconde, dite *proportio*, étant plus vive avec la même mélodie) et de préludes en style imitatif. Le *superius* est un peu orné, le *tenor* souvent très simple. On trouve exceptionnellement chez cet auteur la transcription de pièces vocales en style homophonique qui sera si chère plus tard aux Français et aux Italiens : les *Odes* d'Horace, mises en musique par Petrus Tritonius et construites sur les mètres antiques. Judenkünig, sans doute sous l'influence de milieux universitaires, anticipe ainsi nettement sur la musique mesurée des futurs partisans de la Pléiade.

C'est surtout dans les ouvrages de Hans Gerle et Hans Newsidler que peut être observée une influence étrangère grandissante. Entre la première édition de la *Musica teusch* (1532) et celle de *Musica und Tabulatur* (1546) de Gerle, des chansons françaises à trois voix se sont ajoutées aux pièces allemandes. Quant au livre de 1552, il est inspiré à Gerle par l'Italie avec les danses *pass'e mezzi, saltarelli,* et les fantaisies empruntées à Da Milano, Rotta ou Da Crema.

Les mêmes remarques s'appliquent aux recueils de Hans Newsidler (publiés en 1536, 1540, 1544, 1547, 1549), mais celui-ci domine nettement ses prédécesseurs en développant dans le *Preambel* (« prélude ») un style particulier qui se rapproche de celui du clavier allemand et qui est très éloigné du *ricercar* contemporain. Hans Newsidler est connu aussi pour ses danses, les fameuses *Hupff auff* aux pas glissés et *Washa mesa, ein Welscher Tanz.*

On retrouve chez Rudolph Wyssenbach (recueil de 1550) le même attrait pour les danses avec une influence italienne de P.P. Borrono. Wolff Heckel, lui, écrit en 1556 pour deux luths, formation utilisée dans les autres pays d'Europe, Italie et Espagne notamment.

À ces ouvrages, souvent conçus dans un style pédagogique, et assez mal dégagés des influences étrangères et traditionalistes, s'opposent dans la seconde moitié du siècle ceux de Sébastien Ochsenkuhn (1558) et, surtout, ceux de Melchior Newsidler – fils de Hans ? – qui réalisent une synthèse originale de l'art de leur temps. Ochsenkuhn semble jouer au luth sur différents registres : ligne ornée au grave suivie d'une ligne à l'aigu puis au médium, le tout en dents de scie, dans un style purement instrumental qui rappelle les oppositions des plans sonores de l'orgue.

Le grand mérite des luthistes allemands de la fin du siècle que furent Melchior Newsidler, Mattheus Waissel (recueil daté de 1573), Sixt Kargel (recueil daté de 1574) est d'avoir transcrit et ainsi répandu l'écriture nouvelle de musiciens comme Roland de Lassus, Palestrina et Cyprien de Rore.

Les Flandres. Carrefour d'influences et centre de propagation de la musique pour luth, telle se présente Louvain. L'éditeur Pierre Phalèse y publie ses fameux volumes consacrés aux mises en tablature de pièces vocales de tous les luthistes en vue, nous conservant ainsi une grande partie du répertoire de l'époque.

Les deux premiers livres publiés par Phalèse en 1545 et 1546 se rattachent sensiblement à la production française, les trois derniers à la production italienne. En 1552-1553, l'*Hortus Musarum* révèle une volonté de suivre le goût du jour avec l'introduction de madrigaux plus nombreux, de pièces à deux luths, de chant accompagné au luth... En 1568, les danses sont à l'honneur dans le *Luculentum theatrum* (avec les *Branles de Bourgogne* de A. Le Roy) et l'école allemande, en 1571, dans le *Theatrum musicum* (Melchior Newsidler, Sixt Kargel...).

En 1574, Phalèse nous livre le *Thesaurus musicus* consacré à Albert de Rippe et Valentin Bakfark (luthiste hongrois). À la fin du siècle, le *Pratum musicum* d'Emmanuel Adriaensen (1584) propose, entre autres pièces, des œuvres pour plusieurs luths (trois ou quatre instruments accordés en des tons divers, à l'instar des *consorts* anglais). Il annonce les « concerts de luth » baroques.

Pas de création ou d'innovation (excepté le dernier ouvrage), mais une diffusion sans précédent de la culture musicale occidentale qui contribuera beaucoup à l'élaboration d'un style européen – voilà ce qu'apporte cette remarquable anthologie flamande.

L'Espagne. Un peu à l'écart de ces influences, l'Espagne utilise un instrument qui lui est propre, la *vihuela de mano,* appelée aussi *viola* en Italie, où elle est un peu en usage, et qui peut être considérée comme l'équivalent du luth (Francesco da Milano a écrit, en 1536, ses premier et deuxième livres *Della Fortuna* pour *viola o vero lauto* (« pour viole ou vrai luth »).

L'accord et la technique des deux instruments sont quasiment semblables, ainsi que la lecture de la tablature et le répertoire. Seule la facture et, partant, sans doute le timbre diffèrent légèrement : la *vihuela de mano* ressemble à une grande guitare dont le dos est plat ou légèrement bombé. Elle fait fonction d'instrument cultivé par l'élite.

Les livres pour vihuela qui ont été conservés sont parus entre 1536 et 1555. Ils sont signés Luys Milan (1536), Luis de Narvaez (1538), Alonso de Mudarra (1546), Enriquez de Valderrabano (1547), Diego Pisador (1552), Miguel de Fuenllana (1554), Juan Bermudo (1555) Esteban Daza (1576)... L'influence italienne et celle des polyphonistes flamands y est sensible (l'œuvre de Da Milano était certainement connue des vihuelistes ; Valderrabano s'en inspire nommément dans deux *fantasias*). Mais, de l'école espagnole, se dégage un souci d'expression beaucoup plus développé, une grande profondeur de pensée faite d'anxiété et de tension, qui révèlent une esthétique originale comparable à celle que l'on rencontre peu après dans les toiles douloureuses d'El Greco. L'œuvre des vihuelistes représente un sommet dans l'inspiration musicale, non seulement de l'art renaissant espagnol, mais de l'humanisme en général.

L'écriture pour vihuela comprend deux courants distincts : l'un perpétue une polyphonie très élaborée, l'autre développe une musique accompagnée qui échappe à la conception contrapuntique

Le luth est piriforme (en forme de poire) ; il a le dos bombé. Le manche est assez court et le chevillier est renversé à angle droit. La table en bois, ovale, est percée d'une rosace souvent ouvragée. Le luth a, au début du XVIe s., 6 chœurs ou doubles rangs de cordes.
La vihuela a une caisse de résonance plate (ou légèrement bombée) avec éclisses entre le fond et la table, comme la guitare. Elle est percée d'une ou plusieurs rosaces. Elle a 6 chœurs.
La guitare du XVIe s., beaucoup plus petite, a la même forme mais seulement une rose et quatre chœurs.

dès Luis Milan (1536). Ce sont des auteurs espagnols (Guerrero, Morales, Ortiz...) et franco-flamands qui alimentent les transcriptions sacrées ou profanes. À côté de celles-ci, des pièces libres : *fantasias, tientos,* madrigaux, *fobordones, contrapuntos,* variations, *villanescas...* et des morceaux pour voix et vihuela : *romances,* chansons, *versos, proverbios, villancicos* qui, comme la *frottola* italienne, annoncent le madrigal. Les danses y sont très peu représentées (excepté celles encore célèbres de Mudarra et Milan), ce qui est un trait propre à l'Espagne et une remarquable exception dans la musique de l'époque.
Dans les œuvres pour chant accompagné, les compositeurs s'attachent beaucoup à l'expression des paroles, ce qui les fait opter pour une grande économie de moyens. Celle-ci sert souvent une intense spiritualité et une conception à la fois contrapuntique et déjà homophone (sinon harmonique) de l'accompagnement, de sorte que ces pièces, par leur élévation, ne pâlissent pas devant les œuvres plus tardives de John Dowland...
Dans les *romances* (antique genre espagnol relatant l'histoire épique ou biblique) où la monotonie des couplets invariablement répétés appelle la variation, apparaît un autre élément important du style national : la *diferencia* (« variation »). Il est évident que celle-ci est issue de l'ornementation. Ces *diferencias* seront ensuite utilisées seulement instrumentalement à partir d'un thème initial vocal, puis d'un support instrumental très simple, la basse contrainte. Les plus célèbres sont : *Conde Claros,* la *Romanesca (Guardame las vacas),* la *Folia* (dont l'initiateur semble être Valderrabano)...

La pièce instrumentale apparaît ainsi, transitoirement, comme une évocation de la voix et du texte. En échappant à la transcription (période de dépendance), elle deviendra de plus en plus création pure. C'est à Narvaez que revient l'utilisation de la *diferencia* en une forme instrumentale et structurée : la variation. Cette technique, qui, nous l'avons vu, existe depuis longtemps et semble liée à l'art instrumental lui-même, devient ici, pour la première fois, un genre à part entière.
Seule la lecture de ces œuvres pour vihuela peut permettre de se faire une idée de leur richesse. Par rapport aux compositions italiennes et françaises pour luth en effet, elles sont en grande partie encore très mal connues.
L'Angleterre. Si le répertoire espagnol se situe dans la première moitié du XVIe s., le répertoire anglais, lui, s'épanouit à la fin du siècle.
Auparavant, l'influence étrangère est prépondérante, elle n'intervient d'ailleurs qu'avec retard. Puis, pendant la Réforme, entre 1530 et 1560, la musique se répand dans toutes les classes de la société. Nous n'en conservons, pour l'essentiel, que des manuscrits formés surtout de *dances* construites sur des *grounds (ostinati)* – genre particulièrement cultivé par l'école anglaise – et d'arrangements de chansons où s'exprime parfois une étrange douceur, là aussi trait marquant de la musique anglaise.
Mais ce n'est qu'avec l'âge d'or élisabéthain (1558-1603) que se développeront considérablement l'activité instrumentale et un style bien original qui trouvera son apogée avec l'école de luth (1590-1610) de Danyel, de Jones et, surtout, du très grand musicien John Dowland (1563 ?, † 1626). En 1597, paraît son *First Book of Ayres* pour voix seule avec accompagnement de luth où les influences du madrigal et de la voix de ville française s'assemblent en une merveilleuse synthèse : la polyphonie la plus achevée et la plus expressive soutient une poésie lyrique dont les mots ressortent clairement. Dowland nous a laissé aussi toute une œuvre pour luth seul, faite de danses (pavanes, gaillardes, allemandes…) et de *fancies* (fantaisies) inoubliables.
La Hongrie. Valentin Bakfark (1507 ?, † 1576) est un luthiste profondément original, bien qu'il réunisse toutes les influences musicales de l'Europe. Il représente le nouvel instrumentiste de la seconde moitié du XVIe s., reconnu et admiré, grand virtuose, accomplissant une brillante carrière internationale. Conscient de sa destinée de compositeur, il détruira de nombreux manuscrits avant de mourir, mani-

festant ainsi une nouvelle mentalité, exigeante et ambitieuse, très éloignée de la philosophie des ménétriers-luthistes des années 1500. Bakfark est publié à Lyon en 1553, à Paris en 1564, à Cracovie en 1565. Les formes rencontrées chez lui sont les mêmes que partout ailleurs mais il s'y ajoute des chansons polonaises.

En 1591-1592, des danses polonaises sont également éditées dans les livres allemands comme celui de Waissel et dans le *Thesaurus harmonicus* de J.-Baptiste Bésard (1603), somme de toute la production de luth de la fin du XVIe s.

L'influence d'un élève de Bakfark, Adalbert Dlugorai, sera essentielle pour la diffusion de cette musique nationale.

La musique pour guitare

L'Espagne. On trouve, en 1546, quelques partitions pour guitare chez Mudarra puis, en 1549, chez Barberiis et, en 1554, chez Fuenllana. Cet instrument est considéré par le théoricien Bermudo (traité de 1555) comme une petite vihuela n'ayant que quatre chœurs (quatre rangs de doubles cordes). Son répertoire est semblable à celui de la vihuela ou du luth ; la rareté des œuvres notées peut suggérer cependant que sa pratique était essentiellement de tradition orale.

La France. À Paris, des volumes de musique pour guitare sont publiés de 1551 à 1555 par A. Le Roy, Guillaume Morlaye, Grégoire Brayssing, Simon Gorlier..., tous éditeurs et luthistes qui présentent à peu près les mêmes types de composition pour cet instrument que pour le luth, quoique la tablature de guitare soit plus simple. Précisons également que les œuvres sévères (fantaisies, préludes, psaumes) sont moins courantes dans ces recueils que celles destinées au divertissement : danses alors en vogue, chansons transcrites et surtout voix de ville.

La musique pour claviers

Sous ce vocable sont regroupés des instruments qui semblent utilisés indifféremment ou suivant le contexte : l'orgue d'une part, les clavicordes et épinettes d'autre part. Le répertoire, souvent voisin de celui du luth quant aux formes et au style, présente cependant des aspects particuliers qu'il faut noter.

L'Allemagne. Le premier ouvrage édité pour le clavier au XVIe s. est celui d'Arnold Schlick, en 1511. Il perpétue l'esprit de l'orgue allemand du XVe s. en y apportant une plus grande rigueur, comme le feront les disciples du grand Paul Hofhaimer (seules quelques

Les vaudevilles (ou voix de ville)

Les vaudevilles sont, à l'origine, des chansons populaires qui « courent par la ville » et dont les différents couplets se chantent sur une même musique, et à une voix. La guitare, proche des musiques populaires, les assimilera aussitôt en développant une technique de variations à chaque couplet, dans un style d'accompagnement.
Les vaudevilles sont influencés par les préceptes de la Pléiade : ils sont donc, en général, homophoniques et syllabiques. Ce genre, qui prendra le nom d'air de cour quelques années plus tard, conduira à la monodie accompagnée du XVIIe s.

rares pièces de lui subsistent) : Hans Kotter, Hans Buchner et son *Fundamentum,* Fridolin Sicher, Hans Weck, Leonhard Kleber. Leurs œuvres manuscrites se trouvent dans le *Codex Amerbach* (1513-1532) et dans l'anthologie de L. Kleber (1520-24).
Ces recueils présentent toujours les formes déjà citées. Il s'y déploie cependant un style bien particulier opposant des accords massifs à des traits vifs (dans certains *preambula* de Kotter en particulier), utilisant les ornements ainsi que les imitations dans un caractère improvisé qui évoque parfois l'esprit de la future toccata.
Des danses allemandes d'un esprit tout à fait différent seront écrites à la fin du siècle. D'une grande simplicité, elles reposent sur des thèmes populaires originaux à l'instar des danses des virginalistes anglais. Elles représentent peut-être une sorte de réaction nationale contre un art savant, devenu trop uniforme.
L'Italie. En 1517, Andrea Antico, puis, en 1523, Marco Antonio Cavazzoni illustrent l'école italienne. Tout comme chez les Allemands, l'écriture de clavier diffère de celle de luth par l'emploi plus fréquent de passages ornés à la main gauche et par l'utilisation d'une ornementation volubile dans de grandes lignes allant du grave à l'aigu, au caractère très « spontané ». La synthèse parfaite de cet art se trouve chez Girolamo Cavazzoni, fils du précédent, qui donne le premier exemple de *ricercar* pleinement imitatif associé à des ressources rythmiques vigoureuses (recueil de 1543). Son art, par sa spontanéité, la liberté avec laquelle il traite le *cantus firmus* et sa rigueur aussi, représente un style instrumental déjà réellement autonome.

Se succèdent, à Saint-Marc de Venise, les Cavazzoni, Adrian Willaert, Giulio Segni, Jachet Buus, Girolamo Parabosco, puis Annibale Padovano et Claudio Merulo, enfin Andrea et Giovanni Gabrieli. Chez Merulo (recueil de 1598), le style de clavier est devenu éclatant, tumultueux ; les toccatas débutent et finissent par des passages « en feu d'artifice » qui encadrent une section médiane polyphonique s'apparentant au *ricercar,* forme qu'il traitera parfois comme Giovanni Gabrieli avec un seul thème en imitation, ce qui préfigure la fugue. À la fin du siècle, un « style d'orgue » est réellement né : thèmes fermes, oppositions de registres grave/aigu, larges intervalles, silences, changements de rythme. Il n'y a plus aucune référence au vocal. C'est que : « Sur un clavier, les lignes ne sont pas maintenues dans les limites imposées aux voix, soit en étendue soit en rapidité ; elles peuvent fuser, se répandre, s'élever, redescendre, nul essoufflement ne survient qui arrête leur mouvement... » (Mme de Chambure, *la Musique instrumentale,* La Pléiade, 1960).

Le répertoire de clavecin est présent également en Italie avec l'*Anthologie* de Gardane (1551) et les *Balli d'arpicordi,* de la fin du XVIe s.

La France. On trouve chez Attaingnant une volonté de classement par genre : cet éditeur publie, en 1531, des recueils complets pour les orgues, espinettes et manicordions (clavicorde) qui, sans doute, illustrent bien la musique à la mode à cette date. Les uns sont consacrés à la musique profane (trois de chansons transcrites, un de danses), les autres à la musique religieuse (deux de pièces de messe et un de motets). Ils semblent être fonctionnels, les uns faits pour aider l'organiste dans son rôle de musicien d'église (l'écriture est simple, rarement à quatre parties, avec peu d'imitations), les autres pour divertir et faire danser. Ce sont des pièces agréables, équilibrées, qui n'ont pas l'envergure des grandes œuvres italiennes mais qui sont pleines de charme et parfaitement instrumentales.

Les danses sont souvent conçues pour deux éléments : la ligne mélodique ornée au *superius* ou parfois à la basse et les accords qui l'accompagnent dans la partie opposée par de simples harmonies dans un style très loin de la polyphonie. Le rythme semble en être l'élément essentiel (comme pour le luth). C'est lui qui paraît déterminer cette conception plus verticale de l'écriture.

L'Espagne. Les archives nous apprennent que l'usage de l'orgue dans ce pays était établi depuis longtemps. Ce n'est pourtant que dans le second tiers du XVIe s. que l'aveugle Antonio de Cabezon (1557,

† 1578), P. Alberto Vila (1517, † 1582) ainsi que F. Soto de Langa (1534 ?, † 1619) nous livrent les premiers documents écrits de cette pratique. Leur technique très évoluée montre qu'ils sont dépositaires d'une longue tradition.
Beaucoup se sont interrogés sur le grand art de Cabezon et sur l'originalité de son œuvre par rapport à celle des maîtres européens contemporains. Cette originalité tient à son génie et à une culture espagnole spécifique qui est sensible aussi, nous l'avons vu, chez les vihuelistes. La pureté du style de Cabezon, la sobre beauté de ses idées musicales et son expression « mystique » exceptionnelle contrastent avec la fougue d'un Cavazzoni, par exemple.
La plupart des autres maîtres n'ont laissé que très peu d'œuvres écrites ou pas du tout. Bermudo ne se plaint-il pas que les organistes de son temps ne manifestaient aucun désir d'imprimer leurs compositions ? Ce détachement par rapport aux choses temporelles est lui aussi typiquement hispanique. Il révèle un certain archaïsme par rapport à l'esprit positif et concret de l'Europe bourgeoise du temps.
Cette indifférence à l'écrit laisse ainsi dans le mystère la plus grande partie de ce répertoire dont les quelques îlots qui émergent évoquent la très haute qualité.
L'Angleterre. L'école d'orgue est d'abord représentée par Thomas Tallis et William Blitheman dans la seconde moitié du XVIe s. (dans le *Mulliner Book* et le *Fitz William Virginal Book*). Ces œuvres font entendre des harmonies modales souvent archaïques, avec d'étranges dissonances et un ton très austère qui n'est pas sans rappeler l'Espagne. William Byrd (1542, † 1623) offrira un style très différent (*cantus planus* avec contrepoint orné presque toujours). John Redford se situe, par son style, entre Cabezon et Cavazzoni. Il utilise surtout l'écriture à deux ou trois voix, traditionnelle en Angleterre, et le *faburden* (le *cantus* est accompagné de sixtes au *tenor*). Son approche est encore toute médiévale ; il vise, comme Cabezon, la transparence et non le remplissage, le tracé linéaire et non les accords, l'intensité mélodique et non le soutien harmonique. Thomas Preston, son successeur, donnera, lui, des « études pour clavier » avant la lettre. En suivant ses prédécesseurs, il développera des recherches rythmiques, des passages virtuoses à la main gauche proches du style des virginalistes.
Le *Dublin Virginal Book* regroupe des suites de danses pour le virginal, souvent très simples, sur des thèmes populaires anglais. Cet ouvrage se limite surtout à deux types de danses groupées en

paires : pavane et gaillarde, qui sont construites sur le même matériel thématique avec, le plus souvent, une forme tripartite. S'y fait jour une écriture spécifique du clavier que William Byrd va porter à la perfection par des modulations très intéressantes, de fausses relations, des suspensions, des recherches rythmiques (trois notes contre deux)... Byrd développe admirablement la variation sur des thèmes populaires anglais et introduit des canons dans les danses. Chez lui, chaque œuvre est toujours un tout indépendant, riche d'inventions. Byrd peut être considéré comme le père de la première technique virtuose du clavier, qui sera développée, mais non surpassée, par la génération suivante : celle de Thomas Morley, Thomas Tomkins, Orlando Gibbons et John Bull.

Les ensembles

Au XVIe s., toute musique vocale pouvait être jouée aux instruments mais à cette époque nombreux aussi étaient les recueils de polyphonie sans texte, très certainement destinés aux instruments. Ces pièces ont parfois des titres : le *Burguygnon,* la *Morra...* chez Petrucci, le premier éditeur d'œuvres polyphoniques ; *Ut ré mi fa sol la,* chez Cornysh... D'autres portent la mention : « Tant de voix que sur les instruments », formule similaire dans tous les pays. Ces œuvres se présentent en parties séparées (l'écriture globale de toutes les voix étant l'indice que la composition était plutôt destinée à un instrumentiste soliste, organiste par exemple).

Les instruments s'associent à leur gré, mais de plus en plus en famille. Surtout après 1550, et, à la fin du siècle, paraissent des œuvres de musique de chambre pour instruments spécifiques (Tallis, Byrd, Terzi...). Mais, en l'absence de précisions, le principe est de mettre aux aigus flûtes, violons ou violes de bras ; aux intermédiaires, luths, harpes, cistres, mandores ; aux basses, orgues, basses et contre-basses de violes. En général, les parties sont en notation mesurée comme dans le vocal et ne sont pas ornées. Les formes rencontrées sont, en France, essentiellement les danses publiées par Pierre Attaingnant (de 1530 à 1557). Leur fonction est évidente tout comme celles de Jacques Moderne *(Musicque de joye),* Claude Gervaise (*Danceries* publiées en 1550) ou Nicolas Du Chemin (en 1559). L'*Orchesographie* de Thoinot Arbeau, « dialogue de la dance ou manière de dancer », permet de connaître les pas de celles-ci et de mieux comprendre l'impact énorme du rythme dans ce répertoire.

En Italie, le livre d'Eustachio (paru en 1521), celui d'Adrian Willaert (en 1540), celui d'Antonio Gardane (1543), Jacques Buus (1547), Giuliano Tiburtino (1549), Francesco Bendusi (1553) présentent des *ricercari* (dans *Musica nova,* d'Adrian Willaert, 1540, ils marquent le début de la musique en quatuor) et des pièces religieuses ou des *canzone da sonar*. Les danses n'apparaissent, semble-t-il, que peu. Chez Giorgio Mainerio (recueil de 1578), elles sont ordonnées en longues suites de quatre mouvements, suivies chacune de trois à cinq variations. Elles sont alors certainement plus écoutées que dansées, comme plus tard la « suite instrumentale » baroque. Les Flandres et l'Allemagne nous laissent, de leur côté, des transcriptions et surtout des danses (recueils de Tielman Susato [1551] et Bartholomeus Hessen [1554-55]).

À la fin du siècle, en Angleterre, les *consorts* de violes sont courants. On citera aussi les admirables *Broken Consorts* de Thomas Morley, réécriture de pièces plus anciennes orchestrées pour flûte, violon, cistre, pandore. Les groupes d'instruments acquièrent peu à peu un nouveau statut qui les dégage de leur rôle d'accompagnement de la danse, de doublures et de divertissement. Ils entrent aussi dans ce qui peut être considéré comme un orchestre avec les *Sacrae Symphoniae* de Giovanni Gabrieli (1597). Les timbres, indiqués avec précision pour deux groupes qui se répondent en masses opposées, offrent ici tous les brillants coloris du baroque naissant.

Essence et modernité de l'art renaissant

Qui transcrivait-on au XVIe s ? Les grands compositeurs polyphonistes de la musique vocale, notoriétés de l'art musical : Josquin des Prés, Gombert, Claudin de Sermisy, Richafort, Roland de Lassus, Créquillon, Cyprien de Rore... pour n'en citer que quelques-uns.

Le sens de la transcription visait, semble-t-il, à s'assimiler l'art de ces maîtres. Il ne s'agit pourtant pas, même pour de Rippe, chez lequel s'opère un net retour au vocal, de copier. D'ailleurs, l'instrument ne le peut pas toujours : dans le cas du luth, les doigts sont parfois obligés de lâcher les voix qui dans la polyphonie doivent être logiquement tenues (c'est-à-dire jouées liées), et toutes les parties ne peuvent pas toujours êtres reproduites. Aussi, ce n'est donc pas d'imiter qu'il s'agit, mais plutôt de « réinventer ». De plus, l'instrumentiste présente une version différente en transcrivant car il « orne ». L'ornementation lui permet d'« absorber » l'œuvre vocale, de la rendre instrumentale. « Elle devient un véritable acte de composition, d'invention musicale » (J.-M. Vaccaro, *la Musique de luth en France au* XVIe *s.,* 1981). La clarté des lignes se perd. La polyphonie, déjà simplifiée, se dissout, comme les ogives du gothique flamboyant, surchargées de sculptures, deviennent méconnaissables. Ainsi, même dans les transcriptions, nous sommes en face d'un phénomène par essence instrumental et déformateur du contrepoint. Celles-ci doivent être considérées comme le lieu d'enrichissement d'un art déjà autonome.

Les pièces libres bénéficieront de cette fréquentation des grands classiques vocaux et, en elles, s'opérera la synthèse entre les acquis de la transcription et les « formes » typiquement instrumentales possédées depuis toujours, comme l'improvisation ou la variation... L'instrument a des aspects spécifiques, mais il est lié aussi à un répertoire musical différent du noble art vocal : il interprète des danses et accompagne la voix. Ces deux fonctions amènent une nouvelle conception de l'espace musical. Dans les premières un élément d'une extrême importance va bouleverser l'écriture de cette époque : le rythme. Soutien et mesure du temps, celui-ci développe la notion de points d'appui indiqués par la partie basse et, de plus en plus aussi, par les voix intermédiaires ; il attire les consonances aux points clés et entraîne, par des pulsions incisives, une verticalité de l'écriture des parties graves tandis que le *superius* reste libre et volubile.

De même, le chant accompagné tend à privilégier le dessus et surtout le sens des mots. Il conduit à « harmoniser » chaque syllabe. Le « rythme » pénètre aussi ce genre, tout particulièrement dans la chanson française renaissante, d'inspiration souvent « populaire ». Transcriptions de la chanson, airs accompagnés et danse mènent donc à une conception plus « harmonique » de la musique.

Au XVIIe s. s'opérera une synthèse de ces éléments caractéristiques instrumentaux et rythmiques. Les transcriptions seront abandonnées, l'essence de leur contenu musical ayant été « digérée » par les nouvelles formes instrumentales.

La révolution du langage baroque – après des siècles de polyphonie – est logique. En bref, nous dirons qu'elle tient à l'irruption, chez

une élite « cultivée », d'une nouvelle pratique de la musique : le genre instrumental – pratique déformante et créatrice.
On peut dire qu'elle tient aussi à l'irruption de formes issues d'un autre fonds culturel où des impulsions rythmiques vigoureuses insufflent une dynamique musicale réductrice ; elle tient encore à l'arrivée de genres inédits apparus sous l'influence du retour à l'antique qui modifie les conceptions métriques et les rapports musique/texte, dans le vocal comme dans l'instrumental ; elle tient, enfin, à un élément nouveau lui aussi : la couleur en musique, le « timbre », qui, associé à d'autres, est générateur de sensations artistiques inconnues.
Le fait que l'art instrumental ait pu être un des promoteurs de ces profondes modifications est lié à tout un courant de réhabilitation d'éléments longtemps tenus à l'écart : l'expression instrumentale s'affirme dans la musique, comme en peinture le nu, lentement réhabilité, se dégage de la malédiction du péché originel...
L'art instrumental est peut-être le meilleur symbole de l'esprit nouveau de la Renaissance. Comme la coupole de la cathédrale Saint-Pierre de Rome, il est de conception « moderne » : il s'oppose à l'art vocal polyphonique qui disparaîtra et dont l'esthétique se rattachait plutôt au gothique flamboyant.
L'instrumental n'est donc pas né du vocal. Il est plutôt né du fonctionnel. C'est en perdant peu à peu le sens de ses origines qu'il devient musique pure. Plus de parole, plus de rôle particulier à tenir : la musique, jouée par des instruments, exprime une pensée religieuse et mystique... ou des élans profanes... ou des structures mathématiques et rigoureuses... Tout ainsi est en place pour être dit, suggéré, imaginé – même l'inexprimable.

TROISIÈME PARTIE

ART BAROQUE ET ART CLASSIQUE

Naissance de l'art vocal baroque
Marie-Claire Beltrando-Patier

La musique vocale de 1680 à 1800
Jean Duron

Musique instrumentale baroque et classique
Dominique Patier

Marie-Claire Beltrando-Patier

INTRODUCTION

1600 marque les débuts de l'opéra, avec l'*Euridice* de Peri, et ceux de l'oratorio, avec *La Représentation de l'âme et du corps* de Cavalieri. C'est donc l'année de grands bouleversements, en gestation depuis quelque 25 ans, et qui voit la réalisation d'idées révolutionnaires. Ces idées se regroupent sous l'étiquette de « réforme mélodramatique » et désignent l'avènement d'un nouveau langage, de nouvelles formes et d'un nouvel idéal musical.

La réforme mélodramatique marque un brusque tournant et débouche sur un style qui affirme à tout instant : la musique est théâtre ; le monde entier est un théâtre. Ce style s'inscrit dans l'esthétique baroque (1600-1750), univers du changement, du mouvement et de la représentation. Art de l'illusion, le baroque révèle le monde non pas dans sa réalité objective, mais « comme une chose vue » (H. Wölfflin, *Principes fondamentaux de l'histoire de l'art,* 1915). En ce sens, toute œuvre baroque est « représentative » et dramatique. L'art classique (1750-1800), qui fait suite au baroque, est fait, à l'opposé, de clarté et d'unité. Il joint à ces éléments d'équilibre un intense besoin d'expression et de sensibilité. L'épanchement dans la simplicité sera son caractère essentiel, et la musique instrumentale pour soliste son terrain d'élection.

Un nouvel idéal musical

Art baroque et art classique vont cependant s'entendre pour exiger de la musique une nouvelle dimension : celle de la représentation et de l'expression. Au XVIe s., un mouvement d'idées lié à l'humanisme avait déjà posé quelques jalons en ce sens. Il existait, en effet, la notion de *musica reservata* (« musique secrète » ou « musique pour initiés »), destinée, selon certains, à l'illustration musicale des images contenues dans un texte littéraire ; en ce sens,

on pourrait dire que R. de Lassus a pratiqué la *musica reservata* dans les *Psaumes de la pénitence* (vers 1560), par exemple lorsqu'il symbolise par une mélodie élevée le cri (*et clamore meus,* verset 1) ou par un afflux de petites valeurs la rapidité (*velociter,* verset 3). D'autres théoriciens assimilent cependant la *musica reservata* à la virtuosité d'écriture fondée sur l'emploi de moyens techniques nouveaux (comme le chromatisme, en particulier), mais toujours chargés d'un contenu émotionnel puissant. La *musica reservata* se présenterait donc comme une technique d'avant-garde, inaccessible au vulgaire, mais liée à l'expression figurée des textes.
Dans le sens d'une promotion du style représentatif, le XVIIe s. approfondira les conquêtes de la *musica reservata,* et son principal souci sera d'officialiser par diverses théories les relations figuralistes de la musique et du langage. Mais il ne s'agira pas, pour le compositeur, de doubler simplement une image poétique par une image sonore. Puisqu'il était dans la nature du baroque de représenter le monde comme sur un théâtre, la musique devra, elle aussi, montrer les choses non pas selon leur nature, mais telles qu'elles « apparaissent ». C'est ce qu'entend H. Wölfflin lorsqu'il évoque la clarté relative du baroque pictural. Pour cet historien de l'art, en effet, « la clarté du motif cesse d'être le but de la représentation ; il n'est plus nécessaire de dérouler devant les yeux la forme dans son entier, il suffit d'en avoir donné les points d'appui essentiels » (*op. cit.*). La « moindre clarté » qui résulte de cette décantation n'en sera que plus suggestive et, par la puissance de son impact, provoquera un afflux d'émotions. H. Wölfflin va jusqu'à parler du « charme » (au sens de magie) qu'exerce l'art baroque sur le spectateur. En accord avec cette esthétique, la musique baroque se plaira à peindre un aspect des apparences – le plus significatif –, tout en provoquant les passions les plus vives.
La suggestion des apparences en musique passe par des artifices extrêmement précis qui constituent un code accepté par tous les individus d'un même groupe socioculturel. Ces pratiques ou artifices ont fait l'objet de nombreuses théories : toutes s'accordent pour reconnaître en eux une recherche sur la puissance expressive du langage des sons.

Le figuralisme (théorie des figures)

Le figuralisme ou peinture en musique existait déjà de façon spontanée et à titre individuel depuis le Moyen Âge. Mais, durant la seconde moitié du XVIe s., il devint une pratique courante, que les musiciens du madrigal, du motet ou de la chanson, désignaient par l'expression « peinture pour l'oreille » ; aujourd'hui, nous disons « madrigalisme ». Ce recours à la représentation caractérise le *stile rappresentativo* (« style représentatif ») ou encore la *seconda pratica* (« seconde pratique ») illustrant, selon Monteverdi, une nouvelle conception figurée de la musique, qui s'opposait à la *prima pratica* (« première pratique ») ou style sévère des contrapuntistes.

Dès le début du XVIIᵉ s., et principalement en Allemagne, on s'attacha à codifier les figuralismes. La meilleure classification que l'on trouva repose sur l'analogie de la musique et du langage. De même qu'existent des « figures » de rhétorique destinées à embellir le langage et susciter les passions, de même la musique, langage de l'âme, possédera une série de « figures » spécifiques, dont le musicien se servira pour provoquer et contrôler l'émotion. C'est pourquoi, poursuivant l'analogie, les théoriciens nommeront les figures musicales d'après les termes savants de la rhétorique, hérités d'Aristote, de Cicéron ou de Quintilien. De J. Burmeister (*Musica poetica*, 1606) à J. Mattheson (*Der vollkommene Kapellmeister*, 1739) se propagera la *Figurenlehre* ou théorie des figures.

Certaines figures sont de caractère pictural. C'est le cas, par exemple, de l'anabase, qui décrit, par une ligne mélodique ascendante, un mouvement vers le haut, puis, par extension, la joie, le ciel, la gloire ou la beauté ; il s'agit là d'une catégorie d'hypotypose, figure consistant à peindre les choses « d'une manière si vive et énergique qu'elle les met en quelque sorte sous les yeux » (P. Fontanier, *Les Figures du discours*). D'autres figures possèdent un pouvoir expressif plus diffus : elles font généralement intervenir les silences brusques (l'aposiopèse ou *interruptio*) ou les répétitions mélodiques (*gradatio, climax*). La musique trouve là de beaux effets de silences dramatiques, tout chargés de résonances, ou des effets d'insistance créant un climat obsessionnel. Piqués au jeu de l'analogie, les théoriciens concevront enfin des correspondances gratuites, sans contrepartie expressive, entre les éléments musicaux et les éléments du discours : tout mouvement mélodique ou harmonique sera plus ou moins bien assimilé à une figure de rhétorique, dans une généreuse confusion des gestes créateurs.

La théorie des passions

Parallèlement à la théorie des figures, se développe l'*Affektenlehre* (« théorie des passions »), qui puise aussi aux sources de la pensée antique. Déjà Monteverdi s'était fait le promoteur de ce mouvement en exprimant, dans la préface des *Madrigaux guerriers et amoureux* (1638), les trois passions essentielles de l'âme décrites, selon lui, par Platon – la colère, la modération et l'humilité –, ainsi que les moyens musicaux susceptibles de les exprimer. Monteverdi sera suivi par de nombreux théoriciens, de A. Werckmeister (*Harmonologia musica,* 1702) à Fr. Marpurg (*Kritische Briefe,* 1763), en passant par les compositeurs Mattheson et Quantz. Le nombre des passions admises sera augmenté jusqu'à la vingtaine, et les moyens musicaux correspondants seront de mieux en mieux répertoriés.

En exposant ou pratiquant la théorie des passions, l'homme du XVIIIe cherche moins l'universalité que la preuve du pouvoir sans limite de la musique. J. Mattheson écrira très clairement à cet égard : « On peut très bien représenter avec de simples instruments la grandeur d'âme, l'amour, la jalousie, etc. On peut rendre toutes les inclinations du cœur par de simples accords et leur enchaînement sans paroles, en sorte que l'auditeur saisisse et comprenne la marche, le sens, la pensée du discours musical, comme si c'était un véritable discours parlé » (*Die neueste Untersuchung der Singspiele*).

La théorie de l'imitation

Mais, vers le milieu du XVIIIe s., la théorie des passions se démodera au profit de la théorie de l'imitation (*Tonmalerei,* « peinture en musique »). Ce mouvement ne doit pas être compris comme la restriction du langage musical au « bric à brac » de la symphonie descriptive (symphonies militaires, pastorales, burlesques, « chasse », « promenade », « tempête »), mais comme une libération permettant d'atteindre, non plus quelques passions nobles, mais tous les registres de la sensibilité, du populaire, du comique et du trivial au sublime. En ce sens, la *Tonmalerei* sera exploitée dans les œuvres pour instruments solistes de C. Ph. E. Bach ou de J. Haydn, dont les mouvements lents tiennent un véritable discours passant par toutes les nuances de la pensée, sans le secours des mots.

La musique est un langage

Le but de toutes ces théories est de faire la preuve qu'à l'époque baroque et classique la musique est un langage. À la lecture, on ne sait pas toujours très bien si la relation musique/langage est affaire de nature ou de destination, autrement dit, si la musique est un langage ou si elle ne fait qu'en jouer le rôle. À la démonstration rigoureuse, le théoricien préfère l'exposé d'une conviction profonde, celle même qui anima, entre 1600 et 1800, tous les individus concernés par la musique, de l'auditeur au compositeur, en passant par le musicologue et l'interprète. Les convictions de ce dernier sont d'ailleurs les plus significatives : celui qui, auparavant, n'était considéré que comme un manœuvre de la musique doit, à présent, selon les plus célèbres méthodes pour jouer des instruments, donner de la vie au « discours musical » par l'emploi de certains artifices. F. Geminiani (*The Art of playing on the violin,* 1751) recommande un dosage savant des nuances : « Toute bonne musique devrait être composée à l'imitation du discours ; ces deux nuances (*forte* et *piano*) sont destinées à produire les mêmes effets qu'un orateur obtient en élevant et abaissant la voix. » Pédagogue plus exigeant, Cambini demandera à ses élèves de « faire dire » à leur archet, sur une certaine phrase de Boccherini : « Quoi ! vous ne savez pas que je suis innocent, vous me voyez malheureux ! et vous ne daignez pas me consoler ! » (*Nouvelle Méthode théorique et pratique pour le violon,* vers 1795).

Mais si le problème de la relation musique/langage a suscité de vives réactions durant toute l'époque baroque et classique, il n'a guère été abordé avec réalisme et selon des méthodes scientifiques. Traité de façon analogique, voire allusive, il est avant tout le reflet des préoccupations « représentatives » du nouvel idéal musical. Seul J.-Ph. Rameau, musicien et théoricien génial, aura une vision singulièrement claire et moderne du problème : pour lui, musique et langage demeurent intimement liés mais poursuivent deux chemins parallèles et renvoient à des systèmes de signification qui leur sont propres.

… « car les esprits novateurs pourront,
en attendant, chercher des choses nouvelles
relatives à l'harmonie et acquérir
la certitude que le compositeur moderne
construit ses œuvres en les fondant
sur la vérité. »

Monteverdi,
préface du 5e Livre de madrigaux, *1605.*

Marie-Claire Beltrando-Patier

NAISSANCE DE L'ART VOCAL BAROQUE

La musique européenne entre 1600 et 1750 définit une esthétique particulière, dite généralement « âge du baroque » ou « âge de la basse continue ». La musicologie française a longtemps refusé le terme de « baroque », le réservant aux arts plastiques et lui préférant l'allusion, plus technique, à la basse continue. Eugène Borrel écrit encore, en 1958 : « On est étonné de voir classer tout cela sous l'unique et étrange épithète de baroque, mot mal choisi, puisque, dit Littré, il signifie d'*un inattendu qui choque :* on ne voit guère appliquer ce qualificatif à une œuvre de Carissimi, de Corelli ou de Haendel ; ses partisans vont jusqu'à dire que J.-S. Bach forme la charnière entre le baroque et le rococo ! Il vaut mieux ne pas insister, et restituer ces mots aux arts du dessin, auxquels on les a empruntés inconsidérément. »

Effectivement, dès le XVIIIe s., la langue française donne du terme baroque des définitions limitatives et péjoratives : J.-J. Rousseau (Supplément de l'*Encyclopédie,* 1776) pense qu'une musique baroque est celle dont « l'harmonie est confuse, chargée de modulations et de dissonances, l'intonation difficile, et le mouvement contraint » ; l'architecte A. Quatremère de Quincy (*Encyclopédie méthodique,* 1788) fait du baroque « le superlatif du bizarre ». Ce sont les musicologues anglo-saxons qui les premiers acceptèrent l'idée d'un baroque musical (en particulier C. Sachs, vers 1918), comportant des périodes : le *Frühbarock* (« premier baroque ») jusqu'en 1650, le *Mittelbarock* (« baroque moyen ») de 1650 à 1700, et le *Spätbarock* (« baroque tardif ») jusqu'à 1750. Les Français ne furent guère sensibles à ce discours et il fallut attendre les travaux de S. Clercx (*Le Baroque et la Musique,* 1948) pour que l'idée soit, non pas admise, mais simplement envisagée. Actuellement, cette catégorie du baroque semble bien acceptée ; nous la jugeons non pas simplement commode, mais indispensable à une bonne compréhension de l'art du XVIIe s.

Qu'est-ce que le baroque ?

E. d'Ors (*Du Baroque,* 1936) voit du baroque « partout où nous trouvons réunies dans un seul geste plusieurs intentions contradictoires ». D'Ors ajoute que le baroque est un « style de culture » par opposition à un « style historique », sorte d'accident de parcours qui n'infléchit pas le cours de la vie dans son ensemble. Par exemple, il n'existe pas selon d'Ors de prose gothique, car le gothique est un style historique, donc limité « à des produits intellectuels déterminés » ; en revanche, il existe une prose baroque, des mœurs baroques (la tauromachie, selon d'Ors, en serait une démonstration), des conduites baroques, car le baroque est un style de culture.

Ces intentions contradictoires, définies par l'historien de l'art, sont effectivement le nerf de la musique du XVIIe s. Ne les considérons pas comme un simple balancement d'effets contraires mais bien comme la manifestation de forces antagonistes puissantes, engendrant une esthétique de conflit. Le caractère conflictuel du baroque épouse de si près les tensions internes propres au langage musical que l'on peut dire avec S. Clercx que le baroque trouve dans la musique son « incarnation idéale », et que toute musique possède, par essence, une dimension baroque.

Historiquement, l'esthétique baroque trouve son plein épanouissement dans les grandes formes dramatiques : opéra, oratorio, motet et cantate. L'opéra peut être considéré comme le genre baroque par excellence : « De grands thèmes y sont traités (l'amour, la vie, la mort) mettant en scène des héros dans un climat d'exaltation intense. La fièvre d'expression atteint tous les moyens musicaux mis en œuvre : les dissonances, le chromatisme, les modulations hardies soulignent la passion, la douleur » (D. Patier, *La Musique baroque*). L'oratorio sert avec la même exigence l'Église de la Contre-Réforme, cette Église « ardente et passionnée, qui connut l'angoisse, la lutte et le martyre, cette Église de grands saints extatiques [qui] façonna l'art à son image » (E. Mâle, *L'Art religieux après le concile de Trente*). L'iconographie des saints, qui atteint des paroxysmes dans l'extase ou le ravissement, a son équivalent musical dans le traitement des sujets bibliques dont les compositeurs exaltent les côtés humains. Il est d'ailleurs difficile de séparer, en Italie, ce qui est profane de ce qui est sacré : *Orfeo* de Monteverdi est un opéra métaphysique (l'anecdote amoureuse n'étant pas le sujet principal) ; *Il Sant'Alessio,* « Saint Alexis », de S. Landi, opéra romain, traite de l'itinéraire spirituel d'un jeune patricien ; *Jephté,* oratorio de Carissimi, pourrait faire un excellent opéra sous le titre d'*Iphigénie,* le sujet abordé étant celui d'un père pris entre l'amour de son enfant et le vœu hâtivement fait de sacrifier la première personne rencontrée, si Dieu lui donne la victoire. La cantate présente elle aussi une double orientation, profane et religieuse. Dans l'art dramatique baroque, l'ampleur des passions atteint au sacré, et bien humaines sont les souffrances des saints, lorsqu'ils luttent pour se rapprocher de Dieu.

La musique française sera peut-être moins manifestement mais tout aussi totalement gagnée au baroque : l'opéra, s'il n'arrive à maturité que tardivement (vers 1673), est précédé du ballet de cour, chef-d'œuvre de l'illusion et du contraste, et de la pastorale, dans laquelle l'exaltation de la nature est encore une dimension baroque. Le motet s'intègre lui aussi dans ce courant avec son sens du théâtre, son expression ardente et son esthétique des oppositions. Ce qui peut troubler, dans le cas de la musique française du XVIIe s., c'est cette exigence de raison et de rigueur, sans doute peu en accord avec la « clarté relative » du baroque, définie par Wölfflin. Mais, en fait, si le discours musical français possède un haut degré de cohérence et d'organisation, il est aussi susceptible de s'inscrire selon ses propres modalités dans l'esthétique de la représentation théâtrale, comme l'ont fait d'ailleurs la poésie et la tragédie malgré la réforme de Malherbe. On voit donc que chaque nation réagit selon ses propres traditions et sa vocation personnelle. Mais, de même que la France a été le berceau du gothique, c'est à l'Italie de jouer un rôle pilote au XVIIe s. dans la promotion d'une nouvelle sensibilité.

Les moyens musicaux baroques

L'avènement de la basse continue

La basse continue (ou *continuo*) marque la période baroque (1600 à 1750). Elle se définit comme la partie instrumentale placée à la basse et soutenant de façon obligée et continue les parties supérieures. Cette situation est totalement nouvelle et ne se reproduira plus après 1750.

Avant le XVIIe s., la partie grave (basse ou ténor) d'une polyphonie était une partie vocale parmi les autres et, schématiquement, ne demandait pas de traitement particulier : elle reprenait les thèmes selon le principe de l'imitation, vocalisait et distribuait ses interventions selon la logique d'un contrepoint bien équilibré. À partir de 1600, la musique est au contraire conçue par étages cloisonnés, groupés selon trois fonctions : soutenir, remplir, chanter. Soutenir incombe à la basse continue, partie qui peut sembler défavorisée a priori mais qui est en fait passionnante à « réaliser » puisque le musicien doit improviser sur le canevas chiffré proposé par l'auteur (voir ♪ ci-contre) une partie musicale complète, selon des règles dont l'apprentissage constitue à l'époque une part non négligeable des études de musique. Chanter est le lot des voix supérieures, alors que les voix intermédiaires, souvent laissées à la rédaction de quelque secrétaire ou disciple (le maître n'écrit que la basse et le chant), ont pour mission de remplir ou combler le creux de sonorité existant entre la basse et le chant (voir ♪ ci-contre). À partir de 1750, la notion de basse continue s'effacera devant celle, beaucoup plus subtile, d'accompagnement. Toute partie (basse ou intermédiaire) deviendra susceptible d'être « accompagnante » et on ne se fera plus obligation d'exprimer totalement l'harmonie sur chaque accord.

Les répercussions de la basse continue sur l'écriture musicale sont considérables : c'est une façon spatiale de concevoir la musique qui, par le jeu des courbes et des profondeurs, est tout à fait baroque.

L'invention du récitatif

La seconde nouveauté musicale de l'âge baroque est l'invention du récitatif. Le récit ou récitatif (*stilo recitàtivo*) est défini par Lecerf de La Vieville (1674, † 1707) comme « un juste milieu entre la déclamation de la tragédie et le dessin musical ». Il obéit donc aux lois du discours parlé (respect de la syntaxe, des accents...) et non à celles du discours musical (mesure, enchaînement des modulations...). Fruit des *camerate* florentines, il apparaît dans le répertoire lyrique italien dès le début du XVIIe s. (voir « L'art vocal au XVIe s. », p. 235). C'est la part essentielle du *stile reppresentativo* (« style représentatif »), destiné à exprimer une action en musique. On conçoit l'intérêt d'un tel moyen musical lorsqu'on imagine le ralentissement considérable du déroulement d'un texte mis en poly-

J.-B. Lully, Miserere, *motet. (« Mais vois, je suis né dans la faute, dans le péché ma mère m'a conçu ».)*

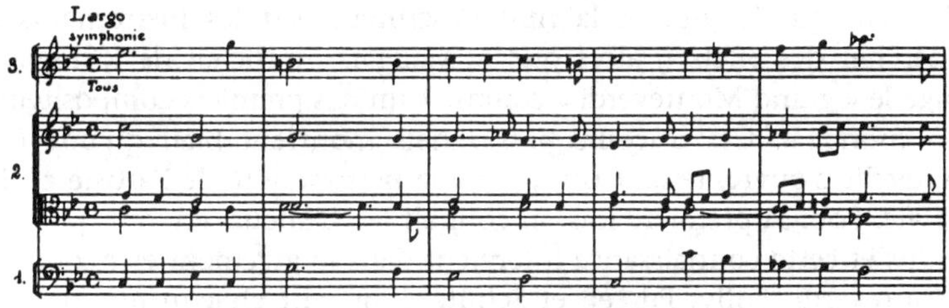

J.-B. Lully, Miserere, *motet.*

Les fonctions du langage :
1. Soutenir : la basse (voix inférieure) est la base de l'édifice.
2. Remplir : le bloc des trois voix intermédiaires, peu mélodiques, sans intérêt musical réel, comble le creux de sonorité entre les extrêmes.
3. Chanter : très beau développement de la voix supérieure.

phonie ou chanté selon le schéma purement musical de l'*aria.* Le récitatif tend à égaler le débit de la parole déclamée et constitue un parfait véhicule pour l'information.

Le *stile recitativo* suscite tout un éventail de formes dramatiques nouvelles (opéra, oratorio, cantate), et influence les genres plus anciens (madrigal, air, motet, ballet de cour...) en leur donnant expression et vie.

Basse continue et récitatif sont les deux conquêtes du XVIIe s. et constituent une véritable révolution, la plus importante de toute l'histoire du langage musical. Leur totale nouveauté fut comprise en son temps et Monteverdi, dès le *5e Livre de madrigaux* (1605), forgea le terme de *seconda pratica* (« seconde manière ou seconde pratique ») désignant l'art musical issu des procédés modernes par opposition à l'art des polyphonistes (*prima pratica*).

Les musiciens

Les compositeurs qui illustrèrent la période baroque surprirent leurs contemporains : Monteverdi est perçu comme un immense génie par certains et comme un provocateur par d'autres. Le chanoine Artusi sanctionne très sévèrement ses madrigaux : « Les sens sont devenus fous et c'est le résultat qu'obtiennent délibérément tous ces faiseurs de neuf qui le jour et la nuit s'escriment sur les instruments à chercher des effets », alors que A. Maugars, musicien de Richelieu, juge le « grand Monteverdi » comme « un des premiers compositeurs du monde ». Ces discours passionnels montrent bien qu'une ère nouvelle s'ouvre, tenant compte de la personnalité de l'artiste et de sa vie. Pour la première fois on connaît les créateurs en tant qu'individus et cette connaissance intervient dans le jugement esthétique.
Monteverdi, Lully, Purcell et Schütz, illustrant chacun une nation et un aspect de cette nouvelle sensibilité, provoquent encore, par un jeu subtil, l'attirance et le refus, mais jamais ne nous laissent indifférents. Peut-on voir là une conquête de la musicologie ? une conquête des interprètes qui en ont donné depuis quelques années des exécutions enthousiasmantes ? Sans doute et plus simplement y a-t-il une correspondance entre les tendances baroques de l'art actuel (cinéma italien, rétrospectives, décoration, mode vestimentaire) et l'art du XVIIe s., qui nous plonge en terrain connu et établit une intime communication.

L'Italie

L'opéra italien au XVIIe siècle

Si l'on considère l'œuvre de Monteverdi et de ses contemporains, on constate que l'opéra s'est formé dans le courant du XVIIe s. en Italie, et qu'il n'est pas le pur produit des académies florentines,

Pénétration de la réforme mélodramatique en Italie

1° Période « florentine » (Florence – Mantoue)
Peri, Caccini : Les deux *Euridice,* 1600 et 1603
Monteverdi : *Orfeo,* 1607

2° Période « romaine »
Landi : *Il Sant' Alessio,* 1632
Carissimi : *Jephté* (v. 1650)

3° Période « vénitienne »
Monteverdi, *Le Couronnement de Poppée* (1642)
Cavalli, *Jason* (1649)

4° Période « napolitaine »
Scarlatti (après 1680).

comme on l'énonce trop souvent. Même l'*Orfeo* de Monteverdi, en dépit de sa beauté musicale, ne peut faire illusion : ses qualités dramatiques sont faibles et l'action peu dynamique. Seul, le deuxième acte – et plus particulièrement la scène de la Messagère – répond, par son style direct et l'opposition des éléments employés pour caractériser les personnages, à la vocation du *dramma per musica* (« drame en musique »).

Les opéras florentins, qui relèvent encore de l'expérience, tendent surtout à dominer le style récitatif et à résoudre le problème du « parler en musique ». Sur cette base va s'élaborer le véritable théâtre lyrique dont la progression est liée à de nombreux facteurs : l'un des principaux est la conception nouvelle des *libretti* (« livrets ») qui ajoute une dimension dramatique à la poésie narrative. Ce sont d'ailleurs souvent les auteurs des livrets qui font évoluer l'opéra par une série de réformes dont la première se situe déjà au XVIIIe s. et a pour instigateur Pietro Métastase, connu par ses tragédies.

À côté du livret, intervient également l'aspect scénique – décor et mise en scène. Les machineries compliquées qui existaient auparavant dans les représentations sacrées au XVIe s. sont adaptées au répertoire lyrique. Elles connaissent alors un développement considérable car l'idéal baroque ne peut que s'accorder avec cet art de la fête et de l'apparence, au point que le spectacle devient bientôt l'élément essentiel, s'imposant au-dessus du texte et de la musique. Ce privilège accordé au visuel est surtout manifeste à Venise, patrie du premier théâtre public où l'on apprécie particulièrement le faste et la magnificence des exécutions lyriques.

On s'aperçoit en effet que chaque région ou État apporte sa contribution spécifique au développement de l'opéra, au fur et à mesure que se propagent les idées nouvelles. Parti de Florence, le style représentatif gagne peu à peu le centre puis le sud de l'Italie, tout en progressant vers l'est et la république de Venise. Chaque étape est une conquête et l'on peut dire qu'au moment où se forme l'école napolitaine (fin du XVIIe s.), l'opéra a atteint sa maturité.

L'opéra à Florence ou l'aboutissement des « camerate »

Lorsque Monteverdi termine *Orfeo* en 1607, le genre « opéra » est encore naissant et grand l'étonnement. Ce bruit circule à l'académie des *Invaghiti* (littéralement des amoureux, mais plutôt des amateurs, voire – selon H. Halbreich – des mordus !) : « Demain, le sérénissime seigneur prince fait réciter une comédie qui sera curieuse en ce sens que tous les interlocuteurs doivent parler en musique. »

Monteverdi, pour sa part, aurait peut-être entendu les deux *Euridice* de Peri et de Caccini (1600 et 1603) : en effet, la famille Gonzague, alliée aux Médicis, était représentée aux cérémonies du mariage de Marie de Médicis avec Henri IV, pendant lesquelles fut jouée la première des *Euridice*. Mais le compositeur eut-il l'honneur d'y accompagner son mécène ? Quoi qu'il en soit, la nouveauté d'*Euridice* ne passa pas inaperçue et fut certainement discutée dans les cercles de musiciens et d'érudits. D'ailleurs, Monteverdi ne menait-il pas des recherches parallèles à celles de Peri et de Caccini avec ses livres de madrigaux qui, dès 1592 (*3e Livre*), montraient un souci constant d'exploitation du style monodique, et, à partir des *4e Livre* (1603) et *5e Livre* (1605), de la basse continue et du style représentatif ? La cour de Mantoue ne restait pas étrangère à cet esprit d'émulation, et la commande de l'*Orfeo, favola in musica* (« fable en musique »), prouvait qu'elle ne souhaitait pas être distancée par Florence dans la course au prestige.

Le livret d'Alessandro Striggio fut distribué aux spectateurs le jour de la création – 24 février 1607 – et les premières réactions suscitées le concernèrent avant la musique : « La poésie est belle comme le choix du sujet », écrit Ch. Ferrari, puis il passe au commentaire de

---

Claudio Monteverdi (1567, † 1643)

Repères biographiques

1567	Naissance à Crémone (duché de Milan)
1590-91	Maître de chapelle à Mantoue
1595	Voyage en Hongrie
1599	Voyage en Flandres
1613	Maître de chapelle à Venise (église Saint-Marc)
1643	Mort à Venise

---

la musique. Le poète, fils de musicien, conseiller du prince et initié, reprend la légende d'Orphée : Orphée aime Eurydice d'un amour tel qu'à sa mort il ira jusqu'aux enfers la rechercher ; puis il la perd une deuxième fois à la suite d'une maladresse. Le sentiment est profond, émouvant. Partagé ? nous ne saurions le dire car Eurydice n'a que 32 mesures de musique dans tout l'opéra pour s'exprimer ! Orphée, certes, nous touche (IIe acte, *Les Plaintes d'Orphée*) et on ne peut se retenir d'évoquer la relation autobiographique des situations : Orphée perd Eurydice tandis que Monteverdi voit dépérir son épouse (Claudia Monteverdi meurt le 10 octobre 1607). Mais ce n'est pas l'essentiel : au-delà de la fable, le mythe approfondit l'idée de la mort et du « passage » dans l'au-delà. A. Striggio, dont il faut se souvenir là qu'il est un initié, nous explique que, plus que les blessures d'amour, un seul problème mérite l'attention de l'homme : l'irréversibilité de la mort. Orphée perd Eurydice et la retrouve, mais à une condition : il ne doit pas croiser son regard durant tout le voyage du retour. Quoi de plus simple en apparence ? Orphée a déjà tant fait pour Eurydice que cette dernière épreuve semble un jeu dérisoire né dans l'esprit compliqué d'un Dieu. Or c'est justement le nœud du drame. En effet, si Orphée doit s'interdire de plonger ses yeux dans ceux de sa femme, c'est qu'il ne doit en aucun cas surprendre les secrets qu'Eurydice a pu connaître. (On ne parlera jamais assez de cette puissance du regard qui, depuis Achille et Penthésilée jusqu'à Tristan et Isolde, établit la communication mystérieuse des âmes.) Mais Orphée porte en lui, comme tous les hommes, la grande interrogation sur l'au-delà, et il en est obsédé au point d'accepter, inconsciemment, de perdre son épouse une seconde fois pour le prix d'une révélation.

Que lit-il dans les yeux d'Eurydice ? On ne le saura jamais. Simplement, nous dit-on, il perd le goût de l'existence. Le chœur infernal tire une morale très ambiguë de l'histoire :

> « Il sera digne de la gloire éternelle
> Celui-là seul qui saura se vaincre lui-même. »

Orphée est brisé. Il termine sa vie misérablement, déchiré par les Bacchantes. Une certaine frayeur dut certainement saisir les auteurs devant l'horreur d'un tel dénouement car, au Ve acte de l'opéra, Apollon descend du ciel pour enlever Orphée sur un nuage et lui offrir des réjouissances compensatrices.

Sur le plan musical, l'intérêt de l'œuvre tient au récitatif. Il n'y a rien de particulier à dire de la progression dramatique, des chœurs et des *sinfonie* ou ritournelles – sinon qu'ils sont sublimes –, ni même de l'*aria* qui n'intervient que pendant les creux de l'action. Le récit, au contraire, exalte le texte poétique par des moyens tout à fait neufs. Déjà, son accompagnement par la basse continue change de couleur instrumentale selon le personnage (orgue régale pour Pluton, chittarrone pour Eurydice...) mais aussi selon l'instant et le climat (*organo di legno,* « orgue de bois », et chittarrone pour Orphée au IIe acte, cordes au IIIe acte). Cette attention accordée aux timbres instrumentaux est renforcée par le jeu des tonalités attachées elles aussi aux sentiments et aux situations : *la* mineur est le ton de la douleur, *sol* mineur, celui du héros. La rythmique tend à supprimer les longues séries de valeurs égales chères à Peri pour nuancer le débit et créer des appuis inattendus, des syncopes fluides. Déjà Monteverdi use du *stile concitato* ou style « animé » – « frémissant » serait plus juste – dont il fera la théorie en 1638 dans la Préface des *Madrigali guerrieri e amorosi,* « Madrigaux guerriers et amoureux ». Un de ses artifices favoris consiste à placer, dans un récit mélodiquement neutre, une phrase chantante produisant un effet de lumière. Il n'échappe cependant pas aux poncifs du temps – traités d'ailleurs avec un charme inégalable – aussi bien dans des madrigalismes ou images musicales ponctuelles, que les « tours » ou procédés d'écriture expressifs comme le *lamento.*

La réussite d'*Orfeo* sera couronnée par celle d'*Arianna,* sur un livret de Rinuccini, représentée le 28 mai 1608. On n'en conserve que le *Lamento,* dont le succès fut si considérable que Monteverdi le reprit dans le *6e Livre de madrigaux* (1614) et dans une cantate, *Il pianto della Madonna,* « La Plainte de la Vierge », en 1640.

Claudio Monteverdi
Principales œuvres

Musique profane :
9 Livres de madrigaux (1587-1651)
Opéras :
Orfeo (1607)
Ariana (1608)
Il Ritorno d'Ulisse in patria (1640)
l'Incoronazione di Poppea (1642)

Musique religieuse :
Madrigali spirituali (1583)
Sanctissimae Virgini Missa senis vocibus ac vesperae (1610)
Selva morale e spirituale (1640)

L'opéra à Rome

L'opéra romain prend de l'importance à partir de 1620, alors que décline l'école florentine, encore illustrée par Jacopo Peri ou Marco Da Gagliano. Déjà très avancés sur le chemin de l'oratorio, les musiciens romains recherchent les sujets religieux ou allégoriques (*Il Sant'Alessio,* « Saint Alexis », musique de S. Landi), sans pour cela dédaigner la mythologie classique (*La Morte d'Orfeo,* « La Mort d'Orphée » de S. Landi), ou le style pastoral (*La Galatea,* « Galatée » de L. Vittori). Le mécénat actif des princes Barberini est à l'origine de bien des œuvres. Les cardinaux Antonio et Francesco Barberini, neveux du pape Urbain VIII, font édifier en leur palais un théâtre de 3 000 places – Téatro delle quattro Fontane – pour l'inauguration duquel on donna *Il Sant'Alessio* de Stefano Landi (1632). Le décorateur, en la circonstance, n'était autre que Gian Lorenzo Bernini (Le Bernin), architecte, peintre et sculpteur, auteur du célèbre baldaquin de la basilique Saint-Pierre de Rome.
À côté des mécènes et des artistes-décorateurs, le librettiste Giulio Rospigliosi compte également parmi les plus importants promoteurs de l'opéra. Cardinal et auteur dramatique, il travaille en collaboration avec les meilleurs musiciens de son temps : S. Landi (*Il Sant'Alessio*), L. Rossi (*Il Palazzo incantato d'Atalante,* « Le Palais enchanté d'Atalante ») ou M. Marazzoli (*La Vita umana overo il*

Trionfo della pietà, « La Vie humaine ou le Triomphe de la pitié »). C'est encore à Rospigliosi que l'on attribue généralement les débuts de l'opéra bouffe avec *Chi soffre, speri,* « Celui qui souffre espère », musique de V. Mazzochi et M. Marazzoli, et *Dal male il bene,* « Du mal vient le bien », musique de A.M. Abbatini et M. Marazzoli, dans lequel triomphe le personnage du valet comique. Cet homme cultivé, qui s'inspira du Tasse et de Calderon, aura un destin exceptionnel puisqu'il deviendra pape sous le nom de Clément IX.

La grande époque Barberini se termine en 1642, date de l'avènement d'un nouveau pape hostile à l'ancienne curie, Innocent X. Mazarin offre l'hospitalité à la célèbre famille fuyant Rome, contribuant ainsi à l'introduction en France des idées italiennes. L'*Orfeo* de L. Rossi est joué à Paris en 1647 et Lully se souviendra dans son théâtre lyrique de la beauté des chœurs de l'école romaine. Les Parisiens, en revanche, s'étonnèrent surtout « des merveilleux changements de théâtre et des machines qu'on n'avait pas encore vues » (C.F. Ménestrier, *Des représentations en Musique anciennes et modernes,* 1681). Le retour à Rome des Barberini accompagnera la décadence de l'opéra, due certes aux intrigues de cour, mais aussi à la concurrence de l'école vénitienne. Le style musical romain modifie l'équilibre du texte et de la musique, tel qu'il était proposé par l'école florentine. L'*aria* se développe selon différents plans – à strophes, à répétition (ABA), sur basse contrainte – et prend de l'importance par rapport au récit. Celui-ci gagne en rapidité ce qu'il perd en musicalité. Cette tendance à distinguer récit et air et à faire du récit le véhicule de l'information au détriment de l'émotion ne sera renversée que fort tard – au XIXe s. principalement avec la révolution wagnérienne – par la création d'un langage musical unique, conjuguant les avantages du récit et de l'*aria.*

Une des particularités des compositeurs romains reste les chœurs, peu représentés chez les Florentins et parfois totalement absents chez les Vénitiens, qui interviennent ici à titre de décor (chœurs de Tritons, de Nymphes, de Bergers), d'élément expressif (chœurs de lamentations, de glorification), ou, plus simplement, comme élément dynamique permettant de ponctuer le discours et de terminer les actes.

L'opéra à Venise

Les véritables débuts de l'école vénitienne se font après 1637, date d'ouverture du premier théâtre public en la ville – le théâtre San

Cassiano – où, pour la somme de 4 lires, les habitants de Venise pouvaient entendre l'opéra. On donna, pour l'inauguration, *Andromeda* de F. Manelli, sur un livret de B. Ferrari. Entre 1637 et 1700, 16 théâtres suffiront à peine à assouvir la passion des Vénitiens pour l'opéra. Fait curieux, ils sont généralement désignés par le nom de la paroisse sur laquelle ils se trouvent : San Cassiano, San Salvador, Santissimi Apostoli, SS Giovanni e Paolo, etc.

L'opéra vénitien est avant tout un grand spectacle. En 1645, l'Anglais John Evelyn, ami de Samuel Pepys, écrit à ce sujet dans son *Journal* : « C'est l'un des divertissements les plus magnifiques et les plus luxueux que l'esprit de l'homme ait jamais conçus. » On a tendance à qualifier de démagogique l'art lyrique vénitien, sous prétexte qu'il sert une république et un gouvernement oligarchiques. L'oligarchie régna en d'autres cités (Sparte ou Athènes) sans que l'art y fût particulièrement démagogique. D'ailleurs, l'opéra n'est justement pas un art populaire ; les Français le savent, qui ne connaissent généralement que *Faust* et *Carmen* ! Ce qui est populaire au contraire, surtout dans les pays latins, c'est l'exercice du chant, et il est évident que, à côté de ses qualités musicales et dramatiques, l'opéra est un excellent serviteur du *bel canto* ou du *buon canto* (« bon chant ») selon l'expression de l'époque.

Les voix les plus appréciées en Italie au XVIIe s. sont celles des castrats dont la vogue durera jusqu'à la période rossinienne. Parmi ceux-ci, Loretto Vittori (1604, † 1670), également compositeur, et Baldassare Ferri (1610, † 1680) furent les plus célèbres. Les Vénitiens, premiers grands amateurs de belles voix, contribuèrent donc, par cette note sensuelle qui leur est propre, à doter le théâtre lyrique d'un pouvoir attractif très puissant.

Schématiquement, la création de l'opéra peut se résumer ainsi : Florence a apporté le récit, Rome la musique et Venise la magie. Évidemment, la réalité est beaucoup plus nuancée et, déjà, Monteverdi dans *Orfeo* servait la voix et le chant, en particulier dans l'*aria Possente spiro* (« Esprit puissant ») de l'Acte III. On peut cependant affirmer qu'à Venise, pour la première fois, tous les éléments du spectacle lyrique sont définitivement rassemblés : le *bel canto* et l'expression, le rêve (interventions des dieux), le comique, un rythme de déroulement dynamique distinguant bien selon les situations l'*aria* et le récit, les ensembles vocaux donnant de la vie au discours, et, avec Cesti, la relation thématique de l'ouverture et des actes. Les contemporains ne s'y trompèrent pas et, en 1681, C.F. Ménestrier attribue à la seule Venise la possibilité de la création de tous les théâtres et de toutes les troupes en Italie et ailleurs.

Monteverdi et l'opéra vénitien

Monteverdi écrivit quatre opéras pour Venise, dont deux aujourd'hui perdus : *Adone,* « Adonis », en 1639 et les *Nozze de Enea con Lavinia,* « Noces d'Énée et de Lavinia », en 1641. *Il Ritorno d'Ulisse in Patria,* « Le Retour d'Ulysse dans sa patrie », fut composé en 1641, sur un livret de Giacomo Badoaro. Cette partition est très particulière par l'intervention du comique (personnage du bouffon Iro), et *L'Incoronazione di Poppea,* « Le Couronnement de Poppée », qui ne la suit pourtant que d'un an, change totalement de manière. Dans cet opéra, Francesco Busenello propose un sujet tout à la fois historique et près de la vie. Les personnages, tirés de la réalité, ne sont plus ces héros mythiques auxquels on ne peut s'identifier et la musique s'attache à les rendre présents dans leur faiblesse comme dans leur grandeur. On a pu dire qu'il y avait là quelque chose de shakespearien.

En fait il s'agit plutôt chez Monteverdi de l'expression d'une sorte de sagesse, fruit d'une vie difficile et d'une grande tolérance. On ne pense ni à l'ambition de Poppée ni à la cruauté de Néron dans la dernière scène, lorsque les héros triomphants échangent des paroles d'amour : « Pour toi mon regard, pour toi ma joie... » Tout concourt, enfin, à la vérité dramatique : le resserrement en 3 actes (au lieu de 5) et l'absence de chœurs ralentissant l'action donnent l'impression d'un déroulement en temps réel. La part de l'*aria* est beaucoup plus importante qu'à l'époque d'*Orfeo* et le récit plus animé.

L'opéra vénitien de Cavalli et Cesti

Parmi les musiciens vénitiens, P.F. Cavalli se présente comme un élève et successeur de Monteverdi. Ses premiers opéras, contemporains de la période vénitienne du maître, furent créés à Venise, et même hors d'Italie (Vienne, Paris), entre 1639 et 1666. S'il semble avoir vécu, selon les termes du musicologue Henry Prunières, « une vie de travail et de devoir », sa musique révèle au contraire un tempérament passionné et une personnalité puissante.

Sur le conseil du castrat Atto Melani, Mazarin eut recours à Cavalli pour inaugurer à Paris le grand théâtre des Tuileries. Il lui commanda en 1660 un *Hercule amoureux,* « Ercole amante », sur

---

Pier Francesco Cavalli (1602, † 1676)

Vie

1602	Naissance à Crema (Lombardie)
1616	Carrière à Venise, chanteur et organiste à Saint-Marc
1639	1er opéra à Venise : *Le Nozze di Teti e di Peleo*
1660-1662	Paris : *Xerse, Ercole amante*
1676	Mort à Venise

Principales œuvres
Cavalli est l'auteur d'une trentaine d'opéras et d'œuvres religieuses : vêpres, messes, *Magnificat.*

---

un texte de F. Buti, et, la pièce étant composée mais le théâtre toujours inachevé, on apaisa le musicien en jouant, sur une scène de fortune dressée dans la grande galerie du Louvre, son opéra *Xerse,* datant déjà de 1654. Lully fut invité à écrire des intermèdes de ballet pour la représentation et recueillit la plus grande part des applaudissements destinés à l'auteur italien. *Ercole amante* ne fut créé que deux ans plus tard, également entremêlé d'entrées de ballet par Lully. Cavalli, humilié par ce pauvre succès, écrivit dès son retour de Paris au poète G. Faustini : « Je suis revenu de France avec la résolution bien arrêtée de ne plus me mêler de compositions théâtrales. » Il ne tint cependant pas parole et ses derniers opéras, *Scipione Africano,* « Scipion l'Africain », *Muzio Scevola,* « Mucius Scaevola », et *Pompeo Magno,* « Pompée le Grand », témoignent d'un approfondissement de l'action dramatique et d'une exaltation du caractère héroïque.

Il est cependant difficile de classer les opéras de Cavalli ou de suivre son évolution dramaturgique. Son cas est très différent de celui d'un Lully qui peut prendre son temps pour travailler et qui reste fidèle à un seul librettiste : Cavalli au contraire a beaucoup écrit, dans n'importe quelles conditions, et sur des textes de valeur inégale. Ses meilleurs livrets sont dus à G.F. Busenello, promoteur de l'opéra historique. Busenello et Cavalli écrivirent ensemble *Gli Amori d'Apollo e di Dafne,* « Les Amours d'Apollon et de Daphné », 1640, *La Didone,* « Didon », 1641, *La Prosperità infelice di Giulio Cesare dittatore,* « Le Bonheur malheureux de Jules César dictateur », 1656, et *La Statira, principessa di Persia,* « Statira, princesse de Perse », 1655. Pourtant, un simple coup d'œil sur le catalogue des œuvres montre que le musicien lui préféra des poètes moins doués, tels que G. Faustini (*L'Egisto,* « Égiste », 1643 ; *L'Eritrea,* « L'Érythrée », 1652) ou N. Minato (*Scipione Africano,* 1664 ; *Muzio Scevola,* 1665 ; *Pompeo Magno,* 1666). Son opéra le plus connu, *Il Giasone,* « Jason », 1649, lui fut proposé par G.A. Cicognini, avec lequel il ne devait plus collaborer par la suite.

D'une façon générale, on reproche au livret de l'opéra vénitien sa complexité (intrigues secondaires multiples, quiproquos, travestis) et son conformisme (inévitables scènes d'amour, de guerre, scènes funèbres, scènes champêtres, scènes de sommeil...). En fait, le conformisme est lié au manque de variété des situations dramatiques, dont les schémas de base sont tous les mêmes, mais, dans le détail, toutes ces scènes diffèrent et ont de l'intérêt. Ainsi Lully sera sensible à la magie des scènes de sommeil d'*Ercole amante,* et s'en inspirera dans *Armide.*

La grande particularité de Cavalli est sa recherche de la vérité dramatique, dans la lignée des dernières œuvres de Monteverdi. À l'image de celui-ci, il sait varier l'allure et la cantabilité du récit selon les besoins, alors que l'opéra italien s'oriente plutôt dès cette époque vers un récit *secco* prépondérant, plus proche de la parole. Toutefois, il n'évite ni ne renouvelle les stéréotypes du récitatif de son temps : chromatisme de tension, répétitions sur le mode de l'insistance, figuralismes, tout cela est déjà parfaitement connu. Des transitions du récit à l'*aria* peuvent se faire par des phrases *arioso,* mais, souvent, les séquences sont simplement juxtaposées. L'*aria* est également très recherchée chez Cavalli : sur basse contrainte, *da capo* (schéma ABA), sur basse obstinée... Un des traits spécifiques du compositeur est le goût de la mesure à trois temps et des débuts de phrase descendants comme Lully les pratiquera aussi. Les moyens expressifs se concentrent autour de l'*aria* et du récit, et ni le chœur ni l'orchestre ne jouent un rôle important.

À Cavalli, on oppose A. Cesti (1623, † 1669), son contemporain, avec lequel il partage les succès de l'école vénitienne.

On pourrait dire, cependant, comme H. Prunières, que Cesti n'est pas à proprement parler un musicien vénitien mais qu'il a donné la formule de cet opéra « pan-italien où certains procédés de composition de Monteverdi et de Cavalli voisinent avec ceux de la cantate

---

Marc'Antonio Cesti (1623, † 1669)

Vie

1623 Naissance à Arezzo, mais formé à Rome, maître de chapelle du séminaire de Volterra
1652 Sert l'archiduc Ferdinand à Innsbruck
1659 Admis à la chapelle Sixtine à Rome
1665 Vice-Kapellmeister de l'empereur à Vienne
1668 Retour à Florence
1669 Mort à Florence

Principales œuvres
Œuvres dramatiques :
Orontea (1650)
La Dori (1661)
La Magnanimità d'Alessandro (1662)
Il Pomo d'oro (1666)
Cantates
Musique religieuse

---

romano-napolitaine, où l'on trouve jusqu'à des emprunts faits à Lully, florentin francisé ». Effectivement, à partir de Cesti et des débuts de l'école napolitaine, il n'existe plus de diversité de styles et de manières mais une seule entité, « l'opéra italien », farouchement défendue dans la péninsule et contre laquelle devront lutter les musiciens européens.

Le souci de Cesti, comme celui, désormais, de tout compositeur dramatique, reste l'efficacité : il s'agit avant tout de provoquer l'enthousiasme, et le meilleur moyen, si l'on excepte le plaisir des yeux, est de « ravir » l'auditeur par la beauté de la mélodie et l'attrait des voix. En ce sens, l'*aria* prédomine largement sur le récit, au bénéfice de la musique mais au détriment de l'action et de la vérité dramatique ; d'où un opéra très « virtuose », produit dans une mise en scène d'une richesse encore inconnue. Cesti réalise ses ambitions avec l'*Orontea,* « Orontée, reine d'Égypte », 1649 et surtout avec *Il Pomo d'oro,* « La Pomme d'or », 1667, opéra commandé par Leopold Ier d'Autriche à l'occasion de ses noces.

La mort de Cesti marque le déclin de l'école vénitienne, encore illustrée en Italie par A. Sartorio, G. Legrenzi ou C.F. Pollarolo, et,

Emilio Del Cavalieri (av. 1550, † 1602)

Repères biographiques

av. 1550	Naissance à Rome
1588	S'établit à Florence où il se consacre au théâtre de Ferdinand Ier de Médicis
1600	Fait représenter la *Rappresentazione di Anima e di Corpo* à l'oratoire de la Vallicella à Rome
1602	Mort à Rome

dans le reste de l'Europe, par A. Steffani (Munich, Hanovre), C. Pallavicini (Venise, Dresde) et A. Draghi (Venise, Vienne).

L'opéra à Naples

Les Napolitains eurent, dit-on, la révélation de l'opéra à travers *L'Incoronazione di Poppea* de Monteverdi, en 1651. F. Provenzale (1627, † 1704), vice-maître de la chapelle royale, fit ensuite jouer les œuvres vénitiennes et composa une dizaine d'opéras dans le même style. Mais le grand maître de cette école fut A. Scarlatti (voir « La musique vocale de 1680 à 1800 » p. 461), auteur d'une centaine d'opéras, et initiateur du compositeur allemand J. A. Hasse, dont l'œuvre contribua à imposer le théâtre italien dans les pays germaniques.

L'art de Scarlatti n'appartient déjà plus au XVIIe s. : malgré les dates (*Gli Equivoci nel sembiante,* « Les Apparences équivoques », 1679 ; *Il Mitridate Eupatore,* « Mithridate Eupator », 1707 ; *Il Trionfo dell'onore,* « Le Triomphe de l'honneur », 1718 ; *La Griselda,* 1721), le déploiement de l'écriture orchestrale, l'ampleur de l'*aria,* l'harmonie (l'usage de la fameuse sixte napolitaine), les vocalises brillantes et le figuralisme obligé sont des caractères propres au XVIIIe s. et plus proches du style galant que du baroque vénitien.

L'oratorio en Italie

En même temps que se développait l'opéra, le style représentatif, instauré par les Florentins, touchait la musique d'église et suggérait de nouvelles formes qui allaient coexister avec l'ancienne messe et le motet.

L'oratorio italien vu par un Français

« Mais il y a encore une autre sorte de musique, qui n'est point du tout en usage en France, et qui pour cette raison mérite bien que je vous fasse un récit particulier. Cela s'appelle " stile récitatif ". La meilleure que j'aye entendue, ça esté en l'Oratoire Saint-Michel, où il y a une congrégation des Frères du Saint-Crucifix, composée des plus grands seigneurs de Rome, qui par conséquent ont le pouvoir d'assembler tout ce que l'Italie produit de plus rare, et en effet, les plus excellens Musiciens se picquent de s'y trouver... Les voix commençoient par un Psalme en forme de motet, et puis tous les instruments faisoient une très bonne symphonie. Les voix après chantoient une histoire du Vieil Testament, en forme de comédie spirituelle, comme celle de Suzanne, de Judith et d'Holoferne, de David et de Goliath. Chaque chantre représentoit un personnage de l'Histoire et exprimoit parfaitement l'énergie des paroles... Je ne sçaurois assez louer cette Musique Récitative, il faut l'avoir entendue sur les lieux pour bien juger de son mérite. »
Maugars, *Responce à un curieux sur le sentiment de la musique d'Italie* (1639).

L'oratorio, œuvre dramatique sur texte religieux, tient son nom du lieu dans lequel il était exécuté : l'oratoire. Le premier du genre semble être la *Rappresentazione di Anima e di Corpo,* « La Représentation de l'âme et du corps », d'E. Cavalieri (av. 1550, † 1602), créé en 1600 à l'oratoire romain de S. Maria in Vallicella, fondé par saint Philippe de Neri. On peut discuter de la valeur réellement « oratoriale » de cette pièce, que beaucoup considèrent plutôt comme une expérience de style récitatif. D'ailleurs, si le genre a été long à se définir, le terme lui-même ne s'est imposé que lentement, vers les années 1640, et s'est vu précédé de nombreux équivalents : dialogues, histoires sacrées ou mélodrames. D'autres problèmes restèrent longtemps en suspens : le genre requérait-il la langue italienne ou latine ? Était-il représentation ou narration ?
Deux courants se dessinèrent : d'une part l'oratorio *volgare* (en langue vulgaire, ou oratorio vernaculaire), né de la *lauda,* et d'autre part l'oratorio latin ou sacré, issu du motet ou du dialogue liturgique. À l'inverse de ce dernier, l'oratorio vernaculaire hésita

Giovanni Carissimi (1605, † 1674)

Vie
1605 Naissance près de Rome
1628 Maître de chapelle de la cathédrale d'Assise
1630 Maître de chapelle de l'église Saint-Apollinaire à Rome
1674 Mort à Rome

Œuvres principales
17 oratorios, dont *Jephté*
12 messes
des motets, des cantates

entre plusieurs formules et fut plus faiblement représenté au XVIIe s. Sa grande période fut surtout le XVIIIe s. et plus précisément les années postérieures à 1660, où il triomphe avec Scarlatti, Hasse ou Haendel.

L'oratorio latin au contraire se développa harmonieusement dès la création de la congrégation du Crucifix à Rome, dont les festivités de la semaine sainte étaient marquées par des concerts spirituels très suivis. D'autres centres de célébration attiraient les Italiens, spécialement à Bologne, Florence et Venise. Les compositeurs établirent des traditions musicales fixant la caractérisation des personnages et l'usage d'images obligées, issues du répertoire profane : le récitant (*Historicus* ou *Historia*) s'exprime dans un récit conjoint et rudimentaire, Dieu en valeurs longues et soutenues. L'emploi des chœurs et des instruments donnait lieu à des variations d'une école à l'autre, ce qui était déjà le cas dans l'opéra.

G. Carissimi demeure le créateur le plus important dans le genre avec une quinzaine de sujets tirés de la Bible. Ces œuvres sont désignées sous le nom d'oratorios ou d'histoires sacrées. La frontière entre les deux catégories n'est pas nette et semble surtout concerner la présence ou l'absence du récitant (l'*Historicus*). Or il arrive que celui-ci disparaisse et laisse le chœur commenter à sa place l'action. C'est le cas de l'oratorio *Jephté,* dont certains musicologues se demandent si ce ne serait pas plutôt une histoire sacrée ! Nous devons donc bien admettre qu'il y a un léger flou dans la terminologie…

Le récit de Carissimi, très *arioso,* se distingue peu de l'air, lui-même attentif aux paroles et à la déclamation. Toutefois, le récitant s'exprime de façon plus monotone alors que les personnages, aux prises avec des situations souvent difficiles – Jephté doit sacrifier sa fille par fidélité à un vœu – usent d'un style plus dramatique. Les scènes traditionnelles du théâtre lyrique ne sont pas oubliées : scène de bataille, chœur de glorification, *lamento.* Mais contrairement à l'opéra, l'économie des moyens est remarquable : chœur à 4 voix, peu de personnages, accompagnement de la basse continue et, rarement, de quelques parties instrumentales.
Le succès de Carissimi s'explique par la finalité de ses œuvres, parfaitement adaptées à un auditoire pieux (côté naïf, direct et touchant des parties vocales) mais raffiné (moyens techniques recherchés : madrigalismes, harmonies hardies, belles modulations). Cet auteur fera école à travers l'Europe puisque ses principaux élèves illustreront l'oratorio français (M.-A. Charpentier), et allemand (Ch. Bernhard, J. K. von Kerll, J. Ph. Krieger).
En Italie, le style de Carissimi sera encore vivant chez Fr. Foggia ou V. Mazocchi, mais s'inclinera, après 1660, devant la vogue de l'oratorio vernaculaire, dont les principaux représentants seront A. Stradella et A. Scarlatti.

La cantate

C'est encore à l'avènement du récit ou du style monodique que l'on doit le développement de la cantate, forme discontinue à une ou plusieurs voix accompagnées de la basse continue et parfois de parties instrumentales. Suivant le sujet, la cantate sera descriptive, théâtrale, lyrique ou même spirituelle ; ces nuances existaient déjà dans le madrigal et on peut considérer que la cantate a remplacé ce dernier au concert et chez les gens cultivés.
Certains musiciens la traitent en genre profane (cantate de chambre, proche de la scène d'opéra), alors que d'autres se consacrent à la cantate d'église, d'inspiration religieuse. La coexistence de la cantate de chambre et de la cantate d'église évoque, au niveau d'œuvres brèves, celle, plus éclatante, de l'opéra et de l'oratorio. Dans les deux cas, c'est la manifestation du génie dramatique et du style représentatif, au service d'un art particulièrement orienté vers le théâtre, même lorsqu'il s'agit d'illustrer des scènes sacrées.
Dès 1620, la cantate connaît un grand essor, incluant, en raison de critères assez vagues, les *arie, musiche, madrigali, lamenti* ou

concerti pour voix et instruments. Les caractères communs de ces pièces semblent être leurs faibles dimensions, la présence de 1, 2 ou 3 voix et l'accompagnement de la basse continue. L'écriture fait alterner récit et *aria* ou juxtapose des séries d'*arie,* plus ou moins liées entre elles.

Les cantates profanes traitent de l'amour selon la pastorale ou la mythologie (*Dido,* par Mazzochi), de l'histoire de personnes illustres (*Lamento in morte di Maria Stuarda,* « Lamento sur la mort de Marie Stuart » par Carissimi), de satire des mœurs (*Il Ciarlatano,* « Le Charlatan » par Rossi) ou de sujets naïfs et touchants comme la veillée de Noël (*Pastor, levate su,* « Debout, berger » par M. da Gagliano). Les pièces religieuses sont plus méditatives et affectionnent les textes de louange ou ceux qui évoquent les tourments de l'âme (*O Spiritus angelici,* par Brevi). L'écueil du genre réside dans sa simplicité et son manque de spécificité ; très souvent, la cantate devient le véhicule indigent de pauvres poèmes de circonstances ou de paraphrases douteuses. D'ailleurs, peu de grands poètes s'y intéressent et presque tous les textes de cantates sont anonymes.

Rome se présente au départ comme le terrain d'élection de la cantate : environ 345 cantates pour le seul Rossi, environ 145 pour Carissimi. On peut opposer le traitement du mot plus détaillé chez Rossi et l'art plus vigoureux et théâtral de Carissimi. Ce dernier use de fréquents changements de *tempi* et de styles, dont l'enchaînement est très étudié. La cantate *Il Ciarlatano per tre soprani con basso continuo* se construit en six mouvements ainsi répartis : récit (*solo*) – *aria (a tre)* – récit *(solo)* – *aria affetuoso (a due)* – récit *(solo)* – *aria (a tre).* Le récit, monotone par ses notes répétées et ses valeurs égales, fait souhaiter l'éclosion mélodique de l'*aria,* pleine d'allant et de vocalises.

Après Rome, la cantate touche Venise avec Monteverdi *(Selva morale e spirituale),* « Florilège moral et spirituel », Cavalli et Legrenzi. Bologne sera également un centre musical important, de même que Naples où Stradella et Scarlatti marquent le genre de leur génie.

Dans chacun des trois nouveaux genres du XVIIe s. – opéra, oratorio, cantate – l'Italie se pose en novatrice et lance le mouvement. En même temps, elle rassemble en un style unique les éléments provinciaux qui faisaient encore sa diversité vers le milieu du siècle. Les esthétiques romaine, vénitienne ou napolitaine céderont le pas devant un art commun qui se fortifiera en se confrontant aux réalisations des nations voisines.

La France

La musique vocale profane en France

L'air de cour

L'air de cour se développe, en remplacement de la chanson polyphonique, entre la fin du règne de Henri IV et la mort de Louis XIII (de 1610 à 1643). On peut voir dans son succès l'équivalent des expériences italiennes sur la réunion de la musique et de la parole dans le récit, et le signe d'une évolution du goût en faveur d'un style harmonique exaltant une poésie raffinée.

Les conditions historiques favorisent alors le changement puisque la France, à l'issue des guerres de religion, retrouve paix et autorité, garantes d'un renouvellement de l'activité artistique. L'Italie, comme souvent désormais, sert de catalyseur : elle envoie en France entre 1601 et 1605 deux personnalités impliquées dans la promotion du style monodique : O. Rinuccini, auteur de livrets (pour Peri, Caccini, Cagliano et Monteverdi), et G. Caccini, compositeur d'opéras et d'*arie*. Trente ans plus tard, Pierre de Nyert, chanteur et luthiste, rapportera d'Italie les éléments d'un nouvel art du chant qui transformera le répertoire français. Mais déjà en 1605, les Français sont intéressés, et ce mouvement musical est soutenu par le courant poétique qui secoue la littérature baroque de la fin du XVIe s.

De la rigueur malherbienne, la poésie va s'orienter vers un nouveau langage, la préciosité, dans laquelle on sent encore la présence de l'esprit baroque. Art de la métaphore et du mystère, la poésie du premier XVIIe s. n'a pas encore enfanté le Grand Siècle. Mais elle restera, de Desportes à Scarron, une inépuisable source d'inspiration.

La musique, dans l'air de cour, porte le texte sans le recréer. C'est là une de ses grandes différences avec d'autres genres monodiques ultérieurs comme la mélodie ou le *lied*. En principe, le musicien conçoit un schéma mélodique et rythmique concernant la première strophe, qui est appliqué aux strophes suivantes.

On palliait l'inconvénient du strophisme par une interprétation très personnalisée, incluant l'usage de l'ornementation (ajout d'artifices vocaux ou d'« embellissements » sur la ligne mélodique) et surtout de « diminutions ». Marin Mersenne *(Harmonie universelle,* 1636*)* explique ce qu'est la diminution et comment ce procédé, qui consiste à varier une phrase musicale avec des valeurs plus petites, exige « le sens et l'intelligence » de la structure métrique. Jean Millet, bien qu'assez tardivement, donne un exemple très clair de l'usage de la diminution, qu'il nomme « double » dans *La Belle Méthode ou l'Art de bien chanter* (1666). Selon lui, il faut respecter la mesure dans le simple (entendez la première strophe), et laisser parler son imagination dans les doubles (strophes suivantes).

Cette façon de chanter tombe en désuétude vers le milieu du siècle et, en 1668, B. de Bacilly écrit à ce sujet *(Remarques curieuses sur l'art de bien chanter) :* « Autrefois, chacun inventait selon son caprice plus ou moins des traits dans les couplets des airs, les uns d'une façon, les autres d'une autre, et tout cela passait pour bon, ou du moins pour supportable. »

L'accompagnement de l'air de cour se fait au luth, instrument fort répandu au XVIIe s. et réputé pour ses qualités expressives. Les tablatures de luth sont d'ailleurs très nombreuses dans le catalogue des recueils imprimés jusqu'en 1643. Cet instrument, intime par son timbre feutré, s'alliait à des voix douces et suaves, sans aucun de ces éclats susceptibles de blesser les oreilles et les sensibilités. À l'inverse des Italiens, amateurs d'expression véhémente, les Français appréciaient les petites voix et les interprétations pudiques, respectant la bienséance. Au cas où l'on n'avait pas d'instrument sous la main, on pouvait chanter l'air, la chanson ou la « brunette » (chanson de type pastoral) tout seul, car, dit le compositeur B. de Bacilly, « je trouve que c'est faire le précieux ou la précieuse de se piquer de ne point chanter sans théorbe (sorte de luth) comme font la plupart des gens, puisqu'il est vrai qu'il se présente mille occasions où l'on n'a pas à point nommé, ny le théorbe, ny celui qui le touche ».

Pierre Guédron (v. 1570, † v. 1620) est l'un des musiciens qui contribuèrent à illustrer et faire évoluer l'air de cour. Compositeur de musique de la Chambre du Roi puis intendant des musiques de la Chambre du Roi et de la Reine mère, il collabora aux spectacles des ballets de cour et publia 6 *Livres d'airs* chez l'éditeur Ballard, entre 1602 et 1620. Apprécié et édité en Angleterre et en Italie, Guédron donna à l'air de cour un sens dramatique que ses débuts ne pouvaient laisser supposer. A-t-il particulièrement connu les Italiens ? Était-il – sa participation aux ballets le prouverait – un homme de théâtre ? un poète ? Quoi qu'il en soit, il y a chez lui une intensité et un lyrisme rares dans le répertoire français du temps : grands intervalles, notes répétées signifiant l'insistance, vocalises expressives, sont des signes d'italianisme, certes, mais aussi la marque d'un tempérament enflammé.

Gabriel Bataille (v. 1575, † 1630), maître des musiques des reines Marie de Médicis et Anne d'Autriche, fut également un coauteur de ballets. Comme Guédron, il composa 6 *Livres d'airs* (Ballard, 1608-1615) dans lesquels il réunissait airs et transcriptions de chansons, parfois de différents auteurs, donnés soit en version polyphonique, soit pour chant accompagné. Son registre évolue entre la chanson souvent grivoise *(Un satyre cornu)* et l'air très élaboré *(Sortés soupirs),* plus directement pensé pour chant et luth.

Antoine Boësset et Étienne Moulinié appartiennent à une seconde génération chez laquelle l'apport dramatique est très manifeste. Ces auteurs sont en effet contemporains du voyage de Pierre de Nyert en Italie, et participent à l'intégration des idées italiennes dans la déclamation française. Antoine Boësset (1586, † 1643), surintendant de la musique du Roi, collabora à la composition de ballets et laissa 9 *Livres d'airs de cour à 4 et 5 parties* (Ballard, 1617-1642) et 5 *Livres d'airs mis en tablature de luth* (Ballard, 1617-1643). Il use d'artifices très proches de ceux du récitatif expressif : sa phrase commence souvent à contretemps (effet d'oppression), répète certains mots du texte avec insistance et emploie le chromatisme. Son écriture plus chargée l'amène à concevoir ses derniers airs pour voix et basse continue.

Étienne Moulinié (v. 1600, † 1669) est l'un des rares provinciaux parmi les maîtres de l'air de cour. Ce chanteur et homme de théâtre occupait la charge de maître de musique des États du Languedoc. On lui doit 7 *Livres d'airs* (Ballard, 1624-1668) dont certains dès 1635 comprennent une partie de basse continue. Son style expressif soigne la voix mais aussi l'accompagnement : il est le premier à imaginer un prélude instrumental (*Enfin la beauté que j'adore*). Sans doute Moulinié se souvient-il ici qu'il est l'auteur de trois superbes *Fantaisies pour les violes.*

Michel Lambert, Jean-Baptiste Boësset, Sébastien Le Camus et bien d'autres cultivent l'air de cour « fin de siècle » appelé parfois air sérieux, et l'air en rondeau, de caractère plus aimable.

Ces genres seront fortement concurrencés par l'*aria* d'opéra que le succès, vers 1673, mettra dans toutes les bouches. Cependant dès le milieu du siècle, le genre air de cour ne répond plus aux préoccupations majeures des compositeurs et prend des aspects de plus en plus stéréotypés. Sa grande période se situe avant la fin du règne de Louis XIII, durant laquelle il peut prétendre être novateur.

La pastorale et le ballet de cour

Pastorale et ballet de cour sont des genres de spectacle dramatique convenant parfaitement au goût français et dont le succès devait retarder de près d'un demi-siècle la création de l'opéra en France. Ces genres – dans des acceptions plus ou moins approchantes – existaient également dans d'autres pays mais furent balayés par la vague de l'opéra. La France résista autant qu'elle le put à la séduction de l'opéra italien et valorisa la pastorale jusqu'au milieu du XVIIIe s.

Si l'origine de la pastorale est italienne (textes littéraires de Sannazaro, Le Tasse, Guarini) et gagne l'Espagne vers 1550 (Montemayor, *La Diane*), son succès le plus grand devait être français, dès le début du XVIIe s., avec A. Hardy et surtout H. d'Urfé (*L'Astrée,* 1re partie en 1607). Les Français se feront ensuite une spécialité de la pastorale avec de nombreux auteurs-créateurs et le record des traductions des modèles italiens : *Il Pastor fido,* « Le Berger fidèle » de Guarini sera, selon le musicologue A. Hartmann, traduit 28 fois en Europe, dont 6 fois en français.

La pastorale est au départ une œuvre poétique ou dramatique se situant à la campagne. Toutefois, les auteurs se permettent une légère transposition : ainsi, selon l'abbé Du Bos, « il est vrai que nos bergers et nos paysans sont si grossiers qu'on ne saurait peindre d'après eux les personnages des églogues ; mais nos paysans ne sont pas les seuls qui puissent emprunter des agréments de la campagne les figures de leurs discours. Un jeune prince qui s'égare à la chasse, et qui seul, ou bien avec un confident, parle de sa passion, et qui emprunte ses images et ses comparaisons des beautés rustiques, est un excellent personnage pour une idille (sic)... » *(Réflexions critiques sur la poésie et sur la peinture).*

H. d'Urfé rejette également la « bergère nécessiteuse » et penche pour une fiction poétique exprimant l'idéal d'une vie menée « doucement et sans contrainte ». Les personnages sont amoureux et attachés à vivre leur passion. Leurs actions, encore sincères et naïves, deviennent pour les Français du début du siècle un vrai manuel de savoir vivre et de savoir aimer. On raconte que le roi Henri IV meublait ses insomnies par des passages de *L'Astrée,* mais nul ne précise si ce « bréviaire » du bien-vivre captivait ou endormait le monarque ! La pastorale sera bientôt concurrencée par la tragi-comédie, puis par la tragédie (*Le Cid,* 1636), mais elle continuera un chemin parallèle à la pastorale en musique, encore vivante au XVIIIe chez Campra (*Amarillis,* 1703) ou Rameau (*Acante et Céphise,* 1751).

Dans la ligne de la pastorale littéraire, et jusqu'en 1650, on rencontre des pastorales avec participation musicale, soit à titre accidentel (des chansons, par exemple), soit à titre de décor (en particulier dans les ballets). À la même époque, le ballet de cour, divertissement aristocratique mêlant chant, comédie et danse selon une intrigue discontinue, manifeste un esprit pastoral en intégrant des ballets champêtres (*Ballet de Tancrède,* 1619, entrée de bergers jouant de la musette) ou des scènes chantées par des bergers et des bergères (*Ballet du triomphe de Minerve,* 1615, récit d'une bergère et ballet de pâtres). Le *Ballet de la délivrance de Renaud* (1617), édité par H. Prunières, comprend de nombreux éléments de ce type : décor champêtre, récit de nymphe (musique de Boësset), *sinfonie* forestière...

La seconde moitié du XVIIe s. marque l'apparition des pastorales entièrement en musique, dont l'une des premières est *Les Amours d'Apollon et de Daphné,* comédie en musique de Charles Coypeau, sieur Dassoucy, musicien et poète (1605, † 1679). Elle est suivie en 1654 par *Le Triomphe de l'Amour sur les bergers et les bergères,* de Charles de Beys pour la poésie, et de Michel de La Guerre (1605, † 1679), organiste de la Sainte-Chapelle, pour la musique. Selon le gazetier Renaudot, cet ouvrage « chanté au Louvre par la musique du roi dans l'appartement de Son Éminence (...) a, pour sa nouveauté et son agréable composition, été reçu de toute la compagnie avec beaucoup d'applaudissements ». La musique en est perdue et c'est fort dommage car La Guerre en dit, dans la préface du livret : « Je me suis efforcé de rendre [ce concert] agréable par une manière de dialogue dont je puis dire que personne avant moi ne s'était avisé. »

Mais les modèles du genre, comme les premières grandes réussites, furent proposés par le poète Pierre Perrin et le musicien Robert Cambert (1628, † 1677), organiste et maître de la musique d'Anne d'Autriche. Après la *Pastorale d'Issy* (1659) et *Arianne ou le Mariage de Bacchus* (1660), les deux auteurs décident de fonder une académie de Poésie et de Musique et de l'inaugurer avec *Pomone,* le 3 mars 1671. Selon Saint-Évremond, « c'est le premier opéra français qui ait paru sur le théâtre ; la poésie en était fort méchante, la musique belle [...] On voyait les machines avec surprise, les danses avec plaisir ; on entendait le chant avec agrément, les paroles avec dégoût. » En fait, malgré le désir des auteurs de concurrencer l'opéra italien, *Pomone* est encore une pastorale composée d'une ouverture, un prologue et 5 actes. On y voit une déesse, Pomone, repousser les ardeurs de Vertumne, dieu des Vergers. Après 4 actes de cour assidue, Vertumne enlève brusquement le consentement de Pomone et fait venir du ciel les « folets » pour célébrer leur union dans un grand ballet. Ici, rien d'héroïque : les jardiniers chantent, les bouviers dansent ; Béroé aime Vertumne ? celui-ci se transforme en dragon pour la dévorer ; Vertumne tente-t-il une ultime manœuvre de séduction, déguisé en Bacchus ? un faune survient et, voulant s'enivrer, voit les bouteilles se dérober à sa main et former un ballet. Tous ces traits tiennent plus de l'atmosphère fantastique du ballet de cour et du cadre agreste de la pastorale que de l'opéra ! La musique, dont on conserve une quarantaine de pages éditées par Ballard en 1672, est intéressante : expressive malgré la faiblesse des paroles, elle tente de caractériser les personnages et de donner de la vie au discours. *Pomone* aura un grand succès mais l'association de Perrin et de Cambert tourne court et Lully entre en scène, profitant de ces circonstances favorables.

La naissance de l'opéra français

Le XVIIe s. est un temps d'échanges et de refus entre l'Italie et la France, placé sous le double signe de l'attirance et de la répulsion. L'attirance datait des guerres d'Italie au cours desquelles nos rois avaient pu voir quantité de merveilles. Cependant, et malgré l'importation en France de troupes et de créateurs de premier plan (venue de Rinuccini, de Caccini, de la troupe des Fedeli de Mantoue, de castrats, de cantatrices, de machinistes, de compositeurs tels que Rossi ou Cavalli...), rien ne pouvait disposer le public français à accueillir l'influence italienne. L'arrivée au pouvoir de Mazarin en 1642, pourtant prometteuse, porta le coup de grâce aux espoirs de rapprochement, ajoutant aux réticences esthétiques un préjugé politique tenace.

Un compromis ménageant les susceptibilités françaises dut donc être trouvé. L'association de Perrin et de Cambert, qui débouchait sur la création de pastorales, semblait la solution idéale. Par l'intermédiaire de Colbert, on créa une Académie de Musique et de Poésie en 1669, assortie d'un privilège royal pour la composition des spectacles, couvrant une durée de douze ans. Un théâtre fut installé dans un ancien jeu de paume, rue des Fossés-de-Nesles (rue Mazarine, actuellement), dans lequel tous les spectateurs étaient assis au lieu de circuler librement, comme à l'habitude, dans l'enceinte du parterre. La première de *Pomone* eut lieu le 3 mars

---

Jean-Baptiste Lully (1632, † 1687)
Repères biographiques

1632	Naissance à Florence
v. 1643	Mlle de Montpensier demande un jeune page italien au chevalier de Guise
1652	Paraît à la cour
1653	Compositeur de la musique instrumentale du roi
1661	Surintendant de la musique et compositeur de la Chambre
1672	Directeur de tout le théâtre en musique
1673	Première tragédie en musique, *Cadmus et Hermione*
1687	Mort à Paris

1671 et son succès attira un nombreux public. Mais, par suite d'une mauvaise gestion, Perrin fut amené à vendre le privilège afin de payer ses dettes. L'histoire raconte même qu'il le vendit trois fois... Quoi qu'il en soit, Lully le racheta et devint, en 1672, le seul détenteur du privilège royal d'exploitation de l'Académie de Musique et de Poésie.

Lully avant l'opéra

Lorsque Lully s'impose à la cour, il est compositeur, violoniste, danseur, chorégraphe, acteur comique. L'homme n'a rien d'un dandy mais il sait plaire. Bientôt, il réunira sur sa personne les honneurs et les charges les plus hautes. Sur le plan musical, Lully a déjà participé à la composition de nombreux ballets de cour (*Ballet de la raillerie,* 1659 ; *Ballet des saisons,* 1661 ; *Ballet de la naissance de Vénus,* 1665, etc.), et il commence à faire jouer sa musique religieuse à la chapelle royale (*Miserere,* 1664). Parallèlement, il collabore avec Molière pour des spectacles de comédie-ballet, dont l'exemple le plus connu est *Le Bourgeois gentilhomme,* en 1670. On trouve dans cette partition une ouverture à la française, des airs et danses séparés, et surtout, dans le premier acte, une très jolie parodie de la pastorale sous la forme d'une scène lyrique à trois personnages, tous trois en proie au mal d'amour. La charge qu'en fait Lully est fine et disparaît, pour beaucoup d'auditeurs, derrière la beauté mélodique et harmonique de l'ensemble. Les deux auteurs s'entendront une dernière fois en 1671 pour créer *Psyché,* comédie comportant de nombreux éléments musicaux.

À côté du ballet de cour, du motet et de la comédie-ballet, Lully s'illustre encore dans la pastorale qu'il traite en genre séparé ou intègre dans une comédie : *La Princesse d'Élide* (1664), *Le Sicilien* (1667), *George Dandin* (1668).

C'est alors que se situe l'épisode du rachat du privilège royal, suivi de l'extension de sa durée à vie (il deviendra d'ailleurs un droit héréditaire), et de l'ajout d'une clause stipulant : « défense de faire représenter aucune pièce entièrement en musique, et même de faire aucune représentation accompagnée de plus de deux airs et de deux instruments ». Molière obtiendra que l'on élève un peu cet effectif (6 musiciens et 6 chanteurs), mais cela ne sera pas suffisant et l'on peut affirmer que le rachat du privilège par Lully a ruiné la comédie-ballet et la pastorale en France, jusqu'à l'aube du XVIIIe s.

Lully se rend alors acquéreur d'un jeu de paume, rue de Vaugirard, dont il confie la décoration à Charles Vigarani, qui avait déjà installé le théâtre de verdure de Versailles et créé le théâtre des Tuileries. Possédant les droits et le théâtre, il ne lui manque qu'un opéra et ce sera *Cadmus et Hermione,* d'après Quinault, en 1673.

Le problème de la création d'un opéra n'était pas simple car les Français avaient trouvé un genre de discours musical peu apte à la peinture de caractères héroïques mais plaisant et très au point avec la pastorale et la comédie. Ce style est décrit par l'abbé Raguenet en 1702 (*Parallèle des Italiens et des Français en ce qui concerne la musique et les opéras*) dans les termes suivants : « Les Italiens trouvent que notre musique est endormante, plate, insipide... En effet, les Français cherchent partout le doux, le facile, ce qui coule, ce qui se lie : tout y est sur le même ton, ou si on en change quelquefois, c'est avec des préparations et des adoucissements qui rendent l'air aussi suivi que si on n'y changeait rien. Rien de fier ni hasardé : tout est égal et uni. » La manière italienne, telle qu'elle est pratiquée dans le genre dramatique, est tout à fait opposée : Mersenne nous l'expose dans l'*Harmonie universelle* (1636) : « Les Italiens représentent tant qu'ils peuvent les passions et les affections de l'âme et de l'esprit, par exemple la colère, la fureur, le dépit, la rage, les défaillances du cœur et plusieurs autres passions avec une violence si extraordinaire que l'on jugerait quasi qu'ils sont touchés des mêmes affections qu'ils représentent en chantant, au lieu que nos Français se contentent de flatter l'oreille et qu'ils usent d'une douceur perpétuelle dans leurs chants, ce qui en

empêche l'énergie. » Finalement, Maugars résume bien la situation par ces mots : « Nous péchons dans le défaut et les Italiens dans l'excès » (*Réponse à un curieux,* 1639). Lully tentera de concilier les deux tendances dans un discours unique, à la fois expressif et contenu.
À ce désir de conciliation des goûts musicaux, Lully ajoute l'ambition d'égaler le théâtre ; c'est pourquoi ses œuvres porteront non pas le titre d'opéras – que nous leur donnons parfois pour plus de facilité – mais de « tragédies en musique ».

Lully et l'opéra

L'inauguration du théâtre de Lully se fait en 1672 avec une œuvre composite – *Les Fêtes de l'Amour et de Bacchus* – réunissant des scènes tirées d'anciennes productions : *La Princesse d'Élide, Le Ballet des Muses, George Dandin, Les Amants magnifiques* et même *Le Bourgeois gentilhomme.* Molière n'apprécia guère le procédé et une querelle s'ensuivit, nommée, d'après les prénoms des deux protagonistes, la guerre des « deux Baptiste ».
Enfin *Cadmus et Hermione* (1673) fut terminé et l'on s'aperçut qu'il s'agissait encore d'une pastorale. Le sujet est simple : Cadmus aime Hermione, fille de Mars, promise au géant Draco. Cadmus se bat pour la conquérir, aidé de la déesse Pallas qui change le géant en statue. Cependant, Junon, jalouse de l'action de Pallas, enlève Hermione sur un arc-en-ciel. Enfin les dieux, attendris, réunissent les amants. Dans ce livret il n'y a aucun caractère héroïque ; les amants subissent l'amour :

> « On a beau fuir l'amour
> On ne peut l'éviter » (Hermione),

et s'ils surmontent les obstacles, c'est avec l'aide des dieux, selon des plans auxquels ils ne peuvent que se soumettre. Jouets du destin, aucun d'eux ne nous intéresse à sa cause. Les grands moments du drame sont l'effet du spectacle : les statues s'animent pour danser avec Amour, les furies brisent l'autel du sacrifice à Mars, car Mars est inapaisable, Cadmus lance l'arme donnée par Amour pour tuer les guerriers nés de la germination des dents du dragon... L'élément le plus « pastoral » demeure encore la doublure systématique des personnages, comme un effet de miroir. Cadmus aime Hermione ; Draco aime Hermione (qui aime Cadmus) ; la nourrice aime Arbas (qui aime Charite). Ces relations triangulaires, lassantes parce que répétitives, produisent cependant une étincelle

Évolution de l'opéra lullyste

Année	Opéra	Période
1673	*Cadmus et Hermione* (texte de Quinault)	De la pastorale à la tragédie
1674	*Alceste* (Quinault)	
1675	*Thésée* (Quinault)	
1676	*Atys* (Quinault)	
1677	*Isis* (Quinault)	Régression dramatique
1679	*Bellérophon* (Th. Corneille)	Nouveau cheminement de la pastorale à la tragédie
1680	*Proserpine* (Quinault)	
1682	*Persée* (Quinault)	
1683	*Phaéton* (Quinault)	
1684	*Amadis* (Quinault)	Du spectacle d'*Amadis,* aux deux opéras annonçant le romantisme
1685	*Roland* (Quinault)	
1686	*Armide* (Quinault)	

avec le couple équivoque maître/valet (Cadmus et Arbas), préfigurant Don Juan et Leporello.

Pour la première fois avec *Alceste* (1674), Lully aborde un véritable sujet d'opéra. L'action, très intériorisée, est digne d'une tragédie, malgré un contexte encore pastoral de décor et de personnages secondaires. Quinault, le poète, et Lully y traitent du mythe de la fidélité et du renoncement à travers deux héros : Alceste, qui donnera sa vie pour sauver Admète, et Alcide, qui renoncera à Alceste pour la rendre à son époux.

L'évolution de la dramaturgie lullyste suit désormais la double voie de l'approfondissement et de l'unité. Dès *Atys* (1676), l'unité d'action est atteinte et les personnages, rendus à leur libre arbitre, luttent contre leur destin sans aucune intervention divine. Il y a, dans le couple Atys/Sangaride, une remarquable étude des passions vécues jusqu'au suicide, illustration du mythe de l'amour impossible, qui préfigure le romantisme.

Isis (1677), cinquième opéra de Lully, toujours d'après Quinault, revient à l'art plus spectaculaire et dispersé de *Cadmus et Hermione.* Le public lui réserva d'ailleurs un mauvais accueil et Mme de

Montespan, se sentant visée par le personnage de Junon, demanda l'exil du librettiste.

Après deux ans de silence, Lully reprend son rythme de composition d'un opéra par an, et l'aboutissement de cette seconde période sera *Phaéton* (1683), opéra d'un seul sujet : l'ambition. On y voit le héros lutter et aller au-devant de la mort car il ne peut « vivre en bornant ses désirs ». C'est aussi une tragédie d'hommes puisque le principal conflit oppose Phaéton et Épaphos, respectivement fils du Soleil et fils de Jupiter.

Après ce sommet dramatique, Lully renoue avec la pastorale dans *Amadis* (1684), que Louis XIV n'entendit pas, la cour étant en deuil de la reine, morte en 1683. *Amadis* sera suivi des deux ultimes chefs-d'œuvre (si l'on excepte un opéra inachevé, *Achille et Polyxène*) : *Roland* (1685) et *Armide* (1686). Là encore, les personnages sont caractérisés par la démesure ; Roland, dans sa folie, comme Armide, dans sa passion amoureuse, ne seraient reniés ni par Bellini ni par Wagner. La fin d'Armide, appelant l'anéantissement de son royaume enchanté, n'est pas sans évoquer le dernier acte du *Crépuscule des dieux* de Wagner.

Comme beaucoup de musiciens du XVIIe s., c'est dans le récit que Lully se montre le plus grand novateur. On voit d'ailleurs ses options se dégager d'un certain nombre d'influences pour prendre un tour profondément original. Au départ, *Cadmus et Hermione* doit beaucoup à l'Italie, aux Florentins en particulier, puisque Lully conserve le principe d'un récit sur basse continue prépondérant, entrecoupé de quelques *arie* et scènes de divertissement. Puis il songe à moduler les récits eux-mêmes, en différenciant le récit simple ou sur basse continue du récit accompagné ou instrumenté, d'aspect plus dramatique, tel que le pratiquait déjà Cesti. Le récit simple sera alors réservé aux scènes d'exposition ou de mouvement et le récit instrumenté aux passages plus tragiques. Cette division est nette à partir de *Persée* et surtout de *Phaéton* (1683), où les sentiments profonds s'expriment dans le récit instrumenté. Au premier acte de *Phaéton,* par exemple, les terribles paroles de Protée (scène 8) sont accompagnées d'une partie de violon qui renforce la voix et meuble les silences :

> « Le sort de Phaéton se découvre à mes yeux
> Dieux ! Je frémis ! Que vois-je ! Ô Dieux ! Tremblez
> Tremblez pour votre fils, ambitieuse mère... »

On remarque parallèlement une musicalisation du récit simple, la basse continue devenant plus chargée et figuraliste.
Sur le plan rythmique, Lully prend conscience peu à peu de la prosodie française. À ses débuts, il affectionne encore une déclamation à l'italienne, comportant de longues séries de valeurs égales. Mais il s'en dégage et élabore une organisation des valeurs plus adéquate, incluant un nombre toujours croissant de cellules anapestiques (deux brèves, une longue), véritable rythme de base de la poésie française. Le débit du récit est encore très lent et plus proche de la déclamation de la tragédie au théâtre que du vertigineux récit sec que connaîtra le XVIIIe s.
À côté des éléments de structure et de rythme, l'expression du récit lullyste mérite d'être commentée. On y trouve en premier lieu la symbolique des tonalités propre à l'époque, telle qu'elle est exposée, par exemple, sous le titre d'« Énergie des modes » dans les *Règles de composition* de M. Charpentier (Bibliothèque nationale, ms. du XVIIe s.). Armide, amante déçue, s'exprimera donc souvent en *mi* mineur (ton « efféminé », amoureux et plaintif), mais la guerre sera évoquée par *ré* majeur (ton joyeux et très guerrier) et la douleur par *ut* mineur (ton obscur et triste). À la symbolique des tonalités s'ajoute celle des timbres de voix, qui veut que les héros amoureux évoluent dans le registre aigu alors que la voix de basse est faite pour exprimer la colère.
Les images figuralistes sont créées principalement par des moyens mélodiques et rythmiques, l'harmonie n'intervenant guère que dans le choix des tonalités et la périodicité des cadences. L'élévation de la voix signifie éclat, grandeur, lumière, et sa chute, au contraire, trouble, terre ou deuil. Mais les plus beaux figuralismes sont d'ordre rythmique car ils ressortent très heureusement en rompant la monotonie du récit : c'est ainsi que le sommeil sera traduit par des valeurs plus longues ou l'épuisement par un ralentissement du régime rythmique.
La cantabilité du langage joue aussi son rôle. Comme les Italiens, Lully pense qu'il faut « chanter » seulement par instants. Il aime « lancer » un récit relativement neutre par une phrase musicale très mélodique ou souligner, par le même procédé, une intention du texte.
Ces remarques, chacun peut les faire sur une page de récitatif, mais une connaissance plus complète des 12 œuvres dramatiques principales de Lully met au jour des corrélations et des recoupements fort intéressants. C'est ainsi que l'on peut isoler des archétypes théma-

tiques lullystes, appelés par une image ou un sentiment (par exemple un thème d'Amour, voir ♪ ci-dessous) et qui peuvent être considérés comme des sortes de *leitmotive* de la pensée du compositeur :

*J.-B. Lully, fragment d'*Armide.

Lully pratique également un figuralisme au second degré approchant l'idée par ses connotations, par exemple, le jugement d'Hidraot sur la beauté d'Armide :

« Ses charmes les plus forts sont ceux
de ses beaux yeux »

devrait s'exprimer par un motif mélodique ascendant, culminant dans le lyrisme et la lumière. Bien au contraire, Lully préfère peindre l'aspect nocturne du personnage de l'enchanteresse, dont les charmes seront évoqués dans les profondeurs menaçantes de la tessiture selon un figuralisme réservé à l'enfer ou au deuil. Ces effets de langage, savamment entremêlés, témoignent d'une réflexion intense, servie par une sensibilité très vive.

Observé sous cet angle, l'opéra de Lully ne chante pas seulement « la majesté et le plaisir », selon l'expression de L. de La Laurencie. Déjà, avant qu'on en fasse la théorie, il est un spectacle total, unissant, comme le dira le philosophe Leibnitz, « tous les moyens d'expression, la beauté des mots, des rimes, de la musique, des peintures, des gestes harmonieux ».

La musique vocale religieuse en France

La musique religieuse marque une régression en France sous le règne de Henri IV, l'intérêt musical se portant davantage sur les formes profanes, air de cour ou ballet de cour. Un premier élan vers le sacré se fait sentir sous Louis XIII ; incarnant les efforts de la Contre-Réforme, il aboutit, à l'époque de Louis XIV, à un développement surprenant de l'ensemble de la musique d'église. Parmi les messes, psaumes, vêpres, deux formes se distinguent par le modernisme du style : le motet et l'oratorio. La messe polyphonique, en effet, reste le genre préféré des conservateurs : de style vocal *a cappella,* usant d'imitations et d'écriture rigoureuse, elle ne connaîtra les ressources du nouveau langage que tardivement, principalement avec les messes pour voix et instruments de M.-A. Charpentier.

Le motet au XVIIe siècle

Le motet met lui aussi un certain temps à se dégager du style ancien. On attribue le mérite de ce changement à Guillaume Bouzignac (mort après 1643), musicien du sud de la France, qui aurait été particulièrement réceptif aux idées italiennes et les aurait appliquées au motet. Henry Du Mont (1610, † 1684), organiste de l'église Saint-Paul à Paris, puis sous-maître et compositeur de la Chapelle du Roy, suit les mêmes tendances avec ses grands *Motets pour la Chapelle du Roy* (Ballard, 1686). Lorsque Lully aborde la composition religieuse, le motet a déjà atteint avec Du Mont, Bouzignac ou P. Robert, un stade d'évolution intéressant. La gloire du motet versaillais, tel qu'il sera traité par Lully, Charpentier ou Lalande, sera d'avoir réalisé une union peu évidente entre le faste et l'expression, la recherche musicale et la réserve, apportant à la liturgie une dimension royale.

Le motet lullyste

Entre 1660 et 1687, période pendant laquelle Lully écrit 23 motets, la vie religieuse versaillaise est liée à l'organisation de la Chapelle royale. Bien qu'étranger à cette institution (il n'en sera jamais ni sous-maître ni compositeur), Lully parvient à s'y faire jouer dans les circonstances les plus flatteuses (semaine sainte, services funèbres, célébrations de grands événements), l'emportant même sur les musiciens attitrés du corps. Au même moment, M.-A. Charpentier écrit également des motets, mais, n'appartenant pas au système, il ne sera joué à la Chapelle qu'après 1687. Enfin, la mort de Lully correspondra à la montée spectaculaire du compositeur M.-R. Delalande, nommé sous-maître en 1683.

La Chapelle était une institution remarquablement organisée, qualité indispensable si l'on en juge par la fréquence des services religieux : messe chaque jour, salut deux fois par semaine, prière chaque soir, sans compter les cérémonies fastueuses des dimanches et fêtes. La musique tenait une place importante, célébrant dans un même élan le roi du ciel et le monarque, unissant sans distinction chrétiens et dévots professionnels.

Le grand motet se présente alors comme une alternance de chœurs (deux ensembles à 5 voix mixtes), de symphonies et de *soli.* Les textes littéraires proviennent de psaumes (*Miserere, De profondis*), de diverses sources liturgiques ou paraliturgiques (*Dies irae, Te Deum*), et même de poèmes de circonstance ou de paraphrases (*Plaude laetare, Gallia,* de Pierre Perrin). Le petit motet est de dimensions plus réduites et comprend le plus souvent trois voix solistes accompagnées par la basse continue, avec, plus rarement, une ou plusieurs parties instrumentales. Les textes ont la même provenance que ceux du grand motet, avec peut-être une plus forte proportion d'antiennes et de paraphrases.

Lully apporte au motet les principales conquêtes du style représentatif : la mise en valeur du texte poétique et la progression dramatique dans la construction de l'œuvre. La mise en valeur des paroles repose d'abord sur l'expression du récit : Lully utilise les mêmes moyens figuralistes que dans l'opéra mais très idéalisés, comme si le langage sacré nécessitait une relation plus faible au réel. De plus, la structure de la langue latine en usage dans la musique d'église exige une rythmique très différente d'où sont exclus les deux schémas métriques essentiels du récit de l'opéra lullyste, c'est-à-dire les séries de valeurs égales :

et l'anapeste :

Ces conditions nouvelles donnent au récit sacré une physionomie à part et rendent plus précieuses les discrètes touches expressives que l'on y décèle, principalement dans l'harmonie et parfois dans le profil mélodique (voir ♪ p. 389).

La progression dramatique dans le motet doit lutter contre l'impression répétitive produite par l'alternance des récits et des chœurs. Le moyen que choisit Lully est la découpe du texte littéraire en grandes séquences constituant chacune un système dynamique ; à la fin de chaque séquence, on revient à un niveau dramatique de base pour repartir dans une nouvelle progression. Ce système d'élans successifs atteint à un grand raffinement quand il propose, comme dans le *Miserere,* une organisation hiérarchique de ces séquences ou élans. Lully dispose les différentes séquences du texte selon un plan tonal les liant entre elles :

si ♭ majeur
3e bloc
« *Audi tui...* »

↗ ↘

sol mineur — *sol* mineur
2e bloc — 4e bloc
« *Tibi soli...* » — « *Redde mihi...* »

↗ ↘

ut mineur — *ut* mineur
1er bloc — 5e bloc
« *Miserere...* » — « *Quoniam...* »

Schéma de l'organisation tonale du Miserere *de Lully*

L'effet produit est tout d'abord une montée vers la clarté : *ut* mineur (ton sombre) → *sol* mineur (ton plus clair) → *si* bémol majeur (la lumière) ; puis c'est de nouveau l'assombrissement avec le chemin inverse.

Lully se présente dans la musique religieuse comme le spécialiste du motet royal. En ce sens, on peut l'opposer à M.-A. Charpentier dont la production sacrée est extrêmement variée, du point de vue des genres comme des styles.

L'oratorio en France

L'oratorio s'implante assez tardivement en France, par l'intermédiaire de Marc-Antoine Charpentier. Celui-ci étudie en Italie auprès de Carissimi vers 1650 et produit une trentaine d'œuvres se rattachant au genre oratorio (histoires sacrées, dialogues et cantiques), dont certaines sont indissociables du motet. Son audience est différente de celle de Lully et ne dépasse pas quelques cercles parisiens : Sainte-Chapelle, chapelle des jésuites, paroisse Saint-André-des-Arts, où l'on était porté vers les idées italiennes et peu favorable à l'esthétique officielle incarnée par Lully.

On peut difficilement étudier l'oratorio de Charpentier en le comparant à celui de Carissimi car il y a un fossé entre leurs générations. Ainsi, chez Charpentier, la part instrumentale est beaucoup plus importante et certains traits de l'écriture fort proches de l'opéra. On trouve par exemple dans *Le Jugement de Salomon* une scène de sommeil évoquant l'*Armide* de Lully. Toutefois l'ensemble, bien que très humain, demeure lié à l'art sacré par l'absence d'*arie* et de virtuosité vocale, par les interventions régulières des chœurs

---

Marc-Antoine Charpentier (v. 1634, † 1704)

Vie

v. 1634	Naissance à Paris
1650	Rome ; études avec Carissimi
	Collabore avec Molière
1679	S'occupe de la musique du Dauphin à Saint-Germain
1680	Dirige la musique de la princesse de Guise
1684	Maître de musique des jésuites à Saint-Paul-Saint-Louis
1698	Entre à la Sainte-Chapelle
1704	Mort à Paris

Principales œuvres
Musique religieuse : antiennes, litanies, proses, hymnes, motets, cantiques, psaumes, oratorios.
Musique profane : des airs, cantates, intermèdes et tragédies (*David et Jonathas, Médée*).

---

introduisant les personnages, concluant des passages principaux et allégeant le rôle du récitant (l'*Historicus*). De même, les figuralismes restent bienséants, sans exagération ni facilité : dans *Le Reniement de saint Pierre* par exemple, la fuite des disciples est imagée (série de doubles croches sur le mot *fugerunt*) mais non le geste de Pierre, coupant l'oreille du centurion.
En cette fin du XVIIe s., l'oratorio ne fait que s'acclimater en milieu français car le motet, imposé par l'art officiel, lui porte ombrage. Dans ces luttes d'influence, on voit se dégager les caractères spécifiques de chaque nation. Les réticences de la France devant les idées italiennes demeurent la clef de toute action musicale au XVIIe siècle : rejet, îlots de pénétration... les cas les plus contradictoires illustrent encore la réalité de cette confrontation.

L'Angleterre

La musique anglaise eut un XVIe s. très fructueux et connut, avec W. Byrd (1543, † 1623), J. Dowland (1563, † 1625) et O. Gibbons (1583, † 1625) des compositeurs capables d'aborder le nouveau style du XVIIe s. et d'en assumer les audaces. Il semble toutefois qu'après 1620 une coupure se manifeste, correspondant à un manque d'intérêt pour la musique religieuse et une disparition progressive de l'*ayre* dont J. Dowland avait donné de si beaux exemples.

Le creux musical se maintiendra jusqu'à la Restauration (1660) ; il faut bien convenir qu'il concerne une période très troublée politiquement et peu favorable à la création. La vie musicale intense de la Restauration nous est plaisamment racontée par deux amateurs avertis, John Evelyn et Samuel Pepys. Leurs « journaux » fourmillent d'indications et nous renseignent sur les goûts musicaux et l'art du temps. On y constate que la musique tient une grande place dans les préoccupations de l'honnête homme et qu'il convient même d'avoir des références musicales si l'on veut tout simplement servir dans les grandes familles londoniennes. Les femmes de chambre de Pepys sont ainsi passées à la postérité pour leurs qualités de chanteuses ou de violistes ! On voit aussi que les musiciens étrangers sont beaucoup mieux considérés en haut lieu que les Anglais : les Italiens, surtout appréciés pour leurs belles voix, les Français, et jusqu'à certains Portugais, amenés par Catherine de Bragance, femme de Charles II. Toutefois, le goût pour les artistes et les œuvres italiennes est croissant et cela d'autant plus qu'il va dans le sens de l'évolution historique alors que les Français, entre 1660 et 1680, proposaient un art non encore totalement acquis aux idées nouvelles.

Les concerts d'amateurs sont fort nombreux, relayés dès 1672 par les premiers concerts publics réguliers, organisés par J. Banister, dont l'effort est bientôt imité. Ces concerts promeuvent principalement la musique instrumentale et la chanson, comme ces airs à 1, 2 ou 3 voix de Henry Lawes (1596-1662) que Pepys place au-dessus de tous les autres. Les goûts de Pepys sont d'ailleurs très modernes puisqu'il prétend que « le chant à plusieurs voix n'est pas du chant, mais une sorte de musique instrumentale, parce que le sens des mots qu'on n'entend pas se perd, et surtout parce qu'on les met en fugues. Le vrai chant ne devrait être qu'à une voix, deux au plus ». Pepys n'aime pas non plus la musique italienne et boude les concerts qui la programment.

Il y a donc en Angleterre une aristocratie acquise à l'art italien et un public au contraire favorable à la musique anglaise, situation que nous avons déjà observée en France, avec cette différence que, là, Mazarin est plus ou moins seul à tenir en main pendant des années les chances de la musique italienne. Cette situation a occasionné en France un retard considérable de l'opéra et de l'oratorio : son résultat en Angleterre est identique. Il faudra attendre jusqu'en 1689, avec *Didon et Enée* de Purcell, le premier opéra anglais.

La musique dramatique avant l'opéra

Le masque – équivalent anglais du ballet de cour – est fort apprécié durant tout le XVIIe siècle. Le récit y prend place dès 1617 avec *Lovers made Men* de N. Lanier, et tend même à se développer selon l'évolution du genre qui passe du simple divertissement à une véritable expression dramatique. *Venus et Adonis* de J. Blow ou *Cupidon et la Mort* de Ch. Gibbons et M. Locke sont considérés comme des réussites éclatantes par le public anglais.

Un fait nouveau intervient alors : malgré l'interdiction qui pesait, en raison des troubles politiques, sur les théâtres, sir William d'Avenant, déjà auteur de masques, est pris du désir d'égaler les représentations italiennes et fait jouer en 1656 *The Siege of Rhodes,* « Le Siège de Rhodes », « divertissement à la manière des anciens ». Il en rédige lui-même le livret et en demande la musique à plusieurs compositeurs dont M. Locke et H. Lawes. L'œuvre est redonnée après la Restauration ainsi que plusieurs autres, qui ne connaissent pas un succès considérable. J. Evelyn, totalement acquis aux théories italiennes il est vrai, jugea l'opéra anglais « très inférieur à ceux des Italiens, aussi bien pour la composition que pour la magnificence ».

Les Anglais ont ensuite l'occasion d'applaudir les précurseurs de l'opéra français : en effet, Cambert, après le rachat du privilège royal par Lully, va s'installer à Londres où il est appelé par son élève Louis Grabu, maître de la musique du Roi. Cambert y fonde la *Royal Academy of music* et fait représenter, en 1674, *Ariane ou le Mariage de Bacchus* en français, sur une nouvelle musique de Grabu, avec distribution du livret bilingue. En 1675, on joue également *Pomone.* Mais Grabu, perdant la faveur du roi, retourne en France et on ne sait ce qu'il advient de Cambert. On revoit Grabu, quelques années plus tard, collaborant à *Albion and Albanius* avec Dryden (1685). Parallèlement, on continue à apprécier les musiques de scène auxquelles se consacrent de nombreux musiciens. En tête viennent les adaptations de Shakespeare, et principalement de *La Tempête.*

On voit donc en Angleterre une situation tout à fait comparable à celle de la France avant 1672 mais là, plus qu'un Mazarin, un

Henry Purcell (1659, † 1695)

Vie

1659 Naissance à Londres
Choriste à la chapelle royale
Restaurateur d'instruments à Londres
1679 Organiste de Westminster Abbey
1689 Compositeur du roi Guillaume III
1695 Mort à Westminster

Œuvres

Outre une musique instrumentale abondante, Purcell laisse de la musique religieuse (*anthems,* hymnes, psaumes, canon) et profane (odes, musiques de scène, opéras, semi-opéras, masques).

Louis XIV eût peut-être été nécessaire pour donner de l'unité à la musique anglaise et éviter la dispersion d'intérêt qui existera encore pendant de longues années, même après le nouveau départ donné par Purcell.

Purcell et l'opéra

Dido and Aeneas, premier opéra de Purcell, fut écrit en 1689, sur un livret de Nahum Tate. Destiné à une école de jeunes filles, c'est une œuvre de dimensions modestes, ramassée en 3 actes au lieu de 5. Le côté représentatif y est passablement sacrifié : le chœur, intervenant fréquemment, ralentit l'action, de même que le récit très *arioso* et donc lent n'apporte ni mouvement ni présence. Paradoxalement, pour une action dramatique, ce sont les *arie* qui retiennent notre attention, en particulier le premier et le dernier air de Didon, tous deux construits sur un *ostinato.* L'héroïne constitue d'ailleurs le seul personnage crédible : Énée n'apparaît guère ; Belinda, la servante fidèle, n'est qu'un faire-valoir. Tout, jusqu'aux sorcières (acte II) dignes de la pastorale française, n'est qu'apparence, sauf Didon, que l'on pourrait à juste titre rapprocher de Médée ou d'Armide.
Les autres opéras de Purcell sont souvent considérés comme des « semi-opéras » car ils comportent des parties non chantées. Ce sont principalement : *Dioclesian* (1690), *King Arthur* (1691), *The Fairy Queen* (1692), *The Indian Queen* (1693) et *Timon of Athens* (1694).

Les odes

La position de musicien officiel nécessitait en Angleterre, comme en France d'ailleurs, la composition de pièces de circonstance destinées à célébrer les grands moments de la vie royale. Équivalent du motet français, l'ode assume ce rôle : elle fait se succéder des symphonies, chœurs, *arie* et *ariosi.* La majesté souvent requise dans ce style est traduite par les trompettes ou les chœurs homophones et solennels. Purcell écrit dans ce genre les *Odes* pour la reine Mary (*Arise my muse,* « Viens, ma muse », 1690 ; *Celebrate this festival,* « Célébrez ce festival », 1693), mais aussi d'autres, plus recherchées musicalement, destinées aux célébrations de la Sainte-Cécile par les musiciens.

La musique vocale religieuse

Après l'âge d'or de l'époque élisabéthaine, la musique vocale religieuse avait connu en Angleterre un arrêt bien compréhensible durant la guerre civile et la formation du Commonwealth. La Restauration (1660) marqua la reprise des services religieux et l'office anglican, désormais officiel, nécessita dans l'immédiat un répertoire. On ne revint pas à la polyphonie de Byrd et de Tallis, mais au contraire, les compositeurs, encouragés, dit-on, par les goûts du roi Charles II, se tournèrent vers le style représentatif qu'ils adaptèrent aux impératifs du culte. Parmi les musiciens de ce renouveau, Pelham Humfrey (1647, † 1674) occupa une place importante car il fut envoyé en France et en Italie par le roi afin d'acquérir ce fameux nouveau style que Charles II souhaitait donner à sa chapelle. Son élève le plus prestigieux fut Purcell, auquel Humfrey enseigna l'écriture instrumentale renommée des Français et la déclamation italienne.
La forme sacrée favorite que cultivent les musiciens anglais est l'*anthem,* sorte de motet. Traditionnellement, on distingue le *full-anthem,* de style choral, et le *verse-anthem,* avec *soli* et instruments. La tendance du XVIIe s. est d'orienter l'*anthem* dans la direction de la cantate. Cette évolution, sensible dans l'œuvre de Purcell, va du *full-anthem* à 8 voix (*Hear my prayer,* « Écoute ma prière » par exemple), au *verse-anthem* avec symphonie introductive, chœur final et nombreux numéros intermédiaires pour solistes et chœurs (*O sing unto the Lord,* « Chante pour le Seigneur », 1688).
L'oratorio ne touchera l'Angleterre qu'au XVIIIe s. où il connaîtra avec Haendel un développement spectaculaire.

Conditions politiques défavorables jusqu'en 1660, insularité... tels sont les phénomènes extérieurs qui expliquent le retard considérable de l'Angleterre par rapport à la musique continentale et principalement à l'Italie. Certains domaines continuent certes à être privilégiés car ils sont héritiers d'une riche tradition (c'est le cas de la musique instrumentale en particulier), mais, dans tout ce qui touche les conquêtes propres au XVIIe s., le décalage est important.
Il serait cependant inexact d'attribuer ce décalage uniquement à des circonstances défavorables : le goût anglais répugne en effet aux excès de la déclamation italienne et Pepys résume bien la situation lorsqu'il analyse avec beaucoup de lucidité ses propres impressions, après un concert de musique italienne entendu chez Lord Bruncker, protecteur des Italiens :
« Ils ont bien chanté ; mais dans un chant il faut considérer les paroles, et comment la musique s'y adapte ; l'accent du pays doit être connu et compris de l'auditeur : sinon l'on ne sera jamais bon juge de la musique vocale d'un autre pays. Aussi, ne comprenant pas les paroles et n'étant pas habitué à l'italien, je n'ai pas du tout été pris par cette musique ; leurs mouvements, leur façon d'élever et d'abaisser la voix peuvent plaire à un Italien, mais à moi, ils ne m'ont pas plu ; et je crois, du fond du cœur, que je pourrais mettre en musique des paroles anglaises, d'une façon plus agréable pour les oreilles anglaises les plus exercées, que toute cette musique italienne... Je suis de plus en plus convaincu que chaque nation ayant un accent et une intonation propres à sa langue – intonation et accent qui ne correspondent pas à ceux des autres pays et qui ne leur plaisent point – le chant doit aussi être différent. Mieux la musique est adaptée aux paroles, plus elle a l'intonation habituelle à la langue ; de sorte qu'un air bien composé par un Anglais paraîtra toujours meilleur à un Anglais qu'un air écrit sur des paroles étrangères par un étranger... »

L'Allemagne

La musique allemande du XVIIe siècle est mal connue des publics non germaniques. Il semble que la puissante personnalité de J. S. Bach rejette dans l'ombre les musiciens qui le précèdent et décourage les entreprises musicologiques : pourquoi chercher ailleurs, alors que nul ne peut se vanter d'avoir pénétré tous les aspects de la pensée et de la création chez Bach ? Pourtant, la musique allemande du XVIIe s. mérite une observation attentive, mettant en lumière à la fois sa contribution au nouveau style lancé par l'Italie et sa spécificité.

Romain Rolland, dans une très pittoresque étude sur le musicien Kuhnau, explique que l'originalité de la musique allemande tient à sa relation aux sciences et aux lettres. Selon lui, le virtuose italien est « un grelot sonore ». Les Allemands, au contraire, pratiquent le droit, la philosophie, les lettres, comme contrepoids à la « volupté vide » de la création musicale. Johann Kuhnau (1660, † 1722), prédécesseur de J.-S. Bach à la Thomaskirche de Leipzig, était, selon le compositeur Mattheson, « très instruit en théologie, droit, éloquence, poésie, mathématiques, langues étrangères et musique ». R. Rolland poursuit : « Il avait soutenu des thèses de droit, dont l'une en grec ; il était avocat, il cultivait la philosophie grecque et hébraïque, traduisait des ouvrages français et italiens, et écrivait lui-même des œuvres de science et d'imagination. » Heinrich Schütz (1585, † 1672) avait également reçu une fort bonne éducation au Collegium Mauritianum de Kassel, réputé pour son enseignement des lettres. Il entreprit ensuite des études juridiques à l'université de Marburg, et seulement après se consacra à la musique.

Il y a certainement du vrai dans ce point de vue de R. Rolland. Comment en effet justifier le retard considérable – le plus important d'Europe – de l'Allemagne en matière de musique dramatique, sinon par une culture particulière ? Certains pensent que la guerre de Trente Ans est seule responsable de la situation. Même s'il s'agit d'un argument de poids, on ne saurait limiter là l'explication ; en effet, la paix de Westphalie intervint relativement tôt dans le siècle (1648), engendrant un climat d'émulation qui aurait dû être très favorable à la musique. N'oublions pas que l'Angleterre dut attendre la Restauration (1660) pour retrouver la tranquillité nécessaire à la création. Toutefois, à l'inverse de l'Angleterre, l'Allemagne n'avait pas une tradition suffisante – sauf peut-être en musique instrumentale – pour un nouveau départ. Aussi l'art italien s'infiltra-t-il partout au gré des princes. Mais, comme en Angleterre, musiciens et public n'étaient pas d'accord : l'opéra baroque qui naîtra dans les débuts du XVIIIe s. se voudra plus allemand qu'italien, donc national, et il sera encouragé par les villes ou la bourgeoisie plutôt que par les cours.

Heinrich Schütz (1585, † 1672)

Vie

1585 Naissance à Gera
1599 Inscription au Collegium Mauritianum de Kassel
Études de droit à l'université
1609 Premier voyage à Venise
1613 2e organiste à la cour de Kassel
1617 Maître de chapelle à la cour de Dresde
1628 Deuxième voyage à Venise
1629 Retour à Dresde
1633 Appelé par la cour de Danemark
1644 Retour à Dresde
1672 Mort à Dresde

Œuvres

Schütz écrivit principalement des œuvres vocales religieuses : Passions, histoires sacrées, psaumes, *Geistliche Chormusik, Symphoniae sacrae, Requiem,* et un opéra, *Dafne* (1627).

De quelque façon qu'on l'explique, la situation en Allemagne au XVIIe s. est particulière et en marge de celle des autres pays d'Europe. Toute approche du style représentatif dans une création musicale doit être considérée comme une expérience unique et pionnière et non comme une tendance de la musique de ce temps. On pourrait opposer à titre d'exemple Samuel Scheidt (1587, † 1654) et H. Schütz : le premier est lié au style polyphonique et au choral, alors que le second, par goût personnel et par les circonstances (il étudia en Italie avec G. Gabrieli), tenta au contraire d'acclimater la déclamation italienne en milieu germanique.

H. Schütz et la musique vocale religieuse

H. Schütz, principal représentant de l'école allemande du XVIIe s., alla par deux fois en Italie (1609 et 1628) ; il eut pour maître G. Gabrieli, à Venise, et connut les œuvres de Monteverdi. Le choc de la musique vénitienne fut chez lui déterminant : il fit dès lors une place aux alternances de chœurs, au plaisir de la voix et de l'expression. De retour en Allemagne, il resta fidèle à un style forgé dès 1619 avec les

Psaumes de David. Si l'on compare la mise en musique du psaume 23 *Der Herr ist mein Hirt,* « Le Seigneur est mon berger », en 1619 et, en 1650, *Symphoniae sacrae* III, la différence n'est pas considérable : dans le second cas les parties instrumentales et les *soli* s'ajoutent mais la polyphonie du double chœur reste très semblable.

Schütz assimila cette esthétique vénitienne du contraste qui reste la clef de l'analyse de toute son œuvre. Dans la seconde partie de sa production (après le deuxième séjour en Italie), le compositeur se détacha des grands effectifs et approfondit la récitation mélodique ; c'est le cas des *Kleine geistliche Konzerte* (1636-1639) et des motets du recueil *Geistliche Chormusik* (1648).

À côté des concertos sacrés, concerts, symphonies sacrées, dialogues ou psaumes, genres liés en dépit des termes différents au motet, Schütz aborda la musique sacrée de style représentatif avec les Histoires sacrées *(Historiae)* et les Passions.

L'*Auferstehungshistorie,* « Histoire de la Résurrection », 1623, est une sorte d'oratorio de Pâques pour chœur, *soli* et instruments. Le compositeur expose, après un chœur d'introduction à 6 voix, les paroles de l'Évangéliste ; il est accompagné de 4 violes de gambe qui apportent une couleur très touchante à son personnage. Les autres héros, plus épisodiques, sont simplement soutenus par la basse continue. Les timbres instrumentaux comme le mode de récitation distinguent également les personnages. Schütz use de récits non mesurés issus du plain-chant, curieusement mêlés à une déclamation mesurée dans les moments les plus dramatiques. Un grandiose double chœur termine l'œuvre.

La *Weihnachthistorie,* « Histoire de la Nativité », 1664, plus communément appelée « Oratorio de Noël », adopte le principe d'un récitant – l'Évangéliste – soutenu par la basse continue et de quelques solistes accompagnés d'instruments. Ceux-ci participent aux deux grands chœurs d'encadrement. Les huit intermèdes composant l'œuvre sont caractérisés par les voix et les timbres instrumentaux, et donnent l'impression d'une suite de tableaux dans des coloris différents. Le premier intermède (« l'Ange aux bergers dans les champs ») utilise une voix de soprano accompagnée de deux violes de gambe ; 2 trombones *solo* apparaissent dans le 5e épisode, 2 trompettes dans le 6e, etc.

Les Passions, composées entre 1653 et 1666, sont au nombre de trois : *Lukaspassion, Matthäuspassion, Johannespassion.* Écrites en allemand, elles remplacent la récitation liturgique traditionnelle par une monodie, réservant la polyphonie à la foule *(turbae).* Les

Dietrich Buxtehude (v. 1637, † 1707)

Vie

v. 1637	Naissance dans le Holstein
1657	Organiste de la Marienkirche d'Hälsingborg (Suède)
1668	Organiste de la Marienkirche de Lübeck
1705	J.-S. Bach lui rend visite
1707	Mort à Lübeck

Œuvres

Auteur de cantates et d'une importante musique instrumentale.

récits de Schütz restent encore très influencés par le répertoire de l'église : toute la *Passion selon saint Matthieu* baigne dans le mode de *ré.* Toutefois l'ensemble très expressif et les chœurs usant d'une harmonie pleine de surprise possèdent tous les caractères du style représentatif.

Au cycle des Passions s'apparentent *Die Sieben Worte Jesu Christi,* « Les Sept Paroles de Jésus-Christ », 1645, pour récitant, chœur et cinq instruments. Les textes sont empruntés aux 4 Évangiles et exceptionnellement, la mélodie de choral *Da Jesu am Kreuze stand,* « Lorsque Jésus était sur la croix », apparaît dans l'*Introitus* et le chœur final.

Les contemporains de Schütz

Parmi les musiciens contemporains de Schütz se détache Dietrich Buxtehude (v. 1637, † 1707) dont le rôle capital en matière de musique instrumentale a été souvent souligné par les musicologues. Il ne faut pas oublier non plus qu'il représente le trait d'union entre Schütz et Bach, et propose à ce dernier le modèle de la cantate d'église allemande. Les *Abendmusiken,* « Concerts du soir », de la Marienkirche de Lübeck lui fournissent l'occasion de composer des cantates en allemand, comportant des mélodies de choral. On lui doit également des oratorios proches des *Historiae* de Schütz.

Les débuts de l'opéra allemand

L'opéra allemand eut des débuts très tardifs, dans les dernières années du XVIIe s. ; il avait cependant été annoncé par un essai de

Schütz en 1627 : *Dafne,* sur un livret de Rinuccini, dont la musique est perdue. Vint ensuite la grande époque de l'influence italienne et chaque cour princière fit exécuter des œuvres étrangères et construire des théâtres. On prôna donc en Allemagne cet art italien, jugé par beaucoup « sensuel et dissolvant », et même « allié du despotisme » (R. Rolland). On voit au passage ce que peuvent avoir d'absurde ces étiquettes : considérées comme démagogiques en Italie, spécialement à Naples et à Venise, les mêmes œuvres jouées en Allemagne pour le plaisir des princes deviennent une insulte aux classes bourgeoises. Tout cela n'a cependant rien d'insensé car en Allemagne on perçoit l'opéra italien comme un langage imposé de l'extérieur et constituant une entrave à la formation d'un art véritablement allemand. Dresde et Munich deviennent en particulier des foyers d'influence italienne.

En réaction contre cette invasion, on s'essaya partout en Allemagne à la composition sur livrets nationaux. Malheureusement, s'il y avait des modèles et un public, les compositeurs au contraire faisaient défaut et ne produisirent rien de remarquable avant le XVIIIe s. Successivement Hambourg (1678), puis Hanovre, Brunswick et Leipzig ouvrirent des théâtres où l'on joua les œuvres de R. Keiser, D.W. Franck ou J.-Ph. Krieger. Mais l'abondante production des musiciens allemands ne put convaincre le public et bientôt l'opéra allemand s'effondra (vers les années 1720), étouffé par les succès étrangers.

On voit donc que plus que dans les autres pays d'Europe, le nationalisme allemand fut une entrave au style représentatif. L'Allemagne, bien que préparant un XVIIIe s. brillant, eut beaucoup de difficultés à intégrer la réforme mélodramatique. Si l'on excepte l'œuvre de Schütz, la musique instrumentale donnera une bien meilleure idée de l'art allemand que l'art vocal.

L'Italie et les nationalismes

L'histoire de l'art vocal au XVIIe s. est celle de la défaite des traditions nationales devant les entreprises italiennes. Pressentie comme particulièrement injuste par de nombreux compositeurs, cette défaite est plus ou moins différée mais finalement consommée. Puis, avec le temps, l'apport italien s'intègre si étroitement à l'ancienne tradition qu'il en devient inséparable. En ce sens, l'art d'un J.-S. Bach, qui ne laisse aucun doute sur son germanisme, n'avoue pas ouvertement la part considérable qu'il doit à l'Italie. Mais l'intégration n'est qu'une étape : une réaction bien légitime ne manquera pas d'opposer vivement les Italiens aux musiciens nationaux, la première attirance passée. Selon le bon mot de Kuhnau, « il est des artistes nouveaux venus dans une ville comme des harengs frais ; chacun veut en manger... »

« Ce qu'il y a de mieux est la rencontre d'un bon compositeur qui comprend le théâtre, et qui est lui-même capable de donner des indications, et d'un poète intelligent, ce qui est un véritable phénix. Il n'y a plus alors à s'inquiéter de l'approbation des ignorants (...) Allons ! il me semble que j'ai dit là-dessus assez de niaiseries. »

Lettre de Mozart (octobre 1781)

Jean Duron

LA MUSIQUE VOCALE DE 1680 À 1800

Musique vocale : voici bien, pour l'homme du XVIIIe s., un pléonasme. Le concept même d'art symphonique, tel qu'il se perçoit aujourd'hui, s'est créé un peu partout en Europe vers 1720-1730, et tout particulièrement dans les principautés germaniques, cours peu fortunées, n'attirant ni les « prime donne » ni les « castrati » à la mode. Et si les symphonies, *concerti*, trios ou quatuors prennent alors une dimension sans précédent, les compositeurs, néanmoins, restent attachés profondément à leur œuvre vocale : n'oublions pas les lettres passionnées de Mozart décrivant pas à pas la naissance d'*Idoménée*, n'oublions pas non plus l'amour que Haydn, vieillissant, portait à *Il Ritorno di Tobia*, à l'*Infedeltà Delusa* ou au *Stabat Mater*, qu'il défendit plus que toute musique instrumentale.

Pourtant, c'est des compositeurs de musique vocale, des créateurs de l'opéra notamment que nous sommes le plus ignorants, car leurs œuvres, de vaste dimension et demandant des moyens techniques considérables tant en effectif vocal et instrumental qu'en machineries et costumes, ne peuvent que difficilement et exceptionnellement être données au public. Les maîtres qui souffrirent le moins de l'oubli de l'histoire, paradoxalement, sont ceux qui vivaient dans de petites cours, peu riches, peu représentatives des courants contemporains, exigeant de leurs compositeurs tout à la fois musique instrumentale et musique vocale – et l'on pense ici, bien sûr, à Jean-Sébastien Bach.

Cette domination de l'art vocal, quasi absolue avant 1750, influence les compositeurs jusque dans leur œuvre instrumentale, comme en témoignent *Les Barricades mystérieuses*, ou *Les Fastes de l'ancienne et grande Ménestrandise*, de Couperin, *Les Cyclopes, L'Indiscrète* de Rameau, les *Adaptations musicales de quelques scènes bibliques en 6 sonates...*, véritables pièces à programmes, découpées en séquences avec titre, publiées à Leipzig par Kuhnau, en 1700.

La musique doit être imitation de la nature, l'ensemble des théoriciens l'accorde ; la plus grande partie de la production musicale supporte donc encore, au début du XVIIIe s., le « programme », le concept concret ; et l'effort de rénovation entrepris par les maîtres classiques portera certes sur le développement des techniques, mais tout autant sur l'affaiblissement de cette théorie de l'imitation, notamment grâce aux réflexions de philosophes tel Chabanon, à l'extrême fin du siècle (*Observations sur la musique*, 1779).

Dispositions ordinaires des cordes de l'orchestre

Au début du XVIIIe siècle

	Italie	*France*		*Allemagne du nord*
		VERSAILLES ACADÉMIE ROYALE DE MUSIQUE	AUTRES	
Écriture en :		Quintette	Quatuor	Quintette
DISPOSITION	I. violons II. violons Altos Violoncelles	Violons unis* I. Altos II. Altos III. Altos Violoncelles	Violons unis* I. Altos II. Altos Violoncelles	I. violons II. violons I. Altos (ou violes) II. Altos (ou violes) Violoncelles
MUSICIENS	A. Scarlatti Pollarolo Bach Haendel	Lully Campra Delalande Desmarest Rameau	Charpentier Desmarest (motets lyonnais) Bach (*Nun komm der Heiden Heiland*)	Meder Haendel (*Almira*) Bach (*Christ lag in Todesbanden*)

* Divisés dans les seuls passages en trio, I. violons, II. violons, altos unis, contrastant avec les quintettes, écriture habituelle.

Parallèlement, les techniques d'instrumentation et d'orchestration se métamorphosent. Vers 1700, chaque pays possédait une structure d'orchestre particulière, notamment en ce qui concerne les cordes. La grande mutation, durant le XVIIIe s., c'est l'unification de l'instrumentation au profit de la conception italienne, et au détriment de toutes les autres – notamment de la française qui, jusqu'en 1730, bénéficia de la faveur du public.

Par ailleurs, une évolution considérable du goût engendra un changement profond dans l'esthétique de l'opéra, affectant l'écriture, le matériel thématique et le rôle de la couleur harmonique. Une fois encore, c'est vers l'Italie que l'Europe entière se tourna. L'écriture contrapuntique savante perdit de son prestige et fut souvent traitée de « barbarisme » par les critiques et les philosophes contemporains, parfois par les compositeurs à la mode ; mais, tout au long du XVIIIe s., les grands maîtres en conservèrent l'usage, notamment dans la musique liturgique.

La recherche de l'effet harmonique, plus immédiat, plus direct sur le public, prit nettement le dessus à partir de 1740 et joua un rôle considérable dans la musique vocale, en particulier dans l'opéra « fin de siècle » avec Gluck, Jommelli, Traetta puis Mozart et Haydn.

Le contenu émotionnel de la musique, lié à l'histoire du goût, évolua lui aussi considérablement ; nul doute que par-delà le développement des formes et des structures de la musique vocale, le changement du goût et de l'esthétique permit seul la destinée de l'opéra classique.

Le matériel thématique, quant à lui, se structura peu à peu. Chez Lully, par exemple, le concept de thème à proprement parler n'existe pas encore, mais l'emploi et la répétition de mêmes mots au sein d'un air conduit à l'emploi et donc à la répétition d'une même formule rythmique découlant de la prosodie de la langue.

De telles analogies pourraient être constatées chez Scarlatti ou Buxtehude. La grande innovation du XVIIIe s. est la création du thème structuré ou du sujet (dans la fugue). Nous en comprenons, bien sûr, toute l'importance pour la musique vocale car la présence d'un fil conducteur, le thème en l'occurrence, permit la suppression de toutes les redites, notamment dans la forme *da capo* de l'opéra italien, ou dans la forme binaire à reprises de la tragédie-lyrique française. Ces reprises avaient pour but évident de donner une cohésion musicale à des œuvres dont le texte seul assurait jusque-là l'unité ; le thème apportant lui-même ce liant, l'ancien système d'unification devenait inutile, d'autant qu'il alourdissait et ralentissait le déroulement du drame. La musique devenue moyen d'unification au premier chef supplantait le texte dans ce rôle et prenait une plus grande valeur dramatique.

Par-delà les bouleversements décrits, le développement et l'aboutissement des grandes structures classiques tels la forme sonate, le rondo-sonate, la fugue..., jouèrent un rôle dans l'architecture des « symphonies d'introduction » (ouvertures) ou dans la construction des airs, ensembles ou chœurs. Le besoin de structurer se fit de plus en plus pressant ; les formes propres à la musique vocale s'affinèrent et empruntèrent à la musique instrumentale. Cette interdépendance entre art vocal et art instrumental, dans les structures internes, vaut également en ce qui concerne les structures générales (opéras, cantates, messes...).

Enfin, la principale révolution artistique est la transformation du concept même d'art musical. À la fin du XVIIe s. la musique ne semblait que décoration, ornement ; elle appartenait à la fête générale comme l'ensemble des arts : la création d'une œuvre n'est pas alors un geste isolé mais participe à un cérémonial (carnaval des grandes villes italiennes, guérison ou mort d'un prince), avant tout c'est un art de la circonstance. À la chapelle, la musique est ornement de l'office ; à l'opéra, elle est simple support du texte, au même titre que ballet, machinerie et costumes ; on parle de telle ou telle tragédie lyrique de Quinault ou Danchet, tous deux librettistes, mais on ne cite que rarement le compositeur. Une pièce n'a de succès que si le livret est bon. L'évolution du concept de musique au XVIIIe s. se mesure au travers de la préface de l'*Alceste* de Gluck, ou des lettres de Mozart décrivant avec une infinie précision son propre modelage du livret, lui permettant de créer *son* œuvre : le spectacle de *La Flûte enchantée* n'est plus alors « de Schikaneder » mais bien « de Mozart ».

Ce mouvement de la pensée classique se traduit d'ailleurs par des gestes très révélateurs : jusque vers 1750, les compositeurs « collent » sur des textes différents, parfois d'expressions opposées, des pièces antérieurement écrites ; le cas, fréquent pour les maîtres italiens dont on exigeait une production démesurée, vaut également pour Bach qui adaptait certains airs d'une cantate à une autre, voire d'une cantate à une messe. Un même opéra pouvait comporter des « collages » de plusieurs compositeurs comme ce célèbre *Télémaque, ou Fragment des modernes* que l'Académie royale de musique créa à Paris en 1704. À la fin du siècle, nous constaterons l'inverse : les mêmes livrets sont inlassablement traduits, adaptés, parfois même textuellement repris d'œuvres anciennes et chaque compositeur leur apporte sa propre interprétation : *Iphigénie en Tauride* (1779) de Gluck reprend le livret que Duché de Vancy avait conçu pour Desmarest (1704) ; les opéras de Haydn sont écrits sur des livrets de Métastase parfois à peine retouchés. La fonction même du musicien en ressort grandie.

La musique, art de plaisir et de pompe, en 1680, devient donc en 100 ans complètement autonome. En fait, s'installe ou naît chacune des données de la musique moderne ; c'est une révolution, un bouleversement de l'ensemble des techniques de l'art des sons : création de l'orchestration et de l'instrumentation modernes ; naissance du goût harmonique et de l'enchaînement au sens moderne du terme ; naissance du thème et de son traitement, des formes externes et internes, du sens du discours, de la mesure du temps musical, bref, de la fonction musicale telle que nous la connaissons aujourd'hui.

C'est à partir seulement de la compréhension de ce formidable essor que l'on peut tenter de cerner l'histoire de la musique vocale de Lully à Mozart, d'en admirer l'infinie richesse à travers l'évolution du goût des générations et la variété des différents climats, chaque pays, chaque région possédant ses centres d'intérêt et son évolution propres.

Ne seront traités ici que les grands genres du théâtre (opéra, opéra-ballet, tragédie lyrique, opéra-comique, *Singspiel*...) et délaissés les cantates profanes, *lieder,* airs ou *arie* et autres cantatilles... ; seront effleurés les grands genres de la musique religieuse (cantates, passions, motets, oratorios, messes...) et quelque peu oubliés les innombrables petits motets à voix seule, airs spirituels que renferment nos bibliothèques. Ce choix n'est dicté que par l'importance du sujet, certains genres sacrifiés ayant produit ponctuellement des œuvres considérables...

L'Opéra avant 1720

Au XVIIe s., l'opéra était donc un art italien. La réputation des œuvres de Monteverdi et de Cavalli lui donnant une ambition plus européenne, il fut exporté. Les maîtres italiens émigrant en France, en Angleterre, en Espagne, ou dans les pays germaniques, furent influencés par (ou réagirent contre) des traditions locales fortement implantées en ce qui concerne les techniques de composition ou d'orchestration. Le ballet de cour, l'air de cour dans un Versailles épris de danses et de fastes, l'ancien *Singspiel* allemand et son aspect populaire permirent l'éclosion, à l'orée du XVIIIe s., de différentes formes de spectacles. Certaines d'entre elles, comme la tragédie lyrique française, obtinrent alors un succès et une audience comparables à ceux de l'opéra italien dont elles étaient issues.

L'opéra italien après Cavalli

La grande époque s'achève vers 1660, mais l'activité créatrice reste importante à Venise, Naples, Rome ou Gênes, où l'opéra est un véritable fait de société. La longue période de carnaval (trois mois), de même que les fêtes d'automne permettaient la création, chaque année, d'un ou deux opéras. Le public se plaisait à venir entendre les qualités de tel ou tel chanteur à la mode, ne prêtant que peu d'attention à la cohésion d'un spectacle qu'il ne suivait que de loin. De longs récitatifs, supports de l'intrigue, permettaient de passer logiquement d'une *aria* à une autre, chacune peignant un état d'expression particulier. L'opéra était ainsi régi par des règles, des habitudes plutôt, mais extrêmement strictes, et dans la structure générale de la partition, et dans l'ordre d'intervention des différentes émotions. C'est dans ce cadre conventionnel qu'œuvraient la plupart des compositeurs, leur marge de manœuvre étant fort limitée et leur rôle assez insignifiant.

Le plan, la forme

L'opéra, construit en trois actes, était précédé d'une introduction sans rapport aucun avec l'œuvre (« sinfonie avanti l'opera »), courte pièce autonome pouvant servir à plusieurs ouvrages, et que les compositeurs ne recopiaient que rarement dans leurs manuscrits. L'orchestre ne comportait le plus souvent que des cordes et, compte tenu des possibilités financières des théâtres, en fort petit nombre. Chaque acte se déroulait ensuite, immuablement, dans une alternance d'*arie*, encore très peu développées à la fin du XVIIe s., et de *recitativo secco* où les personnages dialoguaient soutenus par les instruments de la basse continue. L'orchestre n'intervient alors que dans l'accompagnement de quelques *arie* et dans de très courtes ritournelles, ainsi que dans les ballets agrémentant les entractes mais dont nous ne possédons que peu de vestiges. Les chœurs sont inexistants, et l'on nomme parfois ainsi les ensembles de quelques personnages qui concluent un acte.

Les livrets

Les livrets, d'une grande diversité, traitent tout autant les ambitieux sujets de l'histoire ancienne ou de la mythologie (*Orfeo* de Sartonio, Venise, 1672, ou *Elena rapita da Paride* de Freschi, Venise, 1677) – il s'agit alors de l'*opera seria* – que les thèmes contemporains surtout recherchés à Rome avec Pasquani (*Dov' è Amore é Pietà*, 1679) ou A. Scarlatti (*L'Onesta nell' Amore*, 1680) – c'est alors la « commedia per musica ». La rencontre de thèmes identiques est encore peu fréquente à l'époque du fait de l'importance même du librettiste.

B. Pasquini

Bernardo Pasquini (1637, † 1710), contemporain de Corelli, composa un grand nombre d'opéras pour Rome, dont il ne nous reste en tout ou partie que douze pièces. L'opéra romain d'alors, toujours censuré par la police papale, trouvait des lieux d'exécution privilégiés dans les cercles privés. Les effectifs des chanteurs et des instrumentistes restent modestes, comme en témoigne *L'Idalma, overo Chi la dura la vince*, comédie en musique sur un livret de G.D. de Totis, qui fut donnée au Teatro Capranica durant le carnaval de 1680. L'histoire en est banale : infidélité, et repentir de l'infidèle. La « symphonie avant l'opéra », extrêmement courte, se compose de deux parties distinctes, traitées en imitations serrées.
On est frappé, dès l'acte I, par l'extrême mobilité des structures ; les récits se transforment en airs, accompagnés par une basse continue sur *ostinato* mélodique, procédé que nous retrouverons amplifié jusqu'en 1750 : une courte formule cadencielle, énoncée par la basse continue, répétée, transposée, transformée, sert de cellule génératrice ; la voix, indépendante de cette formule chez Pasquini, en dépendra totalement chez ses successeurs. L'œuvre est parsemée de courtes ritournelles des cordes, en imitation, reprenant le plus souvent la cellule génératrice d'un air sur basse continue en *ostinato*.
Pasquini représente l'ancienne école romaine, mais aussi le style fin de siècle de l'opéra italien dans son ensemble, malgré les influences locales – en particulier celle de Cavalli, à Venise.

Bernardo Pasquini (1637, † 1710)

Vie
Élève de Cesti et Vittori.
Étudie les œuvres de Palestrina et Frescobaldi.
Dès 1663 Organiste de Sainte-Marie-Majeure à Rome.
1664 Organiste de Sainte-Marie in Aracoeli (poste qu'il occupe jusqu'à sa mort).
1710 Mort à Rome.

Principales œuvres
Claveciniste célèbre, il est aussi auteur de 14 opéras, composés entre 1672 et 1692, et tous créés à Rome (*Dov'è amore è pietà*, 1679 ; *L'Idalma*, 1680 ; *L'Arianna*, 1685).
Auteur de 16 oratorios, la plupart perdus, pour Rome, Modène, Florence, Palerme... (*La Sete di Christo*, 1689).

L'opéra de Zeno, puis de Métastase

Si les librettistes furent à l'origine du changement, le mouvement fut aussi inspiré par le succès de deux poètes de genie : Apostolo Zeno (1668, † 1750) puis Pietro Trapassi, dit Métastase (1698, † 1782). Le choix des sujets tragiques ou comiques comme les structures générales évoluèrent peu ; l'histoire antique et la mythologie fournirent les sujets de l'*opera seria* ; néanmoins, d'autres thèmes surgirent, tels la *Jérusalem délivrée* de Pallavicino (Venise, 1687), ou *Tamerlano* de Gasparini (1710). L'histoire romaine devint plus présente (*Griselda*, de M.-A. Bononcini, Milan, 1718 ; *Alexandre Sévère* de Lotti, Venise, 1716) et c'est bien là un fait particulier de l'opéra italien. D'un autre côté, les situations quotidiennes d'époux trompés, les équivoques fournirent la matière des « comédies en musique ».

L'« opera seria » : finalité et forme

Le grand genre reste néanmoins l'*opera seria*. Le drame se découpe toujours en trois actes précédés d'une symphonie en trois mouvements (vif-lent-vif), indépendante. L'absence de chœur est quasi absolue et l'orchestre demeure peu fourni. Les règles et conventions de l'époque précédente s'intensifient. Chaque acte s'ordonne, comme auparavant, en récitatifs dialogués de style *secco* et en *arie*, dans une alternance parfaite que ne viennent rompre que de rares ensembles, mais l'*aria* prend une dimension nouvelle dans le soin des librettistes à lui attribuer un « type psychologique ». Chaque *aria* sera, en fait, la caricature, la peinture, d'un état d'âme du personnage, et d'un seul : tous les moyens, tant poétiques que musicaux, s'uniront pour que l'évocation soit parfaite. L'action menée dans le *parlando* particulier qu'est le récitatif *secco*, ne fait qu'amener la situation, le climat désiré pour l'*aria*.

Le rôle du chanteur devint considérable et celui-ci fut bientôt le véritable maître d'œuvre de l'opéra, que l'on écrivait pour lui en utilisant les possibilités particulières de sa voix. Le phénomène va s'amplifier durant le XVIIIe s. et la renommée de certaines *prime donne*, de certains *castrati*, devint internationale.

Le livret de l'*opera seria* sépare strictement l'action elle-même et le miroir de cette action sur les caractères. Toutes ses composantes, le nombre d'actes, de scènes, les personnages, les caractères, les situations, les changements de situation, la classification et le degré de difficulté des *arie* obéissent à un schéma d'une précision inouïe. Le compositeur se trouve donc contraint, et par son librettiste et par ses interprètes ; le chanteur peut exiger la refonte d'un air, le moindre changement imprévu dans la distribution pouvant parfois obliger le musicien à récrire sa pièce. Les opéras étant mis sur scène en des temps records, le compositeur écrivait certaines parties dans le temps même des répétitions. Cette précipitation nous permet de mieux comprendre le rôle du musicien, l'aspect stéréotypé de la production contemporaine, les « collages » d'*arie* déjà utilisées dans des œuvres précédentes, ou les suppressions et changements apportés par les chefs d'orchestre, récrivant parfois entièrement un air pour une reprise de la pièce.

L'« aria » et le récit

Chaque personnage devant être campé sur scène avec un grand air par acte, l'*aria*, de plus grande stature, s'imposa peu à peu comme l'élément fondamental de l'*opera seria* ; l'orchestre, peu impliqué en 1660, s'insinua au sein de ces airs. Outre les structures sur basse continue en *ostinato*, formules dérivées de la variation, le *da capo* connut une très grande popularité et s'assimila presque tout entier au concept d'*aria* : sa structure permettait une liberté certaine dans l'invention mélodique, car la répétition du début conférait une unité à la page, unité assurée, dans l'air sur basse continue obligée, par la formule mélodique variée. La réunion des deux techniques semble d'ailleurs assez fréquente. Le *da capo* permettait à l'interprète de

Les différents types d'aria

Aria di portamento : la voix, en notes pédales, abandonne à l'orchestre l'exposition du matériel thématique.
Aria cantabile : tendre.
Aria parlante : volubile (ce genre sera très utilisé dans l'*opera buffa*).
Aria di bravura : lieu des prouesses techniques du chanteur.
Aria di mezzo carattero.

briller, d'une part dans la fameuse cadence improvisée, mais aussi dans la reprise du début, occasion à effet où le virtuose se devait d'ornementer librement la mélodie écrite : nul doute que de nombreux chanteurs parvenaient à faire oublier la manière même du compositeur sous leurs baroques atours. Les rôles importants dévolus aux voix aiguës – *prime donne* et *castrati* – ne laissaient que fort peu de place aux autres registres, notamment aux basses, quasiment inutilisées. Les ensembles, duos, trios... obéissaient aux mêmes règles.
Chaque pays développa un récitatif propre et les comparaisons esthétiques sont à cet égard particulièrement riches. Le *recitativo secco* des Italiens, sorte de *parlando* rapide assez inexpressif, n'est soutenu que par un accompagnement succinct, épars même ; le débit de la voix, rapide, en notes répétées ou conjointes, toujours dans un *ambitus* restreint, sans effet mélodique particulier, s'interrompt au bout de chaque phrase sur une formule typique : la voix conclut seule, puis à vide ; la cadence du clavecin permet la respiration du chanteur.
Le récitatif *accompagnato* fait son apparition mais reste un phénomène exceptionnel réservé aux instants particulièrement émouvants. Le style vocal demeure identique à celui du récitatif *secco*, mais les cordes réalisent l'harmonie en valeurs longues ; rarement, l'orchestre commente, par une courte intervention, la situation.
L'opéra de Zeno n'est pas un tout, mais au contraire un genre en évolution permanente. En 1720, l'*aria da capo* s'impose de plus en plus, de même que s'accentuent les types présentés plus haut. L'*aria* s'élargit, le matériel thématique, plus structuré, lui confère une plus grande unité. L'orchestre s'insère tout au long de la partition, devenant composante obligée de l'*aria* ; le *recitativo accompagnato* se fait plus fréquent, les interventions-commentaires plus abondantes...

Carlo Francesco Pollarolo (1653, † 1723)

Vie
Fils d'un organiste de Brescia.
1680 Maître de chapelle à la cathédrale de Brescia.
1681 Entrée à l'Accademia degli Erranti.
1690 Second organiste à St-Marc de Venise, puis vice-maître de chapelle.
Domine la vie théâtrale de Venise dès 1691.
1723 Mort à Venise.

Principales œuvres
85 opéras (1680-1722), souvent perdus, écrits pour Brescia, pour Venise, mais aussi Rome, Florence et même Vienne : *Onorio in Roma*, 1692 ; *Ariodante*, 1716 ; *L'Arminio*, 1722.
13 oratorios, tant en italien (*La Rosinda*, 1685) qu'en latin (*Davidis de Goliath triumphus*, 1718).
Messe, cantates, 7 motets...

C.F. Pollarolo

L'opéra nouveau ne se met en place que lentement. Cependant, dès les premières œuvres de Pollarolo (1653, † 1723) comme *Gl'inganni felici*, drame en musique *(opera seria)* représenté pour la première fois en 1695 sur le théâtre San Angelo de Venise, l'on perçoit le changement. Celui-ci se sent tout d'abord dans le livret de Zeno ; Clistène, roi de Siconie, prévoit d'offrir sa fille Agariste au vainqueur des Jeux Olympiques : histoire dramatique, certes, mais parsemée de scènes comiques et de déguisements. De même, la symphonie avant l'opéra, toujours indépendante, oppose trois mouvements (vite-lent-vite), le dernier obéissant à des rythmes et des structures de danse ; c'est la formule la plus répandue dans le théâtre italien. Les récitatifs de style *secco* occupent une place privilégiée ; les *arie*, écrites généralement sur basse continue obstinée, semblent plus importantes que celles de Pasquini, dans leurs dimensions comme dans leurs intentions ; l'orchestre, rare, demeure confiné dans les ritournelles ou doubles ; les ensembles vocaux se situent à la fin des actes.
Pollarolo utilise également une forme d'air très courante au XVIIIe s. : l'*aria* sur basse continue, avec les violons I et II à l'unisson.

Alessandro Scarlatti (1660, † 1725)

Vie	*Principales œuvres*	
Rome	1679 :	*Gli Equivoci nel Sembiante* : puis une comédie par an
	1683 :	*Il Pompeo*
1684 à 1702 : Maître de chapelle à Naples	1686 :	*Clearco in Negroponte*
	1689 :	*Amazona guerriera*
	1695 :	*Le Nozze con l'inimico*
	1700 :	*Eraclea*
Voyages à Rome, Florence et Venise	1707 :	*Il Mitridate Eupatore* (Venise), tragédie en 5 actes
Stature internationale du musicien		
Retour à Naples	1721 :	*Griselda* (livret de Zeno)

Cette formule, dérivée de l'*aria* sur basse continue obstinée, exploite un élément thématique exposé par les violons, puis le soliste, qui dialoguent sur ce motif, le tout étant soutenu par la basse continue. Cette structure connut son apogée avec Haendel, Telemann et la musique religieuse de Bach ; elle permit la naissance de l'*aria* sur basse continue avec instrument soliste *ad libitum*, puis, plus tard, *obligato*.

A. Scarlatti

Mais l'homme qui symbolisa le mieux l'évolution de l'opéra fut sans nul doute Alessandro Scarlatti (1660, † 1725), l'exact contemporain de Zeno. Il sut, tout au long des quarante années de sa carrière lyrique, adapter son langage, assimiler les techniques nouvelles.

La grande manière de Scarlatti commence à s'imposer réellement avec *Eraclea,* drame en musique représenté pour la première fois à Naples, au théâtre San Bartolome, en 1700. L'œuvre eut un tel succès qu'on la redonna la même année à Parme. Ces deux représentations nous apportent beaucoup de renseignements : nous savons en effet qu'entre les actes de telles pièces, l'on donnait des ballets sans en connaître d'ailleurs la teneur exacte avant l'*Eraclea* de Scarlatti.
À Naples, les intermèdes d'*Eraclea* n'étaient que danse, sans lien précis avec le drame. À Parme au contraire, il y avait un texte, brodant sur le caractère de deux héros du drame lui-même – les jeunes pages Livio et Alfeo, tous deux comiques – dans des épisodes fantastiques, ce qui représente, quelque trente ans avant *La Serva padrona* de Pergolèse, un genre bien proche de l'*intermezzo* ! Le livret d'*Eraclea* narre un épisode de l'histoire romaine, la seconde guerre punique, mais agrémentée de nombreuses inventions. Par-delà le drame classique – hésitation entre amour et devoir –, se greffe une comédie romantique (les deux sœurs d'Eraclée s'échangent leurs amants et le regrettent) et une farce au cours de laquelle le page Livio se déguise en femme et s'amuse à tenter un vieux pédant, le tuteur d'Eraclée.
L'*opera seria* contient, dès cette époque, ce mélange de drame, de comédie, de farce, également répartis dans chaque acte, qui se perpétua durant tout le XVIIIe s.
La *sinfonia* avant l'opéra obéit au plan désormais classique en trois mouvements (*allegro-adagio-presto*). Les mélodies restent simples. Les principales formes d'*aria* sont présentes, depuis l'air sur basse continue avec *ostinato,* s'achevant sur une courte ritournelle d'orchestre et sur le motif de l'*ostinato,* jusqu'à l'air sur basse contrainte et l'air *da capo.* Dans les ensembles, les chanteurs sont tous à l'unisson, ou se répondent en écho sans superposition. Les efforts dans l'instrumentation sont tout à fait remarquables, comme dans le bel air d'*Eraclea,* à l'acte II : « Se il mio cor ti vive in petto ».

Contemporains et successeurs de Scarlatti

A. Scarlatti symbolise à lui seul l'opéra nouveau, mais de nombreux compositeurs adoptèrent les mêmes démarches : Leonardo Vinci (1690, † 1730), les frères Bononcini, Giovanni (1670, † 1747) et Antonio-Maria (1677, † 1726), furent parmi les plus célèbres ; ce dernier, menant une vie d'artiste religieux, notamment à la cour de Vienne, puis chez le duc d'Este à Modène, fut tenté par une écriture contrapuntique parfois proche en qualité de celle du jeune

Jean-Sébastien Bach. Dans *Griselda* (Milan, 1718-1719), Bononcini montre une grande connaissance des innovations germaniques en matière d'orchestration, notamment dans l'utilisation des vents (deux cors et deux hautbois). Sa symphonie d'introduction en trois mouvements (*allegro*-grave-menuet) se situe dans le style des compositeurs viennois des années 1730. Ses *arie*, fortement structurées, possèdent des dimensions colossales.
Antonio Vivaldi (1678, † 1741) appartient à cette génération d'artistes et pourtant fait figure à part ; très célèbre pour sa musique instrumentale et sa musique religieuse, il eut moins de succès au théâtre. Dans *La Fida Ninfa*, donnée à Vérone en 1732, Vivaldi utilise des éléments spécifiques de l'opéra français : « Balletto dei marinai che secono dalle navi », à la fin de l'acte II, et une scène de tempête, à la fin de l'acte III ; le style même de l'écriture de ses pièces est totalement italien et n'emprunte rien à la tragédie lyrique malgré les cors de chasse, batteries et fusées de cette scène.
Le style de l'opéra insufflé par Zeno et Métastase traversa les générations suivantes sans changement réel. Les bons textes sont repris, inlassablement remis en musique, comme celui de *L'Olimpiade* que traitèrent successivement Caldara (Vienne, 1733), Pergolèse (Rome, 1735), Leo (Naples, 1737), Galuppi (Milan, 1747), et Porpora (1686, † 1768), auteur d'une *Angelica* (1720), où débutèrent à la fois Métastase et Farinelli. Francesco Feo (1691, † 1761) semble l'un des auteurs les plus représentatifs d'une nouvelle génération d'artistes napolitains avec Leo et Vinci. Dès 1713, il crée à Naples *L'Amor tirannico ossia Zenovia*, puis un très grand nombre d'opéras comiques ou de scènes comiques pour des *opera seria* d'autres compositeurs ; son *Andromaca* (Naples, 1730), sur un livret de Zeno, montre sa grande maîtrise du contrepoint et la force de ses mélodies.
Rinaldo di Capua connut également une gloire immense, notamment grâce à ses opéras-comiques écrits en 1740-1750. On lui doit plusieurs *opera seria* très intéressants, surtout *Vologeso, re dé Parti* (1739). Cette œuvre frappe par sa grande noblesse de style qui n'est pas sans annoncer la qualité de Mozart dans la sûreté, la justesse d'expression de l'écriture (air de Bérénice, acte II, scène 14).

L'opéra en France jusqu'en 1720

Le point de départ : la tragédie en musique

Contrairement au drame italien dont les structures furent une création collective, l'opéra français atteignit sa maturité dès les

Lully et le récit

« Lorsqu'Armide s'anime à poignarder Renaud, dans la dernière scène de l'acte II, j'ai vu vingt fois tout le monde saisi de frayeur, ne soufflant pas, demeurer immobile, l'âme tout entière dans les oreilles et dans les yeux, jusqu'à ce que l'air de violon qui finit la scène donnât permission de respirer, puis respirant là avec un bourdonnement de joie et d'admiration. » Lecerf de La Vieville (1705).

premières œuvres de Lully. La tragédie lyrique, dans ses structures, ses moyens et ses symboles, évolua, de fait, assez peu jusqu'à Rameau.

La grande différence existant entre l'opéra italien et l'opéra français peut surprendre alors même que c'est un Italien qui créa de toutes pièces ce dernier. En fait, Jean-Baptiste Lully quitta l'Italie très jeune, vers 1643, l'année de la mort de Monteverdi et ne put connaître sérieusement l'art italien que par les voyages d'artistes en France.

L'opéra français, dès *Cadmus et Hermione* (1673), devint référence et fit l'admiration des plus grands maîtres du début du XVIIIe s. L'on vint en France travailler avec le Florentin et l'on exporta dans l'Europe entière les manières, les structures, les techniques de l'opéra lulliste.

La principale particularité de celui-ci est de n'être pas à proprement parler un opéra mais une pièce de théâtre avec accompagnement musical : « tragédie lyrique » et jamais « opéra ». Il ne s'agit donc pas d'un simple livret, mais d'une pièce dramatique enrichie de musique, de danses, de machines, de chœurs… L'œuvre est généralement présentée au public sous le nom du poète et non sous celui du compositeur ; et si celui de Lully apparaît tout de même souvent dans les programmes au-dessous de celui de Quinault, c'est que le rôle politique de Lully à Versailles incitait les éditeurs à cette mansuétude. Celui-ci disparu, les livrets vendus à la porte de l'Académie Royale de Musique ne mentionnent que rarement la collaboration musicale.

Structures de l'opéra lulliste

L'œuvre se compose en général de cinq actes précédés d'un prologue. Marmontel écrit que « l'opéra français s'en est fait comme un vestibule éclatant ». Le prologue, vaste fresque proche de ces grands tableaux de Lebrun représentant Louis XIV sous les traits d'Alexandre, appartenait à la vie versaillaise. Le prologue lui-même était précédé d'une « ouverture » en deux ou trois parties que l'on nomma « à la française » (lent-vif ± coda)

Des cinq actes de l'opéra lulliste, le premier et le dernier semblent les plus importants. Si le premier campe l'action, le dernier résout le drame, c'est la « catastrophe » du théâtre antique. La progression du drame est d'ailleurs volontairement très proche de celle des grands tragiques. Dans chaque acte alternent les récits sur basse continue ou avec orchestre, les airs avec ou sans orchestre, les ensembles. De ce point de vue, la tragédie lyrique semble plus animée que l'opéra italien car l'oreille est sans cesse sollicitée par des climats différents.

Le musicien se fait un devoir de coller au texte, et l'enchaînement air-récit est plus subtil que dans l'opéra italien. Le récit lui-même est volontairement expressif, les accents, mouvements, intervalles de la mélodie suivant les émotions de la phrase. Il ne peut donc y avoir de schéma préétabli ; les modulations sont dictées par le sens du vers, le choix et la couleur des mots. Il ne serait pas pensable, comme le note Lecerf de La Viéville, qu'un musicien omette les vocalises traditionnelles sur « voler », ou les sonorités graves d'une basse pour évoquer « l'ombre des enfers ». Ce récit, qui est l'une des innovations importantes de Lully, permet une déclamation rapide, et facilite la compréhension du drame et son efficacité. C'est une véritable « interprétation » du rôle, un véritable essai de notation du ton de l'acteur.

L'air ou les ensembles font appel le plus souvent à des rythmes et des structures de danses. La forme binaire à reprise (AABB), de même que celle du rondo (ABA ou ABACA) cèdent parfois la place à des chansons dans le style de l'air de cour. Ces airs ne ressemblent en rien à ceux des compositeurs italiens ; pas ou peu de vocalises, sens du texte toujours respecté comme dans les récits, facilité d'exécution, simplicité des tournures. Leur orchestration, toute symbolique, restera le modèle de tous les opéras jusqu'à Rameau.

Au cœur de chaque acte on trouve un divertissement ; celui-ci appartient en propre à l'action quoiqu'il lui soit parfois relié artificiellement. C'est l'instant où le chœur, les danseurs, les machinistes entrent en scène tandis que les personnages principaux deviennent spectateurs. Ce divertissement, véritable petit acte dans l'acte, avec

ses structures, ses formules, ses personnages est un instant privilégié d'où le drame sort plus poignant encore.
Tous ces moyens si divers, cette structure curieuse avec prologue et divertissements, ces entrées de ballets, ces machineries, loin de hacher le discours dramatique, contribuent à donner à la tragédie lyrique une vitalité, une grandeur dans le geste théâtral rarement atteintes auparavant et que Lully sut trouver dès *Cadmus et Hermione*.

Les successeurs de Lully

Le monopole accordé par Louis XIV à Lully (voir « Naissance de l'art vocal baroque », p. 414) gêna considérablement la vie musicale du pays. M.-A. Charpentier (1634, † 1704), contemporain du compositeur, ne put jamais obtenir l'autorisation de produire un opéra ; et l'on constate ainsi – fait unique dans l'histoire de la musique – que pendant quinze ans, un genre, la tragédie lyrique, imposa ses structures sans aucune contradiction ni modification. Il n'existe aucun opéra important donné entre 1672 et 1687 en France, hormis ceux de Lully.
Les années 1687 et surtout 1688 furent particulièrement riches. Lully disparu, l'opéra français va prendre les orientations les plus diverses, mais sans jamais s'inspirer des modèles italiens. Le monopole du Florentin avait en effet empêché les jeunes Français de connaître le monde italien, et il est fort curieux de constater qu'alors même que peintres, sculpteurs, architectes faisaient tous le voyage d'Italie sur les traces de Poussin, les musiciens, par ordre exprès du roi (et de Lully) ne purent jamais s'y rendre. Charpentier, et c'est peut-être là la cause de son infortune, fut le seul à connaître la musique ultramontaine.
À Versailles et à l'Académie Royale, mais aussi dans les résidences royales de Fontainebleau et de Saint-Germain-en-Laye, ou chez les grands personnages du royaume comme la duchesse du Maine à Sceaux, des musiciens nouveaux apparurent ; tout d'abord les fils de Lully, Jean-Louis et Louis – peu doués – qui tentèrent d'obtenir les faveurs du public, mais en vain. La succession était difficile d'autant qu'en 1688 disparaissait l'autre créateur de la tragédie lyrique, Quinault. Pascal Colasse (1649, † 1709), terminant le dernier opéra de Lully dont il était le secrétaire, donna au public *Achille et Polyxène*, en 1687 ; ses dons de musicien, et notamment son sens exceptionnel de l'orchestration, lui permirent de créer à l'Académie une dizaine de pièces dont certaines, *Thétis et Pélée*

(1689) ou *Enée et Lavinie* (1690), d'excellente facture, sont animées d'un souffle puissant. Les œuvres montées dès lors à l'Académie se voulurent dans la continuité de celles de Lully : les structures de l'opéra restant identiques, seule la manière de chaque musicien est personnelle. L'Académie commanda alors aux compositeurs célèbres de nouveaux spectacles, mais il fallut également trouver des librettistes : Fontenelle, Thomas Corneille, ayant collaboré avec Lully, furent les premiers sollicités, puis Mme de Saintonge, Duché de Vancy..., des noms certes moins célèbres. C'est avec eux que travailla le jeune Henry Desmarest à qui l'on ne confia pas moins de six œuvres en cinq ans. Très certainement l'un des compositeurs les plus doués de la génération, il fut élève de Dumont, de l'abbé Robert, de Lully même. Ses œuvres, *Circé, Les Amours de Momus* et surtout *Didon* (1693), sa première tragédie lyrique, et la magnifique *Iphigénie en Tauride* (1704) sont d'une profondeur expressive exceptionnelle. Desmarest possède le sens du drame et de la douleur, et il donne, dans des pages poignantes, la mesure d'une sensibilité peu banale. Considérées par ses contemporains, et notamment Brossard, comme celles d'un artiste hors du commun, ses œuvres – en particulier *Iphigénie en Tauride* – obtinrent un succès éclatant. Cependant il n'eut guère le temps de profiter de sa gloire ; condamné à mort, il vécut exilé à la cour de Lorraine.

Les recherches esthétiques après la mort de Lully

La mort de Lully permit l'éclosion d'autres formes d'opéra. Les critiques et philosophes reprochaient à la tragédie lyrique de Quinault et Lully son irrespect des auteurs gréco-latins qu'elle voulait pourtant imiter. Les tentatives pour élargir la forme, ou même pour chercher d'autres voies, furent nombreuses. La plupart, ne bénéficiant pas de la publicité de l'Académie, sont aujourd'hui perdues, mais quelques vestiges subsistent.

L'opéra de collège. À Saint-Cyr tout d'abord, où régnait Mme de Maintenon, le grand Racine, dédaignant les œuvres de Quinault, voulut reconstituer le drame antique pour les demoiselles de l'école ; ce fut *Esther*, que Jean-Baptiste Moreau mit en musique, puis, devant le succès de ce premier ouvrage, *Athalie*. Moreau n'était certainement pas à la hauteur des vers de Racine mais le projet de tragédie musicale fut réalisé...

À Paris, au collège Louis-le-Grand, maison professe des jésuites où les puissants du royaume élevaient leurs héritiers, un courant plus spectaculaire encore vit le jour. Les fêtes de distribution des prix

Racine, réformateur de l'opéra

« J'entrepris donc la chose ; et je m'aperçus qu'en travaillant sur le plan qu'on m'avait donné, j'exécutais en quelque sorte un dessein qui m'avait souvent passé dans l'esprit, qui était de lier, comme dans les anciennes tragédies grecques, le chœur et le chant avec l'action, et d'employer à chanter les louanges du vrai Dieu cette partie du chœur que les païens employaient à chanter les louanges de leurs fausses divinités. » Préface d'*Esther* (1689).

étaient, depuis le début du XVIIe s., accompagnées d'une représentation théâtrale. Après 1650, l'on ajouta des ballets entre les actes des tragédies. Ces pièces, entièrement en latin, étaient jouées par les élèves eux-mêmes et écrites par les professeurs, auteurs de grande réputation tels les pères Le Jay, Chamillart... Les ballets composés par les maîtres de musique du collège (Charpentier, Desmarest, Masson) étaient exécutés par des instrumentistes professionnels recrutés à Versailles ou à l'Académie. En 1687, à la mort même de Lully, comme pour signifier la fin du monopole, le collège Louis-le-Grand fit représenter *Celse,* tragédie en musique, pour servir d'intermède à *Celsus martyr.* La musique de cette œuvre, aujourd'hui perdue, fut commandée à Charpentier. Le triomphe incita l'école à poursuivre chaque année ces représentations colossales de deux tragédies simultanées, l'une en latin, l'autre en français et chantée.

Toute la production fut perdue hormis une œuvre, *David et Jonathas,* sur un livret du père Bretonneau mis en musique par Charpentier (1688) et servant d'intermèdes à la tragédie latine de *Saül* du père Chamillart. Ce fut l'un des spectacles les plus révolutionnaires de l'époque, avant tout par ses dimensions : la partition de *David et Jonathas* est de l'importance des tragédies lyriques de l'Académie.

Comme à l'Académie, l'œuvre commence par une ouverture à la française, mais dès le lever du rideau le climat change : plus d'hommage au roi, le prologue, selon l'ancienne formule italienne, présente le personnage principal, Saül, hors de son contexte historique ; Saül, seul sur scène, apprend du ciel sa destinée. Le public connaît d'ores et déjà le dénouement de l'histoire : le drame peut commencer. Cinq actes de la tragédie latine alternent alors avec cinq actes de la tragédie en musique sur texte français. Mais celle-ci n'est point la traduction de celle-là : l'action occupe totalement la pièce latine *Saül,* la réflexion – au sens du chœur antique – se situe dans l'opéra *David et Jonathas* ; plus de longs récitatifs mais de grands airs et ensembles, de vastes fresques chorales ou orchestrales. Chaque acte de *David et Jonathas,* ordonné autour d'un seul personnage, semble un tableau musical des sentiments de celui-ci. L'action, quasi statique durant tout un acte, permet au compositeur de travailler librement : nous sommes en présence d'un véritable ordonnancement général avec des retours de mouvements entiers, une thématique forte, courant sur toute la partition. Le cinquième acte musical, conclusion générale des onze actes de la représentation, prend une dimension particulière. S'y mêlent, comme dans les grands opéras romantiques, l'immense douleur de David devant la mort de l'être cher, la douleur du chœur des guerriers et la formidable joie des peuples portant à David le sceptre. Le sujet est traité par Charpentier et son librettiste avec la plus infinie tendresse, la plus grande douceur, et l'on est souvent proche du climat du *Télémaque* de Fénelon. Pour ajouter au grandiose du projet théâtral, nous remarquerons que, si la tragédie latine s'intitule *Saül* et présente donc le drame autour de Saül, *David et Jonathas* se situe résolument dans le camp des Philistins où David s'est réfugié. Le projet, qui paraissait démesuré, eut pourtant un très grand succès, et l'œuvre fut souvent reprise sans toutefois quitter les théâtres de collège (le théâtre de l'Académie ne pouvait alors exploiter un sujet biblique).

Plusieurs œuvres analogues virent le jour dans les années qui suivirent, mais elles sont toutes perdues ; puis le genre, probablement trop ambitieux, fut abandonné.

Le climat dans lequel s'épanouit le théâtre français, nous le voyons, est extraordinairement productif. Les quelques Italiens vivant en France en 1687 tentèrent également de produire, notamment Lorenzani, qui donna au public en 1688 un *Oronthée* à Chantilly (perdu). Au théâtre des Italiens, Jean-Claude Gillier avec son *Amphion* (1696) voulut apporter sa contribution au renouveau lyrique ; cette œuvre en trois actes, composée en principe sur le modèle italien, n'adopte de celui-ci que la structure générale, les techniques structurelles, symboliques et techniques de la partition étant encore de forte inspiration lulliste.

Le duc d'Orléans, lui-même élève de Charpentier, produisit, dans ses appartements du Palais-Royal, deux opéras dont *Penthée,* de

---

Marc-Antoine Charpentier (? 1634, † 1704)

Vie
Élève de Carissimi à Rome
1662 Retour à Paris
Postes secondaires chez le duc d'Orléans et Mlle de Guise ; compose essentiellement de la musique profane, notamment pour le théâtre français (*Le Malade imaginaire...*)
1678 *Acis et Galathée*
1679 Compositeur de motet pour la messe du Dauphin
Musicien des jésuites puis, en 1698, de la Sainte-Chapelle du Palais

Principales œuvres
Opéras : 2 opéras de collège, *Celse* (perdu) et *David et Jonathas* (1688)
Médée (1694) à l'Académie Royale de Musique
Musique religieuse : messes (*Assumpta est*) ; grands motets ; *Leçons de Ténèbres ;* oratorios (*Judith*).

---

structure lulliste, mais d'écriture très contrapuntique, proche des grands maîtres allemands contemporains. Ses œuvres, principalement la *Jérusalem délivrée,* dénotent un exceptionnel sens de l'orchestration.

L'opéra-ballet. Le bouillonnement culturel français qui suivit la mort de Lully allait permettre la venue d'une nouvelle forme de théâtre particulièrement spectaculaire : l'opéra-ballet. L'on attribue généralement la création de ce genre à André Campra (1660, † 1744), maître de chapelle à Notre-Dame de Paris avec son *Europe galante* (1697). En fait, le projet est dans l'air du temps, et il semble que le premier opéra-ballet soit le *Ballet des saisons* (1695), de Pascal Colasse. *Les Festes galantes* de Henry Desmarest, composées dans le même temps que *L'Europe galante,* ne furent pourtant données que l'année suivante.

Le nouveau genre bénéficia immédiatement des faveurs du public, et partagea avec la tragédie lyrique les honneurs de la scène du théâtre de l'Académie. Plus de quarante opéras-ballets virent le jour depuis le *Ballet des saisons* jusqu'aux *Indes galantes* (1735) de Jean-Philippe Rameau. Le genre procédait directement du déve-

André Campra (1660, † 1744)

Vie
Élève de Poitevin à Aix
Successivement maître de chapelle à Toulon, Arles, Toulouse puis Notre-Dame de Paris (1694)
1722 Sous-maître de musique à la chapelle royale.

Principales œuvres
Opéras : nombreuses tragédies lyriques, de *Hésione* (1700) et *Tancrède* (1702) jusqu'à *Achille et Déidamie* (1735) ; opéras-ballets, dont *L'Europe galante* (1697)
Grands motets
Cantates et nombreuses œuvres vocales de petite dimension.

loppement de l'ancien ballet de cour et, pour une grande part, des divertissements des tragédies lyriques. L'opéra-ballet pouvait apparaître comme une tragédie lyrique dont on n'aurait conservé (et agrandi) que les divertissements et supprimé le liant : c'est-à-dire le drame.

Ces actes indépendants nommés « entrées », miniatures piquantes, construites chacune sur une action succincte, laissaient la part belle aux airs, ensembles, chœurs et danses, éléments techniquement identiques à ceux des tragédies lyriques contemporaines. Un thème commun, parfois très vague, donnait un semblant d'unité à l'ensemble de l'opéra-ballet : les saisons, les âges, les éléments.

Le genre eut très tôt les faveurs des compositeurs, car le rôle de ceux-ci l'emportait sur celui du librettiste. Le prologue, qui indique l'idée générale, la logique des entrées successives, devint fondamental. *L'Europe galante* de Campra comporte quatre entrées, « la France », « l'Espagne », « l'Italie », « la Turquie », et un prologue intitulé « Les Forges galantes de l'amour » : selon l'auteur, « Les Grâces, les Plaisirs et les Ris sont occupés à forger les traits de l'Amour ; Vénus y descend pour les exciter au travail ». Pour les quatre entrées « on a suivi les idées ordinaires qu'on a du génie de leurs peuples : le Français y est peint volage, indiscret et coquet, l'Espagnol, fidèle et romanesque, l'Italien jaloux, fin et violent ; enfin, l'on a exprimé autant que le théâtre l'a pu permettre, la hauteur et la souveraineté des sultans et l'emportement des

---

L'opéra-ballet vu par les contemporains

Rémond de Saint-Marc, dans ses *Réflexions sur l'opéra* (1741), écrit :
« Chaque acte doit renfermer une intrigue, vive, légère, et si l'on veut un peu galante... Deux ou trois scènes, et des scènes courtes, en font l'affaire... Le reste de l'action est en ariettes, en fêtes, en spectacles, et en choses tout à fait agréables. »
Cahusac, dans *La Danse ancienne et moderne*, publiée en 1754, décrit ainsi *L'Europe galante* :
« Le spectacle trouvé par La Motte est un composé de plusieurs actes différents qui représentent chacun une action mêlée de divertissements, de chant et de danse. Ce sont de jolis Watteau, des miniatures piquantes qui exigent toute la précision du dessin, les grâces du pinceau et tout le brillant du coloris. »

---

sultanes ». Chaque acte, agencé comme dans une tragédie lyrique, s'en différencie par la brièveté des récits. L'œuvre, malgré quelques collages exotiques, tels l'*aria da capo* « Si scherzi, si rida », « La Forlana » ou le chœur en « turquerie », est conçue entièrement dans les manières versaillaises, y compris d'ailleurs dans ces éléments exotiques – faussement exotiques donc.
Les auteurs de ces partitions restèrent un peu spécialisés, hormis Campra – grand maître de la musique française entre Lully et Rameau – qui, après son coup d'essai, écrivit plusieurs tragédies lyriques, notamment *Hésione* (1700) et *Tancrède* (1702). Il fut aussi l'auteur des *Fêtes vénitiennes* (1710), opéra-ballet qui connut les faveurs du public durant tout le XVIIIe s.
La pratique de la musique religieuse et la connaissance du monde italien sont à l'origine des tournures mélodiques et du sens harmonique de Campra. Les manières de celui-ci restèrent pourtant attachées au modèle lulliste mais, comme les autres grands contemporains français Desmarest et Delalande, il donna à l'écriture française un aspect plus contrapuntique et développa le matériel thématique. D'une manière toute personnelle, il tenta d'introduire certains éléments italiens, notamment dans ses *Cantates* (1708).
Postérité de la tragédie en musique. La tragédie lyrique continua d'évoluer au début du XVIIIe s. : ses structures permettaient l'intro-

---

Les formes lyriques en France au début du XVIIIe s.

(en dehors de la tragédie lyrique)

Opéra-ballet
- *Les Éléments* (1721) : Delalande et Destouches
- *Les Stratagèmes de l'amour* (1726) : Destouches
- *Les Fêtes de Thalie* (1714) : Mouret

Ballet héroïque
- *Les Amours des dieux* (1727) : Mouret
- *Les Fêtes grecques et romaines* (1723) : Colin de Blamont

Pastorale héroïque
- *Issé* (1697) : Destouches

Ballet comique
- *Les Amours de Ragonde (1742) :* Mouret

Comédie lyrique
- *Le Carnaval et la Folie* (1703) : Destouches

Cantates
- Œuvres de Morin, Bernier, Stück

---

duction des nouvelles manières d'orchestrer, d'écrire, de penser la musique.

Outre Campra et Desmarest, de nombreux auteurs s'illustrèrent dans le genre, tels que Jean-Baptiste Stück, très fin orchestrateur, avec son émouvant *Méléagre* (1709), et Destouches. L'écriture de celui-ci, très simple, aisée, presque populaire donne à ses opéras (*Amadis de Grèce*, 1699 ; *Omphale*, 1701 ; *Callirhoé*, 1712) un côté parfois « amateur ». Pourtant, cet auteur semble avoir orienté fortement l'opéra du milieu du XVIIIe s., non par son style mais par le choix des sujets, la grande simplicité de la matière musicale et le sens du discours lyrique (influence sensible notamment chez Rameau). Marin Marais, dont *l'Alcyone* (1705) et sa célèbre « tempête » furent jouées tout au long du XVIIIe s., Gervais, Bouvard, Matho, Rebel, Francœur... mériteraient tous une étude approfondie.

Le premier véritable mouvement dans l'histoire du théâtre lyrique du début du XVIIIe s., bien calme après le bouillonnement créateur de la fin du XVIIe, vint de l'utilisation du livret à caractère religieux. *Jephté,* de Montéclair (1732), fut pour Rameau « la cause occasionnelle de ses chefs-d'œuvre ». Le chroniqueur du *Mercure* écrivit en

1761, à propos de la reprise de *Jephté* : « Le caractère noble et distingué de cet ouvrage [frappa Rameau] par des points analogues à la mâle fécondité de son génie. Il conçut dès ce moment que notre musique dramatique était susceptible d'une nouvelle force et de nouvelles beautés. »

L'opéra dans les pays germaniques avant 1720

La situation de l'opéra en Allemagne à la fin du XVIIe s. est plus complexe du fait de la multitude des petites principautés qui composaient alors ce territoire. Chaque État désirant posséder une cour brillante, une forme d'émulation, voire de rivalité, poussait un grand nombre d'entre eux à créer des théâtres d'opéra et à entretenir interprètes et compositeurs. Sans entrer dans le détail d'une géographie musicale complexe, il est possible de distinguer trois courants musicaux : les régions influencées par l'Italie, surtout dans l'Allemagne du Sud et en Autriche, avec les cours de Vienne et de Munich ; celles dont le regard fut plus ou moins directement dirigé vers la France et où abondent les copies de Versailles, notamment la Lorraine, duché indépendant, mais aussi la cour de Braunschweig-Lüneburg dont dépendait la ville de Celle, que visita Bach ; enfin, les régions de l'Allemagne du Nord, restées quelque peu repliées sur elles-mêmes (Hambourg et Dantzig en particulier). Mais ces influences se superposent, évoluent comme on l'observe à Dresde, Prague, Hanovre, Salzbourg ou Nuremberg, autant de cités ouvertes à l'opéra.

L'opéra italien en Allemagne

L'opéra italien en Allemagne du Sud fut entretenu par un grand nombre de compositeurs italiens immigrés parmi lesquels Antonio Draghi (1635, † 1700) à Vienne et Prague, Bernabei et surtout Agostino Steffani à Munich puis à la brillante cour intellectuelle de Hanovre. Mais les musiciens italiens s'installaient un peu partout dans le pays (et jusqu'en Belgique) où on les recrutait pour leur belle voix. Ainsi la cour de Lorraine, réputée d'obédience culturelle française, choisissait ses chanteurs en Italie. À Vienne, les Habsbourg, Léopold Ier (1654, 1705), Joseph Ier (1705, 1711) puis et surtout Charles VI (1711, 1740) avaient la passion de l'opéra italien. Ils entretenaient dans leur cour les plus grands poètes tels Zeno et Metastasio, et les plus célèbres musiciens tels que Draghi, Ziani, Giovanni Bononcini, Caldara. Italiens d'origine, choisis pour leurs

---

Agostino Steffani (1654, † 1728)

Vie
Enfant de chœur à Saint-Marc de Venise
Protégé du comte von Tattenbach, puis de l'Électeur de Bavière
Voyage à Paris (1678-1679) ; étudie les mathématiques et la théologie.
1680 Prêtre
1681 Konzertmeister de la cour de Bavière
1688 À la cour de Hanovre
Fonctions diplomatiques

Œuvres
Nombreux opéras : *Marco Aurelio* (1681) ; *Enrico Leone* (1689) ; *Arminio* (1707) et, surtout, *Tassilone* (1709)

---

manières artistiques par des princes italianisants, leurs œuvres ne diffèrent pas des opéras italiens contemporains de Scarlatti.
Agostino Steffani est probablement le plus attachant des musiciens italiens vivant en Allemagne à la fin du XVIIe s., tant par le choix des sujets et le sens du drame que par la qualité exceptionnelle de son écriture. Dans ses premières œuvres pour Munich, comme *Marco Aurelio* (1681), il est totalement imprégné de l'art italien. Ses œuvres après 1689 se démarquent de cette première inspiration. En effet, à cette époque, il retrouva à Hanovre – l'une des résidences de la cour de Braunschweig-Lüneburg – l'art français qu'il avait connu à Paris dans les années 1678-1679. De nombreux éléments français tels que l'ouverture, les danses, plusieurs airs apparaissent ainsi dans *Le Rivali concordi*. Dans cette œuvre, comme dans *La Libertà contenta* (1693), Steffani adopta l'orchestre français mais en quatuor (violons unis, deux pupitres d'altos, violoncelles) ; puis, en 1709, pour *Tassilone*, intitulé à la manière française « tragédie en musique en cinq actes », et représenté à la cour de l'Électeur palatin, le compositeur revint à l'orchestre à l'italienne (deux pupitres de violons, altos, violoncelles). *Tassilone*, son véritable chef-d'œuvre, sur un livret de Pallavicini tout à fait original pour l'époque, narre l'alliance, puis la guerre, de Tassilon III, duc de Bavière, au VIIIe s., avec Charlemagne. La « *sinfonie* avant le lever de rideau » est une splendide ouverture à la française. L'œuvre est parsemée de chœurs

grandioses, verticaux, de forme binaire à reprise (AA-BB) à la manière française, mais toujours très courts. L'air en *da capo,* sur basse continue avec thème obligé s'opposant à de rares récitatifs, demeure la structure de base. La mélodie, très expressive, ne comporte qu'exceptionnellement des traits de virtuosité, cherchant davantage l'émotion, et l'on est ainsi proche de l'esprit et de l'écriture du jeune J.-S. Bach. Dans *Tassilone,* Steffani utilise souvent l'orchestre pour accompagner les voix. À l'acte V, scène 5, les cordes, avec leur rythme contraint, appesantissent l'atmosphère sublime de la mélodie développée en imitation entre Tassilon et le hautbois *solo.*

Les luttes d'influence

Les Italiens immigrèrent souvent, et en grand nombre, en Allemagne, vers Vienne, Salzbourg, Prague ou Dresde (cette dernière cité accueillit entre autres Pallavicino, Bontempi, Albrici, Peranda), mais continuèrent à pratiquer leur art sans changement, hormis peut-être dans le choix des sujets. Peu d'auteurs se risquèrent à bousculer leurs propres habitudes pour créer un opéra allemand. Bontempi et Peranda s'unirent en 1671 pour produire une *Dafne* sur texte allemand, mais de structure italienne.

Si l'influence ultramontaine est donc omniprésente, l'art français n'est pas moins pratiqué. Curieusement, peu de musiciens d'origine française franchirent le Rhin et nous ne connaissons, dans les personnalités contemporaines, que le fameux Desmarest, qui voyagea en Allemagne, par infortune, et Marchand, qui rencontra Bach. L'art français est néanmoins connu et apprécié ; les princes, désirant surpasser leurs voisins en fastes et en richesses, copièrent la cour versaillaise qui était au sommet de sa gloire, à l'extrême fin du XVIIe s. Des musiciens tels que Muffat ou Kusser furent dépêchés auprès de Lully pour apprendre les techniques de la musique française ; d'autres, tel J.-S. Bach, s'enquérirent auprès des voyageurs ou recopièrent les partitions françaises qui parvenaient en Allemagne.

L'ancien « Singspiel »

Dans l'Allemagne du Nord, « l'opéra baroque allemand » existait, à l'écart des grands courants. Des œuvres en allemand, ou mêlant allemand et italien, apparurent, avec des manières et des structures tout à fait nouvelles. Ces pièces, intitulées *Singspiel* ou *Schäffer spiel* dès la fin du XVIIe s., devinrent des symboles de l'entité germanique.

Johann Valentin Meder (1649, † 1719)

Vie

Compositeur, organiste, chanteur
1669 Études de théologie à Leipzig
1673 Chanteur à Iéna, à la cour de Gotha, puis à Brême, à Hambourg
1674 Connaît Buxtehude à Lübeck
1700 Cantate à la cathédrale de Riga

Œuvre (essentiellement vocale)

Plusieurs opéras, dont *Die beständige Argenia* (Reval, 1680) et *Nero* (Dantzig, 1695).
Célèbre *Passion selon saint Matthieu* (1700) et nombreux motets

De nombreux théâtres pratiquèrent ce genre, au premier rang desquels celui de Hambourg ; des villes comme Hanovre, Dantzig, la cour de Brunschwig-Wolfenbüttel suivirent ainsi que d'autres, dans le centre du pays (Weissenfelds, Gotha, Leipzig) ou dans le Sud (Durlach ou Nuremberg).

Johannes Valentin Meder (1649, † 1719). L'auteur le plus représentatif du genre et le plus foncièrement allemand est sans nul doute Meder. Ses *Singspiele* créés à Dantzig, Reval ou Weissenfelds entre 1680 et 1700 présentent une structure peu banale, témoins *Die befreite Andromeda* (1688), *Die wieder vereheliehte Coelia* (1698) et surtout *Die beständige Argenia* (vers 1680), où l'orchestre est particulièrement spectaculaire (voir p. 438).

Argenia, en allemand, est construit sur un plan intéressant : ses cinq actes sont flanqués d'un prologue, lui-même précédé d'une *Sinfonie,* et d'un épilogue ; enfin, deux intermèdes sont insérés entre les actes III et IV d'une part, IV et V d'autre part. Les intermèdes, prologue et épilogue possèdent leurs propres personnages mythologiques – Mercure, Cupidon, Mars –, et un chœur des dieux, à la manière allemande, à cinq voix (S^1. S^2. A. T. B), les cinq actes du *Singspiel* proprement dit comportant des personnages inventés (Cléandre, Lisandre...). Les pages d'orchestre sont composées dans la tradition de Schütz, très archaïque pour l'époque ; les mélodies du récit sont dessinées, comme celles des airs : les répétitions n'y sont pas rares de même que les transpositions mélodiques. Les airs

obéissent tous à la formule de la chanson à couplets, chacun de ces couplets, introduit par une courte ritournelle instrumentale, reprenant, avec des paroles différentes, la musique du précédent.
Chaque acte s'ouvre sur une page d'orchestre souvent imagée tel le « Lamento » de l'acte V, et surtout la « Sonata di Battaglia » de l'acte IV, opposant des *Intrade* (entrées de la cavalerie, de l'infanterie ou des dragons) – de constructions variées et utilisant de grands effets d'orchestre –, à des *sinfonie* (un seul thème, répété), ou même à des *arie* pour instruments (AA-BB). Les chœurs obéissent aux mêmes formules que les airs. L'ensemble de l'opéra dénote une sensibilité très populaire.
Le schéma spécifique de Meder, peu fréquent chez les autres compositeurs, permet de mieux évaluer les choix des grands maîtres, hésitant à chaque instant entre *Singspiel* ancien, tragédie lyrique française et opéra italien.
Reinhard Keiser (1674, † 1739), compositeur hambourgeois, résume à lui seul ces préoccupations dans *Der geliebte Adonis* (1697), *La Forza della virtù* (1700), *Nabucadnezor* (1704). Toute la mesure du changement se trouve résumée dans *Croesus*, drame musical créé à Hambourg en 1710, puis repris et modifié, en 1730 : la première version contient une ouverture à la française, de grands chœurs, de nombreux airs à couplets dans la manière de Meder et une orchestration très riche avec flûtes, flûtes à bec, hautbois et chalumeaux... Dans la reprise de 1730, si l'œuvre reste en allemand, l'ouverture à la française est remplacée par une *sinfonia* italienne en trois mouvements, les vents par trois *clarini* et un sifflet. De grands chœurs très développés jouent le jeu de véritables personnages, côtoient des chansons populaires, presque des citations (comme dans l'opéra-comique français du milieu du XVIIIe s.), ou de grands airs de bravoure, très virtuoses.
Johann Wolfgang Franck (1644, † 1710 ?). Le plus ancien opéra allemand connu, *Die drey Töchter Cecrops,* composé par Franck à partir d'un livret de Maria-Aurora von Königsmark, fut représenté à Ansbach en 1679, et porte le sous-titre de *Singspiel.* Très proche de l'œuvre de Meder par certains côtés – l'orchestre à l'allemande, la tournure populaire de ses mélodies, la similitude d'expression des récits et des airs, la structure de certains airs en chansons à couplets avec intermèdes instrumentaux –, l'opéra de Franck s'en différencie pourtant de plusieurs manières, tout d'abord dans l'ouverture à la française (bien que nommée *intrade*), la présentation en cinq actes, sans introduction instrumentale, un prologue mythologique, la

présence de chœurs (à trois, quatre voix) et d'airs en danse française (AA-BB). L'esthétique de cet auteur dans ses œuvres postérieures et notamment dans *Cara Mustapha* évolua entièrement dans le sens du style qu'il connut peut-être au cours d'un voyage en Italie.

Johann Sigismund Kusser (1660, † 1727), qui étudia auprès de Lully en France et fréquenta les œuvres de Steffani, introduisit au théâtre de Hambourg un grand nombre d'œuvres françaises et italiennes. Il créa en 1694 *Erindo, Schäfferspiel* – sorte de pastorale –, qui représente la synthèse par excellence de ces goûts.

L'air, d'inspiration populaire, peut obéir à la forme *da capo* ou posséder de longues vocalises parfois virtuoses ; les chœurs, en forme de danses, à l'unisson, rappellent certaines pages françaises (comme la gavotte en chœur, acte I, scène 5) ; les menuets et branles de village contredisent la structure générale en trois actes à l'italienne. Outre l'emploi de mélodies de style populaire, caractéristiques de l'opéra traditionnel allemand, Kusser utilise un instrument local, le *colachono* (sorte de luth), réservé habituellement à la basse continue, dans de grands solos obligés au-dessus de celle-ci, et qui dialoguent avec la voix.

Côtoyant tous ces maîtres « à la croisée des styles », se trouvent les auteurs de la génération suivante, ceux qui sont nés entre 1680 et 1685, et qui portent des noms prestigieux tels que Haendel, Telemann et Mattheson. Leurs premières œuvres pour Hambourg témoignent d'une hésitation dans les choix. Si l'on connaît peu les opéras de jeunesse de Telemann, comme le *Singspiel Der lachende Demokritos*, qu'il donna à Leipzig en 1703, les premiers essais des deux autres compositeurs nous sont plus familiers.

Johann Mattheson (1681, † 1764). L'année même de la création à Hambourg de *Nabucadnezor* de Keiser en 1704, le public hambourgeois put découvrir deux *Singspiele* (le sous-titre est présent dans les deux œuvres) : *Cleopatra* de Mattheson et *Almira* de Haendel.

Au moment où Keiser traversait sa période italienne, Mattheson réunit les goûts. La *sinfonia* avant le lever de rideau, à la manière italienne, non recopiée sur les manuscrits, est perdue. L'opéra est construit en trois actes, les *arie da capo*, fréquentes, côtoient les chansons à couplets avec ritournelles d'orchestre dans le style de Meder (air de Dercetaeus, acte II, scène 2) ; les *arie* avec *tutti* de violons à l'unisson sur la basse continue précèdent des chœurs d'invocation analogues à ceux des passions religieuses (« *Auf, auf, auf* », acte I, scène 9, double chœur des Romains et des Égyptiens) ; mais la partie française est de loin la plus importante comme en

Georg Friedrich Haendel (1685, † 1759)

Repères biographiques

1685	Naissance de Haendel à Halle ; il étudie la musique auprès de Zachow
1705	Représentation de son premier opéra, *Almira*
1706-1710	Séjourne en Italie (Naples, Rome)
1712	Début du séjour définitif en Angleterre.
1759	Mort de Haendel à Londres. Il est enterré à l'abbaye de Westminster

témoignent les nombreux chœurs et mouvements de danses (« Marche des Galériens », acte I, scène 2). Pourtant, les chœurs, très courts, n'appartiennent pas, comme dans l'opéra lulliste, aux divertissements. Le jeune Mattheson, enfin, emploie des structures que le XVIIIe s. allait consacrer, mais qui étaient inutilisées en 1704, telle l'ariette, formule particulière du *da capo* (AABB-CC-AABB) et, surtout, le grand final développé, scène autonome avec chœur, ensembles, danses – final duquel se détache, dans *Cleopatra*, le beau sextuor et la chaconne.

Mattheson, grand théoricien, composa cinq opéras pour Hambourg, dont *Plejades* (1699), *Boris Godounow* (1710) et *Henri IV* (1711) – on admirera le choix des sujets. L'influence française ne fit que croître dans l'œuvre de Mattheson, qui admirait sincèrement nos auteurs ; à la création de *Castor et Pollux* de Rameau, il eut avec Telemann un échange de lettres, dans lesquelles les deux hommes s'enthousiasmaient, tour à tour, pour les beautés contenues dans cet ouvrage.

Georg Friedrich Haendel (1685, † 1759). L'*Almira* de Haendel, œuvre admirable, méconnue, d'un généreux élan expressif, dépasse de très loin les œuvres suivantes écrites à Florence à partir de 1707. *Almira* est un *Singspiel* curieux. Les luttes d'influences y prennent une dimension particulière : les langues italienne et allemande alternent au sein des trois actes du livret de Feustking, les grands airs dans la première, les récits et certains petits airs dans l'autre. Cette particularité se retrouve dans un grand nombre d'œuvres plus tardives et notamment dans *Der beglutige Socrates* de Telemann (Hambourg, 1721). L'écriture, sûre, splendide, la palette orchestrale d'une richesse exceptionnelle augurent déjà du grand Haendel. L'ensemble des structures de l'époque se trouve réuni dans cet ouvrage sans jamais nuire à son unité. La sarabande orchestrale (AA-BB) suit la chaconne (*da capo*) ; l'air d'Almira (acte I, scène 9) « Move i passi », orchestré à la manière ancienne allemande (deux violons, deux altos, contrebasse), soutient l'admiration tout autant que le moderne « Geluso tormento » (acte I, scène 2) où la même Almira, soutenue par les cordes et la basse continue, concerte son tourment avec un hautbois. L'ouverture à la française prend une dimension majestueuse (lent-vif-lent-vif-lent).

Dans les années qui suivirent la création de l'*Almira*, Haendel réagit et subit complètement l'influence de l'opéra italien comme le montre l'importance des récitatifs *secco*, l'absence de danse et de chœur dans les œuvres écrites pour Florence. En 1708, dans *Agrippina* (pour Venise), l'ouverture est à la française, mais avec un *allegro* central, véritable petit mouvement de symphonie. L'acte II est entièrement composé dans le style allemand ancien, les deux autres, à la manière italienne.

Ces œuvres montrent la vitalité de la création musicale en Allemagne. Parmi tous les compositeurs allemands, certains, tel Johann-Joseph Fux (1660, † 1741), musicien viennois, se sont totalement assimilés au style de Scarlatti, Draghi, ou Steffani. Les tournures de phrases, les structures, les conceptions musicales même pourraient leur être attribuées. Travaillant au sein d'une cour italianisante, Viennois couvert d'honneurs, côtoyant les plus célèbres auteurs d'opéras napolitains ou vénitiens, Fux ne put connaître les autres grands courants. Son traité de composition, *Gradus ad Parnassum*, qui en fit l'un des maîtres les plus savants du XVIIIe s., reste une somme pour l'étude du contrepoint et montre l'admiration sans réserve de cet auteur pour les grands compositeurs de la fin de la Renaissance. Ce goût pour le *stile antico* donne aux œuvres de Fux une couleur toute personnelle ; il se retrouve notamment dans l'emploi de grandes fresques chorales pour ouvrir et clore la partition d'*Orfeo ed Euridice* (d'après Zeno, 1715), « fête théâtrale » en un acte, ou dans l'aspect peu moderniste du contrepoint dans *Costanza e Fortezza*, créé à Prague en 1723.

Les autres centres de création

L'opéra – genre prépondérant en Italie, en France ou dans les pays germaniques – reçut, sous toutes ses formes, un accueil chaleureux dans l'Europe entière. Chaque cour, du Portugal jusqu'en Russie, entretint ou invita des musiciens pour donner de tels spectacles. Ces pays, moins privilégiés, semblent avoir été longtemps à l'écoute des coutumes culturelles de la France et de l'Italie. Le français devint, au cours du XVIIIe s., la langue diplomatique et la langue des échanges, véhiculant les techniques françaises à travers l'Europe. L'Italie, au moins du point de vue artistique, sinon politique, resta elle aussi un pôle culturel primordial, et son image semble avoir été très efficacement consolidée par tous les interprètes et compositeurs qui voyagèrent.

L'opéra en Espagne

L'Espagne fut un centre créateur et politique de toute importance à la fin du XVIIe s. puis sous les Bourbons et les Habsbourg au début du XVIIIe s. La cour de Madrid entretenait un orchestre important, des chœurs et des chanteurs solistes à la chapelle. Si le rôle et le rang des musiciens y étaient assez semblables à ceux de la cour de France, l'Italie resta le modèle privilégié tout au long du XVIIe s. et les musiciens de la cour ne se cachèrent pas d'imiter les compositeurs napolitains.

Toutefois la langue espagnole est préférée à l'italienne, et le langage musical lui-même garde toutes ses riches composantes, notamment dans la sobriété de l'écriture et la sévérité des intentions expressives. Les chromatismes, retards et appogiatures sont source de dissonances poignantes d'une hardiesse parfois surprenante. Tout est efficace dans la complexité des dissonances, l'extraordinaire simplicité d'écriture ou le contraste ; tout concourt à l'expressionnisme dans ce pays empreint de mysticisme : les touches âpres et dures, les manières réalistes – qui font penser aux artistes du XVIIe s., les peintres Riberà et Zurbaran...

Ces diverses composantes voisinent de la manière la plus singulière : les traditionnelles tournures populaires des *villancicos, estonillos,* sont à l'origine même de certains airs. Le genre majeur, équivalent de la tragédie lyrique française ou de l'opéra italien, s'appelait la *zarzuela.* Mais les sujets mythologiques, et surtout ceux qui appartenaient au genre héroïque, obtinrent l'approbation du public.

Les créations furent le plus souvent confiées aux compositeurs italiens résidant à Madrid ou aux maîtres de la chapelle royale au premier rang desquels figurent Sebastian Durón (*Salir el amor del mundo, La Guerra de los gigantes*) puis, plus tard, Literes (*Jupiter y Danae,* 1700 ; *Dido y Eneas...*). D'autres auteurs, Juan Hidalgo, harpiste, ou Juan

Navas produisirent comme ces deux maîtres des *zarzuelas* ou des œuvres de moindre importance : *entremeses* ou *sainetes.*
L'arrivée des Bourbons, en 1700, ne modifia que peu les habitudes. Les compositeurs de l'ancien régime durent s'exiler et Philippe V traversa les Pyrénées avec toute sa musique dirigée par le fameux Henry Desmarest, et l'on joua Lully et ses successeurs. Les Habsbourg, en 1707, firent de même. Tous ces mouvements gênèrent considérablement le développement du théâtre espagnol qui ne trouvera qu'au milieu du XVIIIe s., avec le poète Ramon de la Cruz, une nouvelle destinée.

L'opéra en Angleterre

Henry Purcell (1659, † 1695) fut l'artisan de génie de l'opéra anglais par l'ambition des moyens utilisés, la qualité de l'écriture et de l'inspiration, mais aussi l'intensité de l'émotion. Il sut donner à la langue anglaise, par l'accent de ses mélodies, une justesse de ton rarement égalée. Mais il représente à lui seul toute la production théâtrale du XVIIe s. en Angleterre, même si quelques expériences comme *Albion et Albanius* de Grabu et Dryden, ou le chef-d'œuvre de John Blow (1649, † 1708), le « masque » *Vénus et Adonis,* virent le jour.
En 1705 s'ouvre le Théâtre de la Reine, au Haymarket, où se créeront les grandes œuvres du XVIIIe s. Purcell disparu, le public anglais, fervent amateur d'opéra, accueillit avec enthousiasme les premiers opéras italiens ou plutôt les adaptations anglaises de livrets italiens (*Arsinoe* fut mis en musique par Clayton). L'Angleterre découvre le récitatif et l'*aria da capo.* Les adaptations anglaises sont remplacées peu à peu par des mélanges italien-anglais (dès 1704, Haendel, dans son opéra *Almira,* faisait alterner l'allemand pour les récits et l'italien pour les airs). Ce fut le sort de *Pirro e Demetrio* de Scarlatti. En 1710, *Almahide* de Bononcini est représenté entièrement en italien. L'année suivante Haendel donnait son *Rinaldo.* En 1714, George Ier devint roi d'Angleterre ; la dynastie des Hanovre, si férue d'art italien (Hanovre accueillit, entre autres, le grand Steffani), orienta d'une manière définitive le théâtre en Angleterre.

Vers la réunion des goûts

L'opéra, de 1680 à 1720, s'affirme dans une grande diversité, tant en ce qui concerne les livrets que la musique. Chaque nation crée sa propre formule lyrique : opéra, tragédie lyrique, *Singspiel* ancien ou *zarzuela* ; les deux premières surtout étendront leur hégémonie

sur l'Europe entière, probablement à cause de leur degré d'achèvement. Ces formules sont régies par des règles d'une précision extrême et, surtout, porteuses de messages idéologiques forts. En effet, si l'opéra italien est plus humain peut-être dans ses dimensions et ses intentions, la tragédie lyrique demeure plus intellectuelle dans ses manières tout autant que dans ses buts, et plus directement dramatique ; elle cherche l'émotion dans la situation plus que dans les personnages. Le drame, élément essentiel, y devient un personnage à part entière. Mais les moyens considérables offerts aux créateurs français dans les décors, les machines, les chœurs et l'orchestre, permirent d'insérer ce drame dans le spectacle avec ce que cela comporte comme sens de l'effet et de l'intervention.
Dès les années 1710-1720, l'Europe entière semble désirer la réunion des goûts : de nombreux auteurs et théoriciens la réclament. Cette unification se dessine peu à peu, surtout en Allemagne ; les compositeurs retiennent, dans l'art italien, la structure générale, l'orchestre, le récit... et, dans l'art français, la majesté, la simplicité mélodique, les structures internes, les danses, les chœurs...

L'opéra de 1720 à 1766

La crise

L'opéra est en crise ; les grandes formes, polies par les générations précédentes, sont contestées ; le drame lyrique à grand spectacle perd peu à peu son monopole et cède devant des genres moins savants, plus directs. Privilège des cours princières, l'opéra affronte le public bourgeois et tente de s'adapter aux goûts des nouveaux venus. Si le grand drame n'occupe plus seul les théâtres lyriques, il conserve son public et ses compositeurs. Parmi ceux-ci, trois dominent le genre et l'époque : Rameau, Haendel, Telemann. Conservateurs, ils n'apportent aucun changement majeur à l'*opera seria* ou à la tragédie lyrique, mais leur donnent une dimension et une profondeur musicale nouvelles. De jeunes auteurs choisissent de marcher sur leurs pas et, peut-être plus à l'écoute des désirs du public, tentent d'introduire, au sein des grandes formes, les techniques, l'esthétique, la pensée de leur temps.
Ces artistes dédaignent les nouveaux spectacles que les années 1720-1750 produisent. Ceux-ci, créés au contact du nouveau public

bourgeois, cèdent parfois à ses caprices (farces, théâtre de la foire). Mais, devant le succès de ces pièces, de bons librettistes et compositeurs s'efforcent de leur apporter une nouvelle respectabilité (intermezzo, opéra-comique, *Singspiel* classique).
L'opéra est en crise ; il doit résister en outre au surprenant développement de la musique instrumentale pour orchestre ou formations de chambre. À Vienne, Mannheim ou Paris, les premières symphonies, concertos, quatuors, sonates obtiennent un succès immédiat. Ces œuvres présentent moins de risques financiers que les opéras, et la musique symphonique entre dans la conscience collective avec ses techniques, ses effets, ses structures (la forme sonate notamment). L'opéra, face à cet assaut, doit nécessairement admettre certains procédés purement instrumentaux : l'orchestre y obtient une place prépondérante, et s'enrichit des nouvelles audaces de l'orchestration ; les structures des airs se modifient peu à peu : le *da capo* traditionnel semble vouloir se superposer au plan sonate.
L'opéra est en crise ; la guerre des genres se mêle à la guerre des styles. Les critiques opposent les œuvres traditionnelles aux nouvelles, l'art local à l'italien. C'est dans ce climat que s'affrontèrent ramistes et lullistes, et que s'éleva la Querelle des Bouffons. L'opéra allemand du début du siècle, tout comme l'opéra anglais, disparaît totalement derrière l'italien.
Dans les années 1720-1730 des troupes voyageaient dans l'Europe entière avec leurs interprètes chanteurs et musiciens, leurs décors, leur machinerie, parfois même leur compositeur : Locatelli visita, avec sa compagnie, Saint-Pétersbourg et Prague ; les Mingotti, que dirigea Gluck en 1748-1749, traversèrent l'Autriche, la Bohême, la Hongrie, toutes les régions de l'Allemagne, le Danemark… Ces troupes eurent un tel succès que les Allemands et les Anglais les imitèrent surtout vers 1760-1770 (Schönemann, Köch, Böhm, Schikaneder, Doebellin…). Il n'y eut guère que la France pour offrir une certaine résistance à l'universalisation.
L'art italien, paradoxalement, se développe et atteint son apogée hors de ses frontières. Si les théâtres, privés ou publics, font toujours recette en Italie, les princes allemands semblent devoir les supplanter. Marie-Thérèse, puis Joseph II à Vienne, Frédéric le Grand à Berlin, les Électeurs de Bavière à Munich et à Mannheim, le duc de Württemberg à Stuttgart s'attachèrent les services des meilleurs chanteurs, metteurs en scène, compositeurs, et même librettistes. Claudio Pasquini vécut ainsi à Mannheim, à Dresde et

Pietro Métastase à Vienne. Le succès de l'opéra italien tint au fait que celui-ci permettait plus que tout autre le vedettariat des interprètes : les chanteurs étaient des personnages d'État, qu'ils fussent castrats comme Farinelli ou Senesimo, ou divas comme Marianna Benti-Bulgarelli ou Faustina Bordoni.

Les conservateurs

Les Italiens

Le drame métastasien atteint alors son apogée. Sans rupture avec la génération précédente, il se transforme en une juxtaposition d'airs, de situations dramatiques, de plus en plus développés et séparés par un *recitativo secco* d'autant plus restreint.

L'*aria da capo* assimile peu à peu les techniques de la musique instrumentale ; le matériel thématique, prenant alors une place prépondérante, permet de « développer ». L'unité de l'air est engendrée par un thème, lui-même très structuré, autour duquel le compositeur peut donner libre cours à son imagination. Vers 1750, le *da capo* se généralise en cinq parties AA'-B-AA' (A' issue de A). La *cavatina*, forme binaire dérivée tout à la fois de la première partie du *da capo* et des formes sonates monothématiques, apparaît vers 1740.

Haendel. Après une seule tentative d'opéra allemand *(Almira)* et hormis le très curieux *Florindo und Daphne*, opéra en deux parties (chacune de trois actes) donné à Hambourg en 1708, Haendel se tourne définitivement vers le drame italien. Seul *Alceste*, son dernier opéra (Londres, 1750), fait exception à cette règle. Certes, Haendel fut le grand maître de l'*opera seria* italien ; il ne peut être comparé pourtant ni à ses prédécesseurs comme Scarlatti, ni à ses contemporains comme Steffani, ni même à ses successeurs comme Hasse. Sa personnalité exceptionnelle conféra à son œuvre une dimension historique, à l'écart des véritables courants esthétiques : l'art de Haendel n'est pas seulement italien ; il utilise la structure de l'opéra napolitain – sa langue même – mais ses cinquante œuvres doivent tout autant à l'opéra allemand dans la simplicité des tournures mélodiques (parfois bien proches du style choral), tout autant à la tragédie lyrique française, et ceci semble s'affirmer de plus en plus durant la carrière du musicien : les chœurs deviennent omniprésents ; le récitatif plus mélodramatique ; le drame s'anime. L'on a souvent dit que Haendel s'était assimilé complètement à l'opéra italien. Effectivement, la plupart de ses opéras de jeunesse sont écrits en trois actes, et font alterner récit *aria da capo*, sans

Johann Adolf Hasse (1699, † 1783)

Fils d'organiste
Chanteur à l'opéra de Hambourg (1718)
1719 Chanteur à l'opéra de Brunswick
1721 1er opéra
Voyage en Italie : rencontre de Porpora et d'A. Scarlatti
1730 Épouse la cantatrice Faustina Bordoni
Voyages entre l'Italie et Dresde puis, en 1746, à Munich et, en 1750, à Paris
1750 Oberkapellmeister de la cour de Frédéric II
1771 Dernier opéra, *Ruggiero*

danse, sans ensemble, sans ritournelle. Toutefois, il faut préciser que, dès les premières œuvres écrites pour Florence en 1707, il se démarque de ses contemporains par des manières peu italiennes. Signalons, par exemple, la grande suite précédée d'une ouverture à la française, dans *Rodrigo* (1707) ; le rôle de l'orchestre et la structure de certains airs (*Floridante*, Londres, 1721) ; l'ouverture à la française si particulière d'*Ottone* (Londres, 1723) ou le rôle des chœurs dans le final de l'acte III de *Bérénice* (1737). En 1738, avec *Serse*, le drame semble plus compact, des *ariosos* interrompant les récits, récits accompagnés, airs ou ritournelles instrumentales et le chœur étant présent dans chaque acte.

Après douze années de silence, Haendel composa, sur un livret de Smolett, *Alceste*, opéra en anglais, qui devait être produit par Covent Garden. Le projet fut jugé trop grandiose, la musique trop élaborée pour un drame. Il ne subsiste de cette œuvre que les actes I et IV. Par l'importance des chœurs (et notamment des chœurs d'acclamation), *Alceste* aurait dû être un opéra de foule avec d'immenses ballets (« grande entrée » de l'acte I) se mêlant aux airs et à d'émouvantes chansons (« chanson de Calliope à Admète » dans l'acte IV). Le développement impressionnant des airs (217 mesures pour l'air de ténor « Ye swift minutes as ye fly ! » à l'acte I) et des chœurs donne aux quelques vestiges de cette œuvre l'ambition des oratorios.

Hasse. Contemporain du grand poète Métastase, dont il mit en musique la plupart des drames, Johann Adolf Hasse (1699, † 1783)

Forme d'une cavatine

Graun, *Montezuma* (1755), acte I, air d'Erissena (cavatine), « Godi l'amabile »

	Orchestre	*Voix + orch.*	*Orch.*	*Voix + orch.*	*Orch.*
Plan théma-tique	**A** (a a a') | formules de cadence	**A** (a a a' a') | **B** | formules de cadence	a | formules de cadence	a | **B** | formules de cadence	formules de cadence
Plan tonal	SOL majeur	SOL M → RÉ M	RÉ M	RÉ M → SOL M	SOL M

fut influencé par l'école napolitaine de Scarlatti et Porpora. *Ruggiero* (1771), son dernier opéra, fut aussi le dernier livret de Métastase. Il fut l'un des compositeurs les plus appréciés de son temps (les Italiens le nommaient « il caro Sassone »). Burney, le célèbre voyageur anglais, le décrivait comme « le plus naturel, élégant et judicieux compositeur de musique vocale ». Sa connaissance de la voix (il avait épousé la cantatrice Faustina Bordoni), son sens inné du drame et de l'invention mélodique lui valurent l'estime générale à chaque création de ses quelque cinquante-six œuvres, tant du type *opera seria* que *festa teatrale*, composées de 1721 à 1771. Bien que les structures lyriques restent traditionnelles, Hasse sut suivre son temps, l'évolution de l'écriture et des goûts. Ses premières œuvres écrites pour la cour de Brunswick se situent résolument dans le style de l'opéra allemand puis tous ses opéras s'italianisent : *Il Ré pastore* (1755), *Adriano in Siria, Ruggiero* et *Arminio* (1745), très proche du style de C. Ph. E. Bach, sans chœur, avec une ouverture à l'italienne en trois mouvements.

La plupart des grands maîtres de la génération suivante sont largement redevables à Hasse : Galuppi, Sarti, Jommelli, Traetta, Piccini..., les Allemands Graun, Jean Chrétien Bach, tout autant que Gluck et même le jeune Mozart, qui l'admirait sincèrement.

Carl Heinrich Graun (1704, † 1759) fut tenté, comme Haendel et Hasse, par le style de l'opéra allemand. Travaillant au début de sa carrière pour la cour très germaniste de Brunswick, ses premières œuvres, *Sancio und Sinilde* (1727), puis *Polydorus* (1728) et *Iphigenia in Aulis* (1731), obéissent aux usages du lieu. Mais, dès 1733 avec

Lo Specchio della fedeltà, il choisit l'opéra et la langue de l'Italie. Son arrivée à Berlin, à la cour de Frédéric II, ne fit que confirmer cette option : *Rodelinda* (1741), puis vingt-trois opéras furent composés de 1743 à 1754. *Montezuma,* tragédie en musique (1755), obtint un succès mérité ; le sujet, tiré de l'histoire de la conquête du Mexique par les Espagnols au XVe s., obéit au goût du temps pour l'exotisme.

Les éléments de l'œuvre sont intimement liés les uns aux autres, la plupart des *arie* répondant au plan de la *cavatina* ou à la forme *da capo* en cinq parties. Le rôle de l'orchestre est significatif : outre l'installation du matériel thématique que reprend et développe la voix, il expose des formules de cadences qui lui sont propres et qui concluent chaque partie de l'œuvre.

Plusieurs traits mozartiens sont ici présents, notamment dans la qualité des tournures mélodiques, la carrure des thèmes. Les chœurs et, en particulier, le « chœur des Espagnols » de l'acte II, évoquent tout à la fois la somptuosité de ceux de Rameau et l'élégance de ceux du jeune Mozart.

Graun développe ici l'usage d'un *recitativo con stromenti,* assez indépendant du pur *recitativo accompagnato,* puisque l'orchestre intervient constamment avec une même formule rythmique interrompant brusquement la voix comme dans un véritable dialogue où les instruments seraient un personnage autonome : c'est le principe adopté pour le grand récit de Montezuma à l'acte III avec une énergique formule de violon.

Dans chaque acte figure un ballet instrumental conçu comme une suite de danses.

Nicolò Jommelli (1714, † 1774), dont la carrière se déroule à Vienne vers 1750, puis surtout à Stuttgart, de 1753 à 1769, semble l'un des créateurs les plus modernistes. Sa connaissance de la musique française, de l'art italien et de l'art viennois, donna à son œuvre une grande autorité et il fut à l'origine des réformes de Gluck.

Chez Jommelli, le contraste entre air et récit s'atténue, les accompagnements de récits deviennent plus expressifs, la voix quitte brusquement un air pour un passage en *parlando secco* ; les chœurs dramatiques, la structure des *arie,* les mouvements instrumentaux, tout concourt à donner du mouvement au drame, à le stimuler. Les dernières œuvres telles *L'Olimpiade* (1761), *Vologeso* (1766) et surtout *Fetonte* (1768) – avec ballets, chœurs, airs très développés, symphonie d'introduction s'enchaînant au premier air de Climeno... – témoignent de toute cette évolution, et font de Jommelli, aux côtés de Gluck et de Traetta, l'un des réformateurs de l'opéra.

Les Français

La tragédie lyrique et les formes dérivées, toutes les productions lyriques de la cour et de l'Académie royale de musique évoluent beaucoup plus lentement que l'opéra italien. Les structures, la symbolique, l'aspect général demeurent tels qu'ils furent conçus par Lully ; seuls changent les éléments du langage : orchestration, écriture, thématique et développement.

Jean-Philippe Rameau (1683, † 1764). Tous les contemporains reconnaissent pourtant à Rameau le mérite - ou le tort - d'avoir transformé le genre. Une véritable querelle s'installa entre lullistes et « rameauneurs » (ou ramistes) dès la création de son premier ouvrage, *Hippolyte et Aricie* (1733). « Tout le monde prit parti pour ou contre ce nouveau genre de musique », écrit Palissot. Cette querelle nous semble aujourd'hui quelque peu surprenante. En fait, Rameau fut pour la tragédie lyrique ce que Haendel fut pour l'*opera seria* : le génie donna à leurs œuvres une force dans les inventions, dans l'expression des sentiments et dans la conduite du drame qui dépassa de loin les réalisations contemporaines dont elles utilisaient néanmoins le cadre.

L'opéra français, et surtout la tragédie lyrique ne pouvaient que contraindre, par toutes leurs conventions, la liberté de création. Le texte était l'œuvre, la musique, un décor. Lully et ses successeurs avaient su trouver, par leur discrétion, le juste rapport ; mais Rameau ne pouvait tant concéder, d'autant que ses librettistes, Fuzelier ou Cahusac, n'avaient, en aucune façon, le talent d'un Houdard de La Motte, d'un Danchet et surtout d'un Quinault, rival du grand Racine. Campra ne trouvait-il pas qu'il y avait trop de musique dans *Hippolyte et Aricie* ? Rameau avait parfaitement conscience de ces problèmes puisqu'il ne s'engagea dans la carrière lyrique qu'à l'âge de cinquante ans.

La transformation de la tragédie lyrique, en 1733, avec la création d'*Hippolyte et Aricie* (transformation déjà amorcée en 1732 dans *Jephté* de Montéclair) fut à la base d'un renversement des rôles : la musique supplantait le poème ! Les contemporains associèrent le titre de l'œuvre au compositeur et non plus au poète ; l'on parla des *Indes galantes* de Rameau et non pas des *Indes galantes* de Fuzelier. Les critiques qui, jusque-là, ne citaient qu'à peine le nom des musiciens, décrivirent les effets de la musique. Decroix commenta ainsi

Jean-Philippe Rameau (1683, † 1764)

Repères biographiques

1683	Rameau naît à Dijon
1709	Succède à son père, organiste à N.-D. de Dijon
1722	S'établit à Paris ; écrit son *Traité de l'harmonie réduite à ses principes naturels*
1727	Fait connaissance du mécène La Pouplinière
1733	Création d'*Hippolyte et Aricie,* son premier opéra
1745	Le roi le nomme compositeur de musique de la Chambre
1764	Rameau meurt à Paris

la scène de *Castor et Pollux* à l'acte IV où Castor doit se séparer de Télaïre qu'il aime, pour respecter le serment fait à Pollux : « Le musicien par un art admirable a su y exprimer en même temps la joie et la douleur, l'espoir et la crainte… Malheur aux hommes qui seraient insensibles à de telles beautés. » Ainsi naissait la critique musicale…

Chaque genre lyrique fut abordé par Rameau. Parmi ses cinq tragédies lyriques, *Castor et Pollux* ne connut pas moins de 254 représentations entre 1737 et 1785, chiffre exceptionnel pour l'époque. Le très beau livret de Bernard y oppose les combats, les scènes funestes, les plaisirs célestes, les enfers, les champs Élysées au milieu d'un drame particulièrement émouvant. Le public, qui connaissait par cœur l'*Alceste* de Lully, dont le sujet est voisin, reçut avec émotion le grand monologue de Télaïre, « Tristes apprêts, pâles flambeaux », et le chœur funèbre « Que tout gémisse ». *Dardanus* (1739) eut moins de succès, mais raviva les querelles entre lullistes et ramistes, tandis que *Zoroastre* (1749) inaugura la mode des opéras sur sujets exotiques, déjà fréquents dans les opéras-ballets. Ce fut par ailleurs la première tragédie lyrique sans prologue. Cette hardiesse plut, puisque Nougaret écrivait en 1767 : « Les prologues ne sont plus guère en usage. »

Rameau innova également en abordant, par deux fois, la comédie lyrique, genre peu utilisé en France depuis *Le Carnaval et la Folie* de Destouches (1703). Le récent succès de *Ragonde* de Mouret (1742) et surtout du *Don Quichotte* de Boismortier (sur un livret de Favart en

1743) incita Rameau à écrire *Platée* (1745) qui, avant même l'arrivée des Bouffons à Paris, est un véritable « ballet bouffon » avec cris d'animaux, onomatopées, farces et scènes cocasses, populaires ou burlesques. Il fut repris en 1749 et supporta remarquablement le voisinage de l'*opera buffa*. Le splendide prologue allégorique sur la naissance de la comédie fut souvent redonné seul. Les réfractaires les plus illustres, Grimm, Rousseau, d'Alembert, admiraient pourtant cette pièce, « le chef-d'œuvre de M. Rameau ». Encouragé par ce succès, Rameau voulut poursuivre. Il écrivit tout d'abord *La Princesse de Navarre*, comédie-ballet sur un livret de Voltaire. Cette œuvre, qui avait été créée en février 1745 à Versailles, fut reprise en décembre sous le nom de *Fêtes de Ramire*. Puis Rameau utilisa de nouveau le genre de la comédie lyrique en 1760 avec *Les Paladins*, mais la pièce fut un échec. Dans le genre de l'opéra-ballet – genre inauguré par Colasse et Campra à la fin du XVIIe s. –, Rameau bénéficia des faveurs du public jusqu'en 1750. En treize ans seulement, il réalisa six œuvres du même type, dont *Les Indes galantes* (1735) qui connurent un succès incontestable, dû en partie à des effets tels l'entrée des « Incas du Pérou », le tremblement de terre, l'éruption, les airs d'Huascar et le célèbre chœur des Incas, « Clair flambeau du monde ». Le même respect des formes traditionnelles se retrouve dans dix pièces en un acte, dont *Pygmalion* (1748) et *La Guirlande* (1751).

Les contemporains de Rameau

La personnalité de Rameau occupa la quasi-totalité de la scène française à l'Académie Royale de Musique. Contrairement à l'époque précédente qui vit un nombre considérable de créations, parfois d'auteurs secondaires, les grandes pièces lyriques se raréfient. Les compositeurs semblent en effet effrayés tout à la fois par les comparaisons que les critiques ne manqueraient pas de faire avec Rameau, et par le voisinage de l'opéra-comique.

La dernière tragédie lyrique de Campra, *Achille et Déidamie*, date de 1735 et il n'y eut guère que Rebel avec *Scanderberg* (1735) pour s'opposer à Rameau. Certains musiciens reprirent les livrets de l'époque précédente, recomposant entièrement la musique, parfois avec des citations originales de Lully ou Colasse : Dauvergne donna ainsi *Enée et Lavinie*, en 1758, et Laborde, *Amadis des Gaules* en 1771. Pierre Berton, de 1756 à 1758, « raccommoda » même plusieurs œuvres de Lully, utilisant au mieux les idées du Florentin. Il tenta, bien après la mort de Rameau, de produire un ouvrage personnel : *Adèle de Ponthieu* (1772). Tout cela montre parfaitement le climat de doute et d'inquiétude des musiciens français face à une critique naissante très vindicative.

Les Allemands

Les grands genres, en Allemagne aussi, déclinent, mais pour des raisons sensiblement différentes. *L'opera seria* envahit littéralement le monde germanique. « L'opéra baroque allemand » vit ses derniers moments, et disparaît totalement après 1754.

Georg Philipp Telemann (1681, † 1767) fut certainement le dernier représentant du genre. Considéré par ses contemporains comme l'un des plus grands maîtres, ce musicien si prolifique écrivit 39 opéras de formes diverses entre 1719 et 1736 ; puis, après presque trente ans de silence, en 1761, il osa une sérénade intitulée *Basilio und Quitaria* (« Don Quichotte, le Chevalier sans cœur »).

L'œuvre de Telemann fut créée principalement à Hambourg, dont il était le *Musikdirektor*. Ses ouvrages utilisent, comme chez Rameau et Haendel, les structures préexistantes, mais y insèrent des techniques musicales nouvelles. De nombreuses pièces, proches de l'esthétique du *Singspiel* ancien (*Das beglutige Socrates,* ou *Calypso*), sont construites en trois actes mais comportent de nombreux éléments français, tels l'ouverture et le grand ballet ; les airs et chœurs sont toujours d'allure populaire ; le texte se partage entre les récits en allemand et les airs en italien.

Telemann s'essaya pourtant aux genres italiens et surtout aux genres populaires comme *l'intermezzo* (voir p. 481-482), cela dès 1725 : *La Capricciosa e il credula, Buffonet und Alga* (1727), et plus particulièrement, le célèbre *Pimpinone* dont certains passages annoncent déjà le grand *Singspiel* mozartien, par le texte et par les tournures musicales.

Amoureux du style français, Telemann tenta plusieurs fois d'adapter la tragédie lyrique en cinq actes à la scène allemande, en particulier avec *Omphale* (1724) ou *Margaretha, Königin von Kastillien* (1730). En 1724, il donna à Hambourg un opéra sacré en trois actes, totalement en allemand, *Der neumodische liebhaber Damon,* qu'il intitula *Singspiel.* Cette œuvre admirable semble résumer à elle seule les ambiguïtés de l'art germanique. Des récits très courts, finement ciselés, aux contours mélodiques presque populaires s'opposent à des airs tout à la fois *da capo,* en « brunettes », en rondo ou à la manière allemande, en chansons à couplets avec ritournelles conclusives (air de Nigella, « Du kriegst zu deinen Liebchen »).

L'œuvre débute par un concerto (*allegro, largo, vivace*) à la manière italienne, mais possède une gavotte en louré (acte II), une chaconne comique, une entrée des Niais (acte III). Les chœurs, fort nombreux, sont écrits en forme de danse à la manière française, ou, comme le chœur de conclusion « Triumph beglückte Seelen ! », à la manière généreuse des chœurs d'oratorios ou cantates allemands.

Les novateurs

Les grands genres, durant cette période, perdent une partie de leur ancien monopole. L'*opera seria* et la tragédie lyrique sont directement concurrencés par des pièces nouvelles, *intermezzo, opera buffa*, opéra-comique... Ces pièces populaires prennent un développement important en Italie et en France. Mais l'Espagne et l'Angleterre connaissent les mêmes modes, notamment avec le célèbre *opéra-ballade* de Pepusch : *The Beggar's opera* (1728, livret de John Gay), ceux du librettiste Coffey (*The Beggar's wedding,* 1725 ; *The Devil to pay,* 1731) ou les « masques » d'Arne.

L'opera buffa

Nous avons vu que les entractes de l'*opera seria* napolitain étaient fréquemment agrémentés de ballets composés par des musiciens de moindre renommée que les compositeurs du drame lyrique lui-même. Les auteurs de ces ballets, en Italie, les développèrent tant par amour-propre que pour répondre à leur succès. Peu à peu, une intrigue comique lia les deux intermèdes joués pendant l'opéra avec des personnages communs, donnant naissance à l'*intermezzo.* Utilisant les dialectes locaux, ces pièces enjouées et naturelles prenaient leurs thèmes dans la *commedia dell'arte.* Vers 1730, l'évolution de l'*intermezzo* sembla se stabiliser ; les sujets consistaient en satires sociales, tirées de la vie quotidienne italienne. L'intrigue se terminait toujours par une victoire du bon sens populaire sur les riches et les manières bourgeoises.

L'*intermezzo* utilisait les mêmes éléments (airs-récits) que l'*opera seria,* mais le désir de faire œuvre populaire et œuvre comique modifiait bien évidemment la forme de chaque élément. L'*aria* admettait certains registres presque inusités dans l'*opera seria* (les basses notamment) et la mélodie souple, rapide, aux tournures populaires, amenait souvent une récitation syllabique et serrée des mots.

Le récitatif, plus concis, exploitait de courtes répliques et onomatopées dans des expressions piquantes.

L'*intermezzo* et l'*opera buffa*

L'intermezzo
Forme primitive
Œuvres la plupart du temps perdues
Œuvres composées par des auteurs mineurs, ou de jeunes auteurs
L'*intermezzo* doit être un divertissement, rehaussant le sérieux de l'*opera seria*
Auteurs : Pergolèse, Hasse, Pietro Auletta, Pasquini, Gasparini, Orlandini.
Francesco Feo, compositeur au service d'Orlandi, écrit les airs bouffes de *Lucio Papirio* ; au service de Léo, il écrit *Il Castello d'Atlante.*

L'opera buffa
Plus tardif (surtout après 1750)
Auteurs :
Nicolas Logroscino (1698, † 1765)
Gaetano Latilla (1711, † 1788)
Galuppi, qui travaille avec Goldoni
Piccinni, *La Cecchina* (1760)
Jommelli
Gassmann

Le genre de l'*intermezzo* fut consacré par l'œuvre de Pergolèse (1710, † 1736). Si les *opera seria* du compositeur furent accueillis froidement (*Sallustia, Adriano in Sicilia*), il obtint un succès immédiat avec ses *intermezzi* (*Lo frate'nnamorato,* 1732 ; *Livietta e Tracolo,* 1735) et, surtout, *La Serva Padrona* (1733).
À partir de 1750, l'*intermezzo,* devenu *opera buffa* en trois actes, tenta de nombreux poètes réputés, au premier rang desquels le grand Goldoni. Auteur de nombreuses parodies d'*opera seria (La Cantarina),* Goldoni apporta au genre *opera buffa* une nouvelle dimension par les morales qu'il glissait dans un texte plus sentimental que comique (parfois même un peu larmoyant). *Cecchina, ossia la buona figliuola,* que Duni (1756) et Piccini (1760) illustrèrent, est le type même de la simplicité particulière du poète vénitien.
Les autres librettistes, tout en respectant l'aspect populaire de l'*opera buffa,* suivirent ces trois grandes tendances : parodie d'*opera*

seria, comédie sentimentale, comédie-rêve (ou satirique), les mêlant et les transformant pour leur propre public.

L'*opera buffa*, en 1760, n'est qu'une transposition stylistique de l'*opera seria*, mais une transposition colossale : comme dans le drame, la chanson strophique ou l'*aria da capo* côtoient la forme rondo ou la cavatine. L'usage de la virtuosité et notamment les airs de bravoure concernent plus particulièrement les parodies, l'*aria cantabile* convenant mieux au style sentimental des livrets de Goldoni, par exemple.

La scène finale – le final – préoccupait au premier chef les compositeurs ; l'ensemble des personnages y chantait en rondo une ritournelle très fortement caractérisée, alternant avec différents couplets dans lesquels chacun des personnages, à tour de rôle, évoquait les situations importantes de l'intrigue.

L'*opera buffa*, contrairement aux genres analogues en France, est un lieu de recherches stylistiques où s'affirment d'excellents compositeurs. À la fin du siècle, Cimarosa et même Mozart ne le dédaigneront pas.

L'opéra-comique français

Tout comme l'Italie s'amusant à la *commedia dell'arte*, le public parisien pouvait se divertir devant les spectacles populaires du Théâtre de la Foire ; des pièces satiriques parodiant les tragédies lyriques de l'Académie y étaient accompagnées de compositions tout à fait rudimentaires ; l'Académie et son privilège empêchaient toujours les exécutions lyriques hors de ses limites. Malgré le peu d'instruments, le peu de moyens financiers, le Théâtre de la Foire obtenait un succès important, chaque saison. À partir de 1714, les acteurs purent chanter (en particulier dans *Arlequin Mahomet* et *Le Tombeau de Nostradamus*), et en 1717, l'opéra-comique bénéficia d'un statut l'autorisant à pratiquer le dialogue, le chant, la danse... Dès lors, des compositeurs célèbres, comme Jean-Philippe Rameau lui-même, collaborèrent au spectacle : l'auteur de *Castor et Pollux* fit en effet, pour des comédies de Piron, des airs ou divertissements : *L'Endriague* (1723) et *L'Enrôlement d'Arlequin* (1726).

Ces « arlequineries » dont les principaux auteurs se nommaient Lesage ou d'Orneval étaient réservées à un public bourgeois déjà passablement averti, comme en témoigne cette pièce intitulée *Le Jugement de Pâris*, faisant intervenir de nombreux personnages de la mythologie antique. Dans *Arlequin Hula* (œuvre en un acte), les personnages aux noms exotiques, Moussafer, Taher... fêtent les jolies filles et le bon vin, et déclament un texte interrompu par de courtes chansons :

> « C'est assez branler la mâchoire
> Vite garçon, haut les bras, qu'on me donne
> à boire... »,

et adaptations de vaudevilles (chansons de rues).

Dans de telles partitions, les airs sont présentés nus, sans accompagnement. Parfois quelques ritournelles instrumentales tirées de tragédies lyriques célèbres, rarement inventées, agrémentent la pièce.

En 1741, quatre ans avant la parution de *Platée*, le poète Charles-Simon Favart donna à Paris *La Chercheuse d'esprit* (d'après *Daphnis et Chloé*), obéissant encore au même procédé : un air d'*Amadis* de Lully, une musette de Rameau, le vaudeville « Quand la bergère vient aux champs... » y étaient liés par une intrigue parlée. Ces œuvres, sans qualité purement musicale, représentaient en fait une réaction contre la tragédie lyrique, son ambition, ses symboles et allégories. D'un burlesque parfois outrancier, elles se situaient dans une plage (la comédie lyrique) toujours absente des théâtres lyriques traditionnels.

La Querelle des Bouffons

En 1746, une troupe italienne présenta *La Serva padrona* de Pergolèse au public français. Si l'*intermezzo* n'eut alors que fort peu de succès, il en fut tout autrement lors de sa reprise en 1752. La critique musicale, faisant ses premières armes, déclencha alors la Querelle des Bouffons. Des clans se formèrent : d'un côté les partisans de la musique française, les défenseurs de Rameau, le « coin du roi », où l'on trouvait la plupart des grands maîtres tels que Mondonville et Boismortier ; de l'autre, les admirateurs des Italiens, les écrivains, critiques et philosophes qui se rassemblaient à l'opéra sous la loge de la reine.

Lancée par Grimm (*Lettre de M. Grimm sur « Omphale » de Destouches*, 1752 ; *Le Petit Prophète de Boehmischbroda* 1753) et Rousseau (*Lettre sur la musique française*, 1753), la querelle inutile et pourtant éternelle sur les meilleures déclamations, les meilleures manières de faire « naturel », trouva son aboutissement et sa conclusion dans les *Observations sur notre instinct pour la musique* (1754) de Rameau et l'*Apologie de la musique française contre*

M. Rousseau (1754) de Laugier où celui-ci écrit que « le génie seul permet de faire un opéra ».
En 1752, cette Querelle des Bouffons – guerre des mots, guerre des gazettes – permit la création de l'opéra-comédie et en fut le véritable catalyseur. À cette date en effet, toutes les conditions sont réunies : le Théâtre de la Foire lasse par ses situations outrancières et systématiques ; la comédie lyrique, genre peu utilisé auparavant, commence à s'imposer ; les *intermezzi* et opéras bouffes italiens obtiennent un succès considérable à Paris. C'est, enfin, l'époque du succès de *Titon et l'Aurore* de Mondonville (1753) et de *Daphnis et Chloé* (1747), de Boismortier, pastorales héroïques.
C'est l'ensemble de ces données, et non pas la seule et quelque peu vaine « Querelle des Bouffons », qui précipita la venue des premiers opéras-comiques.
Moins de trois mois après la reprise de *La Serva padrona*, Jean-Jacques Rousseau terminait son *Devin du village*. Sous-titrée Intermède, cette pièce utilise les tournures naïves des pastorales françaises contemporaines – paysanneries –, des mélodies proches du style populaire, et du vaudeville, des chansons à couplets et des pièces instrumentales telles la pastorelle, la pantomine ou la forlane. Mais les éléments les plus spectaculaires sont, sans nul doute, les airs : *Romance* de Colin – adaptation populaire de l'air « en brunette » de Lully (AA-BB) – et surtout l'*Ariette* de Colette, en forme *da capo*, imitant les manières et tournures des opéras italiens.
Le succès immédiat de cette tentative incita les compositeurs à suivre ce modèle. Favart, librettiste du Théâtre de la Foire *(La Chercheuse d'esprit)* et de l'Académie *(Don Quichotte)*, sentit le mouvement et parodia Rousseau dans *Les Amours de Bastien et Bastienne*. Vadé proposa à Antoine Dauvergne (1713, † 1797) une histoire de deux paysans désirant échanger leurs maîtresses – l'une mégère, l'autre discrète –, et qui ne peuvent en fin d'œuvre reformer les couples initiaux : c'est, avant l'heure, le thème de *Cosi fan tutte*. *Les Troqueurs* parurent en 1753 ; Dauvergne, très influencé par les Bouffons, osa une petite ouverture à l'italienne.
La forme définitive de l'opéra-comique fut établie par un Italien venu de la cour très francisée de Philippe de Bourbon à Parme. Comme Lully avait inventé la tragédie lyrique et Campra, l'opéra-ballet, Egidio-Romualdo Duni (1708, † 1775) imposa l'opéra-comique. Parodiant l'*opera buffa* de Ciampi (*Bertoldo in Corte*, donné à Paris en 1753), Duni, encore à Parme, composa *Ninette à la cour*

sur un livret de Favart (1756). Le succès fut tel que l'auteur décida de vivre à Paris : en 1757, son œuvre *Le Peintre amoureux de son modèle,* triomphait. Dans de telles pièces, l'on préférait au récit chanté, jugé trop pesant pour le déroulement d'une intrigue légère, la déclamation parlée, mêlée d'ariettes.

Peu à peu, on vit naître, outre les bouffonneries à l'imitation des Italiens, de nombreuses scènes paysannes sentimentales dans lesquelles excella le librettiste Favart, mais aussi des pièces merveilleuses, fabuleuses comme celles d'un autre librettiste, Anseaume. Duni, quant à lui, écrivit une trentaine d'opéras-comiques sur des livrets aussi variés que *Les Deux Chasseurs et la laitière, La Fée Urgèle ou les Moissonneurs.*

Les compositeurs français voulurent partager cet immense succès. Certains se spécialisèrent complètement dans le genre. Ainsi François-André-Danican Philidor (1726, † 1795), héritier d'une grande dynastie de musiciens, obtint à l'Opéra-Comique le succès qui lui échappait sans cesse à la chapelle. Collaborateur du *Devin du village,* puis du *Diable à quatre,* Philidor donna son premier ouvrage en 1759 (*Blaise le savetier* d'après Sedaine) ; *Sancho Pança* (1762), *La Belle Esclave* (1787) le couvrirent de gloire. Ambitieux, désirant renouer avec les grandes traditions de l'Académie, il s'essaya avec bonheur à la comédie lyrique (le célèbre *Tom Jones,* 1765) et avec moins de fortune à la tragédie lyrique (*Ernelinde,* 1767).

Pierre-Alexandre Monsigny (1729, † 1817) chercha également une consécration à l'Académie, mais celle-ci lui refusa deux œuvres : *Philémon et Baucis* (1766) et *Pagamin de Monègue* (1770). L'immense succès de ses onze opéras-comiques ne suffit pas à satisfaire ses aspirations. Personnage très curieux, violoniste amateur s'adonnant tard à la composition, Monsigny était parvenu à faire jouer ses *Aveux indiscrets* en 1759, cinq années après ses débuts. Collaborateur du poète Sedaine dans *On ne s'avise jamais de tout* (1761), *Rose et Colas* (1764), il publia la même année que Gluck un *Cadi dupé* (1761, livret de Lemonnier).

L'engouement du public français fit école ; la cour de Vienne, où Gluck exerçait depuis 1754, inaugura un théâtre d'opéra-comique. Les premières œuvres de ce compositeur, sur des livrets français, sont déjà écrites dans un style mi-italien, mi-français : *L'Île de Merlin* (1758) et surtout *Le Cadi dupé* (1761). En 1764, un théâtre s'ouvrit en Russie. C'est alors l'apogée du genre. Rayonnant dans toute l'Europe, l'opéra-comique obtint en France, en 1762, un véritable statut, par la réunion du théâtre de la Foire Saint-Germain et

L'émotion dans les tournures de Grétry

Grétry écrit dans ses *Mémoires,* à propos de l'émotion soulevée par *Lucile* au début de sa carrière : « Cette comédie, où je trouvai de quoi déployer la sensibilité domestique, si naturelle à l'homme né dans le pays des bonnes gens, réveilla, j'ose le dire, ce sentiment précieux. *Où peut-on être mieux qu'au sein de sa famille ?* fit couler les larmes des spectateurs surpris d'être émus par de nouveaux ressorts dans le pays de la galanterie. »

de la Comédie-Italienne. Le duc d'Orléans, la Pompadour participèrent aux spectacles, de même que les meilleurs interprètes du moment (Jelyotte, Mlle Fel).
Anseaume, Favart, Marmontel, Sedaine, tous ces librettistes donnèrent un ensemble de créations particulièrement varié. De nombreux compositeurs étrangers accoururent pour participer à ce formidable mouvement : l'Italien Fridzeri (après Duni), mais aussi l'Allemand Martini, le Hongrois Kohout et surtout le Belge Grétry (1741, † 1813).
Dès son arrivée à Paris, en 1767, et la création du *Huron,* d'après Voltaire, Grétry semble éclipser le reste de la production française, et les deux opéras de 1769, *Lucile* et *Le Tableau parlant* (Anseaume), confirment l'ascendant de ce jeune auteur. Connaissant admirablement l'art italien, Grétry sut trouver le juste accent dans de touchantes mélodies qui séduisirent le public parisien.
Mais la sentimentalité n'empêche pas, bien sûr, un art plein de vie où l'humour et le comique le plus fin sont de mise. *Zémire et Azor* (1771, Marmontel) et *La Caravane du Caire* furent acclamés dans toute l'Europe. Après 1783, Grétry, couvert d'honneurs à la cour, s'emploie à amplifier l'opéra-comique, notamment en adoptant des livrets à thème historique ; en effet, le goût de l'histoire envahit alors le roman français. « Le vieux style capable de plaire aux modernes » (*Mémoires* de Grétry) permit la naissance du fameux *Richard Cœur de Lion* (1784), que Sedaine tira d'un fabliau du Moyen Âge, mais aussi de *Pierre le Grand* (1790) ou de *Joseph Barra* (1794), opéra-comique en un acte sous-titré « fait historique ».

L'opéra, de Gluck à la Révolution

L'opéra, sensible au changement des goûts, fut bouleversé au cours des XVIIe et XVIIIe s., à chaque génération, tant dans les sujets et dans l'esthétique que dans les techniques musicales. Chacune des réformes utilisa les mêmes mots pour définir le changement : imitation des tragiques de l'Antiquité, imitation de la nature, vérité du théâtre et du mouvement théâtral, réunion des goûts français et italien, création d'un théâtre national. Néanmoins, l'élément constant de ce processus est sans conteste la prise de conscience du geste théâtral par le musicien. La génération de Gluck, Mozart et Haydn vit le triomphe absolu du compositeur sur le librettiste. L'Épître au grand-duc de Toscane que Gluck plaça en tête de l'édition d'*Alceste* et les lettres de Mozart prouvent l'intérêt que les musiciens portaient alors au drame lui-même.

Gluck et le Manifeste d'« Alceste »

La carrière de Christoph Willibald Gluck (1714, † 1787) résume à elle seule l'évolution du drame lyrique. De 1734 à 1747, Gluck compose, comme Jommelli ou Traetta, sur des livrets de Métastase, à la manière italienne (*Artaserse, Demetrio, Demofoonte*). Son voyage à Londres en 1746, puis son retour en Allemagne, en 1747, où l'influence française semble plus forte qu'auparavant, le poussent à modifier son point de vue. En 1755, par exemple, il donna tout à la fois une pastorale italienne : *L'Innocenza giustificata,* et une pastorale française dans le style de l'opéra-comique : *Les Amours champêtres.* Ses fonctions à la cour des Habsbourg lui font prendre contact avec la musique française, par le biais des nombreux opéras-comiques donnés à Vienne.

Mais Gluck n'est pas seul ! L'activité du jeune Tomasso Traetta (1727, † 1779), qui travailla à la cour de Parme, symbole de la réunion des goûts français et italien, fut connue très tôt à Vienne. Dès ses premiers opéras, *Farnace* (1751) et surtout *Didone abbandonnata* (1757), *Armida* (1761), Traetta tente d'unir le drame, d'utiliser chœur et orchestre pour le mouvement. *Sofonìsba* (Mannheim, 1762), *Ifigenia in Tauride* (Vienne, 1763) – notamment les chœurs d'action dans la scène des Furies (acte II, scène 4) – et la poignante *Antigona* (Saint-Pétersbourg, 1772) – chœurs déchirants plaignant Antigone (acte II, scène 1) – montrent que Traetta,

Gluck et le Manifeste d'« Alceste »

« Je n'ai donc voulu ni arrêter un acteur dans la plus grande chaleur du dialogue pour lui faire attendre une ennuyeuse ritournelle, ni le retenir au milieu d'une parole sur une voyelle favorable, soit pour faire parade dans un long passage de l'agilité de la voix, soit pour attendre que l'orchestre lui donne le temps de reprendre haleine pour une cadence. » (Préface d'*Alceste.*)

quoique moins connu que Gluck, fut l'inspirateur de l'opéra moderne, tout autant que celui-ci.
Le bouleversement s'opère autour des années 1760. Noverre publie sa *Lettre sur les danses et les ballets* (1760), Traetta écrit *Armida,* sur un livret du comte Durazzo (1761), et Gluck entre dans le mouvement, en 1762, avec *Orfeo ed Euridice.* Les librettistes réagissent aussitôt ; une faction anti-Métastase se crée autour de deux Italiens, le comte Durazzo et Raniero de Calzabigi, qui avait vécu à Paris.
Les innovations sont nombreuses : l'alternance *recitativo secco* et *aria da capo* est abandonnée ; une importance considérable est donnée aux chœurs, aux danses et à l'orchestre ; les mélodies prennent une tournure plus simple et les airs de bravoure disparaissent. *Alceste* parut en 1766, mais son célèbre Manifeste ne fut connu qu'en 1769. On y lit que tout dans un opéra doit être fonctionnel, les détails musicaux sacrifiés au mouvement dramatique. Gluck ne faisait que reprendre ainsi les conceptions de Rousseau : « Il faut donc imaginer des opéras sans vers » (*Dictionnaire*). Pour le compositeur, « l'ouverture doit prévenir les spectateurs sur l'action qui va se présenter, et en former ainsi l'argument ». Déjà, d'ailleurs, Rameau, dans *Zoroastre* et, surtout, dans la très tumultueuse introduction de *Naïs,* avait lié l'ouverture à l'intrigue.
En fait, la réforme de Gluck n'apporte que fort peu de véritables innovations ; la disparité entre air et récit, si tranchée dans l'*opera seria,* était déjà très atténuée dans la tragédie lyrique. Gluck reprend à son compte et amplifie les courants de l'art lyrique français de la génération précédente. Son Manifeste ne propose pas une restructuration globale dans l'absolu, mais doit s'analyser comme le point de vue d'un artiste de sensibilité italienne admettant comme

---

Christoph Willibald Gluck (1714, † 1787)

Repères biographiques

1714 Gluck naît à Erasbach (Haut-Palatinat)
1736 Carrière milanaise (7 opéras)
1747 Carrière allemande
1752 Gluck s'installe à Vienne
1773 Début des séjours à Paris
1787 Gluck meurt à Vienne

---

nouveauté des concepts préexistant à l'étranger. Gluck n'a pas créé à proprement parler un opéra nouveau, mais a codifié la réunion des goûts. De même il chercha à simplifier l'écriture mélodique, et il n'y a pas de doute que l'influence de l'*opera buffa* et de l'opéra-comique fut sur lui prépondérante : « J'ai cru en outre que mes plus grands efforts devaient se réduire à rechercher une belle simplicité ; et j'ai évité de faire parade de difficultés au préjudice de la clarté. » L'opéra de Gluck n'est plus ni tragédie lyrique, ni *opera seria,* mais opéra. Le désir de faire un ouvrage européen se reflète dans le sous-titre d'*Alceste* : tragédie-opéra. Tout ici annonce le grand opéra du XIXe s. : le discours continu, la stature et l'omniprésence de l'orchestre, la puissance dramatique des chœurs exacerbant les passions.

Du Roullet, auteur du livret d'*Alceste,* avait pris une part importante à la réforme mélodramatique, aux côtés de Gluck, Castabilgi et Durazzo. Désirant faire connaître en France ce nouvel opéra, né des idées du « fameux M. Rousseau de Genève » et des philosophes, il s'efforça de faire jouer Gluck à Paris. Dauvergne se fit envoyer un acte d'une œuvre nouvelle, *Iphigénie en Aulide,* fruit de la collaboration de Gluck et de Du Roullet. L'Académie, enthousiaste, commanda six œuvres au musicien, qui vint à Paris. *Iphigénie en Aulide* fut représentée en 1774. À la fin de la même année, Gluck donna une seconde version d'*Orphée,* très remaniée. En 1776, ce fut *Alceste,* mais dans une nouvelle version française, puis *Armide, Iphigénie en Tauride* et *Écho et Narcisse.* En 1779, cinq années seulement après son arrivée à Paris, Gluck, malade, retourna à Vienne.

Aujourd'hui, les six chefs-d'œuvre parisiens de Gluck sont toujours au répertoire des grands théâtres, malgré un certain recul ces dernières années. Le souffle immense qui anime cette « musique de géant », comme l'affirmait Berlioz, lui permit de traverser le XIXe s., tellement critique pour les ouvrages de l'Ancien Régime. Chacun se souvient aujourd'hui de l'air d'Alceste à la fin de l'acte III : « Ah ! divinités implacables », de la fameuse marche religieuse, du sommeil de Renaud dans *Armide* et des divertissements dansés dans les cinq actes d'*Iphigénie en Aulide.*

L'impact de la réforme mélodramatique

Dès le Manifeste d'*Alceste,* le mouvement gagna la plupart des jeunes compositeurs. Niccolò Piccinni (1728, † 1800) – que la critique opposa sottement à Gluck –, élève de Leo et Durante à Naples, ayant pratiqué l'*opera buffa* et l'*opera seria* avec beaucoup de bonheur en Italie, fut invité en 1776 en France par La Borde et les anciens partisans des Bouffons, lors même des premiers succès de Gluck. La comparaison des deux compositeurs et la querelle des gluckistes et des piccinnistes n'est guère en réalité une affaire musicale car, en dépit de la différence de sensibilité et de leurs personnalités puissantes, ils pratiquèrent tous deux le même genre. Dès *Roland* (1778), Piccinni prouva sa parfaite connaissance de l'esthétique de la tragédie-opéra et sa parfaite assimilation du goût français, ne serait-ce que par le choix du sujet (arrangement des livrets de Quinault, ici par Marmontel). Le départ de Gluck en 1779 estompa les critiques : *Atys* (1780) et surtout *Didon* (1783) reçurent un accueil enthousiaste.

Son triomphe à Paris incita de nombreux Italiens à venir s'y produire. Leur succès à l'Académie dans la nouvelle tragédie-opéra relégua les maîtres français à l'opéra-comique malgré les tentatives de Grétry (*Andromaque*), Philidor (*Persée*) et Gossec.

Antonio Sacchini (1730, † 1786), également élève de Durante à Naples, pratiquant l'*opera seria* tant en Italie qu'en Angleterre, où il séjourna dix ans, adopta le nouvel opéra à Paris en 1782. Sa mauvaise connaissance de la langue française fit échouer *Renaud* puis *Chimène* ; la critique l'opposa à Piccinni dès le succès de *Dardanus* (1784) et *Œdipe à Colone* (1786). Antonio Salieri (1750, † 1825) fut couvert d'honneurs et de fonctions dès son arrivée en 1784 (*Les Danaïdes,* 1784, et l'illustre *Médée,* 1787) ; son langage annonce déjà le grand opéra romantique.

Le réveil de l'art national : l'Allemagne

La nouvelle approche du théâtre lyrique que Gluck imposa à toute l'Europe déclencha un réveil de l'art national en Allemagne, en Russie, en Espagne. Ainsi, au moment même où se concrétisait l'union des goûts italien et français que les musiciens recherchèrent pendant presque un siècle et que s'essoufflaient les théâtres de ces deux pays, le reste de l'Europe bougeait, adoptait les conditions du théâtre de Gluck, mais aussi imposait coutumes et goûts locaux.

L'éveil national de l'Allemagne fut, et de loin, le mouvement le plus riche, le plus créatif. La passion, l'amour de la musique et notamment de l'opéra, de Vienne à Hambourg, de Lüneburg à Dresde, le développement du *Singspiel* semblent liés, pour ces petites principautés, à la quête d'une identité politique. L'opéra italien avait su s'imposer un peu partout, mais dans les grandes cours seulement, telle Vienne dont l'opulence retenait les castrats, librettistes et compositeurs italiens. Les autres princes ou évêques, rêvant leur propre Versailles et malgré tout leur amour pour les arts, n'avaient guère en effet la possibilité de faire construire et d'entretenir un opéra ; ainsi, à Mannheim, Salzbourg, Mecklembourg, Regensbourg... à défaut d'opéras furent créées des académies où l'on donnait de la musique instrumentale. Et c'est dans ce domaine – de même que dans la musique religieuse – que se concentra l'effort des compositeurs allemands autour de 1720-1740.

C'est la réussite de ces symphonies et pièces de musique de chambre, mais aussi des œuvres religieuses qui donna aux compositeurs l'assurance nécessaire pour rivaliser avec les maîtres italiens couverts de gloire.

Le grand opéra

Comme partout en Europe, le théâtre allemand se constitua peu à peu, dans deux directions opposées, le grand genre utilisant le thème historique ou la mythologie, tandis que des formules plus populaires étaient réunies autour du *Singspiel*.

L'effort pour imposer un opéra allemand coïncide exactement avec le développement du théâtre. Vers 1774, deux dramaturges, Herder et surtout Wieland, proposèrent des livrets aux compositeurs à la mode. Herder tout d'abord offrit son *Brutus* à Gluck, qui le refusa ; l'idée même de la création d'un théâtre lyrique national ne pouvait convenir à cet homme qui avait su imposer une universalisation du style. Wieland, auteur en 1775 d'un ouvrage intitulé *Recherche sur le drame allemand,* eut plus de succès. Il collabora avec Anton Schweitzer, directeur de la musique au théâtre de Seydler à Weimar, et connaissait de ce fait parfaitement la façon de faire un livret. La collaboration Wieland-Schweitzer concrétisa l'idéal du grand opéra allemand, avec *Alceste* (Weimar, 1773), puis avec *Rosamunde* (Mannheim, 1780). *Alceste,* écrit dans la manière de Métastase, est, en fait, un *opera seria* ; l'orchestre y a une part importante dans l'ouverture à la française, mais aussi dans de très amples récits accompagnés ; les allusions picturales, très à la mode à l'époque, abondent. Dans *Rosamunde,* Schweitzer inséra de nombreux chœurs et ballets. Les deux œuvres se rejoignent dans le jugement de Mozart, qui jugeait la première « triste » et la seconde « inchantable »...

Le goût du drame historique prit alors un essor particulier, notamment à Mannheim, où fut représenté en 1777 *Günther von Schwarzburg* de Holzbauer (1711, † 1783), maître de chapelle de cette cour et auteur d'un grand nombre d'opéras bouffes et opéras-comiques. Le livret était d'Anton Klein, que Mozart trouvait indigne de la belle musique de Holzbauer, et dont il refusa quelques années plus tard un *Rodolphe de Habsbourg.* L'œuvre reçut un accueil enthousiaste et fut reprise plusieurs fois en Allemagne. S'ouvrant sur une importante Symphonie, où l'on trouve plusieurs des thèmes de l'opéra, *Günther von Schwarzburg* se présente comme les drames de Gluck : chaque scène est un grand complexe dramatique très varié avec récits *accompagnato, arie,* chœurs et danses, mais dans une grande souplesse d'organisation. Après ce triomphe, Holzbauer choisit pourtant les formes du drame italien, avec *La Morte di Didone* (1779).

Le mélodrame

En 1772, à Weimar, le même Anton Schweitzer fit chanter un *Pygmalion* d'après l'œuvre de Jean-Jacques Rousseau. Cette scène lyrique n'avait obtenu en France que peu de succès, malgré son originalité. Paradoxalement, le projet trouva un écho favorable à Mannheim, notamment sous la forme du mélodrame. Dans *Pygmalion,* Rousseau tentait de lier musique et drame sans se servir ni d'air ni de chanson, mais en alternant ou en superposant des paroles déclamées et de la musique instrumentale. Cette conception enthousiasma le public allemand par la liberté de la forme et l'émotion constante qui s'en dégage.

Brandes et Gotter écrivirent en prose les premiers livrets que Georg Benda (1722, † 1795) mit en musique : *Ariadne auf Naxos* (1775) puis *Médée*. Le grand Goethe même s'associa un temps au genre dans sa *Proserpina* (1777). Ce mélodrame, créé par les symphonistes allemands, utilisait tous les moyens instrumentaux contemporains pour donner un effet d'arrière-plan à l'action. D'innombrables musiciens prirent parti pour ce nouveau théâtre, et l'on y retrouve la plupart des maîtres du *Lied* allemand : Neefe, Reichardt, Zumsteeg, Cannabich... Mozart, lors d'un voyage à Mannheim, connut et admira lui aussi le mélodrame.
En fait, les pièces ainsi produites ne furent pas toutes des chefs-d'œuvre, mais influencèrent toute la musique vocale, tant à l'opéra qu'à l'église.

Le « Singspiel »

Parallèlement au grand opéra, le *Singspiel* se développa en Allemagne vers 1770 comme s'étaient développés ailleurs, quelque vingt années auparavant, l'*opera buffa* et l'opéra-comique, auxquels il se rattache par le choix des sujets traités, plus populaires et tirés d'événements quotidiens. D'une ambition plus modeste que les opéras historiques ou mythologiques, le *Singspiel* surpassait, à la fin du siècle, à la fois les grandes formes lyriques allemandes et les formes italiennes et françaises analogues ; c'est qu'un musicien de génie lui avait donné ses lettres de noblesse : Mozart.
Les entractes d'*opera seria* italiens produits en Allemagne étaient souvent agrémentés de farces, machineries, effets scéniques. L'apparition de l'*opera buffa* italien, de l'*opéra-ballade* anglais, puis de l'*opéra-comique* français sur les théâtres germaniques suscita la formation d'un genre allemand correspondant. *The Devil to pay*, pièce de Charles Coffey créée à Drury Lane en 1731, fut monté, en allemand, par la troupe itinérante de Schönemann dès 1743. De simples chansons à la mode agrémentaient le texte déclamé. Le succès de cette œuvre fut tel qu'elle fut traduite sous le titre de *Der Teufel ist los*, arrangée et mise en musique plusieurs fois : par Weisse et le musicien Standfuss, une première fois en 1752 et une deuxième fois en 1766 à Leipzig, puis par Johann Adam Hiller (1728, † 1804), l'un des grands fondateurs du *Singspiel*. De nombreuses autres pièces illustrèrent cette période, tel ce *Joyeux Savetier (Der lustige Schuster)* créé à Lübeck en 1759.
L'arrivée des troupes françaises, amenant le nouvel opéra-comique dans les années 1760, déclencha le mouvement. Chaque compo-

Mozart et le mélodrame

« De temps en temps, on parle aussi avec accompagnement de musique, ce qui fait toujours la plus magnifique impression... Il faudrait traiter de la même façon la plupart des récitatifs d'opéra et ne les chanter que de temps à autre, lorsque les paroles peuvent bien s'exprimer en musique. » (Lettre de Mozart à son père, 1778.)

siteur, chaque poète voulut s'essayer au genre ; seuls les théâtres manquaient, car il n'était pas question de représenter de telles pièces dans des lieux consacrés à l'*opera seria.* Hiller, le directeur du « Gross Konzert » de Leipzig, désirant « apprendre à chanter au peuple allemand », devint spécialiste de ce *Singspiel* naissant : *Lisuart und Lariolette* (1766), *Löttchen am Hofe* (1767), œuvres où voisinent les airs populaires, les chansons strophiques, le bavardage rapide du style *buffa*, la manière de parler de l'opéra-comique.
Devant un tel succès (on entendait chanter les airs en ville !), et devinant dans le *Singspiel* le germe du théâtre national allemand, Goethe s'associa à l'effort dès 1773-1774 avec *Erwin und Elmire* et *Claudine von Villabella,* l'année même de la publication de son premier drame *Goetz von Berlichingen,* et de son fameux *Werther* ; son séjour à Weimar (1775-1786), cour fastueuse et intellectuelle, lui permit de réaliser plusieurs *Singspiele,* mis en musique par des dilettantes de la cour ou par des musiciens confirmés tels Philipp Christoph Kayser (1755, † 1823) [*Scherz, List und Rache,* 1785] et surtout Johann Friedrich Reichardt (1752, † 1814). La production de ce dernier fut considérable tant à partir des livrets de Goethe (*Erwin und Elmire, Jery und Bätely*) que d'adaptations d'opéras-comiques français, tel *Händschen und Gretchen,* d'après *Rose et Colas* de Sedaine.
Deux courants se dégagèrent, l'un foncièrement allemand, situé entre Weimar et Stuttgart, l'autre à Vienne et Eisenstadt, plus au sud donc.
Le premier courant était représenté par les mêmes compositeurs allemands qui tentaient de promouvoir le grand opéra historique ou mythologique, tous ces créateurs du *Lied,* du mélodrame, dont nous avons parlé précédemment. Les mêmes constantes esthé-

tiques, notamment dans l'admiration de l'art français, la sentimentalité (le magique, l'exotique), l'admiration pour l'œuvre de Gluck et le désir de toucher l'âme allemande, apparaissent dans les pièces d'Anton Schweitzer (*Walmir und Gertraud,* 1770), Johann André (*Die Entführung aus dem Serail,* 1781) et Neefe (*Adelheit von Veltheim,* 1780).

Le mélodrame et ses techniques impressionnantes envahirent le *Singspiel* dans les œuvres très puissantes de Benda : *Julie und Romeo* (1776) ; *Der Dorfjahrmarkt* (1775) contient, outre des mélodrames, des *arie* d'*opera seria,* des ensembles à la manière de l'*opera buffa,* mais aussi de grands chœurs très animés. Cette réunion des goûts paraît nettement dans les œuvres des musiciens de la cour de Stuttgart, très influencés par Jommelli, qui y avait séjourné plus de quinze ans, particulièrement chez Zumsteeg (*Zalaor,* 1787) et le violoniste Christian Ludwig Dieter qui composa, en 1784, sur un livret de Bretener que Mozart rendit célèbre, *Die Entführung aus dem Serail.*

L'autre courant du *Singspiel* obtint ses lettres de noblesse lors de l'ouverture d'un théâtre de *Singspiel* en 1778 à Vienne. L'extraordinaire situation de cette ville, un *opera seria* italien et un *opera buffa* très puissant, l'opéra-comique français, le dernier Gluck adaptant ses chefs-d'œuvre pour les théâtres allemands, la poussée de la musique instrumentale confèrent aux œuvres viennoises un caractère tout particulier, notamment dans le mélange d'éléments *seria* et *buffa,* le *dramma giocoso.* Joseph Weigl, Ignaz Umlauf, Johann Shenk et Johann Gallus Mederitsch (1752, † 1835) connurent le succès alors même que l'on jugeait Mozart trop sévère. Le fameux Dittersdorff, qui nous a laissé pas moins de quarante opéras (*Doktor und Apotheker,* 1786 ; *Die Liebe im Narrenhaus,* 1787), fut applaudi par le public tout autant que par l'empereur lui-même, l'année de l'échec des *Noces de Figaro.*

Mozart et Haydn

Mozart

Mozart sort de l'histoire ; il est là, aujourd'hui, présent à nos oreilles, certainement plus vivant pour beaucoup d'entre nous que nos grands maîtres contemporains. Chacun des prestigieux monuments qu'il édifia fut respecté, vénéré, poli, analysé par des

Wolfgang Amadeus Mozart (1756, † 1791)

Repères biographiques

1756	Mozart naît à Salzbourg
1762	Commence sa carrière de musicien prodige ; voyage à Munich, à Vienne
1763	Mannheim (cour de l'Électeur palatin) ; Paris
1764	Londres ; la Hollande ; Vienne – c'est l'époque du succès de l'*Alceste* de Gluck – ; Paris
1769	Nommé Konzertmeister de l'archevêque de Salzbourg ; voyage en Italie
1777-1778	Séjour à Mannheim, puis à Paris
1781	Installation à Vienne
	Nommé compositeur de la Chambre impériale
1791	Mort à Vienne

générations d'interprètes. Chaque accent, chaque signe fut l'objet d'une réflexion constante pendant deux siècles ; les chanteurs et les instrumentistes eux-mêmes ont cherché à modeler leur technique sur le style du compositeur. Il n'est pas une tournure de l'écriture, de l'orchestration, qui ne nous soit familière, et pourtant, nous sommes toujours surpris par l'audace du discours, sa sincérité, sa vivacité, la qualité de l'émotion qu'il porte. Ce discours est au plus profond de notre âme, qu'il a contribué (avec quelques rares « architectes de l'univers ») à façonner, tant par son œuvre elle-même que par les innombrables réflexions que celle-ci suscite depuis des siècles.

Mozart sort de l'histoire ; comment pouvoir « ranger » dans le mouvement historique un tel personnage, et un personnage que nous connaissons tant, alors même que nous ignorons tout des autres compositeurs du XVIIIe s. ? Bien sûr, quelques érudits se sont penchés sur les partitions de Rameau, de Hasse, ou de tant d'autres ; mais la lecture de ces œuvres, parfois si élevées, ne peut en aucune manière correspondre à la lecture d'une œuvre de Mozart, tant nos liens avec celui-ci semblent étroits. L'historien décrit des genres en généralisant des cas particuliers, alors qu'il parle de Mozart en pénétrant au cœur d'une œuvre universelle.

Mozart sort de l'histoire – était-il donc représentatif de son temps ? Peut-on se faire une idée du climat viennois qui régnait dans le théâtre lyrique d'après le seul Mozart ? Certes non ! Quelque peu rejeté par la critique et le goût du public – surtout à partir des *Noces de Figaro* –, Mozart n'a jamais joué de rôle social important : 1777 et la tournée des capitales (Munich, Augsbourg, Mannheim, Paris), dont il espérait un poste correspondant à son talent, marque le début de son échec social. Certes, des compensations lui furent offertes, la gloire même ! Mais combien était terne cette gloire lorsqu'il considérait le triomphe de Gluck et des maîtres des grandes cours.

Pourtant, plus que tout autre, Wolfgang Amadeus Mozart (1756, † 1791) était à l'écoute de tous les courants artistiques de son temps. Chacun de ses voyages lui permit de rencontrer les plus grands artistes et les courants les plus variés (les symphonistes de Mannheim, Schobert, Jean Chrétien Bach, le chanteur Manzuoli, Sammartini, Piccinni, Sacchini...) et de les imiter avec enthousiasme. Il fut sans nul doute le musicien le plus universellement doué qu'ait produit l'époque. Il possédait une parfaite connaissance des usages de son temps mais aussi du passé (Haendel, Bach, Fux dont le *Gradus ad Parnassum* dirigea ses études), et son œuvre lyrique en est le reflet. Mozart a touché toutes les formes contemporaines : le *Singspiel*, l'*opera seria*, l'*opera buffa*, le *dramma giocoso*, hormis les genres spécifiquement français, bien qu'*Idoménée* présente plusieurs analogies avec la tragédie lyrique et que *Bastien et Bastienne* provienne en ligne directe du *Devin du village* de Rousseau.

Mozart résume à lui seul les hésitations et les réflexions des compositeurs de la fin du XVIIIe s. Hésitations dans le choix des structures, car il ne reprend qu'exceptionnellement les structures qu'il a déjà utilisées. Réflexions sur le rapport musicien-poète : en 1781, pendant la composition de *L'Enlèvement au sérail*, il affirme : « La poésie doit être la fille obéissante de la musique » ; en 1783 : « La musique est la chose principale dans tout opéra [...] pour qu'elle plaise, le poète devra faire tous les changements et les révisions que je lui demanderai et ne pas suivre son instinct. » Réflexions sur le rapport compositeur-interprète : en 1770, Mozart annonce à son père que la composition de *Mitridate* a pris du retard car « le primo homo n'est pas encore arrivé » ; en 1781, il avoue avoir quelque peu sacrifié certains passages du rôle de Constance dans *L'Enlèvement au sérail* à la virtuosité de la chanteuse. Mozart prend soin d'écouter ses interprètes : « J'aime qu'un air soit autant à la mesure d'un chanteur

Lettre de Léopold Mozart à son fils

« C'est de Paris que se répandent dans le monde la gloire et le renom d'un homme de grand talent ; c'est là que la noblesse traite le génie avec condescendance, estime et courtoisie ; c'est là qu'on peut voir un beau savoir-vivre qui contraste avec la grossièreté de nos dames et cavaliers allemands. »

qu'un habit bien fait », écrivait-il en 1778, à propos du ténor Anton Raaf. Mais adaptation ne signifie jamais chez lui concession, comme en témoignent les remaniements du *Don Juan* lors de la reprise à Vienne en 1788. Le ténor Morella n'étant guère à l'aise dans le rôle de Don Ottavio en raison des vocalises difficiles de l'*aria Il mio tesoro* (n° 21), le compositeur lui confia un autre air, *Dalla sua pace* (n° 10 *a*), certes moins brillant, mais de fonction dramatique voisine ; et il est remarquable que Mozart ait bouleversé alors la structure du drame, car ce nouvel air se trouve à l'acte I, scène 14, alors que le n° 21 était à l'acte II, scène 10. De même, le musicien ajouta, en lieu et place de l'air de Don Ottavio supprimé, quatre scènes (10 *a-d*), où se trouvent notamment le célèbre duo Leporello-Zerlina et le grand air de Donna Elvira. Le sens du drame et de la conduite théâtrale reste donc chez Mozart supérieur aux intérêts des chanteurs ; la faculté d'adaptation aux contraintes stylistiques et techniques est l'un des faits marquants de la pensée mozartienne.

Le retour triomphal à Salzbourg en 1766 donna à Mozart de nombreuses commandes, du prince-archevêque, de l'Université et des bourgeois de la ville. Cette période riche en musique instrumentale voit également la naissance d'une cantate de carême, d'un oratorio et surtout d'un opéra latin : *Apollon et Hyacinthus,* servant d'intermède à une pièce latine, *Clemencia Croesi,* déclamée – nous avons déjà rencontré cette formule dans les opéras de collège français à la fin du XVIIe s., comme *David et Jonathas* de Charpentier. Trois parties composent cette œuvre écrite dans le style du grand maître salzbourgeois Eberlin († 1763), qui influença fortement Mozart : « Prologus », « Chorus I », « Chorus II ». Le sujet est proche de celui de la tragédie latine. Des récitatifs conventionnels, à l'italienne, mais parfois très expressifs (comme dans l'*accompagnato*), relient de beaux airs, chœurs ou ensembles. L'ouverture, en forme sonate monothématique, intitulée, à la manière ancienne, « Intrada », utilise encore l'orchestration type de l'Allemagne du Nord : cinq parties de cordes avec deux altos.

La première période : 1767-1779

Les Mozart arrivent à Vienne à la fin de 1767 ; ils y découvrent *Partenope* de Hasse, qui les passionne malgré la distribution peu brillante, puis l'*Alceste* de Gluck. « L'empereur, écrit Léopold, deux fois a demandé à mon fils s'il ne voulait pas écrire un opéra et le diriger lui-même. » Le public dédaigne l'*opera seria* : Léopold incite donc son fils à écrire un *opera buffa* ! Un poète de la cour, Coltellini, arrangea un texte célèbre de Goldoni, *La Finta simplice*, classique du genre (thème du vieil avare trompé par un couple d'amants). L'œuvre de Mozart est à l'image des réalisations viennoises contemporaines : une ouverture sans lien avec l'opéra, des *arie da capo* traditionnelles ou tronquées, des cavatines, des lieder dans un style populaire. *La Finta simplice* ne fut pas créée à Vienne, contrairement aux souhaits de Léopold (peut-être à cause de cabales organisées par les musiciens attitrés), mais, l'année suivante (1769), à Salzbourg.

Cette même année 1768 vit la naissance de *Bastien et Bastienne, Singspiel* commandé par un riche médecin viennois, Messmer ; le livret en un acte, traduction des *Amours de Bastien et Bastienne* de Favart, par Weikern (adaptation du *Devin du village* de Rousseau), obéit au goût des bergeries et scènes campagnardes du public viennois de l'époque. L'œuvre se situe résolument dans l'ambiance des *Singspiele,* mais utilise de nombreuses références à l'opéra-comique français que Mozart avait pu entendre à Paris ou même à Vienne. L'intrigue, présentée soit en dialogue, soit en *recitativo secco,* voire en *accompagnato,* est parsemée d'airs de facture populaire et aisée, comme dans les *Singspiele* de Hiller (lieder) ou dans les opéras-comiques français (ariettes).

Après ces premiers essais, réalisés tous deux dans des genres comiques, Mozart se doit, comme tout compositeur d'opéra, de produire un *opera seria.* Les théâtres de Milan et de Venise lui passent commande et imposent leur sujet. Le projet pour Venise ne vit jamais le jour ; mais *Mitridate, re di Ponto* et *Lucio Silla* furent créés à Milan, respectivement en 1770 et 1772, chacun avec un succès considérable. Ce sont d'authentiques *opera seria* dans la manière de Métastase, typés dans l'action tout autant que dans les intentions musicales : Mozart flatte les goûts du public. Pourtant, en deux ans,

l'évolution stylistique est considérable ; dans *Mitridate,* pas de chœur et deux courts ensembles ; dans *Lucio Silla,* de nombreux ensembles et des chœurs parfois proches de ceux de Gluck (comme le beau chœur d'invocation). En 1772, Mozart tente d'unifier le drame et de lier chacune de ses composantes techniques ; l'alternance rigide *recitativo secco* et *aria da capo* s'estompe ; à la fin de l'acte I, dans la scène des Catacombes, le chœur d'invocation, le duo des amants s'insère dans de magnifiques récits *accompagnato.* Les structures du *da capo* et de la chaconne en deux sections (la seconde variant la première), qui constituent l'essentiel de *Mitridate,* côtoient, dans *Lucio Silla,* les *arie* bipartites à la manière *buffa* (où les deux parties contrastent) et, surtout, le grand *da capo* en cinq parties (air de Cinna, acte I, scène 1), structure que l'on retrouve constamment dans l'opéra de la fin du siècle.
L'instrumentation s'intensifie durant ces deux années ; à l'orchestre traditionnel – cordes, deux hautbois, deux cors –, Mozart ajoute des bassons, des trompettes et des timbales. Les récits *accompagnato* prennent la place de nombreux récits *secco.*
C'est à cette même époque que Mozart accepte deux nouvelles commandes, deux *azione teatrale, Ascanio in Alba,* qui fut donné à Milan en 1771 avant l'opéra *Il Ruggiero* de Hasse (livret de Parini écrit pour les fiançailles de l'archiduc Ferdinand et de Marie-Ricciarda-Béatrice de Modène), et *Il Sogno di Scipione,* sur un livret de Métastase.
Cette première période (1766-1772) préfigure tout à fait le goût du compositeur de créer, dans les formes théâtrales les plus variées, sans jamais se spécialiser : chacune des étapes de sa carrière sera marquée à la fois par l'*opera seria,* l'*opera buffa,* le *Singspiel.*

La deuxième période : 1773-1780

La deuxième période théâtrale de Mozart s'étend du retour à Salzbourg, après l'Italie (1773), à la démission et aux voyages à Mannheim et à Paris (1777-1778) et au second retour à Salzbourg, en 1779. Mozart, ayant obtenu le succès en Italie, espère trouver un emploi important dans l'une des grandes cours musicales de l'Europe. Depuis Salzbourg, il convoite une fonction à la cour d'Autriche ou en Bavière. *Thamos, König in Aegypten* (Vienne, 1773), par le thème employé plus que par la musique, annonce *La Flûte enchantée* et l'intérêt du compositeur pour le monde maçonnique. Mozart affirme alors vouloir « participer par la musique au relèvement du théâtre allemand ». Il s'agit d'une musique de scène

Une lettre de Haydn au sujet de Mozart

« Combien inimitables sont les œuvres de Mozart, combien profondes, combien musicalement intelligentes, combien extraordinairement sensibles ! (...) Cela m'enrage de penser que cet incomparable Mozart n'a encore été engagé par aucune cour impériale ou royale ! Pardonnez-moi si je perds un peu la tête : mais j'aime l'homme si sincèrement... »

(Lettre à F. Roth, Prague, déc. 1787.)

illustrant une pièce du baron de Gebler, haut dignitaire autrichien et poète. *Thamos* se compose de deux chœurs, quatre interludes et une conclusion, pour les seuls instruments. L'œuvre sera reprise en 1779 avec de nombreux remaniements dont l'introduction d'un beau mélodrame – Mozart avait entendu avec enthousiasme en 1778 les œuvres de Benda à Mannheim. L'espoir d'une fonction en Bavière se précisa certainement chez le compositeur en 1775, car durant cette même année deux de ses œuvres, commandées par l'Électeur Maximilien III, furent offertes à celui-ci. La première est *La Finta giardiniera, opera buffa* en trois actes (livret anonyme) représenté à Munich, et qu'il reprendra en 1779, tout comme *Thamos*, pour en faire un *Singspiel* en langue allemande. La seconde de ces œuvres est *Il Re pastore, opera seria* en deux actes, adaptation du livret de Métastase, qui fut donné à Salzbourg pour une réception de l'Électeur de Bavière.

Les échecs de chacune de ses « demandes d'emploi », la lassitude de la cour salzbourgeoise contraignirent Mozart à aller chercher plus loin la situation qu'il désirait. En 1777, il refait, en vain, le premier voyage de 1762-1763 ; le pénible retour à Salzbourg, en 1779, semble pour le musicien l'occasion de réunir les différents styles qu'il avait connus au cours de ses voyages. Outre les quelques remaniements cités, Mozart se consacre à un nouveau *Singspiel, Zaïde*, mélodrame en deux actes sur une turquerie de Schachtner, préfiguration de *L'Enlèvement au sérail*, et à une *Sémiramis* (perdue). *Zaïde*, au centre de la carrière de Mozart, rassemble toutes les acquisitions du musicien : le mélodrame, le final (notamment le quatuor de l'acte II), les imitations (le lion aiguisant ses griffes)... Tous ces

éléments nouveaux côtoient pourtant des archaïsmes, notamment dans l'orchestration (orchestre à cinq parties avec altos divisés).
Une nouvelle fois, en 1780, la cour de Munich propose à Mozart la composition d'un opéra : on choisit un poète de la cour de Salzbourg, Varesco, pour adapter en trois actes une tragédie française de Danchet, déjà illustrée par Campra. Tout concourt alors pour permettre à Mozart d'écrire son premier grand chef-d'œuvre lyrique : le beau sujet d'*Idoménée,* la possibilité d'avoir enfin un orchestre important, d'excellents chanteurs et, surtout, la liberté d'agir. La rupture avec l'archevêque Colloredo semble imminente. L'abondante correspondance de Mozart avec son père nous fait revivre jour après jour la genèse de cet opéra, tant en ce qui concerne le mouvement dramatique que l'attention portée aux possibilités des musiciens.
Idoménée, dernier opéra de Mozart sur texte imposé, marque le tournant de la carrière du compositeur, juste sorti de la tutelle de Salzbourg. L'ambition du projet est d'ailleurs tout à fait significative. Mozart choisit un genre qu'il n'a jamais encore utilisé, la tragédie lyrique. Le livret est adapté, italianisé : il est condensé à la manière de Métastase, et les caractères sont très typés. Cependant, de nombreux éléments (l'objet même du drame, les éléments surnaturels, l'importance dramatique des chœurs) portent la marque de la tragédie lyrique. *Idoménée* – comme les opéras de Gluck – est une œuvre d'un seul tenant, avec rappels thématiques et une introduction annonçant le drame.

La troisième période : 1781-1791

La troisième époque de la carrière de Mozart commence précisément lors de la création d'*Idoménée,* en 1781, et de la rupture avec l'archevêque de Salzbourg. Mozart cherchait à s'établir à Vienne comme compositeur d'opéras, lorsque le Théâtre national, dirigé par Stephanie, lui proposa un *Singspiel* sur le thème de *Belmont und Costanze, oder die Entführung aus dem Serail,* plus riche que le livret de *Zaïde* que le compositeur voulait remanier. Le grand succès lors de la création de ce *Singspiel* en 1782 et la grande popularité du compositeur ne furent pourtant guère suivis de commandes. Mozart rechercha alors, dans tous les genres, des livrets qu'il exploita plus ou moins : parfois, le plan seul fut dressé, comme dans *Il Servitore di due padroni* (Goldoni), *Il Regno delle Amazoni* ou *Lo Sposo deluso* (Da Ponte) ; parfois encore le projet semblait se dessiner plus précisément, comme pour *L'Oca del Cairo* (Varesco),

W. A. Mozart, Don Giovanni, *acte I, scène 20 (finale).*
Chaque page de Mozart témoigne du génie dramatique du compositeur, mais c'est dans les deux finales de *Don Giovanni* – par l'extraordinaire mouvement du premier, par la concision du second – que l'on peut aujourd'hui mesurer l'importance du musicien dans l'histoire du discours dramatique. Quel chemin franchi en l'espace d'un siècle ! Et comment mieux le souligner qu'en rappelant cette scène des trois orchestres (idée prodigieuse pour un homme du XVIIIe s.) jouant simultanément l'un un menuet, l'autre une contredanse, le troisième une danse *alla tedesca,* et cela pour « accompagner » les invitations à la danse des personnages.

dramma giocoso, ou dans *Die Schauspieldirektor,* comédie en un acte avec musique, écrite par Gottlieb Stephanie pour Schönbrunn, et dont Mozart composa la très belle ouverture en un mouvement (*presto*) et quatre numéros.

En 1786, *Les Noces de Figaro, opera buffa* de coupe italienne, sont créées au Burgtheater de Vienne et assez mal reçues (quinze représentations seulement). *Le Mariage de Figaro,* de Beaumarchais, avait été interdit par l'empereur à Vienne, mais celui-ci finit par céder. L'œuvre fut pourtant très bien accueillie à Prague et triompha même, le 20 janvier suivant, lorsque Mozart la dirigea en personne. Ce succès valut au compositeur la commande de *Don Giovanni, opera buffa* sur un livret de Da Ponte. Cet opéra fut créé en un temps record le 29 octobre 1787, Mozart terminant la composition durant les répétitions, alors même qu'il traversait une période d'angoisse (mort de son dernier fils, de son ami le comte Hatzfeld, état de santé inquiétant de son père...). L'œuvre, portée par le courant du *Sturm und Drang* (caractère démoniaque de *Don Juan*), obtint un grand succès à Prague et fut reprise à Vienne.

C'est durant les années de privations et de souffrances qui suivirent que furent créés les trois derniers chefs-d'œuvre du maître, composés presque simultanément. Curieusement, comme à chaque étape de sa vie, Mozart exploita les différents genres contemporains : l'*opera buffa* avec *Cosi fan tutte* (1790), l'*opera seria* avec *La Clemenza di Titus* et le *Singspiel* avec *La Flûte enchantée* (1791).

Ces œuvres n'eurent guère qu'un modeste succès lors de leur création ; deux mois après la mort de Mozart, Cimarosa triomphait à la cour de Vienne avec *Il Matrimonio segreto* !

Joseph Haydn

Longtemps délaissé au profit des géants que furent ses deux contemporains, Mozart puis Beethoven, Haydn (1732, † 1809) semble aujourd'hui retrouver, à juste titre, quelque crédit, surtout en ce qui concerne sa musique instrumentale. Pourtant Haydn se déclarait lui-même, en 1776, compositeur de musique vocale.

Les carrières et les choix de Haydn et de Mozart furent totalement opposés : celui-ci n'eut pas de poste important comme auteur d'opéras et dut donc chercher des commandes, proposer..., ce qui le contraignit à toucher chaque genre. Haydn au contraire eut très tôt (en 1760) un poste à Esterház et dut pourvoir les théâtres de la cour. Il est indispensable, pour mesurer ces différences, de comprendre la géographie allemande de l'époque : l'archevêché de Salzbourg, sans moyens importants, est situé entre les prestigieuses cours de Bavière (Munich) et d'Autriche (Vienne et Prague) ; le château d'Esterház se trouve près d'Eisenstadt, où réside la cour immensément riche de Hongrie ; il rivalise, durant les années 1776-1790, avec les théâtres de Naples, Milan, Vienne et Paris, et accueille les artistes. Cour indépendante, le château d'Esterház bénéficie cependant du voisinage immédiat de la cour de Vienne, qui assiste souvent aux représentations qui y sont données.

En 1762, Nicolaüs Esterházy, succédant à son frère aîné, commandait à Haydn un festival d'opéras : de courtes comédies italiennes et une *festa teatrale* de grande dimension, *Acide e Galatea,* créée sur un théâtre occasionnel, en janvier 1763. Les années suivantes, les opéras furent joués dans le beau palais d'Eisenstadt, puis, après l'immense succès, en 1767, de *La Canterina,* le prince décida la construction d'un théâtre d'opéra (1768) destiné plus particulièrement aux *opera buffa* et aux *opera seria* de type italien, puis d'un théâtre de marionnettes (1773) pour le *Singspiel.*

Tout cela explique le nombre important de créations de Haydn : vingt-quatre œuvres de différents genres entre 1762 et 1790 (mort du prince Nicolaüs). Le rôle de Haydn ne se limitait d'ailleurs pas à la seule composition : le musicien devait diriger les créations et reprises d'autres auteurs, arrangeant, réorchestrant, recomposant certaines œuvres (de Gazzaniga ou Traetta, par exemple). Durant la seule année 1786, Haydn ne dirigea pas moins de dix-sept ouvrages lyriques dont huit créations !

Chaque événement de la cour, chaque visite d'un prince étranger donnait lieu à des créations magnifiques : comme à Versailles, de nombreuses festivités somptueuses avec théâtre, musique, feux d'artifice, banquets, bals, chasses, illustraient la vie à Esterház.

Les débuts

La carrière lyrique de Haydn, comme celle de Mozart, comporte plusieurs étapes. Jusqu'en 1776, Haydn reste une figure locale : compositeur estimé, il est cependant un peu à l'écart des grands mouvements historiques de l'Allemagne ; musicien de cour, il reproduit pour Esterház ce qui se faisait ailleurs : opéras bouffes, *intermezzi,* pastorales. De cette période datent, outre les quatre premières œuvres créées en 1762, *Acide e Galatea, La Cantarina* (1767, *intermezzo* dans la manière de *La Serva Padrona*) et *Lo speziale*

Joseph Haydn (1732, † 1809)
Repères biographiques

1732	Haydn naît à Rohrau (Basse-Autriche)
1761	Entre au service de prince Esterházy, à Eisenstadt
1761-1791	Écrit 91 symphonies
1791-1792 1794-1795	Deux voyages en Angleterre
1809	Haydn meurt à Vienne

(1768, livret de Goldoni) puis *L'Infedeltà delusa* (1773). À partir de 1773, les premiers essais de *Singspiel* pour le théâtre de marionnettes, *Der Hexensabbath, Philemon und Baucis,* connaissent un succès considérable.

La célébrité

1776 marque le début de la célébrité de Haydn : la cour de Vienne lui commande *La Vera Costanza* (créée en 1777). Mais les cabales, soutenues par la jalousie des musiciens viennois, obligent Haydn à retirer son œuvre malgré l'intervention personnelle de l'empereur Joseph II.

Le mariage du prince héritier, en 1777, est l'occasion de la création d'*Il Mondo della luna* (Goldoni). En 1779, le théâtre d'opéra ayant été détruit par un incendie, les représentations d'opéras italiens sont faites au théâtre de marionnettes ; le *Singspiel* disparaît peu à peu de la cour après le succès de *Didon* (1778), immense spectacle, avec six chœurs différents, saluant le départ du directeur Pauesbach pour la Russie.

Haydn, célèbre, tenta alors d'introduire des œuvres plus difficiles à la cour, parfois avec peu de succès comme *L'Isola disabitata* (livret de Métastase), son premier *opera seria* important (1779). La réouverture de l'opéra, en 1781, puis la visite du grand-duc de Russie, en 1782, permirent à Haydn de faire jouer deux de ses plus prestigieux ouvrages, *La Fedeltà premiata* et le *dramma eroico-comico Orlando Palatino,* tous deux traduits en allemand et joués par la troupe de Schikaneder à Vienne et à Prague, mais aussi plus loin, à Munich, Francfort, Dresde, Leipzig et même Hambourg.

Vers 1784-1785, la renommée de Haydn devient universelle ; d'anciens ouvrages comme *La Vera Costanza* sont alors traduits (*Die wahre Beständigkeit*) et diffusés en allemand. *Armida, dramma-eroico,* fut le dernier opéra pour Esterház. Après la mort de Nicolaüs, c'est le triomphe anglais : Salomon vient chercher Haydn à Esterház et lui commande *L'Anima del filosofo (Orfeo ed Euridice),* achevé en 1794, mais jamais créé. Haydn abandonna alors tout projet lyrique – hormis une musique de scène pour *Alfred,* en 1796 – pour se consacrer à la musique symphonique et à l'oratorio.

La musique religieuse

Au XVIIIe s., l'évolution des techniques, de l'écriture, de l'orchestration, de l'architecture musicale, des goûts, du drame est presque la même à la chapelle et au théâtre. Les tendances de l'opéra observées plus haut – tendances régionales ou historiques – sont analogues à celles de la musique religieuse, d'autant que, la plupart du temps, il s'agit des mêmes compositeurs. Les grands pôles d'attraction sont identiques. On retrouve, pour la première période du siècle, l'école napolitaine prédominante en Italie, la toute-puissance de l'art versaillais en France, les innombrables « climats » germaniques ; pour la deuxième période (1720-1765), la scission entre art de cour et art bourgeois, la volonté de réunir les goûts et surtout d'imiter les Italiens ; enfin, pour la fin du siècle, l'influence du drame gluckiste et l'universalisation des techniques expressives.
Pourtant, l'art religieux diffère sensiblement du profane ; la géographie politique n'explique pas toujours – à la différence de l'opéra – les tendances esthétiques : le catholicisme et les différentes formes de protestantisme se superposent aux choix politiques des souverains pour infléchir les manières des musiciens. Un changement de suzeraineté peut obliger tel maître de chapelle à écrire un motet latin plutôt qu'une cantate allemande : en 1697, l'Électeur de Saxe dut abjurer sa religion pour prendre la couronne de Pologne !
Certaines traditions religieuses sont très riches sur le plan musical (culte luthérien) ; d'autres, comme le piétisme, développé à l'université de Halle, se créent autour de Telemann, Keiser ou Kuhnau. La confusion, surtout dans le Saint Empire, est donc extrême, chacun des trois cent soixante-dix États faisant preuve

d'une certaine indépendance : *cujus regio, ejus religio* (« tel prince, telle religion »). Ainsi, à Leipzig, cité impériale libre mais assujettie à l'Électeur de Saxe, existait une certaine coexistence entre le culte luthérien (prépondérant) et les « mouvances religieuses » de la cour d'Auguste Ier, allié aux Habsbourg, catholiques. On comprend dès lors les difficultés des musiciens, et notamment de Jean-Sébastien Bach, pour trouver des postes importants comme musicien d'église, surtout dans cette partie du Saint Empire, que la guerre de Trente Ans avait profondément meurtrie.

Voulant copier Versailles, les princes de toute l'Europe bâtirent de somptueuses chapelles où chanteurs, musiciens et compositeurs contribuaient à la fête générale, au faste. Dans certains États dirigés par le clergé – les États du pape, mais également l'archevêché de Salzbourg... –, ces chapelles-musique devinrent, au même titre que les théâtres, de véritables orchestres et chœurs permanents. À Rome ou à Vienne comme à Versailles, des corps de pages de la chapelle, sortes d'écoles de musique, assuraient la formation des artistes tant pour l'interprétation ou la composition musicale que pour le latin et la grammaire. Ces pages, en contrepartie, chantaient à l'office dans les chœurs.

Très tôt au XVIIIe s., les œuvres religieuses quittèrent l'église pour le concert, en France notamment où les premières séances publiques du Concert spirituel eurent lieu en 1725. (Cette institution fut fondée par Philidor pour donner à Paris des concerts de « musique de chapelle » lorsque le calendrier liturgique obligeait l'Opéra à faire relâche.) Cette pratique modifia considérablement l'esthétique de la musique religieuse, quoique les critiques aient de tout temps reproché la présence des mêmes chanteurs, des mêmes manières, des mêmes expressions au théâtre et à la chapelle : « Les grands seigneurs se plaisent à entendre le jour, au pied des autels, les accents qu'ils retrouvent le soir au spectacle. »

Le motet

Les termes musicaux de motets et cantates désignent, sur le seul plan religieux – il convient de bien dissocier les termes cantates profanes et cantates religieuses, qui n'ont rien en commun, si ce n'est l'usage de la langue vulgaire –, des œuvres semblables, surtout au début du XVIIIe s., le motet signifiant plus généralement les pièces en latin et donc catholiques, les cantates utilisant en principe des textes en langue vulgaire. Mais cette classification est peu rigoureuse, car nous trouvons en France de nombreux motets en français, notamment chez les jésuites, et, dans le Saint Empire, plusieurs motets en allemand.

En France

L'héritage de Lully. Dès le *Miserere* de Jean-Baptiste Lully (1664), la forme du grand motet versaillais est établie. Le musicien choisit une instrumentation, une formation vocale pour chaque verset du texte, en fonction du climat de celui-ci, et fait alterner des récits sur basse continue, des récits avec orchestre, des ensembles de solistes, le tout rythmé par des chœurs puissants. Les récits sont plus proches de l'*aria,* le véritable récitatif n'existant pas dans ce genre. Le grand motet exige donc un nombre important d'interprètes, en général cinq solistes, un chœur à cinq voix, un orchestre avec cinq pupitres de cordes (comme à l'Académie royale de musique) et la basse continue (orgue et théorbe).

Jusqu'en 1683, le modèle imposé par Lully ne subit que fort peu de transformations. Trois maîtres se partagent les offices à Versailles : Henry Dumont, l'abbé Pierre Robert et Lully (qui n'avait pas de charge précise à la chapelle). Chacun, pourtant, marque de ses goûts ses œuvres : Dumont recherche une polyphonie contrapuntique avec imitations et canons, comme dans le *Nisi Dominus* ; l'abbé Robert utilise les cinq solistes comme un petit chœur opposé au grand dans la tradition des motets français du XVIIe s. – Formé, Bouzignac... – ; Lully, quant à lui, utilise tous les effets techniques pour un art somptueux d'apparat, où l'on sent souvent le goût du théâtre, le goût de dramatiser (*Te Deum*). Et c'est la voie que choisirent ses successeurs.

Le motet versaillais. En 1683, Louis XIV, voulant renouveler sa chapelle, rassembla tous les musiciens du royaume et certains Italiens même, comme Lorenzani, pour choisir ses compositeurs. À l'issue d'un concours peu honnête, quatre musiciens furent désignés : Minoret, Goupillet, Colasse et le grand Delalande. D'autres, comme Marc-Antoine Charpentier et Desmarest, reçurent des pensions ; certains compositeurs talentueux, comme Campra, furent refusés sans égard. C'est à partir de cette date que le grand motet se stabilisa : chaque verset reçut un développement plus important que chez Lully et devint un mouvement autonome : les musiciens attribuèrent à chacun des distiques du verset un thème propre et fortement personnalisé et opposèrent ceux-ci, les superposèrent comme dans les futures sonates. Certains même, comme

---

Michel Richard Delalande (1657, † 1726)

Vie

1666 Chœur de Saint-Germain-l'Auxerrois avec Marin Marais ; élève de François Chaperon
Carrière d'organiste et de claveciniste (maître de clavecin des filles de Mme de Montespan ; organiste à Saint-Gervais, à Saint-Jean-en-Grève à Paris)

1683 Admis comme l'un des quatre sous-maîtres de la Chapelle royale, puis reçoit l'une après l'autre les trois autres charges ; en 1714, il sera le seul sous-maître

1685 Compositeur de la Musique de la Chambre

1689 Surintendant de la Musique de la Chambre

1695 Maître de musique de la Chambre

1715 Abandonne peu à peu ses responsabilités à Versailles

Œuvres

Plus de 70 grands motets, parmi lesquels 2 *Miserere, Sacris solemnis* (1709) ; 3 *Leçons de ténèbres*

Plusieurs ballets : *Le Ballet de la Jeunesse* (1686), *L'Inconnu* (1720), *Les Éléments* (1725)

Desmarest, à l'écoute des traditions polyphoniques allemandes, usèrent de ce bithématisme dans de majestueuses doubles fugues, au contrepoint très serré et très expressif, où – comme dans l'extrait *Domine ne in furore* – abondent retards et appoggiatures.

Les mêmes recherches architecturales que nous avons observées dans l'opéra se retrouvent dans le motet versaillais. André Campra (1660, † 1744), à Notre-Dame de Paris, puis en 1722 à Versailles, fut l'un des grands maîtres du genre. Les cinq livres de motets que réédita plusieurs fois Ballard et les nombreuses autres pièces qui nous sont parvenues en manuscrits témoignent du génie de l'auteur et de son attachement pour la réunion des goûts italien et français. À l'opposé, Michel Richard Delalande, couvert de titres à Versailles, pratiquait un art plus solennel, dans la tradition lulliste. Ses œuvres, parmi lesquelles le *De profundis*, et le *Dixit Dominus*, furent constamment reprises durant le XVIIIe s. à la chapelle et surtout au Concert spirituel. Elles eurent une destinée analogue à celle des opéras de Lully et furent sans cesse remises à la scène, remaniées, arrangées au goût du

jour. Tandis que Versailles faisait connaître ces grands maîtres, les villes de province voulurent copier le faste de la cour, et de nombreux auteurs composèrent à Toulouse, à Aix-en-Provence..., où ils furent influencés plus ou moins par les pays frontaliers.
Le grand motet eut un succès immense durant tout le XVIIIe s. La plupart des compositeurs en produisirent, parfois même une quantité considérable. C'est le cas de Bernier, Madin, Giroust, Mondonville, Blanchart ; Rameau lui-même nous a laissé cinq grands motets, d'une très haute qualité d'inspiration.
Le genre se perpétua jusqu'à la Révolution sans beaucoup de modifications. Certes, le choix des textes se porta davantage sur les séquences et antiennes que sur les psaumes et les hymnes ; certes, l'orchestration s'affina, adoptant, comme toute l'Europe profane, l'orchestre italien ; certes, la structure du grand motet s'aligna sur les modèles contemporains – un choryphée liera l'« action » de tout le motet –, mais la symbolique, le style, la magnificence du grand motet français traverseront le siècle sans bouleversement.
À côté de ce genre, moins fastueux, se perpétua le petit motet pour un soliste et basse continue, parfois quelques instruments, traitant sous une forme condensée les mêmes textes que le grand motet. Ces petits motets étaient chantés aux offices ordinaires ou dans des chapelles peu fortunées. De même, certains textes comme les *Leçons de ténèbres* furent mis en musique, notamment pour l'abbaye de Port-Royal, par Charpentier.

En Italie

Le genre du *motetto concertato* italien, équivalent de notre grand motet, fut bien ignoré des historiens jusqu'à présent, et, pourtant, certaines œuvres de Pergolèse ou Vivaldi nous sont assez familières. La tradition chorale italienne, déjà riche durant le XVIIe s., ne fit que s'amplifier au XVIIIe : chaque ville possédait sa chapelle avec de remarquables musiciens ; notons d'ailleurs que, contrairement à la France, les chœurs italiens semblaient presque exclusivement destinés à des manifestations religieuses, puisque les théâtres ne les utilisaient qu'exceptionnellement.
Le motet avec symphonie supplante peu à peu le motet sur basse continue seule (*stile antico*), les compositeurs utilisant, comme en France, les textes des psaumes ou des hymnes, mais recherchant tout particulièrement certaines proses destinées à célébrer la Vierge (*Stabat Mater, Salve Regina, Alma redemptoris Mater*...), qui auront, à l'extrême fin du XVIIIe s., un succès considérable dans toute l'Europe

catholique. L'influence de l'opéra permit l'introduction de véritables *arie* pour solistes, et d'ensembles divers (duos, trios...) ; le motet concertant italien se subdivise peu à peu en divers mouvements autonomes (comme en France) dont la construction épouse les formes lyriques : *aria da capo, aria* avec basse continue en mouvement obligé, *aria* avec instrument soliste concertant...

Le changement (l'adoption du *stile concertato*) se fit très progressivement : le motet sur basse continue seule pour chœur ou plusieurs chœurs, sans verset réservé au soliste, traversa tout le siècle, comme en témoignent les œuvres de Lotti (1667, † 1740) à Venise, à partir de 1719 – nombreux motets *Miserere* à quatre voix, *Magnificat...* –, ou de Leonardo Leo à Naples – *Miserere* à deux chœurs et basse continue. Ce style « ancien », perpétué dans la seule Italie au XVIIIe s., revint à la mode dans toute l'Europe vers 1760 et supplanta le motet concertant.

La plupart des compositeurs d'opéra se retrouvent ici. Tous eurent des postes importants comme maître de chapelle ou vice-maître à Rome, Naples ou Venise, et fournirent de nombreux motets, messes... : après Stradella († 1682) ou Legrenzi († 1690), les Scarlatti (Alessandro puis Domenico), les Bononcini – Antonio-Maria nous a laissé un très beau *Stabat Mater* à quatre voix et basse continue –, Pollarolo à Venise, Vinci, Feo, le très moderne Porpora, auquel nous devons une cinquantaine de motets concertants, parmi lesquels un puissant *Beatus vir.*

Plus célèbres sont les œuvres de Pergolèse. Ses motets sont conçus pour la plupart dans le style concertant : *Miserere mei, Laudate pueri, Dies irae* pour *soli,* chœur et orchestre, *Stabat Mater, Salve Regina* pour *soli* et orchestre. Antonio Vivaldi, entré au conservatoire de la Pietà, l'une des grandes institutions musicales de Venise dont les voyageurs décrivaient la beauté, nous a laissé quelque vingt-cinq motets pour diverses formations, comme le *Lauda Jerusalem* et, surtout, le magnifique *Beatus Vir* pour *soli,* chœur et orchestre ; chaque verset de ce psaume, autonome, est lié au suivant par un refrain psalmodié au chœur : « Beatus Vir ». Cet exemple exceptionnel montre le souci qu'avait Vivaldi d'unifier l'édifice colossal qu'était le motet concertant.

En Allemagne

Le motet allemand, très fréquent durant tout le XVIIe siècle, tend à disparaître au cours du XVIIIe, hormis dans la dynastie des Bach, pour réapparaître à l'extrême fin du siècle, mais sous une forme différente, avec Eberlin, Gassman et Mozart. Le couronnement du genre – du premier genre – se situe aux alentours de 1720, avec les motets de Jean-Sébastien Bach.

Le motet sur texte latin ou allemand est une composition polyphonique pour chœur avec ou sans instruments. Les solistes y sont rares (ce qui différencie le genre de la cantate sacrée, plus proche du grand motet français ou italien). Au XVIIIe s., il est le fait des musiciens conservateurs, du contrepoint imitatif, du *fugato* souvent. Les textes proviennent de chorals dont la mélodie est alors insérée dans l'œuvre en *cantus firmus* ou en variation. Après les Rosenmüller, Hammerschmidt, Johann Bach (d'Erfurt), Johann Michael Bach, Johann Christoph Bach (d'Eisenach) ou Johann Schelle (1648, † 1701), cantor de Saint-Thomas de Leipzig, à qui l'on doit un très beau *Christus ist der gesetzes Ende* à deux chœurs *a cappella*, le motet semble tomber en défaveur, malgré des exemples remarquables chez Telemann, Pachelbel (*Singet dem Herrn, Troste uns Gott*), Kuhnau, le prédécesseur de Bach à Leipzig (*Tristis est anima mea*), ou Erlebach.

Nous connaissons sept motets de J.-S. Bach, composés à l'occasion d'importantes cérémonies : service funèbre (*Jesu kommt* ou *Jesu meine Freude*), célébration de la fin de la seconde guerre de Silésie (*Singet dem Herrn*)... La plupart de ces motets doivent être soutenus par l'orchestre (en doublure). *Jesu meine Freude*, pour chœur à cinq voix *a cappella*, où les différents couplets du choral sont traités en variation sur *cantus firmus*, est l'une des plus merveilleuses leçons de contrepoint que Bach nous ait transmise : aisance des lignes, splendeur de l'harmonie, vérité de l'émotion.

Vers 1740, avec Eberlin notamment, la mode se porte vers le motet *a cappella*, réaction contre l'époque précédente ; contre la manière vénitienne (écriture polychorale éclatante pratiquée à la cour d'Autriche par des auteurs d'origine italienne tels Antonio Draghi, Caldara ou l'Autrichien Fux). Contrairement au genre du motet allemand traditionnel, le motet de la fin du XVIIIe s. est généralement conçu sur texte latin pour des églises catholiques (Allemagne du Sud) et surtout dédié à la Vierge : *Alma redemptoris, Stabat Mater.* Florian Leopold Gassmann (1729, † 1774), parmi de nombreux *Regina cœli, Veni Creator,* nous a laissé un magnifique *Stabat Mater* pour chœur à quatre voix et basse continue, très vertical, dont la tension de certains passages (l'adagio *Quando corpus morietur*), la joie immense du *fugato* final annoncent le climat de *l'Ave verum,* ou celui de *l'Exultate* de Mozart, ou encore celui du *Stabat Mater* de Haydn (1771).

La cantate en Allemagne

La cantate religieuse suit de près l'évolution esthétique du grand motet français ou italien et se dissocie donc nettement du motet germanique par l'importance des airs, ensembles, symphonies et ritournelles. Elle utilise fréquemment le récitatif ou l'*arioso* dès le début du XVIIe s., ce qui est exceptionnel dans les genres français ou italien avant 1740.

Phénomène essentiellement germanique et plus particulièrement associé au culte luthérien, la cantate tire son origine des *Geistliches Konzert* et *Symphonia sacra* du XVIIe s., usant des mêmes techniques de composition que le motet allemand, comme la variation de choral ou la fugue. L'œuvre peut alors être destinée à un chœur ou opposer chœur et *soli* (Bruhns : *Die Zeit meines Abschieds ist vorhanden* ou *Hemmt eure Tränenflut*).

Mais la cantate, comme le motet concertant, paraît moins compacte que le motet germanique et se divise en plusieurs mouvements, souvent indépendants. Krieger, depuis *Liebster Jesu willst du scheiden* (1687) jusqu'au très beau *Rufet nicht die Weisheit* avec *aria da capo,* résume à lui seul l'évolution du genre. Les premières cantates de Jean-Sébastien Bach écrites avant 1712 pour Mulhausen, *Aus der Tiefe* et *Gottes Zeit,* furent d'ailleurs composées dans ce style ancien. Cette dernière œuvre, écrite sur des versets de la Bible et de chorals, véritable Requiem allemand, présente certains traits archaïques : tout d'abord, l'orchestre, dans l'ancienne manière allemande, oppose deux dessus (ici, de flûtes) à deux parties de violes, le tout sur la basse continue ; d'autre part, l'œuvre ne requiert pas encore le découpage en mouvements quasi autonomes qui sera de règle dans la période suivante. C'est une seule grande fresque, d'une grande fraîcheur d'inspiration, où contrastent sans cesse diverses combinaisons instrumentales et vocales, divers moyens d'écriture – l'*aria* de basse avec instruments obligés, l'écriture verticale de « In ihm sterben wir », la fugue dans « Durch Jesum Christium... » – et divers changements de tempo.

La cantate chez J.-S. Bach

Les premières œuvres de Bach ressemblent fort, quant aux moyens utilisés, aux cantates de Nicolaus Bruhns (1665, † 1697) : dans *Ich liege und schlafe* de Bruhns, des ritournelles de l'orchestre, avec cinq parties de cordes, jalonnent cette partition, séparant chacun des cinq mouvements ; les chœurs ouvrent et concluent la cantate. La structure en mouvements autonomes confère à l'œuvre une certaine modernité malgré la présence, à l'intérieur de chaque partie, de contrastes de toutes sortes (brusques changements de tempo ou d'expression). La ritournelle d'orchestre, même motif repris plusieurs fois au cours de l'œuvre, semble propre à la cantate allemande à la fin du XVIIe s. : nous en trouvons plusieurs exemples chez Buxtehude et Pfleger (*Und es war eine Hochzeit*, pour cinq solistes et orchestre à cordes à cinq parties).

À Weimar, Bach écrivit une vingtaine de cantates. Comme la plupart de ses contemporains, il utilisait alors des textes spécialement fournis par des poètes, parmi lesquels ceux de Erdmann Neumeister et Salomon Franck qui paraphrasent les psaumes bibliques, les épîtres, les textes de chorals... et souvent les commentent. Ces textes, modelés sur ceux de l'opéra, apparaissaient comme de véritables livrets. La cantate se métamorphose alors, découpée en versets autonomes. Les chœurs rythment l'édifice général ; placés au début et à la fin (choral), parfois au centre, ils contrastent avec des *arie* ou ensembles de solistes dont la structure est identique à celle des opéras, comme l'*aria da capo* « Seufzer, Thränen » avec hautbois obligé de *Ich hatte viel Bekümmernis*, 1711.

Cette œuvre présente d'ailleurs de nombreux traits modernistes : dissociation de l'orchestre et des chœurs (autrefois simple doublure), indépendance de la ligne de hautbois dans la symphonie d'ouverture, emploi du *recitativo accompagnato*, développement du *duetto* « Komm mein Jesu », ou de la majestueuse fugue finale, « Lob und Ehre », emploi d'une orchestration d'exception avec trois trompettes, timbales, hautbois et cordes. Les contemporains furent parfois choqués par tant d'expressions théâtrales – ce qui valut d'ailleurs à Bach une clause particulière dans son contrat avec Leipzig : ses œuvres ne devaient pas ressembler à des opéras...

Cette période de Weimar fut une période de recherches, comme en témoigne *Nun komm der Heiden Heiland* (1714), tout inspiré par la musique française : l'orchestre tout d'abord, en quatuor avec les violons I et II unis et les altos divisés, et, surtout, le plan du premier mouvement, véritable ouverture à la française, mais pour chœur. *Christ lag in Todesbanden*, pour la fête de Pâques, probablement écrite à Weimar mais remaniée en 1724, utilise l'orchestre archaïque allemand avec deux dessus de violon, deux altos et *continuo*. L'œuvre est une série de variations sur un thème du choral : variation sur *cantus firmus*, variation *fugato*, variation sur basse continue, variation avec instrument obligé, variation ornementale ; la *sinfonia* d'introduction même est construite d'après ce thème.

Mais la plupart des cantates de Jean-Sébastien Bach (environ deux cents) furent composées à Leipzig, surtout durant les premières années, sur des textes d'inspiration diverse (luthériens ou piétistes, symbolistes ou sentimentaux...), dont nous ne connaissons qu'exceptionnellement les auteurs. Friedrich Henrici (1700, † 1764), dit Picander, fut l'un des plus prolixes.

Recherchant dans la cantate tous les moyens pour faire connaître et comprendre aux fidèles les textes sacrés – sorte de sermon musical –, les librettistes allemands prévoyaient quelques récitatifs que l'on ne rencontre presque jamais dans les motets français ou italiens. Toujours très expressifs, ils subissent l'influence et l'évolution du théâtre. Dans la cantate *Jesu der du meine Seele,* composée vers 1740, le récitatif de basse « Die Wunder, Nägel... » suit le caractère du texte : brusques changements de *tempo (vivace, adagio, andante),* de tournures mélodiques (récit expressif et tendre *arioso*), d'intentions dramatiques (calmes et pesantes tenues des cordes dans l'*accompagnato* ; violentes batteries ou élégant contrepoint final). Le récitatif de soprano « Wir beten zu dem Tempel an » dans *Jauchzet Gott* (vers 1731) comporte même des vocalises virtuoses sur la seule basse continue après de poignants appels sur notes répétées aux cordes.

Si le texte du choral est quelquefois totalement abandonné par les librettistes, les mélodies de chorals deviennent chez Bach la cellule génératrice de la cantate en tout ou partie. Il n'est que de rares exemples de cantates sans choral, et il s'agit là d'œuvres pour solistes, comme la célèbre *Ich habe genug* (vers 1731) pour basse, hautbois, cordes et basse continue, ou *Ich will den Kreuzstab* (vers 1731), où le choral n'intervient qu'harmonisé au chœur final. Mais d'autres cantates pour solistes comme *Jauchzet Gott,* dont l'introduction est une véritable *aria di bravura,* peuvent utiliser de telles mélodies : le verset « Sei Lob und Preis » est un choral figuré ; la mélodie en *cantus firmus* au soprano, les deux violons et la basse continue développent un thème libre en imitation canonique.

Le choral, hormis ces quelques exemples, est le liant de la cantate. Il agit comme symbole, car le public le connaît, et sa mélodie seule évoque le texte qu'il porte : ainsi, dans *Weinen, Klagen* (vers 1724), Bach introduit à la trompette, dans l'*aria* de ténor « Sei getreu », un choral différent de celui qui conclut l'œuvre (le célèbre *Was Gott thut*). La nécessité d'unir les différents mouvements de ces cantates incite Bach à utiliser un choral unique, conduit dans chacun des versets ; c'est la formule de la cantate-variation (sur le modèle *Christ lag in Todesbanden* décrit plus haut) qui semble devoir s'imposer vers 1735-1740 : *Wachet auf* expose ce fameux « choral du veilleur », en *cantus firmus* aux sopranos du chœur, dans l'*aria* du ténor « Zion hört », au centre de la partition, et à la fin, harmonisé au chœur ; seuls les deux versets en duos sont libres.

Les cantates montrent par leur diversité l'importance de l'évolution musicale de Bach, notamment dans l'orchestration et les structures. Il suffit pour cela de comparer *Weinen, Klagen,* composé à l'arrivée du compositeur à Leipzig (vers 1724), et *Jesu der du meine Seele* (vers 1740). Dans la première, Bach emploie encore l'orchestre archaïque en quintette avec deux altos, mais un hautbois soliste s'impose ; dans la seconde, les cordes en quatuor, les hautbois et la flûte traversière sont disposés plus finement. L'introduction instrumentale, directement liée au premier mouvement dans *Jesu der du meine Seele,* est totalement indépendante dans l'autre. Chacun des mouvements est beaucoup plus développé en 1740 qu'en 1724, y compris les récitatifs ; parallèlement, leur structure interne semble bien plus complexe et leur écriture beaucoup plus souple. La comparaison des premiers versets de chacune de ces cantates est des plus instructives car ils sont écrits tous deux en passacaille. Dans *Weinen, Klagen,* grand *da capo* pour chœur, la passacaille est absente du centre du mouvement (chœur seul, dans l'orchestre) ; ailleurs, la basse chromatique est inlassablement répétée sans altération sous les différents vers du texte (l'orchestre indépendant s'obstine de plus dans la même formule rythmique). La gigantesque fresque ouvrant *Jesu der du meine Seele* combine l'écriture de la passacaille (libre) à la variation de choral en *cantus firmus* aux sopranos doublés par la flûte ; le chœur traite le sujet chromatique en imitation canonique, tandis que l'orchestre évolue librement en répétant et en développant deux beaux thèmes lyriques : conception géniale, de la plus grande clarté harmonique et de la plus expressive générosité mélodique.

Contemporains et successeurs de J.-S. Bach

Bien que Jean-Sébastien Bach nous semble aujourd'hui le maître de la forme cantate, il faut rappeler que d'autres musiciens pratiquèrent le genre : Johann Ludwig Bach, de Meiningen, dont Jean-Sébastien Bach fit exécuter plusieurs œuvres à Leipzig ; Graupner

Missa brevis* et *missa solemnis

Pour ne point trop allonger la durée des offices, les musiciens adoptèrent la formule de la *missa brevis,* n'utilisant que les textes du *Kyrie* et du *Gloria,* et s'opposant donc à la *missa solemnis,* où les cinq pièces de l'ordinaire étaient mises totalement en musique.

---

ou Förster. Gottfried Kirchhoff (1685, † 1746), élève de Zachow et son successeur à Halle, nous a laissé plusieurs partitions, en général de bien moindre dimension que celles de Bach : les chœurs en sont souvent absents, comme dans *Gott fähret auf den Himmel* pour deux solistes et orchestre ou *Wie ist doch unsere Zeit* pour trois solistes, deux violons et basse continue. La conception de ces œuvres est à l'opposé de celle de Bach : banalité des moyens techniques, des moyens émotionnels et de l'ambition, malgré de belles formules.
L'œuvre religieuse de Johann Gottlieb Goldberg († 1756), le fameux élève de Bach, est d'une tout autre stature. Ce fils de luthier, né à Dantzig, garde de sa région certaines habitudes anciennes, notamment en utilisant encore, dans *Durch die herzliche Barmherzigkeit,* l'orchestre à cinq parties, mais il acquiert, auprès de Bach, une virtuosité de l'écriture contrapuntique, ainsi qu'en témoignent les fugues des trois grands chœurs *alla breve* de cette cantate. Goldberg recherche une harmonie dense, chromatique et tendre, et tous les moyens expressifs de l'opéra (tenues de hautbois pour colorer un récitatif, formules de concerto au centre d'un *arioso...*). La double fugue concluant *Hilf, Herr, die Heiligen haben abgenommen,* et la violence du récitatif « Wer ist unser Herr » résument le génie de ce jeune auteur. Telemann, enfin, l'un des compositeurs les plus prolixes, composa douze cycles de cantates pour toute l'année liturgique, œuvres souvent de très haute qualité *(Die Donnerode).*

La messe

En France

Dans ce pays, peut-être à cause du succès du grand motet, inclus dans les grands offices, la messe fut assez délaissée, surtout à partir de 1725 (débuts du Concert spirituel). Rousseau, d'ailleurs, dans son *Dictionnaire de musique,* omet le genre. Peu connue aujourd'hui, la messe *a cappella,* avec ou sans basse continue, eut néanmoins une certaine importance à l'extrême fin du XVIIe s. et au début du XVIIIe s., surtout à Notre-Dame de Paris et dans les grandes églises de province. Guillaume Poitevin, à la cathédrale d'Aix, Jean Mignon, à Notre-Dame de Paris, dont nous connaissons six messes à quatre, cinq et six voix publiées entre 1678 et 1707, André Campra (Messe *Ad majorem Dei gloriam*) et Lallouette (Messe *Super veritas*) furent parmi les plus célèbres. À la Sainte-Chapelle, Charpentier, figure à part, put donner une messe imposante : *Assumpta est.* On lui doit également la *Messe pour les trépassés,* avec orchestre, et la *Messe pour plusieurs instruments au lieu des orgues.* Les messes de Requiem, tout aussi rares, nous sont toutefois plus familières (celles de Jean Gilles et de Campra, en particulier).

En Italie

L'Italie produisit un nombre important de tels ouvrages durant le siècle, bien qu'ils nous soient peu connus. Alessandro Scarlatti en composa environ deux cents ! Pour les musiciens italiens, la musique religieuse est l'un des moyens de composer pour le chœur, presque banni du théâtre. Une écriture contrapuntique s'est ainsi perpétuée dans toute l'Italie, dans la pure tradition palestrinienne. La messe pour chœur *a cappella* (avec ou sans basse continue), parfois avec *cantus firmus* en valeurs longues, semble utilisée dans la plupart des offices : Antonio Lotti (1667, † 1740) en composa une vingtaine. Mais la polychoralité, exploitée durant tout le XVIIe s., trouva un nouvel essor au début du XVIIIe s. La surenchère sur les moyens utilisés et la virtuosité d'écriture permirent l'éclosion d'un nombre impressionnant d'œuvres comportant plusieurs chœurs – deux, trois, voire quatre –, notamment à Rome, où l'influence de Benevoli (1602, † 1672), auteur d'une messe à cinquante-trois parties, fut considérable durant tout le siècle. Plusieurs musiciens tentèrent de rivaliser avec ce record, dont le maître de chapelle de Saint-Pierre, Pitoni (1657, † 1743), auteur d'une messe à douze chœurs. Les musiciens de la cour d'Espagne utilisèrent les mêmes techniques (*Missa de Requiem,* de Sebastian Durón).

Comme en France pour les offices d'apparat, les messes concertantes avec *soli,* chœurs et orchestre, composées avec les mêmes moyens techniques que les opéras, se généralisent contre la volonté des dévots : « On se rendait [dans les églises] avec autant de gaieté

La messe dans l'Allemagne protestante

Dans ce pays, les formes du service luthérien avaient été codifiées par Luther lui-même, en 1520 ; pourtant, la messe latine semble subsister encore au XVIIIe s., comme en témoignent les innombrables partitions qui sont parvenues jusqu'à nous : Krieger, à Weissenfels, de 1684 à 1725, composa 95 messes *a cappella,* dont 4 seulement en allemand.

qu'au théâtre ; parce qu'on y exécutait la même musique. » (Ange Goudard, 1780.)

En Allemagne

Dans ce pays, le problème est bien évidemment différent, du fait de la diversité des cultes. Au nord, le service luthérien prédomine : la messe latine est sans cesse opposée à la *deutsche Messe* ; le choral, introduit comme *cantus firmus,* modifie sensiblement le caractère des œuvres. La messe latine, souvent pour chœur et basse continue, en paraît plus austère. Johann Theile (1646, † 1724), auteur de traités de composition célèbres, en écrivit vingt-trois, très contrapuntiques, avec de solides fugues. Böhm et Stoelzel (*Missa canonica*), mais aussi Carl Heinrich Graun (1704, † 1759), réalisèrent de telles partitions, soit en totalité, soit sous forme de *missa brevis.* Graun nous a laissé cinq messes complètes (dont la magnifique *Messe en si bémol*) et dix *Kyrie.*

Les messes de Jean-Sébastien Bach. Jean-Sébastien Bach composa quatre messes courtes et la grande *Messe en si mineur.* Les quatre premières, reprenant des compositions précédentes (cantates adaptées au texte de la messe), résument parfaitement les préoccupations stylistiques des compositeurs contemporains quant à la forme de la messe brève. Le *Kyrie* reçoit un développement important, un peu comme le premier mouvement de sonate ; c'est le lieu des grandes fugues chorales, des constructions complexes ; le reste de la messe, plus directement expressif, présente une succession d'*arie* et d'ensembles jusqu'au *Cum sancto spirito* pour chœur, mais il est bien moins imposant dans ses dimensions que le *Kyrie.* La triple invocation fut toujours, pour les compositeurs, un lieu d'engagement formel : chaque œuvre semble abordée d'une manière différente, parfois en un seul mouvement, parfois en trois mouvements distincts, parfois avec introduction d'orchestre et d'autres fois sans. Dans la *Messe en fa* de Bach, le *Kyrie* s'ouvre, sans introduction, sur une fugue à deux sujets (voir ♪ ci-dessous) et trois parties symboliques, le tout sous le choral *Christe du Lamm Gottes,* traité en *cantus firmus* aux cors et hautbois. Dans la *Messe en la,* le *Kyrie* est conçu sur le plan d'une ouverture d'opéra italien (*Kyrie* : *moderato,* après une symphonie bipartite ; *Christe* : *lento,* dans le style d'un *accompagnato* ; *Kyrie* : *vivace,* fugué). Les deux flûtes, au rôle très important, sont traitées comme instruments concertants. Dans les deux autres *Messes* (*sol* majeur et *sol* mineur), il s'agit d'un mouvement unique.

Le 27 juillet 1733, Jean-Sébastien Bach, au faîte de sa carrière, adresse à Auguste III, Électeur de Saxe, le *Kyrie* et le *Gloria* d'une *Messe en si mineur* pour solliciter le titre de compositeur de la cour, titre qu'il obtiendra en 1736. Ce n'est pourtant qu'en 1738 que, réutilisant plusieurs cantates, Bach termina sa *Messe.* Cinq années auront donc été nécessaires à l'achèvement de ce monument, composé à côté des *Variations Goldberg* et de *L'Art de la fugue.* L'œuvre est construite comme une gigantesque cantate en vingt-quatre mouvements indépendants, parmi lesquels on compte quinze chœurs, en général à cinq voix – mais chœur à six voix pour le *Sanctus,* double chœur pour l'*Hosannah* et plusieurs chœurs à quatre voix –, souvent fugués. Bach a traité cette *Messe* comme un drame symbolique rappelant l'autre drame, celui du calvaire : tout conduit aux deux versets « Et incarnatus » et « Crucifixus », pour chœur. La *Messe en si mineur* ne peut être comparée aux œuvres analogues du XVIIIe s., tant ses dimensions et la hauteur de son inspiration en font un monument à part. Bach y fait acte de foi, sans aucun souci didactique (il n'y a pas de choral, par exemple ; le plan de l'ordinaire est totalement détruit par la découpe en séquences...).

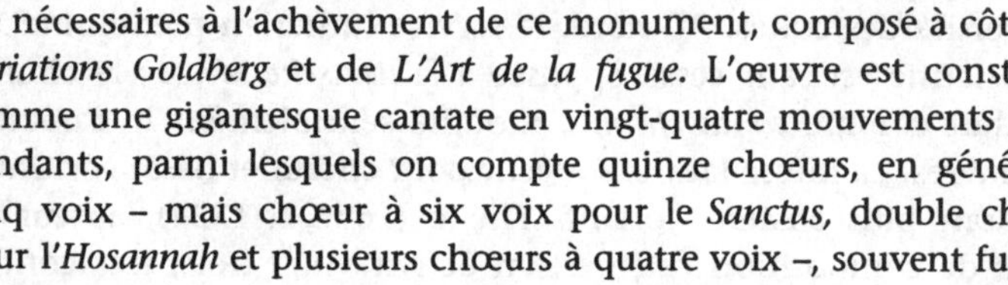

J.-S. Bach, Messe en fa, *Kyrie.*
Kyrie : exposition du sujet I ; *Christe* : exposition du sujet II ; *Kyrie* : superposition des sujets I et II.

Jean-Sébastien Bach (1685, † 1750)
Repères biographiques

1685 Bach naît à Eisenach, d'une famille de musiciens
1708 Organiste et musicien de la Chambre à la chapelle du duc de Weimar
1717 Maître de chapelle du prince Léopold d'Anhalt-Köthen (grandes œuvres de musique instrumentale)
1723 Cantor de la Thomasschule de Leipzig (grandes œuvres religieuses)
1750 Bach meurt à Leipzig

Parallèlement à la messe latine, l'Allemagne luthérienne utilise la *deutsche Messe* ou *Messelied* sur choral, traitée en *cantus firmus* en valeurs longues. Zachow (1633, † 1712), de Halle, en composa une à quatre parties sur *Christ lag in Todesbanden*; mais le genre fut particulièrement développé par Knüpfer et surtout Krieger (*Ein feste Burg...*).
La messe concertante. L'Allemagne catholique, notamment à la cour d'Autriche des Habsbourg ou chez l'archevêque de Salzbourg, imite l'Italie. De très nombreux musiciens italiens ont émigré à Vienne et font jouer leurs messes et celles de leurs compatriotes : Leo, Durante, Porpora et surtout Caldara (1670, † 1736) dont les messes concertantes eurent un grand succès. Plusieurs compositeurs allemands marchèrent sur leurs traces, notamment Heinrich Ignaz von Biber (1644, † 1704), Kappellmeister à Salzbourg (*Missa sancti Henrici,* 1701), l'empereur Léopold Ier, Pachelbel, et surtout Fux (1660, † 1741). Celui-ci, le plus prolifique et le plus célèbre, utilise tout à la fois la tradition palestrinienne *a cappella (Missa canonica)* et le style concertant dans la *Missa corporis Christi* (1703), dont le plan du *Kyrie* est très spectaculaire :

Sonatina pour trompettes, trombones et basse continue ;
Kyrie très vertical, de caractère dansant ;
Christe duo-soprano alto et orchestre ;
Sonatina différente de la première ;
Kyrie fugué.

Les techniques nouvelles de l'opéra envahissent peu à peu la messe, chez Monn (quatre messes), Hasse (onze messes), Carl Heinrich

Biber (*Missa brevis septem dolorum,* 1731, très curieux *Kyrie* en deux parties) et, surtout, Georg Reutter (1708, † 1772). Chez ce dernier, à qui l'on doit environ quatre-vingts messes, nous noterons, outre les célèbres traits de violon, plusieurs *arie* d'alto sur basse continue avec trombone obligé, de nombreux effets dans le style de Gluck ou, au contraire, de sévères doubles fugues dans la *Missa S. Caroli* (1734) et le *Requiem* (1753). Fl. L. Gassmann composa plusieurs œuvres importantes dont un *Requiem en ut mineur* (Requiem et *Kyrie* seulement) où se côtoient des chœurs psalmodiques (troisième *Kyrie*) et des fugues prodigieusement construites (*alla breve* du *Kyrie*). Sa *Missa en ut majeur,* pour chœur et orchestre sans soliste, utilise plusieurs fois le *da capo* (*Kyrie, Gloria, Credo*) mais également la structure prélude et fugue (*Agnus*).

Les messes de Haydn et Mozart. Les seize messes de Joseph Haydn ne furent pas écrites à intervalles réguliers : leur composition s'étend de 1750 (*Missa Rorate cœli, Missa brevis en fa*) à 1802. Leur ambition, leur importance sont, bien sûr, extrêmement variables. Après quelques essais modestes du compositeur pour solliciter des postes de maître de chapelle (*Missa In honorem beatissimae Virginis Mariae,* 1766), les premières grandes messes apparaissent vers 1782 (*Missa Cellensis, Missa Mariazell*). Mais les grands chefs-d'œuvre de Haydn furent réalisés entre 1796 et 1802 : six messes de vastes dimensions ouvrant la voie à la *Missa solemnis* de Beethoven et aux monuments romantiques (*Heiligmesse, Messe de lord Nelson, Theresienmesse*).

C'est en 1768, juste après la composition de *Bastien et Bastienne,* que Mozart écrivit ses premières messes : le 7 décembre, une *Messe solennelle* avec quatre trompettes fut donnée en présence de la cour à Vienne (la partition est perdue). Plusieurs œuvres virent le jour en 1768-1769 ; hormis la *Missa brevis en sol majeur,* elles possèdent toutes un *Kyrie* bipartite (*adagio-allegro*), construit sur le plan sonate. La plupart des vingt messes ou parties de messes de Mozart ont été écrites pour Salzbourg avant 1780, année de la commande d'*Idoménée* (*Messe du couronnement,* 1779 ; *Messe en ut,* 1780). Par la suite, le compositeur revint deux fois à l'art religieux ; tout d'abord, en 1782-83, avec la *Grande Messe en ut mineur* – l'un des monuments après la *Messe en si* de Bach –, écrite pour répondre à un « vœu » : le mariage avec Constance Weber. Mozart, éperdu d'enthousiasme pour Bach et Haendel dont il venait de découvrir les œuvres, composa entre autres la *Fugue pour deux pianos en ut mineur* (le futur *Adagio et fugue pour quatuor*). La vérité et la puissance du style fugué le conduisaient à suivre les pas de Bach dans une gigantesque œuvre de foi. Enfin, en 1791, il entreprit l'effort suprême, la dernière supplication, le *Requiem,* qu'il ne put terminer. L'œuvre, commande du comte Walsegg zu Stuppach, fut achevée par un jeune élève de Mozart, Süssmayer, qui sut prendre dans le début le matériau nécessaire à l'achèvement du monument.

L'oratorio

L'importance de l'oratorio en Italie (Carissimi) et en Allemagne (Schütz) au XVIIe s. conféra à ce genre une place de tout premier plan. Le grand maître du genre, Carissimi, reçut des élèves de l'Europe entière, Charpentier, Krieger, Förster, Kerll, A. Scarlatti, qui adaptèrent aux coutumes de leur pays les techniques de l'oratorio. Nous retrouverons donc ici les mêmes éléments que pour l'opéra à Hambourg, Dantzig, Vienne ou Paris.

En Italie

Dans ce pays, les mêmes compositeurs œuvraient pareillement pour l'opéra et l'oratorio ; les mêmes airs, symphonies, ensembles pouvaient être transposés de l'un à l'autre. Seuls le sujet et son traitement en changeaient : un *testo* (soliste ou choral) narrait l'action, rendue vivante par les interventions ponctuelles des personnages ou de la foule (chœur) ; le chœur, banni de l'opéra, trouvait ici des rôles d'importance.

Tant à Naples qu'à Rome et Londres, A. Scarlatti fut le maître incontesté du genre, surtout après son départ de Naples (1703), où il avait créé quarante-cinq opéras en vingt ans. Scarlatti eut en effet alors un poste de vice-maître de chapelle à Sainte-Marie-Majeure à Rome, et, entre 1703 et 1708, parurent ses plus grands chefs-d'œuvre : *Il Sacrifizio d'Abramo, S. Filippe Neri, Caïn, Il Sedecia* (1706) et *La Passione di N.S.* (Londres, 1708). Mais son œuvre s'étend de *Igar et Ismaeli* (1683) jusqu'à *La Vergine addolorata* (1722).

Leonardo Vinci *(Jonathas),* Pergolèse *(Joseph),* Leonardo Leo *(Sainte Hélène au calvaire,* 1732) composèrent leur œuvre sur des textes de ces mêmes librettistes qu'ils utilisaient à l'opéra : Zéno et Métastase. Les sujets étaient repris plusieurs fois, avec un « décor musical » renouvelé ; *La Betulia liberata* fut ainsi maintes fois recomposée depuis Jommelli (1743) jusqu'à Mozart.

L'oratorio, généralement en langue vulgaire, peut toutefois être écrit en latin : ainsi, sur les trois oratorios de Vivaldi dont nous connaissons l'existence, deux furent écrits en latin (*Moyses deus Pharaonis,* 1714, et *Judith triomphans,* 1716) et *l'Adorazione dei tre re magi al bambino Gesù* (1722) en italien. Sur les trois, seul *Judith triomphans* a été conservé ; le livret de Cassetti utilise les mêmes conventions que l'*opera seria* : les personnages, typés à l'extrême, deviennent symboles (Ozion représente les chrétiens ; Betulia, l'Église ; Judith, Venise) ; le drame se déroule en deux actes sans *testo* mais avec un chœur des peuples et un chœur de soldats.

En France

L'oratorio français semble se résumer à la seule personnalité de Marc-Antoine Charpentier. Ses histoires sacrées en latin, données au collège Louis-le-Grand ou à la Sainte-Chapelle du palais, furent célèbres : plusieurs *Sancta Caecilia virgo,* un *Mors Saülis et Jonathae,* divers Dialogues entre les anges, les pécheurs.
Une fois de plus, Charpentier est une figure à part. Après lui, les exemples français sont rarissimes et rarement inspirés. Jean-François Lochon doit pourtant être connu pour un oratorio à quatre voix avec deux violons et basse continue sur la naissance de l'Enfant Jésus (*L'Ange et les pasteurs,* 1706). Clérambault composa pour Saint-Cyr une *Histoire de la femme adultère,* tandis que Sébastien de Brossard, toujours à l'écoute des maîtres italiens, écrivit un *Oratorio sopra l'immaculata conceptione della Virgine*. Enfin, la bibliothèque de Versailles conserve le manuscrit anonyme, du début du XVIIIe s., d'un *Oratoire Saint François d'Assise à grand chœur.*

En Allemagne

Les techniques de l'oratorio allemand subissent les mêmes contraintes, Vienne, Munich et les cours catholiques du Sud étant tournées vers l'Italie, et le Nord recherchant un art plus typiquement germanique.
L'oratorio de type Zéno puis Métastase, transmis par des Italiens émigrés – Ziani et surtout Antonio Caldara dont nous connaissons une trentaine d'œuvres de ce genre (*Jonathan, Mort et Ensevelissement du Christ,* 1724) –, fut imité par certains auteurs allemands dont Fux, puis Johann Adolf Hasse (1699, † 1783). *La Fede sacrilega nella morte del precursor S. Giovanni Battiste* de Johann Joseph Fux fut donnée à Vienne en 1714. Le texte de Pietro Pariati prévoit cinq solistes et des chœurs qui n'interviennent que pour ouvrir et conclure chacune des deux parties (hormis la courte intervention *Erode viva,* au centre de

la seconde). La *sinfonia* est une ouverture à la française dont une véritable fugue remplace le traditionnel *fugato.*

L'oratorio allemand semble donc une transposition à l'église des procédés lyriques avec les mêmes moyens, les mêmes airs parfois que dans l'opéra. Ce goût pour l'art italien se retrouve, plus tard, chez le jeune Mozart (*Betulia liberata,* sur le fameux livret de Métastase, ou *David penitente*) ou chez Haydn (*Il ritorno di Tobia,* 1774-75).

La langue allemande est néanmoins fort prisée, y compris au Sud. L'empereur Léopold Ier lui-même composa deux œuvres importantes : *Der Erlösung der Menschlichen Geschlechts* (1679) et *Sieg des Leiden Christi* (1682). Dans l'Allemagne protestante, une foule de poètes et de théologiens fournirent des textes paraphrasant et commentant les Saintes Écritures ; par souci pédagogique, de nombreuses références ou évocations de chorals y sont insérées symboliquement. Trois compositeurs contemporains donnèrent, à partir de 1717, ses lettres de noblesse au genre : Mattheson, Telemann et J.-S. Bach à Hambourg, Lübeck ou Leipzig.

L'oratorio chez J.-S. Bach. Jean-Sébastien Bach donna à trois œuvres, composées vers 1734-36, le titre d'oratorio ; l'*Oratorio de l'Ascension,* l'*Oratorio de Pâques* et, le plus important, l'*Oratorio de Noël* (1734), suite de six cantates devant être exécutées les trois jours de Noël, celui du nouvel an, du premier dimanche de l'année et pour la fête de l'Épiphanie. La présence, dans cette œuvre, d'une narration biblique (l'Évangéliste, le chœur...) est la seule différence avec les cantates. Comme souvent, Bach réutilise des œuvres précédemment écrites en modifiant les paroles : l'*aria* « Laszt uns sorgen » provient ainsi d'une cantate profane : *Herkules auf dem Scheidewège.* Dans un souci prodigieux de contraste, Bach donne à chacun des soixante-quatre mouvements de cette partition une vie propre : chacun a sa propre fonction, sa propre architecture ; pas de redite, hormis le premier choral, repris à l'extrême fin, mais figuré. Les chœurs fugués s'opposent aux chœurs d'invocation, plus massifs ; même les récitatifs subissent des recherches formelles : dans le numéro 7, « Er ist auf Erden », chaque incise du choral en valeurs longues ou soprano, figuré avec un très beau contrepoint imitatif aux deux hautbois d'amour et à la basse continue ; dans le numéro 40 (voir ♪ page suivante), Bach superpose deux idées simultanément : le récit de la basse « Wohlan, dein Name soll allein » et le choral « Jesu meine Freud » au soprano harmonisé aux cordes. Génie de la forme !

J.-S. Bach, Weihnachts-oratorium *(« Oratorio de Noël »).*

Contemporains et successeurs de J.-S. Bach. Telemann fut un important compositeur d'oratorios (*Befreites Jerusalem ; Der Tod Jesu ; Into,* livret de Rammler...). *Der Tag des Gerichts* (1761), sur un livret d'Alers, est l'une des grandes œuvres du XVIIIe s. : de nombreux personnages symboliques (la Religion, la Méditation), très peu de chorals, de magnifiques chœurs (« Chœurs des Anges et des Saints », accompagnant en valeurs longues l'air de Johannes ; « Chœur des Infâmes », avec ses accords très tendus), une orchestration très riche, notamment les trois cors évoquant le tonnerre dans l'air de la Méditation...

L'oratorio allemand, après ces trois grands maîtres, semble décliner, laissant la place à l'italien. Néanmoins, plusieurs auteurs, parmi lesquels Graun et les fils de Bach, pratiquèrent le genre. Herder écrivit en 1770 plusieurs livrets qui eurent un certain succès jusqu'au début du XIXe s. : *Die Kindheit Jesu* et, surtout, *Die Auferstehung Lazarus*, qui fut utilisé par Johann Christoph Friedrich Bach, le Bach de Bückeburg, en 1773, en pleine époque de l'*Empfindsamkeit* (« règne de la sensibilité »), puis par Rolle, à Magdebourg (1785).

L'oratorio chez Haendel. En Italie et surtout en Angleterre, Haendel a signé trente-deux oratorios totalement opposés à ceux de Bach : pas de choral, une inspiration moins profondément religieuse... Ces œuvres ne se différencient de la structure générale des opéras de l'époque que par le sujet, traité souvent avec un souffle épique (*Deborah, Athalie,* toutes deux de 1733, sur des livrets de Humphrey), par l'emploi généralisé des chœurs liés à l'action, et par une plus grande unité d'inspiration. Généralement composés en trois actes comme *Saül* (1738), les oratorios de Haendel semblent presque des opéras bibliques. Le choix des sujets, tels ceux d'*Esther* et *Athalie,* tirés de Racine, mais aussi de *Saül* et *Jephté* (1751), tous traités auparavant en France comme opéras bibliques, confirme vraisemblablement cette thèse. *Judas Macchabée* (livret de Thomas Morell, 1746) et *Le Messie* (livret de Charles Jennens, 1741), *Samson* (oratorio héroïque d'après Milton), œuvres géantes composées par un géant, sont de véritables épopées lyriques, ouvrant la voie aux grandes œuvres du début du XIXe siècle : *La Création* (1798) et *Les Saisons* (1801), de Haydn, *Le Christ au mont des Oliviers,* de Beethoven.

La Passion

La Passion, phénomène essentiellement germanique, malgré de nombreux essais italiens, est un oratorio sur le thème de la mort du Christ. Les librettistes adaptent les récits des quatre Évangélistes ; les compositeurs semblent toutefois préférer la Passion selon saint Matthieu, bien que celle de saint Jean soit plus longue et plus dramatique ; quant à saint Luc, il omet deux scènes très évocatrices, celle du tremblement de terre et celle des pleurs de Pierre ; la Passion selon saint Marc, enfin, est trop brève.

La structure générale de la Passion est celle d'un oratorio en deux parties, et, comme pour celui-ci, nous pouvons distinguer deux grands courants : le premier, de caractère plus sincèrement religieux, est représenté par les deux Passions de Jean-Sébastien Bach ; l'autre, plus proche de l'opéra biblique, est représenté par la *Passion selon Brockes* de Haendel, Passion allemande écrite à Londres.

La Passion selon saint Matthieu de Johann Valentin Meder, créée à Dantzig, est particulièrement intéressante car elle présente de nombreuses manières que Bach reprendra : récitatif de Jésus traité en *arioso*, passages picturaux, symbolique des chorals...

La plupart des compositeurs d'opéras d'Allemagne du Nord abordèrent le genre. Le chef-d'œuvre de Telemann reste, sans nul doute, la *Passion selon saint Luc* (1728), dont la forme générale, rompant avec la découpe traditionnelle en deux parties, est particulièrement efficace. Le drame, distribué en cinq parties, narré par l'Évangéliste, fait intervenir Jésus et le chœur des Juifs ; mais chacune des cinq parties est précédée d'un prologue autonome, construit autour de personnages indépendants de l'action principale. Enfin, chacun des prologues est séparé de la Passion par une courte scène intitulée « Glaübige Anwendung » (« application pour les fidèles »), pour un ténor non personnifié. Ces scènes, qui contiennent un récit suivi d'une *aria*, forment le liant d'une prodigieuse architecture.

Certainement plus conservatrice que Hambourg, Leipzig produisit pourtant les plus grands chefs-d'œuvre du genre. Après la *Passion selon saint Marc* de Kuhnau (1721), Jean-Sébastien Bach donna, en 1724, sa *Passion selon saint Jean,* utilisant des textes de Brockes et de Postel, œuvre pleine de tendresse et d'amour. Avec la *Passion selon saint Matthieu,* Bach a fait acte de foi, comme pour la *Messe en si mineur,* mais le livret fut conçu plus dramatiquement par Picander. La violence et le sens du drame contenus dans cette œuvre en font plus qu'un oratorio : une part de liturgie, Bach apparaissant comme un « cinquième Évangéliste ». C'est l'une des plus vastes œuvres du compositeur, tant par ses dimensions que par les moyens utilisés. Bach en fit, en 1740, une magnifique copie, utilisant la règle et l'encre rouge pour les paroles divines, ce qui marque bien l'importance de cette création. Œuvre didactique par excellence, par la violence du drame et des évocations, la *Passion selon saint Matthieu* témoigne d'un sens prodigieux du théâtre, chez un musicien n'ayant pourtant jamais abordé la scène lyrique.

Après 1750, la Passion disparaît peu à peu, restant le fait de compositeurs âgés, comme Graun ou Eberlin.

Vers l'art moderne

L'art vocal, musique par excellence de l'homme du XVIIIe s., semble conditionné par une multitude de facteurs géographiques, historiques, religieux, stylistiques modifiant sans cesse son approche ; le musicien, malgré son génie, dépend de son public, de ses maîtres, de ses voyages ; tous ces facteurs confèrent à chaque lieu, à chaque époque, des manières différentes.

Les techniques changent, le public aussi : l'écoute de l'œuvre est différente à Versailles ou à Vienne, à la cour ou à la ville, en 1710 ou en 1740. Curieusement, en un même lieu, à une même époque, l'esthétique musicale ne varie guère, de l'art profane au religieux.

Ce siècle, riche en créations, nous ne le connaissons que par bribes, surtout en son début. C'est pourtant là le creuset de notre musique moderne, de l'adoption du tempérament à la stabilisation de l'orchestre en passant par la codification de l'harmonie tonale. L'homme du XVIIIe s. a su ordonner le discours sonore et trouver les moyens de développer sa pensée musicale : l'œuvre en est apparue plus unitaire.

La prise de conscience de ces structures a permis aux musiciens de mieux approcher et de mieux comprendre l'ordonnancement des sons et le cœur des hommes. Tous se sont attelés à cette tâche, dans les domaines les plus divers, et, creusant un vaste sillon, ils ont montré la voie aux bâtisseurs de génie, ceux de la *Messe en si mineur* et de *Don Juan*.

« La relation de l'individu à l'univers
s'est transformée, un monde nouveau
de sentiments s'est ouvert,
l'âme se défait dans le sentiment
du démesuré et de l'infini. »
H. Wölfflin
Principes fondamentaux de l'histoire de l'art.

Dominique Patier

MUSIQUE INSTRUMENTALE BAROQUE ET CLASSIQUE

Entre la Renaissance et le romantisme s'écoulent deux siècles de musique dont on se fait parfois une idée assez floue. Certes, les noms de J.-S. Bach, Mozart, Beethoven constituent des repères solides, mais, en dehors de ces maîtres, on ignore souvent la musique de cette période, et l'on conçoit mal par quels chemins elle a pu évoluer, des musiciens contemporains de Ronsard aux premières œuvres de Schubert. La terminologie utilisée par les musicologues demeure, elle aussi, imprécise : on parle tantôt de musique baroque, ou préclassique, ou encore classique, sans que l'unanimité se fasse sur ces notions, dont le caractère reste fluctuant sur le plan géographique et sur le plan chronologique. Quant au terme de « musique ancienne », si fréquemment employé dans de nombreuses langues, il nous paraît tout à fait inadéquat pour les XVIIe et XVIIIe siècles et devrait bien être remplacé par celui de « musique moderne », à condition de donner à l'adjectif « moderne » l'acception que lui confèrent les historiens. En effet, à la fin de la Renaissance s'ouvre une nouvelle période pendant laquelle se précisent les principes essentiels sur lesquels s'appuiera la musique jusqu'à notre époque contemporaine : la tonalité se dégage des modes, les grandes formes (suite, sonate) se constituent ; l'expression personnelle, notamment par le biais de l'harmonie, se substitue à l'expression collective ; les instruments anciens (luth, viole, clavecin) disparaissent peu à peu au profit de nos instruments actuels ; l'orchestre prend corps ; la notion de concert public enfin apparaît.

Tous les éléments d'une activité musicale fort semblable à la nôtre se trouvent donc réunis... et pourtant, comme cette musique demeure obscure, difficile à comprendre et à interpréter ! La partition représente un véritable code à décrypter : seul le schéma mélodique général est indiqué, soutenu par une basse chiffrée. Aux instrumentistes de déterminer le bon *tempo*, d'orner la ligne, de varier les répétitions, de restaurer le phrasé, la dynamique et l'articulation, de réaliser la basse, souvent même de choisir les instruments en vue de l'exécution. Un véritable travail de recréation s'impose, nécessitant de la part de l'interprète une connaissance profonde des œuvres et de la sensibilité du temps. Que dire aussi des problèmes techniques du jeu propre aux instrumentistes de l'époque !

À la fois proche de nous et très secret, l'art instrumental des XVIIe et XVIIIe s. constitue dans ses paradoxes un champ de recherche particulièrement attachant. Nous essaierons d'en donner une vue générale, en distinguant trois périodes principales : tout d'abord le « baroque », puis les années 1750-1775 et enfin le classicisme. Cette division, dont l'aspect un peu schématique ne nous échappe pas, s'appuie sur l'évolution du langage musical, en liaison avec les autres formes d'expression artistique et les grands courants de pensée. En effet, la période s'étendant entre 1600 et 1750, que l'on est convenu d'appeler « baroque », présente une relative unité de style dans le temps et sur le plan géographique. Un code d'expression s'est peu à peu imposé dans les divers pays d'Europe, faisant de la musique un langage universel. Cette unité, si rarement rencontrée dans l'histoire de la musique, se rompt au milieu du XVIIIe s. Durant les années 1750-1775 se produit une brusque accélération des mouvements d'idées dans tous les domaines : politique, social, philosophique, esthétique. On assiste alors à la liquidation du « baroque » et à la floraison d'expériences destinées à renouveler le langage musical. Ce stade d'expérimentation sera couronné par une crise préromantique, le *Sturm und Drang*, et, vers 1775, une fois cette exaltation apaisée, Haydn, Mozart et un peu plus tard le jeune Beethoven feront la synthèse des éléments positifs de la période précédente pour former ce que l'on appelle le « classicisme viennois ».

LA PÉRIODE BAROQUE

Les caractères du baroque musical

Dès la fin du XVIIIe s., le terme « baroque » est utilisé dans tous les domaines artistiques ; depuis, les historiens de l'art et les musicologues n'ont cessé de l'employer, souvent de manière abusive. Aussi n'est-il pas inutile de nous interroger sur le véritable sens de l'expression « musique baroque ».

Peut-on, tout d'abord, en établir les limites chronologiques ? Déterminer les dates extrêmes de la période baroque, la fragmenter en sous-périodes semblent une besogne bien inutile. En effet, les différentes nations européennes n'ont pas cultivé de la même manière, ni au même moment, l'esthétique baroque : en Italie, ou dans les pays de l'Empire, le baroque a connu une floraison extrêmement abondante jusque vers 1750. Il triomphe en Europe centrale, où ses derniers élans se feront encore sentir à la fin du XVIIIe s. dans les *Pastorales* de J.-J. Ryba ou les *Concerti* de F. X. Dušek. Au contraire, la France a montré quelque réticence à l'égard du baroque et développé très tôt dans toutes les formes d'expression artistique des tendances préclassiques : on peut, par exemple, opposer la perfection un peu froide des tableaux du Lorrain aux fantastiques effets de lumière réalisés par G. de La Tour, la magistrale ordonnance de la colonnade du Louvre au décor très fouillé de la tour de l'ancienne abbaye de Saint-Amand-les-Eaux, la clarté et la grandeur de Rameau à la poésie tendre et subtile de F. Couperin. Le baroque nous paraît ainsi échapper à toute tentative de classification. D'une manière schématique, on peut le considérer comme un état d'esprit, une certaine qualité de sensibilité présents chez de nombreux artistes de différents pays dans une période située entre 1600 et 1750.

Dès le début de notre siècle, les musicologues se sont intéressés à la musique baroque : C. Sachs, Th. Kroyer, E. Schenk, R. Haas, A. Della

Corte, S. Clercx ont tenté d'en préciser les caractères, en utilisant parfois les critères déterminés par des historiens de l'art comme H. Wölfflin et H. Focillon. L'esprit baroque s'exprime dans la musique par le goût du faste, du monumental. La monarchie, alors à son apogée dans les pays européens, a su donner aux divertissements de cour un luxe incomparable. On pense à l'éclat des représentations d'opéra ; mais les danses instrumentales des ballets de cour dégagent la même splendeur : la multiplication des couplets des formes rondeau ou des variations dans la chaconne permet de grandes architectures sonores soutenues par des effectifs importants. Rappelons la remarque désabusée de La Fontaine, témoin de cette surenchère, dans son épître à P. de Nyert :

> « Il faut vingt clavecins, cent violons pour plaire...
> On ne va plus chercher au fond de quelque bois
> Des amoureux bergers la flûte et le hautbois... »

À cet aspect pompeux de la musique baroque s'ajoute la recherche de l'excessif, de l'irrégulier, du bizarre. L'excessif, tout d'abord, se traduit par le souci d'aller le plus loin possible dans toutes les ressources offertes par les instruments et le langage musical. L'espace sonore s'élargit constamment : les violonistes, par exemple, recherchent sur la chanterelle des positions de plus en plus élevées, éprouvant une sorte d'ivresse, de délectation à cette conquête du registre aigu. L'étendue des claviers s'accroît ; l'orgue s'enrichit de registres nouveaux et devient l'instrument monumental que nous connaissons actuellement. L'exploration systématique des diverses tonalités est entreprise par des organistes audacieux qui, dans leurs « labyrinthes musicaux », abordent des tons alors considérés comme injouables sur des instruments accordés en tempérament inégal.

Les rythmes, échappant parfois à la rigueur de l'ancien *tactus*, se libèrent et deviennent irréguliers. Le cas se rencontre dans le récitatif d'opéra, mais aussi dans la musique instrumentale, par exemple dans les préludes non mesurés des luthistes et des clavecinistes. Les violistes également utilisent le rythme libre, tel Sainte-Colombe dans ses *Concerts à deux violes esgales*. De même, l'irrégularité affecte la progression harmonique, qui peut sortir des relations tonales simples pour suivre des chemins plus secrets : cette ambiguïté de la direction harmonique, si évidente dans les madrigaux de Gesualdo, trouve son équivalent dans certaines œuvres pour orgue de Frescobaldi.

Le bizarre, enfin, est atteint par le jeu des dissonances non préparées, parfois d'une hardiesse extrême, comme dans cet accord ouvrant le ballet *Les Élémens* de J.-F. Rebel (1737) où le choc de sept notes conjointes (*ré, mi, fa #, sol, la, si, do #*) entendues simultanément symbolise le chaos.

L'aspect le plus spécifique du baroque musical réside certainement dans le jeu des contrastes. En effet, la plupart des œuvres baroques portent la marque d'intentions contradictoires, que l'on relève dans l'opposition des plans sonores, soit à travers l'alternance de groupes instrumentaux inégaux ou de composition variée, soit verticalement dans la conjonction d'une partie soliste, aérienne et expressive, soutenue par une basse continue, plus pesante et mesurée. La recherche des contrastes éclaire également la structure des œuvres : la suite, la sonate, le concerto font se succéder mouvements vifs et mouvements lents ; la *canzona* oppose sections homorythmiques et sections fuguées ; la fantaisie juxtapose des parties de rythmique différente. À l'intérieur même de la phrase musicale, le goût des contrastes se manifeste encore par le rapprochement d'incises de caractère opposé (une proposition lente et non modulante pouvant suivre, par exemple, une proposition chromatique en valeurs brèves) ou mettant en présence les registres extrêmes de l'instrument. En outre, la seule dynamique pratiquée à cette époque demeure le procédé d'écho, faisant suivre le *forte* d'un *piano* sans transition. La recherche des contrastes apparaît donc constamment dans la musique baroque, à tous les niveaux de la composition.

Il ne suffit cependant pas de constater l'existence de ces oppositions : encore faut-il en préciser le sens profond. Le plus souvent, les contrastes ne constituent pas un simple effet décoratif, mais sont les manifestations d'un conflit entre des forces antagonistes : l'œuvre baroque est profondément dramatique. Cette conception, qui triomphe dans l'opéra, règne également sur l'art instrumental. La partie mélodique supérieure, les (ou le) solistes évoluent tels les héros d'une tragédie : comme le ténor de l'opéra lullyste, le violon *solo* chante avec exaltation dans les *Concerti* de Vivaldi. D'autre part l'expression personnelle a succédé à l'expression collective de la Renaissance, et tous les moyens musicaux mis en œuvre sont là pour le permettre : dissonances, chromatismes, modulations hardies, ornements, libération du rythme.

Enfin, ultime conséquence du souci de l'expression et du goût des contrastes, la musique baroque a un besoin de mouvement, qui se manifeste dans l'enchevêtrement des lignes ornementales en courbes et contre-courbes évoquant l'exubérant décor des édifices religieux. La mélodie baroque demeure difficile à cerner. Souple et fluide, la ligne s'enroule, s'éparpille en motifs répétés, se déforme par le jeu des ornements et des variations ; elle n'a pas de fin : ses ultimes rebondissements se perdent dans de nouveaux dessins, révélant une continuité particulière et très caractéristique. La simple graphie des manuscrits de J.-S. Bach montre bien cet aspect sinueux des mélodies et l'étroite imbrication des courbes.

Expression du faste, du monumental, des contrastes, de l'excessif, du bizarre, le baroque fut longtemps tenu pour une manifestation de mauvais goût – un art décadent, « malade », une « variété du laid » selon B. Croce. L'étude de la musique instrumentale des XVIIe et XVIIIe s. montrera à quel point cette conception est erronée : la musique baroque ne constitue pas un divertissement aimable, superficiel, inférieur à la beauté plus rigoureuse de l'œuvre classique. Art de masse, de mouvement, d'oppositions, le baroque musical ne manque ni de vigueur ni de puissance expressive. Mieux que l'architecture ou le décor, la musique, libérée de la contrainte de la matière, peut rendre l'espace, le mouvement, la vie : pur jeu de l'esprit, ses possibilités sont infinies. Comme l'a exprimé la musicologue S. Clerckx :

« C'est dans la musique vraiment que le baroque trouve son incarnation idéale. C'est là que pleinement, sans entraves, il est baroque. »

Quelques aspects de la vie musicale durant la période baroque

La musique baroque, fastueuse et décorative, est un art réservé à une élite. La cour, les familles nobles sont les principaux mécènes dont dépendent compositeurs et instrumentistes. Certes, la bourgeoisie des villes, jouant du luth et de l'épinette, engage pour les festivités corporatives ou familiales des instrumentistes et chanteurs professionnels. Mais cette musique consiste le plus souvent en aubades, danses et chansons, qui se transmettent traditionnellement entre musiciens et dont nous ne possédons que rarement les textes. Il ne faut pas négliger non plus le rôle joué par l'Église catholique : la musique s'intègre dans les perspectives de la Contre-

Réforme, comme un moyen d'attirer et de séduire les fidèles. Le luxe des cérémonies représente pour eux une anticipation des joies du paradis, et les aspects les plus excessifs du baroque musical se justifient alors, tant dans les messes que dans les oratorios ou encore dans le théâtre en musique des collèges jésuites.

Toutefois, la musique baroque n'est pas seulement un spectacle ou un moyen de propagande. Elle tient une place importante dans la vie sociale : toute personne de qualité se doit de connaître, d'apprécier et même de pratiquer la musique. Cette règle est valable pour toutes les nations européennes ; H. Peacham, dans *The Compleat Gentleman* (1634), s'adresse à l'homme bien né :

« Je ne vous demande pas plus que d'être capable de chanter sans faute votre partie à première vue, et en outre de pouvoir la jouer sur votre viole ou de savoir toucher le luth, simplement pour vous-même. »

En France, ce sont les mêmes exigences, toujours assorties de l'interdiction de faire étalage de ses connaissances, le pédantisme ou l'ostentation étant pour l'« honnête homme » signes de mauvaise éducation. Il faut connaître et pratiquer la musique, en conservant toutefois un dilettantisme de bon goût, comme la belle Nérinte, héroïne de la *Clélie* de Mlle de Scudéry, « qui chante fort agréablement, quoiqu'elle ne s'en soucie pas ». Dans la plupart des jugements portés sur les dames de l'époque figurent, d'ailleurs, avec une constance remarquable, les trois qualités suivantes : être jolie, avoir de l'esprit et bien chanter.

La musique n'est cependant pas réservée au salon : on la cultive aussi pour soi, sans témoins, comme une distraction ou une thérapeutique ; W. Higford, dans *The Institution of a Gentleman* (1660), conseille au courtisan : « Si vous vous sentez oppressé par de lourds soucis, prenez votre viole et chantez en vous accompagnant ; vous en tirerez un singulier réconfort. »

La musique soutient aussi la prière : lady Midmay note dans son journal qu'entre 1570 et 1611 elle a chaque jour joué du luth en y exécutant des chants polyphoniques et exercé sa voix en chantant psaumes et cantiques.

Les instrumentistes professionnels

Cette diffusion de la pratique musicale explique l'omniprésence de la musique dans les demeures nobles : il n'est point besoin de musiciens professionnels ; dans l'intimité du salon, à chaque instant un invité peut chanter en s'accompagnant au luth, une dame jouer de l'épinette. En revanche, les professionnels interviennent dans les réunions plus nombreuses ; Mme de Sévigné décrit ainsi un dîner en plein air, donné à Paris en juillet 1677 :

« Le maître du logis nous reçut en un lieu nouvellement rebâti... des jets d'eau, des cabinets, des allées en terrasse, six hautbois dans un coin, six violons dans un autre, des flûtes douces un peu plus près, un souper enchanté, une basse de viole admirable, une lune qui fut témoin de tout... »

Ces instrumentistes professionnels ne sont pas indépendants : attachés à une ville ou à une église, ils jouissent d'une relative liberté et d'appointements substantiels, tant en nature (vin, farine, logement) qu'en espèces. Engagés dans une résidence noble, leur sort est moins enviable : intégrés à la domesticité, ils portent la livrée des laquais et demeurent souvent astreints à d'autres tâches que celles de leur charge. Ainsi verra-t-on parfois, pour alléger le budget de la maison, des cochers-trompettistes ou des cuisiniers-violonistes, comme ce fut d'ailleurs le cas pour le jeune Lully. A. Carse, dans son remarquable ouvrage sur l'orchestre au XVIIIe s., rappelle que celui du prince-évêque de Breslau comportait dix-sept exécutants, parmi lesquels onze musiciens professionnels et six domestiques. Dans le même souci d'économie, on demande souvent aux musiciens de pratiquer deux instruments différents, afin d'apporter un peu de variété dans les concerts : la plupart des hautboïstes de l'époque jouent de la flûte, les violonistes exécutent également les parties d'alto, et, tard encore dans le XVIIIe s., on exige des altistes de l'Opéra de Paris qu'ils puissent sonner du cor de chasse.

Dans les grandes maisons, la tâche des musiciens est harassante : les services religieux, le concert, la danse, le théâtre, la musique de table, les sérénades en plein air, la chasse requièrent leur présence, tout cela pour un maigre salaire et une position sociale peu enviable. Dans les cours royales, ils jouissent d'un sort plus favorable dans la mesure où leur fonction se trouve plus diversifiée : on distingue, par exemple, à Versailles les musiciens de la Chapelle, qui se consacrent au répertoire religieux, ceux de la Chambre, qui jouent lors des concerts et des divertissements du salon et de la table, et enfin ceux de la Grande et de la Petite Écurie, qui accompagnent les activités de plein air. Les effectifs des trois groupes peuvent éventuellement être réunis lors de festivités de grande ampleur.

Les compositeurs

Les compositeurs sont tenus dans la même dépendance que les instrumentistes, mais ils bénéficient d'une considération légèrement supérieure. Ils doivent fournir des œuvres nouvelles pour chaque concert, chaque fête, chaque service religieux, l'habitude de ré-exécuter une partition déjà entendue ne datant que de la période romantique. On mesure ainsi l'étendue de leur tâche, qu'ils soient au service d'un prince ou au service de l'Église : l'image de J.-S. Bach, cantor de Saint-Thomas de Leipzig, écrivant sa cantate hebdomadaire est dans toutes les mémoires.

L'avantage d'une telle situation réside dans un accord total entre le créateur et son public : l'œuvre, correspondant à une demande précise, est plus ou moins bien accueillie, selon sa qualité, mais le problème du style ne se pose pas. Le compositeur écrit vraiment « pour » un public dont il respecte les goûts et les exigences, et non « contre », comme ce sera parfois le cas au XIXe s.

Les concerts publics et la bourgeoisie

Les rapports entre mécène, public et musiciens évoluent durant la période baroque avec l'introduction d'un fait nouveau. Dès la fin du XVIIe s., s'ouvrent des salles de concert publiques où l'on peut entrer en acquittant le prix d'un billet ou par abonnement. Cette pratique permet à une nouvelle classe sociale – la bourgeoisie – de prendre une part plus active à la vie musicale. Les concerts publics connaissent un vif succès dans tous les pays d'Europe : à Paris, le Concert spirituel, fondé en 1725, conserve une activité intense jusqu'à la Révolution et favorise la diffusion de la musique hors du cadre étroit des résidences aristocratiques. En outre, les musiciens d'orchestre se produisant dans ces associations voient leurs obligations allégées et acquièrent une relative indépendance en échappant à la tutelle trop rigide des princes.

Cet accès de la bourgeoisie à la culture musicale est lourd de conséquences. Un goût nouveau, orienté vers la virtuosité et le spectaculaire s'imposera : l'essor du *crescendo* d'orchestre à Mannheim ou de la symphonie concertante en France à la fin du XVIIIe s. ne peut s'expliquer que par les exigences de ce nouveau public. De même, la construction de salles de concert de plus en plus vastes précipitera le déclin des instruments anciens de faible volume sonore (violes de gambe, clavecin) au profit d'instruments plus brillants (violon, violoncelle, *pianoforte*).

La naissance du style concertant (1600-1650)

Le style concertant

À partir de 1600 s'ouvre en musique une période nouvelle caractérisée essentiellement par la naissance de l'opéra, longtemps préparée par les *camerate* florentines. Un style « moderne » s'impose, que l'on appelle en général *stile concertato* (« style concertant »). L'expression fut d'abord appliquée indifféremment aux œuvres vocales et instrumentales. En effet, le qualificatif « concertant » (que l'on rattache peut-être abusivement au verbe latin *concertare,* « lutter ») signifie, selon J. Chailley, la mise en œuvre de plusieurs voix « se faisant entendre simultanément sans perdre leur personnalité », par opposition au style polyphonique de la Renaissance, dans lequel les voix « se fondent pour former un ensemble homogène ». Au début du XVIIe s., l'emploi de l'expression « style concertant » se restreindra au répertoire instrumental.

Ce style nouveau, illustré en Italie par de grandes formes – suite, sonate, concerto –, ne s'impose pas d'une manière brutale. L'ancien style renaissant, le *stile antico* (par opposition au style concertant, dit *stile moderno*), persiste durant la première moitié du XVIIe s. Particulièrement à l'honneur dans la musique religieuse, il se rencontre également dans la musique instrumentale : la forme « fantaisie », issue du motet polyphonique, en est le meilleur exemple. Inversement, on pressent déjà la naissance du *stile moderno* à la fin du XVIe s., notamment dans les madrigaux de Monteverdi. Certains théoriciens du XVIIe s., comme A. Bernardi dans ses *Miscellanea Musicale,* « Mélanges musicaux » (1689), sensibles à la coexistence de ces deux styles ou « pratiques », avaient déjà essayé de préciser les caractères propres à chacun d'eux.

« Superius » et « continuo »

Affirmer que la Renaissance est l'âge du contrepoint et le baroque celui du chant est désormais un lieu commun. Effectivement, au début du XVIIe s., les compositeurs renoncent à l'équilibre vocal renaissant pour donner la primauté à une voix, le *superius,* chargée de traduire musicalement le texte poétique. Le verbe règne en maître et les sons ont pour mission de porter et d'illustrer le discours. La musique instrumentale reprend ces principes en mettant au premier plan une ou plusieurs parties solistes, soutenues au second plan par un accompagnement qui reçoit le nom de basse continue ou *continuo.* Ce principe d'accompagnement, qui se développe durant le XVIIe et la première moitié du XVIIIe s., pour disparaître vers 1750/1770, demeure tellement caractéristique de l'âge baroque que souvent on qualifie cette époque d'« ère de la basse continue ».

Le principe de la basse continue consiste à placer sous la partie supérieure une basse instrumentale monodique, pourvue ou non du chiffrage des accords, que doit jouer ou « réaliser » l'exécutant sur un instrument polyphonique. La réalisation des accords est parfois écrite par le compositeur, mais le plus souvent laissée au soin de l'interprète, qui l'improvise au moment de l'exécution. Cette pratique simplifie considérablement la notation des textes musicaux, qui pourront alors se réduire à deux lignes : la partie supérieure, ou voix soliste, et la partie de basse chiffrée. Ainsi se dessinent deux plans bien distincts : la ligne mélodique, libre, expressive et virtuose, et la basse continue, soutien harmonique et mesure du temps. On retrouve ici le contraste si caractéristique de l'art baroque. Si la basse revêt musicalement une certaine importance, puisque porteuse de l'harmonie, en revanche les parties intermédiaires ne constituent qu'un remplissage sans grand intérêt, une sorte d'arrière-plan musical dont le compositeur se décharge, puisqu'il en confie la responsabilité à l'interprète dans les œuvres de musique de chambre, ou à quelque copiste pour les partitions orchestrales. Ainsi Lully, dans ses ouvertures d'opéra, n'écrivait-il que le dessus et la basse chiffrée, laissant à ses secrétaires, Lallouette et Collasse, le soin de réaliser les parties intermédiaires jouées par les anciens alti (haute-contre, taille et quinte de violon). La pratique de la basse continue disparaîtra dans la seconde moitié du XVIIIe s. pour diverses raisons : trop grande complexité de l'harmonie rendant obscurs les chiffrages, perte d'intérêt pour le clavecin, qui traditionnellement réalisait les accords.

Ce compartimentage de la musique en deux plans distincts, la partie supérieure et la basse chiffrée, favorise l'indépendance de la mélodie. En effet, à l'époque de la Renaissance, l'homogénéité de l'ensemble vocal ou instrumental à 4 ou 5 parties réduisait l'essor de la mélodie, liée aux limites de la voix et aux exigences du contrepoint. Au contraire, avec le *stile moderno,* la mélodie peut s'épanouir plus librement : détachée des modèles vocaux, elle devient purement instrumentale et peut s'abandonner à l'ivresse de la virtuosité. La ligne n'est plus caractérisée uniquement par sa structure ; elle se définit par les possibilités techniques et expressives propres à chaque famille d'instruments. Il y aura désormais deux répertoires distincts : l'un vocal et l'autre instrumental, et, dans ce dernier, des différences de langage très appréciables entre les œuvres destinées aux claviers, aux instruments à cordes ou aux vents.

Le rythme et l'harmonie

L'indépendance de la mélodie se remarque également dans la liberté du rythme : si le *tactus* régnait en maître, par nécessité, dans la polyphonie vocale ou instrumentale de la Renaissance, en revanche, au XVIIe s., le rythme peut, dans les moments expressifs, acquérir souplesse et fluidité, *senza battuta.* Mais, par ailleurs, une battue très régulière est nécessaire pour la danse, ou pour les mouvements rapides des sonates ou concerti.

Enfin, si le rythme s'assouplit, les possibilités harmoniques s'élargissent. Les dissonances sont utilisées avec plus de liberté que dans la période précédente ; l'emploi de l'accord de septième de dominante se généralise, renforçant au niveau des cadences l'impression tonale. En outre les dissonances n'apparaissent plus uniquement dans les formules de retard ou en passage sur des temps faibles, et leur présence, souvent non préparée, se justifie par la recherche de l'expression.

Affranchie de ses modèles vocaux et soutenue par la basse continue, la mélodie peut donc s'épanouir. Tantôt elle se mettra au service de la virtuosité, favorisée par les constants progrès de la facture instrumentale, tantôt elle traduira des sentiments, essentiellement par le biais de l'harmonie : c'est là le point de départ de l'*Affektenlehre,* cette « théorie des passions » qui s'impose dès le milieu du XVIIe s. Toutefois, l'expression n'est pas encore totalement subjective : un code peu à peu s'est établi, associant les émotions à divers procédés d'écriture. Par exemple, la modulation à la dominante signifiera la joie, la victoire ; au ton relatif mineur, elle indiquera un assombrissement des sentiments, la tristesse, la douleur ; à la sous-dominante, une couleur plus douce, celle de la tendresse ou des regrets. De même, selon l'usage prescrit par les théoriciens de l'époque, le mode mineur traduira mieux la mélancolie que le mode majeur, réservé à la gaieté. Les dissonances seront également classées suivant leur dureté, la septième de dominante exprimant la tranquillité, la tendresse, la septième diminuée le chagrin, le désespoir, la neuvième avec quinte diminuée les « objets sombres et terribles ». On pourrait multiplier les exemples : chaque intervalle mélodique, chaque *tempo,* chaque tonalité est porteur d'une signification particulière. Ce code d'expression, respecté par la plupart des compositeurs de ce temps, constitue un puissant facteur d'unité de la musique baroque.

La naissance de formes nouvelles

Pour définir le style concertant, nous avons fait largement appel à une terminologie italienne : en effet, celui-ci prend naissance en Italie, et c'est également dans ce pays que vont se constituer les grandes formes de la musique baroque : suite, sonate, concerto. Ces formes ne s'élaborent pas en un seul jour ; pendant de longues années, la distinction reste floue entre *canzona* et sonate, *balletto* et suite. De même la terminologie demeure longtemps imprécise, les compositeurs désignant par *sinfonia* ou parfois même *concerto* tout ce qui fait appel à un ensemble vocal ou instrumental.

Cette période de lente maturation des formes se poursuivra jusque vers 1650, moment où les structures fondamentales de la musique baroque seront bien affirmées.

La suite

La suite peut se définir comme une succession de pièces instrumentales de caractère contrastant, dominée par deux principes : tonalité unique (parfois élargie au ton homonyme) et style particulier, celui de la danse.

Cette forme musicale existait en fait, mais d'une manière encore rudimentaire, dans les assemblages de danses pratiqués au Moyen Âge, avec l'estampie et sa rotta (voir « Troubadours et trouvères », p. 93), et au XVe s. dans les danses à reprise fondées sur une basse obstinée. Cet enchaînement des danses correspondait aux nécessités pratiques du bal, aussi bien pour les instrumentistes que pour les danseurs. Au XVIe siècle, le regroupement des danses se poursuit ; des couples se créent : en Italie, pavane/*saltarello ;* en France et en Angleterre, pavane/gaillarde ; en Allemagne, *Vor* et *Nachtanz.* Ces danses s'opposent toujours par leur *tempo* (une danse rapide succédant à une danse lente) et leur chorégraphie (une danse à pas sautés suivant généralement une danse à pas glissés). Mais leur unité, due à l'emploi d'une seule tonalité fondamentale, reste profonde et se renforce parfois par l'utilisation d'un seul thème.

C'est aux luthistes italiens que revient le mérite de la création de la suite : dès le début du XVIe s., ils ajoutent des pièces d'encadrement au couple pavane/*saltarello,* formant ainsi des associations de quatre ou cinq danses, s'appuyant toujours sur une tonalité unique. Enfin, le terme « suite » apparaît en France en 1557, dans le *7e Livre de danceries* publié par l'imprimeur P. Attaingnant. Tous les éléments sont donc réunis dès la fin du XVIe s. pour que s'épanouisse cette forme musicale fondée sur la danse.

Les danses sont soumises aux fluctuations du goût : une mode passagère peut favoriser l'essor de telle ou telle danse, qui quelques années plus tard tombera dans l'oubli. Cela est vrai au XVIIe s. où l'on voit des danses disparaître et d'autres au contraire connaître une grande vogue. Ainsi le couple *passamezzo/saltarello* est-il abandonné au profit de pavane/gaillarde ; l'*intrada* remporte un vif succès en Italie et en Allemagne ; l'allemande se développe, souvent suivie d'une courante ; la gavotte est très appréciée des Français, et la gigue figure souvent en conclusion de la suite.

Les danses subissent aussi des transformations plus subtiles, liées à la qualité de leur exécution. En effet, au début du XVIIe s., les progrès de la facture instrumentale et les exigences toujours plus grandes du public en ce qui concerne la qualité du jeu provoquent le regroupement des meilleurs instrumentistes en ensembles professionnels qui sont engagés dans les cours ou dans les demeures nobles. C'est ainsi qu'en France se créent la bande des « Douze Hautbois » et celle des « Vingt-Quatre Violons ». Ces groupes fournissent des exécutions de haute qualité, qui sont plus goûtées comme « concert » que comme appel à la danse. Le répertoire de la danse, de ce fait, se scinde en deux : les danses de concert et les danses du bal, c'est-à-dire les danses que l'on écoute et celles que l'on danse. Le théoricien M. Mersenne se fait l'écho de cette pratique lorsqu'il écrit, en 1636, à propos de l'allemande : « On se contente aujourd'hui de la jouer sur les instruments sans la danser. »

La danse « jouée » et non dansée, déliée des exigences de la chorégraphie, devient de plus en plus complexe et perd son caractère fonctionnel pour former une œuvre en soi : Mersenne le souligne poétiquement, lorsqu'il dit qu'il y a autant de sortes d'allemandes que de couleurs dans le ciel.

Dans les premières années du XVIIe s., les suites n'obéissent pas à un plan bien déterminé, les seuls impératifs restant l'alternance des *tempi* et le lien tonal. Ainsi voit-on la publication de livres groupant des danses réunies par genre (suites de « bransles », par exemple) comme dans le *Terpsichore Musarum* de M. Praetorius (Wolfenbüttel, 1612), qui comprend des pièces d'auteurs français. D'autres recueils présentent des suites plus diversifiées, comme celles de P. Peuerl, dans les *Neue Paduanen, Intrada, Tanz und Galliarda mit 4 Stimmen,* « Nouvelles Pavanes, *Intrada,* Danses et Gaillardes, à 4 parties », 1611, destinées à des groupes d'instruments à vent ou à cordes.

Une certaine normalisation s'opère vers 1620 dans le plan de la suite, sous l'influence des luthistes français qui diffusent le schéma type : allemande/courante/sarabande, précédées d'un prélude libre, ou « entrée », permettant de se délier les doigts et d'annoncer la tonalité, l'ensemble étant clos par une gigue. On rencontre ce plan dans les tablatures publiées par Ballard en 1631, qui comportent des œuvres de différents auteurs (Chancy, Bouvier, Dubuisson...).

En Italie, la suite se confond avec d'autres genres musicaux apparentés : le *balletto* et surtout la *sonata da camera,* qui n'est, en fait, qu'une succession de danses assemblées selon les mêmes critères.

Au milieu du XVIIe s., la suite est donc constituée et entrée dans le cadre de la musique de concert. Échappant aux contraintes imposées par la chorégraphie, elle peut se développer dans le sens de l'expression et de la virtuosité.

La sonate

Le terme « sonate » apparaît dès la seconde moitié du XVIe s., préparé par l'expression *canzona da sonar,* forme instrumentale issue de la polyphonie vocale (voir « L'art vocal au XVIe s. » p. 235). La sonate est issue de ce modèle, dont il est difficile au départ de la distinguer. Par exemple, la *Sonata pian'e forte* de G. Gabrieli (1597) fait alterner deux groupes d'instruments à peu près égaux (un cornet et trois trombones pour le premier « chœur », un violon et trois trombones pour le second), dont la réunion donne la nuance *forte* par rapport au *piano* obtenu en chœurs séparés. Cette œuvre, typique de l'esthétique baroque par la recherche des contrastes dynamiques, pourrait fort bien recevoir le titre de *canzona.* La seule différence entre les deux formes musicales réside plus, sans doute, dans l'esprit que dans la structure : M. Praetorius précise que les sonates sont graves et sérieuses, tandis que les *canzoni* se déroulent gaiement. On pourrait ajouter que la sonate, sous l'influence conjuguée de l'opéra et de la danse, se distingue bientôt de la *canzona* par son souci d'expression et sa poursuite de la virtuosité instrumentale.

Deux formations principales vont se dégager dès le début du XVIIe s. : la sonate en trio et la sonate de soliste. La première est conçue pour deux parties solistes, c'est-à-dire principales (en général deux violons), soutenues par la basse continue. Cette basse chiffrée, que nous avons déjà présentée comme l'un des traits marquants du style concertant, est réalisée au clavecin ou à l'orgue. Pour mieux percevoir la ligne de basse, on lui donne du corps en la doublant par un instrument à archet, la basse de viole. Ainsi une sonate en trio demande-t-elle quatre exécutants, deux pour les parties solistes, deux pour la basse continue.

L'une des premières apparitions de la sonate en trio se situe dans le recueil de *Sinfonie e Gagliarde* de S. Rossi (1607), qui s'achève par une « sonate » ; puis des compositeurs comme B. Marini, T. Merula, G. Frescobaldi, G. B. Buonamente apporteront leur contribution à cette forme musicale. Le style concertant y prévaut, dans la mesure où chaque voix jouit d'une certaine indépendance : il n'y a pas de hiérarchie entre les deux parties solistes qui échangent leurs motifs dans un tissu d'imitations auquel participe parfois la basse. Seuls les mouvements lents sont de caractère homophonique.

La sonate pour violon solo fait appel à trois exécutants : un pour la partie soliste ou principale et deux pour la basse continue. Comme dans la sonate en trio, l'ordre et le nombre des mouvements y sont variables, mais le principe de l'alternance des *tempi* se trouve toujours respecté. Les mouvements rapides présentent le plus souvent des imitations, ou entrées entre soliste et basse. P. Cima serait le promoteur de cette forme, qui apparaît en 1610 dans ses *Concerti ecclesiastici,* suivi de S. Grandi, D. Castello, M. Cazzati.

Si l'on examine la destination des œuvres, il existe deux types de sonates, les unes réservées au concert *(sonata da camera),* les autres à l'Église *(sonata da chiesa).* La sonate de concert, ou « de chambre », se confond, en fait, avec la suite de danses dont elle reprend tous les caractères. La *sonata da chiesa* met en œuvre trois à cinq mouvements désignés par leur *tempo* : lent, vif, lent, vif. Mais l'esprit de la danse y reste sensible : le second mouvement lent revêt souvent l'aspect d'une sarabande et le *finale* celui d'une gigue. L'introduction lente, très majestueuse, et le premier *allegro,* de style fugué, lui confèrent un sérieux et une dignité qui conviennent au lieu où elle est exécutée.

En trio ou soliste, *da chiesa* ou *da camera,* la sonate de la première moitié du XVIIe s. présente une constante recherche de la virtuosité. Le violon italien, dont la facture atteint son sommet avec des luthiers de génie comme Maggini et Amati, développe sa technique dans le sens de la rapidité (traits de triples croches dans l'op. 5 d'Uccellini), de la conquête du registre aigu (dans le même recueil, Uccellini demande à l'exécutant de monter en sixième position sur la chanterelle) et du jeu des doubles et triples cordes. Dans ce dernier domaine, les Italiens sont très en avance sur les Allemands, qui n'exploiteront le jeu polyphonique au violon que dans la seconde moitié du XVIIe s., et surtout sur les Français, qui l'expérimenteront timidement au début du XVIIIe. Le « champion » des doubles et triples cordes est bien l'Italien Carlo Farina, qui, dans son *Capriccio stravagante* (1627), exige du premier violon une virtuosité révolutionnaire pour l'époque, orientée vers la description, puisqu'il s'agit d'évoquer les cris d'animaux, le tambour, le fifre, etc. Dans ce jeu audacieux, le *pizzicato* et les sons harmoniques ne sont pas négligés, et Farina prévoit même l'attaque de la corde *col legno,* c'est-à-dire avec le bois de l'archet. Ce goût de la virtuosité, caractéristique du baroque, montre bien l'appartenance de la sonate au *stile moderno.* À cette *seconda prattica* se rattache également le concerto.

Le concerto

Nous avons déjà précisé le sens du qualificatif « concertant », qui s'applique à des parties indépendantes les unes des autres mais se conjuguant dans un discours unique. Cette définition peut être complétée par la notion d'opposition, qui naît de l'autonomie de chacune des lignes. De fait, toute composition faisant intervenir des groupes d'instruments différant soit par le timbre, soit par la dynamique, peut, à la fin du XVIe et au début du XVIIe s., recevoir le titre de concerto.

Ainsi en est-il des *Concerti* de G. Gabrieli (1587) ou des *Concerti ecclesiastici* de L. da Viadana, publiés à partir de 1602, et destinés à des ensembles vocaux soutenus par l'orgue. C'est le cas également de beaucoup d'œuvres fondées sur le principe des oppositions, mais qui portent les titres de *sinfonia, canzona* ou *sonata* : les *Sacrae Symphoniae* de G. Gabrieli présentent ce caractère concertant.

Dans la première moitié du XVIIe s., le terme « concerto » ne perd pas son ambiguïté. Toutefois, il se réduit peu à peu au domaine instrumental et à des œuvres utilisant systématiquement les oppositions. Le véritable genre concerto ne se fixera qu'après 1680, sous l'influence de Torelli, puis de Corelli et enfin de Vivaldi.

La persistance des formes héritées du XVIe siècle

Les formes nouvelles – suite, sonate, concerto – créées au début du XVIIe s. expriment le *stile moderno.* Elles connaîtront un large essor pendant la période baroque et leur développement se poursuivra jusqu'à nos jours. Mais, dans la première moitié du XVIIe s., on pratique également des genres musicaux issus de la Renaissance et qui ressortissent, en principe, au *stile antico* : ce sont, par exemple, les formes fondées sur l'imitation, comme la *canzona,* le *ricercare,* le *capriccio,* la fantaisie, ou les pièces utilisant un *cantus firmus,* tel le *In nomine,* genre instrumental d'origine liturgique, cultivé en Angleterre, ou enfin des œuvres de structure assez libre comme la *toccata.* Si leur origine les rattache à la Renaissance ou même au Moyen Âge, ces formes portent cependant la marque d'un style nouveau, dans la mesure où elles admettent généralement le principe des oppositions (entre groupes instrumentaux différents, entre sections lentes et sections rapides, ou encore entre sections homorythmiques et sections en imitations) et la recherche d'une expression personnelle, surtout sensible dans la *toccata* et la fantaisie. En outre, elles préparent l'avènement de formes nouvelles : ainsi, la limitation du nombre des sections dans la *canzona,* jointe au jeu des oppositions de *tempi,* marque-t-elle une évolution vers la sonate, tandis que la construction de la fantaisie sur un seul thème et plusieurs contre-sujets ou idées secondaires, telle que la pratique par exemple le compositeur néerlandais J. P. Sweelinck, annonce la fugue.
Ces diverses formes sont confiées à des instruments solistes (claviers, luth) ou à des ensembles instrumentaux (ensembles de violes, ensembles d'instruments à vent, etc.). Il s'agit là d'un répertoire très abondant, aussi nous limiterons-nous à l'étude de deux exemples : les messes pour orgue de Frescobaldi, et les fantaisies pour ensembles de violes composées en France et en Angleterre.

Les Fiori musicali : toccata, ricercare, canzona

C'est en 1635 que G. Frescobaldi publie ses *Fiori musicali,* « Fleurs musicales », comportant trois messes pour orgue sur des thèmes grégoriens *(Orbis factor, Cunctipotens genitor Dei, Cum jubilo).* L'ordre de chacun des cycles correspond au déroulement de la cérémonie religieuse : une *toccata avanti la Missa* sert d'entrée, suivie des versets du *Kyrie,* présentant le plus souvent le thème grégorien en *cantus firmus,* une *canzona* exécutée après la lecture de l'épître, un *ricercare* pour le *credo,* une *toccata* pour l'élévation, et enfin une *canzona dopo il communio,* pour la sortie. Ces pièces sont destinées à un orgue de petites dimensions, comme on le concevait alors en Italie.

La *toccata* (de l'italien *tocar,* « toucher un instrument »), est une forme improvisée ; bien qu'en principe structurée en sections contrastantes, selon les impératifs du temps, elle garde cependant de ses origines une grande liberté. Frescobaldi en use largement ; il n'utilise pas à proprement parler des sections, mais ménage des oppositions entre de courts fragments de caractère différent : lents et expressifs, ou au contraire chargés de valeurs rapides en imitations. Ici le contraste n'est pas structurel, mais se veut dramatique ; tous les moyens mis en œuvre concourent à ce but : les dissonances, le chromatisme des lignes mélodiques, le jeu des intervalles augmentés ou diminués, l'emploi de la sixte mineure ascendante, et l'inégalité du *tempo* recommandée par le compositeur dans sa préface (les passages particulièrement expressifs devant être joués *adagio,* et les suites de valeurs brèves ou les parties en contrepoint note contre note *allegro*).

Le *ricercare* et la *canzona* sont des formes plus strictes. Issu du motet polyphonique, le *ricercare* comporte des sections traitant chacune un ou plusieurs thèmes, présentés en imitations. Frescobaldi pratique deux types de *ricercari* : le premier, traditionnel, à plusieurs thèmes, et le second, plus nouveau, où ne figure qu'un seul thème enrichi de contre-sujets (par exemple le *Ricercare cromatico,* de la *Missa delli Apostoli*). La *canzona* offre la même structure que le *ricercare* et les mêmes subdivisions.

Les *Fiori musicali* demeurent d'une grande importance, tant par leur intérêt musical que par les renseignements qu'elles nous apportent sur la participation de l'orgue à la liturgie. Frescobaldi avait d'ailleurs mentionné dans sa préface : « Mon principal objet est d'aider les organistes par le présent ouvrage. » Un siècle plus tard, un autre grand musicien d'église, J.-S. Bach, en fera prendre une copie à son usage personnel.

Les fantaisies pour violes

La fantaisie adopte également la structure de la *canzona* et du *ricercare.* Les compositeurs italiens la destinent souvent aux instruments à clavier ou au luth. G. Gabrieli et Frescobaldi ont construit des fantaisies plurithématiques ou monothématiques ; dans ce

---

Girolamo Frescobaldi (1583, † 1643)

Né à Ferrare en 1583, élève de F. Milleville et Luzzaschi, il fait carrière à Rome, où il occupe la charge d'organiste de Saint-Pierre. Considéré comme l'un des plus fameux instrumentistes de son temps, il laisse une abondante production de pièces pour clavier (*toccate, canzoni,* caprices, *ricercari,* fantaisies, variations), des recueils de *canzoni* pour ensembles instrumentaux, un livre de madrigaux, deux livres d'*arie musicali* et plusieurs œuvres de polyphonie vocale religieuse. Il meurt à Rome en 1643.

---

dernier cas, le thème unique est traité sous forme de variations dans chacune des sections.

En France, dans la fantaisie confiée aux ensembles de violes de gambe, se remarque souvent une intention démonstrative ou didactique : les *Fantaisies* de Ch. Guillet (Paris, 1610) sont classées selon l'ordre des douze modes naturels ; la *Fantaisie* de A. du Cousu (éditée en 1636 par Mersenne), sous-titrée « en faveur de la quarte », illustre les diverses manières d'utiliser harmoniquement cet intervalle. Les *Fantaisies à deux parties égales* de N. Métru (Paris, 1642) constituent des exercices pour les élèves des maîtrises. Même lorsqu'elles échappent à cet aspect théorique, les fantaisies françaises restent austères, d'une grande richesse contrapuntique : les *Fantaisies* de E. du Caurroy sur des thèmes grégoriens (*Cunctipotens genitor Dei, Conditor alme siderum, Pange lingua*) ou de Claude Le Jeune (1612) sont des œuvres empreintes de noblesse et de spiritualité. Plus de lyrisme se dégage des *Trois Fantaisies* de E. Moulinié (1635) ; on sent l'influence de la musique vocale dans la grâce des mouvements mélodiques, la recherche d'une expression s'appuyant sur le chromatisme, l'emploi des dissonances et des intervalles expressifs.

En Angleterre, la fantaisie connaît un grand essor durant les premières années du XVIIe s. Puis, entre 1620 et 1628, disparaissent les maîtres qui avaient porté à son sommet l'art instrumental de la période élisabéthaine : Th. Campian meurt en 1620, W. Byrd, Th. Weelkes et Ph. Rosseter en 1623, O. Gibbons en 1625, J. Dowland en 1626, A. Ferrabosco en 1628. Un ralentissement de la production musicale s'opère alors ; celle-ci s'interrompt au moment de la révolution de 1648 pour reprendre sur des bases nouvelles avec la restauration des Stuarts en 1660. Traitée aux

---

Les violes de gambe

Les violes de gambe forment une famille complète d'instruments dont les représentants les plus joués étaient le dessus, le ténor et la basse. Elles étaient utilisées soit dans le jeu soliste, soit en ensembles. Ces derniers pouvaient grouper deux ou trois instruments de même type (par exemple, deux dessus ou trois basses) ou encore conjuguer les ressources offertes par le dessus, le ténor et la basse. Le quatuor le plus couramment employé faisait appel à deux dessus, un ténor et une basse. On pouvait également mêler les violes à d'autres instruments : le *broken consort* anglais (« concert brisé ou mixte ») pouvait comprendre, par exemple, outre les représentants des violes, des instruments à cordes pincées (luth, cistre, pandora) et une flûte.

---

claviers (par exemple dans le *Fitzwilliam Virginal book,* 1620), au luth (par R. Dowland dans sa *Varietie of Lute lessons,* 1610), c'est cependant aux violes que la fantaisie convient le mieux, en raison du caractère expressif de l'instrument.

La fantaisie anglaise représente, selon Th. Morley, « la forme la plus artistique qui soit », permettant au compositeur une liberté d'invention très grande. En effet, bien qu'issue de la polyphonie religieuse, elle a perdu toute son austérité et ses références aux modèles vocaux ; son style est devenu purement instrumental, comme le montrent la hardiesse des intervalles disjoints, qui rappellent parfois l'écriture du virginal, et le souci de couvrir un large espace sonore, dans une perspective très caractéristique du baroque.

Aucune voix n'est privilégiée : l'idée fondamentale du *stile antico* domine ici dans l'égalité absolue des partenaires, les thèmes s'échangeant entre les parties. Le discours est souvent très intense. Les sections deviennent de plus en plus courtes et contrastées, faisant de l'œuvre un véritable « kaléidoscope sonore », pour reprendre l'expression employée par E. Meyer à propos des œuvres de Coperario. Ce goût des oppositions, lui aussi très typique de l'art baroque, peut conduire à un certain maniérisme. Celui-ci se traduit également dans une harmonie recherchée, qui rapproche fréquemment notes naturelles et altérées dans le cadre des mouvements mélodiques ascendants et descendants et qui érige en système les fausses relations et multiplie les modulations.

Cette pratique des contrastes et cette tendance au maniérisme demeurent cependant au service d'un ordre : la fantaisie suit une progression expressive, commençant par une « exposition » calme à laquelle s'enchaînent des sections de plus en plus animées, de plus en plus intenses. La conclusion, avec ses entrées souvent très rapprochées, son élargissement de l'*ambitus* et ses chaînes de valeurs brèves, représente l'équivalent de la strette de la fugue classique.
Après la Restauration, la fantaisie pour ensembles de violes sera encore traitée par quelques grands compositeurs, comme J. Jenkins, M. Locke et même H. Purcell, dans un style extrêmement raffiné et complexe, marquant la décadence du genre.
L'examen des formes musicales montre donc que la première moitié du XVIIe s. constitue une période de transition qui voit la liquidation de l'art de la Renaissance et l'avènement du style concertant. La *prima prattica* domine encore la musique religieuse et les formes instrumentales qui en sont nées : *ricercare, canzona,* fantaisie. La *seconda prattica* se révèle dans les formes nouvellement créées – suite, sonate, concerto – et qui toutes présentent l'aspect décoratif et le goût des contrastes propres à la musique baroque. Toutefois, la distinction entre les deux pratiques n'est pas toujours aussi rigoureuse : par exemple, les compositeurs de fantaisies font preuve d'un lyrisme typique du style nouveau, divisent ces œuvres en nombreuses sections contrastantes caractéristiques de la discontinuité baroque. Il semble que les musiciens du début du XVIIe s. soient plus intéressés par le style que par la forme, et l'imprécision qui règne encore dans la structure de la sonate et de la suite confirme bien cette réflexion.

L'épanouissement de l'art instrumental baroque (1650-1750)

Dans la première moitié du XVIIe s., des formes nouvelles sont nées – suite, sonate, concerto – qui vont connaître un grand essor. Les anciennes formes héritées du XVIe s. disparaissent peu à peu, parfois encore utilisées par les théoriciens ou les musiciens d'église. La création des concerts publics favorise le développement de l'orchestre, pour lequel s'élabore la symphonie.

Les instruments de l'époque baroque

Les instruments naissent, se développent et disparaissent au fil des siècles. Leur évolution constitue un phénomène lent, lié à la succession des générations de facteurs d'instruments, le luthier créant ou perfectionnant un modèle qu'il reproduit ensuite sa vie durant. Tous les instruments n'arrivent pas à maturité au même moment : à l'époque baroque, certains instruments brillent de leurs derniers feux (luth, viole de gambe, clavecin), d'autres continuent à se modifier (les violons), d'autres enfin naissent (la clarinette, le *pianoforte*). Cette vie des instruments dépend de nombreux critères, dont les principaux sont les fluctuations du goût du public, qui réclame des instruments de plus en plus brillants pouvant se faire entendre dans de grandes salles, les exigences des instrumentistes, qui délaissent les instruments complexes pour leur préférer les instruments faciles à jouer, ou encore l'évolution du langage musical, qui entraîne, notamment, le perfectionnement des instruments à vent pouvant désormais accéder à toutes les tonalités.

Le luth

Dans le domaine des instruments à cordes pincées, le luth connaît encore au XVIIe s. une grande faveur. L'instrument a subi des modifications : le plan de cordes s'est élargi vers le grave ; le « vieux ton » est abandonné pour un nouvel accord, l'écriture se complique, entraînant une séparation entre les fonctions de compositeur et d'interprète. Le répertoire se transforme : la transcription des chansons laisse place aux danses et entrées destinées au ballet de cour ou à la suite, ouverte par un prélude souvent non mesuré. Le besoin d'un registre grave très étendu et sonore pour l'accompagnement des airs favorise le développement de grands instruments du genre de l'archiluth (luth théorbé, théorbe, chitarrone), qui présentent plusieurs cordes graves, situées en dehors du manche et touchées à vide.

Nouvel accord du luth.

Ces différents luths sont très appréciés en Italie, où leur est parfois confiée une partie soliste, comme dans les sonates de B. Marini.

Les orgues italiennes aux XVIIe et XVIIIe siècles

La basilique Saint-Pierre de Rome comptait du temps de Frescobaldi trois orgues, dont les deux plus importantes ne comportaient qu'un clavier manuel et un pédalier d'une octave. On connaît bien la composition des instruments italiens des XVIe et XVIIe s. : l'orgue construit par Antegnati pour la cathédrale de Brescia en 1580 comportait au manuel deux principaux et un plein jeu à nombreux rangs. Le pédalier faisait sonner les basses du second principal de 16 pieds dont l'aigu était joué au manuel. Peut-être est-ce pour dépasser les faibles possibilités offertes par l'instrument que Frescobaldi joignait sa voix à l'orgue ? Dans les *Fiori musicali,* il écrit un *ricercare* à quatre voix avec obligation de « chanter » la cinquième partie sans la jouer.

Dans les pays germaniques, les deux vocations du luth – soliste et accompagnateur – sont illustrées, notamment dans les suites de Hinterleitner et de L. F. Le Sage de Richée, ou dans le soutien des airs. L'école française brille particulièrement au milieu du XVIIe s. avec la dynastie des Gaultier. En Angleterre, Th. Mace écrit encore des pièces solistes pour l'instrument, mais déplore la décadence qui s'amorce vers 1650 :
« Le vieux Dowland est mort. Robert Johnson aussi, hommes fameux, grands maîtres de mon art ; avec eux, jamais plus d'une voix ou de deux ou de trois. Après eux, grâce au fameux Gaultier, je charmerai les nobles oreilles. Mais lui aussi a disparu et John Roger est mon dernier ami. » (*Musick's Monument,* 1676.)
Cette décadence est due au trop faible volume sonore du luth à une époque où l'on apprécie les instruments plus brillants, et au développement du clavecin, qui ne tarde pas à le supplanter dans ses fonctions d'accompagnateur : il y est préféré en raison de son *ambitus* plus large et de sa sonorité moins confidentielle. La guitare prendra au XVIIIe s. le relais du luth, dont elle se rapproche par sa maniabilité, tout en restant infiniment plus facile à accorder et à jouer.

Les instruments à clavier

Parmi les instruments à clavier, le clavecin atteint alors son apogée. Soliste dans la suite, rivalisant avec l'orchestre dans le concerto, réalisateur habituel de la basse continue, il est de tous les concerts.

Des facteurs de génie l'ont perfectionné : les Ruckers en Flandre, J.-Cl. Goujon, les Taskin en France, ont construit de grands clavecins à deux claviers, allant jusqu'à 61 notes, et pourvus de deux jeux de huit pieds et d'un jeu de quatre. Somptueusement décorés, ils figurent dans les salons, laissant parfois la place à des instruments plus modestes comme l'épinette en France et en Italie et le virginal en Angleterre.

Le *pianoforte,* instrument à cordes frappées permettant les effets dynamiques *piano* et *forte,* fait son apparition au début du XVIIIe s. dans les essais de Cristofori. Mais, pendant la période baroque, il restera à l'état de prototype, son véritable essor ne datant que de la seconde moitié du XVIIIe s.

L'orgue, encore de dimensions réduites au XVIe s., se développe, son esthétique variant selon les pays. L'orgue italien, à un seul clavier manuel, est riche en mutations aiguës. En France, les différents plans sonores se précisent, avec quatre claviers manuels : grand orgue, positif, récit (faisant sonner le cornet, la trompette, le hautbois ou le jeu de voix humaine), écho, et un pédalier moins étendu qu'en Allemagne et composé de flûtes et d'anches. L'orgue allemand, avec de deux à quatre claviers manuels, est plus riche en jeux de fonds d'un moelleux incomparable. Son plein-jeu permet de rendre avec clarté les polyphonies les plus complexes, et ses anches, plus douces que les anches françaises, peuvent soutenir le *cantus firmus* d'un choral ou exprimer une mélodie ornée. Son pédalier, très développé et d'un jeu plus facile que le pédalier français, autorise une virtuosité qui sera exploitée par Buxtehude et J.-S. Bach.

Violes et violons

À côté des claviers la famille des instruments à archet est représentée par les violes et les violons. Les violes de gambe, ainsi nommées par opposition aux violes de bras (*da braccio*) tenues comme les violons modernes, comportent 6 ou 7 cordes et sont accordées en tierce et quartes comme les luths de la Renaissance. Leur jeu mélodique, d'une suavité extrême, possède une grande richesse d'expression : ce sont là les « beaux mouvements » tant vantés par Jean Rousseau, et dont le caractère « touchant » fait jaillir les larmes ; leur large plan de

Accord de la basse de viole.

cordes permet aussi le jeu polyphonique, dans des doigtés de main gauche assez semblables à ceux du luth. Sainte-Colombe, Marin Marais, Forqueray exploiteront en France cette double possibilité de l'instrument, atteignant une virtuosité spectaculaire, tout en gardant le goût des « beaux chants ».

Soutien habituel de la basse continue, la viole conservera ses deux rôles de soliste et d'accompagnateur jusqu'au début du XVIIIe s. ; puis elle perdra peu à peu du terrain devant la progression du violoncelle. Elle disparaît pratiquement avec la fin de la période baroque – vers 1750 – pour les mêmes raisons que le luth : trop faible volume sonore pour la salle de concert, trop grande complexité de jeu.

La famille des violons connaît au contraire un développement constant aux XVIIe s. et XVIIIe s. ; si, dès la fin de la Renaissance, la forme en paraît stabilisée, des modifications interviendront encore. Elles visent toutes l'obtention d'un son plus puissant à travers l'épaississement des barres d'harmonie et l'amplification de l'angle de renversement du manche. L'archet, aussi important que l'instrument, garde encore un aspect proche de celui des violes (profil légèrement convexe, tête allongée, dite « de brochet ») ; outre le violon proprement dit, cette famille d'instruments comporte également les alti, les violoncelles et la contrebasse. Les alti au milieu du XVIIe s. présentent des modèles variés (la *violetta* et le ténor de violon en Italie, la haute-contre, la taille et la quinte de violon en France) qui, bien que de dimensions différentes, sont tous accordés de la même manière, à la 5te du violon.

L'unification de ces modèles se produit au début du XVIIIe s. : l'alto moderne est né, qui gardera cependant des dimensions fluctuantes (le plus souvent de 39 à 42 cm de longueur de corps).

Le violoncelle, accordé à l'octave grave de l'alto, apparaît à la fin du XVIIe s. en Italie, se diffusant dans les autres pays d'Europe au début du XVIIIe s. À l'époque baroque, il se tient encore entre les genoux, comme la viole de gambe, l'usage de la pique ne remontant qu'au XIXe s. Enfin, la contrebasse à quatre ou cinq cordes remplace peu à peu le violone italien, dont elle conserve la silhouette aux épaules tombantes et le fond plat.

Les vents

Les instruments à vent, au jeu souvent assez aléatoire, vont connaître de profondes transformations durant la période baroque, à la fois dans la recherche d'une plus grande fiabilité et justesse d'intonation, et dans l'élargissement du nombre des tonalités accessibles.

La flûte traversière, dite encore « flûte allemande », en bois, de perce conique, comporte une clef, et le corps supérieur de l'instrument peut être remplacé par d'autres corps de longueur variable, ce qui permet de jouer dans de nombreuses tonalités. Sa sonorité, plus douce et moins uniforme que celle de la flûte métallique créée par Boehm en 1832, lui donne un charme qui s'accorde bien avec la richesse expressive de la viole et le raffinement du clavecin. Les flûtes à bec, ou « flûtes douces », sont également très employées jusque vers le milieu du XVIIIe s. Le « bourgeois de Londres » Samuel Pepys, qui tint son journal de 1660 à 1669, nous apprend qu'il ne se promenait pas sans un « flageolet » dans la poche de son habit et en jouait à tout instant : au saut du lit, à la taverne, sur le bateau qui le ramenait de son bureau, etc. Mais la flûte à bec pouvait aussi être jouée au salon, comme en témoignent les nombreuses pièces écrites pour elle par Hotteterre, J.-B. Lœillet, Vivaldi ou J.-Ch. Pepusch. Cet instrument sera peu à peu délaissé à la fin de la période baroque : peut-être avait-il été trop entendu ? En tout cas, son faible volume sonore l'écartait des salles de concert.

Le hautbois apparaît au milieu du XVIIe s. ; instrument à anche double et au corps de buis de perce conique, il ne compte alors que deux clefs, et sa sonorité, moins incisive que celle du hautbois moderne, lui donne une connotation pastorale. La basse de hautbois est fournie par le basson, qui ne comporte, le plus souvent, que de trois à cinq clefs. Très utilisé, le basson participe parfois à la réalisation de la basse continue en remplacement de la viole de gambe ; mais on lui confie également un rôle de soliste, par exemple dans les sonates de G. A. Bertoli (1645).

Les cuivres posent davantage de problèmes d'exécution, par suite de leur manque de sûreté dans l'intonation. Le cor de chasse, en faveur en France au XVIIe s., sera importé par le comte von Sporck en Bohême, vers 1680. Épris de musique française et grand chasseur, ce mécène fit instruire deux de ses domestiques dans le jeu du cor ; ceux-ci diffusèrent ensuite la pratique de l'instrument dans les pays tchèques et créèrent un répertoire, nourri de chansons françaises. Dès le début du XVIIIe s., les cornistes de Bohême s'imposèrent dans toute l'Europe musicale. Le jeu de l'instrument se perfectionna ensuite par l'ajout de segments de tuyau de longueurs différentes, les « tons de rechange » grâce auxquels on pouvait obtenir une plus vaste palette tonale. En outre, l'introduction de la

La Grande Bande des vingt-quatre violons

Cette formation, créée à Paris en 1592, comportait 6 dessus de violon (ce que nous appelons actuellement les violons), douze parties intermédiaires et six basses de violon. On entend par parties intermédiaires les anciens alti, alors répartis en haute-contre, taille et quinte de violon. Ces instruments, tous accordés comme l'alto actuel, étaient de tailles différentes, afin de mieux sonner chacun dans une partie de leur registre.
La composition de cette bande évoluera dans le courant du XVIIe s., dans le sens de l'augmentation du nombre de dessus, allant jusqu'à dix, et la diminution des parties intermédiaires, soit huit. Au début du XVIIIe s., les bandes de vingt-quatre violons comprendront douze dessus, deux hautes-contre, deux tailles et huit basses.

main dans le pavillon permettra de baisser d'un demi-ton les sons naturels, et de jouer pratiquement la gamme chromatique. C'est ce « cor à main » qui figurera dans l'orchestre classique de la seconde moitié du XVIIIe s.
La trompette, habituellement en *ut* ou en *ré*, émet les harmoniques du son fondamental. Sa sonorité est extrêmement brillante, mais son emploi reste aléatoire, rendant délicate la virtuosité exigée par certaines œuvres de J.-S. Bach, par exemple dans le *2e Concerto brandebourgeois.* Les trombones, très utilisés en Italie et dans les pays germaniques jusque vers 1650, sont ensuite délaissés ; réservés à la musique religieuse, ils ne réapparaîtront dans l'orchestre symphonique qu'au début du XIXe s.
Ce rapide aperçu des instruments de la période baroque ne se veut certes pas exhaustif ; toutefois, il ne faudrait pas négliger une catégorie d'instruments assez particulière, très appréciée en France dans la première moitié du XVIIIe s. : les instruments à bourdon. La vielle à roue, pratiquée au Moyen Âge puis abandonnée aux villageois, connaît au XVIIIe s. un bref renouveau, dû à l'attrait des pastorales dans les cercles aristocratiques. Boismortier, Corrette, Naudot écrivent pour cet instrument des suites et sonates, que se plaisent à jouer des courtisans déguisés en bergers. La musette participe à cette mode, mais avec moins de succès sans doute, car l'instrument reste très coûteux et, malgré sa réputation de simplicité, délicat à jouer.

La pratique instrumentale à l'époque baroque

La notion de mode montre bien que la diffusion des instruments est souvent liée à des facteurs sociologiques. On remarque qu'à la période baroque il existe une relation étroite entre instrument et classe sociale ; en France, par exemple, la viole, le luth, le clavecin sont considérés comme instruments nobles ; l'homme de qualité peut en jouer sans s'avilir. Au contraire, les violons gardent pendant tout le XVIIe s. une mauvaise réputation : instruments de laquais, ils servent avant tout à faire danser. Le Cerf de La Viéville écrit en 1700 : « Le violon n'est rien moins que noble ; on voit peu de gens de condition qui en jouent et beaucoup de bas musiciens qui en vivent. »
Le terme « violon » constitue d'ailleurs une injure : être « un drôle de violon » signifie à peu près être « un drôle de pistolet », et l'on désigne parfois les enfants illégitimes par l'expression « petits violons ». Il ne faut pas oublier d'ailleurs que, au sommet de son ascension sociale, le baladin Baptiste abandonnera son violon pour devenir M. de Lully, compositeur.

Les groupements d'instruments

Nobles ou non nobles, les instruments peuvent être réunis en concert. Nous avons déjà mentionné la sonate en trio, où deux violons sont soutenus par la basse continue. Mais la désignation des deux solistes n'est pas toujours aussi précise. En effet, le principe régnant durant cette période est celui de la substitution entre instruments de même tessiture, selon les ressources dont on dispose. Ainsi les instruments dits « de dessus » (dessus de viole, violon, hautbois, flûtes) seront-ils, en principe, interchangeables, de même que les basses mélodiques (basse de viole, violoncelle, basson). Cependant, certains instruments conviennent mieux que d'autres pour certaines œuvres. Dès 1636, Mersenne exprime cette idée : « Bien que chaque instrument puisse servir pour jouer telle pièce que l'on voudra, néanmoins l'expérience enseigne que les unes réussissent mieux que les autres quand elles sont jouées sur de certains instruments... »
Beaucoup de compositeurs apportent leur caution à cette pratique, en annonçant dans leur page de titre diverses possibilités d'exécution : par exemple, M. Corrette publie en 1728 *Six Concerti pour trois flûtes, violons, ou hautbois et basse continue.* D'autres laisseront *ad libitum* l'instrumentation, comme F. Couperin dans ses

Sonates à deux dessus et basse continue. Il faudra attendre la seconde moitié du XVIIIe s. pour que les compositeurs s'intéressent vraiment à la notion de timbre et emploient les instruments en fonction de leur couleur sonore.

En dehors des formations de chambre, les instrumentistes peuvent se grouper en « bandes » réunissant des instruments de même famille. L'exemple le plus célèbre est celui de la Grande Bande des vingt-quatre violons dans laquelle les instrumentistes sont nommés sur concours. D'autres bandes se constitueront sur le même modèle, par exemple en France celles de Léonard de Lorge ou de Henry Mathieu au milieu du XVIIe s. et, en Angleterre, Charles II fondera lui aussi une troupe de vingt-quatre violons attachée à la cour. Dans la seconde moitié du XVIIe s., l'orchestre français reprend en partie la composition de ces bandes, en se fondant sur le quintette à cordes (une partie de dessus de violon, trois parties d'alto et la basse), augmenté d'instruments à vent (flûtes, hautbois, bassons) et éventuellement de trompettes et de timbales.

En Italie, l'orchestre naît du noyau primitif de la sonate en trio, c'est-à-dire deux parties de dessus et basse. De nombreuses symphonies préclassiques seront encore écrites pour cette formation sans alti, notamment par Vivaldi, Porpora et Sammartini. Cependant, au début du XVIIIe s., s'adjoint parfois une partie d'alto venant combler le vide trop important existant entre le second dessus et la basse. Cet orchestre, reposant alors sur le quatuor à cordes, auquel se joindront les bois (flûtes et hautbois) ou les cuivres (cors ou trompettes), toujours par deux, sera utilisé dans toute l'Europe au milieu du XVIIIe s. Bien entendu, la basse continue y est toujours présente et le compositeur dirige son œuvre du clavecin sur lequel il « réalise la basse », à moins que, violoniste, il ne siège au pupitre de premier violon. L'évolution de cet orchestre se caractérise surtout par l'augmentation du nombre des instrumentistes et la faiblesse numérique des pupitres d'alti. En ce qui concerne les seules cordes, l'orchestre de la chapelle de Berlin comportait en 1712 onze violons, deux alti, quatre violoncelles et deux contrebasses ; en 1751, l'orchestre du Concert spirituel à Paris réunissait seize violons, toujours deux alti, six violoncelles et deux contrebasses. Ce déséquilibre tient en fait à l'écriture musicale : dans la plupart des œuvres baroques destinées à l'orchestre, les alti n'exécutent pas une partie indépendante, mais se contentent de doubler les basses à l'octave supérieure. Ce genre de remplissage n'avait donc pas besoin d'être soutenu par un groupe très nombreux.

Accord, diapason et partition

Un des problèmes posés à cet orchestre était celui du diapason ; en effet, la hauteur du *la* varie, à l'époque, selon les villes, et dans une même ville selon les églises, et enfin, d'une manière générale, selon le répertoire abordé. Par exemple, Bontempi précise en 1695 qu'à Venise les orgues de la basilique Saint-Marc sont accordées un ton plus haut que celles des autres églises. En outre, le diapason utilisé dans la musique d'église est réputé haut (c'est le *Chorton*, pratiqué aux orgues, trompettes, timbales, cordes aiguës et voix), alors que dans la musique de chambre il est bas (*Kammerton*, régissant le jeu des bois et des cordes graves). Ces tons étant eux-mêmes relativement flottants selon les lieux, on mesure l'incertitude qui existait alors sur l'accord, et les problèmes rencontrés par les interprètes. En 1772 encore, le voyageur Charles Burney admire la qualité de l'orchestre de Mannheim, excepté toutefois le manque de justesse des bois, qui ne sont jamais accordés avec le reste de l'orchestre. Ce défaut, ajoute-t-il, est commun à toutes les formations orchestrales ! La question reste actuellement ouverte : faut-il, par exemple, jouer une sonate en trio au *Kammerton* (*la* = 415 périodes) ou au contraire au diapason actuel (*la* = 440 périodes) ? En fait, tout dépend des instruments utilisés ; chaque instrument est conçu pour sonner à un certain diapason et l'en modifier ne peut qu'altérer son timbre : une viole de gambe normalement accordée au *Kammerton* gagnera en brillant si elle est haussée au *la* = 440, mais sa suavité et ses qualités d'expression en seront amoindries.

L'accord ne réside pas uniquement dans le choix d'une certaine hauteur du *la* ; la répartition des demi-tons à l'intérieur de l'octave doit, elle aussi, être précisée. En effet, accorder un clavecin en respectant la justesse des quintes est impossible, puisque, lorsque le cycle des douze quintes se referme, la note finale ne se retrouve pas à l'unisson de la note de départ. Il faut donc chercher un compromis, en affaiblissant certains intervalles. De multiples solutions ont été proposées, chaque théoricien, chaque instrumentiste ayant un tempérament préféré. Le tempérament le plus utilisé à l'époque baroque consiste à accorder juste huit tierces majeures commençant par *ut, ré, mi♭, mi, fa, sol, la, si♭*, et à rétrécir légèrement les quintes, en rejetant la plus grande inégalité sur la quinte *sol # mi♭*, dite quinte du « loup » et qui n'est pratiquement pas employée. Ce système permet de jouer sans problèmes dans toutes les tonalités comportant jusqu'à trois ou quatre altérations. Pour

Le tempérament égal

Le *tempérament* dit « *égal* » est une solution théorique et non musicale, où toutes les quintes se trouvent légèrement affaiblies, ce qui permet de diviser l'octave en douze demi-tons égaux. Les inconvénients sont de deux sortes : d'une part, toutes les tierces sont fausses ; d'autre part, l'impression propre à chaque tonalité est très affadie ; en effet, il n'y a plus désormais douze tonalités ayant chacune sa saveur, mais une seule tonalité transposable onze fois.
Pour garder à la musique ancienne tout son caractère, il est indispensable d'accorder les instruments dans un tempérament inégal ; les interprètes remarqueront d'ailleurs que leurs instruments sonnent beaucoup mieux, tant sur le plan de la qualité du timbre que de la puissance, lorsqu'ils ne sont pas accordés en tempérament égal.

moduler dans des tons plus diésés ou bémolisés, il fallut assouplir encore ce système, en ne conservant que cinq tierces justes, les autres étant augmentées progressivement. On pouvait ainsi aborder pratiquement toutes les tonalités, et c'est sans doute un système « bien tempéré » de ce type qu'utilisa J.-S. Bach dans son *Clavier bien tempéré*.

La tenue des instruments ; l'ornementation
Une fois résolues les difficultés de l'accord, la pratique instrumentale de la période baroque soulève encore bien des problèmes. Ainsi, une gravure de Bonnart représentant le *Maistre à dancer* montre que le violon n'est pas pourvu d'une mentonnière et repose librement sur l'épaule de l'interprète, sans appui de la tête, simplement soutenu par la main gauche. Dans cette position, l'exécutant peut difficilement démancher (c'est-à-dire monter vers l'aigu de l'instrument) ; de même, la tenue de l'archet vise certainement à obtenir plus de légèreté que de puissance. Le violoniste actuel frémit devant l'« incorrection » de cette position. Ce Maistre à dancer serait bien incapable de jouer le *Concerto* de Brahms ! une telle réflexion fait sourire. Mais retournons la proposition : n'est-il pas aussi risible d'exécuter aujourd'hui la musique du XVIIe s. avec la tenue adoptée pour jouer Brahms ? On voit là se préciser le

problème de l'adéquation de la technique et du répertoire, problème qui existe pour tous les interprètes dès lors qu'ils jouent sur des instruments anciens.

Outre les problèmes de technique instrumentale, la musique baroque présente des difficultés nées des obscurités et lacunes de la partition. En effet, l'ornementation est le plus souvent absente : il appartient à l'interprète de la restituer en respectant, évidemment, le goût de l'époque. Lorsque les agréments figurent dans le texte, encore faut-il les jouer avec fidélité, compte tenu du fait qu'il existe de multiples façons de les réaliser, selon les nations et, dans un même pays, selon les compositeurs, le caractère des œuvres, leur *tempo*, etc.

Mais l'ornementation, si elle est indispensable, ne constitue encore qu'un habillage du texte musical. Or, la lecture même de la partition soulève des difficultés ; le problème des notes inégales n'est pas le moindre. Le compositeur Quantz résume assez clairement la question, lorsqu'il écrit en 1752 :

« ... Il faut que dans les pièces d'un mouvement lent ou modéré les notes les plus brèves soient jouées avec quelque inégalité, bien qu'à la vue elles paraissent être de même valeur, et l'on doit appuyer sur les notes fortes, c'est-à-dire les première, troisième, cinquième, septième, plus que sur celles qui passent, c'est-à-dire les deuxième, quatrième, sixième, huitième, quoiqu'il ne faille pourtant pas les tenir aussi longtemps que si elles étaient pointées... »

Il ressort de ce texte que l'inégalité ne doit pas consister à remplacer mécaniquement toute chaîne de croches  par la formule  ; infiniment plus raffinée, l'inégalité se rapproche davantage de la proportion  quoiqu'il paraisse impossible d'en donner une représentation graphique exacte. En fait, l'inégalité doit être si subtile que l'oreille ne la perçoit pas en tant que variété rythmique, mais plutôt comme une sorte de *rubato* élégant, une « grâce négligée » selon l'expression de J. Playford.

L'improvisation : restituer une ornementation absente sur les partitions, réaliser la basse continue constitue déjà des pratiques ressortissant à l'improvisation. Mais l'instrumentiste baroque doit également être capable de broder des variations, ou tout simplement de « préluder », tant pour s'échauffer que pour vérifier l'accord de son instrument et « s'installer » dans une tonalité.

Ces préludes, toujours très libres, favorisent l'expression des sentiments. Rappelons les mots de Rameau à un élève qu'il invitait à préluder : « Mon ami, faîtes-moi pleurer... »
Ces diverses observations sur la pratique instrumentale baroque font mesurer l'importance des problèmes et l'ambiguïté des solutions. Seule une connaissance profonde des traités, du répertoire et de la sensibilité de l'époque peut permettre d'interpréter cette musique avec un minimum d'authenticité. Certes, nous savons que la vérité historique demeure un mythe : nous pouvons nous en approcher, mais jamais l'atteindre, notre connaissance et notre compréhension du passé n'étant pas intégrales. Les nombreux travaux des musicologues permettent à l'instrumentiste d'accéder au moins à une partie de cette connaissance. Mais toute science serait vaine s'il n'entrait pas dans l'exécution un élément de création représentant un apport personnel sans lequel l'interprétation reste atone. Il appartient au musicien de retrouver cet accord profond avec l'œuvre baroque.

La suite

Genres et formes constitutives

Au milieu du XVIIe s., le plan de la suite s'est constitué à partir du « noyau » allemande/courante/sarabande, auquel s'adjoignent diverses danses, comme les « bransles », la gavotte, la gigue, toujours liés par une même tonalité et le principe d'alternance des *tempi.* Parmi les danses nouvelles, le menuet connaît une large diffusion ; à ses débuts, la battue en est très rapide : on ne marque le temps d'appui que de deux en deux mesures. Plus tard, le *tempo* du menuet se ralentira pour donner cette danse pompeuse figurant en troisième mouvement dans les symphonies de Haydn et de Mozart. Les passacailles et chaconnes sont également très appréciées. Fondées sur le principe de la variation sur une basse obstinée, et plus éloignées que les autres danses de l'expression chorégraphique, elles permettent au compositeur de s'exprimer avec originalité et d'élaborer, par l'ajout de variations successives, des formes musicales assez développées joignant parfois les voix aux instruments.
En outre, on remarque dans la suite la présence de pièces pratiquement étrangères à la danse. Le « tombeau » constitue une déploration sur la mort d'un grand personnage ou d'un artiste. Il semble que les luthistes aient, les premiers, entrepris d'introduire dans la suite ces hommages instrumentaux : E. Gaultier, dès le milieu du

XVIIe s., célèbre ainsi son collègue Mézangeau. Puis les clavecinistes s'emparent de ce genre nouveau : L. Couperin, par exemple, compose le *Tombeau de Blancrocher*, et le violiste M. Marais celui de son professeur, Sainte-Colombe. Cette pratique du tombeau sera couronnée par *L'Apothéose de Lulli :* dans ce concert instrumental Fr. Couperin développe un programme où l'on voit le vieux maître « aux champs Élysées concertant avec les ombres lyriques... ». Sur le plan de la structure, le tombeau s'apparente à une allemande grave ; l'expression de la douleur s'y fait au moyen de l'ornementation (« soupirs », « plaintes », appoggiatures) et de l'harmonie. Toujours sans rapport avec la danse, la pièce d'ouverture de la suite peut être un prélude, souvent non mesuré chez les luthistes et clavecinistes ; elle peut être aussi, dans les suites pour ensembles instrumentaux, une *sinfonia*, une sonate, une ouverture ou un *capriccio*. Enfin, on relève parfois dans le courant de la suite l'intervention d'*airs*, où la mélodie présente un aspect vocal très marqué par l'influence de l'opéra et peut s'enrichir de variations.
Les diverses danses de la suite, caractérisées par leur rythme et leur *tempo*, offrent des structures différentes, qui peuvent se réduire à quatre formes principales : forme rondeau, forme binaire ou « suite », forme avec trio, et enfin danse sur basse obstinée. Ces diverses formes resteront en usage jusqu'au milieu du XVIIIe s.

Instrumentation

Durant la période baroque, la suite est confiée soit aux instruments solistes (clavecin, luth, violon, viole de gambe, flûte), soit à l'ensemble instrumental comprenant un instrumentiste par partie, soit encore à l'orchestre. La suite pour instrument soliste connaît un grand développement, car elle favorise l'expression personnelle et la virtuosité. L'influence de l'opéra y est sensible dans le lyrisme des mouvements mélodiques, ce qui montre bien que, quel que soit le degré de perfectionnement atteint par la technique instrumentale, l'instrument reste encore un imitateur de la voix.

Les musiciens de la suite au XVIIe siècle

Dans la seconde moitié du XVIIe s., de grands maîtres composent des suites pour le clavecin : Purcell en Angleterre, Froberger en Allemagne. Toutefois c'est en France que l'école de clavecin demeure la plus brillante, illustrée tout d'abord par Jacques Champion de Chambonnières.

Les formes dans la suite baroque

La *forme rondeau* fait alterner un refrain immuable et des couplets tous différents, soit schématiquement A B A C A. Elle est fréquente dans l'œuvre des clavecinistes français, qui aiment traiter la gavotte ou la chaconne en rondeau.
La *forme binaire* ou forme « suite » comporte deux parties, chacune redite une fois, soit A A' B B' ; elle implique une organisation harmonique précise, la première partie allant de la tonique à la dominante et la seconde de la dominante au retour de la tonique. La *forme avec trio* se rencontre par exemple dans le menuet, dont on peut ainsi esquisser le plan :

AA' BB'	CC' DD'	A B
menuet	trio	retour du menuet

Enfin, la quatrième forme est celle de la *danse sur basse obstinée,* du type chaconne ou passacaille.

M. Mersenne, qui l'avait souvent entendu, affirme qu'aucun autre claveciniste ne pouvait lui être comparé :
« Il ne faut plus rien entendre après [lui], soit qu'on désire les beaux chants et les belles parties d'harmonie meslées ensemble, ou la beauté des mouvements, le beau toucher et la légèreté et la vitesse de la main. »
Chambonnières respecte la structure de base de la suite (allemande/courante/sarabande) à laquelle il ajoute parfois gaillarde, gigue, chaconne, canarie. Musicien de transition, il continue à utiliser certaines danses alors tombées en désuétude, comme la pavane, ou encore emploie dans ses allemandes une écriture très contrapuntique, proche de celle des luthistes du début du XVIIe s. Mais déjà il associe aux danses ces titres pittoresques qui resteront tellement caractéristiques de l'école française : ainsi remarque-t-on dans son premier livre l'allemande *La Dunkerque,* la courante *Iris,* ou la pavane *L'Entretien des dieux.* Au XVIIe s., ces titres ne répondent pas systématiquement à des préoccupations descriptives ; ils constituent le plus souvent des dédicaces, soit sous une forme claire (sarabande *La Reyne*), soit dans un langage plus secret (courante *La Toute Belle*). L'évocation pittoresque peut paraître évidente dans certaines

Jacques Champion de Chambonnières (1601, † 1672)

Fils et petit-fils de clavecinistes, Jacques Champion de Chambonnières naît en 1601 à Paris ; claveciniste et organiste, il obtient très jeune des charges à la Chambre et à la Chapelle, et se produit dans les salons où il brille par ses talents d'improvisateur. Trop ambitieux, ses prétentions à la noblesse et le faste de son train de vie lui font encourir la colère du roi et il tombe en disgrâce en 1662, consacrant dès lors son activité à l'enseignement. Il meurt à Paris en 1672, deux ans après la publication de ses deux livres de clavecin.

pièces (*Le Moutier*, gigue *La Villageoise*), mais ce sont encore des cas peu fréquents et il serait naïf de vouloir toujours trouver dans les œuvres de clavecin de cette époque un lien entre sous-titre et contenu musical.

Compositeur et pédagogue éminent, Chambonnières a exercé une influence profonde sur toute la génération de clavecinistes français qui l'a suivi. Sa réputation dépassa même les frontières ; Froberger vint en 1652 lui rendre visite d'Allemagne, et ses œuvres manuscrites ont largement circulé à l'étranger, comme en témoignent les nombreux manuscrits qui figurent encore au catalogue des bibliothèques allemandes ou anglaises.

Les successeurs de Chambonnières, d'Anglebert, Nivers, L. Couperin, J.-N. Geoffroy, N. Lebègue, continuèrent à développer la suite, partant du même plan de base, pour ajouter des pièces de plus en plus nombreuses. L'emploi du prélude ressortit à ce même désir d'amplification de la suite. Emprunté au répertoire des luthistes, le prélude devient chez L. Couperin la pièce d'introduction de quatorze de ses suites sur quinze. Il s'agit d'un prélude non mesuré, où l'improvisation tient une place importante. Une graphie particulière en notes évidées souligne la structure de l'œuvre : les grandes liaisons indiquent la permanence de l'harmonie, les liaisons plus courtes à la partie supérieure la prolongation des notes, permettant de mettre en relief le phrasé, ou éventuellement le *legato*. Bien entendu, une grande liberté règne dans l'exécution de ce type de prélude, dont le caractère « aléatoire » devrait séduire les amateurs

---

François Couperin (1668, † 1733)

Né à Paris en 1668, François Couperin, organiste et claveciniste, succède à Delalande à l'orgue de Saint-Gervais en 1686. Ses premières pièces d'orgue le font connaître et, sur concours, il obtient en 1690 le poste d'organiste de la Chapelle royale. Dès 1691, il est nommé Maître de clavecin des Enfants de France et partage sa carrière entre la vie musicale de la cour et sa tribune de Saint-Gervais. Il meurt en 1733, laissant une œuvre abondante, tant dans le domaine théorique *(Règles pour l'accompagnement, L'Art de toucher le clavecin)* que dans le domaine musical (pièces d'orgue, de clavecin, sonates, pièces de viole, musique vocale religieuse et profane).

---

de musique nouvelle. Probablement employé au clavecin pour la première fois par L. Couperin, le prélude non mesuré poursuivra une brillante carrière aussi bien au clavier qu'à la viole de gambe (chez Demachy notamment).

La suite au XVIIIe siècle

Mais c'est au début du XVIIIe s. avec Fr. Couperin et J.-Ph. Rameau que l'école française connaît son apogée. Neveu de Louis, François Couperin, dit « le Grand », publie entre 1713 et 1730 ses quatre livres de pièces de clavecin, réunissant 27 ordres. Le terme « ordre » remplace ici le mot « suite » et implique une idée de classification. Un ordre constitue en fait une série de danses de même tonalité, dans laquelle l'interprète opère un choix pour former une suite. Dans les premiers ordres persiste encore le plan de la suite, mais peu à peu le compositeur se libère du cadre strict de la danse pour aborder l'évocation ou parfois le portrait. L'intention descriptive est ici évidente ; Couperin lui-même souligne : « J'ai toujours eu un objet en composant toutes ces pièces ; des occasions différentes me l'ont fourni, ainsi les titres répondent aux idées que j'ai eues... » Cette évolution se fait de manière progressive : les cinq premiers ordres s'achèvent par une pièce rapide *(Les Plaisirs de Saint-Germain, Les Papillons, La Lutine, Le Réveil matin, Les Ondes)* en mesure composée dans laquelle on reconnaît encore la gigue, conclusion habituelle de la suite ; mais, dès le deuxième livre, le sixième ordre commence gaiement par *Les Moissonneurs,* alors que l'on attendrait une pièce grave du type allemande, le treizième ordre s'éteint dans la nostalgie de *L'Âme en peine*. Couperin modifie donc le schéma de la suite et innove en développant parfois un cycle à l'intérieur même de l'ordre : le cycle des *Fastes de la grande et ancienne ménestrandise* (onzième ordre) constitue une petite suite greffée dans l'ordre. Les formes traditionnelles se retrouvent, avec une prédilection pour le rondeau (60 pièces sur 240) et la structure binaire. Mais l'intérêt essentiel de ces pièces réside dans la poésie et le charme qui s'en dégagent. Aucun procédé d'écriture n'est employé de manière systématique ; tout concourt à l'expression, tant dans le choix des ornements, la saveur d'une harmonie riche en dissonances, que dans la beauté des mouvements mélodiques. Dans cette expression, rien n'est excessif ; Couperin a horreur de l'emphase et sait toucher sans bouleverser. Son discours musical reste toujours empreint de cette bienséance si caractéristique du Grand Siècle. *La Douce Janneton*, vingtième ordre, révèle bien cet aspect pudique de l'expression, associé à l'originalité de l'écriture croisée (les mains passant l'une au-dessus de l'autre).

Contemporain de Couperin, J.-Ph. Rameau (voir « La musique vocale de 1680 à 1800 », p. 274) a publié trois recueils de pièces pour clavecin en 1706, 1724 et 1728. Si, dans son *Premier Livre*, Rameau reste encore près du plan de la suite, il s'en évade dans les deux recueils suivants, adoptant en cela une démarche identique à celle de Couperin. Comme chez celui-ci, on remarque la fréquence des pièces descriptives et une prédilection pour la structure en rondeau. Mais là s'arrête toute comparaison entre ces deux maîtres du clavier. En effet, à la poésie subtile et tendre de Couperin, on pourrait opposer la clarté et la grandeur de Rameau. Soucieux de perfectionner la technique, celui-ci associe à son *Second Livre* une méthode pour se délier les doigts et exige de l'interprète une virtuosité qui semble déjà dépasser le cadre du clavecin. La vigueur, la clarté du plan, la logique du développement évitent toute surprise et renforcent l'impression de puissance. *L'Égyptienne, Les Niais de Sologne* constituent des exemples frappants de cette architecture un peu monolithique, mais qui s'impose par sa grandeur. Certes, Rameau sait aussi séduire par des tableaux tendres ou précieux, comme *Le Rappel des oiseaux*, teinté d'un certain maniérisme dans l'abondance de l'ornementation. Mais l'originalité de son écriture de clavecin tient plutôt à ce ton héroïque, propre au compositeur d'opéra.

Les compositeurs de suites pour viole de gambe

Parmi les compositeurs de suites pour viole de gambe seule ou avec basse continue, on peut mentionner :

En Allemagne
A. Kühnel, *Partite*, 1698
J. Schenck, *Scherzi Musicali*, 1696

En France
Du Buisson : 1666
Demachy : 1685
M. Marais : 1686 → 1725
Caix d'Hervelois : 1708 → 1731
J. Cappus : 1730
R. Marais : 1735 → 1738
Ch. Dollé : 1737
A. Forqueray : 1747

Après Couperin et Rameau, l'école française de clavecin tombera en décadence, à la fois par manque de compositeurs de premier plan et par fléchissement de l'intérêt pour l'instrument, qui peu à peu perd du terrain au profit du *pianoforte.*
En Allemagne au XVIIIe siècle, la suite pour clavier triomphe avec Haendel et Bach. Ce dernier compose trois recueils de six suites (françaises, anglaises, *Partiten*), toutes construites sur un même plan : pièce introductive (elle fait défaut dans les *Suites françaises*), pièces constitutives (allemande, courante, sarabande), « Galanterien » (ou danses de cour intercalées) et gigue conclusive. Mais ces dix-huit suites sont toutes différentes, par exemple dans le choix des Galanterien et leur groupement. Leur diversité se manifeste également dans l'écriture de clavier : on pourrait à cet égard comparer les dix-huit (3 x 6) allemandes succédant à la pièce introductive.

La suite sous le nom de concert

La vogue de la suite s'étend à d'autres instruments solistes que le clavecin : on voit encore dans la seconde moitié du XVIIe s. des compositeurs tels Perrine ou Mouton écrire des suites pour le luth, et jusqu'au milieu du XVIIIe s. les violistes composeront des suites soit pour viole seule, soit pour viole et basse continue. La suite peut

également être confiée à un ensemble instrumental constitué de solistes (un instrumentiste par partie) ; souvent elle prend alors le titre de « concert ». Ainsi Sainte-Colombe consacre-t-il à deux basses de viole ses *Concerts,* qui sont en fait des suites de danses : le *4e Concert, L'Incomparable,* comporte en effet une allemande, un menuet, une première gavotte, une sarabande et une seconde gavotte. Ces pièces marquent l'apogée de l'école française de viole : à l'audition de ces pages, on est surpris par la richesse d'invention, l'ingéniosité du dialogue conduit entre les deux instruments, la subtilité de l'ornementation et de la dynamique ; et pourtant, rien de sophistiqué dans ce texte : la spontanéité du discours, le caractère touchant des mélodies font oublier le travail du compositeur. L'un des aspects les plus originaux de ces *Concerts* réside dans l'utilisation du rythme libre, qui se rencontre le plus souvent dans la pièce d'ouverture (*Concerts* LI, LIII et LVI) ou plus rarement au moment des cadences conclusives (fin de la gigue du *Concert* XLIX). Ce procédé pourrait rappeler le prélude non mesuré alors en usage chez les luthistes et les clavecinistes, mais on remarque chez Sainte-Colombe une écriture très mélodique qui apparente davantage le rythme libre au récitatif d'opéra.
Toujours pour les violes, M.-A. Charpentier écrit à son tour un *Concert à quatre parties,* comprenant deux préludes, une sarabande, une gigue anglaise et une passacaille. Le style personnel de ce compositeur s'épanouit particulièrement dans l'emploi d'une harmonie où abondent les dissonances. L'école anglaise destine également au « Consort » de violes de nombreuses suites et danses isolées, parmi lesquelles on peut citer celles de W. Lawes, M. Locke, J. Jenkins, J. Hingston.
Mais le concert peut faire appel à une instrumentation plus variée que l'ensemble de violes : Fr. Couperin élargit ses *Concerts royaux* (composés en 1741-1715) ou encore les suites de ses *Nations* (1726) « à l'usage de toutes sortes d'instruments de musique » ; ces pièces sont simplement présentées pour deux dessus et basse, le choix des instruments restant aux instrumentistes. De même, les compositeurs allemands J. Rosenmüller, D. Becker, Schmelzer, J. Pezel composent des suites à quatre ou cinq parties, destinées à des groupes instrumentaux très divers.

Les suites pour orchestre

Enfin, de nombreuses suites ont été écrites pour l'orchestre ou la bande de violons. Dès le milieu du XVIIe s., un manuscrit copié pour la cour de Cassel nous fait découvrir vingt suites, composées par des violonistes parisiens et ayant vraisemblablement fait partie du répertoire de la Bande des vingt-quatre violons. Ces suites reproduisent la structure de base allemande – courante – sarabande, enrichie de danses diverses. De nombreuses imitations circulent entre les voix, donnant à ces pièces un intérêt dépassant largement le cadre de la danse : les allemandes, par exemple, présentent une écriture très recherchée, qui permet d'imaginer la maîtrise d'exécution de ces ensembles de violons.

Puis l'influence de Lully va s'exercer sur la suite, par l'intermédiaire du ballet : entre 1653 (*Ballet de la nuit*) et 1671 (*Ballet des ballets*), Lully fournit pratiquement la musique de tous les divertissements de cour, avant de se consacrer à l'opéra (voir « La musique vocale de 1680 à 1800 », p. 464). Comédies-ballets et ballets comportent des suites de danses entrecoupées de pièces vocales ; on y remarque de nombreux *airs* qui sont en fait des pièces instrumentales de forme binaire, très mélodiques et détachées des structures rythmiques de la danse. Une nouvelle pièce d'encadrement y apparaît : l'ouverture « à la française », composée d'un premier mouvement lent, avec rythmes pointés, terminant sur la dominante, s'enchaînant à un second mouvement rapide, en général présenté en *fugato* et amenant un retour à la tonique. Dès le *Ballet d'Alcidiane* (1658), le plan de cette ouverture est fixé et Lully l'utilisera dans la plupart de ses ballets puis en introduction à ses opéras. Dans les pays de l'Empire, la suite française pour orchestre est très largement imitée, diffusée tout d'abord par les élèves de Lully (J. S. Kusser, G. Muffat) puis adoptée par Ph. H. Erlebach, J. A. Schmierer, J. C. F. Fischer, et enfin Telemann et J.-S. Bach.

Dans ce bref aperçu de l'évolution de la suite, nous avons fort peu mentionné l'Italie : la suite s'y confond, en effet, avec la *sonata da camera*.

La sonate

Si la suite est appréciée à travers toute l'Europe et fait appel à des formations très variées – instruments solistes, ensembles ou même orchestres –, en revanche la sonate semble à ses débuts constituer un genre purement italien, destiné à la seule famille des violons.

La sonate italienne

L'école de Modène a triomphé dans la première moitié du XVIIe s., avec M. Uccellini. Ses successeurs (Stradella, Colombi) s'effacent devant la suprématie des Vénitiens : G. Legrenzi compose entre 1655 et 1682 des sonates en trio et en quatuor destinées à l'église, dans un style très austère. La limpidité de l'écriture de Legrenzi, le souci de délimiter clairement les motifs, à une époque où la ligne baroque s'égare dans un fouillis de courbes, en font un compositeur en avance sur son temps, auquel J.-S. Bach vouera une grande admiration. Mais c'est à Bologne que la sonate connaît le développement le plus important. De grands professeurs tels L. Brugnoli et M. Cazzati y assurent la formation de compositeurs comme G. B. Vitali, ou A. Corelli, dont la contribution à l'évolution de la sonate est fondamentale. Vitali distingue toujours entre les deux types de sonate : *da camera* et *da chiesa.*

A. Corelli publie entre 1681 et 1700 cinq livres constituant l'apogée de la sonate baroque. Dans ses trios pour l'église, soutenus par l'orgue, il adopte en général la structure en quatre mouvements (lent/vif/lent/vif), chacun étant fondé sur un seul thème, entouré ou non de motifs accessoires. Le premier mouvement comporte des imitations entre les voix supérieures, privilégiant souvent la démarche par tierces des deux solistes. Le deuxième est un *allegro* fugué, le troisième un *adagio* de style homophonique, très influencé par le *bel canto* et évoquant le caractère de la sarabande ; le dernier, *vivace,* s'apparente à la gigue. On remarque ici le rapprochement des deux types de sonates (*da chiesa* et *da camera*) annonçant leur fusion prochaine. Les sonates de chambre de Corelli comprennent un prélude lent, de forme libre, suivi de trois danses de coupe binaire (allemande, sarabande et gigue).

Dans ses *Sonates op. 5 pour violon seul,* Corelli utilise les mêmes structures et termine son recueil par les célèbres variations sur *La Follia.* Cette dernière publication est particulièrement importante, du fait de la présence du seul violon soutenu par la basse continue : c'est là le point de départ de toute une floraison de sonates qui, flattant à la fois l'amour du violon et le goût de l'exhibition soliste, envahissent la vie musicale jusqu'à la fin du XVIIIe s.

Mais on ne peut soupçonner Corelli de céder à la virtuosité : il recherche avant tout une expression simple et proche du chant, constant modèle des compositeurs baroques. Jamais il ne demande de monter trop haut sur la chanterelle, se limitant le plus souvent à la troisième position. De même, il exploite peu le registre grave de l'instrument, n'utilisant la corde de *sol* que dans des formules d'arpège brisé ; son *ambitus* préféré reste pratiquement celui de la

---

Archangelo Corelli (1653, † 1713)

Vie
Né près de Ravenne en 1653, formé à Bologne par G. Benvenuti et L. Brugnoli, A. Corelli fait carrière à Rome où il exerce ses talents de violoniste dans divers orchestres et s'engage au service de personnages comme les cardinaux Pamphili, Ottoboni, et la reine Christine. Professeur réputé, il forme des virtuoses tels Somis, Geminiani, Locatelli et Bonporti. De son vivant, il connaît un succès considérable : ses cinq recueils de sonates sont diffusés en Italie en 52 éditions successives entre 1681 et 1713, année de sa mort. Il est inhumé à Rome, au Panthéon.

Œuvres
Cinq livres de sonates :
- op. 1, 12 sonates *da chiesa* en trio, 1681,
- op. 2, 12 sonates *da camera* en trio, 1685,
- op. 3, 12 sonates *da chiesa* en trio, 1689,
- op. 4, 12 sonates *da camera* en trio, 1694,
- op. 5, 12 sonates pour violon et b.c., 1700, comprenant 6 sonates *da chiesa* et 6 sonates *da camera.*

12 Concerti grossi op. 6 (1714) :
- 8 concerti *da chiesa,* dont le dernier est le célèbre *Concerto de Noël,*
- 4 concerti *da camera.*

---

voix de soprano. Peu audacieux dans l'emploi des doubles cordes, Corelli sait rester un modèle de modération et de simplicité.
Les successeurs de Corelli, tous éminents violonistes, rechercheront une expression plus virtuose, déjà orientée vers le style galant, particulièrement chez Veraccini ou Tartini. La distinction entre sonate de chambre et sonate d'église s'estompe, et, à l'intérieur de la forme binaire, s'amorce un retour du thème au ton initial, constituant la « réexposition » caractéristique de la forme sonate.

La sonate germanique

D'Italie, le genre sonate s'introduit dans les pays de l'Empire, en Angleterre, puis en France. La sonate en trio est tout d'abord pratiquée par les compositeurs allemands et autrichiens, notamment par J. Rosenmueller, en partie formé à Venise. Puis, grâce aux progrès de la technique violonistique, s'épanouit la sonate pour violon seul. J. H. Schmelzer, après douze sonates en trio, publie en 1664 ses sonates pour violon seul, suivi par H. I. Biber, J. J. Walther, J. P. von Westhoff et N. Strungk. Dans ces sonates pour soliste, il n'existe plus de différence entre les genres *da chiesa* et *da camera*. Le plan habituel comporte un prélude libre, un *presto* fugué, une danse (allemande ou courante) ou une *aria*, et un dernier mouvement rapide. La virtuosité y atteint un très haut niveau, tant sur le plan du jeu polyphonique que dans la recherche d'effets descriptifs, un peu à la manière de C. Farina : par exemple, J. J. Walther, dans son *Hortulus chelicus* (1688), demande au violon d'imiter toutes sortes d'instruments : orgue, flûte, guitare, timbales, etc. Une particularité de la technique allemande de violon réside dans l'emploi de la *scordatura ;* ce procédé consiste à adopter pour une œuvre donnée un accord original de l'instrument qui, par le jeu des cordes à vide, facilite l'exécution polyphonique dans une certaine tonalité.

Cet artifice, qui existait déjà dans l'œuvre de B. Marini (*Sonate n° 2*, op. VII, 1629), est fréquemment utilisé par Biber.

Enfin les sonates allemandes pour violon et basse continue admettent parfois un élément de programme ; ainsi Biber publie-t-il en 1674 ses *16 Sonates célébrant les 15 Mystères de la vie de Marie,* qui se présentent non comme des pièces descriptives, mais plutôt comme des méditations autour de thèmes religieux. D'une grande noblesse de ton, ces pièces peuvent également se révéler très touchantes, comme le *lamento* ouvrant la sonate *Christ au mont des Oliviers*.

La sonate anglaise

En Angleterre, le violon a longtemps été considéré comme un instrument propre à faire danser, ce qui explique le retard avec lequel la sonate s'est imposée. Au milieu du XVIIe s., la venue à Londres de virtuoses comme Thomas Baltzar de Lübeck et N. Matteis contribuera à diffuser le goût de cet instrument jusqu'alors tenu en médiocre estime. H. Purcell (voir « Naissance de l'art vocal baroque », p. 438), l'un des premiers, aborde le genre nouveau de la sonate, et il ne cache pas ses sources ; dans la préface de son recueil de *Sonates en trio* (1683), il écrit : « L'auteur s'est efforcé d'imiter fidèlement les maîtres les plus fameux de l'Italie... » Mais Purcell reste encore très proche du style de la fantaisie, par la densité du contrepoint et la richesse de l'harmonie. Une particularité se remarque dans ce recueil de sonates d'église ; les tonalités y sont choisies dans un certain ordre : une progression de tierces tout d'abord ascendantes (*sol, si, ré, fa, la, do, mi, sol*) puis descendantes (*do, la, fa, ré*). En outre, les sonates paires sont en mode majeur et les impaires en mineur. Il y a là une préoccupation de classement très caractéristique de l'époque et qui trouvera son accomplissement avec J.-S. Bach, dans les deux volumes du *Clavier bien tempéré*. Les *Dix Sonates « à quatre »* paraissent en édition posthume en 1697 : elles sont écrites pour deux violons et basse continue, mais la basse de viole soutenant le clavier se détache parfois de la ligne de basse chiffrée qu'elle doublait jusqu'alors et forme une véritable partie indépendante, d'où le titre de sonates à quatre. Le plan reste presque toujours le même : *un adagio,* un *allegro* (ou une *canzona*) fugué, un *adagio,* un *vivace* et un *grave* final. Les surprises harmoniques y sont nombreuses, tant dans les rapports de tonalité entre les mouvements que dans l'utilisation d'un chromatisme très expressif.

Après H. Purcell, peu de compositeurs anglais aborderont la sonate : Daniel Purcell, frère du précédent, W. Croft, W. Corbett traitent ce genre musical mais surtout pour deux flûtes à bec et basse continue, laissant le répertoire du violon aux mains de musiciens étrangers comme Geminiani.

La sonate française

En France, la sonate ne pénètre que tardivement ; vers 1690, François Couperin s'essaie à ce genre nouveau, mais, craignant une réaction de chauvinisme de la part des Français devant une forme typiquement italienne, il la livre au public sous son propre nom italianisé. « La Sonade *(sic)* fut dévorée avec empressement... », et « Coperuni » put alors dévoiler la supercherie et composer sous sa véritable identité d'autres pièces du même genre, qui ne furent éditées que tardivement en introduction aux suites des *Nations* (1726). On doit à Couperin sept sonates : *La Pucelle, La Visionnaire, L'Astrée, La Steinkerque, La Sultane, La Superbe* et *L'Impériale*. De la sonate d'église sur le modèle corellien elles gardent la désignation musicale (gravement, vivement, etc.) des parties et l'alternance de mouvements en imitations et de mouvements homophoniques. Le lien entre titre et contenu musical est en général assez flou, excepté pour *La Steinkerque,* qui constitue une véritable œuvre à programme célébrant la victoire du maréchal de Luxembourg. Écrites en trio ou en quatuor, ces sonates sont empreintes de ce charme mélodique si

---

Domenico Scarlatti (1685, † 1757)

Il voit le jour à Naples en 1685, année où naissent également J.-S. Bach et G. F. Haendel. Il reçoit sa formation musicale de son père, Alessandro, compositeur d'opéras. Après quelques années passées à Naples et à Rome, où il écrit lui aussi des œuvres lyriques, il s'expatrie pour mener toute sa carrière dans la péninsule Ibérique, au service du roi de Portugal puis en Espagne, à la cour de Madrid. Il meurt en 1757. Sa musique religieuse et théâtrale est restée inédite ; seule son œuvre de clavecin est publiée ; elle comprend environ 600 sonates.

---

particulier à Fr. Couperin. Comment ne pas être troublé par la volupté et la grandeur qui se dégagent de l'exposition du gravement initial de *La Sultane ?*

Un peu après Couperin, F. Duval (1704), d'Andrieu (1705) et E. Jacquet de La Guerre (1707) produiront à leur tour des recueils de sonates, parfois encore très liées à la suite de danses, comme c'est le cas chez J.-F. Rebel, qui dans ses sonates à deux parties (1712-13), adopte le plan : lentement – allemande – courante – sarabande – gigue. Chez ces compositeurs, la technique utilisée reste assez rudimentaire : peu de doubles cordes, peu de positions élevées sur la chanterelle. Avec Francœur et surtout J.-M. Leclair, la technique de la main gauche et surtout de l'archet se perfectionne, et l'on voit alors se développer une véritable école française du violon. Cette école connaîtra un grand succès jusqu'à la Révolution : Guillemain, L'Abbé le Fils, Gaviniès, Viotti en seront les principaux chefs de file. La sonate subira pendant cette longue période de nombreuses transformations, nées en partie de l'abandon progressif de la basse continue. L'idée de composer intégralement la partie de clavier – et donc de supprimer la part d'improvisation liée à la réalisation de la basse – amènera peu à peu un changement dans l'équilibre des partenaires, qui deviendront deux solistes à part égale, la balance pouvant même parfois pencher du côté du clavier, comme dans les *Sonates pour clavecin avec accompagnement de violon* de Mondonville (1745).

Les sonates pour divers instruments

Hors du répertoire du violon, la sonate apparaît également pour d'autres instruments mélodiques soutenus par la basse continue : la flûte (au nom de D. Purcell, on peut ajouter ceux de J.-B. Lœillet, J. Bodin de Boismortier), la viole de gambe (A. Kühnel, J. Schenck) ou le violoncelle (B. Marcello, V. Geminiani). Mais il existe aussi des sonates pour le clavier seul, dont les premiers exemples peuvent se rencontrer dans l'œuvre de B. Pasquini, disciple de Frescobaldi, auquel on doit des sonates du type *da camera* pour un et deux clavecins (1702). La sonate pour clavier est alors appréciée de maîtres italiens tels que D. Zipoli, D. Alberti, G. B. Pescetti, G. Platti et le Padre Martini.

Mais c'est surtout le nom de D. Scarlatti qui retient l'attention. Ses quelque 600 sonates, modestement présentées comme des « exercices » destinés à amener l'interprète « à la maîtrise du clavecin », sont de courtes pièces en un seul mouvement, d'une grande variété de structure, allant de la simple forme binaire à la forme monothématique avec réexposition, ou encore à l'amorce du dithématisme. Une virtuosité très libre y règne, alternant avec des passages « chantés » d'une grande intensité expressive. L'harmonie, souvent fort audacieuse et inexplicable aux yeux des contemporains, surprend encore par ses nombreux frottements de secondes.

En Allemagne, la sonate pour clavier a été illustrée par J. J. Kuhnau dans sa publication de 1696 portant le titre poétique de *Fruits nouveaux pour le clavier.* Ses *Six Sonates bibliques,* écrites en 1700, décrivent des épisodes saillants de l'histoire sainte, comme le combat de David et de Goliath, dans un esprit beaucoup plus imitatif que celui de Biber, mais sans doute avec moins d'émotion.

Le concerto

Dans la période 1600-1650, le terme « concerto » est employé de manière ambiguë et peut s'appliquer à toute œuvre faisant intervenir le jeu des contrastes instrumentaux. Cependant, toutes les oppositions de timbres ne ressortissent pas au concerto : seul l'affrontement de l'ensemble (*tutti*) et des solistes est vraiment significatif du genre. Dans ce sens, les *Sinfonie a più stromenti,* « Sinfonies pour quelques instruments », publiées par Stradella vers 1680, sont des concerti où se distinguent nettement le *tutti* et le *concertino,* petit groupe soliste constitué de deux violons et d'une basse.

Corelli et Torelli

C'est à l'école de Bologne que revient le mérite d'avoir fixé ce genre, dont Corelli puis Torelli sont les promoteurs. Les *12 Concerti* op. 6 de Corelli furent publiés en 1714, mais leur composition se révèle bien antérieure : un témoin affirme que certains de ces concerti auraient déjà été joués à Rome en 1682. Il s'agit de *concerti grossi,* où à l'ensemble instrumental (*tutti* ou *ripieno*) s'oppose un petit groupe de solistes (le *concertino*) formé du trio à cordes. Le premier violon y tient déjà une place privilégiée, qui laisse prévoir l'évolution vers le concerto de soliste. Dans cette composition du groupe de solistes, on mesure le poids de la *sonate en trio,* dont l'influence s'exerce donc sur d'autres genres musicaux.

À la sonate, le concerto emprunte également la distinction entre *concerto da chiesa* et *concerto da camera.* Le premier se joue à l'église, où il sert d'entrée ou de ponctuation aux grands moments de la messe. Il comporte un nombre variable de mouvements (5 ou plus), l'*adagio* constituant le plus souvent une transition réduite à un enchaînement d'accords devant recevoir une ornementation abondante. Le second type de concerto (*da camera*) comprend un prélude et une succession de danses. Les structures utilisées sont donc celles de la sonate, et l'on y retrouve le même langage à l'aspect tonal très affirmé, riche en marches harmoniques et « rosalies ». La forme « concerto » n'y est encore pas bien nette, dans la mesure où l'alternance entre *tutti* et *soli* ne se fait pas encore selon un plan bien déterminé, mais dans l'esprit d'alternance de l'écho vénitien.

Chez Torelli, en revanche, se précisent à la fois la forme et le style concerto. Le style concerto s'appuie sur la prépondérance de la partie de violon soutenue par la basse continue ; il est donc lié à l'homophonie, et, dans ses *Sinfonie a tre e Concerti a quatro* op. 5 (1692), Torelli marque bien la différence entre la *sinfonia,* très contrapuntique, et le *concerto,* d'écriture verticale. On remarque qu'il n'y a pas de solistes dans ces *Concerti a quatro ;* la présence constante de l'homophonie est suffisante pour caractériser un genre nouveau : le concerto pour orchestre, qui sera ensuite repris par Albinoni et Haendel. La forme concerto s'affirme peu à peu chez Torelli pour aboutir au schéma en trois mouvements : *allegro, adagio, allegro,* l'*adagio* central restant une simple formule transitoire à la manière corellienne. Enfin, dans ses *Concerti* op. 8, Torelli présente six *concerti grossi* et six *concerti* de soliste, où un seul violon est opposé au *tutti.* Les rôles respectifs des deux protagonistes se délimitent ainsi : le *tutti* expose les idées, un peu à la manière d'une ritournelle, mais en abordant des tonalités différentes, tandis que le violon solo développe les idées dans un esprit très virtuose.

Faire une marche harmonique consiste à répéter dans une autre tonalité une phrase mélodique ou un enchaînement d'accords.

La rosalie représente le même genre de figure, mais sur le plan strictement mélodique, le support harmonique ou l'accompagnement pouvant être différents. Le terme « rosalie » viendrait d'une chanson italienne, « Rosalia, mia cara... », utilisant ce procédé.

Le concerto chez Vivaldi

La forme concerto en trois mouvements, impliquant une fusion des genres de chambre et d'église, sera adoptée par Vivaldi (voir « La musique vocale de 1680 à 1800 », p. 462), qui fait parfois précéder le premier *allegro* d'une introduction lente. Le maître vénitien a composé environ 470 concerti, dont les deux tiers sont des concerti de soliste, consacrés à divers instruments : violon, flûte, violoncelle, hautbois, basson, mandoline, etc. Cette énorme production nous permet de mesurer ce que pouvaient être la facilité d'écriture et la prodigieuse invention mélodique du compositeur.

Par rapport à ses prédécesseurs, Vivaldi innove en donnant au concerto un caractère plus dramatique. En effet, il introduit un puissant élément de contraste entre l'*allegro* et l'*adagio* central. L'*allegro,* très rythmique, présente des thèmes bien caractérisés mélodiquement et affirmant nettement la tonalité. Le mouvement lent, au contraire, constitue une cantilène expressive, à l'accompagnement transparent, où l'on sent l'influence du *bel canto.*

Vivaldi se montre également original dans l'emploi d'un programme : son recueil *Il cimento dell'armonia e dell'invenzione* (« Essai – ou épreuve – de l'harmonie et de l'invention », vers 1725) contient des concerti intitulés *La Chasse, La Tempête,* et surtout le fameux cycle des *Saisons,* qui représentent sans doute l'œuvre baroque la plus célèbre.

Enfin, Vivaldi apporte une contribution très personnelle à la technique instrumentale, en développant la virtuosité violonistique (par exemple dans le domaine du bariolage, de l'emploi des doubles cordes, du grand staccato) et en recherchant dans le *tutti* des effets nouveaux, comme l'unisson de toutes les parties, qui accentue

---

Giuseppe Torelli (1658, † 1709)

Élève de Perti, il fait carrière à Bologne comme violoniste, altiste et compositeur. On lui doit plusieurs livres de sonates, *sinfonie, concerti* et de la musique vocale religieuse. Son recueil de *Concerti* op. 8 paraît en édition posthume en 1709. On ignore en fait la date exacte de composition de ces concerti, et, Albinoni ayant écrit son premier concerto de soliste en 1700, il est bien difficile d'attribuer la paternité du genre à l'un ou l'autre de ces deux compositeurs.

---

encore l'ampleur et la fougue de la phrase. La variété de son orchestration dans les mouvements lents demeure étonnante : Vivaldi y joue sur les couleurs (cordes en *pizzicati,* ou avec sourdine), allège les parties accompagnantes en confiant la ligne de basse aux alti, ou même en limitant le soutien orchestral aux seuls violons à l'unisson. Des indications dynamiques très précises viennent enrichir l'expression, allant du traditionnel procédé d'écho, très largement employé, à la dynamique par degrés (*piano, più piano, pianissimo* en trois mesures successives, ou, inversement, *piano, un poco forte* et *forte*), ou encore à l'opposition de motifs *piano* et de motifs *forte.* Après Vivaldi, des compositeurs italiens comme Albinoni, Bonporti, Geminiani, Locatelli, Tartini continueront à écrire des concerti dans un style très virtuose, qui annonce déjà l'esthétique galante.

L'expression soliste ; un de ses aspects : la musique d'orgue

Le soliste devenu héros

Le langage de la période baroque demeure sans conteste celui du drame. L'essor du théâtre est prodigieux : l'opéra et la tragédie triomphent à la cour, la pastorale et la comédie dans les salons ; le goût du théâtre atteint même la musique religieuse, comme en témoigne le développement de l'oratorio et de l'opéra de collège particulièrement chez les jésuites. Ces diverses compositions théâtrales comportent toutes le faste si caractéristique du baroque ; l'irrégularité y règne dans les nombreux changements de lieu, d'époque, ou dans la conduite de plusieurs actions simultanées ;

l'excès s'y manifeste à travers le goût de la surprise et du « coup de théâtre » et dans l'exposition de situations hors du commun. Comme l'écrit R. Lebègue, « ce qui caractérise ce théâtre, que l'on appelle baroque, c'est le déchaînement de passions frénétiques, la fréquence des spectacles violents et horribles... ». Dans ces scènes étonnantes, les sentiments s'expriment avec exaltation : les héros clament leur douleur d'une manière véhémente qui, aujourd'hui, peut nous faire sourire, mais qui, à l'époque, obéissait à un code du geste et des intonations parfaitement en accord avec la sensibilité du public.

Le goût du théâtre est tel que l'élément dramatique envahit tous les instants de la vie quotidienne ; déguisé en berger, le courtisan s'identifie aux héros des pastorales, les dames empruntent le langage précieux des personnages de Mlle de Scudéry. À la cour, une étiquette pointilleuse règle les actions les plus banales : on se rend au dîner ou au coucher du roi comme à un véritable spectacle et, héros ou figurant, chacun se trouve presque continuellement en représentation.

Rien d'étonnant, dès lors, que ce goût d'une expression théâtrale se rencontre également dans la musique instrumentale. Le soliste prend place au premier plan, tel un personnage en scène, et il utilise lui aussi un langage passionné. Ce « ton » héroïque, souvent un peu emphatique mais capable de toucher profondément, se remarque dans toute la musique instrumentale baroque, quels que soient les genres, les formes, les styles. Dans la fantaisie pour violes, genre pourtant austère, on glisse, par exemple, de l'expression d'ensemble à l'expression soliste. Louis Couperin, dans ses *Fantaisies et Symphonies* pour une viole et basse continue (voir ♪ ci-dessous), « met en scène » le dessus de viole, dont le timbre aigu évoque le

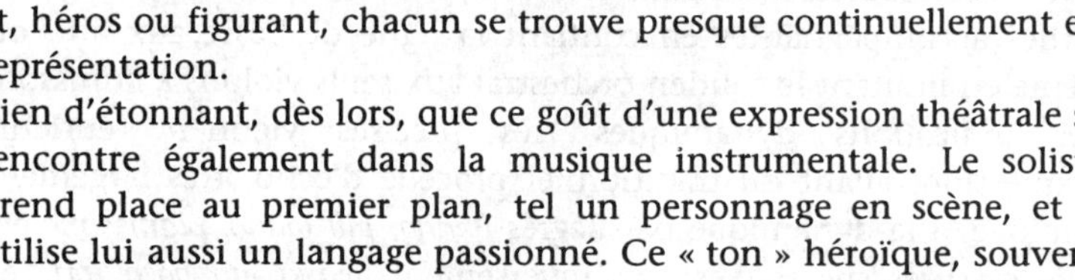

L. Couperin, Seconde Fantaisie *pour viole et basse continue.*

ténor d'opéra. L'aspect pompeux des départs en doubles croches, l'insistance des rythmes pointés, la grandiloquence du doublement pointé, le lyrisme des grands intervalles (voir mesure 5), le caractère vocal de l'ornementation écrite (voir mesure 4), la surprise d'une modulation inattendue (voir mesure 6), sont autant d'éléments appartenant au langage de l'opéra.

La musique d'orgue et le baroque

En France. L'élément profane et le théâtre toucheront même le répertoire religieux : en effet, le *Livre d'orgue*, joué au cours de la messe, constitue une suite où se manifestent à la fois l'influence de la danse et de l'opéra à travers le récitatif. Les variations sur les Noëls, si goûtées du public, font appel à des chansons populaires traitées avec une virtuosité et un goût de l'effet qui sembleraient à leur place dans les salons. La composition même des instruments français, si riches en jeux de détail pittoresques (voix humaine, hautbois, musette), favorise l'écriture d'œuvres séduisantes, très éloignées de l'austérité habituelle de la musique d'église. Enfin, il ne faut pas oublier que la plupart des grands organistes de la fin du XVIIe et du début du XVIIIe s. sont également des clavecinistes pratiquant la suite telle que l'a fixée J. Champion de Chambonnières. De ce fait, il est souvent difficile de trancher entre répertoire d'orgue et répertoire de clavecin : par exemple, on hésite à attribuer à l'un ou à l'autre de ces instruments l'œuvre de clavier de L. Couperin (comprenant quinze suites de danses) ou les pièces de H. Dumont (préludes, allemandes, courantes, pavanes). Certes, quelques maîtres perpétuent l'écriture sévère de Titelouze. Roberday, d'Anglebert gardent dans leurs fugues pour orgue ce style rigoureux, ce goût d'une polyphonie bien suivie, parfois éclairée par des enchaînements harmoniques venus d'Italie. On retrouvera également des pages graves et empreintes d'une haute spiritualité dans le *Livre d'orgue* de N. de Grigny, où figurent plusieurs hymnes présentant la mélodie grégorienne en *cantus firmus* à la pédale (*Veni creator, À solus ortus*).

Mais la plupart des compositeurs français adoptent le plan de la suite : en effet, le déroulement de la messe offre à l'organiste l'occasion de diverses interventions instrumentales ; dans le cas d'une grand-messe solennelle, il exécute jusqu'à 21 courtes pièces (versets sur le *Kyrie, Gloria,* etc., et des pièces libres pour l'offertoire, l'élévation, la

Tons ecclésiastiques et tonalité moderne

Les « tons ecclésiastiques » utilisés par les musiciens d'église aux XVIIe et XVIIIe s. constituent une transition entre la modalité médiévale et la tonalité.
Voici le tableau comparatif des tons ecclésiastiques et de la tonalité moderne, dressé par Jean-Jacques Rousseau dans son *Dictionnaire de musique* (Paris, 1767) :
1er ton : *ré* mineur,
2e ton : *sol* mineur,
3e ton : *la* mineur,
4e ton : *la* mineur finissant sur la dominante,
5e ton : *ut* majeur ou *ré,*
6e ton : *fa* majeur,
7e ton : *ré* majeur,
8e ton : *sol* majeur, en faisant sentir le ton d'*ut*.

communion). Pour les simples dimanches, on lui demande une entrée, un offertoire, une élévation et une communion.
Le *Livre d'orgue* fournit le répertoire nécessaire pour animer ces divers moments de la messe. Les pièces y sont ordonnées sous forme de suites, où l'unité du ton est respectée. Les versets, ou « couplets » des *Kyrie, Gloria, Sanctus, Agnus Dei* peuvent utiliser en *cantus firmus* les thèmes liturgiques correspondants placés en valeurs longues à la pédale ou au ténor, « en taille ».
Un thème issu du plain-chant peut également devenir sujet de fugue, comme c'est le cas, toujours dans la *Messe pour les paroisses* de Fr. Couperin, pour le second couplet du *Kyrie : fugue sur les jeux d'anche,* ou encore inspirer des arrangements divers (récits, dialogues, etc.). Dans ce dernier cas, il est peu reconnaissable, complètement remodelé par le compositeur, et revêt un caractère souvent vocal et expressif qui le rapproche du style de l'opéra. Dans les pièces libres (cas de l'offertoire, par exemple), l'aspect profane est encore plus évident, marqué par le souci des contrastes fournis par des oppositions de plans sonores (grand clavier/positif) et l'apport du rythme de la danse : toute la conclusion de l'*Offertoire sur les grands jeux* de la *Messe pour les paroisses* de Fr. Couperin est bâtie sur le rythme de la gigue. Ce rythme de gigue sera souvent employé par les organistes français,

---

Les jeux de l'orgue

Dans les préfaces de leurs livres d'orgue, les compositeurs ont donné des indications précises concernant l'art de mêler les jeux, ou « registration » :

Le *plein jeu,* utilisé pour les préludes et les versets construits sur *cantus firmus,* comprend les octaves et les quintes, soit : bourdon, montre, prestant, doublette, cymbale, fourniture.

Le *grand jeu,* mélange le plus brillant, réunit montre, bourdon, prestant, doublette, cornet, nasard, tierce, trompette, clairon.

Les *récits* se font sur un jeu soliste : cornet, trompette, cromorne, voix humaine, tierce (mélange comprenant bourdon, montre, prestant, doublette, nasard, tierce et larigot). Cette partie soliste peut « chanter » à la voix supérieure, ou à la basse, ou encore au ténor (elle est alors dite « en taille »). Les récits sont accompagnés par des jeux de fonds.

La *fugue* se touche sur des jeux d'anche : au grand clavier, trompette avec bourdon et prestant ; au positif, cromorne et bourdon.

Les *duos* s'exécutent avec les deux jeux de tierce (au grand clavier et au positif) ou encore avec trompette et cornet.

---

notamment par Grigny dans son *Livre d'orgue* composé dans les dernières années du XVIIe s. (*Dialogue sur les grands jeux, Duo sur les tierces*).

Le premier livre d'orgue conçu sur ce plan est sans doute celui de Nivers (1665). Il est suivi d'une importante série de livres, composés par Lebègue, Jullien, Gigault, Raison, Couperin, Grigny, etc. À partir de 1710-1720, les publications s'espacent : il semble que la frivolité de la société française et le manque de profondeur de sa dévotion entraînent les organistes à fournir des œuvres spectaculaires qui n'ont plus aucune dimension liturgique. Ainsi fleurissent les variations sur les Noëls, improvisées par des virtuoses aux doigts prestigieux ; à l'église Saint-Roch, les Parisiens viennent en foule écouter Balbastre, maître incontesté de ce genre mineur ; l'affluence est telle qu'il faut établir un service d'ordre pour canaliser les auditeurs. À Saint-Paul, c'est l'endurance de Daquin qui attire le public : n'est-il pas capable d'improviser plus d'une heure sans préparation et sans se répéter ? Une publicité soigneusement orchestrée met les Parisiens au courant de cette performance, par voie d'annonce dans *L'Avant-Coureur.* M. Corrette se spécialise dans les effets pittoresques : on vient admirer ses « tonnerres », qu'il réalise en posant une planchette sur la dernière octave du pédalier pour en faire sonner tous les sons à la fois ; ces *clusters* épouvantent et ravissent un public plus amateur d'effets que de véritable musique.

La décadence de l'orgue en France est, en fait, sensible dès le début du XVIIIe s. : n'est-il pas surprenant que J.-Ph. Rameau, fils d'organiste et lui-même organiste de formation, titulaire de nombreux instruments tant à Avignon qu'à Clermont, Dijon, Lyon et Paris, n'ait jamais écrit une seule note pour son instrument ? Dégagée de sa fonction liturgique, la musique d'orgue perd sa raison d'être et s'étiole peu à peu, délaissée par les grands compositeurs.

En Allemagne. L'intrusion du profane dans le répertoire de l'orgue est beaucoup moins sensible dans l'Allemagne du Nord, de culte protestant : en effet, l'orgue ne s'y fait pas entendre comme instrument soliste, mais participe étroitement à la liturgie en soutenant le chant du choral. En Allemagne du Sud, restée catholique, priment le souci de la mesure, de la beauté formelle et le refus de la virtuosité ou du détail trop anecdotique.

Synthèse du style vénitien et de l'art des virginalistes, l'œuvre pour clavier de J. P. Sweelinck se situe à l'origine de tout le courant qui a animé les organistes d'Allemagne du Nord. Ses disciples directs, S. Scheidt et Scheidemann, traitent le choral en variations sur *cantus firmus* ou construisent des fantaisies sur les thèmes de choral, et élaborent de grandes architectures musicales (toccatas, fantaisies) servant d'entrée solennelle au service religieux. Ce style décoratif est exploité par l'école de Hambourg (D. Strunck, N. Hannf, M. Weckmann, A. Reincken) et par deux précurseurs immédiats de J.-S. Bach : G. Böhm et D. Buxtehude. Leurs grands préludes et toccatas, d'une haute virtuosité, comportant une partie de pédalier très développée, s'enchaînent à des fugues dont la structure, encore imprécise, s'apparente à deux types principaux : les fugues sur un seul thème, avec ou sans contre-sujet, et les fugues issues de la *canzona* frescobaldienne, comprenant plusieurs sections juxtaposées, aux thèmes plus ou moins voisins, parfois séparées par de courts passages *adagio* ou au contraire de style toccata. Böhm et Buxtehude ont également traité le genre choral en paraphrasant la mélodie, ou en l'introduisant dans une fantaisie très libre, toutes les voix pouvant s'en emparer tour à tour.

Les principaux livres d'orgue français aux XVIIe et XVIIIe siècles

G. Nivers, 1665, 1667 et 1675
N. Lebègue, 1676, 1678, 1685
J. Jullien, 1680
N. Gigault, 1685
J. Boyvin, 1689, 1700
A. Raison, 1688, 1714
Fr. Couperin, 1690
N. de Grigny, 1699
J. A. Guilain, 1706
P. Du Mage, 1708
L. N. Clérambault, 1710
Ch. Piroye, 1712
F. J. Fr. d'Andrieu, 1739
L. Marchand (éd. posthume, après 1732)

Ces livres diffèrent peu sur le plan de la structure : l'école d'orgue française présente une remarquable unité, tant sur le plan des principes de composition que sur celui des règles de la registration.

Le même accord règne chez les facteurs d'orgues, qui, durant toute cette période, construisent des instruments d'un type unique, encore magnifiquement illustré à la fin du XVIIIe s. par les orgues de F.-H. Clicquot (cathédrale de Poitiers) et le traité de dom Bedos de Celles.

Les organistes d'Allemagne du Sud ont subi l'influence profonde de l'Italie, à travers Carissimi (maître de Kerll et de Krieger), Frescobaldi (maître de Froberger) et Pasquini (maître de Muffat). Leur modèle reste un orgue de petites dimensions, offrant peu de variété dans les plans sonores et les couleurs. Ainsi domine chez eux le souci de la beauté des lignes et d'une harmonie subtile. On voit par exemple Froberger moduler dans des tonalités alors considérées comme impraticables sur des instruments à tempérament inégal. En outre, ces compositeurs du Sud entretiennent avec la France des liens étroits : le même Froberger a connu à Paris Chambonnières et Louis Couperin ; Muffat a travaillé avec Lully, et J. K. F. Fischer a eu de nombreux contacts avec la France. Héritier de toute cette tradition du Sud, J. Pachelbel se veut exclusivement organiste liturgique. Ses toccatas, ses préludes et fugues n'ont ni la virtuosité ni la flamme de ceux de Buxtehude ; sa technique de prédilection reste le *fugato,* qu'il applique au prélude de choral et aux versets de magnificat où, par sa rigueur et sa sérénité, il atteint une beauté qui se situe hors du temps. Il appartiendra à J.-S. Bach de réaliser la synthèse entre les deux courants du Nord et du Sud, et de porter à sa perfection le traitement du choral.

Dans la péninsule Ibérique, les formes pratiquées par les organistes français et italiens sont cultivées : *differencia* (variations), toccatas, passacailles, *tientos* (*ricercare*), fantaisies. Comme en Italie, le pédalier de l'orgue espagnol ne comporte pas de jeux indépendants et les claviers manuels offrent la composition d'un grand plein jeu, enrichi d'anches souvent disposées en chamade (c'est-à-dire avec les tuyaux perpendiculaires au plan du buffet). J. Cabanillès, organiste de Valence, et le Sévillan F. Correa de Arauxo excellent dans la variation et l'évocation tumultueuse des *batallas* (« batailles »), dominée par le timbre incisif des jeux d'anches.

Au service de la liturgie, la musique d'orgue est plus lente à s'éveiller au baroque : son apogée se situe à la fin de cette période, principalement avec J.-S. Bach.

Trois grands maîtres du baroque : J.-S. Bach, Haendel et Telemann

La fin de la période baroque est éclairée par trois grands maîtres : J.-S. Bach, Haendel et Telemann. Pratiquement contemporains (puisque nés entre 1681 et 1685), ces créateurs prestigieux ont montré leur universalité en traitant à peu près tous les genres musicaux. Pourtant, pour chacun d'eux se dessine un domaine de prédilection où le génie s'exprime avec une force particulière : musique spirituelle pour J.-S. Bach, dramatique pour Haendel, instrumentale pour Telemann. Notre propos n'est pas d'étudier cette sorte de complémentarité qui porte à son plus haut niveau la musique baroque, mais de préciser l'apport de ces trois compositeurs sur le plan de la musique instrumentale.

Jean-Sébastien Bach

L'œuvre instrumentale de J.-S. Bach (voir « La musique vocale de 1680 à 1800 », p. 437) constitue une somme sur laquelle le musicologue pourrait sa vie durant se pencher sans jamais épuiser le sujet. En effet, elle offre à l'étude des aspects très divers et souvent contradictoires.

Bach vit dans un relatif isolement : il voyage peu, ne change guère de lieu de résidence ; il écrit pour un public restreint : la cour de Weimar ou de Cöthen, la communauté protestante de Saint-Thomas de Leipzig. Et, pourtant, aucun musicien de son époque ne semble posséder une connaissance plus large des différents styles en usage. Bach est un familier de la musique française, qu'il découvre en prenant copie des pièces d'orgue d'Anglebert, Grigny, Raison, ou par les œuvres des disciples allemands de Lully, tels Muffat, Kusser ou J. Fischer, ou encore par ses visites à la cour de Celle, qui entretenait des rapports étroits avec la France. Il a étudié l'œuvre des grands maîtres italiens : Corelli, Legrenzi, Vivaldi, et surtout Frescobaldi dont il a recopié intégralement les *Fiori musicali ;* durant son séjour à Weimar, où l'on goûtait particulièrement le style concertant, il a adapté à l'orgue plusieurs concerti de Vivaldi. Enfin, dans ses années de formation à Lüneburg, G. Böhn l'a initié à la musique de clavier allemande, et la petite histoire rappelle volontiers les voyages qu'effectua à pied le jeune Bach pour entendre les grands organistes de son temps : Reincken, V. Lübeck et Buxtehude.

L'œuvre instrumentale de Bach pourrait donc être présentée comme une synthèse des styles de son époque. Et cependant, ce qui frappe à l'audition de n'importe laquelle de ses pages instrumentales n'est justement pas la variété des moyens mis en œuvre, mais au contraire l'unité et l'originalité du ton, que l'on ne retrouve chez nul autre compositeur de sa génération. En effet, si Bach souscrit comme ses contemporains aux théories de l'*Affektenlehre,* les sentiments qu'il exprime restent très idéalisés ; contrairement à la plupart des musiciens baroques, il ne se laisse pas entraîner par le goût d'une société frivole, tout entière à la recherche de son plaisir. Même dans son œuvre profane, il garde une expression élevée, empreinte de spiritualité. Le goût de la polyphonie suivie, de la combinaison des lignes, de la prouesse contrapuntique renforcent encore la dignité du ton ; à un moment où l'on s'oriente déjà vers le style galant, l'œuvre de Bach constitue un fait isolé, peu en accord avec la sensibilité du moment. Sa prédilection pour la classification, son esprit systématique, son souci d'aller toujours au bout des choses paraissent déplacés dans une époque où l'on prise énormément l'improvisation, l'effet de surprise, l'imprévu dans la musique. Cet aspect « pur » de l'œuvre instrumentale de Bach ne doit cependant pas entraîner un jugement restrictif ; fort heureusement ce n'est ni une musique intellectuelle ni une musique « pour les yeux ». Mais on se trouve devant une œuvre si riche, si intense, que la partition parle en soi. Le seul aspect combinatoire des lignes musicales procure déjà une jouissance, décuplée à l'audition. En cela, Bach représente l'antithèse de Haendel, dont l'œuvre ne prend vie qu'à l'exécution. De même, l'expression si noble de Bach, qui semble élever toutes ses créations vers Dieu, est à l'opposé de celle de Haendel qui, dans ses œuvres sacrées, garde le langage des passions humaines.

L'œuvre d'orgue

Musicien d'église, Bach a durant toute sa vie écrit pour l'orgue. En revanche, les œuvres destinées à d'autres instruments datent en majeure partie de son séjour à Cöthen (1717-1723) où il devait fournir des compositions pour les concerts de la cour.

L'œuvre d'orgue de J.-S. Bach comporte deux aspects : « décoratif » et liturgique. Dans la première catégorie entrent les préludes et fugues, toccatas et fugues, passacailles et fugues, fantaisies et fugues. Ces œuvres, d'une grande virtuosité, pouvaient trouver leur place au temple, à l'entrée ou à la sortie du service, mais n'avaient pas de fonction liturgique.

Le prélude chez Bach ne constitue pas une improvisation : l'ancien prélude libre existe encore, mais sous le titre de toccata ou fantaisie. Au contraire, les préludes s'appuient sur une forte structure rythmique, comme c'est le cas du *Prélude en ut majeur,* bâti sur trois rythmes.

Leur construction peut également reposer sur l'emploi d'un ou deux thèmes exposés à la tonique, puis à la dominante, et enfin réexposés. Parfois, le prélude revêt une apparence concertante dans l'opposition *tutti/concertino* (c'est le cas du *Prélude en mi mineur,* où le second thème est traité dans une écriture allégée), ou dans l'utilisation des marches harmoniques si typiques du développement vivaldien. Enfin, on y relève de fréquents motifs répétés « en escalier » qui sont nés du jeu sur le pédalier où l'appui du talon était probablement proscrit.

Les fugues offrent une extrême variété, tant dans le nombre de sujets, la présence ou l'absence de contre-sujet, que dans la structure elle-même. En effet, la forme « fugue » n'a été codifiée qu'après Bach ; née du *ricercare* ou du caprice sur un seul thème, la fugue se fonde sur le principe d'expansion continue de la musique baroque, décrit par M. Bukofzer : seule est obligatoire l'exposition, présentant le sujet et sa réponse respectivement aux 1er et 5e degrés (tonique/dominante). La suite de l'œuvre se compose de retours de l'exposition en diverses tonalités, entrecoupés de brefs divertissements. Mais le nombre de ces retours et l'ordre de passage des tonalités ne suivent aucune règle. Il n'y a donc pas deux fugues identiques chez Bach, comme chez les autres maîtres de son époque. La fugue qui s'enchaîne à la *Passacaille en ut mineur* et la *Fugue en mi mineur* correspondent à peu près aux critères de la fugue d'école, tels qu'ils furent adoptés au XIXe s. Beaucoup les considèrent, à ce titre, comme les modèles les plus achevés.
À côté de cet aspect « décoratif » de l'orgue, d'autres pièces, toujours non liturgiques, illustrent le constant souci didactique de Bach. Les *Six Sonates en trio* furent écrites à Cöthen, pour exercer les doigts de son fils Friedemann. Peut-être conçues pour le clavecin à pédalier, ces sonates sont construites en trois mouvements (*allegro – adagio – allegro*) et confient aux deux claviers manuels la conduite de deux voix mélodiques soutenues au pédalier par une basse, démontrant bien l'originalité du compositeur, qui adapte au clavier une forme jusqu'alors réservée à la musique de chambre.
Enfin, on doit à Bach plus de cent cinquante chorals qui constituent son œuvre d'orgue liturgique. Tous les traitements du choral y sont tour à tour abordés ; la forme la plus simple, le « prélude de choral », se rencontre dans l'*Orgelbüchlein,* le « Petit Livre d'orgue », qui réunit quarante-cinq chorals couvrant l'année liturgique. Destinées à la formation de l'organiste débutant, ces œuvres représentent à la fois un exercice technique et un modèle proposé pour la composition d'autres chorals. La strophe entière du choral y est donnée dans diverses dispositions (en canon, en *cantus firmus* à la pédale ou à la partie supérieure, en mélodie ornée). L'accompagnement se plie à un schéma rythmique unique pour chacun des chorals, soit par exemple la formule  pour le choral n° 18 *(En paix et avec joie, je quitte le monde)* ou encore  pour le choral n° 10 *(In dulci jubilo).* Il n'est jamais pur soutien harmonique ou travail de contrepoint, mais illustre le texte du choral ;

ainsi la chute d'Adam (n° 38) est-elle figurée par des intervalles de septième diminuée descendants, symbolisant le péché ; la douleur du Christ sur la croix (n° 23) s'exprime par le jeu constant des retards à la pédale.

Plus développés, les *Chorals* dits *de Leipzig* et les *Chorals du dogme* (encadrés du *Prélude* et de la *Triple Fugue en mi bémol majeur*) peuvent revêtir la forme du choral-*ricercare* construit en sections, du choral-fantaisie, du choral orné, du choral fugué, etc. Enfin, quelques œuvres de jeunesse groupent des variations sur des thèmes de choral réunies en *partitas* ou suites.

L'œuvre pour clavecin

Hors du répertoire de l'orgue, l'œuvre instrumentale de Bach est très vaste ; de nombreuses pièces pour le clavecin et le clavicorde témoignent de la vogue dont jouissait la musique de clavier en Allemagne. Composé à 21 ans, le *Caprice sur le départ du frère bien-aimé* reste encore dans la tradition des sonates descriptives de Kuhnau. Mais dès les œuvres suivantes *(Suites françaises, Suites anglaises,* puis *Partitas)*, l'originalité de Bach se dessine : les danses, très stylisées, prennent une ampleur nouvelle, enrichies par l'apport du contrepoint et de l'esprit concertant. Œuvres didactiques, les *Inventions* exploitent le style fugué dans de courtes pièces à deux ou trois voix, d'une grande beauté mélodique ; peut-être cet aspect vocal des lignes les destinait-il au clavicorde ? En effet, dans sa préface, le compositeur demande à l'interprète de jouer dans un style « chanté », certainement plus aisé à rendre sur le clavicorde, instrument susceptible de nuances subtiles, que sur le clavecin. Composés dans le même esprit, les préludes et fugues du *Clavier bien tempéré,* dont les vingt-quatre premiers furent achevés en 1722, traduisent bien le désir de Bach d'expérimenter et d'aller au bout de chaque possibilité : les vingt-quatre tons, majeurs et mineurs, y sont traités, présentant à la jeunesse « désireuse d'apprendre la musique » un très grand éventail de formes dans les préludes : improvisation dans le style du luth (n° 1 en *ut* majeur), mouvement perpétuel (n° 2 en *ut* mineur), *aria* (n° 10 en *mi* mineur), sarabande (n° 8 en *mi* bémol mineur), *toccata* (n° 7 en *mi* bémol majeur), invention à deux voix (n° 3 en *ut* dièse majeur), *sinfonia* à trois voix (n° 9 en *mi* majeur), sonate en trio (n° 24 en *si* mineur). De même, les vingt-quatre fugues contiennent pratiquement toutes les possibilités d'écriture sur un sujet, avec ou sans contre-sujet. Le raffi-

Les « Variations Goldberg » de J.-S. Bach

Publiée en 1742, cette *Aria avec diverses variations* avait été commandée par le comte Keyserling, ambassadeur de Russie résidant à Dresde ; un élève de Bach, J. G. Goldberg, attaché à la maison du comte, devait les lui jouer pour le distraire durant ses insomnies.
L'œuvre s'appuie sur une *aria* scindée en deux périodes de seize mesures, structure se prêtant particulièrement à la variation. Sur ce thème, Bach a élaboré trente variations, groupées en deux parties ; la seconde débute par une ouverture à la française (V. 16), dont le « lent » en rythmes pointés reprend la première période du thème et le *fugato* la deuxième. L'œuvre s'achève par un *quodlibet* (V. 30) empruntant à deux chansons populaires allemandes.

nement contrapuntique va souvent très loin, puisque, dans la fugue n° 8, Bach exploite le thème en inversion et en augmentation.
Mais il ne faudrait pas voir dans ces pièces le seul triomphe du contrepoint. Bach y use d'une écriture résolument tonale (ce qui n'est pas toujours le cas dans sa musique d'orgue) où se trouvent bien affirmées les lois de l'harmonie classique. On atteint ici un juste équilibre entre ces deux aspects essentiels de la musique ; au contraire, chez la plupart des compositeurs de la même époque, l'épanouissement du style concerto, fondé sur l'homophonie et la basse continue, favorise nettement le développement de la dimension verticale, ou harmonique. Le second volume du *Clavier bien tempéré,* achevé en 1742, contient lui aussi vingt-quatre préludes et fugues montrant le même équilibre de l'écriture.
En revanche, les *Variations Goldberg* portent à son sommet l'art de la combinatoire. Toutes les trois variations figure un canon direct ou en inversion, où les entrées se font à un intervalle augmenté chaque fois d'un ton : canon à l'unisson (variation n° 3), à la seconde (n° 6), à la tierce (n° 9) jusqu'à la neuvième (n° 27).

Les œuvres pour instruments monodiques solistes

Dans son œuvre pour instruments monodiques seuls (flûte, violon, violoncelle), Bach utilise une écriture tout aussi raffinée ; les trois *Sonates* et les trois *Partitas* pour violon seul exploitent tout l'*ambitus*

de l'instrument et mettent en œuvre une polyphonie extrêmement complexe qui n'est jamais virtuosité gratuite, mais correspond au déroulement simultané des idées musicales. De type *da chiesa,* les sonates comportent toutes trois une fugue à trois voix en second mouvement, et la célèbre chaconne de la *Partita en ré mineur* fait, elle aussi, un abondant usage de l'écriture polyphonique.
Ces pièces, d'exécution acrobatique sur un instrument à cordes, ont une richesse musicale telle qu'elles appellent la transcription pour le clavier : Bach lui-même réécrivit pour orgue la fugue de la première *Sonate* ; la chaconne tenta de grands pianistes, comme Busoni et Brahms, qui la transcrivit pour la main gauche seule, imposant ainsi au clavier des limites rappelant celles du violon.
Les six *Suites pour violoncelle* seul, également composées à Cöthen, ont tout pour satisfaire le virtuose comme le musicien. Certes, Bach n'innove pas sur le plan de la structure, respectant le schéma allemande – courante – sarabande, suivies d'une danse intercalée (bourrée, gavotte et menuet), le tout encadré d'un prélude et d'une gigue. Mais, écrivant pour un instrument relativement nouveau dans son emploi soliste, il exploite à la fois la largeur de son *ambitus,* ses possibilités expressives dans le jeu mélodique et sa richesse dans le jeu polyphonique. Rappelons que la sixième *Suite,* qui utilise le registre aigu, était conçue à l'origine pour un instrument à cinq cordes (*viola pomposa* ou violoncelle piccolo ?).
Nous avons insisté sur ces diverses œuvres pour instrument seul, car c'est peut-être au moment où les contraintes imposées par l'instrument sont les plus fortes que Bach se révèle le plus grand. Certes, les sonates qu'il destine au violon, à la flûte, à la viole de gambe avec clavecin obligé ou avec basse continue gardent toujours cette richesse d'écriture si caractéristique, mais on y sent l'influence du concerto, particulièrement dans la structure des thèmes.

Les œuvres pour ensembles

L'esprit concertant règne également dans les quatre *Suites pour orchestre,* soit par la présence d'un instrument soliste (la flûte dans la seconde *Suite en si mineur*), ou d'un concertino (deux hautbois et un basson dans la première) ; les *Suites* n° 3 et 4, d'une orchestration très riche (deux ou trois hautbois, trois trompettes, timbales, cordes et continuo), pourraient se classer dans le genre concerto d'orchestre, tel que le créa Torelli. Dans le domaine du concerto proprement dit, Bach, lorsqu'il choisit le violon pour soliste, suit le

modèle vivaldien, avec la coupe en trois mouvements, et adopte les mêmes rapports entre soliste et *tutti,* enrichis par le contrepoint.
Les concerti pour clavecin et orchestre furent écrits à Leipzig à l'intention du *Collegium Musicum,* société de concerts que Bach dirigeait et où il faisait volontiers entendre ses fils ; ce sont souvent des arrangements d'autres œuvres, particulièrement de concerti pour violon. Enfin, les *Concerti brandebourgeois* constituent peut-être l'œuvre la plus conforme à l'esprit du temps : musique de cour, empreinte d'une joie communicative, ces *concerti grossi* furent composés à Cöthen à l'intention du margrave de Brandebourg. Leur orchestration est extrêmement variée : le troisième est réservé aux cordes, divisées en trois chœurs ; le premier, le deuxième et le quatrième font intervenir des instruments à vent (trompette en *ré,* hautbois, basson, flûte) ; le cinquième comporte trois solistes, violon, flûte et clavecin, ce dernier se détachant dans une longue cadence ; mais le sixième présente sans doute l'orchestration la plus originale : deux alti, deux violes de gambe, violoncelle et clavecin. Par ce choix, Bach se montre très en avance sur son temps : en effet, il ne reporte pas sur l'alto la technique ou l'esthétique du violon, mais cherche à mettre en valeur la couleur propre de l'instrument, toute de douceur et de suavité, par l'emploi de ses registres grave et moyen, et la recherche de tonalités sombres, riches en bémols. En outre, il renforce l'impression de moelleux de l'ensemble en alliant aux deux solistes les violes de gambe, dont le timbre doux et expressif demeure pour lui un symbole de spiritualité. Ce souci de bien dégager le caractère spécifique de l'alto ne se retrouvera guère avant le début du XIXe s.
Au crépuscule de sa vie, Bach clôt son immense œuvre instrumentale par deux compositions représentant les sommets de l'écriture contrapuntique. *L'Offrande musicale* et *L'Art de la fugue. L'Offrande musicale* s'élabore sur un thème proposé par Frédéric II de Prusse en 1747. Deux *ricercari,* probablement conçus pour le clavier, y encadrent deux groupes de cinq canons, séparés par une admirable sonate en trio, écrite pour flûte, violon et basse continue. Les formules les plus complexes sont abordées dans cette œuvre : canon-miroir, canon à l'écrevisse, canon en augmentation, en mouvement contraire, canon parcourant un cycle de modulations par ton entier, et autres combinaisons souvent extrêmement difficiles à déceler dans les méandres de l'écriture. La mention « Cherchez, et vous trouverez » incite les auditeurs à la réflexion et montre bien l'ésotérisme de cette composition. Bach se rattache ainsi à la tradition médiévale, dans laquelle

le contrepoint représente un travail d'initié, que seul un petit nombre peut comprendre.
Le même type de recherche s'effectue dans *L'Art de la fugue,* œuvre que Bach devait laisser inachevée. Chaque variation sur le thème unique choisi pour l'ensemble traite un aspect de l'écriture fuguée : fugue avec augmentation ou diminution du sujet, fugue avec réponse du sujet inversé, double, triple fugue, fugue miroir. Jamais un tel raffinement dans le contrepoint n'avait été atteint ; et pourtant, jamais l'écriture ne paraît scolastique ou dénuée d'émotion, le chromatisme et la conduite très mélodique des thèmes apportant un élément expressif que met en valeur le compositeur.
À une époque déjà marquée par le style galant, l'austérité et la spiritualité de la musique instrumentale de Bach rencontrèrent un accueil peu favorable de la part du public. Nul compositeur ne pouvait prétendre recueillir son héritage ; rattaché au Moyen Âge par l'ésotérisme de son écriture, moderne au contraire par son souci didactique, son goût du système et de la codification, Bach était allé trop loin pour que l'on puisse prolonger ses recherches contrapuntiques. Après Bach, tout semble dit ; la période baroque s'achève et les compositeurs devront se forger un style nouveau. Cependant son œuvre ne tomba pas dans l'oubli ; ses disciples (notamment Kirnberger) et ses fils la firent connaître, et elle exerça une influence profonde sur les classiques viennois et sur les premiers compositeurs romantiques.

G. F. Haendel

En bien des points antithèse de Bach, Haendel (voir « La musique vocale de 1680 à 1800 », p. 467) reste pour beaucoup de mélomanes l'auteur du *Messie* et d'*Israël en Égypte,* ses plus fameux oratorios. Ses opéras commencent à être connus grâce au disque. Ses *Concerti grossi* sont régulièrement inscrits aux programmes des concerts. Le reste de sa production instrumentale semble actuellement moins en faveur. Pourtant, quel abondant répertoire pour l'instrumentiste ! suite pour le clavecin, sonates pour instrument soliste et basse continue, sonates en trio, concerti pour orgue, suites d'orchestre, ouvertures d'opéras et sinfonie...

Le style haendelien

Esprit très curieux, grand voyageur, Haendel possède une connaissance profonde de la musique instrumentale de ses prédécesseurs :

Georg Friedrich Haendel

Œuvres instrumentales

Pour le clavier : environ 24 *Suites* pour clavecin, dont 17 furent publiées à Londres du vivant de Haendel, 6 *Fugues* et 2 *Chaconnes.*
Une vingtaine de *Sonates* pour un instrument soliste (violon, hautbois, flûte, viole de gambe) et basse continue, dont la plupart sont des œuvres de jeunesse.
25 *Sonates en trio,* pour deux flûtes ou deux hautbois ou deux violons et basse continue,
Des *concerti :* 6 *Concerti grossi* op. 3 (1716-1722), 12 *Grands Concerts à 7 parties* (1739-1740), 12 *Concerti pour orgue et orchestre,* op. 4 et op. 7, des *Concerti* pour hautbois et orchestre, pour violon et orchestre.
Deux *Suites* pour orchestre : *Water Music* (1717) et *Royal Fireworks Music* (composée en 1749 pour célébrer la paix d'Aix-la-Chapelle).
Des *Sinfonie* et *ouvertures* d'opéras et d'oratorios.

à Halle, son maître Zachow l'a familiarisé avec la musique allemande pour clavier (Kuhnau, Froberger, Kerll, Buxtehude) ; en Italie, il rencontre D. Scarlatti, Pasquini, Corelli ; amateur de musique française, il adopte parfois le plan de l'ouverture lullyste et inclut dans ses suites des danses françaises ; enfin, en Angleterre, il subit l'influence de la musique de Purcell.
À cette connaissance des styles et des genres musicaux s'ajoute un intérêt marqué pour l'instrumentation : ses orchestrations présentent une rare variété, et Haendel s'intéresse aussi bien aux instruments dont la faveur décroît, comme la viole de gambe ou le théorbe, qu'à des instruments nouveaux tel l'alto, auquel il confie un rôle concertant dans un air de l'un de ses premiers opéras, *Almira.*
Enfin, Haendel était un remarquable improvisateur au clavier : dans ses *Concerti pour orgue,* il exécutait la partie soliste, dans laquelle il se réservait de larges possibilités d'improvisation, en particulier lors des mouvements lents. Et, de fait, toute sa musique instrumentale revêt un aspect libre et spontané : jamais on n'y sent le travail suivi du contrapuntiste, mais au contraire l'impression d'une succession souvent un peu capricieuse ou irrationnelle d'idées brusquement

L'interprétation de Haendel

Le musicologue A. Geoffroy-Dechaume a montré que l'on pouvait se faire une idée de la richesse des interprétations de Haendel grâce à un enregistrement sur cylindre, du type décrit par Engramelle, restituant le *5e Concerto pour orgue,* joué par un disciple du compositeur, J. C. Smith. On y remarque une ornementation très abondante, surtout dans le mouvement lent. De même, J. Battishill, qui avait dans sa jeunesse connu Haendel, a laissé sur l'édition des *Ouvertures d'opéra et oratorio réduites pour le clavier* des annotations manuscrites précisant la manière dont les exécutait Haendel.

nées sous les doigts ou jaillies sous la plume. À cette spontanéité s'associe l'unité d'expression : en général, l'œuvre baroque vise la traduction d'un sentiment unique ; elle est « d'une seule teneur », l'*allegro* exprimant le plus souvent la joie, le bonheur, l'*adagio* la tendresse, la tristesse ou le désespoir. Chez Haendel, cette unité des passions exprimées est de règle, et demeure d'autant plus forte que le compositeur semble toujours travailler très rapidement. R. Rolland évoque des concerti écrits en un seul jour ; cette facilité de composition favorise certainement le jeu sur un seul registre d'expression et confère à la musique de Haendel une vigueur exceptionnelle.

Cependant, la partition baroque ne donne qu'une idée bien incomplète de ce qu'est la musique de cette époque : amputées de leur ornementation et des sections réservées à l'improvisation, les éditions des *Concerti pour orgue* ne sont qu'un pâle reflet de l'œuvre telle que l'exécutait le compositeur. Personnage charismatique, Haendel fascinait les auditeurs et déchaînait leur enthousiasme : Hawkins rapporte que dans ses *Concerti pour orgue* il jouait « avec un esprit, une sûreté, un feu que personne n'a jamais pu égaler [...], à l'instant où il se disposait à toucher l'orgue, le silence se faisait, si profond que l'on retenait son souffle et que la vie semblait suspendue ». Et il fallait, en vérité, un réel talent pour séduire le public en jouant d'un instrument aussi limité que celui de Covent Garden, qui ne comportait qu'un seul clavier manuel de sept jeux et pas de pédalier. La pauvreté de certains textes édités s'explique donc si on ne les considère que comme des canevas sur lesquels devait broder l'instrumentiste.

La musique instrumentale

Synthèse des styles de son époque, l'œuvre instrumentale de Haendel ne présente pas d'originalité dans les formes ; on sent nettement la référence aux modèles coreIliens dans les sonates pour instrument seul ou en trio, ou encore dans les *Concerti grossi.* Les ouvertures d'opéra ou d'oratorio adoptent souvent la structure à la française imposée par Lully ; enfin, les suites pour clavecin s'apparentent à la sonate d'église (évidente dans le plan *adagio – allegro – adagio – allegro*) ou à la structure habituelle de la suite de danses (prélude – allemande – courante – sarabande – gigue).

Les concerti

La singularité de Haendel ne réside donc pas dans l'acquisition de formes nouvelles, mais dans la liberté dont il use à l'égard des formes alors en usage. L'examen des *Concerti grossi* op. 6 est révélateur à cet égard : il semble que le compositeur mêle avec la plus grande fantaisie les danses et les mouvements issus de la sonate d'église, intercalant une musette ou un *hornpipe* dans un plan *largo – allegro – largo – allegro.* En outre, il introduit l'ouverture à la française en première position (*Concerto n° 5*) alors que cette forme avait surtout été utilisée dans la suite. Son souci de variété mène Haendel à opposer des mouvements avec solistes (deux violons et violoncelle) à des mouvements réservés au seul *ripieno,* et même à simplifier parfois l'instrumentation en utilisant les violons à l'unisson (*Concerto n° 6*). Il semble que toutes les combinaisons soient possibles, mais sous la seule impulsion de la fantaisie et non dans l'esprit d'une exploration systématique, comme chez J.-S. Bach. Cette liberté de Haendel à l'égard de la forme et de l'instrumentation était très appréciée des contemporains, comme le montre cette remarque de Ch. Burney : « Haendel joue, plaisante avec l'orchestre et amène de nombreux effets inattendus dont ni Corelli ni Geminiani n'eurent la moindre idée. »

Les suites

On retrouve la même fantaisie dans les suites pour clavecin. Les *Huit Grandes Suites,* éditées à Londres en 1720, utilisent tantôt les mouvements issus de la sonate d'église (2e *Suite : adagio – allegro – adagio – allegro*), tantôt les danses traditionnelles (1re *Suite :* prélude, allemande, courante, gigue), mais le plus souvent confondent les deux genres (7e *Suite :* ouverture – *andante – allegro* – sarabande – gigue – passacaille). La pièce d'introduction offre également des aspects très différents selon les suites : simple prélude harmonique à la manière des luthistes *(Suites 1 et 5)*, mouvement perpétuel *(Suite 3)*, *adagio* richement orné *(Suite 2)*, *allegro* fugué *(Suite 4)*, ouverture à la française *(Suite 7)*. Haendel témoigne d'une égale liberté à l'égard des styles : certains mouvements portent la marque du style concerto, tel ce *presto* très homophonique de la 4e *Suite*, qui sera d'ailleurs repris par le compositeur dans le *Concerto grosso* op. 3, n° 6. D'autres exploitent le dialogue de deux parties très chantantes caractérisant l'« invention » telle que la concevait J.-S. Bach (*andante* de la 7e *Suite*). Une fois épuisée la surprise née d'une telle variété, on reste étonné de la puissance qui se dégage de ces œuvres ; la *Suite en fa dièse mineur*, tonalité encore rarement utilisée à l'époque, semble dépasser le cadre du clavecin par sa grandeur et son sens dramatique.

Parmi les œuvres pour clavier, peut-être est-ce dans cette 6e *Suite* que se manifeste le plus clairement l'originalité de Haendel. Pourtant, la richesse de la polyphonie est caractéristique de l'école allemande, l'ornementation telle que la pratiquent les Français, et la technique du *fugato* très corellienne. En fait, le musicologue R. Rolland a bien montré l'unité profonde de l'œuvre de Haendel : « Sa volonté artistique [...] épouse les autres styles et les autres pensées. Mais telle est la puissance d'assimilation et l'équilibre souverain de cette nature, que jamais on ne la sent submergée par la masse des éléments étrangers : tout est absorbé, dirigé, classé. Cette âme immense est comme une mer, dont tous les fleuves de l'univers ne sauraient apaiser la soif ni troubler la sérénité. »

Enfin, Haendel a sans doute fortifié, par ses contacts avec l'Italie, son goût pour les belles mélodies. On remarque dans la plupart de ses œuvres instrumentales le caractère vocal des thèmes ; mais ce penchant pour le *bel canto* se trouve tempéré par une certaine réserve, une pudeur de l'expression qui rappelle plus Purcell que les grands maîtres italiens. Les *Sonates pour flûte et basse continue* montrent bien cet aspect cantilène de la conduite mélodique.

Même dans des pièces de caractère plus austère, comme les *Six Fugues* pour le clavier, Haendel recherche toujours la souplesse de la ligne, les intervalles expressifs, le chromatisme.

Si la gloire de Haendel reste attachée à ses opéras et à ses oratorios, sa musique instrumentale connut cependant une certaine diffusion, puisque l'édition complète de son œuvre fut entreprise dès 1786, par S. Arnold. Beethoven, la recevant en 1826, se serait écrié : « Voici la vérité ! » Mozart, Haydn, Schumann et Liszt proclamèrent à leur tour leur admiration pour ce compositeur au génie « grand comme le monde ».

Georg Philipp Telemann

Sans doute est-il possible d'établir quelques rapports entre Haendel et Telemann, tous deux très ouverts sur le monde extérieur, avides de contacts humains et grands voyageurs. On pourrait également comparer leur connaissance des styles alors en usage et relever dans leurs œuvres respectives de multiples influences étrangères. Peut-être irait-on même jusqu'à évoquer les liens d'amitié qui unissaient les deux maîtres depuis leur rencontre à Halle, et leur goût commun pour la botanique : « Je vous envoye une caisse de fleurs que les connaisseurs de ces plantes m'assurent d'être choisies et d'une rareté charmante... » (Lettre de Haendel à Telemann, 1750.) Mais ces comparaisons ne vont guère plus loin ; il existe une différence fondamentale entre l'œuvre instrumentale de Haendel et celle de Telemann : l'une porte la marque du baroque, l'autre illustre déjà l'esthétique galante.

Le style de Telemann

L'œuvre de Telemann est immense, touchant tous les genres musicaux avec une fécondité sans égale. Dès sa maturité, il connaît une renommée extraordinaire ; infatigable animateur de *collegia musica* (ensembles de musiques), il écrit aussi bien pour le public bourgeois que pour les cours, et assure la diffusion d'une partie de sa production dans le journal musical qu'il a fondé : le *Getreue Musikmeister* (« Le Fidèle Maître en musique »). Son œuvre instrumentale est si abondante que lui-même se perdait dans le détail de son énumération ; c'est par centaines qu'il faut compter les ouvertures à la française destinées au clavecin ; par douzaines les fantaisies pour instrument soliste. Loin de forcer l'admiration, cette vigueur créatrice a souvent amené les musicologues à traiter avec un certain dédain une production qui leur semblait trop répétitive. Manfred Bukofzer, dans son remarquable ouvrage : *Music in the baroque era* (« La Musique à l'époque baroque »), n'échappe pas à la règle et ne réserve à Telemann que quelques lignes, où apparaît par deux fois l'adjectif « facile ». Certes, étudier l'œuvre de Telemann à la lumière de celle de J.-S. Bach pourrait conduire à de telles conclusions. En fait, l'effacement du contrepoint, la constante primauté de la mélodie, le souci de peindre ou d'évoquer sentiments ou situations, associé au refus d'une expression trop lyrique, ne doivent pas être considérés comme une régression par rapport à l'art de Bach, mais constituent les principes d'une nouvelle esthétique, en usage jusque vers 1770 : le style galant.

La musique instrumentale

L'œuvre instrumentale de Telemann (voir « La musique vocale de 1680 à 1800 », p. 480) illustre cette nouvelle tendance, d'abord dans le souci de créer de petites formes : les deux collections de fugues pour le clavier, *Petites Fugues* (1731) et *Fugues légères* (ou galantes) (1739), s'écartent de l'habituelle écriture contrapuntique. Le thème y est exposé successivement dans diverses tonalités, plus que réellement travaillé. Mais la mélodie offre une richesse, une originalité qui échappaient jusqu'alors au domaine de la fugue. On pourrait également évoquer ici les nombreux menuets isolés ou les quelque six cents ouvertures en deux mouvements que le compositeur a proposés aux clavecinistes.

En outre, Telemann affiche une prédilection pour la forme « suite », particulièrement touchée par l'esthétique galante. Écrites pour un dessus et basse continue (*Kleine Kammermusik,* « Petite Musique de chambre »), en trio (par exemple, pour flûte, violon et basse), pour ensemble instrumental (à sept parties dans la *Tafelmusik*), ou encore pour orchestre, ces suites présentent une très grande variété de propos. Certaines d'entre elles se veulent simple divertissement : c'est le cas de la *Pyrmonter Kurwoche* (« La Semaine de cure de Pyrmont »), 1733-1734, petites pièces composées pour les curistes de Pyrmont ; à chaque jour de la semaine correspondent une introduction et une suite pour deux violons et basse continue. Dans cette même catégorie se classe la *Tafelmusik* (éditée en 1733), qui appartient à cette longue tradition des « musiques de table », dont la vogue se développe avec l'essor de la classe bourgeoise. L'œuvre, destinée à des instruments solistes, se divise en trois sections comprenant chacune une ouverture et une suite à sept parties, un quatuor, un concerto, un trio, une pièce soliste et une conclusion qui a le même effectif que l'ouverture.

L'objectif de Telemann se précise dans les *Six Ouvertures et Suites* pour orchestre. Un programme les soutient, nourri de littérature (*Suite burlesque de Don Quichotte*) ou de mythologie : la *Suite en ut majeur* présente, après l'ouverture, une série de portraits de dieux ou héros antiques assemblés de manière à faire jouer des éléments contrastants. Le *Turbulent Éole* s'oppose à l'*Agréable Zéphir* (menuet), le *Sommeil de Thétis* (sarabande) à *Thétis éveillée* (bourrée). Avec une grande simplicité de moyens, Telemann excelle dans ces petites scènes, véritables peintures musicales ; la douceur du timbre moyen de la flûte à bec, le *tempo* retenu de la sarabande, la nuance « doucement », l'alanguissement des triolets restituent l'atmosphère du sommeil de la déesse.

Au contraire, le *tempo* rapide de la bourrée, le motif ascendant de la flûte à bec accédant à son registre aigu, l'énergie des noires répétées peignent bien l'éveil de Thétis.

Enfin, en parfait homme du monde, Telemann fréquente le théâtre et peut faire allusion aux pièces à la mode. A. Wenzinger a montré que, dans le *6e Quatuor* de la série parisienne (1738), le mouvement intitulé « distrait », dans sa rythmique syncopée, évoquait Léandre, héros de la célèbre comédie de Regnard, *Le Distrait,* qui connaissait encore un immense succès à Paris au début du XVIIIe s.

Les sonates présentent peut-être moins de variété ; très proches des modèles italiens, les *Six Sonates en trio,* sous-titrées par l'auteur *Les Corellisantes* (1734-1735), comportent trois sonates d'église (sonates impaires) et trois sonates de chambre (sonates paires). Seule la formule *da chiesa* est utilisée dans les *Sonates* op. 2 et op. 5 pour deux flûtes traversières ou deux violons sans basse. Mais, si la structure reste corellienne, la thématique demeure très personnelle, souvent marquée de cette influence populaire si caractéristique du style de Telemann, particulièrement dans les mouvements vifs.

Évoquant d'ailleurs le folklore polonais et morave entendu lors de voyages en Europe centrale avec le comte von Promnitz, le compositeur remarque : « J'ai écrit dans ce style de grands concerti et des trios que j'ai rhabillés ensuite à l'italienne. » Le style italien prévaut également dans ses concerti, avec la découpe lent – vif – lent – vif ; mais, contrairement à la tradition, il arrive parfois que le soliste ouvre l'œuvre.

Si, de l'esthétique galante, Telemann semble bien avoir adopté la simplicité, l'élégance, le bon goût, l'aspect décoratif, il peut cependant révéler une grandeur, une noblesse de ton que l'on rencontre par exemple dans la *Fantaisie en ré majeur* pour viole de gambe sans basse.

Mais Telemann n'est pas uniquement le principal représentant de l'esthétique galante ; son œuvre va beaucoup plus loin, en offrant des traits qui annoncent déjà le classicisme. L'abandon progressif de la basse continue, ou son remplacement par des formules écrites en arpèges brisés, la découpe du thème en incises courtes, clairement articulées, succédant au long thème sinueux de l'époque baroque, le souci de la couleur instrumentale, en opposition au principe de

l'équivalence des instruments de même tessiture, sont autant d'éléments qui s'imposeront dans la seconde moitié du XVIIIe s.
L'âge d'or du baroque s'achève vers 1750. Certes, bien des compositeurs continueront à pratiquer l'esthétique baroque, particulièrement dans les pays d'Europe centrale, où l'influence des jésuites était encore très forte. Ainsi les œuvres de M. Mysliveček (1737, † 1781) appartiennent-elles encore au baroque, par le goût du style concertant, le souci de ménager des contrastes de timbres et de dynamique, la primauté absolue accordée à la mélodie : les Italiens le surnommaient d'ailleurs « il divino Boemo » en raison de la grâce inégalable de ses tournures mélodiques.
Mais d'autres esthétiques se font jour, accélérant le processus de liquidation du baroque : le style galant, déjà illustré par Telemann, triomphe dans les années 1750/1770, mené à son plus haut niveau par Jean Chrétien Bach. Le « rococo », ultime rebondissement du baroque, sera surtout sensible en France, par exemple dans les pièces des clavecinistes et dans la musique de chambre de M. Corrette. Ici, le maniérisme, la recherche de l'effet gracieux remplacent l'éloquence baroque. La noblesse de l'ancien style, son aspect pompeux, théâtral, souvent mystique, soutenu par la constante recherche des contrastes, s'effacent donc peu à peu : la musique revêt plutôt un aspect intimiste et vise la perfection du détail plus que l'expression de la grandeur. La même évolution se produit dans une cour qui déserte les grandes salles inhospitalières de Versailles pour se réfugier dans les petits appartements, où l'on devise entre soi, autour d'une table de jeu.
Les techniques fondamentales du baroque vont également devenir caduques : le récit perd sa spontanéité et sa richesse d'expression pour se couler dans des formules stéréotypées. La basse continue est peu à peu abandonnée au profit des accompagnements écrits et, dans l'orchestre, le clavecin disparaît, laissant au chef la possibilité de diriger du pupitre de premier violon, ou, un peu plus tard, assis devant une table, un rouleau de partitions à la main, comme le fera Beethoven pour ses premières symphonies.
Un grand remaniement des formes, des techniques d'écriture, des habitudes instrumentales s'opère alors : une période de tâtonnements et d'expérimentation s'ouvre, très souvent décevante sur le plan de la qualité des œuvres, mais riche en idées nouvelles orientées vers la recherche de l'expression. Il appartiendra aux compositeurs de la fin du XVIIIe s. de faire la synthèse des aspects positifs de ces années transitoires pour élaborer le style classique.

1750-1775 PÉRIODE DE TRANSITION

La période qui va de 1750 à 1775 est difficile à étudier en raison de sa variété : un style disparaît – le baroque –, un autre va naître – le classicisme –, et ces deux tendances se superposent en un subtil fondu-enchaîné. Le désordre qui semble régner ne trouvera son explication qu'après la crise du *Sturm und Drang* des années 1770-1775. Une sorte de décantation s'effectuera alors dans l'afflux des idées nouvelles : de la synthèse des meilleures d'entre elles sortira le style classique.

La musique n'est pas seule affectée par le grand brassage d'idées qui s'opère entre 1750 et 1775. Un malaise politique marque ce tournant du milieu du XVIIIe s. : les idéaux de liberté, d'égalité, d'indépendance commencent à s'imposer dans une atmosphère prérévolutionnaire. Les régimes trop autoritaires, comme celui de Frédéric II de Prusse, sont jugés abusifs. Partout le pouvoir royal est déconsidéré : Louis XV, d'abord appelé le Bien-Aimé, fait l'objet de critiques amères et les Encyclopédistes réagissent violemment contre son égoïsme et la corruption de son entourage.

La société évolue elle aussi. La classe bourgeoise s'enrichit par le commerce tandis qu'au contraire les nobles ne cessent de s'appauvrir. Accédant à la culture, la bourgeoisie impose ses goûts et favorise la diffusion du concert public, alors que dans la période précédente la musique restait, le plus souvent, le divertissement d'une élite. Parallèlement se fait jour l'idée de revalorisation d'une autre classe encore plus méconnue : le peuple. Goethe fait dire à son jeune héros, Werther :

« Je sais bien que nous ne sommes pas égaux, que nous ne pouvons pas l'être ; mais je soutiens que celui qui, pour maintenir le respect, croit nécessaire de s'éloigner de ce qu'on appelle le peuple, est tout aussi blâmable que le poltron qui, devant l'ennemi, se cache, de peur d'avoir le dessous. »

Certes, nous sommes encore loin de l'idéal d'égalité généreusement prôné par la Révolution française, mais on sent naître ici le souci, le respect d'un groupe que les gens cultivés tenaient jusqu'alors pour inexistant. Ce regard jeté vers le peuple favorisera le retour à des plaisirs plus simples. Werther s'exclame :
« Combien je suis heureux [...] de ressentir la simple et innocente félicité de l'homme qui, mettant sur sa table un chou qu'il a cultivé lui-même, savoure non seulement ce chou, mais aussi toutes les bonnes journées vécues, la belle matinée où il le planta, les agréables soirées où il l'arrosa... »
Moins sophistiqué, le plaisir est aussi plus spontané, plus direct : l'élan du cœur prime désormais sur le froid travail de la raison. À l'*Aufklärung* (« période des lumières ») succède une esthétique dominée par les sentiments, l'*Empfindsamkeit* (terme que l'on pourrait traduire par « sensibilité »). Liberté et expression constitueront les mots clés du nouveau langage musical. Il importe avant tout d'être ému et de transmettre son émotion, non pas par un code soigneusement mis au point par des générations de compositeurs, mais par des procédés personnels traduisant la singularité de chaque créateur.
L'accent est mis sur l'idée de nouveauté : ces vingt-cinq années sont en effet animées par un constant besoin de changement. À l'époque dite baroque, l'artiste ne cherchait pas à s'affirmer en tant qu'individu, mais s'intégrait à une société pour laquelle il créait, en parfait accord avec la demande qui lui était faite. Au contraire, au milieu du XVIIIe s., cette notion de groupe perd de son importance. Ce qui compte n'est plus d'adhérer à un style, mais de réaliser un apport personnel. Désormais, tout semble permis ; on peut se montrer fantaisiste, voire incohérent : il faut avant tout être original pour pouvoir être entendu. Mais cette originalité érigée en critère artistique ne constitue pas un simple jeu, une performance sans signification : elle s'assortit d'une grande profondeur d'expression. Renonçant à l'accent théâtral du héros baroque, le compositeur fait tomber le masque et s'exprime à la première personne. Il laisse parler son cœur, délivrant un message auquel nul ne peut rester insensible.
Cet ardent besoin de changement se manifeste aussi dans les moyens mis en œuvre. La basse continue disparaît peu à peu ; les instruments « anciens » (violes, luth, clavecin) cèdent la place à la famille des violons, à la guitare, au *pianoforte*. Certaines formes tombent en désuétude (la suite) ; d'autres s'affirment, comme la

sonate, et l'orchestre va tenir le devant de la scène en imposant un genre nouveau : la symphonie. L'apport de cette période est donc considérable, tant sur le plan de l'esthétique que sur celui des formes et de la technique musicales.
Cette évolution passe d'abord par la liquidation du baroque à travers le style galant et le rococo.

Le déclin du baroque : style galant et rococo

Le style galant

Le style galant fleurit, entre 1750 et 1775, surtout en Allemagne et en Europe centrale, dans les cours ayant peu de contacts avec l'Italie. Il se caractérise par un goût du divertissement et une expression un peu mièvre et maniérée ; il plaît par son absence de couleur dramatique, sa légèreté de bon ton, son aspect cérémonieux ; le contrepoint y disparaît au profit d'une ligne mélodique souple et gracieuse, portée par un simple support harmonique ; bref, c'est un style aisé, facile, et, somme toute, rassurant. On pourrait comparer certaines œuvres musicales ressortissant à cette esthétique à ces sujets de porcelaine de Dresde ou de Meissen, aux attitudes souvent stéréotypées, aux couleurs acidulées, mais pleins de charme et d'une parfaite qualité technique.
De nombreux compositeurs céderont à l'appel du style galant, alors très apprécié d'un certain public (bourgeois des villes, noblesse des cours de faible ou moyenne importance). Ainsi, Jean-Chrétien Bach bâtit son œuvre sur des critères esthétiques qu'au fond de lui-même il refuse ; capable au clavier d'improvisations très étranges, originales et dramatiques, il livre au public des compositions « un peu vides » et pleines de grâce, se justifiant ainsi auprès du critique Schubart : « Ne croyez pas trop à la musique que vous connaissez sous mon nom : c'est que je compose pour vivre... » Son frère, Carl Philipp Emanuel, adoptera un langage beaucoup plus personnel, bien que sacrifiant parfois à l'esthétique galante, comme dans ses symphonies pour orchestre ou encore dans la *Sonate en ut majeur* pour viole de gambe et clavecin, où les syncopes, la vivacité de la

ligne ont le « piquant » caractéristique du galant, un peu amolli par la rondeur des triolets et la grâce des appoggiatures.
Les Italiens ont eux aussi pratiqué l'esthétique galante : l'abondante musique de chambre de L. Boccherini s'y rattache par son côté aimable, son élégance et son absence de profondeur.

Le rococo

En France, le terme « rococo » est utilisé par les historiens de l'art pour désigner une école attachée à la souplesse des lignes, au culte du détail et du décor propres au style rocaille (inspiré des grottes et de la forme des coquillages). M. Corrette semble bien représenter ce style léger où le sourire remplace les éléments dramatiques. Sa vivacité dans l'*allegro,* son chant aux grâces un peu fades dans l'*adagio,* son choix d'instruments souvent liés à une mode bien éphémère (vièle, musette) lui assurent de son vivant une réputation enviable. Avec le recul du temps, ces divers éléments nous permettent de le classer, en compagnie des derniers organistes et clavecinistes parisiens, dans la catégorie des petits maîtres.
À ces adeptes d'un baroque décadent, dont les derniers élans sombrent dans le maniérisme, s'opposent les partisans d'une esthétique nouvelle fondée sur le rejet des codes d'expression et des formules déjà pratiquées depuis le début du siècle.

La naissance d'une esthétique nouvelle : C. Ph. E. Bach

« C'est avec l'âme qu'il faut jouer, et non comme un oiseau bien dressé... » Ainsi C. Ph. E. Bach (1714, † 1788), renonçant à traduire des sentiments stéréotypés, se met-il lui-même en scène, nous livrant avec spontanéité ses émotions. Selon Schubart, ses œuvres ne sont plus « la traduction caricaturale d'une niaiserie sentimentale, mais l'épanchement d'un cœur ». Un message aussi personnel ne peut guère se plier aux règles en vigueur : il a sa logique propre, ses accents, ses respirations, ses hésitations. Il constitue un véritable discours, dont l'analyse ne doit pas toujours se limiter au fait purement musical.

Le jeu de Carl Philipp Emanuel Bach

C. F. Cramer, contemporain de C. Ph. E. Bach, écrit : « Celui qui a entendu Bach jouer du *pianoforte* doit avoir remarqué les nuances infinies d'ombres et de lumières et l'expression par le moyen du *tenuto* (qui n'est pas autre chose que le *vibrato*) qu'il employait dans son jeu. » En effet, outre les diverses nuances, le *crescendo* et le *decrescendo,* on pouvait réaliser au *pianoforte* une sorte de *vibrato,* que C. Ph. E. Bach notait sur la partition par des points au-dessus des notes ou par la mention *tenuto.*

C'est certainement dans la musique de clavier que se révèle le mieux l'ardente personnalité du compositeur. Stimulé par les riches possibilités expressives du *pianoforte,* C. Ph. E. Bach traite le plus souvent la main droite comme une partie lyrique, soutenue par l'accompagnement de la main gauche. Pour donner à cette monodie une grande profondeur d'expression, il simplifie au maximum l'apport de l'accompagnement, rejetant, dans sa maturité, la basse d'Alberti, les arpèges et batteries alors en usage dans les œuvres pour clavier. Le compositeur a lui-même expliqué combien il lui avait été difficile de renoncer à ces procédés éprouvés et de remplacer le « vacarme » par les élans du cœur. En effet, une mélodie ainsi mise à nu ne peut supporter la moindre faiblesse : elle doit continuellement exciter l'intérêt et « parler » comme le ferait un orateur passionné. Dans cet exemple, tous les éléments mis en œuvre concourent à l'expression : le caractère entrecoupé, haletant de la ligne mélodique, la modulation entre deux tonalités très sombres (*si* bémol mineur et *mi* bémol mineur), l'opposition dramatique des nuances et des registres, et enfin l'intervalle de septième diminuée (*ré/do* bémol) dont le lyrisme est renforcé par le rythme pointé.

C. Ph. E. Bach sait aussi utiliser le silence à des fins expressives : interrompant brutalement un motif, il repart après une mesure vide dans une tonalité nouvelle, créant ainsi dans ses *Rondos* un effet comique certain. Ou encore, de manière plus dramatique, il place le silence au sommet d'un *crescendo,* au moment même où l'on attendrait l'impact d'un accord : le manque d'aboutissement de la tension et le retour immédiat à la nuance *piano* constituent une

sorte de suspension infiniment poétique, évoquant une interrogation passionnée, à peine formulée et laissée sans réponse.
Cette expression « oratoire », souvent illogique et en rupture avec le code de traduction des émotions en vigueur à l'époque baroque, a été adoptée par quelques contemporains de C. Ph. E. Bach, notamment J. F. Eckard, J. W. Hässler, J. G. Müthel. Mais aucun d'entre eux n'a su faire « parler » son clavier d'une manière aussi originale et profonde. Le plus proche héritier de Bach dans ce domaine sera Beethoven dont certaines sonates (comme l'opus 31 n° 2) constituent aussi un discours passionné.

L'évolution des formes et de la technique musicales

Le milieu du XVIIIe s. est trop souvent présenté comme un curieux tournant où brusquement naît une « forme sonate » à deux thèmes, « inventée » par les fils de J.-S. Bach, tandis que pour des raisons tout aussi mystérieuses disparaît la basse continue et s'instaurent les prémisses d'un art classique. De nombreux musicologues se sont élevés contre ces simplifications abusives, mais nul mieux que Manfred Bukofzer n'a expliqué l'évolution des formes durant le baroque tardif.
Au début du XVIIe s., la musique baroque semble plus à la recherche d'un style que de formes. Nous avons remarqué que le *stile concertato* se coule dans les anciennes structures issues de la Renaissance. Au contraire, une fois le style affermi et le système tonal adopté, peu à peu se dégagent des principes formels : M. Bukofzer a décrit avec clairvoyance cette lente acquisition de la « continuité » baroque. Il a montré comment la plupart des œuvres se fondent sur un type unique de développement, né de la répétition d'un même motif dans des tonalités différentes dont l'ordre n'est pas immuable. Le cinquième degré (la dominante) n'a pas encore de fonction privilégiée et la réexposition (retour du thème au ton initial) demeure facultative. Dans ces conditions, il paraît bien hasardeux de parler de « forme sonate », et l'on reste encore proche de la structure binaire de certaines danses. En outre, si un second thème ou une seconde idée se profilent dans l'*allegro* initial du genre sonate, ce phénomène n'est pas vraiment significatif ; en

effet, dans la forme sonate de la période classique, le passage à la dominante est suffisamment important et chargé de tension pour qu'il ne nécessite pas obligatoirement l'apport d'un second thème ; on remarque chez Haydn des sonates monothématiques qui ne constituent absolument pas des archaïsmes.

En dehors des problèmes de forme, il semble que l'abandon de la basse continue ait été considéré comme l'un des traits caractéristiques de cette période transitoire. Certes, cette formule d'accompagnement perd peu à peu du terrain pour de multiples raisons : la principale est sans doute le développement d'une harmonie de plus en plus riche qui nécessite des chiffrages complexes, rendant l'improvisation d'une réalisation très délicate. En outre, nous avons constaté l'effacement progressif du code d'expression en vigueur dans la période baroque ; devenant plus personnel, le message transmis ne peut pas être livré à moitié, ou encourir le risque d'une déformation lors de l'exécution : tout doit donc être écrit pour garantir l'exacte transmission des désirs du compositeur. Mais si sur les partitions la basse continue semble bien absente, en revanche les habitudes des instrumentistes se montrent tenaces, puisque lors de son premier voyage à Londres, en 1791, Haydn dirige l'une de ses symphonies depuis le *pianoforte* placé au milieu de l'orchestre. De même, à Paris, le clavecin ne sera supprimé à l'Opéra qu'en 1777, alors que la basse continue était tombée en désuétude depuis près de vingt ans. Les années 1750-1775 voient donc le déclin de la pratique de la basse continue, mais sa suppression dans les concerts ne sera effective qu'à la fin du siècle.

La régression du contrepoint est également une des tendances constantes de cette période. Les progrès de l'esthétique galante, le goût de genres fondés sur l'homophonie, comme le concerto et la symphonie, favorisent une conception verticale de la musique. Le *fugato* devient désormais pratique de musicien d'église, avec une connotation un peu désuète.

Le développement de la symphonie

La grande nouveauté de cette époque demeure sans conteste le développement de la symphonie. Certes, dès le début du XVIIe s. le terme « symphonie » est employé, mais il recouvre de manière vague tout ce qui est musique d'ensemble, sans désigner un genre bien défini : par

Ouverture à la française et ouverture italienne

Deux types d'ouverture d'opéra existent au XVIIe et au début du XVIIIe s. : l'ouverture à la française et l'ouverture italienne.
La première, déjà utilisée par Lully dans ses ballets, réunit deux mouvements enchaînés :
– un lent, souvent en mode mineur, fondé sur le rythme,
– un rapide, fondé sur la technique du *fugato.*
Parfois un troisième mouvement, dans l'esprit du premier, clôt l'œuvre.
L'ouverture italienne, selon A. Scarlatti, Leo, Galuppi ou Jommeli, adopte le schéma inverse, en trois mouvements indépendants : vif – lent – vif. Les mouvements rapides, toujours en mode majeur, revêtent un caractère joyeux, les instruments à vent apportant une couleur éclatante et un style « fanfare ». Au contraire, la partie centrale, le plus souvent réservée aux cordes seules, développe un certain lyrisme.

exemple, les *Symphoniae sacrae* de Schütz (1629 et 1647) sont des pièces faisant appel à un effectif vocal et instrumental. Plus avant dans le courant du XVIIe s., le terme se restreint aux œuvres pour les seuls instruments : on oppose dans l'opéra de Lully les « symphonies » (ouverture et danses réservées à l'orchestre) aux parties vocales. Puis, dans un troisième stade, le nom de *sinfonia* s'appliquera à l'ouverture à l'italienne. Le genre symphonie naîtra lorsque l'une de ces ouvertures sera détachée de sa fonction (qui était d'introduire un opéra ou un oratorio) et exécutée en concert en tant qu'œuvre indépendante. Cependant, durant le XVIIIe s. se maintient une confusion entre les termes symphonie et ouverture, qui sont employés indifféremment : on parlera par exemple de « symphonies avant l'opéra », qui sont de vraies ouvertures ; à l'inverse, F. X. Richter publie à Londres, vers 1750, une collection de six ouvertures à huit parties qui « n'ouvrent » rien du tout, puisque le compositeur n'a pas écrit d'opéras, et qui constituent en fait des symphonies.
Les premières symphonies italiennes demeurent très liées au modèle que représente l'ouverture. Dans *l'allegro* initial de ses symphonies, toujours en mode majeur, A. Vivaldi utilise un premier thème de style fanfare, construit sur les notes de l'accord parfait et éclairé par l'apport des instruments à vent – cors, hautbois.

Ce thème est souvent suivi d'une amorce de seconde idée de caractère plus mélodique. Les développements restent brefs, fondés sur les marches harmoniques de la période baroque. La dynamique nous paraît rudimentaire, se limitant à des contrastes *forte/piano*. L'*andante*, lyrique, adopte fréquemment le schéma binaire (A A' B B') ; il est écrit au ton de la dominante, ou au relatif mineur, ou encore à la sous-dominante. Les premiers violons y chantent une mélodie très vocale, soutenue par le reste des cordes. Le *presto* final, très court, cède parfois la place à un menuet.

Au milieu du XVIIIe s., la symphonie italienne s'appuie toujours sur ces éléments de base : le Padre Martini utilise le même groupe de cordes, auquel il joint quelques instruments à vent (deux cors ou deux trompettes, deux hautbois) qui ne sont pas employés de manière mélodique mais plutôt pour remplir l'harmonie ou renforcer les accents rythmiques. Pratiquement toutes ses symphonies sont écrites en trois mouvements et dans un style très homophonique, évitant tout *fugato* ou système d'entrées entre les différentes parties. On pourrait faire des remarques analogues sur les symphonies de G. B. Sammartini.

En France, la symphonie connaît un large développement à partir de 1750, très appréciée au Concert spirituel ou dans des cercles privés comme celui de M. de La Pouplinière. De nombreux compositeurs contribuent à fixer les normes de ce genre nouveau : Aubert, Mangean, Blainville, Papavoine, Martin adoptent le plus souvent la structure en trois mouvements et une orchestration fondée sur les quatre parties de cordes, auxquelles s'adjoignent cors, flûtes ou hautbois. Mais déjà, vers 1770, se dessine le goût particulier des Français pour la symphonie concertante : le public bourgeois des concerts est sensible à la virtuosité et à la variété de timbres apportées par les éléments solistes (le plus souvent deux violons). S. Leduc, Davaux écrivent les premières symphonies concertantes. Ce genre connaîtra un grand succès jusqu'à la fin du XVIIIe s.

Deux autres écoles apportent une contribution importante à l'évolution de la symphonie : l'école de Vienne et celle de Mannheim. À Vienne, les premiers symphonistes composent dans le style de l'ouverture à l'italienne ; G. M. Monn, Ch. Wagenseil ont laissé des symphonies en trois mouvements, le plus souvent terminées par un menuet. Toutefois, vers 1770, se produit une évolution : F. L. Gassmann fait précéder l'*allegro* initial d'une introduction lente et ajoute en quatrième position un *finale* de forme binaire ou *rondo*, pour équilibrer l'ampleur prise par le premier

J. V. Stamic (1717, † 1757)

J. V. Stamic (ou encore Stamitz, selon l'orthographe adoptée dans les pays germaniques) naquit en Bohême. Il fit ses études musicales au collège jésuite de Jihlava. À 24 ans, il se fixa à la cour de Mannheim, où il exerça les fonctions de *Konzertmeister* jusqu'à sa mort. Lors d'un séjour à Paris en 1754-1755, il fit applaudir au Concert spirituel plusieurs symphonies et sa *Grande Messe en ré.*

Ses deux fils, Carl Philipp et Anton, composèrent tous deux des symphonies, des concerti et de nombreuses œuvres de musique de chambre ; sans doute ne manifestèrent-ils pas le génie inventif de leur père : Mozart les qualifie, sans indulgence, de « misérables barbouilleurs de notes ».

---

mouvement. Le menuet rétrograde alors en troisième position et la structure « classique » de la symphonie est créée. C. d'Ordoñez, L. Hoffmann adoptent ce nouveau plan, et L. Mozart fait pénétrer dans la symphonie ce goût du divertissement et de l'évocation pittoresque *(Symphonie de chasse, Symphonie pastorale, Symphonie burlesque)* que l'on retrouvera chez Haydn.

Si l'école viennoise se distingue surtout par son apport sur le plan de la structure de la symphonie, en revanche les mannheimistes ont considérablement modifié l'écriture orchestrale. D'origine tchèque, J. V. Stamic s'installe à Mannheim en 1741 et y reste jusqu'à sa mort, en 1757. Il y attire des compositeurs et instrumentistes d'Europe centrale (F. X. Richter, A. Fils, J. Cart) ou venant des provinces de l'Empire (J. Holzbauer, Cannabich, E. Eichner, F. Beck). La cour palatine, réputée pour son activité artistique intense, constitue alors un étrange mélange de nationalités et de classes sociales, où le talent seul sert d'introduction. Le secrétaire de Voltaire la décrit comme « le séjour le plus agréable du monde », et son orchestre, formé de virtuoses, jouit d'une enviable réputation : le musicographe Ch. Burney en parlera comme d'une « armée de généraux » et louera son sens de la dynamique. Sur le plan de la forme, Stamic et ses disciples adoptent les schémas proposés par l'école viennoise, et les instruments employés sont les mêmes. Mais on remarque une certaine tendance à l'individualisation des vents, qui deviennent parfois solistes ou sont utilisés en raison de leur couleur particulière.

L'orchestre de Mannheim en 1756

Effectifs selon Marpurg :
10 premiers violons (soliste : J. V. Stamic)
10 seconds violons (soliste : F. X. Richter)
4 altistes
4 violoncellistes
2 contrebassistes
2 flûtes
2 hautbois
2 bassons
4 cors
2 organistes

soit :
26 musiciens en provenance de l'Empire
10 Tchèques, dont les quatre cornistes
3 Français (tous alsaciens)
2 Italiens
1 Belge
L'effectif musical de la cour comprenait en tout 12 trompettistes et 2 timbaliers. Les clarinettes ne seront employées à Mannheim qu'après la mort de Stamic.

Mais c'est dans le domaine des nuances que Stamic se montre un novateur : jusqu'au milieu du XVIIIe s., cet art semblait assez négligé à l'orchestre, où l'on ne pratiquait guère que le procédé d'écho (*forte/piano*). Dans le jeu soliste, l'éventail des couleurs offertes était plus riche, mais aucune indication ne figurait sur les partitions, laissant toute liberté à l'interprète. Le grand mérite de Stamic est d'avoir appliqué à l'orchestre la dynamique non écrite du jeu soliste, en portant une grande variété d'indications de nuances sur les partitions. En outre, on lui doit les premiers *crescendi* d'orchestre, utilisés non en vue de l'expression, comme c'est le cas dans le jeu soliste, mais pour constituer un effet sonore greffé sur la partition, dont il souligne les grandes articulations (par exemple en fin d'exposition). C'est bien ainsi qu'il fut compris du public contemporain, qui le considérait comme une sorte de prouesse extra-musicale qui « coupait le souffle » et que l'on ne pouvait entendre qu'à Mannheim. Les disciples de Stamic donneront de vastes proportions

---

Le *crescendo* chez Stamic

Comparé à une « cataracte », à un « tonnerre », à « l'enfer en joie », ce *crescendo* correspondait à la fois au goût du coup de théâtre, typique de la musique des jésuites que Stamic avait pratiquée durant toute sa jeunesse, et aux désirs du public bourgeois de Mannheim, avide de spectaculaire et de sensations. Sans doute plus remarquable par la maîtrise de l'exécution que par le fond même des œuvres, l'école de Mannheim exprime bien l'idéal bourgeois de l'époque. Mozart et Haydn rejetteront la dynamique des mannheimistes, considérée comme vulgaire, et pratiqueront une technique d'opposition de groupes sonores prolongeant l'écriture orchestrale baroque.

à ce procédé, qui restera encore en marge de la composition, comme un élément de ponctuation. Beethoven le reprendra, mais en l'intégrant à la structure de l'œuvre : le grand *crescendo* de l'*Ouverture Leonore III* recouvre l'exposé intégral du premier thème.

On mesure donc l'importance de Stamic dans l'évolution de l'écriture orchestrale. Si sa thématique reste le plus souvent proche de l'esthétique galante, si ses développements de type séquentiel ressortissent bien à l'art baroque, en revanche son utilisation de la dynamique annonce déjà le début du romantisme. En ce sens, l'orchestration de Beethoven procède plus de celle de Stamic que de celle de ses devanciers, Haydn et Mozart, qui n'ont jamais adopté les acquisitions des mannheimistes.

La crise du « Sturm und Drang »

La période de transition 1750-1775 s'achève dans une sorte d'exaltation qui atteint toutes les formes d'expression artistique, particulièrement dans les pays germaniques. Une pièce de F. M. von Klinger, représentée en 1776, donnera son titre à ce mouvement : *Sturm und Drang* (« tempête et emportement »)... La tempête est celle des idées nouvelles : liberté, égalité, refus de l'autorité, revendication du droit à l'originalité. L'emportement désigne ces élans du cœur qui sont la source de toute création.

Nous avons vu comment peu à peu les principes de composition du baroque sont repoussés ; la musique n'est plus désormais un divertissement, mais un mouvement de l'âme, un épanchement du cœur. Ce sentiment vague, diffus, cette expression d'un certain mal de vivre trouvent leur meilleur interprète dans le jeu instrumental ; mieux que les mots, les sons, par le manque de précision de leur contenu expressif, peuvent rendre l'ambiguïté du message. Chaque compositeur se forge un langage personnel pour traduire ce désordre des passions. Tous ont en commun le souci de placer au premier plan l'expression : cette préoccupation l'emporte sur celle de la structure. Ainsi dans les œuvres de cette période règne une certaine incohérence qui ne disparaît que lorsqu'on a saisi le sens profond des sentiments exprimés.

En outre, certaines constantes se dessinent dans les techniques employées : l'adoption, dans une perspective oratoire, d'une ligne mélodique formant « comme des mots » (pour reprendre l'expression du claveciniste Milchmeyer), le goût d'une dynamique très contrastée, le choix de tonalités sombres souvent chargées en bémols, l'utilisation du silence à des fins expressives.

Mais le *Sturm und Drang* ne se limite pas au jeu soliste ; il atteint aussi le domaine de la symphonie. L'usage de tonalités mineures dans des œuvres alors presque toujours écrites en majeur traduit bien le souci de lyrisme et le désir d'introduire une dimension dramatique. Déjà les mannheimistes ont annoncé cette transformation : sur 56 symphonies, F. X. Richter en compose 15 en mineur. Parmi les Français, S. Leduc montre une prédilection pour les symphonies en mineur (9 sur 36) et parsème ses partitions d'indications très évocatrices ; dans le *Trio pour orchestre* en *sol* mineur, on relève les termes : *amoroso espressivo, agitato con smania* (« furieusement agité »). Enfin, les deux grands symphonistes que sont Haydn et Mozart traversent eux aussi une période marquée par l'influence du *Sturm und Drang*, où leurs œuvres font preuve d'une grande richesse expressive ; on y observe la fréquence des tonalités mineures, et particulièrement de tonalités encore peu utilisées (comme *fa* dièse mineur dans la *Symphonie n° 45, « Les Adieux »*, de Haydn), la richesse de l'harmonie dans le rapprochement des modulations et l'emploi du chromatisme, l'abondance des formules rythmiques syncopées (*Symphonie en sol mineur* n° 25 K. 183 de Mozart) et le goût des thèmes présentant des intervalles très disjoints.

Terminée par cette crise ultime, le *Sturm und Drang,* la période 1750-1775 demeure difficile à caractériser, sinon par son absence de style propre : préoccupés par la recherche de l'expression, les compositeurs adoptent un style très personnel, produisant des œuvres étranges, souvent fantasques et excessives. La réussite même de C. Ph. E. Bach, sans doute le plus grand maître de l'époque, reste incomplète : nous tentons vainement de déterminer dans son œuvre une conception d'ensemble, et notre oreille, habituée à la pureté des formes classiques, s'inquiète devant ce fouillis d'effets, ces chocs harmoniques, cette incohérence du discours. Mais de ces tentatives maîtrisées naîtra l'art classique : c'est là l'aspect positif de cette période de transition constituant une étape nécessaire de l'évolution musicale.

LE CLASSICISME MUSICAL

Dans les années 1750-1775 se manifeste une certaine ambiguïté : les compositeurs veulent épancher leur cœur, tout en ne disposant que des moyens techniques de l'époque baroque. Beaucoup tentent de s'en affranchir, mais leurs efforts ne s'exercent le plus souvent que dans une seule direction et de ce fait s'en trouvent partiellement neutralisés ; qu'importent les innovations de Stamic dans le domaine de la dynamique si son harmonie reste celle du baroque et si sa technique de développement s'appuie sur les séquences chères aux compositeurs italiens du début du XVIIIe s. ? L'évolution du style, évidente dans certains domaines, reste donc incomplète, ce qui rend cette période très obscure et difficile à comprendre.
Le rôle de l'artiste classique sera de rétablir la cohérence du langage musical ; rejetant les éléments issus du baroque, donc périmés, et s'appuyant sur les expériences de ces années de transition, il va créer

un style nouveau. Mais, comme l'a bien montré Charles Rosen dans son ouvrage sur *Le Style classique*, tous les compositeurs ne parviendront pas à réaliser cette maîtrise. Beaucoup conserveront une partie de l'héritage baroque, particulièrement dans le domaine de la forme et de l'harmonie. Seuls quelques très grands artistes pourront dominer totalement les divers éléments du langage musical ; Haydn, Mozart et Beethoven seront les trois représentants de ce style nouveau, unis, certes, par leurs conceptions musicales, mais surtout par ce lien qualitatif que constitue leur aptitude à réaliser la synthèse des possibilités nouvelles expérimentées depuis 1750. Comme l'écrit E. T. A. Hoffmann en 1814 : « Haydn, Mozart et Beethoven ont porté toujours plus haut une nouvelle forme d'art dont les origines remontent au milieu du XVIIIe s. »

Avec clairvoyance, Hoffmann propose ici une véritable définition du classicisme et exprime l'aspect particulier de ce courant, qui ne se fonde pas sur des limites chronologiques ou géographiques, mais sur une commune maîtrise du langage musical. Nous revenons ici au sens initial du terme « classique », qui est : ce qui excelle, ce qui peut être proposé comme modèle.

Haydn, le premier, révélera ces qualités si particulières ; il sera suivi par Mozart. Beethoven viendra à Vienne en 1792, trop tard pour travailler avec Mozart, puisque celui-ci meurt en 1791, mais il profitera de l'enseignement de Haydn. Les rapports unissant ces trois compositeurs étaient d'ailleurs évidents dans l'esprit des contemporains ; le comte Waldstein n'avait-il pas dit à Beethoven lors de son départ pour la capitale autrichienne : « Vous allez à Vienne pour réaliser un souhait depuis longtemps exprimé… recevez des mains de Haydn l'esprit de Mozart. » Et de l'œuvre de ces trois maîtres se dégage le style dit « classique », « synthèse des possibilités artistiques de l'époque ».

Les différents aspects du style classique

Le thème classique

Rien ne distingue mieux le classicisme du baroque que la conception du thème. Long serpent mélodique, souple et ornementé, le thème baroque ne se laisse pas aisément appréhender : on hésite à en déterminer les limites, et ses multiples rebondissements nous mènent souvent jusqu'à la double barre finale sans que sa structure se soit imposée clairement à notre esprit. Au contraire, la phrase classique est courte, nettement délimitée et périodique. Elle s'accomplit au sein de la carrure, bénéficiant de la dynamique particulière qui en découle, et se scinde le plus souvent en deux parties égales – d'où la fréquence des phrases de quatre mesures.

Une telle phrase entraîne une perception globale de l'œuvre musicale : la périodicité des incises constitue un repère plus large que l'articulation baroque, qui souvent nous maintient au niveau de la pulsation du temps. Cette vue d'ensemble de la phrase atténue également l'intérêt porté aux notions de verticalité et d'horizontalité : la conception par « blocs » de plusieurs mesures provoque une fusion de ces divers éléments, et lorsque Haydn privilégie l'un d'eux – le contrepoint – dans ses *Quatuors* op. 33, il a conscience, selon ses propres paroles, d'avoir écrit d'une « façon tout à fait nouvelle et spéciale ».

Simple, concise, la phrase musicale peut s'appuyer sur une mélodie empruntée au folklore. Haydn et Mozart adoptent souvent des thèmes populaires dans le *finale* de leurs symphonies ou dans le *trio* des menuets. Charles Rosen a montré comment, placé en fin d'exposition, un thème de caractère populaire, à la symétrie très affirmée, pouvait avantageusement remplacer les habituels groupes cadentiels ; le cas se rencontre dans la *Symphonie Jupiter* de Mozart, où une idée nouvelle apparaît à la fin de l'exposition.

Mais il ne faudrait pas imaginer, à travers cette limpidité de la phrase et de l'éventuel recours à des thèmes folkloriques, que la thématique classique ne débouche que sur des divertissements aimables à odeur de trêfle. Le caractère dramatique est souvent présent dans les œuvres de grande amplitude. Les introductions lentes qu'élabore soigneusement Haydn dans ses symphonies montrent bien ce goût du tragique : le mystère règne dans les premières mesures de la *Symphonie n° 103* (dite « *Le Roulement de timbales* »). Le thème ébauché aux cordes graves, la réponse plaintive des bois, les *sforzandi* sauvages des dernières mesures, créent une atmosphère sombre et angoissante.

Mozart sait, lui aussi, ménager de brusques contrastes, des coups de théâtre qui bouleversent profondément l'auditeur ; dans le premier mouvement de la *Symphonie Jupiter,* l'exposé du second thème reste en suspens, *piano,* sur une sixte sensible ; une mesure vide s'écoule, surprenante, et brutalement voici que surgit l'accord inattendu d'*ut* mineur, dans un *tutti* d'une puissance inquiétante, dont la tension

---

La *Symphonie n° 103* de Haydn

Un biographe de Haydn, G. Carpani, a révélé que le compositeur échafaudait dans son esprit tout un roman avant d'écrire une symphonie, stimulant ainsi son imagination musicale. Cela permet de relire sans trop sourire cette interprétation littéraire des premières mesures de la *Symphonie n° 103* :
« La scène se passe à la campagne. Un orage affreux est supposé régner depuis assez longtemps pour que les habitants du village aient pu se rendre dans le temple de Dieu. Après le coup de tonnerre exposé par la timbale, on entend commencer la prière... À la cinquième et à la sixième mesure, une exclamation, qui semble partir du fond du cœur de quelques jeunes vierges, est peinte par la flûte et le hautbois. Elles ne disent que deux mots : Grand Dieu ! mais ces mots sont tellement empreints des sentiments qui les animent qu'ils font répandre des larmes... » (Momigny, 1806).

---

est encore accrue par les trémolos de cordes graves et le roulement des timbales.
L'utilisation du silence peut également produire l'effet inverse, c'est-à-dire provoquer le sourire. C'est le cas dans la même symphonie, toujours dans l'*allegro* initial (m. 99-102), lorsque, après une courte section affirmant la tonalité de *sol,* un brusque silence coupe la partition, avant que n'entre pour la *coda* l'idée nouvelle de caractère populaire.

La sonate classique

Mais le trait le plus caractéristique de la musique classique demeure sans conteste l'épanouissement de la forme sonate, qui se rencontre dans le premier *allegro* des genres symphonie, concerto, sonate, et dans toutes les pièces de musique de chambre ; la vogue de cette forme est telle qu'elle envahit parfois toute la symphonie : sur les quatre mouvements de la *Symphonie n° 40 en sol mineur* de Mozart, trois adoptent la forme sonate.
Trop souvent considérée comme une lutte entre deux thèmes opposés, la forme sonate, telle que l'a décrite Charles Rosen,

constitue un mouvement de tension s'opérant à partir du passage de la tonique au ton de la dominante ; cette tension est amplifiée par le développement et trouve sa résolution dans le retour au ton initial affirmé au moment de la réexposition. Une telle conception évite l'aspect quelque peu anecdotique de la rivalité entre deux thèmes et rend bien compte de la diversité que peut offrir la forme sonate à l'époque classique.
De même, nous comprenons mieux l'importance des articulations si soigneusement étudiées par les compositeurs classiques : le passage à la dominante, lourd de signification, est préparé longtemps à l'avance ; les cadences sont mises en valeur pour bien faire ressortir la structure de l'œuvre, et plusieurs groupes cadentiels se succèdent à la fin de l'exposition pour affirmer le ton de la dominante, tandis que la *coda,* soulignant le triomphe de la tonique, prend de plus en plus d'importance. Menant d'une zone de stabilité (le thème à la tonique) à une zone instable (le thème à la dominante) amplifiée par le développement, le parcours de la forme sonate s'achève par le retour à la stabilité atteinte lors de la réexposition. Ce trajet tonal offre en lui-même un caractère dramatique : le jeu de deux thèmes opposés mélodiquement ou rythmiquement n'explique donc pas le « conflit » qui règne dans la forme sonate, mais peut tout au plus l'exalter.

Les interprètes

Dans une œuvre aussi pensée et construite que la sonate classique, l'improvisation, en faveur à l'époque baroque, n'a plus sa place :

Effectifs orchestraux et acoustique

Les intensités des sons ne s'ajoutent pas, mais augmentent selon une progression logarithmique (loi de Fechner).
Ainsi, la différence d'intensité perçue entre un violon seul et dix violons jouant à l'unisson est de dix décibels ; entre dix et cent violons, cette différence est toujours de dix décibels, l'écart logarithmique entre 1 et 10 étant le même qu'entre 10 et 100. Pratiquement, un grand orchestre postromantique ne fait donc pas beaucoup plus de « bruit » qu'un petit symphonique de 40 musiciens, et il perd en transparence et en qualité des sonorités.

---

désormais, les initiatives de l'interprète se trouvent limitées, l'écrit prenant la première place. Plus de basse continue à réaliser, plus d'ornements à ajouter ; l'instrumentation est clairement précisée, comme d'ailleurs le *tempo* et la dynamique. Seule la « cadence » des concerti permet aux virtuoses un apport plus personnel, mais la pratique même d'une telle improvisation, souvent source d'abus, disparaît assez rapidement, et les compositeurs proposent, dès la fin du XVIIIe s., des cadences écrites pour leurs concerti.

Cette suprématie de l'écrit sur l'improvisé entraîne d'importants changements dans les habitudes instrumentales ; à présent, l'œuvre ne peut plus être déchiffrée en concert : par sa précision et sa complexité, la partition appelle un véritable travail des solistes ou de l'orchestre et la pratique des répétitions va s'imposer. Ainsi Haydn écrivait-il au prince d'Œttingen à propos de ses symphonies n° 90, 91 et 92 : « Je vous prie humblement de bien vouloir faire remarquer au maître de chapelle qui devait diriger le concert qu'il est indispensable, avant de les jouer, de répéter ces trois symphonies au moins une fois très soigneusement et en faisant bien attention. » Cette complexité de l'écriture musicale entraînera également la nécessité d'un chef d'orchestre dégagé de toute obligation instrumentale. Déjà, dans l'exécution de grandes œuvres chorales, un chef battait la mesure, tenant en main un rouleau de musique. De la même manière, quittant le clavecin ou le pupitre de premier violon, le chef d'orchestre s'impose à la fin du XVIIIe s. Ce sera souvent le compositeur (Reichardt, Spohr, Weber, Mendelssohn) qui assurera ce rôle, debout face à ses musiciens, une baguette à la main. Cet accessoire, d'abord considéré comme une attaque à la dignité des instrumentistes, suscitera un scandale à Londres, en 1819, avant d'être universellement accepté pour de simples raisons de précision et de clarté du geste.

Les effectifs

En ce qui concerne les effectifs, une certaine modération semble de mise si l'on considère les œuvres interprétées. Haydn, qui avait pourtant la réputation d'un musicien bruyant, disposait lors de son second voyage à Londres d'un « énorme » orchestre de soixante musiciens mais le cas était exceptionnel et l'on devait souvent se contenter d'ensembles plus réduits (24 instrumentistes par exemple à Esterhaza). En 1814, Beethoven dirigeait un orchestre à peine plus étoffé ; on peut lire dans ses *Carnets intimes :* « À mon dernier concert dans la grande salle de la Redoute, l'orchestre se composait de 18 premiers violons, 18 seconds violons, 14 alti, 12 violoncelles, 7 contrebasses et deux hautbois. » Ces chiffres offrent matière à réflexion et on peut se demander si le grand orchestre symphonique actuel, produit de la démesure romantique, demeure l'instrument idéal pour restituer les œuvres du répertoire classique.

La musique instrumentale classique

Haydn, Mozart et Beethoven ont réalisé la synthèse des possibilités nouvelles expérimentées depuis le milieu du XVIIIe s. Leur œuvre instrumentale se caractérise par une égale maîtrise des divers éléments du langage musical. Nous la traiterons par genres (musique de clavier, musique de chambre, symphonie, concerto), afin d'éviter les redites, en nous limitant, pour Beethoven, aux œuvres de jeunesse, antérieures à 1802.

La musique de clavier

Dans le dernier quart du XVIIIe s., le clavecin se trouve peu à peu remplacé par le *pianoforte*. Des facteurs de génie (les Silbermann, Stein en Allemagne, Érard, Pleyel en France, un peu plus tard Clementi, Tschudi et Broadwood en Angleterre) perfectionnent l'instrument, dont le clavier atteindra six octaves. Mais si les compositeurs conçoivent leurs œuvres pour ce nouvel instrument, en revanche de nombreux amateurs n'ont encore à leur disposition que l'ancien clavecin, ce qui explique l'ambiguïté des titres ménageant les deux possibilités d'exécution ; en 1799, Beethoven fait éditer sa *Sonate pathétique* avec la mention : pour *pianoforte* ou clavecin.

Haydn, Mozart et Beethoven ont consacré au *pianoforte* des sonates, thèmes variés, fantaisies et danses diverses. Chez deux de ces maîtres au moins, le lien avec C. Ph. E. Bach reste évident. Le voyageur anglais Ch. Burney rappelle : « Si Haydn s'est référé à un grand maître comme modèle, il semble bien que cela ait été à C. Ph. E. Bach ; les modulations hardies, les repos, les silences, l'usage libre du chromatisme, les élans inattendus de Haydn nous font souvent évoquer Bach dans ses premières œuvres, plus que n'importe quel autre compositeur. » On sait également que

Beethoven possédait un certain nombre d'œuvres de Carl Philipp, qu'il admirait profondément ; en outre, il recommandait à ses élèves d'étudier la fameuse méthode : *Essai sur la vraie manière de jouer du clavier,* publiée par C. Ph. E. Bach en 1753.

Dans leurs œuvres pour clavier, Haydn, Mozart et Beethoven éliminent progressivement les formules traditionnelles d'accompagnement, comme la basse d'Alberti, et recherchent un langage très expressif, présentant des ressemblances avec le style « oratoire » de Carl Philipp. Comme chez celui-ci, le *pianoforte* développe dans les mouvements lents des mélodies très chantantes, où les incises dessinent des « mots » ; l'émotion naît, et la respiration de l'auditeur s'accorde au phrasé du pianiste : rien de plus simple et pourtant de plus expressif que le début de l'*andante* de la *Sonate* K 310 de Mozart (voir ♪ ci-dessous). De son côté, Beethoven exprime clairement ce désir d'un style oratoire dans l'indication portée sur ses *Bagatelles* op. 33 : *con una certa espressione parlante.*

Les mêmes procédés concourent à l'expression ; à la manière de C. Ph. E. Bach, les maîtres viennois utilisent tous trois le *tenuto* (ou *vibrato*), recherchent une certaine fluidité du discours à travers multiples annotations créant un effet de *tempo rubato : perdendosi* (« en se perdant »), *calando* (« en ralentissant et en diminuant le son »), *smorzando* (« en diminuant, en s'éteignant »), *ritardando* (« en ralentissant »), *sempre piu largo* (« toujours plus lent »), *accelerando* (« en accélérant »), *a piacere (ad libitum),* ou entrecoupent leurs textes de silences expressifs, de récits et de passages de virtuosité non mesurés (qui se rencontrent par exemple dans l'*adagio con espressione* de la *Sonate* op. 27, n° 1 de Beethoven).

Mais, chez les compositeurs classiques, ce souci d'émouvoir s'accompagne d'un effort de construction absent des œuvres de C. Ph. E. Bach. Le premier mouvement des sonates adopte la forme dithématique définie dans les pages précédentes.

Mozart, Sonate K 310 (andante).

Les musiciens classiques et le *pianoforte*

Haydn : on lui doit une soixantaine de sonates pour clavier (beaucoup d'œuvres de jeunesse étant perdues), des ariettes à variations, un caprice et une fantaisie.
Mozart a écrit 19 sonates pour clavier seul, de nombreuses variations (par exemple, sur le thème *Ah, vous dirai-je, maman*), deux fantaisies et une suite en *ut* majeur.
Beethoven : parmi ses 32 *Sonates pour le clavier,* 14 furent composées avant 1802, la dernière de ce groupe étant la sonate dite *Au clair de lune,* op. 27, n° 2. 1802 représente pour Beethoven un moment important, marqué par une grave crise morale (évidente à la lecture du « Testament d'Heiligenstadt ») et par le désir de rompre avec les modèles anciens. De la période antérieure à 1802 datent aussi les 6 *Sonatines* (1783-1792), les 7 *Bagatelles* op. 33 (achevées en 1802), ainsi que des marches et diverses danses : rondos, polonaises, menuets, laendler.

Enfin, un nouveau style instrumental naît, qui atteindra son apogée chez Beethoven ; l'élargissement de l'espace utilisé sur le clavier, les progrès de la technique (suites d'octaves déjà fréquentes chez Haydn, déplacements, jeu des arpèges alternés aux deux mains, rapidité des traits) mettent en valeur les ressources du nouvel instrument et montrent bien que désormais l'exécution au clavecin ne peut être qu'un palliatif en l'absence de *pianoforte.*

La musique de chambre

C'est sans doute dans la musique de chambre que l'apport des trois maîtres viennois a été le plus important. Certes, composer des sonates pour piano et violon ne constitue pas une innovation : continuant le long parcours accompli depuis les œuvres de Corelli, ce genre est abondamment illustré par Mozart (33 sonates), Haydn (7 sonates) et Beethoven, dont la cinquième sonate, dite *Le Printemps,* date de 1800-1801. Tous trois écrivent également des trios, avec ou sans piano. Mais c'est dans le domaine du quatuor à cordes que se manifeste avec le plus de vigueur l'originalité des classiques. Haydn peut, sans doute, être considéré comme le promoteur du quatuor, qui, certes, avait été traité par Gossec (*Quatuors* op. 14, 1770) et Boccherini (1761), mais dans un esprit galant et sans recherche particulière de l'écriture, les parties d'alto et de violoncelle se limitant le plus souvent à un rôle d'accompagnement.

L'évolution du quatuor chez Haydn

Dans ses premiers *Quatuors* (op. 1, 2 et 3, écrits entre 1755 et 1760), Haydn, délaissant la pratique du « quatuor de premier violon » si appréciée des Français, essaie d'obtenir un équilibre entre les partenaires ; l'alto s'émancipe petit à petit et devient thématique (dès l'op. 1, n° 1) ou développe des motifs qui le font sortir de sa fonction de simple soutien harmonique (op. 2, n° 3). Les timbres s'opposent (violon I/violoncelle et violon II/alto dans le *Quatuor* op. 3, n° 5), et des interventions en *pizzicato* apportent un élément de variété. Mais les structures restent encore floues et proches du divertissement. En revanche, dans les *Quatuors* op. 9 (1768), la découpe en quatre mouvements se précise : *allegro,* menuet, *adagio, presto* ; le souci de l'expression – annonciateur du *Sturm und Drang* – se révèle dans la richesse des modulations et l'intervention de passages en style « récit ».
Cette tendance à la dramatisation s'accentue dans les six *Quatuors du soleil,* op. 20 (1772), ainsi nommés parce qu'un soleil ornait la couverture de la première édition. Sur le plan de la structure, on y rencontre deux nouveautés : le passage du menuet en troisième position, juste avant le *presto* final, et la présence de la fugue *(Quatuors nos 2* et *6).*
Mais c'est avec la série des *Quatuors* op. 33 (1781), dits *Les Scherzi* (car les menuets y sont remplacés par des *scherzi*), que l'originalité du compositeur se manifeste pleinement. Pour la première fois, l'écriture de Haydn atteint avec un certain dépouillement un maximum d'efficacité ; les thèmes sont extrêmement concis, limpides. Un nouvel équilibre s'établit dans la mobilité des motifs, qui, circulant à toutes les voix, peuvent parfois apparaître comme éléments accompagnateurs : le *rondo* final du *Quatuor n° 3* montre bien cette omniprésence du thème et les divers rôles qu'il assume dans la composition. Un certain humour naît d'ailleurs de ce jeu ambigu, permettant diverses analyses : *rondo,* variations, ou même forme sonate. Il y a là une conception particulière de l'écriture contrapuntique, et c'est probablement ce que Haydn voulait faire comprendre lorsqu'il signalait avoir composé ces quatuors d'une manière « tout à fait nouvelle et spéciale ». La même maîtrise

illustre les séries suivantes ; la continuité d'écriture, l'économie des moyens si typique du style de Haydn s'expriment avec clarté dans le menuet du *Quatuor* op. 55, n° 2 : le thème apparaît successivement aux différentes voix (alto, violon I, violoncelle, violon II), à peine soutenu par quelques notes répétées, tandis qu'à la mesure 14 le violon I brode un contre-chant issu du thème.

Les quatuors de Mozart

L'influence des œuvres de la maturité de Haydn sera très sensible chez Mozart qui, auparavant, dans ses quatuors de jeunesse, adoptait un style italianisant. Déjà, dans la série des *Six Quatuors* K 168 à 173 (1773), Mozart emprunte une structure semblable à celle de l'op. 20 de Haydn et pratique la fugue en *finale.* Cependant, de ces pièces caractéristiques du *Sturm und Drang* se dégage un ton très personnel et dramatique, évident dans les trois dernières œuvres, écrites en mode mineur.

De 1782 à 1785, Mozart entreprend la composition de six quatuors dédiés à Haydn, « six fils, fruits d'un long et laborieux effort ». Les *Quatuors* op. 33 de Haydn sont probablement à l'origine de ces pièces, qui s'appuient sur les mêmes conceptions contrapuntiques. Mais l'harmonie y est souvent plus audacieuse comme dans l'introduction du *Quatuor* K 465, dit *Les Dissonances.* Peut-être à son tour Haydn s'inspirera-t-il de cette page surprenante lorsqu'il décrira le chaos dans le prélude de son oratorio *La Création ?* Enfin, dans les trois *Quatuors* de Berlin (1789) composés à l'intention du roi Frédéric de Prusse, le violoncelle, instrument favori du monarque, reçoit une place privilégiée. C'est le moment où Mozart, très éprouvé par une vie difficile, termine son opéra *Cosi fan tutte* : on reste étonné de la poésie et de la joie de vivre qui émanent de ces œuvres.

Les premiers quatuors de Beethoven

Quelques années plus tard (1798-1799), Beethoven entreprend sa première série de six *Quatuors* op. 18. À quinze ans, il avait déjà tenté une approche de ce genre austère, puis perfectionné son style en écrivant ses *Trios à cordes* op. 9. Enfin, il disposait des modèles prestigieux que représentent les derniers quatuors de Haydn et de Mozart. Cette série demeure très composite : à côté d'une pièce galante comme le *Second Quatuor,* le *Sixième* offre une image extrêmement tourmentée et préromantique, éclairé en son *finale, La Malinconia,* par une harmonie insolite. Cinq ans plus tard,

Beethoven composera une seconde série de quatuors (op. 59), d'un style déjà romantique.
Ce rapide aperçu de l'évolution du quatuor à cordes montre à quel point l'étiquette « classique » reste attachée à la maîtrise du langage musical ; en effet, une grande distance sépare les quatuors de Haydn, Mozart et Beethoven de ceux de leurs contemporains, qui conservent l'esprit du divertissement et mettent en valeur la virtuosité du premier violon au détriment des trois autres instruments : c'est le cas par exemple des quatuors de Rode, de Pleyel ou de Cambini.
D'autres types de quatuors pourraient également être étudiés, tous particulièrement cultivés par Mozart : quatuors avec flûte, ou avec hautbois, ou encore avec piano.

Quintettes et divertissements

La réunion de cinq instruments à cordes (2 violons, 2 alti et un violoncelle) est également pratiquée, toujours par Mozart, qui éprouvait une prédilection pour le timbre doux et expressif de l'alto. Boccherini avait expérimenté la formule, mais avec deux violoncelles, réservant au premier d'entre eux une virtuosité impressionnante dans le registre aigu. Chez Mozart, on ne remarque aucune recherche dans ce sens. Au contraire, les quintettes, par l'ampleur des formes et le souci d'une expression dramatique, sont les compositions les plus grandioses et émouvantes de la musique de chambre classique.
Mais la musique de chambre ne se maintient pas toujours sur ces sommets : à côté du quatuor à cordes, à la noble austérité, figurent des genres plus aimables, souvent très aimés des maîtres viennois. Les *divertimenti,* cassations, sérénades constituent des suites de mouvements ou de danses, de structure très libre, faisant souvent appel à des instruments à vent. Mozart a excellé dans ces pièces par l'élégance de son écriture et le charme de sa thématique.

La symphonie

Le genre « symphonie » semble avoir été particulièrement apprécié des maîtres viennois qui l'ont pratiqué durant toute leur carrière. Son étude chez Haydn et Mozart constitue une véritable évocation historique : on peut à travers eux y suivre son évolution depuis les débuts – au milieu du XVIIIe s. – jusqu'au stade classique le plus parfait, à l'aube de la période romantique. En revanche, la symphonie beethovénienne, à cette époque, reste peu caractéristique du style de ce compositeur, seules les deux premières symphonies étant antérieures à 1802.

Les symphonies de Haydn

On doit à Haydn plus d'une centaine de symphonies. Les premières, écrites entre 1757 et 1761, demeurent très proches des modèles italiens, avec leur structure en trois mouvements *(allegro – andante – allegro)* et une orchestration traditionnelle, faisant appel au groupe des cordes (nettement dominées par les premiers violons), augmenté de deux hautbois et deux cors. Entre 1761 et 1765, il semble que Haydn se soit particulièrement intéressé à l'orchestration, adoptant souvent une écriture concertante très virtuose, comme dans l'*adagio* et le *finale* de la symphonie *« Le Matin »*. La découpe en quatre mouvements s'impose peu à peu, tandis que se profile l'idée d'une introduction lente à l'*allegro* initial, utilisée dès les symphonies *Le Matin* et *Le Midi*. Les titres évocateurs apparaissent avec le cycle *Le Matin, Le Midi* et *Le Soir*, déjà évoqué, et dans les *Symphonies* 24, 31 et 32, toutes trois dites *La Chasse*.

Mais c'est à partir de 1766 que l'originalité du compositeur se dégage pleinement. Cette date marque l'accès de Haydn à l'entière responsabilité des activités musicales de la cour des princes Esterházy. Dans la résidence nouvellement construite, le compositeur dispose d'un orchestre de virtuoses, comprenant, en 1766, 6 violons, 1 violoncelle, 1 alto, 2 hautbois, 2 flûtes, 2 bassons et 4 cors, effectif qui s'augmentera jusqu'à comprendre 24 musiciens. En outre, Haydn se montre particulièrement sensible à l'influence du *Sturm und Drang*, qui se traduit par un ton beaucoup plus personnel et expressif, contrastant avec l'atmosphère joyeuse traditionnellement attachée à la symphonie.

C'est l'époque des symphonies en mode mineur : *La Passion* (quatre mouvements dans le même ton de *fa* mineur), *La Funèbre* (*mi* mineur), *Les Adieux* (*fa #* mineur) ; Haydn y emploie une harmonie riche en chromatismes et en modulations, des thèmes souvent disjoints et pleins d'emportement, une rythmique très variée où abondent les formules syncopées, une certaine recherche de l'écriture caractérisée par l'utilisation des canons (*allegretto* de la *Symphonie funèbre*).

Après cette période intense et très personnelle, il semble que le compositeur ait souhaité revenir à une certaine objectivité. Il abandonne en partie la symphonie pour se consacrer à l'opéra, mais écrit encore quelques œuvres importantes durant les années 1773-1784, comme les symphonies *Le Maître d'école, L'Impériale, La Roxelane.* L'introduction lente s'y généralise ; l'orchestration s'enrichit d'une flûte et des trompettes et timbales, que, jusqu'alors, Haydn réservait au ton d'*ut* majeur.

Dès 1785, avec les six symphonies écrites pour le public parisien (auxquelles s'ajoutent les commandes du comte d'Ogny) et les 12 symphonies composées pour Londres, Haydn atteint le stade que désormais nous qualifions de « classique ». Son évolution s'est marquée par une amplification des dimensions des œuvres, une maîtrise toujours plus grande, alliée à son habituelle économie des moyens. La forme sonate monothématique s'y rencontre, aussi bien dans l'*allegro* initial *(Symphonie n° 84)* que dans le *presto* final, en remplacement du *rondo (Symphonie n° 90).* L'orchestre s'élargit, comprenant, en plus des cordes, 1 flûte, 2 hautbois, 2 clarinettes, 2 bassons, 2 cors, 2 trompettes et timbales. Cet effectif permet une grande variété dans l'instrumentation, fondée sur l'opposition de groupes sonores et ponctuée de *soli* aux instruments à vent. Le ton devient parfois moins jovial que dans la période précédente, ce qui n'empêche pas Haydn de manifester un certain humour, comme dans la symphonie *« La Surprise »*, célèbre par son coup de timbale inattendu, et de garder une prédilection pour les thèmes de caractère populaire.

Variété, équilibre, maîtrise et simplicité sont les mots qui reviennent le plus souvent pour qualifier ce stade classique de la symphonie. On pourrait y ajouter la fraîcheur et la naïveté, si propres au langage de Haydn : écouter une symphonie de ce compositeur procurait à E. T. A. Hoffmann l'effet d'« une promenade à la campagne ». C'est peut-être cet aspect familier et touchant qui nous rend si précieuse l'œuvre de Haydn.

Les symphonies de Mozart

Dans sa production symphonique, Mozart suit une évolution assez comparable à celle de Haydn. Tous deux ont, à leurs débuts, imité les modèles italiens, avec en plus, chez Mozart, l'influence de J. Ch. Bach. Tous deux ont également été sensibles à l'atmosphère *Sturm und Drang* des années 1770-1773 : la *Symphonie en ut majeur* K 96, écrite aussitôt après le drame *Lucio Silla,* la petite *Symphonie en sol mineur* K 183 révèlent bien ce souci d'expression dramatique. Mais dans les œuvres suivantes, Mozart n'adopte pas le dépouillement et l'objectivité chers à Haydn. Sa production, très variée, échappe à la classification : fin 1773 se dessinerait peut-être une période « galante », couronnée par la *Sérénade Haffner-Musik* de 1776, composée pour les noces de la fille du bourgmestre de Salzburg. Puis les voyages à Mannheim et à Paris (1777-1778) modifient quelque peu les conceptions mozartiennes : les Parisiens étant grands admirateurs de Stamič, Mozart devra parfois sacrifier au goût du public, répétant dans sa *Symphonie* K 297 les passages spectaculaires qu'il savait devoir déchaîner l'enthousiasme ; peut-être est-ce de cette époque que date son intérêt pour la symphonie concertante, si caractéristique de l'école française de la fin du XVIIIe s. ? Par son ampleur et sa fixité tonale, la *Symphonie* K 364, qu'il écrit pour violon et alto concertants, semble bien porter la double marque de Paris et de Mannheim. L'influence du modèle classique proposé par Haydn sera plus sensible dans la *Symphonie Haffner* (K 385, 1782), avec son *allegro* initial monothématique, et dans la *Symphonie de Linz* (K 425, 1783), à l'introduction lente très théâtrale et au *finale* empreint de jovialité. L'esprit de l'opéra marque la *Symphonie* dite *de Prague* (K 504, 1786), dont l'*andante,* de caractère pastoral, évoque la grâce de Zerline (dans *Don Juan*), tandis que le *finale* nous plonge dans l'univers de gaieté de Figaro. Mais c'est dans ses trois dernières symphonies que Mozart se révèle le plus grand ; conçues durant le premier semestre 1788, elles furent terminées entre le 26 juin et le 10 août de la même année. Mozart venait d'achever *Don Juan,* et le motif des gammes ascendantes de l'*Ouverture* de l'opéra se retrouve dans l'introduction lente de la *Symphonie n° 39*. Le premier thème, très chantant, de l'*allegro* initial, la couleur du ton de sous-dominante de l'*andante con moto,* le caractère traditionnel du menuet éclairé par le chant pastoral des clarinettes, enfin la verve et l'humour du *finale* confèrent à cette œuvre beaucoup de variété, d'intimité et de poésie. Pour ces diverses raisons, elle était très appréciée des romantiques, particulièrement d'E. T. A. Hoffmann et de Wagner. Le public contemporain semble préférer la *Symphonie n° 40* en *sol* mineur, où règnent la passion et l'expression d'une douleur exaltée. Tous les éléments du langage musical concourent à la traduction de ces sentiments dramatiques : le lyrisme de la conduite mélodique, les intervalles expressifs, la rythmique haletante, l'utilisation du silence, le registre sombre des tons mineurs (trois mouvements sur quatre sont en *sol* mineur) et le choix – très romantique – du rapport de tierce majeure inférieure (*mi* bémol majeur) pour la tonalité du second mouvement. Au contraire, la *Symphonie n° 41,* dite *Jupiter,* est empreinte de grandeur et de sérénité. Son *finale* étonne par sa complexité contrapuntique. Sans doute le compositeur a-t-il voulu rendre hommage aux maîtres anciens ; mais on sent dans la hardiesse de la superposition des motifs une sorte d'ivresse qui constitue l'équivalent de la virtuosité rencontrée à la fin des *concerti.* Dans ces trois symphonies, la supériorité expressive de Mozart sur Haydn est évidente : son sens du drame, la variété des sentiments exprimés, qui vont de la tendresse à la frénésie, rendent l'œuvre symphonique de Mozart infiniment plus « moderne », plus proche de nous que celle de Haydn.

Les premières symphonies de Beethoven

C'est probablement chez Haydn que Beethoven a trouvé un modèle pour ses deux premières symphonies, écrites en 1800 et 1802. L'orchestration est celle des symphonies londoniennes ; toutefois, dans la *Seconde Symphonie,* les clarinettes abandonnent leur fonction purement harmonique pour entrer dans le jeu thématique. La structure reste identique à celle qu'a imposée Haydn, avec introduction lente à l'*allegro* initial, fréquence des formes sonates (trois mouvements sur quatre dans la *Première Symphonie*). Cependant le menuet commence à se modifier : plus rapide dans la *Première Symphonie,* il devient dans la seconde un véritable *scherzo.* Le style se rattache également aux modèles classiques ; Beethoven retrouve la truculence du *finale* de Haydn dans sa *Seconde Symphonie ;* de même, il exploite au début de la Première une ambiguïté tonale que Haydn affectionnait, particulièrement dans ses quatuors.

Mal accueillies par le public, qui les trouvait trop longues et trop riches en instruments à vent, ces deux œuvres, encore très liées au style classique, devaient laisser leur auteur insatisfait ; en 1802, Beethoven écrivait à Krumpholz : « Je ne suis pas content jusqu'ici de mes ouvrages ; à partir de maintenant, je veux prendre une nouvelle voie. » La *Symphonie héroïque,* composée en 1804, allait effectivement marquer la naissance de la symphonie romantique.

Le concerto

Si les trois maîtres viennois semblent avoir traité avec un égal bonheur la symphonie, en revanche, dans le domaine du concerto, les œuvres de Haydn paraissent en retrait par rapport à celles de

Mozart et de Beethoven. Tenu de fournir de la musique instrumentale aux princes Esterházy, Haydn composa des concerti pour divers instruments (5 pour violon et orchestre, 3 pour violoncelle, 2 pour cor, 1 pour trompette, 9 pour *pianoforte,* 2 pour orgue). Mais peut-être son manque d'intérêt profond pour ce genre musical tient-il au fait que, bien que jouant agréablement du piano et du violon, il ne fut jamais lui-même un virtuose ? Peut-être doit-on également rapprocher le semi-échec de ses concerti du faible succès de ses opéras ? À l'époque classique en effet, il existe un lien puissant entre expression concertante et air d'opéra, et dans ce dernier domaine, Haydn reconnaissait volontiers la supériorité de Mozart, répondant au directeur de l'opéra de Prague qui lui demandait un ouvrage lyrique : « On peut difficilement faire bonne figure auprès du grand Mozart ! »

Cependant les dimensions dramatiques du concerto classique ne se révèlent pas toujours dans l'œuvre de Mozart ; ses compositions pour violon et orchestre, flûte et harpe, cor, basson, conservent encore ce style divertissement qui se manifestait dans les concerti de Haydn. Les concerti pour *pianoforte* et orchestre marquent au contraire une évolution dans la conception de ce genre musical. La continuité stylistique du concerto baroque, enchaînant sans rupture les *tutti* et *soli,* se trouve ici rejetée : Charles Rosen, dans son étude sur le style classique, a montré que l'entrée du soliste constitue un coup de théâtre, un événement qui doit être mis en valeur. Certes, les mêmes matériaux musicaux sont traités par le piano et l'orchestre, mais l'exposition de l'*allegro* initial, d'abord confiée au *tutti,* est suivie d'une exposition du soliste, qui, par une présentation différente des thèmes, l'abandon ou l'ajout d'éléments, confère à son entrée ce sens dramatique si caractéristique de Mozart. Il n'y a donc pas vraiment double exposition, fondée sur la répétition, mais transformation et extension des motifs d'abord énoncés par l'orchestre. On sent nettement ici les similitudes existant entre les rapports piano/*tutti* dans le concerto et voix/orchestre dans l'opéra, et on comprend peut-être mieux le succès de Mozart dans un genre instrumental si proche de l'esprit de ses grands ouvrages destinés à la scène.

Dans le second mouvement, Mozart laisse une large place au soliste qui s'exprime avec lyrisme, dans une atmosphère souvent sombre et douloureuse (c'est le cas dans le *Concerto en sol* K 453) ou au contraire violente et dramatique (*romanza* du *Concerto en ré mineur*

K 466). Faisant exception à ce climat passionné, le ton du *Concerto pour clarinette* est beaucoup plus intime.
Jamais Mozart n'est plus près de la musique vocale que dans ses mouvements lents : on pourrait à cet égard comparer l'*andante* de la *Symphonie concertante* K 364, pour violon et alto, et le *Domine Deus,* duo pour voix de soprano et alto, extrait du *Gloria* de la *Grande Messe en ut mineur.* On y remarque la même structure et une conduite mélodique très semblable (mêmes intervalles expressifs, vocalises, appoggiatures, chromatismes, trilles conclusifs).
Le *rondo* final débute habituellement par l'énoncé du thème *piano,* par le soliste, et repris *forte* par l'orchestre. Le piano développe les couplets, laissant à l'orchestre la périodicité des refrains.
Beethoven dans ses premiers concerti s'inspire nettement du modèle mozartien : l'entrée du piano dans l'*allegro* initial du *Second Concerto* (op. 19, 1795) est perçue comme un événement dramatique où le soliste apporte un motif nouveau. En revanche, dans le *Troisième Concerto* en *ut* mineur (op. 37, 1800), si les premières mesures fracassantes du piano constituent bien un coup de théâtre après l'interruption de l'introduction orchestrale, l'énoncé par le soliste du premier thème ressortit plus à l'ornementation qu'à une véritable transformation du langage. Dans le *Concerto n° 4* (en *sol* majeur, 1804) et le *Concerto l'Empereur* (1809), Beethoven restera encore très proche de la conception dramatique du concerto mozartien.
Opéra sans parole, le concerto mozartien est un genre original dans lequel il ne faudrait pas voir qu'un aspect particulier de la forme sonate. Il se fonde sur l'exposition d'une situation dramatique, et cette conception sera reprise par certains compositeurs romantiques, comme Chopin.

À l'aube du romantisme

Le style classique, qui atteint son apogée avec les dernières œuvres de Haydn et de Mozart, ne disparaît pas brusquement à l'entrée du XIXe s. Les compositions des maîtres viennois exerceront une influence importante sur les premiers musiciens romantiques ; dans ses symphonies antérieures à l'*Inachevée,* et dans une partie de sa musique de chambre, Schubert demeure dans la lignée des œuvres classiques qu'il avait lui-même jouées et dirigées, adolescent, au Konvikt. Mendelssohn pratique une maîtrise des formes, un rejet de la virtuosité et du *pathos* qui l'apparentent également aux maîtres classiques. Le style de Beethoven, nous l'avons montré, se définit lui aussi à partir des modèles proposés par Haydn et Mozart.

Mais un changement de ton s'est opéré, déjà perceptible dans les œuvres de jeunesse de Beethoven : le message transmis devient plus personnel, son contenu plus subjectif ; Haydn et Mozart avaient toujours su garder une certaine distance entre les événements frappant leur vie quotidienne et leur musique : il est difficile, par exemple, de faire un rapprochement entre les œuvres de Mozart et les difficultés qui ont assombri son existence. Au contraire, au début du XIXe s., les compositeurs verront leurs élans créateurs régis par les péripéties de leur vie privée. Désormais émancipé de la tutelle des mécènes, l'artiste travaille selon ses impulsions, pour lui-même et non pour répondre à une demande. Lamartine s'en explique clairement dans un texte que bien des compositeurs auraient pu reprendre à leur compte : « Je m'exprimais moi-même, pour moi-même. Ce n'était pas un art, c'était un soulagement de mon propre cœur qui se berçait de ses propres sanglots... Ces vers étaient un gémissement, ou un cri de l'âme... »

Ainsi commence la solitude du créateur, qui n'est pas toujours compris par le public et qui n'a pas besoin de l'approbation des auditeurs pour composer. On a pu dire que, le premier, Beethoven avait écrit « contre » son temps, plutôt que « pour » lui. L'accord profond qui régnait au XVIIIe s. entre le public et le compositeur est donc révolu. La musique, jusqu'alors intimement liée à la vie quotidienne d'une certaine société, s'en dégage pour ne devenir qu'un plaisir occasionnel matérialisé par le concert. Et c'est d'un regard nostalgique que nous considérons la période classique, âge d'or de la musique...

QUATRIÈME PARTIE

LE ROMANTISME

Le lied et la mélodie
Marie-Claire Beltrando-Patier

L'opéra romantique
Gottfried R. Marschall

L'art instrumental au XIXe siècle
Danièle Pistone

La musique religieuse romantique
Danièle Pistone

Marie-Claire Beltrando-Patier

INTRODUCTION

Le romantisme, confidence et déchaînement des passions...

Le romantisme représente avant tout l'aventure du son devenu subjectif : à la limpidité classique s'oppose l'obscurité d'un univers, dans laquelle l'âme erre par des chemins chaque fois différents. Mais l'exaltation de la sensibilité et de l'expression n'est pas nouvelle, et nombreux sont les compositeurs qui, auparavant, ont traduit dans leurs œuvres la douleur, l'amour et l'expérience vécue. En fait, on pourrait aller jusqu'à affirmer que tous les musiciens ont revendiqué un art expressif, voire passionnel, et qu'aucune musique n'est jamais pure ou vide de sens. La nouveauté romantique ne réside donc pas tant dans le contenu de la révélation que dans les moyens par lesquels celle-ci s'exerce.

En effet, si le musicien classique reste fidèle à une écriture codée, lui permettant d'être compris dans un milieu historique et géographique déterminé, le musicien romantique rejette tout langage déjà éprouvé pour créer des procédés d'expression personnels, en constante évolution. Le « jamais entendu », l'originalité deviennent les critères essentiels du nouveau style. Mais n'est-ce pas au détriment du message ? L'intention sera-t-elle comprise ?

Historiquement, le problème ne se pose pas en ces termes, car, à l'aube du XIXe siècle, la relation entre le compositeur et son public se modifie. En premier lieu, le musicien revendique une certaine part d'incompréhension, propre à le rassurer sur sa spécificité et à le conforter dans sa lutte pour l'existence. Son art s'adresse à des âmes d'élite, qui ont subi l'initiation par la souffrance. Animés du même élan, Schumann part en guerre contre les Philistins et Berlioz contre les Bourgeois. De plus, l'épanchement du cœur n'est pas toujours suscité par un fait précis, une blessure déterminée : le poète comme le compositeur vivent dans un déchirement perpétuel et n'ont souvent à communiquer qu'un climat d'angoisse ou de lutte, dénué de tout caractère anecdotique. Nul ne saurait donner le sens du *Final* de la *Sonate funèbre* de F. Chopin, et, pourtant, chacun y sent un abîme de ténèbres et d'effroi. « Si vous me demandez le nom de ma douleur, je ne peux pas vous le dire. Je crois que c'est la douleur elle-même, et je ne saurais pas la désigner plus justement », écrit Schumann, l'année du *Carnaval.* Même la joie devient grinçante – farce chez Berlioz, humour et ironie chez Schumann ou son poète H. Heine – et court sera le rêve de l'infini bonheur auquel le poète romantique aspire :

« Doch wenn du sprichts : Ich liebe dich !
So muss ich weinen bitterlich. » (H. Heine.)
(« Même l'aveu de ton amour me fait encore pleurer ».)

D'ailleurs, si le bonheur existe, sur terre, comme en témoigne la scène du jardin dans *Roméo et Juliette* de Berlioz, c'est un état violent, inquiétant, voire aliénant, dans la mesure où le héros subit ses sentiments sans pouvoir s'en rendre maître.
Cette exaltation de la sensibilité, jointe à un mode d'expression totalement subjectif, représente donc le caractère essentiel du style romantique.

Origine et formation du mouvement romantique

Les faits tendent à prouver que le romantisme littéraire est antérieur aux premières manifestations du romantisme musical. Né du retour à la sensibilité déjà annoncé par J.-J. Rousseau et, en Allemagne, par le mouvement *Sturm und Drang,* il s'appuie au départ sur la poésie populaire, qui renoue avec d'anciens thèmes écartés par la pensée classique : la nature, l'instinct et le surnaturel. En 1778-1779, J.G. Herder publie un recueil de folklore universel – *Stimmen der Völker in Liedern* (« Voix des peuples en chansons ») – dans lequel on peut lire la fameuse « Ballade du seigneur Oluf » dont s'inspira Goethe pour *Le Roi des aulnes,* mis en musique par Schubert.
Une autre source du romantisme est le mysticisme, déjà présent au XVIIIe siècle dans les nombreuses sectes ou sociétés secrètes : francs-maçons, illuminés de Bavière, rose-croix et théosophes. États d'âme, états mystiques, religiosité et sentiment se mêlent

hardiment dans la poésie de Schlegel, de Novalis ou de Tieck. Pour Novalis, « toutes nos tendances paraissent n'être rien d'autre que religion appliquée. Le cœur apparaît, pour ainsi dire, comme l'organe religieux. Peut-être le produit supérieur du cœur productif n'est-il rien d'autre que le ciel ? ». Précisons que l'objet mystique vers lequel tend le poète est intérieur à lui, c'est en lui-même que l'artiste, par une action introspective bien menée, trouvera la clé du secret de l'univers. À ces éléments culturels il faudrait ajouter l'impact de la Révolution française, qui apprit aux hommes le sens du mot « liberté » et créa une nouvelle classe bourgeoise dans laquelle – et contre laquelle – devait se développer le mouvement romantique.

Le concept de romantisme musical : les musiciens de la première génération

On peut raisonnablement situer la première génération romantique à partir de 1800-1810, avec Schumann, Chopin, Mendelssohn, Berlioz et Liszt – Mozart et Beethoven s'inscrivant, en fait, dans le mouvement préromantique.

Mais revenons un instant sur le cas de Beethoven : pourquoi celui-ci n'est-il pas, malgré de fortes présomptions, un véritable romantique ? En fait, la position du compositeur n'est pas sans rappeler celle de Goethe, « Stürmer » de la première heure, mais aussi adepte des sciences naturelles et de la pensée grecque. Chez Beethoven, les traits classiques abondent de la même manière : souci de la construction unitaire, mépris de la virtuosité pure, goût de la clarté dans l'expression..., auxquels il faudrait ajouter le don de joie et la foi en l'homme, qui manquent tellement au XIXe siècle ! Pour ces raisons, il convient de le classer parmi les précurseurs, déjà très avancés sur le chemin de la libération et de la sensibilité, mais non parmi les romantiques à part entière.

Plus ambigu est le cas de Schubert, contemporain de Beethoven puisqu'il vécut de 1797 à 1828. Chez lui aussi, les traits classiques sont nombreux, mais, contrairement à Beethoven, il ne présente aucune trace d'optimisme et de joie de vivre. C'est probablement le premier musicien atteint du fameux « mal du siècle », symptôme indiscutable de l'esprit romantique. Ne lit-on pas dans son journal (24 mars 1824) : « La douleur aiguise l'esprit et rend l'âme plus forte ; la joie, au contraire, ne s'en préoccupe guère, amollit les sens et rend frivole » ? Pour ces raisons, et aussi parce qu'il a été reconnu comme

l'un des leurs par les romantiques de la deuxième génération tels que Liszt, on peut considérer Schubert comme un musicien de transition entre le préromantisme et le romantisme véritable.
Si les qualités romantiques de Schumann, Berlioz, Chopin et Liszt ne sont plus à démontrer, nous pouvons avoir quelque difficulté à admettre celles de Mendelssohn. Effectivement, l'image de marque de ce musicien est assez contraire à l'esprit du romantisme : Nietzsche a dit de ce compositeur : « La musique de F. Mendelssohn est la musique du bon goût pour tout ce que le passé nous a légué : elle regarde toujours en arrière. » C'est un jugement facile et qui appelle de nombreuses contradictions : n'oublions pas que Mendelssohn avait dix-sept ans lorsqu'il écrivait, d'après Shakespeare, l'ouverture pour *Le Songe d'une nuit d'été,* œuvre typiquement romantique par son sujet, son atmosphère et sa couleur orchestrale ! N'oublions pas également le romantisme des *Lieder* ou des *Variations sérieuses* pour piano. La vie même du compositeur est celle d'un héros de ce siècle avec son mysticisme, son activité frénétique, ses déplacements multiples, confinant à la folie ambulatoire. Il existe beaucoup d'idées toutes faites au sujet de Mendelssohn, et l'on peut constater que ceux-là mêmes qui reprochent au compositeur son goût excessif pour la musique de J.-S. Bach admettent la même tendance chez Schumann, la jugeant alors sublime et, plus, génératrice de pages romantiques.

La deuxième génération romantique

Cette première génération s'éteint ou se régénère au contact d'une seconde, plus particulièrement représentée par Wagner et Brahms. À ces deux musiciens se joignent le Liszt de la dernière période et Berlioz, dont la carrière se poursuivra jusqu'aux années 1870-1880. Le mouvement romantique perd alors en mordant et en vigueur ; il tend à se stabiliser et même à manifester des tendances néoclassiques. De nouvelles préoccupations apparaissent, et l'épanchement soliste cède souvent le pas à la lyrique orchestrale ou au drame. Les hautes figures de Chopin, de Schumann et de Liszt appartiennent dès lors à la légende, comme l'écrit C. Saint-Saëns sous le second Empire : « On ne saurait dire avec quel éclat, quel prestige magique apparaissait aux jeunes musiciens des premiers temps de l'époque impériale ce nom de Liszt, étrange pour nous autres Français, aigu et sifflant comme une lame d'épée qui fouette l'air, traversé par son

" z " slave comme par le sillon de la foudre. L'artiste et l'homme semblaient appartenir au monde de la légende. »
C'est alors, vers les années 70, que se déclenche la querelle des wagnériens et des brahmistes, opposant d'un côté les « musiciens de l'avenir », soit Liszt et Wagner, et de l'autre les néoclassicisants, sous la conduite de Brahms et du philosophe Hanslick. Les Hanovriens-brahmistes reprochent aux Weimariens-wagnériens leur cosmopolitisme, leur éloignement de la musique pure et leur manque de respect des maîtres du passé. Hanslick s'élève contre leurs programmes : « littérature méprisable d'articles explicatifs et brochures en tout genre ». De leur côté, les Weimariens trouvent l'art hanovrien assommant et sans nouveauté. En fait, il ne s'agit que d'un nouvel épisode de la querelle des Anciens et des Modernes, avec ses excès, ses chapelles et sa vanité.
De ces bruyantes altercations subsistent les écrits de E. Hanslick, proclamant que le Beau musical ne réside pas dans l'expression des sentiments, mais qu'il est spécifique à la musique : il n'a pas besoin de tirer sa substance du dehors et existe uniquement dans les sons et leurs combinaisons artistiques.

La troisième génération ou le postromantisme

La liquidation du romantisme se fera par étapes, de 1875 à 1890. L'Allemagne, naturellement tournée vers le mysticisme et la littérature, connaîtra encore, avec Wagner, Mahler et le premier Schönberg, des heures d'un romantisme intense, alors que la France, plus traditionaliste, vient très vite au néoclassicisme avec Saint-Saëns et Bizet. Seul G. Fauré conserve encore un lyrisme et une écriture pianistique d'inspiration romantique, illustrés par le cycle de mélodies *La Bonne Chanson* (1892-1894) ou *Thème et Variations* pour piano (1895).
On peut en conclure que l'évolution musicale est étroitement liée au génie propre d'une nation, et qu'en ce XIXe s. l'Allemagne a pu briller d'un éclat tout particulier parce qu'elle se trouvait en communion avec les idées du temps, tandis qu'en France et en Italie la tendance réaliste s'intégra plus difficilement à l'esprit romantique.

Conséquences du romantisme

Les idées romantiques vont changer de façon définitive la notion d'interprète et de compositeur. Au musicien besogneux du XVIIIe s.

succède l'artiste-héros du XIXe s., arrivant, par sa démarche créatrice, à pénétrer les grands mystères de l'univers. W.H. Wackenroder a décrit cette initiation dans *Le Saint nu*, sorte de conte philosophique, où l'on voit le musicien délivré et transfiguré par la musique. Cette réévaluation de l'artiste se répercute sur sa vie de tous les jours : il se sent un homme unique, différent des autres par une sensibilité hors du commun. Berlioz, répertoriant les divers effets de la musique sur ses nerfs exceptionnels, dresse la liste suivante : contraction spasmodique des muscles, tremblement de tous les membres, engourdissement total des mains et des pieds, paralysie partielle des nerfs de la vision et de l'audition. Le cas de la cantatrice Malibran, saisie de convulsions à l'audition de la *Symphonie en ut mineur* de Beethoven, lui semble tout à fait normal. Ce sentiment d'appartenance à une élite des sens justifie à lui seul toutes les extravagances : vie sentimentale tapageuse, conduite insolente, tenues vestimentaires invraisemblables... Le public entretient ce climat de surenchère, y puisant une part de rêve que la vie des cours ne lui offre plus guère. Cet engouement s'adresse aussi bien aux compositeurs qu'aux interprètes et aux chefs, et Berlioz comme Liszt ont prouvé que la symphonie et la direction d'orchestre pouvaient être aussi spectaculaires que la prestation du soliste, pianiste ou violoniste.

Mais l'artiste ne doit pas s'endormir dans le confort d'une relation privilégiée avec un public qui l'idolâtre ; il doit sans cesse se remettre en question, vivre dangereusement en relevant les défis les plus hasardeux et aller de l'avant, au risque de demeurer incompris. Pour Berlioz, « l'artiste le plus puissamment doué [...] est comme un obus qui va droit son chemin, renverse tout ce qu'il rencontre, laisse une trace, il est vrai, mais ne doit pas moins, au terme de sa course, se briser en éclatant ».

Sûr de lui, de son message et de sa force créatrice, le musicien va alors tenter un rapprochement avec les autres formes d'expression artistique, littérature et peinture en particulier. Rares sont alors les artistes qui n'écrivent pas sur leur vie et leurs œuvres, comme l'on fait avec tant de soin et de réussite Berlioz et Wagner. Même si la création purement littéraire ne le tente pas toujours, le compositeur romantique ambitionne de réaliser l'union du son et du verbe, en particulier dans le drame et la musique à programme.

« On pourrait se demander si la musique vocale
ne représente pas un cas privilégié [...]
dans la mesure où elle unifie,
en une temporalité unique, deux systèmes
très différents [musique et poésie].
On conçoit donc ce qu'il y a de séduisant
dans une entreprise qui, en les combinant
dans une fusion intime, grâce au truchement
de leur organe commun, la voix,
vise à donner l'illusion que, la béance
qui est au cœur de l'un, l'autre viendra
la combler, et réciproquement. »
Nicolas Ruwet,
Langage, musique, poésie

Marie-Claire Beltrando-Patier

LE LIED ET LA MÉLODIE

Le lied et la mélodie sont deux formes poético-musicales très anciennes, mais, pour l'amateur moderne, elles se rattachent irrésistiblement aux noms de Schubert, Schumann, Fauré et Duparc, qui les ont portées à leur plus haute expression. Les raisons qui firent du XIXe s. la période d'élection de ces deux genres sont nombreuses et concernent aussi bien la poésie que le chant ou le public.

Tout d'abord, la poésie romantique fournit aux compositeurs des textes déjà musicaux dans leur formulation, et d'une sensibilité nouvelle.

Le musicien voit bientôt naître en lui le sens de la musicalité du langage – d'abord en Allemagne avec Schubert, puis en France avec Gounod et Fauré –, et il cherche à la fois la mise en valeur du mot et son expression profonde. Lied et mélodie parviennent alors au niveau d'une double création, musicale et poétique, qui n'avait encore été atteinte qu'épisodiquement dans l'opéra ou l'air.

C'est alors que les chanteurs conçurent un nouvel art du chant, sensible et expressif, indépendant du *bel canto* italien. On peut considérer que W. Schröder-Devrient (1804, † 1860), cantatrice et tragédienne, est l'une des premières représentantes de l'école vocale germanique. Elle chantera Schubert, mais aussi les héroïnes de Wagner.

Enfin, à côté des auteurs et des interprètes, le public nouveau du XIXe s. joua lui aussi un rôle important : en effet, il était constitué par une nouvelle classe bourgeoise, avide d'art intimiste (musique de soliste, de chambre) mais aussi d'art national. Or, le lied et la mélodie, formes perfectionnées du chant accompagné, possèdent précisément, l'un les qualités spécifiques de l'art allemand, l'autre celles du génie français.

LE LIED

Lied (pluriel lieder) vient du vieil allemand *hluti* (« son »), lui-même issu de *hellan* (« résonner »). Désigne, en milieu germanique, la musique vocale accompagnée dont l'équivalent le plus proche serait la chanson ou la mélodie.

Origines lointaines

Lied est un terme imprécis que l'on pourrait traduire par « chant » ou « chanson ». On le rencontre dès le Moyen Âge, où il désigne les chants profanes par opposition aux formes de la lyrique religieuse. Au XVe s., le lied tend à devenir polyphonique et se présente à l'amateur sous forme de recueils anthologiques, sortes de répertoires des lieder du temps. Ces livres connaissent un grand succès jusqu'à la fin du XVIe s., époque à laquelle apparaît le style monodique (voir « L'art vocal au XVIe s. », p. 227).

Les précurseurs

Le premier auteur de lieder, au sens moderne de « chant soliste accompagné », serait Heinrich Albert (1604, † 1651), poète et musicien, élève de Schütz. Grand admirateur de Monteverdi et de l'Italie, il publie des lieder, *liedchen* et *arien* – termes analogiques en cette époque peu soucieuse de terminologie stricte – pour une voix et basse continue, dans lesquels on voit poindre le futur esprit du lied romantique : expression, retour à la nature et au populaire, spiritualité. Dans l'aria *Dominus mea sola voluptas,* « Le Seigneur est mon seul plaisir », on remarque la montée de la mélodie sur les mots *« Auf mein Geist ! »* (« Élève-toi, mon âme ! ») et la chute spasmodique de la voix sur le mot *« Sorgen »* (« soucis »).
Les préoccupations expressives de ce type seront de plus en plus fréquentes au cours du XVIIe s. : on trouve, par exemple, dans le langage imagé des pièces vocales de Philipp Erlebach (1657, † 1714), une des sources du figuralisme – véritable peinture en musique – de J.-S. Bach et de Haendel.

Le XVIIIe s. sera profondément marqué par l'influence de l'opéra et orientera le lied vers un style galant et sophistiqué ou, au contraire, dans certains cas, vers un style très populaire, à usage familial. On pratiquera également beaucoup les adaptations d'airs d'opéra ou de cantate. Il faudra attendre la seconde moitié du XVIIIe s. pour que le lied trouve sa spécificité, grâce à l'apport de la poésie contemporaine et de quelques grands compositeurs.

Le lied préromantique (1750-1814)

La nouvelle sensibilité des années 1750 marque la véritable naissance du lied, « le cœur qui chante, la poitrine qui se soulève », selon H. Heine. Deux musiciens, malheureusement peu connus, ont illustré le passage du lied ancien au lied-« état d'âme » : J.F. Reichardt (1752, † 1814) et J.R. Zumsteeg (1760, † 1802). Avant de préciser leur rôle, rappelons que de grands mouvements d'idées se produisent vers 1770 en poésie. Le courant *Sturm und Drang* (« tempête et poussée » ou « ouragan et emportement ») réagit contre le rationalisme de la période précédente ; les *Stürmer* prôneront la primauté de la passion et des sentiments sur la raison, la liberté et l'exaltation du peuple et le retour à la nature. *Les Souffrances du jeune Werther* de Goethe (1774) réclament ces droits du cœur et jouent le rôle d'un manifeste.

Johann Friedrich Reichardt et Johann Rudolf Zumsteeg

Johann Friedrich Reichardt, ami des grands poètes de son temps, écrit de nombreux recueils de lieder entre 1773 et 1811. Pour lui, toute musique est le produit de la sensibilité, qu'elle naisse spontanément de l'épanchement du cœur ou du jaillissement d'un sentiment personnel, ou qu'elle soit suscitée par l'émotion d'une lecture. Parmi la production des écrivains qu'il préfère (Klopstock, Claudius, Herder, Goethe et Schiller), Reichardt choisit des poèmes dramatiques tels que *Erlkönig,* « Le Roi des aulnes », *Prométhée* ou *Ganymède.* D'ailleurs, le fameux *Erlkönig* de Goethe sera mis en musique treize fois entre 1782 et 1856 !

Musicalement, Reichardt peint l'univers maléfique caractéristique du premier romantisme par une déclamation puissante (de nombreux passages *recto tono* – sur une seule note –, dans lesquels la vigueur du rythme se présente à découvert, en l'absence d'une ligne mélodique variée), des répétitions obsédantes et une caractérisation très poussée des personnages ou des sentiments.

Johann Rudolf Zumsteeg, à côté de Reichardt, s'illustre dans le lied et la ballade, forme de chanson épique remise à l'honneur par les poètes romantiques. Goethe, Schiller et Bürger seront très amateurs de ce nouveau genre. Zumsteeg délaisse les sujets mythiques de Reichardt ; il préfère les conflits plus humains, et en particulier l'amour impossible, la mort, la nuit et le désespoir. La *Ballade du chevalier Toggenburg,* d'après Schiller, est en ce sens très significative. Toggenburg aime une jeune fille qui le repousse ; dépité, il part en Terre sainte mais n'y trouve pas l'oubli ; il revient et apprend que celle qu'il aime a pris le voile. Il construit alors une cabane, face au couvent, et vit en ermite dans l'unique espoir de voir sa bien-aimée à la fenêtre, chaque matin. L'univers pessimiste de Zumsteeg est musicalement caractérisé par des tonalités sombres (à forte proportion de bémols, comme *mi* bémol mineur ou *fa* mineur), des modulations inhabituelles et expressives et des cadences brutales, comme des coups de théâtre. Schubert aimera les ballades de Zumsteeg, et Von Spaun, un de ses familiers, l'entendra chanter *Marie Stuart* et *Le Chevalier Toggenburg.*

Les grands maîtres du lied préromantique

Le mouvement préromantique compte également quelques grands maîtres, pour lesquels le lied constitue un élément d'expression secondaire, mais qu'ils abordent avec bonheur : ce sont en particulier Gluck, Haydn, Mozart, Beethoven et Weber.

Si *Gluck,* dans ses odes et lieder sur des poèmes de Klopstock (1770), et *Haydn,* dans ses lieder d'après Lessing, considèrent le lied sans intentions précises, *Mozart,* avec ses quelque 40 lieder, se montre parfois proche de l'idéal intimiste schubertien. Dans *Abendempfindung,* « Impression du soir », il use d'un accompagnement arpégé très romantique et d'une mélodie contenant des intervalles expressifs et des chromatismes pleins de mélancolie. Dans *Als Luise,* « Lorsque Louise », au contraire, on retrouve l'emportement et la passion dramatique.

Beethoven (voir « L'art instrumental au XIXe s. », p. 797) semble s'intéresser plus profondément au lied (environ 90 lieder isolés ou en cycles, sans compter les adaptations de mélodies écossaises et irlan-

daises), mais le lied, pour lui, n'est guère plus que l'équivalent d'un adagio de sonate ou de symphonie ; expressif, certes, mais non pensé pour la voix. Parmi ses poètes favoris – Matthisson et Goethe –, un écrivain peu connu, A. Jeitteles (coauteur du cycle *An die ferne Geliebte,* « À la Bien-Aimée lointaine », op. 98), semble vouloir prouver que les meilleurs textes ne font pas les meilleurs lieder.
À côté d'une recherche d'expression typique de l'époque, le plus intéressant de la production beethovénienne pourrait être l'introduction de la variation dans le lied et la structuration du cycle *An die ferne Geliebte* par des relations harmoniques entre lieder et des enchaînements habilement ménagés.
Weber (voir « L'art instrumental au XIXe s. », p. 797), enfin, pose le problème de l'homme de théâtre face à un mode d'expression intimiste : le lied. Chez lui, peu de poèmes de qualité, et un simple accompagnement, parfois écrit pour la guitare. Malheureusement, cet instrument si peu dramatique contribue à affadir encore des œuvres souvent charmantes mais sans vigueur. Une de ses meilleures réussites est sans doute *Sind es Schmerzen, sind es Freuden ?,* « Est-ce la douleur, est-ce la joie ? », d'après L. Tieck, dont le sujet douloureux est bien mis en valeur par les modulations, les changements de *tempo* et les nuances.
Mais, en octobre 1814, un jeune homme de 17 ans, Franz Schubert, écrit un lied admirable, *Gretchen am Spinnrade,* « Marguerite au rouet », suivi, en la seule année 1815, de 144 lieder, parmi lesquels *Erlkönig,* « Le Roi des aulnes », et *Heidenröslein,* « Rose des bruyères ». Ces débuts exceptionnels – plus de 250 lieder en 1815-1816 – marqueront l'avènement du lied romantique allemand.

Les maîtres du lied romantique (1814-1880)

Franz Schubert et le lied

Schubert a écrit quelque 600 lieder en quatorze ans (entre les années 1814 et 1828), soit en moyenne 43 par an. Ce chiffre n'a évidemment pas grand sens, mais il peut nous inviter à réfléchir au problème du choix des formes musicales par un compositeur et à l'importance que l'on doit accorder à telle ou telle catégorie

---

Franz Schubert (1797, † 1828)

Fils d'instituteur, il fit ses études au Stadtkonvikt (collège), où ses goûts musicaux furent encouragés. Salieri lui enseigna la composition, et Beethoven resta son grand modèle. Devenu maître d'école, puis professeur de musique, il se fixa en 1818 au service du comte Esterházy. Sa vie solitaire et toujours précaire se déroula à Vienne, où, malgré l'assistance de nombreux amis, il ne semble guère avoir connu la paix et la sérénité.

---

d'œuvre pour bien connaître le style d'un auteur. En effet, en examinant la production de chaque musicien chronologiquement, année par année, on s'aperçoit que certains ont cultivé jour après jour une même forme musicale, comme un moyen d'expression favori, ou que d'autres ont, pendant cinq ou dix ans, abandonné toute recherche multidirectionnelle pour se fixer sur la symphonie ou sur l'opéra. Tout cela est très significatif, et, dans le cas de Schubert, on peut imaginer, même sans suivre pas à pas le catalogue thématique et chronologique de O.E. Deutsch (*Schubert, Thematic catalogue of all his works in chronological order*), que le lied a été une forme présente à chaque instant de sa vie et que l'édition complète et chronologique des lieder a valeur d'autobiographie, depuis le premier amour pour Thérèse Grob (lieder de 1814-1815, dont *Gretchen am Spinnrade)* jusqu'à l'intuition de la mort avec *Die Winterreise,* « Le Voyage d'hiver », en l'automne 1827. On pourrait aussi être tenté d'étudier l'évolution du langage musical schubertien à travers la chronologie des lieder. En fait, ce serait une impasse, car il n'y a pas d'évolution réelle, et, dès l'année 1814, Schubert a déjà trouvé son style. Tout au plus peut-on constater avec les années une légère maturation de l'écriture pianistique. Ce fait, d'ailleurs, ne nous surprend pas, et nous avons d'autres exemples de musiciens, tels Mozart, Bellini ou Chopin, qui, morts jeunes, ont laissé une œuvre musicale tout à fait homogène.
Précisons cependant que les débuts de Schubert furent hésitants : passionné par les ballades de Zumsteeg, il s'en inspira dans des lieder longs et véhéments (*Der Taucher,* « Le Plongeur » ; *Des Mädchens Klage,* « La Plainte de la jeune fille »). Le passage à un art

Principaux lieder de Schubert

Environ 600 lieder, dont :
Lieder séparés :
Marguerite au rouet, 1814
Le Roi des aulnes, 1815
Le Voyageur, 1816
La Truite, 1817
La Jeune Fille et la Mort, 1817
Le Nain, 1823
Ave Maria, 1825
Cycles principaux :
La Belle Meunière, 1823
Le Voyage d'hiver, 1827
Le Chant du cygne, 1828

accompli se fit par l'étude, la connaissance des œuvres de Mozart, Goethe et la réflexion personnelle.
On peut considérer que le niveau quasi définitif de l'art schubertien est atteint avec le *Quatuor à cordes* en *si* bémol majeur (1814), antérieur de quelques semaines à *Marguerite au rouet.*

Schubert et les poètes

Schubert a d'abord cherché, comme beaucoup de jeunes compositeurs, la caution d'un grand poète et s'est tourné vers Schiller et Goethe. En 1816, il a déjà mis en musique 44 poèmes de ce dernier. Hélas ! son enthousiasme pour le grand homme ne sera pas payé de retour, et, malgré les lettres et envois de lieder, Goethe fit semblant d'ignorer le mélodiste qui pourtant le comprenait si bien.
Par la suite, Schubert aura avec la poésie un contact beaucoup plus libre, ce qui le fera taxer plus d'une fois de « paysan » par nos musicologues actuels. Sans vouloir cultiver le paradoxe, on pourrait cependant dire que l'intelligence du texte, celle qui permet de dire à coup sûr qu'un poème, même quelconque, donnera un beau lied, est l'une des formes supérieures de l'intelligence tout court. Or Schubert possédait au plus haut point cette qualité ; on ne peut désigner dans son œuvre un seul lied gâché par la médiocrité des paroles. Bien au contraire, Schubert dégage du vers apparemment le plus banal un sens secret, un symbole lourd de signification : c'est

Les principaux poètes de Schubert

Claudius (*La Jeune Fille et la Mort*)
Goethe (*Le Roi des aulnes*)
Heine (7 poèmes du *Chant du cygne*)
Rellstab (*Sérénade*)
Müller (*La Belle Meunière, Le Voyage d'hiver*)
Schubart (*La Truite*),
Schiller (*Le Jeune Homme au bord du ruisseau*)

le cas, par exemple, du cycle *Die schöne Müllerin,* « La Belle Meunière », cible de tant de critiques pour son texte dû au poète W. Müller, également auteur du *Voyage d'hiver.*
On y rencontre trois symboles essentiels : le cercle (roue du moulin, cercle d'amis, portail rond, tournoiement de l'alouette, nœud de ruban, boucle de cheveux, ronde des enfants, ronde des saisons), l'eau (ruisseau, larmes, rosée, étang) et les couleurs (bleu, vert, blanc et rouge). Si les deux premiers de ces symboles sont clairs, le dernier surprend et irrite à la fois par sa naïveté et sa fréquence (en 20 poèmes, 42 allusions aux couleurs). Or voici ce que nous révèlent les quatre couleurs : le bleu (fleurs, ciel, eau dormante) signifie la nature heureuse et confiante ; c'est une couleur stable, qui jamais ne s'altère. Le vert, au contraire, possède deux sens différents : l'espérance et la trahison (couleur du chasseur, rival du meunier, et de la forêt, son domaine). La bien-aimée joue de cette ambiguïté, et, lorsqu'elle parle d'espoir, elle pense à l'Autre, vêtu de vert, qui sortira du couvert des arbres pour l'emmener. Le blanc est le symbole de l'innocence du meunier. Ce blanc, c'est aussi le blême du désespoir, tandis que l'amour blessé, délivré par la mort, fleurit en trois roses teintées de sang, mi-rouges mi-blanches. Toutes ces connotations enrichissent un discours qui, au premier degré, peut sembler primaire ; mais doit-on jamais se limiter au premier degré ? Ajoutons que la traduction d'une telle symbolique est une véritable gageure.

Les thèmes d'inspiration, les poèmes et leur expression musicale

Les sujets choisis par Schubert sont la nature, l'amour et la mort. Ils sont traités généralement de deux façons différentes : soit sous la

forme d'une fiction plus ou moins développée, où le fantastique et l'onirisme prennent une grande part (*Die schöne Müllerin,* « La Belle Meunière » ; *Erlkönig,* « Le Roi des aulnes » ; *Der Zwerg,* « Le Nain »), soit comme une réflexion profonde ou une analyse d'un état d'âme particulièrement intense (*Gretchen am Spinnrade,* « Marguerite au rouet » ; *Der Tod und das Mädchen,* « La Jeune Fille et la Mort »). Séduit par le poème, le musicien isole une impression prépondérante, destinée à créer l'atmosphère, et qu'il confie au piano : « le pas », dans *La Jeune Fille et la Mort ;* « le galop », dans *Le Roi des aulnes.* Ces motifs sont très importants, car, répétés durant toute l'œuvre, ils ont une valeur incantatoire (voir ♪ ci-dessous).
Les autres détails du discours poétique sont ensuite traduits par l'écriture vocale, de façon ponctuelle (un mot isolé par un intervalle expressif ou un ornement) ou plus globalement. L'opposition du mode majeur et du mode mineur crée souvent de brusques assombrissements très caractéristiques (*Le Tilleul*). Dans de rares cas, l'absence d'accompagnement, laissant la ligne mélodique à nu, met en valeur un passage particulièrement dramatique (*Le Roi des aulnes*).

Au piano, le motif incantatoire du pas de la Mort.

F. Schubert, La Jeune Fille et la Mort.

Au piano, le motif du galop.

F. Schubert, Le Roi des aulnes.

La forme

La forme musicale choisie joue elle aussi un grand rôle dans l'expression d'un lied schubertien. Au strophisme régulier (même musique pour chaque strophe du poème) correspondent des lieder simples (*Rose des bruyères*) mais non frustes, les choses les plus graves pouvant être dites sans effusion de langage.

Viennent ensuite les lieder très psychologiques ou intériorisés, dont le plan musical, sans structure apparente, s'organise autour d'un point culminant (le « cri », dans *Marguerite au rouet* sur *« sein Küss ! »* – « son baiser ! »). Les lieder évolutifs, enfin, ont généralement un argument (le père chevauchant avec son enfant mourant dans les bras, pour *Le Roi des aulnes*), ou bien ils évoquent les détours d'une pensée qui se cherche (le sens de notre passage sur terre, pour *Le Voyageur*). Ils se développent en une succession de séquences rythmiques, système hérité de la ballade de Zumsteeg.

La voix et le piano, querelle ou fusion ?

On ne saurait dire qui, de la voix ou du piano, est le personnage principal du lied schubertien. Ce fait a d'ailleurs frappé les contemporains, et Schubert a écrit à ce sujet : « La manière dont Vogl [...] chante et dont je l'accompagne, alors que dans un tel moment nous semblons ne faire qu'un seul et même interprète, cette manière est quelque chose de nouveau, d'inouï pour les gens qui nous écoutent. » Si l'on admirait l'adéquation parfaite des paroles et de la musique – combien d'êtres comprennent pour la première fois, disait Vogl, « ce que signifient paroles, poésie en musique, mots en harmonie, pensées revêtues de musique » –, on s'étonnait aussi du jeu pianistique *legato* et jamais dur de Schubert. « Quand il jouait, les touches sous ses doigts se métamorphosaient en voix chantantes. »

Les deux protagonistes sont donc traités de façon égale, et rares sont les lieder, à l'inverse de ceux de Schumann, dans lesquels l'accompagnement se permet un prélude ou un postule. Le piano soutient la voix, aide à son expression en la présentant dans un cadre adapté, mais il n'est rien sans elle ; de même, le chant perd toute vigueur s'il est séparé de son accompagnement.

Le lied schubertien est un véritable univers à lui seul, au point qu'il nous cache parfois la beauté des trios, des quatuors ou des trois dernières sonates pour piano. Passionnés, nous avons le tort de vouloir réduire Schubert à cette seule dimension. La musicologie moderne s'élève contre cette tendance et voudrait, avec

H. Goldschmidt en particulier, rétablir l'image de Schubert compositeur de musique instrumentale. La cause est intéressante, mais il ne faudrait pas oublier l'influence du lied sur le répertoire instrumental (et jamais l'inverse), avec, par exemple, le quintette *La Truite,* le quatuor *La Jeune Fille et la Mort* ou la fantaisie *Le Voyageur.*

Il ne faudrait pas oublier non plus la relation étroite du lied avec la vie du compositeur, rarement observée dans le cas d'autres œuvres. Von Spaun avait eu déjà l'intuition de cette relation en 1827, lors de la composition du *Voyage d'hiver,* et il écrivit à ce sujet : « Schubert fut pendant quelque temps d'humeur sombre ; il paraissait atteint. Comme je lui demandais ce qui lui arrivait, il se contenta de me répondre : " Vous l'apprendrez et le comprendrez bientôt. " Un beau jour il me dit : " Viens aujourd'hui chez Schober, je vous chanterai un cycle de lieder qui vous donneront le frisson. Je suis curieux de savoir ce que vous en direz. Ils m'ont coûté plus que tous mes autres lieder. " Et il nous chanta d'une voix émue tout le *Voyage d'hiver.* Nous fûmes stupéfaits par la sombre tonalité de ces lieder, et Schober dit à la fin qu'un seul lui avait plu : *Le Tilleul.* Schubert se contenta de répondre : " À moi, ces *lieder* me plaisent plus que tous autres, et un jour vous les aimerez aussi. " Il avait raison, car nous fûmes bientôt enthousiasmés par ces airs douloureux que Vogl chantait comme personne. Je suis certain que l'émotion qu'il mit dans ses plus beaux lieder, et surtout dans son *Voyage d'hiver,* annonçait sa mort prématurée. »

Schumann et le lied

Il est courant de comparer Schubert et Schumann à propos du lied. En fait, les problèmes posés par ces deux musiciens sont fort différents, et, *a posteriori,* les ressemblances sont infimes et fortuites. Tout d'abord, si Schubert a composé des lieder tout au long de sa vie, Schumann, au contraire, ne s'y est consacré qu'à partir de 1840, soit à l'âge de 30 ans. De plus, le lied n'est, chez Schumann, qu'un moyen d'expression parmi d'autres, contrairement à Schubert, qui lui attache un intérêt tout particulier. La musique pour piano est certainement plus chère que le lied au cœur de Schumann : mieux encore que lui, elle exprime fidèlement son univers de violence et de rêve, même si parfois le piano est dépassé par l'excès des passions et fait dire au compositeur : « Souvent, je

---

Robert Schumann (1810, † 1856)

Fils de libraire, il hésite entre la littérature et la musique. Après un accident au doigt, il abandonne la carrière pianistique et se consacre à la composition. Il épouse en 1840 Clara Wieck, une des plus grandes pianistes de son temps. Les difficultés de la vie et le surmenage le mèneront au bord de la folie ; il quitte successivement Leipzig et Dresde et s'installe à Düsseldorf, où l'attend un poste de chef d'orchestre. Après une tentative de suicide, il meurt dans une clinique des environs de Bonn, en 1856.

Chronologie des principaux lieder :
Les Amours du poète (1840)
L'Amour et la vie d'une femme (1840)
Chants de Wilhelm Meister (1849)
Six Poèmes, d'après Lenau (1850)
Cinq Poèmes de Marie Stuart (1852)

---

sens le désir de démolir le piano ; il me paraît trop étroit pour développer pleinement mes pensées. »

Schumann a écrit environ 250 lieder dont plus de 130 en l'année 1840, les autres s'étageant de 1840 à 1854. Pourquoi avoir attendu l'âge de 30 ans pour aborder le lied, et comment expliquer la surproduction de l'année 1840 ?

En fait, lecteur infatigable et écrivain à ses heures (il fonde en 1834 la *Neue Zeitschrift für Musik,* « Nouvelle Gazette musicale »), Schumann a toujours été tenté par la littérature, mais occupé à résoudre avant tout son problème d'expression pianistique, il n'imaginait pas de mettre en musique un poème.

En 1840, il sait que sa carrière de soliste est définitivement condamnée et épouse la pianiste Clara Wieck, par l'intermédiaire de laquelle il accomplira son rêve : être le Paganini du piano. Libéré et heureux, il laisse s'exprimer ses sentiments de joie mais aussi de doute dans des lieder courts et intenses. Il écrit : « Depuis hier matin, j'ai écrit 27 pages de musique dont je ne puis te dire que ceci : c'est qu'en les composant j'ai ri et pleuré de joie... Adieu, ma Clara ! les sons, la musique me tuent en ce moment, je sens que j'en pourrais mourir. Ah ! Clara, quel bonheur divin d'écrire pour le chant ! J'en ai été trop longtemps privé. »

Robert Schumann, les lieder

Dichterliebe (1840)	**Sechs Gedichte (1850)**
Lieder courts Expression intense et ponctuelle Langage parfois discontinu Recherche expressive prépondérante	Dimensions plus importantes Impression poétique floue et plus générale Langage continu Plus grande maîtrise musicale

L'évolution de Schumann dans ses 250 lieder peut se caractériser par l'opposition du cycle *Dichterliebe,* « Les Amours du poète », de 1840, et des *Sechs Gedichte* op. 90, « Six Poèmes », d'après Lenau, de 1850 : en comparant précisément style, expression et forme, on peut constater qu'après 1840 Schumann s'est peu à peu détaché de la forme lied, n'y revenant qu'occasionnellement et pour des œuvres moins spontanées et plus étudiées.

Schumann et les poètes

Les poètes favoris de Schumann sont avant tout Heine, Ruckert et Eichendorff. Parmi eux, Heine est sûrement « l'élu » (38 lieder seront écrits sur certains de ses poèmes, dont le cycle *Dichterliebe*), car il y a de grandes affinités entre sa personnalité et celle du musicien. Schumann était surtout sensible à l'ironie grinçante de ce poète et la comprenait comme un masque cachant une sensibilité trop vive. Dans le poème n° 11 du *Dichterliebe, « Ein Jüngling liebt ein Mädchen »*... « Un jeune homme aime une jeune fille », mais elle en aime un autre. Cet autre est lui-même amoureux ailleurs. De dépit, la jeune fille épouse le premier venu, et le poète en a le cœur brisé. *« Es ist eine alte Geschichte »*... « c'est une vieille histoire », dit le texte, que poète et musicien traitent sur un mode populaire, voire lourdaud, qui en accentue le côté dérisoire.

Le choix d'un poème, pour Schumann, se fait selon de nombreux critères. Il faut d'abord que le texte ait de la valeur. « Composer sur des mots faibles [dit-il] m'est une abomination. Je ne demande pas de grands poètes mais une langue et une disposition d'esprit saines. » Il faut ensuite que les idées répondent intégralement aux désirs du musicien ; en effet, contrairement à Schubert, qui est surtout sensible à une expression globale, Schumann traduit chaque mot de façon ponctuelle, d'où une apparence parfois fragmentaire du langage par opposition au discours continu de Schubert.

Robert Schumann
Dichterliebe, 16 lieder

Numéros d'ordre	Tons des lieder	Tempi	Impression	Plan général
1	*Fa* dièse mineur } Tons relatifs	lent et doux }	lieder s'enchaînant	1er bloc
2	*La* majeur ↓ 4te	pas vite }		
3	*Ré* majeur ↓ 4te	gaiement		
4	*Sol* majeur	lent		
5	*Si* mineur ↓ 5te	doux.........	intimiste nuance *pp*	2e bloc
6	*Mi* mineur	assez lent...	harmonique nuance *f*	
7	*Do* majeur : *Ich grolle nicht* (« J'ai pardonné »), lied « isolé » par son ton et son écriture unique. Donne son sens au cycle : le poète a été trahi.			
8	*La* mineur ↓ 5te	pas trop vite	mélancolique	3e bloc
9	*Ré* mineur ↓ 5te	pas trop vite	dansant	
10	*Sol* mineur	lent	mélancolique	
11	*Mi* bémol mineur ↓ 4te	lent	populaire	4e bloc
12	*Si* bémol majeur ↑	assez lent	rêveur	
13	*Mi* bémol majeur	doux	rêveur	
14	*Si* majeur ↓ 5te	sans indications	simple et poétique	5e bloc
15	*Mi* majeur } Tons relatifs	animé		
16	*Do* dièse mineur	assez lent		
Conclusion =	enchaînements très étudiés par 5tes ou tons relatifs	alternance des *tempi*	alternance des effets produits	

Les sujets sont l'amour contrarié et la nature. Au premier groupe appartiennent, par exemple, les cycles *Dichterliebe* et *Frauenliebe und Leben,* « L'Amour et la vie d'une femme » ; au second, *Mondnacht,*

Les poètes de Schumann

Heine (cycle *Les Amours du poète*)
Eichendorff (*Clair de lune*)
Ruckert (*Printemps d'amour*)
Von Chamisso (cycle *L'Amour et la vie d'une femme*)
Goethe (*Chants de Wilhelm Meister*)
Schiller (*Le Gant*)
Lenau (*Six Poèmes* op. 90)

« Clair de lune », *Frühlingsnacht,* « Nuit de printemps », ou *Zwielicht,* « Crépuscule », trois admirables évocations de la nature d'après Eichendorff.

La forme musicale

La forme chez Schumann n'est pas manifeste comme chez Schubert. En effet, l'idée d'improvisation est ici fondamentale, et toute musique doit avoir un déroulement spontané, se passant comme dans l'instant présent : « Un quart d'heure au piano me permet d'en dire plus long que si je noircissais des rames de papier », disait le compositeur.

On peut étudier la forme du lied schumannien à deux niveaux : celui des lieder séparés et celui des cycles.

Dans les lieder séparés, le strophisme règne, mais, à l'inverse du strophisme schubertien, il est presque toujours modifié ou varié, selon les nécessités de la psychologie du texte.

Les cycles possèdent une organisation interne précise, comme Beethoven l'avait laissé entrevoir avec *An die ferne Geliebte,* « À la Bien-Aimée lointaine ». Les procédés de structuration d'un cycle peuvent être très divers : Schumann utilise beaucoup les retours de thèmes de lied à lied, les enchaînements de lieder selon les rapports de tonalités et le principe d'encadrement du cycle ou de postlude général. Tous les cycles de Schumann ne contiennent pas l'ensemble de ces éléments de structure, mais, parmi eux, *Dichterliebe* répond peut-être le mieux à ce désir de cohésion musicale que Schubert n'avait pas recherchée. Le tableau de la page précédente met en lumière les procédés de construction permettant au musicien de structurer le cycle.

L'expression : le jeu du piano et la voix

Le piano joue un rôle considérable dans le lied schumannien : tout d'abord comme soliste, dans de nombreux préludes et postludes, puis comme renfort de l'expression, à l'égal de la voix, et enfin comme soutien efficace du chanteur. Le premier point mis à part, peut-on conclure à un rôle analogue de l'instrument chez Schubert et Schumann ? Certes non. Le piano chez Schumann est beaucoup plus important. Techniquement, il montre une recherche rare dans une partie dite d'accompagnement, riche en extensions, déplacements, *staccato,* accords et jeu polyphonique. Le musicien n'oublie jamais le pianiste lorsqu'il compose pour le lied, et il y a peu de différence entre les pièces écrites pour le piano solo et le piano du lied. Schubert était beaucoup plus modéré sur ce point : il concevait le piano accompagnateur avec plus de retenue, et ses accompagnements de lieder ne supportent guère la comparaison avec les grandes sonates de la fin de sa vie. De plus, le sens de l'expression est très différent dans le lied schumannien : si parfois il rappelle encore la création d'atmosphère propre à Schubert, le plus souvent il s'exerce de façon ponctuelle, illustrant pas à pas les intentions du poème.

Les moyens musicaux expressifs favoris des deux compositeurs sont différents. Schumann a souvent recours à des éléments harmoniques, alors que le figuralisme de Schubert est peut-être plus d'essence mélodique ou rythmique. Parmi les éléments harmoniques chers à Schumann, le chromatisme, les accords altérés, les harmonies sur pédale tiennent une place de choix.

En fait, cette harmonie est peut-être moins hardie que celle des pièces pour piano (1er mouvement du *Carnaval de Vienne*) ou des symphonies (final de la IVe), mais elle a l'avantage d'être présentée accompagnée d'un signifié littéraire constituant une précieuse clé d'interprétation.

Dans cet univers du lied schumannien, « musique extraordinaire, tantôt folle, tantôt grave et rêveuse »... (lettre de Schumann à Clara), pas une note ne semble avoir été laissée au hasard ou abandonnée au jeu de l'esprit. Cette qualité romantique peut nous rendre la musique de Schumann précieuse ou irritante. Veut-on jouer la *Fantaisie* op. 17 pour piano ? Schumann écrit, en guise d'indication de *tempo* : « À interpréter d'une manière fantastique et passionnée. » Les êtres froids devront s'abstenir, car nul ne peut réellement comprendre Schumann s'il n'est lui-même désespéré.

Les contemporains de Schumann et de Schubert

Félix Mendelssohn

Parmi les musiciens qui participèrent à l'âge d'or du lied romantique figure Mendelssohn (1809, † 1847) [voir « L'art instrumental au XIXe s. », p. 797], qui écrit, pour sa part, environ 70 lieder, répartis entre les années 1822 et 1847. Ses poètes favoris sont Goethe, Heine, Lenau et Eichendorff, comme Schumann, mais abordés de façon très différente, dans un style plus apaisé et un traitement conventionnel de la voix. *Neue Liebe,* « Nouvel Amour », d'après Heine, pourrait être l'une de ses meilleures œuvres.

Karl Loewe

La production de K. Loewe (1796, † 1869) est très différente de celle de Mendelssohn et plus originale : en effet, parmi ses 386 lieder, Loewe cultive tout particulièrement la ballade, héritée de Zumsteeg, à qui il apporte les éléments d'écriture propres au XIXe s. : recherche harmonique, recherche de sonorités, figuralisme très poussé. Ses poètes sont Goethe, Herder, et aussi le Polonais Mickiewicz, dont les textes inspireront Chopin dans ses 4 ballades pour le piano. Loewe place, dans son recueil de 14 ballades d'après Goethe, *Erlkönig,* déjà mis en musique par Zumsteeg et Schubert.

Les derniers représentants du lied romantique : Liszt, Wagner, Brahms et Franz

Robert Franz

Les derniers représentants du lied romantique n'ont abordé ce genre que tout à fait occasionnellement. Pourtant, parmi eux, R. Franz (1815, † 1892) produit plus de 350 lieder, sur des textes de Heine, Lenau, Eichendorff ou Mörike. Nous ne connaissons plus guère cet auteur, pourtant célèbre en son temps pour avoir arrangé et édité les œuvres vocales (*Geistliche Lieder,* « Chants spirituels ») de Bach et de Haendel.

Franz Liszt

F. Liszt (1811, † 1886) écrivit environ 70 lieder et mélodies, sur des paroles allemandes (Goethe, Heine, Schiller, Uhland, Lenau), françaises (Hugo, Musset, Béranger), italiennes, anglaises et hongroises ! Ces œuvres n'ont certes rien ajouté à sa gloire, et celles que nous chantons encore (*Oh ! quand je dors,* d'après V. Hugo) s'apparentent aux mélodies françaises encore mal séparées de la romance.

Johannes Brahms (1833, † 1897)

Né à Hambourg, pianiste précoce, J. Brahms quitta sa ville natale en 1853 et rencontra le violoniste J. Joachim, avec lequel il devait rester lié. La même année, il fait la connaissance de Robert et de Clara Schumann, qu'il aidera de son amitié jusqu'en 1856. Son succès de pianiste et de chef d'orchestre lui permit de s'installer à Vienne en 1863, où il se consacra à la composition.

Principaux lieder :
15 Romanzen aus L. Tiecks Magelone, op. 33 (1861-68)
Lieder und Gesänge von G.F. Daumer, op. 57 (1871)
Vier ernste Gesänge, op. 121 (1896)
Nombreux lieder séparés

Richard Wagner

R. Wagner (1813, † 1883) aura, vis-à-vis du lied, une position tout à fait différente : en effet, à part quelques essais mineurs sur paroles françaises (Ronsard, Hugo) et allemandes (Goethe), il compose un recueil d'un esprit nouveau : *Fünf Gedichte für eine Frauenstimme* (1857-58), « Cinq Poèmes pour voix de femme », que nous désignons plus couramment sous le nom de *Wesendonk-Lieder.* Cette œuvre, inspirée par l'amour que le maître porte à Mathilde Wesendonk et écrite sur des poèmes de la jeune femme, constitue une ébauche de l'opéra *Tristan* et en possède les qualités spécifiques : dimensions plus étendues, langage continu, expression constante et ponctuelle, recherche harmonique, présence du *leitmotiv* (motif conducteur). Le plus curieux est que ce cycle, si étranger à l'univers du lied romantique – tel qu'il est défini par Schubert et Schumann –, servira de point de départ à l'une des plus importantes tendances du lied postromantique, celui de H. Wolf en particulier.

Johannes Brahms

Les lieder de J. Brahms (1833, † 1897) sont au nombre de 200, depuis les *Sechs Gesänge,* « Six Chants », de 1852, jusqu'aux *Vier ernste Gesänge,* « Quatre Chants sérieux », de 1896. Certains appartiennent au *Volkslied* (chant populaire) et sont groupés par cahiers : ce sont des pièces très simples, dans lesquelles la même mélodie se répète d'ordinaire rigoureusement pour chaque strophe du poème. Le style musical, mélodique et familier, accentue ce caractère, comme le montre *Wiegenlied,* op. 49, « Berceuse », avec sa ligne vocale naïve et son accompagnement en tierces.

À côté des lieder d'esprit populaire, le cycle des *Quinze Romances de Maguelonne,* op. 33, œuvre de caractère narratif d'après Tieck, évoque les cours d'amour du Moyen Âge. La fiction historique amène Brahms à traiter ces lieder comme des ballades, avec un accompagnement très descriptif et figuré. Mais Brahms aborde aussi le lied lyrique, méditatif, passionné ou ironique, à la manière de Schumann. Ses thèmes décrivent la nature, l'amour et la mort, sur des textes de Goethe, Tieck, Eichendorff et Heine.

Un dernier genre montre l'étendue extrême de la sensibilité brahmsienne : il s'agit du lied spirituel (ou religieux), représenté par les *Quatre Chants sérieux* de 1896. Inspirés de fragments de l'Ecclésiaste et de la 1re Épître aux Corynthiens assemblés par le musicien, ils frappent par la diversité de la ligne mélodique, susceptible de rendre toutes les intentions du texte. On a pu comparer cette œuvre ultime de Brahms au dernier cycle de Schubert, annonce de sa fin prochaine. Comme dans le *Requiem allemand* (1857-1868), le musicien fait preuve d'une haute spiritualité intégrant l'idée de la mort comme retour à Dieu.

Le lied postromantique (1880-1914)

Après 1880, l'Allemagne est submergée par les compositeurs de musique et s'épuise. « L'Allemagne musicale est en train de se noyer sous l'inondation de la musique », disait R. Rolland en 1905. Quatre grands noms se détachent parmi eux : H. Wolf, G. Mahler, R. Strauss et A. Schönberg, auxquels on pourrait ajouter, dans une moindre mesure, celui de M. Reger.

Hugo Wolf

H. Wolf (1860, † 1903) a composé environ 300 lieder entre 1880 et 1896, jusqu'à 3 par jour dans les périodes de fièvre créatrice, sans

Hugo Wolf (1860, † 1903)

Né à Windischgrätz, H. Wolf étudia au conservatoire de Vienne, rêvant à son dieu : Wagner. Critique musical au *Wiener Salonblatt,* il défendit la musique nouvelle et se consacra à la composition vocale (lieder et opéras). Malade, il restera hospitalisé de 1897 à sa mort.

Lieder les plus représentatifs :
Gedichte von E. Mörike (53 lieder), 1888
Gedichte von Eichendorff (20 lieder), 1880-88
Gedichte von Goethe (51 lieder), 1888-89
Spanisches Liederbuch (44 lieder), 1888-89
Italienisches Liederbuch (46 lieder), 1890-96

compter d'innombrables partitions détruites de sa main. Ses poètes préférés – Goethe, Mörike, Heine, Eichendorff – lui permettent d'aborder tous les sujets : les grands mythes (*Promotheus Ganymed,* d'après Goethe) ; les témoignages humains (*Der Soldat,* « Le Soldat », *Der Freund,* « L'Ami », *Der Musikant,* « Le Musicien », d'après Eichendorff) ; les sentiments romantiques (*Kennst du das Land ?* « Connais-tu le pays ? », d'après Goethe) ; l'amour (*Italienisches Liederbuch,* « Mélodies italiennes ») ; la religion (*Spanisches Liederbuch,* « Mélodies espagnoles »). Stimulé par les mots, il déclarait : « La poésie me fournit l'électricité nécessaire à la composition. »

Pourtant, si le texte reste l'élément premier, il n'est pas réellement l'essentiel pour Wolf. Celui-ci conçoit ses lieder comme de la musique de chambre pour 2 solistes : à la voix, une déclamation continue, centrée plus sur l'expression que sur le respect du poème (on constate des divergences prosodiques et rythmiques importantes) ; au piano, une « symphonie », qui semble peu soucieuse du chant et l'entoure, sans le soutenir. Mais tout Wolf n'est pas de cette esthétique recherchée, et quelques lieder, paradoxalement, ont le caractère simple et touchant de certaines œuvres de Brahms, que Wolf haïssait tant ! On peut citer en exemple : *Erwartung,* « Attente », d'après Goethe, ou *Auf ein altes Bild,* « Sur une vieille peinture », dont le texte est de Mörike.

Gustav Mahler

G. Mahler (1860, † 1911), comme Wolf, détruisit nombre de ses compositions de jeunesse. Passionné de littérature et de philosophie, il disait : « La lecture de Dostoïevski est plus importante que l'étude du contrepoint. » L'influence de Wagner, son idole, et sa carrière de chef d'orchestre l'amenèrent à concevoir un lied symphonique à grand développement mais, paradoxalement, plus naïf et intimiste que celui de Wolf.

Max Reger et Richard Strauss

M. Reger (1873, † 1916), bien que mort jeune, laisse un nombre considérable d'œuvres, dont 300 lieder très influencés par Schumann et Brahms. Toutefois, il s'est consacré encore plus abondamment à la musique instrumentale (piano et musique de chambre).

Pour R. Strauss (1864, † 1949), époux d'une cantatrice et créateur de 150 lieder et d'opéras, la composition vocale est une préoccupation constante. Sa longue vie lui permit d'être à la fois un disciple de Brahms et un homme du XXe s. Il a d'ailleurs mis en musique aussi bien les grands poètes romantiques (Eichendorff, Von Gilm) que les expressionnistes (Dehmel). Mais chez lui, l'esprit romantique domine, et jamais il ne se laisse gagner par les excès du modernisme.

Les derniers musiciens du lied

Le passage de l'âge romantique à l'âge moderne se fera par A. Schönberg (1874, † 1951), dont le premier geste créateur est d'écrire les *Lieder* op. 1, 2, 3 (1898). Rappelons aussi qu'il connut A. Berg, en 1904, par les nombreux lieder que celui-ci composait, en marge de ses études universitaires. Le lied se portait donc encore bien vers les années 1900. On peut d'ailleurs considérer que jusqu'en 1914 les traditions wagnériennes se perpétuent. Schönberg est encore un grand lyrique, et sa phrase ample chante toujours le romantisme.

Puis viennent la période des crises et les années de guerre : « ce paysage où la mort n'a pas seulement fêté ses triomphes inouïs, mais où naissait en même temps un monde nouveau » (E. Jünger). Debussy, Schönberg et Stravinski nous feront concevoir la musique d'une manière si différente que le lied en deviendra un genre totalement dépassé. Pourtant, ils ne furent pas universellement suivis, et un musicien comme P. Hindemith (1895, † 1963) écrira, à côté d'une œuvre instrumentale très abondante, des cycles de lieder traditionnels comme *Die junge Magt* op. 23, d'après G. Trakl, ou *Das Marienleben* op. 27, sur des poèmes de R. M. Rilke. Mais cette initiative est isolée, et il semble bien qu'actuellement, en dehors de toute prise de position pour tel ou tel système d'écriture ou chapelle, d'autres relations de la musique au texte soient recherchées. N. Ruwet en a l'intuition lorsqu'il écrit, à propos de *Noces* de Stravinski (1915) : « On dirait que, voulant mettre dans son œuvre toute la richesse des règles, des émotions, des énigmes qu'implique le sujet [...], Stravinski y est arrivé en répartissant les effets entre deux systèmes [musique et poésie], faisant dire à l'un ce que l'autre ne disait pas. » Or, ces recherches ne peuvent que nuire à l'esthétique du lied, qui trouve sa justification dans la concentration et l'imbrication de ces deux systèmes.

LA MÉLODIE

La mélodie française suit un chemin parallèle à celui du lied, mais les musicologues ne sont pas toujours d'accord sur ce qui les différencie. Charles Kœchlin, lui-même mélodiste, pense que la mélodie se distingue par son côté aristocratique : « On peut concevoir que des lieder de Schumann, de Schubert ou de Brahms soient chantés et compris par le peuple ; mais le peuple est très éloigné (dans sa culture actuelle) des mélodies de Claude Debussy, de M. Henri Duparc et de G. Fauré. » Cette opinion est critiquable au sens où l'on voit mal « l'homme du peuple », pour reprendre l'expression de Kœchlin, fredonner certains lieder à tendance métaphysique de Schubert : *Der Zwerg,* « Le Nain », ou *Der Doppelgänger,* « Le Sosie » ; on ne saurait réduire le lied romantique allemand à *La Truite* ou à *Rose des bruyères* ! Mais pourquoi ce même homme de la rue ne serait-il pas frappé de stupeur ou saisi d'une intense émotion à l'audition de n'importe quel lied pourvu qu'il soit chanté et joué avec passion ?

Il ne s'agirait donc pas d'une finalité différente, mais plutôt d'une volonté créatrice différente, faisant intervenir des rapports du texte et de la musique tout à fait spécifiques. D'une façon schématique, on peut avancer que le lied est plus sensible à l'esprit, plus loin de l'expression poétique et plus musical, alors que la mélodie s'attache davantage à la lettre et aux schémas poétiques, qu'elle sert avec sensibilité et rigueur. Aux Allemands appartient un art plus instinctif et musical ; aux Français, une expression plus intellectuelle de l'affectivité. Il n'en demeure pas moins que certains Français ont été bien proches du lied dans leur conception de la mélodie (H. Duparc, par exemple), et certains Allemands presque des mélodistes (Schumann parfois, et souvent Wolf). En effet, poésie et musique sont deux systèmes qui existent en tension constante, et rien n'est plus facile que de s'égarer d'un côté ou de l'autre de cette ligne de séparation imaginaire entre l'esprit français et l'esprit allemand.

Les origines de la mélodie française

La mélodie doit son origine à la romance, dont elle se dégage petit à petit, par conquêtes stylistiques successives.
Pour C. Saint-Saëns, c'est L. Niedermeyer (1802, † 1861) qui réalisa pour la première fois la transformation du genre romance en mélodie, en s'inspirant de « beaux poèmes de Lamartine et de Victor Hugo ». Les musicologues contemporains s'accordent pour penser que cette tentative intéressante n'a été que partiellement réussie, et que Niedermeyer, auteur de la mélodie *Le Lac* – ce grand succès des années 1855-60 –, n'a été qu'un des nombreux compositeurs à réagir devant la faiblesse de la romance.
Avec toutes ses imperfections, en effet, la romance était un genre mineur parfaitement adapté à la demande du public du début du siècle, et elle fut le cheval de bataille d'un grand nombre de musiciens de second ordre, en une « féconde stérilité » (expression du journal *Le Ménestrel*).
Le passage d'un genre à l'autre s'est fait par étapes, et, chez beaucoup de grands mélodistes – Gounod et Fauré en particulier –, on sent encore des réminiscences de la romance. Mais le moteur de cette transformation n'a pas été seulement les exigences du goût

Romance et mélodie

Romance	Mélodie
Texte : faible et sentimental	Texte : poème de qualité, traité en détail
Forme : strophique (même musique pour chaque couplet)	Forme : variable, adaptée au texte
Accompagnement : sans expression, soutien de la voix	Accompagnement : expressif, contenant des figuralismes
Époque : de la Révolution à 1875, avec un apogée pendant la Restauration	Époque : de 1830 à nos jours, mais surtout à la fin du XIXe s.

musical ; il faut aussi le rechercher dans l'influence du lied, sentie en France dès 1830-40 (concerts et publications d'œuvres de Schubert) et qui fit connaître aux musiciens une relation nouvelle et plus exigeante entre la poésie et la musique.

Hector Berlioz et les débuts de la mélodie

La carrière de mélodiste de Berlioz (1803, † 1869) débute par la composition de romances. On lui attribue le mérite d'avoir introduit dans le répertoire le terme de « mélodie » ; en fait, celui-ci provient du titre *Irish Melodies,* du poète irlandais Thomas Moore, désignant un ensemble de textes littéraires adaptés à des chants populaires. Certains musiciens français utilisèrent les paroles de T. Moore et conservèrent son titre. C'est ainsi que naquit le premier cycle de mélodies françaises, les *Neuf Mélodies imitées de l'anglais* (1829-1830), de Berlioz, d'après Thomas Moore, arrangées par Thomas Gounet.

On a grand tort de dénigrer le Berlioz des œuvres de jeunesse, car, malgré sa sentimentalité et sa rusticité, il annonce déjà le futur style de la mélodie par des détails d'écriture dépassant largement la romance tels que la variation musicale des strophes en accord avec le sens du texte ou le traitement figuraliste de certaines images poétiques par l'accompagnement.

Toutefois, ces innovations seront reprochées au compositeur, en particulier « la régularité que nous ne trouvons pas ici » (F. Stoepel), c'est-à-dire l'absence de strophisme régulier, qui à nos yeux, avec le recul du temps, en fait précisément le prix.

Hector Berlioz (1803, † 1869)

Hector Berlioz, flûtiste et guitariste, se destinait à la médecine. Tenté par l'opéra, il entre au conservatoire (classes de Reicha, Lesueur et Cherubini) et, en 1830, obtient le prix de Rome. Au retour d'Italie, il épouse Harriet Smithson. Sa carrière musicale est faite de succès et de cabales. À son œuvre de compositeur il faut ajouter ses écrits de critique (*Gazette musicale* et *Journal des Débats*), ainsi que la rédaction de *Mémoires.*

Principales mélodies :
Recueil de 33 mélodies séparées (1863)
Les Nuits d'été (Th. Gautier), 1841
Feuillets d'album, op. 19, 1850

Les Nuits d'été, 6 mélodies d'après Th. Gautier (1840), demeurent l'œuvre berliozienne la plus accomplie, surtout dans la version orchestrale de 1856, qui en accentue la grandeur. S'il s'agit d'un vrai cycle, rien ne le laisse supposer, car il n'y a ni anecdote ni construction musicale à l'échelle du recueil. Bien plus, la version pour orchestre, en transposant deux des mélodies, rend le cycle inaccessible à un seul et même chanteur, qui devrait pour le moins posséder les registres du ténor et du baryton !
C'est donc plutôt un cahier de 6 chants, unis fortuitement par un même poète et par un sujet commun : l'amour.
On peut grouper ces mélodies en deux styles : d'une part, un style léger, hérité de la romance et déjà pratiqué par Berlioz (n° 1, *La Villanelle ;* n° 6, *L'Île inconnue*) ; d'autre part, un style dramatique inspiré de la scène lyrique (mélodies 2, 3, 4, 5) et caractérisé par une harmonie recherchée, une phrase mélodique ample et théâtrale, une forme plus libre. Dans le n° 3, *Sur les lagunes,* Berlioz use d'un thème chromatique qui engendre les éléments expressifs principaux de la mélodie, comme une incantation oppressante. Les mélodies de la fin de la vie du compositeur seront beaucoup moins intéressantes, et Berlioz semble se détacher de ce genre.

Les contemporains de Berlioz : Charles Gounod

À l'heure des succès berlioziens, le monde de la romance connaît de grands bouleversements avec G. Meyerbeer, H. Reber ou F. David.

Charles Gounod (1818, † 1893)

Ch. Gounod étudia la musique avec Halévy, Reicha, Paer et Lesueur. 1er grand prix de Rome en 1839, il séjourna à la villa Médicis, où il connut Fanny Mendelssohn. Longtemps il hésitera entre la prêtrise et le siècle. Le succès de *Faust,* en 1859, le liera définitivement à la vie théâtrale.

Principales mélodies :
5 recueils de mélodies séparées (1867-80)
3 recueils de chants sacrés (1878-79)
Biondina, cycle de mélodies italiennes d'après G. Zaffira (1872)

Mais c'est surtout à Gounod (1818, † 1893) qu'il appartient de préparer la venue du premier grand mélodiste français : Gabriel Fauré. Pour M. Ravel, Gounod a été le véritable instaurateur de la mélodie en France. Sans aller jusque-là, disons que le rôle de celui-ci, en cette époque de transition, a été déterminant, au sens où il a fort bien exploité ce qui existait déjà (la romance) et proposé une solution pour faire évoluer le genre : la mélodie influencée du lied. On ne saurait faire le compte des mélodies de Gounod – 300 ou 400. À la veille de sa mort, le compositeur déclarait à son ami Busser que, depuis l'âge de 17 ans, il avait composé chaque année 5 ou 6 mélodies et des motets à une voix. Parmi ces œuvres, et catalogués comme mélodies, existent de nombreux cantiques et des adaptations d'airs d'opéras, destinés à un public mondain. En écartant ces œuvres parasites, on peut distinguer deux styles chez Gounod : un style « romance », très raffiné et d'un véritable intérêt musical (*Venise,* d'après Musset), et un style « sérieux », influencé du lied germanique (*Le Vallon,* d'après Lamartine, *L'Absent,* sur un texte de Ch. Gounod) que lui révéla Fanny Mendelssohn (la sœur du compositeur et épouse du peintre W. Hensel) lors de leur séjour à la villa Médicis.
C'est face à ces deux tendances que se trouve Gabriel Fauré lorsqu'il aborde la mélodie à l'âge de 15 ans.

Gabriel Fauré

G. Fauré (1845, † 1924) fut certainement le plus grand mélodiste français. Pour lui, la mélodie était l'objet d'une attention constante,

---

Gabriel Fauré (1845, † 1924)

G. Fauré, élève à l'école Niedermeyer, débuta comme organiste à Rennes. Revenu à Paris après la guerre (1870), il occupa divers postes d'organiste (Saint-Sulpice, La Madeleine) et enseigna au Conservatoire (harmonie, composition). Parmi ses élèves, il faut compter Schmitt, Enesco, Kœchlin et Ravel. Devenu directeur du Conservatoire, il connaîtra enfin, et jusqu'à sa mort, une juste consécration de son génie.

---

et rares sont les années durant lesquelles il n'en écrivit pas. Il aimait également créer des liens spirituels entre les mélodies et ses autres œuvres. Les fauréens inconditionnels peuvent s'amuser à rechercher dans tel nocturne ou tel quatuor des fragments mélodiques issus du répertoire vocal. Le lien qui existe entre *La Chanson du pêcheur* (1876) et le *Ier Nocturne* pour piano (1883) doit amener le pianiste qui aborde cette œuvre à réfléchir sur la signification de l'emprunt.

Chronologie des mélodies

Lorsque Fauré compose la première de quelque 100 mélodies, il est élève à l'école Niedermeyer, dont le directeur n'est autre que l'auteur du *Lac,* d'après Lamartine. L'influence de ce directeur aimé se fera sentir non pas parce qu'il tenta d'apprendre au musicien le chant grégorien, comme on le pense généralement, mais parce qu'il était une célébrité et avait signé l'œuvre que l'on chantait dans les salons distingués. Par ailleurs, Fauré fit bientôt la connaissance de C. Saint-Saëns (1835, † 1921), nommé professeur de piano à l'école Niedermeyer à la mort du directeur. Prodigieusement doué pour le clavier et d'une séduction extrême, Saint-Saëns s'attacha irrésistiblement le jeune élève et lui fit prendre contact avec la musique allemande (Schumann, Liszt et Wagner). Sans doute lui joua-t-il aussi certaines de ses œuvres, parmi lesquelles des mélodies de jeunesse (il en écrivit dès l'âge de 6 ans) telles que *Le Pas d'armes du roi Jean* (1852), *La Cloche* (1855) ou *L'Attente* (1855). Fauré se lança donc dans la composition de mélodies, empruntant pour commencer ses textes à un poète universellement reconnu, Victor Hugo (*Le Papillon et la Fleur, Mai, Rêve d'amour, Dans les ruines d'une abbaye, Tristesse d'Olympio*), avant d'aborder des poètes plus obscurs.

Chronologie des principales mélodies de G. Fauré

Mélodies séparées :
3 Recueils (1860-1905)

Cycles :
La Bonne Chanson (1892-1894)
La Chanson d'Ève (1906-1910)
Le Jardin clos (1914)
Mirages (1919)
L'Horizon chimérique (1921)

La première partie de la vie de Fauré, jusqu'en 1905, est consacrée à des mélodies séparées, à l'exception du cycle *La Bonne Chanson*, datant de 1892-94. Le musicien abordera ensuite exclusivement la composition de cycles. Ce phénomène peut être expliqué par l'isolement du compositeur, atteint de surdité totale. La maladie le prédisposa sans doute à un travail solitaire, coupé du monde extérieur. On a pu, en effet, constater que Fauré était sensible à la discussion, puisque c'est grâce aux conseils répétés de son ami R. de Montesquiou qu'il connut un de ses poètes préférés : P. Verlaine.
Esthétiquement, on peut définir dans l'œuvre de Fauré trois manières. Dans la première, son style se construit sous les influences italiennes (*Après un rêve, Sérénade toscane*) et allemande (*Chant d'automne, L'Absent, La Rançon*). La deuxième période, des *Mélodies de Venise* (1891) à 1902, est celle de la maturité. D'un raffinement harmonique extrême, elle exprime avec sensualité la joie de vivre et d'aimer.
La troisième (1903-24) ne gardera de cette chaleur méditerranéenne qu'un vague souvenir (dans *La Chanson d'Ève*, par exemple) : c'est une période de deuil, placée sous le signe de la maladie et de la guerre. On ne saurait en faire qu'à tort le couronnement ascétique d'une vie passée à la recherche de soi ; il s'agit plutôt d'un ensevelissement dans les ténèbres, et on peut se demander ce qu'aurait été, sans la coupure de la surdité, la continuation en droite ligne d'une deuxième manière aussi éblouissante.

Les poètes de Fauré

Les principaux poètes mis en musique par Fauré sont V. Hugo, P. Verlaine, A. Silvestre et Ch. Van Lerberghe. En général, le

Les principaux poètes de Gabriel Fauré

Baudelaire (*Chant d'automne*)
Baronne de Brimont (*Mirages*)
Gautier (*La Chanson du pêcheur*)
Hugo (*L'Absent*)
La Ville de Mirmont (*L'Horizon chimérique*)
Silvestre (*Automne*)
Van Lerberghe (*Chanson d'Ève* et *Le Jardin clos*)
Verlaine (*La Bonne Chanson*)

musicien procède par séries, épuisant en quelques années tout ce qu'un écrivain lui offre. Le style dont il se lasse le moins est celui des symbolistes belges et, en particulier, de Ch. Van Lerberghe (auteur des cycles *Chanson d'Ève* et *Jardin clos*), dont il aime la poésie fluide et les images lumineuses. Verlaine lui convient également, pour la musicalité de sa phrase, mais toute une partie de son œuvre est éliminée par le compositeur car elle reflète un monde de doute, de boue et de perversion, incompatible avec la pensée fauréenne. Il suffit, pour s'en convaincre, d'étudier les poèmes de *La Bonne Chanson* qui ne furent pas mis en musique.
Les sujets abordés par Fauré sont en effet assez limités : encore très romantiques, ils concernent l'amour, la mort, la nature, dans un traitement souvent conventionnel et sophistiqué. Il doit ses meilleures réussites à des mélodies que l'on pourrait sans exagération qualifier d'autobiographiques : les mélodies évoquant l'amour qui le lia à deux femmes (*Cinq Mélodies de Venise, La Bonne Chanson*), et celles qui touchent à la fuite du temps, problème essentiel d'un homme qui fut frustré de sa jeunesse par la guerre et par une éducation contraignante (*Automne, Prison*). « Le rôle de la musique [écrit Fauré] est bien celui-là : mettre en valeur le sentiment profond qui habite l'âme du poète et que ses phrases sont impuissantes à rendre avec exactitude. » *L'Horizon chimérique,* son dernier cycle (1921), constitue un véritable manifeste romantique dénonçant l'inadéquation des désirs et de la nature de l'homme. Par ses choix poétiques, la mélodie fauréenne est donc bien conçue comme une double création, l'union de deux systèmes expressifs s'épaulant dans une action commune.

L'expression fauréenne

L'expression chez Fauré se fait selon divers procédés. Dans les premières mélodies, il applique la solution schubertienne de l'accompagnement créant une atmosphère unique, sur lequel le chant se déplace en une ample phrase, lyrique à défaut d'être particulièrement attentive au texte. Puis se développe un figuralisme s'appuyant sur le rythme, les intervalles mélodiques et l'harmonie. C'est d'ailleurs dans les figuralismes harmoniques – donc du piano – que Fauré se montre le plus inventif : il en fera presque une théorie, déclarant, à l'époque de *La Bonne Chanson* : « L'harmonie devra s'attacher à souligner le sentiment profond que ne font qu'esquisser les mots. » Mais Fauré ne se cantonna pas dans un type d'expression aussi simpliste, où l'image appelée par le texte est instantanément traduite par la voix ou l'accompagnement pianistique.

Il existe, en effet, dans les œuvres de la maturité fauréenne, un figuralisme de type interprétatif, beaucoup plus personnel, et qui n'est pas sans rappeler, dans son utilisation, la théorie du leitmotiv selon Wagner. Ici, il ne s'agit plus d'images musicales doublant le texte littéraire : le musicien quitte le niveau de l'énoncé des faits pour s'attarder à peindre leurs caractères cachés ou leurs implications les plus secrètes. Cette exploration du poème se fait à l'aide de motifs musicaux identifiés ou identifiables grâce au figuralisme traditionnel. Par exemple, nous connaissons chez Fauré le motif musical traduisant le mot « amour ». Dans le figuralisme interprétatif, ce motif pourra apparaître à un endroit où le texte ne le commande pas, simplement parce que, chez le musicien, la pensée d'amour est sous-jacente. Dans la mélodie n° 5 de *La Bonne Chanson (J'ai presque peur en vérité),* Verlaine, le poète, fait part de ses inquiétudes face à la fragilité de l'amour et de son espoir ; il dit :

« Mais, plutôt, je ne veux vous voir,
L'avenir dût-il m'être sombre
Et fécond en peines sans nombre,
Qu'à travers un immense espoir. »

Malgré les sonorités graves des voyelles sombres (*sombre, fécond* sans *nombre*), le passage musical correspondant à ces vers ne doit pas être chanté avec angoisse : bien au contraire, on doit l'aborder comme un chant d'amour car, chez Fauré, les deux termes de douleur « être sombre » et « peines sans nombre » sont portés par l'intervalle mélodique de quarte augmentée (triton), archétype thématique de l'amour virginal et de la candeur. Ces motifs figuralistes attachés à tel ou tel sentiment se retrouvent parfois dans des œuvres purement instrumentales dont ils peuvent orienter l'interprétation. Ce sont les « archétypes » thématiques de la pensée fauréenne.

La forme fauréenne

La forme des premières mélodies est très schubertienne. On y distingue, comme chez le maître allemand, le strophisme régulier (*Mai*), les formes à refrain (*Tristesse*) et la forme évolutive à juxtaposition de strophes différentes (*Chant d'automne*).
Fauré trouve ensuite un plan symétrique commode, en trois parties (construction ABA ou ABA'), comme dans *Au cimetière.* Le terme de l'évolution sera le passage à un langage continu, dans lequel le schéma ternaire n'apparaîtra plus (*L'Horizon chimérique*).

Le chanteur et le pianiste face aux mélodies de Fauré

Les mélodies de la première manière furent écrites pour les salons et bien souvent chantées par des amateurs, hommes ou femmes du monde, que Fauré accompagnait au piano. Bienheureuse époque où toute jeune fille bien élevée pouvait interpréter *Après un rêve,* suivie par le regard attentif du maître ! Mais le style des mélodies devint vite trop complexe pour les non-professionnels, et, dès la deuxième manière (*Mélodies de Venise,* 1891), les difficultés de lecture et d'intonation furent telles que Fauré dut s'adresser à des cantatrices chevronnées. Trop souvent, hélas ! les chanteurs actuels reculent encore devant les difficultés de ce cycle. Certes, *La Bonne Chanson* est d'une lecture délicate par son harmonie très recherchée et ses tonalités chargées ; à la première audition, Saint-Saëns avait déclaré : « Fauré est devenu complètement fou ». Mais une fois ces hardiesses dominées, quel charme vocal extrême et quel perpétuel enchantement !
Par la suite, entre 1900 et 1922, le langage se simplifie, et la lecture devient plus aisée. En revanche, la phrase mélodique, influencée par *Pelléas et Mélisande* de Debussy (1902), perd son caractère sinueux pour adopter une ligne conjointe, en paliers successifs, beaucoup moins naturelle pour le chanteur.

En fait, la désaffection actuelle pour le répertoire mélodique de Fauré, ou de ses contemporains, vient surtout du fait que le genre « mélodie », qui n'est plus cultivé par les compositeurs modernes, est devenu anachronique et que, faute de modèles auxquels s'identifier, le jeune chanteur ne sait plus comment l'aborder. Pierre Bernac, chanteur et professeur, est obligé de chapitrer sévèrement les jeunes, dans son livre sur les mélodies de F. Poulenc, leur rappelant le respect du texte musical, l'importance du poème, la beauté de l'accompagnement. Pour Fauré, comme pour Poulenc, ces exigences sont un point de départ au-delà duquel le cœur pourra s'exprimer.

Henri Duparc et Ernest Chausson

Henri Duparc

La genèse des 13 mélodies

H. Duparc (1848, † 1933), grand mélodiste contemporain de Fauré, ne lui est en rien comparable. Très influencé par la musique allemande (Bach, Beethoven et Wagner), et brillant élève de Franck, il conçoit la mélodie comme une sorte de poème symphonique avec voix, dans lequel la partie accompagnatrice est essentielle. Il orchestrera lui-même la plupart de ses mélodies pour accentuer encore, par le jeu des timbres, l'emprise de l'instrumental.

Les hasards d'une existence difficile firent qu'il ne nous reste que 13 mélodies de cet auteur, constituant un recueil rassemblé par Salabert en 1911 et universellement connu ; à côté, quelques œuvres de jeunesse isolées sont d'un intérêt secondaire.

Mélodies imparfaites ou géniales ?

Les mélodies de Duparc ont été qualifiées par M. Ravel d'« imparfaites et géniales ». Il est certain qu'un rigoureux défenseur de la mélodie française aurait du mal à reconnaître, dans ces compositions, une facture honorable. Les poèmes sont déstructurés, la forme générale désordonnée, l'accompagnement plus expressif que la voix. Et cependant, quelle intensité et quel lyrisme !

Henri Duparc (1848, † 1933)

H. Duparc étudia le piano et l'harmonie avec C. Franck. À 20 ans, il commence à composer des mélodies et quelques œuvres instrumentales. Scrupuleux, lent au travail, il n'aura que peu produit quand la maladie le saisira en 1885, lui interdisant toute composition. Il meurt en 1933, après quelque cinquante années de silence.

Les 13 mélodies de H. Duparc :
Chanson triste, 1868
Soupir, 1868-69
Au pays où se fait la guerre, 1869-70
L'Invitation au voyage, 1870
La Vague et la cloche, 1871
Extase, 1872
Phydilé, 1872-73
Élégie, 1874
Le Manoir de Rosemonde, 1879
Sérénade florentine, 1880
Lamento, 1883
Testament, 1883
La Vie antérieure, 1876-84

Les thèmes traités sont tous paroxysmiques : quête insensée de l'amour, extase, désespoir, au-delà, rêves les plus fous. F. Noske n'hésite pas à dire qu'un état pathologique a dû gouverner ces choix : pourtant, la chaude et saine atmosphère de *Phydilé* semble le contredire.
Parmi les poètes favoris du musicien, citons Baudelaire (*L'Invitation au voyage, La Vie antérieure*), A. Silvestre ou Leconte de Lisle. En fait, ceux-ci pourraient s'estimer peu « servis » par Duparc : la voix, très ample et volontiers élevée, se plaît à détruire la régularité des vers, et le temps musical, très allongé, contribue à nous faire perdre la notion du déroulement du poème.
Dans les œuvres les plus caractéristiques, l'accompagnement possède sa propre thématique, qui se développe indépendamment du chant. Son traitement chromatique, son usage des notes de passage dans l'harmonie et des appoggiatures l'apparentent à l'écriture wagnérienne.

Les mélodies de Duparc resteront longtemps incomprises. Elles possèdent en effet une force que la mélodie, art intimiste, intègre mal. « Évidemment [...], constatait Ch. Kœchlin, ce n'est point un succès assuré pour l'interprète, dans un salon mondain... »

Ernest Chausson

Les thèmes poétiques

E. Chausson (1855, † 1899) suit un chemin parallèle à celui de Duparc, cherchant à renouveler le genre de la mélodie. Toutefois, son art est très différent, tout aussi passionné, certes, mais beaucoup plus intérieur.

Les sujets traités par Chausson sont la mélancolie, l'amour, la fuite du temps et la mort, sur des textes souvent symbolistes. Il a particulièrement aimé trois poètes : M. Bouchor (*Poème de l'amour et de la mer*). M. Maeterlinck, qu'il sera l'un des premiers à faire connaître avec *Serres chaudes,* et Ch. Cros (*Chanson perpétuelle*).

Caractères stylistiques

La phrase musicale, ample et sinueuse, de Chausson possède beaucoup de charme ; sa fluidité est accentuée par des rythmes souples (syncopes, triolets) et des passages *recto tono* qui lui donnent du relief. Le plus intéressant chez ce compositeur reste son harmonie, chromatique et recherchée, ainsi que ses essais dans le domaine formel. Dans les mélodies isolées, il conçoit un découpage en trois ou quatre parties, individualisées par une écriture pianistique différente, la mélodie restant de même facture. Les cycles sont eux aussi très particuliers : ce ne sont pas réellement des cycles mais des ensembles, que l'on pourrait comparer aux différents mouvements d'une œuvre de musique de chambre. Le *Poème de l'amour et de la mer,* d'après M. Bouchor, est un triptyque composé de 3 mélodies : *La Fleur des eaux, Interlude* et *La Mort de l'amour.* Cette œuvre, qui souhaite changer la mélodie, est dédiée à H. Duparc, qui, lui, offrit *Phydilé* à son ami E. Chausson.

Les contemporains de Fauré, Duparc et Chausson

Les contemporains de Fauré, Duparc et Chausson possèdent en commun la caractéristique d'avoir écrit de nombreuses mélodies, mais sans y attacher une importance considérable. Chacun met, cependant, dans la mélodie, le meilleur de ses

Ernest Chausson (1855, † 1899)

E. Chausson, élève de Massenet, puis de C. Franck, écrit de la musique instrumentale et des mélodies séparées. En 1890, il produit l'original *Poème de l'amour et de la mer,* la *Symphonie en Si bémol* et le *Concert.* Ses ambitions le porteront également vers le théâtre lyrique, mais la postérité conservera de lui le souvenir d'un musicien de chambre et d'un mélodiste.

Chronologie des principales mélodies :
Nanny (Leconte de Lisle) et *Le Colibri (id.)* 1879-82
Apaisement (Verlaine) 1885-87
La Caravane (Th. Gautier) 1887
Chansons de Miarka (J. Richepin) 1888
Poème de l'amour et de la mer (M. Bouchor) 1890
Serres chaudes (M. Maeterlinck) 1893-96
Cantique à l'Épouse (A. Journet) 1898
Chanson perpétuelle (Ch. Cros) 1898

qualités : pour *C. Franck* (1822, † 1890), la mélodie est « un petit développement symphonique » (expression de Ch. Kœchlin), pour *J. Massenet* (1842, † 1912), la pure volupté du chant, alors que *E. Chabrier* (1841, † 1894) aborde l'humour et les harmonies inattendues avec la *Pastorale des cochons roses* ou la *Ballade des gros dindons.*
Il faudra attendre la génération de Debussy et de Ravel pour que la mélodie cesse de faire référence à G. Fauré et devienne la mélodie moderne.

La mélodie moderne

L'intérêt principal de la mélodie moderne est son ouverture sur le monde et les techniques musicales. D'un genre bien défini, hérité de la romance et du salon, puis cultivé dans des intentions – avouons-le – bien élitistes, le musicien du XXe s. fait, à son gré, un poème lyrique accompagné du piano ou de l'orchestre, une mélodie instrumentée, une chanson populaire harmonisée (c'est-à-dire mise à plusieurs voix), une musique exotique, une mélodie à deux voix, voire une mélodie chorale ! De la mélodie ces formes nouvelles conserveront l'essentiel : le rapport étroit et approfondi du mot et de la musique.

Debussy et la mélodie

Claude Debussy (1862, † 1918) a écrit environ 70 mélodies, de *Nuits d'étoiles* (1876-77) aux *Trois Poèmes de Mallarmé* (1913). Parti de textes peu intéressants (P. Bourget, par exemple), il cultive, pour commencer, une mélodie lyrique à la façon de Massenet. Toutefois, ses harmonies sont déjà audacieuses : accords parallèles de 7e et 9e, appoggiatures. Puis, après le séjour à la villa Médicis, il découvre de nouveaux horizons : Wagner, la poésie, la peinture. Une deuxième période commence alors, non dénuée d'un certain romantisme, et qui produit les œuvres les plus appréciées actuellement par nos chanteurs. Les textes deviennent excellents – Baudelaire, Verlaine, Debussy lui-même pour les *Proses lyriques* –, et l'expression, bien que retenue, va de la sensualité de *La Chevelure* à l'humour de *Chevaux de bois*.

L'écriture musicale atteint un grand raffinement : prosodie parfaite, grand soin apporté aux nuances et aux indications de *tempo*, accompagnement très dense. La transition vers la troisième manière se fera par le 2e volume des *Fêtes galantes*, dernière rencontre de Verlaine et de Debussy.

Le style de Debussy changera beaucoup : dans un premier temps, il se tournera vers le passé, usant d'un mode d'écriture plus continu et d'harmonies anciennes (*Trois Ballades de F. Villon ; Promenoir des deux amants*, d'après Tristan L'Hermite), puis, dans un esprit de recherche, il abordera la transposition musicale de Mallarmé avec les *Trois Poèmes* (1913).

Mélodie romantique et mélodie moderne : Fauré et Debussy

L'accompagnement

Pour Fauré, l'accompagnement suit de près le texte et le soutient ; il prépare l'entrée de la voix en l'annonçant par son thème musical ou en établissant un climat, alors que Debussy, au contraire, conçoit un accompagnement indépendant, ayant une thématique et surtout une expression spécifiques.

Chronologie des principales mélodies de Debussy

Cinq Poèmes de Baudelaire (1887-89)
Ariettes oubliées (1888)
Les Cloches (1891)
Fêtes galantes I (1892)
Proses lyriques (1892-93)
Chansons de Bilitis (1897)
Fêtes galantes II (1904)
Trois Ballades de F. Villon (1910)
Trois Poèmes de Mallarmé (1913)

Par la suite, le piano de Debussy garde son autonomie, ce qui rend la mélodie extrêmement difficile à chanter. L'indépendance de la partie instrumentale est telle que l'on y retrouve parfois l'écriture en répétitions, propre au compositeur, type d'écriture purement instrumental et totalement inadapté à la mise en musique d'un texte littéraire dans lequel la temporalité irréversible du langage implique un renouvellement constant.

La prosodie

La déclamation fauréenne a un rythme de base régulier, en longues et brèves, suivant une appréhension intuitive de la métrique du texte, auquel il faut ajouter un régime d'accents de durée, plus ou moins longs, concernant les fins de vers ou les mots importants. Fauré serait donc « près du texte ». La déclamation debussyste est, au contraire, capricieuse et liée à des répartitions de valeurs pensées en fonction de la musique :

Fragment de texte : « du houx à la feuille vernie »

Rythme prosodique : ∪ – ∪ ∪ – ∪ ∪ –

Le rythme de Debussy : 

On reconnaît là l'influence du motif de base (générateur) donné au piano, et sur lequel se fonde la rythmique de toute la mélodie :

(piano) 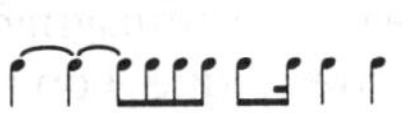

La ligne mélodique

Il existe aussi de grandes divergences entre les lignes mélodiques de Fauré et de Debussy : le contour mélodique fauréen suit de très près les courbes intonatives du poème, telles que nous les percevons à la récitation, alors que Debussy, au contraire, s'en écarte fréquemment et sans raison apparente, usant alternativement du *recto tono* ou d'une phrase très disjointe, sans que cette alternance soit appelée par le texte.

Nous voyons donc, à travers ces trois points – accompagnement, prosodie et ligne mélodique –, se dessiner deux esthétiques différentes : l'une faite de soumission au poète, l'autre de liberté. Gardons-nous cependant de prononcer quelque jugement de valeur ou de conclure au progrès : ces deux positions ont toujours été représentées dans la musique et résultent d'une vocation personnelle ou d'un choix, ne signifiant rien dans l'ordre de la perfection ou de l'accomplissement de l'œuvre.

Maurice Ravel et la mélodie

M. Ravel (1875, † 1937), auteur d'une quarantaine de mélodies, suit des voies plus diversifiées que Debussy. Certes, il commence, comme son aîné, avec des mélodies lyriques traditionnelles, puis se tourne vers le passé (*Deux Épigrammes* de Cl. Marot) et l'Orient (*Schéhérazade*).

Mais, en 1906, un cycle de 5 mélodies d'après J. Renard – les *Histoires naturelles* – fait scandale et inaugure un nouveau style (qui sera également celui de *L'Heure espagnole*), que l'on peut qualifier de ravélien.

Qu'a-t-on reproché à ce charmant bestiaire ? Peu de chose, sinon une volonté délibérée de heurter les habitudes acquises et d'introduire, dans un genre aussi sérieux que la mélodie, l'humour et le pittoresque. Ce n'est toutefois pas la truculence très épisodique de Chabrier : ici, l'humour est un style avoué, précis et raffiné, mesuré et poétique parfois (*Le Grillon*). Musicalement, il est traduit par une ligne mélodique descriptive et peu vocale (bousculée, saccadée et presque toujours ascendante, comme dans *La Pintade*), par une prosodie proche du *parlando* (ne traitant pas le « e » muet en particulier) et par un accompagnement très coloré.

Après cette période, un changement se produit en 1913 avec les *Trois Poèmes de Mallarmé* (mélodies avec accompagnement de quatuor à cordes, 2 flûtes et 2 clarinettes), que l'on compare

Chronologie des principales mélodies de Ravel

Sainte (Mallarmé, 1896)
Deux Épigrammes de Clément Marot (1898)
Shéhérazade (T. Klingsor, 1903)
Les Grands Vents venus d'outre-mer (H. de Régnier, 1906)
Histoires naturelles (J. Renard, 1906)
Trois Poèmes de Mallarmé (1913)
Deux Mélodies hébraïques (1914)
Ronsard à son âme (1924)
Don Quichotte à Dulcinée (P. Morand, 1932)

souvent aux *Trois Poésies de la lyrique japonaise,* de Stravinski (1913), premiers exemples de mélodies instrumentées. Cette technique plaira beaucoup à Ravel, qui y reviendra pour les *Chansons madécasses* (1925-26). Cependant, après 1914 (*Deux Mélodies hébraïques*), le compositeur n'écrira plus que rarement pour la mélodie.
Il semble en effet que la guerre marque une coupure et un désir de renouvellement des genres et des sujets. Deux œuvres littéraires de Jean Cocteau (*Thomas l'Imposteur,* 1923, et *Les Enfants terribles,* 1925) lancent le mythe nouveau d'une grâce accordée aux êtres qui défient la logique et les conventions. De là l'idée que tout est permis, justifiant toutes les expériences. La mélodie, symbole du sérieux dix-neuviémiste, souffre de désaffection, sauf dans les cas où elle sert des poètes nouveaux, souvent avec provocation. Milhaud ne fait-il pas chanter, sur un texte de Léon Daudet : « Vous recevrez les prix par correspondance... » (Catalogue de fleurs : la *Violette,* 1920), symbole d'anticonformisme mais aussi d'antipoésie ?

Les contemporains de Debussy et de Ravel

Les contemporains de Debussy et de Ravel se tournent volontiers vers le debussysme (Caplet, Satie et, dans une plus faible mesure, Roussel et Kœchlin), toujours considéré comme un mouvement d'avenir. En 1915, Saint-Saëns juge encore Debussy comme un dangereux révolutionnaire. À ce sujet, il écrit à Fauré : « Je te conseille de voir les morceaux pour deux pianos, *Noir et Blanc,* que vient de publier M. Debussy. C'est invraisemblable, et il faut à tout

prix barrer la porte de l'Institut à un monsieur capable d'atrocités pareilles. C'est à mettre à côté des tableaux cubistes. »
Le debussysme offre à ses adeptes la liberté harmonique (parallélisme d'accords, accords non résolus, création d'accords), la liberté rythmique (absence de carrure stricte, déplacement des accents, *ostinato,* emploi de valeurs irrationnelles), une phrase musicale souple et simple et le goût du symbole. On lui doit de belles réussites comme les mélodies de Ch. Kœchlin (1867, † 1950), d'après Banville, Verlaine, ou celles de A. Roussel (1869, † 1937), d'après R. Chalupt ou les *Deux Poèmes de Ronsard.* D'autres continueront le courant traditionnel, hérité de Gounod et de Fauré ; le plus remarquable sera Reynaldo Hahn (1875, † 1947), chanteur, compositeur, professeur et écrivain, dont les mélodies (d'après Verlaine ou Leconte de Lisle) sont un prolongement du style de salon.

Avenir de la mélodie

La mélodie n'a plus la faveur des musiciens contemporains : l'école d'Arcueil et le groupe des Six (voir p. 969), auxquels il faudrait ajouter *G. Migot* (1891, † 1979), représenteront les dernières compositions dans le genre.
Lied et mélodie semblent actuellement dépassés, au sens où de nouvelles formes musicales ont pris leur place. Cette désaffection a des causes diverses, esthétiques et sociologiques.
La première semble être une crise de la poésie moderne, qui, si elle est toujours bien vivante, n'a plus l'audience souhaitée. Faire connaître les jeunes poètes aux jeunes musiciens serait une tâche féconde.
La seconde raison vient des difficultés des écoles de chant modernes, qui font que, la relève n'ayant pas été assurée, il y a un creux fâcheux entre les grandes voix du début du siècle et nos jeunes chanteurs. D'autre part, le disque nous a donné des exigences de qualité telles que l'amateur, pourtant très concerné par le répertoire mélodique, n'ose plus s'y aventurer.
Enfin, existe-t-il encore un public susceptible d'apprécier un art aussi particulier ? Art intimiste, la mélodie ne supporte guère les grandes salles. Or, les salons musicaux ont fermé leurs portes. P. Bernac nous raconte que celui de la comtesse de Polignac, rue Barbet-de-Jouy, fut

le dernier grand salon musical parisien. « Chaque dimanche soir, beaucoup de musiciens parisiens et les grands virtuoses de passage s'y réunissaient, et on faisait de la musique, en toute simplicité et pour son plaisir. Presque toutes les mélodies de Poulenc que nous avons créées ensemble, nous les avons exécutées chez elle, avant d'en donner la première audition publique. Elle était elle-même une très bonne pianiste et jouait à 4 mains avec l'un quelconque de ses visiteurs. Elle avait une voix ravissante, ainsi qu'en témoignent les enregistrements de Monteverdi qu'elle a faits sous la direction de Nadia Boulanger. Mais, surtout, son jugement musical était infaillible. Je n'en veux pour preuve que la *coda* de piano de la dernière mélodie de *La Fraîcheur et le feu,* qui, dans la version originale de Poulenc se terminait assez maladroitement, et c'est elle qui, en nous l'écoutant exécuter chez elle, a suggéré à Poulenc de reprendre les premières mesures du cycle, donnant ainsi à l'ensemble une conclusion logique et une unité. »

De telles soirées appartiennent au passé : c'est pourquoi, triste ou gaie, la mélodie a toujours un parfum de mélancolie. On remarque cependant un retour à la composition pour voix soliste à partir des années 1970. Ces œuvres, très variées, abolissent la distinction romantique des genres, cherchant des directions nouvelles (théâtralité, mise en scène de la voix). S'agit-il encore de mélodies ? Une étude et une typologie des genres restent à faire.

« La musique est universelle.
Seuls les sots et les formalistes ont inventé
les écoles et les systèmes ! […]
Il n'y a pas de musique italienne, allemande
ou turque – mais il y a une MUSIQUE !
Ne m'agacez donc pas avec de telles
définitions. »
Giuseppe Verdi

Gottfried R. Marschall

L'OPÉRA ROMANTIQUE

L'évolution de l'opéra naît de la concurrence de tendances opposées ; elle est jalonnée par les tentatives de réformes et par les confrontations de partis pris. Faut-il accorder la primauté aux paroles ou à la musique ? L'orchestre doit-il se contenter d'un accompagnement ou a-t-il droit aux développements expressifs et dramatiques ? Le chant est-il fonction de la pensée, du drame, ou est-il un terrain d'action pour la virtuosité ? Vaut-il mieux, par respect pour le public, présenter un enchaînement de morceaux le plus varié et le moins ennuyeux possible, ou bien, par respect pour le drame, préconiser l'unité, la forme continue, le déroulement ininterrompu ? Le choix à faire tient souvent du défi social, l'une des finalités de l'opéra étant la communication avec le public ; cherchons-nous le divertissement ? la pédagogie ? la provocation ? la religion ?

Au XIXe s., on laisse de moins en moins triompher une tendance, une manie, une composante particulière, mais on aspire à leur équilibre, sinon à leur réconciliation, dans la recherche d'un opéra idéal, si différent soit-il d'un musicien à l'autre. Cette conception s'accompagne d'un double besoin du romantisme : retrouver l'identité nationale dans une Europe préoccupée de l'échange des idées et des styles ; permettre l'épanouissement des sentiments et états d'âme individuels dans une société hiérarchisée mais vouée au déclin.

À travers les pays et les styles, quelques grands thèmes fonctionneront comme facteurs d'unification : la lutte du héros contre une puissance politique ou une société injuste ; la délivrance d'un amour désespéré, qui aboutit à la mort ; une curieuse fusion de

nature, superstition et religion exerçant sur l'homme un pouvoir mystérieux ; et surtout : la femme et la dualité de son caractère.
Le XIXe siècle est aussi le siècle de l'union étroite entre littérature et musique. La fréquence de poètes-musiciens est frappante. Certains grands noms – grands par leur autorité ou parce qu'ils sont à la mode – fournissent les modèles préférés des librettistes : Shakespeare, Goethe, Schiller, Pouchkine, Hugo, Walter Scott. Et l'interdépendance du langage et de la musique, sur les plans prosodique et sémantique, est enfin entendue comme la condition même d'un opéra idéal.

L'opéra italien : du bel canto à la vérité dramatique

Affirmation de l'italianisme et transition

En Italie, la réforme de Gluck, qui donne une nouvelle orientation à l'opéra à partir de 1761, est ressentie comme étrangère et rigide, et ne produit pas d'effet particulier. L'épuration du drame et la sobriété du style ne devaient pas primer les vieilles vertus de l'opéra napolitain : ultime perfection du chant, brillant de l'orchestre, nombre limité de formes figées et personnages stéréotypés dans lesquels le public visé se retrouvait facilement malgré le fouillis d'actions illogiques qu'offraient souvent les livrets.
Néanmoins, l'opéra napolitain des Porpora, des Sarti et des Piccinni, avec ses genres bien distincts de *seria* et *buffa*, est condamné à mort, et ceux qui, parmi les meilleurs, le mènent à sa fin lui ajoutent en même temps quelque chose de nouveau. En dépassant les limites du dogme traditionnel, en dévoilant ses absurdités, ils font entrevoir ce que sera l'« œuvre nouvelle », l'enfant du romantisme.

Un médiateur non conventionnel : Simon Mayr

Compositeur peu connu, Simon Mayr (1763, † 1845) est aussi l'un des plus consciencieux. D'origine bavaroise, élève de Lenzi à Bergame et de Bertoni à Venise, il rassemble en lui racines germaniques et culture latine. D'où le caractère double de ses œuvres ; après avoir abandonné la musique sacrée, il écrit plus de 60 opéras

Gioacchino Rossini (1792, † 1868)

Repères biographiques

1792	Naissance à Pesaro (29 février)
1810	Débuts au théâtre de Venise
1813	*Tancrède* ouvre la période des grands succès
1824	Installation à Paris, après un séjour à Londres
Fin 1824	Directeur du Théâtre-Italien à Paris
1829	*Guillaume Tell*, son dernier triomphe
1830	Perte de toutes ses fonctions à la suite de la révolution de Juillet
1836-1848	Années de passivité en Italie (Milan, Bologne)
1868	Mort à Paris (13 novembre)

(parmi lesquels *Adriano in Siria,* en 1798, et *Adelasia e Aleranno,* en 1806), qui le montrent tantôt napolitain, tantôt gluckiste, mais surtout innovateur. Le déploiement vocal et mélodique, tout à fait italien, est ancré dans une harmonie parsemée d'altérations et de chromatismes. L'importance des chœurs et des scènes d'ensemble, les formes serrées et l'emploi raffiné et dynamique de l'orchestre concourent à intensifier le déroulement dramatique.

Mayr est le compositeur de transition type : il opère la jonction entre deux mentalités, deux styles, deux époques, rôle clef sous-estimé à tort. Pour l'Italie et l'Allemagne, sa voie est une amorce ; elle ne sera continuée que par le Verdi de la dernière manière et par les véristes. En revanche, son influence s'est affirmée en France, chez Berlioz, Spontini et Meyerbeer.

Du grand nombre de musiciens italiens composant des opéras pendant la première moitié du XIXe s. se dégage la triade Rossini-Bellini-Donizetti. Contemporains, concurrents mais parents d'esprit, chacun d'eux réussit toutefois à développer un style personnel sans pour cela quitter le terrain de la tradition.

Les techniques de la gaieté : Gioacchino Rossini

Rossini, le « Cygne de Pesaro » (1792, † 1868), est le personnage prédominant dans l'opéra italien entre 1810 et 1830. Après Mozart, dont il semble avoir hérité la légèreté et le sens de la forme, il assure à l'opéra italien sa place dominante. Beaucoup le considèrent encore aujourd'hui comme le plus grand compositeur italien de son siècle.

Ses grands succès dans l'opéra de *bel canto* de type *seria* sont oubliés à tort. On vient de les redécouvrir grâce à des voix comme Cecilia Bartoli qui semblaient manquer pendant longtemps. Ainsi, Rossini passe malgré lui pour le maître de l'opéra bouffe *(dramma giocoso).* Mis à part les chefs-d'œuvre de Mozart et le *Falstaff* de Verdi, il a mené ce genre à son apogée par le célèbre *Barbier de Séville.*
Sa vie est riche en péripéties. Descendant d'une famille de musiciens, enfant prodige et autodidacte, il étudie le chant à Bologne, prend pour modèles Mozart et Haydn. Il a 20 ans lors de la présentation de son septième opéra, et le public commence à retenir son nom. Créateur éruptif, il écrit ses 39 opéras, dont souvent l'ouverture n'est achevée que quelques heures avant la première, se servant d'airs et de morceaux préparés pour d'autres occasions et dont ses tiroirs contiennent toujours un stock considérable. Il compose une série de chefs-d'œuvre, dirige pendant deux ans le Théâtre-Italien et, jusqu'à la révolution de 1830, exerce les fonctions de Premier Compositeur du Roi et d'inspecteur général du chant. À 37 ans, après son plus grand triomphe, *Guillaume Tell,* il s'arrête brusquement, intimidé par la gloire de Meyerbeer, pour ne plus écrire qu'un peu de musique sacrée (*Stabat Mater,* 1842). Il passe les quarante dernières années de sa vie en Italie et à Paris, vivant du succès de ses œuvres.
Homme de théâtre, Rossini l'a été très tôt. Déjà l'adolescent joue sur scène et dirige un orchestre d'amateurs ; l'étudiant se tourne définitivement vers la scène ; il s'essaie surtout, avec plus ou moins de succès, à des comédies musicales, jusqu'au « melodramma » *Tancrède* (1813), qui annonce le tournant : l'opéra traditionnel portera désormais une empreinte « rossinienne ».
Les changements apportés favorisent la cohérence dramatique et rendent au compositeur son autorité. Depuis 1815, Rossini fixe toute fioriture par écrit dans la partition et, de ce fait, pare aux excès des chanteurs ; le brillant des voix ne sera donc plus le principal intérêt de la représentation théâtrale. En 1816, dans *Otello,* le *recitativo secco* est banni de la partition après avoir été de plus en plus négligé : un premier pas vers l'abandon du sectionnement en parties dynamiques (dialogues) et passages contemplatifs ou en dehors de l'action (airs). De même, Rossini élabore une plus grande variété de formes : les trois parties de l'aria *dal segno* ou *da capo* sont raccourcies ou prolongées de manière à créer des formes et des proportions moins stéréotypées, asymétriques, voire franchement nouvelles.

De même, Rossini accroît la participation de l'orchestre au déroulement dramatique, bien que les moyens restent simples, voire schématiques : rythmes pressés, nerveux, transmettant le pouls de l'action ; minuscules motifs d'accompagnement traduisant tel ou tel sentiment simple (joie, tristesse, peur, vengeance, etc.) ; célèbres *crescendi,* à base de répétitions par croissance ; éclat de l'instrumentation créant une atmosphère de lumière et de joie. Tout est mouvement et humour. Dans les strettes (passages finaux), ces procédés – qui deviendront plus tard des clichés dans l'opérette offenbachienne – sont cumulés pour appeler, tels des clins d'œil, les acclamations du public.

Rossini connaissait ses spectateurs et savait leur parler, tant en Italie qu'en France. Il cultivait ce qui était typiquement italien, mais aussi ce que, à Paris, l'on prenait pour tel : la richesse mélodique et une maîtrise extraordinaire des parties vocales, le sens de la forme (ne jamais fatiguer l'auditeur...), la légèreté et la rapidité dans l'ébauche des idées et des émotions. Les récitatifs ne peuvent subsister que parce que Rossini les pousse à l'extrême : les petites syllabes de la langue italienne l'incitent à des fusées de notes régulières, caricature des formules du dialogue musical.

Une saine naïveté marque l'assimilation de la littérature par la musique : dans *Le Barbier de Séville,* à l'encontre de Mozart, Rossini réduit le drame de Beaumarchais à une historiette de jeunes amants. Ainsi les meilleurs de ses opéras-comiques, comme *L'Italienne à Alger* (1813) ou *La Cenerentola* « Cendrillon » (1817), sont-ils truffés de poncifs dramaturgiques (l'orage, la vengeance, le jeu de déguisement, l'amant mis à l'épreuve, clins d'œil vers la *commedia dell'arte* et le théâtre des marionnettes, l'intrigue candide, la jalousie démasquée...). Même lorsqu'il recherche la féerie romantique (*Armide,* 1817), le compositeur reste fidèle à ces techniques. Toutefois, l'approche rossinienne de l'opéra français montre une évolution ; dans *Le Comte Ory* (1828), la musique gagne en souplesse afin de suivre le texte français dans un tourbillon de caricatures et de mélange des styles. *Guillaume Tell* (1829) est un « grand opéra » qui – avec *La Vestale* de Spontini – marque le début d'un genre nouveau. Tout en ajoutant au drame de Schiller un épisode d'amour, Rossini parvient à doter ses personnages de fonctions dramatiques claires liées à des idées simples, humaines (Tell, conducteur du peuple ; Melchthal, homme déterminé par ses propres intérêts). Or, voir dans cet opéra un véhicule de la Révolution (comme pourraient le suggérer son apparition juste avant

Vincenzo Bellini (1801, † 1835)

Repères biographiques

1801	Naissance à Catania – Sicile (3 novembre)
1819-1825	Études à Naples ; élève de Furno, Tritto et Zingarelli
1827-1833	Débuts et grands succès à Milan
1833	Installation à Paris ; rencontres avec Rossini, Cherubini et Liszt
1835	Mort à Puteaux, près de Paris (24 septembre)

1830 et sa fréquence au répertoire après les événements de 1848) serait sûrement un malentendu. Malgré ses accents dramatiques, la musique de *Guillaume Tell* se montre souvent pittoresque (illustrations des paysages, par exemple) ; brillante, optimiste, toujours très italienne, elle répond à ce que demande la scène du grand opéra français.

Un mélodiste aux goûts nordiques : Vincenzo Bellini

Le rôle de Bellini est en quelque sorte comparable à celui de Simon Mayr, mais en sens inverse : sicilien, mais fasciné par le monde nordique, il est lui aussi un personnage clef dans l'opéra du XIXe s. De parents musiciens, Bellini, à qui le sort réservait une vie plus courte encore que celle de Mozart, fit ses études de musique très jeune, entre autres chez Zingarelli, à Naples, pour la composition, l'accent étant mis sur Haydn, Mozart, Jommelli et Pergolesi. À la sortie du conservatoire, il remporta son premier succès scénique avec *Adelson e Salvini,* ce qui l'encouragea à rester fidèle au théâtre. D'autres opéras suivirent, à Parme, à Venise et surtout à Milan *(Le Pirate).* C'est là que, d'une fructueuse collaboration avec le librettiste Felice Romani, naquirent, en 1831, ses deux chefs-d'œuvre, *La Somnambule* et, quelques mois plus tard, *Norma,* qui devait très vite répandre sa gloire dans toute l'Europe. Il n'atteignit pourtant plus un tel sommet, bien que sa dernière œuvre, *Les Puritains et les chevaliers,* écrite à Paris quelques mois avant sa mort, fût un triomphe.

À part *Norma,* l'œuvre de Bellini est pratiquement tombée dans l'oubli : même dans *La Somnambule* et *Les Puritains,* les faiblesses sont indéniables. Le contenu et les intrigues banales ne peuvent plus guère intéresser aujourd'hui.

Le livret original de *La Somnambule,* écrit par Romani d'après *Hernani* de Victor Hugo (comme l'opéra *Ernani* de Verdi), a été délayé suite à l'action de la censure. Dans le cas des *Puritains,* il présente de flagrantes maladresses de dramaturgie.

La facture musicale de *La Somnambule* révèle la rapidité de sa production. Même dans *Norma,* ce n'est pas une maîtrise technique ou un quelconque don de construction qui frappe : les valeurs de Bellini sont ailleurs.

L'intérêt musical de *La Somnambule* réside dans quelques airs splendides (écrits pour la soprano Giuditta Pasta), qui doivent encore beaucoup aux conventions néo-napolitaines. Le dessin mélodique, original et d'une grande habileté, le sera davantage dans *Norma.* Non seulement il révèle une parfaite connaissance des possibilités physiologiques de la voix, mais il présente aussi des qualités techniques qui ont fait école : le jeu de tension et détente est parfaitement équilibré, les courbes naissent d'une respiration logique, les points culminants sont judicieusement distribués.

Dans *Norma,* opéra tragique, Bellini parvient à une simplicité, à un lyrisme expressif qui sont des nouveautés pour l'époque et soulignent son opposition à l'esthétique de Rossini. La douceur et l'élan naturel de la mélodie sont liés à un but dramatique, à une référence émotionnelle – cette nouvelle compatibilité des intérêts musical et dramatique sera pour Verdi une vertu. Le récitatif se rapproche davantage des caractéristiques de l'*arioso.* L'orchestre participe à l'approfondissement dramatique et expressif tout en observant l'économie – parfois paradoxale – des moyens. Dans le premier acte, de *Norma* par exemple, un trio à caractère tragique est bâti, sans inconvénient, sur un rythme de berceuse préverdien. Après Donizetti, ce sera en effet Verdi qui imitera le style de Bellini, avant de trouver son propre langage, et l'on sentira l'influence du célèbre Sicilien jusque dans *La Force du destin* et *Aïda.* La scène d'Oroveso, chef des druides, dans *Norma,* est l'un de ces passages qui annoncent Verdi par le traitement du chœur et jusque dans les détails de la ligne mélodique et du rythme. La mélodie de Bellini a également inspiré Chopin et Mendelssohn ; on en trouve aussi des prolongements chez Meyerbeer et, dans l'école française, chez Gounod, Massenet, Charpentier.

Cependant, l'influence la plus étonnante est celle qu'il a exercée sur Wagner. Le maître de Bayreuth a formulé ce qui le frappait chez ce Méditerranéen aux goûts nordiques : « Parmi toutes les créations de Bellini, *Norma* est celle qui réunit la plus grande richesse de mélodies avec l'ardeur la plus intime et une profonde vérité. » Suivant le *Freischütz* à dix ans d'intervalle et contemporaine du *Hans Heiling* de Marschner – autre point de départ pour Wagner –, *Norma* est en effet très proche du langage romantique allemand. Peut-être Wagner admirait-il d'autant plus ce style qu'il le trouvait chez un compositeur à succès ? Les emprunts du jeune Wagner à Meyerbeer pourraient le confirmer, autant que certaines ressemblances frappantes avec *Norma :* ne retrouve-t-on pas dans *Tannhäuser* le *parlando* solennel du début ? L'introduction et la première scène du IIe acte ne pourraient-elles pas figurer telles quelles dans *Rienzi, Lohengrin* ou *Les Maîtres chanteurs ?*

Outre l'honnêteté mélodique et les qualités dramatiques, le drame de *Norma* lui-même devait susciter la sympathie de Wagner. Le sujet, peu conforme aux stéréotypes de l'opéra, est tiré de la mythologie germanique. La pureté de l'amour de *Norma* comme sa résistance aux sentiments bas – vengeance, jalousie – rappellent certaines facettes de l'image de la femme chez Wagner (Elsa, Senta, Iseult...). Le thème essentiel de cet opéra – les amants ne peuvent être réunis que dans la mort – deviendra une sorte d'idée fixe chez Wagner et trouvera sa réplique dans la fin de *Tristan.*

Quoi qu'il en soit, la spécificité de *Norma* s'explique aussi par un contexte plus large. Si Bellini s'est montré « germanophile », c'est que le livret correspond tout à fait aux autres œuvres poétiques de son auteur, Felice Romani, qui devait connaître lord Byron et la jeune génération des romantiques. De plus, Bellini semble inaugurer – et il n'est pas le seul – la « mode » des sujets « nordiques », écossais, anglais, allemands, sensible chez plusieurs musiciens latins, partagée aussi par Marschner et Nicolaï et, plus tard, renforcée par l'influence de Wagner : pensons à *Anne Boleyn,* écrite un an avant *Norma* par ce rival de Bellini, Donizetti, sur un livret de Romani également, ainsi qu'à *Lucia di Lammermoor* ; puis à *Macbeth,* au *Bal masqué* et à *Falstaff* de Verdi ; rappelons-nous qu'en France, Gounod choisira *Faust,* Massenet *Werther,* Chabrier *Gwendoline,* Chausson *Le Roi Arthus...*

Cette nostalgie des brumes, l'une des identifications du romantisme, peut-être n'est-elle que le contre-pied de cette attraction que l'Italie exerçait, depuis le siècle précédent, sur les poètes transalpins ?

Gaetano Donizetti (1797, † 1848)

Repères biographiques

1797 Naissance à Bergame (29 novembre)
1807 Entrée au conservatoire de Bologne ; élève de Simon Mayr
1818 Début d'une vaste création scénique
1822 Exemption du service militaire ; mariage
1831 Début à Paris avec *Anna Bolena*
1848 Mort à Bergame (8 avril)

Vers un lyrisme expressif : Gaetano Donizetti

Né à Bergame en 1797, Donizetti apprit le chant et étudia la composition dans sa ville natale, puis au conservatoire de Bologne avec Simon Mayr, qui, épris du don et de la mémoire extraordinaires de son élève, fit de celui-ci son disciple préféré. Or, une influence directe quelconque de Mayr ne se ressent que dans la maîtrise du métier, alors que, sur le plan du style, Donizetti trouva très tôt son propre chemin, sans échapper toutefois à un certain opportunisme.

Comme dans le cas de Bellini, un succès obtenu très jeune (*Enrico di Borgogna,* à Venise, en 1818) détermina la carrière du compositeur de théâtre. Nous lui devons plus de 70 opéras, dont la plupart n'ont pu passer à la postérité faute de s'être détachés des médiocrités et des conventions d'un genre étroitement lié au goût de l'époque. On reproche même à Donizetti d'avoir visiblement copié Rossini et Bellini. Du moins a-t-il rivalisé avec Bellini à Milan et au Théâtre-Italien à Paris et fait appel au même librettiste, Romani. La mort le débarrassa de son concurrent en 1835, et c'est après cette date seulement qu'il a pu vraiment l'égaler, en trouvant une écriture plus personnelle dans *Lucia di Lammermoor* et *Don Pasquale.*

Les quelques œuvres qui ont pu se maintenir au répertoire sont représentatives des genres auxquels s'est rangé Donizetti et montrent un certain apport personnel, si modeste soit-il dans la plupart des cas. *L'Elisir d'amore,* « L'Élixir d'amour » (1832), et *Don Pasquale* (1843) renouent avec l'*opera buffa* néo-napolitain. *L'Élixir d'amour* répond tout à fait au schéma alors en vogue avec son action gaie, pleine de badinages et de farces, menant au mariage prévisible dès le début, et avec son dispositif vocal typique : un soprano plutôt lyrique, un autre léger ; un ténor rutilant, le jeune

Voix et tessitures

Femmes : *a*) soprano – *ut*^{3} à *ut*^{5} (*sol*^{5})
b) mezzo-soprano – *la*^{2} à *la*^{4}
c) (contr)alto – *fa*^{2} à *fa*^{4}
Hommes : *d*) ténor – *ut*^{2} à *si*^{3}
e) baryton – *la*^{1} à *sol*^{3}
f) basse – *mi*^{1} à *ré*^{3}

amant vainqueur ; un baryton, le sérieux qui « décroche » ; une basse bouffe, le charlatan ; enfin, l'inévitable notaire.

Dans *Don Pasquale* (1843), la configuration des personnages est la même ; la trame de l'action, semblable. Or, la musique cesse d'être mécanique, devient expressive et gagne en profondeur, notamment dans la traduction de l'humour. L'orchestration, gracieuse et originale, souligne cette finesse. La partition contient quelques véritables bijoux, tels la cavatine et le duetto de Norino et de Malatesta au premier acte, ou encore la fin de ce même acte, où se disputent quatre personnes dans un morceau d'ensemble tout à fait délicieux. Cette sagesse dans l'humour ainsi que l'unité de la composition rapprochent *Don Pasquale* du *Falstaff* de Verdi. La maladie incurable dont Donizetti devait mourir semble y jeter ses premières ombres.

Si, dans *Don Pasquale,* l'influence de l'opéra-comique français est sensible, *Marie ou La Fille du régiment,* écrite en 1840 pour l'Opéra-Comique de Paris, est une œuvre typiquement française, tant par les éléments de sa forme que par le côté caricatural de la musique. C'est une anticipation de l'opérette, d'autant plus que Marie représente le persiflage d'un personnage type de la littérature.

Mais peut-être le véritable talent de Donizetti concernait-il l'opéra « sérieux ». Les œuvres aux sujets classiques, littéraires ou historiques, comme *Anna Bolena,* « Anne Boleyn » (1830), *Torquato Tasso* (1833), *Lucrezia Borgia* (1833), *Maria Stuarda,* « Marie Stuart » (1834), *L'Assedio di Calais,* « Le Siège de Calais » (1836), *Les Martyrs* (1840), etc., sont presque toutes d'un effet scénique et dramatique sûr. Parfois y règne un pathos exagéré ou une atmosphère de pièce à sensation, ce qui nuit à leur postérité. D'autres sont plus discrètes et cherchent un nouvel équilibre entre rôles et voix, musique et texte, comme *La Favorite* (1840), écrite pour Paris.

Le livret de *Lucia di Lammermoor*

Pour échapper à la vengeance de lord Buklaw, lord Ashton voudrait lui donner en mariage sa sœur Lucie. Or, celle-ci aime Edgar, un jeune noble. Une lettre falsifiée la fait renoncer à Edgar pour sauver son frère. Alors qu'Ashton et Buklaw se réconcilient, Edgar maudit Lucie. Le jour de son mariage, Lucie, désespérée, tue son mari, Buklaw, et devient folle. Edgar, arrivé trop tard, la trouve morte et se poignarde.

Lucia di Lammermoor (1835) se distingue de toutes les œuvres de Donizetti par son équilibre entre l'intérêt dramatique et la beauté musicale. Le compositeur est ici au sommet de son art. Le chant n'est plus une fin en soi. Certes, le rôle de Lucia répond aux capacités et exigences des vedettes du chant de l'époque (Grisi, Rubile, Lablanche), mais Donizetti réussit à le doter d'une dimension lyrique qui semble directement inspirée par le romantisme du récit de Walter Scott dont Salvatore Cammarano a tiré le livret. Pour Lucie et Edgar, Donizetti trouve un langage musical personnalisé. Chaque fioriture ou vocalise découle d'une fonction dramatique ou expressive (colère, frayeur, etc.), qui est intensifiée par les figures d'accompagnement. Le support orchestral observe une économie et une technique rigoureuses, mises au service de l'expression. L'œuvre compte ainsi au moins trois points culminants, rarement égalés dans l'histoire de l'opéra italien : le motif de la mort d'Edgar, par sa concision expressive et son rôle dans la structure musicale ; au IIe acte, l'entrée surprenante d'Edgar et la scène d'ensemble avec chœur, bâtie sur un thème parent du motif de la mort ; enfin, la fameuse scène de la folie de Lucie, au dernier acte, où la voix rivalise avec la flûte, l'effet d'angoisse découlant essentiellement des propriétés du chant et du récitatif.

C'est dans la conception générale de cet opéra, dans les détails de la structure musicale comme dans les qualités lyriques et dramatiques du chant, que réside la principale source de l'art de Verdi. En ce qui concerne le caractère des personnages, la manière de les traiter musicalement dans un mélange de lyrisme, d'expression et de fascination, Puccini et les véristes sont les vrais héritiers de Donizetti, qui, au demeurant, a également influencé le drame lyrique français.

Giuseppe Verdi (1813, † 1901)

Repères biographiques

1813	Naissance à Le Roncole, près de Busseto (10 octobre)
1836	Mariage avec Margherita Barezzi
1837-1839	Naissance et mort de ses deux enfants
1840	Mort de son épouse Margherita
1859	Mariage avec Giuseppina Strepponi
1859-1861	Député au Parlement du comte Cavour
1868	Rencontre avec Alessandro Manzoni
1879	Début de la collaboration avec l'écrivain Boïto
1897	Mort de sa seconde épouse, Giuseppina
1901	Mort de Verdi à Milan (27 janvier)

La synthèse : Giuseppe Verdi

Verdi représente la synthèse des différentes tendances de l'opéra italien des premières décennies du XIXe s. Tous les courants convergent vers lui, il intègre toute influence à son art profondément italien. Ce rôle était préparé par les apports de Giovanni Pacini et de Giuseppe Mercadante, qui se distinguent du grand nombre des compositeurs sans nom et qui font le lien entre le groupe Rossini-Bellini-Donizetti et Verdi sans pourtant les égaler.
Pacini était l'homme de la création facile et du succès durable. Dans certains de ses 90 opéras, il amorce l'abandon de la séparation schématique des numéros musicaux (récits, airs, chœurs, etc.), en vue d'une cohérence dramatique que Verdi réalisera entièrement. Mercadante, non moins célèbre de son temps, et protégé de Rossini, renonce à la virtuosité gratuite des voix et revalorise la fonction dramatique de l'orchestre pour remédier aux accompagnements anodins.

La première période : les « années de galère »

Verdi est né dans une famille pauvre : son père était un modeste épicier et marchand de vin de Roncole, commune de Busseto. Très tôt, Antonio Barezzi, un riche commerçant, mécène et patron de la Société philharmonique locale, reconnut le talent musical de Giuseppe et confia celui-ci à l'organiste Pietro Baistrocchi, puis au

L'œuvre scénique de Verdi

(Première période : 1839-1850)

Œuvre	*Librettiste*	*Lieu de création*	*Année*
Oberto conte di San Bonifazio	A. Piazza	Milan	1839
Un Giorno di regno	F. Romani	Milan	1840
Nabucodonosor (Nabucco)	T. Solera	Milan	1842
I Lombardi alla prima Crociata	T. Solera	Milan	1843
Ernani	F.M. Piave	Venise	1844
I Due Foscari	F.M. Piave	Rome	1844
Giovanna d'Arco	T. Solera	Milan	1845
Alzira	S. Cammarano	Naples	1845
Attila	T. Solera	Venise	1846
Macbeth	F.M. Piave	Florence	1847
I Masnadieri	A. Maffei	Londres	1847
Jérusalem, 2e version d'I Lombardi	A. Royer/G. Vaëz	Paris	1847
Il Corsaro	F.M. Piave	Trieste	1848
La Battaglia di Legnano	S. Cammarano	Rome	1849
Luisa Miller	S. Cammarano	Naples	1849
Stiffelio	F.M. Piave	Trieste	1850

Influence de Rossini, Bellini et Donizetti. Spontanéité et originalité mélodique et rythmique. Rapports avec le mouvement national italien.

maître de chapelle Ferdinando Provesi, au lycée de Busseto. Bientôt, Verdi composa pour la Société philharmonique. Il se fiança avec la fille de Barezzi, lequel continua à le protéger et lui fit obtenir une bourse d'études. Mais le conservatoire de Milan jugea insuffisantes ses capacités de pianiste, et Verdi se vit refuser son admission sous prétexte d'avoir dépassé l'âge.

Paradoxalement, c'est presque grâce à cet « échec » que Verdi devait connaître les sommets de l'art et la célébrité. Sans se décourager, le jeune homme prend donc des cours de composition chez Vincenzo Lavigna. Après la mort de Provesi, il se heurte à nouveau à l'esprit borné des institutions : à cause de ses convictions trop libérales, on l'empêche de succéder à Provesi à la cathédrale de Busseto. Mais en 1836, grâce au soutien de Barezzi et avec l'autorisation de « Sa

Majesté de Parme », il devient directeur de la Musique municipale, ce qui lui permet d'épouser Margherita Barezzi.
Le travail à Busseto déplaît pourtant à Verdi, et il ne le conçoit que comme une transition ; son rêve, c'est la Scala de Milan. Il ne pense qu'à composer : depuis 1835, il travaille à un opéra, sur un livret d'Antonio Piazza, intitulé d'abord *Lord Hamilton,* puis *Rocester,* enfin *Oberto conte di San Bonifazio,* qu'il terminera fin 1836. Sa lutte, longtemps vaine, pour faire représenter cet opéra, d'abord à Parme, puis à Milan, est tragiquement liée à la mort successive de ses deux enfants et à la longue maladie de sa femme, qui mourra en juin 1840. Lorsque *Oberto* est enfin accepté au répertoire de la Scala, en 1839, grâce à l'imprésario tout-puissant Merelli et à sa maîtresse, la prima donna Giuseppina Strepponi, Verdi traverse la période la plus triste de sa vie. Dans toutes ses œuvres, la mort sera désormais présente, avec une tonalité de profonde émotion, plus bouleversante qu'héroïque...
Si *Oberto,* malgré les faiblesses du livret et les réminiscences, trop sensibles, de Donizetti et de Bellini, a connu un succès d'estime, le deuxième opéra de Verdi, *Un Giorno di regno ossia Il finto Stanislao,* « Un jour de règne ou Le Faux Stanislas » (1840), comédie musicale commandée par Merelli, est un échec complet. Verdi ne sera prêt à formuler musicalement l'humour que dans son œuvre ultime, *Falstaff.*
La crise qui s'ensuit, et qui décide presque Verdi à renoncer totalement à la musique théâtrale, dure jusqu'à la fin de l'année 1840, quand Merelli, qui a flairé le talent du compositeur et pressenti la fortune que celui-ci pourrait lui rapporter, lui remet un livret de Temistocle Solera, *Nabucodonosor,* apparemment insignifiant (et qu'Otto Nicolai avait d'ailleurs refusé). Verdi est frappé par ce vers : « Va, pensée, sur tes ailes dorées », et découvre l'élément patriotique du romantisme. Il renaît de ses cendres... et c'est avec *Nabucco* que commence le véritable Verdi. L'agencement du livret suit la tradition – plutôt de grands tableaux pathétiques qu'un engrenage dramatique –, mais le sujet et la configuration des personnages préfigurent *Aïda.* La musique, hésitant devant la dorure mélodique d'un Bellini et évitant – déjà ! – l'excès de roulades de Donizetti, suit plutôt le Rossini des tragédies, et sa sobriété sert moins les chanteurs que l'idée, en l'occurrence celle de la lutte pour la liberté, thème cher à Verdi.
Les spectateurs italiens reconnurent dans la situation des Israélites en exil – cristallisée dans le célèbre chœur des prisonniers – le sort

Le livret de *Nabucco*

Fenena, la fille du roi babylonien Nabucco, est gardée en otage par les Israélites, mais est libérée par Ismaël, neveu du roi de Jérusalem. Elle adopte la religion de son sauveur. Le peuple des Juifs est exilé à Babylone. Or, Abigaïl, fille illégitime mais première-née de Nabucco, souhaite la mort de sa sœur et arrache à son père la promesse de tuer tous les Israélites. Lorsque Nabucco veut s'imposer aux Juifs comme nouveau dieu, il est puni par un égarement d'esprit. Mais le dieu des Juifs lui accorde sa grâce dès que Nabucco le prie de sauver sa fille. Abigaïl est tuée sous les débris de la statue du dieu païen.

---

de leur propre pays gouverné par des puissances étrangères. Au lendemain de ce spectaculaire succès, les airs quasi populaires de *Nabucco* retentissaient dans les rues de Milan. Donizetti désigna Verdi comme l'héritier et le sauveur de l'opéra italien ; Rossini, que Verdi vénérait avant tous, le reçut avec bienveillance à Bologne.

Pendant les sept années suivantes – jusqu'en 1849 –, Verdi ne retrouve plus guère, sauf dans *Macbeth,* cette spontanéité. Stimulé par le succès de *Nabucco,* il ne laisse échapper aucune occasion pour s'imposer auprès de son public et, pour cela, accepte la contrainte permanente de satisfaire aux commandes ; plus tard, il définira cette période comme ses « années de galère ».

Verdi devient d'abord victime des talents douteux du librettiste Temistocle Solera. Peu après *Nabucco, I Lombardi alla prima Crociata,* « Les Lombards à la première croisade », terminé en 1843, en fournit la première preuve : la fable est confuse, la musique, toujours très influencée par les poncifs de Rossini, n'a pas renoncé à la tentation de l'attrait théâtral. Néanmoins, l'œuvre est accueillie avec enthousiasme (la refonte de 1847, intitulée *Jérusalem,* sera moins bien saluée à Paris) grâce à ses implications patriotiques, qui resteront une constante à travers *Ernani* et *Attila* jusqu'à *La Battaglia di Legnano,* « La Bataille de Legnano », écrite en 1848. À Milan, Verdi est fasciné par l'idée de célébrer la libération de la Lombardie dans un opéra, *La Bataille de Legnano* (1849), dont l'apparition coïncide avec la proclamation de la République romaine mais qui se révèle trop lié aux événements du jour. Ici, Verdi fait jurer à ses chevaliers de refouler les oppresseurs au-delà des Alpes. C'était plus qu'une coïncidence. Le *Risorgimento* acclama. Verdi, surnommé « Maître de la Révolution », devint le symbole de l'unification, et les lettres de son nom fourniront un sigle évocateur : Vittorio Emanuele, Re D'Italia. Il fut élu, plus tard, député du premier Parlement italien.

Solera écrira deux autres livrets pour Verdi : *Giovanna d'Arco,* « Jeanne d'Arc », et *Attila,* l'un d'après Schiller, l'autre d'après l'*Attila* de Zacharias Werner.

Autour de ces œuvres se groupent : *Ernani* (1844), *I Due Foscari,* « Les Deux Foscari » (1844), et *Alzira* (1845). Décidément, Verdi n'a pas de chance avec ses librettistes ! *Alzira,* qu'il compose à contrecœur, est une bévue. Peut-être avait-il accepté ce sujet espagnol pour la seule raison que Salvatore Cammarano était un librettiste très estimé de Donizetti. En 1844, soit un an après *Le Vaisseau fantôme* de Wagner, Francesco Maria Piave écrit pour Verdi les livrets de deux opéras. *I Due Foscari* est une œuvre bizarre. Piave, épigone de Manzoni, mou et bénin, sans beaucoup d'imagination et d'un caractère opposé à celui de Verdi, ne parvient pas à donner du contour dramatique à la tragédie de lord Byron, qui retrace un épisode de l'histoire des doges vénitiens. Sur un livret fade se greffe une musique souvent plate et où se rencontrent des rythmes de valse guère motivés. Pourtant, Verdi y utilise des motifs de rappel, et le personnage du vieux doge annonce, tout comme le père Thibaut dans *Jeanne d'Arc,* l'image tragique des pères telle que Verdi la dessinera dans ses chefs-d'œuvre.

L'autre livret est celui d'*Ernani,* d'après Victor Hugo, déjà largement accaparé par des musiciens de toutes obédiences. Une fois de plus, Piave accumule les effets usés sans arriver à une évolution dramatique claire. La musique ne peut compenser ce défaut et apparaît héroïque, rude, éruptive.

Avec *I Masnadieri,* « Les Brigands » (1847), que l'imprésario B. Lumley, du Her Majesty's Theatre, à Londres, lui avait commandé, Verdi retrouve Schiller et demande la rédaction du livret à Andrea Maffei, le traducteur des œuvres du grand Allemand. Or, la composition est trop rapide, et le succès sera limité. L'année 1848 voit la naissance du *Corsaro,* « Le Corsaire », œuvre de routine écrite sur un livret médiocre de Piave d'après une épopée de Byron. Ses faiblesses sont évidentes ; à la même époque, Wagner en était à *Lohengrin* ! Puis vient *Stiffelio* (1850)... Les bonnes intentions de

Verdi se heurtent à un livret chaotique et à l'évocation d'un milieu qui lui était étranger : le protestantisme empreint de sentimentalité. Toutes ces contradictions empêchent Verdi de s'affirmer ; elles rendent aujourd'hui difficiles les tentatives renouvelées de sauver ces œuvres de l'oubli.

Deux œuvres-programmes : « Macbeth » et « Luisa Miller »

Macbeth (1847) et *Luisa Miller* (1849) dépassent les œuvres de la première période par leur conception décidée et sans concessions. Outre *Nabucco,* ce sont les seules de cette décennie à avoir vraiment survécu. Elles représentent les modèles littéraires préférés de Verdi : Shakespeare et Schiller. *Macbeth, Otello* et *Falstaff* d'un côté, *Jeanne d'Arc, Les Brigands, Luisa Miller* et *Don Carlos* de l'autre : une concentration aussi massive sur deux pôles constants de la littérature dramatique est chose rare. Elle reflète une version très personnelle à la fois de cette « mode nordique » remontant à Bellini et du sécurisant recours aux auteurs classiques, toujours cher à l'opéra. Combien de temps Verdi a-t-il rêvé de mettre en musique ce qui était pour lui le sommet du drame shakespearien, *le Roi Lear* ! Il recula longtemps devant le personnage du fou, de peur de ne pas trouver une musique adéquate… qui jaillira pourtant dans *Rigoletto.* Avec *Macbeth,* Verdi, pour la première fois, s'éloigne beaucoup de la norme de l'opéra italien. Tout comme Wagner – qu'il ne semble pas encore connaître en 1846 –, il cherche une sorte de nouveau *dramma per musica.* Enthousiasmé par l'envergure et la concision de l'original, il exige de Piave le respect du mot juste, l'économie de l'expression… et désespère lorsque le librettiste s'en révèle incapable. Pour répondre à l'atmosphère sombre de cette histoire où triomphe un romantisme démoniaque du régicide et des sorcières écossaises, Verdi évite consciemment le brillant et la beauté complaisante. Les rôles principaux ne sont pas confiés à des sopranos et à des ténors, mais à un baryton, à un mezzo-soprano et à des basses. Il renonce à l'épanouissement mélodique pour suivre uniquement les intérêts du drame, en affichant une quasi-hostilité envers le chant. Ses remarques relatives à la cantatrice Tadolini dans le rôle de Lady Macbeth sont révélatrices : il aurait préféré une voix rauque, satanique. La mélodie est souvent comme étranglée par une sorte de chant parlé ou par des interjections expressives de l'orchestre. L'aspect incongru de la musique est sans doute voulu – Verdi fuit la convention – mais révèle un travail technique méticuleux : la bataille, par exemple, n'est pas dépeinte par une explosion orchestrale, mais par une fugue.

Le musicien commence à récolter les fruits de l'enseignement solide de son maître Lavigna. Pendant plus de cent répétitions, Verdi, s'acharnant, en bon romantique, à la recherche de la « vérité », veut imposer sa volonté à tous les exécutants pour réaliser l'« idée », l'« unité ». Or *Macbeth* n'a jamais pu s'imposer ni en Italie ni en France (en dépit d'un remaniement à l'intention du public parisien), à un point tel que Verdi lui-même finissait par douter du bien-fondé de sa conception. *Macbeth* fait entrevoir la technique d'*Otello* et anticipe bon nombre de caractéristiques et personnages du ténébreux romantisme verdien, tout en permettant déjà des comparaisons avec les innovations de Wagner.

Luisa Miller, enfin, est une œuvre de transition et de conciliation. Elle n'a rien de spectaculaire, car Verdi a surmonté son patriotisme latent. Elle n'a pas la rudesse de *Macbeth*, car le compositeur cherche plutôt le raffinement et amorce l'étude psychologique. Les qualités dramatiques du livret de Cammarano – l'un des meilleurs que Verdi ait jamais obtenus – lui permettent de poursuivre son idéal de continuité dramatique en établissant un rapport très étroit entre paroles et musique. Tout excès, tout éclat sont éliminés : la conception mélodique vise à la pureté, comparable à celle du Bellini de la maturité. Récitatif et aria se rapprochent, la polyphonie prend une place importante.

Cette histoire d'un amour contesté entre deux personnes de milieux sociaux différents trouve un écho dans la vie du compositeur : la difficile installation de Verdi et de Giuseppina Strepponi à Busseto, en marge de la société traditionnelle italienne. D'où la finesse de l'analyse des caractères, la conviction qu'il apporte à nous rendre sensibles les souffrances de ses héros. *Luisa Miller* est annonciatrice d'un thème qui sera propre à Verdi (Violetta, Aïda, Desdemona...) mais qui inspirera aussi une grande partie de l'opéra de la seconde moitié du siècle, notamment en Italie et en France, jusqu'à Puccini : l'interprétation musicale de l'âme féminine.

Verdi éternel : la révolution humaine

En Italie, Verdi assure le progrès dans la continuité. Moins radical que Wagner en Allemagne, il essaie d'introduire « à doses raisonnables » dans l'art théâtral ses idées sur le drame musical, tout en renouant avec le passé. Au zénith de sa vie, seul héritier véritable de l'opéra italien depuis la mort de Donizetti et le retrait de Rossini, Verdi rééquilibre ce qu'il y avait d'exagéré dans *Macbeth* et réintègre ce qu'il y avait d'attrayant chez Donizetti et Bellini. Il cherche à façonner des caractères, à sonder les profondeurs de l'être humain, ses émotions et ses souffrances, à montrer que le « destin » est, en général, un mal causé par autrui : l'implication sociale apparaît.

Ses trois opéras les plus connus, *Rigoletto, Il Trovatore,* « Le Trouvère », et *La Traviata* des années 1851 et 1853, ont souvent été considérés comme trilogie. Certes, les ressemblances musicales sont frappantes, les principes de composition et la facture des détails semblent, à première vue, aussi uniformes que simplistes. De belles mélodies, tantôt expressives, tantôt marquées par la virtuosité, superposées à des rythmes typiques de danse ou de marche qui rappellent parfois la canzone, l'accompagnement de luth ou de guitare, l'omniprésence de la valse ainsi que les chœurs aux tonalités populaires, solennelles ou religieuses, voilà les éléments ayant assuré à ces œuvres une place dans les répertoires du monde entier. Une étude plus complète révèle pourtant des différences considérables. *Le Trouvère,* qui fut pendant longtemps l'opéra verdien par excellence, est, à bien des égards, éclipsé par les deux autres. Son livret, produit par Cammarano et terminé par L.E. Bardare, compromet par l'abus le principe de la succession des tableaux contrastés. Certains épisodes du drame *El Trovador* d'Antonio García Gutiérrez sont juxtaposés, mêlés à des éléments étrangers, tandis que d'autres ne subsistent que sous forme d'allusion ou de récit (début du premier acte) ; des maillons importants pour la compréhension ont été supprimés. Le spectateur se trouve devant quatre tableaux, intitulés « Le Duel », « La Gitane », « Le Fils de la Gitane », « Le Gibet », et rappelant la *Lucrezia Borgia* de Donizetti par leur atmosphère lugubre où règnent la perfidie et la mort.

Verdi a dû se laisser emporter par la turbulence et la férocité du sujet, car la musique resplendit d'éclats orchestraux, de violents contrastes d'expression, de mélodies qui passent de la strette de bravoure au lyrisme génialement simple, voire à la rengaine, sans aucun fil conducteur. Peut-être Verdi lui-même n'a-t-il pu prendre au sérieux cette mésaventure face aux nombreuses parodies qui jaillirent dans le monde entier dès l'apparition de l'œuvre.

On ne saurait condamner de la sorte *Rigoletto* et *La Traviata.* L'histoire de *Rigoletto* est liée au rôle exercé par la censure autrichienne. Verdi avait nourri le projet de transformer en opéra *Le roi s'amuse* de Victor Hugo. Son sens de la liberté était révolté par la problématique à la fois politique et humaine où s'affrontent l'arrogance d'un monarque et la dignité de l'homme : un roi libertin (François Ier) profite de ses privilèges pour abuser de la fille de son bouffon bossu. Verdi flairait les effets dramatiques inhérents au caractère double du bouffon Triboulet, à la fois entremetteur et père aimant. Son cœur de romantique fut impressionné par la symbolique attribuée à la nature et à la superstition : une malédiction est à l'origine de l'avilissement qui frappe l'être et par un défaut physique et par une position subalterne. Une fois de plus, Verdi confia la rédaction du livret au médiocre Piave : était-ce par pitié ou parce qu'il vénérait le père spirituel de Piave, Alessandro Manzoni ? Soupçonnant partout diffamation et révolution, la censure autrichienne de Venise s'engagea dans une longue querelle avec Verdi pour se contenter enfin – par peur du scandale – d'un simple changement des noms des personnages. Verdi consentit, persuadé que son message serait compris ; le triomphe de l'œuvre devait lui donner raison.

Forte de ce message, la musique soumet à une démarche dramatique rigoureuse, dominée par un récitatif très évolué, la riche inspiration mélodique et les nouvelles hardiesses harmoniques ; notamment, les fameuses cadences évitées, amenant une résolution surprenante en une tonalité mineure éloignée, sont développées et diversifiées. Verdi n'hésite pas à introduire certaines trouvailles qui portent à un sommet la beauté « italienne » du chant tout en servant l'expression, telle l'*aria* du premier acte par laquelle le Duc vante ses talents de don Juan ; ou encore *La donna è mobile,* ce « tube » dont Verdi n'aurait autorisé la répétition que le jour de la première, de peur de le voir divulgué ; ou encore ce *Cortigiani, vil razza dannata* (« Courtisans, race vile et damnée »), où Rigoletto, au comble de la douleur, réclame sa fille. Des thèmes conducteurs surgissent quand le sens l'exige, comme le rire ambigu et grotesque de Rigoletto. L'orchestre souligne la situation par des rythmes d'accompagnement observant une stricte économie (pour laisser la priorité au chant) et dessine le sous-entendu par des tournures pertinentes. Reportons-nous au début du IIe acte, où la conspiration de Rigoletto et Sparafucile est soutenue par une mélodie de contrebasses et violoncelles, exprimant la sournoiserie.

Le quatuor vocal du IVe acte est l'une des pages les plus précieuses de Verdi : quatre nuances affectives (amoureuse, gaie, triste, sinistre) sont combinées au moyen de quatre mélodies habilement

Le livret de *La Traviata*

Alfred Germont est tombé amoureux de Violetta Valéry, demi-mondaine, qui retourne, par amour pour lui, à une vie honorable. Pour sauver la réputation de la famille, le père d'Alfred la persuade cependant de renoncer à son amant. Elle retourne à Paris, mais Alfred la suit et la retrouve accompagnée par le baron Douphal. Dans une scène de jeu, les passions et les hostilités se heurtent, et Alfred insulte Violetta. Minée par la phtisie et le chagrin, elle mourra dans les bras d'Alfred.

imbriquées. Voilà à quelle sublimation aboutit la technique des scènes d'ensemble de Rossini et de Donizetti.

Avec *La Traviata,* composée en 1853, la même année que *Le Trouvère,* la « révolution humaine » subit un déplacement de sens. Plus que dans *Rigoletto,* où Gilda n'est que la source du mal des autres, la souffrance d'une femme est ici au centre du drame. Préparée par *Luisa Miller, La Traviata* – « celle qui s'est égarée du bon chemin » – mène directement aux héroïnes fragiles du drame lyrique français (Manon, Thaïs, Louise) et du postvérisme de Puccini (Mimi, Cho-Cho-San).

Avec Giuseppina, sa future épouse, Verdi avait vu à Paris *La Dame aux camélias* d'Alexandre Dumas et en avait été profondément touché. La décision d'en faire un opéra (sur un livret de Piave – toujours lui) fut vite prise, d'autant plus que les commérages des habitants de Busseto au sujet de Giuseppina l'incitaient à braver la fausse morale. Le public vénitien ne comprendra pourtant ni la provocation ni le langage inhabituel : *La Traviata* sera un échec.

Verdi termine l'opéra en un mois et demi. Dès le prélude, avec ses violons divisés et les frottements d'accords décalés en *pianissimo,* l'œuvre s'annonce toute de finesse et de poésie. C'est dans l'âme des personnages que se déroule presque toute l'action ; *La Traviata* renoue ainsi avec le sentimentalisme du *Werther* de Goethe et laisse pressentir *Pelléas.* L'orchestre trace des lignes ciselées, suit le chant ou se contente d'un rythme minimal, qui, instrumenté avec transparence (groupements des bois ; violons et altos seuls ; *pizzicati*), traduit des sentiments simples et des valeurs morales : affection, amour paternel, joie, déception, maladie, lente extinction...

Replis et hésitations : les œuvres « françaises »

Dans la seconde moitié de sa vie, la production de Verdi ralentit, laissant plus de place à la réflexion. Il se consacre à ses occupations de propriétaire du domaine de Sant'Agata et – bon gré, mal gré – à son activité de député de Busseto au Parlement du comte Cavour, jusqu'à la mort de ce dernier, en 1861. Abstraction faite des compositions et remaniements effectués pour Paris, Verdi n'écrit que trois opéras entre 1856 et 1866, de qualité inégale et témoignant de sa recherche d'une nouvelle orientation, voire d'une certaine lassitude. Ce sont des œuvres prétextes, se substituant à son éternel rêve d'un *Roi Lear* – rêve qui ne sera compensé que plus tard, par *Otello.*

Simone Boccanegra (1857) n'a su que difficilement convaincre le public (même dans la version refondue de 1881), sauf dans les pays germanophones, où les âpretés choquaient moins. Or, c'est une œuvre charnière importante. Tout l'intérêt est porté, une fois de plus, sur le vieux doge et son sort de père malheureux, motif qui se rattache aux *Due Foscari,* à *Luisa Miller* et à *Rigoletto* et qui resurgira dans *Don Carlos* et *Aïda*. Musicalement, *Simone* se rapproche, par ses couleurs sombres, de *Macbeth* et, par sa diversité d'invention, du *Trouvère.* Le texte, assez complexe, n'échappe à la confusion que parce que Verdi a entièrement remanié le livret de Piave, en suivant ses propres idées de la dramaturgie musicale.

Avec *La Forza del destino,* « La Force du destin » (1862), Verdi répond à une demande de l'opéra de Saint-Pétersbourg. Il lui importait d'affirmer la suprématie de l'opéra italien vis-à-vis, d'un côté, du groupe des wagnériens et, de l'autre, de l'école nationale russe groupée autour de Moussorgski, ennemi déclaré de Verdi. L'accueil enthousiaste réservé à *La Force du destin* en Russie était certainement dû à l'entrain – mais aussi aux poncifs – de la musique, à son allure passionnée, à la souveraine simplicité des chœurs, au fameux « Rataplan » (scène de chœur bâtie sur une onomatopée exprimant le son des tambours), à la richesse mélodique, ainsi qu'à l'habileté du compositeur à réunir musicalement l'amour et la mort de manière plausible... Le drame lui-même – fondé sur le *Don Alvaro* d'Angel di Rivas, sorte d'*Hernani* espagnol – a dû passer inaperçu, car l'accumulation d'inepties qu'a rédigées Piave le classe au niveau du *Trouvère ;* il reste discutable même après son remaniement par Ghislanzoni. *La Force du destin* manifeste donc plutôt une régression de Verdi, précédant un silence de cinq ans, jusqu'à *Don Carlos.*

Un Ballo in maschera, « Le Bal masqué » (1859), est certes le plus heureux des trois opéras en question. Un épisode historique avait incité Verdi à choisir la pièce de Scribe intitulée *Gustave III de Suède* : en 1784, le roi, qui sera assassiné six ans plus tard lors d'un bal, avait séjourné quelque temps à Parme. L'adaptation de la pièce est confiée à Antonio Somma, avocat et écrivain très cultivé. Or, les controverses avec la censure des Bourbons à Naples se révèlent plus harcelantes que la querelle autour de *Rigoletto* : les autorités exigent d'abord le changement du titre et des personnages et finissent par interdire l'opéra. Les tentatives d'attentats contre Napoléon III et contre le roi de Naples sont trop récentes pour qu'on permette de montrer un régicide dans l'opéra d'un auteur aussi populaire, alors que Garibaldi prépare déjà sa marche. Verdi a recours à la justice, le roi le délie de son contrat, et Rome se déclare prêt à accueillir l'opéra... à condition toutefois d'en transposer l'action à Boston : une absurdité ! Résigné, Verdi accepte. Dans une atmosphère politique tendue, la première du *Bal masqué* a enfin lieu, en février 1859, et remporte un succès inattendu ; le sigle « viva V.E.R.D.I. » prend tout son sens.

L'opéra présente les traits d'une tragi-comédie. Il se rapproche des meilleures œuvres du maître en raffinant les acquisitions stylistiques et techniques : l'orchestre atteint la transparence d'un ensemble de chambre, rappelant l'atmosphère musicale de *La Traviata.* C'est le détail, le tissu de motifs qui compte : l'expression est domptée par la discrétion, les contrastes sont atténués. La fluidité de l'action et de la musique, l'art des transitions sont les meilleurs atouts pour obtenir la concision dramatique. Avec *Don Carlos, Le Bal masqué* constitue le pont entre le Verdi expérimentateur et le Verdi de la maturité. Cependant, le compositeur doit encore suivre un détour.

La gloire de l'Italien ayant gagné Paris depuis longtemps, Nestor Roqueplan, le directeur de l'Opéra, lui avait demandé, en 1853, de mettre en musique un livret d'Eugène Scribe, *Les Vêpres siciliennes.* Ce à quoi Verdi ne peut plus se dérober. Or, Paris, avec son arrogance, le rebute ; les traditions, prétentions et contraintes de l'Opéra, qui sont pour lui des signes de décadence, le dépriment. Même la visite d'Hector Berlioz, l'un des rares à l'estimer sincèrement, n'y fait rien. Verdi s'isole. Les différends avec le librettiste et l'administration de l'Opéra – purgatoire de quiconque veut

L'œuvre scénique de Verdi

(Deuxième période : 1851-1870)

Œuvre	*Librettiste*	*Lieu de création*	*Année*
Rigoletto	F.M. Piave	Venise	1851
Il Trovatore	S. Cammarano	Rome	1853
La Traviata	F.M. Piave	Venise	1853
Les Vêpres siciliennes dont les versions italiennes :	E. Scribe/ V. Duveyrier	Paris	1855
a) Giovanna de Guzman	A. Fusinato	Parme	1855
b) I Vespri siciliani	E. Caimi	Milan	1856
Simone Boccanegra	F.M. Piave	Venise	1857
Aroldo, 2e version de Stiffelio	F.M. Piave	Rimini	1857
Un Ballo in maschera	A. Somma	Rome	1859
La Forza del destino	F.M. Piave	Saint-Pétersbourg	1862
Macbeth, version française	C. Nuitter/ A. Beaumont	Paris	1865
Don Carlos	J. Méry/ C. du Locle	Paris	1867

Raffinement psychologique et concentration dramatique. Début du succès international.

imposer sa conviction artistique à la « première maison du monde » – gâchent son plaisir de créer. Les déboires (la fameuse fuite de la chanteuse Sophie Cruvelli...) se succèdent jusqu'au jour de la première, plusieurs fois différée. L'œuvre trahit la difficulté de Verdi à vouloir adhérer au schéma meyerbeerien du grand opéra tout en restant italien. L'intrigue, comprenant une défaite française et un massacre italien, était inopportune dans les deux pays et fut souvent mutilée par la censure, d'où les différents titres de la version italienne *(Giovanna di Braganza, Giovanna di Sicilia, Batilde di Turenne, Giovanna de Guzman* et enfin *I Vespri siciliani).* Toutefois, la partition contient bon nombre de pages heureuses, surtout lorsque Verdi, fidèle à lui-même, se consacre aux caractères et aux

L'œuvre scénique de Verdi
(Troisième période : 1871-1893)

Œuvre	*Librettiste*	*Lieu de création*	*Année*
Aïda	A. Ghislanzoni	Le Caire	1871
Simone Boccanegra, 2e version	A. Boito	Milan	1881
Don Carlos, version italienne	A. Ghislanzoni	Milan	1884
Otello	A. Boito	Milan	1887
Falstaff	A. Boito	Milan	1893

Style de la maturité. Unité et synthèse. Influence de Wagner.

passions humaines. L'ouverture est l'une des plus poignantes que le musicien ait écrites.

Très lié à son sol et patriote ardent, Verdi ne se rend que de mauvaise grâce dans la France des Bourbons, ce pays impliqué dans d'éternels conflits avec l'Italie. Ses contacts très sporadiques avec Paris en sont d'autant plus intenses. En 1859, Verdi est nommé membre de l'Institut de France. Cinq ans plus tard, il remanie *Macbeth* pour le Théâtre-Lyrique (c'est cette version-là que nous entendons en général aujourd'hui). Il est confronté à maintes reprises avec la musique du tout-puissant Meyerbeer – *L'Africaine,* par exemple –, dont il démasque vite l'attitude prétentieuse. Puis, en 1865, il s'engage à écrire *Don Carlos* pour l'Opéra, ce qui le retient près d'un an à Paris, bien que le plus clair du travail soit fait à Sant'Agata.

De loin supérieur aux *Vêpres siciliennes, Don Carlos* ne montre plus d'indécision stylistique. Toute l'expérience acquise depuis *Rigoletto* y est mise à profit ; Verdi parvient à maîtriser les données du grand opéra et à lui conférer une unité par son empreinte personnelle. Le drame du roi Philippe II malheureux et solitaire préoccupe Verdi depuis sa visite à l'Escorial en 1862. Le conflit du père et du fils pour l'amour de la reine, le caractère ambigu, impénétrable du roi, guidé uniquement par la raison d'État, le rôle néfaste de l'Inquisition, tout cela est un défi pour l'esprit, qu'il s'agisse de Schiller ou de Verdi. La musique suit étroitement la progression dramatique (le livret de Méry et du Locle est d'une qualité remarquable), carac-

térise bien les personnages et les milieux qu'ils représentent : au IIIe acte, un froid glacial est répandu par les octaves basses lorsque s'approche le Grand Inquisiteur, sénile et impitoyable. Par des duos et scènes d'ensemble, la structure musicale met en valeur les relations entre les personnes et le heurt de volontés opposées, en superposant habilement les contrastes.
Le public parisien ne comprit pas cette œuvre – la plus longue de Verdi –, qui confère au « grand opéra » une sévérité inhabituelle. Verdi l'a révisée deux fois pour l'Italie, en éliminant les concessions faites aux dogmes français. Monument édifié au milieu de neuf années d'hésitation, *Don Carlos* prépare directement la dernière étape du chemin du Lombard vers le sommet de son art : la vérité dramatique.

Perfection et sagesse

Le style de la maturité de Verdi se distingue par la maîtrise absolue des moyens dramatiques et musicaux. Comme Wagner, bien qu'avec un certain retard, le maître aboutit à une forme « intégrale » où les différents épisodes et composants, jadis juxtaposés, s'emboîtent et s'amalgament. En revanche, Verdi ne trahit jamais l'italianisme, car il respecte la prédominance de la mélodie et du chant, ainsi que la transparence de la structure orchestrale. Pour rapprocher davantage la musique du verbe dramatique, il raffine la déclamation, suit étroitement la prosodie, interprète musicalement la versification et s'inspire directement du sens des mots. Homogénéité et entrain sont constamment assurés par l'équilibre entre pompe et intimité, tragique et humour, joie et souffrance.
La genèse d'*Aïda* coïncide avec la guerre franco-prussienne de 1870. La victoire de la Prusse, qui suscite chez Verdi les pires craintes, accroît son hostilité envers l'Allemagne et le réconcilie avec ce qu'il considérait comme les défauts des Français. L'écroulement imminent de l'Italie sous l'hégémonie allemande, c'est aussi la capitulation de l'art italien devant le mythe germanique, incarné par Wagner. Ainsi, *Aïda* devient contre-projet du drame musical, défi obstiné visant le même but avec des moyens différents.
Ce vingt-cinquième opéra de Verdi ne rejoint que par hasard le courant des œuvres orientalisantes, car il a été composé à la demande du khédive d'Égypte pour les cérémonies d'ouverture du canal de Suez en 1871. Le livret, dû à Antonio Ghislanzoni, jeune écrivain milanais du groupe des *Scapigliati* (les « débauchés », les « bohémiens »), se fonde sur un conte de l'égyptologue français

Le livret d'*Otello*

Iago est jaloux de Cassio, qui a été promu officier par Otello, général vénitien. Il l'incite à boire et à se quereller. Cassio se voit retirer sa promotion. Iago lui conseille de demander à Desdemona, l'épouse d'Otello, d'intervenir en sa faveur. Otello interprète mal l'initiative de sa femme et est poussé de plus en plus à une jalousie furieuse par les intrigues d'Iago, au point d'étrangler Desdemona. Reconnaissant trop tard son erreur, il se donne la mort à côté du corps de sa femme.

Auguste Mariette pacha, qui semble lui-même en avoir trouvé la source sur un vieux rouleau de papyrus. Mais ce livret ressemble aussi à *Nitteti* de Metastasio.

À la recherche d'authenticité, Verdi se plonge dans l'histoire et la culture égyptiennes. Ainsi, les invraisemblances et anachronismes d'autres livrets sont évités. Malgré le décor exotique, la musique reste entièrement « européenne ». Même dans les passages évocateurs, lorsque Verdi peint le paysage du Nil ou fait entendre, dans le lointain, le chœur des prêtres et prêtresses, la « couleur locale » n'apparaît que sous forme allusive. Verdi fait donc preuve d'une meilleure conscience esthétique que certains de ses contemporains qui évoquent des sonorités pseudo-orientales par des imitations de mauvais goût.

Craignant le voyage par mer, Verdi ne participe pas à la première du Caire, qui est un triomphe, à la fois, de l'opéra et de la royauté égyptienne. En revanche, il se charge lui-même de la mise en scène à Milan. Se dérobant autant que possible aux honneurs publics et officiels, il dénonce l'intellectualisme des commentaires de la presse, méprise toute adhésion à une école et rejette la distinction entre différentes musiques nationales. Ne valent à ses yeux que la Musique et l'honnêteté du sentiment. Aux slogans de « progrès » il oppose le modeste désir de faire « quelque chose d'un peu nouveau ». Néanmoins, *Aïda* se présente comme une synthèse du grand opéra français (le décor, la marche triomphale, etc.) et de l'opéra italien (le goût du chant, le travail orchestral, etc.), subissant l'influence des nouveaux principes allemands (forme cohérente, unité dramatique).

Après *Aïda,* Verdi semble, pendant quinze ans, tourner le dos au théâtre musical, abstraction faite du remaniement de *Simone Boccanegra* et de *Don Carlos.* Outre deux œuvres d'après Dante, le *Pater Noster* et l'*Ave Maria,* ainsi que son *Quatuor à cordes* (1873), sorte de retour à Mozart, qu'il a gardé comme un joyau secret, il compose en 1874 le *Requiem* – autre hommage à Mozart – pour l'anniversaire de la mort d'Alessandro Manzoni, qu'il avait tant estimé. Cette œuvre, qui élargit la notion de religiosité et transgresse les limites de la liturgie, lui donne aussi l'occasion de se consacrer à sa passion de chef d'orchestre à Milan, à Paris, à Londres, à Vienne et à Cologne.
Mais ces années sont surtout marquées par la rencontre de Verdi et d'Arrigo Boïto, ce romantique extravagant, sceptique et cultivé, grand connaisseur de Dante et de Shakespeare. La conjonction de ces deux esprits, comparable à celle d'Hofmannsthal et de Richard Strauss, montre l'élévation dont Verdi était capable à condition d'avoir un collaborateur littéraire d'envergure. Wagnérien fervent, Boïto est pourtant bientôt choqué par le côté relatif, égocentrique de la « nouvelle religion » et, en renonçant lui-même à toute ambition de compositeur, se voue entièrement à Verdi. Il lui offre à dix ans d'intervalle deux livrets : *Otello,* en 1879, et *Falstaff,* en 1889. Verdi aborde *Otello* avec une grande hésitation : mais celle-ci masque, en fait, une méditation et un travail scrupuleux. Décidé à réaliser une symbiose idéale avec Shakespeare tout en donnant à l'opéra italien une orientation d'avenir, il révise quatre fois le livret, en étroite collaboration avec Boito : texte et musique naissent parallèlement ; la composition s'étale sur presque cinq ans, jusqu'à la création, à Milan, le 5 février 1887.
La musique, synthèse de toutes les formes et dimensions développées jusqu'ici, confère à la notion de « vérité dramatique » un sens littéral. Si l'on excepte la « Chanson du saule » de Desdemona, l'*aria* comme forme close est entièrement abolie. D'une part, elle se confond avec le récitatif, non pour lui céder la place mais pour aboutir à un *arioso* expressif et dramatique qui suit chaque nuance du texte et de l'action. D'autre part, l'*aria* est sacrifiée au dialogue et aux scènes d'ensemble, noyaux dramatiques essentiels qui dominent partout. Le quatuor du deuxième acte ou bien la scène d'avant la fin du troisième acte, dans laquelle sont regroupés six solistes aux tempéraments différents au-dessus d'un chœur d'hommes et d'un chœur de femmes, mènent à un état de perfection ce qu'annonçaient, notamment, *Rigoletto* et *Don Carlos.* Verdi avait même envisagé des gradations expressives à l'intérieur

de la déclamation musicale, en fonction du caractère des personnages : Iago devait déclamer et « ricaner » ; Otello devait chanter, crier, vociférer ; seule Desdemona avait toujours droit au beau chant. La mélodie vocale est organiquement liée avec l'orchestre sans pour autant s'y noyer. L'orchestre, qui n'est jamais confiné dans un rôle d'accompagnement, participe à la peinture (orage et ivresse, au Ier acte), à l'action, reflète les mouvements de l'âme et de la pensée, au moyen d'un engrenage de motifs et de groupements d'instruments caractéristiques. L'un de ces « signaux thématiques » est le motif d'amour, ou motif du baiser, surgissant trois fois et transfigurant la scène finale lorsque Otello, désespéré, se penche sur Desdemona, qu'il vient d'étrangler :

G. Verdi, Otello, *motif du baiser.*

Otello réunit les grands thèmes qui ont tour à tour intéressé Verdi : l'amour qui ne s'accomplit que dans la mort ; la femme à la fois divine et faible, qui est à la merci du despotisme ; la haine, la jalousie et la diffamation. Ici, le mal envahit la pensée et la détruit ; l'avilissement de l'esprit engendre l'anéantissement du bonheur et de la vie.

Avec *Otello,* l'opéra italien est donc parvenu à son apogée, que le « vérisme » – Verdi se méfiait et du terme et du style – ne semble vouloir dépasser que par la démesure. *Falstaff* apparaît ensuite comme un caprice final, sublime expression de la sagesse dans l'humour. Boïto réussit vite à persuader Verdi d'accepter le livret, d'autant plus que l'opéra-comique – et notamment ce sujet – l'avait tenté depuis longtemps. Sous prétexte d'écrire pour son propre plaisir, le vieux maître s'exprime tantôt avec élan, tantôt avec réticence, selon les circonstances extérieures. Une fois de plus, il insiste sur chaque détail, tant de la partition que de la réalisation. Il étudie la littérature, en particulier Goldoni, dans le souci de rendre audible la pensée la plus secrète de Shakespeare. Comme dans *Otello,* la musique est traduction directe du mouvement et du langage, mais elle va bien au-delà. On est pris par mille détails les plus divers, lesquels sont pourtant reliés par un fil invisible. La forme est comme une suite d'arabesques, de figures symétriques évoquant l'architecture de la Renaissance, à l'intérieur de laquelle Verdi frôle la technique de collage. C'est que tout ici est parodie, ironie. Verdi parodie ses propres mélodies pathétiques, le sérieux de la tragédie ; c'est le cas, par exemple, lorsque Alice lit la lettre d'amour de Falstaff ou lorsque ce dernier vante la virilité.

Verdi fait lui-même la caricature de ses fameuses scènes d'ensemble : notamment dans le nonet du deuxième tableau, où il superpose une mesure à six-huit (l'espièglerie des femmes) à une mesure à quatre temps (la colère des hommes). Son ironie s'étend aux attitudes et comportements jadis réputés bouleversants ainsi qu'aux arguments et moralités de ses opéras : la jalousie devient rage grotesque, la perfidie tourne à la farce, et l'accès de fureur de Ford, au deuxième acte, semble caricaturer le courroux d'Otello. Seul le chant de Nannetta et Fenton, jeunes amants oscillant entre la candeur et l'abandon, revient avec une comique obstination et triomphe, tel un clin d'œil de Verdi, à travers les tourbillons. Différents types de personnages de la comédie convergent dans le pansu Falstaff, de même que la musique afflue vers la fugue finale, révérence à la noblesse du métier et au génie de Bach.

Falstaff se situe au terme d'une voie inaugurée par la *commedia dell'arte* et par le *Don Pasquale* de Donizetti, mais il renoue surtout avec Mozart : par la recherche de la clarté, par la facture et l'effet des scènes d'ensemble, par la dignité de l'humour, le rire entre les larmes. Dans la transparence du tissu orchestral cependant s'annoncent des éléments impressionnistes. *Falstaff* se présente donc comme un testament spirituel en même temps qu'il amorce un renouveau.

Le public qui, en février 1893, comblait Verdi d'ovations se sentait-il visé par la moralité finale de cette comédie : « Nous sommes tous des fous-nés » ? Comprenait-il que le maître avait bien fait de ne plus le flatter, mais de lui imposer sa conception ? Cet homme, qui était resté simple même dans la richesse, qui n'avait cessé de vouloir améliorer la situation des cultivateurs pauvres et qui souhaitait trouver sa dernière demeure dans la « maison de repos » qu'il avait créée, sans nul doute s'englobait-il lui-même, avec humour, dans le « spectacle du monde ».

Jugé dans le contexte de l'opéra italien, Verdi symbolise l'achèvement d'une progression vers une sobriété dramatique qui se débarrasse de la fioriture et de la virtuosité inutile sans rejeter les vertus de la beauté pure. Parmi les contemporains, la tradition de Donizetti et Bellini est conservée de façon plus nette et ennoblie par le lyrisme. Amilcare Ponchielli, avec son chef-d'œuvre *La Gioconda* (1876, texte de Arrigo Boito, d'après Victor Hugo), est sans doute le représentant principal de cette tendance, qui, enrichie par le contact avec le drame lyrique et réaliste français, mène à Giacomo Puccini. L'opéra italien moderne n'a pas fini de dire qu'il est né d'un peuple de chanteurs...

L'opéra français : splendeur et raffinement

En France plus que partout ailleurs, l'opéra a reflété – toujours avec un certain retard – le caractère de la société et de ses dirigeants. Le XIXe s. connaît deux genres dominants : le grand opéra et, plus tard, le drame lyrique et réaliste ; synonymes l'un d'étalage de luxe et de pompe, l'autre de recherche de raffinement et de pureté. Se réclamant de Gluck, l'opéra français ne réussit qu'apparemment à dépasser la vieille rivalité – datant de Lully – avec l'opéra italien, qui est sa véritable origine. En revanche, il semble plus désireux de se démarquer de l'opéra wagnérien, qui ne saurait être, du reste, pour lui, un véritable adversaire.

Vers le grand opéra

La période transitoire des années 1800-1830 a laissé quelques auteurs dont l'œuvre, bien qu'éphémère, est importante du point de vue musicologique.

Les héritiers de Gluck : Méhul et Cherubini

Malgré une tendance sentimentale qui se manifeste sporadiquement, le ton d'Étienne N. Méhul (1763, † 1817) est surtout dramatique : il fait appel au mélodrame et amorce l'emploi de motifs thématiques. Son aversion pour les poncifs le fait tomber dans l'extrême opposé : l'originalité devient pour lui un but en soi. Son chef-d'œuvre, *Joseph en Égypte* (1807), est dépourvu de tout épisode amoureux et ne comporte que des rôles d'hommes (pour l'équilibre des voix, Benjamin est joué par une femme), principes que reprendront, par exemple, Massenet dans *Le Jongleur de Notre-Dame* et Pfitzner dans *Palestrina*. Des qualités d'acteurs sont

---

Les genres de l'opéra

1. *Quelques types sérieux*

Opera seria : depuis la naissance de l'opéra, œuvre scénique italienne de caractère tragique et reposant sur l'alternance de récitatif et d'*aria*.
Tragédie lyrique : aux XVIIe et XVIIIe s., tragédie musicale française fondée sur des sujets de l'Antiquité. Son modèle a été fixé par Lully.
Drame lyrique : contrepartie française du drame musical wagnérien, de forme toutefois plus sectionnée et de structure moins dense.
Musikdrama ou ***Tondrama*** (drame musical) : forme conçue par Wagner, où la musique suit étroitement le drame ou devient elle-même drame, caractérisée par la mise en musique intégrale et par la « mélodie infinie ».

également exigées des chanteurs, ce qui n'est pas sans analogie avec l'opéra-comique allemand, et, à part la prière « Dieu d'Israël », qui n'est accompagnée que des cuivres, un seul air est prévu pour le rôle principal (« Champ paternel »). Dans *Uthal* (1806), qui s'inscrit dans la vogue des poèmes d'Ossian, l'omission des violons traduit la recherche de sonorités tamisées. La mélodie vocale procède souvent par l'alternance de grands sauts et de lignes chromatiques ; l'harmonie s'efforce d'échapper aux enchaînements conventionnels. Bien que tous ces procédés ouvrent des perspectives, les opéras de Méhul n'ont pu survivre, en raison de la mauvaise qualité des livrets dont les sujets sont trop liés à l'esprit d'une époque (l'Empire) et à la perception préromantique de la nature.
Bien que d'origine italienne, Luigi Cherubini (1760, † 1842) écrit la plupart de ses opéras sur des textes français. Il transmet l'héritage de Gluck aux romantiques français et allemands grâce à son autorité en tant que directeur du Conservatoire, professeur et théoricien. Il maîtrise avec perfection toutes les dimensions du métier : la mélodie est fluide, adaptée à la voix ; l'édifice des règles harmoniques est interprété avec une largeur d'esprit qui permet certaines audaces ; l'instrumentation révèle le connaisseur et prépare l'orchestre de Berlioz par l'élargissement de la palette et par l'importance donnée aux vents.

Bien que les premiers opéras de Cherubini conservent le style classique du XVIIIe s., certains éléments apparaissent comme les signes avant-coureurs d'une nouvelle conception. Les dialogues parlés de l'opéra tragique *Médée* (1797) inspireront les compositeurs de *Fidelio* et du *Freischütz.* La noble simplicité de la musique, le traitement habile des caractères ainsi que le thème de l'altruisme, développés dans *Les Deux Journées ou Le Porteur d'eau* (1800), frapperont Beethoven. L'univers musical change entièrement entre *Lodoïska* (1791), opéra de la Révolution, de facture toute traditionnelle, et *Les Abencérages* (1813), où est amorcée la déclamation expressive. Malgré une certaine pudeur de l'expression, malgré l'absence de couleur locale, il s'agit là d'un opéra romantique, dont l'influence s'étendra à Spontini et à Weber.

Petits maîtres et grands précurseurs

Chez les petits maîtres de l'époque, peu de choses témoignent d'une volonté de renouveau. Les quarante-huit œuvres scéniques du très instruit Henri M. Berton manquent d'originalité et suivent sagement les normes de l'opéra comique. Charles S. Catel introduit des chants populaires dans *Wallace ou Le Ménestrel écossais* (1817) et peut être considéré comme un des précurseurs de Berlioz. Trop « réguliers », « scolaires » de facture, les opéras d'Antoine Reicha, Tchèque naturalisé français, n'ont pas eu de succès, mais Reicha a été influent comme pédagogue et théoricien. Dans *Nathalie ou La Famille russe* (1816), il démontre comment la mélodie peut découler de la prosodie de la langue française.

Le chaînon essentiel dans cette filière est Gasparo Spontini. Après avoir produit « en série » des opéras italiens, son véritable avènement coïncide avec son installation en France. L'esprit de « grandeur » régnant sous Napoléon convient à son tempérament. Malgré une tendance grandiloquente, il assimile les principes gluckistes et conserve de l'école italienne le chant passionné et la clarté de l'architecture. L'instrumentation, chez Spontini, est variée, elle permet le raffinement des sonorités dans *Fernand Cortez* (1809) et l'évocation de l'Orient dans *Nurmahal* (1822). Les *crescendi,* surtout lorsqu'ils sont appliqués aux *ostinati,* visent l'effet dramatique spectaculaire. *La Vestale* (1807) est dominée par la recherche d'une cohésion dramatique. Le compositeur atténue les ruptures entre récitatifs et airs par des épisodes plus pathétiquement déclamés, par le remplacement du *secco* par l'*accompagnato,* ou par des dominantes et cadences évitées annonçant un nouveau tour de l'action. L'orchestre contribue au processus unificateur tout en intensifiant la caractéristique des personnages. Par la suite, le pathos et les effets grandioses mais extérieurs prennent malheureusement le dessus (surtout dans *Olimpie*, 1819 ; voir le rôle des rythmes pointés dans *Alcidor*, 1825). Ainsi, les opéras écrits à la cour de Prusse ne sont que l'écho d'un style dépassé, bien que l'harmonie plus chromatique d'*Agnes von Hohenstaufen* (1829) signale l'approche du romantisme allemand.

La continuité vers l'étape principale du grand opéra est assurée par *La Muette de Portici* (1828), de Daniel F.E. Auber (livret d'Eugène Scribe). La représentation pantomimique d'une muette dans un opéra faisait sensation ; le sujet – un tribun s'élève contre le despotisme – venait tout à fait à son heure (et contribua, en 1830, au déclenchement de la révolte à Bruxelles). La presse louait l'inspiration mélodique, la perfection technique, surtout dans les ensembles, et l'effet saisissant des chœurs. La tension dramatique de *La Muette* s'attache aux événements extérieurs, souligne le visuel, avantage la compréhension immédiate. Jugées globalement, les œuvres lyriques d'Auber s'inclinent devant le public contemporain mais n'ont pas pu ouvrir de véritable perspective pour la future évolution de la musique.

Grand opéra et romantisme français

Comme le laissent pressentir les œuvres de ses prédécesseurs, le grand opéra français est lié aux effets dramatiques visuels et extérieurs cherchant à impressionner le public, aux mouvements de masses et aux scènes pompeuses, au vedettariat des grandes voix et à la somptuosité des ballets, à la mise en scène de grands sujets historisants vus sous l'angle d'un romantisme très concret. On oublie souvent qu'il s'agissait là d'une conception progressiste bien avant que Wagner en vienne à définir l'œuvre d'art de l'avenir ; il s'agissait là aussi d'une conception universelle visant à libérer l'opéra du provincialisme et des contraintes nationales, à une époque où Paris se considérait comme le centre du monde.

Meyerbeer et le cosmopolitisme lyrique

C'est peut-être une ironie de l'histoire que de voir Giacomo Meyerbeer, musicien d'origine allemande, devenir la plus grande autorité musicale de France. L'élève de Clementi, de Zelter et de l'abbé Vogler avait déjà composé des *Singspiele* pour Berlin et, sur

Giacomo Meyerbeer (1791, † 1864)

Repères biographiques

1791	Naissance à Berlin (5 septembre), fils d'un banquier. Jusqu'en 1812, formation musicale chez Lauska, Clementi, Zelter, B.A. Weber et l'abbé Vogler
1812-1815	Période « allemande » : les *Singspiele*
1816-1824	Période « italienne » : *bel canto* pour Padoue, Turin, Venise et Milan
À partir de 1826	Succès à Paris : grands opéras et chefs-d'œuvre
1844-1846	Nouveaux contacts avec Berlin, où il est nommé directeur général de la musique et succède à Spontini
1864	Mort à Paris (2 mai), pendant les préparatifs de *L'Africaine*

les conseils d'Antonio Salieri, des opéras italiens sur des textes, entre autres, de Felice Romani, le librettiste de Rossini, Donizetti et Bellini. De ces expériences Meyerbeer, d'une part, acquiert un sens « allemand » de l'harmonie permettant une application tolérante des règles (modulations enharmoniques et directes, juxtaposition de « couleurs », etc.) et, d'autre part, la verve et l'épanouissement de la mélodie italienne. Le genre mélodique prévaut, même dans la manière de penser la forme, et ce primat est concrétisé par des procédés qui seront plus tard chers à certains membres de l'école française : la ligne mélodique, souvent « brisée » et, par là, fusionnée avec les phrases, l'intonation et la rythmique du texte, part de cellules brèves et caractéristiques. La ligne vocale est parfois présentée sans accompagnement, ou est soutenue par un seul instrument. Tantôt l'orchestre joue à l'unisson, tantôt les cuivres tracent un contour vigoureux, tantôt une ligne de basses se dégage de l'orchestre. Ce dernier est souvent l'objet d'une recherche de nouvelles combinaisons et sonorités qui attireront l'attention de Berlioz. On a même rapproché les principes musicaux et dramatiques meyerbeeriens de ceux de Mozart, son grand modèle.
La dialectique de vivacité et solennité du déroulement dramatique ainsi que le traitement objectif et plutôt impersonnel des sujets ont

Le livret de *Robert le Diable*

Robert, prince des Normands, est amoureux de la belle princesse sicilienne Isabelle. Par jalousie, son père, Bertrand, qui est l'homme de main de Satan, lui fait subir différents avatars qui dégradent de plus en plus l'existence de Robert. Devenu mendiant et voleur, celui-ci est prêt à signer un pacte avec le diable, lorsqu'une jeune Normande, Alice, vient le sauver de l'emprise de Bertrand. Il pourra maintenant épouser Isabelle, alors que Bertrand retourne à l'enfer.

---

incité à voir dans Meyerbeer « l'aboutissement de l'opéra baroque » (H. Becker). Toujours est-il que la mise en valeur de toutes les composantes (verbe, son, geste, drame, décor) pourrait autoriser à parler d'« œuvre d'art intégrale » avant la lettre.
Parmi toutes les créations de Meyerbeer, *Robert le Diable* et *Les Huguenots* se disputent le premier rang. Le moment de la première de *Robert*, juste après la révolution de 1830, ne pouvait être mieux choisi : le drame, en cinq actes, participe en effet des domaines essentiels du romantisme, à savoir du Moyen Âge et du fantastique, et est axé sur l'idée de la lutte entre l'homme et les forces du mal. Mais l'intrigue – dépréciée par des exagérations et des invraisemblances – n'explique pas à elle seule l'énorme succès de l'œuvre. La raison en est aussi dans ce poignant contraste entre les deux premiers actes, lyriques (la romance d'Alice : « Va, dit-elle, mon enfant »), et les trois derniers, sinistres et passionnés ; elle est également dans ce dessin des caractères, qui se cristallise dans le diabolique Bertrand et sa victime Robert, comme dans cet orchestre, exploité au maximum et mis au service d'un chaos musical organisé.
Comparativement, *Les Huguenots* (1836) donnent l'impression d'une construction réfléchie, aux effets marqués mais calculés, quoique non moins spontanés, on pense aux chants qui s'éteignent dans le massacre des protestants jusqu'au silence absolu. Dans cette vaste fresque d'actualisation de l'histoire, l'amour impossible entre Raoul et Valentine, réplique, dans le cadre intime, de la controverse religieuse, donne lieu à maint passage lyrique. Le choral luthérien *Ein' feste Burg ist unser Gott* (« Dieu est pour nous un château fort ») fonctionne comme signal ou comme thème conducteur. Bien que

la critique ait condamné les « litanies pleurardes et languissantes » et la recherche d'effets trop spectaculaires, le IVe acte des *Huguenots* est souvent considéré comme l'apogée du grand opéra.

Avec *Le Prophète* (1849), Meyerbeer a bénéficié, une fois de plus, de conditions historiques favorables pour faire connaître son œuvre, car les émeutes de 1848, à peine calmées, ont sans doute contribué au succès spectaculaire de cet opéra. Vu de près, le rapport avec la révolution se révèle pourtant superficiel, borné à une phraséologie assez générale et à une action où les mouvements des masses populaires et la cruauté jouent le rôle principal. De plus, les répétitions avaient commencé depuis très longtemps, et les événements politiques avaient retardé la première.

Le Prophète, qui passa pendant longtemps pour l'opéra le plus long du répertoire, traite du sort de Jean de Leyde et des anabaptistes, le librettiste Eugène Scribe prenant toutefois beaucoup de libertés avec la vérité historique. Le thème – l'effet destructeur du fanatisme sur les valeurs et sentiments humains – est sensiblement le même que dans *Les Huguenots.* Abstraction faite du *Feldlager in Schlesien* (« Le Camp de Silésie », 1844, remanié pour Paris en 1854 sous le titre *L'Étoile du Nord*), où Meyerbeer appliqua une certaine bonhomie qu'il croyait de mise pour plaire au public berlinois, *Le Prophète* marque une troisième étape dans l'évolution stylistique du compositeur. Sur le plan musical, on observe une recherche d'unité qui engendre une certaine monotonie de la partition. Le déploiement dramatique est centré au dernier acte sur l'aspect humain – la passion et l'angoisse maternelles – mais se confond partout ailleurs avec la puissance de l'image : que l'on imagine ce qu'un metteur en scène sorti de l'école de Giorgio Strehler ferait aujourd'hui de la scène des patineurs sur un lac glacé, du IIe acte, digne d'un tableau de Bruegel.

Le Pardon de Ploërmel (ou *Dinorah,* 1859), « paysannerie bretonne » dont le caractère artificiel marque plutôt l'échec de Meyerbeer sur le plan de l'opéra-comique, fut suivi par *L'Africaine* (1865). La naissance de cet opéra, établie sur vingt années, avait été entravée par des obstacles et maints revers. De surcroît, Meyerbeer mourut pendant les préparatifs de la création à l'Opéra. Cette œuvre de la maturité fut jugée, par les uns, comme son opéra le moins réussi, tandis que les autres vantaient le caractère équilibré et serein de la musique. Il est vrai que *L'Africaine,* axée sur le personnage de Vasco de Gama (ce nom devait, initialement, être le titre de l'ouvrage), souffre principalement des faiblesses d'un livret plein d'inepties, alors que la musique témoigne d'une purification stylistique où triomphe la clarté, voire la simplicité, rythmique et mélodique. Les beautés musicales, teintées d'une coloration orientale très discrète, expliquent qu'on ait parlé d'un retour à l'ancien idéal esthétique italien : le texte n'est que prétexte à l'épanouissement de la musique.

Rarement un compositeur a été, autant que Meyerbeer, porté aux nues de son vivant puis condamné aussi catégoriquement après sa disparition. L'antisémitisme et la jalousie ne suffisent pas à expliquer ce phénomène, bien que la critique de Wagner et de ses émules s'inscrive dans cette ligne. Wagner, qui est le plus grand héritier de Meyerbeer, a contesté ce dernier bien plus sévèrement que la postérité française, qui s'est bornée à s'en distancier discrètement. Paradoxalement, le drame lyrique de l'école française, quoique conçu comme contre-projet, montre la déviation vers le sentimentalisme de certaines techniques meyerbeeriennes. Les attaques de Schumann et de Mendelssohn perdent de leur crédibilité lorsqu'on considère que l'opéra et ses exigences leur étaient quasiment étrangers (Schumann avait boudé le théâtre après l'échec de *Geneviève*). Les remarques de Berlioz visent essentiellement l'absence de « profondeur » et de « vrai sentiment », mais il n'hésite pas à s'inspirer de certains procédés dramatiques (gradations, tension-détente, contrastes) et surtout de l'instrumentation meyerbeerienne. Seul le modeste Verdi, dont les chœurs, un certain type de marche orchestrale et le traitement des cuivres montrent l'influence de Meyerbeer, ne faisait pas grand cas de son aversion pour celui-ci : l'habileté avec laquelle « l'Allemand » utilisait la publicité avant le lancement de chacune de ses œuvres lui répugnait autant que la partialité de la presse et du public parisiens.

L'essentiel de ces diverses critiques vise le caractère superficiel, artificiel, quasi parodique de la musique meyerbeerienne, l'excès de rhétorique musicale qui serait vide, sans rapport dramatique immédiat, les invraisemblances et exagérations de l'action et une mise en scène privilégiant la figuration, le spectaculaire – bref, le côté visuel. Or, la plus grande partie de ces éléments découle plutôt de ce que suggéraient les livrets d'Eugène Scribe, de plus en plus médiocres, et de ce qu'exigeaient la grande scène de l'opéra et le goût d'un certain public parisien et mondain très influent. Des recherches biographiques ont révélé, en outre, que Meyerbeer composait souvent en partant d'une image, de la conception visuelle d'un ensemble de scènes, sans connaissance du texte :

fusion d'image et musique plutôt que de langage et musique. Une telle pratique, qui fait penser aux techniques cinématographiques modernes, fit taxer l'art meyerbeerien d'« européen » et de « cosmopolite ». Ainsi, l'appréciation de plus en plus négative de Meyerbeer peut également résulter du fait que sa conception « internationaliste » de l'opéra devait susciter le refus à une époque où l'Europe voyait l'essor des nationalismes et des particularismes.

Halévy l'imitateur ?

Il semble que Jacques Fromental Halévy ait vu son épanouissement artistique compromis par son désir d'imiter et d'égaler Meyerbeer – but d'ailleurs jamais atteint –, au point de sacrifier le talent qu'il affirmait dans le domaine de l'opéra-comique. De sa production lyrique considérable quatre titres sont restés : *La Juive, Charles VI, La Reine de Chypre* et *Le Juif errant.* Cependant, aucune de ses œuvres n'atteint l'envergure de *La Juive* (1835), qui constitue sa seconde manière, dégagée de l'influence de son professeur Cherubini, et qui ouvre la période des grands succès.

Le drame, centré sur le problème de la partialité religieuse, montre des affinités avec le romantisme de Victor Hugo ; on a également repéré des rapports avec le *Shylock* de Shakespeare, avec le *Nathan* de Lessing et avec l'*Ivanhoé* de Walter Scott. La partition témoigne d'une invention rapide, voire facile et routinière. La facture de l'œuvre est révélatrice ; il y a, certes, les éléments typiques du grand opéra : mouvements de masses, processions, rites et cérémonials juifs mis au service de l'effet théâtral, grands ballets et déploiement de passions. Or, là où l'imitation de Meyerbeer devrait se traduire musicalement, Halévy se révèle peu fidèle... ou peu compétent : la composition des scènes d'ensemble est schématique, et, tel un devoir accompli, les chœurs dégénèrent en décor. En revanche, on s'aperçoit de l'existence d'un dessin mélodique très souple, dont l'expression est essentiellement lyrique. Cette facture, qui correspond au style de la nouvelle école de chant parisienne et aux exigences des nouvelles vedettes, fait naître des lignes vocales proches des inflexions du langage et entourées d'une texture orchestrale aérée.

Si l'on ajoute à cela le soin porté à la caractérisation des personnages et à la couleur locale due au contexte israélite, on peut considérer que cette musique fait bien pressentir un certain style de l'école française de la seconde moitié du siècle. Halévy deviendrait ainsi une sorte de pendant proprement français de Meyerbeer (au

Jacques Fromental Halévy (1799, † 1862)
Repères biographiques

1799	Naissance à Paris (27 mai)
1809-1819	Élève et étudiant au Conservatoire de Paris, chez Cazot, Lambert, Berton et Cherubini
1827-1830	Premières expériences au théâtre
1827	Nomination au Conservatoire, où il sera le professeur de Gounod et de Bizet
1835	*La Juive*, son chef-d'œuvre, à l'Opéra
1836	Successeur de Reicha à l'Institut
1862	Mort à Nice (17 mars)

lieu d'être un simple imitateur) et établirait un lien entre le grand opéra et ces courants du drame lyrique qui mènent de ses élèves Gounod et Bizet jusqu'à Debussy et Puccini. Si l'on veut établir la continuité historique, il faut reconnaître cette influence de Halévy.

Le romantisme de Berlioz : concentration dramatique

L'une des nombreuses contradictions d'Hector Berlioz (1803, † 1869) est que l'opéra n'a été pour lui qu'un domaine secondaire, alors qu'il se montre dramatique même dans ses œuvres non théâtrales. Cette tension interne, cette inépuisable variété d'expression qui marquent sa *Symphonie fantastique*, sa symphonie dramatique *Roméo et Juliette*, sa légende dramatique *La Damnation de Faust* ont été ressenties comme corollaires d'un programme sémantique, d'un édifice d'idées extramusicales. Avocat passionné de ses propres desseins et opinions, comment ne serait-il pas convaincu de la force du mot ?

En fait, la littérature romantique n'est, pour Berlioz, qu'un cadre très général, la détermination littéraire n'étant qu'apparence. L'admirateur de Gluck et de Beethoven, le libérateur de la musique française envahie par les virus italien et wagnérien, ne pensait qu'en termes musicaux absolus, ou, plus précisément, en mélodies et en timbres orchestraux. L'auditeur doit pouvoir saisir les procédés musicaux directement, ce qui ne veut pas dire que la musique ne transmette aucun message.

Cette conception ainsi que les innovations orchestrales se reflètent dans la structure et dans la partition de chacune des œuvres scéniques de Berlioz, lesquelles, pour cette raison, ont été mal accueillies par le public contemporain et mal comprises par une critique hostile. Dès son premier opéra, *Benvenuto Cellini* (1838), on est surpris par le décalage entre la médiocrité du texte et les qualités d'une musique hautement dramatique. Ne nous y trompons pas : il ne s'agit pas, comme chez Meyerbeer, d'une transposition musicale d'effets visuels. Le développement symphonique représente lui-même l'essence dramatique, conformément à l'idée d'une musique qui doit contenir le drame au lieu de découler d'un texte qui le raconte. On y voit se dessiner une sorte de contrepartie de ce que sera la conception wagnérienne. Bien que le sujet comme l'action de cet opéra montrent d'évidentes analogies avec ceux des *Maîtres chanteurs de Nuremberg* ; Cellini, l'artiste solitaire, est porteur de traits autobiographiques, correspondant en cela à la quasi-totalité des héros wagnériens.

Avec *Béatrice et Bénédict* (1862), d'après *Beaucoup de bruit pour rien* de Shakespeare, Berlioz s'écarte momentanément de la voie empruntée dans *Cellini.* Le public non averti fut consterné par les bizarreries apparentes de cette œuvre de circonstance : originalités recherchées dans la versification, enchaînements harmoniques osés, lignes vocales peu commodes... Tout cela fit méconnaître le mélange subtil et tout à fait mozartien de gaieté et de mélancolie, de farce et de style élevé, contenant maintes allusions espiègles, telle cette cantate nuptiale qui parodie les travaux d'élèves aux concours du Conservatoire.

Si *Cellini* ressemblait déjà, par sa forme, au drame shakespearien, le principe de la juxtaposition de tableaux contrastants est mené à perfection dans la vaste fresque *Les Troyens* (1858, première partie ; 1863, seconde partie), inspirée par *L'Énéide* de Virgile. Le texte, écrit par Berlioz lui-même, recèle à nouveau des éléments autobiographiques (amour paternel, moments vécus, résignation de l'idéaliste déçu). La partition, monumentale, introduit le style épique dans le théâtre musical. Les quelques maladresses, longueurs et excentricités ne sauraient infirmer le fait que la musique de Berlioz réussit à respecter la simplicité et la clarté de la tragédie classique, sans pour cela être moins riche en couleurs et en moyens d'expression. Le prologue symphonique, où un rhapsode relate les faits antérieurs en s'accompagnant à la lyre, souligne le caractère épique de l'œuvre et crée une impression d'authenticité. Par moments, le compositeur trouve des accents insolites, comme pour le ballet des esclaves nubiennes.

Dans *Les Troyens,* Berlioz accomplit la concentration dramatique amorcée dans *Benvenuto Cellini* : airs et récitatifs sont réduits, voire éliminés, en faveur de « scènes dramatiques ». Ce qui n'est pas « composable », le superflu, le redondant ou l'ornemental (y compris tout excès de paroles et les dialogues qui font stagner le drame), tout cela est supprimé : le résultat est une suite de situations dramatiquement et musicalement structurées et reliées par un « raccourci », voire juxtaposées sans lien, d'où l'absence par moments de « fil conducteur ». Cet idéal de concentration est opposé, à la fois, à l'abondance meyerbeerienne et à l'éloquence wagnérienne, laquelle vise, précisément, à l'interprétation maximale du verbe par la musique.

Le romantisme de Félicien David : couleurs exotiques

Comme Berlioz, Félicien David (1810, † 1876) se démarque du grand opéra, mais avec des moyens différents. L'autorité meyerbeerienne se ressent encore dans son premier opéra, *La Perle du Brésil* (1851), mais est mise en question par une expression dramatique plus intense dès *Herculanum* (1859), qui fut longtemps considéré comme l'œuvre principale de David. Sa richesse orchestrale et l'emploi de cellules polyrythmiques annoncent l'opéra qui est resté pour nous le plus intéressant : *Lalla-Roukh* (1862), d'après un poème de l'Irlandais Thomas Moore qui avait déjà été choisi par plusieurs compositeurs, dont Spontini. David réalise ainsi au théâtre ce que son ode symphonique *Le Désert* avait déjà apporté à la salle de concert. Au cours de ses voyages au Proche-Orient, il avait noté un grand nombre de rythmes et motifs folkloriques dans lesquels il put puiser pour peindre avec justesse l'histoire de la belle Indienne « Joue de Tulipe ». La couleur exotique naît de l'emploi de petits motifs répétés et d'*ostinati,* d'un certain statisme mélodique, de la modification des cadences habituelles (cadences évitées, dominantes et sensibles bémolisées, etc., qui effacent la logique tonale) et de nouvelles sonorités orchestrales dues aux vents et à la percussion. Mélodiste, David met habituellement en relief la mélodie et la basse en intercalant les accords comme des taches de couleur.

Avec *Lalla-Roukh,* l'esthétique visuelle du grand opéra devient sensualisme. Le mérite de David est d'avoir provoqué l'éclosion d'une tendance jusqu'alors secondaire, mais latente, et correspondant à la nostalgie romantique du lointain, de l'Orient. Inclus dans la pensée mélodique, cet exotisme devient en France une des variantes du romantisme, une véritable mode suivie par bon nombre de compositeurs (dont Bizet avec *Les Pêcheurs de perles*, Reyer avec *La Statue*, Massenet avec *Le Roi de Lahore* et *Thaïs*, Delibes avec *Lakmé*) et même parodiée par l'opérette. L'orientalisme formera également un trait essentiel du langage de Claude Debussy. Les musiciens étrangers qui suivent ce courant passent en général par le filtre de l'opéra français (tel Verdi avec *Aïda*).

L'opéra-comique au XIXe siècle : apogée et déclin

Dans le prolongement de l'opéra-comique au XIXe s., on peut observer trois phases. Jusqu'en 1830 environ, la tradition de Grétry est enrichie d'éléments populaires et ennoblie par l'approche de l'opéra romantique. Ensuite, l'opéra-comique sert de refuge et de contrepoids par rapport au grand opéra. Au second Empire, il se confond, d'un côté, avec le genre sérieux débouchant dans l'opéra de demi-caractère et, de l'autre côté, dévie vers l'opérette, la revue, les variétés.

L'apogée de l'opéra-comique est marqué surtout par les rivaux Isouard et Boieldieu. Le succès de Nicolas (ou Nicolò) Isouard (1775-1818), Maltais d'origine française, commence avec son installation à Paris en 1799. C'est le plus entraînant et spirituel des deux compositeurs. L'heureuse collaboration avec les écrivains progressistes Hoffmann et Étienne l'incite à écrire, sur des livrets pleins d'humour, d'esprit et d'à-propos satirique, une musique si bien adaptée qu'elle fusionne avec les sonorités et le sens des paroles. Quoique enracinée encore dans les moyens d'expression du XVIIIe s. finissant, elle surprend par une maîtrise du métier qui permet de doubler légèreté et vivacité par un tour mélodique propice au chant. Éperonné par la rivalité avec Boieldieu, qui était rentré de Russie en 1811, Isouard réalise en 1814 ses deux plus beaux succès, *Jeannot et Colin* et, surtout, *Joconde*, où la rencontre du poète et du musicien est parfaite. Isouard possède également un don lyrique qui se fait jour dans ses romances et dans la féerie *Cendrillon* (1810), son plus grand succès en Allemagne.

Ce sentiment discret, encore mozartien et déjà préromantique, fait aussi le charme d'Adrien Boieldieu (1775, † 1834). Dès son premier succès, *Zoraïme et Zulnar* (1798), on admire l'allure vive, divertissante, gracieuse de sa musique, la composition transparente et l'heureuse orchestration, le tout montrant une forte influence italienne. *Le Calife de Bagdad* (1800), où le recours à la couleur locale est des plus prudents, et *Jean de Paris* (1812), qui s'inscrit

Les genres de l'opéra

2. Quelques types comiques

Opera buffa : contrepartie comique de l'*opera seria,* remontant aux *intermezzi* intercalés entre les actes d'une tragédie.
Komische Oper : en Allemagne, forme provenant du *Singspiel* et ressemblant à l'opéra-comique français, mais avec un contenu toujours humoristique.
Opéra bouffe : genre proche de l'opérette, axé sur la légèreté et la parodie verbale et musicale (Offenbach).

dans le courant du « style troubadour », encadrent le séjour du compositeur à Saint-Pétersbourg et montrent combien son style a mûri pendant cette période.
C'est ainsi que, treize ans plus tard, Boieldieu donnera son chef-d'œuvre, *La Dame blanche,* qui dépasse les limites de l'opéra-comique. Le texte, écrit par Scribe d'après le roman de Walter Scott, a toutes les qualités d'un conte fantastique d'E.T.A. Hoffmann. L'évocation d'airs populaires écossais et l'apparition de la Dame blanche dans un décor angoissant sont du plus pur romantisme. Mais Boieldieu semble vouloir fuir tout mysticisme dans la peinture de ses personnages : les convives attablés, tremblant de peur devant la Dame blanche, ou encore les protagonistes et les spectateurs, dans la scène de la vente, sont de belles caricatures des comportements humains. De même, la musique favorise la variété mélodique au détriment des sentiments profonds ; elle est sans prétention et répond au goût d'un public qui voulait être diverti et qui lui est resté fidèle pendant des dizaines d'années.
Parmi les contemporains, c'est sans doute Hérold (1791, † 1833) qui a le mieux bénéficié de ce style mixte. Son charmant *Pré-aux-Clercs* (1832) va, lui aussi, au-delà des normes de l'opéra-comique, grâce au cadre romantique et au déploiement mélodique.
Daniel F.E. Auber (1782, † 1871), après avoir vécu dans l'ombre de Boieldieu, assume la transition vers les formes d'amusement plus légères du second Empire. Sa musique part de la danse, avec ses rythmes gracieux, ses motifs répétés, ses phrases brèves, et cherche un moyen terme entre la chanson à couplets et Rossini. La facilité et le caractère descriptif sont voulus, car Auber veut être compris par l'« homme de la rue ». *Fra Diavolo* (1830), sa meilleure œuvre,

sur un texte de Scribe, se distingue toutefois par un niveau plus élevé de la musique, toujours pétillante, et par le dessin pertinent des rôles : le héros figure tour à tour comme marquis et comme chef des brigands.

Pour Halévy, l'opéra-comique n'a été qu'une occupation secondaire, bien que *L'Éclair* (1835) et d'autres tentatives donnent l'impression que sa vraie vocation était dans le domaine de l'esprit et de l'humour. Son élève Victor Massé semble vouloir préserver l'opéra-comique du glissement vers l'opérette de variété. Comme le prouvent ses chefs-d'œuvre *Les Noces de Jeannette* (1853) et *La Fiancée du diable* (1853), il adopte un ton à la fois âpre et charmant dans ses partitions très soignées et équilibrées. André Messager sera un représentant tardif de ce courant. En revanche, Adolphe Adam, quoique élève de Boieldieu, n'a pas de telles préoccupations. Cherchant à échapper aux poncifs du grand opéra, il en crée d'autres. Dans des œuvres comme *Le Postillon de Longjumeau* (1836) ou *Si j'étais roi* (1852), la diversité de mélodies simples, l'insouciance et la sentimentalité furtive ne visent qu'à distraire et à émouvoir superficiellement ; une pointe de raillerie annonce parfois Offenbach. De même, Louis (Aimé) Maillart se rapproche de l'opérette, mais d'un style moins parodique que celui d'Offenbach (*Les Dragons de Villars,* 1856), grâce à son habitude de traiter légèrement de grands sujets.

Avec les « opéras bouffes » et « opérettes » de Jacques Offenbach, nous touchons aux confins de ce qu'il est possible, à l'époque, d'appeler « opéra ». Que faire d'autre, dans un Paris gavé et las d'une surabondance d'œuvres scéniques, que de parodier ce genre déjà hybride ? Des œuvres comme *Tromb-al-Cazar* et *Orphée aux Enfers* sont à entendre dans ce sens. Mais Offenbach – et avec lui ses librettistes inspirés, H. Meilhac et L. Halévy – se moque de tout et de tous parce que la société du second Empire ne cherche qu'à rire d'elle-même dans l'ivresse du plaisir. Qu'il s'agisse des farces en un acte créées pour son petit théâtre des Bouffes-Parisiens *(Pépito, Le Violoneux),* qu'il s'agisse des chefs-d'œuvre *(La Belle Hélène, Barbe-Bleue, La Vie parisienne, La Grande-Duchesse de Gerolstein, La Périchole),* toujours la musique déborde de folie et de pétulance, débouche dans les tourbillons du cancan, ironise, parodie ou caricature et défie la censure avec ses allusions et attaques politiques.

Quant à son « opéra fantastique », *Les Contes d'Hoffmann* (deux autres tentatives lyriques du compositeur sont négligeables), il semble s'agir d'un rappel tardif (1881 !) du premier romantisme.

Les genres de l'opéra

3. *Les types mixtes*

***Opera semi-seria* :** genre se situant entre l'*opera seria* et l'*opera buffa* italiens, sorte de tragi-comédie (par ex. : *Don Juan* de Mozart).
Opéra-comique : terme aux multiples facettes désignant une forme où alternent des parties musicales chantées avec des dialogues parlés ; le fond peut être comique ou sérieux.
Opéra de demi-caractère : genre fusionnant le style du drame lyrique avec celui de l'opéra-comique.
***Singspiel* :** dans les pays germanophones, opéra avec dialogues parlés, sur des sujets variés.
***Spieloper* :** genre voisin du *Komische Oper* et descendant du *Singspiel*, où l'art de l'acteur est aussi important que la musique.

Mais cette description de la sphère irréelle où se meuvent les automates et où s'expriment leurs émotions n'est-elle pas concevable comme une double satire de la déception qui frappe espoirs et sentiments et de la futilité, voire l'absurdité, des prétentions dans le domaine du théâtre ?

Le drame lyrique et l'opéra de demi-caractère

Après 1850, la continuation de l'opéra romantique est assurée par le drame lyrique, dans lequel fusionnent certains éléments du grand opéra, de l'opéra-comique et même de la tragédie lyrique datant de Lully. Le drame lyrique tire d'abord ses sujets de l'histoire, des légendes et des contes de fées pour se tourner plus tard vers le roman et vers le réalisme. Les chœurs et ballets perdent peu à peu leur importance primordiale, à mesure que s'intensifie l'étude de l'individu et que la musique se charge de fonctions psychologiques. On parle de « demi-caractère » là où les différences entre le genre « sérieux » et l'opéra-comique sont effacées. L'objectif général est de créer un vrai drame qui se démarque de Wagner tout en adhérant au postulat de l'unité dramatique et aux techniques qui permettent d'y parvenir : rapprochement des récitatifs et des airs en vue d'un *arioso* situé à mi-chemin entre les deux ; abandon graduel de la forme discontinue ou à numéros ; mise en valeur de l'orchestre

Charles François Gounod (1818, † 1893)

Repères biographiques

1818	Naissance à Paris (17 juin)
1835-1839	Études au conservatoire de Paris avec Halévy, Reicha, Paër et Lesueur ; prix de Rome
1847-1852	Années de polarisation : tentation de la religion et séduction d'une carrière profane
1852	Mariage avec la fille de P. Zimmermann, professeur de piano au Conservatoire
1852	Directeur de l'orphéon de la Ville de Paris
1859-1867	Période des grands succès scéniques
1893	Mort à Paris (17 octobre)

comme moyen d'expression et d'approfondissement en rapport étroit avec l'action et le sens du texte. Et ce drame sera lyrique, au sens propre du terme, puisque tout en lui aspire à un idéal de souplesse, de raffinement et de sublimation, dans une évolution qui aboutira à l'impressionnisme.

Gounod, initiateur d'un nouveau langage « français »

Le premier représentant du nouveau courant est Ambroise Thomas (1811, † 1896). Après un premier succès, obtenu avec l'opéra satirique *Le Caïd* (1849), sa force d'inspiration et l'intensité de son travail semblent pourtant rétrograder. De son œuvre théâtrale ne subsiste pratiquement que *Mignon* (1866), d'après *Les Années d'apprentissage de Wilhelm Meister* de Goethe. *Mignon* a tenu l'affiche de l'Opéra-Comique pendant vingt-huit ans, et l'ouverture, avec le fameux air-polonaise de Philine, est devenue l'un des piliers des concerts-promenades. Néanmoins, le caractère sentimental et le manque de cohérence de cet opéra ont été beaucoup critiqués. Vue dans sa totalité, l'œuvre lyrique de Thomas n'apporte guère d'innovations réelles ; on y repère la transition du dialogue parlé au mélodrame et au récitatif-*arioso.* Par la maîtrise exemplaire de l'orchestre, par la transparence de l'instrumentation, cet homme réputé égocentrique, intolérant et solitaire a exercé une bénéfique influence sur l'école française.
Mais c'est Charles Gounod qu'il faut considérer comme le véritable initiateur du drame lyrique. Gounod s'est imprégné autant du style

Le livret du *Faust* de Gounod

Faust, déçu par les livres savants, conclut un pacte avec le diable – Méphisto – pour obtenir la jeunesse éternelle. À la kermesse, il rencontre Marguerite pour la première fois. Méphisto s'ingénie à nourrir leur amour et à les unir. Quittée par Faust, Marguerite est saisie par le repentir, mais Méphisto se moque d'elle. Son frère Valentin veut la défendre mais est abattu par l'épée de Faust. Tombée dans la folie, Marguerite tue son enfant. Au cachot, elle revoit Faust une dernière fois, le repousse et meurt.

d'Halévy, son professeur, que de la clarté de Gluck et de Mozart ; la splendeur vocale d'un Rossini l'a impressionné aussi bien que la noblesse des grands constructeurs que sont Bach et Beethoven. Chez cet homme très cultivé, la propension au mysticisme et la tentation romantique tirent leurs origines d'une profonde religiosité : il a toujours été attiré à la fois par la musique sacrée et par le théâtre. Et, malgré son désir d'entrer dans la connaissance, dans la compréhension des civilisations étrangères et de l'Antiquité, il incarne ce qu'on entend par « mentalité esthétique française ». Son œuvre la plus jouée – *Faust* – a d'ailleurs porté tort à sa réputation, tant elle est peu représentative de ses intentions réelles. La valeur littéraire et le poids singulier du *Faust* de Goethe (nous y reviendrons dans le domaine de l'opéra allemand) avaient fait reculer un auteur de la stature de Meyerbeer. Gounod, à son tour, hésita longtemps à en tenter l'adaptation, alors que la pièce – et, en particulier, la « Nuit de Walpurgis », cette apothéose du mysticisme allemand – l'avait fasciné dès la première lecture en 1838. Il faudra plusieurs coïncidences, et surtout la force persuasive des librettistes Carré et Barbier, pour décider Gounod. Néanmoins, le grand nombre d'esquisses du *Faust* témoignent des réticences et du respect du musicien devant le modèle littéraire – la chanson du « Veau d'or » était le résultat de treize tentatives ! Une fois terminée – Gounod en avait considérablement retardé l'orchestration –, l'œuvre fut refusée par le directeur de l'Opéra, qui n'y trouva pas assez d'élan et de brio. Victime aussi de la politique opportuniste menée par Léon Carvalho, directeur du Théâtre-Lyrique, et des difficultés avec la censure, elle ne verra le jour que le 19 mars 1859.

Conformément à l'esprit pragmatique de l'époque, qui privilégiait les effets scéniques, le livret est axé sur l'épisode de Faust et Marguerite, ce qui devait susciter de nombreuses critiques (en Allemagne, l'opéra a été rebaptisé *Margarethe*). Seules la fin de l'œuvre (Faust sauvé par un ange) et la scène de ballet (rencontre de Faust avec des êtres mythologiques) s'inspirent de la seconde partie du drame goethéen. Forme et musique donnent une impression d'incongruité. Une certaine fraîcheur allemande, inspirée du *Freischütz* de Weber (chœurs des étudiants et des soldats), est contrecarrée par l'ombre de *la Damnation de Faust* de Berlioz ; la franchise de la marche et le brillant de la valse alternent avec un lyrisme vocal encore très influencé par l'école italienne. Pas plus que les dialogues parlés originels, les récitatifs, composés ultérieurement en vue de la représentation à l'Opéra, ne créent l'unité qui fait défaut à l'enchaînement des numéros. Certes, cette « variété » est à imputer surtout aux préoccupations des musiciens de l'époque, marqués par la hantise d'ennuyer le public. Mais déjà les initiés parmi les spectateurs contemporains trouvaient cet opéra « incompréhensible ». Et le public de la première représentation, qui réunissait une grande partie de l'élite intellectuelle parisienne, d'une part jugeait la musique trop wagnérienne et d'autre part voyait compromise la valeur du modèle littéraire... Que dire si l'on pense au succès durable de l'œuvre ?
Gounod avait le goût des « grands sujets », inclination parfois fatale, comme en témoignent *Polyeucte* (1878), d'après Corneille, ou encore *La Reine de Saba* (1862). Concernant les attaques qu'a subies cette dernière œuvre, quelques réserves s'imposent. Le « plus grand insuccès » de Gounod semble être dû bien plus à des raisons sociopolitiques qu'à des critères musicaux : la critique sociale sous-jacente ainsi que les rapports du sujet avec la franc-maçonnerie suscitaient la désapprobation des dirigeants du second Empire. Les répétitions à l'Opéra coïncidaient avec l'échec de *Tannhäuser*, ce qui fit paraître plus justifié le reproche de « wagnérisme aveugle ». Or, *La Reine de Saba*, quoique peu dans la manière de Gounod en raison du *pathos* dramatique qui s'en dégage, est une partition brillante, qui constitue une tentative importante d'actualiser le grand opéra par une coloration lyrique.
D'autres opéras, tels *Philémon et Baucis* (1862) ou *La Colombe* (1866), révèlent les véritables talents de Gounod : lyrisme, intimisme, charme vocal et pureté du style. Il convient de mettre au premier rang ce chef-d'œuvre méconnu : *Roméo et Juliette* (1867). Le

livret suit étroitement le modèle shakespearien, et la musique fait preuve d'une relative cohésion dramatique. Indépendamment de la répartition en numéros affectés d'intitulés poétiques, l'homogénéité est obtenue par l'emploi de motifs de rappel, par une instrumentation très nuancée, par un jeu de contrastes dramatiques bien calculé et par la facture des parties vocales, qui révèlent le souci de mettre en valeur les propriétés et le sens du texte.

Un souci analogue constitue le mérite de *Mireille* (1864), conçu d'après un récit de l'écrivain provençal Frédéric Mistral. L'idylle amoureuse, le milieu provençal et la simplicité paysanne hésitant entre croyance et superstition avaient particulièrement touché le compositeur, qui se rendit au cours de son travail à Saint-Rémy, près d'Arles, pour s'imprégner de l'atmosphère locale. Avec *Mireille*, Gounod aborde enfin le domaine des sujets intimistes, où il se montre le plus puissant. La légèreté de la musique, le mélange de gaieté gracieuse et de tristesse discrète, le caractère pastoral de l'ensemble, où l'on sent l'influence de Mozart, ont amené Gounod à remplacer la forme en cinq actes, trop pompeuse, par la forme en trois actes et à substituer à la fin tragique une solution conciliatrice. Le tissu musical est dominé par la pensée mélodique. À une époque où le remplacement de la poésie par la prose dans les livrets d'opéra est fortement discuté, Gounod conçoit ici une ligne vocale qui observe les inflexions de la prosodie verbale ; il amorce donc l'esthétique de la « déclamation chantée », liée à une nouvelle conception des tâches du chanteur, telle qu'elle caractérisera l'opéra français du dernier tiers du siècle. *Mireille* apparaît ainsi comme l'un des premiers signes annonciateurs de l'impressionnisme.

Massenet, médiateur entre Gounod et Debussy

Jules Massenet (1842, † 1912) ressemble à Meyerbeer en ceci que, après trois décennies de succès et de vénération, il a été déprécié, raillé, oublié, et les commentateurs n'ont guère su définir son rôle. Massenet fait partie des polygraphes du siècle ; il s'est presque exclusivement voué au théâtre. Il composait à heure fixe, aux aurores, pour se consacrer ensuite à la gestion de ses affaires dans le bureau que son éditeur avait mis à sa disposition. C'était un habitué des salons et un charmeur de femmes, et les principaux reproches qu'on ait pu lui faire, c'est d'avoir transposé dans le domaine musical son « désir de plaire » et, pour y parvenir, d'avoir flatté le goût du public, surtout par la suavité élégante de son

---

Jules Émile Frédéric Massenet (1842, † 1912)

Repères biographiques

1842	Naissance à Montaud – Saint-Étienne (12 mai)
1848	Début des études de piano, sous la direction de sa mère, à Paris
1851-1863	Entrée au Conservatoire ; études avec Bazin, Reber, Thomas ; années difficiles à Paris
1863	Prix de Rome
1867-1877	Orientation vers le théâtre et affirmation du talent scénique
1881-1902	Production incessante et gloire
1912	Mort à Paris (13 août)

---

orchestre, et aussi d'avoir produit ses spectacles comme s'il s'agissait avant tout de satisfaire aux demandes d'un marché...
Massenet avait un don d'assimilation admirable. Ses contemporains le considéraient comme l'héritier principal de Gounod : or, ses œuvres explorent pratiquement tout l'horizon des styles de son temps, tout en restant ancrées dans la tradition musicale française : on peut y déceler l'influence de Meyerbeer, de Verdi et de Wagner, mais aussi le recours à des éléments liturgiques, baroques, médiévaux et exotiques stylisés.
Il est difficile de distinguer des périodes ou des manières dans l'œuvre de Massenet. Répétitions et redites font que tous ses opéras se ressemblent, mais, paradoxalement, chacun constitue aussi une individualité. Les caractéristiques de son langage, qui s'étaient formées très tôt, n'ont pratiquement jamais changé. Massenet mena à son apogée un type de mélodie qualifié de « français » depuis Halévy et Gounod, tout en le marquant d'une empreinte personnelle. C'est une ligne souple, équilibrée et épanouie, qui fait habilement alterner tension et détente. Souvent, elle présente un caractère statique ou se réduit à une enfilade d'arabesques : influence de l'orientalisme. Quant à la déclamation chantée, sa correspondance avec la prosodie de la langue française est exemplaire : avec ses phrases irrégulières qui suivent l'intonation et finissent par une suspension, ses accents d'emphase judicieusement distribués, ses rythmes dérivant de l'anapeste, c'est une véritable

prose musicale. À la conception anciennement instrumentale du chant se substitue une conception vocale de la mélodie. La pensée mélodique pénètre tous les paramètres musicaux. Annonçant l'impressionnisme, l'enchaînement harmonique, riche en accords de neuvième et en sonorités dérivant de la gamme par tons, devient parfois juxtaposition ou alternance d'accords ressentis comme des couleurs ; le développement consiste à répéter et à transposer des motifs assez stéréotypés. Enfin, sur le plan général de la forme, Massenet a volontiers recours au schéma A-A-B *(Barform)*, que l'on rencontre chez Wagner, mais également chez Debussy.

La majorité des opéras de Massenet est axée sur un thème central : la psyché et le sort de la femme. *Manon*, opéra-comique (1884) d'après le roman de l'abbé Prévost, montre la tragédie de la femme insouciante mais fatale (c'est la Traviata et Mimi...). *Thaïs* (1894), comédie lyrique d'après Anatole France, met en scène l'antagonisme entre aspiration spirituelle et sensualité, dans un cadre exotique qui rappelle *Aïda*.

Parfois, la forme est proche de celle du grand opéra (*Hérodiade*, 1881, qui met l'accent sur la jalousie, la mesquinerie féminines, mais aussi *Le Cid*, 1885) ; parfois, elle reflète l'opéra romantique ou la féerie (*Esclarmonde*, 1889 ; *Cendrillon*, 1899). On a beaucoup critiqué l'adhésion, peu motivée, de Massenet, au vérisme dans *La Navarraise* (1894) et dans *Sapho* (1897), et méconnu son approche de l'impressionnisme dans *Ariane* (1906).

Un comportement ascétique et pieux vient parfois contrecarrer l'attitude sensuelle générale de sa musique (*La Vierge*, 1880 ; *Le Jongleur de Notre-Dame*, 1902). Or, le compositeur vieillissant recherche la pureté et la simplicité (*Roma*, 1912) et laisse entrevoir la sagesse et l'humour, subtil dans *Don Quichotte* (1910), corsé dans *Panurge* (1912).

C'est sans doute dans *Werther* (1892) que Massenet se renouvelle le plus. Des procédés wagnériens – cohérence formelle et usage du *leitmotiv* – sont intégrés à un langage profondément français, mais nouveau par la transparence de la structure orchestrale : celle-ci n'hésite pas devant les âpretés, mais produit, de loin, l'effet d'une extrême sensibilité. Ainsi, la « sentimentalité » dépassée de nos jours semble résulter non pas tant de quelques platitudes, si souvent critiquées, que de la façon dont Massenet ressentait personnellement le manifeste goethéen du *Sturm und Drang*...

Pour les musiciens appartenant au même courant de l'école française que Massenet, l'opéra n'a été qu'une expérience passagère. Léo

Delibes, connu surtout pour ses ballets *(La Source, Coppélia, Sylvia),* n'échappe pas à la facilité et à la sentimentalité dans son opéra le plus joué, *Lakmé* (1883), dont l'atmosphère indienne assura le succès. Quant aux projets d'Emmanuel Chabrier, ils ont été contrariés par la malchance (incendie à l'Opéra-Comique, faillite du directeur de l'Opéra de Bruxelles). Son librettiste Catulle Mendès sacrifia parfois la substance à l'élégance ; une surcharge musicale se ressent dans *Gwendoline* (1885), que rafraîchit néanmoins une atmosphère sonore modale. L'opérette *L'Étoile* (1877) avait révélé le don humoristique de Chabrier, et l'on peut regretter qu'il n'ait pas réalisé son rêve d'écrire un *Pantagruel.*

Édouard Lalo est un puriste de style et un brillant technicien d'orchestre. Dans son œuvre maîtresse pour le théâtre, *Le Roi d'Ys* (1888), la révérence faite à Wagner est compensée par le cadre breton discrètement saisi par la musique et par une action vivante. On a pratiquement oublié les drames lyriques de Charles Marie Widor (dont *Maître Ambros,* 1886), appréciés pourtant par ses contemporains.

Saint-Saëns et l'héritage de Berlioz

La lutte menée par le symphoniste Camille Saint-Saëns (1835, † 1921) pour réussir au théâtre était aussi une lutte contre son grand rival, Massenet, et contre un style dans lequel il subodorait la décadence. Ses grandes vertus – maîtrise de la forme, spontanéité et originalité des idées – distinguent ses œuvres scéniques, qui réunissent la tradition de Berlioz avec des traits du grand opéra et une prudente influence wagnérienne.

La mélodie de Saint-Saëns a plus d'affinité avec la fermeté de Berlioz et de Niedermeyer qu'avec l'élasticité des héritiers de Gounod. Wagner n'est pour le compositeur qu'un point de repère (orchestre, chant, techniques de développement) : il emploie le *leitmotiv* avec peu de rigueur et préfère la répartition en formes closes. Déjà dans *La Princesse jaune* (1872), on sent que l'exotisme sera pour lui une source de renouvellement stylistique.

Cependant, au théâtre, la fortune ne fut pas favorable à Saint-Saëns. Sur une vingtaine d'œuvres scéniques, quatre ou cinq seulement ont survécu : *Étienne Marcel* (1879) et *Proserpine* (^{1}1887, ^{2}1899) ont été bien accueillis ; le succès de *Henri VIII* (1883) était dû à la couleur locale anglaise, que Saint-Saëns avait étudiée sur place ; celui de *Phryné* (1893), au triomphe du soprano américain Sibyl Sanderson, dont Massenet avait su mettre en valeur la fabuleuse tessiture de trois octaves. L'œuvre maîtresse de Saint-Saëns reste sans doute *Samson et Dalila,* représentée à Weimar en 1877, grâce à Liszt, puis à Paris en 1892. Cet opéra biblique était d'abord conçu comme oratorio, ce qui explique le rôle important du chœur ainsi que son rapport avec le chant des solistes (notamment dans le grand récitatif dramatique de Samson auquel répond le peuple). Toutefois, la musique reste passionnée, et son lyrisme culmine dans le duo d'amour du IIe acte ; musique dont la force dramatique va croissant jusqu'au dénouement fatal, et qui traduit la duplicité féminine faite d'amour et de haine, de sensualité et de malice... Dalila, c'est déjà Salomé et Électre.

Autour de Saint-Saëns, la postérité du style de Berlioz verse davantage dans l'imitation de Wagner. Ernest Reyer s'était, au début, inspiré de David pour ensuite rejoindre les sujets nordiques *(Sigurd,* 1884, d'après les *Eddas)* et tenter une alliance de Berlioz et de Wagner (*Salammbô,* 1890, d'après Flaubert). Gabriel Fauré semble hésiter entre la voie du lyrisme (*Pénélope,* 1913) et la tragédie monumentale qui dépasse le cadre du théâtre habituel (*Prométhée,* créé en 1900 aux arènes de Béziers).

Avec César Franck, dont l'œuvre scénique est restée marginale, Vincent d'Indy oppose à la décadence d'un théâtre musical stéréotypé la « mission » wagnérienne. Son *Fervaal* (1895), intitulé, à l'instar de *Tristan,* « action musicale », fait appel aux techniques chères à Wagner (forme cohérente, voire cyclique, développements symphoniques à base de *leitmotive,* caractéristique des tonalités, importance des vents) et même à la symbolique wagnérienne (accomplissement de l'amour par la mort ; idée de la rédemption). Les Cévennes, lieu présumé des combats entre les Celtes et les Sarrasins de sa mythologie, lui donnent l'occasion de peindre la nature (dans cette lueur tamisée que produisent saxhorns et saxophones) et d'évoquer le folklore français.

Le Roi Arthus (vers 1896) d'Ernest Chausson va dans le même sens : dans le texte et dans la musique, fort chromatique, se reflète encore *Tristan.*

Bizet et la variante réaliste

Parmi les successeurs de Gounod, c'est sans doute Georges Bizet qui réunit le plus de courants différents et, à première vue, contradictoires. C'est lui aussi qui a donné les impulsions les plus courageuses au renouvellement d'un genre épuisé, sans trop s'écarter des données de la tradition française. Au début, il se cherche encore. *Ivan le Terrible* (1863) est dominé par la grandiloquence de l'opéra

---

Georges Bizet (1838, † 1875)

Repères biographiques

1838	Naissance à Paris (25 octobre) ; fils d'un professeur de chant
1848-1857	Études au Conservatoire de Paris, chez Halévy et Gounod
1857	Prix de Rome ; premières expériences scéniques aux Bouffes-Parisiens
1869	Mariage avec la fille d'Halévy
1871	Chef de chœurs à l'Opéra
1874	Achèvement de *Carmen*, après dix années d'opéras inachevés
1875	Mort à Bougival (3 juin)

---

historique de type meyerbeerien, mais on y repère aussi des éléments verdiens, qui prendront le dessus dans *La Jolie Fille de Perth* (1866, d'après Walter Scott). Ici, Bizet parvient à l'économie des moyens d'expression et au sens de la progression dramatique propres à Verdi, bien que des traits personnels se dégagent déjà, telles la coupe souveraine de la mélodie, une harmonisation resplendissante et une orchestration très colorée.

Par ailleurs, Bizet adhère pleinement à la nostalgie du lointain : *Les Pêcheurs de perles* (1863) – de même que le petit opéra-comique *Djamileh*, de 1872, frappé d'insuccès – s'inscrivent dans l'orientalisme de Félicien David. Le matériel musical et l'instrumentation, opalescente, contiennent déjà les germes de *Carmen* ; c'est le cas également du rôle que jouent la passion et la jalousie dans *La Coupe du roi de Thulé* (1868).

Carmen (1875) allie enfin tous ces éléments avec le don principal de Bizet, qui est d'observer et de décrire l'homme et la vie quotidienne. La petite nouvelle *Carmen* de Mérimée était un modèle littéraire idéal, grâce à son réalisme et au contexte espagnol qu'elle suggérait. Les personnages, tout en contrastes, sont frappants de vérité : Escamillo, toréador sans pitié ; José, sensible et aveuglé par l'amour ; Micaëla, douce et compréhensive ; Carmen, sûre de son pouvoir, hautaine et sans cœur. Cette tsigane définit un nouveau type de rôle qui demande de grandes qualités d'acteur ; le registre même est variable (soprano, mezzo ou alto).

Le livret de *Carmen*

La tsigane Carmen, capricieuse et fougueuse, a charmé le sergent José, qui devait l'arrêter pour avoir participé à une rixe. Elle le fait renoncer à tous ses engagements et vivre avec elle parmi des contrebandiers. Vite lassée de son amant, elle s'enflamme pour le toréador Escamillo. Les rivaux s'affrontent, mais Carmen les sépare. Devant les arènes, José tente de la reconquérir, lui parle d'amour ; orgueilleuse, elle le rabroue. José, pris de rage, la tue d'un coup de couteau.

Ce génie de l'observation qu'était Bizet dessine des épisodes poignants (la sinistre scène du jeu de cartes, Carmen contrefaisant le signal du couvre-feu, etc.), dans une tension dramatique qui ne fléchit jamais et qui est indépendante de la répartition en numéros et du choix entre dialogues parlés (première version) ou récitatifs (seconde version).
Le succès extraordinaire de cet opéra est dû aux atouts d'un langage musical qui parvient à traduire le contraste entre une atmosphère de fête et l'omniprésence de la mort, ainsi qu'à évoquer le milieu espagnol. Aux airs en forme de danses populaires (boléro, séguedille, habanera) et au thème de la corrida s'oppose le motif de la mort, fondé sur la gamme gitane (voir ♪ ci-dessous). Bizet a le premier compris l'hispanisme comme variante de l'exotisme.
L'opéra réaliste de Bizet, bien que discret dans l'expression musicale de la brutalité, est la source principale du vérisme français. En 1900, Gustave Charpentier écrit son roman musical *Louise*. Le sujet, qui semble préconiser l'« amour libre » déjà invoqué dans *Carmen*, et la musique, qui habille de lyrisme la description du milieu parisien, apparaissent comme une synthèse de Bizet et de Massenet, tout en annonçant Puccini. Mais, depuis *Carmen*, vingt-cinq ans ont passé. L'histoire de cette fille d'ouvrier qui succombe aux tentations de

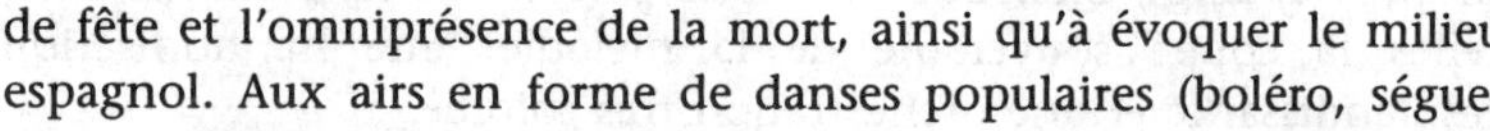

G. Bizet, Carmen, *motif de la mort, bâti sur la gamme gitane.*

Montmartre condamne une société décadente. On ressent dans *Louise* l'impact du naturalisme. L'œuvre scénique d'Alfred Bruneau, élève de Massenet, est, elle aussi, influencée par Zola (*Messidor,* 1897 ; *L'Ouragan,* 1901 ; *L'Enfant-Roi,* 1906, etc.). Bruneau hésite pourtant entre son désir d'une révolution musicale et sa fidélité au romantisme ; il rejoindra en effet, avec *Le Jardin du Paradis,* 1903, la tradition du conte de fées.

L'opéra français : innovations modérées

Cette dernière impression semble confirmer le sort et la particularité de l'opéra français, considéré dans son ensemble. En France, on n'a pas préconisé des innovations radicales. Dans une évolution qui va de la recherche de la splendeur à celle du raffinement et de la précision, on a toujours voulu impressionner par la force du sujet, en poussant à l'excès passions et sentiments. L'opéra a exploité l'image et aussi le son des paroles d'une façon très concrète. Il y eut certes quelques puristes et idéalistes. Il reste qu'en France on a toujours fait de la musique et inventé des spectacles en sachant qu'on écrivait pour le public.

L'opéra allemand : vers un équilibre entre le poème et la musique

Les origines

Le théâtre musical allemand a des racines profondes et variées. Dès la fin du XVIIe s. et pendant tout le XVIIIe, il s'oppose aux adaptations ou imitations d'opéras français et aux opéras « importés » d'Italie, qui détiennent une sorte de monopole. Ce voisinage permanent déteint sur les œuvres scéniques de langue allemande : on calque la monodie italienne, on introduit des *arie* avec *da capo* et des *duetti* de forme typique, on emprunte au style français les danses, les chœurs, la déclamation musicale. D'autre part, les éléments proprement allemands s'imposent très tôt, pénètrent dans la texture étrangère, la désagrègent, l'effacent. Le lied strophique, qui ne consiste souvent qu'en l'adaptation d'un nouveau texte à une mélodie déjà existante, prend de plus en plus de place, affecte l'*aria,* la simplifie et apporte un ton populaire. Le duo et le récitatif se convertissent en chant déclamé et dialogué, dont l'habileté naturelle se réclame de la cantate.

Après 1750, une première prise de conscience apparaît, comme une anticipation des idées du XIXe s. Gotthold Ephraïm Lessing, écrivain et philosophe, critique l'adoption du théâtre classique français par certains hommes de lettres allemands et préconise un art authentique prenant pour modèle Shakespeare. C'est l'écrivain Christoph Martin Wieland qui tentera une première traduction (en prose) de vingt-deux œuvres de Shakespeare. Styliste brillant, il plaide en faveur d'une culture libre, harmonieuse, et insiste sur le caractère personnel de la littérature. De telles intentions se reflètent peu après dans le théâtre musical ; en 1773, Wieland écrit un livret d'opéra, *Alceste*, où il tente, en se fondant sur les principes de Gluck, de revaloriser un genre toujours menacé par la décadence. La mise en musique d'Anton Schweitzer (1735, † 1787), qui abandonne déjà la division en numéros clos, fait appel à un récitatif déclamé, auquel s'intègrent airs et chœurs, tandis que l'orchestre se voit confier des tâches d'une importance inhabituelle.

L'autre source de l'opéra national allemand est le *Singspiel*, qui remonte aux adaptations allemandes du *Beggar's Opera* (1728) et à des formes médiévales de théâtre populaire. Outre l'influence temporaire italienne et le rapprochement occasionnel de l'opéra-comique français, ce *Singspiel*, pièce au dialogue parlé mêlé de chansons et d'intermèdes instrumentaux, a surtout subi un glissement vers le fantastique et vers l'évocation sentimentale, qui l'ont parfois doté d'une certaine gravité. Même le mélodrame et le monodrame ont agi sur le *Singspiel*. L'importance attribuée au langage laissé à l'état pur et présenté sous forme de déclamation expressive sur un fond musical, qui peint ce qui est ressenti « entre les lignes », s'inscrit tout à fait dans cette nostalgie idéaliste allemande qui veut refaire de l'opéra un « drame pour (ou avec) musique » en souvenir de Monteverdi et de Gluck.

La formation de l'opéra national allemand

C'est en Allemagne que la musique théâtrale a été le plus directement marquée par la littérature et par la poésie. En Italie, sauf chez le Verdi de la maturité, le texte n'était trop souvent que prétexte. En France, l'influence se manifestait au niveau des idées (conception de la tragédie, adoption de certains grands thèmes) ou était d'ordre technique (façonnement de la prosodie). Or, en Allemagne, la poésie, avec sa facture, son message et son milieu spécifiques, déteint directement sur les différentes dimensions de la musique ; la vie de la musique en dépend. De plus, à part Wagner et Lortzing, l'Allemagne ne connaît guère de compositeur qui se soit exclusivement consacré au théâtre, mais beaucoup ont écrit des opéras à côté d'autres musiques. Les propriétés de ces autres musiques ont souvent contribué au style des œuvres théâtrales, comme chez Beethoven sur le plan du développement symphonique, chez le violoniste Spohr sur le plan de la mélodie ou chez Weber sur le plan de l'instrumentation. C'est donc en grande partie de cet état de choses que certaines caractéristiques de l'opéra allemand (unité, simplicité du chant, intégration des voix à l'orchestre, instrumentation pittoresque, etc.) tirent leurs origines.

« Fidelio », œuvre idéaliste

L'unique opéra de Ludwig van Beethoven (1770, † 1827) est, à plusieurs égards, une œuvre intermédiaire. Il prolonge la tradition du *Singspiel* « émancipé » et chargé d'un message éthique, telle qu'elle s'était affirmée dans *La Flûte enchantée* de Mozart. *Fidelio* mène à l'apogée un certain type d'opéra rattaché aux thèmes de la Révolution et axé sur l'idée du salut et de la délivrance, en partant du modèle précis du *Porteur d'eau* de Cherubini. Or, cette idée de délivrance, de rédemption, deviendra, sous des rapports modifiés, l'une des clefs de l'opéra romantique. Enfin les reliques du style italien – qualité du beau chant, fonction des personnages – sont contrecarrées par une interdépendance étroite de la voix humaine et de l'orchestre.

L'*Alceste* de Wieland avait déjà traité de l'amour conjugal qui surmonte la mort. *Fidelio* replace ce thème dans un contexte d'actualité : pendant les jours de la Terreur, une femme courageuse avait libéré son mari de la prison jacobine, sous les yeux du ministre Bouilly. Ce même Bouilly, auteur du livret du *Porteur d'eau* de Cherubini, avait fixé l'événement dans un récit, *Léonore ou L'Amour conjugal*, qui avait ensuite servi de modèle à trois opéras, de Pierre Gaveaux, de Ferdinando Paër et de Simon Mayr, avant que Beethoven ne s'y intéressât. La première version de l'œuvre, intitulée initialement *Leonore*, en 3 actes (texte de Joseph Sonnleithner), fut représentée le 20 novembre 1805, au théâtre An der Wien, à Vienne ; elle ne remporta qu'un succès modéré, car elle fut jugée trop longue, d'où la deuxième version, en 2 actes, de 1806. À ces deux versions correspondent les ouvertures *Léonore II* et

Le livret de *Fidelio*

Déguisée en homme, Léonore est venue travailler chez le geôlier Rocco pour libérer son mari Florestan, illégalement détenu par le gouverneur Pizarro. Le ministre annonce sa visite, et Pizarro veut tuer le prisonnier clandestin. Léonore-Fidelio, ahurie, prie Rocco d'ouvrir la prison et de laisser voir le soleil aux détenus. Puis ils descendent au dernier cachot creuser une tombe pour Florestan. Pizarro arrive pour poignarder Florestan, mais Léonore se jette entre les deux et menace Pizarro avec un pistolet. C'est là que s'annonce le ministre, qui reconnaît en Florestan son vieil ami, le libère et arrête Pizarro.

Léonore III, dont la dernière, qui présente une véritable synthèse ramassée du drame, a souvent été jugée trop compacte. La forme définitive de l'opéra est celle de la reprise de 1814, fondée sur une révision du livret par G.F. Treitschke et précédée de la 4e ouverture, en *mi* majeur, dont la relative complaisance n'est, hélas ! qu'une concession à l'auditeur.

L'idéal révolutionnaire qui se reflétait dans les œuvres d'art de l'époque se manifeste dans *Fidelio* à travers quatre grandes idées, piliers sur lesquels reposent l'édifice dramatique, le message éthique et social et l'effet émotionnel de cet opéra. L'idée de la Liberté est démontrée d'abord par la négative : l'atmosphère grise de menace et de captivité pèse sur les trois quarts de l'action : le contraste est créé lorsque surgit le magnifique chœur des prisonniers qui, en sortant du cachot, aperçoivent la lumière du soleil ; et le sentiment de liberté triomphe lorsque le ministre vient délivrer Florestan. En même temps, la liberté de la pensée l'emporte sur l'oppression, puisque Florestan est sauvé. L'idée de la Fidélité est personnifiée par Léonore et se cristallise dans la scène du cachot, où Léonore se jette entre son mari et le poignard de Pizarro. L'idée de la Fraternité, latente, s'entrevoit dans le personnage du serviable Rocco et jaillit, à la fin, dans la maxime proclamée par le ministre : « L'homme cherche ses frères et apporte volontiers son secours. » Ces idées, qui ont une fonction médiatrice, permettent la réalisation de la quatrième, celle de la Joie : c'est dans une joie extatique que convergent, au dernier tableau, la liberté obtenue et les aspirations éthiques satisfaites. Beethoven prépare ici le dernier mouvement de la *Neuvième Symphonie* (« Ode à la joie »).

Le génie de la mise en musique réside dans la discipline formelle, dans la maîtrise rationnelle par laquelle est dompté ce volcan de passion et d'extase ; cela se révèle notamment dans les deux grandes scènes finales (du Ier et du IIe acte), qui avaient sûrement constitué, pour Beethoven, le côté séduisant du livret. Un orchestre pas plus grand que celui de Mozart est engagé dans un travail symphonique qui permet de construire des scènes entières à partir d'un engrenage de motifs. La voix humaine y participe : le chant, qui évite lui aussi les ornements gratuits, est conçu de façon instrumentale et est intégré au tissu orchestral tout en lui restant superposé. Cette facture du chant, exempte de prétention, qui avait sans doute contribué aux quasi-échecs de 1805 et 1806, suscita la critique de Cherubini : celui-ci qualifia la mélodie vocale de « nullement *cantabile* »..., et adressa une méthode de chant à Beethoven. Le but de ce dernier semble pourtant clair : accorder au texte le rôle clef qui lui revient dans un drame. C'est ainsi qu'il faut entendre le maintien du dialogue parlé et l'insertion du mélodrame à un moment décisif de l'action, lorsque Rocco et Léonore entrent dans le cachot de Florestan. Voilà les moyens qui ont permis de distiller, à travers une décharge massive d'émotion, la force dramatique, la logique des idées et l'approfondissement de l'étude psychologique. N'est-ce pas là une cristallisation saine et pure d'un « drame musical » tout à fait rattaché aux univers allemand et français mais plus proche d'un *Otello* verdien que de l'intransigeance d'une « œuvre d'art intégrale » à la Wagner ?

Schubert, Hoffmann, Spohr : lyrisme musical et romantisme littéraire

Pendant les trois premières décennies du XIXe s., le *Singspiel* est éclipsé par l'avènement de l'opéra romantique ; nous retrouverons ses traces dans le cadre de l'opéra-comique. Néanmoins, son principe formateur – alternance de textes parlés et de parties musicales – reste déterminant pour l'évolution de l'opéra allemand. Dans cette évolution, Franz Schubert et E.T.A. Hoffmann représentent un stade de transition. Malgré leur nombre relativement élevé, les œuvres scéniques ne sont que d'importance secondaire dans la création des deux compositeurs.

Schubert a écrit des *Singspiele* où domine la farce viennoise – *Claudine von Villa-Bella*, d'après Goethe, mériterait sûrement d'être préservée de l'oubli comme document d'une époque ; il a écrit aussi des féeries et de grands opéras : *Alfonso und Estrella*, 1822 ; *Fierabras*, 1823 ; *Die Verschworenen*, « Les Conspirateurs » (1823), etc. Le ton généralement lyrique, proche du lied contemplatif et de certains mouvements lents des sonates ou symphonies, ainsi que la rythmique stéréotypée de berceuse et de barcarolle – héritage des études faites chez Salieri ? – déjouent l'intention dramatique et empêchent l'effet théâtral.

L'opéra *Genoveva*, « Geneviève (1847-1848), de Robert Schumann sera un produit tardif de ce courant lyrique. Les modifications apportées par Schumann au modèle littéraire de Friedrich Hebbel vont à l'encontre de l'intérêt scénique, défaut que les beautés de la musique ne peuvent guère compenser.

Le rang contestable d'E.T.A. Hoffmann (1776, † 1822) comme musicien se révèle, entre autres, dans ses 11 *Singspiele*, qui montrent un style sage et conventionnel. En revanche, son opéra de féerie *Undine*, « Ondine », de 1816, marque une étape importante. Certes, la musique y manque de profil personnel et ne s'écarte guère d'un style postmozartien. Lyrique mais peu dramatique, le langage orchestral affirme une transparence, un aspect gracile, qui semble être un dernier écho de la mode « sentimentale ». La thématique, toutefois, est tournée vers l'avenir. Au milieu du romantisme littéraire, un an après *Pressentiment et Présent* d'Eichendorff, Hoffmann donne une impulsion décisive à l'opéra romantique avec un sujet fondé sur un conte que Friedrich de La Motte-Fouqué avait écrit en 1811, en pleine mode du conte de fées (les recueils des frères Grimm furent publiés entre 1812 et 1815). Ce sujet, que Hoffmann aborde deux ans après ses véritables débuts littéraires, entre *Les Élixirs du diable* et les *Nachtstücke*, « Contes nocturnes », rappelle ses fameux récits fantastiques, où le réel et le surnaturel s'interpénètrent. La vengeance des « êtres sans âme » (l'univers fantomatique) frappe les « êtres dotés d'âme » parce que ceux-ci ont opposé un refus au désir d'Ondine, fille des eaux, d'être acceptée par les hommes et d'accéder à l'amour humain.

Il est significatif que le thème d'*Ondine*, qui mène directement à *Hans Heiling*, de Marschner, et à *Lohengrin*, réapparaisse, sporadiquement, à travers le XIXe s. En Allemagne, c'est surtout Albert Lortzing qui le reprendra, trente ans après Hoffmann. Son « opéra merveilleux et romantique » sera, il est vrai, un mélange assez incongru d'opéra romantique au sens strict, d'opéra-comique (y compris, même, des éléments français) et de chant italianisant.

L'ouverture est remarquable par son instrumentation brillante et par ses liens étroits (thèmes, motifs) avec les *leitmotive* de l'action musicale.

On est tenté de considérer comme précurseur, également, le *Faust* (1813-1816) de Ludwig Spohr. La musique, chargée des clichés du chant italien, ne s'engage sur la voie du romantisme que dans la scène de la nuit de Walpurgis. Or, le sujet correspond à une vision tout à fait romantique. C'est l'histoire d'un homme qui, obsédé par son désir d'acquérir la sagesse transcendante, la jeunesse éternelle et le bonheur terrestre – toutes vertus surhumaines –, se confie totalement au démon du mal jusqu'à en périr : drame de la vanité des efforts et de l'orgueil humains. Spohr part d'ailleurs de l'une des multiples formes prégoethéennes de la pièce, qui remontent à une vieille légende publiée en 1587 à Francfort.

Après une première version, conçue entre 1772 et 1775 et connue sous le titre d'*Urfaust*, « Faust originel », Goethe avait créé la version définitive de sa pièce entre 1806 et 1808 ; elle avait paru en 1808 mais ne fut représentée pour la première fois qu'en 1829, à Brunswick. La première adaptation musicale de ce *Faust* goethéen fut celle du prince polonais Antoni Radziwill. De grandes parties de cet opéra, né en collaboration avec Goethe, consistent en une déclamation libre ou rythmée, avec un accompagnement orchestral qui répond à la sobriété que le poète exigeait du chant et qui annonce déjà le style de Wagner. C'est une œuvre originale, poétique, quoique contestée, qui fut représentée d'abord par fragments, puis, intégralement, à Berlin en 1835.

Le thème du docteur Faust sera repris maintes fois par les écrivains et les musiciens, du romantisme à nos jours.

L'opéra romantique allemand

Plusieurs caractéristiques du lyrisme allemand qui avaient annoncé le romantisme dans l'opéra détermineront par la suite le style théâtral allemand par opposition, notamment, à la manière italienne : le recours aux légendes, aux vieilles sagas, aux sujets historiques, en tant que ressources autochtones et non comme expérience de dépaysement ; l'élévation du conte de fées au rang d'œuvre d'art ; la nature prise comme objet de description et comme source d'inspiration mystique ; l'intimité avec la nature, et aussi la menace exercée sur l'homme par les forces démoniaques qui habitent celle-ci – d'où le désir de délivrance, l'espoir de rédemption.

Le livret du *Freischütz*

Max, un jeune chasseur, n'a pas eu de chance au tir, mais son camarade Kaspar lui suggère de se servir de balles ensorcelées pour gagner à la compétition et, par là, obtenir la main d'Agathe, sa bien-aimée. Dans le « ravin du Loup », ils fondent sept balles, avec l'aide de Samiel, le Chasseur noir, suppôt du diable. Le jour du tournoi, la septième balle est dirigée vers Kaspar et le tue. Max est pourtant gracié et pourra épouser Agathe.

La musique, sans renier entièrement une composante italienne, favorise les éléments populaires et la simplicité du lied ; elle attribue une symbolique aux sonorités et harmonies en faisant progresser le chromatisme. La dramaturgie est condensée par la transformation de l'enchaînement de récitatifs (ou dialogues) et airs en scènes dramatiques diversifiées et par l'utilisation de motifs de rappel.
Deux grands types de théâtre musical sont à distinguer : l'opéra national romantique, parfois lié au domaine historique, et l'opéra-comique allemand. Avant Wagner, trois noms représentent essentiellement le premier type : Carl Maria von Weber, Ludwig Spohr et Heinrich Marschner.

Weber, initiateur de l'esprit « germanique » dans l'opéra
Fils d'un musicien qui connut une vie assez agitée et fonda un théâtre itinérant, Carl Maria von Weber (1786, † 1826) fut l'élève, entre autres, de Michael Haydn et de l'abbé Vogler à Vienne. Sa vie, relativement courte – il mourut de phtisie à Londres –, fut marquée par une brillante carrière de chef d'orchestre et de directeur de théâtre (à Prague et à Dresde) qui lui permit de réaliser de remarquables mises en scène, parmi lesquelles le *Faust* de Spohr et *Fidelio* à Prague. Il commença tôt à composer. Son opéra *Silvana* (1808-1810) montre déjà les germes d'un langage romantique personnel. Mais c'est avec le *Freischütz* (1817-1820) que Weber crée un opéra national égalant les opéras italiens et français et qui lui vaut d'être considéré comme l'initiateur de l'esprit « germanique » dans le théâtre musical.
Dès l'ouverture, qui est un véritable résumé des étapes de l'action, nous sommes confrontés avec des nœuds dramatiques et des

symboles : la forêt allemande, lieu de bien-être et de recueillement à la Eichendorff (le motif des cors...) mais aussi d'angoisse et d'inquiétude à la Hoffmann (agitation orchestrale) ; le soleil, signe d'espoir et de salut (accords lumineux) ; Samiel, le « Chasseur noir », le tentateur (couleurs sombres, trémolos, timbales) ; enfin Agathe, incarnation de la pureté et du bonheur (la clarinette, dans le thème de l'amour), Weber donne à l'évocation de la nature des accents nouveaux. L'homme, dont le sentiment est influencé par la nature, peut vivre en harmonie avec elle comme être menacé par les forces démoniaques qui sont en elle, évoquées ici par le scénario sauvage de la *Wolfsschlucht* (« ravin du Loup ») et concrétisées par Samiel, homme de main de Satan.

Le récit s'inscrit dans un certain goût – tangible dans la Dresde de l'époque – pour les sujets surnaturels établissant des rapports magiques entre les sciences naturelles et les magnétismes mystérieux, les fantômes, la voyance, les visions et rêves. Max, jeune chasseur amoureux d'Agathe, a le choix entre les ténèbres et la lumière, contraste qui se retrouve à plusieurs niveaux et même dans la musique (ravin ou soleil ; Samiel ou Agathe ; damnation ou bonheur ; rejet ou acceptation par la communauté). Tandis que son camarade Kaspar est tué par la septième des balles « libres de risque » (d'où le titre : « Le Franc Chasseur ») qu'il a fondues, dans le ravin, avec l'aide du diable, et qui ne manquent jamais leur but, la délivrance est accordée à Max par un *deus ex machina* : un vieil ermite. Celui-ci prêche solennellement la victoire de l'amour et du pardon sur le péché – implication chrétienne ! – et indique comme vraie cause du mal cette coutume inhumaine qui lie les fiançailles à la réussite d'un tir particulièrement risqué : le *Probeschuss*, où l'on utilise, par superstition, des balles ensorcelées.

Au milieu populaire et à la symbolique du modèle littéraire que suit le livret de J.F. Kind répond le caractère nouveau, « allemand », de la musique de Weber. Certaines traces indéniablement étrangères – tournures italiennes ; influence de l'opéra-comique et du style de Méhul, que le compositeur vénérait – se voient amalgamées avec l'inspiration folklorique. C'est souvent par de vastes scènes de chœurs que se traduit cette atmosphère, comme dans le cas du célèbre chœur des chasseurs.

À la différence des chœurs de *Fidelio* ou de ceux du grand opéra français, qui sont souvent motivés par l'« idée » ou par des considérations purement esthétiques et confèrent à l'œuvre un trait majestueux, grandiose (voir Meyerbeer !), les chœurs des opéras allemands dérivent essentiellement de la tradition de l'orphéon (association municipale de chœurs d'hommes). Cela se ressentira, par exemple, dans *Das Nachtlager von Granada* (« Le Gîte nocturne de Grenade », 1834, d'après un récit de Kind également), seul opéra ayant survécu parmi une trentaine d'œuvres scéniques de Konradin Kreutzer.

Le *Freischütz* se présente comme un *Singspiel* très évolué, associant aux dialogues parlés et à des passages dérivant malgré tout du *bel canto* italien la forme du lied comme base du chant vocal. Quelques-uns de ces « lieder d'opéra » sont quasiment entrés dans le répertoire populaire : *Durch die Wälder, durch die Auen,* « Par les forêts et par les prés... », de Max ; *Leise, leise, fromme Weise,* « Pieuse mélodie, élève-toi doucement », d'Agathe ; ou encore la chanson des demoiselles d'honneur : *Wir winden dir den Jungfernkranz,* « Nous tressons pour toi la couronne virginale ». À part l'utilisation, encore timide, de motifs de rappel, le symbolisme du langage de l'orchestre tient à l'emploi expressif des sonorités instrumentales. Sans agrandir l'orchestre hérité de Beethoven, Weber explore de nouveaux registres et de nouvelles combinaisons d'instruments en bravant les tabous classiques. Ce sont là les sources du succès spontané et durable du *Freischütz.*

Les autres opéras de Carl Maria von Weber – essentiellement *Euryanthe* (1821-1823) et *Oberon* (1825-1826) – se sont moins nettement affirmés. Le thème d'Oberon, roi des elfes, a des racines littéraires profondes qui remontent jusqu'à des sources gréco-latines et au Moyen Âge ; Shakespeare en avait tiré le sujet de sa comédie la plus romantique, *Le Songe d'une nuit d'été* ; dans son épopée *Oberon,* Wieland avait, en 1780, presque atteint la diction et l'atmosphère de l'opéra. L'attrait particulier de l'*Oberon* de Weber résulte du mélange de romantisme allemand et de couleurs orientales, l'action se situant, entre autres, à Bagdad et à Tunis. Les mélodies orientales, stylisées à l'européenne et relevées par une instrumentation splendide, font de cette œuvre un lien, entre *L'Enlèvement au sérail* et la mode orientalisante du XIXe s. Il en va de même pour le singspiel *Abu Hassan* (1811), œuvre de jeunesse en un acte, où Weber avait déjà dépeint le décor turc, ainsi que pour l'opéra *Jessonda,* de Spohr, se situant dans les milieux indien et portugais. À l'univers féerique du romantisme s'ajoute, dans *Oberon,* la nostalgie du lointain, que traduisent, entre autres, la fameuse *aria* de l'océan et la peinture de la mer.

S'il est vrai que son livret (Helmine von Chezy) manifeste une certaine faiblesse et que son action apparaît plutôt embrouillée, *Euryanthe,* opéra romantique et historique, présente l'intérêt d'avoir, à plusieurs égards, servi de modèle à Richard Wagner. Weber ici suit le principe des motifs de rappel avec plus de rigueur que dans le *Freischütz* et tente d'atteindre, en renouant avec l'*Alceste* de Wieland, la forme du drame musical au sens wagnérien, c'est-à-dire une mise en musique intégrale avec suppression de la division en pièces séparées ou numérotées. Wagner forgera le deuxième acte de *Lohengrin* sur le modèle du deuxième acte – le plus réussi – d'*Euryanthe*. Les correspondances ont souvent été relevées : ainsi, à un couple pur (respectivement : Euryanthe/Adolar et Elsa/Lohengrin) s'oppose un couple obscur (Églantine/Lysiart et Ortrud/Telramund) ; au duo de vengeance de Lysiart et Églantine correspond, dans *Lohengrin*, celui d'Ortrud et Telramund ; le même parallèle existe entre la plainte de Lysiart devant le roi Ludwig et celle de Telramund devant le roi Heinrich ; Lysiart révèle, comme Telramund, son caractère démoniaque. Dans le premier acte même, bien des éléments semblent annoncer *Tannhäuser*, telles les louanges de l'amour et de la fidélité ou l'allure solennelle des rythmes pointés de la marche. Mais c'est avant tout l'orchestre qui, par ses couleurs, nouvelles et abondantes, sa fonction descriptive et son symbolisme, indique le chemin vers une autre conception de l'opéra.

De l'opéra romantique à la préparation de la « réforme wagnérienne »

Ludwig Spohr (1784, † 1859) et Heinrich Marschner (1795, † 1861) notamment ont fait évoluer l'opéra romantique allemand en préparant le terrain au *Musikdrama*. Brillant violoniste, pédagogue et chef d'orchestre (à Vienne, à Francfort et surtout à Kassel), Spohr a composé, entre autres, 10 opéras, en partant, tel Beethoven, des modèles Méhul et Cherubini. Sa technique culmine dans *Jessonda*, présentée en 1823 à la cour de Kassel. Comme Weber dans *Euryanthe*, Spohr parvient ici à la forme continue, à la mise en musique totale rompant avec l'enchaînement de sections séparées. Il observera cette forme dans *Der Berggeist*, « Le Génie de la montagne » (1824). L'élément qui garantit la cohérence est le récitatif déclamé, souvent élevé au rang d'*arioso* et d'un relief déjà remarquable. La scène où Nadori, le brahmane, s'apprête à annoncer que Jessonda doit mourir au bûcher mais est saisi par l'extraordinaire beauté de cette femme et par celle de sa sœur, témoigne des qualités expressives de ce récitatif. Spohr truffe l'harmonisation de chromatismes et d'altérations en effaçant souvent la tonalité et en arrive à anticiper l'accord de

Tristan, c'est-à-dire un accord de tension extrême ressemblant à des retards superposés non résolus.

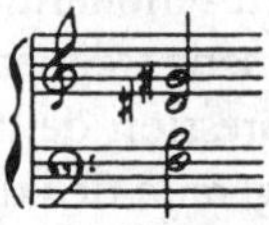

Les tournures chromatiques pénètrent aussi dans la mélodie, où sont réunis le brillant, l'énergie et le lyrisme révélant la verve du violoniste et un penchant pour les mélismes italiens de Rossini. Saturée de coloration exotique, de teintes orientales (l'action se déroule en Inde), cette musique ne trahit guère que l'idole stylistique de Spohr était… Mozart !

Heinrich Marschner, chef d'orchestre également (Dresde, Leipzig, Hanovre) et temporairement professeur de musique (Bratislava), a eu très tôt des contacts avec des poètes romantiques (Tieck, par exemple). Il est, à plusieurs égards, l'héritier direct de Weber et le prédécesseur immédiat de Wagner. Dans ses opéras, essentiellement *Der Vampyr*, « Le Vampire » (1827), *Der Templer und die Jüdin*, « Le Templier et la Juive » (1829), d'après *Ivanhoé* de Walter Scott, et *Hans Heiling* (1830-1831), il cultive l'étude psychologique : un être problématique est au centre d'un conflit. Propos verdien, dirait-on. Mais si le domaine de Verdi reste l'humain, celui de Marschner demeure l'ambigu, l'irréel, bref, l'univers d'*Ondine* : aussi bien Ruthwen, le Vampire, que Hans Heiling sont des êtres ancrés dans le monde des esprits et qui veulent s'insérer dans celui des hommes. Avec les atrocités du *Vampire*, l'« opéra de démons » est à son apogée et thématise l'être démoniaque blafard dont la littérature de l'époque présente mille incarnations. Dans *Hans Heiling*, Marschner dépasse l'opposition surnaturel-humain que Weber avait amorcée dans le *Freischütz*, car il recherche l'identification du spectateur avec l'homme pourchassé, errant ; mais cette identification ne sera complète que chez Wagner. Ainsi, la progression est continue entre Kaspar, Hans Heiling et le Hollandais du *Vaisseau fantôme*.

La fonction médiatrice des opéras de Marschner se ressent dans le détail. Les éléments du folklore, la spontanéité des scènes populaires rapprochent les chœurs de Wagner de ceux de Weber. Les motifs conducteurs – sans être métamorphosés comme chez Wagner – sont de véritables noyaux faisant germer l'évolution dramatique, qui se déploie dans des scènes d'une construction complexe. Wagner, fasciné par la fin de l'acte Ier et le début de

l'acte II de *Hans Heiling,* en retiendra l'avertissement adressé à Anna, la fiancée du héros, par la reine des esprits de la terre, pour en faire le « motif de l'annonce de la mort » dans *La Walkyrie.*
L'intérêt du texte comme vecteur fondamental du drame est souligné par le style vocal déclamatoire, qui transgresse les limites du chant : au Ier acte du *Vampire,* le mélodrame sert de foyer dramatique lorsque les démons emmènent Ruthwen dans une contrée sauvage ; dans *Hans Heiling* sont réalisées à plusieurs reprises des transitions entre chant et parole. Le langage orchestral semble, à première vue, présenter des contradictions. Le « style de maître de chapelle » du Biedermeier dont Marschner est tributaire est un style honnête, discret, équilibré, d'une parfaite maîtrise technique et formelle, mais sans folie, sans éclat ; il est personnalisé toutefois par l'élaboration chromatique de la mélodie, la richesse expressive de l'harmonie et l'abondance des couleurs orchestrales.
Une telle musique peut, d'une part, tempérer ce qu'il y a d'excessif dans les horreurs du *Vampire* et, d'autre part, permettre toute sorte d'approfondissement psychologique ou sentimental. Ainsi peut-elle, dans *Hans Heiling,* exprimer l'angoisse d'Anna et même celle de la mère, tout en évoquant l'atmosphère spectrale de la lande. Le motif de la pâleur, lié à d'autres détails, annonce directement le blême visage du Hollandais dans *Le Vaisseau fantôme* : à la fin du Ier acte du *Vampire,* le clair de lune guérit les blessures de Ruthwen, qui ressuscite en « homme blafard », et, au IIIe acte, Emmy parle également de l'« homme blafard » dans sa romance, qui fait pressentir la ballade de Senta (*Vaisseau fantôme,* acte II).
En simplifiant beaucoup, et en se limitant à l'opéra allemand, on pourrait représenter ainsi la filiation menant à Wagner :

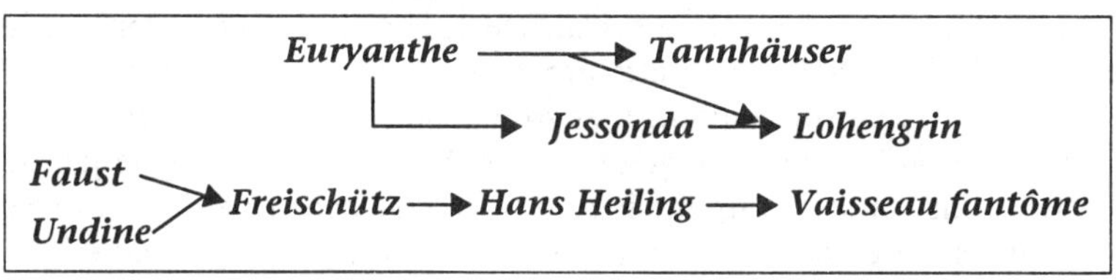

L'opéra-comique allemand

Des *Singspiele* comme ceux de Schubert et d'Hoffmann, des œuvres comme l'*Abu Hassan* de Weber et des sujets périodiquement repris, tel le *Jery und Bätely* auquel même Goethe s'était essayé, ont assuré la continuité de la comédie musicale de souche allemande. Celle-ci atteint son apogée entre 1830 et 1850, sous l'influence de l'opéra-comique français.

Albert Lortzing

Un nouveau genre, souvent appelé *Spieloper,* doit son essor à Albert Lortzing (1801, † 1851), qui élargit l'ancienne forme du *Singspiel* (alternance de pièces instrumentales ou chantées et de dialogues parlés) par des chœurs, des scènes d'ensemble et par un apport orchestral important. Ayant passé sa jeunesse dans un théâtre itinérant, Lortzing pouvait mettre à profit sa vaste expérience d'acteur, de chanteur, d'instrumentiste et de chef d'orchestre, pour créer des œuvres théâtrales dont il écrivit à la fois la musique et le texte.

Moins heureux lorsqu'il adhère à l'opéra romantique (*Undine,* de 1845, manque d'unité stylistique) ou bien au grand opéra d'inspiration française (*Regina* est passé inaperçue dans les turbulences de 1848, malgré la beauté sensuelle de sa musique), il produit toujours, sous le signe de Thalie, un effet scénique sûr. Ses mélodies populaires, gaies, pleines d'esprit, jalonnent une action déployée en une mosaïque d'épisodes originaux et de trouvailles, centrés sur un certain nombre de rôles très typés où se manifestent ses dons d'acteur. *Zar und Zimmermann,* « Tsar et Charpentier » (1837), d'après une pièce déjà mise en musique par Donizetti *(Le Bourgmestre de Saardam),* raconte les balourdises d'un gros bourgmestre, véritable réplique de Falstaff. Dans *Der Wildschütz,* « Le Braconnier » (1842), d'après Kotzebue, le persiflage porte sur le type du vieux maître d'école amoureux d'une jeune fille.

À travers des incidents franchement burlesques, la caricature s'intensifie, se fait critique sociale. Si les trois *Singspiele* composés avant 1832 reflétaient nettement la conviction patriotique de Lortzing, les allusions politiques sont maintenant plus subtiles. Ne faut-il pas voir dans les maladresses du bourgmestre, dans le jeu de confusions où sont impliqués le tsar, le charpentier et les envoyés étrangers, une satire de l'administration et de la diplomatie ? Le *Wildschütz,* chef-d'œuvre de Lortzing, où l'humour, l'esprit, l'ironie et le clin d'œil se doublent de chaleur humaine et d'élégance, caricature la mode de l'époque, qui était de faire réciter, dans les salons des dames âgées, la littérature de l'Antiquité. Lortzing s'en prend même aux mauvais musiciens. La cantate composée par le bourgmestre, avec une répétition obstinée du même son, se moque des

Otto Carl Ehrenfried Nicolai (1810, † 1849)
Repères biographiques

1810	Naissance à Königsberg (9 juin)
1827-1830	Études à Berlin, avec C.F. Zelter et B. Klein
1833	Organiste à l'ambassade prussienne de Rome
1833-1841	Grands succès comme compositeur d'opéras en Italie
1841	Chef d'orchestre à l'Opéra de Vienne
1847	Directeur du chœur de la cathédrale et chef d'orchestre à l'Opéra royal de Berlin
1849	Mort à Berlin (11 mai)

chantres et de leurs fades productions. Dans la comédie en un acte *Die Opernprobe,* « La Répétition d'opéra » (1851), le personnage du comte mélomane fournit à l'auteur le prétexte d'une satire contre les musiciens qui dissimulent leur manque d'imagination derrière l'adoration aveugle de Mozart.
C'est pourtant avec Mozart que renouent certaines techniques de Lortzing. Les différents types de lieder caractérisent les personnages, et, parfois, un lyrisme discret vient nuancer la comédie, comme souvent dans le *Waffenschmied,* « L'Armurier » (1846), ou dans la romance du tsar « Sceptre, couronne, étoile furent jadis mes jouets ». L'orchestre, pétillant dès l'ouverture, n'hésite pas devant des effets comiques : au milieu de l'ouverture du *Wildschütz,* qui résume les faits précédents, un coup de fusil identifie le braconnier ; ailleurs, le côté caricatural de certains instruments est exploité. Par endroits cependant, le langage orchestral n'est pas à l'abri de ce qui est devenu des « poncifs classiques ».

Otto Nicolai

Organiste auprès de l'ambassade prussienne de Rome, Otto Nicolai (1810, † 1849) a composé des opéras italiens qui ont connu un succès considérable. Le quatrième et dernier de ces opéras, *Il Proscritto,* « Le Proscrit » (1841), frappe par la richesse des couleurs et la mission dramatique dévolue à l'orchestre. Cet ouvrage anticipe sur la prise de conscience de Verdi – que Nicolai sous-estimait – et annonce *Lohengrin.* Il n'est donc pas étonnant que Nicolai ait cherché à concilier les styles italien et allemand, en retenant les bons éléments de chacun, dans son opéra comico-fantastique *Die lustigen Weiber von Windsor,* « Les Joyeuses Commères de Windsor » (1849). L'existence de cette œuvre devait d'ailleurs contribuer à la décision de Verdi de créer *Falstaff.*

La fusion de la perfection italienne, dans la forme et dans la technique, avec l'intensité allemande, dans la profondeur d'âme et la chaleur des sentiments, aboutit à un style élégant, cosmopolite, qui fait de Nicolai le Mendelssohn de l'opéra. Le sens esthétique du compositeur était si aigu qu'il se refusa à mettre en musique les récitatifs, considérant que la langue allemande ne s'y prête pas. Le ton joyeux, les sonorités étincelantes et l'atmosphère féerique (par exemple, au dernier acte, où la scène baigne dans le clair de lune) sont judicieusement mélangés. On y sent quel chef d'orchestre virtuose était Nicolai. Dans tous ces détails, et notamment dans la manière de bâtir les scènes d'ensemble, se révèle une maîtrise technique qui rend injuste le mépris ayant frappé l'œuvre lorsqu'on la compare avec le modèle shakespearien et avec le *Falstaff* de Verdi.

Friedrich von Flotow

Si l'ennoblissement de l'opéra-comique allemand est dû à Otto Nicolai, Flotow (1812, † 1883) est responsable de la déviation du genre vers l'opérette. Une mystérieuse collaboration avec Offenbach est le pire reproche que la critique allemande ait pu lui faire. De nombreux opéras influencés par Auber et Adam résultent des études musicales que le compositeur avait accomplies à Paris, chez Reicha et Pixis. Exactement contemporain de Wagner, ce francophile – qui fut même nommé membre de l'Institut en 1864 – se situe à l'extrême opposé du maître de Bayreuth. Lorsqu'il appelle « romantique » un opéra, comme dans le cas d'*Alessandro Stradella* (1844), il s'agit plutôt d'une comédie où le lyrisme et le sentiment restent superficiels, alors que le burlesque, la bouffonnerie – très réussie – d'inspiration française passent au premier plan. Dans *Martha oder der Markt zu Richmond,* « Marthe ou Le Marché de Richmond » (1847), le comique et l'ironie sont toujours bien placés (par exemple, la causerie de Nancy et Plumkett, sur un *ostinato* des bois, à l'acte IV), la musique rend bien le charme du pittoresque (la scène des fileuses aux rouets), et certains personnages (Plumkett, le riche tenancier, Nancy, la servante, ou encore le rigide lord Mickleford) sont peints avec adresse et sobriété. Or, dès que l'expression vire au pseudo-pathétique (dans la caractérisation de

lady Durham et de Lyonel, par exemple), Flotow confine au mauvais goût par une sentimentalité à peine supportable de nos jours.
Dans la seconde moitié du siècle, l'opéra-comique prendra de l'importance en tant que réaction contre Wagner et ses épigones.

Wagner : à la recherche d'un opéra monumental et d'un art universel

L'homme, ses idées et son apport

Musicien, poète, metteur en scène, acteur, philosophe, Richard Wagner (1813, † 1883), l'un des titans du XIXe s., est toujours difficile à saisir. Est-il révolutionnaire ou conservateur ? Son drame musical constitue-t-il une véritable innovation ou n'est-il pas plutôt la mise en valeur et la concentration de ce qui existait déjà de façon disparate ?
Wagner est tout d'abord un personnage politique. Or, dans ce domaine, sa pensée et son comportement apparaissent incohérents. Avec Heine, Büchner et Börne, il adhère à la révolution de 1830 ; sous l'influence de Proudhon, il adopte les idées du socialisme utopique ; il se montre anarchiste lorsqu'il monte sur les barricades, en mai 1849, à Dresde, et lorsqu'il suit Bakounine jusqu'à revendiquer l'abolition de l'argent. La malédiction attachée à l'or et la définition que Wagner donne du peuple : « ceux qui portent un fardeau commun », esquissées en 1848 dans la fable des *Wibelungen (sic),* feront plus tard le substrat de la Tétralogie. La critique sociale s'inscrit dans un rêve d'unification de la patrie sous un roi populaire et s'accompagne d'une tendance néo-napoléonienne temporaire... Âgé, Wagner fréquentera Houston Stewart Chamberlain et le comte de Gobineau, dont il épousera les théories raciales. Ses jugements malveillants à l'égard des Juifs – qui s'expliquent essentiellement par son aversion pour Meyerbeer, par qui il se croyait trompé... – ne l'empêchèrent pas de confier la première de *Parsifal* au chef d'orchestre Hermann Levi.
De telles contradictions, ainsi qu'une attitude humaine et artistique élitiste, ont fait que Wagner ne pouvait pas devenir un héros national à l'instar de Verdi. Bien que son public idéal eût été le peuple entier – comme cela ressort de l'idéologie et du caractère religieux de ses dernières œuvres –, l'homme et l'œuvre ont toujours connu des partisans et des adversaires.

Idéaliste dressé contre la corruption de l'art par l'esprit mercantile, qu'il avait rencontré à Paris, Wagner reste un solitaire. Seul, il l'est également, face à l'école néo-allemande de Liszt et face au groupe Brahms-Schumann-Mendelssohn. Comme Monteverdi et Gluck, il voit avant tout dans « l'opéra de l'avenir » un drame et ne peut donc que mépriser le style ludique « de Donizetti & Cie » – telle sa moquerie.
Wagner se veut d'abord poète : il a écrit lui-même tous ses livrets (terme qu'il aurait d'ailleurs refusé). Pour lui, c'est la poésie qui doit féconder la musique. Cette double vocation profondément romantique, qu'on retrouve chez Hoffmann, Schumann, Berlioz et d'autres, est liée aux influences que Wagner avait subies pendant sa jeunesse : son écrivain préféré avait d'abord été Hoffmann ; puis la *Neuvième Symphonie* de Beethoven et le *Faust* de Goethe le marquèrent de façon fatidique. Sa vie durant, son admiration alla simultanément à Beethoven et à Shakespeare. Cette union du langage poétique et musical amorce l'idée wagnérienne de l'« œuvre d'art intégrale » (*Gesamtkunstwerk*) réunissant tous les éléments de l'art – verbe, musique, image, geste, action – sous la suprématie du drame et sur fond de retour au drame grec. Ce *Musikdrama*, ébauché dans *Opéra et Drame* (1852), est donc un postulat typiquement romantique – bien que remontant à l'époque baroque –, qui vise à la représentation synthétique du monde.
Comme ses précurseurs romantiques, Wagner emprunte ses sujets à la mythologie, aux légendes populaires et à l'univers de la magie, mais il les traite souvent de façon réaliste. Les idées sont traduites, voire parfois banalisées, par des personnages, actions ou objets symboliques. La composition poétique et musicale est déterminée par le souci de la précision et de la charge sémantique maximale.
La poésie wagnérienne – souvent objet de critiques virulentes – se distingue par la fréquence des allitérations (à la façon des épopées médiévales) et des inversions poétiques, par les mots évocateurs, les onomatopées parfois créées *ad hoc* (le *wogalaweia* des Filles du Rhin...) et les noms symboliques (Beckmesser, Stolzing...). Des combinaisons de mots et des mots composés complexes, massifs (voir des formations comme *der heiltatvoll Wissende*, tiré de *Parsifal* et signifiant à peu près « celui qui possède le savoir à force d'accomplir des bienfaits ») deviennent des formules suggestives grâce à leur relative concision et aussi à leur qualité sonore.
Ces formules verbales ont leurs parallèles musicaux immédiats : les *leitmotive*. Ceux-ci, dépassant de loin en importance la forme, la

fonction et le nombre des motifs de rappel ou motifs conducteurs rencontrés chez les précurseurs, sont liés – avec une rigueur grandissante à travers l'œuvre entière – à des idées philosophiques, politiques, etc., à l'apparition et au caractère des personnages et à des éléments structurels du drame. L'écrivain Hans von Wolzogen, longtemps directeur des *Bayreuther Blätter*, le périodique de Bayreuth, a dressé l'inventaire des *leitmotive* wagnériens en indiquant leurs fonctions avec une précision qui donne le vertige. Les *leitmotive*, qui évoluent en fonction de l'action, de la pensée et des états d'âme, servent de base – comme chez Beethoven – au travail symphonique de l'orchestre et constituent les germes du flux mélodique, de ce que Wagner entendait par « mélodie infinie » (laquelle lui aurait été inspirée par le Prélude, en *mi* bémol mineur, du *Clavecin bien tempéré*, 1re partie, de Bach).

En effet, à partir de *Tannhäuser* et *Lohengrin*, Wagner brise les anciennes formes de l'opéra. Récitatif, *aria* et toutes formes closes sont abandonnés et remplacés par la déclamation chantée, diction musicale fondée sur la prosodie du parler scénique et qui réalise la mélodie infinie sur le plan vocal. L'orchestre remplit la double fonction de commentaire et de générateur de forme, par rapport au chant. En ce qui concerne la structure formelle, Alfred Lorentz a découvert, dans les œuvres de la maturité du compositeur, un certain nombre de formes anciennes, d'origine médiévale, qui sont combinées, imbriquées et superposées : la forme strophique (a-a-a...), la forme du lied tripartite (a-b-a), la forme de rondeau (a-b-a-c...) et, avec une fréquence étonnante, la *Barform* des chansons et ballades médiévales (a-a-b). Le tout s'intègre à l'« espace tonal déterminé » (par exemple, tout un épisode fondé sur *fa* mineur) comme unité maximale. Ces constatations infirment les critiques – déjà émises par les contemporains – regrettant l'absence de toute forme. Paradoxalement, Wagner avait lui-même fait ce reproche aux musiciens allemands.

En revanche, il reconnaissait aux Italiens le sens de l'architecture, bien que chez eux les formes fussent simples et stéréotypées. Or, à différents égards, Wagner n'échappe pas lui non plus à certains stéréotypes, liés à son édifice idéologique. Presque tous les protagonistes masculins possèdent des traits autobiographiques : ce sont autant d'incarnations de l'artiste génial et solitaire. La plupart des œuvres ont un dénominateur commun : l'antagonisme « fidélité-trahison », et comportent une critique de l'esprit utilitariste. Comme éléments plus concrets, on pourrait citer aussi les peintures de la nature, assez fréquentes ; le récit dans lequel un personnage relate des faits antérieurs (*cf.* le rêve d'Erik dans *Le Vaisseau fantôme*, Tannhäuser racontant son voyage à Rome, Lohengrin et sa vision du Graal, le récit de Gurnemanz, au Ier acte de *Parsifal*) ou encore le rythme de marche solennel.

Si certains points, dans la conception de l'œuvre d'art intégrale sous forme de drame musical, paraissent discutables, l'apport de Wagner est incontestable sur le plan de l'harmonie et de l'instrumentation. La pensée du compositeur est essentiellement harmonique ; plus son langage est « nouveau », plus la mélodie dérive de la progression des accords. L'harmonie fonctionnelle est élargie de chromatismes au point qu'elle touche à ses limites dans *Tristan*. Wagner pose clairement les grands piliers des modulations, mais il emploie, pour y arriver, des détours parfois longs, sinueux et ambigus ; pour prendre son élan, il passe souvent par des doubles et triples dominantes. D'où les longues phases du souffle musical, à la mesure des vastes dimensions de ses œuvres.

La diversité de l'expression – richesse en teintes et en atmosphères, sensualité, plasticité, somptuosité, intimité – est accrue, avant tout, par les exploits nouveaux de l'orchestre, dus en partie à la découverte que Wagner a faite du *Traité d'instrumentation* de Berlioz et à l'influence de Liszt. L'élargissement de la palette orchestrale permet de réaliser des accords complets dans tous les registres et dans toutes les couleurs (à partir de *Lohengrin*) et de créer une atmosphère sonore propre à chaque œuvre : c'est, dans la Tétralogie, l'emploi de la clarinette basse et des tubas, ou, dans *Parsifal*, l'effet « feutré » résultant de la prédominance des cordes et des bois (par quatre). Il ne s'agit pourtant pas de rendre plus massive la sonorité mais, plutôt, de la nuancer et de la raffiner jusqu'à obtenir des effets dignes d'un orchestre de chambre, comme dans *Tristan* et dans la Tétralogie.

On voit par là que Wagner avait étudié les œuvres de Mozart – la scène des prêtres de *La Flûte enchantée* l'avait particulièrement marqué – et que maintes recherches entreprises par le maître de Bayreuth préfigurent la conception orchestrale de l'école viennoise (Schönberg, Berg, Webern).

Les œuvres de jeunesse : copie et assimilation

Les premiers opéras de Wagner présentent une sorte de synthèse des styles qui faisaient autorité à l'époque. L'ouvrage *Die Feen*, « Les Fées », d'après le conte merveilleux *La donna serpente*, « La Femmeserpent », de Carlo Gozzi, suit le modèle des opéras romantiques de Weber et Marschner. L'évocation d'un monde féerique bâti sur des idées d'ensorcellement et de rédemption annonce, musicalement, *Lohengrin.* Avec *Das Liebesverbot,* « La Défense d'aimer », classée dans le genre opéra-comique, Wagner amalgame les éléments de l'opéra-comique français et de l'opéra italien. L'influence de Bellini, dont Wagner admirait l'art mélodique, mais aussi celles de Donizetti et de Rossini s'y ressentent très fortement ; les chœurs évoquent ceux de Spontini et d'Auber ; le sérieux de Beethoven alterne avec la béatitude mozartienne. Sous l'emprise de l'univers de volupté et de passion que Heinse, écrivain du *Sturm und Drang,* avait évoqué dans son roman *Ardinghello,* Wagner, transposant en Sicile l'action de *Mesure pour mesure* de Shakespeare, montre comment la sensualité parvient à triompher de la rigueur ascétique et hypocrite.

Parmi les œuvres de ce premier groupe, *Rienzi* (1840) est la seule à avoir pu se maintenir aux programmes. Jusqu'ici banni de Bayreuth parce que jugé peu personnel, ce « grand opéra tragique en cinq actes », d'après le roman *Rienzi, le dernier tribun,* d'Ed. Bulwer-Lutton, est peut-être la plus frappante réplique du grand opéra français, le pendant du *Ferdinand Cortez* de Spontini et du *Robert le Diable* de Meyerbeer. Tous les clichés meyerbeeriens y sont réunis : sang et feu, conspiration, bataille et mouvement de masses, ainsi qu'une histoire d'amour tragique. Si la mélodie évoque Bellini et si les marches et le final triomphal sont du meilleur Spontini, les intentions personnelles de Wagner s'entrevoient dans la façon de relier l'ouverture et le ballet à l'action et de se servir d'un cri de guerre comme *leitmotiv,* ou encore dans le traitement du monologue d'Adriano : « Juste Dieu ! La décision est déjà prise. » L'action montre, à l'instar de *La Muette* d'Auber et du *Guillaume Tell* de Rossini, un tribun au cœur généreux, libérant le peuple opprimé par l'aristocratie. Le sujet fournissait au jeune Wagner l'occasion d'affirmer son attitude anti-aristocratique en opposant la lascivité des nobles à la pureté d'une jeune fille du peuple, l'occasion aussi de souligner la duplicité et l'intolérance de l'Église.

Les premiers chefs-d'œuvre : de l'opéra romantique au drame musical

La triade des « opéras romantiques » montre comment Wagner parvient à une première conception du drame musical. Un orage intervenu lors de la traversée de la mer Baltique lui aurait inspiré le

Richard Wagner (1813, † 1883)

1. *Première moitié de la vie (1813-1849)*

1813	Naissance à Leipzig (22 mai)
1814	Mort du père. Mariage de la mère avec l'artiste L. Geyer. Premier contact de Wagner avec le théâtre
1831-1833	Cours d'harmonie avec Th. Weinlig et études de philosophie à l'université de Leipzig
1833-1834	Chef de chœur et directeur musical à Würzburg, à Lauchstädt et à Magdeburg
1836	Mariage avec l'actrice Minna Planer ; directeur musical à Königsberg
1837-1839	Directeur musical à Riga ; fuite devant ses créanciers à Paris
1840-1842	Publications littéraires, vie difficile et emprisonnement pour dettes à Paris
1842-1843	Retour en Allemagne ; Wagner est maître de chapelle à la cour de Saxe à Dresde, où il dirige la 9e *Symphonie* de Beethoven
1849	Participation à la révolution de Dresde ; Wagner, poursuivi, doit se réfugier à Zurich

projet de composer *Der fliegende Holländer*, « Le Hollandais volant » (1841). Toujours répartie en numéros, la musique montre encore quelques italianismes, ainsi que des traces d'Auber et d'Hérold ; la déclamation recèle encore quelques vestiges du style de Méhul et de Boieldieu. Toutefois, Wagner résume et en même temps dépasse les données de l'opéra romantique. De la neutralité des quintes initiales à la densité des trémolos, tout le matériel harmonique du romantisme est réuni. La mélodie, resserrée, apparaît en un seul jet, tout en retrouvant le ton des chants populaires (la chanson des fileuses, le chœur des marins). L'œuvre est d'une grande unité, car la ballade de Senta, composée en premier, renferme les germes des *leitmotive* qui sont à la base de l'ensemble, de même qu'elle présente la quintessence de l'action dont l'ouverture donne un aperçu sous forme de poème symphonique. Le texte, qualifié de « poème » – et non de « livret » –, se fonde sur le conte du *Vaisseau fantôme* de Wilhelm Hauff, que Henri Heine avait lui aussi incorporé dans ses *Mémoires de Monsieur de Schnabelewopski*. Il

Le livret du *Vaisseau fantôme*

À côté du vaisseau de Daland mouille celui du Hollandais, condamné à errer sur les océans jusqu'à ce que la fidélité d'une femme le délivre. Daland lui promet sa fille, Senta, qui est envoûtée par l'image du Hollandais et lui avoue son amour. Erik, le fiancé de Senta, ayant de mauvais pressentiments, s'efforce, au cours d'une scène pathétique, de la ramener à la réalité. Le Hollandais, qui a été témoin de leur entrevue, décide de renoncer – sans pour autant punir Senta. Prise de remords, Senta se jette dans la mer et lève ainsi la malédiction pesant sur le Hollandais.

prolonge les motifs essentiels de l'opéra romantique : le Hollandais, condamné à errer, sans trêve, sur la mer (symbole de la vie mouvementée) pour expier un sacrilège, est un personnage faustien, le type du grand solitaire, transposé dans l'univers fantastique des personnages vampiriques. Son désir de la mort s'inscrit dans le mal du siècle. Le monde réel et le monde du fantastique s'interpénètrent : Senta, incarnation du mystère de la femme, ne peut délivrer le Hollandais que par l'amour et par la fidélité jusqu'à la mort, problématique typiquement wagnérienne que celle de l'absurdité de tout engagement terrestre.

Dans *Tannhäuser* (1845), la même thématique est développée, mais les accents sont placés autrement. Deux univers sont confrontés : celui de la sensualité et celui de la sublimation spirituelle. Pour cela, Wagner doit amalgamer différentes sources : la légende de *Tannhäuser et dame Vénus*, telle que Heine la raconte, le récit de Heinrich von Ofterdingen, poète médiéval, et la compétition des chantres, qu'il trouve chez Novalis et chez Hoffmann. Le héros, nouvelle allégorie du « génie Wagner », doit se décider entre *erôs*, le bonheur sensuel (Vénus), et *agapê*, l'amour pur, céleste (Élisabeth). On est loin de la philosophie de *La Défense d'aimer* ! Mais c'est aussi du plus pur romantisme à la Eichendorff. Le dualisme est maintenu à tous les niveaux. La paix de la Wartburg entourée du paysage printanier de Thuringe s'oppose à la tentation du royaume de Vénus. La musique de Tannhäuser, habitant des bois, et de Wolfram von Eschenbach est « allemande » et conservatrice avec ses marches, ses

Le livret de *Tannhäuser*

Vénus tente de séduire Tannhäuser, mais celui-ci désire voir le monde et se vouer à la Vierge Marie. Accablé par une malédiction de Vénus, il se retrouve sur terre, à côté d'Élisabeth, qui l'aime en cachette. Au concours des minnesinger, Tannhäuser choque l'assemblée des chevaliers par son chant en l'honneur de Vénus. Élisabeth empêche la querelle armée, mais le landgrave envoie Tannhäuser en pèlerinage à Rome. Le pape ne lui donne pourtant pas l'absolution, et ce n'est qu'en renonçant à Vénus pour la vertueuse Élisabeth que Tannhäuser obtient la miséricorde divine, qui s'exprime par un miracle : sur la crosse du pape poussent des feuilles.

chœurs (toujours influencés par la tradition de l'orphéon), son beau chant et sa mélodie souvent simple, comme dans le « Lied de l'étoile du soir » de Wolfram ou le « Chant du berger », point de départ de la composition. La musique de Vénus au contraire est innovatrice, audacieuse, érotique. Quatre accords marquent le passage de Tannhäuser d'une sphère à l'autre, et l'ouverture dessine la lutte entre religiosité (chœur des pèlerins) et sensualité.
L'unité wagnérienne est pourtant créée sur le plan de la forme : la structure tripartite domine à tous les niveaux et même dans la dramaturgie (3 actes : Vénus, Élisabeth, Tannhäuser ; Élisabeth se jette par trois fois entre Tannhäuser et les chevaliers qui veulent le tuer, élément qui rappelle *Fidelio* ; les chants comportent souvent trois strophes, etc.). Les composants, apparemment disparates, sont reliés dans de grandes scènes d'ensemble comme la fin du IIe acte. Le sectionnement en numéros est définitivement abandonné. Lignes vocales, thèmes, descriptions, sensations et effets instrumentaux, tout découle du verbe, considéré comme instance suprême du principe épique.
La première de *Tannhäuser* à Dresde n'ayant obtenu qu'un succès d'estime, Wagner a apporté plusieurs fois des modifications à cet opéra, en particulier pour la version parisienne de 1881 (insertion de la bacchanale après l'ouverture). Malgré cela, l'œuvre est restée totalement incomprise en France – si l'on excepte quelques rares

admirateurs dont Baudelaire – et a subi la critique destructive du Jockey-Club, déçu par l'absence de ballets...
Avec *Lohengrin* (1848), message d'une religion humanitaire, l'image du génie-artiste, tragique dans sa solitude, s'enrichit d'une nouvelle dimension : celle du miracle. Le génie demande la fidélité aveugle, l'admiration sans réserve, d'où la défense d'interroger imposée à Elsa ; d'où également l'attitude passive, servile, du peuple, déjà à noter dans *Tannhäuser.* Le Chevalier au cygne et, avec lui, Elsa représentent la clarté, la lumière, face au monde des ténèbres (Ortrud et Telramund), qui est aussi celui de la politique et celui des rapports humains, marqués par la discorde, la querelle, la jalousie. La dramaturgie distingue, par conséquent, entre scènes diurnes et scènes nocturnes (principe repris dans *Tristan* et dans *Les Maîtres chanteurs*). La musique y répond par l'opposition entre violons divisés, jouant dans le registre aigu, et cor anglais doublé, ainsi que par le contraste entre *la* majeur et *fa* mineur : début de l'interprétation extramusicale systématique des tonalités et des couleurs instrumentales, venant s'ajouter à la charge sémantique des *leitmotive.*
Lohengrin dépasse déjà les limites de l'opéra romantique : c'est l'artefact pur, tout élément populaire est éliminé. La ligne vocale épouse la prosodie du texte et engendre la mélodie continue. Les *leitmotive,* dont la fonction est encore plus dramatique que psychologique, ont un rôle générateur de forme : l'ensemble dérive, en rétrogradant, du dernier acte, où tous les motifs sont liés. Des couleurs sonores jusqu'alors insoupçonnées sont dues, entre autres, à l'élargissement du groupe des vents (par le cor anglais et la clarinette basse), à la division multiple des cordes et à de judicieuses combinaisons d'instruments. *Lohengrin* marque un tournant aussi bien sur la voie du drame musical que dans l'idéologie wagnérienne. Et c'est l'ivresse de cette musique qui déclenchera l'amitié problématique du compositeur avec Louis II de Bavière.

Introversion et extraversion, subjectivité et historisme

Presque dix ans séparent *Tristan und Isolde* (1859) de *Lohengrin.* Wagner avait passé des années difficiles à Paris, rédigé une grande partie de ses écrits théoriques et polémiques et composé plus de la moitié de la Tétralogie. Désespérant de pouvoir jamais représenter celle-ci, il s'arrête au IIe acte de *Siegfried,* avec l'intention d'écrire une pièce à succès, facile à monter. Comme *Tristan* est loin de ce projet ! Car cette « action en trois actes » (tel est le nom générique), d'après le poème de Godefroy de Strasbourg, reflète les angoisses et tour-

Le livret de *Lohengrin*

Le comte Telramund accuse Elsa de Brabant d'avoir tué son frère pour que son amant puisse régner à Anvers. Lorsque le roi Henri invoque le jugement de Dieu, Lohengrin, fils de Perceval et chevalier du Graal, arrive dans une nacelle tirée par un cygne. Il vainc Telramund mais interdit à Elsa de l'interroger sur son nom et son origine. Rongés par la haine, Telramund et son épouse Ortrud poussent Elsa à poser la question défendue. Lohengrin lui révèle son histoire, mais leur bonheur est détruit. C'est Ortrud qui avait changé en cygne le frère d'Elsa. Le charme est levé, mais Elsa rend l'âme.

ments qu'ont causés à Wagner son attachement à Mathilde von Wesendonk, à Zurich, et sa séparation d'avec sa première femme. Deux êtres humains profondément unis par l'amour se trouvent de plus en plus isolés de leur entourage, qui finit par les pousser à mettre fin à leur vie. Ici fusionnent la philosophie pessimiste de Schopenhauer et la pensée optimiste de Feuerbach, qui domineront la Tétralogie. L'alliance d'amour, d'honneur et de trahison, à la façon de Calderón, détermine les rapports entre les personnages, dont la configuration suit le modèle de la comédie classique française (une femme entre deux hommes ; deux confidents).
Le Ier acte et le IIIe sont attribués au jour, à la solitude et au vide ; l'acte central est consacré à la nuit : oubli du monde, union des amants, mais aussi mort. Le plus saisissant contraste musical réside dans l'interpénétration des sentiments sublimes et de la douleur indicible. L'atmosphère est tendue et lourde.
Dès le prélude, le chromatisme est poussé à l'extrême par des retards, des anticipations, des demi-tons et des altérations souvent

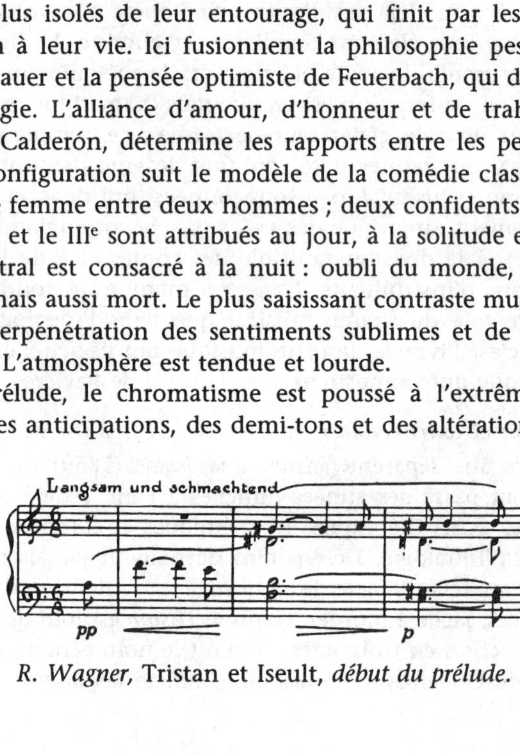

R. Wagner, Tristan et Iseult, *début du prélude.*

Richard Wagner (1813, † 1883)

2. Seconde moitié de la vie (1849-1883)

1850-1860	Voyages et concerts à travers l'Europe (Zurich, Londres, Paris, Bruxelles). Wagner habitera la maison des Wesendonk, près de Zurich, de 1857 à 1858
1853-1858	Arrivée de Franz Liszt et visite de Hans et Cosima von Bülow à Zurich
1859-1860	Retour en Allemagne, grâce à l'amnistie du roi de Saxe
1861-1863	Création de *Tannhäuser* à Paris ; concerts à Moscou, Budapest, Prague, Vienne, etc.
4 mai 1864	Louis II de Bavière reçoit Wagner, qui s'établit à Munich ; *Tristan, Les Maîtres chanteurs, L'Or du Rhin* et *La Walkyrie* seront créés au théâtre de la cour.
1866	Mort de Minna Wagner à Dresde ; Wagner fuit Munich pour s'établir à Triebschen, près de Lucerne
1868-1870	Rencontres avec Nietzsche et avec Judith Mendès, fille de Théophile Gautier
1870	Mariage avec Cosima von Bülow
1870-1871	Installation à Bayreuth ; construction de la villa Wahnfried et du Festspielhaus grâce à Louis II
1876	Inauguration du festival de Bayreuth avec *L'Anneau du Nibelung,* en présence de Guillaume Ier
13 févr. 1883	Mort à Venise et translation du corps à Bayreuth

combinés ; il y a flottement permanent de la tonalité (voir ♪ page précédente), la tonique théorique, *la* majeur dans le prélude, n'est pas atteinte. L'« art de la transition » domine aussi le tissu hautement raffiné des motifs et l'orchestration : souvent l'attaque des instruments n'est pas voulue simultanée, mais légèrement décalée, donc effacée, pour permettre un glissement des couleurs sonores... Nous touchons là aux confins de la musique traditionnelle ; au-delà, c'est l'impressionnisme, puis l'atonalité.

Avec *Die Meistersinger von Nürnberg,* « Les Maîtres chanteurs de Nuremberg » (1867), initialement envisagés comme parodie de *Tann-*

Le livret des *Maîtres chanteurs de Nuremberg*

Eva, la fille de l'orfèvre, appartiendra à qui sera vainqueur au concours des maîtres chanteurs. Mais elle aime déjà le jeune Stolzing. Lorsque celui-ci présente un chant beau mais peu conforme aux règles, Hans Sachs, maître chanteur et juge expérimenté, se montre compréhensif mais se heurte au jugement vétilleux du critique Beckmesser. La nuit, Sachs surprend ce dernier, qui donne une sérénade à Eva. Pour lui tendre un piège, il lui présente un lied initialement prévu pour Stolzing. Beckmesser bafouille, Stolzing triomphe et obtient Eva.

häuser, Wagner semble reculer devant sa propre audace : après l'introversion et l'extrême subjectivité, c'est l'extraversion et l'historisme. Dotés d'une atmosphère de festivité, des éléments apparemment hétérogènes sont fondus dans une vaste stylisation de la tradition musicale : chants des minnesinger et des maîtres chanteurs, airs de cour, vieux chants populaires, chorals luthériens, motets au *cantus firmus*, formules et séquences baroques, voire reliques de l'opéra à numéros séparés. La technique de construction est marquée par le retour au passé : la structure, souvent polyphonique, est régie par le diatonisme et marquée par une clarté exemplaire.

Ce grand édifice, symétrique et riche en contrastes (comme dans *Tristan*, deux actes « diurnes », en *do* majeur, encadrent un acte nocturne, en *fa* dièse majeur), répond à un texte fondé sur au moins quatre sources différentes, parmi lesquelles Goethe et Hoffmann. Le personnage central de l'œuvre est le poète Hans Sachs, juge suprême de l'art poétique, à qui Wagner emprunte même le schéma métrique (quatre temps, rime plate). Les parallèles sont évidents : Stolzing, c'est l'art insolite du jeune Wagner ; Hans Sachs, c'est l'art souverain de Wagner devenu maître. En dessinant avec malveillance le portrait du scribe et arbitre Beckmesser, Wagner s'en prend non seulement à son adversaire acharné, le critique viennois Edouard Hanslick, mais à la critique d'art intellectualiste, pédante et pusillanime en général. Les confrères de Hans Sachs, très individualisés, sont autant de contemporains de Wagner.

Le dualisme – comme dans *Tannhäuser* – d'une musique « allemande », de caractère régulier, et d'une musique excitée,

---

Minnesänger (en français : **minnesinger**) : à peu près équivalent du trouvère dans les pays germanophones (*Minne,* « amour » ; *Sänger,* « chanteur »).
Meistersinger (en français : **maître chanteur**) : artisan faisant partie d'une corporation et appartenant à une association de poètes-musiciens ; il chante soit des morceaux empruntés, soit ses propres compositions, qui doivent obéir à un code de règles et sont soumises à un jury ; la *Barform* est prédominante : AAB ou AABA.

---

fébrile, que Wagner attribue à Beckmesser, reflète l'antipathie du compositeur à l'égard de Meyerbeer et du « marché de l'art » parisien. L'hommage rendu à la poésie, à la musique et au contexte allemands se veut avertissement en un temps de décadence, avertissement dont la signification politique culmine dans le monologue final de Hans Sachs : Wagner y prêche l'unification de l'Allemagne ainsi que l'indépendance et la suprématie de l'art.

La Tétralogie : apothéose de l'idéologie wagnérienne

Ces préoccupations – conséquences des années difficiles et des déceptions subies à Paris – sont la quintessence d'un grand nombre des écrits théoriques de Wagner. Elles forment aussi la base de son œuvre la plus importante : *Der Ring des Nibelungen,* « L'Anneau du Nibelung ». Certains projets envisagés autour de 1848 avaient été abandonnés : *Jésus de Nazareth, Barberousse, Wieland le forgeron* (le compositeur slovaque Ján L. Bella écrira son opéra *Kováč Wieland* sur un texte conçu par O. Schlemm d'après les esquisses de Wagner). Ces projets amorçaient déjà l'édifice théâtral que Louis II encourage Wagner à terminer après une interruption de douze ans. Il s'agit, en effet, d'une sorte de message philosophique plusieurs fois modifié et enrichi au fil des années, en fonction des expériences personnelles du compositeur ; c'est un amalgame d'éléments et de théories divers, voire incohérents ou contradictoires.
La position nationaliste de Wagner ainsi que son adhésion à l'antireligion de Feuerbach le font recourir au paganisme germanique, aux mythes et aux sagas des *Eddas,* à travers lesquels il interprète le monde. Les Nibelungen sont un peuple condamné au travail continuel, à la production, mais incapable de se gouverner et

exploité par le féodalisme des géants (Fafner et Fasolt). L'anneau d'or symbolise l'argent, la richesse qui circule et dont la malédiction frappe celui qui le détient... après l'avoir volé (on note ici le reflet des théories de Proudhon). L'impuissance des dieux face au pouvoir des géants, de l'argent et de la perfidie du gnome Alberich suggère à Wotan de laisser agir une volonté indépendante... Wagner rejoint ici la philosophie de Schopenhauer. Ce libre arbitre sera celui de Siegfried, qui agit en dehors de toute loi morale mais qui, sachant qu'une vie dans la peur est indigne, choisit – tel le Christ – la mort, qui apporte la rédemption. Le héros est en outre le produit de l'inceste des Wälsungen (Siegmund et Sieglinde) ; on peut y voir une référence à *Antigone* et à *Œdipe roi* et un message identique : l'humanité ne peut naître que sur les débris de l'État. Ou est-ce également un plaidoyer pour la libération de l'érotisme, voire pour l'eugénique ?

Il est difficile de séparer cet édifice d'idées, si bizarre soit-il, de sa structure poétique et musicale. Car l'engrenage, la signification et l'évolution des *leitmotive* sont étroitement liés à l'action, au verbe et à la pensée, de sorte que l'on puisse parler de « *leitmotive* psychologiques ». Apparentés entre eux et regroupés par cercles, ils forment une grille s'étendant sur les quatre drames et donnent ainsi une unité à la Tétralogie tout comme l'allitération qui, omniprésente dans un texte que l'auteur a voulu médiéval, détermine la progression musicale.

La volonté d'unité marque aussi la macrostructure : le « festival scénique » des Nibelungen se divise en « trois journées et un opéra-prologue » ; ce prologue comporte quatre tableaux ; les deux premières « journées » couvrent trois actes chacune ; la dernière journée reprend la structure de l'ensemble, à savoir un prologue et trois actes.

Das Rheingold, « L'Or du Rhin », a pour thème la naissance du monde. Après le prélude orchestral – véritable paraphrase sur *mi* bémol majeur – se dégage la topologie primitive : l'eau, élément originel, habité par le sinistre Alberich, symbole des instincts bas ; la terre, lieu des hommes laborieux ; le château des dieux dotés de qualités humaines (Feuerbach !...) ; enfin l'or, né de la splendeur du soleil. Et la « société mythologique » sera régie par un « traité » (Proudhon !...) : l'anneau forgé de l'or du Rhin donnera le pouvoir à celui qui renoncera à l'amour. Mais, par jalousie, Alberich a lié à cet or une malédiction.

Die Walküre, « La Walkyrie », expose l'antagonisme du pouvoir et de l'amour. C'est le stade de l'individualité : les dieux et les hommes se rapprochent mutuellement, et l'homme se révolte contre les dieux. L'épée Notung devient le symbole du pouvoir guerrier, alors que le motif de l'annonce de la mort prépare la fin tragique. Dans la scène centrale, qui réunit Wotan et la déesse Fricka, s'affrontent le désir de l'amour libre et la volonté d'expiation face à l'inceste des Wälsungen. Avec le prélude qui dépeint un orage, avec la « Chevauchée des Walkyries » et avec ses sonorités d'une noble beauté, cet opéra est, de toute la Tétralogie, le plus aimé du public.

Siegfried est la partie idyllique de *l'Anneau*, avec de merveilleuses descriptions de la nature. Il ouvre la possibilité d'une victoire de l'héroïsme sur la sournoiserie et sur l'avidité d'Alberich et de Mime. Mais la vraie victoire ne sera pas de ce monde : l'amour de Siegfried et Brünnhilde (la Walkyrie) ne triomphera que par la mort. Au IIe acte s'opère une rupture stylistique là où Wagner avait interrompu le travail pour écrire *Tristan* ; la présence du nouveau langage chromatique se ressent à partir de cette césure.

Götterdämmerung, « Le Crépuscule des dieux », d'après le mythe nordique du *Ragnarök*, décrit l'apocalypse : la lutte contre le destin est vaine ; l'or entraîne la perdition ; le pouvoir n'est plus rien puisque le château des dieux brûle (Bakounine n'avait-il pas déclaré que Paris devait être incendiée ?) ; l'unique salut est dans l'amour et dans la rédemption. Tous les thèmes de la Tétralogie sont réunis dans cette œuvre-synthèse.

Un théâtre normal ne pouvait guère suffire à de telles intentions et à des œuvres de telle dimension. Wagner obtint donc de son protecteur Louis II de se faire construire – en plus d'une villa privée, Wahnfried – une scène particulière sur la « colline verte », à Bayreuth. Bien qu'initialement prévu comme provisoire, ce Festspielhaus (« maison de festivals ») surprit aussitôt par ses qualités acoustiques, par ses possibilités mécaniques avancées et par sa disposition spatiale. L'orchestre disparaît dans une fosse à moitié couverte par une sorte de demi-voûte et y est judicieusement groupé sur des marches.

Parsifal, épilogue mythique et religieux

C'est dans ces conditions que pouvaient naître les sonorités feutrées et mystérieuses de *Parsifal* (1882). Dans son œuvre ultime, épique plutôt que dramatique, Wagner amalgame les sources mythologiques, religieuses et philosophiques les plus diverses : mystères chrétiens, perses et indiens, théorie de la prédestination, philosophie de Schopenhauer. Si le héros est une synthèse de Lohengrin, de Tannhäuser et de Siegfried, l'ensemble représente une subli-

Étymologie du nom Parsifal

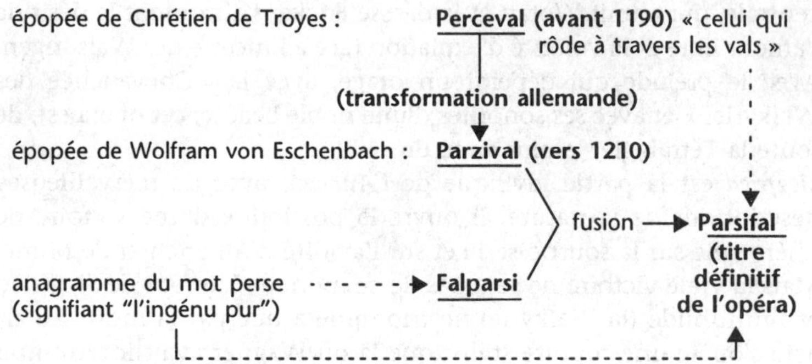

mation du « message wagnérien » : la vraie vie et la rédemption sont possibles non par l'amour terrestre mais par la croyance. En élaborant cette théologie personnelle assez fantaisiste et en classant l'œuvre comme *Bühnenweihfestspiel* (« festival scénique solennel »), réservé exclusivement à Bayreuth, le maître vise à se glorifier lui-même à travers son héros Parsifal et à se poser en idole d'un cercle d'initiés prêts à se soumettre fidèlement à la supériorité du génie, sauveur de l'art. Ce sont les implications religieuses de cette attitude ainsi que cette caricature du surhomme qui ont fait de Nietzsche un adversaire impitoyable de Wagner.
Les procédés techniques précédemment acquis jusqu'à la Tétralogie et certaines constantes d'expression et de signification se retrouvent dans *Parsifal*. La cohérence de l'édifice tient aux cercles de *leitmotive*, parmi lesquels celui du Graal et celui de la Cène, présentés dès le prélude, jouent un rôle clef. À la pureté du héros-sauveur qui ignore ses origines, et pour qui « l'amour est un supplice », s'oppose la tentation sensuelle du jardin d'envoûtement de Klingsor, avec ses femmes « diaboliquement gracieuses » ; Kundry, aide de Klingsor mais en vérité messagère du Graal, est une fusion de Vénus et d'Élisabeth et représente la dualité féminine, typique chez Wagner. À nouveau, ce grand dualisme se reflète dans le contraste entre l'atmosphère religieuse des actes I et III et l'atmosphère érotique de l'acte central, qui rappelle *Tristan*.

Dans la musique sont fondus ensemble des vestiges grégoriens et liturgiques, des éléments modelés d'après Palestrina et Gabrieli, des réminiscences de l'oratorio *Christus* de Liszt et des effets souvent conventionnels, voire banals. Abstraction faite de pages comme cette noble peinture de la nature dite *« Enchantement du Vendredi saint »*, le statisme et le ton liturgique, liés à d'éternelles répétitions, entraînent une certaine monotonie musicale qui va de pair avec l'absence de tension dramatique, tout étant prédéterminé dès le début. *Parsifal* est un rituel.

Réactions à Wagner : critique, imitation, opposition

Les mérites et apports de Wagner ont été amplement soulignés. Face au danger de surestimer un créateur même de cette envergure, il ne faut pas oublier que les critiques, plus ou moins fondées, ont surgi de tous côtés. C'est avec *Tannhäuser* qu'éclatèrent les premières disputes entre disciples et adversaires et que l'on vit apparaître les premières caricatures. Dans les pays germanophones, la querelle était souvent d'ordre idéologique. Certains aussi étaient choqués par la surcharge sémantique des œuvres et par leur style « bavard » aux développements verbaux et musicaux surabondants. Dans les pays de civilisation latine en revanche, on s'en prenait à la lourdeur rythmique et au caractère apparemment massif et amorphe de la musique, alors que l'architecture monumentale a pu être comprise, du moins en France, puisqu'elle avait été préparée par le grand opéra. L'introduction, dans les programmes de concerts, de morceaux détachés des opéras wagnériens visait à familiariser le public avec cette nouvelle musique, mais elle allait à l'opposé des intentions de Wagner.

Dans le dernier tiers du XIXe s., il était impossible de composer de la musique sans tenir compte de Wagner, soit que ce fût pour l'imiter ou du moins pour accepter une certaine influence, soit qu'il s'agît de s'en différencier. En Italie, où le style wagnérien a été ressenti comme étranger, l'autorité de Verdi a suffi pour affronter toute une génération d'épigones aujourd'hui oubliés. En France, le wagnérien le plus fidèle était sans doute Vincent d'Indy, qui a même adopté certains excès idéologiques du maître. « Wagnérisme » était le mot de passe de tout un courant d'esprit de la fin du siècle. Certains compositeurs de l'école française ont emprunté à Wagner des techniques qui leur semblaient prometteuses ou ont essayé d'intégrer ses

Le livret de *Parsifal*

À Amfortas, roi du Graal, le Ciel a promis qu'un chevalier viendrait un jour, qui le délivrerait des souffrances que lui cause une inguérissable plaie. Cet « ingénu pur » est Parsifal, jeune chasseur ignorant tout sur lui-même. Or, en sa présence, le Graal ne confère pas la guérison à Amfortas. Kundry et les « filles fleurs » tentent de séduire Parsifal dans le jardin magique de Klingsor, ennemi des chevaliers du Graal. Mais Parsifal se souvient de sa mission ; un miracle lui permet d'anéantir le jardin magique. Après de longs errements, il peut enfin guérir Amfortas et en même temps délivrer Kundry, messagère du Graal, de la malédiction qui pesait sur elle.

---

procédés au style national français. En revanche, l'opéra-comique et l'opérette étaient des genres trop particuliers pour être touchés. Quant à Claude Debussy, il devait enfin condamner Wagner et rechercher l'innovation stylistique dans une démarche opposée.

C'est en Allemagne que les effets du wagnérisme ont été le plus sensibles. Parmi les grands maîtres, Wagner a influencé les membres de l'école néo-allemande et surtout Bruckner (par la dimension, l'instrumentation et l'allure rituelle des œuvres), Liszt (par le style de la déclamation) et, au XXe s., Wolf, R. Strauss et Pfitzner. De nombreux disciples ont tenté de suivre la tradition de l'opéra monumental, tels Cyrill Kistler ou Felix Draeseke, émule de Liszt. Felix von Weingartner, compositeur et chef d'orchestre de renommée internationale, qui a révisé *Le Vaisseau fantôme* de Wagner et *Joseph en Égypte* de Méhul, renoue avec l'opéra cyclique par sa trilogie *Oreste* (1902), tout comme August Bungert par sa tétralogie *Le Monde d'Homère* (1896-1903).

L'opéra populaire et l'opéra féerique ont survécu à côté du drame musical, mais, vers la fin du siècle, ils apparaissent comme filtrés par le style de Wagner. La plupart des œuvres qui se rattachent à ces genres ont cependant disparu des répertoires. *Der Evangelimann*, « L'Homme de l'Évangile » (1895), de Wilhelm Kienzl, est un mélange sentimental des styles wagnérien, vériste et populaire. Le wagnérien par conviction Engelbert Humperdinck a su résister à la tentation d'égaler son idole en découvrant les rapports entre l'âme

Nietzsche : *Le Cas Wagner*

« *Théorème* : La mélodie est immorale. *Démonstration* : Palestrina. *Application : Parsifal.* L'absence de mélodie, à elle seule, sanctifie. »
« Wagner est quelqu'un qui a profondément souffert – c'est sa *supériorité* sur les autres musiciens. J'admire Wagner partout où il se met *lui-même* en musique. » (Extraits du *Cas Wagner* et de *Nietzsche contra Wagner.*)

de l'enfant et celle du peuple (*Hänsel und Gretel,* « Jeannot et Margot », 1893 ; *Les Enfants royaux,* 1910).
Comme en France, c'est l'opéra-comique qui parvient à se tenir à l'écart de l'influence wagnérienne. Dès 1858 est créé à Weimar *Le Barbier de Bagdad* de Peter Cornelius. Ce compositeur se sentait écrasé par la personnalité de Wagner. La musique de son chef-d'œuvre scénique est d'une légèreté, d'un lyrisme et d'une transparence surprenants pour l'époque et s'inspire de ce qu'il y a de plus fin chez Berlioz ; l'originalité de la dramaturgie rappelle Otto Nicolai. Dans *La Mégère apprivoisée* (1874), de Hermann Goetz, d'après Shakespeare, l'engrenage de l'action est traduit par un entrelacs musical d'effets pittoresques.
Vers la fin du siècle, différentes tendances convergent vers un genre à la fois humoristique et lyrique, où la tradition du lied romantique se fait fortement sentir ; ce style est le mieux représenté dans *Le Corregidor* (1896) d'Hugo Wolf.

Internationalisme et écoles nationales

Les opéras italiens, français et allemands, tout en se faisant concurrence, exercent dans l'Europe entière une hégémonie. La « colonisation » s'effectue tout d'abord au niveau des personnes : tel prince montre une prédilection pour l'opéra italien, tel Espagnol, Danois ou Tchèque fait ses études dans une des capitales de la musique, tel grand musicien, représentant de l'un des trois styles, suit l'appel de l'étranger pour y travailler comme un missionnaire.

Or, au XIXe s., les formes du théâtre musical populaire (*Singspiel*, farce, saynète, burlesque, mystère et d'autres), dédaignées jusqu'alors comme des genres inférieurs, s'émancipent. De leur contact avec les « styles raffinés » des colons musicaux naît presque partout l'opéra national. L'évolution de celui-ci est liée tantôt au refus des influences étrangères (comme en Russie), tantôt à la fondation d'une maison d'opéras (à Lisbonne, à Prague, par exemple) ou traduit une prise de conscience politique (comme dans certains pays slaves).

Les royaumes ibériques : triomphe de la tradition

L'Espagne

Dans ce pays, la *zarzuela*, sorte de *Singspiel* merveilleux, fondé sur une alternance de chant et de déclamation, et qui fut représentée, à l'origine, lors des festivités de la cour, resta longtemps le genre national par excellence. Elle n'a jamais pu, en revanche, s'imposer à l'étranger. Vers 1850, après une période de déclin, voire de disparition, Francisco A. Barbieri (1823, † 1894) fera renaître ce type de théâtre, qui datait de Calderón, en élargissant sa forme et en en soulignant le ton populaire. *Jugar con fuego*, « Jouer avec le feu », de Barbieri, inaugurera un nouvel essor du genre : Emilio Arrieta y Corera, à lui seul, écrira une cinquantaine de *zarzuelas*, dont *El Domino azul*, « Le Domino bleu » (1853).

S'il y a des transformations de *zarzuelas* en opéras (comme *Marina*, 1855, d'Arrieta), cela reste l'exception. Car, vers la fin du XVIIIe s., on adhère généralement à l'opéra italien, de type *seria*. Celui-ci fait disparaître également la *tonadilla*, cette autre forme populaire qui avait été la contrepartie espagnole de l'*intermezzo* comique intercalé dans une représentation dramatique. On se tourne vers des sujets historiques ou romanesques : Ramon Carnicer (1798, † 1855) écrit huit opéras, dont *Cristoforo Colombo* (1831) ; Baltasar Saldoni (1807, † 1889), professeur de chant et auteur d'un dictionnaire, compose entre autres *Cleonia regina di Siria* (1840).

Pour la plupart, l'opéra ne reste qu'un domaine secondaire. Le Navarrais Miguel Eslava (1807, † 1878 ; trois opéras) est surtout l'auteur de musique religieuse et d'ouvrages théoriques. Juan Chr. de Arriaga y Balzola (1806, † 1826 ; deux opéras) fut un génie précoce (la mort l'emporta à 20 ans) ; violoniste et compositeur, il fut surnommé « le Mozart espagnol ». Et même Arrieta, à qui son premier opéra, *Ildegonda* (1846), valut un premier prix de la Scala et qui apparaît, parmi tous les Espagnols de l'époque, comme le créateur de musique théâtrale le plus important, a abandonné l'opéra après 1850 pour se consacrer exclusivement à la *zarzuela.* L'Espagne peut se glorifier, en outre, d'une tradition vocale impressionnante dont les symboles étaient à l'époque Maria Malibran et Pauline Viardot, appartenant à l'illustre « dynastie » des García.

Le Portugal

Au Portugal, la cour avait favorisé l'opéra italien pendant tout le XVIIIe s. À partir de 1838, l'ouverture du Teatro de São Carlos diversifie l'activité musicale, et c'est vers la fin du siècle qu'Alfredo Keil, dont le talent de peintre primait cependant les capacités de compositeur, saura introduire dans l'opéra portugais le reflet de l'histoire et des coutumes du pays (*Doña Branca,* 1888 ; *Serrana,* 1899).

Le monde anglo-saxon : débuts timides

Le début du XIXe s. est pour la musique anglaise une période de déclin. Ainsi, la musique de Henry R. Bishop (1786, † 1855) marque plutôt une fin qu'un début. Ses opéras, techniquement faibles, guère romantiques, mais dotés d'un dessin mélodique habile (*Clari,* 1822, *Cortez,* 1823, et d'autres), se placent dans la tradition italienne (F. Bianchi, le professeur de Bishop, était élève de Jommelli). Bishop s'est aussi essayé au pastiche, a inséré des emprunts dans ses œuvres – principe du « collage » – et a adapté et traduit des opéras étrangers, avec parfois des changements de titre et de sens grotesques. Michael W. Balfe (1808, † 1870) n'apporte guère d'innovations. D'une inspiration facile, ses opéras, dont certains en anglais, trahissent la recherche du succès ; *The Bohemian Girl,* « La Bohémienne » (1843), a survécu un certain temps.

L'opéra autochtone n'apparaît qu'au dernier tiers du siècle. L'œuvre scénique de l'Écossais Alexander C. Mackenzie (1847, † 1935), qui a passé à Florence la période décisive de sa vie, montre d'abord une nette empreinte italienne (*Colomba,* 1883 ; *The Troubadour,* 1886), pour ensuite favoriser des sujets « anglais » de type narratif : *The Cricket on the Hearth,* « Le Grillon du foyer » (1901) ; *The Knights of the Road,* « Les Voleurs de grand chemin » (1905) ; *The Eve of St. John,* « La Veille de la Saint-Jean » (1924). On y observe une certaine affinité avec le postwagnérisme, qui ne mène pourtant jamais à ce mysticisme ésotérique que réalisera Frederick Delius dans ses champs chromatiques à la *Tristan.*

Le véritable promoteur et novateur de la musique d'outre-Manche (en dehors de Parry, Parratt et Elgar) est Charles V. Stanford (1852, † 1924), à qui son tempérament combatif avait toujours valu du succès. D'origine irlandaise, il a introduit dans ses opéras la musique populaire avec son côté mystérieux, et développé un art mélodique plein de sentiment et empreint d'une certaine âpreté celte, déjà présente dans ses lieder. Les sujets – *Savonarola* (1884), *Shamus O'Brien* (1896), *Much Ado about Nothing,* « Beaucoup de bruit pour rien » (1900), etc. – évoquent l'histoire, le récit populaire ou religieux, le drame shakespearien. Stanford voyait avec optimisme l'avenir de l'opéra ; il a beaucoup influencé les compositeurs anglo-saxons du XXe s.
Un autre Irlandais, Arthur Sullivan (1842, † 1900), occupe une position à part. Avec son librettiste, William Gilbert, homme d'esprit qui se moque de toutes les institutions de l'Angleterre victorienne, il crée des opérettes et opéras-comiques à grand succès. Leur musique est personnelle, d'une pétulance quasi italienne, riche en couleurs grâce à un petit orchestre judicieusement distribué, et toujours prête à parodier tel ou tel maître. Les œuvres de ce « duumvirat de l'humour » – la plus connue, *The Mikado* (1885), atteignit 9 000 représentations en deux ans – sont l'une des sources du *musical,* variante américaine de l'opérette.
Aux États-Unis, surtout depuis la création du Metropolitan Opera de New York en 1883, les activités lyriques sont l'affaire des étrangers immigrés, notamment des Allemands. Ainsi un élève de Liszt, Leopold Damrosch, fonde-t-il une section allemande dans la célèbre maison new-yorkaise. En fait, il faudra franchir le seuil du XXe s. pour voir naître des opéras spécifiquement américains.

La Scandinavie : reflets du romantisme

Les pays du Nord subissent, dans les années 1800-1850, l'influence italienne, mais surtout celle du romantisme allemand. Après 1850, un goût « nordique » se fait jour. Tout en versant dans un lyrisme teinté de mélancolie, il s'inspire souvent de Wagner, et plus de ses particularités sonores et expressives que de ses procédés techniques.

Le Danemark et la Norvège

Au Danemark, après l'interdiction de nombre de spectacles pendant le règne du roi piétiste Christian VI, l'activité théâtrale avait repris, après 1746, sous l'influence italienne (Sarti fut chef d'orchestre à Copenhague) et française.

Dans ses opéras et *Singspiele,* Friedrich L.A. Kunzen (1761, † 1817) cherche à allier un langage mozartien avec le style populaire de J.A.P. Schulz, qui avait créé une forme de lied simple et typiquement danoise. Dès son *Holger Danske* (1789), dont le texte est fondé sur l'*Oberon* de Wieland, sa musique montre les germes du « sentimentalisme » qu'affirment ses opéras ultérieurs. L'œuvre scénique de Christoph E.F. Weyse (1774, † 1842), élève de Schulz, s'inscrit également dans la tradition italienne, viennoise, mozartienne. Or, malgré le goût dramatique révélant des origines franco-italiennes, malgré cette légèreté de l'opéra-comique français qui distingue les romances, ses opéras, comme *Sovedrikken,* « La Potion somnifère » (1809), ou encore *Ludlams Hule,* « La Grotte de Ludlam » (1814), révèlent un don plutôt lyrique, une propension à l'expression simple qui parviennent à intensifier le style des *Singspiele* de Schulz jusqu'au seuil du romantisme.

À ces maîtres s'oppose l'« internationaliste » Friedrich D.R. Kuhlau (1786, † 1832). Ses relations permanentes avec l'étranger lui ont permis de s'inspirer largement de ses modèles, Beethoven, Cherubini et Rossini, et plus particulièrement de *La Flûte enchantée* de Mozart et du *Freischütz* de Weber. Ses cinq opéras du type *Singspiel,* dont *Røverborgen,* « Le Repaire des brigands » (1814), *Tryllebarpen,* « La Harpe magique » (1817), et *Lulu* (1824), se distinguent par la clarté de la forme, le sens de l'orchestration et un certain goût pour les tournures harmoniques surprenantes : le travail contrapuntique y sert à caractériser les situations et les personnages.

Si Weyse et Kuhlau avaient préparé l'entrée du romantisme au Danemark, leur héritier principal est J.-P. Emilius Hartmann (1805, † 1900), initiateur d'un style ressenti comme « nordique ». Comme en témoigne son opéra lyrique *Liden Kirsten,* « La Petite Christine » (1846), élaborant, d'après H. Chr. Andersen, le contenu d'une chanson populaire, Hartmann part du romantisme littéraire et de la mythologie nordique *(Eddas).* L'expression à la fois populaire et tragique de sa musique, liée aux tonalités mineures et aux modulations abruptes, influencera largement Carl Nielsen, le plus grand des compositeurs danois. Peter A. Heise et Peter E. Lange-Müller renforceront ce courant national, le premier par le drame lyrique *Drot og Marsk,* « Roi et maréchal » (1878), le second par des œuvres théâtrales aux accents déjà impressionnistes.

Faute de théâtres pour les accueillir, les quelques œuvres lyriques nées sur le sol norvégien ont dû être représentées à l'étranger. Elles étaient généralement soumises à l'influence danoise. Ce n'est que vers la fin du siècle, avec les opéras d'Elling, de Haarklou et d'Aspestrand, que s'affirme une tendance « norvégienne » proprement dite, axée toutefois sur les poncifs du romantisme. Gerhard R. Schjelderup tente une synthèse du folklore norvégien avec les principes wagnériens, dont il se fait un fervent défenseur ; ses opéras sont écrits en norvégien ou en allemand.

La Suède et la Finlande

Édouard Dupuy (ou du Puy) [1770, † 1822], chanteur et maître de concert d'origine suisse, fait le lien entre la Suède et le Danemark (sa carrière s'est déroulée dans les deux pays) et entre les styles étrangers et la nouvelle orientation apportée par le romantisme. Le charme de ses *Singspiele,* parmi lesquels *Ungdom og Galskab,* « Jeunesse et sottise » (1806), et *Felice,* « Félicie » (1821), renoue avec l'opéra-comique français et avec Mozart. Dupuy eut un élève, Franz A. Berwald (1796, † 1868), qui emprunta des voies nouvelles. Son style a été qualifié d'original, bizarre, avant-gardiste. Dans ses opéras *Estrella de Soria* (1841) et *Drottningen av Golconda,* « La Reine de Golconde » (1864), influencés par Beethoven, par l'opéra français et par le romantisme préwagnérien de Marschner et Spohr, frappent surtout les tournures mélodiques surprenantes partant de motifs brefs et bien taillés, la rythmique vivante et une structure harmonique qui admet les modulations directes et les juxtapositions de teintes contrastantes. Tout en restant classique, cette musique dégage un lyrisme tantôt vif, tantôt nostalgique, qui est en quelque sorte le pendant de l'« accent nordique » du Danois Hartmann.

Dans ses œuvres vocales, August Södermann (1832, † 1876) a développé un *melos* et une déclamation proches de la prosodie suédoise et traduisant certaines valeurs émotives typiques. Ces éléments ont contribué à la naissance d'un opéra national suédois au dernier tiers du siècle. Ivar Hallström (1826, † 1901) est le premier à puiser dans les légendes nordiques pour créer des opéras qui se situent entre la féerie et le fantastique : *Den förtrollade Katten,* « La Chatte ensorcelée » (1869), et *Den Bergtagna,* « Banni par les gnomes » (1874). Ce type de sujet, qui rappelle l'univers des romantiques allemands, attire également Andreas Hallén (1846, † 1925) : *Harald der Wiking,* « Harald le Viking » (1881), *Häxfällen,* « La Peau de sorcière » (1896), *Waldemarsskatten,* « Le Trésor de Waldemar »

(1899). Or, ce compositeur, chef d'orchestre et écrivain progressiste, réalise la synthèse : sans perdre de vue la chanson populaire, il préconise et met à profit les techniques wagnériennes. C'est là, au fond, un nouvel emprunt étranger, une nouvelle mode qui ne sera surmontée qu'après 1900.

Au XIXe s., la Finlande se trouvait encore, culturellement, sous la domination suédoise, bien que le sentiment national s'affirmât depuis 1809, année de l'autonomie. Ainsi, le premier opéra national finnois, *Kung Karls jakt,* « La Chasse du roi Charles » (1852), de Fredrik Pacius (1809, † 1891), élève de Spohr et surnommé « Père de la musique finnoise », est écrit en suédois. Ce n'est qu'au XXe s. que naîtront des opéras en langue finnoise.

Tout arrive donc, dans les pays du Nord, avec un certain retard. Écrites en des langues peu répandues et inspirées par des faits historiques, mythologiques ou imaginaires difficilement accessibles à notre curiosité, ces œuvres devaient rester soit de pure imitation, soit, malgré leur charme, hermétiques et marginales.

Les pays slaves : patriotisme, folklore et importance du langage

C'est certainement dans les pays slaves que la musique « occidentale » et l'expression autochtone ont subi la fusion la plus réussie et la plus crédible. Folklore, tradition religieuse et artefact se confondent. L'œuvre scénique devient le reflet d'une situation politique ou sociale, le véhicule d'un espoir patriotique. La langue nationale apparaît comme un critère d'authenticité.

La Pologne

Après la phase des représentations d'opéras italiens et de troupes étrangères à Varsovie, on voit s'annoncer vers le milieu du XVIIIe s. – donc extrêmement tôt – un opéra qui se tourne vers les textes et sujets polonais. Jusqu'à la fin du siècle, une trentaine d'opéras de ce type voient le jour, qui forment la source de cette œuvre maîtresse : *Cud mniemany czyli Krakowiacy i Górale,* « La Prétendue Merveille ou Cracoviaques et Montagnards » (1794), de Jan Stefani (1746, † 1829). Parmi la multitude des événements théâtraux de la Varsovie du début du XIXe s., on distingue ensuite la production de Józef K. Elsner (1766, † 1854), professeur de Chopin et de la plupart des compositeurs polonais de sa génération. Dans ses dix-neuf opéras, assez traditionnels, et dont deux seulement ont survécu –

Leszek Biały, « Leszek le Blanc » (1809), et *Król Łokietek*, « Le Roi Lokietek » (1818) –, Elsner recherche l'union de la mélodie populaire polonaise avec les données de l'opéra italien. C'est Karol K. Kurpiński (1785, † 1857), directeur du Théâtre national de Varsovie, pédagogue et publiciste, qui mènera ce genre à un premier apogée, avant l'arrivée de Moniuszko. Dans ses opéras, opérettes, mélodrames et ballets, il a tenté d'intégrer des mélodies populaires, voire des chants patriotiques, à un langage inspiré de Mozart, de Beethoven et de Rossini. Ses œuvres principales sont sans doute les opéras historiques, dont *Nowe Krakowiaki*, « Nouveaux Cracoviens » (1816), *Jan Kochanowski* (1817), *Le Château de Czorsztyn* (1819) et *Hedwige, la reine polonaise* (1829).

L'épanouissement de l'opéra national polonais se déroule sur le fond d'une longue lutte pour l'indépendance politique. Il est également lié au nom de Stanislaw Moniuszko (1819, † 1872), injustement ignoré à côté de son compatriote Chopin. Le chef-d'œuvre de Moniuszko, *Halka* ([1]1848, deux actes, et [2]1858, quatre actes), fait coïncider réalité politique et conflit social : c'est l'histoire d'un noble, Janusz, qui se conduit en maître tyrannique vis-à-vis de la serve Halka, opprimée. L'œuvre ne fut admise en Pologne qu'après avoir connu un succès extraordinaire à l'étranger. Malgré une forme traditionnelle, l'atmosphère y est toute slave : mélodies non conventionnelles fondées sur des motifs polonais et sur la vieille chanson noble, et imprégnées d'un lyrisme mélancolique ; danses paysannes, mazurkas et polonaises. Les récitatifs sont étrangement mouvementés et contrastent, comme les ensembles, bâtis de main de maître, avec le statisme des chœurs. Les autres opéras, tels *Hrabina*, « La Comtesse » (1860), *Verbum nobile* (1861), *Straszny Dwér*, « Le Château hanté » (1865), ou *Paria* (1869), décrivent encore les divers aspects caractéristiques de la société polonaise. Dans une musique qui s'inspire des grands styles et des acquisitions de toute l'Europe règnent la richesse mélodique et les traits folkloriques stylisés, ainsi qu'une harmonie toujours fraîche et variée.

L'image des contemporains pâlit à côté de celle de Moniuszko. Les quatre opéras de Władysław Żeleński (1837, † 1921) restent proches du romantisme allemand. Parmi les élèves de Moniuszko, Zygmunt Noskowski (1846, † 1909) développe un style pur et plein de pittoresque (trois opéras), alors que Henryk Jarecki (1846, † 1918) suit, dans ses six opéras, les traces de son maître, pour se rapprocher du drame musical de Wagner dans *Mindowe* (1880). Cette œuvre n'atteint pourtant pas l'envergure de *Manru* (1901), seul opéra d'Ignacy J. Paderewski (1860, † 1941), où la complexité wagnérienne est mêlée d'éléments slaves et magyaro-tziganes.

La Tchécoslovaquie

Dans les théâtres et châteaux de Bohême et de Moravie, avaient dominé, pendant tout le XVIIIe s., l'opéra italien et l'opéra allemand. La fondation du *Ständetheater* (« Théâtre des États »), en 1798, à Prague, marqua une césure dans cette tradition. Car on y vit des représentations d'opéras étrangers en langue tchèque (dont *La Flûte enchantée* et le *Freischütz*), ainsi que des œuvres d'origine tchèque, inaugurées par *Drátenik,* « Le Cordier » (1826), *Singspiel* de František Škroup (1801, † 1862), qui fut d'ailleurs l'un des premiers à promouvoir la connaissance des opéras de Wagner.
Il fallut cependant attendre Bedřich Smetana (1824, † 1884), l'initiateur de la musique nationale tchèque, pour voir naître un véritable opéra national. Tout en restant proche des romantiques Schumann, Berlioz, Liszt et Wagner, Smetana façonne ses mélodies et ses rythmes de danse d'après des *topoi* populaires. Ses opéras traitent des sujets historiques et soulignent une certaine fierté nationale, compensation de l'absence d'indépendance politique. L'opéra *Braniboři v Čechách,* « Les Brandebourgeois en Bohême » (1862-1863), décrit la résistance contre l'occupation brandebourgeoise au XIIIe s., époque qui sera également évoquée dans *Čertova Štena,* « Le Mur du diable » (1882). En 1866, Smetana compose la légende du chevalier *Dalibor,* incarnation de l'inclination tchèque pour la musique. *Libuše* (1871-1872) chante les débuts mythologiques d'un royaume tchèque et se prête, par là, aux grands déploiements scéniques.
En raison de leur contexte particulier, ces œuvres échappent à l'appréciation internationale dont jouit l'opéra-comique *Prodaná nevěsta,* « La Fiancée vendue » (1866 et, avec des récitatifs, 1870). La souveraineté du langage musical – tradition mozartienne et contrepoint, colorés de folklore – s'accompagne ici d'un dessin très réaliste des situations et des personnages (Venceslas le Bégayeur...). Ces qualités seront encore perfectionnées dans *Tajemství,* « Le Secret » (1878), la dernière des comédies musicales de Smetana après *Dvě Vdovy,* « Deux Veuves » (1874), et *Hubička,* « Le Baiser » (1876). Les composantes stylistiques forment ici un engrenage homogène, où se reflète la spécificité de la langue nationale.
Antonín Dvořák (1841, † 1904) puise à des sources tchèques, slovaques, ukrainiennes et yougoslaves. Dans ses dix opéras, il

évoque des contes de fées et dépeint le milieu paysan. Peu de titres ont résisté au temps. *Šelma sedlák* (1878) peint les escroqueries d'un paysan fripon. Par ses chœurs impressionnants, traduisant le rôle du peuple, ainsi que par le sujet, *Dimitrij* (1882) constitue la contre-partie de *Boris Godounov*, alors que le contraste musical entre Russes et Polonais rappelle *Ivan Soussanine* de Glinka. *Jakobín*, « Le Jacobin » (1889), est l'opéra de Dvořák « le plus bohémien ». La scène où le chantre répète, avec les enfants, une cantate composée par lui-même n'est pas sans analogie avec *Tsar et Charpentier* de Lortzing. Dvořák y fait aussi appel aux techniques wagnériennes, dont l'influence sera plus sensible encore dans *Čert a Káča*, « Catherine et le diable » (1899). *Rusalka*, « Ondine » (1901), est le seul des opéras du compositeur qui ait vraiment pu s'affirmer. L'équilibre est rétabli dans cette « féerie lyrique » qui vit de principes contrastants et complémentaires : chromatismes wagnériens et préimpressionnisme, intégrés à un folklore stylisé ; répartition en numéros et utilisation de *leitmotive* aux fonctions flexibles ; atmosphère féerique, fantastique et monde réel ; sagesse et émotion.
Les œuvres scéniques de Zdeněk Fibich (1850, † 1900) sont restées pratiquement inconnues à l'étranger, bien qu'elles constituent l'essentiel du travail de ce compositeur. Élève de Smetana, Fibich part du langage de son maître (le sujet de *Blanik*, 1877, est le même que celui que Smetana a choisi dans le poème symphonique final de *Ma patrie*). Or, à partir de *Nevěsta Messinska*, « La Fiancée de Messine » (1882-1883), d'après Schiller, l'influence de Wagner ne fera que croître ; *Hedy*, 1895-1896, d'après le *Don Juan* de Byron, sera considéré comme le *Tristan* tchèque.
La musique de Fibich se distingue par un *melos* très tendu, qui ne saurait nier son origine : le langage. En ce sens, l'intérêt de ce compositeur réside sans doute dans la recherche d'une synthèse de la poésie et de la musique par le mélodrame scénique et orchestral. Après plusieurs essais dans ce nouveau genre, Fibich réalise dans la trilogie *Hippodamia*, « Hippodamie » (1890-1891), unique dans la littérature musicale, le rapport étroit de la déclamation avec un soutien orchestral dramatiquement cohérent. Son compatriote Josef B. Foerster (1859, † 1951) renouera avec cette forme et développera, surtout dans son drame musical *Eva* (1899), un sens du dramatique qui repose sur l'approfondissement psychologique. On peut se demander si les procédés suggérés par Fibich n'ont pas eu des répercussions sur certaines formes du théâtre musical moderne.

La Russie

Dans l'empire des tsars, l'hégémonie musicale des Italiens fut entravée par un Italien : le Vénitien Catterino Cavos, qui vivait en Russie depuis 1798, introduisit dans l'opéra des sujets, des textes et des mélodies russes, sans pourtant trop s'écarter du style italien.
L'un de ces sujets, traité dans l'opéra qui porte son nom : *Ivan Soussanine* (1815), fut repris, en 1836, par Mikhaïl I. Glinka (1804, † 1857), premier maître d'un courant national important, et dont le rôle d'initiateur de la musique russe correspond à une époque de progrès culturel et social. Par son équilibre entre la perfection de la forme et l'« âme russe », entre l'expression dramatique et le lyrisme vocal, *Ivan Soussanine ou La Vie pour le tsar* reflète bien les séjours de Glinka dans les pays de l'Europe du Sud et de l'Ouest ainsi que son intention de faire de la musique russe. Le message est plutôt patriotique que social : devant l'ennemi polonais, un paysan fidèle sacrifie sa vie pour sauver celle du tsar. Le don d'évoquer musicalement les caractéristiques ethniques – qui sera plus tard l'atout d'un Rimski-Korsakov – se manifeste ici par la peinture du milieu russe (chants et chœurs) et du milieu polonais (danses), comme il se manifestera dans *Rouslan et Lioudmila* (1837-1842) par les sonorités orientales (première occurrence de la gamme par tons).
Après une première manière influencée par le grand opéra français (*Esméralda*, 1838-1841, d'après Victor Hugo), Alexandre S. Dargomyjski (1813, † 1869) se révèle l'héritier de Glinka. Son œuvre principale est aussi une *Roussalka*, « Ondine » (1848-1855), centrée cette fois sur le problème des contradictions sociales. Mais c'est dans le fragment *Le Convive de pierre* (1866-1869) – achevé par Cui et Rimski-Korsakov – que Dargomyjski développe un récitatif déclamé, réaliste, qui représente l'essence de ce qu'il entendait par « musique nationale et populaire », et qui est fidèle à son manifeste : « Je voudrais que la sonorité musicale exprime directement le mot ; je cherche la vérité. » Le critique A. Serov, lui-même compositeur d'opéras influencé par Meyerbeer et Wagner, a vigoureusement défendu les intentions de Glinka et Dargomyjski.
Parmi le « groupe des Cinq », qui constitue la prolongation de ce réalisme, c'est César A. Cui (1835, † 1918), élève de Moniuszko, qui a composé les opéras les moins typés, quoique ouvrant des perspectives sur le plan dramatique (surtout *Angelo*, ^{1}1875 et ^{2}1901). Les éléments essentiels sont le chœur, porte-parole du peuple, et le grand panorama populaire tel qu'il est réalisé dans *Le Prince Igor*

(1887) d'Alexandre P. Borodine (1833, † 1887) et, plus encore, dans *Boris Godounov* ([1]1869 et [2]1872) de Modeste P. Moussorgski. Si l'opéra de Borodine surprend déjà par ses vastes dimensions, par la force de l'expression, par l'impact des rythmes et des couleurs folkloriques et par l'intensité *cantabile* de la mélodie, ces propriétés sont dominées, dans *Boris*, par un accent russe cru et vigoureux (l'ajout de l'« acte polonais », dans la seconde version de 1871-1872, et le remaniement de Rimski-Korsakov ont rendu plus équilibrée la facture de l'œuvre, au prix, toutefois, d'une perte d'authenticité). Sous le poids de l'intrigue du faux Dimitri et de la Polonaise Marina Mnichek, le tsar Boris meurt, rongé par le remords d'avoir fait assassiner le prétendant légitime : l'action, simple juxtaposition de tableaux, suit le drame de Pouchkine. Plus encore que dans *Khovanchtchina* (1873-1880) ou dans *La Foire de Sorotchintsy* (1875-1880, d'après Gogol), c'est le peuple russe, avec sa misère et sa souffrance, que l'auteur a placé au centre de l'intérêt, et les protagonistes n'en sont que la cristallisation. L'harmonie originale, voire insolite, le réalisme de la déclamation chantée, la similitude des motifs et le *melos* rythmiquement irrégulier sont les liens unificateurs d'une multitude de composantes et de sources – chants populaires et religieux, danses russes et polonaises, etc. – et d'une expression très contrastée : sérénité monacale, finesse psychologique, ironie, hystérie, scènes de beuverie, désespoir...

Bien que Nicolaï Rimski-Korsakov (1844, † 1908) soit la tête de l'école nationale russe, sa vaste œuvre scénique n'a pu atteindre l'importance des opéras de Glinka et de Moussorgski. Sa grande maîtrise de l'orchestre atténue la rudesse des éléments populaires et diversifie la palette des effets picturaux et des caractéristiques ethniques, de préférence orientales. Le raffinement du langage orchestral est à son apogée dans *Sadko* (1895-1896) et *La Fiancée du tsar* (1898). Il s'y ajoute une grande richesse harmonique résultant de l'usage soit des modes ecclésiastiques, soit des procédés d'altération et de chromatisme inspirés de Wagner, qui culmine dans le « conte automnal » *Kachtcheï l'Immortel* (1901-1902). L'héritage de l'école nationale est pourtant omniprésent et se manifeste par le recours aux légendes fantastiques et populaires, souvent liées à l'histoire (*La Légende du tsar Saltan*, 1899-1900 ; *Légende de la ville invisible de Kitège et de la vierge Fevronia*, 1903-1905) ou par l'évocation des rites slaves (*La Nuit de Noël*, 1894-1895). Les mélodies et danses populaires dominent dans la féerie *Snegouroutchka*, « Flocon de neige » (1880-1881), qui est peut-être la plus

Modeste Petrovitch Moussorgski (1839, † 1881)

Repères biographiques

1839	Naissance à Karevo, près de Pskov (9 mars)
Jusqu'à 1857	Études générales et activités musicales en tant qu'amateur et autodidacte
1857	Rencontre avec Balakirev, grâce à qui il se tourne définitivement vers la musique
À partir de 1866	Collaboration avec Rimski-Korsakov et Stassov, à la recherche d'un langage émotionnel et typiquement russe
À partir de 1866	Travail intense, puis sporadique, à ses opéras
1874	*Tableaux d'une exposition,* en souvenir de l'architecte Hartmann
1881	Mort d'alcoolisme à Saint-Pétersbourg (16 mars)

répandue de ses œuvres. À l'opposé de cela, quelques opéras montrent un certain intellectualisme : *Mozart et Salieri* (1897) intègre la déclamation mélodique de Dargomyjski à la citation du langage classique ; *Le Coq d'or* (1900-1907) s'avance sur le terrain de la satire politique. Le propre de Rimski-Korsakov est la conciliation de principes opposés (par exemple, la forme à numéros et le *leitmotiv*) ; il se fait, par là, le médiateur entre l'école nationale et le courant de ceux qui se tournent vers l'Occident.

En ce sens, on peut comparer à Rimski-Korsakov Anton G. Rubinstein (1829, † 1894), ce grand animateur (avec son frère Nikolaï) de la vie musicale en Russie. La musique de Rubinstein ne présente que peu de traits proprement russes, mais elle s'inscrit dans la tradition romantique : *Le Démon* (1875), chef-d'œuvre du compositeur, suit le texte de Lermontov, qui est, à l'instar de Byron, le principal représentant de la poésie du « mal du siècle ». Rubinstein est donc essentiellement le précurseur de Tchaïkovski.

Bien que souvent qualifié d'« occidentalisé » dans une controverse dont la portée a été beaucoup exagérée, Piotr Ilitch Tchaïkovski (1840, † 1893) représente la synthèse de la musique russe. S'il est vrai que ce cosmopolite ne renoue pas avec le récitatif déclamé de Dargomyjski, il ne succombe pas non plus à la tentation de la mode wagnérienne. En revanche, l'influence franco-italienne et celle des romantiques allemands se confondent chez lui avec l'expression d'une extrême sensibilité. Les sujets et héros choisis pour les œuvres scéniques reflètent ce subjectivisme, cette mélancolie d'une vie ressentie comme tragédie. Outre les livrets écrits par le compositeur ou suivant des textes de Gogol et de Schiller (*La Pucelle d'Orléans*, 1878-1879), les trois chefs-d'œuvre de Tchaïkovski témoignent d'une prédilection pour Pouchkine comparable à celle que les Italiens, et surtout Verdi, avaient pour Shakespeare.

Mazeppa (1881-1883) retrace l'épopée du célèbre *hetman* des cosaques d'Ukraine en révolte contre la Russie. *La Dame de pique* (1890), qui condamne la passion du jeu et les superstitions, prolonge le conte fantastique dans un raffinement psychologique auquel répond la musique : sans manquer d'élan dramatique (la scène des jeux, la scène de Lisa et Hermann au bord de la Néva, la chambre fantomatique de la comtesse...), celle-ci est toute d'élégance et de finesse. On retrouve cette influence française dans les trois ballets de Tchaïkovski.

La gloire du grand Pétersbourgeois fut cependant établie par *Eugène Onéguine* (1877-1878), le plus joué des opéras russes. C'est sans doute dans ce héros que le compositeur s'est entièrement retrouvé : mondain las de lui-même et d'une société insipide (propos proustien avant la lettre), Onéguine sombre dans le désespoir d'avoir refusé, puis avoué trop tard, son amour. Ce sujet aussi simple que profond, riche en sentiments, en atmosphères et en images, est traduit par une musique toujours proche des nuances du texte et dont la marque principale est le lyrisme – lyrisme dominé par une forme claire et par une structure souvent symphonique ; lyrisme présentant différentes facettes : expression directe d'un état d'âme, lignes vocales pleines de sensibilité, tendresse et mélancolie, et enfin passion et réalisme dramatique. L'art mélodique va du dessin populaire à l'*aria* révélant le connaisseur de la voix humaine et sert à caractériser les personnages. Avec plus de vigueur que chez Rimski-Korsakov, la maîtrise de l'orchestre est le facteur d'intégration qui habille les rythmes, danses et thèmes slaves, ennoblis par une culture sonore brillante.

L'histoire des écoles nationales sous le rapport de l'opéra montre que la formation du style autochtone est liée au langage, de même que l'identification nationale va de pair avec l'emploi de la langue du pays. L'importance de cette langue semble déterminer les chances qu'aura l'œuvre d'être reconnue à l'étranger.

Le jeu des influences

L'appartenance nationale, la langue ou l'origine géographique sont des critères qui permettent de distinguer les styles de l'opéra et l'évolution des genres. Mais des coupes « horizontales » à travers toute l'Europe pourraient faire apparaître également que le jeu des influences mutuelles suit un certain rythme.

Jusqu'en 1830 environ, l'influence italienne est la plus forte. En même temps, alors que le XVIIIe s. n'est pas encore oublié, le grand opéra se prépare en France (à partir de racines italiennes) et l'opéra romantique se forme en Allemagne. Le romantisme littéraire est le ressort de toute cette première période. Par la suite, les abus de l'opéra italien mènent à une prise de conscience qui s'identifie, en Italie, à la recherche d'une sobriété dramatique et qui est marquée par une influence française non négligeable. Or, la même chose se produit, juste après, vis-à-vis du grand opéra français, dont les exagérations sont fortement critiquées. Autour de 1850, dans toute l'Europe, se manifeste une césure. Patriotisme et sentiment national tendent à pousser à l'isolement. Cependant, l'avènement de Wagner se ressent avec une telle intensité que ses techniques ne sont pas seulement adoptées par ceux qui le suivent – comme la majorité des Allemands et les « wagnéristes » français – mais se reflètent aussi chez ceux qui s'y opposent – tels les mélodistes et orientalistes de l'école française et tels les admirateurs de Verdi. Wagner a été, pour beaucoup, le sauveur d'un opéra « décadent » qu'un Offenbach ne pourra que parodier.

Vers la fin du XIXe s., le drame lyrique annonce l'impressionnisme, tandis que l'Italie, qui suivra son propre chemin, voit naître le vérisme sous l'influence du réalisme français. On sent alors nettement que l'avenir de l'opéra appartiendra surtout à l'Italie et à l'Allemagne.

« La musique instrumentale
est seule véritablement romantique,
car seul l'infini est son objet. »
E.T.A. Hoffmann

Danièle Pistone

L'ART INSTRUMENTAL AU XIXe SIÈCLE

Au XIXe s., comme précédemment au XVIe, la musique instrumentale connaît un réel essor. Si, à l'âge des lumières, Fontenelle méprisait encore ce répertoire (*Sonate, que me veux-tu ?*), si les provinciaux balzaciens d'*Ursule Mirouët* surnommaient encore Beethoven « Bête à vent » et les sonates « sonacles », l'époque symboliste voit triompher, dans les lettres même, le célèbre principe verlainien : *De la musique avant toute chose.* Des grandioses rassemblements de plein air révolutionnaires à l'explosion du *ragtime* américain des dernières décennies, en passant par la dictature du piano ou la progression des orchestres symphoniques, nombreux sont, au siècle romantique, les signes éclatants de l'omniprésence de l'instrumental.

Certes, la musique vocale demeure toujours fort prisée : la place de l'opéra, dans les revues spécialisées comme dans la grande presse, est là pour le prouver, parallèlement à la faveur du *lied*, de la romance ou de la mélodie, et, lorsque les ouvriers mélomanes vont se grouper, ils constitueront des assemblées chantantes, les orphéons. Par ailleurs, la montée de la musique ancienne ou la renaissance de la musique religieuse dans la seconde partie du siècle auraient pu favoriser également, sous certains aspects, le développement d'un art à dominante vocale.

Or, ce dernier ne jouit d'aucune exclusive lors de la formidable promotion de la musique à l'âge romantique, dans les années où tout Viennois qui se respectait se devait d'être plus savant en musique qu'en politique, à une époque où les « lions » et les « tigres », ces élégants tapageurs du Boulevard parisien, n'auraient pour rien au monde négligé leurs visites aux spectacles lyriques ou chorégraphiques. Cette ascension de l'art musical, en un temps où

maints respectables ronds-de-cuir ont laissé eux aussi – fût-ce sous un pseudonyme – bien des pages musicales chez les éditeurs, a conduit à un étonnant élargissement du répertoire instrumental.
Face à ces œuvres innombrables, il semble utile de dégager dès l'abord les caractéristiques du contexte qui les a vues naître et les particularités d'une évolution souvent fort complexe : l'individu n'y triomphe-t-il pas au clavier, tandis que croît l'importance numérique du groupe à travers l'orchestre ? Les formes traditionnelles ne s'allongent-elles pas démesurément, au moment même où se multiplient les pièces brèves ? Il est aussi indispensable, lorsqu'on étudie la musique instrumentale au XIXe s., de montrer la suprématie de l'école germanique face aux autres habitudes nationales et aux différents styles individuels.

Conceptions et évolutions

Dans cette spectaculaire ascension de l'art sonore au XIXe s., les instruments jouent un rôle croissant au fil des décennies : une fois encore, qu'il s'agisse des courants historiques, des faits sociaux, des innovations techniques ou des mouvements philosophiques, le moment leur était particulièrement favorable.

Le contexte historique

Quel siècle mouvementé que celui qui s'ouvrit sur les conquêtes napoléoniennes, fut coupé par les élans de 1830 et 1848, pour connaître ensuite un temps d'intense agitation dans les années 1850-1871 ! Rien d'étonnant que les périodes plus calmes, mais toutes vibrantes encore d'espoirs envolés ou d'intarissables souvenirs, aient vécu au rythme d'une évolution sans précédent. Car l'âge romantique (1830-1848) et les débuts de la Troisième République (1870-1900) subissent, musicalement aussi, d'intenses métamorphoses.
Il convient toutefois de ne pas exagérer la portée de celles-ci sur le plan musical. En effet, si la Révolution de 1789 et les bouleversements qui s'ensuivirent aboutirent, politiquement ou socialement, à des transformations capitales, l'art des sons, davantage lié au passé, tant par le système tonal que par le matériau instrumental, ne pouvait pas opérer des changements aussi rapides et spectaculaires.

La tourmente révolutionnaire à peine passée, l'Opéra de Paris, par exemple, retrouve l'essentiel de son ancien répertoire, et les œuvres de Gluck ou de Mozart y connaissent encore beaucoup de succès au XIXe s. Pareillement, les sociétés de concerts parisiennes des premières décennies proposent surtout à leurs auditeurs des œuvres de l'Ancien Régime. Et l'institution même des conservatoires – dont le modèle parisien moderne est né en 1795 – va permettre de mieux protéger certaines traditions. Qui plus est, le siècle romantique s'ouvre en pleine vogue du langage tonal, et il faudra encore plus de cent ans avant que l'usure de celui-ci soit consommée et que, musicalement, le moment apparaisse favorable à de plus radicales transformations.

Du seul point de vue instrumental cependant, l'évolution demeure réelle et progressive, sous l'influence de facteurs multiples.

Les sillages romantiques

La montée du courant romantique, préparée de longue date en Angleterre comme en Allemagne et éclatant bientôt dans notre pays en « feux et tonnerres » (Berlioz, *Mémoires*), favorise de multiples façons le développement de la musique instrumentale.

Réaction contre l'art ancien, toujours ouvert aux nouveautés, le mouvement romantique rend possibles divers changements : abandon du clavecin, trop lié au passé ; ébranlement des techniques d'imitation ancestrales, trop représentatives du répertoire religieux ; dédain des formes classiques.

Dans sa hantise des barrières factices, dans sa quête inassouvie de naturel, le romantisme permet tout à la fois l'union plus étroite avec l'univers, la libération de couleurs et de rythmes multiples, ainsi que la fusion des arts ou la libre expression de l'être humain. La nature pénètre largement dans l'art instrumental. Est-il besoin de citer encore le rossignol, la caille et le coucou de la *Symphonie pastorale* ? Quant aux hautbois et cor anglais berlioziens, ils se souviennent plus que jamais de leur caractère agreste, propre aux refrains rustiques comme à la tendre rêverie. Après avoir rebondi sur les rochers en mille gouttelettes joyeuses, la *Moldau* de Smetana (1874) coulera, majestueuse, dans les vertes campagnes. Le même sentiment permet dans un premier temps une recherche de pittoresque qui se manifeste le plus souvent à travers des souvenirs de voyages : c'est ainsi que les « airs suisses », « allemands », « italiens », « espagnols » résonnent, innombrables, sur les instruments des premières décennies. Ils sont bientôt suivis par des emprunts exotiques plus recherchés ou par le recours à un folklore mieux localisé. Mais, en 1890 encore, les *Impressions d'Italie* de Gustave Charpentier donnent une assez bonne idée du dépaysement alors tant prisé.

À travers sa vision colorée de l'univers, le goût romantique favorise aussi l'apparition de timbres nouveaux, toujours plus diversifiés, des basses grondantes au célesta (voir p. 804). Et, dans sa soif intarissable de mouvement, s'exprimant magnifiquement dans les domaines qui le lui permettent le mieux, c'est-à-dire la peinture et la musique, il va vivre de rythmes neufs. C'est pourquoi l'art chorégraphique eut autant d'importance à cette époque et c'est pourquoi le ballet triompha à l'Opéra de Paris de 1830 à 1870.

Comme lors de la Renaissance, la danse fut très à l'honneur au XIXe s. et, pour la seconde fois, elle contribua largement à l'évolution du style instrumental. Si les suites d'autrefois s'étaient fondées sur les courantes, les menuets ou les gaillardes, la majeure partie du répertoire de salon consiste, à l'époque romantique, en valses ou contredanses, puis en quadrilles, *polkas*, voire boléros, *cachuchas* ou *mazurkas*, qui, comme leurs ancêtres, finiront par ne plus être conçus pour faire danser, mais auront eu sur notre art une influence incontestable.

Non moins importante sera l'union de la littérature et de la musique. De Hoffmann à Balzac, que de merveilleux personnages de musiciens, que de Kreisler et de Gambara dans les œuvres romanesques ! Idées et sensations voisinent, textes et programmes littéraires s'imposent bientôt dans le discours musical, chez Berlioz, chez Liszt ou chez les compositeurs russes. Rien de surprenant que la musique vocale elle-même tente de s'infiltrer dans la symphonie... L'on peut dire sans nulle exagération que l'écriture instrumentale trouve, à travers la parole, son deuxième ressourcement, trois cents ans après la féconde époque des premières transcriptions pour luth ou de la *canzone* pour clavier. Tout comme il y eut jadis utilisation du thème d'une chanson comme matériau de base pour l'instrumentiste, ainsi naissent au XIXe s. d'innombrables fantaisies, souvenirs ou variations sur les motifs des plus célèbres opéras, à l'usage des pianos de salon, mais également du violon, du cornet à pistons, de l'orgue même.

Le romantisme avait toutefois trop exalté l'individuel et l'original pour s'en tenir à des démarquages ornés ou à des improvisations sur des bases existantes. L'expression personnelle devient indispensable. Elle passe, d'abord, par l'épanchement lyrique des *tempi* lents. Là, toute parole est superflue, et la musique instrumentale triomphe véritablement à cette époque, de l'*adagio* de la *4e Symphonie* de Beethoven (1806) à l'ultime mouvement de la *Pathétique* de Tchaïkovski (1893), en passant par les courbes poignantes des œuvres de chambre de Schubert, de Schumann ou de Brahms.

Les tendances individualistes du romantisme contribuèrent aussi à l'avènement du règne du virtuose. La simple prouesse technique d'un Clementi ou d'un Dussek se charge tout à coup de connotations extra-musicales ou d'une mise en scène impressionnante : aspect démoniaque d'un Paganini, énormes effets lisztiens soigneusement entretenus par la presse, avec grandes cérémonies au cours desquelles on remet au musicien non seulement des tabatières, mais... des sabres symboliques. Bientôt le récital de soliste succède aux grands rassemblements d'artistes, tant l'emprise du virtuose est grande et la montée de l'instrumental spectaculaire. Avant que le siècle ne s'achève, un Édouard Risler ou une Marie Jaëll donnent déjà certaines intégrales beethovéniennes.

Ainsi la recherche d'expression personnelle, le goût du prodige conduisaient-ils d'une part aux excès de la virtuosité et, de l'autre, à la performance de restitutions historiques, mises à la mode par les concerts parisiens de Fétis en 1832. Dans les deux cas, l'instrument tentait de prolonger, voire de dépasser les strictes possibilités de la mécanique humaine, dans la course à la vélocité et dans l'accroissement du volume sonore. Le chanteur requis par le théâtre de Verdi doit faire usage d'une puissance inconnue à l'interprète rossinien ; mais quelle métamorphose incomparable de l'orchestre de Beethoven à celui des dernières symphonies de Bruckner ou de Mahler ! Dans l'art instrumental, l'excès – cet excès tout romantique engendré par une surenchère constante dans les moyens d'expression – devait être beaucoup plus considérable que dans la musique vocale.

Cependant, l'évolution la plus fondamentale, la plus bénéfique pour la musique, est certainement d'ordre philosophique. L'art des sons apparaît alors comme la voix même des profondeurs, de l'insaisissable, du mystère, voire de l'au-delà. Wackenroder (1773-1798) affirmait déjà que rien n'égalait la puissance expressive de ce langage ; après lui, E.T.A. Hoffmann ou Jean-Paul Richter, tout comme Beethoven, Schumann, Berlioz, Mendelssohn, Liszt ou Wagner ont revendiqué la même supériorité. Les saint-simoniens l'avaient pareillement exprimé : « L'artiste [...] plane au-dessus de la terre et, voisin du ciel, c'est de là que se fait entendre sa voix

---

Tolstoï, *La Sonate à Kreuzer*, 1887

« Sous l'influence de la musique, j'ai l'impression que je sens ce qu'en réalité je ne sens pas, que je comprends ce que je ne comprends pas, que je peux ce que je ne peux pas. »

---

inspirée et souvent prophétique [...] ; l'artiste seul, en un mot, par la puissance de cette sympathie qui lui fait embrasser Dieu et la société, est digne de diriger l'humanité. » Quant aux philosophes, de Schelling à Schopenhauer pour qui la musique – comme Dieu – scrute merveilleusement les cœurs, ils s'ouvrent de plus en plus profondément à cet art. Nous sommes loin ici de la simple imitation de la nature classique ou même de l'esthétique kantienne.

La domination bourgeoise

Cette soif romantique de singularisation, cette fuite dans l'ineffable naquirent en réaction contre certaines mutations sociales, après l'accès à la musique d'un milieu souvent bien prosaïque, celui de la bourgeoisie. Non seulement l'artiste romantique eut à lutter contre les tenants de l'art ancien, mais il dut bientôt, pauvre incompris, tourner le dos aux Bouvard, Pécuchet ou Joseph Prudhomme composant pour l'essentiel la société favorisée de cette époque. Autrefois, princes et mécènes assuraient la subsistance du musicien ; au XIXe s., celui-ci lutte seul et l'univers instrumental va en être totalement modifié. Précédemment, la musique revêtait deux caractères essentiels : dans ses dernières attaches fonctionnelles, elle pouvait encore accompagner un rite, religieux la plupart du temps ; sous son aspect de divertissement, elle meublait agréablement les loisirs et rehaussait l'éclat de tout moment de liesse, aristocratique ou paysanne. Au siècle bourgeois, s'ajoute à cela la « musique-calvaire » : calvaire pour le compositeur qui ne pourra régler ses frais de location de salle et les cachets de ses instrumentistes ; calvaire pour l'interprète, fils ou fille de bonne famille, condamné au clavier par un père pour lequel le piano n'est guère qu'un instrument de promotion sociale ; calvaire de l'auditeur, assailli quotidiennement par toutes les sources sonores du voisinage, tenu quelquefois par son rang d'assister régulièrement

à de nombreuses manifestations musicales, puis confiné, à la fin du siècle, dans un complet silence et une immobilité absolue !
La musique joue désormais un rôle social sans précédent dans un cadre privilégié : le salon. Réservé précédemment aux échanges de nouvelles politiques ou littéraires, celui-ci s'ouvrira toujours plus à l'art et à la musique puisque celle-ci, comme le voudraient le contexte du temps et la sagesse ancienne, devrait faciliter toute espèce d'humaine communication...
Pour satisfaire au décorum régnant, il fallut bientôt placer, comme ornement indispensable de ce lieu et symbole de l'art, un beau meuble accueillant, aux proportions avantageuses, utilisable à l'occasion – chez cette gent d'esprit volontiers pratique et terre à terre – pour d'autres fonctions moins poétiques : à titre d'étagère ou de porte-chapeaux. Chassant l'antique harpe et la trop modeste guitare, dont le brutal abandon dans la majeure partie des pays européens trahit bien la domination du pouvoir de l'argent, le piano à queue devint rapidement l'hôte obligé des salons de bon ton. Autour de ce *pianoforte,* dont le nom fut bien vite abrégé chez nous en raison même de sa grande vogue, tous les caprices des acheteurs furent sans tarder satisfaits : les facteurs assortirent la caisse de l'instrument au mobilier environnant, inventèrent le piano-table, le piano-console, le piano-secrétaire, le piano-four *(sic),* allèrent même, comme Jean-Henri Pape, jusqu'à en pratiquer la vente par correspondance...
Dès lors, cet instrument s'imposa comme l'un des propagateurs essentiels de la musique en Europe ; la plupart des grands compositeurs (Beethoven, Mendelssohn, Chopin, Liszt, Saint-Saëns...) furent de remarquables virtuoses du clavier. Le piano devint aussi le meilleur des accompagnateurs. Pour lui furent réduits opéras et symphonies, ce qui en fit même un indispensable découvreur de chefs-d'œuvre. Il fut jugé parfaitement digne d'équilibrer à lui seul la masse orchestrale, et de nombreux concerts de l'époque lui furent réservés. Qui plus est, il apparaissait comme l'instrument de la facilité, facilité illusoire certes, mais attirante : sur son clavier, contrairement à la touche du violon par exemple, la note est toute faite, toute prête à être entendue, et il suffit alors d'un doigt, fût-il mal assuré, pour se révéler musicien.
Symptôme important de décadence, les facteurs multiplièrent bientôt les pianos transpositeurs, puis les pianos mécaniques.

Les instruments

À cette époque en effet, les transformations de la facture instrumentale sont capitales et s'insèrent bien dans un siècle où l'on croit si fort au progrès et où industries et techniques poursuivent régulièrement leur marche en avant.

Outre les perfectionnements de toute espèce apportés au piano et les améliorations de détail dont furent l'objet les instruments de la famille des cordes, déjà fort proches alors de leur présentation actuelle, les changements les plus spectaculaires affectèrent les bois et surtout les cuivres.

En ce qui concerne ces modes de production du son dont le principe de base, unique en dépit de leur apparence très diversifiée, consiste à faire vibrer une colonne d'air dans un tuyau, les facteurs travaillèrent particulièrement en ces années à en accroître la justesse et la puissance. Pour les rendre plus justes, il fallut adapter davantage de clefs aux bois et munir le cor et la trompette des pistons que nous leur connaissons aujourd'hui.

Parallèlement au développement de l'orchestre, qui a toujours été pour lui une précieuse source d'inspiration sonore, l'orgue se métamorphose considérablement aussi lorsque, en 1841, Aristide Cavaillé-Coll termine celui de Saint-Denis. Cet instrument, qui n'était guère la plupart du temps qu'un pauvre « croque-son » essoufflé, au jeu malaisé, devient à la fin du siècle une puissante machine, capable de descendre dans les salles de concert, ou même dans quelques salons – voire dans l'engin sous-marin du capitaine Nemo, dans *Vingt Mille Lieues sous les mers* –, pour le plus grand plaisir d'un public désormais comblé par ces manifestations de gigantisme sonore.

Quant à la percussion, elle n'était pas encore l'objet de nombreuses recherches. L'orchestre de la symphonie romantique reste souvent fidèle à l'unique paire de timbales classique, lui ajoutant, pour la musique plus descriptive, la grosse caisse, le triangle, les cymbales ou le tambour militaire. Les recherches de Berlioz, exigeant pour *Roméo et Juliette* (1839) des cymbales antiques, plus aiguës et à son fixe, construites d'après un modèle trouvé à Pompéi et mesurant seulement 15 à 20 centimètres de diamètre, ne furent que bien peu suivies, si ce n'est par Debussy, qui les adopta aussi dans le *Prélude à l'après-midi d'un faune* (1894). Rares demeurent encore les innovations semblables à celles de l'auteur de la *Symphonie fantastique* (1830), qui utilise là quatre timbales et des cloches, ou même un

Principaux instruments apparus au XIXe siècle

1811	Harpe à pédales moderne
1815	Cor à pistons
1817	Ophicléide
1828 *ca*	Cornet à pistons
1830	Trompette moderne à trois pistons
1835	Tuba
1842	Harmonium
1846 *ca*	Saxophone
1849	Octobasse
1856	Sarrussophone
1886	Célesta
1889	Clarinette contrebasse

On notera que la majeure partie de ces innovations datent des années romantiques.

pavillon chinois – cône de métal muni de lames et de clochettes – dans sa *Grande Symphonie funèbre et triomphale* (1840).

Le tam-tam fut certes fréquemment requis par les œuvres de l'époque révolutionnaire. Certaines partitions marginales se hasardèrent aussi à intégrer dans l'orchestre symphonique la crécelle (Beethoven dans *La Bataille de Victoria*, en 1813, où elle figure les coups de feu, et R. Strauss dans *Till Eulenspiegel*), le glockenspiel (Delibes, *Coppelia*, 1870) ou le xylophone (Saint-Saëns dans la *Danse macabre* en 1874). Mais les formations instrumentales de théâtre semblent fort audacieuses de ce point de vue, car les accessoires les plus divers peuvent être requis pour les besoins de l'action : l'enclume, présente dans les œuvres lyriques chez Auber (*Le Maçon*), Berlioz (*Benvenuto Cellini*) ou Gounod (*Philémon et Baucis*), ne paraîtra pas dans la symphonie avant Mahler (*6e Symphonie*, 1904). De ce dernier compositeur date, avant Varèse, la véritable promotion des percussions : tam-tam, glockenspiel, cloches, fouet, sonnailles habitent certaines de ses symphonies dès les dernières années du XIXe s. Toutefois, seules les recherches rythmiques des décennies suivantes devaient consacrer la réelle libération et le plein développement de ce groupe instrumental.

Pour satisfaire à l'exigence de nouveauté de l'époque, les facteurs recherchèrent aussi des timbres neufs. L'accordéon fut ainsi

Principaux traités d'instrumentation et d'orchestration

1820	A. Reicha, « De la manière de traiter l'harmonie avec l'orchestre », *in Cours de composition musicale* (p. 236-262).
1836	G. Kastner, *Traité général d'instrumentation.*
1837	F.J. Fétis, *Manuel de composition ou Traité méthodique de l'harmonie des instruments.*
1840 *ca*	G. Kastner, *Cours d'instrumentation considéré sous les rapports poétiques et philosophiques.*
1843	H. Berlioz, *Grand Traité d'instrumentation et d'orchestration modernes* (repris par Ch.-M. Widor et R. Strauss en 1904).
1863	F.A. Gevaert, *Traité général d'instrumentation.*
1878	E. Prout, *Instrumentation.*
1885	F.A. Gevaert, *Nouveau Traité d'instrumentation.*
1889	S. Jadassohn, « Lehrbuch der Instrumentation », *in Musikal Kompositions Lehre.*
1890	F.A. Gevaert, *Cours méthodique d'orchestration.*
1892	F.A. Gevaert, *Abrégé du nouveau traité d'instrumentation.*
1893	R. Hofmann, *Praktische Instrumentationslehre.*

construit à Vienne peu avant 1830, l'harmonium à Paris, par Debain, en 1842 ; quant au cornet à pistons, il date de 1830, tandis que le saxophone fut breveté en 1846. Ces quatre instruments, témoins de la démocratisation de l'art des sons, devaient être largement consacrés par la postérité, tout comme l'ophicléide, auquel succéda le tuba dès les années romantiques. Le célesta enfin, fabriqué à Paris par Mustel en 1886, fut déjà utilisé par Tchaïkovski dans *Casse-Noisette* (1892). En revanche, un instrument monstre comme l'octobasse de Vuillaume, contrebasse géante dont un exemplaire est encore présent au musée de la Musique de Paris, ne fut guère entendu qu'à titre exceptionnel.

La plupart de ces innovations affectèrent en fait les basses des différentes familles, tels la flûte grave en *sol,* dite aussi flûte alto, perfectionnée par Bœhm et employée, par exemple, par Rimski-Korsakov, ou le tuba wagnérien à embouchure de cor, présent dans la *Tétralogie* comme dans la *7e Symphonie* de Bruckner (1883). Les graves sont effectivement prisés par les compositeurs romantiques : Berlioz réhabilite l'alto ; les violoncelles déroulent bien volontiers leur chant expressif ; quant au cor anglais, à la clarinette basse et au contrebasson, ils s'introduisent souvent jusque dans l'orchestre symphonique, ultime consécration.

L'extension des registres est l'objet d'une recherche permanente. Profitant des travaux des facteurs, qu'ils avaient si bien su susciter parfois, les compositeurs vont exiger toujours plus des instruments, dans le grave comme dans l'aigu : les violons de l'orchestre ne montent-ils pas jusqu'à l'*ut*^{6} chez Beethoven pour atteindre le *sol*^{6} chez Strauss ? Quant à la pratique des sons harmoniques, elle s'étend de plus en plus.

Surenchérissant sur les découvertes des artisans, les musiciens vont rechercher aussi de nouveaux modes de production du son, tels le trémolo dental, pour la flûte surtout, ou le *col legno* des violons. Ils requerront des instruments une agilité toujours plus grande : c'est ce qui explique, par exemple, l'introduction – dans l'orchestre symphonique même – du cornet à pistons. Celui-ci, tellement en faveur dans les formations destinées à animer la danse, dès la monarchie de Juillet, est présent encore dans la *Symphonie* de César Franck (1888). Comme l'écrit Berlioz dans son *Grand Traité d'instrumentation et d'orchestration modernes* (1843) : « Son timbre n'a ni la noblesse des sons du cor ni la fierté de ceux de la trompette, mais il possède une belle agilité et, se fondant dans la masse des cuivres, il sert à compléter les accords des trompettes et à jeter dans l'orchestre des groupes de notes qui, à cause de leur rapidité, ne conviendraient ni aux trombones ni aux cors. »

Ainsi l'accroissement des possibilités individuelles des différents instruments préoccupa-t-il facteurs et musiciens, comme en font foi les divers ouvrages théoriques parus en ce siècle. Faisant suite au *Diapason général de tous les instruments à vent* de L. J. Francœur (1772), de nombreux recueils privilégieront cette dernière famille : tel est le cas des traités concernant la musique militaire, de F. Gleich (1853) à G. Parès (1898). Mais tous s'intéressèrent à l'instrumentation et au maniement des instruments, avant d'étudier l'orchestration, c'est-à-dire l'art de grouper les multiples sources sonores. Berlioz, dont le *Traité* fit longtemps autorité, apparut sur ce plan comme un véritable pionnier et son œuvre fut parachevée, beaucoup plus tard, par Ch. Kœchlin dont le monumental *Traité de l'orchestration,* en quatre volumes, ne finit de paraître qu'en 1959.

Parmi les meilleurs orchestrateurs de ce temps, il convient de citer, outre l'auteur de la *Symphonie fantastique,* Meyerbeer, chez lequel l'excellente distribution des masses sonores s'accompagne d'une grande richesse de détails, et plus tard Gustav Mahler.

Les concerts et leur public

Des auditions de salon aux concerts monstres, affichés dès le milieu du siècle, en passant par les « concerts promenades » de Jullien à Londres, le XIXe s. connut une belle variété de séances musicales publiques qui allèrent se multipliant au fil des décennies.

Le début du siècle était encore accoutumé aux concerts panachés où se mêlaient les pages vocales et instrumentales. La formule moderne du récital, dit alors « monoconcert » ou « soliloque musical », ne fut guère introduite qu'à l'époque de Franz Liszt et ne se répandit que fort lentement. Quant à l'habitude de faire entendre seulement des extraits d'œuvres, rapprochés dans un souci de variété, elle se maintint parfois bien solidement elle aussi. Le temps n'était pas encore au strict respect de la partition, et l'on sait, par exemple, de quelle prodigalité d'ajouts ornementaux Liszt pouvait parer les sonates de Beethoven…

Le virtuose est fort attendu du public dans de semblables démonstrations : qu'il suffise de songer aux concerts de Paganini à Paris en 1831 ou aux triomphales tournées des mages du clavier, voire aux duels féroces qui opposèrent certains d'entre eux, tels Thalberg et Liszt, en 1837, dans notre capitale.

Moins prisés semblent avoir été les concerts de musique de chambre, dont *Le Charivari* conseillait encore fort significativement à ses abonnés, dans les dernières décennies, de ne pas s'approcher sans oreiller… Le XIXe s. avait cependant vu apparaître en ce domaine les premiers ensembles professionnels indépendants, alors qu'un Schuppanzigh avait encore organisé, entre 1794 et 1816, les quatuors de deux mécènes, les princes Lichnovski ou Razoumovski. Ces ensembles furent bientôt suivis des premières formations itinérantes. En France, Pierre Baillot et Delphin Alard demeurent certainement parmi les plus valeureux promoteurs des auditions de musique de chambre que la Société nationale de musique, née en 1871, devait par la suite tant favoriser et mettre en valeur.

L'évolution la plus notable est cependant celle des sociétés symphoniques. Leur nombre s'accroît considérablement au cours du siècle, et certaines phalanges connaissent très tôt un grand renom, telle la Société des concerts du Conservatoire, apparue en 1828 et fort admirée par Mendelssohn.

Le rôle du « batteur de mesure » se transforme aussi considérablement. Abandonnant le rouleau de papier, muni du bâton ou de l'archet, le chef dirige fréquemment encore sur une partition de premier violon où, comme Habeneck (1781, † 1849), il note en rouge les entrées des instruments, les grandes partitions étant rarement éditées à cette époque.

Berlioz ou Wagner s'intéressent déjà beaucoup à l'art de diriger, et ces années connaissent d'excellents chefs d'orchestre en la personne de Mendelssohn ou de Mahler. En raison de l'accroissement des effectifs instrumentaux, leur rôle est, à n'en point douter, de plus en plus important, au point de justifier, au début du XXe s., la création d'une classe de direction au conservatoire de Paris.

L'inconfort des salles, pour les interprètes comme pour les auditeurs, était notoire dans les premières décennies. Les musiciens jouèrent debout avant de pouvoir se reposer sur des tabourets de bois, tandis que le public était condamné à l'austérité de bancs non rembourrés. Cette situation n'empêchait pas alors celui-ci de manifester bruyamment son enthousiasme ou sa déception. Ces habitudes se maintinrent dans nos salles jusqu'à l'époque des Concerts populaires, apparus en grand nombre après 1860. L'adjectif annonce bien la volonté de démocratisation des organisateurs de séances musicales dont les prix d'entrée se font plus accessibles. Suivant l'exemple germanique, on tenta par la suite d'imposer à l'auditoire la loi du silence et du respect : Lamoureux allait même jusqu'à reprendre intégralement une œuvre lorsqu'il était dérangé en cours d'exécution par un bruit intempestif...

En dépit de leur évolution saisissante, les concerts ont du mal, toutefois, à supplanter le théâtre dans la faveur du public de l'époque. Les journaux spécialisés ne leur réservent que de maigres paragraphes jusqu'aux années 90 tandis que, pour les musiciens, ils demeurent, au début du siècle, d'un rapport très inégal, voire inexistant. À une époque où les compositeurs dramatiques peuvent percevoir, à l'Opéra de Paris, plus de 200 francs par soirée, nulle société ne défend encore les droits des auteurs de musique instrumentale. La S.A.C.E.M. (Société des auteurs, compositeurs et éditeurs de musique) ne verra le jour qu'en 1851. Les musiciens doivent-ils compter pour subsister sur l'édition de leurs partitions ? Rarement. Pensons que Fauré abandonna tous les droits de sa

Dates de fondation des grandes associations de concerts

1781	Orchestre du Gewandhaus de Leipzig
1813	Société philharmonique de Londres
1813	Société des amis de la musique de Vienne
1826	Société philharmonique de Berlin
1828	Société des concerts du Conservatoire de Paris
1842	Orchestre philharmonique de Vienne
1842	Société philharmonique de New York
1851	Association des jeunes artistes du conservatoire de Pasdeloup (Paris)
1851	Nouvelle Société philharmonique de Londres
1861	Concerts populaires de Paris (Pasdeloup)
1865	Concerts populaires de musique classique de Bruxelles
1866	Société de concerts de Madrid
1867	Société philharmonique de Naples
1872	Concerts populaires de Turin
1873	Concert national de Paris (Colonne)
1874	Société orchestrale de Rome
1878	Union artistico-musicale de Madrid
1881	Nouveaux Concerts populaires de Paris (Lamoureux)
1881	Orchestre philharmonique de Boston
1882	Orchestre philharmonique de Berlin
1883	Concertgebouw d'Amsterdam
1891	Orchestre symphonique de Chicago
1895	Orchestre symphonique de San Francisco
1898	Orchestre symphonique de Los Angeles
1900	Orchestre de Philadelphie

première *Sonate* pour violon et piano, en 1876, à l'éditeur Breitkopf & Härtel... Quant à l'organisation du concert, sa prise en charge se révèle toujours très onéreuse pour le compositeur : Berlioz en fit la dure expérience !

Le répertoire

Dans un semblable contexte, quelles furent, au XIXᵉ s., les œuvres les plus appréciées ? L'étude des comptes rendus de concerts, jointe à l'examen des registres du dépôt légal de musique, montre bien sur ce point l'évolution du goût en ce qui concerne les choix instrumentaux, les genres et les formes.

Disposition ordinaire de l'orchestre symphonique au XIXe siècle

Percussion

Cors Trompettes Trombones Tuba

Harpe

Flûtes Clarinettes Hautbois Bassons

Contrebasses

Violoncelles Altos

Violons 1 Violons 2

Chef

Aujourd'hui, dans la nouvelle disposition dite « américaine » (depuis Stokowski, 1945), le quatuor est plutôt disposé ainsi :

Violons 2	Altos
	Contrebasses
Violons 1	Violoncelles

Les effectifs

Les progrès de la facture instrumentale, contribuant, tout comme les courants de sensibilité romantiques, à orienter l'intérêt des compositeurs vers de nouvelles recherches de timbre, auraient pu conduire ceux-ci à concevoir d'autres types d'ensembles ou à privilégier certains instruments.

En fait, les choix ne sont pas identiques dans tous les pays. Le piano semble moins répandu alors en Italie – patrie du *bel canto* – qu'en France par exemple. Dans les pays germaniques, la musique de chambre pour cordes seules demeure plus goûtée que sur notre territoire : Schubert, Mendelssohn, Brahms, Bruckner, Dvořák – qui se mit à l'école allemande –, voire Tchaïkovski, groupent violons, altos et violoncelles dans des ensembles variés, allant du trio à l'octuor, alors que les compositeurs français (Castillon, Chausson, Fauré, Franck, Magnard, Saint-Saëns...) n'écrivent pour cordes seules qu'en formation de quatuor. Le meuble à clavier exerce chez nous une suprême tyrannie. Inutile de revenir, par ailleurs, sur l'affection des Espagnols pour la guitare : presque tous les virtuoses

de cet instrument se produisant en France après 1830 possèdent cette nationalité.
Outre les habitudes locales, les effectifs instrumentaux ordinaires des sociétés musicales auxquelles les compositeurs destinent leurs œuvres vont influer sur leurs choix. Mais ceux-ci dépendront aussi des amitiés ou des admirations du musicien créateur : Brahms eût-il composé ses deux belles sonates pour clarinette et piano sans la présence du virtuose Mühlfeld ?
Dans la musique de chambre, les instruments à cordes restent beaucoup plus employés que les vents : la *Petite Symphonie* pour 9 instruments à vent de Charles Gounod (1889) fait presque figure d'exception à cet égard et la progression de ceux-ci est nettement plus rapide dans l'orchestre symphonique. Si Joseph Haydn pouvait compter sur 15 musiciens à la cour du comte de Morzin et sur une quarantaine d'instrumentistes à Londres, si l'effectif orchestral préféré par Mozart comprenait 16 violons, 2 altos, 6 violoncelles, 10 contrebasses et les vents par deux, si la création de la *3e Symphonie* de Beethoven s'effectua avec une trentaine d'exécutants, l'ensemble symphonique des années 1830-1850 inclut généralement, outre les cordes et les timbales, une vingtaine d'instruments à vent : 2 flûtes, 2 hautbois, 2 clarinettes, 2 bassons, 4 cors, 2 trompettes, 3 trombones, 1 ophicléide ou 1 tuba, soit un total de quelque 60 instruments. Cet effectif dit « romantique » est parfois complété par le piccolo, le cor anglais, le contrebasson, voire la clarinette basse. Le nombre des instruments à vent est donc supérieur, au milieu du XIXe s., à ce qu'il était au XVIIIe s., où les cordes assuraient souvent seules le discours orchestral – ce qui était presque encore le cas dans la *5e Symphonie* de Schubert (1816) –, les bois n'étant pas toujours alors groupés par deux, la présence simultanée de la clarinette et du hautbois restant exceptionnelle à cette époque. Quant aux trombones, qui s'imposent dans la symphonie vers les années 1830, ils n'étaient utilisés autrefois que dans la musique de théâtre ou d'église.
Dans la seconde moitié du XIXe s., les bois se montrent en revanche volontiers groupés par trois, voire quatre dans les trois premières symphonies de Mahler (1888-1896) qui nécessitent par ailleurs de 7 à 10 cors. Certains autres instruments, au contraire, eurent beaucoup de mal à s'introduire dans l'orchestre symphonique : le saxophone, par exemple, n'est guère admis alors que dans les œuvres inspirées par le théâtre, telles les deux suites de *L'Arlésienne* de Bizet.

Quant à la harpe, instrument d'accompagnement presque toujours présent dans les œuvres lyriques, elle fut requise par Berlioz dans la *Symphonie fantastique,* comme dans *Harold en Italie,* mais elle reste généralement exclue des symphonies, si l'on excepte celles de Franz Liszt (1854-1856), certaines partitions russes ou d'autres œuvres évocatrices, comme *Roma* de Bizet (1866-1871) ou la *Symphonie espagnole* de Lalo (1873), ainsi que des compositions plus tardives signées de Franck, Chausson, Magnard ou Mahler.
Les effectifs instrumentaux peuvent donc différer selon les genres et les circonstances. Ceux de la musique militaire, par exemple, s'individualisent quelque peu. L'importance de celle-ci ne doit du reste pas être négligée en ce siècle : les fameuses « turqueries », tant à la mode jusqu'à cette époque, chapeau chinois en tête, ne s'inspirèrent-elles pas surtout de la musique des janissaires turcs ? Important demeure aussi le rôle des saxhorns introduits dans la musique militaire française en 1845, retirés en 1848, pour être rétablis en 1854...

Les genres

L'effectif instrumental, la destination et le style permettent de définir les genres musicaux – fort variés – auxquels recourront les compositeurs du XIXe s. Le XVIIIe avait beaucoup prisé la symphonie (dont J. Haydn nous laisse plus de 100 exemples et Mozart une cinquantaine) ou la sonate, qui restent encore les genres les plus nobles, mais ont connu précédemment le sommet de leur faveur. L'âge baroque n'avait pu surenchérir sur le nombre de messes polyphoniques laissées par la Renaissance ; de même, le XIXe s. reprend et développe la symphonie ou la sonate, les anime d'une expression nouvelle qui permet d'individualiser davantage chacune de ces œuvres ; mais, paralysés par les imposants modèles beethovéniens ou par la relative indifférence de la masse des auditeurs qu'effraient plutôt ces structures monumentales, les compositeurs n'osent alors les approcher qu'assez rarement. Certains – comme Wagner ou Debussy – préfèrent même considérer la symphonie comme la pierre de touche de leurs premières expériences et l'abandonnent totalement ensuite.
A. Bruckner et J. Raff, qui reviennent le plus souvent à la symphonie, n'écrivent pas plus de 11 partitions ainsi intitulées ; Mahler et Spohr 10, tandis que Beethoven et Dvořák s'arrêteront à la neuvième. Beaucoup, tels Chausson, Dukas, Franck ou Smetana, se limitent à une seule symphonie.

La symphonie au XIXe siècle

Les dates données sont celles de la première et de la dernière symphonie écrite par le compositeur. Entre parenthèses figure le nombre total de ces œuvres.

Beethoven 1800 ______ 1824 *(9)*
Schubert 1813 ______1828 *(8)*
Mendelssohn 1824 ______1842 *(5)*
Berlioz 1830 ______1840 *(4)*
Schumann 1832 ______1851 *(5)*
Saint-Saëns 1850 ______1886 *(5)*
Liszt 1854-1856 *(2)*
Bruckner 1863 ______1896 *(11)*
Dvořák 1865 ______1893 *(9)*
Tchaïkovski 1866 ______1893 *(7)*
Brahms 1875 ___1885 *(4)*
Franck 1888 *(1)*
Mahler 1889 __ *(10)*
Dukas 1896 (1)

Élargissant la gamme de ses possibilités, ce type d'œuvre se charge parfois d'intentions descriptives, voire d'un programme, allant des symphonies patriotiques françaises des années 1800 aux thèmes pathétiques de Tchaïkovski, en passant par les ouvrages de Berlioz. Autre grand genre orchestral où peut, cette fois, se déployer la virtuosité chère au XIXe s. : les concertos. Le nombre de ceux-ci demeure relativement réduit à cette époque, peut-être parce que, le talent d'improvisateur disparaissant peu à peu, s'anéantit avec lui la belle liberté des cadences où il était donné à l'interprète de faire admirer sa plus fertile invention et sa plus savante dextérité. Désormais beaucoup d'auteurs veulent imposer leurs propres cadences et de nombreux virtuoses écrivent les leurs. En fait, ce genre avait peut-être connu, dès la fin du XVIIIe s., sa vogue la plus grande.

Les concertos les plus à la mode au siècle romantique sont les concertos pour piano. Leur nombre reste toutefois très limité : 5 dans le cas de Beethoven ou de Saint-Saëns, 4 chez Mendelssohn, souvent un seul (Schumann, Grieg ou Dvořák), 2 (Weber, Chopin, Liszt, Brahms) ou 3 (Tchaïkovski)...

Des remarques similaires s'appliqueraient aux concertos pour violon, dont les grands modèles demeurent, avec l'ouvrage que Beethoven consacre à cette formation en 1806, les 5 concertos de

Le concerto pour piano au XIXe siècle

1797	Beethoven, 1er concerto en *ut* majeur
1798	Beethoven, 2e concerto en *si* bémol majeur
1802	Beethoven, 3e concerto en *ut* mineur
1806	Beethoven, 4e concerto en *sol* majeur
1809	Beethoven, 5e concerto en *mi* bémol majeur
1810	Weber, 1er concerto en *ut* majeur
1812	Weber, 2e concerto en *mi* bémol majeur
1821	Mendelssohn, 1er concerto en *la* mineur
1824	Mendelssohn, 2e concerto en *la* mineur
1829	Chopin, 2e concerto en *fa* mineur
1830	Chopin, 1er concerto en *mi* mineur
1831	Mendelssohn, 3e concerto en *sol* mineur
1837	Mendelssohn, 4e concerto en *ré* mineur
1839	Liszt, 2e concerto en *la* majeur (remanié jusqu'en 1861)
1845	Schumann, concerto en *la* mineur
1849	Liszt, 1er concerto en *mi* bémol majeur (remanié jusqu'en 1856)
1854	Brahms, 1er concerto en *ré* mineur
1855	Berwald, concerto en *ré* majeur
1858	Saint-Saëns, 1er concerto en *ré* majeur
1868	Grieg, concerto en *la* mineur
	Saint-Saëns, 2e concerto en *sol* mineur
1871 *ca*	Castillon, concerto en *ré* majeur
1874	Tchaïkovski, 1er concerto en *si* bémol mineur
1875	Saint-Saëns, 3e concerto en *mi* bémol majeur
1876	Dvořák, concerto en *sol* mineur
1877	Saint-Saëns, 4e concerto en *ut* mineur
1880	Tchaïkovski, 2e concerto en *sol* majeur
1881	Brahms, 2e concerto en *si* bémol majeur
1887	Pierné, concerto en *do* mineur
1889	Mac Dowell, 2e concerto en *ré* mineur
	Lalo, concerto en *fa* mineur
1893	Tchaïkovski, 3e concerto en *mi* bémol majeur
1896	Saint-Saëns, 5e concerto en *fa* majeur

Paganini, d'une difficulté proverbiale. Là encore, si Romberg (1767, † 1821) écrivit 20 compositions de ce genre, Pierre Rode 13 et Louis Spohr encore 17, les exemples postérieurs restent souvent uniques dans l'œuvre d'un compositeur, comme ce fut le cas, après Beethoven, de Brahms, Dvořák ou Tchaïkovski.

Le concerto pour violon au XIXᵉ siècle

1806	Beethoven, concerto en *ré* majeur
1820	Berwald, concerto en *ut* dièse mineur
1822	Mendelssohn, concerto en *mi* majeur (petit concerto)
1844	Mendelssohn, concerto en *mi* mineur
1866	Bruch, concerto en *sol* mineur
1868	Saint-Saëns, 1er concerto en *la* mineur
1872	Lalo, concerto en *fa* majeur
1873	Lalo, symphonie espagnole
1878	Tchaïkovski, concerto en *ré* majeur
	Brahms, concerto en *ré* majeur
1879	Saint-Saëns, 2e concerto en *ut* majeur
1880	Gade, concerto en *ré* mineur
	Dvorák, concerto en *la* mineur
1881	Saint-Saëns, 3e concerto en *si* mineur
	Saint-Saëns, 4e concerto en *sol* majeur (inachevé)
	Lalo, concerto russe
1882	Strauss, concerto en *ré* mineur

Les concertos conçus pour d'autres instruments sont beaucoup plus rares encore. Pour le violoncelle, la postérité a consacré les réussites de Schumann (1850), Saint-Saëns (1872 et 1902) ou Dvořák (1895). À la clarinette sont destinés par exemple les 2 concertos de Weber (1811) ou les 4 de Spohr. Quant aux concertos pour plusieurs instruments, ils vont du triple de Beethoven (1804, pour piano, violon et violoncelle) au double de Brahms (1887, pour violon et violoncelle), en passant par les concertos pour deux pianos de Mendelssohn (1823-1824) ou le quadruple concerto de Spohr pour quatuor à cordes et le *Concertstück* de Schumann pour 4 cors et orchestre (1849). Certaines symphonies concertantes des premières décennies relèvent parfois de la même esthétique, laquelle n'est pas sans parenté avec celle de l'ancien concerto grosso.

Quant aux sonates, leur nombre décroît également de façon assez spectaculaire au cours du siècle. Si Beethoven en parachève encore une cinquantaine pour divers instruments, Schubert et Mendelssohn plus de 20, Weber une douzaine, l'importance quantitative de ces œuvres continue de régresser ensuite : Brahms ou Saint-Saëns en laisseront encore plus de 10 chacun, Fauré 4,

Chopin, Liszt, Dvořák ou Tchaïkovski moins encore ; quant à Berlioz ou Bruckner, ils ignoreront complètement ce genre.

Parmi les autres grandes catégories de compositions, le quatuor à cordes est particulièrement remarquable. Son évolution est assez nette. Au début du XIXe s., les besoins des sociétés de musique de chambre et l'habitude des décennies précédentes entraînent les compositeurs à confier aux archets plusieurs œuvres. Beethoven en écrit 17, Schubert nous en laisse 15 et Mendelssohn 8 encore. Mais, à quelques exceptions près – tel Dvořák, auteur de 14 quatuors à cordes –, les musiciens ne choisiront plus d'en écrire autant ; certains même n'en achevèrent plus qu'un seul, comme Verdi, Smetana, Grieg, Franck, Debussy ou Chausson. Le genre connaîtra une nette défaveur dans les années 50, sans doute sous l'influence du règne du piano ou de la montée des œuvres descriptives.

Après 1870, en revanche, de plus en plus d'auteurs vont s'essayer à ce genre noble, à une époque où sont désormais diffusés les derniers quatuors de Beethoven, alors mieux compréhensibles qu'auparavant.

Les trios pour cordes seules, au contraire, restent assez rares au XIXe s. Si Boccherini les avait tant aimés autrefois, si Beethoven en écrit encore 3 et Schubert 2, Dvořák demeure presque, de ce point de vue, une exception avec son *Terzetto* (1887) pour 2 violons et alto, mais le genre suscitera à nouveau quelques belles créations au début du XXe s., chez Hindemith, Ropartz ou Florent Schmitt.

Parmi les formations avec piano, la plus en faveur à l'âge romantique est le trio, la plupart du temps avec violon et violoncelle, mais parfois aussi pour vents et clavier. Il subsiste dans cette catégorie de fort belles réussites, tel le trio pour piano, flûte et violoncelle de Weber, qui reste la meilleure œuvre de chambre de ce compositeur. Certaines compositions de ce type rappellent par ailleurs les divertissements du siècle précédent : ainsi le trio op. 40 de Brahms (pour piano, violon et cor), où la spontanéité de l'invention et la technique parfois peu novatrice baignent cependant dans un romantisme très typique de sa manière. Les 10 trios avec piano de Beethoven mis à part, les partitions de ce genre n'apparaissent jamais très nombreuses dans la production des maîtres de ce temps mais, à la différence des quatuors à cordes, elles s'échelonnent quasi régulièrement tout au long du siècle : 5 chez Brahms (1854-1891), 4 chez Franck (1841-1842), 3 chez Schubert, Mendelssohn, Schumann, Lalo ou Dvořák. Quant au quatuor avec piano, beaucoup moins en faveur que le trio à cette époque, il est abordé

Le quatuor à cordes au XIXe siècle

Les dates données sont celles des premier et dernier quatuors de chacun des compositeurs. Le nombre total de ces œuvres figure entre parenthèses.

Beethoven 1798 ______ 1825 *(17)*
Schubert 1811 _____1826 *(15)*
Mendelssohn 1825 _____1847 *(7)*
Schumann 1842 *(3)*
Lalo 1858 *(1)*
Bruckner 1862 *(1)*
Tchaïkovski 1871-1876 *(3)*
Verdi 1873 *(1)*
Brahms 1873-1875 *(3)*
Dvořák 1874 ________1895 *(14)*
Rimski-Korsakov 1875-1877 *(2)*
Smetana 1876-1883 *(2)*
Grieg 1878 *(1)*
Borodine 1879-1882 *(2)*
Wolf 1884 *(1)*
Reger 1889 ______1911 *(6)*
Franck 1890 *(1)*
D'Indy 1890 _______ 1929 *(3)*
Debussy 1893 *(1)*
Ropartz 1893 ________ 1951 *(6)*
Chausson 1899 *(1)*
Saint-Saëns 1899-1918 *(2)*
Samazeuilh 1900 *(1)*

par maints compositeurs (Mendelssohn, Schumann, Saint-Saëns, Brahms, d'Indy) avant les œuvres pour quatuor à cordes, ce qui ne constitue pas un jugement de valeur et n'exclut pas la conception d'authentiques chefs-d'œuvre comme le premier quatuor avec piano de Gabriel Fauré (1879).

En ce qui concerne les quintettes du XIXe s., les auteurs germaniques ou influencés par les techniques austro-allemandes les conçoivent souvent pour cordes seules. Chez Beethoven et Schubert, 2 quintettes sur 3 se présentent ainsi ; chez Brahms ou Dvořák, 3 sur 5. C'est aussi le cas des 2 quintettes de Mendelssohn, tandis que Bruckner nous laisse une unique œuvre de ce type. Schumann n'écrit, lui aussi, qu'un quintette, mais avec piano (1842), de même que Saint-Saëns ou Franck, suivis par Fauré dont les 2 quintettes avec piano datent de 1905 et 1921. Si Weber avait déjà introduit la clarinette dans une œuvre de ce genre, Brahms nous laisse en 1891 l'inoubliable op. 115 pour la même formation.

Si le désir d'accroître le volume sonore, voire la densité de l'écriture, pousse volontiers les compositeurs du XIXe s. vers le quintette, les autres genres de chambre - sextuor, septuor ou octuor - ne subsistent que rarement. Les 2 sextuors de Beethoven sont écrits l'un pour vents, l'autre pour cordes et vents, mais certains maîtres choisissent là encore les cordes seules : Gade, Brahms, Tchaïkovski ou Dvořák par exemple. Le *Septuor* de Beethoven (pour violon, alto, violoncelle, contrebasse, clarinette, cor et basson) est certes demeuré le modèle vénéré à l'époque, mais il suscite peu d'imitations réussies. Quant au *Septuor* de Saint-Saëns avec trompette (1880), il naît d'une volonté anecdotique : la société La Trompette, pour laquelle il fut écrit, était issue d'un joyeux cercle de polytechniciens où l'on avait l'habitude de désigner par ironie sous le nom de trompette l'inoffensif violon... Si, par ailleurs, l'*Octuor* de Beethoven était écrit pour instruments à vent, la magnifique œuvre de Mendelssohn pour cordes (1825), suivie de l'*Octuor* de Gade (1848), pour cordes également, illustre bien la progressive désaffection des vents que connaîtra la musique de chambre jusqu'au début des années 1880. Par leur plénitude sonore, de semblables partitions peuvent parfois évoquer déjà l'orchestre, celui des sérénades dont Brahms, Dvořák, Tchaïkovski ou Glazounov nous laissent de rares exemples.

Le plus beau symbole du retour à la musique d'autrefois reste la montée progressive de la suite instrumentale. Tombée dans l'oubli lors de la seconde moitié du XVIIIe s., elle fut totalement négligée par les grands romantiques, de Beethoven à Liszt. Lorsqu'elle réapparaît, elle semble émaner de deux intentions différentes.

D'une part, se manifeste à travers elle le souci de juxtaposer à nouveau des mouvements divers, empruntés quelquefois encore à d'anciennes danses, comme avait pu l'être la suite primitive : c'est ainsi que procèdent Alexis de Castillon dans ses 2 suites pour piano (op. 5, 1868, et op. 10, *ca* 1871), W. S. Bennett dans les 6 pièces de son op. 24, F. Hiller (*Suite moderne* op. 144), Fr. Lachner dans ses 8 suites pour orchestre ou encore B. Damcke dans sa *Suite* op. 52, où se succèdent prélude, fugue, minuetto et chaconne. De même, l'habitude de grouper quelques petites pièces pousse A. Reisner à écrire en 1834 une *Suite d'airs* pour l'accordéon.

Parfois - et c'est le second type de suite - les pièces sont davantage liées, comme peuvent l'être aussi certains *Tableaux* (Moussorgski, *Tableaux d'une exposition*, 1874, ou V. d'Indy, *Tableaux de voyage*, 1889). Ainsi naît, à l'heure où la musique à programme est en

Principaux poèmes symphoniques

1848	Liszt, *Ce qu'on entend sur la montagne*
1849	Liszt, *Tasso*
1850	Liszt, *Prométhée*
	Liszt, *Héroïde funèbre*
1851	Liszt, *Mazeppa*
1853	Liszt, *Bruits de fête*
1854	Liszt, *Hungaria*
	Liszt, *Orphée*
1855	Liszt, *La Bataille des Huns*
1857	Liszt, *Les Idéaux*
	Smetana, *Richard III*
1858	Liszt, *Hamlet*
	Smetana, *Le Camp de Wallenstein*
1867	Moussorgski, *Une nuit sur le mont Chauve*
1871	Saint-Saëns, *Le Rouet d'Omphale*
1873	Saint-Saëns, *Phaéton*
1874	Saint-Saëns, *Danse macabre*
1875	Duparc, *Lénore*
1876	Franck, *Les Éolides*
1877	Saint-Saëns, *La Jeunesse d'Hercule*
1879	Smetana, *Ma patrie* (6 poèmes symph.)
1880	Borodine, *Dans les steppes de l'Asie centrale*
1881	D'Indy, *Poème des montagnes* (pour piano)
1882	Balakirev, *Thamar*
	Chausson, *Viviane*
	Franck, *Le Chasseur maudit*
	Liszt, *Du berceau à la tombe*
1883	Wolf, *Penthésilée*
1884	Balakirev, *Russie*
	Bruneau, *La Belle au bois dormant*
	Franck, *Les Djinns*
1885	Glazounov, *Stenka Razine*
1888	Franck, *Psyché*
	Strauss, *Don Juan*
1889	Strauss, *Mort et Transfiguration*
1890	Glazounov, *Le Kremlin*
1891	Glazounov, *Le Printemps*
1895	Strauss, *Till Eulenspiegel*
1896	Strauss, *Ainsi parlait Zarathoustra*
1897	Chausson, *Soir de fête*
	Strauss, *Don Quichotte*
1898	Strauss, *Une vie de héros*
1899	Sibelius, *Finlandia*

pleine vogue, une suite volontiers descriptive ou d'une inspiration bien typée (Bizet, *Jeux d'enfants,* 1871 ; Raff, *Suite italienne,* 1871 ; Dvořák, *Suite tchèque,* 1879 ; Saint-Saëns, *Suite algérienne,* 1880). Ces œuvres renouent avec la tradition du début du XVIIIe s., où – chez François Couperin, entre autres – les « ordres » (voir « La musique instrumentale baroque et classique », p. 533) étaient devenus fort évocateurs dans leurs titres.

Les suites de morceaux extraits des ouvrages de théâtre (Bizet, *L'Arlésienne*) ou de ballet (Tchaïkovski, *Casse-Noisette*) s'apparentent également à cette esthétique. D'une provenance assez semblable apparaissent d'ailleurs certaines des premières suites rencontrées au XIXe s., telles celles de Paul Bernard, intitulées *Deux Suites concertantes sur Don Juan* (1866) ou *Suite sur Mignon* (1867) et non plus, comme au début du siècle, « variations », « souvenir », « fantaisie », voire « illustration » ou « mosaïque »... Quant à une composition comme *La Petite Suite* op. 1 de Borodine (1885), elle juxtapose 8 pièces qui font alterner de façon tout à fait caractéristique les épisodes suggestifs et les mouvements issus de la danse : *Au couvent, Intermezzo, 2 Mazurkas, Sérénade, Nocturne, Rêverie, Scherzo.*

De la même intention descriptive procède le plus important des genres nés au XIXe s. : le poème symphonique. Mais ce dernier se différencie de la suite par la forte cohérence de son programme ou du moins le profond besoin d'unité qui y transparaît souvent à travers l'utilisation de procédés cycliques. Si, au XIXe s., le grand modèle beethovénien peut insuffler l'idée de la musique descriptive (à travers les *5e*, *6e* et surtout *9e Symphonies* du maître de Bonn), c'est à Berlioz que revient certainement le mérite d'avoir profondément marqué son époque par de véritables chefs-d'œuvre d'expression (la *Symphonie fantastique,* 1830 ; *Harold en Italie,* 1834). Beaucoup d'autres compositeurs adoptèrent la symphonie à programme, et Lœwe choisit même pour son *Mazeppa* (1830) l'appellation *Tondichtung* (« poème musical ») que R. Strauss devait encore reprendre plusieurs fois.

Le genre le plus souvent descriptif en ces années est certes l'ouverture. C'est elle qui devait donner naissance au poème symphonique. L'expression fut en effet employée pour la première fois par Franz Liszt, dans une lettre à Hans von Bülow datée du 24 avril 1854, à propos de *Tasso,* composé en 1849 et nommé primitivement « ouverture ». Dans cette forme de musique, le compositeur espérait réaliser une « alliance plus intime avec la poésie » (lettre du 16 novembre 1860 à A. Street-Klindworth). Avec ses 13 poèmes symphoniques, Liszt fut un des rares compositeurs à avoir tant illustré ce genre ; mais il faudrait citer, après les siens, les 10 poèmes symphoniques de R. Strauss ou les 6 de Dvořák, tandis que Saint-Saëns et Franck en écrivirent 4 chacun et Chausson 3. Vincent d'Indy composa même, en 1881, un « poème symphonique pour piano », le *Poème des montagnes*. Les frontières du genre n'apparaissent néanmoins pas toujours nettement : en 1882, ce même compositeur intitule *Wallenstein* « ouverture symphonique » et, en 1886, R. Strauss sous-titre *Aus Italien* « fantaisie symphonique ».

L'indifférenciation régnant entre les titres, en un temps où les effectifs instrumentaux varient beaucoup, où les formes sont très libres et où l'intention descriptive pénètre partout, semble tout à fait typique du XIXe s. Elle culmine dans les pièces brèves, nombreuses à cette époque. Si le « nocturne » implique presque toujours un rêve nostalgique – qui n'exclut cependant pas parfois la virtuosité – ; si barcarolles, marches ou tarentelles possèdent un rythme caractéristique ; si les pots-pourris, que finissent par détrôner les fantaisies, sont généralement bâtis sur quelque thème à la mode ; si l'étude, d'une vogue croissante, s'installe à tous les degrés de technique, on trouve aussi des « bagatelles », « ballades », « caprices », « impromptus », « improvisations », « légendes », morceaux « de salon » ou « de concert », « pensées musicales », « préludes », « rhapsodies », « romances sans paroles », « scherzos », « souvenirs », pour ne pas citer les « babioles musicales » ou les « esquisses »...

Quant aux musiques de danse, elles demeurent en faveur tout au long du siècle : le boléro et la polonaise se détachent très tôt de tout usage fonctionnel et se multiplient au *pianoforte* dès les premières décennies. Puis valses, mazurkas, polkas suscitent d'innombrables partitions. Quant au quadrille, il supplantera la contredanse et sera très fréquemment bâti sur des thèmes d'opéras connus : Fauré et Messager, mettant en commun leurs impressions, n'écriront-ils pas encore, en 1886, *Souvenirs de Bayreuth*, une « fantaisie en forme de quadrille sur les thèmes favoris de l'Anneau du Nibelung* de Richard Wagner », alors que Chabrier compose à la même époque ses *Souvenirs de Munich*, d'après *Tristan et Yseult* du même Wagner, y reprenant presque toutes les figures traditionnelles du quadrille français : Pantalon, Été, Poule, Pastourelle et Galop ?

La multiplication de ces petites pièces attesterait, à elle seule, du prodigieux développement de la musique instrumentale. Celles-ci s'adaptent en effet aux goûts du temps, aux auditeurs légers des salons et aux virtuoses en herbe. Le *Grand Galop de salon* (Osborne,

1861) ou le *Boléro de concert* (Pfeiffer, 1860), les « caprices fantastiques », les « études diaboliques » ou quelque « esquisse fugitive » – les substantifs s'ornent souvent de qualificatifs flatteurs à l'âge romantique – feront frissonner les professionnels pris au piège du clavier. Ils feront aussi rêver les amants du piano « que baise une main frêle » (Verlaine), le bienheureux public pour lequel les touches laissent encore « échapper des fusées de notes joyeuses comme une ronde de jolies filles qui éclatent de rire en se dérobant sous un baiser » (P. Arène).

Ainsi, les nouveautés résident-elles surtout dans les pièces mineures ; quant aux grands genres, ils ont beaucoup moins varié dans leurs intitulés que dans leurs structures internes.

Les formes

N'est-ce pas la musique instrumentale qui, avant le café-concert et l'opérette, a définitivement creusé le fossé entre les publics ? En effet, tandis que les bluettes ou les danses, souvent vides de substance musicale, proliféraient, les dimensions, dans les genres plus savants et davantage chargés de tradition, s'allongeaient considérablement.

La raison essentielle de cet étirement des formes réside dans l'âge de ces nobles compositions. Tous les genres, en évoluant, ont effectivement tendance à se développer notablement dans le temps. Déjà le motet ou la messe polyphonique avaient subi des transformations semblables : s'il est des motets de moins de 20 mesures de transcription dans le *Manuscrit de Montpellier* (XIIIe s.), ceux de Palestrina ou de Lassus se divisent généralement en plusieurs parties nettement différenciées. Que de chemin parcouru aussi de la *sinfonia* introductive des opéras du XVIIe s. aux symphonies de Haydn, puis à celles de Mahler ou à la symphonie *Gloria* de J.-L. Nicodé (1905), dont la durée atteint deux heures et demie !

Cette considérable extension est due surtout au fait que les développements sont plus importants : cela est particulièrement net dès la *Symphonie héroïque* de Beethoven, dont les cinquante-cinq minutes semblaient tellement surprenantes en 1804 que le compositeur souhaitait la voir figurer en début de programme, afin de ne pas lasser les auditeurs. Interviennent également la multiplication des introductions lentes, tant aimées de Schubert, Schumann ou Tchaïkovski, et l'importance prise par les adagios ou les andantes. Ceux-ci, jadis simples repos lyriques, acquièrent au XIXe s. une vocation expressive fondamentale. Preuve en soit, entre autres, le fréquent déplacement de ce *tempo* lent de la deuxième à la troisième position, là où il devient le véritable centre de gravité de la symphonie. Plusieurs de ces mouvements apparurent du reste sous la forme non plus du lied (ABA), mais du « grand lied » (ABAB'A), pour reprendre l'expression consacrée par Vincent d'Indy : telle est en effet l'architecture du deuxième mouvement dans la *Symphonie héroïque* de Beethoven, dans *Harold en Italie* de Berlioz ou dans la symphonie de Richard Wagner. À ce plan correspond aussi, dans cette dernière œuvre, le « grand scherzo », de même structure, que Schumann employa souvent et que Tchaïkovski adopta également dans sa *Symphonie pathétique,* tout comme Franck dans son premier *Trio* ; son ancêtre, le menuet à 2 trios, était déjà présent chez Mozart. L'accroissement des durées pouvait nuire à la compréhension des œuvres. Comme au XVIe s. encore, à l'époque où la messe polyphonique s'était tellement développée que l'on voulut en assembler les différentes parties au moyen d'une teneur unitaire, se fit sentir le besoin de rappels thématiques. De Beethoven (*5e* ou *9e Symphonie*) à Schumann (*Grande Sonate* en *fa* mineur) et à Brahms (*3e* ou *4e Symphonie*), les rappels se font plus explicites, mais l'exemple le plus net est la *Symphonie fantastique* berliozienne où la métamorphose thématique, née d'une volonté d'expression dramatique toujours plus puissante, demeure fort spectaculaire. Quant aux procédés cycliques, ils devaient naître d'eux-mêmes le jour où le superbe allongement de la phrase mélodique a provoqué son éclatement inéluctable en cellules toutes prêtes à être reprises au gré des auteurs, ce qui fut en particulier le cas chez C. Franck et ses disciples.

Ces procédés devaient faciliter l'éclatement des schémas traditionnels. Parmi les plans classiques, les compositeurs du XIXe s. ont en effet moins facilement repris le rondo, par exemple, aux alternances (ABACADA...) sans doute usées ; la forme lied (ABA) a en revanche souvent été conservée dans les mouvements lents, en raison de ses possibilités d'oppositions dramatiques et du lyrisme permis par ce temps. Quant au plan sonate, très goûté à l'époque, il voit son exposition s'enrichir de thèmes supplémentaires. Le travail sur les motifs s'amplifie considérablement, et la réexposition s'effectue souvent avec de notables variantes ; qui plus est, il n'est pas rare d'entendre s'y ajouter un développement terminal, tel celui des formes sonates du *Quintette* de Franck. Le menuet, enfin, a été définitivement remplacé par le scherzo, à quelques exceptions près dont 2 symphonies de Beethoven et de Mendelssohn et la *3e Symphonie* de Tchaïkovski. Le plan de ce mouvement n'a guère

Longueur comparée des différentes sections de la forme sonate dans 7 premiers mouvements de symphonies, de 1788 à 1877

On notera l'importance prise par le développement, notamment dans la 3e Symphonie *de Beethoven et la* 2e *de Schumann*
(* x 2 = avec reprise)

Titre	Date	Introduction	Exposition	Dévelop-pement	Réexposition et coda
Symphonie Jupiter de Mozart	1788		121 mes. x 2*	67 mes.	124 mes.
1re Symphonie de Beethoven	1800	12 mes.	97 mes. x 2	68 mes.	120 mes.
3e Symphonie de Beethoven	1804		155 mes. x 2	251 mes.	295 mes.
Grande Symphonie en *ut* de Schubert	1828	77 mes.	176 mes. x 2	101 mes.	329 mes.
2e Symphonie de Schumann	1846	49 mes.	55 mes. x 2	139 mes.	147 mes.
1re Symphonie de Brahms	1876	38 mes.	152 mes. x 2	142 mes.	169 mes.
2e Symphonie de Bruckner	1877		184 mes. x 2	133 mes.	252 mes.

évolué puisqu'il se fonde toujours sur la présence d'un trio central, mais ses possibilités d'expression se font plus nombreuses : tous les scherzos des symphonies beethovéniennes ne sont-ils pas différents ? Quel profond antagonisme aussi entre le scherzo aérien de Mendelssohn et le *ländler* brucknérien !

Jamais, au XIXe s., la forme ne doit entraver la liberté d'expression, d'où les multiples pièces dépourvues de structures contraignantes, telles que le prélude, la ballade ou la fantaisie. De même, dans les grands genres, le nombre des mouvements diffère considérablement d'une composition à l'autre. Chez Beethoven déjà, dont le quatuor à cordes a tendance à éclater en mouvements plus nombreux, tandis que les sonates pour piano concentrent souvent leur substance en un minimum de sections.

Fréquemment, le compositeur est conscient de son refus de cadres trop rigides. Les révélations de Rimski-Korsakov sur *Antar* (1868-1897) sont assez significatives à cet égard :

« J'appelai cette œuvre, assez mal à propos, seconde symphonie ; quelques années plus tard, je changeai ce nom en celui de " suite symphonique ". (...) J'avais eu tort d'appeler *Antar* une symphonie. Mon *Antar* était un poème, une suite, un conte, un récit, tout ce qu'on voudra, sauf une symphonie. Sa seule ressemblance avec une symphonie était qu'il avait quatre parties. *Harold* et *Les Épisodes de la vie d'un artiste* de Berlioz, malgré leur programme, sont incontestablement des symphonies. Leur développement symphonique des thèmes et la forme sonate de la première partie de ces œuvres ne laissent aucun doute à ce sujet. Dans *Antar*, au contraire, la première partie est la libre représentation musicale des épisodes du récit, les épisodes se trouvent liés dans toute l'œuvre par le thème principal d'*Antar*. Elle ne comprend aucun travail de développement et n'a que des variations et des paraphrases. »

Cette tendance à la suppression des développements devait conduire tout naturellement à la ruine des plans sonates traditionnels.

Les techniques d'écriture

Quelle que soit la mobilité de ses cadres formels, le langage de la musique instrumentale du XIXe s. se fonde encore sur les thèmes et les tonalités. Cependant, face aux nouvelles exigences de l'expression romantique, les habitudes anciennes vont se métamorphoser peu à peu : une respiration quasi humaine, une passion allant parfois jusqu'à des paroxysmes saisissants, un total investissement du créateur dans son œuvre semblent humaniser davantage le discours musical jusqu'à Wagner. Puis, en réaction contre ces énormes brassages de sentiments issus du tréfonds de l'âme, les compositeurs prétendront ne plus procéder que par touches ou revenir à des pratiques antérieures : après le romantisme et le néo-romantisme, l'âge sera venu de l'impressionnisme et du néo-classicisme.

Les thèmes

Les premiers effets des nouveautés de langage se font toujours sentir au niveau de la phrase. Le thème demeurant alors, au sens étymologique du mot *(thema)*, « ce qui est posé », donc ce qui est prégnant et en même temps générateur de forme, la démarche initiale, l'idée de base d'une composition, ne doit-elle pas rendre le mieux compte des particularités individuelles, voire de l'évolution, du goût d'une époque ?

À l'âge classique, le thème était généralement placé en tête d'un morceau ou éventuellement précédé par quelques mesures d'introduction, nettement identifiables comme telles, dont la fonction consistait à guider confortablement l'auditeur vers l'exposé de la première idée mélodique. Les rares exceptions à cette règle étaient plutôt dues à des intentions extra-musicales : le quatuor *Les Dissonances* de Mozart en offrirait un exemple caractéristique, à travers ses étonnantes mesures initiales, nées sans doute d'une symbolique franc-maçonnique.

Au XIXe s., le thème a tendance à se faire attendre de plus en plus. Chez Liszt, par exemple, ou plus souvent chez Bruckner, ces mesures dilatoires créent certes une atmosphère, mais peuvent aussi contribuer à amoindrir l'importance des thèmes à venir.

Le nombre de ceux-ci augmente aussi à l'époque romantique. Déjà, chez Beethoven, les thèmes pouvaient être articulés en diverses sections, mais, chez Bruckner, dans les plans sonates, ils apparaissent presque toujours présentés en trois groupes ou vagues successives.

Leur longueur allant croissant aussi – le premier thème de la *Sonate* pour violon et piano de César Franck, par exemple, atteint 27 mesures –, la seule prégnance va demeurer souvent celle de quelques cellules réentendues ou réélaborées.

Quant à la provenance des thèmes, elle est très diverse. Nombre d'entre eux sont empruntés au répertoire des fantaisies ou variations. Certains aussi s'appuient sur le folklore : ce lien ne fut pratiquement pas rompu dans les pays germaniques, où, de Beethoven à Mahler, les symphonies résonnent de semblables échos. Dans d'autres nations, telle la France, le retour au folklore national ne s'effectua que tardivement, après que les hommes de lettres eurent renoué avec la chanson du terroir ; c'est alors seulement que celle-ci réapparut chez d'Indy. Précédemment, s'étaient donné libre cours le goût des « souvenirs » de voyage et l'habitude des carnets de route et albums de tout genre. Ces douces réminiscences allemandes, suisses, espagnoles et surtout italiennes constituent une grande part du répertoire ; elles font parfois allusion à des terres plus lointaines, notamment dans les grandes heures de la colonisation.

Ces thèmes empruntés conservent la plupart du temps une relative simplicité. De même, de nombreuses lignes mélodiques, chez

Beethoven (*3e Concerto* pour piano) comme chez Brahms (*4e Symphonie*), reposent encore sur les notes de l'accord parfait. Toutefois, les thèmes originaux sont souvent dépourvus d'une trop grande régularité, sauf dans les pièces d'esprit chorégraphique ; volontiers modulants, ils apparaissent chargés de chromatisme ou distendus par de larges intervalles ; ils couvrent quelquefois aussi un large *ambitus* – tel par exemple le début de la *3e Symphonie* de Brahms – et évitent notamment bien plus les notes répétées qu'à l'époque précédente. À la fin du siècle, le recours à la modalité, particulièrement par l'élimination de la sensible ou l'élévation du quatrième degré (comme dans le mode de *fa*), n'est pas rare.
Quel qu'ait pu être néanmoins le jaillissement thématique du romantisme, il ne faudrait pas en déduire que ces mélodies naissaient toujours très spontanément sous la plume des compositeurs. On connaît les nombreux cahiers d'esquisses de Beethoven ou les différents états du début du *Quatuor* de Franck ; de même, Mendelssohn avouait que la composition de la *Symphonie italienne* lui avait occasionné les pires souffrances qu'il eût jamais endurées, et George Sand raconte comment Chopin reprenait laborieusement au piano les bribes mélodiques que son génie lui avait inspirées durant ses promenades.

Les rythmes et les « tempos »

En dehors des genres conçus pour la danse, les rythmes d'essence chorégraphique se font de plus en plus rares dans les œuvres du XIXe s. ; on leur substitue une rythmique beaucoup plus irrégulière, plus proche de la parole : la transformation est patente chez Berlioz et révèle bien la liaison fondamentale à cette époque entre le texte et la musique (voir ♪ p. 850).
Ce manque de netteté – particulièrement en France, où la langue est exempte d'articulation forte et régulière – est renforcé encore par l'utilisation du *rubato*, technique consistant à retenir légèrement le mouvement d'un motif pour mieux le faire attendre.
Qui plus est, les changements de rythme, le passage du binaire au ternaire ou *vice versa* sont fréquents, ces deux divisions du temps se trouvant juxtaposées ou même superposées dans la polyphonie ; de semblables métamorphoses rythmiques sont assez courantes chez Brahms ou chez les disciples de Franck.
Les indications de mesure restent la plupart du temps fidèles à ces schémas simples dont A. Reicha déplorait, déjà en 1826, la pauvreté et le manque navrant de variété. C'est incontestablement

l'influence des divers folklores qui contribuera le mieux à élargir ces cadres dans la musique instrumentale. Dès 1828, le *larghetto* de la *Sonate* de Chopin en *ut* mineur est écrit à 5/4, comme le scherzo de la *3e Symphonie* de Borodine ou le deuxième mouvement de la *Pathétique* de Tchaïkovski.

Souvent, cependant, la phrase mélodique passe par-dessus le simple repère optique de la barre de mesure et ne correspond plus guère à ce cadre figé. C'est le cas chez Brahms dans le quatrième mouvement de la *3e Symphonie.*

Puisque la musique apparaît comme plus liée à l'être humain que par le passé, il est normal que le rythme n'ait rien de figé mais se pare de toute la richesse de la vie, tantôt épique (Liszt) ou plus alangui (Chopin). Les mêmes raisons expliquent la présence des nombreuses variations de *tempo* qui s'installent désormais dans la musique instrumentale. Jusqu'alors, une partie de symphonie ne présentait guère de changements de mouvement, alors que chez Franck les *tempos* s'opposent à deux reprises dans le premier mouvement de la *Symphonie* en *ré* mineur ; chez Mahler, les diverses mélodies d'une œuvre qui s'achemine vers une esthétique de juxtapositions engendrent même chacune leur propre *tempo :* beaucoup de fougueux élans se rompent pour laisser place à l'andante, à l'adagio. Tout comme les grands poètes romantiques portaient, languissants, leur cœur en écharpe, la musique de ce temps veut étaler sa mélancolie, voire sa douleur.

Les tonalités et l'harmonie

Dans ces *tempi* lents, le langage harmonique pouvait se raffiner à l'excès, comme le lui permettait l'évolution des contextes tonals. Depuis l'adoption du tempérament égal au XVIIIe s., l'écriture musicale devenait théoriquement aisée dans tous les tons. En fait, les difficultés d'intonation de certains instruments confinèrent longtemps la musique orchestrale dans un petit nombre de tonalités simples : *do* ou *ré,* choisis en raison de la brillance des cuivres dans ces tons, demeurent les plus employés au début du XIXe s. Ne critique-t-on pas encore, en 1873, chez César Franck, certains passages instrumentaux de *Rédemption* écrits en *fa* dièse majeur, ton qui ne sera guère employé comme cadre d'ensemble que dans la *10e Symphonie* de Mahler ? Et Rimski-Korsakov ne dut-il pas aussi, dans la version définitive de sa *1re Symphonie,* abandonner le *mi* bémol mineur primitif pour revenir à *mi* mineur ?

Toutefois, au clavier, les tonalités se diversifient beaucoup plus vite, et l'on voit bientôt s'installer un flou tonal très caractéristique, conduisant à la ruine de la tonalité classique. Les compositeurs, cherchant toujours à surenchérir dans l'intensité de l'expression, veulent accroître les tensions par l'altération de différents degrés (sixte napolitaine, quinte augmentée ou diminuée), les dissonances non résolues, puis la fixation de ces dissonances, ainsi que les superpositions de fonctions différentes. Les modulations ne se feront plus seulement aux tonalités voisines, mais parfois par chromatisme, voire « par accrochage », créant des effets assez surprenants.

Si les septièmes diminuées restent nombreuses, l'accord de neuvième peut désormais figurer en position initiale ou finale – ce qui donne parfois aux œuvres l'apparence du fragmentaire ou de l'inachevé... – et, déjà, l'accord de onzième est employé en position forte par Debussy, puis Ravel.

Alors que, chez Beethoven, dans le *Quatuor à cordes* op. 132, ou dans le *Dies irae* de la *Symphonie fantastique* de Berlioz, l'harmonie qui soutenait les mélodies modales avait tendance à demeurer d'allure tonale, l'évolution se marque bientôt par le recours plus constant à des degrés faibles (par opposition aux degrés forts caractérisant la tonalité), et bientôt, dans les années 1870-1880, chez Liszt déjà, chez Debussy ensuite (*Quatuor à cordes*), le climat peut être entièrement modal. Dès 1889, Maurice Emmanuel écrivait un *Quatuor* en mode de *ré*, resté inédit. Comme Saint-Saëns le prédisait en 1881, la mort de la tonalité n'était pas loin.

Le contrepoint et la fugue

Ces techniques restèrent plus à l'honneur dans les pays austro-allemands, comme le montre la fréquence de l'écriture horizontale (c'est-à-dire contrapuntique), dans les œuvres de Bruckner, de Brahms, de Reger, ou de compositeurs qui, tel Dvořák, se mirent à l'école germanique. En France, le nombre relativement faible des ouvrages théoriques de contrepoint, par rapport aux traités d'harmonie, suffirait à prouver la désaffection des compositeurs pour ces procédés avant l'âge de Vincent d'Indy ; que l'on songe aussi à la façon dont Berlioz a pu ridiculiser les « *Amen* en imitations » dans *La Damnation de Faust* (1846), de façon plus significative encore que Satie la fugue, dans *Fugue à tâtons* (*in Choses vues à droite et à gauche sans lunettes*, 1914).

Le procédé d'écriture horizontale était certes ancien, puisque les entrées successives se généralisèrent au XVe s., que les imitations se systématisèrent au XVIe pour donner naissance au *ricercare*, puis à la fugue qui connut son apogée au XVIIIe s. Et si ces techniques se maintinrent, ce fut sans doute en raison de leur cohérence architecturale unique qui en fait le plus bel atout de la musique pure face à la montée des œuvres à programme.

Dans son désir d'expression parfois complexe, le romantisme mégalomane avait manié magnifiquement la superposition thématique. Berlioz la pratique dans *Harold en Italie* comme dans *Roméo et Juliette* ; c'est chez lui aussi, dans des partitions semblables à l'ouverture de *Benvenuto Cellini*, que Liszt put prendre l'habitude de ces fanfares de cuivres éclatantes planant au-dessus de l'agitation des cordes, comme il le fit dans *Les Préludes*.

Quant à la véritable technique d'imitation, elle demeure le plus souvent présente dans les œuvres du XIXe s. à travers le *fugato* : celui-ci est utilisé dans la *Symphonie fantastique* de Berlioz et intervient dans la *Sonate* en *si* mineur de Liszt comme dans le *Quatuor* de Franck.

De plus, les compositeurs intercalent parfois dans leurs œuvres de véritables fugues. Celles-ci sont assez délaissées, en dehors des travaux d'école, en tant que formes isolées, même si Mendelssohn, Schumann, Saint-Saëns ou Dvořák en écrivent encore ; mais elles réapparaissent particulièrement lorsque l'œuvre instrumentale côtoie l'inspiration religieuse : tel est le cas dans la double fugue du cinquième mouvement de la *Symphonie fantastique*. Dans le cadre de la musique symphonique non descriptive, Saint-Saëns sera fidèle à cette écriture dans ses *2e* et *3e* *Symphonies*, tout comme Bruckner dans le final de sa *5e*. Beethoven avait déjà utilisé la fugue dans ses *Sonates* op. 101, 102 ou 106 et en avait donné d'insurpassables exemples dans ses *7e*, *9e*, *14e*, et *17e* *Quatuors* à cordes ; ces modèles ne furent oubliés ni par Mendelssohn ni par Schumann.

Enfin la fugue peut être également le couronnement d'une série de variations, comme la chaconne l'était autrefois : tel est le cas des *Variations Diabelli* de Beethoven ou des *Variations sur un thème de Haendel* de Brahms. La plupart des véritables fugues se placent donc au début, à la fin ou au centre de gravité de la composition : ces choix attestent bien du respect qu'inspire encore cette technique monumentale.

La variation

Issue de l'air varié, du *ground*, de la chaconne ou de la passacaille et fort à l'honneur déjà au XVIIIe s., la variation connaît un grand succès à travers les œuvres de salon du siècle romantique. Tous les grands pianistes, Liszt y compris, varièrent des airs d'opéras, sans souvent faire évoluer considérablement cette technique. Il faut dire que Beethoven, qui écrivit une vingtaine d'œuvres exclusivement fondées sur ce principe d'écriture, l'avait déjà porté à un apogée avec les *Variations sur un thème de valse* de l'éditeur et compositeur Diabelli (1823), où la double fugue de la trente-deuxième variation voisine avec un *tempo di minuetto* et avec d'autres emprunts (sa propre *Sonate* op. 111 ou un extrait du *Don Juan* de Mozart). Si Weber et Schubert écrivirent eux aussi des variations, la grande vogue de cette technique dans les compositions de salon rendit leur utilisation plus rare dans les œuvres d'esprit plus élevé : Mendelssohn ne voulut-il pas intituler son op. 54 *Variations sérieuses* (1841) pour se démarquer de ce type facile ? Après lui, Schumann et Brahms surtout restèrent fidèles à cette technique. Saint-Saëns reprend cette façon d'écrire dans ses *Variations sur un thème de Beethoven* (1874), tout comme Franck dans ses magistrales *Variations symphoniques* pour piano et orchestre (1885) ou Fauré avec *Thème et variations* (1897).

Ce procédé d'écriture fut fréquemment utilisé aussi dans de grands genres : Beethoven l'avait fait dans le quatrième mouvement de sa *3e Symphonie,* ainsi que dans la *9e* ; Brahms et Dvořák le reprendront tous deux dans le final de leur *4e Symphonie.* Quelquefois, la technique de la variation est présente aussi dans les mouvements lents : c'est le cas de la *2e Symphonie* de Schubert ou de la *1re Symphonie* de Rimski-Korsakov.

Les nuances

L'un des plus efficaces procédés d'expression de cette époque réside dans les variations de la dynamique. Aux contrastes du début du baroque, à la période de vogue des procédés d'« écho », sont venues s'ajouter dès le XVIIIe s. les nuances de gradation, les *crescendo.*

La puissance dramatique de ces derniers n'échappe pas aux compositeurs du XIXe, pour lesquels ils s'enflent de façon tout à fait spectaculaire. À la suite des effets de Rossini, surnommé « M. Crescendo », viennent la marche berliozienne des pèlerins de *Harold en Italie* et la gigantesque gradation de 62 mesures qui ouvre la *9e Symphonie* de Bruckner.

Dans l'extrême diversité des nuances qui caractérise la musique romantique, du quadruple piano au triple fortissimo, des effets importants sont créés aussi par les ruptures brutales : Berlioz, entre autres, les pratique couramment, et elles vont se multipliant, pareilles aux plans sonores de l'orgue, chez un compositeur comme Bruckner. Mais le procédé le plus frappant réside sans doute à l'époque dans l'utilisation du *sforzando,* déjà manié par Beethoven de façon géniale : qu'il suffise de citer ici les éclats révoltés de l'ouverture de *Coriolan.*

Ainsi l'âge romantique, gouverné par un souci primordial d'expression, semble-t-il avoir travaillé surtout à diversifier rythmes, tons, nuances ou timbres, à prolonger, parfois jusqu'à l'exaspération ou l'épuisement, les genres et les formes légués par la tradition musicale. Stimulé par les recherches historiques, par ce retour aux sources du plain-chant amorcé dès la monarchie de Juillet, suivant l'exemple des architectes penchés sur le passé, il recourt également aux traditions anciennes, au vieux contrepoint, à la suite instrumentale ou au folklore, ne visant cependant à travers eux qu'à assouvir sa soif de nouveautés et de changements et à affirmer son goût de l'individuel. Mais si le romantisme musical distend ou rassemble, c'est pour mieux anéantir ; s'il se détruit lui-même, c'est afin de mieux renaître : à travers lui Euterpe se mue en Phénix. En effet, loin de créer des moules universels, loin de forger de nouveaux modèles, loin d'imposer un style international – comme l'art franco-flamand du XVe s. ou l'expression classique –, le siècle de Berlioz nous aura néanmoins transmis quelques matériaux véritablement neufs et, surtout, un authentique courant de sensibilité, grâce auquel il a donné naissance aux plus passionnantes existences et aux plus touchants chefs-d'œuvre.

Nations et maîtres

S'il est, dans l'histoire de la musique, des périodes d'internationalisme comme celles du style contrapuntique ou du goût classique, le XIXe s. pas plus que la Renaissance ne sont de celles-là. Exacerbé par les conquêtes napoléoniennes, l'esprit national se manifeste en effet partout dans l'Europe de l'époque : il contribue à créer dans l'art musical des habitudes et des particularités stylistiques locales.

Ludwig van Beethoven (1770, † 1827)
Repères biographiques

1770	Naissance à Bonn (le 16 décembre)
1778	Premier concert
1787	Entrevue avec Mozart
1789	Étudiant à l'université de Bonn
1792	Établissement à Vienne
1795	Début des grands concerts publics
1801	Premières crises occasionnées par la surdité croissante Amour pour Giulietta Guicciardi
1802	Testament d'Heiligenstadt
1809	Rente annuelle accordée par les princes Lobkovitz et Kinsky
1812	Rencontres avec Goethe Lettre à l'Immortelle Bien-Aimée
1813	Succès de *La Bataille de Victoria*
1814	Début de maladies et crises diverses
1815	Prise en tutelle de son neveu Karl
1827	Mort à Vienne (le 26 mars)

Qui plus est, les genres instrumentaux sont diversement prisés et les œuvres qu'ils suscitent apparaissent très inégales dans le foisonnement créateur de cette période. Il est donc capital de mettre en relief les diverses zones de composition et de situer les plus éminents auteurs, selon leur origine.

Les pays germaniques

Grands pourvoyeurs de talents musicaux en ces années, les pays germaniques ont joui très tôt d'une excellente réputation en matière d'art instrumental. N'était-ce pas de là déjà que provenaient au XVe s. de remarquables facteurs et interprètes ? Au XVIIIe, après les premiers essais italiens et français, la véritable commercialisation du *pianoforte* date bien de Silbermann, et les virtuoses de cet instrument qui se produisent à Paris sont presque tous, au début de l'époque qui nous occupe, d'origine allemande. Lorsque, dans sa *Comédie humaine*, Balzac se doit de présenter un excellent musicien, il forge le personnage de Schmucke dont les seuls plaisirs demeurent, dans le désordre inouï de son modeste appartement, la musique, la pipe et la bière.

Dans ces pays, le romantisme avait été préparé de longue date. Après les explosions du *Sturm und Drang* (« tempête et élan », 1770-1785), avaient vu le jour le groupe d'Iéna (Schlegel, Novalis) et sa virulente revue *Athenäum* en lutte contre le classicisme, puis les mouvements de Heidelberg (Brentano, Arnim, Grimm) et de Berlin (Chamisso, Eichendorff), tandis que E.T.A. Hoffmann (1776-1822) avait dit les inoubliables *Souffrances du chef d'orchestre Johann Kreisler.* Dans la peinture, les Nazaréens (Overbeck, Cornelius) s'étaient mis dès 1810 au goût du jour, alors que Herder avait attiré l'attention des artistes sur les traditions nationales dans *Les Voix du peuple* (1788). Jusqu'à Heine (1797-1856), les pays germaniques semblent vivre plus que d'autres encore le rêve romantique auquel les portaient sans doute leur religiosité profonde, leur piétisme. Que les plus belles pages de musique instrumentale soient de Beethoven, Schumann, Brahms, semble quasi inéluctable.

Parallèlement à ces courants venus du tréfonds de l'âme germanique, reste présente la tradition ancienne. Bach ne fut presque jamais oublié dans ces contrées et son souvenir fut ravivé encore sous l'influence de Mendelssohn, à la fin des années 20. Ces pays n'ont guère rompu, au contraire de la France, avec les habitudes contrapuntiques, conservant l'imposante technique de la fugue, présente de Beethoven à Reger en passant par Schumann, et particulièrement, en dehors des usages religieux, dans la musique de chambre.

Ces contrées eurent aussi une intéressante tradition lyrique, de Weber au maître de Bayreuth, ce dernier demeurant, avec Beethoven, le compositeur dont l'influence fut la plus étendue au XIXe s. dans la musique instrumentale : l'école franckiste française en serait la meilleure preuve. Wagner avait en effet considérablement accru le rôle de la symphonie orchestrale, tout empreinte de la psychologie des personnages au sein de son théâtre musical.

Morcelés, comptant jusqu'à trois cents principautés à l'époque napoléonienne, en quête d'une unité réalisée après de difficiles périodes de luttes, ces pays abritent aussi alors une cité des plus puissantes et des plus cosmopolites, Vienne, qui attire à elle, de leur Allemagne natale, Beethoven comme Brahms et voit naître auprès d'elle Schubert et Bruckner. La vie tranquille et prosaïque du goût Biedermeier n'est pas le seul symbole de cette aire géographique au milieu du siècle ; elle suscita aussi, à côté des opérettes de Strauss ou de Suppé, les innombrables partitions de musique de

Les principales œuvres instrumentales de Beethoven

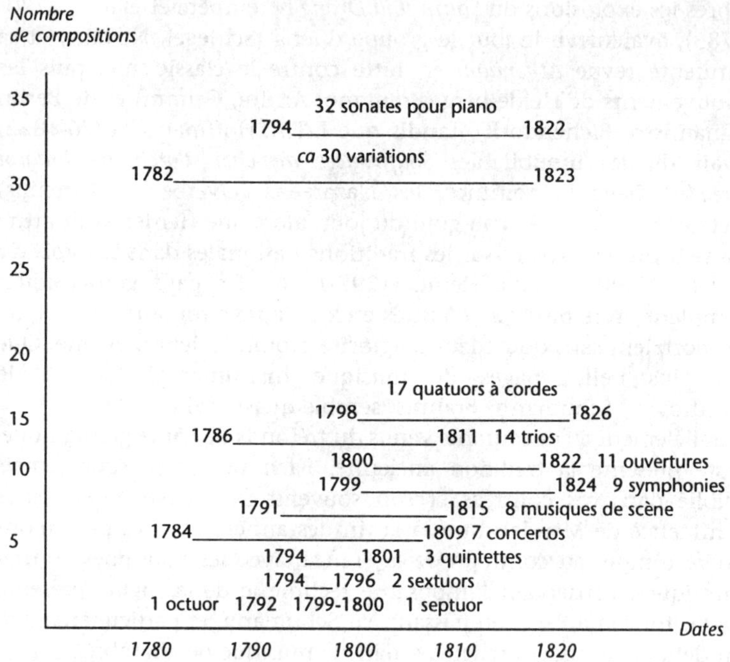

danse qui en marquèrent si fortement l'esprit : valses et *ländler* autrichiens ne sont-ils pas passés dans beaucoup de genres symphoniques plus sérieux ?

Ludwig van Beethoven

Formé à la musique par C. G. Neefe, puis J. Haydn, G. Albrechtsberger et A. Salieri, Beethoven pratiqua lui-même le violon, l'alto et l'orgue, mais fut surtout connu comme pianiste, dès son jeune âge, à travers de nombreux concerts. Né à Bonn, il connut Vienne dès 1787 et, cinq ans plus tard, s'établit définitivement dans cette ville.

Ses goûts musicaux le portaient vers Bach, Haendel, Mozart ou Cherubini, ce qui ne l'empêcha nullement de composer de la musique instrumentale tout au long de sa période créatrice : sa première œuvre publiée, en 1782, est un ensemble de neuf variations pour clavier et, en 1826, bien des pages de musique de chambre sortaient encore de sa plume. Son instrument favori, le piano, tient certes une grande place dans son œuvre : il s'intéressa successivement au concerto, au trio, au quatuor et aux sonates ; il n'aborda le domaine orchestral pur qu'à travers un *Ballet chevaleresque*, en 1791, et surtout le genre de la symphonie en 1799. Ses deux plus remarquables élèves, Ch. Czerny et F. Ries, firent aussi une splendide carrière pianistique et se consacrèrent principalement à la musique instrumentale.

Généreux, animé d'admirables intentions envers ses « frères » humains, aimant le calembour, mais hypocondriaque cependant, gallophobe à l'occasion et désordonné à l'ordinaire, excellent improvisateur, Beethoven corrigeait beaucoup et nous a laissé des ouvrages très élaborés. Il demeure encore souvent fidèle aux formes, voire au langage des classiques, mais, véritable penseur, fervent des cours de philosophie de la jeune université de Bonn, il est le premier des grands musiciens romantiques, celui pour lequel – comme il l'écrivit un jour en français – « il n'y a pas de règle que l'on ne puisse blesser à cause de *schöner* » (« plus beau »).

Que l'on accepte de réduire l'évolution de son style à « trois manières », comme le voulait W. von Lenz, repris par F. J. Fétis, ou que, avec F. Liszt, on souhaite approcher plus librement ces transformations, il faut au moins reconnaître l'importance progressive de l'écriture contrapuntique, l'intensification de l'expression et la mutation de certaines structures, notamment dans la forme sonate et la technique de la variation. Le plan sonate fut en effet considérablement transformé dans son aspect extérieur, le nombre des mouvements qui le composent se réduisant dans les œuvres pour piano ou augmentant dans les quatuors, son omniprésence s'étendant parfois aux mouvements lents. Quant à la variation, ce mode d'écriture culmine, on l'a vu plus haut, dans les 33 *Variations sur une valse de Diabelli* (1823).

Dans le domaine des timbres, son goût pour les instruments à vent fut reproché à Beethoven dès la première symphonie. Le rôle qui leur est confié voire leur nombre évoluent dans les œuvres orchestrales : le trombone pénètre là dans le concert classique. Ils contribuent à renforcer cet allongement des formes déjà perceptible chez le maître de Bonn.

La thématique très affirmée, rarement chromatique, un goût pour la musique populaire – sensible, par exemple, dans les quatuors

Razoumovski – n'excluent pas la présence de thèmes parfois longs et nombreux, à tel point que l'on a pu accuser Beethoven, comme tant d'autres novateurs, de manquer de mélodie. La même impression devait naître aussi de ses cellules initiales si souvent répétées ou transposées comme celle du début de la *5e Symphonie.* Mais la véritable nouveauté beethovénienne réside dans la recherche d'expression. Le remplacement fréquent des menuets par des scherzos plus diversifiés, la recherche de l'unité à travers les différents mouvements d'une œuvre, le rôle des nuances d'opposition et de gradation, l'utilisation saisissante du *sforzando,* l'extension du registre des cordes dans l'orchestre – tel ce *la* bémol aigu des violons dans la *8e Symphonie* –, le récitatif des contrebasses dans la *9e Symphonie,* les rencontres harmoniques inattendues, qui provoquèrent par exemple les corrections incongrues d'un Fétis ou d'un Habeneck dans la *3e Symphonie,* et surtout le rôle poignant du silence, culminant peut-être dans le quatrième mouvement du *16e Quatuor,* aucun de ces détails ne devait être oublié par la suite. Car Beethoven devait rester, pour tous les musiciens romantiques, le grand modèle. Certains des chefs-d'œuvre du maître de Bonn, tels les derniers quatuors, firent peur toutefois pendant longtemps. « Il ne faut pas faire de la musique comme celle-là », conseillait Le Sueur après l'audition de la *5e Symphonie.* La *9e* restera le prototype des œuvres à programme d'une certaine envergure tout au long du siècle ; c'est elle encore que l'on citera en exemple lors de la création du prix de composition musicale de la Ville de Paris en 1876. À la même époque, la *1re Symphonie* de Brahms fut jugée digne aussi d'être la *10e* de Beethoven !

Carl Maria von Weber

Si le renom de Weber passa universellement à la postérité grâce à *L'Invitation à la valse* – intégrée même au troisième acte du *Freischütz* parisien de cette époque –, il subsiste surtout aujourd'hui grâce à ses ouvrages lyriques, où s'épanche merveilleusement son génie romantique.

Dans ses nombreuses compositions, plus de 300 au total, maintes pages sont cependant exclusivement instrumentales. Le piano demeure l'instrument préféré de ce virtuose dont la main exceptionnellement grande atteignait sans aucune difficulté les larges intervalles caractéristiques de ses partitions. Les traits agiles, les gammes en tout genre y apparaissent fréquemment aussi, dans un style proche de celui de Clementi ou de Dussek, un style dont le

Carl Maria von Weber (1786, † 1826)

Repères biographiques

1786	Naissance à Eutin, près de Lübeck (le 18 décembre)
1798	Leçons de Michel Haydn à Salzbourg
1803	Installation à Vienne Début des études avec l'abbé Vogler
1804-1806	Chef d'orchestre au théâtre de Breslau
1806	Intendant de la musique du duc Eugène de Wurtemberg à Karlsruhe
1807	Arrivée à Stuttgart
1813-1816	Directeur de l'Opéra de Prague
1817	Kapellmeister à Dresde. Heureux mariage avec la cantatrice Caroline Brandt
1826	Halte à Paris (du 25 février au 2 mars) Mort à Londres (le 5 juin)

mouvement perpétuel de la *1re Sonate* (1812) illustre bien les particularités techniques, tout comme le *Momento capriccioso* (1808), presque constamment *triple piano,* ce qui en accroît la difficulté.
Le maniement wébérien de l'orchestre est généralement plus simple. Ses deux symphonies (1807), sans clarinettes ni trombones, sont encore des œuvres de jeunesse, mais le traitement des hautbois et des cors y fait presque de ceux-ci de brillants solistes. Dans les concertos pour piano, le rôle du clavier semble écrasant et l'accompagnement fort discret.
Si Weber place à l'occasion, au violoncelle, au cor ou au basson, des mélodies tout à fait admirables, son second instrument de prédilection demeure, après le piano, la clarinette, à laquelle il réserve six œuvres : deux concertos, un concertino et des variations, ainsi qu'un rôle très individualisé dans un quintette et un duo avec piano. Il faut voir dans ces partitions, écrites entre 1811 et 1816, le résultat de la grande admiration qu'il vouait au virtuose Bärman, et la clarinette traitée en soliste est dotée de parties d'une haute technicité, particulièrement dans les aigus, fort ingrats.
Le côté brillant est ainsi l'un des premiers traits du style instrumental de Weber, encore assez fidèle à l'écriture classique, dans ses variations, dans le schéma de ses symphonies ou dans les plans

rondos, qu'il affectionne, tout comme les rythmes pointés des polonaises dans le goût du temps.
Toutefois, quelques détails annoncent déjà chez lui, même dans le style instrumental, l'avènement du romantisme : l'exigence toujours plus grande de liberté formelle qui pousse ses sonates à devenir plutôt des fantaisies, ou bien son langage harmonique qui recourt fréquemment à l'accord de neuvième, voire de onzième. De même, si l'*allegro feroce* de sa *3e Sonate* pour piano peut déjà faire penser au climat des années 30, la sonate précédente, en *la* bémol majeur (1816), est restée pendant longtemps un modèle pour les compositeurs romantiques. Weber demeure aussi fort admiré pour son talent mélodique ou la beauté de certains de ses contre-chants ; quant à ses ouvertures, elles révèlent déjà un puissant élan dramatique qui les dote d'une forte cohérence, loin de l'esthétique traditionnelle du pot-pourri.

Franz Schubert

Mieux connu pour ses lieder (voir p. 653), Schubert (1797, † 1828) s'imposa très tard à travers ses œuvres instrumentales ; dans ce domaine, après les premiers essais nés au Konvikt de Vienne, il conçut de nombreux chefs-d'œuvre de 1819 à 1828.
Dans tous les genres néanmoins, ses plus belles réussites demeurent parmi ses dernières partitions, qu'il s'agisse de la *Grande Symphonie,* des quatuors à cordes nos 13, 14 et 15, ou des ultimes sonates pour piano. Si le petit chanteur d'autrefois avait trouvé dès 1814 sa voie dans le lied (voir « Le lied et la mélodie », p. 649), il fallut à l'instrumentiste (pianiste, altiste, organiste) l'expérience sans doute des multiples « schubertiades », de ces intimes réunions musicales, pour trouver, en dehors du langage vocal, son réel épanouissement.
Le lied y reste toutefois bien présent, dans des quatuors comme *La Jeune Fille et la Mort* (1824) certes, mais plus généralement à travers les deuxièmes thèmes de ses compositions si profondément lyriques. Leur expression, d'une chaude délicatesse, voire d'une force tragique, laisse souvent prédominer les sonorités douces, celle de la clarinette à l'orchestre ou encore celle du violoncelle qu'il affectionne particulièrement, tout comme aussi, à l'occasion, le timbre du trombone (*Grande Symphonie* en *ut*). Rien ici n'évoque le hautbois épique de Berlioz ou de Liszt. C'est, même en dehors de l'atmosphère du *Ländler* ou de nombreuses autres danses pour piano, la *Gemütlichkeit* (« douce simplicité ») viennoise, dans toute son agréable pénétration. Dans sa musique ne domine pas non plus

le brillant des œuvres concertantes, réduites à quatre seulement, contre une quarantaine de partitions pour piano à quatre mains.
Les genres et les formes choisis sont souvent classiques, 18 sonates pour piano et 5 autres pour 2 instruments, 5 trios, 3 quintettes, 15 quatuors à cordes, 8 symphonies (plus une, perdue, et 3 fragments). Si Schubert respecte certains grands modèles, comme dans l'*Octuor* (1824) par exemple, calqué sur les six mouvements du *Septuor* de Beethoven, il adopte également – et y triomphe – la fantaisie, où s'épanche son admirable penchant pour les épisodes contrastés qu'il juxtapose si bien dans les pièces brèves (*Impromptus, Moments musicaux*). Il use modérément de la variation, mais prise beaucoup les rondos sonates, tel celui du final de la *1re Sonate pour piano* (1828) ; là, le thème principal, revenant plus souvent qu'à l'ordinaire, intègre à ces formes une technique proche de celle du refrain utilisé dans tant de lieder.
Le langage schubertien, enfin, est aussi caractérisé par de fort belles oppositions tonales, des rapprochements tout à fait inattendus : le passage de *do* à *ré* bémol, par exemple, présent en 1828 dans le *Quintette* pour deux violoncelles comme dans la *1re Sonate* pour piano. Privées du recours au texte littéraire qu'offre le lied, les pages instrumentales de Schubert semblent parfois nous porter plus loin encore dans l'univers des contrastes ineffables.

Félix Mendelssohn

Les pages de Mendelssohn les plus célèbres en France demeurent extraites de son œuvre instrumentale : les ouvertures du *Songe d'une nuit d'été* (1826) et de *La Grotte de Fingal* (1829), la *Symphonie italienne* (1833), le *Concerto pour violon* (1844) et les nombreuses *Romances sans paroles* (1830-1845). Il faudrait ajouter à cette liste le très bel *Octuor* pour cordes (1825), le *Trio* n° 1 (1839) et les *Variations sérieuses* (1842).
Brillant pianiste et chef d'orchestre réputé, Mendelssohn revient constamment en fait aux instruments, même si la musique vocale finit par l'emporter chez lui quantitativement. Il reste plutôt classique dans les formes, à travers ses vingt-quatre sonates diverses ou les structures de ses symphonies et, cependant, il s'ouvre bien aux courants romantiques, à travers le lyrisme de ses phrases chantantes, le chromatisme occasionnel de son *Quatuor à cordes* op. 13 (1827) ou l'adoption de programmes descriptifs et d'atmosphères fort évocatrices. C'est le cas dans ses symphonies (*Italienne, Écossaise*), mais surtout dans ses ouvertures, beaucoup moins tradition-

Félix Mendelssohn (1809, † 1847)
Repères biographiques

1809	Naissance (le 3 février) à Hambourg
1811	Arrivée à Berlin
1817	Leçons de Zelter
1818	Premier concert
1821	Rencontre de Weber, puis de Goethe
1822	Voyage en Suisse
1825	Voyage à Paris
1826	Découverte de Shakespeare
1829	Voyages en Angleterre
1830-1832	Grand tour d'Europe
1833-1835	Directeur musical à Düsseldorf
1835-1843 et 1845-1847	Directeur des concerts du Gewandhaus de Leipzig
1837	Mariage avec Cécile Jeanrenaud
1841	À Berlin. Kapellmeister du roi de Prusse
1843	Professeur au conservatoire de Leipzig
1847	Mort de sa sœur Fanny (le 14 mai)
1847	Mort (le 4 novembre)

nelles encore et qui imposent définitivement le grand modèle de l'ouverture de concert.

L'un des rares admirateurs de Bach à son époque, Mendelssohn emprunte volontiers à celui-ci ses techniques contrapuntiques, même dans la musique instrumentale : dans la fugue de sa *2ᵉ Sonate* pour orgue (1844), mais aussi dans sa *5ᵉ Symphonie (Réformation),* jugée trop sévère pour cette raison lors de sa création parisienne.

La grande délicatesse d'inspiration de ce compositeur apparaît bien dans certains mouvements rapides, quasi aériens, tels que le *Capriccio* pour piano op. 5, le scherzo du *Songe d'une nuit d'été* ou le saltarello de sa *Symphonie italienne* ; là, le staccato des vents est particulièrement remarquable chez cet auteur qui ne fait pas appel aux instruments de cette famille dans sa musique de chambre, si ce n'est dans ses *Deux Pièces de concert* pour clarinette, cor de basset et piano (1833).

Un lyrique délicat aux solides structures, tel apparaît Mendelssohn à travers ses œuvres instrumentales.

Robert Schumann

Ce grand compositeur de lieder (voir « Le lied et la mélodie », p. 659) s'impose très bien également dans la musique instrumentale. Le pianiste y privilégie certes son instrument, surtout dans ses années de jeunesse ; il ne s'affirme que plus tard à l'orchestre, pour lequel ses œuvres demeurent relativement moins nombreuses. Tout comme Saint-Saëns ou Vincent d'Indy, Schumann écrit aussi beaucoup de musique de chambre dans ses dernières années, mais ses plus purs chefs-d'œuvre en ce domaine (le *Quintette* avec piano et les *Quatuors* à cordes n°s 1 et 3) remontent à 1842 alors que, jeune marié encore, il avait atteint le sommet d'expression de sa puissance compositionnelle et commençait tout juste d'aborder ces répertoires.

S'il choisit souvent les grands genres, comme l'attestent les 3 concertos (pour piano, pour violon et pour violoncelle), les 4 symphonies numérotées, le quintette, ses 5 quatuors (3 à cordes et 2 avec piano), ses 3 trios avec piano et ses quelques sonates, il en manie les formes assez librement ; il se trouve particulièrement à l'aise, au piano surtout, dans les ensembles de pièces courtes, tels que *Papillons* (op. 2), *Carnaval* (op. 9) ou *Scènes d'enfants* (op. 15). C'est là qu'apparaît le plus explicitement sa volonté d'expression ou de description, unie à un profond désir de concision. Schumann l'a dit lui-même : le piano romantique permet au musicien d'être aussi un poète. Proche de la littérature et grand admirateur de Jean-Paul Richter, profondément engagé dans l'art de son temps et défenseur de Chopin ou de Berlioz, soutien des « compagnons de David » contre les « Philistins », ce compositeur laissait librement cours aux deux facettes de sa nature : le brillant et la fougue de Florestan ou la nature rêveuse, voire mélancolique, d'Eusébius.

À ses prédécesseurs, Schumann n'emprunte pas seulement certains cadres, mais également la technique de la variation qui apparaît encore assez souvent chez lui : dans les quatuors à cordes, par exemple, elle est présente dans le *larghetto* du *2e*, comme dans le deuxième mouvement du *3e*. Un certain goût du contrepoint se manifeste aussi assez nettement chez ce disciple de Bach et de Mendelssohn, dans ses partitions de chambre, à travers un nombre important d'imitations et de canons.

Après le piano, ce sont les cordes que Schumann privilégie dans ses œuvres d'effectifs réduits ; dans ses compositions orchestrales, il isole rarement les bois, mais trouve des accents d'une ampleur et d'une chaleur parfois saisissantes aux trombones ou aux cors. Son écriture symphonique peut être, par ailleurs, d'une densité annonçant celle de Brahms, notamment dans le *Concerto pour violon* (1853).

La phrase instrumentale demeure cependant relativement courte, les idées se juxtaposant en grand nombre sur peu d'espace. Et si la découpe reste fréquemment carrée, il n'est pas rare que certaines complications rythmiques en troublent la netteté d'ensemble. L'*ambitus* des mélodies est souvent large, dans le *Concerto pour violon* plus qu'ailleurs encore, et leur dynamisme initial généralement admirable. Schumann sait également faire chanter les instruments, et ses mouvements lents peuvent vibrer d'une intense ferveur. S'il ne néglige pas l'inspiration populaire, dans certaines danses et jusque dans sa musique de chambre (dans le final du *3e Quatuor à cordes* par exemple), celle-ci ne prédomine nullement dans son œuvre et cède généralement le pas à des cellules mélodiques plus personnelles.

Dans cette esthétique toute tendue vers l'expression, le chromatisme – bref encore – est bien présent dans les *Papillons* comme dans l'intermezzo du *1er Quatuor à cordes*. L'accord de neuvième est parfois présenté sans préparation (ainsi dans *Lettres dansantes* op. 9), et les éléments de rupture sont nombreux (voir ♪ ci-dessous) : des syncopes et temps forts à vide aux décalages des voix ou aux élans coupés, comme à la fin du *Préambule* (*Carnaval* op. 9).

Les partitions instrumentales de Schumann n'ont ni le naturel chantant de celles de Schubert ni le souffle profond de celles de Brahms, mais leur instinct respiratoire plus rapide correspond bien aux plus chaudes années du romantisme.

Anton Bruckner

Cet organiste, en partie autodidacte puis, à 31 ans, élève de Simon Sechter, ce maître d'école qui devint professeur d'écriture et de

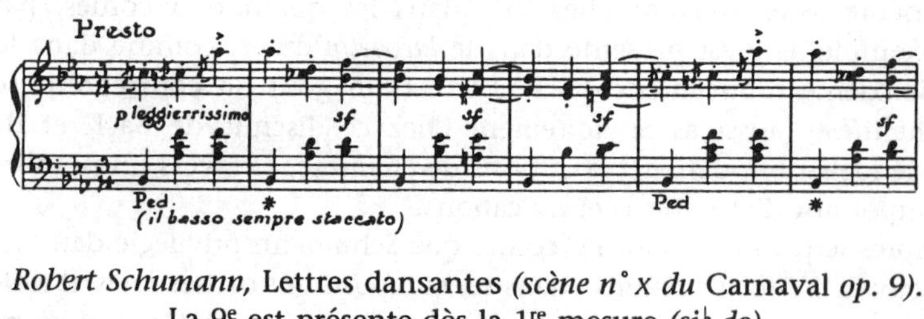

Robert Schumann, Lettres dansantes *(scène n° x du* Carnaval *op. 9).*
La 9e est présente dès la 1re mesure *(si♭-do),*
ce qui est bien inhabituel à cette époque.

théorie musicale à l'université de Vienne en 1876, ce « paysan du Danube » aux manières frustes se révèle posséder un fonds contemplatif qui transparaît immédiatement dans ses superbes adagios, centres de gravité de la plupart de ses œuvres. Il montre aussi une religiosité qui fait de lui un véritable « ménestrel de Dieu », pour reprendre l'expression forgée à son sujet par Franz Liszt, et qui le conduit même à dédier ainsi sa *9e Symphonie :* « dem lieben Gott » (« à Dieu bien-aimé »).

Ses premières œuvres instrumentales sont écrites pour l'orgue, puis pour le piano, si l'on excepte le funèbre *Aequale* pour trois trombones (1847), né à la suite d'un deuil familial. Bruckner n'osa en effet confier son inspiration à l'orchestre qu'au début des années 60, c'est-à-dire à l'approche de sa quarantième année. Ce cadre symphonique convenait toutefois très bien à son inspiration, à tel point que l'on a vu souvent dans son *Quintette à cordes* une « symphonie déguisée ».

Outre ses célèbres remaniements, plusieurs éléments caractérisent sa manière : l'extension des structures formelles, où le ton dominant n'apparaît pas d'emblée, certains formidables crescendos, son goût pour l'écriture contrapuntique, conduisant à la superposition des motifs et même à l'emploi de la fugue (dans le finale de la *5e Symphonie),* ses chorals majestueux, ses codas triomphales.

Ajoutons à cela une thématique souvent ascendante et si foisonnante qu'elle en devient parfois insaisissable à l'écoute, des plans sonates, presque toujours à trois thèmes, où épisodes épiques, lyriques et rythmiques se succèdent. L'harmonie, sans rompre avec la tradition, peut atteindre à des audaces inattendues, comme dans l'adagio de la *9e Symphonie* (mes. 199-206) ; mais son signe le plus distinctif réside dans ces « échelles célestes », ces suites d'accords modulants ascendants en choral, telles celles du deuxième thème de l'adagio de la *8e* ou le crescendo conclusif de la *4e*.

Bruckner a certes souvent manié l'orchestre en organiste : on en jugera par l'agencement des plans sonores, les effets dynamiques en opposition, les pauses générales semblables au temps d'écho des changements de registre. Ses effectifs instrumentaux sont typiques de l'âge romantique, si l'on excepte les tubas wagnériens de la *7e Symphonie* ou l'adjonction d'instruments à vent dans les *8e* et *9e Symphonies.* Si les roulements de timbales y sont fréquents, les autres effets de percussion demeurent rares : il n'est pas plus de trois coups de cymbales dans toute son œuvre ! Mais celle-ci est extraordinairement expressive par certains traits pastoraux des bois,

Anton Bruckner (1824, † 1896)

Repères biographiques

1824	Naissance à Ansfelden, près de Linz, Autriche (le 4 septembre)
1837-1840	Enfant de chœur à Saint-Florian
1841	Maître d'école adjoint
1845	Instituteur à Saint-Florian
1848	Organiste à Saint-Florian
1855	Organiste de la cathédrale de Linz
1857	Début des études musicales avec Simon Sechter
1865	À Munich pour les premières représentations de *Tristan* de Wagner
1868	Professeur au conservatoire de Vienne
1873	Visite à Wagner à Bayreuth
1876	Professeur à l'université de Vienne
1882	À Bayreuth pour la création de *Parsifal* de Wagner
1890	Création triomphale de la *3e Symphonie* (dernière version)
1896	Mort à Vienne (le 11 octobre)

le caractère héroïque des cuivres ou la vibrante émotion des cordes, en trémolo au début de toutes ses symphonies, sauf la *6e*. Celui-ci est même si fréquent dans la *7e* que cette composition – qui fit connaître à Bruckner un succès tardif et demeure la plus connue de ses œuvres – a pu être surnommée « la symphonie aux trémolos »... La rythmique de Bruckner, fondée souvent sur de puissants accents, combine les ensembles binaires et ternaires, en oscillation ou en superposition ; elle confère à son œuvre une dimension dont la vastitude et l'ampleur d'inspiration ont parfois été mal comprises dans les contextes méditerranéens.

Johannes Brahms

Brahms (1833, † 1897) [voir « Le lied et la mélodie », p. 666], pianiste de grand talent, a, en tant que compositeur, merveilleusement privilégié son instrument.

Si sa première éducation fut assez négligée, il devint cependant par la suite un grand lecteur et subit certainement l'influence d'un Jean-Paul, d'un Hoffmann et de ces poèmes contemplatifs auxquels

semble si souvent faire écho sa musique : dans les quatre *Ballades* de l'op. 10 déjà, comme dans ses deux *Sonates* pour clarinette et piano, et dans les dernières pièces qu'il dédia à son instrument. Jamais, toutefois, n'affleure chez cet ami de Joachim, si opposé à l'esthétique de Wagner et de Liszt, d'intention descriptive.
Son culte pour Beethoven, Schubert, Schumann ou Weber, doublé d'une profonde admiration pour Haydn, Mozart ou Jean-Sébastien Bach – dont la *Fantaisie chromatique* demeurait, au clavier, la pièce favorite –, fit de lui un intense romantique. Il fut parfaitement respectueux cependant des traditions classiques, de l'écriture en imitations ou de la technique de ces variations, qu'il affectionna particulièrement, comme le prouvent la dizaine d'œuvres de ce genre qu'il nous laisse ainsi que le final de la *4e Symphonie,* celui de la *2e Sonate* pour clarinette et piano, le deuxième mouvement de la *Sonate* pour piano op. 1 ou celui du *2e Quintette à cordes.*
Volontiers bourru, de religion protestante et profondément germanique d'esprit, à la fois nordique (hambourgeois) et, après 1862, viennois, il sut atteindre dans ses œuvres une densité d'expression rare. S'il tint à rester loin des recherches de langage des « musiciens de l'avenir », certaines de ses hardiesses de langage sont particulièrement dignes de mention : ainsi celles des mesures 11-23 de l'allegro du *Quatuor* op. 51 n° 1 ou le bel enchaînement des tons dans la *2e Sonate* pour violoncelle et piano.
Le piano de Brahms résonne souvent comme un instrument symphonique, avec ses tierces, ses sixtes et ses doublures d'octaves. Les phrases mélodiques sont généralement longues et de large *ambitus,* mais introduites parfois par des cellules d'appel, comme au début du *Quintette* avec piano, à moins que le compositeur n'ait recours à l'esprit populaire, voire tzigane, dans le *Rondo alla zingarese* du 1er *Quatuor* avec piano par exemple, ou les *Variations sur un thème hongrois* op. 21. Mais la mélodie reste, certes, privilégiée chez ce grand compositeur de lieder : les basses même y chantent bien et demeurent, dans les variations, un soutien de première importance.
Très caractéristique est aussi la rythmique brahmsienne, cette apothéose de la syncope, où les hémioles contrarient souvent les barres de mesure, où le débit est alternativement souple et heurté, où les rythmes pointés si nombreux confèrent à la musique une accentuation tellement particulière qui culmine dans l'*Ouverture académique.*

« Aimez-vous Brahms ? » La question se pose souvent en termes affectifs, car, chez ce compositeur, les entrelacs mélodico-rythmiques, la profondeur envahissante, la pénétration inéluctable des vagues sonores ont fréquemment heurté la sensibilité française. Il demeure en tout cas le plus beau représentant d'un romantisme germanique méditatif ou très affirmé, à la fois intense et merveilleusement canalisé dans ses formes.

La France

Le XIXe s. s'ouvre, ici, sur un sentiment de libération après la Terreur révolutionnaire. Les bals se multiplient à Paris où l'on en compte alors plus de cinq cents ; la musique de chambre va tenter de se réanimer sur les bases qui étaient les siennes à l'époque précédente, comme le montre la *Correspondance des amateurs musiciens* (1802-1805). Mais le fait le plus marquant est l'irrésistible progression du piano, qui va bientôt dominer l'art instrumental français.

« Plus l'usage du piano se répand dans notre société, moins les autres instruments y sont employés », note déjà Fétis dans la *Revue musicale* en février 1827. L'arrivée de nombreux virtuoses (Liszt dès 1823 ou Chopin en 1831), les duels fracassants des pianistes à succès, tout contribuera à placer cet instrument au premier rang des préoccupations des salons mélomanes, en compagnie, certes, de l'opéra, dont l'étoile n'est pas encore près de pâlir en ces années. Cette conquête se fait naturellement aux dépens d'autres domaines musicaux : sur les neuf classes de violon que comptait le conservatoire de Paris en 1800, il n'en reste que quatre en 1840 !

Ce Conservatoire, né de la musique de la Garde nationale, fut en fait l'un des plus beaux auxiliaires de la promotion de la musique instrumentale : sur les cent quinze professeurs présents dans l'établissement en 1795, moins de 8 p. 100 y enseignaient l'art vocal. Les responsables des classes d'écriture furent plutôt des compositeurs dramatiques, mais l'optique changea certainement avec, en 1872, l'arrivée de César Franck à la classe d'orgue, alors « véritable centre des études de composition du Conservatoire » si l'on en croit Vincent d'Indy. Le mouvement s'accentua encore avec la nomination de Gabriel Fauré, auquel revint la chaire de composition de Massenet, en 1896.

Ajoutons à cette influence celle des diverses sociétés qui purent inciter les compositeurs à écrire des ouvrages non destinés à la scène. Si l'Association des artistes musiciens, créée en 1843, avait surtout eu pour but la mise en place d'une caisse de pensions dont pouvaient profiter les instrumentistes défavorisés, la S.A.C.E.M. (Société des auteurs, compositeurs et éditeurs de musique), fondée en 1851, put commencer à assurer la protection de partitions jusque-là ignorés par la Société des auteurs et compositeurs dramatiques. Mais les deux sociétés qui contribuèrent le mieux à favoriser en France l'élan instrumental furent incontestablement la Société des compositeurs de musique (1862) et la Société nationale de musique (1871). La première, par ses concerts et par les concours de composition qu'elle organisa à partir de 1875, stimula particulièrement la création d'œuvres instrumentales françaises ; la seconde, défendant aussi l'*Ars gallica,* put promouvoir surtout, dans les auditions renommées, la musique de chambre de l'époque. Dans ce domaine, les concerts de Baillot, Maurin ou Alard avaient déjà bien préparé les auditeurs à ces compositions intimes.

Quant à l'orchestre, son développement fut facilité par la création de sociétés de concerts permanentes et actives, particulièrement la Société des concerts du Conservatoire (1828), l'orchestre de Pasdeloup (1851), puis le Concert national de Colonne (1873) et les Nouveaux Concerts populaires de Lamoureux (1881).

Les compositeurs français s'imposent cependant lentement dans la création orchestrale, le maître le plus en faveur demeurant l'irremplaçable Beethoven. Il fallut, là aussi, le fort courant nationaliste qui succéda à la défaite de 1870 pour rétablir un plus juste équilibre. Mais celui-ci demeura éphémère puisque, dans les années 80, c'est l'influence wagnérienne qui se fit sentir dans l'écriture instrumentale française. Jusque-là, celle-ci se distinguait plutôt par une clarté typiquement méditerranéenne, d'où les rythmes légers, proches de l'atmosphère du ballet, tant prisé alors à l'Opéra, n'étaient pas absents. Harpe et cornet à pistons y jouèrent, même en dehors de la musique purement descriptive que les compositeurs français affectionnèrent, un rôle souvent inconnu de l'autre côté du Rhin.

Dans un semblable décor, Hector Berlioz apparaît comme le grand romantique novateur ; Saint-Saëns et Fauré s'appuient souvent encore sur la tradition classique, tandis que César Franck, d'origine belge, réussit à imposer, à travers sa vision de pédagogue et grâce au prosélytisme de son fidèle disciple Vincent d'Indy, un style plus proche de l'inspiration germanique, mais d'où la délicatesse française n'est, par moments, nullement bannie.

Hector Berlioz

Si Berlioz (voir « Le lied et la mélodie », p. 672) fut formé assez traditionnellement au conservatoire de Paris, sa grande inclination pour la littérature et le théâtre transparaît non seulement dans ses mélodies, ses œuvres théâtrales, ses critiques ou ses *Mémoires,* mais également dans les compositions qu'il a destinées à l'orchestre. Quant au piano, il est à noter le peu d'utilisation qu'en fit ce guitariste qui n'a pas subi les effets de cette « guillotine » (Berlioz, *Mémoires*) anéantissant toutes les recherches d'instrumentation et nivelant par là même les compositeurs.

Tout est drame chez cet auteur. Tout subit l'effet de la surenchère expressive de la théâtralisation, chez ce grand admirateur de Shakespeare. Pouvait-il même concevoir l'existence de la musique pure ? Non, à en juger par la note de 1835 rédigée pour la *Symphonie fantastique,* et où il nous éclaire sur ses intentions de composition : « C'est justement afin de combler les lacunes laissées nécessairement par le développement de la pensée dramatique par la langue musicale qu'il a dû recourir à la prose écrite pour faire comprendre et justifier le plan de la symphonie. » Après 1844, du reste, il n'est plus dans son catalogue d'art purement instrumental. Parfois moins liée à l'harmonie, dont elle semble ne plus naître, la mélodie joue forcément chez Berlioz un grand rôle, les phrases se superposant même volontiers dans certaines de ses œuvres telles que *Roméo et Juliette* ou *Harold en Italie ;* leur phrasé irrégulier, à l'image de la langue parlée, possède un grand pouvoir expressif (voir ♪ ci-dessous).

L'idée même peut parfois se métamorphoser de façon saisissante, comme dans la *Fantastique.* Tout contribue chez lui à intensifier les mouvements dramatiques : les formidables gradations dynamiques

Hector Berlioz, Symphonie fantastique *(1er mouvement).*
L'« idée fixe », présentée à la flûte, à la clarinette, puis au basson, est d'une grande souplesse rythmique.

semblables à celle du chant des pèlerins d'*Harold en Italie,* le chromatisme, les progressions tonales par degrés conjoints, les modulations « par accrochage », brusques comme ce passage de l'accord de *sol* à celui de *ré* bémol que Schumann condamnait dans la *Fantastique.*
Passionné mais méticuleux, Berlioz accorda un soin rare à l'instrumentation et à l'orchestration, comme en témoigne son *Traité* (1843) qui fit si longtemps autorité en France et à l'étranger. Si les masses instrumentales imposantes qu'il y souhaite (467 instrumentistes pour 360 choristes dans l'orchestre idéal...) peuvent lui avoir été suggérées par les effectifs nés à l'époque révolutionnaire, l'écriture instrumentale de détail est chez lui tout à fait neuve, voire difficile, comme le montrent par exemple les traits inattendus des contrebasses, auxquelles est confiée une partie différente de celle des violoncelles. Il réhabilite l'alto, fait merveilleusement chanter les violoncelles sur la chanterelle, peut diviser beaucoup les cordes à l'orchestre et diversifie les modes d'attaque : du *col legno* des violons aux baguettes d'éponge des timbales. Il affectionne les bois et les cuivres, en bon admirateur de Sax, d'où la réputation de « compositeur à mitraille » qu'ont fixée pour la postérité les traits impitoyables du caricaturiste Grandville.
Cet homme de théâtre n'aurait pas sa place dans l'histoire de l'art instrumental s'il ne demeurait un merveilleux coloriste, dont la leçon d'orchestration fut fort bien assimilée par Liszt ou même par l'école des symphonistes russes de la fin du XIXe s.

César Franck

Si César Franck réussit mal dans les œuvres lyriques, s'il s'affirme peu à travers les œuvres vocales ou de salon, le nom de ce compositeur, organiste de Sainte-Clotilde et professeur au Conservatoire, passe surtout à la postérité grâce à sa musique instrumentale et plus particulièrement à la dizaine de chefs-d'œuvre qu'il nous laisse de 1879 – date du *Quintette* pour piano et cordes – à sa mort, en 1890 – année des trois *Chorals* pour orgue.
L'élément dominant du langage instrumental de Franck est l'expression volontiers dramatique, même dans la musique de chambre, ce qui était assez neuf à cette époque. Il s'appuie sur un programme dans les quatre poèmes symphoniques dont on admire les résonances profondes, des *Éolides* (1876), insaisissables enfants du dieu des Vents, à *Psyché* (1888), que Franck veut voir rachetée par l'amour.

César Franck (1822, † 1890)
Repères biographiques

1822	Naissance à Liège (le 10 décembre)
1834	Tournée de concerts en Belgique
1835	Arrivée à Paris
1837-1842	Études au conservatoire de Paris
1848	Mariage avec F. Desmousseaux
1848-1851	Organiste à Notre-Dame-de-Lorette
1851-1858	Organiste à Saint-Jean-Saint-François
1859-1890	Organiste à Sainte-Clotilde
1872-1890	Professeur d'orgue au conservatoire de Paris
1890	Mort à Paris (le 8 novembre)

En l'absence de texte, tout concourt chez lui à renforcer l'expression : les fortes oppositions, les dramatiques silences, les appoggiatures, les chromatismes (tels ceux du final des *Djinns),* les intervalles à grande tension (comme la quarte diminuée du début de la *Symphonie)* ou les *trémolos* de cordes qui palpitent tout au long de son œuvre. L'on ne peut pas passer sous silence non plus – même si Franck l'a fait dans sa propre analyse de la *Symphonie !* – l'importance des constructions cycliques, de ces petites cellules sujettes à diverses transformations et présentes dès le *1er Trio* (1841) ; leur vocation unitaire paraît irréfutable, mais leur caractère polymorphe demeure l'un des principaux agents de la progression dramatique.
Claude Debussy affirmait à propos du *Quintette* : « C'est du paroxysme tout le temps. » Pas toujours, pourtant. Il est chez Franck de ces oasis de détente, de ces plages paradisiaques, souvent en *fa* dièse majeur, qui expliquent bien le surnom du *Pater Seraphicus.* Il est aussi de solides architectures qui valurent, dans le *Larousse* du début du siècle, une réputation de « musicien savant » à ce contrapuntiste, jugé sévère à l'occasion. Mais, avant les sommets que constituent *Prélude, choral et fugue* (1884) ou *Prélude, aria et final* (1887), Franck avait pourtant cédé souvent aux habitudes du temps, dans sa *Fantaisie sur le Gulistan* de Dalayrac, par exemple, ou dans son *Duo* pour piano et violon sur les thèmes de cette même partition.

Le piano reste chez lui privilégié, alors que, tout comme Fauré, il néglige totalement les instruments à vent dans sa musique de chambre, lui qui pourtant sut leur confier un rôle si expressif dans l'orchestre, lui à qui un professeur parisien alla même jusqu'à reprocher l'utilisation du cor anglais dans une symphonie ! L'amer collègue ne fit certes pas la même remarque sur le cornet à pistons, parfaitement intégré quant à lui dans les habitudes orchestrales françaises de l'époque...
Le langage pianistique est cependant, dans l'œuvre de Franck, beaucoup moins orienté vers la vélocité que celui de Saint-Saëns, et les arpèges y sont moins nombreux que chez Fauré.
Franck a souvent donné à son discours, outre la solide armature des lignes horizontales, une puissance d'accords, de piliers sonores qui font que l'on entre parfois dans son monde comme dans une cathédrale.

Édouard Lalo

Formé au conservatoire de Lille, venu à Paris en 1839, Lalo a en commun avec Berlioz de n'être pas pianiste. Son talent pour les instruments à cordes l'a conduit à s'intéresser très vite à la musique de chambre qu'il pratiqua remarquablement au sein du Quatuor Armingaud, à partir de 1855. Il représente ainsi le cas, presque unique dans la France de ces années-là, d'un musicien qui n'a presque composé que des œuvres de chambre jusqu'à quarante ans passés.
Beaucoup plus que par ses mélodies, ou même ses partitions lyriques (*Fiesque, Le Roi d'Ys*), Lalo a gagné les suffrages de ses contemporains et de la postérité par ses pages instrumentales. Son *1er Trio* (1850) trahit certes déjà son admiration pour les maîtres germaniques, mais s'y affirment aussi, comme dans beaucoup de compositions suivantes, des phrases pleines de lyrisme ou de vigueur : l'allegro vivo de son beau *Quatuor à cordes* (paru en 1858 chez Breitkopf & Härtel) ne semble-t-il pas annoncer A. Roussel, tandis que le finale de cette œuvre s'ouvre à une chaleur d'expression quasi symphonique ?
Le public a beaucoup retenu de Lalo le relief, la couleur bien caractéristiques qu'il a tirés de ses origines hispaniques : la *Symphonie espagnole* (1873) reste certainement la plus célèbre de ses partitions, mais le *Concerto pour violoncelle* (1876) est presque autant marqué par cette influence. D'une inspiration nordique, russe ou orientale, ce compositeur fit naître d'autres magistrales visions sonores dans

Édouard Lalo (1823, † 1892)

Repères biographiques

1823	Naissance à Lille (le 27 janvier)
1832-1837	Études au conservatoire de cette ville
1839	Arrivée à Paris
	Leçons d'Habeneck
1850	Membre de la Société philharmonique dirigée par Berlioz
1855	Entrée dans le Quatuor Armingaud
1871	Adhésion à la Société nationale de musique
1872	Premiers succès
1875	Création de la *Symphonie espagnole* par Sarasate
1882	Échec de *Namouna* à l'Opéra
1888	Succès du *Roi d'Ys* à l'Opéra-Comique
1892	Mort à Paris (le 22 avril)

les années suivantes, tandis que la *Symphonie* en *sol* mineur (1885) rappelle, à travers son atmosphère parfois mystérieuse et son orchestration opulente, qu'il put être un grand admirateur de R. Wagner et suivre l'exemple de C. Franck.

Camille Saint-Saëns

Chez ce compositeur, si parfaitement intégré dans les traditions de son temps, musiques instrumentale et vocale s'équilibrent à peu près. Au sein de la première, regroupant plus de cent ouvrages, on peut compter à peu près autant de partitions pour piano seul que de compositions de chambre et d'orchestre réunies, auxquelles il conviendrait d'ajouter une dizaine d'œuvres pour orgue (1852-1867, 1894-1898, 1918) rappelant que Saint-Saëns fut l'élève de Benoist au Conservatoire, et organiste à la Madeleine. Cependant, le piano est chez lui nettement favorisé : rien d'étonnant chez cet enfant prodige, pianiste virtuose, maître de Gabriel Fauré à l'école Niedermeyer.

Deux grandes influences ont contribué à former le style instrumental de Saint-Saëns : d'une part, les maîtres classiques austro-allemands, de l'autre, le langage lisztien. Aux premiers, il doit sans doute son retour fréquent à des formes bien connues, telles ses 4 premières

Camille Saint-Saëns (1835, † 1921)

Repères biographiques

1835	Naissance à Paris (le 9 octobre)
1840	Premières compositions musicales
1846	Concerts à la salle Pleyel (piano)
1851	Premier prix d'orgue au conservatoire de Paris
1852	Échec au prix de Rome
1853-1858	Organiste à Saint-Merri
1858-1877	Organiste à la Madeleine
1861-1864	Professeur de piano à l'école Niedermeyer
1871	Cofondateur de la Société nationale de musique
1881	Élection à l'Institut (au fauteuil de Reber)
1886	Apogée du succès (*Carnaval des animaux ; 3e Symphonie avec orgue*)
1921	Mort à Alger (le 16 décembre)

symphonies ou ses 9 sonates de chambre, voire l'écriture savante de ses 2 quatuors à cordes. À Franz Liszt il emprunte, outre certains traits pianistiques, l'art du poème symphonique, du *Rouet d'Omphale* (1871) à *La Jeunesse d'Hercule* (1877). L'évocation descriptive culmine chez lui dans le facétieux *Carnaval des animaux* (1886), tandis que la recherche des atmosphères typiques est sensible dans la musique d'inspiration étrangère de ce grand voyageur (*Suite algérienne* en 1880, *Havanaise* en 1888 ou *Africa* en 1891).
À l'orchestre, Saint-Saëns n'est pas toujours très novateur dans les effectifs, qui n'adopteront la présence des bois par trois que dans la *Symphonie* avec orgue (1886), aux prégnantes cellules cycliques.
L'un des plus beaux apports de Saint-Saëns à la promotion de la musique instrumentale reste certainement aussi sa participation à la création de la Société nationale de musique en 1871.

Gabriel Fauré

En dehors d'une centaine de mélodies et de deux œuvres lyriques (*Prométhée* et *Pénélope*), Gabriel Fauré (voir « Le lied et la mélodie », p. 674), pianiste et organiste ambidextre, s'impose comme l'un des plus beaux représentants de la musique instrumentale française de la fin du siècle passé.

Son style évolue beaucoup, des années de l'école Niedermeyer (1854-1865) au charme des œuvres de maturité, pour atteindre la pensée plus austère de son unique *Quatuor à cordes,* terminé à l'âge de 79 ans. Dans cette partition, l'incomparable sérénité de l'andante est porteuse peut-être d'un avant-goût d'autre monde, perceptible déjà dans le *9e Prélude* pour piano ou la fin de *Thème et variations.*
Si Fauré, titulaire du grand orgue de la Madeleine de 1896 à 1905, ne nous laisse pour cet instrument aucune composition de soliste, le piano tient en revanche une grande place dans son œuvre. Quant à l'orchestre, la dizaine d'ouvrages qu'il lui consacre prouve bien que, en dépit de quelques remarquables réussites telles que *Pelléas et Mélisande,* le prélude du premier acte de *Pénélope* ou la *Pastorale* de *Masques et Bergamasques,* l'idée musicale l'intéressait bien davantage que les recherches d'orchestration. Il n'est guère d'innovations de timbres non plus dans sa musique de chambre où il ne fait jamais appel aux instruments à vent, sauf dans trois partitions réservées à la flûte. Disciple et ami de Camille Saint-Saëns, Fauré – le professeur de composition (1896-1905) devenu directeur du conservatoire de Paris (1905-1920) – reste fidèle à de solides traditions architecturales, ainsi qu'à certaines des habitudes des pianistes véloces, ou à l'usage du contrepoint, dans le *2e Quintette* comme dans *Thème et variations.*
Semblable en cela à maints compositeurs de son époque, il adopte une phrase mélodique plutôt longue, à l'*ambitus* large et à la courbe sinueuse, riche en cellules diverses et volontiers nonchalante dans ses rythmes, ce qui n'exclut pas des violences passagères, telles celles de la *Fantaisie.* L'harmonie, fort mobile, mais plus régulière dans son rythme que celle d'un Debussy, se colore volontiers d'allusions modales ou de belles boucles modulantes de passage. Nombreuses y apparaissent aussi les fluctuations de petits intervalles au sein des arpèges charmeurs.
Ne serait-ce pas chez Fauré que réside l'essence même de la musique pure au tournant du siècle ? Chez ce compositeur qui, lorsqu'il est délivré de la symbolique du mot, est entièrement tourné vers la recherche de la courbe sonore – non encore chez lui « impression » dépouillée et fragmentaire comme chez les impressionnistes – et nous transmet les plus beaux mouvements mélodiques et harmoniques de ces années, ceux mêmes qui motivaient, en 1897, cette déclaration de Marcel Proust : « Je n'aime, je n'admire, je n'adore pas seulement votre musique, j'en ai été, j'en suis encore amoureux. » Dans la « petite phrase » de la sonate de Vinteuil, ne faut-il pas voir le style de Gabriel Fauré ?

Frédéric Chopin (1810, † 1849)

Repères biographiques

1810	Naissance à Zelazowa Wola, près de Varsovie (le 22 février)
1816-1817	Premiers concerts pianistiques dans les salons et premières compositions musicales
1829	Prix de composition à l'École de musique de Varsovie
1831	Arrivée à Paris
1832	Premier concert parisien dans les salons Pleyel (le 26 février)
1836-1847	Relation passionnée avec George Sand
1848	Tournée de concerts en Angleterre
1849	Mort à Paris (le 17 octobre)

Les pays de l'Est

Si de nombreux compositeurs de ces pays allèrent étudier en Allemagne, si la musique de Schumann laissa son empreinte sur Grieg, si les œuvres de Liszt marquèrent Smetana, si Brahms influença Dvořák, l'esprit national commença à s'éveiller chez la plupart de ces auteurs dès les années 40.

La musique vocale domine souvent dans leur production, stimulée par les traditions religieuses, mais plus encore par les collectes de chants populaires qui furent effectuées alors. Cette propension, alliée à une fréquente recherche de pittoresque, entraîne volontiers leurs compositions vers un langage modal et une forme rhapsodique assez caractéristique marquée par la continuelle métamorphose des motifs de base.

La musique symphonique fut importante dès le XVIIIe s. dans certains de ces pays (Bohême, Moravie ou Suède). À l'époque romantique, la musique de piano put y prendre, à côté des partitions réservées aux cordes, une place considérable, tandis que plusieurs régions étaient déjà dotées d'orchestres permanents, présents par exemple dès les années 20 en Serbie et en Croatie.

Nombre de leurs compositeurs acquirent un renom international, tels – outre Chopin – A. Orlowski ou A. Gyrowetz pour la

Pologne, F. Erkel (1810, † 1893), M. Mosony (1814, † 1870), F. Volkmann (1815, † 1883) ou K. Goldmark (1830, † 1915) pour la Hongrie, S. Stephanescu en Roumanie et, Smetana ou Dvořák mis à part, Z. Fibich (1850, † 1900) ou J.L. Bella (1843, † 1936) en Tchécoslovaquie.

Frédéric Chopin

Les lieder polonais exceptés, toute l'œuvre de ce pianiste, dont les premières compositions remontent à la septième année, demeure instrumentale, exclusivement pianistique même, en dehors d'une dizaine de partitions dont deux concertos pour son instrument. Les styles de Mozart, Hummel, Kalkbrenner, Moscheles, eurent sur lui une influence à laquelle il convient d'ajouter celle de certains ouvrages lyriques italiens : Chopin, chantre de la Pologne, réussit à devenir aussi le Bellini du piano.

Sur ce clavier, il pratique généralement un franc langage de mélodie accompagnée, inséré dans des formes souvent brèves dont le plan s'inspire du lied ou de la sonate. Les thèmes se révèlent plus diatoniques que chromatiques, les phrases souvent carrées, à moins que leur régularité ne s'efface devant l'ornementation, notamment au début de sa période compositionnelle, dans le *Concerto* en *fa* mineur, par exemple. Sans le rubato qu'implique cette sinuosité décorative, sans l'effet *cantabile* des notes répétées, les rythmes resteraient le plus fréquemment très simples.

L'harmonie, très typique de l'époque avec ses marches, ses anticipations, ses neuvièmes, ses sixtes napolitaines, mais aussi ses quintes augmentées, ses pédales, ses cadences rompues, se brise souvent en différentes lignes horizontales, sans que pour cela le contrepoint y prenne de l'importance. Elle atteint ses manifestations les plus extraordinaires dans le *2e Prélude,* ainsi que dans les mazurkas op. 59 n° 2 (mes. 81-88) et op. 68 n° 4.

La polonité, bien différente de l'*Innigkeit* (« intimité ») d'un Schumann, la violence cachée de cet introverti chez lequel éclatent souvent « des canons sous des fleurs » (Schumann, au sujet de F. Chopin) en font l'un des plus magnifiques représentants de l'art du piano romantique, où l'intensité n'exclut pas la virtuosité.

Franz Liszt

Dans l'œuvre instrumentale de ce virtuose, les partitions réservées au seul piano sont beaucoup plus nombreuses que les compositions de chambre, très minoritaires et confinées aux deux extrémités de

Franz Liszt (1811, † 1886)

Repères biographiques

1811	Naissance à Raiding, en Hongrie (le 22 octobre)
1819-1820	Concerts pianistiques au palais Esterházy
1821-1823	Séjour à Vienne Leçons de Czerny et de Salieri
1823	Arrivée à Paris
1825	Création de *Don Sanche* à l'Opéra de Paris
1834-1839	Relation avec la comtesse d'Agoult
1837	Naissance de Cosima, fille de la comtesse d'Agoult et de Liszt, future épouse de R. Wagner
1847	Début de la liaison avec la princesse Carolyne de Sayn-Wittgenstein
1848-1858	Kapellmeister à Weimar
1861-1869	Séjour romain
1865	Tonsure et ordres mineurs font de lui l'« abbé Liszt »
1886	Mort à Bayreuth (le 31 juillet)

sa période d'activité. Elles l'emportent également sur la dizaine d'ouvrages que l'« abbé Liszt » confia à l'orgue – et dont les plus beaux demeurent la *Fantaisie et fugue sur « Ad nos, ad salutarem undam »* (1850), d'après Meyerbeer (*Le Prophète*), et le *Prélude et fugue sur le nom de B.A.C.H.* (1855) – ou sur les fresques orchestrales, dont les plus notables pages n'apparaissent chez ce compositeur qu'à la fin des années 40.

Précédemment, en effet, Liszt a eu recours à des orchestrateurs (J. Raff ou A. Conradi). Dans la majorité de ses grandes œuvres, les deux symphonies et surtout les treize poèmes symphoniques (1848-1853, 1857, 1881-1882), il se révèle merveilleusement doué pour la description psychologique, alors que son grand modèle berliozien était souvent plus réaliste.

Ici, comme par exemple dans la *Sonate* pour piano de 1853, il se présente aussi comme un exceptionnel novateur dans le domaine formel, réussissant à imbriquer dans un mouvement unique diverses structures et apparaissant ainsi comme un véritable poète dont les cadres peuvent donner prise à diverses interprétations.

Tout aussi révolutionnaire peut être son langage. De la digitalité de son maître Czerny, de la virtuosité de Paganini aux étranges superpositions d'intervalles ou aux quintes à vide, en passant par les emprunts bien connus au folklore hongrois ou les citations de modes anciens, diverses sont les particularités du style lisztien.
Phrases rêveuses aux péroraisons tapageuses, rythmes pointés renforcés par le caractère épique des silences et de certains timbres instrumentaux privilégiés (cor anglais, trombone, cordes graves) : chez Liszt, les atmosphères varient comme les genres. Ses innombrables transcriptions et arrangements, ses fantaisies inspirées par une cinquantaine de compositeurs différents, ses valses, marches, galops, études, ballades, légendes demeurent parmi les plus représentatifs de l'époque. Fait rare, l'initiateur a su ne pas se couper des pratiques de son temps. Le virtuose empanaché, grand brasseur de foules, décoré et applaudi à l'envi, cacha même pendant longtemps les mérites du compositeur.

Bedřich Smetana

Limitée à deux quatuors à cordes et une valse pour la même formation, deux pièces pour violon et piano, ainsi qu'un trio avec piano, la musique de chambre demeure très minoritaire chez ce compositeur tchèque qui confie d'abord de nombreuses œuvres à l'instrument à clavier en vogue : galops, marches, quadrilles, polkas surtout, tout comme les inéluctables fantaisies et variations apparaissent au catalogue de ce virtuose du piano, grand amateur de danse.
Les *Pièces caractéristiques* pour piano témoignent d'un réel souci du relief et de la couleur qui se manifeste mieux encore dans la dizaine de poèmes symphoniques que le compositeur nous a laissés ; six de ceux-ci forment le cycle intitulé *Ma patrie* (1879), qui lui assurent l'immortalité. Il avait été, dès 1857, l'un des premiers compositeurs à suivre l'exemple de Liszt, pour lequel il avait une grande admiration, et à se rattacher ainsi à la « nouvelle école allemande ». Mais, dans *Ma patrie,* il élargit considérablement les cadres et les intentions du poème symphonique : si les descriptions épisodiques s'y succèdent, elles sont parfois solidement structurées par un thème unique ou par des métamorphoses thématiques d'un grand intérêt. Quant à sa *Symphonie triomphale* (1853), écrite en hommage à l'empereur François-Joseph, elle présente, à travers les rappels de l'hymne autrichien, un autre essai d'œuvre cyclique.

Bedřich Smetana (1824, † 1884)

Repères biographiques

1824	Naissance à Litomyšl, en Bohême (le 2 mars)
1830	Premier concert au piano
1832	Premiers essais de composition musicale
1844-1847	Précepteur à Prague
1848-1856	Directeur-fondateur d'une école de musique dans cette ville
1856-1861	Directeur des concerts à Göteborg, en Suède
1861	Retour à Prague
1863	Ouverture d'une autre école de musique dans cette ville
1863-1865	Chef de chœur à Prague
1866	Premiers grands succès
1871-1874	Premier chef d'orchestre de l'Opéra tchèque de Prague
1874	Surdité
1884	Mort à Prague (le 12 mai)

Avec Smetana, les intentions descriptives s'introduisent jusque dans la musique de chambre comme le prouvent ses deux *Quatuors à cordes,* où l'abondance des modulations et la difficulté d'écriture peuvent être comprises, par ailleurs, comme un indice du calvaire de l'auteur, aux prises avec de graves troubles auditifs, puis avec une surdité qu'il tenta de dépasser en continuant à composer. Beaucoup plus encore que Dvořák, Smetana, célèbre aussi pour ses opéras nationalistes, demeure le plus authentique défenseur de l'art musical tchèque.

Antón Dvořák

Cet altiste, bon interprète aussi au violon, au piano et à l'orgue, chef d'orchestre, professeur de composition au conservatoire de Prague et, épisodiquement, à New York, fait passer dans ses nombreuses partitions instrumentales une inspiration nationale indéniable où le *furiante* peut tenir lieu de scherzo, où la *skocha* sert de final au *Quatuor* de l'op. 51 et la *dumka* de deuxième mouvement au *Quintette* avec piano ; cette tendance est plus apparente encore dans le *Dumky Trio,* l'ouverture *My Home* ou les *Danses*

Antón Dvořák (1841, † 1904)

Repères biographiques

1841	Naissance à Nelahozeves, en Bohême (le 8 septembre)
1857	Entrée à l'école d'orgue de Prague
1862-1871	Altiste au Théâtre national de Prague
1874-1878	Organiste à l'église Saint-Adalbert de Prague
1878	Publication, à Berlin, de la première série de ses *Danses slaves,* qui marqueront les débuts de ses succès
1879	Premier voyage en Angleterre
1890-1901	Professeur au conservatoire de Prague
1892-1895	Enseignement au conservatoire national de New York
1901	Directeur du conservatoire de Prague
1904	Mort à Prague (le 1er mai)

slaves, et se métamorphose dans les œuvres américaines des années 1892-1895 (*Symphonie du Nouveau Monde, Quatuor* en *fa* majeur, *Quintette* en *mi* bémol majeur, *Sonatine* pour violoncelle).
Ami de Brahms dont il adopte certaines traditions contrapuntiques ou quelques doublures, Dvořák est certes influencé aussi par la musique de chambre de Beethoven, par le flot mélodique ou les modulations inattendues de Schubert, par les poèmes symphoniques de Smetana et par l'art wagnérien à travers certaines mélodies sans fin de la *3e Symphonie* ou du *Concerto pour violoncelle.* Les formes, classiques parfois dans la symphonie, semblent chez lui se libérer de plus en plus ; la rhapsodie lui réussit bien, notamment dans la *8e Symphonie.* Sa mélodie coule souvent en belles phrases riches, variées dans leur longueur : qu'il suffise de comparer celles des *Danses slaves* au début de la *Symphonie* en *sol.* L'élément rythmique reste de premier plan, alterné ou manipulé parfois avec une vivacité étonnante. L'harmonie est intéressante, les modulations sont souvent libres, voire hardies, comme dans la *Romance* op. 11 pour piano et orchestre ou la neuvième des *Variations symphoniques,* où le compositeur juxtapose les accords parfaits de *do,* de *ré* et de *fa.*
À l'orchestre, Dvořák apparaît comme un grand coloriste, à l'écriture de plus en plus incandescente. Le traitement des cordes,

quelquefois difficile pour l'époque, notamment en ce qui concerne les contrebasses (voir l'ouverture *Carnaval* ou le *Quatuor* op. 75), demeure admirable ; les violoncelles savent chanter à l'égal des vents, dont le cor anglais, auxquels sont confiées les plus belles mélodies. Certaines doublures demeurent rares, telle l'alliance de la trompette et de l'alto dans la *Danse slave* op. 46 n° 3. La flûte, voire le piccolo, gardent souvent un intense relief, et les cuivres résonnent en de riches harmonies. Dvořák a fait progresser les pratiques de l'orchestre moderne.

Les pays du Nord

En Scandinavie, les traditions instrumentales ne sont pas moins solides, fondées fréquemment, à partir des années 1840 surtout, sur un très vif sentiment de la nature. Au Danemark, J.P.H. Hartmann (1805, † 1900) et son gendre N.W. Gade (1817, † 1890) sont considérés comme les pionniers de l'art musical dans leur pays ; ils ont écrit respectivement sept et huit symphonies. Il faudrait leur ajouter les noms de C.F.H. Hornemann (1840, † 1906) et surtout C. Nielsen (1865, † 1931).

La Suède, dont le premier conservatoire remonte à 1772 et dont la Société de quatuors Mazer fut particulièrement active dès 1849, s'honore de la mémoire de F. Berwald (1796, † 1868) et de A.F. Lindbald (1801, † 1878), annonçant H. Alfven (1872, † 1960).

La Norvège, dont était issu le fameux violoniste Ole Bull (1810, † 1880), fut dotée plus tard de structures musicales solides. E. Grieg reste le plus beau représentant de sa musique nationale au XIXe s., mais il convient d'ajouter à son nom ceux de J. Svendsen (1840, † 1911) et Chr. Sinding (1856, † 1911).

Quant à la Finlande, dont la vie musicale fut longtemps perturbée par la domination étrangère, l'université de Turku y fut particulièrement active de 1790 à 1827 ; puis s'y distinguèrent F. Pacius (1809, † 1899), et surtout J. Sibelius (1865, † 1957, voir « La musique moderne de 1900 à 1945 », p. 993).

Franz Berwald (1796, † 1868)

Ce compositeur suédois, lui-même violoniste, tient une place intéressante dans l'histoire de la musique instrumentale. Ses diverses entreprises industrielles lui permirent de vivre mieux que par sa seule activité musicale, puisqu'il ne fut nommé professeur de

composition qu'en 1867, c'est-à-dire un an avant sa mort. Son œuvre devait être largement redécouverte au XXe s.
Souvent proche encore de l'écriture de Hummel, de Beethoven, de Spohr, voire de Mendelssohn, il n'illustre pas dans ses partitions la musique nationale de son pays. Il faut admirer toutefois la hardiesse de certaines de ses modulations, dès le *Quatuor à cordes* de 1818 ou le *Concerto pour violon* de 1820, et la beauté de son langage orchestral, bien mis en évidence dans ses quatre symphonies des années 40, dont la troisième (la *Singulière*) se révèle la plus remarquable.

Niels Gade **(1817, † 1890)**
Violoniste et organiste de 1851 à sa mort, le Danois N. Gade eut aussi une importante activité de chef d'orchestre et de pédagogue, à Leipzig d'abord, dans son pays ensuite.
L'influence allemande de Schumann, mais surtout de Mendelssohn qui fit donner la première audition de sa *1re Symphonie* en 1843, passe dans ses ouvrages, tout comme une légère coloration scandinave, plus apparente cependant dans sa musique vocale. Sa production symphonique est digne d'intérêt et ses partitions de musique de chambre nombreuses ; à travers elle, il exerça une grande influence sur les compositeurs de son pays.

Édouard Grieg **(1843, † 1907)**
Chez ce compositeur norvégien, les mélodies – que son épouse interprétait si bien – tiennent une place importante ; ce sont elles qui figurent souvent aussi à la base de ses compositions instrumentales, pour la plupart consacrées au piano. L'inspiration folklorique y est capitale, de 1865 (*Humoresque* pour piano op. 6) aux danses norvégiennes de ses dernières années.
Ses études au conservatoire de Leipzig l'ont amplement familiarisé avec les traditions allemandes, pour lesquelles il éprouvera alternativement attirance ou répulsion. S'il peut écrire, comme dans la *Suite Holberg* (1884), dans un style fort classique, il n'adopte généralement pas les solides architectures germaniques, et, lorsqu'il aborde les grands genres (dans sa *Symphonie* de 1864, ses quatuors ou sonates), il s'abandonne plus volontiers à son instinct lyrique. Celui-ci le conduit à multiplier les motifs chantants, à la façon de Schumann qu'il admirait beaucoup, comme le prouve son *Concerto* pour piano (1868). En effet, ses compositions orchestrales et ses partitions de chambre, qui n'excèdent pas, mises ensemble, une vingtaine d'œuvres au total, sont essentiellement « lyriques »,

comme les nombreuses pièces pour piano qu'il caractérise du reste lui-même plusieurs fois ainsi. Son style expressif plaisait beaucoup à Tchaïkovski, qui lui avoua, dans une lettre du 1er février 1888 : « J'aime Grieg. J'adore Grieg. » Peut-être l'auteur de la future *Symphonie pathétique* chérissait-il particulièrement en lui les riches harmonisations chromatiques qui peuvent caractériser sa manière – dans le *Quatuor à cordes* de 1878 par exemple –, et plus encore ses chants sombrement douloureux.
Car la profondeur rêveuse de certains de ces mouvements lents, voire la dimension tragique atteinte dans la *Ballade* en *sol* mineur (1876) symbolisent bien chez lui le mystère des terres scandinaves. Quant à certaines de ses trouvailles d'écriture non fonctionnelles, elles annoncent déjà tout à fait l'impressionnisme.

La Russie

Dans ce vaste pays où les instruments avaient été bannis de la musique religieuse, les habitudes européennes ont déjà pu pénétrer avant 1800. Profondément marquée par l'opéra italien dès le XVIIIe s., puis par l'opéra-comique français, la Russie suivit ensuite l'exemple des pays germaniques, dont l'influence fut particulièrement nette sur le pianiste et compositeur Anton Rubinstein. Grand s'y révéla aussi le prestige de Berlioz qui, outre son goût pour la musique descriptive, lui communiqua son amour pour les brillantes orchestrations.

De Glinka au groupe des Cinq

Le piano rivalise d'abord avec la guitare, la balalaïka ou la mandoline dans les salons de diverses provinces. M.I. Glinka (1804, † 1857) s'illustre encore beaucoup par la musique qu'il destine au théâtre, mais ce pianiste est aussi l'auteur de variations et petites pièces diverses pour son instrument, qui sont tout à fait dans le goût du temps, ainsi que de plusieurs œuvres de musique de chambre. Sa recherche d'exotisme, qu'il alla quérir jusqu'en Espagne, et son utilisation des thèmes nationaux (dans sa symphonie inachevée de 1834, par exemple) font voir en lui un précurseur direct du groupe des Cinq.
Avec eux s'affirme en effet, dans la seconde partie du siècle, le véritable essor de la musique instrumentale russe, dont les premières symphonies importantes datent des années 1860. À cette époque apparaissent aussi les conservatoires de Moscou et de Saint-Péters-

bourg, centres actifs dès 1852 déjà. Se créent également alors, après la *Société philharmonique* de cette dernière ville ouverte surtout à la musique chorale depuis 1802, la *Société des concerts de Saint-Pétersbourg,* qui va promouvoir la musique classique après 1850, ou bien encore l'orchestre de l'université et la *Société des amis de la musique,* tandis qu'à Moscou Anton Rubinstein fonde la *Société de musique russe* en 1860.

Les influences nationales demeurent primordiales dans ce pays où l'intérêt pour les chants populaires remonte au moins à 1770. L'allure modale de nombreuses phrases provient généralement d'emprunts effectifs, tout comme les rythmes impairs, 5/4 notamment, peu pratiqués dans la musique occidentale. De semblables caractéristiques se retrouvent dans la musique de ces « amateurs » passionnés de musique que furent le médecin et chimiste A. Borodine (1833, † 1887), le général C. Cui (1835, † 1918) ou l'officier de marine N. Rimski-Korsakov (1844, † 1908), devenu le théoricien du groupe. Il faut ajouter à ces trois noms celui de A. Balakirev (1837, † 1910), brillant pianiste qui s'illustra surtout dans la musique instrumentale et dont *Islamey* est reconnue comme l'une des plus belles pages de virtuosité pianistique, ainsi que celui de M. Moussorgski (1839, † 1881), dont le pianisme des *Tableaux d'une exposition* est si peu traditionnel. Une profondeur tragique baigne là aussi de nombreuses partitions, dont celles de P.I. Tchaïkovski.

Piotr Ilitch Tchaïkovski

Ce pianiste a particulièrement réussi dans l'art instrumental où le clavier se trouve tout à fait privilégié puisqu'il lui consacre une centaine de pièces, cinq œuvres avec orchestre et l'intègre dans un beau *Trio* (1882), l'un des sommets de la musique de chambre du XIXe s.

L'orchestre a pourtant occupé toute la vie de ce compositeur, comme en témoignent ses sept symphonies (1866-1893), ses ouvertures ou fantaisies, mais aussi ses trois ballets : *Le Lac des cygnes* (1876), *La Belle au bois dormant* (1889) et *Casse-Noisette* (1892).

Dans ces répertoires, il déclare lui-même avoir parfois souffert de ses « maladresses » formelles. Ses plans sonates, tel celui de la *4e Symphonie,* ne sont effectivement pas toujours conformes au modèle traditionnel ; quant à sa *3e Symphonie,* elle est proche de la suite instrumentale. Tchaïkovski se sent particulièrement à l'aise dans les partitions de forme plus libre, ses nombreuses « fantaisies » par exemple ; semblent lui convenir mieux encore les compositions

Piotr Ilitch Tchaïkovski (1840, † 1893)

Repères biographiques

1840	Naissance à Votkinsk, Oural (le 7 mai)
1845	Première leçon de piano
1848	Arrivée à Saint-Pétersbourg
1850-1859	Études de droit
1859-1863	Employé au ministère de la Justice
1862-1865	Études au conservatoire de Saint-Pétersbourg
1866-1877	Professeur d'harmonie au conservatoire de Moscou
1877	Mariage avec A. Milioukova
1877-1890	Longue correspondance et aide financière de Mme von Meck
1886	Débuts comme chef d'orchestre
1891	Tournée triomphale aux U.S.A.
1893	Mort à Saint-Pétersbourg (le 18 novembre)

à tendance descriptive, celles où il va rechercher un maximum d'expression.

Ce compositeur, d'une grande puissance d'invention mélodique, s'appuie en effet la plupart du temps sur un élément référentiel : la citation d'un thème populaire, par exemple. C'est le cas dès les *1re* et *2e Symphonies,* dans le *Trio* ou dans l'andante du *1er Quatuor.* Dans le sextuor, intitulé *Souvenirs de Florence* parce qu'écrit en cette ville, la citation des phrases de son propre pays l'emporte encore chez lui, qui ne craint pas d'affirmer : « Je suis russe, russe, russe, jusqu'à la moelle des os. » Souvent aussi, l'élément chorégraphique prévaut : Tchaïkovski se révèle en fait le grand maître des rythmes de danse, comme dans les *2e* et *3e Suites,* la valse de la *5e Symphonie* ou le deuxième mouvement de la *6e*. De nombreuses œuvres enfin reposent sur cette célèbre présentation du « fatum » (thème tragique du destin), notamment la partition symphonique ainsi intitulée (1868), les *4e, 5e* et *6e Symphonies.* La profonde intensité de certaines de ses plaintes repose sur cette lutte contre le destin, et son « pathos » est bien plus théâtral et dramatique que la désespérance schubertienne, plus repliée sur elle-même.

Ce « lyrisme démocratique », ces cordes vibrantes, tout comme le sens exagéré de l'effet, sont parfois reprochés à Tchaïkovski :

l'apothéose de l'*Ouverture 1812* surenchérit encore sur la coda très extérieure du *Concerto pour violon.* Le langage orchestral est souvent très brillant : *Roméo et Juliette* est tout à fait dans la lignée berliozienne et lisztienne. Le compositeur fut cependant aussi un grand admirateur de Mozart, comme le montre sa suite *Mozartiana* (1887), fort à l'aise également dans les variations – celles de la *3ᵉ Suite* et du *Trio* – ou dans le traitement du thème rococo écrit pour violoncelle et orchestre en 1876, prêt même à recourir au *fugato* ou à la fugue dans les *3ᵉ* et *4ᵉ Symphonies* comme dans le dernier mouvement du *Sextuor* ou dans le *Trio.*

Mais la contrainte d'écriture ou la gaieté, assez exceptionnelle dans sa *Sérénade pour cordes* en *ut* majeur (1880), sont vite oubliées chez lui, face à la montée inéluctable – fût-ce par le biais de marches harmoniques assez conventionnelles – des progressions angoissantes de ce langage auquel toute résistance semble vaine et duquel Julien Green disait si bien : « Si le diable faisait de la musique, ce serait celle de Tchaïkovski. »

L'Angleterre

Du XVIIIᵉ s. jusqu'au début du XXᵉ s., les compositions instrumentales anglaises demeurent peu connues. La musique chorale, voire les fanfares à travers le *brass band movement* (« mouvement des fanfares ») jouissent là d'une certaine notoriété, mais l'activité symphonique d'outre-Manche est surtout liée au travail de ses phalanges orchestrales qui attirent au XIXᵉ s. les meilleurs chefs étrangers.

La Philharmonic Society fut en effet créée à Londres en 1813 et suivie, en 1851, par la New Philharmonic Society. Dans cette ville, Spohr, Mendelssohn, Berlioz, Wagner, entre autres, vinrent diriger. À ces concerts s'ajoutèrent aussi ceux de A. Manns au Crystal Palace, de 1855 à 1901, puis, à partir de 1895, les concerts-promenades du Queen's Hall, tandis que les « concerts d'été » et les « concerts d'hiver » présentaient un répertoire plus léger. De semblables associations naquirent ailleurs encore en Grande-Bretagne, ainsi l'orchestre Hallé de Manchester en 1858, l'orchestre de Glasgow en 1884 ou le Scottish Orchestra en 1891. Quant à la musique de chambre, elle tentait d'évoluer, parallèlement, à travers la Music Union (1845) de John Ella ou les Popular Concerts de Saint Jame's Hall (1858-1898).

Le *pianoforte* avait été entendu en Angleterre dès 1767, et, si S. Wesley adopte au clavier un style proche encore de celui de J. Chr. Bach, si les étrangers Clementi et Cramer s'installent en Angleterre, J. Field (1782, † 1837) demeure le véritable propagateur du nocturne pour piano avant Frédéric Chopin.

Parmi les autres compositeurs de cette première moitié du siècle, il faut distinguer aussi W.S. Bennett (1816, † 1875), lequel étudia à Leipzig, H.H. Pierson (1815, † 1873), qui reprit l'habitude berliozienne de la musique à programme dans *Romeo and Juliet* et *Macbeth,* G.A. Macfarren (1826, † 1905) et A. Mackenzie (1847, † 1935).

Chez ce dernier, l'inspiration musicale écossaise annonce déjà certaines pages d'esprit populaire de la fin du siècle, époque à laquelle s'amorce, dans l'oratorio surtout, un véritable renouveau de la musique anglaise : dès lors se voit annoncé l'art de R. Vaughan Williams (1872, † 1958) et de G. Holst (1874, † 1934), tout comme, dans l'intervalle, celui de V. Stanford (1852, † 1924), que ses rhapsodies irlandaises rattachent à cette tendance et dont l'œuvre est particulièrement riche : 10 concertos, 7 symphonies, 8 quatuors à cordes, une douzaine de sonates...

Auparavant, si H. Parry (1852, † 1918) écrivit moins de musique instrumentale que de partitions vocales, il faudrait néanmoins citer ses *Symphonic Variations,* quelques-unes de ses œuvres de chambre ou ses compositions pour orgue. À part F. Delius (1862, † 1934), qui nous laissa beaucoup de pages instrumentales, pour piano ou orchestre, et excella dans l'art de la variation, le plus grand nom de l'époque demeure E. Elgar (1857, † 1934), qui atteignit la célébrité, en 1899, avec ses *Enigma Variations,* véritable galerie de portraits, mystérieux et fort diversifiés, représentant chacun l'un des membres de son entourage.

L'Italie

Au XIXe s., dans la patrie incontestée de l'opéra, le compositeur instrumentiste le plus célèbre du pays de Stradivari demeure certainement le violoniste N. Paganini (1782, † 1840). Sa technique prodigieuse révolutionna, en effet, le monde musical, particulièrement à l'époque de ses extraordinaires tournées européennes, de 1828 à 1834. Dans son sillage se distinguèrent notamment C. Sivori (1815, † 1894), parisien pendant une trentaine d'années et si petit de taille que sa virtuosité en devenait plus surprenante encore, ou A. Bazzini (1818, † 1897), dont un « scherzo fantastique » pour

violon, *La Ronde des lutins* (1852), acquit une renommée mondiale. D'autres grandissimes interprètes italiens s'affirment en ce temps, tout en imposant leurs propres œuvres au niveau international : le violoncelliste A. Piatti (1822, † 1901) ou le contrebassiste G. Bottesini (1821, † 1889).
Rossini, Bellini et Donizetti écrivirent chacun plusieurs partitions instrumentales ; Verdi nous laissa un *Quatuor à cordes* (1873) fort réussi, et la musique de chambre ne disparut certes pas de ce pays au début du XIXe s. Toutefois, l'art instrumental n'y connut de véritable renouveau qu'après 1860. C'est à cette époque seulement que les œuvres de Beethoven purent y être appréciées, c'est alors qu'apparurent de grandes associations de concerts : la Società filarmonica de Naples en 1867, les Concerti popolari de Turin en 1872 ou la Società orchestrale romana en 1874, suivie dans cette même ville par l'Accademia filarmonica en 1876.
Dans ces années aussi s'affirmèrent deux brillants pianistes dont les œuvres participent grandement à la résurrection de l'art instrumental italien : G. Sgambati (1841, † 1914), le protégé de Liszt, et G. Martucci (1856, † 1909), qui vécut beaucoup à Naples et à Bologne. Chez ce dernier, on peut admirer particulièrement le *Quintette* avec piano op. 45 (1878) ou la *Sonate* pour violoncelle et piano op. 52 (1880). Si les premiers prototypes de *pianoforte* avaient été réalisés à Florence par Cristofori au début du XVIIIe s., le XIXe s. italien n'oublie pas, lui non plus, cet instrument à clavier. Les différentes livraisons de la *Biblioteca del pianista* de l'éditeur Ricordi le prouvent aussi.
Dans les ultimes décennies, la musique instrumentale italienne continue magnifiquement sa marche en avant avec, particulièrement, G. Bolzoni (1841, † 1919) à Piacenza et à Turin, M.E. Bossi (1861, † 1925) ou G. Orefice (1865, † 1922) dont la *Sinfonia del bosco* fut primée, en 1898, à l'Exposition de Turin. Dans ces répertoires semblent briller surtout les provinces du nord du pays, particulièrement la Lombardie avec Milan, alors que, de F. Faccio (1840, † 1891) à A. Toscanini (1867, † 1957), en passant par L. Mancinelli (1848, † 1921), de grands chefs d'orchestre italiens s'imposent, à la scène comme au concert.

L'Espagne

L'Espagne musicale, où l'opéra italien a pénétré depuis longtemps déjà, privilégie au XIXe s. la musique théâtrale, la *zarzuela* en particulier. Elle vit certes beaucoup aussi au rythme de ses danses caractéristiques dont l'influence s'exercera si fort sur la musique européenne dès l'époque romantique : le fameux violoniste P. de Sarasate (1844-1908) ne popularisera-t-il pas, entre autres, le *zapateado* ?

Mais l'instrument le plus prisé de ce pays demeure la guitare, à laquelle sont attachés les noms de F. Sor (1778, † 1839), D. Aguado (1784, † 1849) ou F. Tarrega (1852, † 1909). Dans le domaine symphonique apparaissent des œuvres descriptives telles que *El sitio de Zaragoza*, « Le Siège de Saragosse », de Th. Genovés y Lapetra (1805, † 1865), à côté de pages plus classiques dues à J.C. Arriaga (1806, † 1826) dont la symphonie, les deux ouvertures et la musique de chambre sont marquées par sa formation étrangère. Le symphoniste espagnol le plus prolifique fut M. Marquès, dont les cinq symphonies furent créées de 1869 à 1880 par la Sociedad de Conciertos madrilène, fondée en 1866. Très souvent, cependant, les formes instrumentales de ce pays sont influencées par l'esthétique dramatique ou par une tendance plus rhapsodique, comme par exemple, la fantaisie symphonique *La Proclamación* (1878) de R.J.M. Hernando (1822, † 1888).

Les œuvres de chambre sont remarquablement défendues par le violoniste J. de Monasterio (1836, † 1903), fondateur de la Sociedad de Cuartetos de Madrid en 1863. La tradition organistique est bien représentée aussi dans ces provinces, notamment par l'activité de F. Olmeda (1865, † 1909) qui nous laisse en outre de fort belles pages pour le piano ou diverses formations instrumentales, tel son *Quatuor* en *mi* bémol majeur.

Les ultimes années du XIXᵉ s. voient naître en Espagne une éminente génération de pianistes dont beaucoup viennent étudier à Paris : J. Malats (1872, † 1921), R. Viñes (1875, † 1943), et surtout I. Albéniz (1860, † 1909) ou E. Granados (1867, † 1916). C'est alors que s'affirmera, au début du XXᵉ s., à travers une aspiration instrumentale authentiquement espagnole, un renouveau certain du répertoire de ce pays, annoncé déjà par la *Corte di Granada, Fantasia morisca* de R. Chapi (1873) et stimulé par le manifeste de P. Pedrell, *Por nuestra musica* (1894).

Au Portugal, l'activité de J.D. Bontempo (1775, † 1842) paraît hors de pair ; quant au pianiste J. Vianna da Motto (1868, † 1948), il introduit dans sa musique instrumentale un réel retour aux sources folkloriques.

Les États-Unis

Si la musique religieuse, les airs nationaux, puis l'opéra italien ont déjà fait aux États-Unis une percée notable au début du XIXe s., les œuvres instrumentales pénètrent surtout dans ce pays par l'intermédiaire de musiciens étrangers qui immigrent là en grand nombre au tournant du siècle ou après 1848. Parmi ceux-ci, il faut citer Alexander Reinagle (1756, † 1809), arrivé en 1786, dont les sonates sont proches encore du style de C.Ph.E. Bach ou de J. Haydn, ou bien, parmi les facteurs d'instruments, H. Steinweg qui, établi à New York depuis 1848, fonde sous le nom américanisé de Steinway une très célèbre manufacture de pianos.

Les tournées des virtuoses ont aussi leur influence sur la musique de ce pays : celles du violoniste Ole Bull, de 1843 à 1845, puis de 1852 à 1857, et, surtout, celles de grands pianistes, tels Herz en 1850 ou Anton Rubinstein en 1872, comme la formation de vingt-cinq musiciens allemands baptisée « The Germanians » qui, dès 1848, vint jouer aux U.S.A. des pages de Mendelssohn et de Wagner.

Ainsi l'inéluctable piano apparaît-il bien vite sur le continent américain où sont rapidement formés des concertistes autochtones. Le plus fameux d'entre eux, L.M. Gottschalk (1829, † 1869), dont l'éducation musicale avait été faite à Paris, laisse de nombreuses compositions instrumentales où les œuvres de grande difficulté voisinent avec les petites pièces de salon. Un autre pianiste, William Mason (1829, † 1908), élève de Dreyschock et de Moscheles entre autres, écrit maintes partitions pour son instrument.

Chez Gottschalk se multiplient également les emprunts à la musique locale, à travers le folklore afro-américain de *Bamboula* (1845), ou dans sa première symphonie intitulée *La Nuit des tropiques* (1859). Cette réelle richesse de couleur et ces tendances descriptives caractérisent de nombreux ouvrages américains de cette période, lesquels adoptent fréquemment l'allure du poème symphonique.

Car la musique orchestrale, présente surtout en 1800 par l'intermédiaire des marches et thèmes nationaux joués par des ensembles d'instruments à vent, ne tarde pas à se diversifier dans ce pays. Déjà, James Hewitt (1770, † 1827), chef de fanfare à New York de 1805 à 1809, avait écrit une sonate pour piano évoquant la bataille de Trenton. Mais les traditions symphoniques se répandent surtout grâce à la création de plusieurs phalanges orchestrales.

Le premier orchestre américain permanent fut la Philharmonic Society de New York, fondée en 1842, dont le programme inaugural comprenait, entre autres, la *5e Symphonie* de Beethoven et l'ouverture d'*Oberon* de Weber. Puis ce furent les concerts dirigés par Louis-Antoine Jullien (1812, † 1860), le célèbre chef français arrivé à New York en 1853 : au Crystal Palace, muni de son bâton garni de pierres précieuses, il dirigeait, outre de spectaculaires quadrilles, des symphonies entières, ce qui, pour le public américain encore habitué alors aux seuls extraits instrumentaux, était une nouveauté. Puis vint la fondation du Boston Symphony Orchestra en 1881, lequel contribua grandement à assurer à partir de ces années la suprématie musicale de cette ville et, dix ans plus tard, l'apparition du Chicago Symphony Orchestra. À la fin du siècle aussi, le séjour de Dvořák à New York (1892-1895) contribue à donner à l'orchestre une impulsion salutaire en orientant les compositeurs vers les trésors de leur propre folklore. Le goût des orchestres monstres fut particulièrement prononcé aux États-Unis pour lesquels le compositeur A.Ph. Heinrich (1781, † 1861), d'origine autrichienne, écrivit, par exemple, une *Grand National Heroic Fantasie* pour « orchestre puissant à quarante-quatre parties »...

Parmi les premiers compositeurs américains de musique orchestrale, il convient de mentionner le violoniste Th. Thomas (1835, † 1905). Mais J.K. Paine (1839, † 1906) fut le premier à atteindre une audience internationale. Comme celui de la plupart des compositeurs américains de ce temps, son style est très marqué par le romantisme allemand ; que ce soit dans son *Ocean Fantasy* ou dans sa *2e Symphonie,* intitulée *Spring,* la musique descriptive y rappelle beaucoup les œuvres de J. Raff. F.G. Gleason (1848, † 1903), par ailleurs, est très influencé par les harmonies wagnériennes, tandis que G.W. Chadwick (1854, † 1931) se distingue par une réelle fraîcheur d'inspiration. Quant à A.W. Foote (1853, † 1937), il est un des rares auteurs américains de l'époque qui n'aient pas étudié à l'étranger.

Edward MacDowell (1861, † 1908), enfin, est sûrement, avant Charles Ives (1874, † 1954), la figure la plus intéressante de la musique instrumentale de ce pays. Ce pianiste, formé à Paris et surtout en Allemagne, écrivit beaucoup pour son instrument : ses quatre sonates, composées de 1893 à 1901 et intitulées *Tragica, Eroica, Norse* et *Keltic,* sont aussi remarquables que ses poèmes symphoniques. Dans une forme souvent encore conventionnelle, il a recours à l'inspiration populaire, aux thèmes indiens dans sa deuxième suite d'orchestre (op. 48), dite *Indian Suite,* ou au *rag-time,* alors fort à la mode, dans le scherzo de son *2e Concerto* pour piano

(1890). D'autres œuvres telles que les *Woodland Sketches* révèlent bien, au contraire, sa sympathie pour le romantisme de Grieg.
Quant à la musique de chambre, bien introduite dans ces territoires par certains émigrés allemands, tels le violoniste Th. Eisfeld et le pianiste O. Dresel, elle fut défendue, entre autres, par le Mendelssohn Quintett'Club de Boston, qui fit des tournées dans les villes américaines pendant toute la seconde moitié du siècle.
Sortant des cadres étrangers et des influences stylistiques diverses, la musique américaine allait pouvoir se forger un idiome national, fortement marqué cependant par l'éclectisme qui avait, en ces années, contribué à la faire naître.

Les autres pays

Plusieurs autres nations pourraient être encore citées ici, mais leur importance dans la musique instrumentale du temps paraît moins grande.
La Belgique, par exemple, où les réussites chorales sont nombreuses au XIXe s., ne se distingue pas particulièrement dans l'art orchestral avant 1860. Les premiers instrumentistes de talent originaires de ce pays demeurent des violonistes : H. Léonard (1819, † 1890), H. Vieuxtemps (1820, † 1881), L. Massart (1811, † 1892) ou M. Marsick (1848, † 1924). Puis viennent les œuvres instrumentales des A. Samuel (1824, † 1898), P. Benoit (1848, † 1924), suivis de la génération de P. Gilson (1865, † 1942), désormais marquée par l'influence wagnérienne. Dès 1863, les Concerts populaires de musique classique de Bruxelles avaient fait entendre, en dépit de leur étiquette passéiste, bon nombre d'ouvrages résolument contemporains. Quant aux œuvres de chambre, elles furent brillamment défendues par le cercle des Vingt (1884-1892), connu ensuite sous le nom de La Libre Esthétique.
En Suisse, la musique vocale tint à cette époque un rôle de premier plan. Toutefois, X. Schnyder von Wartensee (1786, † 1868), auteur de cinq symphonies, ou F.Th. Fröhlich (1803, † 1836) nous laissent plusieurs partitions instrumentales. L'influence allemande est réelle dans ces frontières d'où les formations orchestrales sont loin d'être absentes, puisque la Société musicale de Lausanne, par exemple, possède un ensemble instrumental permanent dès 1827. Plus tard, les deux compositeurs les plus talentueux seront H. Huber (1852, † 1921) et H. Suter (1870, † 1926).

Les contrées plus éloignées, les pays d'Amérique du Sud, le Japon même, connurent certes aussi une activité instrumentale durant cette période, mais son extension au niveau international demeura sans grande importance. Au Japon, la musique occidentale pénétra à partir de 1868, au début de la restauration Meiji. Elle fut interprétée vraisemblablement d'abord par les orchestres militaires mais, en 1900, les concerts de sonates y étaient déjà fréquents. L'activité créatrice proprement japonaise devait suivre quelques années plus tard. En Australie enfin, pays à peine né en 1800, quadrilles et fanfares résonnent dès la première moitié du siècle. Le piano, bientôt importé, contribue ensuite à la diffusion de la musique de salon, et, lors de l'Exposition de 1888, Melbourne connaît son premier orchestre symphonique professionnel.

Ainsi, les dernières années du XIXe s. auront-elles véritablement marqué une extension mondiale de la musique instrumentale européenne, au moment même où celle-ci, poussant jusqu'à leurs limites ultimes les principes d'individualisation et de nouveauté chers à l'époque romantique, va tenter de se diversifier au maximum dans ses innombrables particularismes nationaux.

L'illusion romantique

Tout comme le XVIe s., le XIXe instrumental est donc jaillissement presque ininterrompu et quasi universel. On y remarque toutefois deux moments bien distincts : au premier romantisme, âge d'expansion personnelle des plus authentiques, succède, dans les dernières décennies, une période plus complexe où se mêlent les emprunts nationaux, le retour au passé, un grandiose exacerbé.

Après la relative latence des années 50 qui suivent le premier apogée du piano, le début du déclin de la symphonie et l'essor du poème symphonique, la fin de siècle, parallèle aux créations wagnériennes et verdiennes, peut apparaître, comme le soulignait Romain Rolland en 1905 à propos des pays germaniques, comme une espèce de « baroquisme du romantisme ». Renaissance, baroque et romantisme sont tous trois des temps d'intense création ; le XVIe s. a en commun avec le XIXe l'instinct de liberté : tout comme la chanson parisienne avait voulu réagir contre l'austère contrepoint franco-flamand, les symphonistes romantiques ont désiré bannir les cadres paralysants du siècle précédent. Ces époques sont, toutes deux, une magnifique exaltation de l'homme. Pareillement au baroque, l'âge de Berlioz cultive une réelle théâtralité. Toutes ces années fourmillent d'oppositions, de contrastes, parfois très consciemment ou très savamment entretenus.

Cependant, là où la libre explosion artistique d'antan aspirait à la vie, le romantisme se love sur la mort : la notion de l'espèce, du collectif s'est perdue désormais, et, si l'homme se fait toujours entendre, si la créature veut s'enfler parfois aux dimensions de la nature, voire du Créateur, c'est pour mieux se recroqueviller ensuite sur elle-même. Alors que le baroque créait de nouvelles formes, forgeait un héritage, sécrétait un langage qui devait faire souche, l'ère de l'élargissement tonal conduit au tournoiement sans lendemain, au mouvement sur place de l'esprit debussyste, à la révolution dodécaphoniste.

Le romantisme musical fut-il un simple moment de notre histoire, l'un des chants les plus beaux mais les plus désespérés, un temps d'espoir brûlant bien vite déçu ? Est-ce Phénix transformé en Sisyphe ? Ou bien peut-on lui reconnaître, comme le voulait E.T.A. Hoffmann, la force d'une catégorie éternelle, inéluctable, sorte de prélude individuel à l'anéantissement global de l'espèce ? Il est certain que l'attrait du gouffre, le vertige enchanteur, les promesses meurtrières émanent surtout de l'art instrumental, seul véritablement romantique, car l'ineffable qui l'habite pulvérise de lui-même tous nos cadres de civilisation dans son désir d'expression surhumaine. Et plus il tente de s'accrocher à l'illusion descriptive, plus il cherche l'ailleurs dans la couleur, mieux il dépasse ces simples prétextes : l'au-delà reste décidément son seul objet. Fatale réalité instrumentale ou immortel courant de sensations infinies ?

« La musique creuse le ciel. »
Baudelaire, *Fusées VIII.*

Danièle Pistone

LA MUSIQUE RELIGIEUSE ROMANTIQUE

Histoire d'une décadence

Face aux succès des théâtres lyriques ou au règne du piano de salon, le chant religieux semble de bien peu d'intérêt au XIXe s. L'âge où les genres musicaux d'église dictaient leurs lois aux œuvres profanes s'est clos avec la Renaissance, et, dès 1600, un style neuf (le *stile nuovo*) s'est imposé aux compositeurs ; le contrepoint des Franco-Flamands ou de Palestrina était déjà jugé ancien *(stile antico)* au XVIIe s., et il fut bientôt confiné, précisément, dans l'univers sacré, plus conservateur.

À partir de l'époque baroque, l'écriture de théâtre déteignit même sur l'oratorio ou la cantate, tandis que le vieux motet polyphonique disparaissait devant les compositions confiées aux solistes et que la messe elle-même adoptait une allure de « concert », recourant volontiers aux instruments. En 1749, le pape Benoît XIV autorisa du reste l'usage de ceux-ci à l'église pour rehausser l'éclat d'importantes solennités. Plusieurs fois remise en question au siècle suivant, cette décision fut toutefois confirmée, encore en 1884, par le règlement de la congrégation des Rites.

À ces courants de sécularisation s'ajoutèrent, au XVIIIe s., les néfastes influences des penseurs antireligieux de la philosophie des Lumières, puis les terribles conséquences des révolutions, de 1789 à 1848. Les symptômes de la décadence de ce répertoire devaient dès lors se multiplier. Dès les décennies précédentes, la Chapelle royale de Londres avait perdu de son importance tout comme à Rome la

---

Opinion sur la musique religieuse

« [...] À propos des belles solennités religieuses, tu sauras que ce ne sont plus qu'indignes farces, *musicalement parlant.* Il n'y a absolument que trois *Miserere* à entendre [...] ».
Georges Bizet (extrait d'une lettre adressée de Rome à sa mère et datée du 27 mars 1858).

Congregazione dei Musici, qui conférait le titre de maître de chapelle. En 1838, le pape Grégoire XVI avait invité Spontini à rédiger un rapport sur le déclin de la musique religieuse en Italie, considérée pourtant comme l'asile privilégié des maîtres catholiques. Quant à la France, orgues vendues, maîtrises dispersées, chapelle royale bientôt éteinte, elle paraissait, au début du XIXe s., encore moins capable de s'ouvrir à l'art sacré.

De la réaction à la restauration

Le rôle des institutions

Cependant, la Chapelle parisienne va tenter de revivre jusqu'à la révolution de 1830 ; dès le premier Empire, quelques maîtrises reprennent leur activité, et, sous la Restauration, Alexandre Choron fonde dans la capitale française une institution de musique religieuse. Il faut voir là le signe d'un renouveau, parallèle aux combats de l'Église pour la reconquête des âmes.
Ce premier essor fut suivi d'un second élan après la poussée révolutionnaire de 1848 – qui ne connut pas, en France, le caractère anticlérical de celle de 1830. C'est alors qu'en 1853 Niedermeyer ouvrit son École de musique classique et religieuse, dont le diplôme de maître de chapelle fut pendant plusieurs années reconnu par l'État. Puis la fin du siècle vit naître la Schola cantorum, où le répertoire d'église demeura primordial. Dès 1842, la Société de concerts du prince de la Moskowa avait contribué à diffuser des œuvres religieuses anciennes, comme le feront, cinquante ans plus tard, les Chanteurs de Saint-Gervais sous la direction de Charles Bordes. Puis

le Réveil, mouvement d'expansion protestant sans précédent, contemporain du romantisme, et le renouveau catholique – plus net encore dans la seconde moitié du siècle, après les apparitions de La Salette (1846) ou de Lourdes (1858) –, ainsi que la proclamation du dogme de l'Immaculée Conception (1854), ont entraîné une véritable renaissance de la musique d'église, que la montée du positivisme ne réussit nullement à ébranler.

Bien des efforts furent faits pour prolonger cet élan. À Paris, par exemple, l'Association des artistes musiciens, fondée en 1843, fit interpréter tous les ans à la Sainte-Cécile une messe à grand orchestre. En 1856 fut créé le prix Rodrigues, dont le montant – 1 500 francs – devait récompenser la meilleure composition sacrée des pensionnaires de l'Académie des beaux-arts : c'est là que le *Te Deum* de Bizet fut classé après celui d'Adrien Barthe (1828, † 1898)...

L'inspiration religieuse

L'atmosphère même de l'époque aurait pu favoriser l'expansion du répertoire sacré. Une sensibilité littéraire et artistique assoiffée de profondeur, toujours en quête d'au-delà, retrouvait par elle-même le chemin du divin. Sujets religieux, chapelles, cloîtres et prières se multipliaient dans les ouvrages scéniques profanes, chez Rossini dans *Otello* (1816), *Moïse en Égypte* (1818) ou *Guillaume Tell* (1829), comme chez Meyerbeer, de *Robert le Diable* (1831) au *Prophète* (1849) en passant par *Les Huguenots* (1836), ou comme chez Fromental Halévy avec *La Juive* (1835). Certains thèmes bibliques imposèrent volontiers leurs couleurs, grandioses ou terrifiantes, et le *Dies irae* résonna dans la *Symphonie fantastique* (1830) de Berlioz, tout comme dans la *Danse macabre* (1849) de Liszt pour piano et orchestre.

Ce dernier compositeur avait eu recours à un *Magnificat* pour clore sa *Dante-Symphonie* (1856), et les chorals commencèrent bientôt à s'imposer en force dans les ouvrages orchestraux des dernières décennies du XIXe s. À travers la multiplication des *tempos* lents, la gravité de leur langage et de leurs intentions, la musique profane se pénétrait facilement ainsi d'un sentiment quasi religieux, des symphonies d'Anton Bruckner au *Parsifal* de Richard Wagner – dont des extraits figuraient souvent au programme des concerts du vendredi saint – et à la *Deuxième Symphonie* (1894), dite *Résurrection*, de Gustav Mahler, écrite à l'époque où celui-ci se convertit au catholicisme.

Dans ce vaste mouvement d'expansion, religiosité du profane et sécularisation du religieux se mêlaient désormais en ce siècle où l'on hésita longtemps à donner dans un lieu saint le *Stabat Mater* (1842) de Rossini, jugé trop frivole.

Le sursaut traditionaliste

La réaction ne se fit pas attendre, et deux tendances s'opposèrent bientôt : contre ceux qui souhaitaient faire profiter l'art d'église de toutes les acquisitions du langage musical moderne se dressèrent les partisans des nobles œuvres d'autrefois : celles de Haendel, de Bach, de Palestrina même. Dans cette nouvelle querelle des Anciens et des Modernes, les voies conservatrices, résolument fidèles à la polyphonie vocale d'antan, appartinrent surtout au mouvement « cécilien », qui s'affirma puissamment dans les centres germaniques catholiques à partir de 1870.
Certains ecclésiastiques s'élevaient contre la présence des voix de femmes à l'église. C'est pour cette raison que l'archevêque de Paris voulut s'opposer à l'exécution du *Requiem en* do *mineur* de Cherubini, en 1834, et que ce compositeur écrivit ensuite une seconde messe des morts pour chœur d'hommes et orchestre. Par ailleurs, les effets sautillants de certains noëls ou les traits grondants de certains orages pour orgue étaient jugés de plus en plus inacceptables. Beaucoup souhaitèrent alors retrouver l'usage ancestral du chant choral et des ouvrages *a cappella.*
Rien d'étonnant à ce que se soit effectué à cette époque un retour à la musique vocale de Bach, dont les partitions pour clavier avaient été mieux conservées par la tradition musicale germanique. Il est certain que l'œuvre accomplie par Mendelssohn, qui fit réentendre la *Passion selon saint Matthieu* à Berlin, en 1829, est de la plus haute importance. Cette exécution fut du reste suivie là, en 1833, par celle de la *Passion selon saint Jean.* Puis, en 1849, la *Bach Society* anglaise fut fondée, et l'année suivante, la *Bachgesellschaft* (société Bach) entreprenait de publier l'édition monumentale des œuvres du Cantor.
Mais on chercha bien vite à remettre aussi à l'honneur les maîtres de la Renaissance. En 1814 déjà, dans son essai intitulé *Sur l'ancienne et la nouvelle musique d'église,* l'écrivain et musicien allemand E.T.A. Hoffmann avait largement pris en considération les œuvres du XVIe s. ; en 1824, Anton Friedrich Justus Thibaut avait présenté Palestrina comme un modèle dans un ouvrage intitulé *De*

Le chant grégorien à Solesmes

« Ici, la restitution est complète. Vous fermez les yeux et vous ouvrez les oreilles, tout à l'audition de la merveilleuse musique qu'exécutent ces moines, comme à un inouï concert d'artistes [...].

« C'est pourtant du plain-chant que ces hommes d'église chantent là, mais un plain-chant tellement *cantabile,* avec ses neumes formant trilles et ses notes, non plus horriblement longues, uniformément funèbres, comme celles que s'ingurgitent et nous expectorent de leurs bouches béantes de serpents – ou mieux : de carpes vives – ces chantres ignorants de nos paroisses (y compris celles de Paris), que vous écoutez, au contraire, ici, une, deux et trois heures d'office durant, cette suite admirable et légère de psaumes, d'hymnes, de versets, dont les motifs sont chaque fois tellement variés que ces trois heures se sont passées dans un enchantement de tout votre être. »

A. Boyer d'Agen, *Introduction aux mélodies grégoriennes,* Paris, H. Oudin, 1894 (extrait d'une lettre adressée à Charles Gounod, datée du 22 septembre 1883.)

la pureté de l'art des sons ; l'importante biographie consacrée en 1829 par l'historien Giuseppe Baini au compositeur romain devait parachever ces efforts.

Cette volonté de retour aux sources allait se voir renforcée par les recherches historisantes sur la musique ancienne. Martin Gerbert avait, dès 1784, entrepris de faire reparaître les traités latins, et Edmond de Coussemaker poursuivit ce travail dès les années 1840, réunissant un nombre considérable de documents sur les œuvres du Moyen Âge ; c'est en 1849 que Félix Clément, maître de chapelle et organiste à la chapelle de la Sorbonne et à Saint-Louis d'Antin, fit entendre à Paris des *Chants de la Sainte-Chapelle,* qui dataient du XIIIe s.

La restauration du plain-chant

Les recherches les plus importantes en ce domaine devaient concerner la restauration du plain-chant.

Les textes qui faisaient autorité au XIXe s. dans le monde catholique romain étaient ceux de l'édition médicéenne (1614-1615), née

d'une révision de mélodies ordonnée par les papes Grégoire XIII et Clément VIII. La monodie s'était peu à peu chargée, toutefois, d'agréments et de rythmes modernes. Ces habitudes devaient rester en usage jusqu'à la Restauration dans beaucoup de nos paroisses.
La découverte des manuscrits anciens, tel celui de Montpellier (voir « La Musique à l'époque gothique », p. 137), retrouvé par Félix Danjou, conduisit peu à peu les musiciens à l'idée qu'une restauration des chants dans leur pureté primitive était indispensable. Les changements s'imposaient, en France surtout, où la liturgie était loin d'être unifiée puisque, après la Révolution, on pouvait y compter plusieurs cérémonials différents dans une même circonscription ecclésiastique. En 1848, trente diocèses conservaient encore le rite parisien, et la capitale française elle-même n'adopta le chant romain qu'en 1874.
Si de nombreuses tentatives de restauration des mélodies grégoriennes furent ainsi effectuées dans notre pays, les travaux les plus importants furent menés à l'abbaye de Solesmes (près du Mans), que les Bénédictins, chassés par la Révolution, avaient retrouvée en 1833. Là, grâce aux recherches de dom Jausions et surtout de dom Pothier, des monodies restaurées purent être publiées dès les années 1880. Le Saint-Siège ne devait reconnaître l'utilité de ces efforts qu'au début du XXe s., sous le pontificat de Pie X : c'est alors que commença à paraître l'Édition vaticane (1908), nouvelle version officielle des chants catholiques romains.
Les mélodies liturgiques avaient fréquemment été accompagnées au serpent, dont Berlioz juge que « le timbre, essentiellement barbare (...), eût convenu beaucoup mieux aux cérémonies du culte sanglant des druides qu'à celles de la religion catholique » (*Traité d'orchestration*). À partir du milieu du siècle, cependant, on tend à lui substituer progressivement l'orgue dans cette fonction.
Mais ces textes étaient souvent présentés aussi en polyphonie ; au début du siècle, le plain-chant y apparaissait à la basse ou au ténor ; conformément à un très ancien usage, il passe à la partie supérieure au cours des décennies suivantes. Quant aux voix d'accompagnement, elles connurent d'abord un aspect orné, aux rythmes variés ; celui-ci s'effaça toutefois beaucoup plus vite que l'habitude du faux-bourdon (c'est-à-dire du style note contre note), qui pouvait être également celui du choral de l'époque.
La liturgie protestante effectue au cours du siècle le même mouvement de retour aux sources. Ainsi, à Paris, les psaumes de Goudimel (vers 1520, † 1572) supplantent-ils les œuvres d'inspi-

ration allemande et les romances religieuses anglo-américaines des *Chants chrétiens,* recueil du début du siècle, ou les mélodies imaginées pour le Psautier par Duprato, en 1859.

Les maîtres

Avant ces retours aux chants anciens, l'habitude est de faire entendre, lors des fêtes ou événements importants, des « messes en musique » ou « à grand orchestre ». On avait entendu, par exemple, pour le sacre de Napoléon à Notre-Dame, le 2 décembre 1804, une *Messe* et un *Te Deum* de Giovanni Paisiello, la *Marche du sacre* et deux motets de Jean-François Le Sueur, un *Vivat* et un motet de l'abbé Roze, interprétés par quatre cents exécutants environ.

Les musiciens mineurs

Si la création musicale religieuse ne s'est jamais tarie, en revanche elle s'est souvent repliée dans des usages locaux. Qui connaît encore aujourd'hui le nom de Bernard Jumentier (1749, † 1829), maître de chapelle à Saint-Quentin, ou celui de l'abbé Thiesson, dont les œuvres sont conservées à la bibliothèque municipale de Troyes ? Qui se souvient de Pierre Desvignes, maître de musique à Notre-Dame de Paris de 1802 à 1827 ? Les compositeurs attachés à un lieu de culte ont certes été les plus sollicités dans l'art sacré. Ainsi les œuvres religieuses les plus entendues dans notre capitale au cours des premières décennies furent-elles incontestablement celles des maîtres de la Chapelle impériale, devenue ensuite Chapelle royale : Jean-François Le Sueur et Luigi Cherubini. La plupart des auteurs de messes ou de motets ont assumé une charge de cette nature. Tel fut le cas de Giuseppe Mercadante (1795, † 1870), maître de chapelle à Novare de 1833 à 1840, ou celui de Lorenzo Perosi (1872, † 1956), maître de chapelle à Venise et auteur de huit oratorios qui connurent un succès international. Quant à Dmytro Bortnianski (1751, † 1825), dont Berlioz admirait les belles harmonies (*Les Soirées de l'orchestre,* XXI), il fut directeur de la Chapelle impériale de Saint-Pétersbourg.

Cette attirance des compositeurs pour la musique religieuse peut aussi avoir été motivée par leur formation : Vincenzo Bellini (1801, † 1835), fils d'un maître de chapelle de Catane, mit fin à ses productions religieuses en 1825, date de son premier ouvrage scénique. Florimond Ronger (1825, † 1892), ancien enfant de la maîtrise parisienne de Saint-Roch, compositeur de musique religieuse et organiste, n'est autre que le célèbre Hervé, le père de plus de cent partitions de théâtre. Qui sait qu'Edmond Audran (1842, † 1901), le fameux auteur d'opérettes à succès, fut maître de chapelle à Marseille et écrivit des compositions d'église ? Qui garde le souvenir des œuvres sacrées de Léo Delibes (1836, † 1891), des *Agnus, Ave Maria, Ave verum* ou de la *Messe brève* de cet ancien enfant de chœur ?

Quelques grands noms : Liszt, Gounod, Mendelssohn

Rares furent les musiciens attirés par la réflexion théologique ou l'état religieux. L'un des plus fameux exemples demeure, sur ce point, Franz Liszt, sujet dès son adolescence à des crises mystiques et lié dans sa maturité à la princesse de Sayn-Wittgenstein dont les idées sur l'histoire de l'Église peuvent se révéler originales aujourd'hui encore. Liszt reçut les ordres mineurs en 1865, et nombreuses sont les compositions religieuses qui marquent ses dernières années. Assez semblable est le cas de Charles Gounod, qui, en 1847-1848, résida chez les Carmes pour se préparer à recevoir la prêtrise et signait « abbé Gounod ». La foi inébranlable d'un César Franck, celle d'Anton Bruckner sont à la base de leurs plus belles œuvres religieuses.

À noter également, dans le cadre de la musique protestante, les compositions de Mendelssohn, particulièrement les deux oratorios menés à leur terme (*Saint Paul* et *Élie*) et quelques psaumes magnifiques. Quant à Brahms, n'a-t-il pas réalisé avec le *Requiem allemand* (1868), sur des textes étrangers à la liturgie de la messe des morts, la plus magistrale de ses œuvres ?

Certains autres auteurs n'ont pas pu donner dans ces genres leur pleine mesure ; ainsi Robert Schumann, dont le *Requiem* de 1852 et la *Messe* (1852-1853) ne comptent pas au nombre des plus belles compositions.

Chez beaucoup de ces grands maîtres, les ouvrages d'église sont tout à fait minoritaires : Beethoven ne se limita-t-il pas à un oratorio (*Le Christ au mont des Oliviers*, 1803) et à deux messes (1807 et 1823) ? Chez certains même, elle apparaît presque totalement absente, que ce soit chez Boieldieu, Chopin, Borodine ou Wagner – si l'on excepte, chez ce dernier, *La Cène des apôtres* (1843), ouvrage biblique de circonstance.

Cadres et langages

Les genres

La messe

Parmi les genres le plus souvent choisis par les auteurs de musique sacrée, il faut citer la messe. Certains maîtres de chapelle en produisirent en quantité : Nicola Zingarelli (1752, † 1836) plus de 160, Paisiello et Perosi une quarantaine, Cherubini plus d'une douzaine ; on en compte une dizaine au catalogue de Schubert et huit chez Bruckner.

Au nombre des plus belles, il faut signaler la *Missa solemnis* (1823) de Beethoven, la *Messe solennelle de Sainte-Cécile* (1855), à laquelle Charles Gounod, le futur compositeur de *Faust*, dut d'abord sa célébrité, la *Missa solemnis*, dite *de Gran* (1855), de Franz Liszt ou la *Messe en* fa *mineur* (1868) d'Anton Bruckner, qui clôt la liste de ces grandes messes latines avec orchestre, l'*opus 86* de Dvořák (1887-1892) mis à part.

La composition originale de messes des défunts est également fréquente. Des versions magistrales pour voix et orchestre avaient certes été conçues antérieurement – par Gossec ou Mozart, par exemple. Mais le goût romantique pour les ténèbres fantastiques, la force apocalyptique du *Dies irae*, l'appel poignant du *Libera me* conviennent particulièrement aux conceptions de cette époque qui connut des *Requiem* grandioses, tel celui de Berlioz (1837), théâtraux, comme celui de Verdi (1874). Certains autres sont cependant déjà dépouillés, comme celui de Fauré (1890), jugé pourtant bien profane encore en ces années-là.

Le cadre liturgique de la messe a pu toutefois admettre, au XIXe s., des compositions musicales portant un tout autre intitulé. On entendit ainsi, durant le service funèbre de Bellini aux Invalides, en 1835, le quatuor final de ses *Puritains*, ou, en des circonstances analogues, l'*allegretto* de la *Septième Symphonie* de Beethoven. Maints soli instrumentaux résonnèrent également dans les églises, et Joseph d'Ortigue fit même donner plusieurs fois, vers 1860, une *Messe sans paroles* pour violon, violoncelle et orgue. Figuraient pareillement au répertoire de la messe dominicale des Tuileries les oratorios de Le Sueur (*Ruth, Rachel, Debora*).

La cantate et l'oratorio

Dans le cadre de ces œuvres d'inspiration biblique, l'incitation extra-musicale sut mettre particulièrement en œuvre l'imagination

Quelques requiem du XIXe siècle

1804 Salieri, *Missa pro defunctis en* do *mineur*
1815 Neukomm, *Missa pro defunctis*
1816 Cherubini, *Messe de requiem en* do *mineur*
1818 Schubert, *Messe funèbre allemande en* sol *mineur*
1822 Plantade, *Messe de requiem*
1835 Donizetti, *Requiem à la mémoire de Bellini*
1836 Cherubini, *Messe de requiem en* ré *mineur* (pour chœur d'hommes et orchestre)
1837 Berlioz, *Grande Messe des morts*
1837 Donizetti, *Requiem pour la mort de Zingarelli*
1842 Benoist, *Requiem*
1849 Bruckner, *Requiem en* ré *mineur*
1850 Fétis, *Messe de requiem*
1852 Schumann, *Requiem op. 48*
1858 Deldevez, *Requiem op. 7*
1868 Liszt, *Requiem pour voix d'hommes*
Brahms, *Requiem allemand*
1874 Verdi, *Messe de requiem*
Gouvy, *Requiem*
1877 Lenepveu, *Requiem*
1878 Saint-Saëns, *Requiem op. 54*
1883 Draesecke, *Requiem op. 22*
Gounod, *Messe funèbre*
1888 Bruneau, *Requiem*
1890 Fauré, *Requiem op. 48*
1891 Dvořák, *Requiem op. 89*
1893 Gounod, *Requiem*
1898 Perosi, *Requiem*

des auteurs de l'époque. L'oratorio s'est moins sécularisé au XIXe s. que la cantate – dont les réalisations profanes apparaissent nombreuses aux États-Unis ou au Danemark –, contrairement à ce que pouvait laisser présager une œuvre comme *Les Saisons* (1801), de Joseph Haydn, où, du printemps à l'hiver, se succèdent des scènes idylliques ou rustiques. Parmi les sujets les plus souvent retenus demeure la fascinante figure du Rédempteur : *Christus*, tel est le titre de l'oratorio (inachevé) de Mendelssohn, comme de ceux de Franz Liszt (1867) et d'Anton Rubinstein (1888), ainsi que de la trilogie de Félix Draeseke (1899) ; ses douloureuses épreuves

Les grands oratorios du XIXe siècle

1801	Haydn, *Les Saisons*
1803	Beethoven, *Le Christ au mont des Oliviers*
1836	Mendelssohn, *Saint Paul*
1846	Mendelssohn, *Élie*
1854	Berlioz, *L'Enfance du Christ*
1855	Gounod, *Les Sept Paroles du Christ*
1858	Saint-Saëns, *Oratorio de Noël*
1865	Liszt, *La Légende de sainte Élisabeth*
1866	Gounod, *Tobie*
1867	Dubois, *Les Sept Paroles du Christ*
	Liszt, *Christus*
1871	Gounod, *Gallia*
1872	Paine, *Saint Pierre*
1873	Massenet, *Marie-Magdeleine*
1875	Massenet, *Ève*
1876	Saint-Saëns, *Le Déluge*
1877	Macfarren, *Joseph*
1878	Gounod, *Jésus sur le lac de Tibériade*
1879	Dubois, *Le Paradis perdu*
	Franck, *Les Béatitudes*
1880	Massenet, *La Vierge*
1882	Gounod, *Rédemption*
1884	Gounod, *Mors et Vita*
1897	Pierné, *L'An Mille*
	Perosi, *La Passion du Christ selon saint Marc*
	Dubois, *Notre-Dame de la Mer*
1898	Perosi, *La Transfiguration du Christ*
	Perosi, *La Résurrection de Lazare*
	Perosi, *La Résurrection du Christ*
1899	Perosi, *Le Noël du Rédempteur*
1900	Perosi, *L'Entrée du Christ à Jérusalem*
	Perosi, *Le Massacre des saints Innocents*
	Perosi, *Moïse*
	Massenet, *La Terre promise*

terrestres et sa Passion firent l'objet de compositions de Beethoven (*Le Christ au mont des Oliviers*, 1803), de Ferdinando Päer (*La Passion de Jésus*, 1810), de Lorenzo Perosi (*La Passion du Christ selon saint Marc*, 1897) ; Giuseppe Mercadante (1838) ou Théodore Dubois

(1867) reprirent le thème des *Sept Paroles du Christ.* La majestueuse stature de Moïse inspira aussi un Konrad Kreutzer (*Moses Sendung*, 1814), un Félicien David (*Moïse au Sinaï*, 1846). Ces souffles puissants conviennent bien à ce cadre où se glisse plus rarement un personnage féminin, telle l'*Ève* d'Antoine Elwart (1846) ou celle de Jules Massenet (1875) ; ce dernier devait conférer une nouvelle orientation au genre avec *Marie-Magdeleine* (1873) et *La Vierge* (1880).

Les dix-sept oratorios de Karl Lœwe, écrits entre 1829 et 1863, prouvent le succès de ces compositions dans les pays où s'est maintenue la vogue de l'écriture chorale. L'Angleterre reste, par exemple, grâce au sillage laissé par Haendel – dont ce pays était devenu la seconde patrie –, la terre d'élection de ces actions sacrées. C'est là que triomphèrent les compositions religieuses de Gounod, que fut donnée la *Santa Ludmilla* (1886) de Dvořák et que Stanford fit entendre, après 1875, plusieurs partitions dans le même esprit.

Certaines œuvres religieuses permirent même parfois le recours à ces orchestres et chorales monstres qu'affectionna l'époque et qui culminèrent sans doute au Grand Festival musical de Boston, en 1869, avec 10 000 choristes et 1 000 instrumentistes.

En France, l'oratorio revient à la mode dans la seconde moitié du siècle, alors que se développe le mouvement orphéonique, c'est-à-dire la musique chorale, notamment à travers les ouvrages de Saint-Saëns, Franck, Gounod et Massenet, succédant à *L'Enfance du Christ* (1854), trilogie sacrée dont Berlioz tenta d'abord, par plaisanterie, de faire accepter un fragment sous le nom d'un fictif maître de chapelle d'antan, Pierre Ducré…

Les genres annexes

Dans ces genres – cantate et oratorio –, comme dans d'autres répertoires, s'installe une grande variété de sous-titres : *Ruth et Booz* (1850) d'Elwart est présenté comme une « symphonie vocale », tandis que *Les Noces de Cana* (1853) du même auteur s'intitulent « mystère », que *Rebecca* (1881) de Franck est dite « scène biblique », que le *Vivus resurgit Christus* (« Le Christ ressuscite vivant », 1878), à cinq voix, de Bourgault-Ducoudray est qualifié de « symphonie religieuse ».

Plus précis dans leur cadre et dans leurs intentions, les *Te Deum* célèbrent toujours fêtes et événements d'exception. Nous avons à l'esprit, parmi tant d'autres, ceux de Berlioz (1849), Bruckner (1884) ou Verdi (1896). Quant aux *Noëls* ou aux *Magnificat*, que Jean-

Berlioz et le plain-chant

« [...] Peu de temps après la mort du duc d'Orléans, j'assistais dans l'église de Notre-Dame aux obsèques de ce noble prince, objet de si vifs et si justes regrets. La secte des Puritains, triomphant ce jour-là, avait obtenu que la messe entière fût chantée en plain-chant et que cette maudite tonalité moderne, *dramatique, passionnée, expressive,* fût radicalement prohibée. Toutefois, le maître de chapelle de Notre-Dame avait cru devoir transiger jusqu'à un certain point avec la corruption du siècle en mettant en harmonie à quatre parties le funèbre plain-chant. Il ne s'était point senti la force de rompre tout pacte avec l'impiété [...] ».
Hector Berlioz, *Les Soirées de l'orchestre* (16e soirée).
C'est ainsi qu'en 1842 le compositeur de la *Symphonie funèbre et triomphale* – précisément dédiée au duc d'Orléans –, l'orchestrateur de grands effets et de saisissantes envolées expressives, jugeait la nouvelle vogue du plain-chant et les faux-bourdons à 4 voix.

Jacques Beauvarlet-Charpentier (1766, † 1834) avait encore illustrés à plusieurs reprises, ils semblent moins courants chez les grands maîtres, tout comme les *Stabat Mater*, si bien représentés cependant encore par Rossini (1842) et Dvořák (1877).
Les *anthems*, motets ou cantiques se révèlent nombreux : une centaine presque chez Théodore Dubois (1837, † 1924) – qui fut maître de chapelle avant de prendre la direction du conservatoire de Paris – ou chez Mgr Lazare Perruchot (1852, † 1930). Passé l'âge des hymnes révolutionnaires, les compositeurs sont donc revenus à des pièces religieuses de courtes dimensions, dont certaines devaient connaître une rare célébrité : de l'*Ave Maria* (1825) de Schubert à celui de Gounod (1859) ou au *Noël* (éd. en 1858) d'Adolphe Adam.
Mais il est souvent difficile de tenter d'établir pour ces œuvres sacrées des bilans précis, car beaucoup, faute d'avoir été proposées aux éditeurs, restent dispersées. Une statistique effectuée sur cinq années de dépôt légal parisien montre en effet que le pourcentage des œuvres religieuses va de 1 p. 100 en 1848 à 5 p. 100 en 1852. Il est certain que cette période englobe plusieurs mois de crise politique et

sociale peu favorables à une semblable production ; la proportion reste cependant faible, même si l'on songe que bien des ouvrages ont pu ne pas faire l'objet de dépôt de la part de leurs éditeurs.

La musique pour orgue

La musique d'orgue nous échappe davantage encore, car l'improvisation, dont l'habitude se perd peu à peu sur les autres instruments au cours du XIXe s., demeure souvent la règle pendant les offices : Gabriel Fauré, organiste en poste depuis 1866, ne nous a laissé presque aucun témoignage sur cet aspect de son activité.

L'évolution apparaît pourtant spectaculaire sur ces claviers : aux œuvres descriptives de la première moitié du siècle, celles d'Édouard Baptiste, de Louis-James-Alfred Lefébure-Wély ou du Padre Davide, à l'écriture de type pianistique aux traits trop volubiles, à l'influence de la fantaisie perceptible encore chez Liszt, succède le recueillement des *Chorals* (1890) de Franck ou des onze beaux *Préludes de choral* (1896) de Brahms.

Dans les dernières décennies du XIXe s. s'est imposé le style de l'orgue symphonique, né particulièrement sur les nouveaux instruments de Cavaillé-Coll. Alexandre Guilmant (1837, † 1911) contribue à populariser l'instrument à travers ses concerts du Trocadéro, alors que Charles-Marie Widor (1869, † 1937), l'organiste de Saint-Sulpice, intitule désormais *Symphonies* certaines œuvres pour orgue. Parallèlement se répand le goût pour les partitions de J.-S. Bach avec lequel Mendelssohn avait déjà renoué dans ses préludes et fugues, mais que Alexandre Pierre François Boëly (1785, † 1858) n'avait pas encore réussi à imposer au début des années 1850 dans notre pays, où il fallut attendre l'influence du Belge Nicolas Lemmens (1823, † 1881) ou l'art d'Eugène Gigout (1844, † 1925), parallèle aux recherches de Max Reger (1873, † 1916).

Les langages

Il est certain que, du point de vue de l'écriture, le recours aux techniques d'imitation – allant jusqu'à l'usage fréquent de la fugue – tout comme l'appel aux modes anciens se manifestent beaucoup plus fréquemment ici que dans la musique profane. Qu'il suffise de penser au style contrapuntique de Cherubini ou à l'impressionnante fugue du *Credo* de la *Messe en* fa *mineur* de Bruckner.

Le langage a cependant considérablement évolué tout au long du XIXe s. : le *Gloria* de la *Messe en* la *bémol majeur* (1822) de Schubert, où l'écriture fuguée de l'*Amen* s'étend sur plus de vingt pages de la partition, ou la *Missa solemnis* (1823) de Beethoven, qui consacre 325 mesures à reprendre *Dona nobis pacem* (« Donne-nous la paix »), demeurent plus proches de l'esprit du passé, alors que la *Messe basse* (1881) de Fauré se démarque nettement de ces méthodes par son dépouillement.

Opulence ou simplicité, ces deux tendances divisent le monde musical religieux de l'époque. Le passage de l'une à l'autre s'observe bien, par exemple, chez Franz Liszt, où le côté grandiose et théâtral est présent dans le dramatique *Psaume XIII* (1855) ou dans la *Missa solemnis*, dite *Messe de Gran* (1855), tandis que la *Missa choralis* (1865) procède d'une nette volonté de dépouillement et que la *Messe hongroise* (1867) possède un *Credo* en style de plain-chant.

En ce qui concerne l'architecture de ces œuvres, il faut rappeler que la forme sonate, utilisée parfois au XIXe s., s'était déjà introduite dans la messe chez Mozart (*Messe de la Sainte-Trinité* K 167, 1773). Certains groupements plus rares apparaissent, tels ceux de la *Messe en* ut (1807) de Beethoven, présentés sous le nom d'*Hymnus*. Mais dans ces ouvrages aux dimensions parfois considérables se répand surtout, parallèlement au retour aux schémas traditionnels, l'usage des reprises thématiques, voire des motifs directeurs : dans la *Messe de Gran* de Liszt, les principaux thèmes reviennent à la fin de l'œuvre, les phrases des *Kyrie* sont reprises dans les *Agnus* des *Messes* de Bruckner, et, dans *La Légende de sainte Élisabeth* (1865) du même Liszt, une mélodie populaire circule, comme un symbole de la Hongrie, à travers l'œuvre ; l'omniprésence et les métamorphoses du thème du Christ dans les *Béatitudes* (1879) de Franck sont par ailleurs bien connues. De même que les teneurs unitaires avaient été autrefois le fait des messes polyphoniques, de même le procédé cyclique semble s'imposer au XIXe s. dans la musique religieuse avant de triompher dans les symphonies des dernières décennies.

Si l'on considère ces ouvrages sous l'angle des effectifs, beaucoup d'entre eux font appel au quatuor vocal, au chœur et à l'orchestre, des *Messes* de Beethoven au *Requiem* de Verdi ou au *Stabat Mater* de Dvořák. Mais bien d'autres œuvres, moins solennelles, sont accompagnées par l'orgue seul. Certaines dispositions sont toutefois assez exceptionnelles, telle celle de la *Messe en mi mineur* (1866) de Bruckner, écrite pour huit voix mixtes et instruments à vent.

Un grand nombre de compositions se fondent sur des thèmes empruntés, qu'il s'agisse de thèmes de chorals, comme dans *Saint*

Paul (1836) de Mendelssohn, ou de motifs grégoriens tels ceux de maintes œuvres d'orgue, ou encore de citations palestriniennes.
Entre les débordements du style à vocalises et l'austérité du choral, la musique religieuse de ce temps ne cherche guère l'originalité rythmique ; elle n'adhère pas encore à la belle liberté du plain-chant d'autrefois et, échappant aux traditionnelles mesures binaires ou ternaires, le 7/4 du premier tableau de *L'Enfance du Christ* (1854) de Berlioz y fait presque figure d'exception.
Harmoniquement, l'écriture est parfois assez lourde, les cadences plagales et les accords du troisième degré nombreux, amoindrissant les tensions, le relief du langage tonal. Vers la fin du siècle cependant, les audaces peuvent se multiplier. C'est le cas chez Liszt, par exemple, dans le chromatisme exacerbé de *Via Crucis* (1879) ou dans certaines harmonies altérées du *Requiem* de 1868.

La musique et le sacré

L'un des premiers soucis de Pie X, lors de son accession au pontificat, fut de promulguer le *Motu proprio* du 22 novembre 1903, véritable code musical de l'Église, où le chant grégorien était proposé comme « le plus parfait modèle de la musique sacrée », dont la présence était largement souhaitée dans les diverses fonctions du culte.
Que d'évolution, en un siècle, de l'admission solennelle de l'orchestre dans les lieux saints, dans la seconde moitié du XVIIIe s., à cette restauration de la monodie ancienne ! Cette mutation correspond sans doute à une profonde transformation de l'univers religieux. Les limites du sacré semblent être, en effet, celles de la propre capacité de recueillement de chaque époque. Le XIXe s., âge de vaste foisonnement, a pratiqué un réel brassage des genres et des esprits. Il lui fallut parfois du théâtral, du grandiose, du « babylonien », et la réaction traditionaliste, passant par le recours à Bach, à Palestrina ou aux travaux des historiens, n'en fut que plus saisissante.
Avant la remise à la mode du clavecin, du luth ou des chants de trouvères, le culte du passé musical régnait ainsi dans le monde chrétien, où ce recours naquit d'un authentique besoin. Le respect dû à ces époques oubliées lavait de tout soupçon parasitaire les textes retrouvés. Peu importait que les ouvrages religieux de la Renaissance fussent souvent bâtis sur des thèmes profanes ou que les messes-parodies eussent repris, textuellement parfois, le tissu polyphonique d'une chanson préexistante ! Le contexte musical de

ce temps était trop lointain et les emprunts désormais imperceptibles. Tout lien séculier écarté, l'œuvre, magnifiée par son ancienneté, s'accorde mieux avec les aspirations des croyants. Concentration sur la vie intérieure, le recueillement implique nécessairement, en effet, une réelle distance par rapport à l'univers matériel contemporain. Et l'histoire de la musique religieuse du XIXe s. est peut-être tout simplement celle de la prise de conscience nécessaire d'une vertigineuse remontée dans le temps.

CINQUIÈME PARTIE

LE MONDE CONTEMPORAIN

La musique moderne de 1900 à 1945
Serge Gut

Perspectives nouvelles de 1945 à nos jours
Daniel Tosi

Marie-Claire Beltrando-Patier

INTRODUCTION

La vie musicale ancienne et moderne : ce qui a changé

Que la musique contemporaine heurte le public non spécialisé est un paradoxe : jamais encore les conditions matérielles n'ont été aussi favorables à la diffusion des œuvres ; jamais la musique, prise dans sa globalité, n'a eu une vocation aussi populaire ; face à la demande pressante des auditeurs, jamais l'Europe occidentale, en particulier, n'a présenté autant de musiciens de valeur – et ce, dans un climat d'émulation toujours renouvelé.
Dire qu'autrefois les conditions de la vie musicale étaient meilleures – ou différentes – constitue un alibi de mauvaise foi. On suggère souvent que, dans les siècles passés, les compositeurs étaient près de leur public, reconnus de leur vivant, honorés. Or, si l'on était admis, c'était d'un cercle extrêmement restreint, comme cela se pratique encore actuellement.
Dire aussi que les tendances de l'art musical contemporain se multiplient et égarent l'auditeur aurait été tout à fait d'actualité entre 1550 et 1600, ou entre 1750 et 1800 ! L'instabilité, la frénésie que l'on reproche à la musique du XXe s. est en fait une réflexion obsessionnelle qui remonte beaucoup plus haut dans l'histoire de la musique. La différence est que, autrefois, bien peu se souciaient de vilipender ce qui, par la force des choses, échappait à la compréhension. Maintenant, au contraire, chacun revendique un droit à la jouissance, dans toutes conditions, et reproche au musicien ce qu'il considère comme l'usage d'un langage fermé, l'accusant d'inaptitude à la communication. C'est pourquoi l'abondante littérature exégétique publiée de nos jours par les compositeurs révèle une certaine amertume et manifeste un besoin d'autojustification.

Histoire d'une rupture

On pourrait situer l'origine du malentendu au lendemain de la guerre de 1914-1918. Au cauchemar des années sombres succède une période d'euphorie, à partir de laquelle tout semble permis. Aux nouveaux thèmes littéraires – l'adolescence, l'acte gratuit, la liberté, l'aventure – chers à Cocteau, à Gide ou à Radiguet correspond chez le musicien le rejet du sérieux, du respect et de la componction. Les nouveaux modèles sont le jazz, le café-concert, le folklore, voire les « grands Anciens », Couperin et Bach : tout, finalement, sauf la musique des générations précédentes. « Assez de nuages, de vagues, d'aquarium, d'ondines et de parfums dans la nuit ; il nous faut une musique sur la terre, une musique de tous les jours. » (J. Cocteau, *Le Coq et l'Arlequin*.)

Mais, loin de déboucher sur le paradis retrouvé, cette libération n'engendre qu'ennui et incohérence. L'adolescent de 1918 reste un éternel adolescent. D'ailleurs, toute cette fête n'est qu'apparence ; la componction est toujours là. Les interprètes, en particulier, demeurent traumatisés par les restrictions que leur imposent les musiciens du début du XXe s. (ne jouer que ce qui est écrit, « sans nuances », « sans expression ») et prônent encore un respect excessif des volontés du compositeur.

La guerre de 1939-1945 rendra la rupture définitive. Véritable point de non-retour, elle consacre une nouvelle conception de l'art excluant tout traditionalisme comme tout pharisaïsme. En 1963, P. Boulez, faisant le point sur quelque dix ans de renouveau, écrit : « Il semble que la génération actuelle puisse prendre congé de ses prédécesseurs : elle est arrivée à se définir d'une façon suffisamment précise et explicite pour ne plus accepter de parrainage, pour ne plus subir de hantise... » *(Au près et au loin.)* Dans le chaos apparent des tendances de l'après-guerre, P. Boulez dégage les grandes lignes de l'esthétique nouvelle : selon lui, chaque œuvre impose désormais ses propres structures et crée son propre univers.

Les problèmes d'interprétation

Si le désarroi de l'auditeur contemporain reste grand, celui de l'interprète l'est plus encore. Tout d'abord, il ne dispose d'aucun lieu susceptible d'accueillir et de mettre en valeur son exécution. Il lui faut s'adapter au cadre, quitte à fournir un effort supplémentaire ou, dans le pire des cas, à proposer les œuvres dans une perspective faussée.

Par ailleurs, formé selon une pédagogie traditionnelle pour un répertoire courant, conditionné par les exigences rigoureuses de compositeurs modernes tels que Stravinski ou Ravel, l'interprète du XXe s. n'aborde que très difficilement les œuvres nouvelles. Rendu responsable de tous les malentendus – Schönberg ne disait-il pas : « ma musique n'est pas moderne, elle est mal jouée » ? –, il se retranche souvent derrière une attitude conservatrice et refuse l'art de son temps. Ses efforts sont, il est vrai, assez mal accueillis ; selon Th. W. Adorno (*Musique nouvelle, interprétation, public*), l'interprète a appris à se contenter de « peu », c'est-à-dire d'une exécution à peine correcte ; laideur du son, méconnaissance des *tempi*, manque de conviction font que, bien souvent, l'instrumentiste dessert l'œuvre plus qu'il ne la fait connaître. Comment dans ces conditions, faire partager quelque chose ? L'interprète est comme l'auditeur, battu d'avance, « contre la musique nouvelle, il représente le public » (Th. W. Adorno).

Heureusement, ces faits, qui étaient vrais dans les années 1950, le sont de moins en moins. Aujourd'hui, chanteurs et instrumentistes travaillent avec les compositeurs à la création de sons nouveaux, de techniques nouvelles, et le sens de l'évolution n'est pas de se passer de l'interprète, comme on pourrait le croire naïvement, mais, au contraire, de le créditer d'une responsabilité de plus en plus grande. « J'essaie de te raccorder, toi, l'exécutant, aux courants qui me traversent », écrit Stockhausen. Tom Philipps, musicien et peintre, déclare : « Je me sens capable d'expliquer aux interprètes, surtout quand nous aurons travaillé ensemble un certain temps, la qualité des sons auxquels je pense et, ce qui est plus utile, la qualité des sons auxquels, précisément, je ne pense pas. Les interprètes peuvent aussi, par la connaissance particulière qu'ils ont de leurs instruments, trouver des sons et des rapports particuliers dans un ensemble, et développer des possibilités tout à fait en rapport avec l'œuvre. » Ce qui était hier attitude répressive de la part du compositeur devient désormais appel et invitation à participer.

Musique nouvelle et public

Si, du côté de l'interprète, une situation critique se dénoue, la relation musique/public reste à créer.

P. Boulez se donnait déjà ce but lorsqu'il fonda, en 1954, les Concerts du Domaine musical, sous le patronage de J.-L. Barrault et M. Renaud. Actif jusqu'en 1973, ce groupe fut dirigé successivement par son fondateur et par G. Amy. Les plus belles années du Domaine musical se situent vers 1960. Un bulletin et des publications devaient soutenir l'action des concerts en intégrant, par des études et des articles, la musique contemporaine dans son temps et dans son milieu culturel. En Allemagne, parallèlement, d'autres groupes se constituèrent, tels que *Musica Viva* (Hambourg), *Musik der Zeit* (« musique de notre temps », Cologne), ou *Das Neue Werk* (« l'œuvre nouvelle », Hambourg).

À un but culturel – faire entendre et connaître la musique nouvelle – le Domaine musical ajoutait une préoccupation sociologique visant à recréer un mécénat de type collectif par le moyen des abonnements. En effet, il ne chercha pas seulement à faire connaître la musique sérielle, mais contribua aussi, dès ses débuts, à lancer en France de jeunes musiciens, tels que Boulez, Maderna, Stockhausen ou Nono. Malheureusement, l'institution ne devait pas réaliser ses espérances ; et elle ne toucha guère qu'un public très restreint, soucieux de participer à l'activité culturelle de son temps et qui, d'une façon ou d'une autre, aurait, même sans ce secours, accompli sa destinée d'élite.

Tout à fait à l'opposé de ce comportement élitiste, John Cage propose sa propre manière d'intégrer la musique contemporaine à la vie. Il n'existe pas, selon lui, de dualité art/vie, mais les deux sont liés. « Si nous acceptions de laisser de côté tout ce qui s'intitule " musique ", dit-il, toute la vie deviendrait musique. » Il en vient à contester la partition, préférant aux structures préétablies la stimulation auditive et la participation du public. Le concert n'est donc plus le « camp de concentration culturel » que décrit M. Kagel, mais la fête et surtout l'aventure. Le succès de Cage – un des rares compositeurs connus du public actuel – tient en partie au côté très spectaculaire, confinant parfois au gag, de ses « événements » (entendez ses exécutions). C'est pourquoi beaucoup considéreront le cagisme comme une activité plus ludique que subversive.

Que choisir ? Vers l'« œuvre ouverte »

Entre l'élitisme et le jeu, il y a cependant place pour d'autres attitudes. Dans les années qui suivirent la guerre, on pouvait certes dire, avec J.-P. Sartre : « La musique est devenue un art qui s'appuie sur une technique complexe ; c'est un fait regrettable, mais c'est un fait qu'elle a besoin d'un public spécialisé. » Mais l'étude des partitions postérieures à 1960 se révèle d'un accès beaucoup plus facile qu'on ne le suppose *a priori*. Les clés d'interprétation données par les compositeurs permettent de se diriger au sein d'un langage plus global et direct que celui de la plupart des œuvres antérieures qui pouvaient atteindre une très grande complexité. À ces compositions difficiles des années 1950, que l'on peut considérer comme des points d'aboutissement, s'oppose l'esthétique de l'« œuvre ouverte », défendue à partir de 1960 par Boulez, Stockhausen, Berio ou Pousseur, et théorisée par U. Eco (*Opera Aperta*, « L'œuvre ouverte », 1962).

Le principe de l'œuvre ouverte – œuvre en mouvement, se déroulant selon des possibilités chaque fois différentes – implique, sous peine de retomber dans un nouveau conformisme, la complicité du musicien-interprète et aussi celle du public, qui doit être capable d'apprécier les choix faits pour lui. Réseau de possibilités, l'œuvre ouverte est « une invitation, non pas nécessitante ni univoque mais orientée, à une insertion relativement libre dans un monde qui reste celui voulu par l'auteur » (U. Eco). Invité à « faire œuvre » avec le compositeur, l'interprète élabore sa propre forme dans une liberté qui dépasse tout ce qu'il a pu connaître, même dans les époques les plus créatives de l'histoire de la musique.

S'il est vrai que toute musique suppose un certain degré d'ouverture, les musiciens contemporains ont cependant, par l'accomplissement de cette dimension, donné un sens nouveau à l'écoute musicale en associant interprète et public à la vie de l'œuvre.

L'esthétique « fin de siècle »

La fin du siècle, pour sa part, est marquée comme toutes les fins de siècle par l'idée d'urgence et la tentation de la transgression. Jamais les expériences n'ont été aussi diverses et nombreuses, rarement la vie musicale a pu atteindre une densité pareille. Activité apparemment désordonnée et compulsive, la production « fin de siècle » est difficile à juger pour ceux qui la vivent, sinon en se tournant vers ces mêmes années, un siècle auparavant, qui ont vu naître tant d'œuvres à la fois géniales et sulfureuses.

« On a crié à la violation perpétuelle des règles, alors qu'il ne s'agissait que de la géniale extension des principes. »

Paul Dukas, *1902*

(à propos du Pelléas *de Debussy)*

Serge Gut

LA MUSIQUE MODERNE DE 1900 À 1945

La difficulté d'une synthèse

Une synthèse tant soit peu objective de l'évolution musicale au XXe s. n'est sans doute pas possible. Nous nous situons dans une relativité du jugement qui résulte de plusieurs raisons qu'il est utile d'évoquer.

Le manque de recul

C'est sans doute la raison principale qui fausse nos perspectives. Seul le temps sépare le bon grain de l'ivraie. Seul le recul permet la perspective historique. L'appréciation portée sur une œuvre, un compositeur ou un courant esthétique varie souvent à travers les époques, parfois d'une façon considérable. Quatre exemples suffiront pour illustrer ce phénomène fondamental de notre vie musicale.

Gustav Mahler. De son vivant, on le considérait – même dans les pays germaniques – comme sensiblement en retrait par rapport à son rival heureux, Richard Strauss. En France, il restait la plupart du temps ignoré ou rejeté comme étant lourd, ampoulé, emphatique et ennuyeux. À cet égard, le comportement de Debussy paraît symptomatique : dans son *Monsieur Croche antidilettante,* il fait l'éloge de Strauss alors qu'il ne souffle mot sur Mahler. Pis même, il quitte ostensiblement la salle de concert, en compagnie de Dukas et de Pierné, au cours de l'exécution du deuxième mouvement de la *IIe Symphonie* du compositeur autrichien, marquant ainsi publiquement sa désapprobation.

Vers 1950, Mahler a des positions solides en pays germaniques, où il est loué aussi bien par les sérialistes disciples de Schönberg que par les tenants du postromantisme. En revanche, il n'est toujours pas accepté en France. Mais, vingt ans plus tard, la situation s'est complètement retournée : musicologues, chefs d'orchestre et mélomanes rivalisent dans leur zèle mahlérien. Symbole de la consécration générale : Visconti utilise le *larghetto* de la *V*[e] *Symphonie* dans son film *Mort à Venise*. Cette vogue semble aller toujours croissant, et il ne manque pas de spécialistes pour placer Mahler au-dessus de Strauss et le mettre sur un pied d'égalité avec Debussy.

Le néoclassicisme. Prôné en France comme la solution du salut musical, face au barbarisme ultra-chromatique et dodécaphonique de l'Europe centrale, ce mouvement esthétique connut entre les deux guerres une vogue considérable, qui rayonna sur les pays limitrophes et même sur la lointaine Amérique. Combattu dès 1936 par Messiaen et Jolivet, ce n'est qu'après 1950 que son impact déclina progressivement. De nos jours, de nombreux spécialistes contestent ce mouvement, alors que le public lui garde en général sa faveur.

Stravinski. Considéré de son vivant comme indiscutablement le plus grand compositeur de son temps, Stravinski s'est vu critiqué de plus en plus fréquemment et de plus en plus sévèrement après 1945. Des reproches aussi divers que ceux de versatilité, d'absence de style personnel et original, de manque de sincérité et de démagogie lui ont été adressés. Aujourd'hui, sa souveraine maîtrise technique ainsi que sa prodigieuse invention rythmique sont reconnues par tous, mais l'hégémonie qui lui était accordée en 1950 paraît devoir être remise en cause.

La musique sérielle. Après avoir été clouée au pilori – en particulier par la France de l'entre-deux-guerres –, elle devint l'évangile international de tous les compositeurs progressistes d'après 1945. Webern – plus encore que Schönberg – fut l'idole des cercles d'avant-garde. Depuis 1970, il y a un nouveau revirement antisérialiste, qui est à peu près contemporain de la grande crise économique qui secoue l'Occident et s'accentue depuis la chute du mur de Berlin en 1989.

L'évolution accélérée du langage musical

C'est la caractéristique essentielle de la musique occidentale. Elle est étroitement liée à notre culture, qui, surtout depuis la Renaissance, repose sur la notion de dynamisme, d'avancement, d'expansion et de conquête.

Dans son *Traité historique d'analyse harmonique,* Jacques Chailley a bien mis en lumière les processus d'assimilation progressive des accords de plus en plus complexes selon l'ordre des harmoniques. Depuis 1890, cette accélération devient si vertigineuse qu'il n'est presque plus possible de la suivre. Elle est à mettre en parallèle avec les découvertes faites par l'humanité : celles-ci sont plus nombreuses de 1900 à nos jours que des origines à 1900 !

La notion de progrès

Dans ce processus de progression constante, un moment psychologique important a été le passage d'une évolution inconsciente à une évolution consciente. Celui-ci peut être fixé vers le milieu du XIXe s. et semble au départ un phénomène germanique. En effet, c'est W. R. Gripenkerl qui, pour la première fois, parle à la première séance de la *Tonkünstlerversammlung* (« assemblée des musiciens ») qui eut lieu, en 1847, sous la direction de Franz Brendel, du *musikalischer Fortschritt* (« progrès musical »). À la deuxième séance, qui eut lieu en juillet 1848, plusieurs musiciens réclamèrent la formation d'un « parti musical du progrès ».

Cette conception apparaît en même temps que l'idée d'évolution chez Darwin, *De l'origine des espèces* (1859), et que les conceptions philosophiques positivistes d'Auguste Comte (1798-1857).

C'est vers le début du XXe s. que les musicologues ont commencé à tenter d'expliquer et de codifier cette notion de progrès, principalement en France. Ainsi, Jean Marnold nous donne dès 1908 un tableau chronologique de la progression des accords selon la succession des harmoniques. Peu après, Alfredo Casella reprend à son compte cette idée. Mais c'est Jacques Chailley qui, dans son livre cité ci-dessus, en interprète avec minutie les conséquences.

Il est amusant de voir des compositeurs comme Liszt, Ravel, Bartók, et d'autres encore, revendiquer la primeur de l'emploi de tel ou tel accord nouveau.

Depuis quelques années, la notion de progrès est remise en question par un nombre toujours plus important de musiciens. Là aussi, ce phénomène musicologique peut être mis en parallèle avec la notion économique de croissance 0, ou avec l'intérêt pour l'écologie.

C'est ainsi que, peu à peu, on en revient à considérer une œuvre pour sa valeur intrinsèque, ce qui avait été pendant des siècles une évidence, mais paraissait bien oublié ces dernières décennies.

Juger une œuvre du XXe siècle...

L'appréciation d'une œuvre ou d'un compositeur du XXe s. reste délicate. Toutefois, on peut nuancer cette constatation et dire que, schématiquement, il y a trois degrés d'appréciation :
1. De Wagner à Debussy (1883-1918) : relative sécurité d'appréciation.
2. Entre-deux-guerres (1918-1939) : appréciation plus délicate et susceptible de subir des correctifs plus ou moins importants dans les années qui viennent.
3. Après 1945 : la plus grande prudence est à observer.

La diversité des styles

Elle n'est pas nouvelle, puisque déjà le théoricien et compositeur Berardi se plaignait, en 1689, que l'unité de style de la Renaissance ait été rompue : « Les anciens maîtres n'avaient qu'un style et qu'une pratique ; les modernes ont trois styles, ceux d'église, de chambre et de théâtre, et deux pratiques, la première et la seconde. » Qu'aurait-il dit de nos jours où l'on assiste à une véritable explosion des genres et des styles et où l'idéal de maint compositeur n'est même plus d'avoir un style personnel, mais un style propre à chacune de ses œuvres.
L'opposition franco-allemande contribue également à cette diversité. Génératrice de haines, d'amours secrètes, de résistances, d'attirances, parfois de volonté de synthèse, cette tension franco-allemande domine toute la musique de la première moitié du XXe s. et rejette en position marginale tous les autres mouvements, mis à part toutefois une exception importante. En effet, la musique russe, tard venue dans le concert européen, mais forte de la percée opérée par le groupe des Cinq, continue à affirmer une vitalité propre et une originalité réelle. C'est même un seul homme – Stravinski – qui tire les ficelles d'un jeu dont il fixe lui-même les règles.
La France affirme un goût du statisme que traduit bien esthétiquement l'impressionnisme. Ce goût entraîne avec lui la notion d'espace qui se traduit par la prédilection pour l'accord en soi, *immobile* et déployé. Par ailleurs, les diverses attractions mélodiques et harmoniques sont évitées. Il est bien certain qu'en procédant

ainsi, les compositeurs français entrent en conflit avec l'essence même de la musique, qui est un art du temps.
L'Allemagne lui oppose un goût du dynamisme qui, esthétiquement, se traduit bien par l'expressionnisme et, techniquement, par un chromatisme de plus en plus poussé. La notion de mouvement continu est le corollaire de la conception philosophique du *ewiges Werden* (« éternel devenir »), correspondant à l'expansion perpétuelle de Hegel. Musicalement, cette fluidité se reflète dans les lignes ondoyantes du contrepoint. Ainsi, le chromatisme d'un côté, le contrepoint de l'autre, traduisent-ils bien la volonté cinétique de l'esthétique musicale allemande du début du XXe s.

Le postromantisme allemand

Quand Wagner mourut, en 1883, sa grande ombre se projeta sur toute l'Allemagne musicale et l'impact de son œuvre fut si considérable qu'aucun jeune compositeur germanique d'alors ne put y échapper. Par ailleurs, sa musique triomphante, sublime et grandiose, fut vite considérée – à tort ou à raison – comme le symbole sonore d'une nation victorieuse, sûre d'elle-même et qui, grâce à sa récente unification, venait de se hisser au rang des toutes premières puissances mondiales. En ce XIXe s. finissant, Wagner était considéré comme l'idole de son pays. Musicalement, son prestige immense n'était contrebalancé que par ce Viennois d'adoption qu'était Brahms. Et c'est en général sous l'influence conjointe de ces deux géants – Wagner et Brahms – que plusieurs générations de compositeurs mûrirent leur talent. On comprend que le poids encombrant de tels créateurs ait rendu difficile la recherche d'une originalité individuelle. En fait, l'esthétique brahmso-wagnérienne domina toute l'Europe centrale jusqu'à la Première Guerre mondiale, et les plus marquants des compositeurs de ce temps n'en changèrent point les lignes de force dominantes, tout en y apportant des variantes personnelles.
L'esthétique essentielle de cette époque est celle d'un romantisme qui n'en finit pas d'agoniser. Elle se colore toutefois de deux nuances qui n'appartiennent pas à proprement parler au mouvement romantique : d'un côté, l'exubérance virile et proliférante d'un grand nombre d'œuvres postromantiques – qui se

traduit aussi bien par des orchestres aux effectifs gonflés à l'extrême que par la démesure de certains développements symphoniques –, en parallèle avec la sorte de confiance béate des classes dirigeantes wilhelmiennes, cachant en fait certaines lézardes.

Par ailleurs, on retrouve souvent la nostalgie, la mélancolie d'automne d'une culture qui sent sa fin approcher et ne sait comment lui redonner une impulsion nouvelle.

Dans le domaine technique, on assiste à une intensification du chromatisme qui renchérit sur celui du *Tristan* (1859) de Wagner et même sur celui, plus intense encore, des *Variations sur « Weinen, Klagen »* (1862) de Liszt. Il s'accompagne de modulations de plus en plus précipitées qui – vers 1910 – aboutiront à l'atonalité. À part de rares exceptions, la musique allemande de cette époque est encore très réfractaire à la modalité et au pentatonisme ainsi qu'aux rythmes exotiques et nouveaux. Curieusement, l'évolution des accords ne va pas de pair avec l'émancipation du langage. On reste surpris de constater que les compositeurs les plus audacieux n'emploient qu'avec une extrême prudence des accords plus complexes que ceux de Wagner. Mais ils les baignent dans un environnement qui, souvent, leur confère une apparence nouvelle.

En ce qui concerne les musiciens, une remarque préliminaire s'impose. Pendant près d'un demi-siècle, entre 1813 (date de naissance de Wagner) et 1860, il ne naît sur la terre germanique que deux grands créateurs : Bruckner (né en 1824) et Brahms (né en 1833). Puis, brusquement, on assiste à une éclosion assez importante. En effet, en l'espace de treize ans, cinq compositeurs de grande valeur voient le jour l'un après l'autre : Mahler (1860), Hugo Wolf (1860), Richard Strauss (1864), Pfitzner (1869) et Max Reger (1873). À l'exception de Hugo Wolf, encore profondément ancré dans le XIXe s., tous ces musiciens voient leur activité créatrice se déployer de la fin du XIXe s. jusque assez avant dans le XXe s. En ce sens, ils sont les parfaits contemporains de Debussy (1862-1918) : ils terminent le siècle précédent et ouvrent le nôtre.

Gustav Mahler

Personnalité contradictoire, tourmentée, d'une éthique élevée, habitée par une volonté messianique, Gustav Mahler a vécu intensément et avec déchirement le crépuscule d'un romantisme auquel il était attaché par toutes les fibres de son être, mais qu'il savait appartenir déjà au passé.

Gustav Mahler (1860, † 1911)

Repères biographiques

1860	Naissance à Kalischt (Kaliště), en Bohême (le 7 juillet)
1875-1878	Études au conservatoire de Vienne
1888-1891	Directeur de l'opéra de Budapest
1891-1897	Premier chef d'orchestre à Hambourg
1897-1907	Directeur de l'opéra de Vienne
1911	Mort à Vienne (le 18 mai)

Avant de parler du compositeur, il faut dire un mot du chef d'orchestre, car c'est à ce titre surtout que, de son vivant, G. Mahler eut une célébrité universelle. Ayant débuté dans des villes de province – et ce dans des conditions de travail innommables, comme à Laibach (Ljubljana) et Olmütz (Olomouc) –, il fit une ascension rapide qui, en passant par Prague, Leipzig, Budapest et Hambourg, le mena à la direction de l'opéra impérial de Vienne. Il conféra à celui-ci pendant dix ans (1897-1907) un éclat incomparable, qui ne fut retrouvé qu'après la Seconde Guerre mondiale sous le « règne » de Karajan. Parallèlement, il mena une carrière internationale avec, entre autres, des tournées en Russie et en Amérique. Cette profession l'absorbait beaucoup ; aussi, à partir de 1899, passait-il régulièrement ses mois de vacances, l'été, en Carinthie, au bord du *Wörthersee*, où il avait acheté une villa. C'est dans cette « *splendid isolation* », comme il aimait à le dire, qu'il retrouvait son monde intérieur et pouvait composer à loisir. L'univers spirituel qui l'habitait était complexe. Né dans une famille juive pauvre, Mahler se sentit rapidement attiré vers le catholicisme, auquel il se convertit. Toutefois, son domaine métaphysique englobait à la fois le judaïsme et le christianisme, auxquels il ajoutait une croyance à l'éternel retour et à la réincarnation, débouchant sur une sorte de panthéisme cosmique aux contours assez flous. En fait, Mahler était un inquiet, qui interrogeait constamment l'univers, et sa musique en traduit les diverses réponses. N'a-t-il pas écrit lui-même : « Mon besoin de m'exprimer d'une manière musicalo-symphonique commence seulement là où règnent les sentiments obscurs, à la porte qui conduit dans l'"autre" monde » ? Ou encore : « Un reste de mystère reste toujours – même pour le créateur » ?

Symphoniquement, Mahler est profondément marqué par Bruckner – qui fut son protecteur et son ami – ainsi que par Wagner pour lequel il avait une vénération immense. Mais par-delà ces deux grands créateurs, c'est à Beethoven, maître inégalé de la symphonie, qu'il retournait toujours. Son ambition fut de faire une synthèse du style de ces trois compositeurs avec la volonté d'achever ce que Beethoven avait préparé et inauguré dans sa *IXe Symphonie* : c'est-à-dire de parfaire le principe de croissance organique qui se développe peu à peu pour culminer en apothéose dans le final. Cela explique les proportions parfois démesurées de certaines des œuvres de Mahler. L'influence de ces compositeurs est compensée et équilibrée par celle de Schubert, qui lui permet d'introduire dans ses grandes architectures un élément original.

En effet, la production symphonique mahlérienne est caractérisée par une antinomie lied-symphonie qui lui est absolument personnelle et qui lui fut souvent reprochée. Pourtant, il s'agit là des deux aspects complémentaires de son âme profonde. Le lied est l'élément subjectif qui correspond à l'expression intérieure, il est le miroir de l'âme du compositeur et introduit dans le déroulement architectural un moment de détente et de repos, de méditation aussi. Le style symphonique permet de traduire musicalement l'antinomie du monde matériel et du monde idéal : Mahler a une volonté de spiritualiser le monde sensible, mais il se trouve dans la position tragique d'un être d'élite qui n'arrive pas à concilier les bassesses du monde matériel avec ses aspirations idéalistes. Aussi son problème essentiel sera-t-il de tenter une synthèse entre les passages à base de lieder – qui souvent apparaissent comme des corps étrangers – et ce qui est proprement symphonique. Et l'on peut dire qu'à partir de la *Ve Symphonie* il y réussit de mieux en mieux et que, dans sa *IXe*, il obtient la fusion parfaite.

Quant à la thématique employée, elle est fort diversifiée et parfois déroutante. Sous l'influence de Schubert, le compositeur recourt souvent au folklore austro-allemand, parfois bohémien, et écrit des mélodies pleines de jeunesse et de naïveté dont le diatonisme fluide tranche sur le chromatisme généralement employé à l'époque. Mais il emploie tout aussi bien des marches de style « pompier » – lui rappelant ses souvenirs de jeunesse – ou des tournures vulgaires et banales, ou bien encore des réminiscences de danses et de refrains divers. Bref, on a souvent affaire à un bric-à-brac, mais qui

Gustav Mahler

Principales œuvres

10 symphonies

	Composition	Création	
I en *ré* majeur	1888	Budapest	1889
II en *ut* mineur	1894	Berlin	1895
III en *ré* mineur	1896	Krefeld	1902
IV en *sol* majeur	1900	Munich	1901
V en *ut* dièse mineur	1902	Cologne	1904
VI en *la* mineur	1904	Essen	1906
VII en *mi* mineur	1905	Prague	1908
VIII en *mi* bémol majeur	1906	Munich	1910
IX en *ré* majeur	1910	Vienne	1912
X en *fa* dièse majeur (inachevée)			
1er mouvement	1910	Vienne	1924
Kindertotenlieder	1904	Vienne	1905
Das Lied von der Erde	1908	Munich	1911

correspond parfaitement à la volonté d'expression globale du compositeur : Dieu, l'amour et la nature sont brassés comme dans un immense kaléidoscope.

En ce qui concerne le contenu intrinsèque des œuvres, une grande controverse s'est élevée entre les partisans d'une musique pure – comme Guido Adler, Paul Bekker et Theodor Adorno – et ceux d'une musique à programme, qu'elle soit réellement exprimée ou ésotérique – comme tout récemment encore Constantin Floros. Il semble bien qu'il s'agisse en grande partie d'un malentendu sur le mot lui-même. Si, par « programme », on entend un sujet littéraire qui doit être commenté par la musique – comme cela arrive souvent chez Richard Strauss –, il n'y en a pas chez Mahler. En revanche, si l'on entend la présence de sentiments, d'idées et de mots clés antérieurs à la création, alors oui, il y a un programme chez Mahler. N'a-t-il pas dit lui-même que « depuis Beethoven, il n'y a pas de musique moderne qui n'ait son programme interne. Mais aucune musique n'a de valeur si, auparavant, l'auditeur doit être informé de ce qui est vécu – ou sur ce que lui-même doit ressentir » ?

1900 marque un tournant important dans l'évolution créatrice de Mahler. En effet, les quatre premières symphonies sont toutes accompagnées d'un programme et – à l'exception de la première – font intervenir la voix humaine, en puisant dans le texte du *Knaben Wunderhorn* (« Le Cor magique de l'enfant »). Les suivantes – à l'exception de la huitième et du *Lied von der Erde* (« Chant de la terre ») – sont purement instrumentales, tout en incorporant des thèmes pris dans des lieder antérieurement composés. Parallèlement, on remarque une décantation qui se traduit par une orchestration allégée ainsi que par une courbe mélodique souvent diatonique et apaisée, comme dans le sixième mouvement (*Der Abschied*, « L'Adieu ») du *Chant de la terre*.

Richard Strauss

Parmi les très grands compositeurs de son temps, Richard Strauss – qui vécut fort vieux et dont la veine créatrice se prolongea au-delà de la Seconde Guerre mondiale – représente un cas extrêmement particulier : celui d'un homme qui va à contre-courant de l'évolution générale du langage musical. D'« avant-gardiste », ce qu'il fut jusqu'en 1908, il se transforma en « conservateur » et retourna à un passé classique. Cette démarche lui fut violemment reprochée, mais ne témoigne-t-elle pas d'une étonnante personnalité qui refuse de se plier aux diktats de la mode ?
La longue carrière artistique de Richard Strauss se divise en trois périodes.

Jeunesse sous le signe de Mendelssohn

Né à Munich d'un père qui fut un célèbre corniste, le jeune Strauss est élevé dans le respect de la tradition.
Les modèles du compositeur sont Mozart et plus encore Mendelssohn. Sa *Symphonie en ré* de 1881 reflète bien ce stade.

Romantisme sous le signe de Wagner

C'est en 1884 que Strauss rencontre Hans von Bülow qui devient son protecteur et le fait venir à Meiningen, en 1885, comme second chef d'orchestre. Et c'est dans cette ville, toujours en 1885, qu'il fait la connaissance d'Alexander Ritter – disciple et ami de Wagner et de Liszt –, qui devait l'initier aux œuvres de ces deux maîtres et faire de lui un adepte de la *Zukunftsmusik* (« musique de l'avenir »). C'est à ce moment que se placent le tournant décisif de son

évolution créatrice et son engagement auprès des « progressistes » ; c'est également à ce moment qu'il nous livre ses premières œuvres personnelles. En effet, après la belle réussite de *Aus Italien* (1886), le jeune compositeur de vingt-quatre ans donne un coup d'envoi prodigieux avec son *Don Juan* dont la virtuosité orchestrale, la générosité mélodique et le pétillement d'idées se mêlent en un brillant feu d'artifice. Ce sera le point de départ d'une superbe série de poèmes symphoniques qui enrichissent le répertoire permanent de tous les grands orchestres symphoniques du monde.
Après s'être familiarisé avec la musique instrumentale, Strauss s'attaque au domaine de l'opéra et – après deux essais infructueux – marque une étape supplémentaire dans l'audace avec *Salomé* qui devait déchaîner l'indignation aussi bien que l'enthousiasme : violence et crudité du langage et de l'action, dissonances audacieuses, modulations permanentes, effets polytonaux. *Elektra* (1908) poursuit dans cette même voie en l'accentuant encore, surtout par son sujet très violent et confinant à l'hystérie (avec la folie d'Elektra dans la scène finale) et par le choix d'un leitmotiv polytonal qui représente l'une des plus grandes audaces du compositeur.

Assagissement classique sous le signe de Mozart

Puis, soudainement, nous assistons à une rupture brutale, inattendue et surprenante : arrivé au paroxysme de la violence, le compositeur fait une volte-face impromptue et nous offre, avec *Der Rosenkavalier,* « Le Chevalier à la rose », une comédie viennoise, légère et charmante, représentant une curieuse synthèse entre Wagner et Mozart, ce dernier mâtiné d'une pointe de Johann Strauss. Effrayé sans doute lui-même par les surenchères toujours plus grandes de ses harmonies et par la hardiesse toujours plus accusée de ses sujets, le compositeur estime qu'il y a une barrière qu'on ne peut impunément franchir sans sortir du domaine de la musique ; et c'est ainsi qu'il coupe court brusquement à sa carrière de *Zukunftsmusiker* pour retourner en plein âge mûr – il a 46 ans en 1910 – vers le dieu de sa jeunesse : le divin Mozart.
Strauss inaugure ainsi sa troisième et dernière période créatrice qui correspond à une sorte de néoclassicisme, bien différent de celui du Stravinski de *Pulcinella* ou des Français de l'entre-deux-guerres. En fait, ces derniers sont des néobaroques, et ce n'est que par un glissement sémantique prêtant à confusion qu'ils sont dénommés néoclassiques, alors que Strauss, lui, en est un authentique ! Il est

Richard Strauss (1864, † 1949)

Repères biographiques

1864	Naissance à Munich (le 11 juin)
1885	Chef d'orchestre à Meiningen, amitié avec Alexander Ritter
1896-1898	Premier chef d'orchestre à l'opéra de Munich
1898-1918	Premier chef d'orchestre de l'opéra de Berlin
1908-1918	Directeur général de la musique de Prusse
1919-1924	Directeur de l'opéra de Vienne
1945-1949	Séjour en Suisse
1949	Retour dans sa villa de Garmisch
1949	Mort à Garmisch-Partenkirchen (le 8 septembre)

même le seul sans doute de son époque, puisqu'il s'alimente aux sources du classicisme viennois. Mais, comme il n'arrive jamais à oublier complètement Wagner, son style reste toujours mêlé de néoromantisme.

Dans son opéra suivant, *Ariane à Naxos*, Strauss réduit son orchestre aux proportions d'une formation de chambre et, par son mélange d'éléments *buffa* et *seria,* obtient la réussite sans doute la plus parfaite de son nouveau style.

À l'extrême fin de sa vie, le compositeur revient à la musique pure de sa première jeunesse. Ses *Métamorphoses* pour 23 instruments à cordes, fondées sur le thème de la marche funèbre de la *Symphonie héroïque* de Beethoven, représentent une sorte de testament musical caractérisé par la synthèse entre un romantisme assagi et un classicisme entièrement assimilé.

Genres et formes

La sphère d'intérêt compositionnel de Strauss concerne deux grands genres.

Jusque vers 1903, Strauss se consacre principalement à la composition de poèmes symphoniques ou de symphonies à programme. Fidèle à la conception lisztienne, il éprouve le besoin – à la différence de Mahler – d'avoir un « sujet » ou un texte littéraire qui étaye son inspiration.

Puis, à partir de 1905, avec *Salomé*, Strauss se tourne vers l'opéra, qui, désormais, retiendra exclusivement son attention avec, dans

Richard Strauss
Principales œuvres

10 poèmes symphoniques (ou assimilés), dont :
Don Juan 1888
Tod und Verklärung 1889
Till Eulenspiegel 1895
Also sprach Zarathustra 1896

15 opéras, dont :

	Composition	Création	
Salomé (livret d'après O. Wilde)	1904-05	Dresde	9.12.1905
Elektra (livret de Hofmannsthal)	1906-08	Dresde	25.1.1909
Der Rosenkavalier (Hofmannsthal)	1909-10	Dresde	26.1.1911
Ariadne auf Naxos (Hofmannsthal)	1911-16	Vienne	4.10.1916
Die Frau ohne Schatten (Hofmannsthal)	1914-17	Vienne	10.10.1919
Capriccio (Cl. Krauss et R. Str.)	1940-41	Munich	28.10-1942

une moindre mesure, le ballet. De même qu'il avait précédemment écrit pour l'orchestre des œuvres à grand succès, il va maintenant livrer aux grandes scènes internationales une série d'opéras qui s'imposeront très vite et dont certains sont toujours parmi les plus célèbres du répertoire international. Parallèlement à ces deux domaines principaux, Strauss compose tout au long de sa vie une grande quantité de lieder d'une qualité fort inégale.

Dans le domaine de l'opéra, le compositeur portait particulièrement son attention à la mélodie, à la polyphonie et au sens dramatique. Strauss considérait la mélodie comme l'élément primordial de la musique, et son culte de Mozart a contribué à accentuer encore l'importance qu'il lui attachait. Les aspects de sa mélodie sont extrêmement variés : bel canto, chromatisme postwagnérien, récitatif, *arioso.* Quant à la coupe, elle passe du continu au discontinu, oscillant entre la mélodie continue de Wagner et le principe à

numéros séparés cher à Mozart. L'harmonie est parfois audacieuse, mais repose presque toujours sur des structures simples. Celles-ci sont pourtant parfois difficiles à retrouver, en raison d'une écriture horizontale qui peut être importante. Strauss pensait que le contrepoint était une vertu germanique. En fait, il prolongeait dans ce domaine la tradition de Bach, du dernier Mozart, de certaines œuvres de Beethoven et de Wagner. Les modulations sont parfois fonctionnelles, mais, le plus souvent, elles sont là pour un effet de couleur, ou encore résultent du jeu des lignes polyphoniques chromatiques.
Strauss attachait une grande importance au sens dramatique dans ses opéras. En général, ses livrets, dont un grand nombre dus au grand écrivain Hugo von Hofmannsthal, sont excellents. Les sujets traités sont essentiellement réalistes et concrets car Strauss s'intéresse avant tout au comportement et au psychisme de ses personnages. Enfin, tout comme Mahler, Strauss fut un brillant chef d'orchestre fêté dans le monde entier.

Max Reger

Mort subitement à la fleur de l'âge, à 43 ans, pour avoir trop aimé la bière et les saucisses, Max Reger fut un bon vivant. Mais cet aspect extérieur est fort trompeur. La vie spirituelle de Reger était en fait très intense, soutenue par une profonde croyance religieuse et une certaine angoisse devant les grands problèmes métaphysiques. Cette disposition le rapprochait de Mahler – avec lequel il n'eut aucun contact – et l'éloignait de Strauss, à qui il vouait à la fois admiration et amitié. Mais, alors que ces deux maîtres étaient des chefs d'orchestre adulés, habitués aux faveurs du public, alors que leur génie créateur se sentait surtout à l'aise dans le maniement des grandes masses – instrumentales ou chorales, ou encore scéniques –, Reger mena une vie infiniment plus modeste d'organiste, de professeur, occasionnellement de chef d'orchestre, et, comme compositeur, il s'intéressa principalement à l'instrument soliste (en particulier l'orgue) ou aux formations réduites de musique de chambre.
Ayant reçu une très solide formation d'organiste, il était naturel que Reger se tournât vers ce maître par excellence de l'orgue qu'était J.-S. Bach. Mais, à l'inverse d'un Wagner ou d'un Mahler, Reger pénétra en profondeur la signification spirituelle aussi bien que l'ensemble des particularités techniques d'une production dont il affirmait qu'elle était « le commencement et la fin de toute

musique ». En ce sens, il s'éloigne de l'ensemble de ses contemporains, faisant abstraction du XIXe s., et même de Mozart, pour retrouver le « vieux maître » qui enseignait que l'on devait donner d'abord le primat à la solidité artisanale du métier. Cette influence profonde exercée par Bach se traduit par un goût prononcé pour les polyphonies complexes, la remise à l'honneur de formes tombées en désuétude comme la fugue, ou encore par le souci de mettre en relief la mélodie chorale dans les grandes œuvres d'orgue. Toutefois, jamais Reger ne tombe dans le travers de l'épigone au style académique. Du reste, trop insister sur la grande influence de Bach sur Reger pourrait induire en erreur et donner une image fausse du compositeur. En effet, l'influence conjointe de Wagner et de Brahms vient se joindre à la première, nous rappelant que Reger est bien le fils de son temps et de sa sphère culturelle. Son originalité fut d'avoir ressuscité les grandioses polyphonies baroques, tout en les habillant d'harmonies riches et diversifiées qui s'enchaînent par des modulations savantes et subtiles. Celles-ci, toutefois, ne sortent jamais du cadre de la tonalité, à laquelle Reger était très attaché. En fidèle élève et disciple de Hugo Riemann, il en appliqua les principes, tout en les développant dans son ouvrage théorique *Beiträge zur Modulationslehre*, « Contributions à l'enseignement de la modulation », de 1903.
Le point le plus faible de la musique de Reger est sans doute celui de la forme. Entraîné par une imagination débordante et par une vitalité exubérante, il entasse les contrepoints, surcharge l'écriture, enfle et boursoufle les diverses sections. Sans doute n'est-il pas le seul à procéder ainsi. Mais un Mahler ou un Strauss avaient à leur disposition des effectifs énormes qui leur permettaient de diluer leur impétuosité, tandis que le drame de Reger fut d'être habité par la même énergie dynamique, mais de la déverser dans le cadre étroit de la musique de chambre et des formes anciennes. Aussi n'est-il pas surprenant que ses meilleurs réussites soient celles où il est freiné par un thème mélodique imposé, que ce soit celui du choral dans ses grandes *Fantaisies* pour orgue ou celui de la mélodie choisie dans ses nombreuses *Variations* sur un thème donné.
L'évolution stylistique du compositeur n'est pas uniforme. Après une période peu personnelle d'apprentissage qui se termine vers 1898, on assiste à une véritable explosion de sa force créatrice, en particulier dans ses sept grandioses *Fantaisies de choral* pour orgue, qui sont de véritables poèmes symphoniques représentant sans doute l'apport le plus important à la littérature de l'instrument depuis Bach. Vers 1910-1911 se dessinent un assagissement progressif et un retour vers

Max Reger (1873, † 1916)

Repères biographiques

1873	Naissance à Brand, en Bavière (le 19 mars)
1901	Vient s'établir à Munich
1907	Directeur de la musique à l'université et professeur de composition au conservatoire royal de Leipzig
1911-1914	Chef d'orchestre de la chapelle de la cour de Meiningen
1916	Mort à Leipzig (le 11 mai)

Principales œuvres

7 Fantaisies de choral pour orgue 1898-1901
Variations et fugue sur un thème de J. A. Hiller 1907
Psaume 100 pour chœur et orgue 1909
Ve Quatuor à cordes en *mi* bémol majeur 1909
VIe Quatuor à cordes en *fa* dièse mineur 1911
Variations et fugue sur un thème de W. A. Mozart 1914

une relative simplicité, peut-être à la suite des expériences faites à la tête de l'orchestre de Meiningen. C'est alors qu'il nous donne ses œuvres les plus parfaites comme les *Variations sur un thème de Mozart* (pris à la *Sonate pour piano en la* K 331) ou les deux derniers *Quatuors à cordes*. C'est également dans les œuvres de cette dernière période que l'on rencontre des mélanges de chromatisme et de modalité curieux et inattendus, au charme étrange.

La musique de Reger a exercé une influence importante en Europe centrale et continue à y jouir d'un prestige considérable. Mais elle attend toujours son heure dans les pays latins.

Hans Pfitzner

Placé au pinacle dans l'Allemagne d'avant la dernière guerre, Pfitzner (1869, † 1949) a des points communs avec Richard Strauss, en ce sens qu'il est également tourné vers le passé et se considère comme le dernier représentant de la grande tradition romantique de son pays. Mais il n'a point la superbe et l'extraordinaire savoir-faire de son rival heureux qui, d'un coup de baguette magique, savait clouer le bec à ses détracteurs. Strauss, c'est le passé rehaussé par le piment d'une recette personnelle. Pfitzner, c'est le passé prudemment mis à jour. Cela ne l'empêche point d'avoir des qualités indéniables et de nous donner des œuvres souvent attrayantes, parfois même originales et puissantes.

Influencé à la fois par Schumann et Wagner, Pfitzner a su rapidement se créer un style personnel. Sa cantate *Von Deutscher Seele,* « De l'âme allemande », sur des textes d'Eichendorff, et son oratorio *Das dunkle Reich,* « l'Empire obscur », comptent parmi ses meilleures réussites. Son ouvrage lyrique *Die Rose vom Liebesgarten,* « La Rose du jardin d'amour », montre, curieusement, des passages assez proches des raffinements debussystes. Mais son œuvre maîtresse est sans doute l'opéra *Palestrina* dans lequel il projette sa propre psyché : le maître italien qui – d'après le livret, non conforme à la vérité historique – sauve la polyphonie religieuse au moment du concile de Trente est un double de Pfitzner, appelé à sauver la musique dans un monde sans âme.

Pfitzner fut également un polémiste violent qui lutta avec acharnement contre les tendances modernistes de la musique de son temps, en particulier dans sa collection d'écrits *Die neue Ästhetik der musikalischen Impotenz,* « La Nouvelle Esthétique de l'impuissance musicale ».

Après avoir connu une relative gloire dans son propre pays, Pfitzner y est de nos jours passablement oublié. À l'étranger, il n'a jamais véritablement réussi à s'imposer et il ne semble guère qu'une renaissance de son œuvre soit possible de nos jours.

Si les quatre compositeurs précédents représentent les personnalités les mieux dessinées du postromantisme allemand, plusieurs de leurs contemporains eurent de leur vivant une gloire parfois considérable : en particulier Engelbert Humperdinck, auteur d'*Hänsel und Gretel* (1893).

L'impressionnisme musical français et son environnement

Le renouveau de la musique française prend son envol vers 1870 grâce à l'action conjointe et complémentaire de ces deux grands protagonistes que furent César Franck et Camille Saint-Saëns ; il s'accentue avec leurs disciples : d'Indy d'un côté, Fauré de l'autre. Vers 1890, une nouvelle génération de compositeurs, nés entre 1860 et 1875, commence à imprimer sa marque personnelle sur le devenir musical, en particulier grâce à ses audaces et raffinements harmoniques, son refus de la tension chromatique postromantique, son emploi délibéré des mélodies modales et son ouverture sur les musiques exotiques. Parallèlement au mouvement littéraire symboliste et peu après l'impressionnisme en peinture, une nouvelle esthétique musicale se dégage, qui correspond à une autre façon de sentir. C'est ce que – faute de mieux – on a baptisé « impressionnisme musical ».

Parmi les nombreux compositeurs du tournant du siècle, une figure émerge, s'impose à l'attention et capte à son profit l'essentiel de ce nouveau mouvement.

Claude Debussy

Il est usuel de considérer Debussy comme le grand révolutionnaire du langage musical à l'aube du XXe s. De ce point de vue, on le compare souvent à Stravinski et à Schönberg. Mais c'est oublier que, d'un côté, Debussy appartient à une génération antérieure encore profondément ancrée dans le XIXe s. et que, de l'autre, il ne supprime jamais les piliers fondamentaux de l'écriture traditionnelle.

Dans une optique différente, et surtout depuis ces dernières décennies, on situe volontiers Debussy dans le prolongement de Wagner, alors qu'auparavant on insistait surtout sur ce qui oppose les deux compositeurs. Effectivement, pendant longtemps, on a considéré le *Tristan* de Wagner comme le point terminal de l'évolution du langage tonal classique et Debussy comme celui qui – pour sortir de l'impasse – se serait tourné vers la modalité. Avec le recul actuel, il semble bien, pourtant, que l'art de Debussy, malgré toute sa nouveauté, s'inscrit davantage dans une filiation avec Wagner plutôt que dans une rupture.

C'est finalement plus une différence d'attitude et de caractère qu'une divergence fondamentale qui sépare les deux compositeurs. Du reste, les néoclassiques d'après la Première Guerre ne s'y trompaient point, et Cocteau, rapprochant les deux compositeurs, a pu écrire dans *Le Coq et l'Arlequin* (1918) : « *Pelléas,* c'est de la musique à écouter dans les mains. Toute musique à écouter dans les mains est suspecte. Wagner, c'est le type de musique qui s'écoute dans les mains. »

Claude Debussy (1862, † 1918)

Repères biographiques

1862	Naissance à Saint-Germain-en-Laye (le 22 août)
1881-1882	Deux voyages en Russie
1888-1889	Pèlerinages à Bayreuth
1892	Début de l'amitié avec Ernest Chausson
1893	Début de l'amitié avec Pierre Louÿs
1903	Chevalier de la Légion d'honneur (le 1er février)
1910	Début de l'amitié avec Stravinski
1913	Debussy dirige à Moscou et à Saint-Pétersbourg
1918	Mort à Paris (le 25 mars)

En fait, Debussy reste un novateur qui élargit le langage de ses prédécesseurs mais ne rompt pas avec lui, comme le fait Schönberg. Il ne procède pas non plus à une rupture esthétique barbaro-primitive comme Stravinski. Psychologiquement, toutefois, il se sépare profondément de Wagner et de ses successeurs. Ceux-ci avaient une conception dynamique de la musique héritée du romantisme, tandis que Debussy adopte une norme statique et contemplative déjà répandue en France, mais qu'il accentue fortement.

Il y a là deux esthétiques en présence. Dans le romantisme, l'individu est au centre du monde et la nature reflète et exprime ses passions. Il en résulte une notion panthéiste d'un monde animé et en mouvement. Dans l'impressionnisme, l'individu est également au centre du monde et de la nature, mais celle-ci est souveraine et le compositeur ne fait qu'enregistrer et subir les impressions : d'où la notion d'un univers statique et immobile, proche d'un tableau pictural.

Dans le cas particulier de Debussy, son attirance vers la contemplation immobile est renforcée par son goût pour les arts d'Orient – en particulier pour la musique javanaise, dont il eut la révélation à l'Exposition universelle de 1889 – et pour les œuvres du peintre japonais Hokusai. Mais, plus que la volonté de substituer une conception statique au dynamisme allemand, son grand mérite fut de trouver les moyens techniques et formels les plus adéquats à la réalisation d'un tel projet.

Outre l'impressionnisme, un courant artistique imprégna fortement l'art debussyste : le symbolisme. Succédant au réalisme et au naturalisme asservissant l'art à la réalité prosaïque, le symbolisme – qui prend une grande ampleur entre 1880 et 1900 – considère l'art comme un moyen de parvenir au monde surnaturel nous révélant la beauté pure et la vérité. Mais pour y parvenir, il faut délaisser ses facultés intellectuelles afin de laisser le champ libre à l'intuition et à l'imagination ; par ailleurs, il est préférable de suggérer que de décrire. Dans une telle conception, la musique devient l'art prépondérant : « De la musique avant toute chose / Et pour cela préfère l'impair / Plus vague et plus soluble dans l'air / Sans rien en lui qui pèse ou qui pose », conseille Verlaine dans son *Art poétique* de 1884. Aucun musicien n'a mieux que Debussy traduit musicalement cet idéal. Ainsi donc, impressionnisme et symbolisme sont les deux éléments essentiels de son esthétique et – dans son œuvre – ils se rejoignent et se fondent en une symbiose parfaite.

L'évolution du style

L'évolution stylistique du compositeur est facile à cerner et présente trois volets dont la partie centrale est, de loin, la plus importante. On distingue d'abord une période d'assimilation et de lente maturation qui est assez longue, puisqu'elle se prolonge au-delà de la trentième année. Aux influences de Franck et plus encore de Wagner – qui le subjugue avec son *Parsifal* – se joignent celles de Massenet et de Moussorgski. Le premier le marque plus que l'on ne le concède généralement : Debussy étudie soigneusement sa courbe mélodique sensuelle et caressante, dont il fut – pour reprendre les mots d'André Schaeffner – un « habile démarqueur ». En revanche, le second l'a peut-être moins influencé qu'on n'a voulu le dire. D'une part, ce n'est qu'assez tardivement que Debussy étudie sérieusement la partition de *Boris* : il la déchiffre en entier pour la première fois en 1893, chez Ernest Chausson, à Luzancy. D'autre part, il n'accepte qu'un aspect de l'esthétique du compositeur russe : celui qui lui permet de se « déwagnériser » et l'encourage à enfreindre les règles d'école – ce à quoi, du reste, il avait une propension naturelle ! Mais la conception de base des deux musiciens est fondamentalement différente : Moussorgski reste un réaliste aux oppositions franches, aux traits durs, aux couleurs vives et aux contrastes brutaux ; Debussy est attiré par le rêve, la douceur, les nuances et les pénombres. Cette première période se termine par le *Quatuor* qui – malgré sa perfection et son originalité – regarde

---

Claude Debussy
Principales œuvres

Nombreuses œuvres pour piano, dont :
12 *Préludes I* 1909-1910
12 *Préludes II* 1910-1913
12 *Études* 1915
Nombreuses mélodies
Plusieurs œuvres orchestrales, dont :
Prélude à l'après-midi d'un faune 1894
Nocturnes (Nuages, Fêtes, Sirènes) 1899
La Mer 1905
Images (Gigues, Ibéria, Rondes de printemps) 1911
Pelléas et Mélisande (texte de Maeterlinck) Paris 30.4.1902
Le Martyre de saint Sébastien (texte de D'Annunzio) Paris 22.4.1911

---

encore vers le passé par son procédé de transformation thématique et par son discours rhétorique.
C'est brusquement et par un coup d'envoi magistral que s'ouvre la deuxième phase. En effet, le *Prélude à l'après-midi d'un faune* nous plonge d'emblée dans cet univers de rêves, de chatoiements, de sensations raffinées et multiples qui va se prolonger pendant près de vingt ans et subjuguer le monde. *Pelléas* marque à la fois une sorte d'apogée et un tournant dans les facultés créatrices du compositeur en synthétisant toutes les acquisitions de son langage qui, ici, paraissent totalement assimilées. *La Mer, Ibéria* et les deux recueils de *Préludes* pour piano prolongent somptueusement cette période d'épanouissement. Mais dès avant 1910, un reflux s'opère, amorcé par les *Trois Chansons de Charles d'Orléans* et les *Trois Ballades de François Villon.*
Abandonnant progressivement ce qui avait fait son unique et incomparable originalité, Debussy va se tourner de plus en plus vers les œuvres françaises du XVIIIe s. – en particulier celles de Couperin et de Rameau – pour tâcher d'en faire revivre la forme et l'esprit. Il opère ainsi un retour à une sorte de néoclassicisme personnel qui, il faut bien en convenir, ne l'amène pas aux sommets qu'il avait atteints précédemment.
Dans son langage musical, Debussy cristallise les audaces de ses prédécesseurs et les généralise. Il leur confère également une

présentation géniale qui emporte l'adhésion. En fait, il y a peu de traits de son écriture qui ne soient déjà chez tel ou tel de ses devanciers. Mais il assure une telle homogénéité à tant d'éléments divers qu'il force notre admiration.

Particularités techniques

L'harmonie. Le fait le plus frappant chez Debussy est la fréquence du parallélisme, qu'il soit en quintes à vide – plus rares qu'on ne pourrait croire –, en accords parfaits – très spécifiques de son style –, ou en accords de septième et de neuvième – dont le compositeur use avec beaucoup d'habileté. Parmi les accords nouveaux, remarquons les différentes septièmes et neuvièmes utilisées sur tous les degrés de l'échelle ainsi que l'apparition – encore timide – de l'accord de onzième naturelle. De même, les accords formés par étagements de quintes et de quartes apparaissent de-ci, de-là, mais, en définitive, restent rares. En revanche, les accords parfaits avec sixte ou neuvième ajoutée sont fréquents.

Dans le domaine de la syntaxe, Debussy conserve les piliers traditionnels fondamentaux, mais prend une liberté considérable dans les enchaînements, qui se font souvent pour leur sonorité ou l'imprévu de leurs juxtapositions : la notion de « couleur » l'emporte sur celle de fonction qui, toutefois, est conservée pour les grandes articulations. Une particularité debussyste est de supprimer l'usage classique qui consiste en l'alternance de la tension et de la détente ; à la place de cela, on rencontre des passages uniquement tendus ou instables auxquels succèdent d'autres uniquement détendus ou stables : c'est, en somme, un procédé par « alternances globales ».

La mélodie. Elle tend à se libérer de plus en plus de la contrainte harmonique, pour retrouver son indépendance ancienne, telle qu'elle existait au temps de la monodie. Debussy y attachait une grande importance et évoquait à ce sujet la « divine arabesque » des polyphonistes de la Renaissance et de Jean-Sébastien Bach.

Les échelles utilisées sont beaucoup plus variées qu'auparavant. Il y a d'abord la gamme par tons qui permet – comme disait le compositeur – de « noyer le ton », grâce à son ambiguïté tonale et à son flou.

Puis il y a le pentatonisme, privé d'attraction et propre aux atmosphères aériennes, suspendues et flottantes. Enfin, il y a les différents modes grégoriens dont Debussy use avec beaucoup de souplesse et d'habileté, tout en les pliant à ses propres intentions.

Le rythme. La liberté rythmique va de pair avec la liberté mélodique : suppression des carrures et des phrases symétriques. Toutefois, curieusement, on remarque une propension à la reprise fréquente de deux mesures en deux mesures. Malgré cela, le rythme est en général très varié, utilisé avec souplesse et donnant l'impression d'une grande fluidité.
Dans le domaine de l'architecture, Debussy renonce aux moules classiques, et il confère à chaque œuvre une forme propre. Par ailleurs, il cherche à en cacher les articulations, donnant à ses morceaux une apparence d'improvisation qui fait croire à une spontanéité qui n'est que le subterfuge d'un art raffiné.
L'impact de Debussy a été considérable pendant toute la première moitié du XXe s., d'abord en France, puis rapidement dans le monde entier. Son œuvre continue à être l'objet d'une grande admiration et d'études approfondies.

Maurice Ravel

Pendant longtemps, tandis qu'on voyait essentiellement dans l'art de Debussy le contraste qu'il formait avec celui de Wagner, l'art de Ravel était compris comme étant sous la dépendance et dans la prolongation de celui de Debussy. Désormais, on perçoit tout ce qu'il y a de commun entre Wagner et Debussy ; on saisit également beaucoup plus nettement tout ce qui sépare ce dernier de Ravel.

Debussy et Ravel

Les points communs ne manquent pas ; ce sont eux qui faussent notre appréciation. Ravel, comme Debussy, a évolué dans le cercle de la grande bourgeoisie, éprise d'un luxe raffiné et délicat. Tous deux ont aimé un environnement décadent et recherché, très « fin de siècle ». Tous deux ont eu une forte attirance pour l'exotisme et l'archaïsme en général, pour l'Espagne et les vieux maîtres français en particulier. Ravel partage aussi certaines tendances « impressionnistes » de son aîné, telles que le goût pour les tableaux sonores ou pour l'élément aquatique, ou encore les orchestrations chatoyantes et subtiles. L'œuvre pianistique des deux maîtres a également des interférences, que les musicologues se sont complu à exagérer mais qui n'en sont pas moins indéniables : on peut avancer qu'ils ont conjointement forgé un nouveau style pianistique au début du XXe s., Debussy s'inspirant davantage de Chopin, et Ravel davantage de Liszt.

Les différences n'en sont pas moins profondes, et elles sont d'autant plus accusées qu'elles se situent davantage au niveau de l'esthétique et surtout de la psyché personnelle qu'à celui de la technique. C'est ainsi que, si Ravel participe en partie de l'impressionnisme de Debussy, il ne reprend pas la composante symboliste de son esthétique. Il oppose aussi à son goût pour le flou, le vague et les contours imprécis celui du précis, du net et du percutant ; de même qu'il remplace son penchant pour le rêve, la fantaisie et l'imprévu par un esprit logique et cartésien, s'amusant même à calculer l'apparence de l'imprévu. Sur le plan psychologique, si les deux compositeurs ont une nature sensuelle, Debussy est plus instinctif, alors que Ravel est plus intellectuel. Il en résulte que chez le premier la chaleur de l'émotion est toujours sous-jacente – même quand elle est soigneusement cachée – tandis que le second prend un détachement objectif vis-à-vis de l'œuvre à créer, se traduisant par la froideur fondamentale de sa musique. Autrement dit : Debussy place l'émotion au-dessus du jeu, alors que Ravel place le jeu au-dessus de l'émotion. Et pourtant, on le sait, l'émotion était parfois forte chez Ravel qui pouvait fondre en larmes à l'audition du prélude de *Tristan ;* mais elle était muselée pour ne laisser place qu'à la pudeur et à la réserve, bien que parfois on la sente percer sous une sérénité apparente, comme dans *Daphnis et Chloé.*

Le style ravélien

Si l'on considère l'art ravélien en soi, on y relève aisément trois constantes qui lui confèrent sa propre originalité.

Il y a d'abord l'influence espagnole. À vrai dire, celle-ci n'est pas nouvelle, puisque *Carmen* (1875) de Bizet et *España* (1883) de Chabrier l'avaient déjà acclimatée en France. Mais chez Ravel, elle devient un élément personnel essentiel : rappelons que la mère du compositeur était une Basque de culture hispanique.

La première œuvre importante de Ravel est ainsi une *Habanera,* (1895) ; elle fut orchestrée plus tard pour devenir le troisième mouvement de la *Rhapsodie espagnole.* Sa dernière œuvre est encore un hommage à l'Espagne : *Don Quichotte à Dulcinée.* Bien des œuvres de caractère espagnol s'égrènent entre ces deux extrêmes. Rappelons que Debussy aussi s'est intéressé à l'atmosphère espagnole et qu'*Ibéria* fit l'admiration d'un Manuel de Falla.

Un autre élément omniprésent chez Ravel est celui de la danse. Sans doute est-il étroitement lié au précédent : toutes les partitions inspirées par l'Espagne sont, au moins en partie, proches de la danse.

Maurice Ravel (1875, † 1937)

Repères biographiques

1875 Naissance à Ciboure – Pays basque français – (le 7 mars)
1901 2e grand prix de Rome
1905 Scandale après le refus de le laisser monter en loge pour le concours de Rome
1933 Premiers symptômes du mal qui l'emportera
1937 Mort à Paris (le 28 décembre)

Mais celle-ci dépasse le cadre étroit de cette influence, dans l'espace comme dans le temps. Ravel se tourne aussi vers les danses du passé – celui de la France essentiellement – pour recréer l'atmosphère des XVIIe et XVIIIe s., comme dans *Le Tombeau de Couperin*. Par ailleurs, il manifeste à plusieurs reprises son amour de la valse qui, pour lui, est un hommage à Schubert et à Vienne. Enfin, sous l'influence de l'américanisme d'après la Première Guerre mondiale, il s'intéressa aux danses de son temps telles que le fox-trot, le blues et le rag-time.
La troisième constante de l'art de Ravel est le goût du merveilleux. Il correspond bien à son âme enfantine et candide, friande de contes de fées, de mythologie grecque et d'Orient. Parfois ce goût du merveilleux s'allie à celui de l'exotisme ; dans certains cas, il est lié à l'attrait des automates et des jouets mécaniques.
Sur le plan technique, on remarquera que le compositeur partage avec Debussy le goût du pentatonisme, des modes anciens et des rythmes exotiques, surtout espagnols. Mais il se sépare de lui dans son usage extrêmement restreint de la gamme par tons – qu'il juge trop floue et trop instable – et dans sa volonté de ne pas « noyer le ton », mais d'établir des tonalités nettes. Il recourt aussi volontiers aux dissonances acides et dures, alors que Debussy les « enveloppe » soigneusement. Enfin, il affectionne les lignes mélodiques claires et

M. Ravel, Daphnis et Chloé *(début).*

Maurice Ravel
Principales œuvres

Nombreuses œuvres pour piano, dont :
Jeux d'eau 1901
Sonatine 1905
Gaspard de la Nuit (Ondine, le Gibet, Scarbo) 1908
Le Tombeau de Couperin 1917

Nombreuses œuvres orchestrales, dont les ballets :
Daphnis et Chloé 1911
La Valse 1919
Boléro 1928

Spectacles lyriques :
L'Heure espagnole (texte de Franc-Nohain) 1907
L'Enfant et les Sortilèges (texte de Colette) 1925

faciles à retenir. Un exemple typique de l'alliance de modernisme et de tradition chez Ravel est le célèbre début de *Daphnis et Chloé* (voir ♪ p. précédente) : les entrées successives à la quinte, formant un audacieux échafaudage de 6 quintes superposées – trait « moderne » pour l'époque – se résorbent pour finir en un accord parfait amplifié de tonique (6ᵉ et 9ᵉ ajoutées) très rassurant.

Le style de Ravel a peu varié au cours de son existence. Si, à 30 ans, Debussy se cherchait encore, Ravel était déjà lui-même à 20 ans, encore qu'il restât à sa technique bien des progrès à faire. Ce n'est qu'après 1920 que le caractère dandy du compositeur s'accuse et que sa volonté un peu naïve d'être à tout prix « à la mode » l'entraîne vers des initiatives pas toujours heureuses, comme la recherche de la prouesse technique en soi, telle qu'elle se manifeste, à vrai dire magistralement, dans le *Boléro*.

Dans ses œuvres réussies, Ravel atteint facilement à une sorte d'idéal classique ; mais il peut aussi tomber dans le maniérisme rococo et la préciosité.

Paul Dukas

Rongé par un souci presque maladif de perfection, Paul Dukas (1865, † 1935) s'est arrêté de composer plus de vingt ans avant sa mort et n'a laissé qu'un nombre fort réduit d'œuvres. Mais celles-ci sont toutes d'une admirable qualité et l'on ne saurait y déceler la moindre faiblesse.

Éclectique – et, pour cette raison, difficile à « classer » –, le compositeur s'alimente aux sources les plus nobles : Shakespeare, Goethe, Hugo, Tolstoï et Maeterlinck en littérature ; Cézanne, Renoir et Van Gogh en peinture ; Rameau, Bach, Beethoven, Berlioz, Franck et Wagner en musique. Toutefois, il est symptomatique qu'il soit à la fois l'ami et l'admirateur de Debussy et de D'Indy. En fait, son style se tient à mi-chemin entre l'impressionnisme et le franckisme. D'un côté, Dukas aime les architectures bien équilibrées, grâce en particulier à une judicieuse juxtaposition des tonalités, conforme aux principes de Beethoven et de Wagner : c'est ce que Franck enseignait à ses disciples. Par ailleurs, il est sensible aux harmonies nouvelles et savoureuses, aux rythmes éclatants et aux orchestrations rutilantes : c'est ce que pratiquait Debussy.

Parmi les premières œuvres de Dukas, on relève le célèbre *Apprenti Sorcier* (1897), sorte de poème symphonique qui tend vers l'impressionnisme. Composée vers la même époque, sa *Symphonie en ut majeur* (1896), avec ses thèmes exposés, développés, puis réexposés, le ramène dans le clan des d'indystes. Mais cela n'est qu'une observation superficielle. En fait, Dukas est un indépendant qui possède une maîtrise remarquable et, selon le cas, oriente son œuvre dans telle ou telle direction avec une infaillible sûreté : car, chez lui, la logique et la raison l'emportent sur la sensibilité.

Bien que Dukas fût d'une extrême sévérité envers lui-même, son œuvre oscille entre deux pôles. Il y a d'une part le penchant pour l'austérité, qui se traduit essentiellement dans la superbe *Sonate en mi bémol mineur* (1901) et dans les admirables *Variations, interlude et finale sur un thème de Rameau* (1903), toutes deux écrites pour piano. C'est à nouveau l'influence beethovénienne que l'on y retrouve, mais complètement assimilée et adaptée à l'esprit français. D'autre part, il y a aussi, il y a surtout la chaude saveur d'un lyrisme abondant et la somptuosité des déploiements sonores. C'est ce que l'on trouve dans *Ariane* et dans *La Péri*. *Ariane et Barbe-Bleue* (1907), composé sur un texte de Maeterlinck, se ressent aussi bien par la technique de la voix que par le traitement symphonique des leitmotive de l'influence wagnérienne. N'oublions pas que le compositeur, dans sa jeunesse, recopia de sa main la partition d'orchestre de *Parsifal* tout entière. Mais le tissu harmonique – avec ses nombreux accords altérés de couleur impressionniste – et les chatoiements de l'orchestration lui confèrent une originalité absolue. On reste étonné qu'*Ariane*, qui domine de haut, avec *Pelléas*, la production lyrique française de son temps, soit si peu jouée. Le poème chorégraphique *La Péri* (1912) est de la même trempe, mais il a eu une carrière plus heureuse, aussi bien au concert qu'au théâtre ; peut-être en raison de la prodigieuse fanfare du début qui emporte l'adhésion même des plus hésitants.

Dukas eut une importante activité de critique musical : il se distingua en effet à la fois par son vaste savoir et par son extrême perspicacité. Par ailleurs, il tint une classe de composition au Conservatoire national (1928-1935) où il forma de nombreux compositeurs dont certains devinrent célèbres, comme Olivier Messiaen et Jehan Alain.

Albert Roussel

Ravel nous avait donné l'essentiel et le meilleur de lui-même avant la Première Guerre mondiale ; bien qu'il fût de six ans son aîné, Albert Roussel (1869, † 1937) ne s'est véritablement épanoui qu'après 1918. Cela est dû au fait qu'il commença ses études musicales à un âge où la plupart les terminent et que, par ailleurs, sa personnalité musicale fut lente à s'affirmer. Au cours d'une laborieuse activité créatrice de près de quarante années, son style n'évolua que très progressivement, sans à-coups, mais aussi sans retours en arrière.

Lorsqu'en 1904 Roussel entre à l'école Niedermeyer, Gigout, son professeur de contrepoint, ne tarde pas à s'apercevoir qu'il a « le génie de la fugue » ; il l'initie à Bach, à Mozart et à Beethoven. Quoi qu'on en ait dit, cette première influence fut aussi importante, sinon plus, que celle de la *Schola*. En effet, c'est en 1908 seulement que Roussel fit la connaissance de D'Indy qui lui enseigna l'histoire de la musique, la composition et l'orchestration. Toujours est-il que l'influence conjointe de Gigout et de D'Indy laissa sur lui une marque indélébile qui se traduisit par une grande solidité de métier et un goût prononcé pour les œuvres bien charpentées et d'« esprit » symphonique. Son *Trio en mi bémol* (1902) en reflète bien les caractéristiques essentielles : forme cyclique, développement à partir d'une cellule génératrice et lyrisme généreux. Mais, rapidement, Roussel subit l'attrait des sortilèges debussystes et son premier grand succès, le ballet *Le Festin de l'araignée* (1912), marque bien ce qui est plus qu'un clin d'œil à l'impressionnisme. Si Roussel en était resté à cette double attraction, sa démarche eût été assez proche de celle d'un Paul Dukas.

Or, pendant les quatre années de la Première Guerre, le musicien est principalement occupé par la composition de son opéra-ballet *Padmâvati* (1914-1918) qui marque une sorte de transition stylistique par ses recherches d'harmonies plus dures et plus audacieuses, par l'emploi de modes hindous et par la volonté de se dégager totalement des sirènes debussystes. Ce stade intermédiaire se prolongera pendant plusieurs années, comme en témoigne la *IIe Symphonie* (1919-1921) ; car notre compositeur est d'assimilation lente.

Ce n'est qu'après des années d'effort et de germination intérieure que Roussel réussit à faire la synthèse de tous les éléments absorbés, y ajoutant sa griffe personnelle. Avec la *Suite en fa* de 1926, ce stade d'ultime maîtrise semble atteint. Le musicien y pratique une sorte de néoclassicisme original qui évite les pièges du jeu gratuit et de la sécheresse. Au contraire, son lyrisme s'accuse dans ses dernières œuvres et finit par tout emporter dans un élan de profonde émotion, comme dans *Bacchus et Ariane* ou dans la *IVe Symphonie.* Cette dernière est caractéristique du dernier style du maître. Le scherzo déborde de verve éblouissante, de gaieté franche, d'équivoque rythmique entre le binaire et le ternaire et d'un hédonisme insouciant qui tend vers l'esthétique de Cocteau dans *Le Coq et l'Arlequin.* Mais l'adagio est tendre et rêveur, chargé d'une émotion intense. Quant au finale, il est de forme rondo.

Enfin, Roussel montre un goût prononcé pour les combinaisons rythmiques nouvelles qui fait penser à Stravinski et à Bartók. Par ailleurs, il pratique une grande flexibilité du *tempo* et supprime le rôle expressif du silence, se conformant ainsi à l'une des caractéristiques du néoclassicisme de l'entre-deux-guerres.

Florent Schmitt

Esprit fort cultivé, grand voyageur à la recherche du curieux et de l'inédit, Florent Schmitt (1870, † 1958) est resté avant tout, au cours d'une vie longue et laborieuse à l'activité sans faille, un indépendant qui se refuse à adhérer à un mouvement esthétique trop défini.

Ses premières grandes œuvres – le *Psaume XLVII* (1904) et la *Tragédie de Salomé* (1910) – vont à l'encontre des tendances françaises dominantes de l'époque. Par leur écriture contrapuntique, par leur déploiement des grandes architectures et par leur exubérance orchestrale, elles ont des affinités germaniques certaines qui font irrésistiblement penser à Richard Strauss. Mais si Schmitt est un romantique au lyrisme puissant, il est également capable de légèreté, d'élégance, de finesse, et il a un sens de l'humour et de la plaisanterie – avec un goût marqué pour les calembours – qui le rapproche de l'esprit gaulois le plus authentique et en fait un fils spirituel de Chabrier. Par-delà les diverses esthétiques, c'est entre ces deux constantes que son art oscille.

Parallèlement à son penchant pour l'exubérant et le monumental, Florent Schmitt n'hésite pas à se tourner vers le domaine de la musique de chambre, où il a l'occasion de montrer son sens de la rigueur et l'habileté de son métier au service d'une inspiration abondante. Il compose ainsi son *Quintette avec piano* (1908), ou encore ces deux purs chefs-d'œuvre que sont le *Trio à cordes* (1944) et le *Quatuor à cordes* (1947).

Dans l'entre-deux-guerres, le compositeur a trop souvent sacrifié au goût néoclassique, alors dominant en France, en écrivant des œuvres sans doute plaisantes et fort bien faites, mais vides de contenu émotif, comme la *Sonate libre en deux parties enchaînées* (1919) ou la *Suite en rocaille* (1935). Heureusement, il n'oubliait pas sa nature profonde, qui se retrouve dans ces partitions fortes et généreuses que sont *Salammbô* (1925) et *Oriane et le prince Amour* (1933).

La veine créatrice ne se démentit point jusqu'à l'extrême vieillesse et, l'année de sa mort, il nous donna une *IIe Symphonie*, retrouvant le souffle, le lyrisme et l'ivresse dionysiaque de son *Psaume XLVII*.

Ayant résisté successivement à l'impressionnisme, puis au dodécaphonisme, Florent Schmitt n'hésita pas, en revanche, à pratiquer la polytonalité en superposant des accords de diverses tonalités ; il en fit toutefois un usage discret qui n'est pas sans rappeler les polyharmonies de Roussel. Par ailleurs, Schmitt sut faire montre d'une grande originalité rythmique, comme dans son *Psaume* et sa *Tragédie de Salomé* dont les audaces annoncent celles du *Sacre* de Stravinski.

Si les cinq noms précédents sont sans conteste les figures de proue de leur époque, ils ne doivent pas nous faire oublier qu'un nombre important de compositeurs d'authentique valeur sont nés sur la terre française entre 1860 et 1880 et que, en d'autres temps, plusieurs d'entre eux se fussent davantage profilés sur le devant de la scène musicale. Parmi cette profusion de « petits maîtres », certains méritent une mention particulière, tels Guy Ropartz, Maurice Emmanuel, Gabriel Pierné ou André Caplet.

De l'expressionnisme musical allemand au dodécaphonisme

Quelques années avant la Première Guerre mondiale, un vaste mouvement de réaction aussi bien contre le naturalisme, jugé trop prosaïque, que contre l'impressionnisme, considéré comme d'un raffinement déliquescent, se développe en terre germanique : c'est l'expressionnisme. Il part des arts plastiques, avec des groupes comme *Die Brücke* (« le Pont ») à Dresde (1905-1913) ou *Der blaue Reiter* (« le Cavalier bleu ») à Munich (1911-1915). Rapidement, il s'étend à la littérature où – en partie sous l'influence du symbolisme français – il recherche le côté caché des choses qui se trouve derrière le monde des apparences. Ses protagonistes rêvent d'une communauté humaine où les nations fusionneraient et qui, sous la puissance de l'esprit, serait purifiée et transfigurée en retrouvant le chemin du divin.
En musique, le terme « expressionnisme » est surtout appliqué à Schönberg, Berg et Webern ; mais il prend une coloration particulière. En effet, la musique allemande ne connaît pas de grand musicien naturaliste qui soit l'équivalent d'un Gerhardt Hauptmann en littérature, du moins dans ses premières œuvres. Elle évolue essentiellement dans l'ombre omniprésente de Wagner, et ses caractéristiques essentielles sont un lyrisme émotif intense et une concentration sur le moi. À l'inverse de ce qui se passe en littérature, l'expressionnisme musical ne se pose pas en réaction contre ce qui précède ; il représente au contraire une exaspération de ce qui se trouvait en germe dans le romantisme et que le postromantisme avait amplifié. Il accentue l'atmosphère subjective par le culte d'un moi hypertrophié dont l'insatisfaction fondamentale envers le monde ambiant et les normes existantes se traduit par des sursauts de révolte, des tensions perpétuelles, un penchant pour l'anarchie et une atmosphère fiévreuse qui débouche souvent sur le lugubre, le morbide, le décadent. Sur ce point, il est intéressant de considérer la « dégradation » qui se produit dans le domaine musical depuis l'époque romantique. Alors que Wagner s'attache à un monde idéaliste symbolisé par des dieux et des héros, Mahler – tout en conservant la notion d'idéal – se centre sur l'être humain et le côté tragique de sa destinée ; quant au Schönberg du *Pierrot lunaire* et au Berg de *Lulu*, ils se complaisent dans le macabre et le morbide avec parfois des aspects répugnants.

Mais il n'existe pas plus de rupture avec le passé sur le plan esthétique que sur celui de la technique musicale. On évolue si insensiblement d'un courant à l'autre que fixer une délimitation reste très subjectif, comme on le verra avec Schönberg. En réalité, on aboutit peu à peu à une anarchie totale, aussi bien dans le domaine de la formation des accords que dans celui de la syntaxe. L'abolition des dualismes consonance-dissonance et tension-détente crée un état de dynamisme permanent qui, paradoxalement, finit par ne donner qu'une impression de statisme, d'informe et de grisaille. C'est alors, mais alors seulement, qu'une réaction surviendra qui consistera à ordonner et à régenter ce chaos sonore. Ses nouvelles règles seront d'autant plus sévères et austères qu'auparavant la liberté avait été grande : ce sera l'avènement du dodécaphonisme. Mais arrivé à ce stade, on ne peut plus parler véritablement d'expressionnisme.

Si l'on essaie de définir géographiquement les lieux où, de 1880 à 1920, le devenir de la musique allemande se modèle, on constate avec surprise que c'est dans l'espace austro-bavarois, et plus particulièrement à Vienne. C'est là que le postromantisme, avec son chromatisme exacerbé, ses longueurs pléthoriques qui font éclater la forme et ses orchestrations boursouflées à l'extrême, se manifeste avec le plus d'intensité. Cela est d'autant plus surprenant que Vienne est sans doute la ville la moins profondément germanique de sa sphère culturelle, et que les caractéristiques que l'on vient de voir sont généralement considérées comme typiquement allemandes. On ne le dit jamais, et pourtant, quel paradoxe troublant de penser que c'est dans la ville même des plaisirs, de l'insouciance et de la joie de vivre, dans la ville de Johann Strauss et de la valse, où l'opérette est reine, que l'une des démarches les plus profondément austères de notre époque devait se produire ! L'extraordinaire mutation qui va du romantisme finissant à l'esthétique qui séduira toutes les avant-gardes de la planète au lendemain de la Seconde Guerre peut se suivre au travers d'un seul personnage – controversé et controversable – mais dont la haute stature s'impose à notre temps : Arnold Schönberg.

Arnold Schönberg

La première manière

De formation presque uniquement autodidacte, Arnold Schönberg n'eut guère qu'un seul professeur, Alexander von Zemlinsky (1872,

---

Arnold Schönberg (1874, † 1951)

Repères biographiques

1874	Naissance à Vienne (le 13 septembre)
1901-1903	Chef d'orchestre dans un cabaret littéraire de Berlin, le *Buntes Theater*
1903-1911	Retour à Vienne et activité pédagogique
1911-1914	Retour à Berlin, où il enseigne au conservatoire Stern
1917-1925	Nouvelles activités pédagogiques à Vienne.
1925-1933	Professeur de composition à la *Hochschule für Musik* de Berlin
1933-1951	Émigration aux États-Unis
1951	Mort à Los Angeles (le 13 juillet)

---

† 1942), avec lequel il prit quelques leçons de contrepoint. Il grandit sous l'influence de Wagner et plus encore sous celle de Brahms, qu'il adora toute sa vie. Ses premières œuvres s'en ressentent fortement, tel son sextuor *Verklärte Nacht,* « La Nuit transfigurée », de 1899. Les *Gurrelieder,* « Les Chants de Gurre » (1900-1911), représentent certainement le paroxysme de l'hypertrophie romantique avec ses proportions gigantesques et démesurées. Mais Schönberg réalise qu'il aboutit ainsi à une impasse et, dans sa *Kammersinfonie* (1906), il retourne à un effectif de 15 instruments solistes. En outre, il accentue l'utilisation des accords par quartes superposées qu'il avait déjà employés dans *Pelléas et Mélisande* (1902). Toutefois, ce serait une profonde erreur de croire qu'il y a là une parenté avec Debussy ou Ravel : chez Arnold Schönberg, les échafaudages de quartes se résolvent toujours sur des accords parfaits dont ils ne sont que les appoggiatures chromatiques, alors que, chez les impressionnistes français, ils s'insèrent dans une modalité défective d'atmosphère aérienne et détendue.

La deuxième manière

Quand Schönberg abandonne-t-il sa « première manière », placée sous le sceau du postromantisme ? Est-ce déjà avec la *Kammersinfonie* ou avec le *IIe Quatuor* (1907-1908), que l'on considère généralement comme une œuvre charnière ? L'évolution se fait, irrésistiblement mais progressivement, entre 1906 et 1908. Toujours est-il qu'avec *Das Buch der hängenden Gärten,* « Le Livre des jardins suspendus », de 1908, sur des poèmes de Stefan George, le pas est franchi et que de la *schwebende Tonalität* (« tonalité flottante ») on est passé à l'atonalité libre. Cette « deuxième manière » du compositeur se prolonge jusqu'en 1915 et correspond à sa véritable période expressionniste. Esthétiquement, on passe de l'idéalisme noble du sujet des *Gurrelieder* à l'atmosphère macabre, hystérique et décadente de *Erwartung,* « Attente » (1909), et de *Pierrot lunaire* (1912), qui est une incontestable réussite musicale qu'accuse encore la technique floue du *Sprechgesang,* où la voix oscille curieusement entre le parlé et le chanté. La liberté de la syntaxe et des agrégats verticaux fait surgir des difficultés sur le plan formel : comment organiser une œuvre en dehors des structures tonales traditionnelles ? C'est la raison pour laquelle Schönberg a souvent recours au texte qui lui apporte un soutien extra-musical.

Par ailleurs, il se tourne vers des formes anciennes telles que la fugue, la passacaille ou tout simplement la valse et la barcarolle. Mais il y a là une antinomie entre le fond et la forme qui n'échappe pas à la perspicacité du compositeur. Ce fait, ainsi que la guerre – pendant laquelle il est mobilisé par deux fois –, explique le silence de huit ans qu'il s'est imposé et au cours duquel il mûrit sa technique dodécaphonique.

Avant d'examiner cette nouvelle phase créatrice, il paraît important de signaler que ni l'atonalité ni le dodécaphonisme ne sont l'apanage du seul Schönberg et que, par suite de la désagrégation tonale, l'idée était « dans l'air ». La *Bagatelle sans tonalité* (1885) de Liszt est-elle déjà vraiment atonale ? On peut en discuter. En revanche, il est certain que le Belge naturalisé français Désiré Paque a eu raison de revendiquer énergiquement sa priorité sur Schönberg en invoquant son *Solfège atonal* de 1892 et sa *Sonate pour violon et piano* (1898), intégralement atonale. Plus intéressant encore est le fait que le compositeur autrichien Matthias Hauer (1883, † 1959) ait écrit sa première composition dodécaphonique – *Nomos* op. 19 pour piano – en 1919, soit trois ans et demi avant la mise au point par Schönberg de son propre système. On sait, du reste, que dès 1920 Schönberg fut en contact avec Hauer et qu'il médita intensément ses conceptions de cosmogonie musicale qui eurent sur lui une influence indéniable, bien qu'il l'ait personnellement nié. Schönberg ne fut donc pas l'inventeur de son système, mais il fut celui qui le transforma, l'enrichit et fut capable d'en donner des illustrations musicales convaincantes, grâce à son immense personnalité.

La troisième manière : le dodécaphonisme

C'est à l'automne 1921 que Schönberg utilisa pour la première fois une échelle de douze sons, dans son oratorio inachevé *Die Jakobsleiter,* « L'Échelle de Jacob », mais c'est dans la dernière des *Cinq Pièces pour piano* op. 23 (1923) qu'il en donna sa première version technique définitive. La série dodécaphonique suppose une parfaite égalité de tous les sons de l'échelle tempérée avec la suppression de toute notion de hiérarchie ou d'attraction. Schönberg insiste également sur la liaison de son emploi avec l'« émancipation de la dissonance » qui entraîne une suppression de l'opposition consonance-dissonance pour ne retenir qu'un passage progressif de l'une à l'autre : « ce qui distingue les dissonances des consonances, ce n'est pas qu'elles soient moins belles, mais qu'elles soient plus ou moins intelligibles ». En outre, son principe exige l'identification de l'horizontal et du vertical : un seul matériau sert à la fois mélodiquement et harmoniquement. Cependant, chez Schönberg, l'ordre mélodique, en général, prédomine, et sa série forme un « ultrathème » dont le rôle est équivalent au thème classique. Celle-ci peut parfois se scinder en une superposition de deux hexacordes, l'un formant la mélodie, l'autre l'harmonie, comme dans le passage suivant du *Quintette pour instruments à vent* op. 26 de 1924 – (voir ♪ ci-dessous).

A. Schönberg, Quintette pour instruments à vent *op. 26.*

Musique dodécaphonique, musique utilisant une série de douze sons de l'échelle chromatique, dans un ordre fixé à l'avance et immuable.

Musique sérielle, musique dans laquelle l'ordre prédéterminé de la série dodécaphonique est appliqué aux autres paramètres musicaux : hauteurs, registres d'octave, durées, intensités, timbres.

Parmi les sommets de l'écriture avec les douze sons, on retiendra les *Variations pour orchestre* op. 31 (1928), que Leibowitz appelle le « clavecin bien tempéré du dodécaphonisme ». Mais l'œuvre la plus forte et sans doute le chef-d'œuvre du compositeur est l'opéra biblique inachevé *Moïse et Aaron* (1930-1932), dont deux actes sur trois seulement sont composés. En dehors d'une incroyable maîtrise, on y sent passer un grand souffle religieux d'une intense émotion qui transcende la technique. Lorsque, chassé de l'Allemagne en raison de ses origines israélites, il émigre aux États-Unis (1933), Schönberg infléchit peu à peu la rigueur de son style en apportant dans certaines de ses œuvres une conciliation grâce à laquelle une sorte de dodécaphonisme tonal réapparaît ; c'est le cas de l'*Ode à Napoléon* (1942) ou de *Thème et variations pour orchestre à vent* en *sol* mineur (1943). On pourrait considérer qu'il s'agit là d'une « quatrième manière », qui lui fut amèrement reprochée par ses adeptes les plus intransigeants mais que lui-même justifia dans son article « On revient toujours » (1948).

L'activité pédagogique

Parallèlement à sa carrière de compositeur, Schönberg eut, sa vie durant, une importante activité pédagogique. En 1925, il succéda à Busoni à la classe de composition de la *Hochschule für Musik* de Berlin et y resta jusqu'en 1933 ; de 1935 à 1944, il fut professeur aux deux universités de Los Angeles. De ce fait, il fut amené à s'intéresser aux problèmes de technique musicale, et sa *Harmonielehre,* « Traité d'harmonie » (1911), est un ouvrage remarquable qui – contrairement à ce que l'on croit généralement – est très traditionnel, mis à part le dernier chapitre. Les préoccupations didactiques et théoriques prennent chez Schönberg de plus en plus d'importance. L'impact qu'il a eu sur ses élèves a été considérable, et ceux-ci ont grandement contribué à la propagation de ses conceptions et de ses œuvres.

Curieuse destinée que celle de cet homme dont le tempérament chaleureux est en parfaite adéquation avec le postromantisme de sa jeunesse, qui ensuite participe aux tendances les plus outrées de l'expressionnisme pour finir par se fustiger et brimer sa nature profonde en la soumettant au carcan rigide d'une discipline austère. Après une longue traversée du désert dans laquelle il fut respecté bien que combattu par la quasi-totalité de ses confrères, il vécut suffisamment longtemps pour voir à partir de 1945 le triomphe universel de ses idées. Se serait-il douté que, moins de vingt ans après sa mort, celles-ci – après avoir été dénaturées et sclérosées par le sérialisme intégral – seraient à leur tour rejetées et abandonnées ? Schönberg le théoricien appartient à l'Histoire. Qu'en est-il de Schönberg le compositeur ? Seul l'avenir en décidera. Mais un fait reste certain : par sa personnalité considérable, par sa lumineuse intelligence et par son intégrité morale, Schönberg impose le respect et force l'admiration.

Parmi ses nombreux disciples, deux se profilent nettement et, en général, ne sont pas détachés du maître avec lequel ils forment une « seconde trinité viennoise », la première étant la « trinité classique » constituée de Haydn, Mozart et Beethoven. L'un d'eux – Alban Berg – est généralement considéré comme le représentant des tendances « conservatrices » du mouvement. En fait, il présente certaines particularités qui font que son cas reste à part (voir p. 534). L'autre – Anton von Webern – accentue, au contraire, l'aspect moderniste et révolutionnaire des techniques schönbergiennes.

Anton von Webern

Plus que Schönberg, Anton von Webern (1883, † 1945) a été l'idole des compositeurs d'avant-garde au lendemain de la Seconde Guerre mondiale. Mais, à l'inverse de son maître – et après avoir mené une vie infiniment plus effacée que lui –, il n'eut pas la satisfaction d'assister à son triomphe : en 1945, il mourait tragiquement, abattu par une sentinelle américaine ivre.

Après des débuts postromantiques de courte durée, Webern s'engage résolument sur une voie nouvelle. C'est que son tempérament est en marge de celui de l'ensemble de ses compatriotes qui, grands ou petits, sont tous attirés vers les puissants élans lyriques, les formes généreuses et les effectifs volumineux. Sans

Anton von Webern (1883, † 1945)

Repères biographiques

1883	Naissance à Vienne (le 3 décembre)
1904-1908	Élève de composition chez Schönberg
1908-1914	Chef d'orchestre de théâtre à Bad Ischl, Vienne, à Teplitz, Danzig, Stettin et Prague
1915-1917	Engagé volontaire dans l'armée autrichienne
1922-1934	Chef de concerts symphoniques destinés aux travailleurs
1926	Membre d'honneur de la Composer's Guild de New York
1927	Chef permanent à la radio autrichienne
1935	Retour à la vie privée en raison des événements politiques
1941	Refus d'un poste d'enseignement à l'Académie de musique offert par le régime nazi
1945	Mort à Mittersill-Salzkammergut (le 15 septembre)

doute un Schönberg s'est-il tourné vers les effectifs réduits et les formes concises, comme dans sa *Kammersinfonie,* mais il l'a fait par suite d'une opération intellectuelle volontaire, et non par propension naturelle. Chez Webern, la « petite forme » – son œuvre la plus longue, la *Cantate* op. 31 (1941-1943), ne dure que onze minutes –, concision extrême ainsi que le goût pour le son pur et isolé sont des traits inhérents à sa personne. Par ailleurs, il répugne à étaler complaisamment son moi profond, de même qu'il se méfie des émotions subjectives.

Un élément fondamental du comportement psychologique et esthétique du compositeur est généralement passé sous silence : c'est son attitude vis-à-vis de l'expressionnisme. On a vu que les compositeurs germaniques n'avaient retenu qu'un aspect du courant littéraire correspondant. Eh bien, sur ce point également, Webern se singularise, et, rejetant le macabre et le morbide auxquels Schönberg et Berg sacrifièrent si volontiers, il est sans doute le seul grand compositeur austro-allemand à s'intéresser à la signification essentielle de l'expressionnisme littéraire : la volonté de transcendance et l'aspiration à la pureté divine. Le culte du compositeur pour certains poètes en fait foi : Goethe, Stefan

A. von Webern, Concert *op. 24.*

George, Rilke, Trakl. Et si l'art de Webern tendit de plus en plus vers l'abstraction, ce fut sans doute en vertu d'une austérité intellectuelle, mais peut-être plus encore en raison d'une recherche d'ascèse qui aboutissait au silence de la méditation.

Sur le plan du style, les rares œuvres de la période tonale – souvent bien délaissées – ne manquent pas d'intérêt, comme cette belle *Passacaille* op. 1, en *ré* mineur (1908), où se mêlent les influences de Wagner et de Strauss. Ses œuvres atonales, mais prédodécaphoniques, sont aux yeux de certains les plus attachantes, car il y peut donner libre cours à son inspiration, comme dans les *Six Lieder* op. 14 (1917-1921), sur des poèmes de Georg Trakl. Mais c'est son dodécaphonisme qui l'a rendu célèbre. Il est caractérisé par sa rigueur extrême, sa sécheresse volontaire, sa concentration très grande. Webern utilise également la *Klangfarbenmelodie* (« mélodie de timbres ») – comme dans sa *Symphonie* op. 21 (1928) – et fait des tentatives déjà très audacieuses dans le domaine de la généralisation des paramètres comme dans le *Concert* op. 24 (1934) : la série de base est constituée de quatre groupes de trois notes, et, au sein de chaque groupe, il y a un rapport de seconde mineure et de tierce majeure ; pour chaque groupe, on constate donc une répartition pour les hauteurs et une autre pour les rythmes (voir ♪ ci-dessus).

Au début de la seconde moitié du XXe s., Webern a été porté au pinacle à grand renfort de concerts commentés, d'articles explicatifs et d'analyses subtiles et complexes. Depuis, la flamme s'est en partie apaisée. Et la question se pose : que retiendra la postérité de la leçon webernienne ?

L'Allemagne de l'entre-deux-guerres

La musique dodécaphonique, après avoir stagné pendant plus de vingt ans, a eu un essor tellement rapide depuis 1945, et ses principes se sont si universellement imposés, que l'appréciation des courants musicaux de l'Allemagne de l'entre-deux-guerres en a été – rétrospectivement – complètement faussée.

En effet, la vision d'une *Mitteleuropa* (« Europe centrale ») succombant aux sortilèges de l'atonalisme et de la sévère discipline dodécaphonique ne correspond à aucune réalité. Jusqu'à la Seconde Guerre mondiale, le dodécaphonisme reste un phénomène restreint, marginal même, dans la culture allemande puisqu'il est centré essentiellement sur Vienne. En dehors de Schönberg, l'initiateur du mouvement, il ne comptait alors que deux grands disciples : Berg et Webern.

Le plus grand et le plus célèbre compositeur allemand d'alors – Paul Hindemith – est un féroce adversaire du dodécaphonisme. Le Hongrois Béla Bartók, après avoir flirté avec lui, s'en distancia prudemment. Venant aggraver la position déjà inconfortable du mouvement, l'arrivée du nazisme au pouvoir, en 1933, lui donna le coup de grâce : taxées à la fois de judaïques, de décadentes et de bolcheviques, les œuvres dodécaphoniques furent condamnées et interdites. À ce sujet, rappelons qu'il est d'une stupidité révoltante d'assimiler – comme on l'a fait à plusieurs reprises – la « barbarie dodécaphonique » à la barbarie hitlérienne ; surtout quand on sait que Schönberg, et dans sa personne et dans son œuvre, a été une victime du nazisme.

Parmi les nombreux compositeurs germaniques de valeur qui furent contemporains de Hindemith et de la « trinité viennoise », on n'en retiendra ici que deux, qui contribueront à rétablir la réalité musicale d'alors.

Franz Schreker

Franz Schreker (1878, † 1934), bien que né à Monaco en 1878, est autrichien, tout comme Schönberg, dont il est de quatre ans le cadet. Rapidement, il s'oriente vers le théâtre, où il remporte des succès retentissants. Écrivant lui-même ses livrets, il choisit des sujets brûlants, influencés par l'expressionnisme outrancier de son époque, comme *Der ferne Klang,* « Le Son lointain » (1912) – traitant du destin d'une fille de joie –, ou *Die Gezeichneten,* « Les

---

Tonalité, organisation hiérarchique des sons par rapport à un son de référence, la tonique, dans le système majeur-mineur.

Atonalité, utilisation des douze degrés de l'échelle chromatique avec égalité de tous les degrés, sans aucune notion hiérarchique.

Stigmatisés » (1918) – abordant le problème alors tabou de la syphilis. On lui reprocha son sensualisme effréné et son érotisme éhonté : la vague de libération sexuelle des années 1970 n'était pas encore passée ! Mais des critiques et musicologues aussi éminents que Paul Bekker et Julius Kapp n'hésitèrent pas à mettre Schreker au rang de Mozart et de Wagner, et à le considérer comme le véritable et digne successeur de ce dernier. Le style de Schreker est composite : il s'alimente à la fois chez les impressionnistes français – en particulier Debussy –, les véristes italiens – surtout Puccini –, et les postromantiques allemands. Les gammes par tons habillées d'harmonies chatoyantes alternent avec des passages d'intense chromatisme et des agrégations polytonales. En outre, l'orchestration, luxuriante, est d'une grande habileté.
Compositeur dont la célébrité n'avait qu'un seul rival, Richard Strauss, Schreker fut également un éminent pédagogue à l'influence profonde : professeur de composition à l'académie de musique de Vienne en 1912, il fut dès 1920 directeur de la *Hochschule für Musik* de Berlin où il assura également une classe de composition, parallèlement à Schönberg, et, tout comme lui, fut démis de ses fonctions en 1933 – un an avant sa mort – parce qu'il était juif. En même temps, son œuvre fut mise à l'index : c'est la véritable raison de son oubli. Moins heureux que son collègue, Schreker ne bénéficia pas de la *Wiedergutmachung* (réparation morale et matérielle de l'Allemagne envers les victimes du nazisme) en 1945. Et l'on reste surpris de constater que l'ensemble des critiques actuels portent sur lui un jugement sévère, alors qu'ils n'ont en général ni entendu sa musique ni étudié l'une de ses partitions.

Kurt Weill

Kurt Weill (1900, † 1950), lui aussi, se tourna très tôt vers le théâtre, où il remporta des succès extraordinaires qui, à l'inverse de ceux de

Schreker, se maintiennent en partie jusqu'à nos jours. Après avoir sacrifié à l'expressionnisme de son époque, il rencontra en Bertolt Brecht un génial partenaire qui lui permit de trouver un style nouveau, débarrassé de tout le fatras émotionnel romantique. Dans *Aufstieg und Fall der Stadt Mahagonny*, « Grandeur et décadence de la ville de Mahagonny » (1929), et plus encore dans la *Dreigroschenoper*, « L'Opéra de quat'sous » (1928), sur un texte de B. Brecht, il introduisit des *Songs*, oscillant entre la critique sociale et la sentimentalité, dont le style est un mélange de ballade berlinoise, de complainte et de chanson de jazz. Kurt Weill écrivit de la musique légère aux mélodies faciles et aux rythmes prenants, mais en y introduisant la technique de la musique savante : harmonies parfois audacieuses, modulations bien trouvées, orchestration habile.

Comme on peut s'en rendre compte, la réalité musicale allemande des années 1920-1940 ne correspond guère à l'image que l'on s'en fait généralement de nos jours.

Trois grands indépendants

Alban Berg

Bien qu'appartenant indiscutablement à la « trinité viennoise », Alban Berg est, au tréfonds de lui-même, si profondément romantique que son puissant tempérament fait éclater les chaînes qu'il s'était imposées.

Un lyrisme généreux et un sentiment dramatique aigu sont deux constantes de sa production musicale, indépendamment de son évolution stylistique. S'inspirant de Schumann et de Brahms dans ses premiers lieder, Berg déploie des effervescences postromantiques dans sa superbe *Sonate* op. 1 pour piano (1908), qui porte déjà sa griffe personnelle. À partir des *Altenberg-Lieder* de 1912 (écrits d'après des textes de cartes postales de Peter Altenberg), il entre dans la voie expressionniste qu'il ne quittera plus jamais.

En fait, chez lui, romantisme, postromantisme et expressionnisme ne sont que les variantes d'une seule et même esthétique : celle qui exaspère la subjectivité et favorise les débordements lyriques.

L'évolution du langage de Berg suit de près celle de Schönberg. Après une courte période tonale, le compositeur aborde le monde atonal avec son *Quatuor à cordes* op. 3 (1910) et le prolonge jusqu'à

son *Kammerkonzert* pour piano, violon et treize instruments à vent, de 1925, l'une de ses œuvres les plus austères, aussi bien par la rigueur de la forme que par la complexité de l'écriture. C'est par l'une de ses plus belles réussites, sa *Suite lyrique* pour quatuor à cordes (1926), qu'il incorpore pour la première fois le dodécaphonisme à son écriture. En fait, l'œuvre est hybride : mi-atonale et mi-dodécaphonique. Par la suite, on retrouvera toujours chez Berg cette crainte du dodécaphonisme généralisé et cette nostalgie du monde présériel. À l'audition, on ne s'aperçoit nullement de ce passage d'un style à un autre, et l'unité globale est admirable. En outre, les rigueurs de l'écriture n'empêchent nullement le compositeur d'exprimer l'émotion la plus intense à travers un discours fortement dramatisé. On pense à la juste remarque d'Adorno : « Berg a enchanté la série. »
Cette volonté de mélange stylistique est caractéristique de l'art de Berg. Elle aboutit à sa synthèse la plus parfaite dans sa dernière œuvre, composée rapidement en quelques mois, peu avant sa mort : le *Concerto pour violon,* dédié « à la mémoire d'un ange », Manon Gropius, fille du célèbre architecte et d'Alma Mahler, morte à 18 ans. Cette composition est indiscutablement dodécaphonique, mais la série de base sur laquelle elle est construite offre la particularité de dérouler en tierces successives quatre accords parfaits et de se terminer par une demi-gamme par tons (voir ♪ ci-dessous). L'agencement est tel qu'il permet l'enchaînement tonique-dominante en *sol* mineur, puis le même enchaînement en *la* mineur (voir ♪ ci-dessous). Berg réintroduit ainsi la fonction principale (tonique/dominante) de l'écriture classique, de même que ses caractéristiques fondamentales, d'opposition tension-détente et consonance-dissonance ; c'est-à-dire exactement ce que le système de

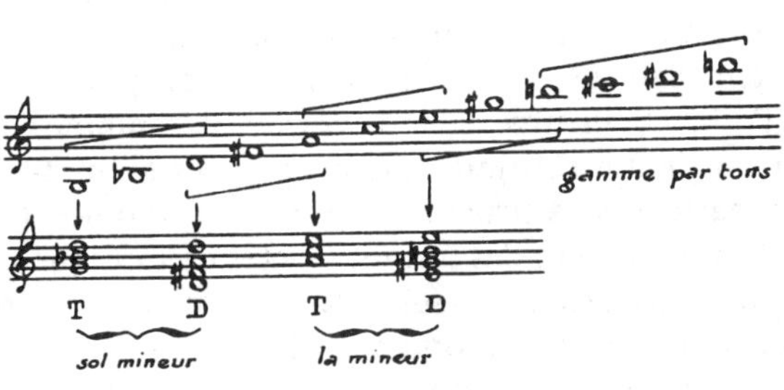

A. Berg, Concerto pour violon.

Schönberg cherchait à abolir ! Non content de cette infraction, notre compositeur utilise un air populaire de Carinthie en forme de *ländler*, qui surgit dès la fin du deuxième mouvement, et le choral *Es ist genug* de la cantate n° 60 de Bach, qui s'étale en diverses variations presque tout au long du sublime *adagio* final. Harmoniquement, la dodécaphonie s'infléchit parfois vers le tonal et est souvent consonante ; de nombreuses tierces parallèles, très viennoises d'allure, apparaissent, et plusieurs accords parfaits isolés ponctuent le discours musical, qu'ils éclairent de leur rayonnement. Bref, des éléments traditionnels importants sont ici incorporés à un langage typiquement moderne.

Si le « Concerto à la mémoire d'un ange » représente l'œuvre la plus parfaite et peut-être la plus attachante de Berg – à la fois par l'admirable synthèse réalisée et par la noblesse du lyrisme qui, dans ce merveilleux chant d'amour et de mort, a abandonné toutes les violences expressionnistes pour retrouver l'apaisement –, c'est dans le domaine théâtral qu'il a le mieux exprimé sa nature tourmentée et tragique. De ce point de vue, l'opéra *Wozzeck* – composé entre 1917 et 1922 sur un texte de Georg Büchner – est son chef-d'œuvre et marque une date dans l'histoire de l'opéra ; avec *Pelléas*, et malgré les plus belles réussites de Puccini et de Richard Strauss, il représente le sommet de la production dramatique du XXe s. Berg y amène le lyrisme et l'expressionnisme à leur acuité maximale. Et si l'atmosphère est souvent morbide, elle est transcendée par la magie de la musique et par des allusions métaphysiques, telles les hallucinations de Wozzeck au premier acte, ou la lecture biblique du début du troisième, ou encore la présentation du meurtre de Marie, la compagne du héros, comme une sorte de sacrifice rituel. Du reste, Berg l'a dit lui-même : « L'idée centrale de cet opéra dépasse de beaucoup le destin personnel de Wozzeck. » Cette idée, c'est que de grandes forces nous poussent à agir. Le drame social passe au second plan : c'est le drame humain qui prime.

Musicalement, Berg témoigne ici encore de son puissant génie de synthèse. D'abord, au niveau de la forme, il combine le principe wagnérien du drame continu soutenu par des leitmotive, avec le principe mozartien de la structure à numéros ; en outre, les diverses scènes sont traitées selon des formes strictes de musique pure telles que la fugue, la variation, la suite, la passacaille, etc. Ensuite, au niveau de l'écriture : sur un fond atonal prédominant, les passages tonals sont réservés à des situations bien précises qu'il s'agit de mettre en relief. Par ailleurs, les accords traditionnels – curieu-

Alban Berg (1885, † 1935)

Repères biographiques

1885 Naissance à Vienne (le 9 décembre)
1906 Héritage lui permettant de se consacrer à la composition
1927 Contrat à vie avec les éditions Universal de Vienne
1930 Membre de l'Académie des arts de Berlin
1935 Mort à Vienne (le 24 décembre)

Principales œuvres

Sonate pour piano 1908
Quatuor à cordes 1910
Kammerkonzert pour piano, violon et 13 instruments 1925
Suite lyrique pour quatuor à cordes 1926
Concerto pour violon 1935
Environ 70 lieder
Deux opéras :
Wozzeck (d'après Büchner) 1917-22, créé à Berlin le 14 décembre 1925
Lulu (d'après Wedekind) 1934-35, créé à Zurich le 2 juin 1937

sement utilisés en des strates superposées –, les attractions chromatiques et la « cantabilité » mélodique sont fréquents. Le mélange de tous ces éléments en une unité de style sans faille mise au service d'une émotion poignante et d'une progression dramatique constante est la grande réussite de Berg.

Le second opéra d'A. Berg, *Lulu,* entièrement composé, excepté l'orchestration du troisième acte, empêchée par la mort soudaine du compositeur – et terminée par Friedrich Cerha –, est en retrait par rapport à *Wozzeck.* Sur le plan esthétique, l'expressionnisme devient outrancier, et, sur le plan technique, on a l'impression que l'utilisation de la série dodécaphonique, pourtant magistralement déployée, gêne le compositeur lorsqu'il veut traduire des situations dramatiques. Sans atteindre à la réussite incomparable de *Wozzeck, Lulu* n'en reste pas moins l'un des grands drames lyriques de notre siècle.

Par la rigueur de ses constructions formelles, par la puissance expressive de son style et par l'heureuse synthèse d'éléments ultramodernes et traditionnels, Berg se présente non seulement comme l'une des grandes figures musicales du XXe s., mais aussi comme l'une des plus attachantes.

Paul Hindemith

Plus que tout autre compositeur allemand de sa génération, Paul Hindemith (1895, † 1963) a su échapper à l'emprise d'un postromantisme omniprésent. En réaction, il a commencé par écrire une musique très agressive, sauvage et dissonante à souhait, qui le fit considérer pendant longtemps en Allemagne comme un terrible révolutionnaire. Ne mettait-il pas en exergue de sa *Sonate pour alto solo* de 1923 : « À toute vitesse. Sauvage. La beauté du son n'est qu'accessoire » ? En fait, le compositeur ne faisait que « jeter sa gourme » et devait bientôt s'assagir.

Deux raisons accélérèrent cette évolution. D'abord, Hindemith avait le goût de la pratique instrumentale : bon violoniste et remarquable altiste, il fit partie du célèbre quatuor Amar et joua dans le monde entier.

Son expérience d'exécutant l'amena à placer au premier plan le côté artisanal du métier de compositeur. Ensuite, il se plongea dans l'étude des anciens maîtres baroques allemands, de Bach en particulier, et en retira un culte renforcé pour le travail soigné et pour la rigueur de l'écriture. C'est dans sa *Marienleben,* « Vie de Marie », sur des vers de Rilke (1924), que l'on observe le premier tournant de son évolution stylistique : l'impétuosité vitale est canalisée par un métier solide et sévère. Désormais, la maîtrise s'affirmera d'œuvre en œuvre pour culminer dans l'opéra *Mathis der Maler,* « Mathis le peintre » (1938), qui traite des rapports entre l'artiste et le peuple.

Parallèlement à son activité de virtuose et de compositeur, Hindemith s'intéressa de plus en plus à la pédagogie. En 1927, il fut nommé professeur de composition à la *Hochschule für Musik* de Berlin, où il enseigna jusqu'en 1938. On peut dire qu'à partir de ce moment la pédagogie l'occupa au moins autant que la composition. C'est elle qui l'amena à se pencher sur les problèmes techniques et à expliquer ses propres théories dans plusieurs ouvrages dont le plus célèbre est la *Unterweisung im Tonsatz,* « Enseignement de l'écriture musicale » (1937). Ce qui jusqu'alors avait été pratiqué de manière plus ou moins instinctive fut codifié, et la spontanéité du compositeur se trouva peu à peu refoulée au profit de la spéculation intellectuelle. C'est ainsi que la période d'épanouissement, qui avait succédé à partir de 1924 à la période révolutionnaire, se vit à son tour de plus en plus imprégnée d'académisme. Ce phénomène fut lent et progressif, mais il est certain qu'à partir de 1938 le contrôle cérébral l'emporta sur l'élan créateur. L'activité professorale que Hindemith déploya en Amérique de 1940 à 1953 – en particulier à l'université de Yale – ainsi qu'à l'université de Zurich de 1951 à 1957 ne fit que renforcer cette tendance.

Dans ses premières œuvres, Hindemith se singularise par l'âpreté de son style et par une rythmique percutante d'une régularité obsédante que l'on a appelée *Motorik* (« motorisme »). Après 1924, le langage s'aère, devient plus fluide et plus polyphonique. Le chromatisme postrégérien est remplacé par un diatonisme assez personnel qui prend parfois des inflexions modales. Pour ces raisons, cette période créatrice a été taxée de néoclassicisme. Celui-ci, toutefois, n'est pas recherché et voulu, comme chez Stravinski, mais naturel, et il répond aux aspirations les plus profondes du compositeur : la notion de « modèle musical » n'a pas de sens pour lui. Il ne cherche pas davantage à bannir l'expression, mais seulement à enlever au langage son aspect tourmenté et tendu que l'on rencontre chez Berg et même chez Honegger. Par ailleurs, plusieurs de ses œuvres ont un arrière-plan métaphysique qui les distingue fondamentalement des produits du néoclassicisme français.

Dans le domaine théorique, Hindemith a des idées bien précises qu'il défend au moyen de démonstrations savantes et souvent fort complexes mais pas toujours convaincantes. Le compositeur s'oppose aussi bien au dodécaphonisme qu'à l'atonalité libre : « Même dans le tourbillon le plus sauvage des sonorités, le sens et l'ordre doivent encore régner. » Il s'agit là d'une véritable profession de foi qui caractérise tout son art à partir de la maturité. C'est en vertu d'elle qu'il se tournera vers le passé en incorporant au domaine mélodique des chansons populaires anciennes ainsi que des thèmes grégoriens et en recommandant dans le domaine instrumental l'idéal de déroulement linéaire de la musique baroque. Sur un point, toutefois, Hindemith se rapproche de Schönberg : comme lui, il considère que l'échelle heptatonique a terminé son rôle historique et que, désormais, seule l'échelle chromatique est « le fondement de toutes les lignes et de toutes les sonorités ». Mais, alors que son confrère viennois place les douze sons de cette échelle sur un plan d'égalité, Hindemith enseigne une hiérarchie des sons et insiste sur le rôle d'un son central de référence qu'il appelle la « tonique » : « Dans tous les assemblages de

sons, il doit toujours y avoir ceux qui dominent les autres et ceux qui se soumettent. » Nous sommes donc à l'antipode des conceptions schönbergiennes.
Un penseur de la musique attaché à des valeurs éthiques élevées, tel nous apparaît Hindemith dans ses meilleures œuvres.

Béla Bartók

Représentant le plus célèbre de la musique hongroise, Béla Bartók en dépasse le cadre nationaliste étroit pour atteindre à une synthèse universaliste.

L'évolution du style

Tout comme Schönberg et Berg, Bartók commence par subir l'influence du postromantisme allemand, particulièrement celui de Strauss pour lequel il a, en 1902, un véritable coup de foudre. Son immense poème symphonique *Kossuth* (1903) s'en ressent fortement, bien qu'il y inclue également des mélodies tziganes qu'il croit alors authentiquement hongroises. Mais, rapidement, le compositeur découvre de nouveaux horizons. Il y a d'abord la rencontre de Kodály qui, en 1905, l'initie au véritable folklore hongrois puis, l'année suivante, au slovaque.
En 1907, il y a la découverte de Debussy, dont les harmonies nouvelles et chatoyantes l'enchantent, comme en témoigne *Le Château de Barbe-Bleue* (1911). Bartók assimile ces divers éléments tout en les transfigurant.
La première œuvre qui reflète la maîtrise à laquelle il est parvenu est la suite pour piano *Allegro Barbaro* (1911). Mais Bartók se retire bientôt de la vie publique, poursuit ses recherches folkloriques et médite sur son art.
À partir de 1920, c'est le choc de la révélation atonale de Schönberg. On sait que Bartók en subit la fascination, mais qu'il n'y succomba point. Les œuvres de cette époque, toutefois, trahissent les luttes du compositeur, tels les deux *Sonates pour violon et piano* (1922 et 1923) ou le *III*[e] *Quatuor* (1927). Vers 1930, Bartók surmonte ses troubles et ses hésitations et arrive à une synthèse supérieure. C'est la période des grands chefs-d'œuvre qui culmine avec la *Musique pour cordes, percussion et célesta* (1936) et la *Sonate pour deux pianos et percussion* (1937).
Une dernière période s'ouvre avec le *Concerto pour violon* (1938) et se poursuit pendant l'émigration américaine, en particulier avec le

---

Béla Bartók (1881, † 1945)

Repères biographiques

1881	Naissance à Nagyszentmiklos/Sînnicolau Mare (le 25 mars)
1905	Rencontre de Kodály, qui l'initie au folklore hongrois
1907-1934	Professeur de piano à l'Académie de musique de Budapest
1934-1940	Abandon du poste de professeur pour se consacrer à la recherche
1940-1945	Émigration aux États-Unis
1945	Mort à New York (le 26 septembre)

Principales œuvres

6 *Quatuors à cordes* 1908, 1917, 1927, 1928, 1934, 1939
Allegro Barbaro pour piano 1911
Le Château de Barbe-Bleue, drame lyrique en un acte 1911
Le Mandarin merveilleux, pantomime en un acte 1919
Mikrokosmos, 6 volumes de pièces progressives pour piano 1926-1937
Musique pour cordes, percussion et célesta 1936
Sonate pour deux pianos et percussion 1937
Concerto pour orchestre 1943

---

célèbre *Concerto pour orchestre* (1943). Elle a été diversement interprétée. Pour les uns, l'emploi d'harmonies plus simples et de mélodies chantantes traduit un bonheur spirituel ; pour les autres, il y a un regrettable retour au néoclassicisme qui correspond à une chute de la puissance créatrice. Mais Bartók n'avait-il pas atteint alors une synthèse supérieure qui s'exprimait dans un langage apaisé et clarifié ?

L'écriture musicale

L'originalité du style de Bartók résulte essentiellement d'une synthèse remarquable d'éléments très divers et parfois contradictoires ; aussi est-elle difficile à cerner.

La mélodie est extrêmement variée, mais peut se subdiviser en deux catégories principales : diatonique et chromatique. La première provient de deux sources différentes. D'un côté, elle naît sous

---

Diatonisme, utilisation des sept degrés de diverses échelles heptatoniques, avec impossibilité d'avoir une succession de deux demi-tons.

Chromatisme, utilisation des douze degrés de l'échelle chromatique de telle façon qu'il y ait au moins des successions de deux demi-tons.

---

l'influence du folklore, non seulement de Hongrie, mais également de tout l'espace danubien et, occasionnellement, d'ailleurs. Le folklore, assimilé en profondeur et transcendé, permet au compositeur de retrouver des données musicales universelles et très anciennes. C'est grâce à lui que Bartók évitera l'atonalisme : « Une musique populaire atonale m'apparaît comme inconcevable. » D'un autre côté, le diatonisme prend souvent l'aspect de la gamme acoustique qui résulte de l'horizontalisation des treize premiers harmoniques : *do-ré-mi-fa* dièse-*sol-la-si* bémol-*do*. Notre compositeur en est si friand qu'on l'a appelée parfois la « gamme de Bartók ».

Toute sa vie, Bartók oscillera entre diatonisme et chromatisme, sans abandonner la tonalité : « Il est vrai que, pendant un certain temps, je me suis rapproché d'une musique à douze sons : mais même mes œuvres de cette période sont résolument fondées sur la tonalité. Tel est leur caractère indubitable. » Schönberg adoptait un principe strictement égalitaire des douze sons tandis que Hindemith les hiérarchisait et les centrait sur une « tonique ». Bartók, lui, part de l'échelle heptatonique qu'il enrichit selon des procédés divers. Si, par exception, il utilise une série dodécaphonique, comme dans la *Suite pour piano* op. 14 (1916), il prend une succession de quatre accords de quinte augmentée, qu'il relie entre eux par des secondes faisant penser à la série du *Concerto pour violon* de Berg (voir ♪ p. 947). En fait, par ses hésitations entre le diatonisme et le chromatisme, Bartók est psychologiquement assez proche de Berg.

Dans le domaine harmonique, Bartók est en opposition totale avec Hindemith et considère que les tonalités les plus éloignées dans le cycle des quintes sont celles qui ont le plus d'affinité : c'est-à-dire celles qui sont en rapport de triton. Puis viennent celles qui divisent en deux moitiés égales ce triton : la tierce mineure. On a ainsi un système d'axes qui remplace les rapports traditionnels de tonique-dominante :

Axe des rapports de tonalités

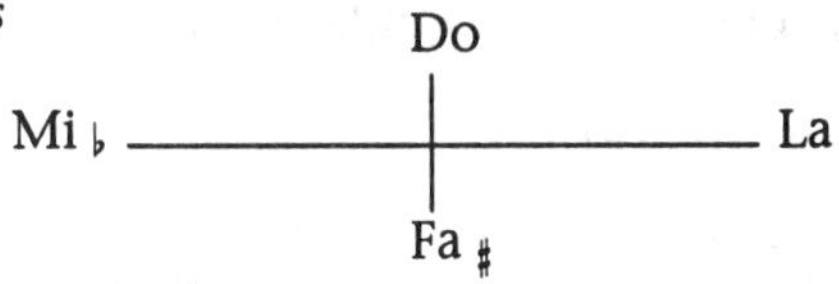

Par ailleurs, grâce à la section d'or, il dégage son accord clé : *mi-sol-do-mi* bémol. Remarquons que si Bartók a été très impressionné par l'harmonie debussyste, il n'en a retenu ni le flou, ni le vague, ni la dissonance molle et enveloppée : « L'empire des dissonances, c'est le mien », dira-t-il vers 1910.

Sous l'influence de Bach, qu'il vénérait, Bartók attacha une grande importance à la linéarité contrapuntique : elle anime sa polyphonie et lui donne une force organique très convaincante.

Élément fondamental du style de Bartók, le rythme éclate de toute son impétuosité sauvage dès l'*Allegro Barbaro* de 1911, donc deux années avant le *Sacre* de Stravinski. Bartók se complaît dans des formules rythmiques raffinées, en général asymétriques, et affectionne les rythmes bulgares ou roumains, qu'il rencontra dans les musiques folkloriques. Mais sa rythmique est toujours le produit de l'instinct et, en conséquence, garde sa force de persuasion et son impulsion vitale.

Sur le plan de la structure formelle, Bartók adopte le principe du dynamisme qu'il reprend à Beethoven qu'il admirait beaucoup. Par ailleurs, il cherche à adapter la mélodie folklorique à la technique de développement du classicisme viennois, ce qui paraît d'une incompatibilité totale. Or, Bartók est peut-être le seul compositeur à avoir surmonté cette difficulté en opérant la synthèse entre Beethoven et le folklore. Il y a réussi en ramenant la mélodie populaire à sa substance essentielle : en la transformant en thème fort et court, tout en lui conservant ses attributs propres.

Cette alliance du savant et du populaire en une unité supérieure est sans doute la réussite la plus étonnante de Bartók. Sa démarche essentielle est de n'avoir point rompu avec le passé, mais de s'en être imprégné en profondeur et de l'avoir transfiguré en l'adaptant au monde moderne.

Entre Germains et Latins

Écartelés entre les sensibilités germaniques et latines, certains compositeurs ne peuvent choisir et sont amenés à tenter une audacieuse synthèse : c'est ce qui les rend aussi attachants.

Ferruccio Busoni

Né d'un père italien et d'une mère allemande, Busoni (1866, † 1924) fit ses premières études musicales à Graz, en Autriche, et devint rapidement un remarquable pianiste ; le plus prodigieux, sans doute, depuis Liszt, avec lequel il avait de nombreuses affinités : même cosmopolitisme, même oscillation entre le Nord et le Midi, même rayonnement de la personnalité. Il eut une influence encore plus grande comme théoricien et comme professeur – en particulier à la *Hochschule für Musik* de Berlin où il enseigna la composition jusqu'à sa mort – que comme créateur.
Busoni favorisa d'abord les mouvements d'avant-garde et considéra avec bienveillance et même admiration les œuvres atonales de Schönberg. Mais, après la Première Guerre mondiale, effrayé par l'anarchie des tendances les plus modernes, il retourna à l'idéal de Mozart et prôna une *Junge Klassizität* (« Jeune Classicisme ») qui s'inscrivait en réaction contre le courant dodécaphonique et se rapprochait, par certains côtés, du néoclassicisme français.
Ayant composé dans tous les genres, c'est certainement dans le domaine lyrique que Busoni a donné le meilleur de lui-même. *Arlecchino* (1917) et *Turandot* (1917) renouent avec le style de la *commedia dell'arte* ; *Die Brautwahl*, « Le Choix de la fiancée » (1912), ouvre sur le fantastique. Son dernier opéra, le *Doktor Faust* – terminé par son élève Ph. Jarnach –, est son chef-d'œuvre et l'une des œuvres lyriques les plus considérables de son époque.

Arthur Honegger

Bien qu'il soit généralement considéré comme appartenant à l'école française et, à ce titre, étudié avec les autres membres du fameux « groupe des Six », dont il fit partie, Arthur Honegger représente un cas bien particulier.

Le style et les sources

Né au Havre en 1892 de parents zurichois, il fit ses études secondaires dans sa ville natale, puis alla passer deux ans au conserva-

Arthur Honegger (1892, † 1955)
Repères biographiques

1892	Naissance au Havre (le 10 mars)
1909-1911	Études au conservatoire de Zurich
1911-1913	Études au conservatoire national de Paris
1914	Mobilisé en Suisse
1915-1917	Retour en France et poursuite des études au Conservatoire
1929	Grande tournée aux États-Unis comme chef d'orchestre
1934	Début de la collaboration avec Paul Claudel
1947	Tournée triomphale aux États-Unis
1947	Foudroyante crise cardiaque à New York
1955	Mort à Paris (le 27 novembre)

toire de Zurich (1909-1910) avant d'entrer à celui de Paris (1911-1913) : « Je suis arrivé à Paris, âgé de dix-neuf ans, nourri de classiques et de romantiques, féru de Richard Strauss et de Max Reger, ce dernier complètement ignoré à Paris. En échange, je trouvai, non pas l'école, mais l'efflorescence debussyste. » On le voit, dès le départ, et plus encore, peut-être, que Busoni, le compositeur est confronté au dualisme germano-latin. À cet égard, la boutade d'Henri Gagnebin pose bien le problème : « Additionnez Paris et Zurich, divisez par deux et vous avez Honegger. » Celui-ci le confirmait à sa façon : « Debussy et Fauré ont fait très utilement contrepoids dans mon esthétique et ma sensibilité aux classiques et à Wagner. » En fait, l'originalité du musicien aura été d'établir un heureux équilibre entre ces deux courants et de nous en avoir offert une synthèse harmonieuse. Il faut cependant observer que, tout en vivant essentiellement à Paris, il n'a jamais eu la moindre attirance pour le néoclassicisme, alors tout-puissant, et n'a pas davantage apprécié l'esthétique de Satie.

L'art d'Honegger s'alimente avant tout auprès de trois grands modèles. Le premier est le Cantor de Leipzig : « J'ai une tendance peut-être exagérée à rechercher la complexité polyphonique. Mon grand modèle est Jean-Sébastien Bach. » Le deuxième est le maître de la symphonie, Beethoven ; c'est de lui que Honegger tient les développements savamment conduits et les constructions solides : « J'attache une grande importance à l'architecture musicale, que je ne voudrais jamais voir sacrifiée à des raisons littéraires ou picturales. » Wagner est la troisième référence ; c'est lui qui l'incite à se tourner vers les grandes fresques lyriques où passe un souffle émotionnel puissant. Au fond, tout comme Alban Berg avec lequel il a des affinités certaines, Honegger est un romantique impénitent. Cette triple influence restera tout au long de la carrière du compositeur une toile de fond intangible. Mais des éléments latins viennent en infléchir le contenu.

Cela est particulièrement évident dans le domaine technique. La mélodie de Honegger s'inscrit volontiers dans la lignée de celle de Richard Strauss, et son chromatisme, à la fois intense et expressif, rappelle celui de Reger ; toutefois, le compositeur évite les boursouflures de ce dernier en écoutant la leçon de clarté fauréenne. Il en va de même dans la syntaxe.

Si, d'un côté, Honegger n'hésite pas à recourir à l'atonalisme schönbergien, surtout pour exprimer la douleur et la tension, de l'autre, il se tourne volontiers vers la polyharmonie et la polytonalité chères à son ami Darius Milhaud. Mais il ne verse véritablement ni dans l'un ni dans l'autre et reste un traditionaliste fidèle aux principes de la tonalité qu'il se contente, en général, d'élargir et d'assouplir. Son habile orchestration doit beaucoup à Strauss, mais aussi à d'Indy. Quant à sa polyphonie touffue, elle s'éclaircit au contact des maîtres français.

Les genres

La vaste production musicale de Honegger a abordé presque tous les genres. Mais il y en a trois où le compositeur s'est particulièrement illustré : la musique de chambre, la symphonie et la fresque lyrico-dramatique.

Honegger eut beaucoup d'affection pour la musique de chambre. À côté de pièces pour piano et de sonates pour divers instruments, on retiendra surtout ses trois *Quatuors à cordes* (1917, 1936, 1937) où il pousse au maximum sa volonté d'employer des architectures symétriques.

Les cinq *Symphonies* (1930, 1941, 1945-46, 1946, 1950) s'inscrivent dans le prolongement de celles de Roussel et – tant par la solidité de leur construction que par leur lyrisme puissant – se placent parmi les meilleures réussites du genre.

Mais Honegger est avant tout un musicien dramatique, qui a besoin de vastes ensembles pour s'épanouir au maximum. Aussi ses oratorios constituent-ils la partie la plus célèbre de son œuvre. Dès son premier oratorio, *Le Roi David* (1921-1924), le compositeur s'affirme d'emblée d'une façon magistrale : cette grande fresque biblique sait allier une architecture bien charpentée à un lyrisme chaleureux qui s'exprime dans un langage à la fois noble et simple. À deux reprises, Honegger remontera à de pareilles hauteurs, en collaborant avec Paul Claudel. C'est d'abord *Jeanne d'Arc au bûcher* (1935) où passe un grand souffle épique et qui assure, nous dit le compositeur, « la synthèse de tous les éléments du spectacle avec le texte parlé ». Et puis la révélation de *La Danse des morts* (1938), où musique savante et musique populaire – n'y trouve-t-on point l'air du *Pont d'Avignon* ainsi que la *Carmagnole ?* – de même qu'éléments profanes et éléments spirituels se côtoient et se heurtent, tout en s'inscrivant dans une unité d'ensemble très cohérente. Dans sa dernière œuvre, la *Cantate de Noël* (1953), le compositeur nous délivre un message de paix et de spiritualité dont l'universalisme est symbolisé par le choix de chants de Noël aussi bien protestants que catholiques, mêlant les langues allemande, française et latine. Par-delà les particularités techniques et les confrontations esthétiques, ce qui emporte l'adhésion à l'audition de la musique de Honegger, c'est son refus des abstractions et des échafaudages intellectuels, c'est sa volonté de dépasser le quotidien tout en restant profondément direct, sincère et humain ; c'est aussi, et surtout, le souffle puissant qui l'anime et lui confère sa grandeur. Ses œuvres majeures comptent parmi les plus importantes du XXe s.

Frank Martin

Tout comme Honegger, dont il était l'aîné de deux ans, Frank Martin (1890, † 1974) était suisse et très attaché au protestantisme. Mais, à l'inverse de son compatriote, il déploya une grande activité pédagogique, d'abord dans sa ville natale de Genève, puis en Hollande et enfin à la chaire de composition de la *Hochschule für Musik* de Cologne (1950-1957). Influencé à ses débuts par l'école française (le franckisme, Debussy, Ravel), il adopta à partir de 1930 la technique dodécaphonique, tout en refusant l'atonalité ; autrement dit, il plia la série de douze sons aux relations tonales qui, pour lui, « sont la base même de toute musique véritable ». C'est ainsi qu'il tenta une synthèse originale entre dodécaphonisme et tonalité qui caractérise ses œuvres les plus importantes, souvent d'essence religieuse, comme les oratorios *In Terra Pax* (1944), *Golgotha* (1948) et *Pilate* (1964). Mais les œuvres centrées sur l'amour humain sont sans doute plus touchantes, telles que *Le Vin herbé* (1941), *Sechs Monologe aus Jedermann*, « Six Monologues de Jedermann » (1943), d'après la pièce de Hofmannsthal, et *Die Weise von Liebe und Tod des Cornets Christoph Rilke*, « Chant d'amour et de mort du cornette Christoph Rilke » (1943), d'après le poème de R. M. Rilke.

Il n'est pas surprenant de trouver deux Suisses parmi ceux qui hésitent entre le monde germanique et le monde latin. On pourrait y ajouter Conrad Beck (né en 1901), qui séjourna à Paris de 1923 à 1933, et dont les œuvres à l'écriture souvent contrapuntique et rigoureuse – parmi lesquelles six *Symphonies* et l'oratorio *Der Tod zu Basel*, « La Mort à Bâle » (1952) – représentent une heureuse synthèse entre la sensibilité alémanique et la clarté latine.

Igor Stravinski miroir de son époque

Dans une perspective temporelle, on constate que l'œuvre de Stravinski se déroule sur toute la première moitié du XXe s. et qu'elle mord sur une quinzaine d'années de la seconde moitié. D'un point de vue spatial, on remarque que notre compositeur naît en 1882 en Russie – à Oranienbaum, près de Saint-Pétersbourg –, qu'il passe la Première Guerre ainsi que l'entre-deux-guerres en Europe occidentale, et qu'il termine les trente dernières années de sa vie aux États-Unis, où il meurt en 1971. Il parcourt ainsi un immense arc qui va de l'Europe orientale à cet Extrême-Occident qu'est la Californie et qui n'a pas été sans l'influencer profondément.

Son extraordinaire maîtrise technique – alliée à une immense capacité d'adaptation – lui a permis d'assimiler les styles les plus divers, de pratiquer des volte-face spectaculaires, d'imposer une esthétique ou de se fondre dans une autre. Si, enfin, on admet – et il faut l'admettre – qu'il a imprimé à tous ces courants la marque de sa très forte personnalité, alors on doit en convenir : Stravinski a bien été le miroir de son époque, d'une époque qui recouvre les deux premiers tiers de notre siècle.

Igor Stravinski (1882, † 1971)
Repères biographiques

1882	Naissance à Oranienbaum (le 5 juin)
1905-1908	Études auprès de Rimski-Korsakov
1910-1914	Séjours réguliers en France
1914-1920	Installation en Suisse romande (Clarens et Morges)
1920-1939	Installation en France
1934	Naturalisation française
1939-1971	Installation aux États-Unis
1945	Naturalisation américaine
1971	Mort à New York (le 6 avril)

Ne serait-ce que pour cette raison, il est extrêmement intéressant de suivre les différentes périodes créatrices du compositeur. Celles-ci correspondent approximativement à ses différents séjours géographiques.

La période russe

Après les nécessaires années d'apprentissage, qui se prolongent jusque vers 1908, Stravinski nous offre une série d'œuvres qui sont toutes marquées par son pays d'origine et font, en conséquence, partie de la « période russe ». Si l'on excepte quelques pièces diverses ainsi qu'un opéra – *Le Rossignol* (1909-1914) –, celle-ci est surtout illustrée par trois ballets qui imposèrent aussitôt leur auteur comme l'un des plus remarquables de sa génération. Voici d'abord *L'Oiseau de feu* (1910), qui utilise des mélodies populaires russes et où un coloris cru à la Rimski-Korsakov se marie aux chatoiements de l'impressionnisme debussyste ; mais déjà la célèbre rythmique stravinskienne apparaît, comme dans la *Danse de l'oiseau de feu* et dans la *Danse infernale de Katschei*. Dans l'œuvre suivante, *Petrouchka* (1911), le compositeur supprime définitivement les diverses influences et affirme magistralement sa propre personnalité. Il oppose le tragique au grotesque et, en général, pratique la confrontation des divers éléments au lieu de les faire fusionner. C'est ainsi que les deux aspects conflictuels du caractère de Petrouchka – à la fois marionnette et être humain – sont traduits musicalement par un leitmotiv à la bitonalité célèbre qui, en fait, superpose les accords de *do* et de *fa* dièse majeur.

Puis, en 1913, c'est la révélation du *Sacre du printemps*, dont l'impact a été prodigieux. En fait, cette célèbre partition n'a pas été la dynamite qui fit sauter les citadelles de la tradition, comme on l'a trop longtemps cru : les piliers de la tonalité y sont scrupuleusement observés, et les superpositions polytonales ne viennent que les renforcer et les élargir. En ce sens, le *Pierrot lunaire* de Schönberg, l'année précédente (1912), fut beaucoup plus révolutionnaire. Mais c'est sur le plan esthétique que le renouveau a été considérable : on assiste au retour à un art primitif, sauvage et barbare, à la magie incantatoire des forces premières, à la montée irrésistible du grand rut universel. Stravinski l'a précisé lui-même : « J'ai voulu exprimer dans *Le Sacre du printemps* la sublime montée de la nature qui se renouvelle, le trouble vague et profond de la puberté universelle, la terreur sacrée devant le soleil de midi. » Si les effets techniques sont souvent gros, les trouvailles rythmiques sont extraordinaires, et la pulsion vitale qui parcourt l'œuvre emporte l'adhésion. Le rythme du *Sacre* a fait l'objet de nombreux commentaires et de savantes analyses. Messiaen a cru y trouver la préfiguration de ses « personnages rythmiques » et Boulez y voit l'apparition du « thème rythmique ». Mais les décortications les plus complexes ne doivent pas nous faire oublier que, bien plus que des opérations cérébrales, les formules rythmiques du *Sacre du printemps* jaillissent de la spontanéité instinctive et visent à la répétition obsédante ou à l'envoûtement.

Replié en Suisse pendant la Première Guerre, Stravinski y poursuit le retour au primitif et au rituel du *Sacre* en composant *Les Noces* dont la musique est terminée en 1918, mais l'orchestration seulement en 1923. À nouveau, la rythmique est souveraine ; quant à la mélodie, elle est d'allure populaire – bien que recourant rarement au folklore – et fortement modale, avec de nombreux pentatonismes.

C'est pendant sa période russe – qui s'étend jusqu'à 1914 et se prolonge au cours d'une transition qui va jusqu'à 1918 – que Stravinski a sans doute été le plus authentiquement lui-même et, pour les Occidentaux, le plus original. Mais c'est plus encore par la vitalité et la rudesse sauvage de son style qu'il surprit, choqua et enthousiasma l'Occident, en le sortant de sa torpeur, alors qu'il se perdait dans les rêves postromantiques ou se complaisait dans les raffinements déliquescents de l'impressionnisme.

Une distanciation par rapport au pays d'origine se dessine à partir de la Première Guerre. On la voit poindre avec *Renard* (1916) ; puis elle s'accuse avec *L'Histoire du soldat* (1918) qui, bien qu'inspirée par un sujet russe, utilise un style beaucoup plus éclectique. La musique s'occidentalise fortement, et l'on y perçoit l'amorce du style néoclassique dans les pastiches que sont les nombreuses danses incorporées telles que le *paso-doble* – grotesque –, le *tango* – traité à la tzigane –, la *valse* – cocasse et ironique – et le *rag-time* ; on y trouve même deux chorals luthériens, dont le célèbre *Ein feste Burg*. Il est remarquable que, malgré le caractère hétéroclite des divers styles et de l'orchestration, l'œuvre conserve une admirable unité. Ici encore, mais ce sera la dernière fois, le rythme y fête une apothéose. La subtilité de certaines polyrythmies est remarquable, comme dans le « Tango » ou dans le « Petit Concert ».

Diaghilev et le néoclassicisme

Mais c'est sous l'impulsion de Serge de Diaghilev que Stravinski va amorcer brusquement son tournant vers le style néoclassique auquel il restera fidèle pendant plus de trente ans. On verra plus loin quelles sont les particularités de ce mouvement qui devait prendre une ampleur considérable entre les deux guerres. Bornons-nous ici à retracer la contribution fondamentale qu'y apporta Stravinski. C'est donc Diaghilev qui, avec son flair habituel, avait compris que les brutalités sauvages d'avant-guerre n'étaient plus de mise : le public élégant des salles de concert n'éprouvait plus le besoin de sentir passer le frisson de l'effroi dans un confortable fauteuil ; il l'avait ressenti dans sa chair même au cours de la guerre et ne demandait qu'à oublier. Pour cela, le plus efficace était de se tourner vers la gaieté, la fantaisie et la grâce du XVIIIe s. Diaghilev proposa le sujet de *Pulcinella* (1919), ce frère italien de Petrouchka, au compositeur du *Sacre*, en lui demandant d'adapter la musique de Pergolèse et de la mettre au goût du jour. Stravinski pratiqua un dosage savant entre l'original italien et quelques piments dissonants personnels et obtint un cocktail magnifiquement réussi qui emporta aussitôt un triomphe : le vieux avait l'apparence du neuf ; on était en terrain de connaissance, tout en éprouvant l'attrait d'un léger dépaysement. D'un seul coup, Stravinski récupérait l'esthétique néoclassique, la pliait à ses volontés et la faisait rayonner à partir de Paris – où il était venu s'installer en 1920 – pour l'imposer au monde entier. Toutefois, le credo artistique du Stravinski de cette époque a quelques traits bien personnels qu'il faut relever. Ainsi, le retour au passé n'implique pas une servile imitation : « Bien loin d'impliquer la répétition de ce qui fut, la tradition suppose la réalité de ce qui dure » ; ou bien : « La vraie profession de l'artiste est la réparation des vieux bateaux. » Cela suppose le recours à ce qu'il a appelé le « modèle musical », dont Pergolèse avait été le premier. De nombreux autres devaient suivre.

Par ailleurs, le compositeur adopta une position qui fit couler beaucoup d'encre ; c'est celle de l'« inexpressivité » de la musique : « Je considère la musique par son essence impuissante à exprimer quoi que ce soit (...). Le phénomène de la musique nous est donné à la seule fin d'instituer un ordre dans les choses, y compris et surtout un ordre entre l'homme et le temps. Pour être réalisé, il exige donc nécessairement et uniquement une construction. La construction faite, l'ordre atteint, tout est dit. » C'est prendre exactement le contre-pied du romantisme et aussi de l'expressionnisme atonal des Viennois. En refusant l'émotion et la passion, Stravinski mettait en avant l'élément « jeu » de la création musicale, qui – disait-il – consistait en un « problème à résoudre ».

Les divers « retours à... » représentent une éblouissante prouesse technique. Ainsi, l'*Octuor pour instruments à vent* (1923) marque un retour à Bach, *Œdipus rex* (1927) s'inspire de Haendel, *Apollon Musagète* (1928) retrouve l'esprit de Lully et du ballet français, *Le Baiser de la fée* (1928) est un hommage à Tchaïkovski. L'installation aux États-Unis en 1939 ne change rien, au début, à cette orientation qui, au contraire, arrive à son apogée en remontant le cours des siècles. Ce ne sont plus seulement les XVIIe et XVIIIe s. qui inspirent Stravinski : avec *Orphée* (1947), il retrouve Monteverdi, et avec la *Messe* (1944-1948), Guillaume de Machault : ici, le néoclassicisme devient néoarchaïsme. Cette esthétique culmine avec *The Rake's Progress,* « La Carrière d'un libertin » (1948-1951), ses nombreuses allusions à Mozart et ses clins d'œil à Gounod, Rossini et Verdi.

Mais Stravinski était un génie tentaculaire et, bien qu'enivré par le feu d'artifice de ses prodigieuses acrobaties, il sut au moins une fois nous montrer un autre visage et il livra ainsi le chef-d'œuvre de cette période néoclassique. En effet, la *Symphonie de psaumes* (1930) est animée d'un souffle puissant qui traduit la foi profonde du compositeur, son penchant pour la méditation métaphysique et son émotion devant la grandeur du sacré. L'œuvre est intentionnellement austère et recourt à des techniques archaïques en incorporant la psalmodie médiévale et le chant grégorien. Si la polyphonie est sévère, le travail thématique peut être très intense, telle cette fugue à quatre voix du deuxième mouvement qui aboutit à une double fugue entre le chœur et l'orchestre. Mais le tout est emporté par un élan de ferveur religieuse : sous le vernis occidental perce la Russie natale, dont Stravinski garda toujours la nostalgie.

La période dodécaphonique

En 1952, dans la « Gigue » de son *Septett*, Stravinski aborde la technique dodécaphonique, opérant ainsi une volte-face spectaculaire d'autant plus inattendue que, pendant quarante ans, il avait été un adversaire acharné aussi bien de l'atonalité que du dodécaphonisme. Les explications de cette étonnante conversion – par exemple, le fait que le compositeur sériel Robert Craft fut son secrétaire à partir de 1948 ou encore que la mort de Schönberg en 1951 laissait à Stravinski le terrain libre – paraissent peu satisfaisantes. Ne peut-on y voir, en fait, de la part de celui qui avait l'habitude d'être toujours à la tête du mouvement musical prépondérant, une volonté de se rallier à la technique qui semblait la mieux placée ?
Toujours est-il que le compositeur n'aborda que progressivement ce nouveau rivage. Ainsi, le *Canticum sacrum* (1956) de même que le ballet *Agon* (1957) opposent des parties extrêmes diatoniques à une partie centrale dodécaphonique. Mais, à partir de *Threni* (1958), toutes les œuvres seront intégralement sérielles. Plus que Schönberg, c'est l'austère Webern que Stravinski prendra comme modèle. Mais il en infléchira souvent l'extrémisme en recourant aux symétries, aux *ostinati* et aux tournures cadentielles.

Cette dernière phase créatrice du compositeur est jugée de façon tout à fait contradictoire. Représentant pour les uns l'aboutissement de la foi et de la sincérité dans un dépouillement sans compromission, elle est pour les autres sans intérêt, car ce « néosérialisme » n'est qu'une variante du néoclassicisme. Il est peut-être encore trop tôt pour juger équitablement ce dernier aspect du maître russe.

Au XXe s., nul compositeur n'a été de son vivant autant adulé, fêté et porté en triomphe que Stravinski. Toutefois, dès le milieu du siècle, certaines questions n'ont pas manqué d'être posées.

Le constant changement de style et la volonté d'éclectisme trahissent-ils un manque de personnalité, un art de caméléon ou bien une insatiable curiosité ? Le compositeur est-il réellement sincère ou bien nous donne-t-il le change par son prodigieux art de prestidigitateur ? De toute façon, on ne peut qu'admirer l'immense personnalité de celui qui sait s'imposer à la matière qu'il empoigne et dont l'habileté artisanale, surtout dans le domaine rythmique, est remarquable.

Le néoclassicisme et la musique française de l'entre-deux-geurres

Le néoclassicisme

Le néoclassicisme musical est né de la volonté de réagir contre le romantisme et ce qui, directement ou indirectement, en découle : le postromantisme et l'impressionnisme. L'exagération sentimentale, le pathos, les boursouflures de style, souvent aussi le goût du morbide, le mysticisme évanescent et trouble, appelèrent une réaction. Celle-ci avait déjà commencé avant la Première Guerre, mais elle prit un brusque envol à partir de 1918.

Bien qu'il s'agisse d'un mouvement d'ampleur européenne, il s'est déployé avec le plus d'intensité en France et c'est essentiellement de Paris – où il se colora de quelques traits spécifiques – qu'il se propagea dans le monde.

L'artisan à l'origine de cette nouvelle esthétique est, comme on le verra plus loin, Erik Satie qui, avec *Parade* (1917), en fixe les grandes lignes. Jean Cocteau en précisera les orientations (voir plus loin : Le groupe des Six). Mais c'est Stravinski qui en assurera le rayonnement universel et renforcera le rôle de Paris en venant s'y établir en 1920.

La réaction néoclassique se manifeste essentiellement de deux manières. Il y a d'abord une attitude objective – que l'on appela en Allemagne la *Neue Sachlichkeit* (« nouvelle objectivité ») – qui s'accompagne d'une volonté de clarté et d'ordre, s'appuyant sur une conception artisanale de la composition où le métier passe au premier plan. Le musicien assemble ses structures sans s'occuper de leur insuffler une quelconque expression, mais en s'attachant uniquement à leur organisation, à leur jeu sonore ainsi qu'à l'agrément de l'oreille. Il se produit, d'autre part, un retour à certaines formes d'expression caractéristiques de l'époque classique et, plus encore, de l'époque baroque. Les compositeurs qui servent de modèle sont Pergolèse, Vivaldi, Bach, Haendel et leurs contemporains.

Un des aspects le plus frappant du néoclassicisme est l'usage d'une rythmique en valeurs égales avec une pulsation régulière, quasi mécanique et ne laissant aucune place aux langueurs ou aux sentiments. Cela est conforme à l'adoption de la rythmique des mouvements rapides des pièces instrumentales de Bach. Du reste, le « retour à Bach » est alors à l'ordre du jour ; « avec fausses notes ajoutées », ajoutent les méchantes langues ! Les Allemands ont appelé cette conception rythmique *Motorik*, en l'appliquant essentiellement, on l'a vu, à Hindemith. Mais le *Dumbarton Oaks Concerto* (1938) de Stravinski – inspiré du *III*[e] *Concerto brandebourgeois* de Bach – répond aussi à cette définition.

À vrai dire, la *Motorik* est déjà implicitement contenue dans le *Sacre*, grâce à l'unité rythmique brève. Mais, alors que celle-ci se prête là à des constellations audacieuses et irrégulières, dans les œuvres de l'époque néoclassique elle s'inscrit dans des moules conventionnels.

La seconde particularité du néoclassicisme est le retour aux formes anciennes telles que la fugue et le *concerto grosso*, ainsi qu'aux danses anciennes : pavane, sarabande, passacaille, menuet et autres. Ce retour s'accompagne d'un goût pour la musique pure, dégagée de tout programme. Même les œuvres vocales sont traitées d'une manière neutre et objective. Par ailleurs, on se souvient de l'importance de ce que Stravinski appelait le « modèle musical ». De son côté, Prokofiev disait de sa *Symphonie classique* : « C'est ce que Haydn aurait composé s'il avait vécu au XXe s. »

Sur le plan de l'écriture, on remarque une mise en évidence du diatonisme au détriment du chromatisme, et du contrepoint au détriment de l'harmonie : de nouveau, le jeu l'emporte sur la passion.

Erik Satie

Personnage curieux, contradictoire et énigmatique, Erik Satie a exercé une influence profonde sur ses confrères, mais bien plus par les idées qu'il prônait que par l'impact de ses œuvres. En fait, jusqu'à la Première Guerre, il est resté relativement obscur, et seule son intimité avec Debussy – qu'il influença fort peu, contrairement à ce qui a souvent été avancé à la légère – lui valut quelque égard. Il était alors considéré comme un excentrique atteint d'exhibitionnisme et de mégalomanie. Mais ce compositeur extravagant montra dès la fin du XIXe s. des particularités, en marge aussi bien du

Erik Satie (1866, † 1925)
Repères biographiques

1866	Naissance à Honfleur (le 17 mai)
1879-1882	Études, plutôt médiocres, au conservatoire de Paris
1891	Début de la longue amitié avec Debussy
1892	Satie se sépare du sâr Péladan et fonde sa propre secte : l'*Église métropolitaine d'art de Jésus Conducteur*
1898	Satie s'installe à Arcueil (banlieue de Paris) ; il y restera jusqu'à la fin de sa vie
1905-1908	Études sérieuses à la Schola cantorum avec d'Indy et Roussel
1916	Début de l'amitié avec Cocteau
1925	Mort à Paris (le 1er juillet)

postromantisme que de l'impressionnisme, qui devaient faire fortune au lendemain de la Première Guerre.

Sur le plan esthétique, Satie a toujours été l'adepte d'une musique dépouillée, pure, simple et nue ; les *Gymnopédies,* qui datent de 1888, en sont déjà la preuve. Il a également été un ennemi de la rhétorique et de la grandiloquence, réclamant un style précis, concis et acéré qui refuse les développements thématiques et les divers délayages ; l'économie des moyens est extrême, et aucune de ses œuvres ne dure plus d'une demi-heure. Par ailleurs, il a prôné une distanciation objective et critique vis-à-vis de l'œuvre, afin d'éviter les élans lyriques et les émotions faciles. Enfin, il a eu le goût de l'humour, de la cocasserie et d'une fantaisie hurluberlue.

Sur le plan technique, on relève dès le départ une liberté très grande dans les enchaînements d'accords, comme ces successions parallèles d'accords de neuvième des *Sarabandes* (1887) ou les audacieux échafaudages de cinq quintes superposées progressant par parallélisme, comme dans *Le Fils des étoiles* (1891). On remarque aussi la prédominance accordée à la mélodie et au contrepoint au détriment de l'harmonie, surtout à partir de 1905.

Cet ensemble d'éléments originaux et personnels ne trouva guère d'écho dans un Paris habitué au confort douillet de la Belle Époque. Il en alla différemment à partir de 1914 : avec la guerre, un vent nouveau, plus âpre et plus dur soufflait, et avec lui l'esthétique basculait. Cocteau fut prompt à saisir le changement et n'hésita pas à s'adresser à l'obscur Satie pour lui demander la musique d'un ballet dont il avait écrit l'argument et dont Picasso devait faire les décors : *Parade* (1916). La première fut à la fois un immense scandale et un étonnant triomphe : Satie était brusquement propulsé sous les feux de la gloire. Qu'est-ce que *Parade* ? Une musique de cirque, de foire et de music-hall, avec une atmosphère de bals exotiques, de blues et de fanfare municipale, qui n'hésite pas à employer la sirène et la crécelle. Une musique qui préfigure les films comiques de Charlie Chaplin avec son personnage de clown tragique qui pourtant fait rire. L'esthétique néoclassique était née et Satie devint la référence suprême tant du « groupe des Six » que de l'« école d'Arcueil ».

Mais ce musicien fantasque et excentrique devait une fois faire tomber le masque de l'humour et de l'ironie, de la farce et de la drôlerie, pour nous dévoiler sa personnalité profonde dans son drame symphonique *Socrate* (1918), d'après Platon. En recourant à la noblesse de style, à l'austérité et à la gravité sans concession, en retrouvant l'esprit grec grâce à la simplicité et à la plasticité de la ligne mélodique, Satie nous a donné non seulement son chef-d'œuvre, mais aussi une grande œuvre.

Le groupe des Six

Dès 1917, plusieurs jeunes musiciens admirateurs de l'esthétique de *Parade* de Satie avaient l'habitude de se retrouver ensemble, en général chez le peintre Lejeune. Leur parrain fut le critique musical Henri Collet, qui fit en 1920 paraître deux articles les concernant dans *Comœdia* (16 janvier) : « Les cinq Russes, les six Français et Erik Satie » ; (21 janvier) : « Les six Français : Darius Milhaud, Louis Durey, Georges Auric, Arthur Honegger, Francis Poulenc et Germaine Tailleferre ». Leur père spirituel, Erik Satie, les appelait les « nouveaux jeunes ».

Cocteau et le groupe des Six

Le porte-drapeau des Six fut le poète Jean Cocteau qui exposa son esthétique – très proche de celle de *Parade,* dont il avait écrit l'argument – dans *Le Coq et l'Arlequin* (1918). Le coq ? c'est l'esprit français ; l'arlequin ? c'est l'éclectisme international qu'il faut combattre. L'accent est aussitôt mis sur le nationalisme : « Je veux

Le groupe des Six

Arthur Honegger	1892, † 1955
Darius Milhaud	1892, † 1974
Georges Auric	1899, † 1983
Francis Poulenc	1899, † 1963
Louis Durey	1888, † 1979
Germaine Tailleferre	1892, † 1983

de la musique de France. » Et sur un ton plus polémique encore, voire excessif : « Je vous l'annonce, la musique française va influencer le monde. »

Cocteau prend immédiatement ses distances vis-à-vis des courants musicaux précédents : « L'impressionnisme est un contrecoup de Wagner. Les derniers roucoulements de l'orage. » Puis il précise : « Assez de mages, de vagues, d'aquariums, d'ondines et de parfums de la nuit ; il nous faut une musique sur la terre, une musique de tous les jours. » Enfin, il apporte la condamnation, tout en la nuançant : « On ne peut pas se prendre dans le brouillard de Debussy comme dans la brume de Wagner, mais on y attrape du mal. » Mais où trouver « cette musique de tous les jours » ? : « C'est dans le music-hall, dans le cirque, dans le jazz qu'on va la trouver. » Pour la plupart des jeunes compositeurs d'alors, le music-hall, c'est la franchise, l'art direct, la simplicité, la santé populaire et authentique. Rappelons que nous sommes dans le « Gay Paris » des Années folles, qui ne pense qu'à se divertir, à s'étourdir pour oublier les dures années de la guerre. Du reste, c'est encore Cocteau qui le dit : « Le music-hall, le cirque, les orchestres américains de nègres, tout cela féconde un artiste au même titre que la vie. » Et puis aussi cet aveu : « La mauvaise musique méprisée par les beaux esprits est bien agréable. Ce qui est désagréable, c'est leur bonne musique. » Enfin, notre poète esthète demande un retour à la simplicité, tout en précisant : « La simplicité de nos musiciens modernes n'est plus celle de nos clavecinistes. » Mais elle entraîne avec elle un retour à la mélodie : « En musique, la ligne, c'est la mélodie. Le retour au dessin entraînera nécessairement un retour à la mélodie. » On le voit, l'essentiel de cette esthétique est bien celle

de Satie. Quelques années plus tard, Stravinski devait en reprendre de nombreux éléments, tout en les pliant à son impérieux génie.
Sur les six musiciens du groupe, Honegger occupe une position marginale (voir p. 946). Darius Milhaud est une personnalité très forte, qui mérite une étude séparée (voir plus loin). Quant à Louis Durey (1888, † 1979), l'un des rares Français de son temps à s'être enthousiasmé pour l'atonalité de Schönberg, et Germaine Tailleferre (1892, † 1983), la seule femme du groupe, ils ne se sont guère imposés, malgré un talent authentique et sincère. Il reste deux personnalités aux dons remarquables : G. Auric et F. Poulenc.
Georges Auric (1899, † 1983) est un musicien au style linéaire et transparent qui se distingue par son ironie, sa légèreté et sa concision. Si, entre les deux guerres, il a souvent sacrifié à la facilité et à une certaine élégance de surface, il a su trouver, après guerre, des accents dramatiques et poignants, comme dans son ballet *Phèdre,* de 1950. Par ailleurs, il a écrit de nombreuses musiques de film, dont certaines sont d'une admirable poésie.
Francis Poulenc (1899, † 1963) est le musicien de la spontanéité. Dans l'entre-deux-guerres, il fut très marqué par l'esthétique néoclassique : « L'influence de Satie sur moi fut considérable, tant spirituellement que musicalement. » Les trois mélodies groupées sous le titre *Cocardes* (1920), sur des textes de Cocteau, correspondent à l'esthétique du *Coq et l'Arlequin,* avec leur gaieté un peu vulgaire et leur atmosphère de fête foraine. Mais après la Seconde Guerre mondiale, le Poulenc vieillissant devait nous réserver des surprises en nous révélant des œuvres autrement profondes, tout en conservant son merveilleux don de mélodiste. L'aspect religieux de sa nature – déjà indiqué dans certaines œuvres d'avant-guerre comme sa *Messe a cappella* (1937) – se précise et s'accuse. Et c'est en mêlant sa religiosité mystique à un sens émouvant de l'humain qu'il devait nous donner son chef-d'œuvre, *Le Dialogue des carmélites* (1956), sur un texte de Bernanos, d'après une nouvelle de Gertrud von Le Fort. La musique est à la fois simple et claire – avec un primat accordé à la mélodie –, mais elle émeut profondément grâce à sa sincérité et à son humilité. *La Voix humaine* (1959), sur un texte de Cocteau, est une autre réussite du même genre.
Il ne faut pas oublier non plus les nombreuses mélodies de Poulenc – charmantes, gracieuses, spirituelles, élégantes et même parfois lyriques et émouvantes – qui le classent parmi les meilleurs compositeurs du genre au XXe s. Plusieurs œuvres pour piano et pour musique de chambre sont également d'un haut niveau.

Darius Milhaud

Comme tous ses amis du « groupe des Six », Honegger excepté, Darius Milhaud subit l'ascendant d'Erik Satie : son idéal de musique claire, diatonique, accordant la primauté à la mélodie, est le même. Mais là s'arrête la ressemblance : « L'influence de Satie [écrit Milhaud] est une influence indirecte. (...) L'impulsion de Satie est, en effet, plus humaine que proprement musicale. » La puissance créatrice prodigieuse de Darius Milhaud fait éclater le cadre étroit du néoclassicisme, et son lyrisme profond lui permet – par des moyens fort différents de ceux de son ami Honegger – d'atteindre à la même grandeur.

Darius Milhaud naît en 1892 à Aix-en-Provence où il passe sa première jeunesse. Toute sa vie, il restera profondément marqué par cette atmosphère méditerranéenne et latine. Venu faire ses études au conservatoire de Paris (1909-1912) où il rencontre Honegger, il fait en 1913 la connaissance de Paul Claudel : « La grande chance de ma vie », dit-il. Celui-ci l'emmène au Brésil fin 1916 comme secrétaire d'ambassade, et Milhaud est aussitôt émerveillé par le folklore du carnaval de Rio de Janeiro : « Les rythmes de cette musique populaire m'intriguaient et me fascinaient. » Puis il revient à Paris en 1918, où il se retrouve rapidement parmi ses camarades du « groupe des Six ». De passage à Vienne, en 1922, il rencontre Berg, Webern et Schönberg et professe une admiration sincère pour ce dernier dont il connaît la musique depuis 1920 ; du reste, il devait diriger son *Pierrot lunaire* l'année suivante (1923) à Paris, aux concerts organisés par son ami Jean Wiener. De son côté, le maître viennois lui rendait la pareille : « Milhaud me semble être le représentant le plus significatif des tendances actuelles dans les pays latins, par sa polytonalité. » Les étapes suivantes de son existence ne changeront plus rien à sa conception de la musique. Même le long séjour aux États-Unis (1940-1947) ne l'américanisa point.

L'inspiration

Il y a trois constantes essentielles dans l'art de Milhaud. D'abord : la vitalité et la fécondité. Ce tempérament créateur puissant, souvent animé d'un grand souffle, est une véritable force de la nature au jaillissement incessant et, souvent, non contrôlé, d'où une grande inégalité dans la production. Cette prolifération exubérante, éclatant de santé et manifestant un optimisme foncier, se traduit par une gaieté invétérée qui, dans les moments de moindre

---

Darius Milhaud (1892, † 1974)

Repères biographiques

1892	Naissance à Aix-en-Provence (le 4 septembre)
1909-1912	Études au conservatoire de Paris
1916-1918	Séjour au Brésil comme secrétaire de Claudel
1922	Débuts de chef d'orchestre à Boston (États-Unis)
1922	Rencontre de Schönberg à Vienne
1940-1947	Enseignement à Mills College, université féminine proche de San Francisco
1947	Professeur de composition au conservatoire de Paris
1971	Membre de l'Institut
1974	Mort à Genève (le 22 juin)

Principales œuvres

Les Choéphores, musique de scène pour une pièce d'Eschyle-Claudel 1916
Le Bœuf sur le toit, ballet 1919
Le Pauvre Matelot, opéra sur un texte de Cocteau 1926
Christophe Colomb, opéra sur un texte de Claudel 1928
Médée, opéra sur un texte de M. Milhaud 1938
Bolivar, opéra sur un texte de Supervielle 1942
12 symphonies, 1939, 1944, 1946, 1947, 1953, 1955, 1957, 1957, 1959, 1960, 1960, 1961

---

inspiration, frise la vulgarité ou la banalité : on est loin des angoisses et des tensions de Honegger.
Ensuite : l'inspiration méditerranéenne. « Latinité, Méditerranée sont des mots qui ont une résonance profonde en moi », nous dit Milhaud, qui précise : « Je suis un Français de Provence et de religion israélite. » C'est ce qui explique la pureté des lignes, la clarté et l'optimisme de sa musique. Plusieurs de ses œuvres ont une lumière qui fait songer à la Grèce, à l'Italie, à l'Espagne ou aussi à la Palestine. Quant à sa terre natale, il l'a admirablement chantée dans sa *Suite provençale* (1936) et dans son *Carnaval d'Aix* (1923). Par contrecoup, on comprend que le compositeur ait été un adversaire acharné des brumes wagnériennes : « À bas Wagner ! » était son slogan.
Enfin : le lyrisme. On a pu voir tout ce qui rapprochait Milhaud de l'idéal néoclassique à la Cocteau. Ce qui l'en sépare est essentiel-

lement lié à son profond lyrisme instinctif. Milhaud ne se fait nullement l'avocat de l'objectivité chère aux néoclassiques et à Stravinski. Sa musique exprime presque toujours un état d'âme précis et contient un élément subjectif qui l'éloigne de la conception « musique d'ameublement » propre à Satie : « À quoi servirait tout l'arsenal technique dont nous disposons aujourd'hui s'il n'était exclusivement au service de l'élément poétique dans la création musicale ? S'il ne nous aidait pas, sans être trop apparent, à exprimer tout simplement des sentiments ? » Mais le lyrisme de Milhaud n'a rien de l'aspect âpre et tourmenté de celui de Honegger ou de Berg ; il est serein, calme, apaisé.

La technique

Milhaud a d'abord et avant tout le culte de la mélodie. Réagissant contre la musique toute de subtilités harmoniques et de lignes floues de l'impressionnisme, il revient à un langage beaucoup plus linéaire et chantant : « L'essence même de la musique est la mélodie. Et je me suis toujours efforcé d'exprimer la ligne mélodique de l'œuvre à laquelle je travaille avec le plus de continuité possible. » S'opposant au thème – qui, pour lui, n'est qu'un condensé demandant à être interprété –, la mélodie s'exprime tout entière d'un seul jet et, en conséquence, ne peut subir de développement : l'œuvre consiste en une succession de mélodies en général apparentées, rarement contrastantes. Celles-ci sont essentiellement diatoniques, conformément au courant latin qui anime la tradition française, nous dit le compositeur. Et c'est pour cette raison également qu'il refuse d'adopter le chromatisme généralisé, qu'il considère comme étant de tradition typiquement germanique.
Milhaud s'est rendu célèbre aussi par ses recherches polytonales audacieuses. Il faut s'y arrêter un instant. On relève d'abord une polytonalité harmonique qui a sans doute trouvé son expression culminante dans les 3 volets de *L'Orestie* d'Eschyle, adaptée par Claudel.
Le volet central – *Les Choéphores* (1916) – contenait des passages d'une très grande intensité dramatique et, pour les rendre musicalement de manière satisfaisante, le compositeur s'est tourné instinctivement vers la polytonalité dont il appréciait la puissance expressive ; mais sa démarche spontanée sera vite complétée par des recherches méthodiques : « J'avais entrepris à fond la question de la polytonalité (...). Je me mis à étudier toutes les combinaisons possibles (...). J'essayai toutes les solutions imaginables... »

Polyharmonie, utilisation d'un accord dont les divers groupes de sons sont dans des tonalités différentes (ex. : superposition des accords parfaits majeurs de *do* et de *fa* dièse).

Polytonalité, superposition de deux ou plusieurs tonalités différentes.

C'est alors qu'il découvrit qu'un accord polytonal est « plus subtil dans la douceur, plus violent dans la force ». Et il enchaîne : « Je construisais la musique des *Choéphores* en me servant de ces recherches. » Il est symptomatique de constater que, dans les expériences polytonales des *Choéphores,* le matériau de base est l'accord parfait ; c'est de cette façon qu'il arrive à superposer jusqu'à quatre tonalités différentes. Mais il peut lui arriver d'écrire un accord de douze sons en superposant trois accords de double-quarte à un accord de double-quinte. Indépendamment de la technique employée, on remarquera combien la démarche de Milhaud est différente de celle de Schönberg : alors que ce dernier aboutit au système dodécaphonique par un travail intellectuel en profondeur, le compositeur français aborde la polytonalité d'une façon instinctive et cherche toujours à contrôler les sonorités expérimentalement trouvées par l'oreille. Du reste, même dans ses recherches les plus osées, le compositeur n'oublie jamais la mélodie.

On voit que la mélodie est, chez Milhaud, le commencement et la fin de toute musique. C'est ce qui explique que le compositeur ait utilisé également la polytonalité contrapuntique, plus audacieuse et plus déroutante à l'oreille que l'autre : « Au lieu de superposer des accords ou des enchaînements d'accords, nous avons en main comme éléments des mélodies écrites en plusieurs tons et qui se superposent par un jeu de contrepoint. » Ainsi la *IIe Symphonie de chambre* (1918) superpose cinq tonalités dans le finale, et la *IIIe Symphonie de chambre* (1921) en superposera six.

Par la variété de son immense production, par l'ampleur qu'il déploie dans la grande fresque et par la puissance de son souffle lyrique, Darius Milhaud est – si l'on excepte le cas particulier de Honegger – la personnalité musicale française la plus importante de sa génération.

L'école d'Arcueil
Les indépendants

L'influence de Satie sur la France musicale de l'entre-deux-guerres s'est traduite non seulement par l'esthétique du « groupe des Six » mais aussi par la fondation d'un nouveau mouvement qui, en l'honneur du compositeur, prit le nom de la ville de la banlieue parisienne qu'il habitait : l'« école d'Arcueil ». En vérité, sur les quatre noms qui la composaient, ceux d'Henri Cliquet-Pleyel et Maxime Jacob sont bien oubliés de nos jours ; quant à Roger Désormière (1898, † 1963), il a surtout laissé le souvenir d'un chef d'orchestre.

Henri Sauguet (1901-1989) mérite de retenir notre attention. Par la simplicité et la franchise de son inspiration mélodique, par son côté spirituel et primesautier, il est dans la droite lignée de son maître Satie. C'est dans le domaine du ballet qu'il devait donner le meilleur de lui-même. Il remporta des succès certains avant guerre avec des œuvres comme *La Chatte* (1927) ou *La Nuit* (1929). Mais c'est après 1939 qu'il devait atteindre à la véritable réussite avec *Les Mirages* (1943) et plus encore *Les Forains* (1945), où il renouvelle l'exploit de *Parade* avec le même mélange d'atmosphère de cirque et d'émotion mélancolique. *La Rencontre* (1948) – qui traite de la rencontre d'Œdipe et du Sphinx – ainsi que *La Dame aux camélias* (1957) sont d'excellents ballets.

Dans ses deux opéras – *La Chartreuse de Parme* (1939) et *Les Caprices de Marianne* (1954) –, de même que dans sa musique instrumentale, le compositeur n'a pas réussi à s'imposer. C'est dans l'action mimée et dansée qu'il donne toute sa mesure.

La vie musicale dans le Paris de l'entre-deux-guerres était très intense. De nombreux compositeurs d'inégale valeur y ont remporté des succès plus ou moins profonds. Il est impossible de les énumérer tous ici. À titre d'exemple, on en retiendra trois parmi d'autres.

Jacques Ibert (1890, † 1962) s'inscrit dans une tradition essentiellement française par son souci de la clarté, de l'élégance et de la finesse. Il s'est affirmé brillamment dans le domaine symphonique, notamment avec *Escales* (1922), et plus encore dans le domaine scénique. Son spirituel opéra bouffe *Angélique* (1926) et son opéra-comique plein de subtile ironie *Le Roi d'Yvetot* (1928) ont pleinement mérité leur succès. Avec *Diane de Poitiers* (1934), le compositeur élargit le domaine chorégraphique en mêlant le chant à la danse. Rappelons qu'il s'était lié d'amitié avec Arthur Honegger qui avait beaucoup d'estime pour lui et avec lequel il collabora pour l'opéra en cinq actes *L'Aiglon* (1936) et pour l'opérette *Les Petites Cardinal* (1937).

Georges Migot (1891, † 1976) débute dans un climat proche de l'impressionnisme debussyste. Mais très vite il se distingue par ses lignes mélodiques amples et richement ornées. Vers 1930, il est en pleine possession d'un langage personnel à base de modalité librement inventée et de polyphonie horizontale laissant une grande indépendance aux diverses lignes mélodiques superposées, les accords n'étant que des résultantes. Parmi ses premiers sommets, on peut citer *Le Zodiaque* (1931-1932), pour piano, et le *Sermon sur la montagne* (1936). Par la suite, Migot se tourne de plus en plus vers la voix et l'art choral, où il peut le mieux traduire sa nature religieuse et mystique. C'est alors qu'il nous donne ces grandes fresques que sont *La Passion* (1941-1942) et *Saint-Germain d'Auxerre* (1947). L'art de Migot est caractérisé par un profond lyrisme et une grande élévation de pensée.

Roland-Manuel (1891, † 1966) fut si lié avec le « groupe des Six » qu'on l'appela le « septième des Six ». Élève et disciple de Ravel, dont il a recueilli l'élégance distinguée, il s'est surtout illustré dans le domaine scénique avec son ballet *Le Tournoi singulier* (1924) et ses deux opéras-comiques *Isabelle et Pantalon* (1922) et *Le Diable amoureux* (1932).

La musique méditerranéenne

L'Italie

Le vérisme

C'est vers les années 1870 qu'un nouveau courant musical se dessina, influencé par le naturalisme français, mais avec des traits authentiquement italiens : le vérisme.

Il s'agissait de réagir à la fois contre le monde des héros et des dieux wagnériens et contre la conception romantique trop chargée d'intrigues et d'invraisemblances de Verdi : les thèmes choisis devaient dorénavant être pris dans la vie de tous les jours et décrire les passions humaines les plus directes comme l'amour, la haine, la vengeance. Le réalisme était à l'ordre du jour et c'est le créateur littéraire du mouvement – Giovanni Verga (1840, † 1922) – qui devait fournir à Pietro Mascagni (1863, † 1945) le sujet de *Cavalleria rusticana* (1890), qui fut à la fois la meilleure réussite du genre et son chef-d'œuvre.

Emporté par le même courant, Ruggero Leoncavallo (1858, † 1919) obtint deux ans plus tard un triomphe du même ordre avec *I Pagliacci,* « Paillasse » (1892) ; mais pas plus que son confrère il ne réussit à renouveler cet exploit dans ses opéras ultérieurs. Enfin Umberto Giordano (1867, † 1948) est à peine en retrait avec *Andrea Chénier* (1896) – sa meilleure partition – et *Fedora* (1898), qui tous deux obtinrent un succès éclatant et, du moins dans la Péninsule, poursuivent une belle carrière. Francesco Cilea (1866, † 1950) est moins connu que la triade précédente, mais il eut aussi une grande audience, et ses meilleures partitions, *Adriana Lecouvreur* (1902) et *Gloria* (1907), sont d'une qualité musicale supérieure.

Les musiciens véristes ont souvent été critiqués pour leur trop grande complaisance envers les effets faciles, les mélodies plates et banales et les situations grandiloquentes. Mais dans leurs meilleures œuvres, ils ont su faire montre d'un authentique instinct dramatique, servis par des livrets visant aux effets gros mais très bien fabriqués. D'une manière générale, la gloire que connaissent ces opéras n'est pas en rapport avec leur réelle valeur musicale. Toutefois, il convient de faire une exception pour une personnalité d'une tout autre envergure dont le génie sut dépasser et sublimer le genre : Puccini.

Giacomo Puccini

Tout comme son œuvre, la vie de Giacomo Puccini (1858, † 1924) fut dramatique à souhait : devenu, jeune encore, célèbre et riche, vivant dans le luxe mais généreux, il eut une existence orageuse aux nombreuses aventures, qui se termina tragiquement en 1924.

Après avoir déjà montré ce dont il était capable dans ses deux premiers opéras – *Le Villi* (1884) et *Edgar* (1889) –, c'est avec sa troisième tentative – *Manon Lescaut* (1893) – que le compositeur révéla toute la séduction de sa forte personnalité : orchestration haute en couleur, lignes mélodiques souples et caressantes qui avaient subi l'influence de Massenet, mais avec une sentimentalité plus chaude et plus prenante bien que parfois plus vulgaire, situations dramatiques habilement menées. Puis, avec *La Bohème* (1896), le maître italien nous donne son chef-d'œuvre. Le sujet est conforme aux canons essentiels du vérisme : milieu modeste, émotions simples et touchantes. Mais la musique en transfigure l'atmosphère par la poésie. De plus, la peinture des situations est admirable et témoigne d'un grand sens dramatique. À deux reprises Puccini s'élèvera aux mêmes hauteurs. D'abord avec *La Tosca* (1900), où la progression dramatique du second acte est magistralement conduite et où les trois accords parfaits fatidiques du début – de tonalité déroutante – ponctuent toutes les allusions au sinistre et cruel Scarpia. Puis avec *Madame Butterfly* (1904), où la psychologie féminine est remarquablement suggérée par la musique, sans parler de cet admirable duo d'amour (fin du Ier acte) dont les progressions mélodiques prennent une intensité d'autant plus grande qu'elles sont soutenues par des accords de quinte augmentée.

Jamais Puccini ne remontera à ce sommet constitué par les trois œuvres précédentes. Pourtant la *Fanciulla del West,* « La Jeune Fille de l'Ouest » (1910), montre des recherches savoureuses dans le domaine de l'harmonie et de l'orchestration, alliant curieusement Debussy au folklore américain. Des trois pièces en un acte qui suivent – *Il Tabarro,* « La Houppelande », *Suor Angelica* et *Gianni Schicchi* (1918) – seule la dernière s'est maintenue, et il est dommage qu'elle ne soit pas plus souvent jouée : c'est une merveille de subtilité, de grâce, de légèreté et de bouffonnerie qui fait penser à Rossini. Le dernier opéra – *Turandot* – n'a pas été entièrement achevé : quelques pages et le dernier grand duo manquaient au finale ; c'est Alfano qui les composa. Imposante et déroutante à la fois, l'œuvre est trop ambitieuse pour le compositeur, qui est ici dépassé par le sujet ; mais on y trouve encore des pages de toute beauté.

Comme tous les véristes, Puccini n'hésita pas à recourir aux effets faciles et gros, mais, dans ses trois meilleures productions, son génie à la fois lyrique et dramatique lui a permis d'atteindre au chef-d'œuvre. Malgré les controverses et les critiques les plus violentes, les opéras du maître italien ont conquis toutes les scènes du monde et, contre vents et marées, continuent à jouir sans discontinuer des faveurs du public. Si l'on excepte *Pelléas* et *Wozzeck,* ils sont, avec ceux de Richard Strauss, les seuls opéras du XXe s. qui se soient véritablement imposés au public. C'est que, malgré ses défauts et ses faiblesses, Puccini a su parler au cœur des hommes.

La réaction contre le vérisme

Les compositeurs véristes les plus importants sont nés aux alentours de 1860, et leurs opéras les plus représentatifs parurent entre 1890 et 1900, si l'on excepte *Madame Butterfly* (1904). Ce sont donc encore des œuvres qui appartiennent au XIXᵉ s., et cela non seulement par la chronologie mais aussi par l'esthétique et la technique. Cette remarque vaut également pour Puccini, malgré quelques audaces harmoniques comme les quintes à vide, les successions parallèles d'accords parfaits et diverses autres nouveautés impressionnistes. La génération suivante – celle qui naît vers 1880 – amorce une réforme profonde des mœurs musicales en Italie. D'abord, elle déclare la guerre au vérisme, qu'elle considère comme une décadence et comme un abâtardissement ; ensuite, elle ne fait plus de l'opéra son seul et unique centre d'intérêt : la musique de chambre et la musique symphonique sont de nouveau à l'honneur. En procédant ainsi, elle renoue avec une tradition qui avait été interrompue pendant plus d'un siècle et prépare un redressement spectaculaire du niveau et de la qualité musicale qui ne portera tous ses fruits que vers le milieu du XXᵉ s. L'Italie viendra alors au rang qui lui revient de droit : celui d'une des grandes nations musicales de l'Occident. Toutes proportions gardées, ce « renouveau » est comparable à celui qui s'était opéré en France un demi-siècle plus tôt : même refus d'une préoccupation accordée au seul domaine lyrique, même sérieux dans l'approche des formes austères de la musique pure.

Parmi les artisans de ce bouleversement esthétique, quatre personnalités se détachent nettement des autres.

Ottorino Respighi (1879, † 1936) est un cosmopolite qui a étudié non seulement dans son Italie natale, mais aussi à Saint-Pétersbourg, avec Rimski-Korsakov, et à Berlin, avec Max Bruch. Ces deux derniers compositeurs l'ont profondément influencé ainsi que Richard Strauss et Debussy. Aux trois premiers il doit sa somptueuse orchestration au coloris éclatant, et au dernier son goût pour la modalité ainsi que pour les harmonies neuves et chatoyantes. Si sa personnalité n'a pas été assez forte pour réussir une synthèse personnelle de ces éléments disparates, il nous a cependant donné avec *Fontane di Roma,* « Les Fontaines de Rome » (1916), et *Pini di Roma,* « Les Pins de Rome » (1924), deux poèmes symphoniques très habilement agencés et hauts en couleur.

Ildebrando Pizzetti (1880, † 1968) a une conception de la musique plus haute et plus noble que Respighi. Surtout attaché au domaine lyrique, il s'emploie à dépasser le vérisme en retournant aux anciennes traditions italiennes, en particulier à Monteverdi et à Cavalieri. Sa première œuvre scénique – *Fedra* (1915) –, sur un livret de D'Annunzio, marque déjà brillamment cette nouvelle direction. Celle-ci s'accentue de plus en plus, surtout avec l'incorporation très poussée de la modalité grégorienne. Dans ses derniers opéras, Pizzetti atteint à une grandeur indiscutable qui fait passer un souffle puissant sur *Assassinio nella cattedrale,* « Meurtre dans la cathédrale » (d'après T. S. Eliot, 1958), et *Clitennestra,* « Clytemnestre » (1965).

Gian Francesco Malipiero (1882, † 1973) a été le plus violent adversaire du vérisme parmi ceux de sa génération. Grand connaisseur des styles du passé, il eut recours aussi bien à la modalité grégorienne qu'à l'écriture renaissante ou baroque ; mais il n'a pas réussi à en donner une synthèse originale. Sa musique se caractérise par une grande attention accordée à la mélodie et par un refus de pratiquer le développement thématique. L'influence de Malipiero a été plus grande par les idées qu'il propageait que par ses œuvres. Il a joué un rôle important dans la redécouverte des maîtres anciens et nous a laissé une édition monumentale des œuvres de Monteverdi.

Alfredo Casella (1883, † 1947), tout comme Malipiero, avait une immense culture musicale, mais, comme lui encore, il fut moins un créateur qu'un animateur. À la fois pianiste, chef d'orchestre et conférencier, il organisa à partir de 1915 de nombreux concerts qui contribuèrent à élever le goût du public italien. Comme compositeur – et malgré des dons authentiques –, il ne réussit pas à se créer un style personnel.

L'Espagne

Après avoir connu un véritable âge d'or à l'époque de la Renaissance avec des compositeurs de niveau international comme Victoria, l'Espagne connut pendant près de trois siècles un état de torpeur tel que même le séjour prolongé à Madrid d'un Domenico Scarlatti ne réussit point à l'en sortir. C'est en pratiquant un retour à ses sources profondes, en particulier à son folklore très original, qu'elle retrouva un second souffle vers la fin du XIXe s.

Le réveil hispanique

À l'origine de ce réveil, on trouve Felipe Pedrell (1841, † 1922), dont les abondantes compositions sont totalement oubliées aujourd'hui, mais dont les recherches sur le folklore et sur les anciens maîtres espagnols ont eu une action déterminante. Toutefois, seule la génération suivante devait nous donner ses premiers grands compositeurs.

Isaac Albéniz (1860, † 1909) fut dès son plus jeune âge un prodigieux pianiste, qui fit l'admiration de Franz Liszt et l'émerveillait par ses dons d'improvisateur. Une grande partie de ses œuvres se ressent d'une trop grande facilité et de larges concessions au goût du public. Mais après s'être établi à Paris, en 1893, et surtout après avoir fait connaissance avec les sortilèges debussystes, le compositeur espagnol transforma son hispanisme de pacotille en lui conférant une atmosphère prenante et poétique. C'est alors qu'il nous donna ses meilleures œuvres, telle sa célèbre et superbe suite pour piano, *Iberia* (1905-1909), qui est son chef-d'œuvre : cette succession de tableaux séduit immédiatement par la richesse de ses rythmes, la grâce exotique de ses mélodies rehaussées d'harmonies savoureuses et la brillante virtuosité de l'écriture pianistique.

Enrique Granados (1867, † 1916) fut également un excellent pianiste, et c'est pour son instrument qu'il écrivit son œuvre la mieux réussie : les *Goyescas* (1911). Sans parvenir aussi bien qu'Albéniz à se dégager de l'atmosphère de salon, il mélange avec beaucoup de bonheur des traits typiquement espagnols à un environnement romantique très poétique qui n'est pas sans rappeler Chopin et Schumann.

Manuel de Falla

Par bien des aspects, Manuel de Falla est une sorte de Bartók espagnol. Comme le maître magyar, il commence par utiliser un pseudo-folklore – celui de la *zarzuela* – avant de connaître le véritable, celui que son maître Felipe Pedrell lui enseigne. Comme Bartók également, il a la révélation de Debussy et en subit l'éblouissement ; tout comme lui encore, il dépouille et décante son style tout en lui donnant des arêtes plus dures ; enfin, toujours comme lui, il transcende les divers éléments reçus et les amalgame en une synthèse supérieure qui leur confère une valeur universelle. Mais un milieu géographique différent ainsi que des expériences vécues diverses viennent, indépendamment des tempéraments respectifs, différencier profondément les deux œuvres.

Né à Cadix, en Andalousie, en 1876, Manuel de Falla vient étudier au conservatoire de Madrid avant de partir pour Paris où il reste sept ans (1907-1914). C'est là que, dans un milieu culturel parti-

Manuel de Falla (1878, † 1946)

Repères biographiques

1878	Naissance à Cadix (le 23 novembre)
1899	1er prix de piano au conservatoire de Madrid
1907-1914	Séjour à Paris
1914	Retour à Madrid
1919	Falla se retire à Grenade, en Andalousie
1939	Falla émigre en Argentine
1946	Mort à Cordoue (le 14 novembre)

culièrement intense, il transforme ses conceptions artistiques. Non seulement il fréquente Ravel, Dukas, Florent Schmitt, Albéniz et occasionnellement Stravinski, mais surtout il a la révélation des œuvres de Debussy, particulièrement d'*Ibéria,* mouvement central des *Images* pour orchestre ; c'est grâce à cette œuvre qu'il comprend véritablement la nature profonde de l'Espagne, comme il le précisera lui-même en 1920. La déclaration de guerre le fait rentrer au pays, où il séjourne principalement à Madrid. Puis, à la mort de ses parents, en 1919, il se retire avec sa sœur à Grenade où il vit presque comme un ermite. Les événements de la guerre civile – à partir de 1933 – l'affectent profondément. En 1939, il part pour l'Argentine où il doit diriger une de ses œuvres. Il ne revint jamais en Espagne. C'est là-bas, à Alta Gracia, dans les montagnes de Cordoue, qu'il passa les sept dernières années d'une vie de plus en plus ascétique et qu'il mourut, en 1946.

L'œuvre suit une trajectoire qui va de l'opulence au dépouillement. La première période espagnole, jusqu'en 1907, n'apporte pas grand-chose : le compositeur est encore à la recherche de son style. La seule œuvre marquante de ce temps-là – *La Vida Breve,* « La Vie brève » (1905) – est encore un opéra plus vériste qu'espagnol, car l'influence de Mascagni et de Puccini y est plus forte que celle de la *zarzuela.* Mais tout change avec le séjour parisien : Manuel de Falla, hypnotisé par les merveilles qu'il découvre, écoute, enregistre et assimile les nouveautés de l'impressionnisme français. Il est tellement absorbé par cette tâche qu'il compose fort peu : quelques pièces pour piano, quelques mélodies ; c'est tout.

Cante flamenco (« chant du flamant » [l'oiseau]) s'applique au chant andalou de provenance gitane, d'origine récente et enclin à l'extériorisation.

Cante jondo (« chant profond »), partie la plus ancienne du répertoire andalou, au caractère tragique accusé.

Le retour au pays natal déclenche chez le compositeur une véritable explosion créatrice ; c'est comme si le contact avec le sol des ancêtres agissait à la façon d'une décharge électrique. Falla nous livre coup sur coup quelques-uns de ses chefs-d'œuvre les plus authentiques, qui lui valent rapidement une gloire internationale. Ce sont d'abord les *Siete Canciones populares españolas,* « Sept Chansons populaires espagnoles », commencées à Paris en 1912 mais terminées à Madrid en 1915, que les gens sifflaient dans la rue. Composé en six mois, le ballet *El amor brujo,* « L'Amour sorcier », date également de 1915. À côté de l'exubérance du *cante flamenco,* Falla nous y révèle la profondeur passionnée et tragique du *cante jondo.* Le folklore andalou y est magistralement présenté avec ses enroulements chromatiques autour d'un son-pivot, ses notes répétées, ses ornements mélismatiques et ses rythmes incantatoires. En 1917, voici un nouveau ballet : *El sombrero de tres picos,* « Le Tricorne ». On y retrouve la même intensité passionnée, mais le style se clarifie et des éléments classiques s'y glissent. Vers la même époque, le compositeur nous offre une sorte de mélange entre le concerto pour piano et le poème symphonique qu'il avait esquissé dès 1909 à Paris mais qu'il achève seulement en 1916 : *Noches en los jardines de España,* « Nuits dans les jardins d'Espagne ». Ces « Nuits » reprennent les chatoiements et les charmes caresseurs de l'impressionnisme tout en créant une atmosphère poétique d'une extraordinaire présence.

Cette somptueuse période hispanico-impressionniste prend fin avec le départ de Falla pour Grenade, en 1919. Depuis un an, la guerre est terminée et, de Paris, un vent nouveau et très fort souffle : le néoclassicisme. Le maître espagnol – toujours très attentif à ce qui se passe dans la capitale française – reçoit avec douleur la mort de Debussy et observe la réaction qui se dessine. Il se convertit à son tour à la nouvelle esthétique. Mais au lieu d'imiter le caractère

gracieux et badin des compositeurs français, il en retient le retour à la limpidité d'écriture et au dépouillement ; puis il lui ajoute des traits d'austérité, de dureté et d'âpreté, correspondant à son mysticisme. La première œuvre qui annonce ce nouveau tournant est *El retablo de Maese Pedro,* « Les Tréteaux de maître Pierre » (1922) : l'effectif orchestral est réduit à un ensemble *da camera,* les lignes deviennent concises et pures, le style se fait austère.
L'activité créatrice du compositeur se ralentit et il ne termine plus qu'une seule œuvre : le *Concerto pour clavecin et cinq instruments* (1923-1926). Le langage y est d'un dépouillement extrême, et les sonorités deviennent aigres, heurtées et même terriblement cruelles. L'ascétisme se fait masochisme : Falla se fustige en refusant le charme sonore qu'il avait autrefois tant apprécié. Y voir son chef-d'œuvre est une optique très discutable. Ne serait-ce pas plutôt une exagération du goût de la mortification ? Retiré en Argentine, le compositeur y composa pendant sept ans un grand opéra-oratorio (terminé par Ernesto Halffter) : *L'Atlantida,* « l'Atlantide ». Il est dommage qu'il soit si peu joué : dans cette fresque somptueuse et lumineuse, Falla a dépassé le stade de la crise mystique pour retrouver l'apaisement et la sérénité.

La musique russe

Le fameux « groupe des Cinq » ainsi que Tchaïkovski font que l'école russe est à la fois la plus ancienne et la plus brillante de toutes les écoles nationales formées au cours du XIXe s.
On a déjà vu le prodigieux impact que Stravinski a exercé sur toute la musique de son temps. Comme Bartók, dépassant le cadre national, il appartient à l'univers entier. En fait, deux de ses contemporains affirment également une très forte personnalité : Scriabine et Prokofiev.

Alexandre Scriabine

Curieuse destinée que celle des œuvres d'Alexandre Scriabine (1871, † 1915). En effet, la gloire du compositeur russe a subi de brusques revirements en un court laps de temps : considéré de son vivant, au début du XXe s., comme le chef de file de la jeune musique russe, Scriabine est à peu près totalement oublié dès le lendemain de la Première Guerre mondiale et connaît une renaissance spectaculaire depuis une quinzaine d'années. À quelques variantes près, il y a là un « cas » qui n'est pas sans rappeler celui de Gustav Mahler, avec lequel, du reste, il présente des affinités certaines.

Esthétiquement, Scriabine est un postromantique dont la théorie des correspondances (« tout est dans tout »), aboutissant à une fusion de tous les arts, est proche de celle du *Gesamtkunstwerk* (« Œuvre d'art totale ») de Wagner. De même ses idées métaphysiques – très influencées par Schelling, Fichte et Schopenhauer d'un côté, la mystique hindoue et un ésotérisme proche de la théosophie de l'autre – s'inscrivent dans une certaine tradition germanique où l'on retrouve et Wagner et Mahler.

Mais la dimension éthique que le compositeur accorde à son art dépasse celle de ses prédécesseurs austro-allemands. Pour lui, la musique a une fonction rédemptrice : elle est, comme le dit sa fille, Marina Scriabine, « une force théurgique d'une puissance incommensurable appelée à transformer l'homme et le cosmos tout entier ». Le compositeur ne rêvait-il pas d'écrire un *Mystère* « où s'accomplirait dans l'extase le retour à l'unité divine » ? Ce sont ces idées utopiques et mégalomanes, qui laissent loin derrière elles celles d'un Wagner, et qui sont en opposition totale avec les conceptions beaucoup plus prosaïques de l'entre-deux-guerres, qui valurent à Scriabine l'hostilité ou l'indifférence après sa mort.

La progression du langage du maître russe est assez étonnante. Ses premières œuvres, jusqu'à la *IIe Symphonie* op. 29 (1901), sont encore fortement marquées par Chopin. Puis, de 1903 à 1909, l'influence de Liszt et de Wagner, sporadiquement de Debussy, passe au premier plan avec l'extension du chromatisme et la complexité croissante des harmonies. La *IVe Sonate* (1903), la *IIIe Symphonie* – dite *Le Poème divin* – (1904) et *Le Poème de l'extase* (1907) illustrent bien cette période transitoire qui voit la dislocation du système tonal traditionnel et la recherche d'une écriture originale influencée par les idées philosophiques du compositeur. C'est *Prométhée* (ou *Le Poème du feu*, 1910) qui ouvre la troisième et

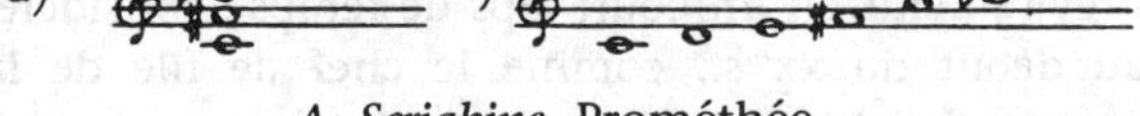

A. Scriabine, Prométhée.

dernière période créatrice. Il s'agit d'une œuvre charnière marquant un tournant décisif dans l'évolution de Scriabine. Celui-ci réussit ici pour la première fois à construire une œuvre entière sur un seul matériau sonore, utilisé aussi bien horizontalement que verticalement : c'est le célèbre « accord mystique », qu'il est préférable d'appeler avec Scriabine « accord synthétique » (voir page précédente ♪ *a)* = accord synthétique et ♪ *b)* = échelle hexatonique correspondante). Le compositeur avait enfin réalisé musicalement son idée métaphysique du « tout est dans tout ».

Sur le plan technique, en pratiquant systématiquement l'interchangeabilité entre l'harmonie et la mélodie, chère à Schönberg, Scriabine devançait de plusieurs années le maître viennois. Dans ses œuvres ultérieures, le compositeur complétera de plus en plus son « accord synthétique » composé de cinq quartes superposées, pour arriver à des échafaudages dodécaphoniques qui, à l'inverse cette fois des principes de Schönberg, ne résulteront point d'une série préalable imposée.

On le voit, si, sur le plan esthétique, Scriabine reste encore profondément ancré dans le XIXe s., dans le domaine du langage il s'avance audacieusement sur des terres nouvelles : c'est ce qui fait à la fois son charme et son originalité.

Serge Prokofiev

C'est sans doute par une ironie du sort que Serge Prokofiev (1891, † 1953) fut enterré non loin de Scriabine ; car il est difficile d'imaginer deux tempéraments plus opposés. Alors que celui-ci avait les yeux fixés sur l'au-delà et rêvait d'une transfiguration du monde grâce à la musique, Prokofiev avait bien les pieds sur terre, et aucune arrière-pensée métaphysique n'est venue freiner sa spontanéité naïve et parfois primitive. Cela explique également les orientations esthétiques contraires des deux compositeurs : tandis que Scriabine reste encore profondément enraciné dans le romantisme et le postromantisme germanique, Prokofiev déclare la guerre aussi bien au romantisme qu'à l'impressionnisme français. C'est en ce sens – bien plus que par ses audaces de langage – qu'il est « moderne » et que sa nature profonde avait devancé quelques-uns des traits les plus caractéristiques du néoclassicisme qui devait faire fortune au lendemain de la Première Guerre mondiale.

L'œuvre de Prokofiev a subi au long des années des changements considérables. Les tribulations de l'existence en sont en partie –

Serge Prokofiev (1891, † 1953)

Repères biographiques

1891	Naissance à Sontsovka – Russie, province d'Ekaterinoslavl – (le 11 avril)
1904-1914	Études au conservatoire de Saint-Pétersbourg avec Liadov (composition), Rimski-Korsakov (orchestration), A. N. Essipova (piano), N. N. Tcherepnine (direction d'orchestre)
1918-1932	Séjour en Occident (États-Unis, Paris)
1932	Retour en Russie
1948	Critique de sa musique par le Comité central du parti communiste
1953	Mort à Moscou (le 5 mars)

mais en partie seulement – la cause. Deux dates importantes partagent la vie du compositeur en trois périodes : jusqu'en 1918, celui-ci séjourne principalement dans son pays natal ; puis il passe plusieurs années dans les pays occidentaux – d'abord aux États-Unis, ensuite à Paris, où il réside de 1923 à 1932 ; enfin il retourne en Russie, où il se fixe définitivement. La césure principale est celle de novembre 1932, où le compositeur rejoint l'Union soviétique ; et il est bien certain que les œuvres écrites « avant » cette date sont infiniment plus audacieuses que celles écrites « après ».
Il faut toutefois se méfier de considérer le Prokofiev d'avant 1933 uniquement comme un révolutionnaire briseur de vitres, car son art s'alimente à des sources fort diverses. Le moderniste à tout prix se profile dès avant la guerre, avec ses *Sarcasmes* pour piano (1912-1914) ; il culmine avec la *Suite scythe* (1916) – qui déclenche à Saint-Pétersbourg un scandale comparable à celui du *Sacre* – et *Pas d'acier* (1925). Les agglutinations polytonales, les rythmes violents et heurtés ainsi que la dynamique brutale ont volontairement pour but d'« épater le bourgeois » ; mais il s'agit aussi de renchérir sur l'illustre aîné qu'est Stravinski. Le côté *Motorik* que l'on a déjà décelé chez le jeune Hindemith se retrouve également chez le maître russe ; lui-même l'appelle l'aspect « toccata » : il aide à renforcer – comme dans la *Suite scythe* ou *Sept, ils sont sept* (1917-1918) – la dureté sauvage des dissonances. Par ailleurs, l'ironie caus-

tique de Prokofiev, qui peut déboucher soit sur le grotesque, soit sur la moquerie plaisante, vient alléger ce qui pourrait paraître trop rude et trop rebutant, comme dans les opéras *Le Joueur* (1916) ou *L'Amour des trois oranges* (1919). Nouveauté, « motorisme » et ironie sont souvent alliés et forment ce que l'on pourrait appeler l'aspect « avancé » de l'art du Prokofiev occidentalisé. Cet élément est contrebalancé par deux autres tendances importantes qui appartiennent au Prokofiev de toujours : le classicisme et le lyrisme.

Le classicisme peut se teinter de néoclassicisme, comme dans la naïve et pourtant adorable *Symphonie classique* (1917). Dans d'autres œuvres, d'un ton plus sérieux, il traduit le sens de la clarté et la logique du compositeur ainsi que son goût pour les formes traditionnelles. Si le *III*e *Concerto pour piano* (1917-1921) est « avancé » dans ses mouvements extrêmes, il est « classique » dans sa superbe partie centrale ; quant au *V*e (1932), il est un parfait exemple d'un classicisme assimilé et retraduit dans un langage du XXe s. Il en va de même du ballet *Le Fils prodigue* (1928).

Quant au lyrisme, trop souvent et trop longtemps négligé par les critiques, il est peut-être l'élément le plus permanent et le plus authentique du compositeur. On le trouve déjà dans les toutes premières œuvres, et plus tard dans le *Premier Concerto pour violon* (1916-1917). Il prendra une grande extension dans les œuvres ultérieures. En effet, revenu en Russie, le compositeur abandonne les composantes modernistes de son art. Par opportunisme ? Par volonté de s'adapter au « réalisme socialiste » ? Sans doute. Peut-être aussi par désir de retrouver sa « vraie » nature, de rejeter ce qui lui paraît concession à la mode.

C'est alors qu'il compose cette réussite de simplicité et de profonde originalité qu'est *Pierre et le Loup* (1936). Mais c'est toujours le lyrisme – bien qu'assagi – qui prime. Il peut être empreint de charme et d'émotion, comme dans le ballet *Roméo et Juliette* (1935-1936), servir à faire passer un grand souffle épique, comme dans la cantate *Alexandre Nevski* (1938-1939), ou encore se déployer somptueusement, comme dans l'immense et magnifique opéra *Guerre et Paix* (1941-1952).

Un fait reste certain : dans ses œuvres « avancées » comme dans les autres, Prokofiev imprime toujours sa griffe personnelle, qui leur confère une originalité profonde. Et c'est pour cette raison qu'il est l'un des premiers compositeurs de son temps.

Les écoles nationales

On a pris pour habitude de regrouper sous le nom d'« école nationale » tous les compositeurs appartenant à un pays qui a tenté d'affirmer son identité propre en secouant le triple joug franco-italo-germanique. Ce phénomène, qui s'est produit tout au long du XIXe s., pour des raisons à la fois politiques et psychologiques, se poursuit au XXe s. en débordant le cadre européen pour atteindre les Amériques et même les autres continents. Le foisonnement qui en résulte est considérable et il n'est pas question ici d'en aborder tous les aspects. Tout d'abord, on se limitera à ce que l'on pourrait appeler les prolongements de la civilisation musicale occidentale, en négligeant les autres courants – pourtant si passionnants – qui sont désormais du ressort de l'ethnomusicologie. Mais même dans le cadre ainsi fixé, les lacunes restent inévitables. On se tournera d'abord vers l'Europe orientale, puis vers l'Europe nordique.

On y ajoutera l'Angleterre, quoique, pour les mêmes raisons que celles qu'on a exposées à propos de l'Espagne, elle n'ait pas de véritable école nationale, tout en en offrant certaines caractéristiques. Enfin, les États-Unis seront rapidement survolés. Sans doute pourra-t-on regretter ce choix limitatif. Pourquoi, dira-t-on, ne pas s'arrêter sur un Heitor Villa-Lobos (1887, † 1959) dont les œuvres révèlent une personnalité authentique ? Pourquoi ne pas parler de certains problèmes qui restent à débattre : y a-t-il une école suisse ? ou une école belge ?

La musique tchèque

Forte d'une vitalité musicale remarquable, la Bohême s'est illustrée au XIXe s. avec deux musiciens hors pair au renom international : Smetana et Dvořák. Le « troisième grand », Leoš Janáček, est également un homme du siècle précédent, mais il mord déjà sur le nôtre et lui apporte sa contribution la plus personnelle.

Ce n'est guère avant la cinquantaine que *Leoš Janáček* (1854, † 1928), comme César Franck, s'est totalement épanoui. Assez tôt, pourtant, il s'intéressa au folklore et plus encore aux rapports entre la langue tchèque et la déclamation lyrique. Malheureusement, cet aspect original de son art ne peut vraiment être saisi que par ceux qui connaissent l'idiome natal du compositeur. Par bonheur, d'autres aspects peuvent être appréciés par tous, comme la spontanéité mélodique aux déroulements rythmiques très particuliers ou bien la liberté des enchaînements harmoniques. Mais ce qui donne à ses meilleures œuvres une valeur universelle est la profonde émotion qui les anime. Cela est vrai aussi bien des opéras comme *Jenufa* (1903), *Le Rusé Petit Renard* (1923) ou *La Maison des morts* (1928) que de la *Messe glagolitique* (1926) ou des deux *Quatuors à cordes* (1923 et 1928).

La Pologne

C'est également au cours du XIXe siècle que la Pologne commence à affirmer une forte personnalité musicale. Chopin – gloire universelle – est parti trop jeune de son pays pour avoir pu lui imprimer une impulsion en profondeur. Son contemporain Stanislaw Moniuszko (1819-1872) a été le véritable créateur de l'opéra polonais avec des œuvres originales et attachantes qui restent toujours très appréciées de ses compatriotes. Après lui, les compositeurs de valeur se sont succédé sans discontinuer jusqu'à nos jours. Parmi eux, il faut détacher *Karol Szymanowski* (1882-1932) qui domine la musique polonaise de la première moitié du XXe siècle. Après avoir été très influencé dans sa jeunesse par Chopin, Scriabine et le postromantisme allemand (1900-1814), il subit fortement, dès son installation à Vienne en 1910, l'influence de l'impressionnisme français ainsi que celle de l'exotisme oriental (*Chants d'amour de Hafiz*, 1911). À partir de 1922 il s'intéresse au folklore de son pays, mais rapidement tente une synthèse entre les particularismes nationaux et les grands courants européens modernes. Parmi ses œuvres les plus personnelles, on retiendra ses deux opéras *Hagith* (1922) et *Le Roi Roger* (1926), ses quatre *Symphonies* (1906-1932), son très beau *Stabat Mater* (1926), son *2e Concerto pour violon et orchestre* (1933) et de nombreuses pièces pour piano.

La Hongrie

Mis à part le cas très particulier de Franz Liszt ainsi que celui – d'audience uniquement nationale – de Ferenc Erkel, Béla Bartók a été le premier compositeur à donner une dimension universelle à la musique de son pays (voir p. 537). Et c'est bien parce qu'il en a de loin dépassé les limites qu'il ne peut pas être compté dans les écoles nationales. Mais Bartók eut comme confrère et ami une personnalité considérable qui exerça en Hongrie une influence sans doute plus directe et plus forte, tout en ayant également obtenu une audience internationale : Kodály.

On sait que c'est par l'intermédiaire de Zoltán Kodály (1882, † 1967) que Bartók devait avoir la révélation du folklore de son pays. Kodály fut non seulement un compositeur, mais aussi un musicologue professionnel averti ainsi qu'un pédagogue ayant mis au point une méthode d'enseignement très appréciée de par le monde. Après avoir subi l'influence de Brahms, il découvrit Debussy au cours d'un voyage à Paris en 1907 et en fut profondément marqué, comme en témoignent ses deux *Quatuors à cordes* (1908-1909) et sa superbe *Sonate pour violoncelle seul* (1915).

Rapidement cette empreinte s'effaça en faveur d'éléments nationalistes et folkloristes. Et c'est en suivant cette voie que Kodály nous donna quelques-unes de ses œuvres les mieux réussies et les plus célèbres. Toutefois, il ne chercha pas comme son ami Bartók à transcender la mélodie populaire pour l'incorporer à un langage révolutionnaire. Son écriture claire et élégante reprend avec beaucoup d'habileté certains traits classiques pour habiller les rythmes et mélodies typiques de son pays. Il aboutit ainsi à ce chef-d'œuvre monumental qu'est le *Psalmus hungaricus,* « Psaume hongrois » (1923), qui sera suivi d'autres compositions imposantes comme son opéra bouffe *Háry János* (1925-1927), son *Te Deum* (1936) et sa *Missa brevis* (1944). Par ailleurs, le maître hongrois a écrit un nombre considérable d'œuvres chorales – d'une dimension à la fois pédagogique et artistique –, qui lui assurent une position très remarquable dans la musique de son temps. Par la profonde influence qu'il a exercée, aussi bien comme professeur que comme compositeur, Kodály est considéré comme le chef incontesté de l'école hongroise contemporaine.

La Roumanie

Comme la Hongrie, la Roumanie a un folklore très riche et très original dont elle n'a pris conscience qu'assez tard. Le rôle du remarquable musicologue Constantin Braïloïu (1893, † 1958) a été à cet égard très important. Dans le même temps, un compositeur de grande valeur, né la même année que Bartók, attirait l'attention du monde sur la spécificité de son pays.

Georges Enesco (1881, † 1955) est un musicien marqué par la France ; si profondément même – il y vint à 14 ans, en 1895 – qu'il est parfois tout bonnement annexé. Le lyrisme d'Enesco est très puissant, et sa polyphonie savante est dans la tradition de Wagner et de Brahms, qu'il admirait. Il infléchit, toutefois, ces tendances en incorporant à ses compositions des éléments de sa Roumanie natale. Cela lui confère une grande originalité, culminant dans son chef-d'œuvre *Œdipe* (1936), au souffle puissant et d'une profonde émotion, qui demeure une des grandes dates du théâtre lyrique.

La musique scandinave

C'est de Finlande, dernière venue dans le concert scandinave, que devait surgir au XXe s. la personnalité musicale la plus forte.

Jean Sibelius (1865, † 1957) fut, en effet, un compositeur de renom international qui, toutefois, pose un problème particulier. Alors qu'il est d'une manière générale considéré dans les pays anglo-saxons comme l'un des grands maîtres de la symphonie, les pays latins lui reprochent ses interminables longueurs, sa banalité et sa platitude. Il est certain que le langage de Sibelius reste extrêmement sage, et que – s'il se colore parfois de traits impressionnistes – il conserve le plus souvent une grande clarté classique avec des tonalités bien établies et des harmonies conventionnelles. On doit cependant lui reconnaître une originalité réelle : il ne versa ni dans l'impressionnisme français ni dans le postromantisme allemand. Le compositeur finlandais présentait plutôt des affinités avec Tchaïkovski, en particulier par son penchant pour des mélodies amples et très chantantes. C'est sans doute dans ses sept *Symphonies* (1899-1924) qu'il donna le meilleur de lui-même et s'affirma comme un maître capable de réussir des œuvres aux vastes proportions et aux architectures bien équilibrées. En puisant aux sources du terroir, il trouva son inspiration peut-être la plus séduisante : tristesse, mélancolie et brumes en demi-teintes, comme dans *Une saga* (1892), *Karelia* (1893), *Finlandia* (1900) et *Tapiola* (1926).

La musique anglaise

Après s'être affirmée brillamment jusqu'à la fin du XVIIe s., la musique anglaise – au destin assez comparable à celui de la musique espagnole – tomba dans un sommeil léthargique de près de deux siècles et ne sortit de sa torpeur que vers la fin du XIXe s.

Edward Elgar (1857, † 1934)

On peut le considérer comme le véritable artisan du redressement britannique. Non pas par ses premières œuvres – encore bien anodines –, mais par celles qu'il écrit à partir de la quarantaine. C'est alors qu'il nous donne son chef-d'œuvre avec ses magistrales *Enigma Variations* pour orchestre (1899) et d'autres compositions de la même veine, en particulier ses deux *Symphonies* (1908-1911). Très influencé par Wagner et par Brahms, le style d'Elgar reste essentiellement celui d'un romantique attardé ; mais il apporte à ses meilleures œuvres une tenue et une grande dignité qui imposent le respect.

Ralph Vaughan Williams (1872, † 1958)

Après Elgar, il est le plus grand artisan de la renaissance musicale anglaise. Bien qu'il ait étudié à Berlin avec Max Bruch et à Paris avec Maurice Ravel, sa musique ne se ressent pas plus du postromantisme que de l'impressionnisme. Elle est essentiellement à base de folklore et s'inspire de la grande polyphonie anglaise du XVIe s. C'est dire que son style reste loin des complexités de son temps et qu'il est d'une approche facile. Tout comme Elgar, c'est dans le domaine symphonique que Williams s'est pleinement affirmé : six *Symphonies* ont occupé une part importante de sa maturité, puisque leur composition s'étend de 1910 à 1947. Elles sont extrêmement diverses et vont d'un tableau majestueux de la mer dans la première à une utilisation originale des thèmes folkloriques dans la troisième et à un grandiose *finale senza crescendo* dans la sixième, marquant le calme et l'apaisement après l'inquiétude des premiers mouvements.

Les États-Unis

Dernière venue des « écoles nationales », la musique américaine ne s'individualise vraiment qu'à partir du XXe s. Aux États-Unis, le premier compositeur d'envergure internationale est *Edward Alexander Macdowell* (1861, † 1908), mais son style ne se différencie guère de celui des postromantiques allemands de la fin du XIXe s. C'est *Charles Ives* (1874, † 1954) qui doit être considéré comme le véritable fondateur d'une école authentiquement nationale. Mais fut-il vraiment – comme on le pense depuis le milieu de ce siècle – le plus grand compositeur américain ? Sans doute s'est-il montré un véritable précurseur avide et curieux de tout ce qui se faisait de nouveau : polyrythmie, polytonalité, atonalité, recherches sur les quarts de ton. Toutefois, le côté primitif et infantile de ses œuvres provoque bien plus la curiosité que l'admiration.

Tout autre est le cas d'un *George Gershwin* (1898, † 1937), souvent décrié pour sa facilité et son désir de plaire. Il s'agit toutefois d'une nature exceptionnelle aux dons remarquables qui, en puisant dans le jazz, a su trouver une voie très personnelle et authentiquement américaine. Sa *Rhapsody in Blue* (1923), son *Concerto en fa* (1925) et *An American in Paris* (1928) en témoignent avec éclat. Il a même su se rendre très émouvant dans son opéra *Porgy and Bess* (1933).

De la confrontation à la synthèse

Postromantisme, impressionnisme, expressionnisme, atonalité, dodécaphonisme et néoclassicisme : tels sont les grands courants qui ont traversé la première moitié du XXe s. Si l'on schématise, on peut dire qu'ils ont leurs deux centres de rayonnement à Paris et à Vienne et que, chronologiquement, ils se répartissent ainsi :

Paris		Vienne	
1890-1918	impressionnisme	1890-1910	postromantisme
		1910-1923	expressionnisme atonal
1918-1939	néoclacissisme		
		1923-1938	dodécaphonisme

La Seconde Guerre mondiale viendra mettre une fin brutale à cette confrontation et fera éclater les sphères d'influence traditionnelles : En 1950, sous le choc des bouleversements imposés par un Pierre Boulez ou un Karlheinz Stockhausen, on sera sériel à Paris comme à Tōkyō, à Darmstadt comme à Los Angeles. Par ailleurs, les écoles nationales vont se multiplier et prendre de l'ampleur ; les éléments propres à l'ethnomusicologie vont de plus en plus s'imbriquer dans le langage musical occidental. Bref, on va assister à une véritable décentralisation et universalisation des forces d'attraction. En ce sens, on peut dire qu'en 1945 s'opère le changement peut-être le plus fondamental de la musique occidentale.

« Quelqu'un disait récemment : " L'odeur du monde a changé. " J'ajouterais : le son aussi. Face à la superbe cité de la musique occidentale du passé, bâtie sur de puissantes et mystérieuses règles de sa gamme, voici donc la nouvelle, barbare et sans système généralisé aucun, mais intégrant, sublimant l'ancien, s'ouvrant sur l'univers de toutes les musiques et de tout ce qui sonne, avec espoir de pouvoir, encore, nous dire, nous découvrir, nous comprendre. Et alors, dans cette cité-là (qui est la mienne et où je veux vivre), dans le désordre et l'exigence de ses rues sans nombre, les lignes timides et rares encore de quelques avenues futures se font parfois sentir. Mon espoir s'y promène déjà ! »

Ivo Malec

Daniel Tosi

PERSPECTIVES NOUVELLES DE 1945 À 1985

Proposer une histoire de la musique contemporaine paraît une gageure. De nombreux musicologues croient fermement qu'un recul est indispensable pour savoir ce qui restera et ce qui, au contraire, périra. Faute de pouvoir juger les partitions des créateurs d'aujourd'hui avec quelques décennies de recul, chacun s'attache à discerner le message profond qu'une œuvre ou qu'un groupe d'œuvres apporte à l'évolution générale.

Dans les lignes qui suivent, nous avons dû renoncer à mentionner certains compositeurs, pour ne pas nous en tenir à un catalogue fastidieux et sans intérêt sur le plan esthétique, mais pour tendre vers une étude critique.

« Musique nouvelle »

On regroupe les partitions créées depuis plus de quarante ans sous l'appellation de « musique contemporaine ». En y regardant de très près, on observe cependant un manque total d'unité. Les musiciens écrivent ou parlent avec des langages différents. Tandis que les uns font encore usage d'écritures musicales des temps passés, d'autres se contentent d'appliquer les règles qu'on leur a apprises, tandis que de rares échevelés se lancent à la poursuite de l'imaginaire. La diversité engendre la confusion.

Pour comprendre l'étonnante « explosion » artistique de l'après-guerre, il faut donc rassembler les faits les plus marquants, ce qui revient à considérer les apports de chaque compositeur. En un mot,

il s'agit d'étudier la musique de tel créateur en fonction de ce qu'elle introduit de nouveau. Cette orientation de base est partie du postulat de Schönberg *(Style et Idée)* :
« Que peut bien vouloir dire musique nouvelle ? On entend certainement définir ainsi une musique qui, tout en restant de la musique, diffère complètement de tout ce qui a précédé. Évidemment, cette musique nouvelle doit exprimer quelque chose qui n'a pas été déjà exprimé. Évidemment, il s'agit d'un art de haute qualité qui ne doit mettre en lumière que des conceptions dignes d'être connues mais restées jusque-là inconnues. Car il n'est pas de chef-d'œuvre qui n'ait apporté de message nouveau à l'humanité, il n'est pas un grand artiste qui se soit dérobé à ce devoir. Tel est le code de la véritable grandeur en matière d'art. Dans toutes les œuvres des grands maîtres, nous relèverons toujours ce caractère de nouveauté, qu'il s'agisse de Josquin Des Prés, de Bach, de Haydn ou de n'importe quel génie. Pour cette raison : art = art nouveau. »
Cela posé, nous n'avons pas recherché, ici, la nouveauté à tout prix ; cette pensée nous a simplement permis de faire des choix en les justifiant. Et, si le postulat « art = art nouveau » nous oblige à étudier une œuvre qui nous met dans des situations inouïes, comme chez John Cage par exemple, nous prendrons également en considération d'autres compositions, d'un langage en apparence plus habituel.

Concret/abstrait

Que choisir dans tout ce courant de la « nouvelle musique » ? Depuis 1945, sur quelques décennies d'expérimentations, de trouvailles et de créations, il nous a paru que deux voies, ou deux conceptions, réunissaient toutes les écoles : le concret, s'appuyant sur l'ensemble du champ sonore, et l'abstrait, domaine de l'écriture plus ou moins traditionnelle. Soit le compositeur expérimente tout ce qui résonne avant d'élaborer son œuvre, soit il imagine des structures musicales *a priori*, en l'absence d'expérience concrète immédiate, en fonction de sa mémoire auditive ou de spéculations intellectuelles.
La première voie sera abordée pour commencer, car l'expérience vécue, la découverte de nouveaux sons et matériaux, l'espoir des compositeurs devant la technologie moderne est ce qui a le plus changé et caractérisé la musique de notre époque.
Depuis le début du XXe s., l'élargissement de la palette sonore n'a cessé de croître ; bien vite l'usage de bruits, de sons complexes ou

de timbres inédits a amené les musiciens à se servir d'instruments tels que les magnétophones. Très tôt, la question fondamentale a été posée : peut-on se passer de la partition ou bien doit-on définir un nouveau solfège ?
À cette double question, les partisans de l'écriture répondront par la négative, soit en cherchant à intégrer ces nouveaux sons par une autre graphie, soit en les rejetant et en apportant leur « renouveau » par d'autres procédés, de valeur spéculative, et d'autres réflexions esthétiques.
Une quantité de problèmes se greffera autour de ces deux manières – concrète et abstraite – de penser la musique. Les chefs de file s'efforceront de défendre leurs points de vue, et de nombreux manifestes, sous forme d'ouvrages ou de pamphlets, rendront compte des diverses étapes de leur évolution. Nous assisterons alors à un va-et-vient entre œuvres et théories, car tous ces penseurs doctrinaires sont, en même temps, des musiciens attentifs aux constellations sonores inédites. Une chose est certaine : devant la page blanche, le compositeur prend parti ; son problème fondamental aujourd'hui est de choisir un langage. Même les « musiciens indépendants » ont une chapelle ; il faudra donc les situer face aux systèmes existants.
Enfin, chaque créateur dominant un certain temps la scène musicale apporte avec lui tout un mode de pensée qui intervient en modifiant le cours de l'évolution des formes. Il se peut qu'il s'impose soudainement grâce au théâtre musical, par exemple, alors que ses œuvres symphoniques ne présentent que peu d'intérêt. Dans ce cas, on ne s'intéressera à lui que de façon partielle : point de catalogue, mais une étude critique. De la sorte, le lecteur retiendra la substance même de la musique contemporaine dans sa plus grande pureté, de l'expérimentation à la conquête d'une esthétique achevée.

Un monde sonore inédit

Les œuvres musicales, depuis le début du XXe s., s'enrichissent de sonorités de plus en plus complexes, de couleurs orchestrales toujours plus étranges. On pense changer la musique en rénovant le matériau de base. Après Debussy, les « bruitistes » italiens, puis

Edgar Varèse (1883, † 1965)

« Pionnier et prophète » du XXe s., le compositeur franco-américain Varèse écrit l'essentiel de son œuvre entre 1923 et 1935 : *Hyperprism* (1923), *Intégrales* (1925), *Arcana* (1927), *Ionisation* (1928-1933), *Ecuatorial* (1935). Dès 1905, il commence à travailler à l'idée de transmutation du bruit en son. Bientôt, son vocabulaire s'enrichit de combinaisons inédites qui annoncent la musique électroacoustique. Ses recherches de spatialisation, son travail sur la résonance ou sur le rythme et les trames-durées dans les registres extrêmes assurent une force incantatoire à ses œuvres et l'âpreté d'un monde sonore brut. Malgré son ardent désir de créer à partir des bruits les plus divers, il ne composera que deux pièces faisant appel à l'électroacoustique : *Déserts* (1954) et le *Poème électronique* (1958). On peut aujourd'hui affirmer que son œuvre contient en germe les nombreux développements avant-gardistes de la seconde moitié du XXe s.

Edgar Varèse, s'intéressent de plus près au passage qui existe entre le son traditionnel et le bruit.

Ainsi, il apparaît avec évidence que le bruit peut devenir un élément premier. Libéré des nécessités qui le produisent et de tout caractère anecdotique, il peut, comme une note, se transformer dans son intensité, dans son rythme, selon le bon vouloir du compositeur. Varèse rêvait, dès 1916, d'un renouvellement de l'alphabet musical et n'exprimait ses idées qu'en fonction du *Manifeste futuriste* de Russolo et Marinetti (1913), tout en leur reprochant d'imiter servilement la trépidation de notre vie quotidienne. Il imaginait déjà des instruments plus riches, avec une floraison de timbres insoupçonnés obéissant à la pensée. Pour l'heure, on allait se servir du *trautonium*, des *ondes Martenot* et du *rumorharmonium* de Russolo, avant de rompre avec le cercle restreint des « sons purs » et conquérir la variété infinie des « sons bruits ». Il faudra simplement attendre plusieurs décennies pour que les musiciens se familiarisent avec de nouvelles façons de jouer. Tant chez Russolo ou Varèse (depuis son œuvre *Ionisation*, 1931) que chez Jolivet, on en vient peu à peu à un classement des sons non d'après leur origine instrumentale mais d'après leur effet. Ce point essentiel préfigure le traitement sonore en musique concrète puis – après 1950 – électroacoustique.

Une autre nature

« Moi, je parle de la ville où j'ai le plus vécu : New York. À New York, il y a certainement des gosses qui n'ont jamais vu un ruisseau, qui n'ont jamais entendu le chant des oiseaux [...], mais qui sont familiers avec le vrombissement des avions, avec les sons industriels. Pour eux, c'est peut-être ce qui représente les bruits de la nature, le milieu dans lequel ils vivent et les choses à travers lesquelles ils réagissent. » Edgar Varèse (1954).

L'objet sonore : Schaeffer, Henry, Varèse

Deux ans plus tôt, en 1948, Pierre Schaeffer affirme qu'il n'est nul son réputé musical qui ne soit bruit. Tout comme ce dernier, le son a un souffle, il est « granuleux, comporte un choc à l'attaque, est boursouflé d'impuretés ». Le problème consiste alors à composer avec le bruit, comme on le faisait jusque-là avec le son.
Chez le musicien se fait jour le dessein de créer au moyen de pseudo-instruments puis, peu à peu, avec le bruit même. Depuis quarante ans, peintres et poètes imaginaient ce retour aux sources mêmes du son, et, en 1942, Henri Michaux écrivait, dans *Passages*, que les « bruits, grands et prenants comme ils le sont, base plus familière de notre vie que les rayons mêmes du Soleil, enfin nous allons les refaire, nous y recoucher et, grâce à de nouveaux appareils, travailler dans l'os même de la nature... »

L'« ingénieur-musicien »

Le magnétophone, déjà largement utilisé aux États-Unis, allait vite devenir le nouveau piano du XXe s. Bien entendu, les premiers créateurs de *musique concrète* d'origine électroacoustique se rencontreront là où ils disposeront d'un matériel de bonne qualité pour l'époque (années 1950). Ainsi, ce furent d'abord des techniciens, des ingénieurs, des hommes de radio qui expérimentèrent sur ces appareils récents. Les musiciens les plus « renommés », issus d'une éducation purement traditionnelle, avaient d'autres préoccupations de forme, d'écriture, qui les incitaient à laisser de côté ces techniques pour le moins hasardeuses. Ce fait persistera jusqu'à nos jours, et l'on verra souvent des compositeurs ayant reçu une

Pierre Schaeffer (1910-1995)

Né à Nancy, Pierre Schaeffer croit échapper à la musique en se faisant polytechnicien, puis à la technique en devenant poète. Dès 1948, après l'observation d'un fait curieux (un sillon de disque fermé sur lui-même, répétant inlassablement le même fragment musical), naît chez lui l'idée de « musique concrète ». Optant rapidement pour la rigueur, tant sur le plan de l'expérimentation que sur celui de la composition, il s'attache à la structure interne du matériau en mouvement.
Schaeffer est aussi le pionnier d'une forme interdisciplinaire de recherche sur la communication. Auteur de films et de disques pédagogiques (*Dialogue du son et de l'image, Solfège de l'objet sonore,* 1963-1966), ainsi que de nombreux écrits (*Traité des objets musicaux,* 1966), il a composé des œuvres marquant la naissance de la musique électroacoustique (*Concerts de bruits,* 1949) et ses développements (*Études : Aux objets, Aux allures, Aux sons animés,* 1958-1959).

---

formation plus scientifique que musicale prendre de plus en plus d'importance.
C'est d'ailleurs dans un studio de la R.T.F. qu'en 1948 un professionnel de la radio, Pierre Schaeffer, comprit tout le parti musical que l'on pouvait tirer des sons nés souvent à l'improviste. Mais, tout d'abord, il sentit la nécessité de mieux cerner ses projets dans des *Études* : *Aux tourniquets, Aux chemins de fer, Aux casseroles*... En 1948, le moment était venu d'utiliser les sons de provenances les plus diverses – noix de coco, claquettes, barres de fer – grâce au pouvoir du microphone.
Le moins ouvert à cette démarche fut le jeune Pierre Boulez. Il dénonça la « parade poétique » qu'il est aisé de percevoir dans les premières œuvres de Schaeffer et, surtout, « l'absence de dirigisme dans la détermination de la matière sonore qui entraîne, fatalement, une anarchie préjudiciable à la composition ». C'est au milieu de ces critiques acerbes que Pierre Schaeffer tente, d'abord seul, puis en compagnie de Pierre Henry, de partir d'une expérience sonore sans précédent, pour aboutir au « musical » d'abord, à la théorie ensuite.

Pierre Henry (né en 1927)

Né à Paris, Pierre Henry reçoit durant une dizaine d'années une formation classique au Conservatoire national supérieur où il est élève de Nadia Boulanger et d'Olivier Messiaen. Il est ensuite le premier compositeur de musique traditionnelle à se passionner pour les travaux de Schaeffer, avant de se consacrer entièrement à la musique électroacoustique.
De son studio personnel Apsome (1960), il a réalisé des œuvres aussi diverses que les *Variations pour une porte et un soupir* (1966), *Gymkhana* (1970), pour 10 pistes et 10 groupes de haut-parleurs. « *La II*[e] *Symphonie* (1972), *Kyldex* (1973), *Enivrez-vous* (1974) et *Futuristie* (1975), écrit Michel Chion, correspondent à une recherche de spatialisation plus systématique. » Enfin, son vaste *Parcours-Cosmogonie* (1976) propose un véritable « parcours » de son œuvre complète.

Ces deux hommes, fort différents de tempérament et de formation, s'étaient rejoints, dès 1949, dans le modeste Studio d'essai de la R.T.F. pour mener à bien une œuvre de grande envergure : la *Symphonie pour un homme seul*. Selon Schaeffer, un homme seul possède bien plus que les douze notes de la voix solfiée : « Il crie, il marche, rit, gémit, prononce des mots ou lance des appels. » De la sorte, nous sommes plongés en plein rêve postsurréaliste, dans un style mi-radiophonique, mi-musical. La *Symphonie* reste, cinquante ans après, un chef-d'œuvre plein de vie. Son titre se trouve justifié tant par le retour à la source unique du bruit humain que par la solitude des deux auteurs. La version définitive ne comporte que 12 mouvements dont les noms méritent d'être cités : *prosopopée, partita, valse, erotica, scherzo, collectif, prosopopée 2, eroïca, apostrophe, intermezzo, cadence* et *stretto…*

« *Des mondes en feu* »

Après ce premier travail en commun, les deux compositeurs vont continuer, tantôt seuls, tantôt réunis, sur leur lancée.
Au-delà de l'expressionnisme de la *Musique sans titre* (1951) et de la virtuosité du *Microphone bien tempéré* (1951), Pierre Henry travaille sur la matière sonore brute issue de son piano « préparé » ou de sa voix, comme dans *Vocalises* de 1952. Déjà, l'on sent chez lui cette passion du son qui l'amènera à créer sans relâche, du *Concerto des ambiguïtés* (1952) à *Futuristie* (1975) ou à la *Dixième Symphonie en*

hommage à Beethoven (1979). Chacune de ses musiques apparaît comme un grand « cri sonore poussé avec son *tempo* personnel ».
Avant de se quitter pour suivre des voies opposées, les deux Pierre élaborent ensemble *Orphée 53*, dans la lignée de la *Symphonie*, des *Études* de Schaeffer, selon le manifeste musical d'Henry publié dans les *Cahiers du Conservatoire*, en 1950 : « Aujourd'hui, la musique ne peut avoir un sens que par rapport aux cris, au rire, au sexe, à la mort et à tout ce qui nous met en communication avec le cosmique, c'est-à-dire la matière vivante des mondes en feu. Il faut prendre immédiatement une direction qui mène à l'organique pur. »
Dans *Orphée 53*, hué au festival de Donaueschingen en 1953, ce sont les monstres, les cris abrupts, les longs gémissements d'êtres informes qui prennent le dessus. Résolument baroque, cette œuvre fait danser une charmante Haïtienne dans un décor de pompes funèbres, sur les sons les plus réalistes. Cependant, le final, le *Voile d'Orphée*, chef-d'œuvre de Pierre Henry, reste sans doute l'une des plus nobles audaces de ce temps. C'est réellement la première œuvre électroacoustique de caractère orchestral, taillée dans le marbre, issue d'un chaos retentissant où de lourdes masses graves soutiennent l'ensemble en un flot continu.
Ce second stade de la collaboration Henry-Schaeffer fit néanmoins apparaître de trop grandes divergences entre les deux protagonistes. Jusqu'en 1957, Pierre Henry ne réalisa plus que des « musiques » d'application, pour le film, tout en devenant le magicien du magnétophone, du tourne-disque et de la prise de son. Il assista les compositeurs les plus renommés pour réaliser des sons « à la demande », dans les partitions aussi diverses que *Timbres-durées* de Messiaen, *Déserts* de Varèse, la cantate *La Rivière endormie* de Milhaud et *Les Trois Aspects sentimentaux* de Henri Sauguet (1901). Dans la première, alors que Messiaen entendait appliquer ses lois, ce furent celles du son enregistré qui s'imposèrent et le déçurent à tout jamais.
L'expérience de *Déserts* (1954) fut d'un autre style. Au sortir d'une longue ascèse de quinze ans de quasi-silence, Varèse, invité par Schaeffer, travaille aux interpolations sur bande, à partir de documents sonores enregistrés dans des fonderies, des scieries et des usines de Philadelphie. Ces interpolations présentent une telle parenté organique avec les parties instrumentales qu'elles les prolongent sur un autre plan, non tempéré, irrationnel, où le mouvement est créé par tensions successives. La réussite du mixage

en direct ne fut pas totale lors de la première, le 12 décembre 1954, au théâtre des Champs-Élysées, sous la direction d'un grand défenseur de la musique contemporaine, Hermann Scherchen. Le scandale, resté légendaire, ne permit pas de bien juger une des œuvres les plus profondément senties du compositeur.

La dernière pièce pour bande de Varèse, le *Poème électronique*, est une réussite tout aussi étonnante. Là, nulle trace d'anecdote ; la majeure partie des sons, d'origine concrète, se mélange sans discontinuité à l'infinie variété des sons électroniques. Le dialogue de petites miniatures électroniques ouvragées et scintillantes, avec des mouvements plus développés, permet à Varèse de peindre une série de paysages sonores d'une grande clarté de plan, s'imbriquant parfaitement les uns dans les autres. L'œuvre fut créée lors de l'Exposition universelle de 1958 aux Pays-Bas, au pavillon Philips, conçu par Le Corbusier et Xenakis. Pour la seule fois de sa vie, Varèse réalisait son grand rêve de musique spatiale, en la « projetant » depuis quatre cents sources sonores situées autour des cinq cents spectateurs.

Un jeune compositeur-architecte sut, d'ailleurs, profiter de l'occasion qui lui était donnée pour jouer sur les correspondances architecture-musique. Xenakis terminait lui-même deux travaux qui comptent parmi ses meilleures œuvres en électroacoustique. Mis à part *Concert PH*, destiné à préparer l'auditeur à l'écoute du *Poème électronique*, *Diamorphoses* (1957) et *Orient-Occident* montrent déjà le génie du compositeur. Avec *Diamorphoses*, Xenakis reprend le travail architectural et les lois géométriques de ses pièces d'orchestre. Il se sert du phonogène pour transposer des sons de cloches et les transformer en entrelacs de *glissandi* très fins, admirablement mixés. *Orient-Occident* (1960) diffère par la force dramatique qui s'en dégage ; le compositeur se sent à l'aise pour suggérer le passé lointain, avec des sonorités envoûtantes.

Une équipe de chercheurs-musiciens

Pierre Schaeffer, qui a quitté le Studio de Paris, met à profit une période d'accalmie, après les violentes explosions des découvertes sonores, pour méditer. Les premières œuvres apparaissent vite à ce maître comme un banc d'essai, ne menant à aucune recherche vraiment concluante : « Toute révolution, déclare-t-il, se construit sur des bases solides ; je trouve d'abord, je cherche ensuite. » Aussi, après tant d'expériences individuelles, il lui semble que seul un groupe de chercheurs peut, avec la rigueur d'une méthode, jeter les

Mixage : c'est une des opérations les plus courantes en musique électroacoustique. Il permet de mélanger les sons et de les articuler par fondu enchaîné. Le compositeur peut ainsi régler la polyphonie – grâce à une console de mixage, où il dispose de plusieurs voix – en ajoutant, retranchant, masquant telle ou telle trame sonore. Les potentiomètres servent à cet effet.
Le **phonogène** est un variateur continu de vitesse.
Le **filtrage** est une opération qui permet de modifier le son dans sa matière même : on peut ainsi lui retirer par « tranches » une partie de ce qui le constitue.

bases d'une nouvelle musique expérimentale. Avant de créer avec les « objets sonores », l'apprentissage d'un autre solfège s'avère indispensable.
En 1958 commence le vaste travail collectif qui devait aboutir au *Traité des objets musicaux*, publié en 1966. Les membres du *Groupe de recherches musicales* (G.R.M.) vont donc travailler pour la recherche fondamentale, soit en étudiant les caractéristiques de l'« objet sonore », soit en l'observant attentivement, dans chacune de leurs créations. Pierre Schaeffer donne l'exemple et illustre les notions de base d'un nouveau solfège par trois *Études* : *Aux allures, Aux sons animés, Aux objets*. Il choisit un nombre volontairement limité de corps sonores et les assemble, selon leur parenté ; l'analyse de la matière en mouvement devient plus simple et plus aisée. Schaeffer pratique aussi l'art de la variation, en modifiant ce qu'il appelle « le grain, la masse, l'allure », en liant les objets, en les dispersant ou en les rassemblant. Mais le thème fondamental, qui le hante à travers tout le traité, part d'une réflexion sur le phénomène musical où se côtoient plusieurs mondes séparés : celui de l'acoustique, celui de la physiologie, et celui de l'esthétique.
Sur le plan purement musical, l'activité du G.R.M. se précisera par le *Concert collectif de 1963*, réunissant, autour d'un même projet, neuf personnalités aujourd'hui fort connues : Malec, Bayle, Mâche, Parmegiani, Carson, Canton, Ferrari, N'Guyên Van Tuong et J.-É. Marie. François-Bernard Mâche attribue beaucoup d'importance à cette manifestation, sur le plan intellectuel surtout, et souligne que, peut-être pour la première fois dans l'histoire musicale, un échange entre neuf compositeurs s'est produit alors.

Luc Ferrari (né en 1929, à Paris)

Œuvres principales (à partir de 1962)

Musique instrumentale : *Symphonie inachevée, Interrupteur, Société 2, Et si le piano était un corps de femme, Bonjour, comment ça va...* ;
Textes : *Tautologos 3 ou Vous plairait-il de tautologuer avec moi ?, Liberté, liberté chérie, Pornologos...* ;
Théâtre musical : *Participation or not participation ; J'ai tort, j'ai tort, j'ai mon très grand tort...* ;
Musique électroacoustique : *Hétérozygote, Musique socialiste ou Programme commun pour bande et clavecin, Et tournent les sons dans la garrigue, À la recherche du rythme perdu.*

L'école de Paris ; l'art du concret

Déjà, en 1963, ce que Schaeffer, Henry et le G.R.M. ont accompli constitue un acquis indéniable. À partir de ce moment, le groupe continuera à vivre, mais chaque membre se posera en compositeur, avec sa démarche personnelle qu'il convient de suivre au fil du temps. L'école de Paris, telle que la définit Schaeffer, se veut « concrète ». Elle comprend de fortes personnalités ayant vécu leur formation de musicien en rapport avec l'électroacoustique.

Vers le son naturel

Luc Ferrari (né en 1929) compte parmi ces créateurs étonnants qui cherchent sans cesse à se remettre en question. Les titres de ses œuvres sont révélateurs et nous renseignent fort bien sur lui.

La première grande réussite électroacoustique du compositeur, *Hétérozygote* (1963), provient d'un double travail sur le plan musical et sur le plan dramatique. La qualité sonore, brillante, révèle un musicien extrêmement doué, sûr de ses moyens. Après cette pièce, Ferrari affichera souvent sa volonté de rompre avec le concept d'œuvre. Toutefois, même en « l'absence totale de caractère formel », nous retrouvons toujours en lui un musicien plein de finesse et de sensibilité.

En 1981 fut diffusé sur un orchestre de haut-parleurs – l'*acousmonium* du G.R.M. – *Presque rien n° 2*. L. Ferrari a enregistré délica-

tement des sons, en pleine nature, par une lumineuse nuit d'été, avant de nous proposer son rêve intérieur, bouleversant de poésie.
François-Bernard Mâche (né en 1935) entre au G.R.M. en 1958, comme Luc Ferrari ; il fait rapidement ses choix au sein de l'électroacoustique. Par endroits, sa composition se rapproche de celle de son aîné. Comme lui, il affectionne les sons concrets de la nature, et il évite de les modifier par des manipulations « savantes et déformantes ». Ne se ralliant pas aux théories sur l'« objet musical », il se dissocie du G.R.M., en 1963, pour élaborer une méthode personnelle d'imitation des modèles sonores : soit naturels (le feu, la mer, le vent), soit linguistiques (enregistrement de mots ou de phrases inconnus ou étrangers).
Rituel d'oubli (1969), pour bande et grand orchestre, tend à abolir l'opposition du sonore et du musical chère à Schaeffer. *Marae*, pour 6 percussions et 2 pistes magnétiques – créée au festival de La Rochelle, en 1975 –, prolonge les recherches inaugurées par le *Rituel* ; les sons bruts, enregistrés et montés pratiquement sans manipulations, sont colorés d'une écriture instrumentale conçue comme une transcription en synchronisme rigoureux avec son modèle. Au fil des œuvres, avec *Korvar* (1970), *Kassandra* (1977), *Amorgos* – créée au festival de Metz, en 1979 –, sa méthode devient parfaitement claire : choix des sons → enregistrement → montage → transcription → orchestration de la bande en fonction des instruments dialoguant avec elle.

L'interpénétration de deux mondes : Ivo Malec

Comme F.-B. Mâche, mais avec des orientations tout à fait différentes, Ivo Malec (né en 1925) a longtemps composé des œuvres mixtes où l'interprète venait ajouter, par sa présence physique, un aspect humain aux « objets sonores » délivrés par la bande. Chez nul autre compositeur, peut-être, la remise en cause de l'écriture traditionnelle par l'électroacoustique n'a été aussi grande. Lorsqu'il se tourne vers la musique instrumentale ou vocale, Malec adopte la même attitude qu'au studio, tandis qu'en recourant aux diverses manières d'improvisation ou de jeu instrumental – comme on peut le lire dans ses partitions – il espère retrouver le « hasard calculé » des manipulations aux magnétophones.
La synthèse des deux mondes s'impose avec évidence dès *Sigma*, pour orchestre, et *Tutti*, pour orchestre et bande magnétique (1962). Mais la renommée de Malec atteint un premier sommet avec une pièce restée célèbre dans les annales de la « musique

---

Ivo Malec (né en 1925)

Ivo Malec est né à Zagreb (Yougoslavie), où il a étudié à l'Université et à l'Académie de musique (premier prix de composition et prix de la Ville de Zagreb). À partir de 1955, il fait de fréquents séjours à Paris. Il y rencontre Pierre Schaeffer, « son seul véritable maître », collabore aux travaux du *Groupe de musique concrète* et, en 1959, s'installe définitivement dans la capitale. Dès 1960, Malec entre au Service de la recherche de l'O.R.T.F. à peine créé et travaille au sein du Groupe de recherches musicales, entre autres, en tant qu'animateur du secteur de manifestations musicales (exposition des musiques expérimentales, journées-rencontres, cycle acousmatique, etc.), tout en poursuivant son chemin de compositeur indépendant. En 1969, il obtient deux grands prix du Disque, en 1972 un troisième (Académie du disque français et académie Charles-Cros), et, en 1976, le grand prix de la SACEM. Ivo Malec, cofondateur de *Musique Plus*, a été professeur de composition au conservatoire de Paris.

---

mixte » : la *Cantate pour elle* (1966), pour soprano, harpe et bande. Ici, l'intégration de l'électroacoustique se réalise dans la substance musicale même. Pour le musicien, « il s'agit d'aller au-delà de ce que l'on considérait, récemment encore, comme la limite de l'instrument, en tournant le dos au normal, pour aller chercher du côté des cas extrêmes ». De la sorte, l'*objet sonore* obtenu en direct, par un traitement instrumental approprié, se rapproche de celui du studio. La « bande » n'a pas pour fonction de se surajouter à l'ensemble mais tient un discours parallèle, comme dans un *trio*.
Cette œuvre, de caractère parfois intimiste, se présente comme une scène lyrique, « un hommage, écrit le compositeur, où il m'arrive, malgré tout, d'être pris au piège de la joie, ne serait-ce que parce que cette *cantate* est *pour elle* ». La pièce a toujours rencontré le même succès, depuis sa création en juin 1966. L'année suivante, *Oral*, pour orchestre – créé par Ernest Bour à la biennale de Zagreb –, allait connaître un semblable accueil, de même que *Lumina* (1968), pour 12 cordes et bande. Cette dernière fut saluée par la critique comme exemplaire sur le plan du mélange entre la bande et les parties instrumentales. L'ambiguïté est totale entre le réel et

---

La musique d'Ivo Malec

« C'est un imaginaire de jungle fait de bruissements, appels, cris, surprises, luxuriances, attaques soudaines, modifications atmosphériques. Mais aussi de zones noires, où un silence *global* s'amasse autour d'une voix, d'un instrument et les expose, nus et fragiles (peu de musiques actuelles font autant de place à la nudité du son).

« La musique d'Ivo Malec *est* un lieu : elle véhicule son milieu, son " écosystème ", sorte d'espace global d'échanges, de transformations, de résonances, où l'auditeur est inclus. Espace dont les dimensions ne se mesurent pas à la " taille " propre des sons, mais à la manière dont en lui ces sons résonnent : souvent, d'ailleurs, des œuvres au matériau très raréfié n'en tracent pas moins, autour d'elles, un vaste espace. Espace de *lutte*, aussi, il ne faut pas l'oublier, sinon serait-on dans une jungle ? Mais espace contrôlé, encore, car autrement il ne serait pas celui d'un studio. » (Michel Chion.)

---

le déjà gravé. Apparaît alors un mélange lumineux, d'une incomparable unité de forme, déjà en germe dans le travail sonore originel. Les matériaux de Malec sont toujours incisifs et peu manipulés dans les œuvres électroacoustiques telles que *Spot* (1969) et *Luminétudes* (1970) ; nous retrouvons le même phénomène dans les pièces purement instrumentales. Il semble, par moment, que telle façon d'écrire un groupe de cordes ou de voix féminines, dans *Lied* (1969), par exemple, relève d'une conception particulière de l'orchestration : chaque entité musicale est perçue comme un tout individualisé, à la manière d'un *objet sonore* aux contours ciselés. Dans la période 1968-1971, plusieurs chefs-d'œuvre de Malec sont à signaler, dont le *Dodécaméron* (1970), pour 12 voix solistes, et *Un contre tous* (1971), pour 2 acteurs, chœur, orchestre et bande. Là, le compositeur démontre aux générations futures qu'avec la voix ou l'orchestre il est toujours possible d'explorer un univers neuf. Les exemples se multiplient dans *Arco 11* et *Arco 22*, où nous admirons des variantes possibles sur des éléments de base, somme toute, très semblables. Avec une autre de ses créations, *Vox, Vocis, F.* (1979), Malec imagine une voix de femme possédant des facultés inouïes d'étendue et de timbre. Le musicien abroge tout conformisme et

François Bayle (né en 1932)

Né à Madagascar, François Bayle reçoit une formation musicale personnelle à Bordeaux et à Paris. Ses premières compositions instrumentales sont influencées par les divers contre-courants de la riche période 1958-1962, qui s'exprimaient principalement à Darmstadt. Mais c'est l'expérience du G.R.M. (Groupe de recherches musicales) qui l'emportera. Pour le compositeur, la seule vérité sera d'apprendre à écouter, « c'est-à-dire *surprendre* les cheminements instinctifs qui mènent du pur sonore au pur musical ». La genèse des formes et des mouvements sonores, la grammaire de leur formation, leur relation avec les événements du monde plastique ou psychique constituent pour lui un domaine de travail, pour lequel création et recherche sont liées. Depuis 1966, François Bayle est responsable du G.R.M., qui est devenu, en 1975, un des quatre départements de l'Institut national de l'audiovisuel.

---

n'écrit pas une partie vocale uniquement pour le chant. Cela lui paraît trop exclusif et limitatif, alors que « la qualité de chanter », écrit-il, « est accordée à ce que font les oiseaux, les arbres, le vent ou la mer ». Les trois voix de femme sont le prolongement des instruments, leur résonance et leur retour d'écoute.

La pensée d'Ivo Malec est riche d'avenir et ses partitions, d'une parfaite unité formelle, semblent jeter les ponts vers le futur. Son style d'avant-garde, c'est le classicisme de demain, car, ici, rien n'est laissé au hasard, tout est contrôlé finement, dans l'inouï et l'inédit.

Les « compositeurs de studio »

À partir de 1955, nombreux seront les compositeurs à fréquenter les studios de musique électroacoustique. La plupart des jeunes, venus d'emblée et spontanément à ce mode de création, continueront à composer presque uniquement sur bande, en écartant de leur chemin la musique instrumentale.

François Bayle et Bernard Parmegiani font partie de ce nouveau type de créateurs ayant, par leur labeur isolé, parcouru tous les stades de l'« expérience acoustique ».

François Bayle. Pour lui, « l'encre sonore magnétique, chargée de cristaux d'harmoniques, peut dessiner la fluidité, écrire dans l'immense marge des mots, pousser plus loin la pensée qui s'arrêtait dans la maille verbale et grammaticale, et compléter, rejoindre, l'expérience poétique ».

Dans *Espaces inhabitables* (1966), une des pièces maîtresses de Bayle, nous retrouvons la belle idée de Schaeffer, contemplant le miracle de la musique électroacoustique où, soudainement, les choses parlent d'elles-mêmes, comme si elles nous mettaient en communication avec un monde inconnu. Quelques années plus tard, en composant *Jeita ou Le Murmure des eaux* (1969-1970), Bayle se concentre encore plus sur l'effet du son et démontre que l'oreille et le sens musical se conduisent selon deux modèles d'écoute différents.

Le compositeur développe ces idées dans l'*Expérience acoustique* (1970-1973), en découvrant que la relation entre « l'externe et l'interne » a lieu grâce à des messages captés par nos sens. Il propose à ce « corps écoutant » une série de cinq chapitres musicaux, chacun jouant sur les registres variés de la perception. Dans le chapitre III, *La Preuve par le sens,* Bayle affirme que la musique électroacoustique parle un langage inconnu ; avec *L'Épreuve par le son,* il suggère la concentration sur le son en vue d'une sorte d'épreuve initiatique.

Ce compositeur se montre également soucieux de bien structurer son édifice musical ; sa *Grande Polyphonie* (1974) prouve qu'il est possible de composer une musique sur bande avec toute la souplesse, la densité et la richesse polyphonique d'une écriture.

Bernard Parmegiani (né en 1927) – avec qui Bayle collabora dans une œuvre de grande envergure, *La Divine Comédie* (1973-1974) – demeure sans doute sur ce point l'égal de celui-ci. Parmegiani tient de sa formation scientifique et technique une surprenante virtuosité des manipulations en studio. Il nous en donne une démonstration éblouissante, dès 1967, avec *Capture éphémère.* Outre les montages très rapprochés, les lectures accélérées, les mixages successifs, les résonances artificielles travaillées en chambre d'écho, il articule l'espace en distribuant les événements sonores d'une piste à l'autre avec une parfaite précision, créant un va-et-vient continu entre les haut-parleurs. Sa mainmise sur la matière sonore se retrouve dans *L'œil écoute* (1971), où, en jouant sur la densité sonore toujours présente, Parmegiani montre sa prédilection pour un matériau épais, massif, « taillé dans le cœur du son ».

Mieux que de dresser un simple catalogue de manipulations, avec le titre ambitieux *De natura sonorum,* le compositeur du G.R.M. revient à une observation plus minutieuse de l'*objet sonore* sous toutes ses facettes, à travers une « écriture » aussi serrée, alternant parfois avec une « mise en liberté de la matière et de la forme ». François Bayle et Bernard Parmegiani ont choisi la solitude du studio pour créer. Or, la musique est aussi un acte de l'esprit qui se partage avec autrui ; reste à savoir si le seul contact avec le public, au cours des créations, est suffisant pour en livrer les secrets.

Vers une autre pédagogie

Guy Reibel (né en 1936, à Strasbourg). C'est en s'adressant tant aux enfants qu'aux adultes, pendant une douzaine d'années, qu'il allait fonder les principes de sa pédagogie, pour faire sortir la musique sur bande de ses cadres trop étroits. Son itinéraire peut se suivre dans chacune de ses créations depuis 1969 – année de ses *Variations en étoile*, pour bande et percussion –, où, déjà, il commence à travailler avec des interprètes de haut niveau, ralliés à son esthétique. Mais le domaine qui intéresse le plus Reibel est la voix, porte-parole du corps humain tout entier. Face aux spéculations du studio, elle exprime le cri originel.

Les recherches du compositeur, déjà visibles dans *Chanson de geste* (1971), se concrétisent dans la *Suite pour Edgar Poe* (1972-1973), véritable cantate électroacoustique, qui nous plonge dans un univers poétique assez inattendu. On y perçoit une vive sensibilité répandue en pleine lumière, sans retenue.

Après ce fascinant essai poétique, Reibel revient au travail de studio, pour y terminer une de ses pièces les plus importantes : le *Triptyque électroacoustique* (1974). Dans les *Cinq Études aux modulations*, deuxième volet du *Triptyque*, il module de manière instrumentale les sons électroniques par les sons concrets, profitant au maximum des possibilités du Studio 54 du G.R.M., mis en service par Henri Chiarucci (1970). Le geste du créateur sculpte les formes musicales en essayant de proposer un phrasé naturel : celui de la respiration. Reibel se montrera toujours soucieux de respecter cette donnée, comme le prouvent ses meilleures œuvres, telles que les *Études de formes*, pour piano et bande (1980).

Les stages du G.R.M. et du Conservatoire national supérieur de musique de Paris, organisés par Schaeffer à partir de 1968, amenèrent un certain nombre de compositeurs à s'exprimer au moyen de la bande. Parmi les plus connus, Denis Dufour, Laurent Cuniot, Jacques Lejeune, Jean Schwarz, Michel Chion, Alain Savouret font preuve d'un égal talent et se ressemblent dans leur volonté de développer des modèles et des timbres capables de reconstituer les qualités du

---

Montage : « Le montage permet de coller un fragment de vie à côté d'un autre fragment de vie. » Avec lui, il s'agit de couper et d'accoler des bouts de bande – porteurs d'événements parfois complètement distincts – à l'aide de ciseaux démagnétisés et de scotch prévu à cet effet.

Lectures accélérées : elles s'effectuent grâce à un variateur de vitesse ou à l'aide d'un magnétophone à vitesse variable. Un son enregistré à la vitesse de 19 cm/s peut être lu à 38 cm/s. Ces exemples peuvent se multiplier un nombre infini de fois sur les magnétophones.

Chambre d'écho : dispositif qui permet au son de se réfléchir de nombreuses fois. Sur la plupart des chambres, il est possible de régler la durée de la réverbération, notamment sur les digitales.

---

son concret. Même dans le département ordinateur, animé par Bénédict Maillard dès 1973, nous retrouvons ce principe, visant à combattre les « rigidités inconditionnelles » de *l'objet sonore.*

Le monde électroacoustique

Si Pierre Schaeffer a réussi à former un groupe solide et fructueux, sur le plan de la création musicale, sa production personnelle s'est, en revanche, beaucoup affaiblie au fil du temps. Du « trouveur » génial des années 1950 il ne reste que peu d'œuvres qui passeront à la postérité. Toutefois, la haute stature du personnage marque toute une époque de l'histoire de la musique.

Créateurs isolés

Pierre Henry. Compagnon de la première heure de Schaeffer, il se situe finalement à son opposé. Pierre Henry n'en est plus aujourd'hui à une création près. Parti courageusement fonder son propre studio (*Apsome,* en 1958), il élabora, avec des moyens souvent très modestes, quelques purs chefs-d'œuvre tels que les *Variations pour une porte et un soupir* (1966) ou l'*Apocalypse de Jean* (1968). « Là où sa composition nous paraît la plus géniale, écrit Michel Chion, c'est lorsque le compositeur fait preuve de sobriété, en jouant avec les moyens les plus simples, sur les sons les moins " léchés ". »

Mouvement-rythme-étude (1972), *La Noire à soixante* (1968) ne possèdent aucun brillant, mais montrent la volonté d'Henry de pousser plus loin l'abstraction. Un combat de sons, porteurs de significations, s'engage à chaque instant, au sein d'une qualité sonore unique, reconnaissable entre toutes.

À l'opposé de cette conception, on trouve un autre aspect du musicien, plus spectaculaire, connu du grand public soit par les ballets de Béjart, soit par les diffusions « monumentales ». *Dieu* (1976), la *Messe pour le temps présent* ou *Corticalart* (1972) font partie de ces pièces où Pierre Henry, par ses étranges gesticulations à la console de diffusion, crée une dramaturgie, un jeu théâtral destiné à remplacer l'interprète irrémédiablement absent. Le *Voyage* (1962) est l'un des plus beaux témoignages de la valeur de ce créateur. L'œuvre, construite sur un argument tiré du *Livre des morts tibétains*, développe des chaînes sonores continues, portant l'auditeur du rêve de la mort à celui de la renaissance. Ce projet ambitieux pourrait évoquer le compositeur solitaire, longtemps méprisé par le milieu musical contemporain, et qui émergerait, soudain, après des années de purgatoire.

Le C.I.R.M. (Centre international de recherches musicales). Devant les moyens coûteux que nécessite l'électroacoustique, d'autres musiciens se sont unis pour fonder leur groupe. En France, le Centre international de recherches musicales, hébergé par la Schola cantorum, fut créé par Jean-Étienne Marie (1917-1989) en 1968. De ce groupe, le créateur le plus intéressant demeure Fernand Vandenbogaerde (né en 1946), quelques années responsable du studio du conservatoire de Pantin. Sa double formation, scientifique et musicale, lui permet d'assumer des tâches très variées et de devenir un des spécialistes des musiques avec dispositifs électroacoustiques (où il intervient en direct sur le jeu instrumental). Parmi les plus connues, dans son catalogue déjà bien fourni, *Bhinneka Tunggal Ika* (1975) est un mélange de sons électroniques et de sons concrets issus des musiques traditionnelles d'Asie du Sud-Est, avec des séries de modifications ; les sons de trombone, cor, trompette sont transformés par le modulateur en anneau.

Les groupes de province en France. Si Paris demeure le grand centre de musique électroacoustique, grâce au G.R.M. surtout, la province ne possède, pour l'heure, que quelques groupes. À Marseille, dès 1968, une classe de musique expérimentale est créée sous l'impulsion de Pierre Barbizet, directeur du conservatoire. Marcel Frémiot (né en 1923), Georges Bœuf (né en 1937) et Michel Redolfi (né en 1951) en sont les figures de proue. Ce dernier, qui est à l'origine d'intéressantes expériences d'écoute et d'enregistrement de sons sous l'eau, poursuit un travail compositionnel sans cesse renouvelé. Successeur de J. É. Marie à Nice, Redolfi mène à travers son festival de MANLA un travail d'ouverture de l'électroacoustique combinée aux supports les plus divers – laser ou vidéo entre autres.

Bourges est la deuxième ville ayant accueilli un groupe de musique expérimentale : le G.M.E.B. Françoise Barrière et Christian Clozier en sont ses actuels responsables. Outre un festival de musique expérimentale, cette ville s'enorgueillit, depuis plusieurs années, d'un des plus grands concours mondiaux de composition électroacoustique. Sur le plan de la pédagogie et de l'animation, le *gmebogosse*, nouvel instrument pour enfants, permet de multiples jeux musicaux éducatifs. Il comprend deux pupitres de deux lecteurs de cassettes chacun, un cube de régie avec micros incorporés et deux haut-parleurs généraux. On peut « travailler » individuellement sur sa cassette, au moyen de la variation de vitesse, du filtrage, de la spatialisation, ou du mixage à plusieurs voix. Les enfants « choisissent, font entendre, fabriquent et enregistrent eux-mêmes des sons ».

Entre 1960 et 1980, ailleurs qu'au G.R.M., en France et à l'étranger, on préférait travailler sur le matériau électronique, plus facile à cerner que le concret. Avant que ne se produise la fusion entre l'électronique et le concret, des compositeurs sériels tels que Berio, Maderna en Italie, Stockhausen en Allemagne ou Pousseur en Belgique conçurent leur propre studio sur des données de base bien éloignées des conceptions schaefferiennes. Ils se sentaient plus attirés par les sons « fixes » délivrés par les générateurs que par le son concret, peu fiable.

L'esprit sériel dans le concret : Pousseur, Koenig, Stockhausen

Henri Pousseur (né en 1929). En fondant le studio A.P.E.L.A.C. à Bruxelles en 1958, Pousseur avait des objectifs bien précis. Il s'agissait d'abord, pour lui, d'accomplir un travail sur le timbre, devenu un élément à part entière. On pouvait désormais le façonner, en filtrant ou en ajustant des harmoniques dans le spectre. La seconde préoccupation du compositeur était d'ouvrir davantage le champ instrumental. Pour lui, la musique électronique commence là où la musique instrumentale cesse. Au lieu d'une totale rénovation conceptuelle de la pensée musicale, on n'obtient ici qu'un simple élargissement. Il y a superposition et

Moduler, c'est varier dans le temps, grâce à des dispositifs électroacoustiques, les caractéristiques d'une onde.

Le modulateur en anneau (*ring-modulator*) modifie le spectre d'un signal en créant des fréquences de part et d'autre de ce signal. Si A représente la fréquence d'un son sinusoïdal envoyé sur un son B, on obtiendra deux sons résultants : A + B et A – B

Console de diffusion : machine permettant au musicien de diffuser ses bandes en concert au moyen de curseurs (potentiomètres) réglant l'intensité. Grâce à des filtres, on peut aussi ajouter ou retrancher des aigus ou des graves, par exemple.

Spectre, harmoniques : deux sons périodiques de même intensité et de même hauteur ne sont pas perçus comme identiques ; ils sont de timbre harmonique différent : leur spectre n'est donc pas le même.
L'écoute attentive d'un son de piano dans le grave permet d'entendre une série d'autres notes : l'octave, la quinte au-dessus, à nouveau l'octave... Ce sont les harmoniques du son fondamental.

Générateurs et synthétiseurs sont des appareils électroniques qui génèrent des signaux électriques de formes variées : ondes sinusoïdales, ondes carrées, ondes en dents de scie, impulsions...
Il est possible de régler la fréquence dans toute la gamme audible, ainsi que l'amplitude du signal fourni.

Réverbération : dispositif permettant de prolonger un son en créant un halo au moyen de réflexions multiples. L'emploi de sons réverbérés évoque une certaine dimension de l'espace.

juxtaposition de deux domaines et non interpénétration totale, dans la mesure où celle-ci peut exister.

Gottfried Michael Koenig et Knut Wiggen

Au contraire, à l'Institut de sonologie de l'université d'Utrecht, en Hollande, Koenig se rapproche des orientations du G.R.M. Mais il demeure surtout connu pour ses travaux sur ordinateur. Ses *Projets 1 et 2* lui ont permis, très tôt, de programmer des partitions en se servant de l'aléatoire dans un esprit postsériel. La vitesse avec laquelle l'ordinateur effectue les calculs permet à Koenig de dominer des relations qu'il n'osait pas imaginer jusque-là.

Karlheinz Stockhausen (né en 1928)

Karlheinz Stockhausen est né à Mödrath, près de Cologne. Après avoir obtenu son diplôme de professeur d'éducation musicale en 1951, il suit les cours d'Olivier Messiaen à Paris. À la même époque, il écrit ses premières œuvres clés : *Kreuzspiel, Spiel, Punkte* et *Kontrapunkte.* À partir de 1953, il travaille au studio de musique électronique de la radio de Cologne, dont il devient le directeur artistique en 1963.
Le catalogue d'œuvres de Stockhausen, riche et varié, aborde avec autant d'originalité et de puissance créative l'électronique ou la musique vocale et instrumentale. Ce musicien est le contraire du « compositeur isolé en sa tour » et participe souvent à l'exécution de ses pièces. Il passe quelques mois par an à effectuer des tournées, à diriger, jouer et commenter ses propres œuvres dans presque tous les pays du monde. Ses recherches sur les nouvelles dimensions temporelles, l'équilibre qu'il établit entre l'aléatoire et le déterminé, la révélation des moyens lui permettant de transsubstantier un paramètre musical dans un autre sont au service d'une conception qui vise à intégrer complètement l'*art* et la *vie.* « L'esprit doit être la musique elle-même », a dit Stockhausen.

De même, en Suède, le studio de Stockholm, dirigé par Knut Wiggen, est doté d'un matériel remarquable où un ordinateur commande les appareils de production et de manipulation du son.
Karlheinz Stockhausen (né en 1928). L'un des studios ayant fait le plus parler de lui, depuis sa création, en 1950, par Herbert Eimert, est celui de la Maison de la radio de Cologne. Sa réputation vient de son collaborateur permanent, un des créateurs les plus à l'affiche durant trente ans : Stockhausen. Ce musicien n'a pas cessé, depuis 1953, d'expérimenter sur le matériau électronique ou sur le dispositif électroacoustique. Dès le *Chant des adolescents* (1956), il ne fait plus la distinction entre « concret et électronique » en associant, aux sons des générateurs, des voix d'enfants.
À travers la création de Stockhausen, nous ne ressentons pas l'absence de l'interprète, tant la vitalité, la force humaine sont sous-jacentes et se perçoivent sans effort. Ce créateur incarne le mythe du compositeur romantique chargé d'une mission humanitaire,

démiurge, à certains instants, puisqu'il dit être doué de rêves prémonitoires lui dictant ses œuvres futures. Dans son livre, *Conversations avec Stockhausen*, il nous apparaît d'un orgueil sans retenue, se substituant à Beethoven par exemple, avec son œuvre opus 1970 intitulée *Stockhauven-Beethausen*. Refusant l'idéologie et la doctrine, Stockhausen s'attache à la qualité du corps sonore et distingue deux champs à explorer, fondés sur le mouvement du son dans l'espace. Même avec la lutherie traditionnelle, dans *Gruppen* par exemple, il différencie les couches temporelles, ou *tempi* superposés, en séparant les trois groupes orchestraux dirigés chacun par un chef. Nous retrouvons ce phénomène avec *Carré*, véritable quadriphonie orchestrale, et surtout avec des expériences comme celle de Saint-Paul-de-Vence, où les musiciens, assis sur les toits, se déplacent durant l'exécution de l'œuvre.

Par ailleurs, dès 1958, Stockhausen entreprend de mettre en connivence l'instrumental et l'électronique : il compose *Kontakte* selon la *Moment-Form* ; chaque moment constitue un ensemble individualisé, sorte de concentration sur l'« ici » et le « maintenant ». Dans *Momente* (1961), la *Moment-Form* domine l'horizontal et le vertical – la succession des événements musicaux dans le déroulement temporel – pour s'imposer comme une « éternité » et favoriser la méditation sur des éléments stables. Après la « spatialisation et la contemplation », le compositeur taille et modèle la matière sonore à sa guise, grâce à la manipulation en direct. *Mikrophonie I* et *II, Mixtur, Solo, Procession* en sont les exemples les plus marquants. Dans *Mixtur*, quatre musiciens modifient les sons instrumentaux par le modulateur en anneau, puis les mélangent à ceux de l'orchestre, grâce à des groupes de haut-parleurs. Stockhausen agence alors une fine texture de timbres différenciés.

Avec *Mantra* (1969), l'idée de base est totalement différente ; les pianistes Alphonse et Aloïs Kontarsky modulent les sons qu'ils produisent tout en jouant. L'unité de la pâte sonore semble d'autant mieux assurée, et l'œuvre, longue d'une heure, s'apparente à un cheminement spirituel d'obédience orientale.

Mais les grands classiques de Stockhausen, en musique sur bande, restent *Telemusik* et *Hymnen*. Ces deux pièces traduisent la multiplicité de sa création.

Avec *Telemusik*, composée au studio de la N.H.K. – Nippon Hoso Kyokai (grande chaîne japonaise de radio-télévision) – de Tōkyō, il réalise son œuvre de prophète, en essayant de rassembler tous les chants du monde, de les mixer, de les fondre, jusqu'à une totale interpénétration. Le compositeur croit fortement à une régénération de l'Occident par l'Orient. Pour l'heure, de doux chants électroniques naissent au fil de l'écoute, s'épaississent et disparaissent en un miroitement dans le suraigu.

À l'opposé de cette œuvre, *Hymnen* s'apparente à un immense champ de bataille. Stockhausen a voulu sculpter la musique de l'après-Apocalypse, où il faudra tout reconstituer, dans le royaume imaginaire du *Pluramon*, nom du monde inconnu où la « pluralité se réconcilie sans se renier, dans une unité supérieure ». Une impression de tournoiement s'installe dans les quatre régions de *Hymnen*, grâce aux effets panoramiques poussés à l'extrême, distribuant des cris de foule, des tintamarres, des bruits de radios déréglées. Le phonogène varie constamment la vitesse, et Stockhausen imprime son geste de créateur en « saisissant » chaque objet sonore, comme pour projeter sa pensée, à l'état brut, par l'intermédiaire des haut-parleurs.

Beaucoup de jeunes compositeurs, collaborateurs ou élèves de Stockhausen, se réunirent à Cologne pour créer leur propre studio. Ainsi Mésias Maiguashca (né en 1938), Peter Eötvos – connu pour ses activités de chef à l'I.R.C.A.M. –, Rolf Gelhaar participèrent à la formation du studio Feedback.

Comme en France, d'autres centres électroacoustiques se sont développés dans plusieurs villes allemandes. En 1963, Thomas Kessler joue avec différents groupes de musique pop, à Berlin, et commence à afficher son goût particulier pour la *live-music-electronic.* Il pense, à juste titre, que l'interprète doit tout contrôler, même les dispositifs de transformation du son en direct. Dans *Piano-control* (1974) puis *Violon-control* (1978), il laisse à celui-ci le soin d'assurer toutes les fonctions, grâce à l'usage d'un synthétiseur A.K.S.

Avant d'aborder les plus importantes recherches et les meilleures créations outre-Atlantique, il convient de faire une halte dans la nation fière d'une des plus riches traditions musicales : l'Italie.

La musique électroacoustique en Italie : Berio, Nono, Maderna

Tant à Florence qu'à Rome, à Padoue ou à Milan, l'électroacoustique a pris une ampleur considérable. Cependant, les noms de Berio, Nono, Maderna sont sans doute les plus connus depuis 1950. Le premier Studio de phonologie habite les locaux de la radio-télévision italienne, à Milan, dès 1955.

Luciano Berio (né en 1925). À l'origine musicien sériel, comme ses amis de Cologne ou de Liège, Berio fait preuve de génie dans le

Luciano Berio (né en 1925)

Luciano Berio, né à Oneglia, fait ses études au conservatoire de Milan et, en 1944, découvre la musique dodécaphonique. Avec Boulez, Pousseur, Maderna ou Stockhausen, il enseigne aux cours d'été de Darmstadt, tout en dirigeant la revue et les concerts *Incontri musicali.* Durant les années 1960-1970, il fera de fréquents voyages aux États-Unis et en Europe pour divulguer son œuvre. Luciano Berio fut chargé du département électroacoustique à l'I.R.C.A.M. de 1976 à 1980. Par ailleurs, il a épousé son interprète favorite, la cantatrice Cathy Berberian.

traitement électronique d'abord, électroacoustique ensuite, avec un premier chef-d'œuvre : l'*Omaggio a Joyce* (1958). Ici, la substance sonore concrète provient du texte de Joyce, *Ulysse,* lu, puis manipulé en studio, avec des accélérations, des passages à l'envers, pour obtenir une matière vivante, pleine de fantaisie. La mobilité étonnante des « particules vocalisées » rappelle le goût du compositeur pour le jeu instrumental et l'éparpillement des microévénements. De même, les *Momenti,* de 1960, manifestent sa maîtrise et son habileté, mais ils ne contiennent pas la verve théâtrale de ses grands chefs-d'œuvre.

Le théâtre, chez Berio, se cache dans l'expression même : c'est une peinture psychologique. Ainsi, *Visage* (1961) est un montage bout à bout de séquences vocales parlées, chantées, criées. Tour à tour, l'interprète favorite du compositeur, Cathy Berberian, rit, pleure, balbutie, grogne, chante ou se tait progressivement dans un râle grotesque. Berio collectionne toute une série d'attitudes psychologiques, en rapport avec la voix, pour les agencer en un monodrame musical fortement expressionniste, où l'on sourit ou s'offusque des scènes joyeuses, plaisantes et orgiaques qu'il nous propose. Depuis 1961, ce musicien italien est revenu à l'instrument et à une écriture plus sage, dans la lignée des divers « retours à ».

Sa « série » de *Sequenze* pour instruments seuls a ouvert, cependant, un univers tout autre. Ici, Berio se réfère à de multiples facettes du phénomène de la virtuosité et cherche à dépasser la pratique instrumentale traditionnelle. De façon à obtenir davantage de la part de l'interprète, il compose pour solistes ou petits ensembles. Dans la

Sequenza V (1966), pour trombone solo, nous devinons les prouesses de l'exécutant à la simple lecture de la partition : le tromboniste doit accomplir de véritables vocalises au moyen d'une sourdine actionnée vivement. L'usage d'une nouvelle notation s'avère indispensable pour faciliter la lecture et la compréhension de l'idée compositionnelle. De même, depuis les *Sequenze* pour flûte, pour harpe, pour piano ou pour violon, ainsi que les *Trois Chemins* (1965-1968), Berio montre toujours son souci de travailler avec un monde sonore inédit.

Bruno Maderna (1920, † 1973), célèbre chef d'orchestre, s'est, lui aussi, intéressé à la musique sur bande, un peu dans le même esprit que Berio, avec la virtuosité d'un « musicien d'écriture ». Dans son *Continuo* de 1958, le compositeur se sent particulièrement proche du peintre ; attentif aux suggestions de la matière jaillissante, il établit un véritable dialogue avec elle. Deux types fondamentaux de sons se confrontent dans cette œuvre : sons extrêmement longs, en déroulement continu (d'où le titre de la composition), et sons très brefs, parfois insaisissables un à un. Maderna a fait preuve, avec le *Continuo*, comme dans de nombreuses autres œuvres électroacoustiques, de sa riche musicalité instrumentale.

Luigi Nono (1921-1990). Se détournant de cette conception contemplative, la démarche de Nono est, au contraire, expressionniste et humanitaire. L'engagement politique lui interdit tout épanchement gratuit et envahit sa création, de ses premières œuvres à celles d'aujourd'hui. Ici, point de fascination du concret, mais l'ardent désir de « dénoncer l'injustice partout où c'est possible » et de toucher le grand public au moyen de l'art.

Nono parvient à ses fins en employant l'électroacoustique pour les effets dramatiques facilement concevables. L'usage de la réverbération artificielle, de l'écho sur les voix, de l'amplification soudaine, évoque un monde hallucinatoire où l'on sent, parfois, le prisonnier politique geindre au fond d'une prison ou hurler un discours révolutionnaire. Les slogans de Mai 68, de Mao Tsé-toung, de García Lorca, de Marx, de Che Guevara fournissent une matière première à ses compositions. La musique de Nono est d'un lyrisme étonnant – dans la grande tradition italienne – teinté de germanisme sériel. Ce qui compte, dans *Ricorda cosa ti hanno fatto in Auschwitz*, « Rappelle-toi ce qu'ils t'ont fait à Auschwitz », 1966, ou *Como una ola de fuerza y luz*, « Comme une vague de force et de lumière », 1971, c'est que la musique soit humaine.

Selon Nono, si ce but n'est pas atteint, ce n'est « pas la peine de composer ».

Nouvelles techniques, nouvelles musiques : l'Amérique et le Japon

À l'opposé de cet art engagé, nous revenons à la fascination du sonore avec « l'art pour l'art et pour l'homme » des multiples écoles américaines. Grâce au riche appareillage acoustique dont bénéficient la plupart des universités aux États-Unis, grâce aussi à un tempérament peut-être plus dégagé du passé culturel et plus ouvert au futur, l'électroacoustique a trouvé, ici, un terrain privilégié. Cependant, au travail fastidieux sur l'« objet sonore » la majorité des compositeurs préfèrent la musique pratiquée en direct (la *live-music-electronic*), entre amis ou en famille. De nombreux musiciens se réunissent, par ailleurs, pour présenter d'étranges scènes musicales, proches du théâtre et très éloignées du concept européen de l'œuvre d'art.

L'énoncé répétitif

À propos des créations de Terry Riley (né en 1935), Lukas Foss écrit : « Regardez un jour le ciel bleu, avec quelques nuages ; regardez-le cinq minutes plus tard, vous aurez l'impression qu'il n'a pas changé et pourtant ce n'est plus le même. » Des pièces longues, fondées sur un même processus, se répétant à l'envi, avec de légères modifications intervenant de temps à autre, constituent les « musiques répétitives » de Philip Glass, Steve Reich, La Monte Young ou Terry Riley. Chacun de ces compositeurs new-yorkais s'inspire des musiques traditionnelles et choisit un matériau presque essentiellement tonal.

La Monte Young (né en 1935) fut impressionné d'entendre les chanteurs de *rāga* de l'Inde répéter chaque phrase des milliers de fois, jusqu'à ce qu'elle devienne une partie d'eux-mêmes. Pour Steve Reich (né en 1936), l'exécution et l'écoute d'une musique progressive ressemblent à ceci : donner son élan à un pendule, le lâcher et observer son retour graduel au repos. Avec son œuvre *Pendulummusic* (1968), il demande aux exécutants de lâcher en même temps une série de micros suspendus au plafond comme des balanciers. On entend des pulsations à partir des effets Larsen (sifflement provenant du retour du son d'un haut-parleur dans le micro qui le pilote) en unisson ou décalés. Cependant, ce déphasage graduel de deux ou plusieurs séries d'une même formule, chez Reich, les processus de progression additive dans le temps, de Philip Glass (né en 1936), assurent la même stabilité interne de l'énoncé. Ici, le passé, le présent, le futur sont reliés. Enfin, la démarche de ces musiciens américains est aussi un antifonctionnalisme par rapport à la tradition formelle de structuration des œuvres ; l'énoncé répétitif s'impose seul, et, selon Ivanka Stoïanova, sans « instance centralisatrice hiérarchisante ».

De la « tape-music », ou musique pour magnétophone, à l'ordinateur

Bien avant la venue de ces magiciens de la répétition, la *tape-music* était déjà très courante, depuis 1952, au studio de Columbia-Princeton, dirigé par Wladimir Ussachewsky.

De ce centre, la personnalité qui se détache par ses travaux est, dès 1960, Milton Babitt (né en 1916). À la fois musicien et mathématicien, il se rapproche de la conception électronique des « sériels » et préfère employer le jeu instrumental pur avec le synthétiseur, comme dans *Ensemble for synthetizer* (1962-64).

Les studios électroacoustiques, placés au cœur des universités américaines, restent des hauts lieux de recherche et se multiplient à San Francisco, Los Angeles, Iowa City, Chicago, à Standford, ou à Urbana, dans l'Illinois. Dans cette ville, Léjaren Hiller (né en 1923) a été le premier à présenter des expériences de composition par ordinateur. Pour lui, la création musicale consiste à extraire l'ordre du chaos. Dans sa *Suite Illiac,* pour quatuor à cordes, il fait usage d'une méthode dite « de Monte-Carlo », avec laquelle l'ordinateur engendre une suite de nombres représentant des éléments musicaux – passés au crible de tests restrictifs – traduisant des règles de composition.

À l'inverse de cette conception, à Murray Hill, à la Bell-Telephone, une équipe de chercheurs, dirigée par Max Mathews (né en 1925), a mis au point un important procédé de synthèse sonore par ordinateur (1963). Mathews a pensé que celui-ci, ne produisant pas de musique par lui-même, était capable de commander un appareillage électronique producteur de sons. En premier lieu, il lui revenait de calculer l'onde sonore dans tous ses détails, à raison de 40 000 échantillons par seconde, pour commander ainsi, directement, tous les mouvements de la membrane du haut-parleur. Avec « Music V », il fut désormais possible de contrôler, scientifiquement, divers aspects du son de manière très fine. Jean-Claude Risset (né en 1938) a pu obtenir des effets paradoxaux, comme celui d'un *glissando* montant

sonore électronique évoquant le grouillement populaire de la ville. Sur d'infinis sons tenus, appelés « étapes de contemplation », Éloy, fasciné par l'Orient, propose de riches fluctuations harmoniques, au cours d'imperceptibles transformations dans le temps. Enfin, le traitement donné à tous les éléments acquiert une résonance « psychologique » et les fait évoluer, dans la dernière partie, en une « dramatisation unificatrice ». Le compositeur s'arrête, avec le *Kaiso*, la « réminiscence », sur le souvenir du drame d'Hiroshima et la fin impitoyable d'une guerre encore présente dans les mémoires. Avec *Gaku-Nô-Michi*, Éloy affirme sa totale indépendance sur le plan musical ainsi que la profondeur de son originalité créative. Depuis 1978, il s'était associé, à l'invitation de Xenakis, aux recherches entreprises sur la production de musique par techniques digitales avec l'ordinateur. Là encore, Éloy envisageait de donner vie à d'autres trames musicales.

Architecture-musique : Xenakis

Le « monde sonore inédit » ne provient pas seulement des musiques électroacoustiques : les œuvres de Varèse étaient déjà significatives à cet égard. Dans la lignée de ce compositeur, Yannis Xenakis apporte une autre dimension, une conception musicale unique.

Architecte, philosophe et mathématicien, mais surtout musicien, doué d'un esprit inventif et curieux, Xenakis a pris le parti de la modernité. D'emblée, il procède à une critique fondamentale du sérialisme boulézien, en considérant la musique de façon non linéaire. Ce qui l'intéresse, ce sont les effets de masse, comme les *glissandi* des cordes, ou les « nuages » de sons en *pizzicati*.

Dès *Pithoprakta* (1955), pour orchestre, Xenakis franchit une étape de formalisation générale de toutes les caractéristiques du son qu'il appellera « méthode stochastique », c'est-à-dire qui tend vers un but. Il garde la possibilité de contrôler n'importe quelle distribution d'événements sonores, grâce aux formules de la loi de Poisson, par exemple, qui s'appliquent aussi bien à la biologie qu'à la sociologie ou la musicologie. Bien sûr, dans des pièces telles qu'*Achorripsis* (1956-1957), pour 21 instruments, le compositeur se réserve le droit et le devoir de modifier, en dernier lieu, les résultats obtenus. Il affirme lui-même : « L'instinct et le choix subjectif sont les seuls garants de la valeur d'une œuvre. » Le stade ultime de la formalisation opérée par Xenakis s'établit en trois axiomes, indispensables pour aboutir à ce qu'il nomme la « musique symbolique » : le hors-

Yannis Xenakis (né en 1922)

Compositeur français d'origine grecque, Yannis Xenakis est né en Roumanie. Il obtient à Athènes le diplôme de l'École polytechnique et y commence ses études musicales. Il s'engage dans la Résistance et, après avoir été blessé au visage, emprisonné et condamné à mort, il parvient à s'enfuir et à gagner Paris, où il sera le collaborateur de l'architecte Le Corbusier pendant douze ans. Xenakis a parachevé ses études musicales à Paris, avec Messiaen, et à Gravesano, en Italie, auprès d'Hermann Scherchen. Dès 1955, il s'aide du vaste domaine des mathématiques pour structurer sa musique, puis il emploie l'ordinateur.

temps, la succession temporelle et le en-temps. Avec la catégorie *hors-temps,* il envisage la musique avant la composition proprement dite, en dehors d'un déroulement temporel : l'échelle des hauteurs, les durées, les constructions à partir d'opérations logiques infligées à des classes de sons, d'intervalles, de caractères, peuvent être perçues sans tenir compte de leur existence dans le temps. « Ce qui se laisse penser, écrit le compositeur, sans changer par l'avant ou l'après est *hors-temps.* » Selon le 2e axiome, un événement musical est séparé d'un autre par un intervalle précis de temps, ce qui donne lieu à un ensemble d'intervalles temporels, pour lesquels Xenakis établit une algèbre. Enfin, les structures *en-temps* du 3e axiome sont réservées à la création instantanée. L'ordre sériel est *en-temps,* une mélodie traditionnelle aussi. Dès que le discours contient l'avant ou l'après, « on est *en-temps* ». L'emploi de l'ordinateur s'avère alors indispensable pour déterminer et combiner tous les paramètres *hors-temps* ; les nombres remplacent momentanément les sons. De ce fait, des œuvres telles que *Herma* (1961), pour piano, *Eonta* (1964) ou *Akrata* obéissent au schéma structurel *hors-temps* et sont précalculées au moyen de l'ordinateur, puis transcrites en notation traditionnelle.

À partir de 1965, Xenakis explore de plus en plus le domaine du timbre, en passant successivement du vocal à l'instrumental. Depuis *Polla Ta Dhina,* où un hymne de Sophocle déclamé par un

La musique de Xenakis

Dans la création de Xenakis, l'homme est toujours présent, son art n'est jamais froidement intellectuel. Il déclare : « Il y a plus dans l'homme et la musique que dans les mathématiques ; mais la musique comprend tout ce qui est dans les mathématiques. Celles-ci m'ont servi à mieux formuler mes pensées et mes intuitions et à maîtriser les données techniques. Les données mathématiques, en elles-mêmes, ne peuvent exprimer quelque chose, mais elles peuvent être utilisées pour exprimer, à condition que l'artiste discerne dans leur mécanisme une téléologie, disons une promesse artistique. »
« La musique de Xenakis, c'est celle d'un tragique, au sens proprement grec du terme, celle d'un Eschyle. Elle en a la monumentalité, l'implacabilité des formes, la pétrification du matériau sonore, la naïveté aussi, le primitivisme. Elle est comme un bloc gigantesque posé au milieu et au travers de la musique de son temps. » (A. Goléa, *La Musique de la nuit des temps aux aurores nouvelles.*)

chœur d'enfants nous introduit dans le monde des passions de la tragédie grecque, son maniement vocal a été varié.
Avec *Nuits* (1967), douze voix chantent une des plus dures tragédies de notre époque. Cette œuvre exprime le silence des détenus politiques morts, après des années d'incarcération, sans avoir prononcé une parole durant leur détention. L'atmosphère tendue de la pièce, les délicats alliages sonores attestent, chez le compositeur, une intuition étonnante de la spatialisation et de l'orchestration.
Ce goût de l'exploitation des sons inouïs allait vite porter Xenakis vers le monde de la percussion, avec des réalisations de premier ordre telles que *Persephassa* (1969), créée par les Percussionnistes de Strasbourg, ou *Psappha* (1975). De même, dans *Terrêtektorh* (1966), puis *Pléiades* (après 1980), il élargit le potentiel sonore des instrumentistes en mettant à leur disposition une série « d'objets musicaux » : cloches, *maracas*, triangles, etc. Il obtient ainsi une « galaxie » de sons éparpillés dans l'espace, pour suggérer l'envahissement, en demandant à l'orchestre de se disséminer dans le public. Dix ans plus tard, avec *Jonchaies* (1977) ou *Cendrées* (1973), le même phénomène se reproduit, et chaque source est multipliée par dix ou

Composition graphique

Outre Xenakis, un seul compositeur avait ressenti la nécessité de ce système : Varèse, en 1936.
« J'ai la certitude qu'un temps viendra où le compositeur, après avoir graphiquement réalisé sa partition, verra cette partition mise automatiquement sur une machine qui en transmettra fidèlement à l'auditeur le contenu musical. Étant donné qu'il faudra indiquer sur la partition des fréquences et des rythmes nouveaux, notre notation actuelle se révélera inadéquate. La nouvelle notation sera sans doute sismographique. »

vingt instrumentistes qui jouent avec puissance et fougue, se taisent, puis reprennent en chœur un hymne de sons inouïs déferlant sur l'auditeur, tel un raz de marée.
Autour des années 1970, Xenakis revient à la composition sur bande, pour établir des corrélations entre source sonore et source lumineuse. Après les succès du *Polytope de Montréal* (1967) et du *Polytope de Cluny* (1967-1970), il conçoit le *Diatope* de 1975 à 1977. Ici, la musique s'intègre réellement à une forme architecturale. La coque plastique du Diatope, conçue par Xenakis, a été soigneusement élaborée. Selon celui-ci, l'effet des formes architecturales a une influence quasi tactile sur la qualité de la musique ou du spectacle qui s'y jouent.
Parallèlement à ce travail, les dernières recherches de Xenakis en informatique musicale ont fait beaucoup parler de lui. Depuis bon nombre d'années, son équipe du Cemamu (Centre d'études mathématiques/musique) – fondé en 1966 à l'École des hautes études à Paris – étudie la façon de combler le fossé grandissant entre la musique d'aujourd'hui et le public. Xenakis veut mettre à la portée de tous un outil permettant « la délivrance de l'imagination grâce à l'ordinateur ». À cet effet, les techniciens du Cemamu ont construit l'Upic (Unité polyagogique d'information du Cemamu). Sur un écran, il s'agit de dessiner un point, une courbe, un trait plus ou moins épais – que la machine transforme en musique. Avec l'Upic on peut reconsidérer toute une pédagogie de la composition. Le musicien, par son geste, décrit le son et la forme de l'œuvre. Xenakis pense ainsi faire accéder un plus large public à la création.

De nombreux compositeurs ont déjà « écrit » sur l'Upic, ainsi Éloy, Mâche, et Xenakis, qui trouve là un terrain favorable pour transformer ses plans d'architecte en musique. Ce créateur de génie a exploré et fait ainsi évoluer de multiples domaines liés à la composition musicale.

Les « mathématiques musicales » ; vers le règne de l'ordinateur

L'ordinateur apparaît désormais partout comme la nouvelle machine à composer. Ainsi, en France, Pierre Barbaud (né en 1911) a pensé que l'on pouvait appliquer un formalisme compositionnel en s'aidant d'une grammaire de règles consignées dans un programme. Il fallait, selon lui, dans cette seconde moitié du XXe s., battre en brèche ce que l'on appelle l'inspiration et remplacer celle-ci par une activité lucide. Sa « musique algorithmique » (faite à partir d'un ensemble de procédés de calcul) se présentait sous forme de programme, et le compositeur adoptait les résultats obtenus, sans y changer quoi que ce soit, même s'ils lui paraissaient choquants (années 1960).

Michel Philippot (1925-1996) a inclus dans ses partitions les techniques de l'automation et de la cybernétique, qu'il a nommées la « machine imaginaire ». Il a défini avec rigueur le champ de recherches et le champ d'application, puis a résumé toutes les données agissantes : l'environnement, les particularités de la personnalité de l'artiste, le stock d'information de notre apanage culturel… Enfin, le jugement porté sur le message musical dépendra de la qualité du sentiment esthétique qu'il aura provoqué chez ses récepteurs.

Le règne de l'ordinateur est là, et l'un des objectifs principaux de l'I.R.C.A.M. (Institut de recherche et de coordination acoustique/musique), dirigé par Pierre Boulez, est, précisément, de faire avancer les techniques qui lui sont liées. Pour Michel Decoust (né en 1936), l'ordinateur aide à contrôler strictement l'agencement du matériau sonore. La structure du son lui-même constitue un premier stade d'organisation. Dans *Interphone* (1977), le programme « Music V » de Max Mathews lui sert à confectionner une série d'objets musicaux à partir des mots d'un poème, qui devient un véritable « générateur d'enveloppe » au point de vue électronique et dramatique.

D'autres compositions, écrites avec le concours de l'ordinateur, font aussi appel au département électroacoustique de l'I.R.C.A.M. Tod Machover (né en 1953) a composé son œuvre *Light* (1979) au moyen de bandes électroniques élaborées à l'aide de deux versions du synthétiseur digital mis au point par Giuseppe Di Giugno. Avec cet « instrument », le compositeur décrit les sons qu'il désire obtenir, puis les modifie et les transforme sur-le-champ par différents gestes ou dispositifs. Cela a préfiguré la célèbre 4 X, machine de notre temps, où l'instrumentiste et le compositeur retrouvent des liens longtemps oubliés en électroacoustique. Ainsi, pour *Aleph* de Philippe Manoury (né en 1952), la collaboration avec le flûtiste Pierre-André Valade élargit le champ des possibles, tant dans le spectre harmonique que dans la dialectique.

Dès 1982, la jeune génération parisienne connaît aussi une période d'effervescence, s'appuyant sur un terrain fertile. Bien préparée par ses aînés du Domaine musical, du 2E 2M de Champigny ou de l'Itinéraire, elle entre en s'imposant tout naturellement dans le monde de ces groupes dominateurs. On y trouve les compositeurs et les grands interprètes de demain : Pierre-André Valade, Daniel Kientzy, Jean Geoffroy, etc. Elle ne dispose que de petits moyens certes, mais s'enrichit de contacts publics, d'un véritable travail d'approche et de confrontations d'esthétiques.

Ainsi naît d'abord l'Atelier-Échange, créé par Daniel Tosi, Stéphane Srawley, José-Luis Campana, auxquels se joindront Philippe Hurel, François Rossé et d'autres compositeurs-interprètes. D'emblée ce groupe installe sa doctrine, qui pourrait se définir ainsi : à partir d'une étroite collaboration entre interprètes et compositeurs, mener à bien la réalisation d'œuvres musicales, de leur conception à leur création en concert. Ce dernier point est important car la technologie musicale, le jeu instrumental se sont beaucoup développés ces dernières années, et trois ou quatre répétitions deviennent insuffisantes pour une exécution publique de qualité. On observe donc souvent un décalage entre le résultat sonore et l'idée transcrite par le compositeur.

Avec l'Atelier-Échange, la concertation continue et la réflexion issue des influences réciproques, la découverte d'une autre technique instrumentale et de ses potentialités compositionnelles furent les préoccupations de base. Daniel Tosi (né en 1953) et José-Luis Campana (né en 1949) marquent d'une empreinte électroacoustique leur composition instrumentale, fortement expressive car l'effet sonore de jadis prend valeur de symbole et de module émotif compositionnel.

Le premier, dans des œuvres telles que *Plastique Faber* (pour 4 flûtistes à bec) ou dans la série des *Surimpressions,* travaille sur le

Michel Decoust (né en 1936)

Né à Paris, Michel Decoust a fait ses études au Conservatoire national supérieur de musique de Paris ; il fut l'élève de Louis Fourestier, d'Olivier Messiaen, de Darius Milhaud (premier prix d'harmonie, direction d'orchestre, d'analyse, prix de contrepoint et de composition). Grand Prix de Rome ; prix international de composition de Sienne. À suivi les cours de musique nouvelle (Kurse für Neue Musik) dans la classe de Karlheinz Stockhausen, de Henri Pousseur à Cologne (1964-1965) et les cours de direction d'orchestre de Pierre Boulez à Bâle (1965). Il a été responsable du département pédagogique de l'I.R.C.A.M. (1976-1979) et occupe le poste d'inspecteur général de musique au ministère de la Culture. Il fut membre du comité de lecture de l'O.R.T.F. (1972-1975) ; président de la Société internationale de musique contemporaine (1976-1978) ; vice-président de la commission symphonique de la S.A.C.E.M. (1981-1986).

son inouï ou les alliages inattendus, scellés dans une forme compacte participant à une rhétorique du mouvement. Écoute de l'instrument, écoute dans le temps constituent le nœud privilégié d'œuvres telles que *Scordatura 14* (1983), pour cordes et bande, *Prova 9* (1982), *Jungle Style* (1986). Couleur, jouissance du son et rythmicité s'allient dans un ruissellement continu.

José-Luis Campana (compositeur argentin vivant à Paris) travaille sur des trames plus allongées, recherchant ainsi une expression naturelle, empreinte de profondeur sensitive. *Feed Back* (pour flûte, guitare, percussion) ou *Back Ground* se développent au cœur d'atmosphères timbriques changeantes, chargées de poésie et de musicalité. Des propositions raides et tranchées rappellent, dans son œuvre pour orchestre, le monde tendu et compact de l'électro-acoustique où « la vie et la présence » restent les points de référence du discours.

Philippe Hurel (1955) et Philippe Durville (1957) remplacèrent avec *Espace-Musique* le groupe dissous des compositeurs et interprètes de l'Atelier-Échange, et concrétisèrent un deuxième mouvement parisien en 1984/87. Il les amènera des grands festivals de la villa Médicis à Rome aux « musiques du XXe siècle » d'Angers.

Du premier, *Eolia,* pour un flûtiste, se présente comme quatre études de virtuosité mettant l'accent chacune sur une difficulté particulière où s'épanouit la « musicalité du son ».
Le monde de la micro-informatique a pénétré largement chez les compositeurs plus jeunes, non seulement dans un but plus rationnel mais aussi pour la recherche d'une autre poétique. Dans *T. Tauri* (1983) de Philippe Durville, la référence à l'astrologie autorise toute forme de rêverie. *T. Tauri,* étoile de la constellation du Taureau, est le prototype d'une classe d'étoiles présentant de brusques sursauts d'éclat.

Quand l'interprète compose...

Des compositeurs, comme Andrew Gerzò (né en 1947) et David Wessel (né en 1942), qui ont étudié avec Chowning et Mathews, apportent leur technique personnelle au sein de l'I.R.C.A.M. et participent aux expériences de Globokar, qui dirigea le département Instrument et Voix. Cette collaboration a débouché sur une pièce commune, *The whom it may concern,* « Aux intéressés » (1977).
Globokar (né en 1934), tromboniste à l'origine, souligne l'interdépendance qui se crée progressivement entre compositeur et interprète. Initialement, la participation de ce dernier consiste à sélectionner un matériau inédit. Vinko Globokar a été l'un des premiers à systématiser des recherches tendant à provoquer des découvertes d'articulations ou de timbres. Ses musiciens ne considèrent plus désormais l'instrument comme intouchable : on peut jouer du hautbois avec une embouchure de cor ou de la trompette avec une anche double de basson. Ses travaux avec les meilleurs interprètes de la musique contemporaine, Jacques Di Donato, Jacques Nouredine, Michel Portal, clarinettistes talentueux et inventifs, lui ont permis de réaliser *Échanges, Res/As/Ins-pirer* et *Discours IV* (1973-1974), alors qu'il s'intéressait aux problèmes de l'énergie physique et psychique dépensée dans un concert.
Vinko Globokar croit beaucoup à l'improvisation ; c'est pour lui une source d'enrichissement personnel perpétuel. Depuis 1969, il a fondé avec Carlos Roque Alsina, Michel Portal et Jean-Pierre Drouet le « New-phonic-art » et joue librement avec la matière sonore brute qu'il affectionne tant.
Carlos Roque Alsina (né en 1941), tout en suivant le même itinéraire que les autres membres du groupe, sur le plan de l'exploitation des nouveaux timbres, est une personnalité beaucoup plus ambiguë. Ce compositeur, de formation plutôt néosérielle, parle au moins deux

Musique stochastique : ce mot désigne « l'évolution asymptotique vers un état stable » (Xenakis), propre aux phénomènes qui obéissent à la loi des grands nombres. Selon le compositeur, le primat des relations hors temps s'y trouve reconnu et, avec lui, le caractère exclusivement formel de la discipline musicale.

Musique algorithmique : le nom d'algorithme est donné à un procédé qui permet de résoudre un problème au moyen d'une suite d'opérations simples, à répéter *x* fois, généralement dans un ordre codifié à l'avance. Le compositeur de musique algorithmique emploie ce procédé pour élaborer une partition. Le premier algorithme employé en composition musicale, plusieurs milliers d'années avant notre ère, consistait à jeter un dé à six faces pour choisir les notes d'une mélodie pentatonique (cinq faces pour les notes, une face pour le silence).

langages musicaux. Le premier, entièrement ouvert sur le monde neuf des objets sonores et plein de fantaisie et d'humour, comme dans certaines pièces pour piano, le rapproche de Globokar. Le second, plus « sérieux », le montre soucieux de belles formes, agencées dans une écriture plus traditionnelle. Avec *Themen II* (1975), Alsina opère la jonction de ces deux styles. Tandis que les douze instruments à cordes assurent un développement harmonique, la partie rythmique de la percussion gagne de l'importance, grâce à l'utilisation d'effets peu communs.

Heinz Holliger (né en 1939), autre instrumentiste de talent, proche de Globokar, s'est lui aussi tourné vers la composition. Après avoir obtenu des prix internationaux de hautbois à Genève et à Munich, il s'est fait connaître dans le monde entier comme soliste ; il tire de son instrument des sonorités jusqu'alors inconnues, qui ont incité plusieurs musiciens à écrire pour lui. Dans ses œuvres, son dessein consiste à étouffer les caractères traditionnels des instruments qui, à la vérité, ne révèlent qu'une infime partie de leur véritable tessiture. Ainsi, avec *Pneuma* (1971), en partant du bruissement des ondes de transistors, Holliger s'efforce de parcourir toute l'échelle qui va de la pure respiration jusqu'à des combinaisons hétérogènes.

Depuis quelques années, d'autres jeunes compositeurs-interprètes proposent leurs « trouvailles », aux côtés des pionniers d'un nouvel art instrumental que sont les Siegfried Palm au violoncelle, Pierre-Yves Artaud à la flûte, Darasse ou Zacher à l'orgue.

Jesus Villarojo (né en 1940). Clarinettiste espagnol, Villarojo a poussé très loin ses recherches sur les sons « multiphoniques » ; même avec un instrument monodique, on peut, selon Villarojo, parvenir à jouer de véritables accords. Expériences multiphoniques et techniques d'émission vocale sont résumées dans son remarquable traité : *La Clarinette et ses possibilités* (1970). Ses propres compositions contiennent de nombreuses références à ce travail sur le timbre, mais les structures restent aléatoires, et sont suggérées par une écriture graphique très flexible. Dans *Juegos gráficos musicales III*, « Jeux graphiques musicaux III », Villarojo prétend maintenir l'équilibre des éléments musicaux par des fréquences déterminées « *ad libitum* » et « indéterminées ». De là naissent sans doute les innombrables problèmes touchant à la structure générale de l'œuvre.

Certains compositeurs ont pris plus de précautions, face à ce danger du démembrement du discours. Un créateur tel que Hans Joachim Hespos (né en 1933), avec des pièces comme *Scappa* (1975), *En Kin* (1970) ou *Mouvements II* (1969-1975), a mis au point une écriture où, à la qualité du timbre et aux situations peu communes, se joint une intéressante singularité formelle.

De tels exemples ne constituent pas des exceptions, et quelques compositeurs réussissent, avec un style différent, à intégrer ce « monde sonore inédit » au cœur de leur pensée musicale. Ils créent un langage personnel, soit sous forme visuelle (par des graphismes ou des plans d'architecte), soit grâce à des représentations mentales (par la mémoire du créateur), soit sous forme d'écriture (par la partition traditionnelle). Ce dernier moyen semble être l'aboutissement de toute démarche, car il reste un haut lieu de communication entre individus pratiquant le même art.

Réhabiliter la notation

Si l'innovation principale du XXe s. reste la pratique compositionnelle sans notation, il ne faut pas oublier que l'écriture a subi les contrecoups de ce changement. On s'est mis à réfléchir sur ses fonctions, son devenir, son adaptation aux techniques récentes. Les « compositeurs d'écriture » ne pouvaient rester en marge. Au contraire, chacun essaiera d'imaginer ce qui fera éclater les schémas habituels. Dans cette course au « dernier cri » des années 1945 à

1980, beaucoup se sont penchés sur les problèmes divers qui naissent de l'héritage des vieux maîtres. Tout d'abord, le sérialisme, avec tout ce qu'il comporte de réflexion à partir des paramètres du son et de la forme, fut, sans doute, le plus fort courant idéologique de ce siècle. Il faut donc se pencher de plus près sur lui, pour mieux savoir ce qu'il a représenté et engendré. Tous les « musiciens d'écriture » ne furent pas sériels, mais on retrouve chez eux de semblables soucis devant la notation. C'est pourquoi on peut les réunir face aux grands systèmes de pensée, esthétiques, compositionnels et philosophiques.

Systèmes d'écriture et de pensée musicales

Après 1945, il apparaît clairement que le système tonal n'a plus l'exclusivité. Le dodécaphonisme s'annonce d'abord riche de promesses, mais, peu à peu, chaque musicien va proposer sa façon personnelle de reconsidérer l'art compositionnel. Curieusement, de la rigueur d'une doctrine, on glissera imperceptiblement vers des idées plus libérales, pour atteindre la « non-œuvre », point zéro de l'écriture musicale. À partir de là, beaucoup penseront que la musique englobe d'autres disciplines qu'il convient de développer, tels le théâtre, le dessin ou la lecture. Enfin, en dehors de toute chapelle, des personnalités isolées défendront leur point de vue tout près de déboucher sur de nouveaux systèmes.
Dans ce riche panorama, on retrouvera des compositeurs entrevus auparavant. Ces figures de proue, attentives aux moindres inventions, ont su en effet s'approprier momentanément différentes techniques pour donner les meilleurs résultats.

Les multisérialismes

À côté des spéculations sur les « hauteurs », on discerne, déjà chez Webern, un travail aussi poussé dans l'agencement des timbres ou des intensités. Cependant, c'est Olivier Messiaen qui, par un autre biais de l'écriture, élargit la notion de série à divers paramètres. En 1949, il compose ses fameux *Modes de valeurs et d'intensité* pour piano, où il tente de mettre en relation des éléments aussi variés

Dodécaphonisme : terme forgé par René Leibowitz, désignant une méthode de composition musicale fondée sur l'organisation systématique des douze sons de l'échelle chromatique tempérée, dans un ordre préalablement déterminé par le compositeur. Ce vocable désigne parfois la méthodologie de l'école viennoise ; on dénomme alors « sériels » les compositeurs qui généralisent la série à des dimensions du son autres que la hauteur.

Sérialisme : dans la doctrine dodécaphonique, le compositeur emploie la succession de douze notes dont aucune n'est répétée avant que l'on n'ait entendu le total chromatique. Par musique sérielle on entendait au départ toute musique constituée exclusivement d'une série de hauteurs et de ses modifications (rétrogradations, renversement, rétrogradation du renversement).

Multisérialisme ou sérialisme intégral : après Webern, ce principe sériel s'est élargi aux différents paramètres de chaque son : intensité, densité, temps…

que les durées ou les attaques. Tout sera donc soumis à des lois de structuration du discours et non à la fantaisie de l'imagination.

Dirigisme dans la détermination de la matière sonore : P. Boulez

Désormais, pense Boulez, au lieu de se limiter à une série par œuvre, on pourra en utiliser quatre : hauteurs, durées, intensités, timbres. Déjà, dans *Le Soleil des eaux* (1947), sur deux poèmes de René Char, la construction tentait une approche très réussie de ce principe. Mais ce sont ses *Structures* pour deux pianos (1952) qui, pour la première fois, obéissent à la quadruple organisation citée plus haut. Les séries sont à considérer comme facteurs d'unification de sous-groupes. Le choix de leur structure interne est décisif pour le développement futur ; tout le reste en dépend.

Le multisérialisme de Pierre Boulez ou « sérialisme totalitaire et intégral » est, selon lui, le résultat logique de l'évolution musicale. Fier de sa découverte, il écrira : « Après le dodécaphonisme des Viennois, tout compositeur est inutile en dehors des recherches sérielles. » En fait cette période doctrinaire ne durera que quelques années à peine.

Un des sommets les plus remarquables de cette pensée se cristallisera dans *Le Marteau sans maître*, composé en 1955, peu après la formation du Domaine musical – ensemble qui allait faire connaître au public les œuvres de Boulez, de ses contemporains et de l'école de Vienne. La richesse de l'œuvre vient du choix instrumental de base, assez inattendu de la part d'un compositeur plus soucieux de structures et de formes ; les 5 instrumentistes sont liés à la voix et entre eux par une continuité de couleur instrumentale que l'on peut schématiser comme suit :

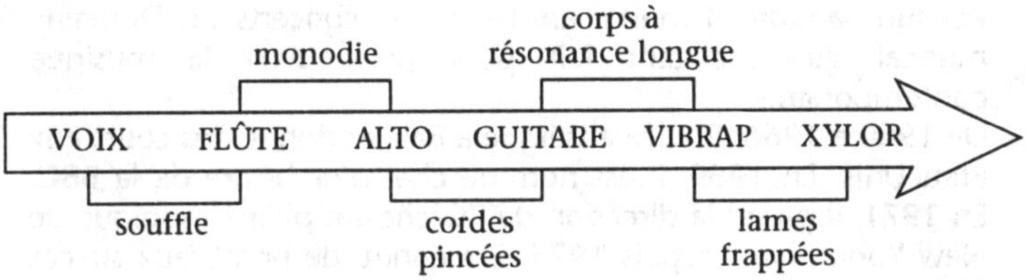

Avec cette pièce, nous goûtons la conjonction du style français, dans la tradition debussyste grâce au choix des sonorités, et du style germanique dans les jeux intervalliques et les structures. Musicalement, cette œuvre est très proche de l'univers du *Pierrot lunaire* de Schönberg par son aspect séquentiel autant que par la chaleur poétique qui s'en dégage.

Une attitude démocratique

La pratique du sérialisme intégral n'est pas, à cette époque, l'apanage de Boulez : à Darmstadt, Stockhausen a déjà présenté des œuvres clés en adoptant ces techniques récentes. Ce créateur avoue qu'une fois que la pensée sérielle pénètre notre conscience, elle ne nous quitte plus. C'est pour lui une manière d'aborder la musique de façon relative, en ne privilégiant rien dans le matériau sonore. Il faut rompre avec la hiérarchie des sons, et Stockhausen nous montre des objets musicaux « sous un même éclairage », selon une attitude « démocratique » ; il déclare que les étoiles ont été disposées dans le ciel suivant ce principe.

Ces idées, rassemblées en 1980, étaient déjà présentes autour des années 1951-1955, dans des pièces célèbres telles que *Kreuzspiel, Kontrapunkte* ou *Punkte*. Avec elles, Stockhausen inaugure un style pointilliste ; chaque point devient le centre d'une galaxie de sons,

Pierre Boulez (né en 1925)

On a beaucoup écrit sur Pierre Boulez. Tout le monde sait aujourd'hui qu'il est né en France, à Montbrison, qu'après une année de mathématiques spéciales à Lyon il abandonna la carrière scientifique pour la musique, qu'il s'inscrivit en 1944 à la classe de Messiaen, dont il sortit l'année suivante avec un premier prix. Il s'initia à l'œuvre des dodécaphonistes viennois grâce aux leçons de René Leibowitz, et nul ne peut ignorer qu'il fut, de 1946 à 1956, directeur de la musique à la compagnie Renaud-Barrault. Il fonda, en 1954, ces concerts du Domaine musical qui ont tant fait pour promouvoir la musique contemporaine.
De 1960 à 1966, Boulez enseigne à Bâle et donne des cours aux États-Unis. En 1969, il est nommé chef d'orchestre de la BBC. En 1971, il prend la direction de l'Orchestre philharmonique de New York. Enfin, depuis 1976, il a connu de nombreux succès à Bayreuth en conduisant la *Tétralogie.* Il a été aussi le fondateur de l'I.R.C.A.M., à Paris.

---

au sein d'une musique sans mélodie, reconnaissable au-delà de l'harmonie, du mètre, du rythme et de la couleur instrumentale.
À côté de cette technique, et pour s'en démarquer, il invente la *Gruppen-Form* dès le *Klavierstük 1* (1952). Écrite suivant ces deux modes de pensée, *Zeitmasse* (1955-1956) est considérée comme une œuvre de référence, par son essai de synthèse originale entre le temps et l'espace d'une part, entre le timbre et la dynamique d'autre part.
De la même façon, les compositeurs italiens ont rapidement adhéré à ce mouvement musical, en y apportant leur propre spécificité. Ils avaient un prédécesseur de génie en la personne de Dallapiccola, qui fut longtemps le porte-parole du dodécaphonisme viennois.

Luigi Dallapiccola

Cependant, chez ce compositeur s'exercent deux forces motrices : l'une profondément religieuse, l'autre dialectique et technico-historique, qui se révèle dans l'analyse de la technique dodécaphonique et le travail sur elle. Avec la seconde, il compte participer à l'évolution générale de la musique contemporaine, dans le sens

Luigi Dallapiccola (1904, † 1975)

Né à Pisino d'Istria, Dallapiccola commence ses études musicales en 1912 puis s'installe à Florence, où il prend des cours de piano avec Ernesto Consolo. Dès 1924, il assiste à l'exécution du *Pierrot lunaire* de Schönberg. Plus tard, de 1930 à 1942, il donne des concerts, en pianiste virtuose, avec le violoniste Sandro Materassi, dans divers pays européens. À partir de l'après-guerre, il développe, dans sa pratique compositionnelle, les principes fondamentaux de l'écriture sérielle. Après avoir été membre de l'*Akademie der Künste* de Berlin, il enseigne aux États-Unis, à Berkeley et San Francisco. En 1968, il fait créer sa grande œuvre, *Ulysse*, à la *Deutsche Oper* de Berlin. Dallapiccola est l'auteur de plusieurs articles sur les problèmes de la musique contemporaine. Parmi ses œuvres principales, citons : *Il prigioniero* (1948), opéra en un acte ; *Variazoni per orchestra* (1954) ; *Requiescant* (1957), *Preghiere*, pour baryton et orchestre de chambre (1962), *Sicut Umbra* (1970).

---

d'une avancée vers l'inconnu. Cela le conduit de la transformation progressive de son écriture – principe appliqué pour la première fois dans les *Canti di prigionia* – à une prise en charge de plus en plus conséquente des règles découlant de la composition sérielle.

En fait, son humanisme religieux est soumis à la conscience de participer au monde présent, à la certitude que chaque œuvre d'art a un sens pour les hommes et pour la société. Dallapiccola a dit sur son opéra *Ulysse* (1968) : « On a constaté que l'idée de base de toutes mes œuvres pour le théâtre musical est toujours la même : la lutte de l'homme contre quelque chose qui est beaucoup plus fort que lui. La lutte d'Ulysse est avant tout une lutte contre lui-même dans la mesure où il veut percer le secret du monde. »

La « leçon » de Dallapiccola apporte ainsi une vision différente du système sériel dans la mesure où elle met « l'homme » au premier plan et non la théorie. Nono, Maderna ou Berio auront bien saisi ce message fondamental.

Tandis qu'autour des années 1950 Boulez présentait *Polyphonie X* à Donaueschingen, Luigi Nono faisait jouer à Darmstadt ses *Variations canoniques sur la série de l'opus 41 de Schönberg* et *Polifonica – Monodia – Ritmica*. Avec ses premières créations, baignant dans l'univers multisériel, Nono prépare, grâce à l'intégration de textes de révolte contre l'oppression, l'éclosion d'un art engagé déjà entendu dans le domaine électroacoustique. Dès le *Canto sospeso* – créé à la Biennale de Venise en 1956 –, par son travail sur le matériau phonétique des textes, il ouvre une brèche au sein de la forteresse du sérialisme intégral et supprime la distance entre musique et politique.

À la recherche d'une ouverture

Bruno Maderna fut un des fougueux défenseurs de la doctrine boulézienne, qui « permet à tous de manier la même langue ». Cependant, dans son *Quartetto in due tempi* (1954), il assujettit son propos à une volonté de mêler temps et durée au cœur d'un espace mouvant, très chatoyant et coloré.

Au contraire, Luciano Berio ne croit pas au système en tant que grammaire fixe, mais explore plusieurs niveaux de « grammaticalité ». De la *Chamber-music* (1953) aux célèbres *Circles* (1960), ses rapports formels découlent d'une idée génératrice certes forte, mais, surtout, d'une intuition musicale des plus surprenantes. Dans *Circles*, la voix est traitée comme un instrument aux timbres inouïs et délimite les sections de la pièce. Ici, point d'aridité abstraite, les combinaisons du sonore et du musical, de la théorie et du résultat semblent totalement fondues.

Les mots du poème sont distribués sur toute la scène musicale, et le compositeur se sent dégagé des contraintes extérieures. Ce souci de liberté ne fera que s'accuser au fil des années avec les *Folk-songs* (1964) ou le *Laborintus II* (1965).

Si Berio a compris d'emblée les dangers du strict multisérialisme, d'autres s'orientent vers un fonctionnalisme où tout se justifie. Chez eux, sous prétexte de cohérence, le « construit » l'emporte sur le « vécu ». Une ouverture devient alors indispensable, pour éviter la transformation du système en académisme. Cette ouverture pourra s'effectuer suivant plusieurs paramètres. Bientôt, dans la structure, dans la forme, dans l'écriture, on notera davantage de souplesse. De jeunes compositeurs italiens tels que Claudio Ambrosini (né en 1948) ou Mario Stroppa (né en 1954) ont bien saisi le message de leurs aînés et apportent aujourd'hui des propositions qui élargissent le champ étroit de l'écriture et du sonore.

Ouverture et indétermination

Influencés par d'autres musiques, des États-Unis ou d'Orient, Boulez et Stockhausen changent d'attitude après 1955. *Le Marteau sans maître* est un tournant pour le premier, qui, depuis 1954, rêvait d'une musique « comme d'un domaine où l'on puisse choisir sa propre direction ». Trois ans plus tard, attiré par l'art de Mallarmé, il introduit l'aléatoire dans sa *Troisième Sonate* pour piano, tandis que Stockhausen réalise un même projet avec le *Klavierstück XI*.

« Work in progress » (« L'Œuvre à faire »)

Dans ces œuvres, ce qui est écrit alterne avec ce qui est à interpréter plus librement. Cependant, Boulez n'abandonne pas la liberté au hasard mais la canalise selon certaines normes. Sa *Troisième Sonate* peut être comparée à un réseau de voies ferrées. Il y a cinq parties, appelées « formants », jouables dans des ordres divers mais de telle sorte que la plus longue, la « constellation », se trouve au milieu. D'autre part, chaque formant a une structure variable. Ainsi, le deuxième comporte quatre sections. L'ordre suivant lequel on les joue est cyclique, c'est-à-dire que l'on commence par l'une quelconque de ces sections, dont on fait suivre les trois autres ; enfin, dans deux d'entre elles, « parenthèse » et « commentaire », on trouve des structures obligatoires et des structures facultatives. Ces dernières, imprimées en caractères plus petits, se situent entre parenthèses. On peut les jouer ou les supprimer.

Comme d'autres compositeurs, Boulez fut fasciné par la technique de croissance continue dans l'œuvre, devenant un univers en expansion chez Mallarmé et Joyce. Avec cette pièce, il crée un type de « work in progress ». Mais, qu'on ne s'y méprenne pas, le hasard boulézien d'*Éclat* (1964) ou de *Domaine* (1969), de *Pli selon pli* (1960) est inséré dans un réseau de déterminations d'une logique rigoureuse. Malgré une certaine stagnation sur le plan de l'idéologie sérielle, ce compositeur écrira, par la suite, des œuvres surprenantes de poésie, telles que *Cummings ist der Dichter*, « Cummings est le poète » (1970), ou *Rituel in memoriam Bruno Maderna* (1973) puis, plus tard, grâce aux possibilités techniques de l'I.R.C.A.M., *Répons* (1984). Il fascine alors son auditoire par le raffinement des timbres et par une dynamique nerveuse et puissante. Ces principes se retrouvent encore dans ses derniers travaux avec l'ordinateur.

Les formes multivalentes : Stockhausen

K. Stockhausen a, dans le *Klavierstück XI* (1956), une attitude beaucoup moins rigide que celle de Boulez vis-à-vis de la forme ouverte. Une seule page de papier de grand format lui suffit pour agencer 19 séquences irrégulièrement espacées. L'inter-

prète doit choisir parmi six *tempi*, six niveaux de dynamique et six modes d'attaque différents pour chacune des 19 séquences. Il y aurait, selon le calcul effectué par Jacques Guyonnet, 2 432 902 008 164 000 combinaisons possibles. Bien entendu, ces « formes multivalentes » n'ont pas pu être totalement contrôlées par Stockhausen, et Boulez lui en fit la critique. Néanmoins, avec d'autres pièces postérieures comme *Zyklus* (1959), il tente d'établir une synthèse entre la forme ouverte et la forme close, grâce à un parcours de libération progressive des divers éléments musicaux qui s'inverse à son point maximal.
Contrairement à Boulez, Stockhausen n'hésitera pas à se conformer aux règles du hasard dans *Plus-Minus* (1963) ou *Aus den sieben Tagen*, « Venu des sept journées », par exemple. Dès la première pièce, sorte de théâtre instrumental, il se détache de son œuvre jusqu'à ne plus pouvoir la reconnaître comme sienne, à certains moments. *Aus den sieben Tagen*, quant à elle, s'appuie sur un texte poétique suggérant une attitude, une communion, et invitant chacun à suivre sa propre inspiration. Le compositeur crée, ainsi, une atmosphère de recueillement et de méditation libératrice, en plein mai 1968.
Enfin, avec *Kurzwellen* ou *Stimmung* (1968), le musicien de Cologne se rapproche étrangement de Cage, tout en commençant à se tourner du côté de l'Orient. Nous sommes désormais très loin de la « doctrine » multisérielle de 1950.

Échelles grammaticales : H. Pousseur

D'autres compositeurs sériels, tel Henri Pousseur, jouèrent un rôle important dans la formation et la défense de cette esthétique et sentirent très tôt la nécessité d'un renouvellement.
Le musicien belge, réputé pour ses écrits théoriques, ne tarde pas à se dégager des conceptions normatives et dogmatiques du multisérialisme, auquel il reproche la non-identité, l'indifférenciation la plus radicale de ses éléments constituants. Le résultat perceptif, souvent d'apparence désordonnée, s'oppose trop, selon lui, au caractère très strict de l'écriture sérielle. L'évolution vers un niveau supérieur de synthèse s'avère nécessaire ; Pousseur introduit, alors, les formes d'indétermination et récupère certaines formes traditionnelles. Le compositeur ne pouvait pas se résoudre à avoir perdu ce qu'il appelle la « profondeur », que les fonctions harmoniques tonales et modales, extra-européennes, semblaient seules pouvoir lui offrir. Il était séduit par l'emploi de citations littéraires de l'écrivain Michel Butor, avec qui, très vite, il collabore dans *Votre Faust* (1960-1968). Pousseur

Extrait de *Aus den sieben Tagen,* de Stockhausen

COMMUNION

Joue ou chante une vibration au rythme des membres d'un de tes partenaires

Joue ou chante une vibration au rythme des membres d'un autre de tes partenaires

Joue ou chante une vibration au rythme des cellules d'un de tes partenaires
... d'un autre...

Joue ou chante une vibration au rythme des molécules d'un de tes partenaires
... d'un autre...

Joue ou chante une vibration au rythme des atomes d'un de tes partenaires
... d'un autre...

Joue ou chante une vibration au rythme des plus petites particules

que tu puisses encore atteindre chez un de tes partenaires
... chez un autre...

Essaie encore et toujours
N'abandonne pas

Cette œuvre est exécutée d'abord par 3, puis par 4, 5, 6, 7 musiciens-chanteurs

---

trouve un lien entre toutes les citations formant les éléments de base de la pièce, au moyen d'une classification chronologique des divers moments de l'évolution musicale qu'il nomme « échelle grammaticale ». Dans *Votre Faust,* fantaisie variable proche d'un opéra, tous les problèmes du hasard, de la mobilité, et de l'intervention du public se trouvent réunis. Cependant, le matériau sonore employé est surdéterminé au sein d'un organisme vivant. Les six langues utilisées provoquent un riche jeu combinatoire, tandis que les décors, considérés de façon sérielle et disposés de la sorte, « règlent la polyphonie littéraire et musicale ». Chez Pousseur, la série est envisagée au sens large ; liée à la notion de « progressivité », elle devient une « échelle » permettant d'instaurer une cohérence, un ordre.

Henri Pousseur (né en 1929)

Henri Pousseur est né à Malmédy, en Belgique. Il fait ses études aux conservatoires de Liège et de Bruxelles. De 1951 à 1956, lors de sa rencontre avec Pierre Boulez et Karlheinz Stockhausen, il prend part activement au mouvement sériel européen. Après cette première époque, il enseigne à Bâle et à Cologne puis à l'université de Buffalo. En 1970, il fonde, avec Pierre Bartholomée et Philippe Boesmans, le Centre de recherches musicales de Wallonie, à Liège. Enfin, depuis 1975, il est directeur du conservatoire de cette ville.
Principales compositions : *Couleurs croisées,* pour orchestre (1967) ; *Système des paraboles,* musique électronique (1972) ; *Les Épreuves de Pierrot l'Hébreu* (théâtre musical), pour le 100e anniversaire de Schönberg (1974).

Depuis 1970, le compositeur belge poursuit son travail dans la lignée de *Votre Faust. Les Éphémérides d'Icare II* et l'*Invitation à l'utopie* (1976) montrent que son sérialisme englobe tout ce que comprend le monde sonore sur le plan des structures. Il a l'ambition de tout fondre dans un même univers.

Le mobilisme : Boucourechliev

Si la conjonction esthétique Pousseur-Butor apparaît évidente, l'influence de James Joyce sur la démarche d'André Boucourechliev (né en 1925) se révèle sensible dans les pièces fondamentales de ce dernier, telles que la série des *Archipels* ou *Faces*. Ce musicien compare aussi son attitude vis-à-vis de la création à celle du sculpteur Calder avec ses mobiles. En fait, les partitions de Boucourechliev ressemblent à des cartes maritimes aux multiples archipels. L'interprète-navigateur change sans cesse le cours de sa navigation pour explorer telle ou telle île, sous tel ou tel angle. À la différence du *Klavierstück XI* de Stockhausen, où importait surtout le jeu combinatoire, chaque section des *Archipels* peut être jouée en totalité ou partiellement, avec ou sans répétitions. La mobilité n'est sensible qu'au niveau global ; l'exécutant conserve le droit de changer à son gré l'intensité, le temps ou même le registre. Il en résulte une variabilité des cellules musicales renouvelables à l'infini. Avec Boucourechliev, c'est vers une « glorification de l'interprète » que l'on s'achemine ; ce dernier est maintenant responsable du résultat sonore puisqu'il transforme acoustiquement ce que lui inspirent les modes de jeu proposés. Il ne se contente pas d'agencer les divers formants suggérés, il construit réellement chacun d'eux.

Écritures flexibles

Francis Miroglio (né en 1924). Au cœur des tendances diverses relevant du mobilisme, Miroglio attire l'attention par sa méthode personnelle, basée sur une interaction entre le sonore et le visuel. Ses *Projections* (1966-1967), pour quatuor à cordes, avec diapositives sur des peintures de Joan Miró, offrent aux musiciens une série de parcours graphiques. Il écrit des séquences quasi picturales, au moyen de lignes parallèles, obliques, complémentaires, devenant lignes de force où chaque instrumentiste invite les autres à prendre en charge son jeu. Avec *Masques* (1971) et *Éclipses* (1972), l'instrumentation varie d'une exécution à l'autre. Cette dernière partition s'inscrit dans l'espace comme une parabole, où les entrées successives des divers instruments déterminent des phases de croissance et de décroissance, des pôles de conjonction ou d'opposition définissant des jeux d'ombre et de lumière.

Notons ses principales créations : *Espaces, Tremplins, Extensions, Strates éclatées, Fusion, Horizons, Courbes, Brisures...* Créée à Musica 84 (à Strasbourg), *Trip trough Trinity* demeure un des meilleurs exemples.

La partition comporte un ensemble de 3 333 valeurs de durées, sons ou silences et peut être jouée en un contexte visuel où seront projetées des représentations triangulaires conçues par des artistes plasticiens. L'interprète se déplace entre les trois groupes instrumentaux suivant un rituel gestique où l'efflorescence de l'esprit et de la sensibilité surgissent – à travers le sacré de ce chiffre génétique – des sons et de leur résonance. Ce va-et-vient entre rigueur et fantaisie traduit une attitude dégagée de tout système fixe et rigide.

Costin Miereanu (né en 1943). Grâce aux nouvelles libertés formelles, peu à peu, l'écriture devient plus « flexible », et l'on s'interroge sur la valeur de la notation musicale. Miereanu, compositeur d'origine roumaine, pense que la musique n'est plus conçue comme un ou plusieurs états d'un processus évolutif, fixés à l'aide d'une syntaxe fondée sur le signe musical. Pour lui, elle s'apparente plutôt à une « action ». L'interprète se trouve maintenant libéré de la tyrannie du détail de la partition traditionnelle. Dans sa *Textkomposition,* Miereanu agence des symboles exprimant eux-mêmes l'indéfini. Il utilise une notation étrangère à la musique, sous forme

de dessin, d'énoncé poétique ou de photographie. Le message ambigu qui résulte de cette écriture métamusicale réussit à transcender les limites historiques du style compositionnel.
Avec *Dans la nuit des temps* (1969), il réalise une des premières « *Textkomposition* » en montage plurivalent. Ici, et bien plus que chez le musicien André Boucourechliev, l'interprète crée son langage musical par transposition d'un domaine dans un autre, selon sa propre inspiration. Nous arrivons ici à un point crucial de la notation. Au-delà, elle appartient à un autre domaine. Miereanu s'orientera d'ailleurs vers des voies différentes quelques années plus tard. En mêlant des langages diversifiés, dans ce qu'il nomme le « Polyart », il ouvre ainsi une autre brèche dans l'interdisciplinaire. Incorporant plusieurs modules musicaux dans une écriture simple et non restrictive, Costin Miereanu marque une étape importante au sein d'une nouvelle conception de l'art. Des œuvres telles qu'*Ombres lumineuses* (1984) expriment les choix libres et non doctrinaires d'un compositeur puisant son matériau parmi les mille couleurs des solfèges existants, en cette fin du XXe siècle.

Le monde du hasard

Dans les pays européens, le mobilisme a fait école ; de nombreux compositeurs se sont sentis attirés par son « aspect ouvert », tout en refusant l'aléatoire informel ou les libres graphismes à la manière de Miereanu pour *Dans la nuit des temps*.

L'aléatoire comme moyen d'expression

Witold Lutoslawski. (1913-1994) En Pologne, toute une « avant-garde » se démarque des prolongements de l'école de Vienne en adoptant certains principes de l'aléatoire. Ainsi, Lutoslawski se laisse influencer par Cage et son *Concerto pour piano*, donné en 1960. Tout au long des *Jeux vénitiens*, il développe un ensemble chaotique de sons pour en tirer un ordre. Le « hasard » n'est cependant qu'un élément parmi d'autres permettant d'enrichir le répertoire des moyens d'expression. Lutoslawski ne pratique jamais l'aléatoire dans la forme, et il nomme son procédé compositionnel l'« aléatoire contrôlé ou limité ».
Comme Boucourechliev et Boulez, certains poètes contemporains, tel Michaux, fascinent Lutoslawski. Néanmoins, les techniques de hasard n'auront que peu de place dans les *Trois Poèmes* d'Henri Michaux, une de ses plus admirables réussites. Le *Quatuor à cordes*

de 1964 montre au contraire ses nombreuses préoccupations quant à l'organisation du temps. Cependant, même dans des œuvres plus récentes, à partir de la *Deuxième Symphonie* (1967), l'aléatoire auquel le compositeur a recours demeure un aléatoire de « facture » et non de « structure ».

Kazimierz Serocki (1922-1981) s'engage, dès *A piacere* (1970), pour piano, sur le même chemin de l'indétermination. Au moyen de vingt symboles et abréviations, il délimite un matériau de base, de nature « flexible », pour alimenter une forme assez concise. Mais Serocki est surtout un aventurier du monde sonore dans la lignée de Webern et de Stravinski. Sa *Fantasia elegica* (1973) et son *Impromptu fantasque* (1974) en sont la preuve ; l'utilisation du hasard n'a chez lui rien de dogmatique non plus.

Krzysztof Penderecki (né en 1933). Dans son pays, le compositeur à mettre sur un même plan que Lutoslawski reste, aujourd'hui, Penderecki. C'est d'abord un coloriste qui s'affirme dès son *Premier Quatuor à cordes* (1960).

Le choix des hauteurs n'a plus ici une réelle importance ; Penderecki le remplace par l'usage d'épaisseurs de sons, de *clusters*, assurant un timbre inédit. Chez lui, l'aléatoire s'inscrit au cœur d'une écriture flexible, visant à l'effet de masse au moyen de « nuages » de sons. Tout en se voulant expérimentales, des œuvres telles que *Thrène à la mémoire des victimes d'Hiroshima* sont, en même temps, puissamment expressives. Dans ce sens, Penderecki s'est souvent laissé emporter par les effets grandiloquents à partir de la *Passion selon saint Luc* (1963-1965). Ses procédés d'écriture se simplifient dans les œuvres telles que le *Dies irae* (1967) ou le *Cantique des cantiques* (1974). Avec lui et des compositeurs tels que Henryk Gorecki (né en 1933), c'est l'impact émotionnel qui compte le plus ; les théories aléatoires paraissent alors d'autant plus écartées.

Luis de Pablo (né en 1930). Il n'en est pas de même en Espagne, où Luis de Pablo fut sans doute un des premiers à adopter ce système de pensée. Dans son livre, *Approche d'une esthétique de la musique contemporaine*, il analyse tous les problèmes qu'engendre ce mode de composition. Le musicien distingue diverses relations entre macro- et micro-structures lorsque interviennent certains facteurs d'indétermination. Tout d'abord, avec la « micro-structure fixe » et la « macro-structure libre », cas le plus courant en musique mobile, de Pablo différencie plusieurs possibilités : dans *Prosodia* (1962), par exemple, on remarque une alternance entre parties rigoureusement

Macrostructure : fait référence à la forme globale prévue par le compositeur pour assurer à l'œuvre sa conception définitive. Dans la forme dite ouverte, la macrostructure est généralement fixe pour laisser ses éléments internes interférer librement.

Microstructure : désigne l'organisation interne d'une forme très petite au sein d'une forme plus vaste. Elle peut faire référence à des modes de jeu particuliers, à un système d'écriture, à un groupe d'intervalles.

écrites et parties mobiles. En second lieu, tous les formants peuvent être librement agencés dans leur succession, comme pour son œuvre de 1963 : *Recíproco.* Enfin, les superpositions non contrôlées, dans une œuvre fondamentale de ce compositeur espagnol, *Módulos I,* fournissent un troisième cas pour ce type de proposition. Là, il invente des « unités expressives de communication », sortes de blocs musicaux chargés d'un potentiel expressif, prêts à se combiner avec d'autres. Ainsi se traduit et s'accomplit, dans l'univers des sons, cette « étanchéité des instants », récemment décrite par Jean Pucelle, qui nous permet d'isoler un instant de notre vie, de lui attribuer un sens absolu, de le vivre pour son propre compte, sans arrière-pensée et sans référence au passé et à l'avenir, en le désolidarisant de tout aspect causal et même de toute finalité.

Le deuxième type formel en musique mobile, « macro-structure déterminée et micro-structure libre », présente quelques difficultés au compositeur dans la mesure où c'est la micro-structure qui donne à l'œuvre sa pâte musicale immédiatement reconnaissable. La collaboration avec l'interprète prend ici son sens le plus fort ; il est recommandé aux instrumentistes de faire de nombreux exercices d'improvisation ayant trait à l'œuvre. L'exemple le plus réussi demeure le *Módulos IV,* pour quatuor à cordes (1965-1967), où les musiciens jouent sur un matériel quelconque, après trois versions précédemment écrites.

Enfin, avec le troisième type inhérent à la mobilité d'une œuvre, « macro- et micro-structures indéterminées », l'œuvre devrait cesser d'exister puisque ni le compositeur ni l'interprète n'en sont les producteurs. Le cumul des causalités, mis en jeu avec le commun accord des deux protagonistes, est alors le seul responsable du déroulement sonore.

Ce consentement au libre jeu d'un principe de non-construction autorise la coexistence de toutes les possibilités. Chez un John Cage, par exemple, *4'33* (1951) est une œuvre entièrement « silencieuse », où le pianiste fait simplement trois gestes des avant-bras pour figurer les trois mouvements de l'œuvre. La « musique » dépend, ici, d'événements imprévisibles tels que les bruits du vent, de la pluie, ou les réactions du public.

« Un son est un son ; pour s'en rendre compte, il faut mettre fin à l'étude de la musique » : John Cage.

Chez John Cage, l'indétermination conduit à la non-œuvre et donne accès à une « poésie de possibilités infinies ». En dessinant sur la partition des figures lisibles dans n'importe quel sens, il disloque l'œuvre et libère l'interprète de toute responsabilité dans l'organisation du temps. Il faut laisser les sons libres et ne pas violenter la matière sonore en forçant sa nature. Ce refus de « composer » le discours musical amène l'esthète américain à considérer la sonorité en dehors de tout contexte. D'où son goût, autour des années 1950, pour une musique raréfiée à l'extrême.

Élève de Schönberg, Cage prend vite le contrepied du dodécaphonisme. En 1946, bien avant d'être « créateur de hasard et de silence », il invente son fameux piano « préparé », grâce à des journaux, des cendriers, des moules à tarte placés à l'intérieur de cet instrument. En soignant minutieusement son travail de préparation, il obtient une gerbe de timbres proche du gamelan balinais ou des sonorités du koto. Le compositeur cherche d'ailleurs à exprimer les neuf émotions permanentes de la tradition indienne, « l'héroïque, l'érotique, le merveilleux, la joie, la douleur, la peur, la colère, l'odieux, ainsi que leur tendance commune vers la tranquillité ».

Les 16 *Sonates* et *Interludes* illustrent ce propos de John Cage : « L'Occident a oublié le temps, il faut maintenant le relever de cet oubli. » *Music of changes* (1951) est la première œuvre dans laquelle il utilise les opérations de hasard dérivées du *I Ching*, le livre chinois des mutations. Ici, la fonction de l'interprète est, comme chez Boucourechliev plus tard, celle d'un entrepreneur qui construit un immeuble selon les plans d'un architecte.

Un an plus tard, en 1952, Cage conçoit l'antithèse de *4'33* : *Imaginary Landscape n° 4*, pour 12 radios et 24 exécutants. Dans cette œuvre, c'est le « hasard des programmations des chaînes de radio périphériques » qui est responsable du résultat sonore. Le musicien s'achemine alors vers la suspension du choix, l'indifférence, l'irresponsabilité. Il pense imiter la nature dans ses modes d'opérations et compare son *Concerto pour piano* de 1957 à une véritable promenade en forêt. Le compositeur devient lui-même un simple auditeur : « J'écris pour entendre, déclare-t-il, je n'entends jamais pour écrire ensuite ce que j'entends. » Avec *Rozart Mix* (1965), les seules indications de Cage sont les suivantes : découper en petits morceaux et réajuster au hasard des fragments de textes et de musiques. L'ensemble est ensuite mis en « boucles » et imite en cela les *Vexations* d'Erik Satie comprenant 840 *da capo*, d'une durée de 18 heures. Dans les *Songs books* (1970), Cage rend d'ailleurs hommage au musicien français ; par l'absence de finalité compositionnelle, l'énoncé musical se modèle instantanément sur l'événement présent, avec une totale plasticité. L'art redevient cette manifestation unitaire du projet humain. L'homme reprend l'exercice des pouvoirs créateurs dans une action qui réconcilie l'art et la vie. John Cage se fait le défenseur de l'« esthétisation du quotidien » telle que la concevait le peintre Marcel Duchamp. Pour eux, le hasard s'identifie à la nature conçue comme un immense réservoir de formes et de significations, oubliées, méprisées par des siècles de culture aseptisante. C'est ce que le compositeur américain rappelle encore dans une de ses dernières œuvres – créée à l'I.R.C.A.M. en janvier 1981 –, *Roaratorio, and Irish Circus on Finnegan's Wake*, « Roaratorio, et cirque irlandais dans le sillage de Finnegan », en mixant des enregistrements de sons ambiants, pris dans le monde irlandais de Joyce. Parallèlement, le « roi des chanteurs irlandais », Joe Heaney, exécute en direct ses ballades en gaélique tandis qu'en contrepoint un joueur de cornemuse interprète les airs les plus typiques. Pendant la diffusion, Cage, sur une estrade, lit imperturbablement le texte qu'il a préparé au milieu d'un flux sonore envahissant, allant de la pop-music aux cris stridents d'une foule agitée.

Les « designers de programmes »

Reconquérir l'autonomie de la musique par rapport à un travail compositionnel, c'est finalement ce que veulent John Cage et ses disciples.

Earle Brown (né en 1926). Parmi eux, Brown se considère plus comme « designer de programmes » que comme compositeur. Il suggère un réseau de possibilités à l'interprète, et ses partitions paraissent inachevées. Brown se contente simplement de canaliser le hasard. Son œuvre la plus connue, *December 52* (1952), consiste en une feuille blanche sur laquelle sont distribués un certain nombre de carrés et de rectangles noirs de différentes surfaces. L'interprète, « se laissant stimuler », fournit à la fois la structure et la forme. La partition est l'image d'un instantané de l'espace sonore, avec une infinité de directions ou de points. Nous retrouvons ce même processus de composition dans *Twenty-five Pages* (1953), *Four Systems* (1954), ainsi que dans *Available Forms 1* et *2*, ou *Light Music*. Les premières œuvres que Brown considère comme des extensions musicales des mobiles de Calder ou des peintures de Jackson Pollock sont les *Folios* de 1953. Avec eux, il reprend l'observation de Baudelaire : « Les arts aspirent sinon à se compléter les uns les autres, du moins à se prêter des énergies nouvelles. » Enfin, Earle Brown s'abandonne à la rêverie : « J'aimerais [écrit-il] avoir des matériaux anonymes passant par des formes limpides [...] des réponses multiples [...] des forces opposées contraignantes par leur seule existence et non par la contrainte [...] un nombre infini d'ouvertures à l'événement fortuit [...] l'incertitude éclairée [...] les ambiguïtés condamnées [...] inquiètes, sereines... »

Morton Feldmann (né en 1926) garde aussi de nombreuses affinités avec les plasticiens. Il est un des premiers, en 1951, dans son œuvre *Projections*, à inventer une notation graphique où les hauteurs ne sont plus fixes. Il s'achemine vers l'indétermination, persuadé qu'il est possible de trouver un même principe d'organisation pour la peinture et pour la musique. Le meilleur exemple de l'application de ces théories demeure l'*Intersection 3*, où une feuille quadrillée symbolise le temps et les zones de fréquence : aigu, médium, grave... La partition s'apparente à un objet sans vie qui attend d'être mis en action. Selon Daniel Charles, « composer, chez un Feldmann, c'est s'immobiliser dans la quiétude, dans l'hiver. L'interprète, ensuite, apporte le printemps, c'est-à-dire l'éclosion de tout ce que rend possible le sommeil hivernal, mais sans que ce dernier ait la moindre part à ce qui va éclore. »

Vers le « happening »

Enfin, parmi les musiciens les plus représentatifs de l'« école de l'indétermination » américaine, un dernier exemple nous est proposé avec Christian Wolf. Déjà, dans son *Duo for Pianists II*, la micro- et la macro-structure dépendent de l'écoute réciproque instantanée des deux exécutants. Une partition n'est pour ce

John Cage (1912-1992)

John Cage est né à Los Angeles, et il a étudié la composition musicale avec Arnold Schönberg. Dès 1938, il fonde un ensemble de percussions, organise divers concerts et invente le « piano préparé ». En 1942, il est hébergé chez Max Ernst et rencontre Mondrian, Breton et Duchamp. Il est ensuite auditeur du maître de zen Suzuki à l'université Columbia (1945-1947). Fort d'une esthétique soigneusement élaborée, il dirige un groupe de musiciens et d'ingénieurs se consacrant à la création musicale sur bande magnétique. À cette époque (1951), il découvre *I Ching,* « Le Livre des mutations », célèbre recueil d'oracles de la Chine ancienne qu'il utilisera dans sa pratique de composition. De 1956 à 1960, Cage est responsable de la musique pour les ballets de Merce Cunningham. Il compose, en 1962, *0'00"*, pièce qui « annule » le temps : il s'agit de *4'33" n° 2.* Après un travail sur ordinateur avec le concours de L. Hiller (1967), il commence à chanter lui-même ses œuvres et, en 1971, crée *Music of Thoreau,* qui deviendra « *Mureau* ». Dans toutes ses compositions, Cage tente de dépasser la pratique musicale traditionnelle et apporte un élément philosophique et esthétique inédit.

---

compositeur qu'un matériau et doit rendre possibles la liberté et la dignité des interprètes. Mais c'est sans doute dans *Play* que ce musicien se montre le plus novateur, en s'adressant à tous, même aux personnes n'ayant pas reçu d'éducation musicale. « Une inclination à jouer avec les sons suffit pleinement, bien qu'un peu d'ingéniosité, de discipline ou de concentration rehausse l'exécution », déclare Wolf. Il suggère, par exemple, de produire des sons à partir d'explosions brèves ou de lire des paragraphes de journaux. On arrive peu à peu à un jeu théâtral où l'intervention et la participation de tous se révèlent nécessaires.

Avec l'apport des compositeurs américains tels que Cage, Feldmann, Brown ou Wolf, l'interprète agit sur scène, au-delà du jeu instrumental, comme un véritable acteur. Dans *Variations II* (1961), par exemple, Cage, assis à une table, la pipe à la bouche, corrige inlassablement des partitions, tandis qu'à ses côtés l'inénarrable Cathy Berberian mange un gros plat de spaghetti qu'elle vient de faire cuire sur scène.

Depuis 1950, cette forme de création gagne de plus en plus de terrain. Certains créateurs se sont spécialisés dans le *happening*, le théâtre instrumental ou musical. Leur apport sur le plan compositionnel pur serait souvent mince sans la façon originale qu'ils ont de reconsidérer l'œuvre dans ses moindres détails, allant même jusqu'à programmer l'attitude et les gestes.

La musique est un théâtre : dans la lignée de M. Kagel

Le chef de file et le plus connu de ces compositeurs est sans doute Mauricio Kagel, né en 1931 à Buenos Aires et venu vivre à Cologne en 1957. Tandis que certains voient, chez lui, la réapparition du *dadaïsme* ou la valorisation d'un humour grinçant ou noir, d'autres pensent qu'il défend une poétique de l'absurde.

La comédie mentale

Les interprètes de Kagel sont souvent amenés à lutter au corps à corps avec leur instrument. Dans des pièces comme *Improvisation ajoutée* (1961), l'auditeur prend conscience de cette lutte physique et psychologique. À côté des sonorités de l'orgue, on entend des cris, des toux, des rires, des battements de mains produits par l'organiste, comme si le musicien se révoltait contre le cadre ecclésiastique auquel il est irrémédiablement lié.

À côté de ce travail psychophysiologique, Kagel propose des situations théâtrales entre interprètes. Il exploite les relations sociales, de la courtoisie au véritable combat. Dans *Match* (1964), deux violoncellistes s'affrontent tandis qu'un percussionniste sert d'arbitre. Pour dénoncer le « mal de la société », la mise en scène de la majorité de ses œuvres revêt une apparence curieuse ; l'auditeur se croit tantôt au cirque, tantôt sur un terrain de sport, tantôt, comme dans *Tremens* (1963), dans un hôpital psychiatrique.

Kagel élargit le spectacle musical par les procédés les plus divers, de l'électroacoustique aux projections filmées. Dans *Camera oscura* (1965), il déploie une véritable symphonie de mouvements lumineux. Tandis que la bande diffuse des bruits en relation avec les déplacements sur scène, les interprètes entrent en silence, montés sur des engins mobiles : bicyclettes, tricycles, patins à roulettes, trottinettes.

Mauricio Kagel (né en 1931)

Kagel est né à Buenos Aires et a fait ses études de littérature, philosophie et musique à l'université, en Argentine. Depuis 1957, il habite à Cologne et a travaillé dans les studios de musique électronique de Munich, d'Utrecht et à la West-Deutscher Rundfunk de Cologne. Kagel a été également chargé de cours à Darmstadt, à Buffalo, à Berlin. Son goût pour le théâtre est si fort que toute sa musique en est imprégnée. Ses œuvres principales sont *Transición I,* pour sons électroniques (1960) ; *Hétérophonie,* pour orchestre ; *Phonophonie* (1964), 4 mélodrames pour 2 voix et autres sources sonores ; *Hallelujah,* pour voix (1967) ; *Exotica* (1971), pour instruments non européens ; *Mare Nostrum* (1973), évoquant la découverte, la conquête pacifique et la conversion de la Méditerranée par une tribu d'Amazonie ; *Bestiarium* (1975), pièce de théâtre.

Les meilleures réalisations du compositeur résultent d'une étroite collaboration avec ses musiciens ; chaque détail est travaillé dans la plus grande précision. Dans *Pas de cinq* (1965), la fixité est extrême. Les pas de cinq personnes sont codifiés par des signes et des symboles musicaux. Ils peuvent être exécutés successivement de manière extatique, somnolente, provocante..., selon l'indication. Chacun, muni d'une canne, frappe le sol – pour remplacer le langage parlé – et fournit tout un réseau de relations acoustiques. Les bruits s'articulent comme des sons, des timbres et des *tempi.* Plus tard, dans *Staatstheater* (1970), Kagel désire que chaque acte devienne musique et obtienne sa raison d'être en tant qu'élément de structure. Ici, c'est le geste qui forme le son et non l'instrument ; tout doit devenir musique et tout doit être théâtral. Enfin, il n'y a pas de différence entre l'arc à tirer et le trombone, les bouteilles et le piano-jouet, les percussions et la baignoire, les instruments à corde et les balles.

Ainsi, d'œuvre en œuvre, Mauricio Kagel invente un véritable « instrumentarium ». Pour lui, la musique s'apparente à tout ce qui sonne : le son lui-même est un théâtre.

De jeunes compositeurs, tel Marc Monnet (né en 1947), auront saisi la puissance de ce nouveau postulat qui alimentera de fortes créations.

Supprimer les frontières : Dieter Schnebel

Schnebel rejoint le compositeur argentin et pense que lorsque les sons et les bruits suivent leur propre cheminement et rencontrent une oreille favorable, la vie devient elle-même une immense musique. Compositeur, pasteur et professeur de théologie à Munich depuis 1970, Schnebel a écrit des projets de composition collective et a concentré ses recherches sur un matériau gestuel et optique ainsi que sur différents auxiliaires acoustiques.

Dès 1958, avec *Projekte* – comprenant les deux *Glossolalies* –, il définit verbalement ses musiques ; la composition non achevée est fixée « conceptuellement », « métalinguistiquement », pour reprendre ses propres termes. Le compositeur veut supprimer les frontières entre art et phénomènes naturels, pour détruire les conventions dont souffre la musique. Après 1962, il retravaille d'ailleurs plusieurs concepts antérieurs : refus du son, langage muet des signes, participation du public. Ainsi, dans *Gehörgänge* (1963-1972), il veut prouver que la musique surgit non pas de l'« agencement sonore », ni même de vibrations audibles, mais de notre propre corps. On la percevrait dans notre tête, comme avec des écouteurs. Il semble qu'avec un tel programme Schnebel fuie le « théâtre musical » déjà institutionnalisé ; son art devient dérision. Ce qui compte, pour lui, c'est une « récupération » de la corporéité de la musique et la recherche du cri originel ; cela implique un ultime recours à l'Indicible, à une foi ardente en Lui.

Ces dernières idées nous éloignent du monde instrumental de Kagel ; à partir de conceptions de base identiques, les résultats paraissent, au fil des années, totalement divergents.

Le même phénomène s'observe dans les divers spectacles de théâtre musical de Bussotti.

Le concert cérémonie : Sylvano Bussotti

Comme chez Kagel, on devine, chez ce compositeur italien, une nette influence du surréalisme et du dadaïsme. Cependant, le point de départ de son œuvre se situe plutôt dans les prolongements du spectacle à l'italienne. Ce créateur, musicien éminent, mais aussi graphiste, homme de théâtre, metteur en scène, décorateur, maquettiste, costumier, cinéaste, est le type même de l'artiste complet, d'une grande originalité et fantaisie, tant dans la pensée musicale que dans le comportement. Harry Halbreich parle de ce personnage étonnant comme d'un « véritable prince de la Renaissance » égaré en notre siècle, défenseur d'une conception

Sylvano Bussotti (né en 1931)

Sylvano Bussotti est né à Florence, où il suivra toute une première formation musicale avec des maîtres aussi réputés que Dallapiccola. En 1957, il étudie la composition et l'analyse musicales, à Paris, avec Max Deutsch. Après avoir été invité comme compositeur résident aux États-Unis par la fondation Rockefeller, il écrit sa *Passion selon Sade,* qui sera l'événement du festival de Palerme en 1965 et fera de celui-ci le point de mire de l'actualité musicale internationale. En 1966, Bussotti se révèle comme homme de théâtre ; il fera de nombreuses mises en scène. À partir de 1969, le festival de Venise lui réserve régulièrement une place de choix.
Œuvres principales : *Pièces de chair II* (1960) ; *Tableaux vivants* (1964) ; *Lorenzaccio* (1968-1972), mélodrame romantique dansé en 5 actes ; *Rara Requiem* (1970) ; *Sadun,* pour 12 voix mixtes (1976).

artistique fondée sur la « beauté ». Fort d'un caractère égocentrique allant jusqu'à l'exhibitionnisme, Sylvano Bussotti pratique un art raffiné, sensuel et chatoyant ; il déclare, en réponse à une boutade de Feldmann, que, personnellement, la gastronomie lui importe peu, mais que la musique en tant que telle doit être aussi sexuelle que possible.

Dans ses partitions, soignées à l'extrême, ce compositeur va de l'emploi de la notation traditionnelle la plus stricte aux graphismes et aux dessins les plus déroutants, d'une beauté plastique stupéfiante, comme dans *7 Fogli* (1957).

Sur le plan théâtral, Bussotti a remarqué qu'il suffit d'endosser un habit insolite et de braquer un projecteur spécial sur un piano, pour changer le caractère du concert en cérémonie.

Il s'insurge contre le « sombre vice » suivant lequel l'exercice en public de l'art musical s'accomplit dans le sérieux et la tristesse. Dans *La Passion selon Sade* (1965), nous découvrons les fantasmes sexuels ou érotiques de Bussotti, à travers un jeu musical fortement théâtralisé.

Sur le plan compositionnel pur, il part de la simultanéité des voix et de leur polyvalence, indiscernables mélodiquement. L'inté-

gration des phases transitoires, au moyen de figures très ornementées, débouche sur une grande virtuosité des couleurs picturales. Avec la *Passion,* comme avec le ballet *Bergkristall* (1973), Sylvano Bussotti réalise une véritable musique à programme sur scène. On perçoit les nombreux « stimulants musicaux » qui ont été à l'origine de sa composition. Enfin, en écrivant le livret et la musique de la plupart de ses opéras, il démontre que sujet littéraire, musique, attitudes corporelles forment un tout gouverné par sa pensée créative.
D'autres compositeurs italiens ont été séduits par ces idées, et il semble que l'influence de Cage ou de Schnebel ait atteint des personnalités telles que Giuseppe Chiari (né en 1940). De même Marcello Panni (né en 1940) fonde, en 1972, l'ensemble *Teatro musica,* qui diffusera de nombreuses pièces comme *Silence,* de Cage, ou *La Passion selon Sade,* de Bussotti.
Le théâtre instrumental et musical apparaît, désormais, comme un nouveau genre à part entière, qui s'est affirmé, depuis une quinzaine d'années, grâce aux grands festivals mondiaux comme celui d'Avignon.

Instrument et psychologie : Georges Aperghis (né en 1945)

Parmi les jeunes compositeurs les plus remarqués au cours des créations à Avignon, Aperghis, avec *Pandemonium,* réussit à intégrer les mouvements scéniques, le texte et la musique au cœur d'un ensemble d'une cohésion totale. Mais c'est sans doute avec *Histoires de loups* (1976) que ce compositeur s'affirme pleinement. Son travail assidu avec les acteurs de l'Atelier lyrique du Rhin l'aide à construire un spectacle sur l'inconscient. Il se sert de textes aux résonances freudiennes, souligne et accentue par la musique les multiples sens qu'ils contiennent. Les attitudes, l'expression sonore réveillent tout un réseau de secrets, d'émotions, de désirs, de pièges. L'interprète, par son jeu instrumental, dévoile de multiples aspects psychologiques. On retrouve là l'idée fondamentale : le geste musical est un théâtre d'actions mentales.
« J'ai voulu prouver par la musique que chacun est seul dans sa niche, mais que tous ont des choses en commun », écrit Aperghis. Au sein de l'Atelier théâtre et musique de Bagnolet, dont il a été le fondateur, il n'a cessé d'explorer tous les jeux de la représentation sonore. S'appuyant sur des expériences sociologiques concrètes, il reconstitue des tranches de vie où le réel bute souvent sur l'insolite

de l'action musicale. Pour Georges Aperghis, tout est musique : le bruit comme le silence, le temps comme l'espace, le geste comme la voix, le paysage comme l'image, le théâtre comme l'orchestre, le sport comme la politique.

Elliott Carter (né en 1903). Dès 1948, aux États-Unis, Carter nous introduisait bien avant Kagel dans ce riche univers avec sa *Sonate pour violoncelle et piano.* Ici, la différence de son et d'expression entre les deux instruments est perçue de façon intense et fatidique. La renommée du compositeur fut établie surtout grâce à ses *Huit Pièces pour timbales* (1949-1966), véritables épreuves de virtuosité où l'interprète devient acteur de scénarios proprement musicaux. Enfin, avec le *II*e (1959) puis le *III*e *Quatuor à cordes* (1971), chaque instrumentiste se transforme en personnage d'opéra et réagit en disciple, compagnon ou adversaire face aux autres membres du groupe. La musique s'apparente alors à un débat ou à une conversation.

Même si ces jeux personnifiés sont parfois moins nets dans l'œuvre plus actuelle de Carter, le principe de « caractérisation » de chaque « objet musical » est toujours présent. La *Symphonie pour trois orchestres* (1976) de ce compositeur comprend une division instrumentale soigneusement délimitée. Chacun des quatre mouvements met en relief de nettes différences au niveau du timbre, car aucun orchestre ne joue deux des mouvements successivement. Des nappes harmoniques à la fois continues et changeantes se superposent pour créer un timbre sonore en perpétuelle mutation. Avec une telle écriture, Carter s'écarte de tout système et compose avec la plus grande liberté.

Inventions et systèmes

Comme Carter, mais en restant plus proches des principes multisériels, d'autres compositeurs ont élaboré des théories, qu'ils respectent ou non, au sein de leur création. Leur démarche, fortement originale, mérite que l'on s'y intéresse de plus près.

Les séries proliférantes de Jean Barraqué

Le Français Jean Barraqué (1928, † 1973) entre tôt dans l'univers sériel pour mettre au point une technique de développement personnelle. D'une structure globale il rêve de déduire une cascade de structures locales dérivées des précédentes. C'est ce qu'il nomme, à partir de 1959, les « séries proliférantes ». Ainsi, des

figures musicales toujours renouvelées et en évolution constante s'éloignent peu à peu d'un groupe de sons unitaires, véritable essence de l'œuvre. De transformations en transformations, on assiste à une prolifération de divers ensembles sériels en marche vers l'inconnu, l'infini ou l'éternité, tout comme l'œuvre inachevée de ce créateur, mort prématurément en 1973. Depuis 1955, d'ailleurs, Barraqué avait décidé d'écrire l'œuvre de sa vie, œuvre unique et « proliférante » : *La Mort de Virgile*, d'après le roman d'Hermann Broch. Chaque partie de cette composition comprend des commentaires instrumentaux ou fait appel à des textes poétiques : ainsi *Au-delà du hasard* (1959) sollicite quatre formations instrumentales, dont un groupe de jazz et un ensemble vocal. Partout, le compositeur intègre le texte à la conception polyphonique de la pièce. Chaque syllabe, traitée en fonction de sa substance phonétique, trouve un prolongement, sur le plan harmonique, dans ses combinaisons avec d'autres syllabes de même nature, venues d'autres mots et entendues dans diverses parties.
Le Concerto pour vingt instruments (1968) est la dernière œuvre achevée de Barraqué. André Hodeir y voit le portrait même de ce compositeur romantique et expressionniste, au milieu du drame, de la mélancolie, presque du désespoir. Son invention de séries proliférantes le met en marge de tous les courants actuels et fait de lui un grand solitaire.

Un compromis entre tonalité et dodécaphonisme : « la métatonalité » de Ballif

Claude Ballif a d'abord suivi, lui aussi, la voie de la recherche abstraite et analytique en imaginant un système pouvant contrebalancer le multisérialisme des années 1952. En fait, ses préoccupations de départ visent bien moins le maniement sériel que la recherche d'une conscience harmonique au sein des douze demi-tons. Quel que soit le matériel choisi, pour lui toute musique révèle, à l'audition, des « tons indicatifs » qui structurent l'espace et déterminent un ordre sensible dans le temps. Ainsi, l'atonalisme, en tant que négation de toute référence à un pôle tonal, n'existe pas chez Claude Ballif, qui voit plutôt, dans la série des douze sons, la présence de douze tonalités à la fois ou dodécatonalité. Dès lors, partant du total chromatique, il élabore une gamme régie par une hiérarchie propre à l'espace tonal, tout en conservant la richesse de l'espace atonal. Cette gamme, dite « métatonale », comprend les 12 degrés chromatiques sauf le *fa* dièse. Ce dernier forme un intervalle de triton (quarte augmentée) avec la

Claude Ballif (né en 1924)

Claude Ballif, né à Paris, a fait ses études musicales aux conservatoires de Bordeaux et de Paris. Il est successivement l'élève de Messiaen et de Tony Aubin, puis, à Berlin, de Boris Blacher. Il reçoit en 1955 le premier prix au concours international de Genève. Il a fréquenté le G.R.M. autour des années 1960 et a occupé plusieurs postes de professeur en France et à l'étranger. Ballif est actuellement chargé d'une classe d'analyse musicale au Conservatoire supérieur de Paris. Pédagogue remarquable, il a élaboré un vocabulaire personnel élargissant le domaine analytique à la composition. Ses œuvres principales sont : *Airs comprimés* (1953) ; *Blocs-notes* (1961) ; *Voyage de mon oreille* (1957) ; *Ceci et cela* (1959-1965) ; *Coup de dés* (1979-1981).

L'univers de Claude Ballif : « Un arbre de musique, plongeant ses racines dans l'humus des grands siècles de la polyphonie de l'Occident, déployant sa couronne dans le ciel infini et multiple des chants et des couleurs d'aujourd'hui... un esprit qui conçoit la musique comme la forme la plus directe d'une révélation spirituelle. »
(Antoine Goléa.)

---

fondamentale et détruit ainsi les relations stables de quintes *do-sol, fa-do.* Dans cette échelle de onze sons, on distingue des éléments harmoniques et mélodiques considérés comme fixes ou variables. Ce sont eux qui remplissent la totalité de l'échelle métatonale.

Le compositeur organise également le temps, grâce à des points de repère qui orientent l'avancée du discours, tout en laissant la musique vivre de son propre jaillissement. Il crée ainsi une dialectique entre le « fixe et le mobile ». *Ivre-moi-immobile* (1976), pour clarinette et petit orchestre, situe le musicien entre ces deux termes à concilier : liberté dionysiaque de l'ivresse et rigueur apollinienne de la fixité. Les quatre *Sonates pour orgue* (1956) témoignent de son exigence au niveau de la forme globale. Elles réalisent, en effet, un vaste cycle métatonal où se déroule, à travers les douze mouvements, le cycle entier des quintes. Cette même ordonnance s'enrichit dans *À cor et à cri* (1962), pour grand orchestre, d'une structure en *rondo-gigogne* reprise de Couperin. Mais on s'aperçoit vite que le choix des timbres gouverne le sens et l'esprit de ces structures. La musique est

---

Métatonalité : système d'écriture prôné par Claude Ballif, fondé sur une gamme unique de 11 sons dont les gammes tonales et atonales seraient les espèces.

Atonalisme : se dit de tout principe de dissolution de la tonalité qui ne puisse cependant donner lieu à une réorganisation décelable ou inventoriable de l'univers sonore.

Polytonal : se dit d'un style généralement considéré comme intermédiaire entre musique tonale et musique « atonale » et fondé sur l'articulation simultanée de deux ou plusieurs tonalités.

Dodécatonalité : terme employé par Claude Ballif pour mentionner la présence de douze tonalités à la fois, dans la succession des douze demi-tons chromatiques par exemple.

---

vécue par le compositeur avant d'être pensée. C'est pourquoi, finalement, l'œuvre de Claude Ballif dément toute abstraction. *Lovecraft* (1955), pour grand orchestre, révèle un minutieux travail sur le son ; la trame sonore s'épaissit peu à peu jusqu'à la plénitude orchestrale. En réconciliant l'écrit et le vécu, Ballif apporte une réflexion des plus fondamentales pour les années à venir.

Les micro-intervalles

C'est également dans ce sens que trois précurseurs : Julian Carrillo, Aloïs Haba et Ivan Wyschnegradsky, avaient imaginé, dans la première moitié du XXe s., des principes et une écriture sans précédent, pour tenter d'exploiter plus en profondeur le monde des micro-intervalles, c'est-à-dire des intervalles plus petits que le demi-ton. Ils en préconisaient l'utilisation suivant deux voies différentes. La première propose une possibilité d'élargir le tempérament égal en procédant par intervalles conjoints, pour créer une série de micro-variations ou glissements à l'intérieur du ton. On obtient de la sorte de curieuses « couleurs » mélodiques puis harmoniques, des « effets » sonores et non un procédé structurel. La seconde démarche, au contraire, consiste à ne pas s'en tenir aux intervalles conjoints et à s'autoriser un jeu mélodique plus large. Hélas ! souvent, cette musique « sonne faux » par rapport à la tonalité. De plus, les instruments traditionnels ne répondent pas aux nouvelles

Maurice Ohana (1914-1992)

Né à Casablanca d'une famille originaire d'Andalousie, Ohana a vécu à Paris pendant plus de trente ans. De son ascendance andalouse, il a gardé une fidélité profonde, à travers l'évolution marquée de son langage, aux données essentielles d'un art qui est le produit de millénaires de civilisations englobant la Méditerranée et l'Afrique noire. De son catalogue, on peut citer : les *Cantigas* (1953), pour chœur et 18 instruments ; *Signes*, pour 4 percussions, flûte, piano et cithare en tiers de ton (1965) ; un opéra de chambre, *Syllabaire pour Phèdre* (1967).
À propos d'une de ses œuvres, *Sacral d'Ilx* (1975), Ohana écrit : « De ces archétypes issus des rites solaires du printemps, de la guerre, du monde des grands fauves... une lumière sonore émane. Elle est transcrite ici, dans un graduel taillé lui aussi en pleine matière sonore. »

normes ainsi exigées. Cette seconde « manière » était vouée à l'échec avant l'apparition de l'ordinateur et du synthétiseur. Grâce aux divisions infinitésimales rendues possibles avec ces « instruments », il est aisé de reconsidérer scientifiquement et musicalement toutes les échelles existantes. Mais ne se dirige-t-on pas vers une « jonglerie » sérielle ? Telle est la question qu'il convient de se poser à la veille d'une éventuelle révolution.

Le tiers de ton face à la tradition

Depuis près de trente ans, des compositeurs renommés ont intégré, dans leurs pièces, les tiers ou quarts de ton suivant la première utilisation de micro-intervalles que l'on vient de voir. Ainsi, chez Maurice Ohana, l'adoption de cette technique correspond à une exigence strictement sensorielle. Ce musicien a remarqué que, dans le *Cante jondo* – chant profond des gitans –, les chanteurs en font un usage spontané et intuitif, pour des besoins d'expression. Ohana souligne que l'adoption d'une échelle en tiers de ton a permis de sortir du tempérament égal de façon plus décisive que ne l'aurait fait l'échelle en quarts de ton. Cette échelle en tiers de ton découle d'une division par trois de la gamme en tons entiers de Claude Debussy, maître spirituel d'Ohana. Ainsi, dans les pièces telles que *Le Tombeau de Debussy* ou *Syllabaire pour Phèdre*, ce compositeur juxtapose et associe des *clusters* en tiers de ton ou en demi-tons.

Ohana reste attentif à la « puissance physique » du son. Du *Llanto por la muerte de Ignacio Sanchez Mejías,* « Complainte pour la mort de I. Sanchez Mejías » (1949), à l'*Office des oracles* (1975), il envoûte son auditoire au moyen d'un matériau de base personnel. Celui-ci, issu d'abord du *Retable* et du *Concerto* de De Falla, se compose d'une série d'archétypes expressifs. Ohana choisit le neume, sorte de configuration où se mêlent sonorité, puissance, densité et hauteur, comme base de sa pensée musicale. L'œuvre, figurée par une écriture neumatique, se fonde non pas sur un sentiment populaire mais sur le folklore universel, sens premier de la nature humaine. Ainsi, dans *Cris* (1958) ou *Silenciaire* (1966), sent-on réellement le geste du créateur imprégner la matière musicale de sa poésie intérieure. De même, avec l'usage du *ngô*-tambour magique du Tanganyika – ou d'une écriture héritée de Chopin et Debussy – dans les *24 Préludes* – il affirme sa volonté de revivifier les archétypes de la tradition.

Quelques compositeurs plus jeunes ont abordé les micro-intervalles simplement pour échapper au système tempéré. Alain Bancquart (né en 1934), par exemple, exploite assez rigoureusement ce qu'il nomme la microtonalité. Dès ses premières œuvres, telle *Une et désunie* (1967), il met en rapport divers tempéraments, avant d'élaborer un vocabulaire fondé sur une écriture sérielle en quarts de tons, comme dans *Jeux pour lumière* (1968). Ici, l'accord des solistes et des cordes est élevé d'un quart de ton ; on passe insensiblement des résonances claires d'accords simples aux structures plus serrées, comme pour aller de l'ombre à la lumière. Ce principe est fréquent dans *À la mémoire de ma mort* (1976) ; l'écriture aérée du début se complique pour aboutir, au moment de la *coda,* à un contrepoint de 48 voix grâce au plein usage des micro-intervalles.

Pour cet agencement sonore, sans doute Bancquart pense-t-il à la constitution d'espaces polytempérés, c'est-à-dire associant plusieurs échelles musicales. Mais, comme Ohana, il considère ce monde de l'infiniment petit comme un cas particulier d'une expérience musicale plus générale.

On voit que les travaux de Haba ou de Wischnegradsky n'aboutirent pas à la formation d'un nouveau système unique. Chacun y puise l'aliment nécessaire à sa propre musique. Ces deux compositeurs montrent par là leur propre souci de liberté. Enfin, la redécouverte de certaines musiques orientales en tiers de ton a déclenché, aujourd'hui encore, un véritable engouement. À nouveau, on s'interroge sur la portée d'un tel phénomène culturel.

Rester « en marge de toute école »

Chez toutes les figures de proue de la musique contemporaine, c'est l'entorse faite à la théorie qui signale l'originalité de l'œuvre. Il en va ainsi pour les musiciens rattachés au dodécaphonisme et qui sont souvent fort désireux d'ouvrir une brèche au sein de l'idéologie sérielle. Cette alternance entre destruction et reconstruction s'affirme comme une des caractéristiques majeures de l'art musical de notre temps : c'est aussi ce qui fait sa richesse. Une floraison de musiciens ont pu ainsi s'exprimer en marge de toute école. Plus qu'un groupe, ils constituent une série de cas particuliers. Leurs noms restent aujourd'hui attachés à un mode de pensée authentique et personnel. Avec eux, on peut se demander s'il est possible de faire encore preuve d'originalité... Telle est sans doute la question fondamentale qu'il convient de se poser au terme de cette réflexion sur les grands systèmes d'écriture.

Choisir un langage dans la seconde moitié du XXe siècle

Du sérialisme intégral aux formes mobiles, à l'indétermination ou au théâtre instrumental, les frontières sont parfois assez floues, et le cheminement des compositeurs les mène souvent d'un pôle à l'autre. Il est sans doute abusif d'apposer une étiquette au style des musiciens. Certains en effet se distinguent par une conception originale à un moment donné de l'histoire et évoluent ensuite dans de multiples directions ; il n'en demeure pas moins que leur nom rappelle souvent une découverte, une invention, une théorie, et les quelques œuvres qui les concrétisent. D'autres créateurs gagnent leur célébrité en renonçant aux systèmes ou en les adaptant à leurs propres convictions esthétiques.
Quoi qu'il en soit, chez tous, le souci majeur et constant est de choisir un langage.

Variantes, démarcations, utilisations personnelles du système sériel

Si l'on rassemble, à l'heure actuelle, les travaux et les œuvres des « sériels », on s'aperçoit que fort peu ont appliqué rigoureusement les prescriptions schönbergiennes puis bouléziennes. Beaucoup ont vu, dans l'exploitation de ces données théoriques, une manière de structurer le propos musical et d'échapper aux tendances néoclassiques et postimpressionnistes qui régnaient un peu partout dans le monde. Le « passage » sériel leur a été indispensable pour s'éloigner des réflexes d'école et reconquérir les nouveaux « chemins de la liberté ».

« L'anacrouse porteuse d'espérance » : S. Nigg

Boulez ne fut pas seul à fréquenter les cours de René Leibowitz autour des années 1946, et, parmi des compositeurs tels que Michel Philippot, Jean-Louis Martinet ou Antoine Duhamel, se trouvait Serge Nigg (né en 1924). Sa rencontre avec le théoricien de l'école de Vienne eut l'effet d'une véritable révélation et lui permit de définir sa démarche dans le sens de l'histoire. Il voulut retrouver un langage universel, comme aux époques baroque, classique ou romantique, et instituer les bases d'un ordre musical semblable, « avec ses points de repère, ses critères de jugement, ses pierres de touche, avec une syntaxe rationnelle et une organisation logique du discours ». En s'exprimant ainsi, Nigg vise un but tout autant artistique qu'humanitaire. On pressent qu'il veut créer sur les bases d'un art communicable, pour échanger plus facilement ses idées avec autrui. Si son *Concerto pour piano et orchestre* de 1954 répond à ce besoin, avec le *Concerto pour violon et orchestre* de 1957 le ton devient plus pathétique. Déjà, le compositeur a renoncé à la doctrine dodécaphonique pour exploiter un langage plus direct, s'adressant à tous. C'est la première des nombreuses volte-face de Nigg, toujours à la recherche d'un nouvel absolu pour y féconder ses projets. Il écrit lui-même : « Ce que je préfère dans tout acte, tout geste, toute phrase musicale, toute carrière, ce n'est point tellement l'accent, c'est-à-dire l'accomplissement, ni la désinence triste et sans objectif mais bien l'anacrouse (élan ou inspiration) porteuse d'espérance, idéale, parée des plus douces illusions et encore vaporeuse. »

Ses meilleures œuvres sont empreintes de sa foi dans le destin de l'homme. Parmi elles, la *Jérôme Bosch Symphonie* s'inspire du *Jardin des délices*, célèbre triptyque du peintre flamand. En grand orchestrateur, le musicien traduit le fourmillement des détails baroques, la surabondance de vie au moyen d'une syntaxe conciliant rigueur et fantaisie.

De même, dans le *Chant du dépossédé* (1964) comme dans les *Visages d'Axel* ou *Fulgur* (1969), Nigg ne montre aucun secret d'écriture et semble adresser adroitement une critique à toute doctrine, tout système emprisonnant l'imagination.
La génération immédiatement postérieure à celle de Boulez se laisse tout naturellement séduire par les théorisations rassurantes de ses aînés. Bientôt, le voyage à Darmstadt – véritable lieu de rencontre des musiciens d'avant-garde autour de 1955 – remplace le voyage à Bayreuth du siècle précédent. Enfin, les mémorables leçons du jeune maître impétueux, Pierre Boulez, à Bâle attirent les musiciens français les plus doués.

Les élèves du maître

Gilbert Amy. Parmi eux, Amy, comme son professeur, reconnaît la suprématie des relations formelles à l'intérieur du multisérialisme, mais il désire cerner la matière sonore poétiquement, selon sa propre inspiration. Aussi, à partir de 1963, son sérialisme s'étend aux méthodes aléatoires strictement contrôlées, assouplies par une grande finesse d'instrumentation provenant de son métier de chef d'orchestre. Ce langage prend encore du relief après les *Épigrammes pour piano* de 1964. De l'économie des moyens contrapuntiques Amy passe au lyrisme dégagé de toute servitude avec les *Trajectoires* pour violon et orchestre (1967).
Ses titres rendent compte du sentiment poétique que ce compositeur désire imprimer à son discours musical : *Récitatif, air et variations* (1970), *D'un désastre obscur, Refrains* (1972), *D'un espace déployé* (1973), *Après un désastre obscur* (1976). Dans cette dernière œuvre, comme dans la *Sonata pian'e forte,* Amy opère un retour à la vieille formule responsoriale des musiciens vénitiens du XVIe s.
Au-delà du renouvellement formel, on perçoit une certaine permanence dans l'écriture et le choix instrumental. Toutefois, Gilbert Amy transcende réellement le sérialisme des premières années, pour se forger un style authentique dans la lignée de Berg et de Boulez, notamment dans *Chin'anim cha'anamin* (1979).
Une pensée métaphysique anime son discours musical, devenant peinture de l'homme dans un temps donné. Son œuvre *Écrits sur toiles* (1983), d'après des lettres de Rilke, se déroule en forme de variations. Dans la préface, Amy révèle que notre plus grand ennemi, à nous musiciens, c'est le temps. Contrairement aux peintres qui possèdent la toile, le bois ou le papier – une matière en somme –, nous ne disposons d'aucune matière : le temps n'est pas matériel...

Gilbert Amy (né en 1936)

Gilbert Amy est né à Paris, où il suit ses études au conservatoire : composition avec Darius Milhaud et Olivier Messiaen, piano avec Yvonne Loriod ; il travaille avec Pierre Boulez, dont il fut le successeur aux concerts du *Domaine musical* à Paris de 1967-1973 ; en 1976, il fonde le Nouvel Orchestre philharmonique de Radio-France qu'il a dirigé jusqu'en 1981. Il a été invité en 1982 à enseigner l'analyse et la composition à l'université Yale, aux États-Unis ; il poursuit sa carrière de chef d'orchestre parallèlement à la composition et est actuellement directeur du C.N.S.M. de Lyon.

Nous avons, en revanche, des instruments (des ustensiles ?) qui, tels les pinceaux ou les brosses, nous permettent de réhabiliter hardiment les métaphores usuelles : couleur, opacité, éclairage, nuance, transparence, registre, perspective, voire « sujet »...
C'est que le temps à vaincre, notre ennemi, est aussi notre ami mystérieux, celui qui se dérobe tout en proposant – présent et absent de la composition –, dictant sa loi, masquant délibérément ce que Rilke appelait l'envers (*die Rückseite*) de la musique.
D'autres élèves de Boulez se sont également émancipés par rapport à son enseignement et n'ont retenu qu'une partie des leçons dispensées. Leur esprit critique et le « coup d'œil » qu'ils ont furtivement jeté du côté de Stockhausen, Messiaen ou Xenakis ont notablement modifié leurs perspectives.
Mémoires souterraines (Musica 84, Strasbourg) rend compte de la démarche poétique de Claude Lefebvre. Dans cette œuvre écrite pour la flûte, la clarinette *si* bémol et le violoncelle, tout est pensé à la limite de l'existence, comme temps qui s'étire et mémoires en écho. Les trois sources sonores bénéficient de l'amplification pour capter les différentes subtilités de jeu, la transparence, le miroitement des ondes de surface. D'innombrables réseaux se déroulent à l'unisson multipliés en couches diverses et suspendus... « figurations très rapides comme l'illusion du mouvement, gestes provisoires qui se lient à des espaces lents qui dérivent », selon le compositeur.
Paul Méfano. Comme Jean-Claude Éloy avec l'électroacoustique, Méfano prend lui aussi ses distances vis-à-vis de Boulez. Depuis son premier succès, *Paraboles* (1964), jusqu'aux multiples concerts

---

Claude Lefebvre (né en 1931)

Claude Lefebvre est né à Ardres, près de Calais, en novembre 1931. Il suit ses études musicales au conservatoire national de Paris, pour la composition avec Darius Milhaud, ensuite avec Pierre Boulez à la Musikakademie de Bâle. Depuis 1966, il enseigne l'analyse et la composition au conservatoire national de Metz.
Il a été à l'initiative de la fondation du Centre européen pour la recherche musicale à Metz et des Rencontres internationales de musique contemporaine. Depuis 1976, il dirige le studio électroacoustique qu'il a créé en Lorraine et, depuis 1978, il enseigne la musique contemporaine à l'université de Metz. En 1980, il obtient le Grand Prix de la S.A.C.E.M. pour la musique de chambre. Il est, en 1985, nommé officier des Arts et Lettres.

---

donnés à la tête du Collectif musical de Champigny, son itinéraire est varié et mouvementé. Pour assumer ses activités de chef et de responsable ainsi que de compositeur, il se déclare prêt à accepter tous les langages musicaux actuels. Tantôt « à demi sériel », tantôt expressionniste ou électroacousticien, Méfano rompt sans cesse avec son passé proche dans une fuite en avant stupéfiante, angoissante parfois. À partir de *Signes/oubli* (1972), pour orchestre de chambre, il instaure un langage « pluriel » sur des éléments hétéroclites. Son rêve n'est-il pas d'écrire une musique comparable à un tissu d'Arlequin, sorte de labyrinthe aux mille secrets poétiques ?
En parcourant le catalogue des œuvres du compositeur, on découvre plusieurs personnes en lui ; elles se fondent, s'affrontent et se démultiplient.
Avec *Madrigal* (1962), Méfano adopte un vocabulaire sériel nourri d'une intense poésie intérieure qui naît de délicates agrégations harmoniques. De même, dans les *Mélodies* (1962), pour soprano et divers ensembles de chambre, ainsi que dans les *Paraboles* (1964), chaque mot du poème est retenu pour son pouvoir suggestif, grâce à une écriture à mi-chemin entre la pure inspiration sonore et l'abstraction formelle.
Mais c'est sans doute avec *Cérémonie* (1969) que le « délire poétique » du compositeur, gouverné par une intuition artistique des plus fines,

Paul Méfano (né en 1937)

Paul Méfano est né à Bassora, en Irak. Il apprend le solfège et le contrepoint sur le conseil d'Alfred Cortot, puis entre à l'École normale de musique de Paris, dans la classe d'Andrée Vaurabourg-Honegger, et, ensuite, au conservatoire de Paris, où il suit les cours de Darius Milhaud et d'Olivier Messiaen et rencontre de nombreux musiciens tels que Claude Lefebvre, Betsy Jolas, Éloy, Amy... Puis il est à Bâle l'élève de Boulez, de Stockhausen et de Pousseur. En 1963, il est lauréat de la fondation Copley et se révèle au public parisien lors d'un concert du Domaine musical dirigé par Maderna. De 1966 à 1968, il fait plusieurs séjours aux États-Unis, étudie la musique javanaise et balinaise, rencontre J. Cage et E. Carter.
Après une année passée à Berlin, Méfano travaille à l'animation musicale à Châtillon, à Gentilly et enfin à Champigny, où il crée, en 1972, avec le concours de Denise Foucard, l'Ensemble international 2E 2M (Étude, Expressions des Modes musicaux).

atteint un premier sommet. Il extériorise son univers intérieur par une riche combinaison de thèmes extrêmement différenciés.
Ses incursions dans le domaine électroacoustique le rattachent aussi à la catégorie des musiciens attentifs au « monde sonore inédit ». Avec *N,* pour flûte seule, appareillage électro-acoustique et modulateur en anneaux (1973), Méfano s'affirme comme chercheur et inventeur de sons inouïs. De même, avec *Éventails* (1976), pour flûte basse amplifiée, tous les sons doivent être colorés de souffle, sans exception, que ce soit dans une forte ou une faible intensité. Cette pièce est écrite avec des durées chronométriques. La notation est souvent sur deux portées car le flûtiste doit jouer et chanter simultanément.
Dès lors, dans quelle catégorie classer ce musicien ? *Ondes* (1976), pour ensemble de chambre, où nous goûtons l'exploitation d'assemblages inhabituels par le biais de l'écriture, répond à la question en affichant la marque musicale du passé comme du présent au nom d'un « relativisme de réalités ».

Système et tradition

Si la France compte quelques fougueux défenseurs du sérialisme, l'Allemagne, quant à elle, a un glorieux passé avec les trois Viennois

Schönberg, Webern et Berg. Cependant, grâce à des professeurs, compositeurs tels que Blacher ou Hartmann, règne une tradition parallèle, d'esprit plus libéral. Le système dodécaphonique ou la libre atonalité y sont pratiqués sans excès ; la réflexion sur le langage et l'écriture découle du souci majeur de préserver l'expression personnelle.

Boris Blacher (1903, † 1975) et *Karl Amadeus Hartmann* (1905, † 1963). Blacher a, certes, élaboré un système d'écriture contrapuntique et rythmique, mais chaque œuvre est pour lui un cas particulier où il s'agit de découvrir la véritable pulsation, de la sentir, avant toute spéculation théorique. Ses élèves prendront note de cette pensée profonde en se méfiant de la dictature du multisérialisme. Cependant, Blacher veut dominer la matière sonore par une démarche rigoureuse. Son sens de la construction, de la clarté, modèle chacune de ses symphonies à l'image de véritables objets formels.

Dans cette même tradition germaniste, Amadeus Hartmann se distingue par son expressionnisme bergien. Mais Bernd Aloïs Zimmermann reste celui qui attire le plus l'attention.

Bernd Aloïs Zimmermann (1918, † 1970). Élève de Wolfgang Fortner et de R. Leibowitz, il adopte la technique sérielle avec une conception profondément pluraliste. Dans sa grande œuvre, *Die Soldaten* (1960), opéra dans la lignée du *Wozzeck* de Berg, il manie brillamment la technique de la citation et du collage en juxtaposant, tour à tour, des mélodies de plain-chant grégorien ou de Bach. Pour lui, l'opéra est un espace « omni-mobile de forme sphérique », marqué par une densité croissante des événements et un rythme de changements de plus en plus violent. À la fin de *Die Soldaten*, Zimmermann n'hésite pas à employer des haut-parleurs répartis dans toute la salle pour créer un véritable tourbillon de « projections cinématographiques » afin que le public s'identifie avec le drame humain présenté. C'est contre l'absurdité du déroulement temporel de la vie qu'il s'insurge, et son usage de la citation traduit sa volonté de tout réunir en un même instant psychologique. Le *Concerto pour violoncelle* (1966) s'apparente à une suite événementielle où s'affrontent divers personnages imaginaires. Le grand « rêve » germanique du *Sturm und Drang* poursuit cette personnalité féconde et consciente jusqu'à sa mort, programmée cinq jours après l'achèvement de son œuvre ultime, *Silence et retour ou Action ecclésiastique* (1970). Les sept mesures du choral de Bach

« Voici la fin, Seigneur, quand il te plaira » mettent le point final à son œuvre et à sa vie.

Formalisme et expressionnisme

Hans Werner Henze (né en 1926). Comme Zimmermann, Henze a fréquenté les professeurs les plus en renom, tel Leibowitz, avant d'opter pour un dodécaphonisme expressionniste dans son *Élégie pour de jeunes amants* (1961). Mais cet être en perpétuelle évolution va progressivement renoncer à tout formalisme pour se diriger vers le théâtre musical révolutionnaire. À partir de 1968, il ne cache plus ses sympathies pour l'extrême gauche en écrivant des œuvres engagées dans la lignée de Nono. *El Cimarrón* met en scène le problème de l'esclavage au temps de la domination espagnole. Le dépouillement alterne avec la densité orchestrale selon l'intensité du drame qui se joue ; Henze, comme des compositeurs plus jeunes tels qu'Ahmed Essyad (né en 1938), s'attache aux problèmes d'écriture dans la mesure où ils servent un but humanitaire.

Frederich Cerha (né en 1926), dès ses premières créations, fait preuve d'une égale maîtrise technique. Fortement imprégné par le dodécaphonisme, il se forge un langage personnel très soigné dans le détail des assemblages harmoniques et de l'orchestration. Il participe, par ce biais, à l'essor de la *Klangkomposition* (« composition sonore »), où, déjà en 1960, toute l'esthétique de Ligeti est contenue en germe. Dans *Spiegel* et *Fasce,* de longues tenues, dans des nuances très douces, délivrent une émotion intense et tissent une trame musicale envoûtante.

Parmi la génération allemande plus jeune voici ce que Wolfgang Rihm (né en 1952), un des chefs de file, écrit :

« Avant-garde – néoclassicisme – néo-garde – avant-classique – néoclassicisme – néo-avant-garde,
néoromantisme – néoromantique,
nouveau-néoromantisme – nouveau-néo-avant-gardisme,
avant-garde post-néo-nouveau, romantique,
post-romantisme avant-gardiste, Nouveau ! ! !
avant-garde classique, ?, néo- ?,
avant-gardisme néoclassique,
post-néo-nouveau-vieux-avant-gardisme.
?... »

On pourrait certainement trouver pour chacun de ces termes des exemples significatifs. Quittons donc une problématique qui se

laisse circonscrire aussi clairement et occupons-nous de données moins évidentes ; par exemple : " Qui sommes-nous ? " »
En dehors de toute concurrence, il ajoute quelques mots de Max Beckmann : « ... pas d'arabesques, pas de calligraphie, mais du plein, du relief, et du dramatique... »
C'est ainsi que Rihm, notamment dans ses quatuors, mais aussi dans ses opéras de chambre, se rapproche du passé, constituant pour lui sa nouvelle musicalité. Néoromantisme, classicisme sont le refuge d'une pensée qui s'éloigne des moyens d'expression d'un monde sonore inédit.
L'Allemagne a été aussi un haut lieu d'apprentissage des techniques sérielles ; il suffit de penser au nombre des compositeurs passés par Darmstadt.
Klaus Huber (né en 1924), d'origine suisse allemande, a étudié la composition à Berlin avec Boris Blacher. Sa foi religieuse donne un souffle peu commun à ses œuvres, grâce à l'utilisation d'assemblages sonores exprimant un lyrisme intense. Ses titres, *Psalm of Christ* (1967), *Tenebrae Ascensus* (1964), sont révélateurs des sentiments qui l'animent. Le sens religieux de Huber se transforme peu à peu en humanisme ; avec une de ses dernières créations, *Sans frontière et sans cadre*, il se réfère au bouddhisme chinois tch'an. Pour lui, la musique part de sphères infiniment petites, s'amplifie jusqu'aux orbes plus vastes, se déroule sans heurts, graduellement, tel un monde qui naît de lui-même.
Isang Yun (né en 1917). Bon nombre de compositeurs étrangers, comme le Suisse Huber ou l'Argentin Kagel, ont trouvé refuge dans l'ex-Allemagne de l'Ouest, soit pour parachever leurs études, soit pour mieux accomplir leur métier de compositeur. Tel est le cas du Coréen Yun, établi à Berlin depuis 1964 après avoir reçu l'enseignement de Blacher et des avant-gardistes de Darmstadt. Dans sa musique, il essaie de concilier les traditions occidentales et orientales. Avec *Reak* (1966) et *Riul* (1968), il adopte sa théorie des « tons principaux », points de chute où convergent de véritables « courants sonores ». Ces « tons principaux » n'apparaissent pas isolément comme de simples pôles ; ils ont un rôle polyvalent et sont interrompus par des figures ornementales ou par des tons annexes. Yun revient toujours à une pensée de caractère philosophique. La structure formelle née de l'engendrement de tons principaux reste soumise aux lois du « couple contradictoire » fondu dans « l'unité du *yang* et du *yin* taoïstes » : immobilisme/vivacité, calme/agitation, lumière/ombre.

Pour le compositeur, le sérialisme a d'abord été la garantie d'accéder à un niveau de création international. Il en a souvent été de même chez les musiciens des pays les moins favorisés sur le plan culturel et politique. Il a fallu très vite rattraper un retard considérable et combler le vide de plusieurs années.

Nationalisme et sérialisme

En Espagne, on adopta la doctrine dodécaphonique pour se démarquer de l'esthétique gouvernementale, sous la dictature du général Franco. En 1939, en effet, la musique espagnole, comme beaucoup d'autres manifestations culturelles, perd son dynamisme propre. La désorientation de l'après-guerre conduit à un art quasi réactionnaire, souvent inconsciemment calqué sur la politique du pays. Une esthétique « facile », « sans problème », est adoptée. C'est le cas également chez les compositeurs soviétiques, tels Khatchatourian, Amirov ou Kabalevski. En Union soviétique, en Hongrie, en Yougoslavie, en Allemagne avec Carl Orff, comme en Espagne, ce courant musical est à rattacher au « nationalisme transcendé ». Des musiciens tels que Rodrigo, Esplá, rendent parfois stérile la technique populaire en la systématisant. Alors qu'ils croient suivre la voie tracée par De Falla ou Bartók, leurs créations sont pleines de clichés. Seuls Mompou et Montsalvatge apportent encore quelque message nouveau, grâce à leur grande sensibilité poétique.

L'Espagne se trouve scindée en deux grandes régions autonomes où se regroupent et se font concurrence les compositeurs : la Catalogne et la Castille. Lorsqu'on évoque le dodécaphonisme en terre catalane, deux noms s'imposent d'abord : Roberto Gerhard (1896 † 1970) et Joaquin Homs (né en 1906). L'analyse de leurs œuvres révèle néanmoins qu'ils sont assez éloignés de la technique viennoise. Leur personnalité les détourne quelque peu de cette influence. Cependant, dans les *Danses de Don Quichotte* (1950), l'usage de la série développée suivant la technique de variations et de combinaisons polymorphologiques offre à Gerhard des possibilités pratiquement illimitées d'invention de toutes sortes d'images musicales. Mais c'est sans doute avec ses quatre *Symphonies* (1960-69) et ses *Quatuors* que le sérialisme de Gerhard devient personnel. Celui-ci y introduit un néoexpressionnisme et un néosymphonisme grâce à l'élaboration d'une écriture complexe à base de dissonances toujours plus arides. *La Peste* (1964), pour chœurs et orchestre, attire l'attention par le traitement du texte et ses rapports avec la variété structurelle des combinaisons orchestrales.

Joan Guinjoan (né en 1931)

Joan Guinjoan est né à Ríudoms dans la province de Tarragone, en Espagne. Il fait ses études musicales à Barcelone avec le professeur Taltabull et au conservatoire du Líceo (études supérieures de composition, d'orchestration, de piano et de direction à Paris, à l'École normale de musique et à la Schola Cantorum). Il poursuit une carrière pianistique entre 1957 et 1960 (récitals en Espagne, en France et en Allemagne). À partir de 1964, après ses contacts avec l'avant-garde musicale française, il se voue à la composition. Fondateur (avec J. Panyella) de l'ensemble Diabolus in Música, il a entrepris un important travail de divulgation de la musique du XXe siècle en dirigeant cet ensemble ainsi que d'autres formations symphoniques espagnoles et étrangères.
Il fut critique musical du *Diaro de Barcelona* et de diverses publications spécialisées jusqu'en 1975. Il a également été conférencier et directeur des programmes Récital et Pentagrama siglo XX à la Télévision espagnole.
Ces dernières années il a exercé les fonctions de directeur du cours international de composition (Festival international de musique contemporaine d'Alicante, 1986), et a dirigé le cours de composition à l'Estíu Musícal Internacíonal de Vilanova í la Geltrú. Enfin, il a été le fondateur et le directeur du Centre de documentation de la musique contemporaine du département culturel de la mairie de Barcelone.

Mais c'est avec le *Concerto pour orchestre* (1965) que chaque élément garde une réelle autonomie : les canons, les inversions de thèmes, l'absence de silences et le jeu des homophonies témoignent d'un grand souci de la forme.
Son élève Joaquín Homs, fasciné par l'art de Webern, opte très tôt pour une musique pure, quasi ascétique. À partir de 1953, ses œuvres s'agencent suivant la « rotation continue de séries de 12 sons ». Son style parvient à maturité dans deux pièces qui couronnent sa carrière : *Musica para once*, « Musique pour onze », et *Soliloquí*. Homs ne se fixe aucune structure trop rigide et se laisse porter par l'« aventure » qui surgit à chaque instant. Il compare ses œuvres au déroulement de notre vie, du point de vue tant spirituel que purement physiologique.

Le néosérialisme catalan

Parmi les compositeurs catalans des générations plus jeunes, J. Mestres-Quadreny (né en 1929) reste fidèle à des techniques apparentées au sérialisme, malgré son souci d'une plus grande liberté expressive. Le style sévère de *Música de cámara 1* et *2* s'assouplit, grâce à une intuition originale, dans *Homenaje a la pintura* (1961) et *Tramesa a Tàpies,* œuvres étonnantes de surprise et d'imagination. Les formes « mobiles » du sculpteur Villelia lui apprennent que le hasard apporte une dimension de plus, comme le mouvement en sculpture. Après ses *Invención movil 1, 2* et *3,* le travail avec l'ordinateur, dans *Ibémia* (1969), l'oriente vers les systèmes aléatoires parfaits, pour tenter de mieux concilier ordre et complexité. Mais, curieusement, après quelques incursions dans le domaine électroacoustique, Mestres-Quadreny amorce un retour à Webern, en 1976, avec *Quadre.* Sa démarche, dès lors, demeure toujours identique : il crée d'abord des schémas mentaux et s'occupe, plus tard, de leur matérialisation sonore. L'écriture l'intéresse mais elle demeure autre chose qu'une recherche sémiologique.
Les *Células 1, 2, 3* pour piano (1966-1968) de Joan Guinjoan, autre compositeur catalan, résument les possibilités néosérielles, tout en explorant le timbre. Peu à peu, le langage de coloriste du compositeur s'affirme dans *Bitematic* et *Fragment II* (1970). Cependant, soucieux de la construction formelle, il écrit : « Les matières sonores en pleine ébullition, les sonorités flottantes sont autant de lignes qui, basées sur une idée clé, créent divers climats en établissant un même niveau entre le fond et la forme. » Dans *Tensión-relax* (1973), l'enchaînement des idées répond à un souci de bien agencer la couleur instrumentale selon des lois psychologiques. Avec *Variorum* (1976), une de ses plus grandes réussites, Guinjoan juxtapose diverses « plages » ou séquences musicales à travers une marqueterie d'objets sonores.
Enfin, des œuvres telles que *Musica para onze* (1986) montrent la richesse de son invention à partir de cellules rythmiques vivaces se multipliant entre elles. Son sens de l'orchestration apporte des alliages insoupçonnés pour livrer un discours tonifiant.
À son opposé, Xavier Benguerel (né en 1931) applique de façon plus rigide le système sériel, tout en recherchant une expression schönbergienne dans *Paraules de cada día,* « Paroles de chaque jour » (1964).

Malgré quelques efforts de spatialisation – éparpillement des sons dans tout l'orchestre – dans la *Gran sinfonía* (1968), il préfère s'en tenir arbitrairement à un plan précis pour jouer ensuite avec les timbres. *Test sonata* (1969) et *Música reservata* associent l'ordonnance interne et la richesse des corps sonores. Néanmoins, à partir de 1970, le style rigoureux de Benguerel s'assouplit sous l'influence des musiques aléatoires ou répétitives. Il se tourne aussi, comme son contemporain Josep Soler, vers un nouvel humanisme musical avec des partitions telles que *Arbor* (1973), *Vermélia* ou *Stella splendens* (1977).

La pluralité des langages

À côté de cette riche école catalane s'est développée, à Madrid, depuis 1955, une intense activité compositionnelle. Luis de Pablo et Cristóbal Halffter en sont les deux principaux représentants. Après une première étape postsérielle jusqu'aux années 1967, de Pablo aborde les genres les plus divers, de l'électroacoustique au théâtre musical. Il semble suivre les caprices de la « mode » tout en restant fidèle à une pensée logique et unitaire. La valeur expressive est liée au besoin de trouver une technique nouvelle. Dans *We* (1969), pour bande, il n'hésite pas à piller la tradition extra-européenne et occidentale de manière plus systématique que dans *Heterogeneo* (1968). Mais c'est certainement avec la série des *Éléphants ivres* (1972) que son procédé du collage et de l'intégration d'éléments anciens paraît le plus novateur. Un motet de Victoria anime la composition entière ; par sa double lecture mesurée et amesurée, il donne une pulsation régulière à l'orchestre, tout en ménageant des épisodes disparates avec des chutes de tension brutales.

De la contemplation à l'expressionnisme, dans les œuvres de De Pablo, les recherches de timbres ou de densité sonore s'intègrent à une polyphonie admirablement réglée. Dans *Yo lo vi*, « Je l'ai vu » (1969), traitant des désastres de la guerre, un chœur de 12 chanteurs souligne tous les effets psychologiques. Les respirations, les souffles succèdent aux cris et confèrent à l'œuvre un hyperréalisme bouleversant.

Si, dans *Invitación a la memoria* (1978), le compositeur résout un problème technique, celui de la vitesse et de ses limites sur l'instrument, dans *Zurezko Olerkia* (1975) il joue avec un monde rythmique étonnant.

Ainsi, chez de Pablo, une idée engendre une œuvre. Après *Chamán* ou *Visto de Cerca* (1975-1976), qui abordent des problèmes humains

Luis de Pablo (né en 1930)

Luis de Pablo est né à Bilbao. Dès 1952, il termine ses études de droit à Madrid et reprend ses études musicales d'une façon privée. Après quelques essais sériels, il refuse la technique apprise dans sa rigueur pure et, en 1954, introduit des éléments plus libres. En 1959, il fonde le groupe *Tiempo y música,* qui présente au public de Madrid la plupart des œuvres de chambre contemporaines espagnoles et étrangères. Nommé président des Jeunesses musicales espagnoles, il visite, à partir de 1960, les cours d'été de Darmstadt. Le premier studio électroacoustique espagnol (*Alea*) est fondé, en 1965, sous sa direction. Enfin, depuis 1967, de Pablo a résidé à Berlin, aux États-Unis, au Canada, en France, en Suède, et ses œuvres ont été jouées dans les principaux centres musicaux du monde. Il vit actuellement à Madrid et s'est consacré exclusivement à la composition ; sa vaste érudition lui permet d'aborder les genres les plus divers.

métaphysiques et physiologiques, son langage prend une tournure inédite critiquée, à l'époque, par ses contemporains. *Tinieblas del agua* (1978) puis le *Concerto pour piano* (1980) s'apparentent, pour certains, à un retour aux sonorités romantiques ou classiques. Des accords parfaits se succèdent au sein d'une somptueuse orchestration. À la vérité, de Pablo est persuadé de l'existence de contrepoints et d'harmonies inusuelles qu'il convient de retrouver, pour « tisser humblement des trames sonores » encore inusitées.

De la théorie à l'humanisme

Cristóbal Halffter (né en 1930, à Madrid) occupe aussi une des premières places dans la création contemporaine. Dès 1958, avec l'*Introduction, final, et fugue,* il tente le passage du postnationalisme au sérialisme. Presque au même instant, dans les *Cinq Microformes* (1960), il s'affirme comme un grand technicien de l'orchestre et prépare les spectaculaires « peintures instrumentales » de *Tiempo para espacio,* « Temps pour la durée », de *Espejos,* « Miroirs », ou de *Pinturas negras,* « Peintures noires », qui le rendront célèbre autour des années 1970. Pour l'heure, en 1962, il exploite le mobilisme et, avec sa *Symphonie pour trois groupes instrumentaux* (1963), il imite magistralement la *Gruppen-Form* de Stockhausen. Parallèlement, le compositeur élabore la « théorie des anneaux », où la récurrence continue de diverses périodes musicales se superpose avec le retour de fréquences temporelles distinctes. *Líneas y puntos* (1966), *Antiphonismoï* (1967), *Anillos* (1968) disent la suprématie, la perfection de l'instant, tantôt concentré en un point, tantôt étalé dans la durée.

Cristóbal Halffter, lui aussi solitaire dans l'Espagne de la postguerre civile, se pose en musicien humaniste. « La création musicale, avoue-t-il, naît en moi à cause d'un besoin de communiquer à travers les sons et les silences dans le temps et l'espace. » De la *Noche passiva del sentido,* « La Nuit passive du sens » (1969), à *Gaudium et spes,* « Joie et espérance » (1973), ou à la cantate *In expectatione resurrectionis Domini,* il s'engage dans la voie du mystère et de la défense des idéaux et valeurs de notre civilisation. Avec le *Chant pour les victimes de la violence, Yes speak out,* « Oui, parle ouvertement », ou *Requiem pour la liberté imaginée* (1970), il s'insurge contre toute atteinte à la dignité de l'homme.

Halffter recherche une musique pure mais porteuse de messages spirituels.

Le style et l'idée

De la même génération que Halffter, Ramón Barce (né en 1928) et Carmelo Bernaola (né en 1929) ont des esthétiques diamétralement opposées. Barce s'impose très tôt comme le défenseur de toutes les avant-gardes. Pour faire évoluer le sérialisme intégral, il crée, sur le plan de l'écriture, de petites cellules homogènes qui assurent à l'ensemble l'unité de construction. Dans *Parábola,* cela rejoint même l'idée bien connue d'« objet sonore ». Cependant, ce compositeur s'affirme plus comme penseur de nouveaux systèmes ; ses « harmonies de niveaux », longuement décrites dans sa revue *Sonda,* ressemblent, de très près, à la métatonalité de Ballif. Dans les *Études de densité* et *Siala,* pour clarinette, il en donne une application intéressante.

Bernaola est bien plus un « artisan de la musique » qu'un faiseur de systèmes. Pourtant, avec *Constantes* et la *Sinfonietta progresiva* (1961), son écriture relève du sérialisme généralisé, auquel se joignent des combinaisons variées et personnelles. Son style prend une réelle autonomie dès le groupe d'œuvres intitulées *Superficías 1, 2, 3* (1961-1963). Ici et dans *Heterofonías,* grâce aux techniques aléatoires, il jongle avec des densités sonores préalablement définies. Issues de la même veine créatrice, les *Polifonías* de 1969 et l'*Oda für Marisa* inaugurent un langage de coloriste structuraliste. Fort de cette pensée musicale, depuis 1973, Bernaola aborde les genres les plus variés, de la tradition basque au délire poétique avec *Ayer soñaba,* « Hier, je rêvais qu'il rêvait », en hommage à Machado.

Parmi les jeunes compositeurs espagnols, Tomás Marco (né en 1943) est déjà passé, en 1980, par les différents stades de l'écriture contemporaine. Du constructivisme de *Glasperlenspiel,* « Jeu des perles de verre » (1964), il s'oriente vers l'objectivisme dans *Car en effet* (1969), puis vers le théâtre musical avec *Anna Blume* (1967), les *Cantos del pozo artesiano,* « Chants du puits artésien » (1967), et *Küche, Kinder, Kirche,* « Cuisine, enfants, église » (1968).

Sa notation, de caractère flexible, témoigne d'une conception de la musique comme art du temps. Dans *Aura* et *Vitral* (1969), par une simplification du matériau sonore, le compositeur éclaire diverses relations psychoacoustiques, alors que dans *Rosa Rosae* (1969) l'ambiance obsessionnelle de la répétition produit un effet hypnotique. Enfin, avec des œuvres telles que l'*Invitation au voyage* (1971) ou *Nuba* (1973), Marco réalise une synthèse de toutes ses expériences syntaxiques ; la seconde est un hommage abstrait à la riche veine musicale arabo-andalouse.

Un peu plus tard, dans *Pulsar* (1986), pour orchestre de chambre, Marco revient à des préoccupations métriques purement techniques. Le titre a certaines résonances astronomiques et, dans un sens, il y a rapport avec les pulsations et tours rapides des pulsars célestes. Mais, surtout, il s'agit d'une étude sur la pulsation musicale ainsi qu'un travail de formes sur un matériel toujours égal et toujours changeant. Ne cherchons pas, pour autant, un rapprochement avec la musique répétitive américaine, mais plutôt une intention de mettre en valeur certains éléments de la psychologie de l'écoute : une constante de la production de Marco est de créer avec eux un univers formel très abstrait et, en même temps, très expressif.

Emmanuel Nuñes (1941, Lisbonne) suit une voie personnelle mêlant, outre les thèmes musicaux, tout un réseau de contingences philosophiques et spirituelles. Son art occupe une place prédominante sur la scène européenne et s'articule autour d'une pâte sonore dense, compacte, peu brillante mais forte d'événements concentrés. Un piétinement obstiné, au cœur d'un jeu instrumental incessant, creuse la matière sonore au plus profond d'elle-même. Ses œuvres pour chœur, orchestre ou instruments solistes suivent

Tomas Marco (né en 1942)

Tomas Marco est né à Madrid. Il fait ses études de violon et de composition en même temps que ses études secondaires, de droit et également de psychologie et de sociologie. Il a travaillé la composition en France et en Allemagne avec Boulez, Stockhausen, Ligeti, Maderna et Adorno. En 1967, il est collaborateur de Stockhausen dans l'œuvre collective *Ensemble.* En 1969, Marco a obtenu le prix national de Musique d'Espagne et fut primé par la Fondation Gaudeamus en 1969 et 1971, par la VIe Biennale de Paris, la Tribune internationale des compositeurs de l'U.N.E.S.C.O. en 1976. Prix du Centenaire de Casals, etc., il est considéré comme l'un des plus remarqués des compositeurs espagnols actuels. Depuis 1962, il exerce la critique musicale, et a publié plusieurs livres. Pendant onze années, il travailla aux services de musique de la Radio espagnole et, en 1981, il a été directeur général de l'Orchestre national d'Espagne. Depuis 1985, il dirige le Centre pour la diffusion de la musique contemporaine à Madrid, ainsi que le Festival international de musique contemporaine d'Alicante. Pendant trois ans il a été professeur d'histoire de la musique à l'université Uned de Madrid, ainsi que professeur de composition du conservatoire supérieur de Madrid, activités qu'il a abandonnées pour se consacrer à la composition et à la création musicales.

un schéma semblable où le temps paraît dépendre de l'action instrumentale, vibrante, hors de ses limites habituelles.

Techniques de composition

En Espagne, si le sérialisme a été, à un moment donné de l'histoire, une nécessité, les compositeurs ont vite éliminé l'intangibilité de la doctrine pour n'en retenir que l'esprit. Chacun s'est efforcé, au fil des œuvres, d'élaborer lentement sa technique personnelle.
Partout ailleurs dans le monde, d'autres musiciens ont attiré d'emblée l'attention par l'authenticité et le caractère unique de leur démarche. Au lieu d'inscrire leurs considérations théoriques dans un système global, ils se sont forgé un style personnel qui, en y regardant de plus près, aurait pu faire école.

Charles Ives (1874, † 1954)

Charles Ives est né dans le Connecticut en 1874 et mort à New York en 1954. Enfant, il commença des expériences sur les sons : pour reproduire les sonneries des cloches, il fabriqua une machine qui jouait les quarts de ton. En 1907, il fonda une compagnie d'assurances pour pouvoir subvenir à ses besoins financiers et composer sans soucis matériels. En 1930, sa santé s'étant altérée, il prit sa retraite et cessa même de composer. Ses œuvres sont réellement en avance sur leur temps. Il a laissé un catalogue abondant de créations dont plusieurs symphonies, de la musique de chambre, et plus de cent mélodies inspirées des *folk-songs* américains.

L'invention

Ainsi Charles Ives a-t-il été souvent pris en exemple par les jeunes générations. On a vu en lui un visionnaire et un précurseur non conformiste au sein de la musique contemporaine.
Dans les œuvres du compositeur, les dissonances, l'indépendance des parties orchestrales abondent. Celles-ci intègrent même des fragments cités de *folk-songs*, de danses, d'hymnes religieuses, transformés ou mêlés pour créer un véritable flot de sons. Ives, comme Webern, est un compositeur profondément concerné par les problèmes de l'être et du devenir, de la réalité et de l'illusion, de la nature même de l'existence de l'homme.
La philosophie du musicien est inspirée par les vues des transcendantalistes de la Nouvelle-Angleterre qui habitaient Concord, petite ville du Massachusetts. Ives a évoqué leur réussite dans sa *Concord Sonata*, pour piano, dont les quatre mouvements portent pour titre les noms des membres de cette école : Emerson, Hawthorne, The Alcotts, Thoreau. Emerson, « le sage de Concord », le *leader* du groupe, pensait que l'intuition est la seule manière de comprendre la réalité. Il affirmait que chaque homme participe à l'« âme supérieure », c'est-à-dire Dieu. Ives reprend ces idées et s'efforce de les exprimer dans des œuvres telles que *The Unanswered Question*, « La Question sans réponse » (1908).
Cependant, sur le plan de la pratique musicale, ce compositeur reste un empiriste. Disséminés à travers son œuvre vaste et désordonnée, on trouve un grand nombre de morceaux, courts pour la

Giacinto Scelsi (1905-1988)

« un officier de marine déclare la naissance de son fils
escrime échecs latin
une éducation médiévale
un ancien château dans le sud de l'Italie
Vienne
travail sur la dodécaphonie
Londres, mariage
réception à Buckingham Palace
Inde
(Yoga)
Népal
Paris
concerts
(œuvres qui ont laissé des traces dans les fissures)
ponts
(conversations avec des clochards, volées par le courant)
survivent des poèmes incombustibles
à Rome
sons
vie solitaire
sons
négation de ce qui rend l'homme opaque
quelque chose oubliée ? »

G. Scelsi, Ed. Salabert, Paris.

---

plupart, qui isolent et poursuivent avec vigueur des découvertes techniques que ses contemporains européens allaient développer bien plus tard. Mais il semble que ce soit surtout le goût de l'expérimentation qui l'ait poussé à écrire ses pièces musicales. Dès qu'il percevait des possibilités plus vastes, plus systématiques, Ives avait tendance à s'en désintéresser et à passer à autre chose ; « C'est trop facile, n'importe quel lycéen pourrait en faire autant », disait-il de l'assemblage complet des 12 notes de son chant *Les Masses* (1914). Ainsi, chacune des œuvres de ce créateur apparaît-elle comme un tourbillon d'inventions jetées sur le papier, intuitivement. La génération américaine plus jeune, avec Henry Cowel (1897, † 1965) ou Harry Partch (né en 1901), saura suivre les leçons d'originalité de ce maître génial.

De même, dans d'autres pays européens, on retrouve des personnages imposants, extrêmement doués, hors normes, qui livrent leur message à un lot croissant d'élèves.

Pourquoi Scelsi dut-il attendre ces dernières années pour être redécouvert par les spécialistes (et encore trop peu par le public) ? lui qui connut ses premiers succès dès les années 1930 – notamment par la création à Paris de *Rotative* (direction, Pierre Monteux) – resta dans l'anonymat le plus complet après la guerre, jusqu'à l'excellente initiative de l'Ensemble 2E 2M qui décida, voilà peu d'années, de lui consacrer un disque. Sans doute était-il trop en avance sur son époque ? Son esprit d'indépendance, comme Varèse ou, plus près de nous, Barraqué, le plongea dans une grande solitude par rapport au milieu musical. Et pourtant, en lui, à travers ses recherches radicales, parfois teintées d'ésotérisme ou de mysticisme, se reconnaissent aussi bien Ligeti, Feldman que bon nombre de compositeurs de la jeune génération actuelle. À travers *Quattro Pezzi su una nota sola* (1959), ou *Hurqualia* (1960), on peut constater la contemporanéité de Scelsi.

Imprégné d'Orient mais riche de culture occidentale, Giacinto Scelsi apporte un total inédit, une incroyable brèche dans la forteresse de la musique contemporaine. Alors que tous les systèmes s'épuisaient d'eux-mêmes, par son sens du temps, de la microtonalité, des couleurs instrumentales étranges et de la spiritualité, il ouvre des horizons interplanétaires. Des pièces comme *Okanagon* (tam-tam, harpe, contrebasse, 1968), *Dharana* (1975), le *4e Quatuor* (1964), *Khoom* (1962), *Pranam I* et *II* (1972-1973) situent des degrés d'originalité où la sève de l'écoute renouvelée et profonde paraît inépuisable. Les titres de ses œuvres sont d'ailleurs révélateurs de ces voies autres qu'il propose : *Aïon* (1961, pour grand orchestre), quatre épisodes d'une journée de Brahma, *Uaxuctum* (1966, orchestre et chœur mixte), la légende de la cité maya, détruite pour des raisons religieuses, *Pfhat* (1974), « un éclat... et le ciel s'ouvrit », *Anaganim* (1965), celui qui choisit de revenir ou pas. La liste serait très longue, tant son catalogue d'œuvres reste impressionnant. Son écriture se caractérise souvent par des valeurs qui s'étalent incommensurablement dans le temps, sans début ni fin, comme le pense Scelsi, persuadé d'avoir vécu « avant », « pour participer à la construction du forum » face à sa maison romaine.

Si un compositeur comme Giacinto Scelsi a été surnommé « le Charles Ives d'Italie », on établirait vite une comparaison identique pour Olivier Messiaen (1908-1992), par exemple, sorte « de Victor Hugo en ce siècle ». Néanmoins, ce dernier musicien a consigné plus rigoureusement ses innovations pour tendre progressivement vers une technique précise de composition.

Suggérer l'immatériel

De manière à se dégager du cadre tonal, le compositeur Olivier Messiaen structure l'espace tempéré mélodiquement et polyphoniquement grâce à ses « modes à transposition limitée » – qu'on ne peut transposer qu'un nombre réduit de fois, sous peine d'obtenir le même résultat – ; dans son ouvrage *Technique de mon langage musical* (1944), il en inventorie sept. Parallèlement, sur le plan rythmique, en utilisant des rythmes « non rétrogradables » – dont l'ordre des valeurs reste le même de gauche à droite ou de droite à gauche –, il confère à son matériau de base un sens de la symétrie identique à celui des modes à transposition limitée.

Cependant, Messiaen n'érige aucun système, et, depuis la création du groupe Jeune France (1936) avec Daniel-Lesur, Yves Baudrier et André Jolivet, il reste fidèle à la devise suivante : « Lutter pour rendre à l'art ses valeurs humanistes. » Mais son langage garde avant tout la marque de sa foi chrétienne, dont il essaie de transmettre le message. Le temps est chez lui immatériel, et sa technique l'aide à le suggérer. Dans des œuvres telles que les *Couleurs de la cité céleste* (1964), *La Transfiguration de notre seigneur Jésus-Christ* (1965-1969), *Des canyons aux étoiles* (1971-1974), *Saint François d'Assise* (1983), on devine l'extase et l'émerveillement du compositeur devant le christianisme. Messiaen se défend d'être mystique et veut écrire une musique qui exprime « la fin du temps », l'ubiquité, le corps glorieux, les mystères divins : « un arc-en-ciel théologique ». Saisi d'admiration devant le monde créé par Dieu, il se met à l'écoute des sons de notre planète provenant de toutes les cultures ou des chants d'oiseaux.

À partir de 1952, Messiaen assume véritablement la tâche d'un musicien ornithologue. *Le Merle noir* (1952), *Le Catalogue des oiseaux, Chronochromie* (1960), *Sept Haïkaï* (1963) comptent parmi ses plus belles réussites. En spéculant sur les rythmes complexes des chants d'oiseaux ou des cent vingt *deci-tâla* de l'Inde, il s'impose comme un grand novateur rythmicien. La philosophie, l'humanisme et la pensée quasi ascétique du bouddhisme le fascinent aussi tout au long des dix mouvements de sa *Turangâlila Symphonie* (1946-1948). L'élan d'une inspiration féconde jaillit à

Olivier Messiaen (1908-1992)

Olivier Messiaen est né à Avignon. De 1919 à 1930, il fait ses études musicales au conservatoire de Paris, chez Paul Dukas (composition) et M. Dupré (orgue). En 1929, il est refusé au prix de Rome, entreprend une étude approfondie des rythmes hindous et grecs et découvre l'art oriental. Organiste à l'église de la Sainte-Trinité, à Paris, dès 1931, il établit, sous l'influence du peintre Blanc-Gatti, une série de correspondances entre sons et couleurs. Durant ses deux années de captivité pendant la guerre, il écrit le *Quatuor pour la fin des temps* (1941). En 1947, Messiaen est nommé professeur d'analyse musicale, d'esthétique et de rythme au conservatoire de Paris. Puis il prend en main une classe de composition jusqu'en 1978 ; sa renommée atteindra les principaux pays du monde entier.
Comme Varèse, Messiaen a prospecté des régions inconnues, du pas bien assuré d'un savant explorateur doublé d'un théoricien méthodique. L'inventeur des rythmes non rétrogradables, des *Modes de valeurs et d'intensité* (1949), l'analyste profond du *Sacre du printemps*, le pédagogue écouté ne pouvait donc pas manquer d'exercer une influence déterminante sur toute la jeune génération et en particulier sur Boulez et Stockhausen.

tout instant. « Celle-ci, a dit le compositeur, nous heurte, nous possède comme une idée fixe, comme l'amour. L'inspiration est comme l'amour. »

La force incantatoire

On retrouve chez André Jolivet (1905, † 1974) les mêmes caractères. Mais ce musicien conçoit le merveilleux et la magie de manière plus brutale et primitive.

Sans avoir écrit de « traité de composition » comme son ami Messiaen, Jolivet s'est également penché sur des problèmes d'écriture et a établi une théorie personnelle. Avec le principe de la « double basse [écrit Serge Gut], il superpose deux fondamentales évoluant selon leurs propres séries d'harmoniques. Parallèlement, grâce à l'usage de la " résonance inférieure ", il fixe, parmi les harmoniques inférieurs possibles d'un accord, les résultantes graves de cet accord. »

En troisième lieu, André Jolivet utilise « les transmutations de la matière sonore », c'est-à-dire « des modifications brusques de volume » obtenues par l'addition, à une ligne mélodique, d'éléments harmoniques que celle-ci détient en puissance à l'état brut. Toutefois, de *Mana* (1935) à la *Seconde Symphonie* (1964), toutes ses considérations ne seraient rien sans la dynamique, l'élan dionysiaque, « ce sens de la projection » du son qui animent ses œuvres. La vitalité des *Concertos pour trompette* (1954) ou *pour percussion* (1958) prouve que le rythme jaillit de l'être entier. Chez Jolivet, tout « sonne » de manière incantatoire, comme une immense prière païenne, tantôt sauvage, tantôt lyrique. « Je reste de plus en plus persuadé, écrivait-il, que la mission de la musique est humaine et religieuse (dans le sens de *religare*). Il faut donc relier l'homme au cosmos. »

Quelques musiciens plus jeunes se sont tournés vers Messiaen et Jolivet, intéressés autant par la technique de composition que par le message spirituel de ces créateurs. Jacques Charpentier (né en 1933) est allé chercher en Inde la source de son travail sur les modes. Il a élaboré une série d'échelles de sept sons, sur lesquelles, au moyen de combinaisons multiples, s'appuie une grande part de sa musique. Avec les *72 Études karnatiques* pour piano, il fait écho à la conception du temps de Messiaen. Charpentier évoque tout le mystère, l'ascétisme et la sensualité de l'Inde. On retrouve ces mêmes données dans le *Livre d'orgue* (1973) et la *Troisième Symphonie* (1964), dite *Shiva Nataraja*. Dans cette dernière, il part d'une danse traduisant l'équilibre incessant entre création et destruction, l'existence mortelle et le soi indestructible, le mouvement et l'immuable, le temps présent et l'éternité. Plus qu'un système de composition, c'est la méditation sur l'homme qui attire Charpentier et régénère sa pensée.

La micropolyphonie

Parmi les tenants de l'avant-garde internationale, György Ligeti, après avoir rejeté les concepts arbitraires de multisérialisme, tente d'établir un nouveau style polyphonique à partir de combinaisons linéaires extrêmement serrées. Avec cette « micropolyphonie », influencée des modèles électroacoustiques, il pratique l'esthétique de la continuité dans des pièces telles qu'*Apparitions* ou *Atmosphères* par exemple. Ligeti est un intuitif, soucieux d'organiser ses formes à partir d'une expérience sonore concrète.

De ce travail « au cœur du son » naissent, entre 1962 et 1968, les *Aventures et Nouvelles Aventures*. Le compositeur compare cet ouvrage à une conversation imaginaire où consonnes, syllabes et intonations caractéristiques bâtissent un langage original. Les parties vocales et instrumentales forment une entité inséparable. Des gémissements, des cris d'angoisse ou de menace s'entremêlent de façon chaotique et engendrent des situations parfois amusantes, parfois terrifiantes. Il en résulte une sorte de langue originelle mimétique très raffinée grâce à l'emploi complexe de la phonétique moderne.

À côté de cette technique d'écriture, où le moindre détail prend sa valeur par rapport à la multitude des événements sonores, Ligeti procède par transformations progressives d'un *continuum* de lignes superposées reliant des séries de groupes statiques. Sa pensée provient d'un fait concret qu'il décrit ainsi : « Je pense à une surface d'eau, sur laquelle une image se reflète. Cette surface se ride au fur et à mesure, et l'image disparaît progressivement ; l'eau redevient lisse, et nous voyons une autre image. » Le *Requiem* (1963-1965) ou le *Concerto pour violoncelle* (1966) expérimentent ce principe. Ligeti ne se satisfait plus de trames compactes et serrées – grâce à l'imbrication de secondes mineures les unes dans les autres, comme pour *Volumina* – mais revient à de plus nettes configurations d'intervalles et d'harmonies. Ces dernières se transforment en véritables piliers d'angle dans *Lontano* (1967). « Au sein d'une surface opaque », écrit le compositeur, « se dessinent les traces d'une nouvelle constellation de hauteurs d'abord à peine audibles. Mais les différentes voix se fondent progressivement en un seul intervalle qui, plus tard, se tiendra en pleine lumière. »

Avec le *Second Quatuor à cordes* (1968), en « retenant les gestes expressifs » des œuvres de Mozart, Bartók, Berg ou Debussy, le compositeur relie ses deux modes d'écriture : l'élément statique et la fragmentation. De même, avec *Ramifications* (1969) ou *Kammerkonzert* (1970), il nous offre un condensé des divers procédés tels que le fondu enchaîné ou les « trames-durées ». L'idée fondamentale de la composition, chez Ligeti, est le passage d'une forme à l'autre. Dans *Clocks and Clouds* (1973) ou dans *San Francisco Polyphony* (1974), au sein d'une harmonie plus traditionnelle, son mouvement musical découle naturellement de « dissolutions, de transformations, de condensations et de matérialisations ».

La citation transcendée

Ligeti, comme d'autres compositeurs, amorce cependant le retour à une tradition plus classique, notamment par le biais de citations ou de collages. Ces procédés font d'ailleurs partie d'une technique de composition dont l'un des meilleurs représentants, depuis 1967, demeure l'Italien Franco Donatoni. À cette date, celui-ci commence

György Ligeti (né en 1923)

György Ligeti est né en Roumanie. Il fait ses études à l'Académie de musique de Budapest, où il est ensuite professeur d'harmonie et de contrepoint. Après avoir émigré en 1956, il travaille au Studio de musique de Cologne, en compagnie de Stockhausen. En 1959, il se fixe à Vienne et adopte la nationalité autrichienne. Ligeti a enseigné régulièrement aux cours de Darmstadt et à l'Académie de musique de Stockholm. Invité dès 1972 à l'université de Standford, il a été, également, depuis 1973, professeur de composition à l'Académie de musique de Hambourg. Il a publié de nombreuses études sur Bartók, Webern et Boulez.

à concevoir des processus automatiques et des raisonnements chiffrés sur des séquences sonores appartenant aux œuvres d'autres musiciens. Chez lui, la citation n'est jamais reconnaissable, grâce à toutes les transformations opérées.

Dans *Souvenir* (1967), le matériau d'origine est formé de 363 cellules tirées de *Gruppen* de Stockhausen. Donatoni élabore plus qu'il ne compose et veut se mettre « entre parenthèses », selon la devise de Mallarmé « Moi, je suis en dehors, simple lecteur ». « Dans cette pratique fascinante, écrit Donatoni, la non-œuvre réussit à nous toucher parce qu'elle est subjective, meurt dès sa naissance et n'en est que plus précieuse dans sa fuite. » *Etwas ruhiger in Ausdruck* (1967), *Solo* (1969), *Doubles II* (1970), *Voci* (1973) sont fondés sur la préexistence de cellules ou de phrases musicales empruntées à Bach, Schönberg ou Bussotti par exemple. Avec *Lied pour 13 instruments* (1972), le noyau originel consiste en 13 sons formant la séquence trouvée, soumise ensuite à 15 variantes : un module harmonique fixe permet la multiplication de la séquence. Pour Donatoni, la répétition ou l'imitation sont des gestes fondamentaux.

Pascal Dusapin (né en 1955) se situe en partie dans la descendance de Xenakis mais aussi de Donatoni. L'audition de ses musiques révèle également une préoccupation énergétique qui prendra plusieurs dimensions d'exploitations : étirements et dissensions, toujours suspendus et reculés dans le *Trio,* jaillissement de *Musique captive,* osmose(s) graduelle(s) d'une particule à l'autre dans *Inside.* Cet attrait d'un dynamisme sonore est sous-jacent à des questions

Franco Donatoni (né en 1927)

F. Donatoni est né à Vérone. Après des études aux conservatoires de Bologne et de Rome, il enseigne à Milan de 1955 à 1967. En 1968, il est nommé simultanément professeur de composition à Turin et à Milan, et a enseigné dans ces deux villes. Il a participé aux cours de Darmstadt et a obtenu de nombreux prix de composition, à Liège, au Luxembourg, à la S.I.M.C. (Société internationale de musique contemporaine). Depuis 1970, il a été professeur à l'Académie musicale de Sienne et à l'université de Bologne et a fait, ainsi, école parmi les jeunes.
Donatoni a écrit : « Ce qui guide constamment ma pensée, sans le concours de ma volonté, est le doute et la négation ! »

de sensations, de « plaisirs ». Ces partitions ne se veulent donc pas une interrogation réflexive sur leurs propres êtres, mais une pulsion vers d'autres secteurs de l'activité mentale et émotionnelle, vers d'autres fuites possibles...

L'œuvre : organisme en évolution

Comme Donatoni et Ligeti, d'autres musiciens plus jeunes restent fidèles à un principe qu'ils élargissent au fil des œuvres. La démarche de Tristan Murail (né en 1947) est, à cet égard, significative. Ainsi, dans *La Dérive des continents* (1973) et dans *Sables* (1975), le compositeur laisse la structure à nu pour offrir une perception où l'on saisit surtout les différences entre les éléments juxtaposés. « C'est le changement, déclare-t-il, sa nature, sa vitesse qui sont composés et qu'il faut écouter. » Avec cette conception, l'œuvre s'apparente à un organisme en évolution.
Au-delà de cette idée, Murail reproduit les techniques électroacoustiques par le biais de l'écriture même et pense qu'une reconstruction du monde sonore est possible. Dans *Mémoire-érosion* (1976), il passe progressivement du son au bruit à l'instar d'une bande plusieurs fois recopiée où naissent le souffle et les parasites.
Chez Gérard Grisey (né en 1946), autre membre du groupe l'Itinéraire (1973), on retrouve une problématique de même nature. Les divers processus de mutation d'un son constituent la base de l'écriture musicale du compositeur. Le matériau est sublimé par son

« devenir sonore ». Ainsi, *Dérives* s'identifie au parcours d'un bateau. Au fur et à mesure que l'on s'éloigne d'une trajectoire idéale, on se rapproche du silence. Comme chez Murail, dans *Partiels* (1976), *Modulations* ou *Périodes*, les lois acoustiques permettent à Grisey d'inventer un nouveau type de timbre synthétique.

L'intégration du bruit blanc intéresse aussi Michaël Levinas (né en 1947) et Hugues Dufourt (né en 1943). Levinas emploie souvent le son complexe formé du son originel d'un instrument à vent et des vibrations du timbre d'une caisse claire placée à proximité, comme dans *Voix dans un vaisseau d'airain*. De même, avec *Appels, Arsis* et *Thésis ou Froissements d'ailes*, il crée une logique organique de sonorités et de formes dépendant des nécessités fondamentales de son système harmonique.

Dufourt travaille sur un matériau allant du son sinusoïdal au bruit blanc. Il cherche à transcrire et à maîtriser des phénomènes d'ordre dynamique en constante interaction : transitoires, bruits, résonances, sons complexes. Déjà, avec *Mura della cittá di Ditte* (1969), des trames ou des blocs épais de nature mouvante apportaient quelque renouveau sur le plan du timbre. Mais c'est surtout avec *Saturne* (1978) que Dufourt exploite un monde de sons hybrides en combinant attaques, « grains », souffles et sons multiphoniques. Parallèlement, il vise à donner une dimension esthétique aux « formes acoustiques qui sont des formes en croissance ».

Pour François Bousch (né en 1946), René Koering (né en 1940), Roger Tessier (né en 1939) ou Allain Gaussin (né en 1943), la réunion de deux lutheries – l'une instrumentale, l'autre électronique – permet d'envisager des types de rapport qu'il était difficile de prévoir auparavant, puisque le seul traitement de l'élément acoustique se limitait aux techniques mêmes de l'instrument, donc à un facteur mécanique. L'apport électronique qui joue ici à la fois un rôle de miroir et de générateur permet l'agrandissement du phénomène acoustique et sa mutation constante. Il est possible d'envisager alors l'apparition d'une nouvelle organologie. Sur le plan formel il est préférable de considérer le son même comme l'indispensable centre de forces d'où naissent les tensions, les masses, les ruptures, substituant au développement linéaire le développement agrégatif.

Tous ces musiciens du groupe « Itinéraire » ou proches de lui (tels que Bruno Ducol, né en 1943, Étienne Rolin, né en 1953, ou Denis Cohen, né en 1952) travaillent d'une façon inédite sur les phéno-

L'Itinéraire

L'Itinéraire est né officiellement en janvier 1973, créé par un groupe de compositeurs et d'interprètes, dans le propos de lutter contre le grand vide dont souffrait alors la musique contemporaine en France. Les traits distinctifs de l'Itinéraire sont, d'une part, que l'ensemble est composé d'une équipe permanente de musiciens, et, d'autre part, qu'il s'agit d'une entreprise collective, cristallisant autour d'elle les courants les plus représentatifs des nouvelles générations de compositeurs. Enfin, l'Itinéraire offre les outils instrumentaux et électroniques capables de répondre aux besoins des musiciens, en une sorte de laboratoire permanent d'expériences sonores nouvelles.

mènes acoustiques, leur évolution et leur intégration dans la partition musicale.

Autres tendances, personnalités de premier plan

L'Angleterre sur la scène internationale

Benjamin Britten (1913, † 1976) tente le premier de redonner une vie compositionnelle à son pays. De *Peter Grimes* (1945) à *Mort à Venise* (1975), il renoue avec la tradition de Henry Purcell tout en s'inspirant des mouvements musicaux les plus divers. Sa popularité croît cependant à mesure qu'il s'éloigne des courants d'avant-garde pour se tenir, sur le plan esthétique, à mi-chemin entre Debussy et Stravinski.

Britten est avant tout un homme de théâtre, doué d'un grand sens du drame. Dans des opéras comme *Billy Budd* (1951) ou *Le Tour d'écrou* (1954), son écriture, d'une grande efficacité et d'une remarquable économie de moyens, lui sert à exprimer « le monde de la terreur spirituelle provoquée par des hantises socialement inavouables ». Michaël Tippett (né en 1905), comme Britten, se tient à l'écart des modes musicales et apporte sa conception originale dans de nombreux opéras. En revanche, des compositeurs comme Peter Maxwell Davies et surtout Harrison Birtwistle (né en 1939) manifestent leur volonté d'intégrer les courants avant-gardistes. Les influences de Xenakis ou Cage se perçoivent chez Birtwistle, jusque dans le choix de ses titres : *Nomos* (1968), *An*

Imaginary Landscape (1971), *Chanson de geste* (1973). Cependant, sa riche personnalité s'affirme dès 1971 avec *Meridian*. Ici, c'est la voix qui génère les mouvements instrumentaux. Les chœurs, par exemple, tout en jouant avec de petites percussions, imitent leur sonorité et miment les gestes des musiciens. Ce sens du théâtre musical prend toute son ampleur dans *For o, for o, the Habby Horse in forgot* (1978), où l'influence du nô affleure à travers les mouvements brusques des percussionnistes, entrecoupés de longs intervalles de silence.

La jeune génération britannique, bien connue en France grâce aux festivals de Royan, Metz, La Rochelle, ou aux concerts de Radio-France, regroupe des personnalités intéressantes, telles que Michaël Finissy (né en 1947), Roger Smalley (né en 1943) et Brian Ferneyhough (né en 1943). La préoccupation fondamentale de ce dernier est, dès 1967, la construction d'un univers discursif se suffisant à lui-même pour chaque œuvre. Dans *Epicycle* (1968), Ferneyough invente des « règles du jeu déterminantes pour toutes les constellations structurelles ». L'œuvre est pour lui un champ d'opérations hermétiquement clos, à l'intérieur duquel l'artiste doit trouver sa propre originalité.

Avec *Sieben Sterne* « Sept étoiles » (1970), le compositeur adopte une méthode de progression dialectique par la confrontation de phénomènes considérés comme incompatibles. Ce goût pour les contrastes se manifeste encore dans *Transit* (1972-1975), aux nombreuses structures cycliques. Chacune de ces « typologies d'actions distinctes » sert à diriger la perception vers un aspect différent du temps et de son articulation.

Pour lui, un élément musical possède des qualités radicalement différentes selon qu'il est présenté comme la trace évidente d'un processus achevé ou comme un « donné » concret, résultat et but d'une invention non médiatisée. Par analogie, Ferneyhough imagine une espèce de forme dans laquelle tous les événements sonores constituants seraient formulés de manière à permettre le rayonnement différencié de leurs particules en une couronne à la tête de hiérarchies classificatrices : c'est ce monde de forces fébrilement articulé qu'il fixe avec ardeur sur la partition d'*Unity Capsule* (1982, pour flûte).

Nouvelles couleurs orchestrales

La recherche de timbres nouveaux agencés par le biais d'une écriture issue de la tradition permet à certains compositeurs de se spécialiser dans l'orchestration ou l'instrumentation.

Yoshihisa Taira (né en 1938) déclare : « Autour de nous flotte une infinité de sons dont certains nous touchent plus intensément que d'autres. Commencer à faire de la musique équivaut pour moi à écouter vivre attentivement chacun des sons que j'ai retenus. La musique est un verbe vivant, concret. » Taira restitue ces sons avec le chant vibrant d'une prière. Dans *Hiérophonie V* (1974), il semble que chaque instrument retrouve librement la respiration du corps. Enfin, le compositeur de *Sonomorphie III* et de *Convergence II* cherche à évoquer « la sérénité de l'âme dans la vibration continue des instruments ».

N'guyên Thiên-Dao (né en 1940) se situe plus dans l'orbite des musiques concrètes, malgré son désir de confronter ses origines orientales à l'art occidental. Ses instruments dépeignent autant la nature environnante – celle de son pays – que ses états d'âme, de la solitude au désespoir ou à la mort. La première partie de *Camatithu* (1974) représente le déchaînement des forces de la nature. Les instrumentistes frappent sur des bouteilles, des planches, des pierres ou des enclumes. Plus loin, l'amplification d'un bruissement de feuilles mortes ou de glissements métalliques traduit la solitude tandis que le hurlement des sirènes annonce la destruction et la mort.

Les démarches de Dao et Taira sont donc différentes par la nature des corps sonores employés mais se rejoignent par la force de communication qui les anime.

Les plasticiens de l'orchestre

Henri Dutilleux. Pour lui, selon Pierrette Mari, la force incantatoire ne provient d'aucun système d'écriture. Toutefois, ce compositeur instinctif canalise son inspiration après une méditation rigoureuse. Sur le plan technique, il affectionne les alliages de timbres nouveaux, qu'il assemble en un grand contrepoint riche de rencontres. « Je n'ai, dit-il, jamais pu vraiment accepter, dans la musique sérielle, l'abolition de toute hiérarchie. Dans mes œuvres, on trouve de nombreuses références à cette notion de hiérarchie, par l'emploi de notes pivots, de pédales, de thèmes d'accords. » Épris de rigueur, le musicien retient toutefois de la leçon sérielle une organisation particulière du matériau qui exclut les risques d'anarchie.

Comme chez Varèse ou Jolivet, le fait musical s'apparente, pour Dutilleux, à une forme de cérémonie, à quelque chose de très proche du passé, avec sa part de mystère et de magie. Ainsi, il

Henri Dutilleux (né en 1916)

Henri Dutilleux est né à Angers, mais il est, comme le compositeur Albert Roussel, originaire du Nord ; Jean Roy écrit : « Je remarque chez lui un mélange de douceur angevine et de résolution nordique. Parce qu'il travaille lentement, scrupuleusement et ne se résigne qu'au chef-d'œuvre, ce compositeur a relativement peu composé. Mais si l'on considère moins le nombre et la durée matérielle de ses œuvres que leur densité, leur résonance intérieure, le long sillage de rêve, d'émotion, de poésie qui prolonge leur audition, on peut dire que ce musicien nous a donné beaucoup de musique. Ce qui assure à Dutilleux une place exceptionnelle dans la musique de notre temps, c'est la subtile et mystérieuse fusion qui s'accomplit dans son œuvre, entre la clarté de l'écriture et l'obscur des songes qu'elle traduit en enchaînements d'une logique musicale absolue. » (Pochette de son disque *Métaboles.*)

donne au *Concerto pour violoncelle* le titre évocateur de « Tout un monde lointain », et à celui pour violon : « L'arbre des songes ». Avec la *Deuxième Symphonie,* dite « *Le Double* » (1959), l'idée de base rappelle la définition du concerto grosso : deux personnages en un seul, l'un étant comme le reflet de l'autre, son double. Le compositeur obtient des éclairages mouvants, un relief sonore brillant, où les résonances se répondent comme en écho.

Les symphonies de Dutilleux sont à considérer plutôt comme des polyphonies pour grand orchestre. Avec les *Cinq Métaboles* (1964), il présente une ou plusieurs idées dans un ordre ou sous des aspects différents, jusqu'à leur faire subir, par étapes successives, un véritable changement de nature grâce à la loi du métabolisme. La note pivot prend, elle aussi, la valeur d'un symbole, comme si elle constituait la ligne médiane d'un fronton vers laquelle tout converge au début, et de laquelle tout s'éloigne pour achever sa course.

Au-delà du procédé, Dutilleux crée une atmosphère poétique, chaleureuse, en donnant le meilleur de son univers intérieur et imaginaire.

Charles Chaynes (né en 1925). Dans cette lignée, Chaynes conçoit un langage de timbres et de sonorités insolites pour répondre à ses besoins d'expression. La passion, la sensualité et le tragique

alternent au cœur d'une œuvre riche en contrastes. Dans ses concerti pour orchestre à cordes, pour trompette ou pour violon, ainsi que dans ses *Expressions contrastées,* le dialogue entre les différents protagonistes devient combat, pour renforcer la tension dramatique. De même, avec les *Peintures noires,* Chaynes nous parle du monde déchiré de Goya, tandis qu'avec *Joutes* (1974) il oppose deux instruments rarement confrontés : le clavecin et l'orgue. « *Joutes,* écrit le compositeur, est affrontement, combat, tournoi ou, pourquoi ne pas l'imaginer ? corrida. » Charles Chaynes explore le monde sonore à la façon d'un électroacousticien mais reste, dans ses meilleures pièces, un plasticien de l'orchestre.
La volonté de déployer le potentiel expressif des instruments a fait inclure, chez certains, l'électroacoustique au sein de l'orchestre. La *Pop-Symphonie* de Yanos Komives (né en 1932) comprend une seconde version, afin que, comme dans les orchestres pop, le jeu de chaque musicien soit sonorisé avant d'être renvoyé dans l'espace de l'auditorium. Le public reçoit ainsi des sensations sonores inattendues.

En marge des « écoles »

Marius Constant (né en 1925). Possédant un art souverain dans le maniement des timbres, Constant se rapproche de Dutilleux et de Chaynes par sa passion du corps sonore et sa volonté d'explorer des « régions musicales inconnues ».
Depuis les *24 Préludes,* pour orchestre, de 1959, son originalité de style ne cesse de croître. Il déduit la forme de la matière et introduit peu à peu l'improvisation dirigée, où la source sonore apparaît indissolublement liée à un mode de jeu particulier. Dans *Les Chants de Maldoror* (1962), le chef modèle sa partition selon une série de gestes déterminants pour le rythme ou la dynamique. On devine l'influence du texte de Lautréamont : « Le verbe déclenche le geste, qui, lui, engendre la musique. »
Quelques années plus tard, avec *Stress,* pour ensemble classique et groupe de jazz, Constant propose une autre manière de réunir des sources disparates. Il s'approprie toutes les formes d'actions musicales qui le touchent, des rythmes « carrés » de la percussion aux sons puissants du trombone ou de la trompette. L'ensemble « chante » avec souplesse et vigueur. Chaque groupe est dirigé par un pianiste ; des contrastes admirablement travaillés naissent entre la technique du jeu de Martial Solal et celle de Marius Constant.

Le chef-d'œuvre de ce compositeur demeure cependant les *14 Stations* (1970), pour percussion et six instruments. Malgré la diversité des timbres utilisés, la percussion est traitée comme personnage central, masse sonore à vocation expressive. Les autres instruments jouent le rôle du chœur : ils commentent l'action et y participent par des jeux appelés à enrichir les timbres des percussions.

Comme Marius Constant, Antoine Tisné (né en 1932) touche, mais de façon différente, aux extrêmes des possibilités instrumentales. Qu'il s'agisse de sa musique pour piano, des parties solistes de ses *Concerti* ou de son *Mobile de Calder* pour clavecin, il impose à ses interprètes des difficultés transcendantes enchevêtrées dans une écriture très dense où passe toujours le souffle d'élans lyriques.

Fortement influencé par les mystères du cosmos, Tisné transpose dans son langage les vives impressions qu'ils font naître. Avec *Cosmogonie* (1967), *Solars Vortices* (1971), *Stellae borealis* (1974), ce compositeur, « attaché à aucun poncif » – écrit Pierrette Mari –, « s'éloigne de tout système desséchant et préfabriqué, au profit d'un flot généreux d'idées ».

Enrico Correggia (né en 1933), compositeur turinois longtemps directeur du festival Antidogma – grande semaine de musique contemporaine à Turin –, reste aussi en dehors de tout courant esthétique ou philosophique. Après ses premières expériences structuralistes, il oriente son discours vers ses maîtres idéaux que sont Ligeti, Nono ou Scelsi. Son langage d'avant-garde, qui pourrait être défini comme monotonal au sens large du terme, tient toujours compte d'une poésie intérieure et de ses exigences. Cela n'exclut pas l'usage de principes formels, voire mathématiques. Ainsi *Duna* ou *Gia l'Eolia di notte* traduisent cette force intérieure déterminant l'alliance du timbre à la structure, tandis que *From the Dark Silence* (1987) ou *Océans inconnus,* dans un temps allongé, déroulent leurs stances d'écoute sonore imagée.

Betsy Jolas refuse également d'appartenir à une quelconque école, jugeant dangereux de brimer l'élan de liberté que chacun porte en soi. Guidée par un sens poétique tout en finesse, elle se montre réticente à l'égard du sérialisme et opère une synthèse personnelle des langages vivants. Attentive à la magie du son instrumental, c'est à la voix, cependant, qu'elle confie initialement l'expression de son lyrisme. Le *Quatuor II* (1964) rend compte de la parfaite fusion des instruments et de la voix : le *soprano* remplace le premier violon. Quelques années plus tard, avec la *Sonate à 12* (1970), « les voix n'imitent plus les instruments mais se comportent comme

---

Betsy Jolas (née en 1926)

Betsy Jolas est née à Paris. De 1940 à 1946, elle fait des études aux États-Unis (au lycée français de New York, puis à Bennington College). Pendant cette période, elle participe comme choriste, pianiste ou organiste aux concerts des Dessoff Choirs. Elle découvre ainsi les grands polyphonistes : Machault, Josquin, Lassus, dont l'influence se fera sentir tout au long de son œuvre. De cette riche expérience chorale, Betsy Jolas garde une prédilection marquée pour la voix, à laquelle elle a consacré de nombreuses œuvres. En 1946, elle s'installe définitivement à Paris et y termine ses études avec Darius Milhaud et Olivier Messiaen.
Assistante de la classe de composition au Conservatoire national supérieur de musique en 1971, elle y est nommée, en 1975, professeur d'analyse supérieure.

---

eux ; elles jouent le même rôle essentiel dans le déroulement de l'œuvre », d'où le titre *sonate* et le refus du texte.
Afin de donner une réplique à ce travail vocal, Betsy Jolas écrit *Well met,* pour 12 cordes, et désire bâtir une « forme sur l'expression ». Elle renonce également à « toute tradition de stylisation des mouvements fondamentaux de notre sensibilité ». En fait, Jolas se limite à deux ordres de recherche : rigueur et expression. C'est le propos de *Musique de jour pour orgue* (1975), double hommage à Bach et Monteverdi. Avec une sorte de fugue à 4 voix *in genere rappresentativo* (« dans le genre représentatif »), elle concilie ces deux mondes trop souvent opposés. De même, dans *Stances,* pour piano et orchestre (1978), on remarque plusieurs hommages discrets à Chopin et Debussy, grands maîtres du piano. Betsy Jolas affectionne toutes les possibilités d'ouverture à l'intérieur d'anciens systèmes et semble apprécier en eux la chance de liberté qu'ils procurent au créateur.
Betsy Jolas peut être considérée actuellement comme le chef de file de toute une floraison de compositeurs femmes. Parmi elles, Nicole Lachartre (né en 1934), transfuge du G.R.M., personnalité singulière préoccupée de métaphysique et de théosophie, pourrait constituer – toutes proportions gardées – le pendant féminin de Pierre Henry. Mise à l'écart par le milieu musical contemporain, elle n'en a pas moins constitué un catalogue d'œuvres assez important.

Sur la nouvelle génération de compositeurs français

« Composer, pour moi, ne consiste pas seulement à écrire des œuvres de concert destinées à être réalisées par une catégorie limitée de musiciens professionnels (...). Par une série d'ateliers, je souhaiterais faire entrer dans le vif de certains axes de réflexion, de pratique des nouvelles musiques ; et une telle activité me semble précisément complémentaire de la démarche du concert, en ce qu'elle permet une plus grande intimité avec le " faire " musical, qu'elle remet un moment en question les coupures entre le compositeur, l'interprète, le public. »

Jean-Yves Bosseur (né en 1947).

Michèle Reverdy (née en 1943) se situe dans la lignée de son aînée et considère la composition comme l'épreuve d'une forme. L'œuvre part d'un matériau de base unique et se déroule en une série de transformations progressives, attachées plus particulièrement à la couleur et à la matière. D'autres compositeurs français comme Alain Louvier (né en 1945), Michel Zbar (né en 1942), Gérard Masson (né en 1936), Didier Denis (né en 1947) ou Marc Bleuse (né en 1939) tentent eux aussi d'élargir les systèmes musicaux en vigueur depuis près de trente ans. Leur effort se porte sur les conséquences qu'il est possible de tirer de ces expériences récentes. Chacun livre sa solution aux innombrables problèmes qui naissent des imaginations les plus fortes.

De grandes orientations se font jour dans chaque pays. Ainsi, l'étude des œuvres de Philippe Boesmans (né en 1936), de Pierre Bartholomée (né en 1937) et de Henri Pousseur permettrait de dégager, par-delà la personnalité très affirmée de chacun d'eux, certains centres d'intérêt communs, au point qu'on parlera peut-être un jour d'une « école liégeoise ».

Musique et avenir

Dans un catalogue idéalement complet, on distinguerait des théories et des langages similaires, imités ou copiés, mais aussi personnels et dignes d'alimenter une recherche plus approfondie. Ces dernières pages sont finalement un compromis entre l'étude des compositeurs déjà réputés, ce qu'ils ont légué à leurs élèves ou à leurs proches et ce que ces derniers en ont tiré. Tout en refusant de se plier simplement aux caprices de la mode, nombreux sont ceux qui ne s'en tiennent pas à des principes acquis et investissent beaucoup dans cette quête d'un art nouveau. Derrière les grands noms de musiciens connus du public se cachent d'autres personnalités attentives aux moindres développements de la pensée. On s'aperçoit plus tard que leurs œuvres peuvent rivaliser avec celles de leurs contemporains ou, du moins, qu'elles nous en offrent un aspect complémentaire. Ce ne sont pas les Monteverdi, Bach, Beethoven, Debussy ou Boulez qui, à eux seuls, pourraient rendre compte de l'activité et de l'élan musical d'une époque donnée. Ici, nous avons voulu montrer l'importance de chaque musicien, ce qui le différencie, et l'indispensable pierre qu'il apporte à l'édifice entier de la musique que ses successeurs se devront de connaître.

Le mouvement continu des idées

Au cœur du mouvement continu des idées, l'artiste prend position. Ses choix déterminent les temps forts de l'évolution générale et ont une incidence sur tous les problèmes relatifs à la musique. L'art lui-même et aussi la pédagogie et la musicologie bénéficient de cette avancée. Une nouvelle notation, de nouveaux procédés d'écriture, un style orchestral inédit, l'invention de genres musicaux modifient nos considérations les plus stables ainsi que la philosophie de la musique elle-même. Si l'introduction de dissonances à la fin du XVIIIe s. nous oblige à nous interroger sur la notion du « beau » en art, au XXe s. les musiques électroacoustiques – parlant un langage imaginaire – changent nos habitudes de perception en s'adressant plus directement à notre être tout entier.
La musique modifie le quotidien en s'insérant inéluctablement dans notre société. Elle participe activement à tous les changements sociaux et fait du compositeur le témoin de son temps. Platon n'écrivait-il pas : « On ne change rien dans la musique qui n'entraîne un changement dans les affaires de l'État » ? De la sorte, on comprendra sans doute mieux que l'art musical ne s'enfouit pas sous la haute stature des maîtres anciens mais reste un acte « vécu », et que le compositeur, l'interprète, l'auditeur « vivent »

ensemble des « moments musicaux » qu'ils projettent sans cesse vers le futur.

« L'œuvre consacre l'échec de toute théorie » (Paul Klee)

Lorsque nous nous penchons sur l'histoire et l'analyse d'une œuvre, du Moyen Âge à nos jours, ce qui nous paraît le plus génial s'écarte de la doctrine des théoriciens. Jamais le début du *Quatuor « Les Dissonances »* de Mozart n'aurait été signalé au préalable dans quelque traité d'harmonie que ce soit. En outre, si nous avons pu évoquer le style musical d'une décennie, par exemple, ce n'est qu'après une observation minutieuse du travail accompli par les compositeurs. On en retient la substance générale, mais les subtilités du langage restent des faits isolés. Une théorie s'en dégage, mais demeure un « modèle » inimitable dans ses détails pour le vrai créateur. Les compositeurs les plus renommés ont finalement compris qu'un système, une invention ne présentent que peu d'intérêt en soi ; Stockhausen lui-même avoue que ce qui importe, c'est la réalisation musicale. Ainsi l'imagination, véritable « oreille » du compositeur, reprend-elle le dessus par rapport à la théorie.

On distingue donc clairement aujourd'hui un abandon de la rigidité des systèmes, un « non » dit ouvertement à ces dangers d'emprisonnement. Beaucoup de grands noms de la création musicale, nés autour des années 1925, avaient prédit ces nouvelles perspectives fin de siècle : « nous avons beaucoup cherché et expérimenté ; les jeunes le feront moins et travailleront davantage sur ces acquis ». On pourrait ajouter que l'accumulation des expériences s'accompagne aussi de l'accumulation des interférences musicales. Les musiques balinaises qui avaient tant séduit Debussy sont, maintenant, les musiques traditionnelles du monde entier, y compris le rock ou le jazz qui envahissent le champ des possibles. Le compositeur, aux abords de l'an 2000, a donc lui aussi repris son bâton de pèlerin, a réintégré son bateau ivre pour de « grands départs inassouvis ».

« Aujourd'hui au contraire la désaffection à l'égard de la création musicale a atteint jusqu'à l'intelligentsia, qui pérore volontiers sur les produits stéréotypés du show-business, sans d'ailleurs jamais parler de musique, et pour cause. La critique musicale est en voie de disparition, quantitativement et qualitativement, remplacée progressivement par des publicités opportunistes ou par l'indifférenciation mercantile américaine. Le prêt-à-porter et le fast-food étant devenus des normes, l'existence même de compositeurs classiques apparaît aux yeux de beaucoup, dans le meilleur des cas comme une survivance pittoresque ; quelque chose entre le charron et la carmélite. »

*François-Bernard Mâche (*Les Cahiers du C.I.R.E.M.*, n° 22/23, 1992).*

Pierre Albert Castanet

UN KALÉIDOSCOPE FIN DE SIÈCLE

Alors que la géographie politique brouille les cartes, l'art vit confortablement à la charge des lois postmodernes. Devant l'avant-garde en échec et l'art contemporain en danger de mat, le jeu s'embourgeoise et la culture paraît presque truquée.
La fin de notre XXe s. mène ainsi un combat d'arrière-garde, quelque peu résignée et fataliste. Tandis qu'un fonds salutaire de la musique populaire reste aux aguets (sur une ligne de revendication et d'audace sonore comme sur un plan strictement lucratif), la musique savante des années 1980 et 1990 semble ressasser les idéologies de nos ancêtres dans l'ordre d'une postmodernité hybride aux ambitions quasi neutres, tantôt indifférente, tantôt déconcertante.

Histoire sociale et géopolitique

Au cœur d'une crise généralisée que nul ne peut résorber à court terme, les idées d'avant-garde et d'expérimentation sauvage sont devenues simples parenthèses de l'histoire. L'esprit de fusion symbolique – post-soixante-huitard – n'est plus vraiment lié aux événements circonstanciés d'une révolution culturelle mais semble, pour une bonne part, plutôt assujetti aux gigantesques rouages d'une révolution numérique soumise aux impératifs de la vente, des bénéfices et des rentabilités de toutes sortes.
À l'heure où le monde économique laisse s'écrouler certaines barrières frontalières, la culture s'inscrit dans d'autres réseaux interactifs. Ainsi, en circonscrivant de nouvelles frontières, outrepassant

---

La **world music** (musique du monde) est un concept qui a fleuri au début des années 1980 dans le domaine de la musique de variétés. Le concept veut cerner la fusion d'influences multiples provenant de la musique des cinq continents. Par la suite, il sera employé pour désigner le tissage pluriethnique de toutes les musiques (du *Latin jazz* à la musique contemporaine s'appropriant les éléments extraeuropéens, de Don Cherry à John Cage, de Peter Gabriel à Jean-Louis Florentz).

---

les anciennes nations, les relais de communication modernes ont engendré un univers artistique nivelé, impressionnant de neutralité. Flirtant avec le concept de *world music* (musique du monde) standardisée, l'art savant parallèle semble être imposé par le circuit cosmopolite non pas de la consommation de masse mais plutôt d'un *star-system* interne, d'aura relativement intime. Des relevés de ventes aident à la confection de programmes qui plaisent, avec des « noms » de compositeurs ou d'interprètes obligés, favorisant par le biais de commandes officialisées (État, Régions, festivals, orchestres, musées, radio, mécènes privés) tout un lot de « créations mondiales » ou de « premières françaises ».

L'alibi de l'Europe

Néanmoins, ces dernières années, l'Europe naissante a servi, en tant qu'alibi fédérateur, aux destinées esthétiques de la programmation sélective. Il n'en est que d'examiner cet échantillon culturel français qui couvre le tout début des années 1990 : les 22es Semaines musicales internationales d'Orléans (1990) intitulées « Frontières éclatées » (créations de Sun Ra, Nicola Cisternino, Jean-Claude Wolff, Philippe Schoeller, Francis Bayer, Iancu Dumitrescu) ; le Festival Musica de Strasbourg (1991) fêtant « l'adhésion de la Pologne au sein du Conseil de l'Europe » (créations de Fabrizio de Rossi Re, Jonathan Harvey, James Dillon, Crichan Larsson, Maurizio Posati, Jean-Baptiste Devillers, Jean-Claude Eloy, Kasper Toeplitz, Iannis Xenakis) ; le Festival international de musique contemporaine de Radio France « Paris-Présences 92 » sous-titré « L'Europe des jeunes compositeurs » (créations de Frédéric Durieux, Frank Krawczyk, Gérard Pesson, Stéphane Bortoli, Joao Rafael, Ernst Bechert, Philippe

Haïm, Ionel Petroï). Sous la plume de Claude Samuel, la saison musicale 1993-1994 de Radio France se voulait « lisztienne et tout en même temps européenne » (créations de Georges Aperghis, Carlos Roque Alsina, Michael Lévinas). En 1993, le collectif parisien de l'Itinéraire qui fêtait ses 20 ans déclarait se renouveler en ces termes : « L'ensemble accueille dans son comité de programmation les compositeurs européens et la nouvelle génération (Alejandro Vinao, James Wood, François Paris, Shuya Xu, Fausto Romitelli, Pierre Albert Castanet, Stefano Gervasoni). »

Opera mundi : *la représentation du monde*

À la suite des écrits de Theodor Adorno, on peut dire que la musique continue à se présenter comme le miroir sonore des faits et gestes sociopolitiques. Ainsi, à l'instar de quelques pièces signées par Ludwig van Beethoven, Charles Ives, ou Dimitri Chostakovitch, certaines compositions impliquent un rapport direct à la politique, à la société, ou à la culture mondiale. « Notre époque est tout sauf saine – proclame le compositeur Klaus Huber en 1988 ; les œuvres de l'art, et pas même celles de la musique, ne peuvent la guérir. » Ainsi, le *rap song* banlieusard, la *noisy pop* ou la *pogo dance* néonazie, comme l'œuvre de Luigi Nono ou la pensée de Helmut Lachenmann, crient sans lassitude aucune la discordance du temps. Si la quasi-totalité du monde fait la sourde oreille aux échos de l'histoire immédiate (désintégration de l'Union soviétique, conflit des Balkans, génocide rwandais, lutte civile algérienne), quelques compositeurs se sont faits les porte-parole de ces bouleversements majeurs récents. Alors que pour Friedrich Hegel « l'artiste comme le héros ne sait pas ce qu'il fait », pour d'autres, la conscience morale et civique reste d'une évidence perfective. L'effet de destruction du mur de Berlin a suscité symboliquement l'éclatement de la forme musicale des *Onze Inventions* (1988) pour quatuor à cordes de Philippe Fénelon (né en 1952), onze mouvements remplaçant les quatre généralement admis dans l'ordonnancement classique. La même année, Jean-Louis Petit (né en 1937) compose la *Petite Pantomime sur Tchernobyl* pour piano. Empreinte de « révolte et de douleur », cette page qui se souvient par moments de l'esthétique

Rap, noisy pop et pogo dance

Fondé sur un rythme de paroles renforcé sur les temps forts, le **rap** est né dans les années 1970 dans les quartiers noirs de New York. Servant la « nouvelle poésie urbaine », les chansons sont accompagnées par des matériaux de récupération (échantillons de vieux disques ou fragments de discours au rebut) mixés et arrangés par le biais de la technologie. Depuis 1980, le genre a su enthousiasmer toute une génération de banlieusards européens qui se plaît à reconnaître, à travers cette culture de masse, une expression de la crise sociale.

La **noisy pop** est un courant anglo-saxon qui privilégie les sons déstructurés, sales et saturés d'une avant-garde post-punk.

Dans le courant punk, la **pogo dance** consiste à sauter sur place en molestant son entourage.

d'Olivier Messiaen est ouvertement dédiée à la tragédie de l'usine nucléaire soviétique qui a fait grand bruit. De même, une des mélodies de Pascal Arnault (né en 1966) intitulées *Comme une chapelle ardente* (1992), sur des poèmes de René Velter, se remémore l'atmosphère meurtrière de cette catastrophe industrielle (le poète y note en substance que la traduction française de Tchernobyl n'est autre qu'« herbe noire »).

L'art et la guerre

Halabja (1990) pour cordes et percussions est écrit par le mahlérien Philippe Chamouard « à la mémoire des victimes kurdes », et sa *Symphonie n° 2* (1994) pour mezzo-soprano et orchestre est sous-titrée *Sarajevo. Le Lamentum* extrait des *Incantamenta* (1991) de James Wood ainsi que la *Second Symphony* (1991) d'Aaron Jay Kernis (né en 1960) ont été composés en réponse à l'horrible massacre d'innocents survenu durant la première guerre électronique (la guerre du Golfe). À l'image des bombardements ultraviolents, la coda de la symphonie kernisienne fait entendre un « immense souffle qui écrase tout ». Ainsi, renforcée par une orgie de percussions, l'œuvre se termine « dans un élan dévastateur », tient à déclarer le compositeur.

Portons aussi notre regard sur les diverses messes des morts et les prières : le *Requiem pour les victimes de la Mafia* (1993) de l'Italien

Marco Tutino, *Hiroshima Requiem* (1989) du Japonais Toshio Hosokawa (né en 1955). Élève à Berlin d'Isang Yun, puis de Klaus Huber à Fribourg, Hosokawa a ordonnancé sa plainte en un diptyque : *La Nuit* (prélude orchestral écrit d'après le psaume de David n° 69) et *Mort et Résurrection* (pour récitants, solistes, chœur mixte, chœur d'enfants, orchestre et bande incluant, outre des bruits d'explosion, des bribes de discours de Hitler et de Tojo Hideki). Avec ... *U vremenu rata*... (1993-1994) – titre serbo-croate signifiant ... *En temps de guerre*... – du Suisse Gérard Zinsstag (né en 1941), écoutons un autre cri d'impuissance. Pensée symboliquement pour percussion solo, cette dernière pièce est l'expression d'une révolte ostensible contre le drame du peuple yougoslave. L'opéra du Finlandais Aulis Sallinen intitulé *The Palace* (1995) est écrit sur un livret d'Irène Dische et du philosophe Magnus Ensenberger. Polysémique, cette œuvre satirico-lyrique tient à dénoncer sans concession toutes les formes de dictature. Remarquons aussi *In a Low Voice* (1991-1995) de Pierre Alain Jaffrennou (né en 1939) d'après des textes de poétesses libanaises. Conçue pour soprano, clarinettes, violoncelle, claviers, chœur d'enfants enregistré et projection vidéographique (images d'actualités numérisées puis traitées par ordinateur), la fresque pluridisciplinaire veut « d'une guerre à l'autre » – entendez de Beyrouth à Sarajevo – traiter de « l'horreur des massacres aveugles de civils ».

Enfin, la *Symphony 1997* (*Heaven Earth Mankind*) du Chinois Dun Tan (né en 1957) veut célébrer l'acte historique de la réunification de Hongkong avec la Chine. Pensée comme un vaste panneau vocalo-instrumental, cette symphonie met en scène de vieilles cloches *Bianzong* ainsi que d'autres instruments campanaires impériaux de très grande valeur, mais aussi un chœur d'enfants, un orchestre philharmonique et un violoncelle soliste.

Musiques savantes/musiques populaires

Suivant l'exemple des siècles passés, la musique savante du XXe s. a passablement collaboré avec les genres et les styles de la musique dite légère ou de variétés.

Un **harmoniseur** (*harmonizer*) se définit comme un variateur de vitesse numérique qui peut réguler des hauteurs de notes, réaliser des doublures de sons ou créer des effets spéciaux du type « son inversé ».

Pop music et consorts

Les compositeurs ont vite su intégrer les composantes de l'instrumentarium électrique à vocation populaire. De fait, souvent couplé avec les instruments à vent pour la qualité de l'amalgame empirique d'harmoniques résultants, l'orgue électrique a intégré l'orchestre dès 1960 (Paul Méfano, Philip Glass, Steve Reich) et, plus rarement, les formations de musique de chambre. Après Harrison Birtwistle, d'autres préféreront la sonorité froide du piano amplifié, comme celle de *Tangata IV* (1995) de José Luis Campana (né en 1949) ou de *La lumière n'a pas de bras pour nous porter* (1994) de Gérard Pesson (né en 1958), ou la sonorité anti-naturelle du piano électrique de *Sculpture II* (1981) de Magnus Lindberg (né en 1958), de *Three Screaling Popes* (1989) de Mark-Anthony Turnage (né en 1960). À la suite des tentatives de Bernd Alois Zimmermann et de Luciano Berio, certaines œuvres se tourneront vers le clavecin amplifié, comme *Marges I* (1989) de Frédéric Durieux, *Braises* (1994) de François-Bernard Mâche, ou vers le clavecin électrique, comme *Jakob Lenz* (1977-1978), opéra de chambre de Wolfgang Rihm ; d'autres encore sauront apprivoiser le violon électrique, comme *Silicon Music* (1997) de Pascal Zavaro (né en 1959).

Équipés des premiers orgues-synthétiseurs, les compositeurs parisiens de l'Itinéraire ont écrit dès la fin des années 1960 pour une lutherie électronique prometteuse (*Jour, contre-jour*, 1978-1979, de Gérard Grisey). À noter la composition *Vivente-non vivente* (1970) pour synthétiseur et bande magnétique de la Russe Sofia Goubaïdulina (née en 1931). D'autres poursuivront le chemin ouvert par les aînés : *Eros Machina* (1977-1978) pour guitare électrique, guitare basse et bande magnétique de Marc Monnet (né en 1947), *Diadèmes* (1986) pour instruments à vent et claviers de Marc-André Dalbavie (né en 1961), *Rock/Paper/Scissors* (1990-1994) pour violon, violoncelle, synthétiseur et guitare électrique de Scott Johnson, *Les Quatre Champs de l'ombre blanche* (1992) pour soprano,

---

Le **C.R.I.S.S.** – Collectif de recherche instrumentale et de synthèse sonore – a été proche des activités de l'Itinéraire (1977-1979). Réunissant des compositeurs (Hugues Dufourt, Tristan Murail et Alain Bancquart) et des interprètes, l'association a défendu sans concession les objectifs suivants : recherche systématique des possibilités de production et de transformation des sons électriques en direct ; investigation méthodique des nouvelles ressources de l'instrument traditionnel et de la voix ; réflexion collective sur les nouvelles catégories de la pensée musicale. (Voir *Mémoire / Érosion,* 1976, de Tristan Murail, *L'Amant déserté,* 1978, d'Alain Bancquart, *Saturne,* 1979, d'Hugues Dufourt.)

---

flûtes, harpe, deux claviers avec dispositif électronique de François Paris (né en 1961), *Crepusculo* (1995) pour soprano, clarinette, violoncelle et synthétiseur de Jean-Baptiste Devillers (né en 1953). Accordée en quartes et tierce, la guitare électrique déploie une aura naturelle (comme par sympathie) quand le jeu ébranle les notes fondamentales des cordes à vide. Producteur de classes de sons hybrides, l'instrument de Jimi Hendrix (1942-1970) se pare le plus souvent d'artifices jouant sur la spatialisation (effets de diffusion circulaire, d'émergence sporadique, de profondeur impressionnante). La guitare électrique possède également de multiples filtres (aigu, médium, grave), des égaliseurs, des vibratos « wah-wah » à transformations automatiques ou manuelles, des délais (différents types d'échos analogiques), des modes de compression du son ou d'attaque coupée (grâce à une pédale d'expression), une palette de retardements sonores plus ou moins longs, un nuancier de crescendo avec variations progressives d'enveloppes de timbre, des réserves de distorsions comprenant différents degrés de saturation (*overdrive, flanging, phasing*), un jeu monodique d'harmoniques obtenus avec un archet électronique (*E-Bow*)...
Membre du C.R.I.S.S., Alain Bancquart a placé dans le troisième mouvement de sa *Première Symphonie* (1979) deux guitares électriques munies de pédales de double octave basse (*octave divider*) afin de remplacer avantageusement le son des contrebasses à cordes traditionnelles. Depuis 1950, avec notamment les *Studi per « il Processo » di Kafka* de Bruno Maderna, la guitare électrique est

employée par toutes les générations pour ses timbres ultrarayonnants, et plus récemment parmi les œuvres des plus jeunes : *Electric Lied* (1984) d'Anders Nordentoft (né en 1957) ; *Trans-Errance II* (1986) de Bruno Giner (né en 1960) ; le cycle *Aimantés* (1990), *Deixis* (1991) ou *Elektrische Erlösung* (1991) du guitariste polonais Kasper T. Toeplitz (né en 1960) ; *Return from the Hunt* (1991) du Belge Baudouin De Jaer ; *Myrtle and Mint* (1991), *Physical Property* (1992), *Cairn, Grungy* (1994), *Deal* (1995) de l'Américain Steven Mackey (né en 1956). La partition du postmoderne new-yorkais (issu du monde du hard rock) Rhys Chatham intitulée *Warehouse of Saints, Songs for Spies* (1989-1991), écrite pour cent guitares électriques, guitare basse et percussions, prend place dans une histoire de l'orchestre. Saluée par la critique, elle a été créée lors du Festival Musica à Strasbourg en 1991.

Enfin, si la guitare basse des groupes pop a été utilisée dans les phalanges orchestrales savantes des années 1960-1990, du *Concerto pour violoncelle et orchestre* (1967-1972) de Krzysztof Penderecki au *Momentum* (1990-1991) de Mark-Anthony Turnage, elle a surtout joué un rôle prépondérant dans l'enrichissement de l'instrumentation des œuvres de grands formats, telles qu'opéras, musiques de scène,de ballets, de films, ou fresques religieuses : *Die Teufel von Loudun* (1968-1969), opéra de Krzysztof Penderecki ; *The Mask of Orpheus* (1973-1984), opéra de Harrison Birtwistle ; *Die Eroberung von Mexico* (1987-1991), opéra de Wolfgang Rihm ; *Miserere* (1989-1990) pour soli, chœur et orchestre d'Arvo Pärt ; *I Was Looking at the Ceiling and Then I Saw the Sky* (1995), song-play de John Adams ; la musique (1995) de Martin Matalon (né en 1958) pour le film *Metropolis* (1925-1926) de Fritz Lang.

Jazz, rock, rap savants

Après les tangos revisités par Erik Satie, Isaac Albeniz, Darius Milhaud, Mauricio Kagel, Jürg Wyttenbach ou les fox-trot enluminés par Maurice Ravel, Paul Hindemith, Édouard Erdmann, les cake-walks de Claude Debussy, les ragtimes de Charles Ives ou d'Igor Stravinsky, après les rocks imaginés par György Ligeti et par Alexandre Aronovitch Knaifel ou les jerks signés conjointement par Pierre Henry et Michel Colombier, une frange de la musique contemporaine s'est penchée sur les topiques de la musique pop et consorts (Theo Loevendie, Hans Werner Henze, Salvatore Sciarrino, Jean Schwartz, John Zorn). Dans la lignée des néoclassiques, le

Français Pascal Zavaro a tenté « d'aborder la question de l'influence de la musique populaire sur des formes musicales plus élaborées ». De la bouche du compositeur, l'utilisation de matériaux « vulgaires » ou négligés par les « canons esthétiques » a semblé « très naturelle et stimulante ». Il a ainsi aimé taquiner le mambo, le slow ou le boogie-woogie : *Boogie* (1993) pour quintette avec clarinette, *Trois Danses en sextuor* (1994).

Après leurs grands aînés (Bernd Alois Zimmermann, Bernard Parmegiani, Marius Constant, Rolf Liebermann), de jeunes compositeurs (Pascal Dusapin, Frédéric Durieux, Philippe Durville, Laurent Martin, Philippe Haïm, Luca Francesconi, Fausto Romitelli, Christian Lauba) continuent à s'intéresser à la musique de jazz. Ainsi en témoigne la composition symbolique du pianiste polonais Janusz Kohut (né en 1955) intitulée *Jazz relabouré* (1981). Influencé par le balancement rythmique du swing, l'Anglais Steve Marcland (né en 1959) a écrit *Remix* (1986) puis *Principia* (1989) pour ensemble de jazz. De son côté, le Français Philippe Hurel (né en 1955) avoue avoir été bercé par les succès du jazz et du rock de son adolescence (Jimi Hendrix, John Mac Laughlin, Chick Corea, Jaco Pastorius, Herbie Hancok). S'appropriant l'énergie rythmique très efficace de ces musiques de grande diffusion, il a écrit *Kits* (1996) pour l'effectif en sextuor des Percussions de Strasbourg auquel s'ajoute une bande magnétique comportant une véritable partie de guitare basse et de congas. Prévue pour compléter un concert où cohabitaient des œuvres de Frank Zappa, Carla Bley et Martial Solal, l'œuvre de Philippe Hurel revendique la fusion non dissimulée d'éléments pleinement jazzistiques (« funky » dans la coda, nous confie le compositeur) avec des figures de syntaxe « savantes ».

Après David Bedford, Cornelius Cardew, Michael Gordon ou Jean-Yves Bosseur, d'autres se sentent plus proches du rock'n'roll et de ses dérivés annexes : le Hollandais Louis Andriessen (né en 1939), auteur de *Hout* (1991) pour saxophone, marimba, guitare et piano, affirme être influencé par le courant afro-américain du rock. Élève de John Cage, le jazzman anglais Gavin Bryars (né en 1943), compositeur de *After the Requiem* (1990) pour guitare électrique et trio à cordes, a su débrider et mettre à profit son imagination jusqu'à laisser intervenir la notion de libre improvisation (*free music*). Si l'Américain John Adams (né en 1947) pense que toute sa musique « est imprégnée de pop américaine », en revanche Michael Daugherty (né en 1954) s'inspire de la mythologie « mass médiatique », symbole des États-Unis, pour composer des pièces

L'adjectif **funky** est utilisé le plus souvent dans l'acception qu'il a prise dans le début des années 1980 : un geste instrumental brut (parfois agrémenté de saccades électroniques) qui scande les chansons typées de Prince ou de Michael Jackson.
La **punkitude** a sévi en Angleterre durant les années 1970 pour dénoncer la rupture sociale du moment. Protestant contre l'institutionnalisation du rock, le slogan des punks était : « No future ».
La musique **new age** des années 1980 prône un nouvel âge. Sonorités relaxantes, improvisations méditatives, matériaux minimalistes, temps dilaté et lisse, trames électroniques non violentes sont l'apanage d'une quête d'« écologie sonore ».

héroïques à caractère funk (*Dead Elvis* pour ensemble, 1993). James Dillon a écrit des rythmes « clichés du langage rock » pour une batterie jazz dans *Ti.Re-Ti.Ke-Dha* (1979). Aaron Jay Kernis s'est inspiré de la caractérologie du disco afin d'écrire *100 Greatest Dance Hits* (1993) pour guitare et quatuor à cordes, et Philippe Manoury a placé au cœur de son opéra *60ᵉ Parallèle* (1995-1997) des éléments issus directement du rock (et même de la valse).
Les faits de société de masse sont devenus nôtres et sont entrés dans les mœurs savantes, preuve en est la *beatlemania*, qui est à considérer, en dehors de l'engouement strictement populaire, comme un acte révérencieux et référentiel de la part des compositeurs dits « sérieux ». Ainsi, la musique du groupe pop des Beatles (1959-1970) a été symboliquement intégrée ou citée dans les ouvrages musicaux suivants : *Stripsody* de Cathy Berberian, *Collage 2* d'Aldo Clementi, *Tango Chicane* et *I Ching* de Per Norgard, *Dona Nobis Pacem*, extrait du *Requiem für einen jungen Dichter* de Bernd Alois Zimmermann, *Take 91*, théâtre musical de Constança Capdeville, *I Was Looking at the Ceiling and Then I Saw the Sky*, song-play de John Adams. Les chansons du « quatuor » britannique ont également été arrangées par des personnalités aussi différentes que Toru Takemitsu, Pauline Oliveros, Michael Finnisy, Terry Riley, John Cage, Akira Nishimura, Christian Wolff, Walter Zimmermann, ou John King.
Se référant à l'esthétique mi-punk, mi-*new wave* du groupe britannique Police, *Random Access Memory* (1984-1987) pour guitares élec-

Apparues au milieu des années 1980, la **techno** et la **dance** – dont les feux sont retombés à la fin des années 1990 – sont des genres musicaux fondés exclusivement sur l'accentuation rythmique et dynamique de tous les temps, les autres paramètres n'étant qu'enjoliveurs accessoires (mélodie, instrumentation, accompagnement).
La musique **postindustrielle** découle de la musique de variétés dite « industrielle » née à la fin des années 1970. Privilégiant les rapports aux bruits sales plutôt qu'aux notes pures, elle utilise, en plus d'une formation traditionnelle de rock (chant, guitares électriques, claviers, basse, batterie), des sources sonores brutes et concrètes (enregistrées puis parasitées ou déformées) émanant de sites d'usine ou urbains. Dénonçant politiquement la société et ses crises, les dits et non-dits des messages postindustriels prônent un retour à des « actes originels ».

triques, batterie, percussion, synthétiseurs et ordinateurs de Tristan Murail (né en 1947) a été imaginé comme une « rock-messe ». Le bassiste-compositeur François Ribac (né en 1961) se servira également des atouts de la technologie de pointe pour arriver à ses fins créatives : *Un demi-siècle* (1995) est composé pour chanteuse, voix numérisée et bande magnétique. Si *Slow* (1990) pour ensemble orchestral de l'Anglais Graham Fitkin ne désavoue pas la culture dance et techno adulée par les adolescents, ainsi que les effets toniques du rock indépendant (le musicien se dit influencé par les groupes à la mode The Wire, Wedding Presents), Steve Martland (né en 1959) a utilisé récemment – à l'instar d'un Pierre Henry – un groupe d'instrumentistes « postindustriels » pour la réalisation d'un spectacle multimédia intitulé *Albion*.
Caractérisée par son parlé rythmique semblable à la technique du *Sprechgesang* schönbergien, la musique de rap née dans les ghettos du Bronx à la fin des années 1970 a marqué, elle aussi, un certain nombre de compositeurs d'obédiences extrêmement variées : Louis Andriessen avec *De Materie* (1989), spectacle scénico-musical, Aaron Jay Kernis avec *New Era Dance* (1992) pour orchestre, Hugues Dufourt avec une réplique enfantine au beau milieu de l'opéra *Dédale* (1994-1995), John Adams pour certains *songs* extraits de *I Was Looking at the Ceiling and Then I Saw the Sky* (1995) et

Andrea Liberovici avec *Rap* (1996). Cette dernière œuvre (sous-titrée « opérarap ») est née de la fusion heureuse de générations inventives : la première concerne la curiosité toujours active du librettiste de Luciano Berio, Edoardo Sanguineti (né en 1930), la seconde vise l'ouverture du jeune compositeur italien (né en 1962) au truchement poétique de la musique contemporaine. Pour le vieux poète, « le rap est quelque chose de frais, d'universel. C'est un produit dont la valeur est dans la consommation immédiate et aussi dans l'engagement ». Au sein de l'équilibre difficile de la réalisation artistique réside ici le sens de la théâtralité musicale, élevant le niveau du médium populaire au rang de valeur d'expression « savante ».

Musiques du monde

La circulation à travers le monde devenant de plus en plus aisée, quelques artistes se sont mis à étudier les us et coutumes des cultures extraeuropéennes. Après Giacinto Scelsi, Olivier Messiaen, Maurice Ohana, György Ligeti, Luciano Berio, Mauricio Kagel, Karlheinz Stockhausen, Jean-Claude Eloy, François-Bernard Mâche, Jacques Charpentier, Gérard Grisey ou les répétitifs américains, après les études de modes moyen-orientaux de l'Azerbaïdjanais Franguiz Ali Aga Kizi Ali-Zade (né en 1947) et les travaux spécialisés dans la musique des pays intertropicaux (années 1980) de l'ethnomusicologue Jean-Louis Florentz (né en 1947), mentionnons quelques sources d'influence de la jeune génération : l'expression orientale pour Édith Canat de Chizy, la méditation des bouddhistes zen pour Walter Zimmermann (né en 1949), la ritualité extraeuropéenne pour Dominique Lemaître, le geste sonore des griots d'Afrique pour Frédérik Martin, le timbre des percussions africaines pour Luca Francesconi et Christopher Rouse, la complexité rythmique des musiques d'Iran pour Jean-Marc Singier, l'art de l'improvisation des ragas de l'Inde pour Anthony Girard, les mystères du gagaku japonais ou de la rythmique rituelle grecque pour Thierry Pécou, l'« évidence corporelle » de la musique du Japon pour Pascal Zavaro.

En marge, on trouve quelques emprunts épars au fonds folklorique européen. En effet, on ne peut voir d'autre racine qu'un geste fortement hispanique dans la page pianistique abstraite de Mauricio Sotelo (né en 1961) intitulée *Musica Callada* (1994). Inaugurant les principes d'une « nouvelle fécondité d'expression », l'Écossais James MacMillan (né en 1959) puise ainsi directement ou indirectement dans la musique populaire de son pays (*The Confession of Isobel Gowdie,* 1990), mettant en exergue les archétypes intervallaires et ornementaux de la culture écossaise traditionnelle. Il en est de même, hors d'Europe, pour le Chinois Xiaogang Ye (né en 1955) qui a composé *Nine Horses* (1993) pour douze instruments traditionnels en s'inspirant de *Eight Horses,* un des chants les plus typiques de Canton.

Après les Toru Takemitsu, Isang Yun, Yoshihisa Taïra, Younghi Pagh-Paan et autres Nguyen Thien Dao, de jeunes compositeurs extrême-orientaux (principalement originaires de Chine, du Japon et de Corée) sont venus en Europe ou aux États-Unis suivre des cours puis faire carrière ; parmi ceux-ci : Toshiro Saruya (né en 1960), Keiko Fujiie (née en 1963), Qiangbin Chen (né en 1964), Li Zhao (né en 1974), Liang Liang (né en 1974), Hang Zou (né en 1975).

En France, nous connaissons Qigang Chen (né en 1951), Toshio Hosokawa, Shuya Xu (né en 1961), Karen Tanaka (née en 1961), Chien-Hui Hung (né en 1965), Yi Xu (né en 1963). Si *Wave Mechanics* (1994) de Karen Tanaka met en place des structures relationnelles d'ordre mathématique pour fabriquer un « hyperespace à multiples dimensions » orchestrales, *Landscape V* (1993) de Toshio Hosokawa joue sur la monodimension : le statisme rituel du Japon est doublé du faux unisson micro-intervallique d'un quatuor à cordes et d'un *shô* (orgue à bouche à 17 trous).

Des maîtres, des épigones, des filiations

La théorie et la philosophie de B. A. Zimmermann

À l'instar d'un Charles Ives, d'un Anton Webern ou d'un Edgar Varèse, quelques compositeurs phares (théoriciens qui plus est) se présentent à la fin de notre siècle comme des monuments incontournables. Ainsi, après une période de purgatoire injustifiée, la musicologie redécouvre la portée de la pensée et de l'œuvre de Bernd Alois Zimmermann. Proche de l'enseignement de l'école de Darmstadt, converti au dodécaphonisme, ce compositeur allemand a toujours joué l'hybridation esthétique autour de dualités complémentaires (ce

Bernd Alois Zimmermann (1918-1970)

Compositeur allemand habité par un mysticisme teinté de fortes visions d'apocalypse, Bernd Alois Zimmermann a bâti une œuvre tantôt expressionniste : *Symphonie en un mouvement* (1946-1953), tantôt surréaliste : *Die Soldaten* (1958-1964), opéra d'avant-garde. Outre son attirance pour la modernité du ballet contemporain, l'art de la citation a été une caractéristique de son style dans les années 1960 comme dans *Musique pour les soupers du roi Ubu* (1966). Amoureux du violoncelle, il a enrichi le répertoire de cet instrument par des œuvres et des articles. Dépressif et incompris, il a sombré dans le grand désespoir cosmique que représente son *Requiem pour un jeune poète* (1967-1969). Avant de se suicider, il a laissé une « action musicale ecclésiastique » intitulée *Je me détournai et considérai toute l'oppression qui se fait sous le soleil* (été 1970). Humaniste et chrétien, il s'est engagé toute sa vie contre les atrocités d'un monde violent et sans concession.

qu'il appelait non sans malice un « mélange typiquement rhénan de moine et de Dionysos »). Une des particularités de l'œuvre zimmermannienne tient donc dans un certain ascétisme introverti, sans renoncer pour autant à des élans de folie grandiloquente.

Se considérant comme « le plus vieux des jeunes compositeurs », Zimmermann a su donner dans l'expérimentation acoustique et scénique : technique d'actions paramétriques simultanées, polyrythmie complexe, juxtaposition de couches sonores hétérogènes, actions scéniques simultanées dans son œuvre la plus révolutionnaire, *Die Soldaten*, opéra en 4 actes d'après Jakob Michael Reinhold Lenz.

Son attitude de chercheur infatigable le fera très vite passer dans le domaine de la réflexion théorique et de la philosophie de l'art musical : citant Platon, Aristote, Newton, Leibniz…, ses propos pertinents ont notamment porté sur le concept de « sphéricité du temps », sur « le matériau et l'esprit », sur « intervalle et temps », mais aussi sur le jazz, le métier de compositeur, et même sur Girolamo Frescobaldi (1583-1643). Une fois chassé le vent de la rivalité qui a soufflé sévèrement sur l'Allemagne de l'Ouest dans les années 1950-1960 entre Karlheinz Stockhausen et Bernd Alois Zimmermann, il est à présent possible d'évoquer certaines filiations plus ou moins lointaines. Ainsi Klaus Hüber (né en 1924), York Höller (né en 1944), Luca Lombardi (né en 1945) ou Antonio Pillegi (né en 1966) sont restés assez proches de la démarche à la fois instinctivement poétique et rigoureusement précise de la pensée compositionnelle du maître de Cologne.

La grande sagesse de Giacinto Scelsi
(voir infra p.1084)

En dehors de recueils de poésie publiés en français, Giacinto Scelsi (1905-1988) a signé juste après la Seconde Guerre mondiale de nombreux essais musicologiques : « Les sons de la musique », « Art et connaissance », « Évolution de l'harmonie », « Évolution du rythme », « Son et musique », et même « À propos de la peinture actuelle ». Pour lui, « celui qui ne pénètre pas à l'intérieur, au cœur du son, il se peut qu'il soit un parfait artisan, un grand technicien, mais jamais il ne sera un véritable artiste, un véritable musicien ». Prônant une musique assise sur le son unique, suffisant car très riche en lui-même, Scelsi a inventé un type de musique sage qui abolit la pulsation binaire de l'archétype occidental pour libérer une écriture de temps lisse, dilaté et planant. Loin des modes, et des mots d'ordre esthétiques, influencée entre autres par la philosophie zen et par une bonne connaissance des pratiques musicales orientales, son œuvre sait accuser sans le moindre signe artificiel le sens de la durée et de la ritualité du discours.
Ainsi, la filiation scelsiste est bifide. D'une part, elle ouvre la voie à des épigones dont l'esthétique est plus ou moins en rapport avec le « son » naturel, générateur d'une entité globale, avec les effets de timbres dus à la perturbation par des micro-intervalles ou à la focalisation sur des notes polaires : Morton Feldman, le dernier Luigi Nono, György Ligeti, Per Norgard (né en 1932), Horatiu Radulescu (né en 1942), Tristan Murail, Gérard Grisey, Michael Lévinas, Claude Vivier (1948-1983), François Bousch (né en 1946), le Québécois Raynald Arseneault, Dominique Lemaître (né en 1953), Nicolas Bacri (né en 1961), voire certaines pièces récentes de l'Espagnol Mauricio Sotelo. D'autre part, la filiation scelsiste a mis en place un cercle d'artistes reconnaissants qui ont tenu chacun à leur manière à composer quelques pièces en hommage à la figure intemporelle et énigmatique du maestro romain. Parmi une pléiade de plasticiens et de poètes, citons juste quelques compositeurs : John Cage, François-Bernard Mâche, Jürg

Wyttenbach, Solange Ancona, Giancarlo Schiaffini, Joëlle Léandre, Aldo Brizzi, Pascal Dusapin, Giulio Castagnoli, Gérard Pape, Pierre Albert Castanet, Nicholas Isherwood, Nicola Cisternino.

Les leçons d'Olivier Messiaen
(voir infra p. 1087)

Dans cet ordre d'idées, nul ne peut passer sous silence l'enseignement devenu mythique d'Olivier Messiaen (1908-1992). Et, audelà de la figure du compositeur, du théoricien et de l'esthéticien, il faut rendre hommage au pédagogue et à l'analyste. Si certains ont refusé l'exploitation pulsionnelle d'un temps subordonné à une technique d'inspiration proche de la nature (Hugues Dufourt, Brian Ferneyhough), d'autres ont su faire leur miel des dictées de rythme et des exercices temporels demandés et commentés à la classe d'Olivier Messiaen au Conservatoire national supérieur de Paris (Didier Denis, Michelle Reverdy, Bruno Ducol...). Selon Messiaen, auteur des *Quatre Études de rythme,* Pierre Boulez est « dans un certain sens » son « continuateur » « dans le domaine du rythme » (assertion que Boulez récuse d'ailleurs, encore aujourd'hui).
Ponctuellement, un certain nombre d'œuvres témoignent de cette influence : *Schima, Candrakalà* (1970) pour sextuor de percussions d'Alain Louvier, écrits respectivement « sur deux rythmes hindous popularisés par Olivier Messiaen » ; *Cinq Dits de Jean-Claude Renard* (1986) d'Alain Bancquart, qui emploie une série de treize chiffres à permutations variables, dont l'origine rythmique dérive directement de la technique des « valeurs ajoutées » chères à Messiaen ; *Canons rythmiques* (1991) pour violoncelle et piano préparé de Michael Lévinas, dont les formules correspondent à des augmentations et diminutions de séries de durées semblables à celles de certaines pièces du *Livre d'orgue* du maître rythmicien. Gérard Grisey se souviendra également des leçons de la mutation perpétuelle de figures rythmiques et métronomiques dans *Taléa* (1985-1986).
En dehors de son testament rythmique, Olivier Messiaen a légué l'originalité de ses modèles de composition : les microstructures émanant du monde des oiseaux, proches des recherches d'un François-Bernard Mâche avec *Sopiana* (1980) pour flûte, piano et bande. Il a légué aussi sa mise en forme musicale, avec les macrostructures déduites d'une « philosophie de la durée », mises en chantier par Michèle Reverdy dans *Le Précepteur* (1989), opéra, ou *L'Intranquillité* (1991), quatuor à cordes. N'éludons pas ce besoin

François-Bernard Mâche (né en 1935)

Agrégé de lettres, élève de Messiaen, François-Bernard Mâche fait partie de l'équipe du Groupe de recherches musicales de la radio de 1958 à 1963. Son œuvre, qui compte plus de 70 titres, et ses écrits théoriques (*Musique, mythe, nature ou les Dauphins d'Arion*, 2e éd., 1991) prônent les modèles de la nature, les lois de l'Univers et leurs archétypes fondamentaux, sans oublier la « zoomusicologie » ; des sonorités animales, voire végétales, se trouvent par exemple dans *Rituel d'oubli* (1969). Outre le rapport à l'ethnologie et à la mythologie, Mâche a toujours été un fervent défenseur et praticien de la technologie de son temps, du *Prélude* (1959) pour trois pistes magnétiques à *L'Estuaire du temps* (1993) pour échantillonneur soliste et orchestre, en passant par *Temboctou* (1982), spectacle multimédia, *Allunde* (1988) avec clavier MIDI, ou *Kengir* (1991), cinq chants d'amour sumériens pour mezzo-soprano et échantillonneur.

d'« exigence vis-à-vis de l'acte artistique » finement décelé par Tristan Murail chez son maître et citons le soin particulier que Messiaen apportait à l'étude de la ligne mélodique, des accords et des coloris harmoniques. À ce niveau, l'acte de transmission (et de réconciliation, car la notion d'harmonie était tabou dans la musique contemporaine de la fin des années 1970) se relève pertinemment dès les premiers opus de George Benjamin (né en 1960). La « poésie et la puissance expressives des harmonies » paraissant tellement « originales » au jeune Anglais que la logique des accords est dès lors devenue synonyme de sensibilité et d'émotion, comme dans *Piano Sonata* (1977-1978), *At First Light* pour orchestre de chambre (1982) ou *Three Inventions for Chamber Orchestra* (1995).

Vers une école microtonale en France

Ivan Wyschnegradsky (1893-1979), qui a toujours vécu à Paris, a été entouré à la fin de sa vie par de jeunes compositeurs tels que Claude Ballif et Alain Bancquart. Devenus par la suite professeurs au Conservatoire national supérieur de musique de Paris, ces derniers

---

Parasérialité : ce qui a un rapport avec le dodécaphonisme de Schönberg ou la sérialité généralisée de Boulez, mais qui se permet de varier certains paramètres (matériau dodécaphonique défectif, séries incluant des micro-intervalles...) ou qui ne suit pas forcément toutes les règles syntaxiques à la lettre.

---

ont formé des élèves qui continuent à utiliser les couleurs particulières de la micro-intervallité au sein de leur propre production. De ce fait, nous pouvons subodorer quelques filiations, peut-être discrètes, intellectuelles ou sentimentales, mais en tous les cas probantes : Maurice Ohana/Édith Canat de Chizy, Olivier Messiaen/Alain Louvier, Alain Bancquart/Henri Pauly-Laubry, Jean-Étienne Marie/Pascale Criton, Pierre Barbaud/Frank Brown, Gérard Grisey/Philippe Hurel, Jean-Michel Bardez/Patrice Granadel. En nous tournant vers le passé, les arbres généalogiques pourraient bien entendu être plus complets : Edgar Varèse/Iannis Xenakis, Julian Carrillo/Jean-Étienne Marie, Ivan Wyschnegradsky/Claude Ballif, et même Aristoxène/Maurice Ohana.
Il existe plusieurs catégories de compositeurs qui abordent la musique par le truchement de l'univers microtonal. D'une part, il y a les intuitifs qui usent de l'intervalle plus petit que le demi-ton à des fins simplement ornementales ou purement timbriques (à des titres divers : *Thymes* [1989] pour piano et synthèse numérique de Pascale Criton, *Hallel* [1991] pour trio à cordes d'Édith Canat de Chizy) ou ceux qui ne font que projeter, copier, ou répéter des théories déjà connues dans le système tonal. D'autre part, il y a les théoriciens qui couvrent le champ de la parasérialité, qui émargent dans les secteurs de l'art-science, et s'inscrivent dans la recherche fondamentale comme Pierre Barbaud (1911-1991), dans *French Gagaku* (1986), pour orchestre à cordes, ou qui donnent dans la notion de modalité expérimentale comme le théoricien micro-intervallique Alain Louvier (auteur de nombreuses pièces microtonales depuis 1970), avec *Casta Diva* (1981) ou *Concerto pour orchestres* (1982) avec bande diffusant des sons d'ordinateur, François Paris, avec *Les Quatre Champs de l'ombre blanche* (1992), ou *Douze Préludes* (1995) pour quatre claviers électroniques, Philippe Hurel, avec *La Leçon de choses* (1993) ou Michael Lévinas avec son opéra *GO-gol* (1995-1996).

Horatiu Radulescu (né en 1942)

Français d'origine roumaine, Horatiu Radulescu part du principe selon lequel l'art musical ne doit pas être le reflet de la réalité, mais doit créer un état plutôt qu'un fait ou une action. Pour lui, l'important consiste à « faire de la musique sur l'émanation de l'émanation ». Tout en employant, depuis 1969, une micro-intervallité qui débouche sur une technique « spectrale » strictement personnelle, il aime remettre en question systématiquement le matériau et la forme. « Le rythme, aussi bien micro – que macroformel, ainsi que l'intense vie de la dynamique (intensité) deviennent le résultat de véritables *pulsations* spectrales », explique l'auteur d'*A doïni opus 24 a* (1974) pour 17 musiciens jouant des « icônes de sons » (pianos micro-intervalliques verticaux joués à l'archet). Parmi plus de cent œuvres, les plus impressionnantes sont : *Lamento di Gesu* (1973-1975) pour orchestre et 7 psaltérions accordés en huitième de ton ; *Infinite to Be Cannot Be Infinite Infinite Anti-Be Could Be Infinite* (1982) pour 9 quatuors à cordes ; *Byzantine Prayer for Giacinto* (1988) pour 40 flûtistes avec 72 flûtes ; *Angelo Divino* (1994) pour grand orchestre.

Les étroites voies de succession

Symptomatiquement, bien qu'ayant des personnalités qui s'affirment de plus en plus, les jeunes Français ne renient pas leurs maîtres ni leurs modèles. Le savoir-faire n'est pas tombé en déshérence et des filiations se nouent – au moins à court terme. Sans vouloir faire école, les lourds héritages et les biens culturels ont été transmis sans vergogne par une voie de succession manifeste. Ainsi, de ce point de vue, il ne peut être dissimulé que Laurent Martin a été l'élève d'Alain Bancquart au Conservatoire national supérieur de musique de Paris et que Franck Krawczyk a eu pour maître Gilbert Amy à celui de Lyon. En revanche, les liens esthétiques, qui unissent les dominos désormais célèbres, arborés par Frédéric Durieux/Pierre Boulez (pour un formalisme musical), Pascal Dusapin/Iannis Xenakis (pour un usage scientifique et musical des cribles), Éric Tanguy/Horatiu Radulescu (pour une esthétique paras-pectrale), Brice Pauset/Brian Ferneyhough (pour l'agencement complexe des données de base) semblent s'estomper avec le temps et se dissocier naturellement. Aujourd'hui, il est quasi impossible de classer les styles et les compositeurs. À l'image de quelques indépendants célèbres (Maurice Ohana, Henri Dutilleux, Elliott Carter, Claude Vivier), qui en aucune manière n'ont suivi les mots d'ordre officiels de la modernité, chacun puise selon sa personnalité aux sources de l'histoire ancienne (référence au Moyen Âge, à la polyphonie de la Renaissance, utilisation élargie des principes du système tonal, retour aux échelles modales) ou de l'histoire récente (calcul de dimension sérielle, inspiration d'essence spectrale, recours au vocabulaire microtonal) avec la même foi en l'acte créateur, et compose, libre de droit et de fait, sans scrupule ni fausse honte.

Mais, en dehors des institutions nationales, il nous faut peut-être préciser le rôle primordial joué par les laboratoires technologiques de pointe et les organes de diffusion en faveur de la jeune créativité : Nicolas Vérin, Jean-Baptiste Barrière, Philippe Haïm, Philippe Durville, Denis Cohen, Jean-Marc Singier, Thierry Lancino, Philippe Manoury, Ichiro Nodaira, Emmanuel Nunes, Robert Rowe ont su tirer profit de la haute tenue de la station informatique « Next » de l'I.R.C.A.M. boulézien. De leur côté, Julio Estrada, Suzanne Giraud, Gérard Pape, Ricardo Mandolini, Serge de Laubier, Aldo Brizzi, Curtis Road, Nicola Cisternino, Brigitte Robindoré ont su illuminer leurs muses grâce aux Ateliers U.P.I.C. conçus par Xenakis. À noter également les diverses œuvres pour bandes acousmatiques de Christian Zanesi, Philippe Leroux, Philippe Mion, Bruno Giner élaborées dans les laboratoires parisiens du G.R.M. que dirige François Bayle, ainsi que les expériences subaquatiques de Michel Redolfi (né en 1951) – assisté de Michel Pascal – concrétisées aux studios niçois du C.I.R.M. Au niveau de la mission des orchestres diffuseurs, quelques tendances ou équipes semblent également se dessiner dans le microcosme très fermé de la capitale française. Feuilletant les programmes officiels du début des années 1990, qu'il nous suffise de mentionner par exemple que Nicolas Bacri ou Jean-Marc Singier ont été sollicités par l'Ensemble 2E2M de Paul Méfano, que Gérard Pesson, Philippe Fénelon, Dominique Troncin (1961-1994) ont été plébiscités par l'Ensemble FA de Dominique My, que Stéphane de Gérando, Thierry Blondeau ou Jean-Luc Hervé ont bénéficié d'une création par les membres de l'Itinéraire, et que François Nicolas et Antoine

L'**U.P.I.C.** (Unité polyagogique informatique du Centre d'études de mathématique et automatique musicales) a été conçue par Iannis Xenakis dès 1974. Construit autour d'un micro-ordinateur, cet outil de composition s'adresse aux créateurs professionnels comme à toute personne intéressée par la création musicale (du pédagogue aux élèves des classes maternelles). Fondée sur l'idée d'une table à dessin musicale, la notation originale que la machine met en œuvre permet de contrôler les graphismes (partition) tout en les entendant jouer. Néanmoins, le manipulateur d'U.P.I.C. peut travailler les hauteurs, les intensités, les durées, les structures temporelles, les timbres dans l'intégralité du continuum, en gardant à l'esprit les notions traditionnelles de la composition. Bon nombre de compositeurs de toutes générations ont eu recours à l'U.P.I.C. pour la réalisation de leurs œuvres (Jean-Claude Eloy, Francis Bayer, François-Bernard Mâche, Richard Barrett, Julio Estrada, Jean-Claude Risset, Michael Lévinas, Gérard Pape...). Depuis 1986, les **Ateliers U.P.I.C.** (Paris) se sont ouverts à tous les domaines de la création – toutes tendances confondues –, invitant des ensembles et des compositeurs du monde entier, ou proposant des stages dans les quatre coins de la planète.

Bonnet – fidèles à la pensée boulézienne – ont été honorés par l'Ensemble InterContemporain.

De quelques langages fin de siècle

La musique spectrale

En 1973, Roger Tessier et Tristan Murail ont eu l'idée de créer l'ensemble l'Itinéraire, réunissant instrumentistes et compositeurs, auquel appartiennent bientôt Gérard Grisey, Michael Lévinas (tous élèves de Messiaen à Paris) puis Hugues Dufourt (élève du boulézien Jacques Guyonnet à Genève). Très vite, ce collectif va considérer que le son, en tant que richesse synthétique et en tant que phénomène de civilisation, fait l'objet d'une considération « génétique », portant en lui tous les ingrédients nécessaires à une véritable grammaire compositionnelle. Grâce à leurs séjours à la

---

Après les différents emplois du mot **acousmatique**, par Pythagore (VIe s. av. J.-C.) en tant que technique de concentration et d'entendement , ou par Pierre Schaeffer en tant que principe fondamental de l'« écoute réduite » (1966), François Bayle, directeur du Groupe de recherche musicale (G.R.M.) à Paris, remplace en 1974 l'expression « électroacoustique » par « acousmatique ». Dans son livre *La Musique acousmatique* (1993), il invite à considérer l'art sonore comme un élément qui se « tourne, se développe en studio, se projette en salle, comme le cinéma ». Selon Bayle, un « champ acousmatique constitue ce théâtre de représentation, où sur l'écran du silence et du non-visible les sons projetés fonctionnent comme des images-de-sons, fragments de sens, pensée hors des mots, langage d'aéroformes ».

---

villa Médicis à Rome, Murail, Grisey et Lévinas découvriront l'esthétique du Romain Giacinto Scelsi, alors que Dufourt s'impliquera dans le laboratoire et l'institution pour réfléchir à un concept nouveau appelé bientôt « musique spectrale ». Un manifeste signé de la main de Dufourt apparaît en mars 1979 (alors que son œuvre n'a jamais été spectrale), Grisey et Murail étant les porte-parole et les véritables expérimentateurs de la spectralité au nom d'une « école française » qui a connu son heure de gloire dans les années 1970-1980.

Il existe plusieurs types de musique que les commentateurs pourraient qualifier de « spectrale » : celui qui est fondé sur la mythologie de l'idée sonore comme « corporification de l'intelligence » chère à Hoene Wronski (ce concept sera repris par Edgar Varèse) ; celui qui est considéré comme « force cosmique qui est à la base de tout » prôné par Giacinto Scelsi puis relayé par Horatiu Radulescu, Iancu Dumitrescu ou Nicola Cisternino ; celui qui joue sur la potentialité d'un son unique générateur de complexe harmonique/inharmonique mis en chantier à des titres divers par Giacinto Scelsi, La Monte Young, Karlheinz Stockhausen, Per Norgard, Gérard Grisey, Tristan Murail, Claude Vivier, Luc Brewaeys (né en 1959) ; celui qui insiste sur la nature organique du matériau sonore brut ainsi que le pratiquent depuis des lustres les chanteurs Höömy de Mongolie ou les paysans de la république de Touva (chant diaphonique), et plus récemment les compositeurs américain David Hykes (*Hearing Solar Winds,*

Hugues Dufourt (né en 1943)

Hugues Dufourt est une des personnalités les plus marquantes de la génération européenne de l'après-guerre. Sa démarche analytique de philosophe et d'esthéticien, son acuité dans la recherche méticuleuse des phénomènes sonores et compositionnels, sa foi en l'histoire (systématique, théorique et technique de la philosophie, de la société, de la science et des arts), sans oublier son engagement sociopolitique et institutionnel font de lui un homme de culture polymorphe et singulièrement riche.

Coresponsable de l'Itinéraire, fondateur du C.R.I.S.S., directeur de recherches au Centre national de la recherche scientifique, il est l'auteur du premier écrit sur la « musique spectrale » (1978). Il travaille consciencieusement avec les nouveaux matériaux, notamment avec les instruments de la lutherie électronique, la guitare solo pour *Saturne* (1978-1979), *La Cité des saules* (1997), ou les percussions pour *Erewhon* (1972-1976), symphonie en quatre mouvements pour 150 instruments de percussion ; ses œuvres cernent le plus souvent une temporalité dilatée : *La Tempesta d'après Giorgione,* 1976-1977 ; *Hommage à Charles Nègre,* 1986 ; elles possèdent une coloration instrumentale inouïe : *Surgir,* 1980-1984, pour orchestre ; *Le Philosophe selon Rembrandt,* 1987-1992, pour orchestre.

Pluriels dans leurs filiations (Adorno, Boulez, Hegel, Leibniz, Marx, Varèse), les textes édités embrassent à la fois les préoccupations du compositeur (*Écrire pour l'orchestre aujourd'hui*), de l'historien (*Musique et principe de la pensée moderne*), du sociologue (*Pour une histoire sociale de la musique occidentale*), du chercheur (*L'Ordre du sensible*), et du philosophe (*La Tragédie de la musique enfantée par l'esprit du nihilisme*).

1982) et australien Phillip Peris (*Down by the Billabong,* 1996) ; enfin, le type de musique issu d'une recherche de textures et de trames sonores tel qu'on le trouve dans les œuvres orchestrales de Friedrich Cerha ou de György Ligeti.

Mais les vues sur la typologie spectrale pourraient tout aussi bien se porter sur la phénoménologie acoustique naturelle surgie de l'enseignement d'un Jean-Philippe Rameau (lui-même provenant des écrits de Pythagore, Benedetti, Beeckman, Galilée, Descartes,

---

Harmoniques et **partiels** : l'analyse classique du spectre d'un son fondamental donne un ordonnancement invariable de rapports d'intervalles (du type de l'octave juste, quinte juste, tierce majeure...) appelé « série harmonique » (à noter qu'à partir du 7e harmonique, puis les 11e, 13e..., le matériau devient non tempéré).
À présent, grâce au procédé optique de la spectrographie moderne, l'analyste peut approfondir ses recherches et ausculter le spectre dans sa dimension « inharmonique ». Sinusoïdaux comme les sons « harmoniques », les nouveaux composants possèdent une fréquence qui n'est pas un multiple entier du son basique. Appelés « partiels », ces formants « inharmoniques » constituent un mouvement non périodique complexe.

Huygens, Newton, Sauveur, Mersenne). De plus, à ce rapport à l'histoire humaniste, nous pouvons ajouter quelques projections modernes, souvent incontrôlées, survenues dans l'univers de la musique de Claude Debussy, André Jolivet, et même Olivier Messiaen. Issue de la pratique de la spectrographie (1907), l'analyse technique de sons instrumentaux (débutée dans le laboratoire du Groupe d'acoustique musicale de l'université de Jussieu dirigé par le professeur Émile Leipp) va donner naissance à une nouvelle syntaxe compositionnelle fondée sur les partiels et les harmoniques de notes fondamentales porteuses.
Tournée vers la plasticité du son, aidée scientifiquement grâce à la représentation optique du support basique (le son), une nouvelle sensibilité voit le jour auprès de jeunes compositeurs aux idées très variées tels que François Bousch, Kaija Saariaho, Marc Battier, Marc-André Dalbavie, Philippe Hurel, Eric Tanguy, Juhani Nuorvala (né en 1961). Ces créateurs œuvrent à présent en réinventant, après le laisser-aller de l'ère soixante-huitarde, un jeu rationnel d'écriture et d'harmonie. Pour *Twing* (1988), écrit pour piano, comme pour *Marea* (1989-1990), composé pour orchestre, Magnus Lindberg – alors en pleine mutation stylistique d'ordre harmonique – s'est engagé à confronter la spéculation sérielle à la pensée spectrale : « Je trouve cette comparaison féconde, confie-t-il, car conflictuelle entre différents types d'organisation qui créent des constellations imprévisibles du matériau musical. »

Magnus Lindberg (né en 1958)

Compositeur polyvalent, né à Helsinki, ayant découvert en même temps les couleurs du gamelan balinais et les scansions de la punkitude berlinoise, Magnus Lindberg a toujours été intéressé par les éléments rythmiques du langage musical (*Kraft*, 1983-1985), par ses éléments harmoniques (*Corrente*, 1991-1992) et par la potentialité électronique (*Ur*, 1986). Si les différents parcours stylistiques – d'abord sériel avec *Tre stycken* (1977) – approchent l'esthétique de Brian Ferneyhough (*Jag vill breda vingar ut*, 1978) comme celle de Jan Sibelius (*Joy*, 1989-1990), l'œuvre de Lindberg reste toujours attachée à la polyphonie, au contrepoint, « au drame dans l'équilibre de la forme », comme en témoigne *Coyote Blues* (1993).

Hormis l'obsession des mixtures de timbres inouïs, les recherches des musiciens spectraux favorisent des exercices de répartitions de tensions, de détentes ou de forces, et expérimentent avec ingénuité des installations d'axes orientables, de flux, d'échanges, de fusions sonores totalement inédites. La composition spectrale nécessite ainsi un autre espace de résonance et un style d'écriture original, notamment dans l'ordre de la gestion temporelle du discours (instauration de longues trames étirées, de larges plages de temps lisse, de divers processus d'évolution, de prolifération, de dilatation, d'érosion de la matière sonore). Dufourt professe que « l'œuvre musicale est génétique au sens où elle doit constamment réapproprier ses conditions à son propre procès, elle trouve dans cette série d'intégrations la norme intérieure de son propre développement. La manière dont l'œuvre s'organise coïncide avec la manière dont elle se produit dans la durée. La congruence est parfaite. »
Ce n'est plus la note sous son aspect solfégique qui crée le son mais c'est bien la compréhension du phénomène acoustique qui va dessiner la réalité de l'éclosion, de la réalisation et de la perception du son. Ainsi, contrairement au dogme sériel, rien n'est abstrait dans la conception musicale qui s'inspire logiquement du modèle naturel sonore : les *Espaces acoustiques* (1974-1985) intègrant le très pédagogique et mythique *Partiels* de Gérard Grisey, *Gondwana* (1980) et les *Désintégrations* (1982) de Tristan Murail, *Les Miroirs transparents* (1986) de Marc-André Dalbavie. Dès le début de

Gondwana, le compositeur reconstitue le puzzle formantique d'une cloche (instrument ultrariche en partiels ambivalents offrant autant d'éléments dans le registre de l'harmonicité que dans celui de l'inharmonicité) en jouant sur une coloration instrumentale particulière. Tristan Murail a fait correspondre à chaque harmonique du spectre initial un instrument de l'ensemble. En une fusion additive, le timbre de la cloche s'est enrichi, étant – si l'on peut dire – resynthétisé orchestralement.

Si le compositeur d'obédience spectrale peut confondre naturellement le timbre et l'harmonie, et établir en corollaire des liens étroits entre des donnés paramétriques (l'intensité et le rythme par exemple), il a également la possibilité de simuler des spectres sonores en copiant des modèles ou en gauchissant à dessein des prélèvements acoustiques de diverses provenances (Jean-Claude Risset, François-Bernard Mâche, Tristan Murail, Gérard Grisey, Philippe Hurel). Par ces procédés de décomposition puis de recomposition du son, le compositeur Claudy Malherbe pense que l'orchestration spectrale produit un objet véritablement « hybride ».

Les techniques de l'hybridation sonore

L'idée du son impur peut provenir des masses tonitruantes des musiques de la Révolution française, puis d'Hector Berlioz. Leur succéderont les agissements bruitistes et perturbateurs des futuristes italiens (Luigi Russolo, Nuccio Fiorda, Antonio Russolo, Balilla Pratella, Silvio Mix), les compositions pour percussions seules (Edgar Varèse, Dimitri Chostakovitch, Carlos Chavez, Iannis Xenakis), les avatars de la musique concrète mécanique (le piano préparé de John Cage ou les expériences brutes – sonores – de Jean Dubuffet) ou électrique (Pierre Schaeffer, Pierre Henry), puis les recherches d'impuretés sonores par le truchement de l'électronique (Karlheinz Stockhausen, Herbert Eimert), de la phonologie (Bruno Maderna, Luciano Berio), de l'électroacoustique (Bernard Parmegiani, François Bayle).

À la suite de la vague d'émancipation des mœurs du début des années 1970 en Europe (idéologie hippie, performance/kermesse de l'art, indécence et vulgarité des groupes pop – Arthur Brown, Jim Morrison), le matraquage à coups de décibels et l'usage de parasites en tout genre sont devenus des outils symboliques et privilégiés pour une authentique « culture du vertige ». Cet intérêt pour les puissances sonores paroxystiques des punks et autres grunges,

---

Le style **grunge** est typique d'une branche du hard rock (rock « dur ») appréciée à l'origine (1990) dans l'*underground* (littéralement : « les bas-fonds ») de Washington. Au niveau musical, dans un contexte de sonorités « hybridées », on note une construction par alternance de plages sereines subitement parasitées par des accents énergiques. Sur le plan vestimentaire, l'esthétique grunge prône un état négligé (cheveux sales non coiffés, blue-jeans troués, chaussures de sport usagées).

---

l'utilisation à dessein de notes salies et de sons bruiteux ont été récupérés par les acteurs de la musique contemporaine avant-gardiste. Ainsi, le concept d'art sonore prônant la laideur ou l'abject à la manière de l'*action painting*, des toiles de Francis Bacon ou des *events* de Hermann Nitsch, se retrouve *mutatis mutandis* dans certaines pièces de Mauricio Kagel, Anton Riedl, Dieter Schnebel, Karlheinz Stockhausen, Vinko Globokar, voire de György Ligeti.
Par la suite, l'artifice du parasite a su enjoliver la matière musicale au même titre qu'un accessoire du type de la sourdine ou qu'un effet de *pizzicato* ou de *flatterzunge* (roulement de langue pour les instrumentistes à vent). Ainsi, l'Américain George Crumb utilise une instrumentation insolite ; l'Écossais James Dillon (né en 1950) se réfère à l'esthétique symptomatique de la « morsure rageuse » ; certaines œuvres de Helmuth Lachenmann font appel à des « sons-bruits-gestes » ; Roger Tessier joue sur la « mutation sonore » ; Pierre Albert Castanet œuvre en faveur de l'impureté esthétique du « son sale ». On peut rapprocher de ces travaux ceux d'Atli Ingolfsson, Veli-Matti Puumala, Joachim Hespos, Mathias Spahlinger. D'autres ont fait du parasite un élément indissociable de la virtuosité exacerbée, écrivant une texture complexe dont le maillage instrumental est tissé inextricablement de « sons pervertis » et de bruits injouables (Brian Ferneyhough, voire Iannis Xenakis et Pascal Dusapin). Michael Lévinas, lui, s'est toujours intéressé aux différentes facettes du son parasité en expérimentant méthodiquement les moyens à sa portée : moyens mécaniques pour *Appels* (1974) et *Les Réciproques* (1986), magnétiques pour *Concerto pour un piano espace* (1976), électroniques dans *Ouverture pour une fête étrange* (1979) et informatiques dans *Préfixes* (1991).

George Crumb (né en 1929)

Répondant à un certain mysticisme, à la fois visionnaire et sentimentalement engagée (*Black Angels,* 1970), l'inspiration de l'Américain George Crumb mêle autant la philosophie que la superstition, la religion que le mystère des symboles, le bien et le mal que la profondeur des Enfers ou l'illumination de la voûte céleste. Son style, qui refuse farouchement les avatars de la sérialité, revêt par ailleurs un aspect très éclectique, allant de l'influence médiévale dans *Makrokosmos* (1971-1974) et dans *Star-Child* (1977) aux couleurs néoromantiques de *Night of the Four Moons* (1969) et de *Processional* (1983), en passant par les modalités orientales dans *An Idyll for the Misbegotten* (1985), par l'art de la citation dans *Ancien Voices of Children* (1971) et *Vox Balaenae* (1971), ou encore l'amplification électronique comme dans *Zeitgeist* (1988). L'art de Crumb, coloriste dans l'âme, se distingue par des désirs d'instrumentation insolite : dulcimer des Appalaches, scie musicale, piano-jouet, couvercles de poubelles, verres joués à l'archet...

À la fin des années 1980, la technique de l'« hybridation » va avantager les mélanges de sons et de couleurs de familles sonores différentes dans le but esthétique de constituer de nouvelles entités acoustiques et de créer des timbres inouïs, des objets sonores insoupçonnés. Certes, depuis que l'orchestre moderne existe, les compositeurs ont expérimenté de fabuleuses combinaisons instrumentales (Berlioz, Wagner, Rimski-Korsakov, Ravel, Debussy, Webern, R. Strauss, Varèse, Messiaen, Boulez, Ligeti), mais c'est grâce aux techniques électroacoustiques (analogiques, numériques) que le champ des possibilités s'est considérablement élargi : composition illimitée d'objets cristallisés par mixage, synthèse additionnelle ou fusion due aux multiples travaux de Pierre Schaeffer, Pierre Henry, Karlheinz Stockhausen, Jean-Claude Risset, Max Mathews, François-Bernard Mâche, John Chowing ou Jonathan Harvey.

Jean-Baptiste Barrière (né en 1958) a composé *Hybris* (1988) pour bande magnétique réalisée par ordinateur dans le but d'approfondir les processus d'interpolation de timbres synthétiques. La démarche savante repose sur le schéma de déviation structurelle suivant :

Modélisation : conception d'un son ou d'une structure à partir d'un modèle émanant des recherches en chimie, biologie moléculaire, informatique, cybernétique, etc. La musique contemporaine et, en particulier, le pan de l'art-science ont ainsi pu cristalliser une pensée et une écriture musicales d'après des modélisations de toutes sortes : sources mathématiques (I. Xenakis, M. Philippot, A. Riotte), physiques (E. Varèse, R. Tessier), technologiques (J.-C. Risset, J.-B. Barrière), naturelles (O. Messiaen, K. Stockhausen, F.-B. Mâche, G. Grisey, T. Murail).
Hybridation : en dehors de l'idée de mélange instrumental, connue depuis le XVIIIe s., le terme d'« hybridation » date du début des années 1990. Grâce aux vertus de la technique numérique, le procédé informatique dépend d'un croisement entre deux transitoires d'attaque sonore d'espèces différentes (œuvres de J.-C. Risset, J. Harvey, J.-B. Barrière, M. Lévinas...).

---

modélisation (modèle arbitraire ou issu de l'analyse d'instruments traditionnels, ici contrebasse et tam-tam), hybridation (mélange « statique » des deux modèles cités), interpolation ou transition (mélange « dynamique » des deux sources en question), extrapolation (transformation préservant la reconnaissance de la référence aux cordes frottées graves et à la percussion métallique) et abstraction (« aliénation » de la source référentielle). Cette recherche a entraîné une méthode originale d'analyse, de traitement et de synthèse par ordinateur, appelée « modèles de résonance ». Elle a été développée à l'I.R.C.A.M. avec l'aide d'Yves Potard et de Pierre-François Baisnée dans l'environnement *Chant/Formes*. Le procédé dualiste des sources sera repris par le Chinois Qigang Chen dans *Meng* (« Rêve », 1993) pour 29 musiciens et dispositif électronique en direct.
Dans le même institut de recherches parisien, à l'orée de la décennie 1990, Michael Lévinas a mis en place de nouveaux éléments pour une théorie d'écriture mixte, instituée sur le concept de l'hybridation sonore. Se fondant sur le croisement de transitoires d'attaque de sources instrumentale ou vocale variées (le transitoire étant le « moment névralgique et décisif du son instrumental »), il a pu constituer des « familles hybridables » (croisements de célesta/harpe, voix de basse/trombone/caisse claire, chute de cymbale/rire

Wolfgang Rihm (né en 1952)

Wolfgang Rihm est le représentant le plus connu de la génération allemande d'après-guerre qui clame le rejet de l'avant-gardisme aussi bien que du dilettantisme post-soixante-huitard, et qui milite pour un retour à l'expression, à l'émotion, à ce qu'il appelle une « musique humaine ». D'une manière générale, sa philosophie, qui reflète certains idéaux expressionnistes proches des thèmes abordés par l'école de Vienne de Berg, Schönberg, Webern, n'a aucun scrupule à faire appel aux genres et aux styles du passé : *Zweiter Doppelgesang* (1981-1983) pour clarinette, violoncelle et orchestre ; *O, Meine Seele war eine Wald,* lied (1994). Ses objectifs esthétiques sont influencés par le thème de la folie : l'opéra de chambre *Jakob Lenz* (1977-1978) ; *Wölfli-Liederbuch* (1980-1981) ; *Tutuguri* (1981-1982). Les cycles symboliques constituent un autre thème : *Chiffre I* à *VIII* (1982-1988) pour diverses formations allant du trio à l'orchestre ; *Quatuor à cordes I* (1970) à *Quatuor à cordes X* (1997).

---

de soprano). Dans l'opéra *GO-gol* (1995), il a synthétisé en outre diverses classes de « modèles de résonance » afin que les corps sonores choisis – auréolés d'enveloppes de son pianistique ou campanaire, par exemple – puissent être stockés sur un échantillonneur (appelé aussi *sampler*) puis déclenchés à discrétion par des synthétiseurs à claviers MIDI.

La Leçon de choses (1993) pour ensemble instrumental et dispositif électronique de Philippe Hurel emploie des objets sonores complexes provenant d'un travail de synthèse d'un plat à tarte et d'un plateau de bande magnétique frappés par une baguette de percussion. Enregistrés séparément, stockés puis analysés par ordinateur à des moments différents de leur résonance, les prélèvements ont pu être modélisés, resynthétisés puis mixés avec les éléments de leur source mère. Le timbre obtenu s'est ainsi présenté comme émanant à la fois d'un support concret et d'un produit de synthèse. Pragmatiquement, par le truchement de la technique de mise en vibration par sympathie électronique, Philippe Hurel a donné corps à une entité sonore hybride constituée des formants personnalisés de la matrice de type « plateau », lesquels ont stimulé la mise en résonance de l'objet « plat à tarte ». Une fois seulement la palette timbrique et harmonique arrêtée, le musicien chercheur s'est mis à composer.

Nouvelles simplicités

La fin des années 1970 a connu un rejet radical de la complexité formelle distillée par les épigones de la sérialité intégrale. Cosignataire avec Manfred Trojahn (né en 1959, auteur d'un *Konzert* postmoderne en 1979) d'un manifeste sur la « nouvelle simplicité » (intitulé *Zur neuen Einfachheit*) paru à Vienne en 1981, Wolfgang Rihm n'a pas hésité à déclarer que « l'avant-garde est devenue l'académisme d'aujourd'hui ». Pour ce compositeur allemand trop vite catalogué dans le clan négatif des passéistes (son œuvre reste à bien des égards positivement moderne), il doit être possible à la fin du XXe s de « s'opposer au nouveau, suspect de ne vouloir que le neuf pour le neuf, sans devoir pour autant courir le risque de s'exposer au reproche d'une régression ».

Prédits et assumés par les premiers compositeurs répétitifs américains, l'attraction tonale comme le retour de la mélodie devaient se réaliser en cette fin de siècle déstabilisante. Toutefois, il faut préciser que si la mélodie a gardé son aspect chantant traditionnel, l'harmonie à nouveau consonante s'est émancipée des lois didactiques et des traités de la *Schola cantorum* d'antan. Étrangers au dilemme qui partagerait trop facilement avant-garde et tradition, les artistes semblent sincères en utilisant – certes avec plus ou moins de bonheur, selon les cas – des éléments sonores faisant partie du bagage des cultures du monde et des pratiques pécuniaires de la consommation postmédiatique. Que l'on se souvienne de l'histoire, fabriquée de toutes pièces par les producteurs-marchands de disques, du « triomphe planétaire » plus que tardif (1994) de la *Troisième Symphonie,* dite *des chants de deuil* (1976), de Henryk Gorecki. Or, « 800000 albums discographiques dans le monde » ayant été vendus, précise la publicité, cette page pour soprano et orchestre, élégiaque autant que sirupeuse, n'avait pas suscité beaucoup d'émotion lors de la création au Festival de Royan en 1977. Elle n'avait pas ému davantage les foules lors de sa reprise en tant que musique de film quelques années plus tard.

Les valeurs de la postmodernité

Avancé par les Américains, le terme ambigu de « postmodernité » cernerait le frêle passage de la fin des avant-gardes (et des néo-avant-gardes) au début d'un retour à des éléments de tradition ; la métaphore d'« avant-garde » ayant été empruntée après 1850 au domaine militaire, puis utilisée dans les disciplines politique, littéraire et enfin artistique. Reconnaissant l'action des audacieux, l'avant-garde a servi historiquement à la lutte contre l'art officiel et les institutions académiques, assurant les ruptures de la modernité : Charles Ives, Edgar Varèse, Erik Satie, John Cage, Giacinto Scelsi, Pierre Schaeffer, Iannis Xenakis, Pierre Boulez, György Ligeti, Jean-Claude Risset, Hugues Dufourt, Tod Machover ont été un jour ou l'autre « avant-gardistes ».

La pensée musicale postmoderne s'évalue en termes de consonance (intervalles classés, utilisés le plus souvent d'une manière conjointe, arpèges romantiques), d'organisation harmonique non audacieuse (modes et gammes défectives employés de nouveau), d'articulation phraséologique convenue (mélodies simples et carrures régulières faisant bon ménage) et d'agencement rythmique à l'ancienne (balancement binaire, simple pulsation, mesures rationnelles). Même si pour Arnold Schönberg, « ni la consonance ni la dissonance n'ont rien à voir avec la beauté ou le bon goût », l'imaginaire solfégique conservateur va donner très vite naissance au concept de « nouvelle tonalité », incluant autant l'imbroglio des anciens modes grecs que l'exotisme des échelles défectives extraeuropéennes, usant autant de l'unisson de l'écriture grégorienne que des accords typés issus du langage occidental classique, enchaînés alors sans orthodoxie. Ouvrons une parenthèse : alors que les compositeurs étaient fusillés du regard lorsque l'on percevait un intervalle de quinte ou d'octave lors des fameux concerts d'été à Darmstadt en 1950, l'air du temps des années 1980 fait l'éloge de l'amnésie, la rigidité systémique des plus hargneux ayant laissé place à plus de souplesse et à moins d'intransigeance. Dans la revue *Inharmoniques* (n° 4, 1988), Célestin Deliège a relevé que dans l'introduction de *Répons* (1980) de Pierre Boulez, on pouvait déceler un réseau d'accords cohérents (« complexe » harmonique) marqués sans conteste par la consonance.

Autre spécificité des musiques nouvelles postmodernes, l'animation rythmique n'est pas révolutionnaire car la scansion régulière de figures plus ou moins franches reste de mise chez ces artistes proré-

---

John Adams (né en 1947)

L'œuvre de l'Américain John Adams a subi plusieurs influences d'ordre stylistique, celle des musiciens répétitifs de son pays mais aussi celle des aînés George Antheil, Aaron Copland, ou Samuel Barber. Sa musique peut donc être : lyrique (*Shaker Loops*, 1978) ; binaire et apparentée (*Fearful Symmetries*, 1988) ; tonale ou modale (*Phrygian Gates*, 1977-1978) sans être forcément en rapport avec la fonctionnalité harmonique des siècles passés. Elle peut aussi « concerner » tout simplement le siècle romantique, comme l'illustre *Harmonielehre* (1984-1985). Mise au service d'un langage qui se veut avant tout émotionnel, son écriture minimaliste va, contrairement à celle de Phil Glass ou de Steve Reich, circonscrire les affects du drame et de la passion, ce que le compositeur appelle en d'autres termes « les aspects tragiques de la vie » (*The Death of Klinghoffer*, 1990, opéra inspiré par le détournement d'un avion par des terroristes palestiniens en 1985).

---

pétitifs de la deuxième génération (Valentin Silvestrov, né en 1937 ; Meredith Monk, née en 1943 ; Stephen Montague, né en 1943 ; Colin Matthews, né en 1946 ; Chan Ka Nin, né en 1949) comme de la troisième génération (Franz Jochen Herfert, né en 1955 ; David Lang, né en 1957 ; Steve Martland, né en 1959). Typiquement postmoderne et d'ordre répétitif, *Nixon in China* (1987) de John Adams, qui est pensé comme un ouvrage lyrique à numéros (scènes, actes, duos, chœurs), insère dans ses pages des *arias da capo* émaillées de vocalises arpégées sur des accords parfaits de tonique ou de dominante. En revanche, le compositeur Joseph-François Kremer (né en 1954) s'inscrit dans le courant postmoderne non pas comme un musicien qui serait attiré par la nostalgie du passé, mais comme celui qui, « conscient de l'échec de l'utopie d'une sempiternelle "modernité" reléguée de nos jours à l'arrière-garde de l'expression artistique », tenterait de concilier la « notion d'héritage avec l'actuel ». Malheureusement, cette notion intelligente de la postmodernité, qui examine finement les acquis des avant-gardes tout en ne rompant pas avec les signes et les valeurs du passé, n'est pas courante.

Après avoir contaminé l'univers architectural (Charles Moore, Ricardo Bofill, Michael Graves) ou cinématographique (Jean Eustache), et épuré le monde des arts plastiques (Georges Dureau, Carlo Maria Mariani, Robert Combas, Achille Bonito Oliva) et de la danse (Béatrice Massin), la notion de « postmodernité » s'est emparée insidieusement de la musique savante. Sans vouloir bâtir de chapelles esthétiques monothéistes, des compositeurs de tous horizons ont laissé parler leur cœur plutôt que leur intellect, fondant par là même un courant de pensée libérateur mettant en relief les valeurs d'un « néoclassicisme », d'un « néoromantisme », d'une « nouvelle expressivité » ou d'un « expressionnisme dépourvu de contestation ». En dehors des appréciations polémiques, Jean-François Lyotard montre dans son livre *La Condition postmoderne* (1979) que l'idée même de progrès est en crise de légitimité et qu'il faut réévaluer le principe de modernité sous-tendu par un maillage de théories plurielles (artistiques, bien sûr, mais également scientifiques, morales, idéologiques). Marc Jimenez, dans son ouvrage intitulé *Qu'est-ce que l'esthétique ?* (1997), a conclu que « l'artiste de l'ère postmoderne n'a d'autre choix que la rétrospective répétée du passé *et* l'acceptation du présent. Libéré de l'utopie moderniste, il est invité à jouir, sereinement et sans aspirations illusoires et "futuristes", des bienfaits de l'époque actuelle. » À des titres divers, notons le travail de Michael Nyman (né en 1944), Reinhardt Febel (né en 1952), Hans-Jürgen von Bose (né en 1953), Wolfgang von Schweinitz (né en 1953), Michael Daugherty, Ramon Ramos (né en 1954), Thierry de Mey (né en 1956), Detlev Müller-Siemens (né en 1957), Anthony Girard (né en 1959), Jean-François Zygel (né en 1960), Michael Torke (né en 1961), Olivier Kaspar (né en 1962). Parmi les admirateurs de John Adams (né en 1947), on trouve Robert Beaser (né en 1954), Thierry Escaich (né en 1965), Guillaume Connesson (né en 1970). Arvo Pärt a pour disciple Gavin Bryars ; Mindaugas Urbaïtis (né en 1952) est l'épigone de Manfred Trojahn ; les élèves de Louis Andriessen sont Steve Martland, James MacMillan, Graham Fitkin (né en 1963).

Le passé revisité

En dehors de l'aspect modal ou pseudo-tonal de la musique postmoderne, une des caractéristiques du genre concerne le confort d'écoute – l'esthétique des chocs et le non-plaisir délibéré issus de l'avant-garde étant transmués dans une production émotionnel-

---

Arvo Pärt (né en 1935)

Ex-preneur de son à la Radio estonienne (1957-1967), Arvo Pärt côtoie la technologie et la musique contemporaine des Suédois et des Finlandais. Comme les autres collègues compositeurs d'Estonie, il vit avec les autorités de son pays natal des phases de reconnaissance officielle mais aussi d'opposition farouche. Il émigre finalement en 1980 et vit à Vienne puis à Berlin. Ses œuvres de jeunesse telles que *Meie Aed* (1959) restent néoclassiques, puis vient une période de raisonnement cérébral qui donne des pièces mathématiques d'obédience sérielle, comme *Perpetuum Mobile* (1963) et la *Première Symphonie* dite « *polyphonique* » (1964). C'est à cette époque que ces opus d'avant-garde tels que *Nekrolog* (1960) mécontentent les membres de l'Union des compositeurs de l'U.R.S.S. À la fin des années 1960, il compose de nouveau avec le système tonal et la modalité. Il rejoint alors la tendance balte de la « musique minimale » qui versera dans le courant postmoderne des années 1970. Consonante à souhait, son esthétique se porte vers : les modèles médiévaux (*Arbos,* 1977 ; *Fratres,* 1977-1991) ; l'art de l'école franco-flamande (*Tabula Rasa,* 1977) ; la polyphonie de la Renaissance (*Troisième Symphonie,* 1971 ; *Concerto de Noël,* 1980). Il entre enfin dans une nouvelle phase baptisée « *Tintinnabuli Style* » (incluant silence méditatif et jeu de clochettes cérémoniel) qui l'engage dans une foi exacerbée avec la *Passion selon saint Jean* (1977-1979), *Mother of God and Virgin* (1990). « Serviteur d'une autre instance », il est le représentant de la « nouvelle religiosité » de notre fin de siècle.

---

lement saine. Ainsi, l'auditeur comme le compositeur aiment à retrouver des valeurs ancestrales de forme (variations, rondo, forme Lied), de genre (messes, concertos), et de style (du pseudo-grégorien au néopostromantique).

En avril 1997, dissertant sur l'œuvre orchestrale d'Anthony Girard (auteur du double concerto n° 2 pour alto, piano et cordes intitulé *Vers la simplicité,* 1997), le compositeur Valéry Arzoumanov (né en 1944) a écrit : « L'acte de composer est redevenu facile et la matière musicale extrêmement lisible et communicative [...]. Le nouvel espace ainsi créé se remplit de tout ce qui "tombe sous la main", le plus vite possible. Tout y est bon, le plain-chant, les musiques tradi-

Louis Andriessen (né en 1939)

Louis Andriessen est le compositeur contemporain le plus connu des Pays-Bas. Proche de la musique populaire (jazz, rock, pop), son œuvre est à considérer comme un véritable « acte politique » ancré dans la vie de la cité. Ignorant à dessein les bienfaits de la composition assistée par ordinateur, très influencé par Stravinsky, le compositeur a écrit des pièces « conceptuelles », des opéras (*Rosa*, 1994, sur un livret de Peter Greenaway), de la musique de film (*M is for Man, Music, Mozart*, 1991). Parmi son riche catalogue, notons particulièrement *De Tijd* (1980-1981) et *Facing Death* (1991) pour quatuor à cordes amplifiées. Son œuvre et son enseignement ont influencé toute une génération d'artistes plus ou moins postmodernes, comme Michael Gordon, Julia Wolfe, David Lang.

---

tionnelles, la polyphonie de la Renaissance, la musique répétitive et, surtout, l'harmonie modale, la partie la plus significative de l'héritage français. » Afin de renouer avec le public (et parfois avec les fidèles), certains musiciens sacrifient avec conviction les éléments d'une modernité dérangeante mais reconnue au profit d'un retour à un langage d'ordre dix-neuviémiste. Le cas le plus typique de ce geste palinodique est sans conteste celui de Krzysztof Penderecki, qui, après avoir affronté les affres bruitistes de l'ultramodernité des années 1960 aux côtés de Iannis Xenakis (voir les *clusters* déliquescents du *Thrène à la mémoire des victimes d'Hiroshima*, 1960, pour 52 instruments à cordes), écrit de douces pages de musique religieuse fortement teintées de culture *Sturm und Drang* (*Polish Requiem*, 1980-1993).

Cette nouvelle orientation d'ordre esthétique a fait d'une certaine manière école. En effet, quelques éléments de la jeune génération polonaise se sont ligués contre le dirigisme du sérialisme et le laisser-aller des performances pluridisciplinaires, contre la non-écriture et l'aléatoire, contre l'art-science et les formalismes cérébraux. Fervents défenseurs de la « mélodie à l'ancienne » ou de la musique comme « succession de sons agréables à l'oreille », Eugeniusz Knapik (né en 1951), Andrzej Krzanowski (né en 1951), Aleksander Lason (né en 1951), Pawel Buczynski (né en 1953) et Pawel

Szymanski (né en 1954) proposent individuellement « d'émouvoir et de faire renaître le concept de beauté ».

Élève de Henryk Gorecki, Eugeniusz Knapik a composé *Silent Screams, Difficult Dreams* (1990-1992), deuxième volet de la trilogie d'opéras baptisée *The Minds of Helena Troubleyn'* (commencée en 1987), qui se comporte par instants – au moins au niveau choral – comme un oratorio, voire un mystère. Pour le compositeur polonais, la musique, considérée en tant que rencontre heureuse des « valeurs » et des « significations », doit se comporter comme un art efficace de la « compréhension ». Jouant parfois sur des éléments de polyrythmie ou de libre polyphonie, les repères et les *leitmotive* ne sont pas absents du synopsis sonore. Au cœur de cette philosophie, certains commentateurs ont découvert la place laissée pour un équilibre entre « l'intelligence et le sentiment », entre « la construction et l'expression », entre « l'élément classique et l'idée romantique ». Sans être un piètre pastiche des fresques dix-neuviémistes, l'opéra fait se côtoyer d'une manière composite les formants d'une harmonie tonale avec de fréquents changements de tempos, de mesures, et de valeurs rythmiques parfois irrationnelles.

Dans une époque où le culte du progrès, du renouveau systématique et de l'aspiration à la nouveauté avant-gardiste s'est épuisé, une des nécessités des compositeurs des années 1980 et 1990 a été la revisitation moderne des valeurs du passé. Si Wolfgang Rihm – auteur de *Ländler* (1979), *Walzer 1, 2* (1979-1987) et autres *Ricercare* et *Cantus Firmus* (1990) – considère que la connaissance de la tradition est une « condition préalable de la liberté artistique » à venir, Hugues Dufourt écrit en 1997 que « l'héritage culturel ne doit plus être tabou ». À propos de *Meeresstille* (1997) pour piano, Dufourt poursuit en insistant sur le fait qu'« il n'y a pas lieu de laisser au postmodernisme le soin d'en accaparer les dépouilles. Remémoration et sens du possible vont de pair. Il faut autant d'invention pour retrouver le passé qu'il n'en faut pour frayer l'avenir. »

Quelques membres de la jeune génération sont donc allés, à leur manière, visiter les formes anciennes et les leçons du passé, comme en témoignent les œuvres des pays de l'Est, dès les années 1960 : la *Passacaille* (1960) de Kuldar Petrovitch Sink (né en 1943), le *Concerto grosso à la mémoire d'Alban Berg* (1967) de Faradi Karaev (né en 1943), la *Partita* (1967) pour piano de Vassili Pavlovitch Lobanov (né en 1947), le *Stabat Mater* (1974) de l'Estonien Lepo Androvitch Sumera (né en 1950), la *Messe à la mémoire de Palestrina*

(1974) d'Ervan Vaganovitch (né en 1951), *Bicinium* (1977) d'Alexandre Raskatov (né en 1953), *Pavane et Gaillarde* (1978) de Maté Hollos (né en 1954).

Par ailleurs, si la *Fugue sur le nom d'Albert Schweitzer* (1984) pour orgue de Gaëtan Santamaria (né en 1957) revendique haut et fort sa « facture conventionnelle », *Dans la nuit* (1989) pour orchestre de Stéphane Bortoli (né en 1956) se nourrit d'un *cantus firmus* (en valeurs longues aux altos) à partir duquel toute l'œuvre se déploie. *L'Homme armé* (1995) pour chœur a cappella de Thierry Pécou (né en 1965) rend hommage à Guillaume Dufay (musicien du XVe s.) en conservant quelques intervalles privilégiés du *cantus firmus* de sa messe *L'Homme armé*, et en organisant la progression de tempos selon l'élaboration audacieuse des rythmes de la grande fresque moderne de l'école polyphonique franco-flamande. Dans le même esprit, citons la *Passacaglia* de Luca Francesconi (né en 1956), la *Passacaille pour Tokyo* (1994) de Philippe Manoury, les *Organa* (1994-1995) opus 27 d'Olivier Knussen (né en 1952) ou *Hoketus* (1975-1977) de Louis Andriessen d'après les techniques de hoquet médiéval.

Bâtie sur des notions archétypiques telles que le tempo vif, la variation perpétuelle ou l'économie du matériau harmonique, la *Toccata* (1991-1992) pour piano de Franck Krawczyk (né en 1969) est axée sur l'enchaînement très rapide de figures affectées d'un « caractère émotionnel ». Dans cet ordre de pensée se situent la *Toccata* (1988) pour piano d'Ivan Fedele (né en 1953), la *Partita III* (1986) pour clavecin et orchestre de Pawel Szymanski (né en 1954), la *Canzone in otto madrigali* (1991) pour violoncelle d'Antonio Pileggi ou le *Rondo* (1997) pour violon et ensemble de Johannes Schöllhorn (né en 1962). À l'instar des *Soldaten* de Bernd Alois Zimmermann, Wolfgang Rihm intègre dans l'opéra de chambre *Jakob Lenz* (1979) des procédés issus du rondo, de la sarabande, du motet, du madrigal et du choral (5e et 9e tableaux).

De même, dans le grand cycle pianistique de Marco Stroppa (né en 1959) intitulé *Miniature estrose* (1991), l'amateur éclairé peut repérer, outre une berceuse (*Ninnananna*), une *Passacaglia canonica* (passacaille en contrepoint polychromatique), des *Canones diversi ad consequendum* (canons spécialement repérables dans la miniature intitulée *Anagnorisis I*), des références à la toccata, voire à la cavatine. Une influence italienne se remarque également dans le quatuor à cordes *Angels' Music* (1987-1988) du Danois Bent Sorensen (né en 1958). En effet, au milieu de la partition, un passage rythmique s'anime en exposant une danse médiévale appelée *Trotto.* Emmanuel Nunes, quant à lui, a agencé ses *Wandlungen* (1986) en cinq passacailles pour 25 instruments et *live electronics ad libitum.*

Auteur de *Deux Chaconnes* (1991), Brice Pauset (né en 1965) a composé un cycle de divers *Canons* (1989-1999) – dont *De prolatione* et *Perspectivae sintagma I* et *II* – pour toutes formations allant du solo (piano, percussion, piano et traitements informatiques) à l'orchestre en passant par le quatuor d'anches ou le trio pour hautbois d'amour principal, vibraphone et piano. La technique spéculative renvoie ainsi à une « musique pure », insérant la démarche de cet élève de Gérard Grisey dans la longue tradition des polyphonistes occidentaux. Au-delà de la réelle complexité de ses opus, Pauset pense que sa musique doit également à l'« ancienne complexité » : « l'*ars subtilior* française ou d'Italie du Nord du XIVe siècle, l'école polyphonique franco-flamande de la charnière des années 1500, l'œuvre de Jean-Sébastien Bach ou l'apparente ascèse d'Anton Webern ».

Le Finlandais Magnus Lindberg possède dans son répertoire quelques œuvres en rapport avec les archétypes ancestraux : *Ground* (1985-1990) pour clavecin et échantillonneur se souvient du *ground* baroque anglais dont le fondement harmonique séquentiel sert de base à de multiples variations évolutives. Il est à noter que ce traitement découpé du temps est proche de la technique de la chaconne utilisée dans presque toutes les pièces de Lindberg à partir des années 1980 : *Molière ou la Cabale des dévots* (1980), *Zona* (1983) pour violoncelle soliste et septuor. En outre, à propos de *Marea* (1989-1990), le compositeur explique que « des accords de douze notes se répètent comme une chaconne et chaque accord possède son alter ego, une série d'harmoniques, dont les fondamentaux forment une ligne de basse, une sorte de passacaille ». Lindberg est par ailleurs auteur de *Corrente I* (1991-1992) pour ensemble instrumental : fondée sur la notion de *continuum,* la pièce fait allusion à la courte succession harmonique placée en son milieu, extraite de la *Musique funèbre pour la reine Mary* de Henry Purcell (1659-1695). Frédéric Durieux, lui, écrira en 1993 *So schnell, zu früh* pour soprano et ensemble sur le texte de la cantate BWV 26 de Jean-Sébastien Bach.

Dans le même esprit, les instruments anciens sont utilisés au sein d'une composition contemporaine. Après quelques pièces plus ou moins célèbres de Mauricio Kagel (*Musique pour les instruments de la*

Renaissance, 1966), Vinko Globokar (*Folklora n° 1 et 2,* 1968), Peter Maxwell Davies (*Taverner,* 1972), François-Bernard Mâche (*Da Capo,* 1976, *Temboctou,* 1982), citons *White Man Sleeps* (1982) pour deux clavecins, viole de gambe et percussions de Kevin Volans (né en 1949), *Il giardino di giada* (1983-1991) d'Ivan Fedele pour hautbois d'amour et trio à cordes, *Omaggio a Carpaccio* (1986) de Roger Tessier avec entre autres un quatuor de flûtes à bec, *Propositions VI* (1987) pour 19 instruments anciens de Francis Bayer, *Chants ténus* (1988) pour instruments baroques de Marc Monnet, *Upon Silence* (1990) pour mezzo-soprano et consort de cinq violes de gambe, *Gémeaux* (1993), concerto pour deux violoncelles avec théorbe et luth baroque de George Benjamin, *Dix-huit Madrigaux* (1996) pour voix et cordes incluant un théorbe, de Philippe Fénelon, d'après les *Élégies* de Rainer Maria Rilke, *M* (1996) pour voix, instruments à vent, viole d'amour, clavecin et théorbe de Brice Pauset, et deux œuvres écrites pour voix de ténor, deux violes de gambe et clavecin, *Cantione, Sacrae* (1955).
Les emprunts au passé concernent également les instruments traditionnels non européens : les *djembes* pour Iannis Xenakis, les *tablas* indiens, les *damarus,* la *darbouka* ou le *zarb* pour François-Bernard Mâche, le *gamelan* balinais pour Alain Louvier, le *shô* pour Paul Méfano ou pour Toshio Hosokawa, le *shakuhachi* et la *biwa* pour Toru Takemitsu, l'orchestre de *gagaku* pour Jean-Claude Eloy ou pour Maki Ishii, les *mo-kugyos* et *uchiwa daïkos* du Japon, *agogos* d'Amérique du Sud, *tomas* et *zanzas* d'Afrique, *chocalhos* d'Amérique latine, *cabazas* du Brésil, *tablas* et *bamyas* d'Inde, *bombos* et *pinquillios* d'Argentine, *saz* des pays islamiques, *arghuls* de la zone kurde de Turquie, *pututos* du Pérou, *charangos* des Andes, et autres *lings-douns* du Tibet pour *Exotica* (1970-1971) de Mauricio Kagel. En 1986, Francis Bayer écrits *Propositions V* pour 28 instruments extraeuropéens. L'œuvre fait appel à différents instrumentariums en provenance d'aires géographiques et socioculturelles volontairement très différenciées et éloignées les unes les autres. Le compositeur explique que « le propos de l'ouvrage est en effet de donner à entendre, au sein d'une œuvre qui se veut une œuvre de musique occidentale du XXe siècle, toutes sortes de sonorités inhabituelles qui ne sont ni celles de nos orchestres européens, ni celles d'aucun autre groupement instrumental existant de par le monde ».
À l'instar de la réunion virtuelle de chants d'oiseaux du monde entier composée par Olivier Messiaen, la musique de Francis Bayer fait dialoguer le *nays* du Moyen-Orient avec la *kéna* de la cordillère

des Andes, le *balafon* – symbole de la partie occidentale du continent noir – avec le *gamelan* de Bali, et le *didjeridoo* australien avec la trompe du Tibet.
Les orchestres militaires d'antan du type fanfare ou orchestre d'harmonie (voire plus tard le *big band*) qui ont tant fasciné les musiciens, de Hector Berlioz, Paul Dukas, à Iannis Xenakis, Mauricio Kagel, ou Costin Miereanu, continuent à séduire les compositeurs avides de mélanges insolites. Composé des pupitres des bois, des cuivres – incluant saxophones et saxhorns –, des percussions et d'instruments supplémentaires (accordéon, synthétiseur, bande magnétique), l'orchestre d'harmonie moderne (comme ceux de la musique de l'Air, des Gardiens de la paix ou de la Garde républicaine) s'est peu à peu libéré du carcan métrique et tonal des « pas redoublés » et des hymnes nationaux pour aborder le répertoire savant écrit par les jeunes contemporain : *Lamentation de l'archange Michaël* (1978) de Gemba Fujita, *Ouverture* (1984) de Philippe Boivin, *Sphères d'influence* (1986) d'Alain Mabit, *Hymnus* (1988) de Pierre Albert Castanet, *Stürmisch Bewegt* (1994) de Bruno Mantovani, *Inflexions* (1994) d'Alexandre Markeas, *Variations logarythmiques* (1994-1995) de Jérôme Charles...

Des genres immuables

Le quatuor à cordes

Après une période (1945-1968) durant laquelle on a pu parler presque négativement du genre, le quatuor à cordes a renoué avec l'art noble de la musique de chambre, en perpétuant deux siècles de formation classique et de maturité de langage. Pierre Boulez ne se trompe d'ailleurs pas lorsqu'il déclare que l'écriture pour quatre instruments à cordes « demande au compositeur discipline et exigence ». Le quatuor à cordes « met à vif les faiblesses de pensée comme de réalisation, il magnifie l'invention en même temps qu'il l'épure ». Bref, il « reste une épreuve au sens initiatique du terme ». C'est dans le sens périlleux de l'ascèse que le *Quatuor à cordes* (1978) de Philippe Manoury (né en 1952) a été rédigé : une musique extrémiste qui insiste sur le discours et sa plastique générale plutôt que sur les détails infimes des composants.

Pascal Dusapin (né en 1955)

Amateur de jazz, considéré comme un des plus riches espoirs de sa génération, Pascal Dusapin utilise le total chromatique et les micro-intervalles (*Incisa,* 1982). Mises au service de formes expressives et complexes, ses partitions jouent sur des fractures de densité, des *glissandi,* des contrepoints brutaux, des cribles favorisant une austérité atonale (*Tre Scalini,* 1981-1982) mais aussi s'approchant parfois du monde consonant (l'opéra *Roméo et Juliette,* 1985-1988) et des particularités des sources plurilinguistiques (*Shin'gyo,* 1981 ; *Aks,* 1987 ; *Illiko,* 1988). Édifiant des systèmes pour pouvoir mieux les enfreindre, sa production comporte bon nombre de quatuors à cordes, de concertos (*Watt,* pour trombone, 1995) et plusieurs opéras (*To Be Sung,* 1994), dont un « opératorio » intitulé *La Melancholia* (1991).

De même, ne voulant mettre à l'épreuve que la seule perception finale, *Mutus Liber* (1986) d'Alain Féron, le *Huitième Quatuor à cordes* (1987-1988) de Wolfgang Rihm (né en 1952), *Time Zone* – 24 pièces pour quatuor à cordes – (1988) de Pascal Dusapin ne se soucient aucunement de la lisibilité des recettes d'écriture. À l'inverse, le *Troisième Quatuor à cordes* (1993) de Luca Francesconi privilégie les signaux et les repères auditifs par l'intermédiaire de solos typés ou d'élans lyriques exacerbés. Dégagé des cribles savants et des spéculations mathématiques, le *Troisième Quatuor à cordes* (1993) de Pascal Dusapin a été pensé selon une rhétorique philosophique inspirée d'une réflexion de Gilles Deleuze, tout comme *Un segno nello spazio* (1991-1994) de Marco Stroppa a été bâti sur un texte d'Italo Calvino. À l'instar de certaines pages de Giacinto Scelsi, György Ligeti, Tristan Murail, Gérard Grisey, Philippe Manoury et Marc-André Dalbavie, les quatre mouvements dusapiniens suivent le principe de l'autogenèse perpétuelle. Dans le même esprit de cohérence macroformelle, *Espejo Desierto* de Tomas Marco (né en 1942) vit au travers d'une matrice qui se meut par transformations et déformations successives, alors que *Landscape I* (1992) de Toshio Hosokawa (né en 1955) préfère la découpe fragmentée de dix paysages néanmoins enchaînés.

Georges Aperghis (né en 1945)

D'origine grecque, Georges Aperghis a été révélé lors du Festival d'Avignon avec *La Tragique Histoire du nécromancien Hiéronimo et de son miroir* (1971). Depuis, en dehors de quelques pièces instrumentales « pures » (*Illios*, 1978), il n'a cessé d'écrire des pièces de théâtre musical (*Récitations* 1978-1979 ; *Jojo*, 1990) et des opéras (*L'Écharpe rouge*, 1984 ; *Tristes Tropiques*, 1996). En 1972, il rencontre Antoine Vitez (*Tombeau pour 500 000 soldats*, 1981) avec qui il travaillera jusqu'à la mort de ce dernier (1990). Depuis 1976, il est animateur de l'Atelier Théâtre et Musique (ATEM) basé primitivement à Bagnolet, puis au Théâtre des Amandiers de Nanterre, œuvrant dans l'esprit d'une recherche collective pour une homogénéité entre images, sons et gestes, entre réel concret et utopie magique (*Conversations*, 1985).

Dans cet ordre privilégié qui laisse place à la réflexion et à la poésie, citons également le *Tombeau de Chostakovitch*, deuxième quatuor à cordes (1982) de Frédéric Martin (né en 1958), *Angels' Music* (1988) de Bent Sorensen (né en 1958), les quatre *Quatuors à cordes* de Nicolas Bacri (né en 1961) dont le dernier (opus 33) est sous-titré *Cinq Méditations* (1989-1993), *Practicing Eternity* (1993), sixième quatuor « spectral » d'Horatiu Radulescu ou le romantique *Attaca* (1996-1997) de Hans-Jürgen von Böse. En revanche, à l'image des compositions revendicatrices d'Edgar Varèse, Iannis Xenakis ou Hugues Dufourt, *Gulls and Angels* (1993) de Diana Burrell (née en 1948) donne à entendre un quatuor à cordes « urbain », diffusant sans scrupule des mixtures râpeuses et des rumeurs suspectes.
À noter que, depuis le début des années 1980, l'écriture pour quatuor à cordes a accusé, notamment sous l'influence du Quatuor Arditti, un net progrès dans les degrés de la difficulté de jeu, dans la complexité de l'écriture contrapunctique et dans la surenchère virtuose dans l'idée d'ornementation : *Dix Pièces pour quatuor* (1986) de Georges Aperghis, *Vortex* (1988), deuxième *String Quartet* de Gérard Pape (né en 1955), le troisième *Quatuor à cordes* de Pascal Dusapin, le *Deuxième Quatuor à cordes – das unglückselige Bewusstsein* (1996) de Brice Pauset, *Caramelos para Zoe* de l'Espagnol Rafael Angel Mira (né en 1951).

Le quatuor de l'avenir

Enfin, ces dernières années, le genre noble beethovénien s'est accordé aux mouvances de la modernité acoustique ou informatique : *Nymphea – Jardin Secret III* (1987) pour quatuor à cordes et un dispositif électronique offrant des effets d'écho ou d'amplification sonore de Kaija Saariaho (née en 1952) ; *Arsenic and Old Lace* (1990) pour quatuor à cordes et clavecin microtonal de Jukka Tiensuu (né en 1948), *Moires* (1994) de François-Bernard Mâche, sept mouvements enchaînés pour quatuor à cordes et sons synthétiques réalisés dans les Ateliers de l'U.P.I.C. (Paris) ; *Le Fleuve du désir* (1994) pour quatuor à cordes et bande magnétique de Gérard Pape, philosophant sur l'idée du *continuum* héraclitéen ; *Ariadne's Thread* (1994) pour quatuor à cordes et sons générés par ordinateur de Roger Reynolds (né en 1934), écrit selon des codes occultes symbolico-mathématiques.

Spirali (1987-1988) de Marco Stroppa est agencé pour quatuor à cordes « projeté dans l'espace ». Comme l'indique son titre-programme italien, l'œuvre expose un travail en boucle qui ne retourne jamais au même endroit. Orientée sur un pseudo-leitmotiv qui revient dans des perspectives chaque fois renouvelées, l'idée générale sert la spatialisation du son (idée fondamentale stockhausénienne) à l'aide de douze haut-parleurs afin que l'auditeur se sente assis au beau milieu du quatuor. Ainsi les timbres se promènent dans un espace simulé très grand ou très petit selon les modifications apportées en direct par le régisseur du son à la console centrale. Marco Stroppa fait montre ici d'une extrême virtuosité au niveau de la recherche sur les multiples processus de rapprochement ou d'éloignement (réels ou virtuels), ajoutant sporadiquement des couches acoustiques véritablement immatérielles. Face à ce déluge de technologie, une source beethovénienne court en filigrane tout au long du quatuor ; il s'agit d'un hommage au mouvement lent du quatuor opus 132 du maître de Bonn.

L'opéra

Depuis le Siècle des lumières, et en dehors des monuments laissés par Alban Berg et Bernd Alois Zimmermann, voire Henry Pousseur et Luciano Berio, l'opéra tend à légitimer la définition de Jean-Jacques Rousseau : ainsi, il « s'efforce de réunir tous les charmes des beaux-arts dans la représentation d'une action passionnée, pour exciter, à l'aide des sensations agréables, l'intérêt et l'illusion ». De plus, en tant que genre noble et complet, il sert toujours à valoriser hautement la dignité de l'art, étant synonyme, aux yeux des initiés, de « faire-valoir » social du compositeur.

De l'anti-opéra au théâtre musical

L'opéra a connu dans les années 1960 à 1980 une phase singulière de contradiction et d'anticonformisme. La musicologie a vu naître ainsi des « anti-opéras » : *Aventures* (1962) de György Ligeti, *Don't Juan* (1985) de Constança Capdeville (1937-1992), ainsi qu'une nouvelle discipline extrêmement riche et variée, appelée « théâtre musical » : *Visible Music* (1960-1962) de Dieter Schnebel, *Match* (1964) de Mauricio Kagel, *La Passion selon Sade* (1965) de Sylvano Bussotti, *Labyrinthe* (1966) de Peter Schat, *Traumdeutung* (1967) de Vinko Globokar, *Donna mobile* (1972) de Claude Prey, *La Chasse au Snark* (1971) de Michel Puig, *La Tragique Histoire du nécromancien Hiéronimo et de son miroir* (1971) et *Tourbillons* (1995) de Georges Aperghis, *Endless Parade* (1986-1987) de Harrison Birtwistle, *Ghosts* (1993) de Graham Fitkin. Pour Aperghis, qui a d'ailleurs composé sept opéras et deux oratorios, tout est musique, « le bruit comme le silence, le temps comme l'espace, le geste comme la voix, le paysage comme l'image, le théâtre comme l'orchestre, le sport comme la politique ».

En fait, pour ce genre pluridisciplinaire qui se souvient vaguement du théâtre total wagnérien, de nombreux qualificatifs ont vu le jour : « musique-spectacle », « théâtre ouvert », « théâtre sonore » (Pierre Henry), « action musicale » (Luciano Berio), « action de lumière et de sons » (Iannis Xenakis), « mono-mimo-mélodrame » (Claude Prey), « contrepoint scénique et musical » (Georges Aperghis), « exercices spirituels » fondés sur le « théâtre du corps » (Brian Ferneyhough), « song-play » (John Adams), « opéra de poche » (Michèle Reverdy), « opéra-lumière » (Ahmed Essyad). Née en pleine époque de contestation socioculturelle, la notion de théâtre musical a très vite été suivie par une vogue d'« anti-théâtre musical » comme le *Staatstheater* (1967-1970) de Mauricio Kagel.

Durant ces périodes d'émancipation, l'opéra – en son académisme de lieu et de forme – n'a jamais été absent des scènes lyriques d'Europe. Il est d'ailleurs paradoxal et symptomatique de noter qu'en ces temps de crise sociopolitique (années 1980 et 1990), les jeunes compositeurs ont pour la plupart un opéra en chantier ou achevé, rangé dans les cartons, même si le prix à payer n'est pas simple pour accéder aux joies, ou pour côtoyer les affres quasi

parnassiennes du genre lyrique. Confirmant le paradoxe, Philippe Hersant a avoué qu'écrire un opéra en cette fin de XXe s. tenait de « l'ivresse absolue » et du « cauchemar total ».
En dehors d'opéras de compositeurs désormais célèbres (*Medea*, 1982-1994, de Gavin Bryars ; *Die Eroberung von Mexico*, 1987-1991, de Wolfgang Rihm ; *Le Maître et Marguerite*, 1989, de York Höller ; *The Death of Klinghoffer*, 1990, de John Adams ; *Das Mädchen mit den Schwefelhölzern*, 1990-1996, d'Helmuth Lachenmann ; *Orphée / La Belle et la Bête / Les Enfants terribles, 1992-1996*, de Philip Glass ; *Reigen*, 1993, de Philippe Boesmans ; *Rosa*, 1994, de Louis Andriessen ; *Tristes Tropiques*, 1996, de Georges Aperghis), citons parmi mille productions des compositeurs plus jeunes de toutes tendances : *Dérives* (1980-1985) de Michael Jarrell (né en 1958), *Higglety Piggkety Pop !* (1983-1985) d'Olivier Knussen, *Le Chevalier imaginaire* (1984-1986) de Philippe Fénelon, *Greek* (1986-1988) de Mark-Anthony Turnage, *Roméo et Juliette* (1989) de Pascal Dusapin, *Beau Soir* (1989-1990) de Gérard Pesson, *The Panic* (1991) de David Sawer (né en 1961), *Freeze* (1992-1994) de Robert Zuidam (né en 1964), *Die Nase* (1993) de Lucia Ronchetti (née en 1963), *O Doido e a Morte* (1993) d'Alexandre Delgado (né en 1965), *Marco Polo* (1993-1994) de Dun Tan (né en 1957), *El teatro de la memoria* (1994-1997) de Mauricio Sotelo, *Modern Painters* (1995) de David Lang (né en 1957), *La Mort de Virgile* (1996) de Guillaume Connesson (né en 1970), *Jackie* (1997) de Michael Daughtery.

Du support textuel à l'anti-livret

Sans tomber dans l'obligatoire référence au livret d'ordre vériste, le récit d'une « histoire » reste primordial. Il peut être à dominante : enfantine (*King of Hearts*, 1995, de Michael Torke) ; vécue (*Jumelles*, 1990, de Pierre-Alain Jaffrenou et James Giroudon) ; humoristique (*Marie de Montpellier*, 1994, de René Koering) ; romanesque (*Le Château des Carpathes*, 1993, de Philippe Hersant) ; spirituelle (*Licht*, commencé en 1977, de Karlheinz Stockhausen et *Saint François d'Assise*, 1975-1983, d'Olivier Messiaen) ; mythique (*H.H. Ulysses*, 1983, de Jean Prodromidès ; *Le Rapt de Perséphone*, 1987, d'André Bon ; *Roméo et Juliette*, 1989, de Pascal Dusapin ; *Jocaste*, 1993, de Charles Chaynes et *Dédale*, 1994-1995, de Hugues Dufourt). Le récit peut également être à dominante : historique (*Nixon in China*, 1987, de John Adams) ; politique (*Intolleranza*, 1960, de Luigi Nono) ; sociale (*Il suffit d'un peu d'air*, 1992, de Claude Ballif).

Si la musique n'« identifie » pas, ne « définit » pas, elle « exprime » quand même une partie et peut-être « la plus grande des images produites dans la conscience par les forces créatrices », a tenu à préciser Giacinto Scelsi en 1944. Ainsi, à l'instar de l'« anti-opéra », des compositeurs ont travaillé avec un « anti-livret ». Dans *Intolleranza* (1960) et plus encore dans *Prometeo, Tragedia dell'ascolto* (1981), Luigi Nono joue sur la non-lisibilité primaire du livret ou sur le brouillage des messages diffusés afin de privilégier l'élément spatial, considéré en tant que voix, instrument, musique et livret : « un lieu qui enrichisse et approfondisse l'écoute, qui sache lui "inventer" de nouvelles dimensions ». Sous-entendu ou anecdotique, le livret peut parfois être complètement ignoré (*Fragments*, 1993, de Marc Monnet) ou non voulu au profit d'une mise en scène virtuelle. C'est le cas de l'utopie de Roger Tessier (né en 1993), cofondateur du mouvement de l'Itinéraire, qui a songé à un opéra sans texte, sans argument et donc sans livret. Cette idée est du reste à rapprocher du spectacle intitulé *Death Destruction* de Robert Wilson, sous-titré « opéra sans musique ». Travaillant sur la scénographie et la théâtralité du sonore, Roger Tessier a imaginé sept *Scènes* (1983-1995) pour des formations instrumentales diversifiées, du solo de guitare électrique à l'ensemble de onze instruments, en passant par un quatuor de contrebasses ou un duo virtuel d'un violoncelle avec une bande magnétique. Au sein de ce corpus instrumentalisé, le geste sonore (foncièrement abstrait) appliqué au domaine tant acoustique qu'électronique devient alors « seul acte vivant du son ».

L'opéra du troisième millénaire

Les nouvelles technologies informatiques vont aider le drame lyrique à se diriger vers un opéra interactif. *Crysallis* (1992) de Michel Redolfi montre un opéra subaquatique utilisant au fond de l'eau (le concert a lieu dans une piscine) un percussionniste devant un portique de bronzes acoustiques et d'instruments numériques, une cantatrice enfermée dans une bulle de verre et un régisseur du son à la table de mixage – immergé lui aussi –, combinant les sonorités émises en direct et les flux tout droit sortis de synthétiseurs commandés à l'air libre. Tout comme *Van Gogh Video Opera* (1991) de Michael Gordon ou *In a Low Voice* (1991-1995) de Pierre Alain Jaffrenou, tous deux conçus en tant qu'œuvres « multimédia », *The Cave* (1989-1993) de Steve Reich se présente comme un opéra vidéo répétitif dont les séquences filmées et projetées sur cinq grands

Philippe Manoury (né en 1952)

Fidèle représentant de l'IRCAM (Paris), Philippe Manoury est un compositeur doué d'une grande sensibilité. Qu'elle soit finement ciselée comme au temps du sérialisme micro-détaillé (*Cryptophonos,* 1974) ou qu'elle soit pensée comme entité macro-formelle unique (voir les divers continuums de *La Partition du ciel et de l'enfer,* 1989), son œuvre garde un caractère dynamique absolument sain. La richesse du foisonnement instrumental (*Numéro Huit,* 1980) a pu, à partir du début des années 1980, trouver une assistance complémentaire grâce à la composition par le truchement de l'informatique (*Zeitlauf,* 1982). Depuis une dizaine d'années, l'interaction entre instruments traditionnels et ordinateurs est le point fort de la recherche du compositeur (*Jupiter,* 1987-1992 ; *Pluton,* 1988-1989 ; *Neptune,* 1991 ; *En écho,* 1993-1994 ; *60e Parallèle,* 1995-1997, opéra).

écrans vidéo, ainsi que des citations de textes sacrés (la Bible et le Coran) forment la substance librettiste. Dans ce contexte, l'orchestre minimaliste et un quatuor vocal sont amplifiés au même titre que l'échantillonneur et l'ordinateur.

Après *Jupiter* (1987), *Pluton* (1988) et *Neptune* (1991), triptyque dans lequel il met en relation les instruments de la musique de chambre et la synthèse du son en temps réel, Philippe Manoury a écrit un opéra « par désir de se débattre avec de nouvelles contraintes et de travailler en équipe ». Défendant « l'acoustique virtuelle », *60e Parallèle* (1995-1997) est conçu comme un huis clos étouffant dans lequel virevoltent des sons joués traditionnellement, transformés en direct et diffusés par un orchestre de haut-parleurs (considéré comme un personnage à part entière) pour créer en huit points frontaux des effets magiques de spatialisation. Dans ce spectacle où l'image du lieu (un aéroport) est introvertie, les sons de synthèse ne correspondent pas harmoniquement à ce que joue l'ensemble instrumental, ils sont par contre élaborés pour revêtir la couleur des voyelles qui sont chantées en direct sur scène.

« Opéra du cyberespace », *Honoris in Cyberspazio* (1994) de George Oldziey figure une œuvre « romantique » réalisée à l'université du Texas pour le réseau Internet. Faisant intervenir les internautes qui écrivent le livret en laissant des messages sur le site, l'œuvre *in progress,* qui ne manque pas d'humour, parle d'amour et de clones. Prévu également sur Internet afin de jouer sur l'absence de localisation géographique, *Barbe-Bleue* (1997) d'Alexandre Raskatov se veut un « opéra numérique ». À l'image de *Votre Faust* (1960-1968), « fantaisie variable genre opéra » d'Henry Pousseur et de Michel Butor, l'œuvre (qui offre un support sur disque optique compact, ou CD-ROM) accueille un procédé interactif permettant au spectateur de naviguer au sein d'une trame narrative de 21 récits, chacun d'entre eux étant lui-même divisé en 21 scènes. Enfin, à l'instar des expériences du « corticalart » (sorte d'électroencéphalogramme qui génère des sons) réalisées par Pierre Henry en 1971, *The Brain Opera* (1996), opéra en trois parties de Tod Machover (né en 1953), veut faire vivre un spectacle tel que le percevrait *in situ* le cerveau humain. Ainsi connecté, dépendant totalement de l'électronique, le triptyque musical composé de *Mind Forest, Brain Opera Performance et Net Music* implique des espaces d'images calculées et analysées sur ordinateur. Pour le compositeur américain, « le penser et le sentir sont bien plus proches qu'on ne l'avait jamais imaginé ». Les spectateurs interviennent avec des « hyperinstruments » et peuvent envoyer par le réseau Internet des sons ou des fragments musicaux.

Le concerto

Après avoir connu la vague des « anti-concertos » (*Antiphysis*, 1978, pour flûte principale et orchestre de chambre d'Hugues Dufourt) ou des fausses pièces concertantes (*Allgebrah*, 1997, pour hautbois solo et 9 instruments à cordes de Brian Ferneyhough), les jeunes compositeurs perpétuent la tradition dialoguiste entre un ou plusieurs solistes et un tutti. Si la flûte d'*Antiphysis* est tantôt soliste, tantôt musicien du rang, tantôt joueur exposé, tantôt anonyme dans la collectivité, le hautbois d'*Allgebrah*, en tant qu'outil générateur, excite de temps à autre les réactions du groupe des cordes. Considéré comme une « chambre d'écho incontrôlable », l'ensemble des cordes « pioche », « amplifie » et « prolonge » de manière imprévisible des éléments minimes dans le discours vacillant du soliste.

Après les pièces de référence signé par Witold Lutoslawski, Maurice Ohana, Henri Dutilleux, György Ligeti, Luciano Berio, Elliott Carter, Jonathan Harvey, voire par Michael Nyman, il semble que

Les hyperinstruments de Tod Machover

Les premiers hyperinstruments ont été inventés par Tod Machover pour son opéra *Valis* (1986-1987/1988). L'idée principale invite à créer de nouveaux sons à partir d'un jeu normalisé sur instruments accoustiques. Enrichie par des systèmes électroniques mettant en branle des données algorithmiques, la complexité des sons obtenus émane alors du geste et des intentions des instrumentistes. Dans le cas des hyperinstruments à archet, la position et la pression du crin, la place de la corde, la force d'enfoncement des doigts et la direction angulair du poignet sont par exemple recueillis et analysés par des nanocapteurs. « L'hyperinstrument profite ainsi de la virtuosité du jeu traditionnel pour prolonger l'instrument et décupler son expressivité. » L'inverse d'un capteur est un actuateur. Amarré à un instrument, il en modifie les propriétés mécaniques par simple activité de contrôle d'un ordinateur.

la vogue du concerto a été instaurée par le truchement académique de commandes institutionnelles (État, Radio France, I.R.C.A.M.). Ainsi, il est symptomatique de voir apparaître un concerto de soliste, calibré en temps et en nombre d'instruments accompagnateurs, entre deux pièces consistantes du répertoire classique ou moderne.

Les nouveaux concertos ont été écrits pour les instruments suivants : le violon, en 1996-1997, par Jacques Rebotier ; l'alto, en 1990-1995, par Ivan Fedele, et en 1994, par Stefano Gervanosi ; le violoncelle, en 1992, par Ernst Bechert (né en 1958) ; le piano, en 1996, par Philippe Fénelon ; la flûte, en 1997, par Hugues Dufourt ; le hautbois, par Roger Reynolds, dans *On the Balance of Things,* 1997-1998 ; le saxophone, par Hanspeter Kyburz (né en 1960), dans *Cells,* 1993-1994 ; le basson, en 1996-1997, par Toshio Hosokawa ; le cor, par Roberto Sierra (né en 1953), dans *Concerto Evocativo,* 1991 ; le trombone, en 1991, par Frédérick Martin ; la percussion, en 1987, par Carl Vine (né en 1954), et même l'échantillonneur, par François-Bernard Mâche, dans *L'Estuaire du temps,* 1993.

Notons les œuvres concertantes – ultramodernes – de Tod Machover pour « hyperinstrument » (relié à des circuits intégrés et muni de divers capteurs reliés à des synthétiseurs) et orchestre :

Begin Again Again... (1991) pour hyperviolloncelle, *Song of Penance* (1992) pour hyperalto, *Forever and Ever* (1993) pour hyperviolon.
Comme au temps de Mozart, le genre du concerto peut s'émanciper et dévier sensiblement vers des rives adjacentes : *Concerto italien* (1981) pour ensemble de Karl Aage Rasmussen ; *Oktoechos* (1983), concerto grosso pour deux groupes de solistes et orchestre de Robert Xavier Rodriguez ; *Concertante n° II* (1987) de Ralph Shapey ; *A Play within a Play* (1989), concerto pour double orchestre d'Ezra Laderman ; *Five Concertinos* (1990) de Colin Matthews ; *Concerto pour orchestre* (1991) de Joan Tower ; *Concerto pour orchestre* (1994) de Michèle Reverdy ; *Fantaisie concertante* (1995) pour piano de Thierry Escaich. Le genre peut s'orienter vers les doubles concertos : *Double Concerto pour cor, trombone et ensemble* (1989) de Benedict Mason (né en 1954) ; *Konzertstück for clarinet, cello and orchestra* (1992-1993) d'Olli Kortekangas (né en 1955) ; *Double Concerto* (1993) pour violon et violoncelle de Stephen Paulus (né en 1949) ; *Alternatim* (1993-1997) pour clarinette et alto de Luciano Berio. Quelques triples concertos existent également : *Triple Concerto pour flûte, violoncelle, piano et bande,* 1984, d'Alejandro Vinao, ainsi que les concertos de chambre *Kammerkonzert,* 1981, de Marcin Blazewicz, et *Transmutations,* 1984, de Denis Cohen.
Parfois d'essence poétique, les titres des œuvres concertantes avec orchestre se personnalisent et se parent d'appellations génériques plus ou moins inspirées : *Metalayi n° 3* (1989) pour piano de Bruno Ducol ; *The Green Ray* (1991) pour saxophone de Gavin Bryars ; *Cry from the Wild* (1991) pour flûte de Dave Heath (né en 1956) ; *From the Leaves of Shadow* (1991) pour alto de Michael Jarrell ; *Your Rockaby* (1993-1994) de Mark-Anthony Turnage ; *Passage des traces mortes* (1994) pour hautbois de Philippe Haïm ; *From Needle's Eye* (1996) pour trombone de Marco Stroppa ; *Les Miniatures d'ici et là* (1996-1997) pour violon de Jérôme Charles ; *Hyperion* (1997) pour cor de Dominique Lemaître ; *Ninian* (1997) pour clarinette de James MacMillan.
Fortement condensée dans le temps, la musique de Jérôme Charles (né en 1966) atteint une forme d'expressionnisme au travers de la densité orchestrale (*Variations loga-rythmiques,* 1994-1995 ; *Pôles,* 1996). Les envergures plus larges, comme celle du concerto pour violon *Les Miniatures d'ici et là,* reposent quant à elles sur l'enchevêtrement et l'articulation de sections plus ou moins petites engendrant des entités constituantes d'une « forme polydirectionnelle ». La macrostructure est ainsi marquée par des effets de ruptures, le

jeu avec des cellules types et leurs contraires émaillant une sorte de « cosmos musical ».

Nouvelles complexités

Le collectif : force et hétérogénéité

Symbolisée par le départ à la retraite – en douceur – de Pierre Boulez, la guerre des styles a été officiellement déclarée en 1991 par l'instauration de l'association Musique en liberté. Présidé par Marcel Landowski (ancien rival de Pierre Boulez), le collectif parisien guide ainsi des actions promues par « une règle d'ouverture esthétique » en programmant – certes à côté de Boulez et Xenakis – les compositeurs « inutiles » d'antan et les nouveaux compositeurs « indépendants ».

Au regard de ce « pluristylicisme » cher à Alfred Schnittke (né en 1934) ou à Jacques Petit (né en 1946), et devant l'avancée massive du néoclassicisme ambiant, Alain Bancquart a tenu à fonder, à l'instar du *Verein musikalische Privataufführungen* (1918) de Schönberg, un réseau de concerts gratuits de musique contemporaine produit par l'Organisation de résistance musique/esthétique (O.R.M.E.), regroupant – comme pour l'Itinéraire – des compositeurs et des interprètes. Rédigé en mars 1994, le manifeste de l'O.R.M.E. défend « le goût de la rigueur, celui du déploiement de l'imaginaire, du rayonnement des combinatoires, la haine des concessions et des démagogies culturelles, et le sentiment qu'il est urgent de résister contre les postmodernismes plus ou moins avoués. *L'Heure des traces* (nom d'une œuvre de H. Dufourt), tel pourrait être le titre emblématique d'une attitude qui privilégie la critique historique, l'innovation en matière d'art, la concertation et la conscience réfléchie », écrit Alain Bancquart, alors professeur de composition au Conservatoire national supérieur de musique de Paris. Sont associés à l'O.R.M.E. : Pierre-Yves Artaud, Michel Fischer, Karim Haddad, Nicholas Isherwood, Nicolas Meribel, Brice Pauset...

Le concept de collectif de compositeurs, lié parfois à celui d'interprètes, est toujous représenté : le groupe des Six (1920), le groupe Jeune France (1936), le Groupe de recherches musicales (1951), l'Itinéraire (1973), l'A.T.E.M. (1976), l'I.R.C.A.M. (1977), le C.R.I.S.S. (1977), l'Atelier-Échange (1982), la Muse en circuit (1982), le mouvement Espace-Musique (1983), la compagnie Caput Mortuum (1986), les Ateliers U.P.I.C. (1991), l'association Musique en liberté (1991), l'Ensemble Phoenix (1993), les concerts de l'O.R.M.E. (1994). Ainsi, dans le courant agité des années 1990, mentionnons l'existence du groupe Compact (acronyme de Compositeurs Action).

« Compact – nous explique Gérard Grisey – parce que dans l'actuel débat culturel, face à l'Audimat, au nivellement forcé et à la médiatisation accélérée de toutes les formes de pensée, il est urgent que les compositeurs, mais aussi, espérons-le, tous les artistes et hommes ou femmes de culture désireux de maintenir coûte que coûte un certain niveau de vie intellectuelle en France, se groupent afin de conclure à un état des lieux de la création musicale. » Ainsi, face « aux difficultés grandissantes rencontrées par la diffusion de la musique contemporaine », une équipe de réflexion et d'action s'est réunie autour de Tristan Murail, Gérard Grisey, Jean-Marc Singier, Frédéric Durieux, Philippe Leroux, Denis Cohen, Philippe Hurel, Éric Tanguy, Patrick Marcland, Arnaud Petit, Allain Gaussin et bien d'autres encore. Cette réunion corporatiste a su élaborer une structure de pensée sur la place et la reconnaissance du compositeur dans la société. Selon Tristan Murail : « Le défaut général de discernement favorise la pollution sonore qui nous envahit. En retour, cette pollution accroît, par l'accoutumance, la faiblesse du discernement. Les personnes les plus cultivées par ailleurs subissent ainsi sans broncher des assauts sonores qui sont le produit d'un amateurisme musical sans précédent, supportant de l'univers des sons ce qu'elles ne toléraient pas des modes d'expression qui leur sont plus familiers. On n'accepterait jamais comme décor de vie ce qu'on accepte comme décor sonore ! » Compact veut alors promouvoir, entre autres choses, l'idée d'un « espace des compositeurs » et œuvrer simplement pour une meilleure diffusion de la musique contemporaine, pour son insertion dans les programmes de concert, pour sa place sur les antennes radiophoniques et télévisuelles.

L'ancienne compagnie Caput Mortuum a pris une nouvelle identité en devenant Attentat en 1994. Sous la houlette de Marc Monnet et composé de Marc André Dalbavie, Philippe Hurel et Philippe Leroux, ce quatuor de compositeurs œuvre à une conjonction particulière du scénique et du musical. Formant un mouvement esthétique non homogène, il tient à présenter un travail extrêmement original en développant, hors écoles, une nouvelle politique en direction des musiques dites « actuelles » (créations sonores liées notamment à la magie de l'électronique). Attentat veut éviter la production conventionnelle issue de l'opéra romantique, et invente aussi d'autres modes d'échanges par un « journal » inventif autour de la musique (qui n'est pas un miroir des revues institutionnelles ou commerciales), des « dîners explosifs » (dans l'esprit des dîners intellectuels), voire des formes réellement inattendues. Le studio électronique d'Attentat n'a pas pour vocation de produire des musiques exclusivement pour « bande » ou des pièces uniquement acousmatiques. Assistés par des tuteurs, les compositeurs sont libres dans le domaine de la recherche sonore, dans leur rapport aux instruments acoustiques, dans leur relation à l'image ou aux spectacles (danse, théâtre...).

La complexité manifeste

En 1988, le musicologue britannique Richard Toop publie dans la revue londonienne *Contact* un article intitulé « Four Facets of "The New Complexity" ». À la suite de certains travaux de sir Peter Maxwell Davies, puis, et surtout, de Brian Ferneyhough, le concept de « nouvelle complexité » prend corps et se répand parmi les productions de Michael Finnissy (né en 1946), James Dillon (né en 1950), Chris Dench (né en 1953), Richard Barrett (né en 1959). Michael Finnissy semble le moins hargneux vis-à-vis de la modernolâtrie du complexe (*Cipriano,* 1974, d'après un texte espagnol du XVIIe s. ; *String Quartet,* 1984). En revanche, l'Écossais James Dillon fait partie de ces compositeurs qui vont de l'avant en enfreignant toutes les lois, même celles de la beauté primaire (*Spleen,* 1979-1980 ; *Überschreiten,* 1986, pour ensemble instrumental ; *Vernal Showers,* 1992, pour violon soliste et octuor). Établi en Australie, le Londonien Chris Dench travaille dans l'ordre d'une *Ars subtilior* qui récuse toute facilité et toute convenance d'école (*Énoncé,* 1983, pour 16 musiciens). Gallois d'origine, Richard Barrett a travaillé avec Brian Ferneyhough et Hans Joachim Hespos (né en 1938). Ne dédaignant pas l'apport hasardeux de l'improvisation ni celui, miraculeux, de l'électronique (*Alba,* 1986 ; *The Unthinkable,* 1988-1989), son œuvre volontaire est engagée dans une rébellion chronique qui ne laisse aucune part à l'évaporation idyllique (*Negatives,* 1988-1993, pour ensemble instrumental).

Lectures de la complexité

La complexité se lit à plusieurs niveaux de l'aventure spéculative. Si certains créateurs misent sur l'injouabilité considérée comme un acte de transcendance (Iannis Xenakis, Brian Ferneyhough, voire Pascal Dusapin), d'autres accusent fortement l'hétérogénéité des détails d'écriture et d'instrumentarium (Richard Barrett, Hans Joachim Hespos, George Crumb), ou jouent la surcharge ornementale ou timbrique (Brian Ferneyhough, Michael Lévinas). Par ailleurs, à partir de composants logiques ou de valeurs symboliques, Pierre Boulez, Helmuth Lachenmann ou James Dillon vont prendre plaisir à faire voler en éclats le matériau basique trop simple a priori ou vont tenir à enfreindre les lois qu'ils s'étaient primitivement fixées. D'autres vont homogénéiser leurs propos en insistant sur l'intégration par décalquage ou sur la complexification par multiplication (quasi fractale) de formules sonores fondamentales : Jean-Claude Risset, György Ligeti, Tristan Murail, Costin Miereanu, Bernard Fort, François Leclère (né en 1950), Francisco Guerrero (1951-1996), Olivier Meston (né en 1957). Le calcul mathématique ou physique se trouve également à l'honneur dans l'élaboration de *polytempi* savants ; plusieurs mouvements ou métriques sont superposés en vue d'un feuilletage spatio-temporel, sous la plume de Bernd Alois Zimmermann, Brian Ferneyhough, Gérard Grisey, Alessandro Melchiorre (né en 1951), Michael Jarrell, José Manuel Lopez (né en 1956), Jean-Luc Hervé (né en 1960), tout comme dans l'élaboration de macrostructures formelles dues à la complexification des règles du jeu compositionnel (Pierre Boulez, François Nicolas, Antoine Bonnet, Magnus Lindberg).

La caractéristique d'une œuvre d'art authentique consiste pour Ferneyhough en la reconnaissance du « continuum infini de la complexité unissant toutes les choses ». Quant à Antoine Bonnet (né en 1958), il s'est efforcé de montrer l'importance du mouvement sériel et de ses dérivés, non seulement en décortiquant les systèmes d'écriture postschönbergiens et proboulléziens, mais en mettant aussi en lumière le rôle du modèle conceptuel ; le musicien universitaire a retenu du sérialisme une pensée constructiviste alliée à un fantôme de poésie (*La Terre habitable,* 1991-1997, cycle d'après l'œuvre de Julien Gracq), « car l'intuition d'un compositeur doit s'exercer dans un cadre », aime-t-il à professer. Avec son *Primo Quartetto « Per accordar »* (1980-1990), Ivan Fedele a d'une certaine manière compris ce précepte devant passablement à l'exercice de formalisation. D'autres, comme toujours, réagiront autrement. Ainsi, György Ligeti d'indiquer en 1990 qu'il ne faut pas « confondre la complexité de l'écriture avec l'intelligence de la pensée ». En fait, ce qui intéresse l'auteur des *Nonsense Madrigals* (1988-1993), « c'est ce qui sonne, pas ce qui est écrit » !

Le royaume de l'art-science

En dehors des marques efficientes reflétant les facettes complexes de la *dysharmonia mundi* « fin de siècle », les éléments de l'art-science peuvent ajouter au riche concept de complexification de l'art musical savant.

Le prétexte de la science

En marge de l'art-science, prôné par Edgar Varèse puis Iannis Xenakis, Pierre Barbaud, Michel Philippot, signalons le phénomène de continuité (ou processus) récemment employé en tant que principe attrayant d'occupation temporelle.
Après l'idée de discontinu, chère à Webern, gouvernant linéairement les figures de hauteur, de rythme et de silence, et entretenue par Varèse dans un réseau spatial où règne un jeu disjonctif de fractures et de heurts, cette idée de permanence d'état dans le repère de l'espace-temps a fait florès. Le mot *continuum* est apparu en 1921 dans le langage des physiciens en tant qu'« ensemble d'éléments disposés de telle manière que l'on puisse passer de l'un à l'autre de façon continue ». D'où cette récupération par les théories relativistes de l'expression *continuum espace-temps* comme espace à quatre dimensions (dont la quatrième est le temps). Dès lors, de déformations en métaphores, la musicologie a produit des expressions telles que *continuums* de durées, de dynamiques, de hauteurs, de timbres, d'espaces, etc. : *Psaume 90* (1923) de Charles Ives ; *Vortex temporum* (1994-1995) de Gérard Grisey ; *Thrène à la mémoire des victimes d'Hiroshima* (1951-1961) de Krzysztof Penderecki, *Stimmung* (1968) de Karlheinz Stockhausen ; *Messagesquisse* (1976) de Pierre Boulez ; *Désintégrations* (1982) de Tristan Murail ; *Spirali* (1987-1988) de Marco Stroppa ; *Grand Bruit* (1990) de Christian Zanesi. Chacune de ces œuvres est, à son niveau, très probant.

Jean-Claude Risset (né en 1938)

Compositeur, électroacousticien et scientifique, Jean-Claude Risset a travaillé tôt (avec Max Mathews aux États-Unis) sur les ressources de synthèse sonore par ordinateur (*Mutations*, 1969). Chef de département de l'I.R.C.A.M. (1975-1979), il s'est penché sur l'imitation des sonorités instrumentales, sur les sons artificiels (*Inharmonique*, 1977) et les types de processus du développement. Il a également mis au point une technique favorisant des illusions auditives et des effets paradoxaux – un son dont la hauteur baisse pour finalement aboutir à un point plus haut (*Little Boy*, 1968). En dehors de pièces instrumentales ou vocales (*Filtres* en 1984 pour deux pianos, *Une aube sans soleil* en 1992 pour soprano avec percussion), ses œuvres sur bandes ont été réalisées dans les plus grands studios du monde, à Paris comme aux États-Unis (*Songes* en 1979, *Sud* en 1984, *Invisible Irène* en 1995). Pionnier français de la *Computer' Music*, il a signé plus d'une centaine d'articles scientifiques et musicologiques parus dans *The Journal of the Acoustical Society of America, Physics Today, Computer Music Journal*, les revues *Critique, Esprit, Inharmoniques*...

En revanche, dès la fin des années 1970, à la lumière de la théorisation scientifique de René Thom, quelques compositeurs-chercheurs se sont employés à renouveler leurs propres manières d'envisager la discontinuité dans le temps et l'espace. En 1977, Jean-Claude Risset a décelé dans la *Théorie des catastrophes* de René Thom les lois d'un stimulus compositionnel qui rendrait compte des phénomènes d'évolution, de conflits et de flux au niveau du processus sonore. Cependant, bien qu'à ses yeux cette théorie inventée à la fin des années 1950 (et controversée) soit dotée d'une véritable portée ontologique, Risset ne s'est jamais servi de ce « champ fertile » pour ses recherches artistiques, lui préférant les illusions acoustiques et le potentiel du dédoublement géométrique des échelles fractales chères à Benoît Mandelbrot.

Si Iannis Xenakis a composé selon des procédés d'ordre mathématique issus des écrits théoriques de Thom, Costin Miereanu a, de son côté, abordé le discontinu par le biais de conceptions sémiotiques, d'expériences de type également fractal, et de modèles morphogénétiques provenant de la *Théorie des catastrophes* de René Thom. Son travail a débouché sur l'application de *patterns* labyrinthiques à des formes musicales devenues complexes, et accidentées au niveau du déroulement spatio-temporel. Son œuvre *Labyrinthes d'Adrien* (1981) peut, du reste, être considérée comme un processus musical polyarticulé engendrant des « structures étales, pelliculaires, passées au rouleau compresseur, mouvementées, abyssales », procédant par « ruptures-jonctions », dérivant par définition d'un dédale à connotation catastrophique. L'idée initiale de Thom a dessiné les grandes lignes idéales d'une théorie des formes, à la fois morphologique et herméneutique, au sens où elle « s'efforce, face à n'importe quelle donnée expérimentale, de construire l'objet mathématique le plus simple qui puisse l'engendrer ». Ici, le mot « catastrophe » ne revêt pas cette connotation négative qu'il possède dans la langue de tous les jours, il est plutôt synonyme d'évolution, de conflit, de flux brisé, d'accident.

Dans ce sillage, François Bayle et Hugues Dufourt ont négocié des signes de rupture brusque et d'imprévisibilité contrôlée tant dans le domaine de la structure que dans celui du détail. Tous deux ont transmué à leur manière la spéculation scientifique en un geste artistique donnant lieu à une « poétique du temps », voire à une « dramatique de l'espace ». Dans le registre de l'infiniment grand, Dufourt a mis à profit les différents schémas simplificateurs et typologiques du changement dans son œuvre phare *Saturne* (1978-1979) ; dans le domaine de l'infiniment petit, Bayle a su travailler électroacoustiquement sur la condensation de nuages plus ou moins denses d'événements sonores (par exemple dans *Tremblement de terre très doux*, 1978).

Dans l'idée d'une science alibi, remarquons l'engouement des compositeurs (nommés plus haut) pour le phénomène de la fractalité. Pour Bernard Fort – qui renvoie à ce propos aux écrits de Paul Klee –, la pièce de musique concrète réalisée en 1980 (remixée en 1995) et intitulée précisément *Fractals* montre un cycle de « musiques amorphes et infinies dont le centre est partout et la circonférence nulle part », chaque mouvement restant ouvert, n'étant qu'un « fragment de lui-même ».

Des notions générales de l'univers scientifique (l'espace, le temps, le volume, le cercle, le carré, le triangle) ont séduit tour à tour les compositeurs avides de nouveauté et d'originalité (Karlheinz Stockhausen, Francis Miroglio, François-Bernard Mâche, Gérard Grisey, Alain Louvier, Emmanuel Nunes). C'est le cas, par exemple, de la spirale, qui a intéressé moult créateurs. Symbolique par son ouverture structurelle, l'espace spiralé induit l'extension, le développement, la continuité cyclique en progression. De ce fait, dans un contexte qui n'est jamais innocent, l'espace musical contemporain lui a ouvert ses portes sous plusieurs formes. En dehors des *Trois Spirales de bruit* (1914) du futuriste Luigi Russolo, de *Rotative* (1929) de Giacinto Scelsi, des *Études sur les mouvements rotatoires* (1961) d'Ivan Wyschnegradsky, la spirale a été considérée en tant qu'ornement esthétique – pour reprendre l'expression de Iannis Xenakis (*Poésie pour pouvoir* en 1958 de Pierre Boulez, *Mutations* en 1968 de Jean-Claude Risset, *La Leçon de choses* en 1993 de Philippe Hurel). Elle a également été considérée en tant que principe d'évolution et d'involution constructif (*Spiral* en 1968 de Karlheinz Stockhausen, *Spirales insolites* en 1982 de François Bousch, *Eridan* en 1986 de François-Bernard Mâche, *Voilements* en 1987 de Jean-Claude Risset, *La Mandragore* en 1993 de Tristan Murail, *Euclidian Abyss* en 1996 de Hugues Dufourt), et en tant que métaphore du labyrinthe initiatique (certains *Regards sur l'Enfant Jésus* en 1944 d'Olivier Messiaen, *Fantasma/Cantos* en 1991 de Toru Takemitsu, *Landscape III* en 1993 de Toshio Hosokawa).

Ainsi, si *Lichtung I* d'Emmanuel Nunes expose des trajectoires circulaires monodirectionnelles qui, par des mouvements imprévisibles de mise en espace, donnent l'impression d'une giration globalisante, *Spira manes* (1994-1995), sous-titrée *La Spirale des âmes défuntes*, de Florence Baschet est construite autour d'un centre, créant à chaque point de ses révolutions des lignes de fuite, des « traits qui s'effacent et se déplacent ». L'œuvre de la compositrice reste à bien des égards symbolique : écrite pour sept voix, sept instruments et électronique, elle montre divers angles de rotation éclairés différemment par les transformations électroacoustiques. « La spirale se déroule et empile ses faux cercles concentriques [...] elle résonne comme un labyrinthe où le temps passé, présent et futur se conjuguent sur un mode non linéaire et se retrouvent superposés », précise la jeune compositrice. Comme c'est toujours le cas, le modèle scientifique sert plus de stimulus poétique que de référence à transmuer *stricto sensu*.

L'emprise technologique

De la fée Électricité à la fée Informatique

Avec le rapport au bruit et l'appropriation décisive du timbre, le fait le plus marquant qui a révolutionné le XXe s. est sans nul doute l'intrusion de l'électricité et de ses dérivés dans la diffusion, la conception et la réalisation des musiques.

Depuis les trouvailles instrumentales issues de la téléphonie (le Telharmonium de Taddeus Cahill, 1896), les inventeurs ont conçu des claviers puis des synthétiseurs recouvrant avantageusement certaines couleurs traditionnelles : le sphérophone de Jörg Mager remplace le jeu de timbres du théâtre de Bayreuth en 1931, qui est aussi l'année de la composition du *Concerto pour « rythmicon » et orchestre* de Henry Cowell, mettant en valeur le nouvel instrument de Léon Theremin. Dues à l'ingénieur Maurice Martenot, les ondes Martenot (1928) possèdent un ambitus micro-intervallique allant de l'infrason à l'ultrason et peuvent offrir mille timbres (voir – toutes générations confondues – les œuvres de Jacques Chailley, Joseph Canteloube, Darius Milhaud, Arthur Honegger, Ivan Wyschnegradsky, André Jolivet, Sylvano Bussotti, Michel Decoust, Tristan Murail, Hugues Dufourt, Gilles Gobeil...). Mais c'est Olivier Messiaen qui réussit le mieux à intégrer poétiquement les ondes Martenot à l'ensemble des instruments traditionnels (*Trois Petites Liturgies*, 1943-1944 ; *Turangalila Symphonie*, 1946 ; l'opéra *Saint François d'Assise*, 1975-1983).

Concoctée dans les studios européens (Paris, Cologne, Milan, Bruxelles) au lendemain de la Seconde Guerre mondiale, la musique sur bande magnétique, qui allait devenir électroacoustique, s'est intégrée petit à petit à l'effectif instrumental classique. Les plus jeunes ont poursuivi la démarche d'intégration (puis de fusion) en profitant du support de la bande synthétisée par ordinateur : *Je voulais parler aux oiseaux* (1978) de Denis Dufour ; *Soft Morning, City !* (1980) de Tod Machover ; *Verblendungen* (1982-1984) et *Io* (1987) de Kaija Saariaho ; *Archipelago* (1983) de Roger Reynolds ; *Zeitlauf* (1983) de Philippe Manoury ; *Désintégrations* (1983) de Tristan Murail ; *Dialogue de l'ombre double* (1985) de Pierre Boulez ; *La Passion de Jeanne d'Arc* (1988) d'Arnaud Petit ; *Éphémérides* (1989) de Dominique Barthassat ; *A Piece of Monologue* (1990), *Two Electro-acoustic Songs* (1993), *Le Fleuve du désir* (1996) et *Bataille* (1997) de Gérard Pape ; *Machina-Mundi* (1990-1992) d'Emmanuel Nunes ; *Comme étrangers et voyageurs sur la Terre* (1994) de Brigitte Robindoré ; *Sans titre* (1997) d'Adelhard Roidinger.

Après la vogue des orgues électriques, comme ceux de la marque Hammond (1935) intégrés à l'orchestre dès 1960 avec *Momente* (1961-1969) de Stockhausen, *Tremens* (1963) de Mauricio Kagel, *Dans le deuil des vagues I* et *II* (1966 et 1968) de Gérard Masson,

Éloge de la folie (1966) de Marius Constant, *Tremplins* (1968) de Francis Miroglio, la firme RCA met au point le synthétiseur (1955), capable de traiter des complexes sonores dont certains paramètres peuvent être mémorisés (intensité, durée, timbre, hauteur). En 1964, Robert Moog invente le *Moog Modular System* qui inaugure aussitôt l'ère des sons électroniques de toute une génération de hippies et de compositeurs ouverts à la modernité technologique (Giacinto Scelsi, John Cage, Pierre Henry, Helmut Lachenmann, Heinz Holliger, Per Norgard, Wolfgang Rihm, Costin Miereanu, John Adams, les compositeurs de l'Itinéraire).

En dehors de l'emploi effectif d'une lutherie électronique au sein d'un ensemble acoustique, les compositeurs ont émis le désir de sonoriser des sources particulières afin d'en révéler puis d'en maîtriser l'infime potentiel timbrique. Ainsi dans *Firecycle Beta* (1969-1971) de Brian Ferneyhough, comme dans les *Variations for Winds and Keyboards* (1979-1980) de Steve Reich, certains groupes de l'orchestre sont volontairement mis en relief. L'amplification peut concerner un seul élément : la contrebasse pour *Sternbild* (1985) de Vinko Globokar ; le clavecin pour *À l'île de Gorée* (1986) de Iannis Xenakis. Elle peut embrasser toute une famille de timbres, par exemple les voix : *Lohengrin* (1982-1984) de Salvatore Sciarrino, *The Desert Music* (1982-1984) de Steve Reich, *60e Parallèle* (1995-1997) de Philippe Manoury. Le progrès aidant, cette idée de mise en scène du son s'est émancipée dans l'ordre conjugué de la virtuosité scientifique et de l'habileté transformationnelle de la source primaire sonore. *Diadèmes* (1986) de Marc-André Dalbavie montre ainsi divers plans de sonorisation remarquablement adaptés au projet de fusion des différentes familles en présence : acoustique (vents, contrebasse, piano, percussions), électroacoustiques (orgue et synthétiseurs), amplifiées (quatuor à cordes), l'alto de ce dernier groupe électrifié étant transformé par *harmonizer,* favorisant entre autres des effets de réverbération et d'écho synthétique. Par ailleurs, traité librement comme un instrument soliste à part entière, l'échantillonneur peut engranger toutes sortes de couleurs, formes et textures sonores. Utilisé dans *L'Estuaire du temps* (1993) de François-Bernard Mâche, l'échantillonneur transmet à l'orchestre – à des fins de renforcement de structuration harmonique – des timbres de ressac ou de vent, des bribes de langages humains (batak, malais, javanais, xhosa, lituanien...) ou de dialectes imaginaires.

La technologie vivante et le temps réel

En dehors de la technique de l'électronique vivante, en direct, la *Live Electronic* mise en chantier par le pionnier John Cage avec *Imaginery Landscape 1* à *4* (1939 à 1951), par Karlheinz Stockhausen dans *Mixtur* (1964), puis reprise par nombre de jeunes émules tels que Daniel Teruggi (né en 1952), Philippe Mion (né en 1956), Richard Karpen (né en 1957), Christian Eloy, Alexandre Raskatov, Riccardo Nillni, Gilles Racot et Fio Menezes, la technologie électronique moderne permet de décomposer, stratifier, décalquer, métamorphoser, recomposer une source quelconque. Jouant notamment sur les variations ultrarapides du son et sur l'agilité interventionniste de la machine, l'interaction instrumentiste/ordinateur est devenue un phénomène courant. Le temps de calcul et de transformation du son par l'environnement informatique est si court que l'auditeur a l'impression d'une métamorphose sonore magique. Cette pseudo-simultanéité des faits et gestes est dite « réalisée en temps réel », les « délais » des années 1970 ayant été réduits en dix ans à quelques centièmes de seconde.

La *Partition du ciel et de l'enfer* (1989) de Philippe Manoury montre un saisissant exemple d'interactivité entre trente instruments acoustiques et un lourd système de traitement et de synthèse du son en temps réel. Conçue dans la station d'informatique musicale Next dépendante de l'I.R.C.A.M. (Paris), l'œuvre ajoute à l'instrumentarium acoustique (instruments à vent, cordes, percussions) une flûte MIDI solo, 2 pianos MIDI solos, et un synthétiseur. Dans la coda, l'ordinateur central doit « échantillonner » tout l'orchestre afin de pouvoir reproduire les séquences avec des variations de vitesse et de transposition diverses (à noter les sonorités parasitées par un générateur de bruit rendant parfois indistinctes la perception des hauteurs ou l'appréciation de la richesse harmonique). À l'instar de *Kontakte* (1969-1970) de Karlheinz Stockhausen, des contrôles opérés très finement sur les spectres, les vibratos, les micro-intervalles et les modulations permettent de passer subrepticement de simulations de timbres instrumentaux existants (attaque de trompette, détaché de flûte, pizzicato de contrebasse) à des entités musicales virtuelles, sans origine discernable ou connue. Dans cette lignée de recherche, signalons : *Ur* (1986) de Magnus Lindberg, pour lequel deux ordinateurs en réseau contrôlent des synthétiseurs jouant des matériaux prédéfinis, combinés en temps réel par un soliste du rang (clarinette, violon, violoncelle, contrebasse, ou piano) ; et *Antara* (1987) de George

---

George Benjamin (né en 1960)

Musicien précoce, pianiste et chef d'orchestre, George Benjamin compose depuis l'âge de neuf ans. Caractérisée par une réflexion profonde, sa musique répond à un jeu de logiques internes qui irrigue une harmonie subtile (*Flight*, 1979 ; *Ringed by the Flat Horizon*, 1980 ; *At First Light*, 1982) et des idées de déduction formelle inébranlables (*Piano Sonata*, 1978 ; *Sudden Time*, 1993). En dehors du travail sur les mixtures de timbres acoustiques (*Upon Silence*, 1990 ; *Three Inventions for Chamber Orchestra*, 1995 ; *Viola Viola*, 1997) et afin d'étendre son vocabulaire de jeunesse quelque peu influencé par Messiaen, Benjamin s'est intéressé à l'informatique musicale (*Antara*, 1985-1987/1990). À propos de son dernier élève, Olivier Messiaen a déclaré : « George Benjamin est doué comme devait l'être Mozart jeune ! ».

Benjamin, pour lequel des sons d'une flûte de Pan ont été enregistrés pour être ensuite transférés sur un ordinateur puis activés par deux claviers-synthétiseurs, donnant à l'exécution une grande marge de souplesse, *rubato* et spontanéité. Par ailleurs, cette technique permet une liaison plus directe et plus sûre avec les treize instruments présents sur scène (bois, cuivres, cordes, percussions). Nous le voyons, les possibilités de la création musicale ont été très largement étendues grâce à l'appareil techno-scientifique de l'informatique musicale. Révolutionnaire, cette dernière est née en 1957 dans les Laboratoires Bell de l'Amérique du Nord. La palette de ses prestations comprend la synthèse sonore, le traitement numérique des sons (synthétiseurs), la transformation du signal (de la fréquence soliste à la masse orchestrale), la commande gestuelle en temps réel, la composition assistée par ordinateur (C.A.O.). L'écriture d'*Ur* pour ensemble instrumental intégrant un synthétiseur découle du système de l'assistanat électronique. La partie orchestrale a été conçue par l'intermédiaire de grilles de calculs de rythmes, alors que l'harmonie a dépendu de la programmation de tables informatiques. Mais, afin d'obtenir des résultats musicalement cohérents, Magnus Lindberg a dû tester bon nombre d'opérations, entraînant la création de séries de lois de représentation musicale.

La norme **MIDI** (*Musical Instrument Digital Interface*) est une interface numérique permettant le transfert de données informatiques d'ordre instrumental. Le convertisseur MIDI (de l'U.P.I.C. par exemple) se présente comme un capteur qui donne naissance à une information MIDI à partir d'une analyse d'ordre paramétrique (les caractéristiques de l'enveloppe d'un son par exemple). Croyant au potentiel richissime de la technologie, quelques compositeurs F.-B. Mâche, P. Boulez, M. Lévinas, P. Manoury, D. Cohen, ont conçu des œuvres faisant intervenir clavier MIDI, flûte MIDI, guitare MIDI...

En 1983 est apparue l'interface MIDI, qui a littéralement métamorphosé le panorama de la musique liée à l'informatique : *Jeux* (1984-1989) de Denis Cohen, *Fragment de lune* (1986-1987) de Philippe Hurel, *Alliunde* (1987-1988) de François-Bernard Mâche, *Congruences* (1988-1989) de Michael Jarrell, *Huit Esquisses en duo pour un pianiste* (1989) pour piano acoustique connecté à un ordinateur de Jean-Claude Risset, *Solo* (1992) pour guitare MIDI d'Arnaud Dumond, *Neuf Écarts vers le défi* (1993) d'Ichiro Nodaïra (né en 1953), *Cristal sur bruit* (1995) de Francis Faber, *Centuring* (1996) de Michel Pascal. Parmi les dispositifs utilisés par Denis Cohen, une « réverbération infinie » qui prolonge, dans l'introduction de *Jeux*, les notes de la partie du piano MIDI, les microdécalages de fréquences réalisés à partir du matériel harmonique du clavier électronique, l'échantillonnage des sonorités basiques et la transformation en direct du geste pianistique, voire la permutation aléatoire des cellules rythmiques cristallisant l'assise temporelle de l'œuvre.

Sur le plan formel, *Répons* (mis en chantier en 1981) de Pierre Boulez est un bon exemple de mise en scène spatiale du son. Trois entités distinctes composent cette œuvre mixte : un ensemble de 24 musiciens situés au centre de la salle dont le son des instruments n'est pas modifié, un groupe de six solistes dont le jeu est transformé en temps réel, et un dispositif électroacoustique qui amplifie et spatialise les sons naturels ou transformés du sextuor. L'acuité du geste électronique permet ici trois fonctions complémentaires : celles de la mutation du son, de la distribution spatiale et de la régie de contrôle générale de la fusion. La mutation joue principalement sur les retardements temporels ou fréquentiels, la modulation en anneau et le « filtre-peigne ». La distribution spatiale dépend d'une matrice de commutation qui gère la diffusion partielle ou globale. À noter que le contrôle direct assumé par la régie finale a été facilité par l'intégration de la norme MIDI aux deux pianos, ces deux claviers permettant aux solistes de converser sans intermédiaire avec le processeur de signal numérique.

Nous retrouvons ces éléments de complexité – déjà devenus archétypiques – dans *Congruences* de Michael Jarrell. Par le truchement de la flûte MIDI, le compositeur met en lumière de multiples effets d'ordre spatio-temporel et timbrique : comme pour *Répons* de Boulez, réverbération, délais, spatialisation, transformation du son, modulation de fréquence engendrent une polyphonie virtuelle mais richement complexe. L'idée d'une « polyphonie spatiale » en tant que polyphonie d'espaces et non uniquement de sons forme notamment l'apanage des pièces électroacoustiques de Patrick Ascione (né en 1953) dans les années 1990.

L'empreinte virtuelle a tracé son chemin à travers tout le réseau tentaculaire de la création musicale, de l'hyperinstrument à la « conception sonore assistée par ordinateur ». Les chercheurs ont étudié selon deux axes complémentaires : celui du « contrôle gestuel » impliquant l'interaction physique entre le musicien et son instrument, et celui du « dispositif » analysant le fonctionnement même de l'instrument qui produit le son. De ces travaux très spécialisés, des instruments virtuels ont pu voir le jour, renouvelant de fond en comble l'approche instrumentale ancestrale, et modifiant, parfois en la court-circuitant, la relation mécanique de la cause et de l'effet traditionnelles : gant de données tactiles pour les clarinettistes détectant les micromouvements de la main, capteurs de pression d'archet, de position, de rotation et de translation, interface homme-machine ayant des débouchés véritablement multimédiatiques (telles les expériences concluantes de Luc Martinez, Michel Redolfi, Tod Machover et Serge de Laubier). La virtualité électroacoustique qui possède ses dispositifs et ses outils (méta-instrumentarium, cyberconcerts, autoroutes de l'information sonore, studio en ligne) peut offrir les sons de l'impossible comme ceux d'une guitare possédant un manche d'un kilomètre de long, ou ceux d'un tambour militaire de cent mètres de diamètre.

Regarder le son, le décomposer en fréquences, le déconstruire, le reconstruire, le traduire en courbes, en formes, en nombres, le moduler ou le modifier grâce aux logiciels spécialisés (permettant d'analyser, couper, rehausser, égaliser, filtrer, dilater, hybrider, spatialiser, programmer, synthétiser), autant de principes d'organisation

---

Le méta-instrument de Serge de Laubier

Grâce à la norme MIDI, le méta-instrument est un contrôleur gestuel qui permet de mesurer la vitesse et la position de trente-deux variables continues, en l'occurrence les mouvements des bras instrumentistes (translation, rotation, déplacements horizontaux, verticaux...). « Si, à l'origine, il s'agissait de créer une interface homme-machine capable de manipuler plusieurs paramètres sonores dans un contexte de concert électroacoustique, les méta-instruments déploient désormais un éventail d'applications autant musicales qu'audiovisuelles. »

---

ou de formalisation qui ont intéressé un grand nombre de nos jeunes contemporains, tels que Marco Stroppa, Thierry Lancino, Philippe Haïm, François Paris, Antoine Bonnet, Marc-André Dalbavie, George Benjamin, Nicola Cisternino, Edmund J. Campion (né en 1957), Serge de Laubier (né en 1957), Patrick Burgan (né en 1960), accueillis dans les studios professionnels parisiens de l'I.R.C.A.M., des Ateliers U.P.I.C., du G.R.M., de l'Itinéraire et d'ailleurs.

À une échelle plus intime, il faut mentionner l'existence de studios individuels (*home studios*) équipés d'appareils performants. Ainsi, depuis le milieu des années 1980 (1983-1986), les musiciens ont la possibilité, pour un prix de plus en plus abordable, de posséder tout un arsenal informatique que Michel Philippot appelait « amplificateur d'intelligence » domestique. Le développement exponentiel des nouvelles technologies et de leur convivialité offre à présent toutes les facultés pour composer et pour réaliser, sans sortir de chez soi, la très grande majorité des étapes de la création musicale. Les progrès étonnants intervenus dans le domaine du stockage et de la capacité de calcul des ordinateurs ont conduit en outre à l'élaboration d'un système d'enregistrement permettant la saisie sur disque dur appelé *Direct-to-disk* (*Feuillages*, 1992, de Philippe Schoeller utilise notamment ce procédé). L'instrumentarium d'un *home studio* peut ainsi comprendre : un ordinateur, un synthétiseur, un expandeur, un échantillonneur ou *sampler,* une console de mixage numérique, quelques effets (compresseur, réverbération, boîte à rythmes). De plus, dotés d'une configuration de base – une carte-son, des logiciels de musique avec séquences vidéo, des

CD-ROM et des haut-parleurs –, les nouveaux outils du studio domestique permettent à chacun d'accéder au royaume de la musique (apprentissage du solfège, initiation au clavier de piano, arrangements divers, manipulation d'échantillons...). Dans ces conditions, rappelant les élucubrations des opéras du « cyberespace », Michel Chion pense que « médias et technologie sont suspectés d'avoir galvaudé la musique, et en même temps de l'avoir coupée de ses racines naturelles ».

La nouvelle religiosité

Entre la musique *techno* diffusée dans les temples allemands et la *muzak* « new-age » sonorisant les cathédrales françaises de rite catholique, il est des traditions de musique religieuse moins édulcorée qui retrouvent les règles et les canons d'antan.

Rappelons que c'est la révolution de Vatican II, en 1964, qui a supprimé la grand-messe chantée en latin (issue d'un fond de fausses sources grégoriennes datant du XVIIe s.) et qui a fait disparaître les motets polyphoniques au profit de cantiques chantés en français, accompagnés à la guitare (parfois électrique). Si la participation a entraîné la simplification, un décalage s'est instauré chez les compositeurs entre des impératifs d'ordre liturgique et des exigences d'ordre purement musical. Ainsi, pour la commande reçue conjointement du diocèse d'Évry et du ministère de la Culture à l'occasion de l'inauguration de la nouvelle cathédrale d'Évry (mai 1996), Édith Canat de Chizy a posé quelques conditions, dont celle-ci : « aucune participation de l'assemblée ». Aux antipodes de la conception de la *Messe* (1977) par Maurice Ohana, la compositrice a manifestement réagi en voulant renouer avec les « messes de compositeurs ». Exécutée pendant l'office, intégrant des psaumes en français et en latin, la *Messe solennelle de l'Ascension* (1996) d'Édith Canat de Chizy (née en 1950) est destinée néanmoins à remplir sa fonction liturgique. En revanche, la *Messe pour un jour ordinaire* (1992-1994) de Bernard Cavanna (né en 1951) est pensée comme un manifeste contre les exclusions de toutes sortes. L'auteur de *La Confession impudique* (1986-1992) avoue avoir choisi les mots usuels de l'ordinaire de la messe parce qu'ils étaient éloquents, « pratiques pour traduire nos comportements ».

Proche de la « musique d'ameublement » composée par Erik Satie et Darius Milhaud (dès 1920), qui ne devait pas véritablement s'écouter mais servir de fond sonore à des expositions, la **musak** (du nom d'une firme américaine) a été créée en 1934 afin de servir de « musique d'environnement ». Se fondant sur des tests de réception auditive mais aussi sur des enquêtes commerciales, l'entreprise fait composer de la « musique au kilomètre » adaptée à la demande puis fait diffuser le produit dans les lieux publics ou privés sélectionnés (parkings en sous-sol, ascenseurs, halls de gare ou d'aéroport, supermarchés ou magasins de luxe). Créée pour un but lucratif, la musak se doit de rassurer, conforter, destresser, mais aussi de dépayser, faire oublier, inciter à la vente. Ce concept s'apparente à celui de l'*ambient music* de Brian Eno (né en 1948) avec sa *Music for Airports* (1979), ou à celui de *design sonore* de Michel Redolfi avec *Nausicaà* (1990-1991).

Il est assez aisé de constater que l'esthétique dominante de la post-modernité sert le retour de la production musicale d'obédience religieuse. Ainsi, après le plein succès des Journées mondiales de la jeunesse à Paris (1997), certains n'hésitent pas à parler de « nouvelle spiritualité ». Si la consonance devient de nouveau synonyme de pureté, la lisibilité formelle implique les valeurs de la nouvelle simplicité. Le phénomène pourrait du reste venir des pays de l'Est, qui ont toujours voulu conserver un contact étroit avec la tradition. Gardons surtout à l'esprit que les compositeurs du bloc de l'Est ont dû également subir culturellement les signes de la non-émancipation de certains principes fondamentaux.

L'exemple (cité plus haut) de Krzysztof Penderecki, avec *Polish Requiem* (1980-1993) et *Veni Creator* (1987), reste des plus emblématiques. Mais citons également le cas d'Arvo Pärt, avec *De profundis* (1980), *Passio Domini nostri Jesu Christi secundum Joannem* (1982), *An den Wassern zu Babel, sassen Wir und Weiten,* psaume 137 (1984), *Te Deum* (1984-1986), *Stabat Mater* (1985), *Magnificat* (1989), *Miserere* (1989-1990), *Berliner Messe* (1990-1991), *Bogoroditse Dyevo* dédié à la Vierge (1990).

Si les années 1970 ont su narguer le sabre et masquer le goupillon, nous assistons dans les deux dernières décennies du siècle à un retour vers la ritualité non profane, et un engouement pour les formes archaïques du sacré : *De profundis* (1978) de Sofia Goubaïdulina,

Requiem de la Vierge (1986-1988), conte liturgique pour l'Assomption de Marie, de Jean-Louis Florentz, *Petite Messe pour les disparus* (1984) de Jean-François Zygel, *My God, My God* (1991) de Humphrey Clucas, *Hiroshima Requiem* (1989) de Toshio Hosokawa, les *Leçons de ténèbres* (1991) de Marcel Landowski, *Ad ultimas laudes* (1993) de Thierry Escaich, *Miserere* (1994) de Jacques Rebotier, la *Litanie pour les vierges* (1995) de Denis Dufourt. Dans la lignée spirituelle de Giacinto Scelsi, Horatiu Radulescu avoue en 1985 que « le tout survient d'une nécessité de *rituel*, nécessité ressentie de plus en plus par le compositeur et le public, car selon notre conviction profonde il existe des ponts de nostalgie concentriques entre les millénaires, et plus nous allons vers le futur, plus nous nous approchons du sacré ancestral ».
Dans le *Requiem de la Vierge*, de Jean-Louis Florentz, des textes juifs côtoient des écrits apocryphes éthiopiens ainsi que des extraits du Coran. Le titre, qui se réfère au sens étymologique de « repos », induit une attitude spirituelle renforcée par le discours orchestral : symbolisant la harpe de David, les cordes, assistées par les instruments à vent, les claviers et les percussions, figurent le personnage central – le narrateur ancestral en quelque sorte. S'inspirant d'Olivier Messiaen, dix-sept chants d'oiseaux différents proposent ici des formants rythmiques à forte potentialité polyphonique. En outre, le compositeur explique que, en dehors du discours autonome, « il y a dans les intervalles, les rythmes, les jeux de timbre et, d'une façon générale, dans la polyphonie des cordes un récit, parfois le même que celui chanté par les solistes et les chœurs ».
Remarquons quand même quelques pièces périphériques qui dénotent une volonté, certes timide, d'interpréter quelque peu les tablettes de l'ordre établi : *Debout sur le Soleil* (1989-1990), chant de résurrection de Jean-Louis Florentz ; *Première Symphonie* (1992), kyrie d'une messe imaginaire de Thierry Escaich ; *Come Lovely and Soothing Death* (1993), requiem d'Anthony Girard ; *Mélodie sur des poèmes de sainte Thérèse de Lisieux* (1994), de Jean-Christophe Marchand (né en 1958) ; *Coram* (1995), « requiem laïque » d'Ivan Fedele.

Le labyrinthe du troisième millénaire

Même si, comme l'écrit Guy Debord, « l'avant-garde meurt mais ne se rend pas », dans la vitrine des arts sonores, le concept de

« musique contemporaine » semble prendre de moins en moins d'importance au profit du flot incessant des « musiques d'aujourd'hui », englobant la mixité des effluves de la *world music*, des variétés et des « musiques nouvelles » qui ne dérangent pas. Ainsi, dans une perspective de non-retour espéré de la folie expérimentale, on parle volontiers en ces années 1990 de « musiques actuelles ».

Si les avant-gardes ont bel et bien disparu, les nouveaux matériaux fascinent toujours un nombre croissant de jeunes compositeurs doués, qui ne passent pas forcément par les circuits institutionnels dits « supérieurs ». De plus, si les problèmes de forme et de structure ont irrigué constamment les débats artistiques des années 1945-1975, l'enjeu du dernier quart de siècle porte au pinacle le choix du matériau, et se penche par conséquent sur le rapport pertinent au timbre. Certains compositeurs ne jurent que par la richesse des apports technologiques, d'autres, plus traditionnels, rêvent encore à l'aspect merveilleux, à la quête insatiable d'inouï et à la magie du souffle poétique qui transparaît dans l'écriture à la main sur des portées de cinq lignes. Kaléidoscopiques et labyrinthiques, les « musiques actuelles » osent ainsi croire à la réconciliation des genres, à la cohabitation des styles et à la fusion des muses inspiratrices. À court terme, le geste responsable de l'écriture raisonnée associé à la potentialité de la technologie informatique risquent de concrétiser des œuvres dans lesquelles se mêlent des lambeaux de rêve avec des désirs de création sincère.

Car à l'heure où l'amateur a la possibilité d'accéder, en solitaire, à des données illimitées ou de composer sur mesure un concert virtuel par le biais du réseau câblé d'Internet ou de son *home studio*, de graves problèmes semblent néanmoins se poser : celui de la pérennité du spectacle humain, vivant, chaleureux, et celui, certes beaucoup plus vieux, du dédale sensible de la communication entre les publics et les artistes. Dans une incompréhension quasi bornée, et pour se disculper plus ou moins noblement, les uns affirment que l'expression « art contemporain » restera toujours un « gros mot », les autres, plus perspicaces sans doute, tiennent à se réfugier derrière le fait que nous vivons dans une civilisation de l'image, et que... nous ne pouvons posséder deux vies.

En marge il est vrai du festival multimédia du troisième millénaire (miroir social et culturel du monde), mais néanmoins richissime de son hétérogénéité plurielle, la musique de cette fin de siècle résonne comme un cristal labyrinthique à mille facettes. Chacune

d'elles projette les germes naïfs du futur en même temps que chacun de nous y voit sa propre vérité immédiate (sociale, culturelle, politique ...).
Comme l'a écrit Oscar Wilde : « Effacer le passé, on le peut toujours : c'est une affaire de regret, de désaveu, d'oubli. Mais on n'évite pas l'avenir. »

Index des noms d'auteurs

Les numéros de pages en italique renvoient à des encadrés (repères biographiques, principales œuvres, citations...) ; les chiffres en gras renvoient aux principaux développements portant sur un auteur.

Adam, Adolphe, 735, 891
Adam de la Halle, 153, **159**, *159*, 164, 170
Adams, John, 1137, *1137*
Agricola, Alexandre, **207**
Agricola, Martin, 356
Albéniz, Isaac, 871, **982**
Albert, Heinrich, 650
Albertus (Magister), 149
Alcuin, 53
Alphonse X le Sage, 133, 347
Alsina, Carlos Roque, **1034**
Amy, Gilbert, **1068**, *1069*
Andriessen, Louis, 1138, *1140*
Aperghis, Georges, **1059**, 1059, 1147, *1147*, 1149
Arcadelt, Jacques, **286**
Arriaga, Juan Chrisóstomo de, 871
Attaingnant, Pierre, 228, *244*, **244**, 357, 362, 371, 373
Auber, Daniel F.E., 724, **734**
Auber, Louis, 805
Auric, Georges, **971**
Auvergne, Peire d', *92*
Babitt, Milton, 1024
Bach, Carl Philipp Emanuel, 609, **610**, *611*, 620, **626**, 627
Bach, Jean-Chrétien, 609
Bach, Jean-Sébastien, 326, 428, *432*, 432, 513, 514, 515, **515**, 516, 517, 521, 522, **522**, 527, 529, **530**, 551, 564, 572, 578, 590, **590**, 590, **591**, 596, 882
Bach, Johann Christoph, 514
Bach, Johann Michael, 514
Baïf, Jean Antoine de, **274**, *274*
Bakfark, Valentin, 360, 366, 368, 369
Balakirev, Mili Alexeïevitch, 866
Ballard, Robert, 228
Ballif, Claude, 1061, *1062*, *1063*, 1121
Banchieri, Adriano, 294, *295*
Bancquart, Alain, **1065**, 1065, *1111*, 1111, 1120, 1121, 1156
Barraqué, Jean, **1060**
Barrière, Jean-Baptiste, 1132
Bartók, Béla, **952**, *953*, 954, **991**
Baschet, Florence, 1163
Bataille, Gabriel, **409**

Bayer, Francis, 1144
Bayle, François, **1011**, *1011*, *1126*, 1162
Beethoven, Ludwig van, 618, 621, 625, 626, 627, *628*, **630**, **635**, 636, 637, 638, 652, **749**, 812, 828, *834*, **836**, *836*, 837, 838, 841, 886, 887, 889, 893, 955
Bègue, Notker le, 31
Bellini, Vincenzo, **696**, 697, 885
Benda, Georg, 494
Benjamin, George, 1121, 1166, *1167*
Berg, Alban, **946**, *949*
Berio, Luciano, **1020**, *1021*, 1042
Berlioz, 672
Berlioz, Hector, **672**, 672, *673*, 673, 730, 804, *807*, 813, 824, 830, 833, 850, 884, 887, 890, *891*, 894
Bermudo, Juan, 366, 369
Bernaola, Carmelo, 1080
Berton, Henri M., 723
Bertrand, Anthoine de, **272**
Berwald, Franz, 786, **863**
Bésard, Jean-Baptiste, 369
Biber, Heinrich Ignaz Franz, 523, 524, 577
Binchois, Gilles, 186, **194**, *194*, 216
Bizet, Georges, **744**, *745*, 813
Blacher, Boris, **1072**
Blow, John, 470
Boèce, 26
Boëly, Alexandre Pierre François, 892
Boësset, Antoine, **409**
Boësset, Jean-Baptiste, 409
Böhm, Georg, 588
Boieldieu, Adrien, 733
Borodine, Alexandre, 792, *793*, 866
Borrono, Pietro Paolo, 362
Boucourechliev, André, **1046**, 1046
Boulez, Pierre, 1002, **1038**, *1040*, 1041, 1042, 1043, 1120, 1168
Brahms, Johannes, *666*, **666**, 667, **846**, 847, 886, 909
Britten, Benjamin, **1093**
Brown, Earle, **1052**
Bruckner, Anton, **844**, 845, *846*, 887, 893
Brumel, Antoine, *210*, 210
Bruneau, Alfred, 747
Buchner, Hans, 360, 370
Busnois, Anthoine, **199**, **217**
Busoni, Ferruccio, **956**, 956
Bussotti, Sylvano, **1057**, *1058*
Buus, Jacques, 374
Buxtehude, Dietrich, *432*, 432, 588
Byrd, William, 302, 333, 372, 373

Cabezon, Antonio de, 307, 371
Caccini, Giulio, 296, 298, *391*, 392, 407
Cage, John, **1051**, *1054*
Caldara, Antonio, 523, 526
Calvin, Jean, 316, 317, 328
Cambert, Robert, 411, 412, 425
Campana, José-Luis, **1033**
Campra, André, *458*, **458**, 511
Canat de Chizy, Édith, 1171
Capirola, Vincenzo, 361
Capua, Rinaldo di, 450
Carissimi, Giacomo, 387, *391*, 404, *404*, 406
Carter, Elliott, **1060**, 1060
Casella, Alfredo, **981**
Catel, Charles S., 723
Caurroy, Eustache Du, 276, 552
Cavalieri, Emilio Del, 297, *402*, 403
Cavalli, Pier Francesco, *391*, **398**, *399*, 400
Cavazzoni, Marco Antonio, 370
Cerha, Frederich, **1073**
Certon, Pierre, **249**, **266**, 267
Cesti, Marc'Antonio, 397, **400**, *401*, 401
Chabrier, Emmanuel, 683, 743
Chambonnières, Jacques Champion de, 567, *569*, 569, 585
Charles, Jérôme, 1155
Charpentier, Gustave, 746, 800
Charpentier, Jacques, **1088**
Charpentier, Marc-Antoine, 418, 420, *423*, **453**, *457*, 510, 573

Chausson, Ernest, **682**, 682, 817
Chaynes, Charles, **1096**
Cherubini, Luigi, 721, 722, 882, 887
Chopin, Frédéric, *857*, **858**, 991
Choron, Alexandre, 880
Ciconia, Johannes, *183*, 183
Clemens, non Papa, **239**, *240*, 262
Colasse, Pascal, 453, 457
Compère, Loyset, **209**
Constant, Marius, **1097**
Cordier, Baude, 184
Corelli, Arcangelo, **575**, 575, *576*, **580**
Correggia, Enrico, **1098**
Corrette, Michel, 561, 588, 610
Costeley, Guillaume, **273**
Couperin, François, 561, *570*, **570**, 571, 573, 578, 586
Couperin, Louis, 567, 569, 584, 585
Courville, Joachim Thibault de, 275
Créquillon, Thomas, **238**, *239*, 262
Crumb, George, 1131, *1132*
Cui, César A., 791

Dallapiccola, Luigi, **1040**, *1041*, 1041
Dalza, Giovanni Ambrogio, 361, 362
Dargomyjski, Alexandre S., 791
Dauvergne, Antoine, 485
David, Félicien, **732**
Debussy, Claude, 669, 684, *685*, 687, 804, 905, **922**, *923*, 924, *925*, 955
Decoust, Michel, 1031, *1033*
Delalande, Michel Richard, *511*, 511
Delibes, Léo, 805, 886
Delius, Frederick, 783, 869
Desmarest, Henry, 454, 457, 463, 510
Destouches, André Cardinal, 460
Diruta, Girolamo, 360
Donatoni, Franco, **1089**, *1091*
Donizetti, Gaetano, **699**, *699*, 700
Dowland, John, 367, 368, 424
Draghi, Antonio, 461
Du Caurroy voir **Caurroy**
Du Chemin, Nicolas, 228
Dubois, Théodore, 889, 891
Dufay, Guillaume, 172, 185, 186, **189**, *190*, 191, 192, *193*, 194, *215*, 215, 352
Dufourt, Hugues, **1092**, *1111*, 1125, 1126, *1127*, 1141, 1162
Dukas, Paul, **930**
Dunstable, John, *186*, **186**, 186, *187*, 300
Duparc, Henri, **680**, *681*, 682
Dusapin, Pascal, 1090, 1146, *1146*
Dutilleux, Henri, **1095**, *1096*
Dvořák, Antón, 789, **861**, *862*, 887

Eberlin, 514
Eccard, Johannes, **310**
Elgar, sir Edward, 869, **993**
Éloy, Jean-Claude, *1025*, **1026**
Enesco, Georges, **992**, 992
Erigène, Jean Scot, 141, 143
Erlebach, Philipp, 650

Fairfax, Robert, *187*, 300
Falla, Manuel de, **982**, *983*, 985
Farina, Carlo, 549
Fauré, Gabriel, **674**, *675*, *676*, 676, *677*, 684, 685, **855**, 887, 892, 893
Feo, Francesco, 450
Ferrari, Luc, *1007*, **1007**
Festa, Costanzo, 251, **285**
Févin, Antoine de, 212, *213*
Fibich, Zdenek, 790
Florentz, Jean-Louis, 1173
Flotow, Friedrich von, **762**, 763
Franck, César, 683, 827, **851**, *852*, 890, 893
Franck, Johann Wolfgang, **465**
Franck, Melchior, 310
Francon de Cologne, 171
Franz, Robert, **665**

Frescobaldi, Girolamo, **550**, 551, *552*
Froberger, Johann Jacob, 567, 569, 589
Fuenllana, Miguel de, 306, 366
Fux, Johann-Joseph, 468

Gabrieli, Andrea, **253**, **289**
Gabrieli, Giovanni, **253**, **254**, 374, 430, 551
Gade, Niels, **864**
Gagliano, Marco da, 297, 395, 406
Galilei, Vincenzo, 297
Galuppi,, *614*
Gassmann, Florian Leopold, 514, 524, 615
Gerle, Hans, 364
Gershwin, George, **995**
Gervaise, Claude, 373
Gesualdo, Carlo, **289**, 291
Gigout, Eugène, 892
Giovanni da Cascia, 180
Glarean, 199, 211
Glass, Philip, 1023, 1024
Glinka, Mikhaïl Ivanovitch, 791, **865**
Globokar, Vinko, **1034**
Gluck, Christoph Willibald, 486, **488**, *489*, 489, *490*, 491, 492, 652
Gombert, Nicolas, **236**, *237*, 237, **261**, 261
Goudimel, Claude, *248*, **248**, 249, 272, 331, 340, 884
Gounod, Charles, **673**, 674, *674*, **737**, *737*, *738*, 805, 812, 886, 887, 890
Granados, Enrique, 871, **982**
Graun, Carl Heinrich, **475**, *475*, 476, 521, 529
Grégoire le Grand, 29, 44, 55
Grétry, André Modeste, *487*, 487
Grieg, Édouard, **864**
Grigny, Nicolas de, 585, 587
Grisey, Gérard, **1091**, 1120, 1125, 1126, 1157
Guédron, Pierre, **408**
Guerrero, Francisco, 305
Guillaume IX, comte de Poitiers, 32
Guillaume VII de Poitiers, 94
Guilmant, Alexandre, 892
Guinjoan, Joan, *1076*, 1077
Guy d'Arezzo, 27, 143

Habeneck, François Antoine, 809
Haendel, Georg Friedrich, **467**, *467*, **473**, 529, **590**, 590, **598**, *599*, *600*, 600, 602, 890
Hahn, Reynaldo, 688
Halévy, Jacques Fromental, **729**, 729, *730*, 735
Halffter, Cristóbal, 1078, **1079**
Hasse, Johann Adolf, **474**, *474*, 526
Hassler, Hans-Leo, **310**
Haydn, Franz Joseph, 437, **505**, 506, *507*, 507, 524, 527, **619**, 621, 622, 623, 625, 626, 629, 632, 652, 888
Henry, Pierre, 1001, **1002**, *1003*, **1014**
Henze, Hans Werner, **1073**
Herold, Louis Joseph Ferdinand, 734
Hiller, Johann Adam, 494
Hindemith, Paul, **950**, 952, 954
Hoffmann, E.T.A., 751
Hofhaimer, Paul, 355, 369
Holliger, Heinz, **1035**
Holst, Gustav, 869
Holzbauer,, 493
Honegger, Arthur, **956**, *957*, 958
Huber, Klaus, **1074**, 1107
Hucbald de Saint-Amand, 141, 142
Humperdinck, Engelbert, 780
Hurel, Philippe, 1113, 1134

Ibert, Jacques, 976
Indy, 827
Isaac, Heinrich, **207**, **307**, *308*
Isouard, Nicolas, 733
Ives, Charles, **994**, *1083*, **1083**

Jacopo da Bologna, 181
Janáček, Leoš, **990**

Janequin, Clément, **268**, *268*
Jaufré Rudel, 97
Jean Cotton d'Affligem (Johannes Affligemensis), 143
Jolas, Betsy, **1098**, *1099*
Jolivet, André, 1086, **1087**
Jommelli, Niccolò, **476**, *614*
Josquin des Prés, 202, *204*, 204, 205, 234, **259**
Judenkünig, Hans, 364

Kagel, Mauricio, **1055**, *1056*
Kayser, Christoph, 495
Keiser, Reinhard, **465**
Kleber, Leonhard, 370
Knapik, Eugeniusz, 1141
Knüpfer, 523
Kodály, Zoltan, 952, **992**
Kœchlin, Charles, 670, 688, 807
Koenig, Gottfried Michael, **1017**
Kotter, Hans, 370
Kremer, Joseph-François, 1137
Krieger, *521*, 523
Kuhlau, Friedrich D.R., 785
Kuhnau, Johann, 429, 514
Kusser, Johann Sigismund, **466**

La Monte, Young, 1023, 1126
La Rue, Pierre de, *209*, **210**
Lalo, Édouard, 743, 813, **853**, *854*
Lambert, Michel, 409
Landi, Stefano, 387, 395
Landini, Francesco, *182*, 182, 346
Lassus, Roland de, **241**, *242*, 243, 263, **288**, **309**
Laubier, Serge de, 1169, *1170*
Le Camus, Sébastien, 409
Le Jeune, Claude, **249**, **276**, 277, 331, 552
Le Roy, Adrian, 228, 357, 360, 364
Lechner, Leonhard, **310**
Leclair, J.-M., 579
Lefebvre, Claude, 1069, *1070*
Legrenzi, Giovanni, 575
Lemmens, Nicolas, 892
Leo, Leonardo, 513, *614*
Léonin, 149
Lesueur, Jean-François, 885, 887
Lévinas, Michael, 1092, 1120, 1122, 1131, 1133
Liberovici, Andrea, 1116
Liège, Jacques de, 171
Ligeti, György, **1088**, *1090*, 1160
Lindberg, Magnus, 1128, *1129*, 1143
Liszt, Franz, **665**, **858**, *859*, 881, 886, 887, 893
Lœwe, Karl, **665**, 890
Lortzing, Albert, 752, **760**, 760
Lotti, Antonio, 513, 520
Louvier, Alain, 1120, 1122
Lully, Jean-Baptiste, 389, **413**, *413*, 414, *416*, 417, 418, 421, 451, *451*, **453**, 510, 561, 574, 614, *614*
Lully, Jean-Louis, 453
Lully, Louis, 453
Luther, Martin, 316, *318*, 319, *323*, 335
Lutoslawski, Witold, **1048**

Machault, Guillaume de, 174, **175**, *175*, 178, *345*, 346
Mâche, François-Bernard, **1008**, 1120, *1121*
Machover, Tod, **1031**, 1153, 1154, 1169
Mackenzie, sir Alexander Campbell, 783, 869
Maderna, Bruno, **1022**, 1042, 1111
Mahler, Gustav, **669**, 805, 808, 881, 905, 910, *911*, 912, *913*
Malats, J., 871
Malec, Ivo, **1008**, *1009*, *1010*, 1010
Malipiero, Gian Francesco, **981**
Manoury, Philippe, 1114, 1145, 1152, *1152*, 1166
Marais, Marin, 460
Marco, Tomas, **1081**, *1082*
Marenzio, Lucas, **291**, *291*
Marie, Jean-Étienne, 1015
Marschner, Heinrich, 752, **758**

Martenot, Maurice, 1164
Martin, Frank, **959**
Martini, Giovanni Battista, dit Padre, 487, 615
Mason, William, 872
Massé, Victor, 735
Massenet, Jules, 683, **740**, *741*, 890
Mattheson, Johann, **466**, 467
Mauduit, Jacques, **277**, *278*
Maugars, André, 390, *403*
Mayr, Simon, **692**
Mayuzumi, Toshiro, **1026**
Meder, Johannes Valentin, *464*, **464**, 530
Méfano, Paul, **1069**, *1071*
Mehul, Etienne H., 721
Mendelssohn, Bartholdy Felix, 665, **841**, 882, 886
Merulo, Claudio, 371
Messager, André, 735
Messiaen, Olivier, 1037, **1086**, *1087*, 1120
Meyerbeer, Giacomo, **724**, *725*, 808, 881
Miereanu, Costin, **1047**, 1161
Migot, Georges, 688, 977
Milan, Luis, 307, 366
Milano, Francesco da, 361, 366
Milhaud, Darius, **972**, 972, *973*, 974
Miroglio, Francis, **1047**
Moderne, Jacques, 228
Mondonville, Jean Joseph Cassanéa, 484
Monsigny, Pierre-Alexandre, **486**
Mont, Henry Du, 420
Monte, Philippe de, 288
Montéclair, Michel Pinolet de, 460
Monteverdi, Claudio, **293**, 293, 357, 387, 390, *391*, 392, 393, 394, *395*, 397, 398, 402, 406
Morales, Cristobal de, **304**
Morley, Thomas, 302, 374, 553
Moulinié, Etienne, **409**, 552
Moussorgski, Modeste, 792, 866
Mouton, Jean, **211**, *212*, 217
Mozart, Leopold, *499*, 616
Mozart, Wolfgang Amadeus, 437, 494, *495*, **496**, *497*, 498, 500, *502*, 502, 505, 514, 524, 527, 619, 621, 622, 626, **630**, 630, **633**, 634, 636, 652, 827, 887
Mudarra, Alonso de, 306, 366, 367
Murail, Tristan, **1091**, *1111*, 1115, 1121, 1125, 1126, 1129, 1157
Murs, Jean des, 170
Mysliveček, Joseph, 606

Narvaez, Luis de, 306, 366, 368
Newsidler, Hans, 364
Newsidler, Melchior, 365
Nicolai, Otto Carl Ehrenfried, **761**, 761, *761*
Niedermeyer, Louis, 671, *675*, 880
Nigg, Serge, **1067**, 1067
Nono, Luigi, **1022**, 1041, 1107, 1151
Norga, Per, 1126
Nunes, Emmanuel, **1081**, 1163

Obrecht, Jacob, **199**, *201*
Ochsenkuhn, Sébastien, 365
Ockeghem, Johannes, **195**, *196*, 197, 198, **216**
Offenbach, Jacques, 735
Ohana, Maurice, *1064*, 1064, 1065
Ortigue, Joseph d', 887
Ortiz, Diego, 359

Pablo, Luis de, **1049**, 1078, *1079*
Pachelbel, Johann, 590
Paderewski, Ignace P., 789
Paganini, Niccolò, 869
Paisiello, Giovanni, 885, 887
Palestrina, Giovanni Pierluigi, **254**, *255*
Parabosco, Girolamo, 288
Parmegiani, Bernard, 1011, **1012**
Pärt, Arvo, 1138, *1139*, 1172
Pasquini, Bernardo, **443**, *444*
Paumann, Konrad, *349*, 350
Pauset, Brice, 1143

Pedrell, Felipe, 871, 981
Penderecki, Krzysztof, **1049**, 1140
Pergolèse, Giovanni Battista, 484, 513
Peri, Jacopo, 294, 297, *391*, 392, 395
Pérotin, *148*, **149**, 150
Pétrarque, Francesco, *283*
Petrucci, Ottaviano, 306
Pfitzner, Hans, **920**
Phalèse, Pierre, 365
Philidor, François-André-Danican, 486
Philippot, Michel, 1031
Piccinni, Niccolò, 491
Piero, Magister, 181
Pierre de la Croix, 156, **160**, 164, 170
Pisador, Diego, 306, 366
Pizzetti, Ildebrando, **980**
Pollarolo, Carlo Francesco, **447**, *447*
Portal, Michel, 1034
Pothier, dom Joseph, 884
Poulenc, Francis, 689, *970*, **971**
Pousseur, Henri, **1016**, **1044**, *1046*
Power, Leonel, *187*, 188
Praetorius, Michael, 356
Preston, Thomas, 372
Prokofiev, Serge, **987**, 989
Provenzale, Francesco, 402
Puccini, Giacomo, **978**
Purcell, Henry, **426**, *426*, **470**, 567, 577
Pythagore, 33, 143

Radulescu, Horatiu, *1123*, 1126, 1173
Rameau, Jean-Philippe, **477**, *478*, 478, 479, 512, 570, **571**, 588
Ravel, Maurice, **686**, *687*, **927**, *929*, *930*
Rebel, Jean-Ferry, 579
Redford, John, 372
Reger, Max, **669**, 892, **918**, *920*
Regnart, Jacob, 309
Reibel, Guy, **1013**, 1013
Reich, Steve, 1023
Reicha, Antoine, 723
Reichardt, Johann Friedrich, 495, 651, **651**, 651
Respighi, Ottorino, **980**
Reutter, Georg, 524
Reverdy, Michèle, **1100**, 1120
Richard Cœur de Lion, 97
Rihm, Wolfgang, *1134*, 1135, 1141, 1142
Riley, Terry, 1023
Rimski-Korsakov, Nicolaï, 792, **792**, 826, 866
Rippe, Albert de, 363, 364, 366
Risset, Jean-Claude, 1024, 1161, *1161*
Roland-Manuel, 977
Ronsard, Pierre de, *270*
Rore, Cyprien de, **253**, **287**
Rossi, Luigi, 396, 406
Rossini, Gioacchino, **693**, 832, 881
Rousseau, Jean-Jacques, 485
Roussel, Albert, 688, **932**
Rubinstein, Anton, 793
Rupsch, Conrad, 323, *326*

Sainte-Colombe, Monsieur de, 573
Saint-Saëns, Charles Camille, 675, **743**, 805, 819, **854**, *855*
Sarasate, Pablo de, 871
Satie, Erik, **967**, *968*, 969
Sauguet, Henri, 976
Scarlatti, Alessandro, 402, *448*, **448**, 449, 525, *614*
Scarlatti, Domenico, *579*, 580
Scelsi, Giacinto, *1084*, **1085**, 1119, 1126, 1151
Schaeffer, Pierre, 1001, **1001**, *1002*, 1005, 1006
Scheidt, Samuel, 327, 430
Schein, Johann Hermann, 327
Schlick, Arnold, 369
Schmitt, Florent, **933**, 934
Schnebel, Dieter, **1057**
Schönberg, Arnold, 669, **936**, *937*, 939, 941, 998
Schreker, Franz, **944**

Schubert, Franz, 653, **653**, *654*, 655, *655*, *656*, 657, 751, 812, **840**, 887
Schumann, Robert, **659**, *660*, **661**, *662*, *663*, 752, **843**, 847, 886
Schütz, Heinrich, 297, 327, 429, *430*, **430**, 431
Scriabine, Alexandre, **985**, 987
Senfl, Ludwig, **309**
Sermisy, Claudin de, **246**, *247*, **265**, 363
Serocki, Kazimierz, **1049**
Séville, Isidore de, 33
Sibelius, Jean, **993**
Smetana, Bedčich, 789, 799, **860**, *861*, 861
Sor, Fernando, 871
Spinaccino, Francesco, 361
Spohr, Louis, 751, 753, **757**
Spontini, Gasparo, 723
Stamitz, Johann (Jan Vacláv Antonin Stamič), *616*, 616, *618*
Stanford, sir Charles Villiers, 784, 869
Steffani, Agostino, 461, **462**, *462*, 463
Stockhausen, Karlheinz, **1018**, 1018, *1018*, **1043**, 1044, 1126
Strauss, Richard, **669**, 805, **914**, *916*, *917*
Stravinski, Igor, 669, 670, **906**, 960, *961*, 961, 962, 963, 964, 971
Stroppa, Marco, 1148
Susato, Tielman, 374
Sweelinck, Jan Pieterszoon, 331, 588
Szymanowski, Karol, 991

Taira, Yoshihisa, **1095**
Takemitsu, Toru, **1026**
Tallis, Thomas, 300, 334, 372
Taverner, John, 300
Tchaïkovski, Piotr Ilitch, 793, 806, 866, 867
Telemann, Georg Philipp, 467, **480**, 527, 528, 530, **590**, 590, **603**, 603, 604
Tessier, Roger, 1151
Thiên-Dao, N'guyên, **1095**
Tinctoris, Johannes, 187, 347
Tippett, Michaël, 1093
Torelli, Giuseppe, **580**, 581, *583*
Tosi, Daniel, 1032
Traetta, Tomasso, 488
Tritonius, Petrus, 340, 364

Valderrabano, Enriquez de, 366, 367
Varèse, Edgar, 805, *1000*, 1000, 1001, 1004, 1005
Vaughan Williams, Ralph, 869
Vecchi, Orazio, *295*
Ventadour, Bernard de, 95, 119, 120, 122
Verdelot, Philippe, **285**, 361
Verdi, Giuseppe, **702**, *702*, *714*, *715*, 718, 720, 870
Victoria, Tomàs Luis de, **305**, *305*, 305
Villarojo, Jesus, **1036**
Vinci, Leonardo, 449
Viñes, Ricardo, 871
Virdung, Sébastien, 354, 356
Vitry, Philippe de, 140, **160**, 161, 170, *174*, **174**, 179, 350, 352
Vivaldi, Antonio, 450, 513, 525, 582, 614

Wagner, Richard, **666**, **763**, *768*, *773*, **779**, 886, *908*, 909, **914**, 922
Waissel, Mattheus, 365
Walter, Johann, 323
Walther, J.J., 577
Weber, Carl Maria von, 653, **754**, **838**, *839*
Webern, Anton von, **941**, *942*
Weerbecke, Gaspar Van, **208**
Weill, Kurt, **945**
Wert, Jacques de, 288, 289
Westhof, J. P. von, 577
Widor, Charles Marie, 743, 892

Willaert, Adrian, *251*, 252, 252, **286**, 361, 374
Williams, Ralph Vaughan, **994**
Wolf, Christian, 1053
Wolf, Hugo, **667**, *668*
Wyschnegradsky, Ivan, 1121

Xenakis, Iannis, 1005, 1027, *1028*, *1029*, 1029

Yun, Isang, **1074**

Zachow, 523
Zavaro, Pascal, 1113
Zimmermann, Bernd Alois, **1072**, **1117**, 1117, *1118*
Zumsteeg, Johann Rudolf, 651, 651, **651**, 665
Zwolle, Arnault de, 347

Glossaire – index des termes techniques

Le lecteur ne trouvera pas ici l'indexation systématique des matières traitées, un sommaire en tenant lieu. Il trouvera en revanche la mention de termes musicaux spécifiques définis dans les encadrés [numéro de page en italique] ou dans le corps du texte [chiffre gras], voire non définis mais suivis d'un développement [chiffre maigre].
Pour la commodité du lecteur, une brève définition suit les termes recensés dans ce glossaire, exception faite pour ceux qui sont traités en encadrés et donc faciles à repérer.

A cappella (ital.) : désigne une exécution vocale non accompagnée par des instruments, 191, 203, 254, 294, 420, 520

Accords altérés : accord comprenant un son altéré, étranger à la tonalité, 664

Accord de 5te augmentée : accord parfait avec altération de la 5te. Ex. : *do mi sol* dièse, 858, 979

Accord de 7e : accord formé d'un son fondamental, sa 3^{ce}, sa 5te et sa 7e ; existe en diverses qualités, 544, 926

Accord de 7e diminuée : variété de 7e. Ex. : *si ré fa la* bémol, 830

Accord de 9e : accord de 4 sons formé de quatre 3^{ces} superposées. Ex. : *sol si ré fa la*, 830, 840, 844, 926

Accord de 11e : accord de 6 sons formé de cinq 3^{ces} superposées. Ex. : *do mi sol si* bémol *ré fa* dièse, 830, 840, 926

Accord par superposition de 4tes : accord né à la fin du XIXe s. et formé non par des 3^{ces} superposées mais par des 4tes justes ou augmentées, 926, 937, 987

Accord par superposition de 5tes : accord formé non par des 3^{ces}, mais par des 5tes superposées, 926, 930, 968

Acousmatique, 1124, *1126*

Ambitus (lat.) : étendue d'une mélodie, de la note la plus grave à la

note la plus aiguë, 104, 237, 246, 249, 291, 575, 595, 844, 856
Anapeste : rythme composé de 2 brèves et 1 longue, 418, 421
Anticipation : son annonçant l'accord suivant, étranger à l'accord dans lequel il est entendu, 858
Antienne, **58**, 58
Antiphonaire, **47**, 49, 161
Appoggiature : son non préparé, étranger à l'accord, se résolvant sur une note de l'accord, 681, 684, 937
Aria (ital.) : air, 396, 400, 401, 406, 427, 747
Aria cantabile (ital.), *446*
Aria da capo (ital.) : air de forme ABA, 439, 445, 446, 449, 463, 466, 472, 473, 747
Aria di bravura (ital.), *446*
Aria di portamento (ital.), *446*
Aria parlante (ital.), *446*
Arioso (ital.), voir **Récit** ***arioso***
Atonalité, atonalisme, 938, *945*, 952, *1063*
Augmentation (thème en augmentation) : exposé d'un thème en valeurs plus longues, 595

Barform (all.) : forme AAB, 742, 765
Bariolage : effet violonistique consistant à passer rapidement l'archet d'une corde à l'autre dans un effet d'arpège brisé, 582
Barre d'harmonie : pièce de bois fixée sur la face inférieure de la table d'harmonie d'un instrument à cordes, au niveau du pied gauche du chevalet, 558
Basse continue (constinuo) : partie de basse instrumentale chiffrée dans les œuvres musicales de 1600 à 1750, 293, 388, 390, 544, 548, 562, 579, 606, 612
Basse contrainte ou obstinée, *301*, 362, 566, *568*
Basse d'Alberti : formule d'accompagnement en accords brisés, 611, 627
Bel canto, 397
Binaire (forme) : forme à reprise de type AABB ou AB, 452, 567, *568*, 576, 580
Broken consort (angl.) : concert mixte ou « brisé », *553*

C.R.I.S.S., 1111, *1111*
Cadence (concerto) : improvisation du soliste placée avant la fin d'un morceau, principalement dans le concerto, 625
Cadence : formule mélodique ou harmonique servant de conclusion
Cadence à double sensible : cadence médiévale à double effet attractif, 173
Cadence close : cadence à effet conclusif, 182
Cadence ouverte : cadence à effet suspensif, 182
Cadence plagale : cadence du IVe au 1er degré, 894
Cadence rompue : cadence se résolvant non sur la tonique mais sur un accord inattendu, 858
Cadences évitées, 710
Canon, *198*, 204, 595, 597, 632
Canonique, *198*
Cante flamenco (esp.), *984*
Cante jondo (esp.), *984*, 1064
Cantilena, 53, *64*
Cantilène, 55, 67
Cantus firmus (lat.) : mélodie servant de point de départ à une composition polyphonique, 183, 190, 197, 200, 203, 206, 233, 255, 340, 588, 593
Cavatine, 473, 476

Centonisation : composition par réemploi de formules, **68**

Chaconne, 832

Chanterelle : corde la plus aiguë d'un instrument à cordes, 549, 579, 851

Chironomie, 27, 30

Chittarrone : instrument le plus grave de la famille des archiluths, 394

Chromatisme, échelle chromatique, 173, 292, 578, 602, 664, 744, 757, 766, 828, 844, 851, 852, 894, *940*, *954*, 954, 958

Cluster (angl.) : agrégat sonore de plusieurs sons conjoints, 588, 1049

Coda (lat.) : terminaison ou conclusion d'une pièce musicale, 623, 624

Col legno (ital.) : jeu des cordes avec la baguette (« avec le bois ») de l'archet, 807, 851

Compact, 1157

Conduit, 151

Console de diffusion, *1017*

Contrafacta (lat.) : transposition d'une musique d'un texte à un autre, 113, 339

Contrepoint note contre note : contrepoint rudimentaire simple, marchant « point contre point », 240, 340

Crescendo (ital.), 611, 617, *618*, 695, 845

Crible : notion d'échelle de sons (non octaviante) mise en place par Iannis Xenakis, pouvant subir des transformations logiques (appelées « métaboles »). Provenant d'une pensée théorique, la périodicité des notes d'un crible est calculée mathématiquement à l'aide notamment de points sur une droite, 1123

Cyclique (forme cyclique) : forme admettant la présence de motifs conducteurs circulant à travers l'œuvre, 824, 852, 893, 932

Cymbala, 33

Dance, *1115*

Déchant, *191*

Diastématique : se dit d'une notation traduisant graphiquement dans l'espace les hauteurs des sons par rapport à une ou plusieurs lignes de référence, 30, 104

Diatonisme, *954*, 954

Diminutions : procédé, très employé au XVIIe s., consistant à orner le chant dans les passages repris, 407

Dissonances, 929

Dodécaphonisme, *940*, 944, 947, 959, 965, *1038*

Dodécatonalité, 1061, *1063*

Doppler (effet) : variation de fréquence observée par un auditeur lorsqu'une source sonore se déplace par rapport à lui, 1025

Doubles : reprise modifiée et ornée d'une pièce vocale ou instrumentale aux XVIIe et XVIIIe s., 408

Double corde : technique du jeu des instruments à cordes consistant à exécuter 2 ou plusieurs notes à la fois, 549

Durchimitation (all.), *198*

Durchkomponiert (all.) : forme sans périodicité, « composée de bout en bout », 339

Dynamique : art des nuances, 583, 615, 617, *618*, 832, 845

Échantillonneur, 1165

Échelle heptatonique : échelle de 7 sons à l'octave, 951, 954

Échelles célestes, 845

Écho (chambre d'écho), 1012, *1014*, 1022
Écho (clavier d'écho) : clavier de l'orgue français classique comportant des jeux présents sur les autres claviers, mais avec une sonorité très assourdie, 557
Écho (procédé d'écho) : répétition affaiblie d'un motif musical, 583, 617

Faux-bourdon, *faburden, faburdon*, *191*, 335, 372, 884
Figuralisme : action de « peindre » en musique, 178, 672, 678
Filtrage, *1006*
Flatus, 34
Fonds (jeu de fonds) : ensemble des jeux à bouche constituant la base de la sonorité de l'orgue, 557
Forme avec trio, *568*
Frette : ligature ou barre fine compartimentant le manche de certains instruments à cordes, *351*
Frottements (harmoniques) : rencontre dissonante de deux sons, 580
Fugato (ital.) : passage en style fugué non rigoureux, 574, 590, 598, 602, 615, 831, 868
Funky, 1113, *1114*, 1114
Gamme par tons : succession de tons entiers résultant de la division de l'octave en 6 parties égales, 791, 926, 929, 945, 1064

Générateur de fréquences, *1017*
Glissando (ital.) : réalisation d'un intervalle en glissant rapidement sur tous les sons intermédiaires, 1005, 1024, 1027
Grand jeu, *587*
Ground, 832
Groupe de recherche musicale à Paris, *1126*
Grunge, 1130, *1131*
Guitare, *358*, *367*
Guitare électrique, 1111
Gymel (en lat. ***cantus gemellus***) : forme primitive de la polyphonie anglaise en 3^ces^ ou 6tes parallèles, 186

Harmoniques (sons harmoniques du violon) : sons de timbre différent de celui des sons ordinaires, produits par effleurement sur les instruments à cordes, 549, 907
Harmoniques et partiels, *1128*
Harmoniseur, *1110*, 1165
Homophone (style homophone) : style choral où toutes les voix obéissent au même rythme, 238, 240, 242, 248, 249, 260, 294, 308
Hoquet : écriture vocale, le plus souvent à 2 voix, parsemée de silences, où l'une se tait lorsque l'autre chante et *vice versa*, 161, 176
Hybridation, 1132, *1133*, 1133
Hymnes, 31, 40
Hyperinstrument, 1153

I.R.C.A.M., 1124
Imitation : reprise d'un fragment mélodique d'une voix à une autre, *198*, 235, 548, 831
Imitation continue, *198*, 248
Imitation syntaxique, 235, 239, 241
Improvisation, 565
In campo aperto (lat.) : se dit de la notation sans portée, 73
Incipit (lat.) : début d'un manuscrit ou d'une pièce musicale, 235
Intermezzo, 482
Intervalles, 85
Isorythmie, 163, *173*, 174, 175, 178
Itinéraire, *1111*

Klangfarbenmelodie (all.) : « mélodie de timbres » et non de hauteurs, 943

Laisses, 32
Larsen (effet) : son résultant du retour d'un signal issu d'un haut-parleur à travers le microphone qui le pilote, 1023
Lectures accélérées, 1012, *1014*
Legato (ital.) : jeu lié, 658
Leitmotiv (all.) : motif conducteur ou motif caractéristique, 419, 666, 678, 742, 743, 744, 764, 765, 767, 771, 776, 793
Live Electronic, 1166
Luth, *358*, *367*

Macrostructure, 1049, *1050*, 1120
Madrigalisme : peinture en musique (voir **Figuralisme**), 241, 242, 243, 273, 293, 394
Maîtres chanteurs, *774*
Marche harmonique, *582*, 592, 858
Meistersinger (all.), 773
Mélisme : vocalise, 30, 138, 238
Messe, *79*
Messe cyclique, *188*
Messe paraphrase, *188*, *234*
Messe parodie, *188*, 203, *234*, 242, 245, 255
Messe unitaire, *188*
Mesure à l'antique : composition reposant sur le principe du respect de la quantité prosodique des syllabes reprise par le rythme musical, 275, 276
Métatonalité, 1061, *1063*
Micro-intervalles : intervalles plus petits que le demi-ton, 1063, 1064, 1122
Microtonale, 1121
MIDI, *1168*, 1168
Minnesänger (all.), *775*
Missa brevis (all.), *519*
Missa solemnis (all.), *519*
Mixage, 1005, *1006*
Modalité : au sens large, utilisation d'un mode autre que le majeur ou le mineur, 26, 162, 866, 937
Modélisation, 1133, *1133*
Modes ecclésiastiques, 163
Modes grégoriens : système modal du plain-chant, 60, 60, *62*, 163
Modes rythmiques, 128, *129*, 151, *156*, 171
Modulateur en anneau, 1015, *1017*, 1019
Monnayage : consiste à remplacer une valeur longue par des valeurs brèves équivalentes, 155, 250, 275
Monodie, 28, 38, *39*
Moog Modular System, 1165
Motet, **151**
Motif conducteur (voir ***Leitmotiv***), 759
Multisérialisme, *1038*, 1041, 1042, 1044, 1061
Musak, *1172*
Musica ficta (lat.) : « musique feinte » ou ensemble de principes concernant l'altération des notes du XIIIe au XVIe s., 163
Musica practica, 33
Musica reservata (lat.) : style de musique « secrète » réservée aux initiés soit en raison de sa difficulté, soit en raison de sa volonté expressive particulière, 192, 288
Musikdrama, 764
Musique sérielle, *940*
Musique spectrale, 1125, 1126
Mutations (jeu de mutations) : jeux à bouche harmoniques du son fondamental, 557
Muzak, 1171

Neumatique, 73, 74
Neumes, 30, 37, 39, 74
New Age, *1114*
Noisy pop, 1107, *1108*

Notation mesurée, 30
Notes de passage : sons étrangers à l'harmonie, reliant par mouvement conjoint deux accords ou deux sons d'un même accord, 681
Notes inégales : en musique baroque, manière de jouer inégalement les séries de notes égales, 565
Nouvelle complexité, 1158

Octoechos (grec) : théorie des 8 modes du plain-chant, **61**, 125
Ondes Martenot, 1164
Opéra-ballet : opéra composé d'entrées indépendantes mêlant très largement airs, ensembles, chœurs et danses, *459*, *460*
Opera buffa (ital.), 482, 490, 491, *734*
Opéra-comique, *736*
Opéra de demi-caractère, *736*
Opera semi-*seria* (ital.), *736*
Opera seria (ital.), 444, 445, 449, 471, 482, 490, 491, *722*
Organa, 33
Organum, **84**, *142*, 144, 145
Orphéon : société chorale masculine regroupant des amateurs, 756, 797
Ostinato (ital.), 203, 204, *205*, *301*, 426, 443, 449, 688, 732, 965

Parallélisme d'accords : enchaînement d'accords de même type à intervalle fixe donnant une impression étrangère à la tonalité, 684, 688, 926, 968, 980
Parasérialité, *1122*, 1122
Paraspectrale, 1123
Parlando (ital.) : exécution vocale plus proche de la parole que du chant, 686
Partiel, 1128
Passacaille, 832
Pédale (harmonie sur pédale) : harmonie consistant à tenir un son à une partie pendant que les autres évoluent librement par rapport à elle, 858
Pentatonisme : échelle de 6 sons à l'octave, 926, 929, 962
Perce : forme intérieure du tuyau des instruments à vent, 559
Phonogène, 1005, *1006*, 1020
Piano préparé : selon J. Cage, piano désaccordé partiellement et agrémenté de matériaux divers, 1051
Pizzicato (ital.) : au violon, corde pincée avec le doigt et non frotté avec l'archet, 549, 583, 629, 1027
Plein jeu, *556*, 557, *587*
Pogo dance, 1107, *1108*
Polyharmonie, *975*
Polytonalité, 934, 945, 962, 972, *975*, 988, *1063*
Positions (sur les instruments à cordes) : position des doigts de la main gauche sur le manche et étendue des sons qui peuvent être produits dans cette situation, 549, 575, 579
Postindustrielle, *1115*, 1115
Prima pratica (ital.) : « première pratique », désignant le style sévère des contrapuntistes du XVe et du XVIe s. (selon Monteverdi), 390, 554
Principal (jeu de principal) : jeu d'orgue ouvert à bouche, *556*
Programme (musique à programme) : musique déterminée par un énoncé littéraire, 577, 578, 582, 604, 800, 819, 851
Proportionnelle, 30
Prosulations, 31
Psalmiste, 67
Psalmodie, **56**, **57**, 57, 58
Psalmoi, 56
Psaumes, *332*
Pulsus, 34

Quadrivium, 26
Quodlibet (lat.) : musique d'esprit humoristique comprenant des fragments hétérogènes, *595*

Rap, 1107, *1108*, 1115
Récit accompagné : récit soutenu par l'orchestre, 501, 723
Récit *arioso* : récit très mélodique se rapprochant plus de l'aria que de la déclamation, 400
Recitar cantando (ital.), 298
Récit *secco* (ital.), 445, 446, 723
Récitatif : chant librement déclamé dont la mélodie et le rythme suivent les inflexions de la parole, 297, 388, 389, 417, 418, 421, 431, 723
Recto tono (lat.) : déclamation sur une seule note, 340
Redicta (lat.), *205*, 208
Réverbération, *1017*, 1022
Rondo (ital.) : forme refrain de type ABA ou ABACA, 452, 824
Rosalie, *582*
Rubato (ital.) : « temps volé » ou abandon momentané de la rigueur de la mesure, 131, 627, 828, 858
Rythmique, 130

Scholae, 29
Scordatura (ital.) : modification de l'accord traditionnel d'un instrument à cordes, 577
Scriptoria, 29
Seconda pratica (ital.) : « seconde manière », ou esthétique moderne, défendue par Monteverdi, par opposition au style sévère des contrapuntistes, 390, 554
Séquence, 31
Sérialisme, sériel, 906, *1038*, 1038
Serpent : instrument à vent, de forme ondulée, soutenant le chant à l'église, 884
Sforzando (ital.) : renforcement de la sonorité sur une note, 622, 833
Singspiel (all.), 463, 472, 480, 492, **494**, 496, 748, 751, 756, 782, 785
Sixte napolitaine : altération du 2e degré (formant sixte mineure avec le 4e degré) extrêmement expressive, 402, 830, 858
Spatialisation, 1111
Spectre, *1017*
Sprechgesang (all.) : selon Schönberg, mode particulier de déclamation intermédiaire entre la parole et le chant, 938
Staccato (ital.) : jeu en détaché, 582, 664, 842
Syncope : effet de rupture produit par le déplacement de l'accent rythmique, 682
Synthétiseur, *1017*, 1020, 1024

Tablature, **348**, *351*, *358*
Tactus (lat.) : battue, 34, 200
Taille (écriture en taille), *587*
Techno, *1115*
Tempérament : manière de tempérer les intervalles pour rendre possible l'accord des instruments, *564*, 594
Teneur : voix fondamentale d'une polyphonie médiévale, 145, 154, 155
Tenuto (ital.) : signe indiquant que les notes doivent être soutenues, 627
Tessitures, *700*
Thème conducteur : Leitmotiv, 710
Tonalité, *586*, *945*
Tons, 163
Tons ecclésiastiques, *586*

Trémolo (ital.) : répétition rapide d'une même note donnant un effet d'agitation, 623, 807, 846, 852
Triolet : groupe de 3 notes mis à la place de 2 en mesure binaire, 682
Triton : intervalle de quarte augmentée se composant de 3 tons entiers, 679, 955
Tropes, 31, 75, *76*, 82, 82, 83, *84*

U.P.I.C., 1124, *1125*
Variation, 832
Vaudeville, 267, *370*
Vibrato (ital.) : effet de tremblement serré très expressif, 627
Vihuela (esp.), 262, 299, 304, *358*, 366, *367*
Vocalise, 701

World music, 1106, *1106*

Zarzuela (esp.) : sorte de *Singspiel* merveilleux, 470, 782, 982

Signes et abréviations utilisés

♪	exemple musical
av.	avant
b.c.	basse continue
Bibl. Nat.	Bibliothèque Nationale, Paris aujourd'hui BNF
B^on^	basson
cb	contrebasse
C. à P.	cornet à piston
c.f.	*cantus firmus*
clar	clarinette
coll.	collection
ct.	*contratenor*
éd.	édition
ex.	exemple
fg.	basson
fl.	flûte
fol.	folio
fr.	français
htb	hautbois
K	*Köchel* (catalogue)
mes.	mesure
ms., mss	manuscrit, manuscrits
op.	opus
op. cit.	*opere citato* (ouvrage cité)
p.	page(s)
ps.	psaume
r°	recto
s	*superius*
s.	siècle

s.d.	sans date
s.l.	sans lieu
s.l.n.d.	sans lieu ni date
sqq.	*sequunturque* (et suivant[e]s)
st(e)	saint(e)
t	*tenor,* teneur
trb	trombone
trp	trompette
v.	vers
vcl	violoncelle
v°	verso
vol.	volume
2/date	date de 2ᵉ édition
1/date	date de 1ʳᵉ version

Orientations bibliographiques et sources musicales

Il existe un grand nombre de publications plus ou moins spécialisées concernant les sujets traités dans cette Histoire de la musique. *Il n'est pas question de les citer toutes, mais nous souhaitons attirer l'attention du lecteur sur quelques ouvrages particulièrement intéressants, ou bien documentés – même s'ils ne sont pas tous en langue française. Un tel choix ne saurait être cependant que subjectif : il ne représente certes pas la « bibliothèque idéale » de l'historien de la musique !*
Dans le cas de répertoires musicaux anciens ou mal connus, nous avons ajouté aux livres conseillés quelques recueils musicaux – précédés du signe ♪ – qui constituent des sources musicales modernes, sûres et accessibles à tous.
Il eût sans doute été intéressant d'ajouter le disque au livre et à la partition. Mais notre désir de respecter les goûts de chacun rendait cette entreprise matériellement impossible...

Le monde médiéval

Le chant grégorien

E. Cardine, « Sémiologie grégorienne », *s.l.n.d., Abbaye de Solesmes.*

J. Claire, « Les Répertoires liturgiques latins avant l'octoéchos. L'office férial romano-franc », *Études Grégoriennes, XV, Abbaye de Solesmes, 1975.*

S. Corbin, « L'Église à la conquête de sa musique », *Paris, Gallimard, 1960.*

P. Ferretti, L'Esthétique grégorienne, *Paris, Tournai, Rome, Desclée et Cie, 1938.*

D. Hiley, « Western plainchant », *New York, Oxford University Press, 1993.*

M. Huglo, Les Tonaires, inventaire, analyse, comparaison, *Paris, Heugel, 1971.*

♪ « Antiphonale monasticum pro diurnis horis », *Paris-Tournai-Rome, Desclée et Cie, 1934.*

♪ « Graduale Triplex »... *(avec les signes rythmiques de Solesmes et une double notation neumatique extraite du Codex 239 de Laon et des Codices Saint-Gall 359 et Einsideln 121), Abbaye de Solesmes, 1979.*

Troubadours et Trouvères

P. Bec, « Nouvelle Anthologie de la lyrique occitane du Moyen Âge », *Avignon, Aubanel 2/1972. (Cet ouvrage contient une étude de S. Corbin, « La Musique des Troubadours », p. 72-77.)*

P. Bec. « La Lyrique française au Moyen Âge (XIIe-XIIIe siècles) », *2 vol., Paris, Picard, 1977-78.*

D. Billy, « L'Architecture lyrique médiévale », *Montpellier, Section française de l'Association internationale d'Études occitanes, 1989.*

R. Guiette, « D'une poésie formelle au Moyen Âge », *Paris, Nizet, 1972.*

Ch. Page, Voices and instruments of the Middle Ages, *Londres, Dent and Sons, 1987.*

H. Van der Werf, « The chansons of the troubadours and trouvères », *Utrecht, Oosthoek, 1972.*

P. Zumthor, La Lettre et la Voix, *Paris, Seuil, 1987.*

♪ *H. Van der Werf,* « Trouvères Melodien » *(Monumenta monodica Medii Aevi, XI-XII), 2 vol., Kassel, Bärenreiter, 1877-79.*

♪ *A. Bahat et G. Le Vot,* « L'œuvre lyrique de Blondel de Nesles », *édition des mélodies et étude des variantes, Paris, Champion, 1996.*

La musique à l'époque gothique ; le siècle de Saint Louis

M. Bukofzer, Studies in medieval and renaissance music, *Londres, Dent and Sons, 1951.*

J. Chailley, « Histoire musicale du Moyen Âge », *Paris, P.U.F., 2/1969.*

G. Duby, Le Temps des cathédrales, l'art et la société, 980-1420, *Paris, Gallimard, 1976.*

S. Gut et D. Pistone, « Le Commentaire musicologique du grégorien à 1700 », *Paris, H. Champion, 1980.*
G. Le Vot, « Vocabulaire de la musique médiévale », *Paris, Minerve, 1994.*
A. Machabey, « La Notation musicale », *Paris, P.U.F. (coll. « Que sais-je ? »), 3/1971.*
G. Reese, « Music in the Middle Ages », *Londres, J. M. Dent, 1941.*
A. Seay, « Music in the medieval world », *Englewood Cliffs (New Jersey), Prentice Hall, 2/1975.*
♪ *A. T. Davison et W. Apel,* « Historical Anthology of music », *vol. I, Cambridge (Mass.), Harvard University Press, 1947.*

XIVe et XVe siècles

N. Bridgman, La Vie musicale au Quattrocento, *Paris, Gallimard, 1964.*
J. Huizinga, L'Automne du Moyen Âge, *Paris, Payot, 2/1975.*
J. Marix, Histoire de la musique et des musiciens de la cour de Bourgogne sous le règne de Philippe le Bon (1420-1467), *Strasbourg, Heitz, 1939.*
A. Pirro, « Histoire de la musique de la fin du XIVe à la fin du XVIe siècle » *Paris, Laurens, 1940.*
G. Reese, « Music in the Middles Ages » *(op. cit.).*
G. Reese, « Music in the Renaissance », *New York, Norton, 1954.*
♪ *G. Dufay,* « Opera omnia » *(Corpus mensurabilis musicae), American Institute of Musicology, 1947-1964.*
♪ *Josquin des Prés,* « Opera omnia », *Amsterdam, Smijers, 1957.*
♪ *J. Ockeghem,* « Opera omnia », *New York, American musicological Society, 1927-57.*

La Renaissance

L'art vocal au XVIe siècle

G. Abraham, « The age of humanism », *New Oxford History of Music, vol. IV, Londres, Oxford University Press, 1968.*
H. M. Brown, Music in the Renaissance, *Englewood Cliffs, Prentice Hall, 1976.*
G. Durosoir, « Le madrigal italien de Luca Marenzio à Claudio Monteverdi », *Paris, Publimuses, 1992.*

A. Einstein, « The italian madrigal », *Princeton (NJ), Princeton University Press, 1949.*

P. Larivaille, La Vie quotidienne en Italie au temps de Machiavel, *Paris, Hachette, 1979.*

J.-P. Ouvrard, Josquin Desprez et ses contemporains, *Paris, Actes Sud, 1987.*

J.-P. Ouvrard, La Chanson polyphonique française du XVIe siècle, *Paris, Dijon, ASSECARM, 1982.*

G. Reese, « Music in the Renaissance » *(op. cit.).*

P. Vendrix, « Vocabulaire de la musique de la Renaissance », *Paris, Minerve, 1994.*

♪ « Corpus mensurabilis musicae » *(Arcadet, Clemens, Créquillon, Gombert, Goudimel, Isaac, Marenzio, Rore, Sermisy, Willaert...), American Institute of Musicology.*

♪ « Tutte le opere di C. Monteverdi » *(révision Malipiero), Vienne, Universal edition.*

♪ « Treize Livres de motets parus chez P. Attaingnant », *Monaco, L'Oiseau-Lyre, 1963.*

La Réforme

F. Blume, « Geschichte der evangelischen Kirchenmusik », *Kassel, Bärenreiter, 1965.*

P. Le Huray, « Music and the Reformation in England (1549-1660) », *Cambridge, Cambridge University Press, 2/1978.*

♪ *P. Pidoux,* « Le Psautier huguenot » *(I. Les Mélodies ; II. Documents et bibliographie), Bâle, Bärenreiter, 1962.*

E. Weber, « Histoire de la musique française de 1500 à 1650 », *Paris, SEDES, 1996.*

E. Weber, « La Musique protestante en langue allemande », *Paris, H. Champion, 1980.*

E. Weber, « La Musique protestante en langue française », *Paris, H. Champion, 1979.*

♪ *K. Ameln, M. Jenny, W. Lipphard,* « Das deutsche Kirchenlied », *Kassel, Bärenreiter, 1975.*

Naissance de l'art instrumental

Diagram Group, « Les Instruments de musique du monde entier », *Paris, Albin Michel, 1978.*

F. Dry, « La Vihuela », *Cahiers de la guitare, nº 1, 1982.*

J. Montagu, « The world of medieval and renaissance musical instruments », *Londres, David and Charles, 3/1980.*
G. Rebours, « Lire et transcrire une tablature », *Cahiers de la guitare, n° 54 à 64.*
♪ « Corpus des luthistes français » *(« Le Chœur des Muses »), Paris, C.N.R.S.*
♪ *Heugel,* « Le Concert instrumental » *(coll. « Plein-jeu »), musique pour ensembles instrumentaux, Paris, Leduc.*
♪ « Éditions fac-similé des œuvres des guitaristes, vihuélistes et luthistes de toute l'Europe », *Genève, Minkoff ; Monaco, éd. Chanterelle.*
♪ *Heugel, coll.* « Le Pupitre », *partitions diverses, musique pour instruments à clavier, Paris, Leduc.*

Art baroque et art classique

Naissance de l'art vocal baroque

Philippe Beaussant, « Vous avez dit baroque », *Paris, Actes Sud, 1988.*
M. Benoît, « Dictionnaire de la musique en France aux XVIIe et XVIIIe siècles », *Paris, Fayard, 1992.*
M. Benoît, Versailles et les musiciens du Roi, *Paris, Picard, 1971.*
M. Carmona, La France de Richelieu, *Paris, Payot, 1984.*
G. Durosoir, « La Musique vocale profane au XVIIe siècle », *Paris, Klincksieck, 1994.*
L. de La Laurencie, « Lully », *Paris, Alcan, 1911 (Minkoff reprint).*
« Le Baroque musical », *colloque international de l'université de Liège, Liège, 1964.*
« Le Grand Motet français 1663-1792 », colloque international, Paris, Presses de la Sorbonne, 1984.
C. V. Palisca, « Baroque music », *Englewood Cliffs (NJ), Prentice Hall, 1968.*
« The Age of Humanism », *The New Oxford History of Music (op. cit.).*
« Opera and Church Music 1630-1750 », *The New Oxford History of Music, Londres, Oxford University Press, 1975.*
J. Saint-Arroman, L'Interprétation de la musique française, 1661-1789, *Paris, H. Champion, 1983.*
♪ « Airs de cour pour voix et luth » *(1603-1643), transcription avec introduction et commentaires par A. Verchaly, Paris, Société française de musicologie, Heugel, 1978.*

La musique vocale de 1680 à 1800

Anna Amalie Abert, « Opera in Italy and the Holy Roman Empire », *New Oxford History of Music, vol. VII, p. 1 à 250, Londres, Oxford University Press, 1973.*

James R. Anthony, « La Musique en France à l'époque baroque », *Paris, Flammarion, 1982.*

B. Didier, La Musique des Lumières, *Paris, PUF, 1986.*

R. Fajon, L'Opéra à Paris, du Roi-Soleil à Louis le Bien-Aimé, *Genève, Champion Slatkine, 1984.*

Karl Geiringer, « J.-S. Bach », *Paris, Seuil, 1970.*

C. Girdlestone, La Tragédie en musique (1673-1750) considérée comme un genre littéraire, *Genève, Droz, 1972.*

G. Snyders, Le Goût musical en France aux XVIIe et XVIIIe siècles, *Paris, Vrin, 1968.*

J.-Cl. Veilhan, Les Règles de l'interprétation musicale à l'époque baroque (XVIIe et XVIIIe siècles), *Paris, Leduc, 1977.*

Théodore de Wyzewa et Georges de Saint-Foix, « W. A. Mozart », *Paris, Desclée de Brouwer, 1936-1946, 5 vol.*

♪ « Italian opera 1640-1770 », *New York, Garland Publishing, 1976, 50 vol. (Pasquini, Pollarolo, Scarlatti, Vinci, Jommelli, Traetta...)*

♪ « Denkmäler der Tonkunst in Österreich », *Vienne, Artaria, 1824-1980, 131 vol. (Musique religieuse : Fux, Haydn, Draghi, Reuter ; opéra : Gassmann, Gluck, Caldara...)*

♪ « Das Erbe Deutscher Musik », *Hanovre, Nagel, 1935-1981, 86 vol. (Musique religieuse : Kirchhoff, Goldberg, Pfleger ; opéra : Telemann, Hasse, Meder, Mattheson...)*

♪ « Denkmäler deutscher Tonkunst », *Leipzig, Breitkopf und Härtel, 1892-1930, 64 vol. + 35 [en Bavière]. (Musique religieuse : Hasse, Telemann ; opéra : Holzbauer, Graun...)*

Musique instrumentale baroque et classique

C. Ph. E. Bach, « Versuch über die wahre Art das Clavier zu spielen », *Berlin, 1753. Trad. fr. de D. Collins :* « Essai sur la vraie manière de jouer les instruments à clavier », *Paris, Lattès, 1979.*

M. Bukofzer, « La Musique baroque de Monteverdi à Bach » (1600-1750), *trad. fr. par D. Collins, Cl. Chauvel et N. Wild, Paris, Lattès, 1982.*

S. Clercx, Le Baroque et la Musique. Essai d'esthétique musicale, *Bruxelles, Sté belge de Musicologie, 1948.*

Carl Dahlhaus, « L. van Beethoven », traduit de l'allemand, Londres, Clarendon Paperbacks, 1993.
C. Deliège, Les Fondements de la musique tonale, une perspective analytique post-schenckerienne, *Paris, Lattès, 1984.*
A. Dolmetsch, « The interpretation of the music of the XVII. and XVIII. centuries » *(2 vol.), Londres, Novello, s.d.*
A. Geoffroy-Dechaume, « Les Secrets de la musique ancienne », *Paris, Fasquelle, 2/1975.*
N. Harnoncourt, Le Dialogue musical : Monteverdi, Bach et Mozart, *Paris, Gallimard, 1984.*
J. et B. Massin, « Mozart », *Paris, Fayard, 1970.*
J. J. Quantz, « Essai d'une méthode pour apprendre à jouer de la flûte traversière », *Berlin, 1752 ; Paris, Zurfluh, 1975.*
Ch. Rosen, « Le Style classique, Haydn, Mozart, Beethoven... », *trad. fr. de M. Vignal, Paris, Gallimard, 1978.*
The Social Status of the professional music from the Middle Ages to the 19th century, *ed. W. Salmon, New York, Pendragon Press, Sociology of Music n° 1, 1983.*
M. Vignal, « Joseph Haydn », *Paris, Fayard, 1988.*

Le romantisme

Le lied et la mélodie

M. Beaufils, « Le Lied romantique allemand », *Paris, Gallimard, 1956.*
M.-C. Beltrando-Patier, « Les Mélodies de G. Fauré », *Université de Lille III, Atelier de reproduction des thèses, 1981, diffusion Presses universitaires de Lille.*
B. François-Sappey et G. Cantagrel, « Guide de la mélodie et du lied », *Paris, Fayard, 1994.*
H. Gougelot, « La Romance française sous la Révolution et l'Empire », *4 vol., Melun, 1937-38.*
W. Jankelevitch, Fauré et l'inexprimable, *Paris, Plon, 1974.*
J. M. Nectoux, « Gabriel Fauré, les voix du clair-obscur », *Paris, Flammarion (Harmoniques), 1990.*
F. Noske, « La Mélodie française de Berlioz à Duparc », *Paris, P.U.F., 1954.*
N. Ruwet, « Langage, musique, poésie », *Paris, Seuil (Coll. Poétique), 1972.*

N. Van Der Elst, « Duparc », *Université de Lille III, Atelier de reproduction des thèses, 1972, diffusion Presses universitaires de Lille.*

L'opéra romantique

Th. W. Adorno, Essai sur Wagner (trad. fr.), *Paris, Gallimard, 1966.*
H. Barraud, Hector Berlioz, *Paris, Fayard, 1979.*
M.-C. Beltrando-Patier (éd.), La Musique romantique allemande, *coll. « Histoire illustrée de la musique » (trad. fr. de « Heritage of Music »), Paris, Bordas, 1993.*
J. Budden, The Operas of Verdi, *Londres, Cassell, 1981.*
E. Fubini, Les Philosophes et la musique, *Paris, Champion, 1983.*
M. Gregor-Dellin, Richard Wagner, sa vie, son œuvre, son siècle (trad. fr.), *Paris, Fayard, 1981.*
R. Jullian, Le Mouvement des arts du romantisme au symbolisme, *Paris, Albin Michel, 1979.*
H. Lacombe, Les Voies de l'opéra français au XIXe siècle, *Paris, Fayard, 1997.*
Th. Mann, Wagner et notre temps, *Paris, Le Livre de poche, coll. Pluriel, 1978.*
G. R. Marschall, Massenet et la fixation de la forme mélodique française (Thèse), *Sarrebruck, Galland, 1988.*
M. J. Phillips-Malz, Giuseppe Verdi (trad. fr.), *Paris, Fayard, 1996.*
G. de Van, Verdi, un théâtre en musique, *Paris, Fayard, 1992.*

L'art instrumental au XIXe siècle

M. Chion, « Le Poème symphonique et la musique à programme », *Paris, Fayard, 1983.*
M. Chion, « La Musique à l'époque romantique », *Paris, Fayard, 1984.*
Cobbett's « Cyclopedic survey of chamber music », *3 vol. Londres, Oxford University Press, 2/1964.*
J. M. Fauquet, Les Sociétés de musique de chambre à Paris de la Restauration à 1870, *Paris, Aux Amateurs de Livres, 1986.*
C. Fernandez et J.-M. Percherancier, Les Œuvres pour piano et orchestre, *Paris, Champion, 1988.*
Ph. Gumplowicz, Les Travaux d'Orphée. 150 ans de vie musicale amateur en France. Harmonie, chorales, fanfares, *Paris, Aubier, 1987.*
S. Gut, Franz Liszt, *Lausanne/Paris, L'Âge d'Homme, 1988.*
J. Mongredien, « La musique en France des Lumières au romantisme, 1789-1830 », *Paris, Flammarion, 1986.*

D. Pistone, « Le piano dans la littérature française, des origines jusqu'en 1900 », *Université de Lille III, Atelier de reproduction des thèses, 1975, diffusion Presses universitaires de Lille.*

D. Pistone, La Musique en France de la Révolution à 1900, *Paris, Champion, 1979.*

D. Pistone, « La Symphonie dans l'Europe du XIXe siècle », *Paris, Champion, 2/1984.*

L. Plantinga, « La musique romantique. Le XIXe siècle, de Beethoven à Mahler » (*trad. fr.*), *Paris, J. C. Lattès, 1989.*

B. Schwartz, French instrumental music between the Revolutions, *New York, Dacapo, 1984.*

La musique religieuse romantique

F. Clément, « Histoire générale de la musique religieuse », *Paris, A. de Clère, 1860.*

P. Combe, « Histoire de la restauration du chant grégorien (...) », *Abbaye de Solesmes, 1969.*

P. Huot-Pleuroux, « Histoire de la musique religieuse », *Paris, P.U.F. 1957.*

S. Hutchings, « Church music in the 19th century », *Londres, H. Jenkins, 1967.*

A. Robertson, « Requiem, music of mourning and consolation », *Londres, The Camelot Press, 1967.*

K. Weinmann, « La Musique d'église » *(trad. fr.), Paris, Delaplane, 1912.*

Le monde contemporain

La musique moderne de 1900 à 1945

W. W. Austin, « Music in the 20th century », *New York, Norton, 1966.*

P. Collaer, « La Musique moderne », *Paris, Elsevier, 2/1958.*

J. Combarieu et R. Dumesnil, « Histoire de la musique », *vol. IV et V, Paris, A. Colin, 1958-60.*

M. Cooper, « The modern Age of Music, 1890-1960 », *New Oxford History of music, vol. X, Londres, Oxford University Press, 2/1975.*

P. Griffiths, Histoire concise de la musique moderne de Debussy à Boulez, *Paris, Fayard, 1978.*

H. L. de La Grange, Gustav Mahler, *Paris, Fayard, 1984.*

E. Lockspeiser, Debussy, *Fayard, 1980.*

W. Schuh, Richard Strauss. Jugend und frühe Meisteyahe, *Zurich, Atlantis, 1976.*

H. H. Stuckenschmidt, La Musique du xxe siècle, *Paris, Hachette, 1968.*

E. W. White, Stravinsky, *Paris, Flammarion, 1983.*

H. C. Wolff, « Die Musik von 1900 bis 1950, Ordnung und Gestalt », *Bonn-Bad Godesberg, Verlag für systematische Musikwissenschaft, 1978.*

Perspectives nouvelles de 1945 à nos jours

J. Aguila, « Le Domaine musical », *Paris, Fayard, 1992.*

Cl. Ballif, Voyage de mon oreille, *Paris, 10/18, 1979.*

F. Bayer, « De Schönberg à Cage. Essai sur la notion d'espace sonore dans la musique contemporaine », *Paris, Klincksieck, 1981.*

D. et J. Y. Bosseur, « Révolutions musicales », *Paris, Éd. du Sycomore, 1979.*

J. Y. Bosseur, « Vocabulaire de la musique contemporaine, *Paris, Minerve, 1992.*

P. Boulez, Relevés d'apprenti, *Paris, Seuil, 1966.*

J. Cage, « Pour les oiseaux », *Paris, Pierre Belfond, 1976.*

D. Charles, Gloses sur John Cage, *Paris, 10/18, 1978.*

M. Chion et G. Reibel, « Les Musiques électro-acoustiques », *Aix-en-Provence, Edisud, 1976.*

J. Cott, « Conversations avec Stockhausen », *Paris, Lattès, 1979.*

R. Leibowitz, Introduction à la musique des douze sons, *Paris, l'Arche, 1949.*

O. Messiaen, « Traité de rythme, de couleur et d'ornithologie », *Paris, Leduc, 1996.*

M. Cl. Mussat, « Trajectoires de la musique au xxe siècle », *Paris, Klincksieck, 1995.*

P. Schaeffer, « Traité des objets musicaux », *Paris, Seuil, 1966.*

A. Schoenberg, Le Style et l'Idée, *choix d'écrits réunis par L. Stein, Paris, Buchet-Chastel, 1971.*

I. Xenakis, Musique, Architecture, *Tournai, Casterman (Poche), 1971.*

Un kaléidoscope fin de siècle

J.-Y. Bosseur, Vocabulaire de la musique contemporaine, *Paris, Minerve, Collection Musique ouverte, 1992.*

P. A. Castanet, Hugues Dufourt – 25 ans de musique contemporaine (1968-1993), *Paris, Michel de Maule, Collection Être là, 1995.*

H. Dufourt et J.-M. Fauquet (sous la direction de), La Musique depuis 1945 – Matériau, esthétique et perception, *Sprimont, Mardaga éditeur, 1996.*
S. Lelong, Nouvelle Musique, *Paris, Balland, 1996.*
A. Louvier, L'Orchestre, *Paris, Combre, 1997.*
C. Pirenne, Vocabulaire des musiques afro-américaines, *Paris, Minerve, Collection Musique ouverte, 1994.*
J.-N. von der Weid, La Musique du XXe siècle, *Paris, Hachette, Collection Pluriel, 2/1997.*

Ont été redessinés et sont publiés avec l'aimable autorisation des éditeurs concernés les exemples musicaux suivants :

Pages 60 et 61 : extraits de livres de chant grégorien avec les signes rythmiques de Solesmes. – *Page 152* : clausule et motet sur Domino, © by Harward University Press, Cambridge, U.S.A. – *Page 929* : M. Ravel, Daphnis et Chloe, © Durand S.A. Éditions Musicales, Paris. – *Page 939* : A. Schönberg, Quintette pour instruments à vent, © by Universal Edition, Vienne (1925-52). – *Page 943* : A. von Webern, Concert op. 24, © by Universal Edition, Vienne (1948).

Photocomposition S.C.C.M. - Paris
Impression Aubin Imprimeur à Poitiers, Ligugé – L 55839
Dépôt légal : avril 1998
Imprimé en France (Printed in France) 750021 - Avril 1998